WUXI YEARBOOK

2019

无锡市人民政府　主办

无锡市档案史志馆　编

图书在版编目（CIP）数据

无锡年鉴 .2019/ 无锡市档案史志馆编 .-- 北京：
方志出版社，2019.10
ISBN 978-7-5144-3920-5

Ⅰ . ①无… Ⅱ . ①无… Ⅲ . 无锡 -2019- 年鉴
Ⅳ . ① Z525.33

中国版本图书馆 CIP 数字核字（2019）第 225425 号

无锡年鉴（2019）

编　　者：无锡市档案史志馆
责任编辑：刘　珊

出 版 者：方志出版社
地址　北京市朝阳区潘家园东里 9 号（国家方志馆 4 层）
邮编　100021
网址　http://www.fzph.org
发　　行：方志出版社图书经销中心
电话（010）67110500
经　　销：各地新华书店
印　　刷：无锡市长江商务印刷有限公司

开　　本：889 × 1194　　1/16
印　　张：35.25 印张
字　　数：1104 千
版　　次：2019 年 10 月第 1 版　2019 年 10 月第 1 次印刷
印　　数：0001 ~ 1200 册

ISBN 978-7-5144-3920-5　　定价：210.00 元

2018年度获得的主要荣誉

消费者满意度测评位居全国第一

入选“全球20大智慧城市”国内排名第一

成为首批国家文化出口基地

蝉联内地宜居城市第一名

获“2018年度金五星优秀会展城市奖”

再次获“智慧城市领先奖”

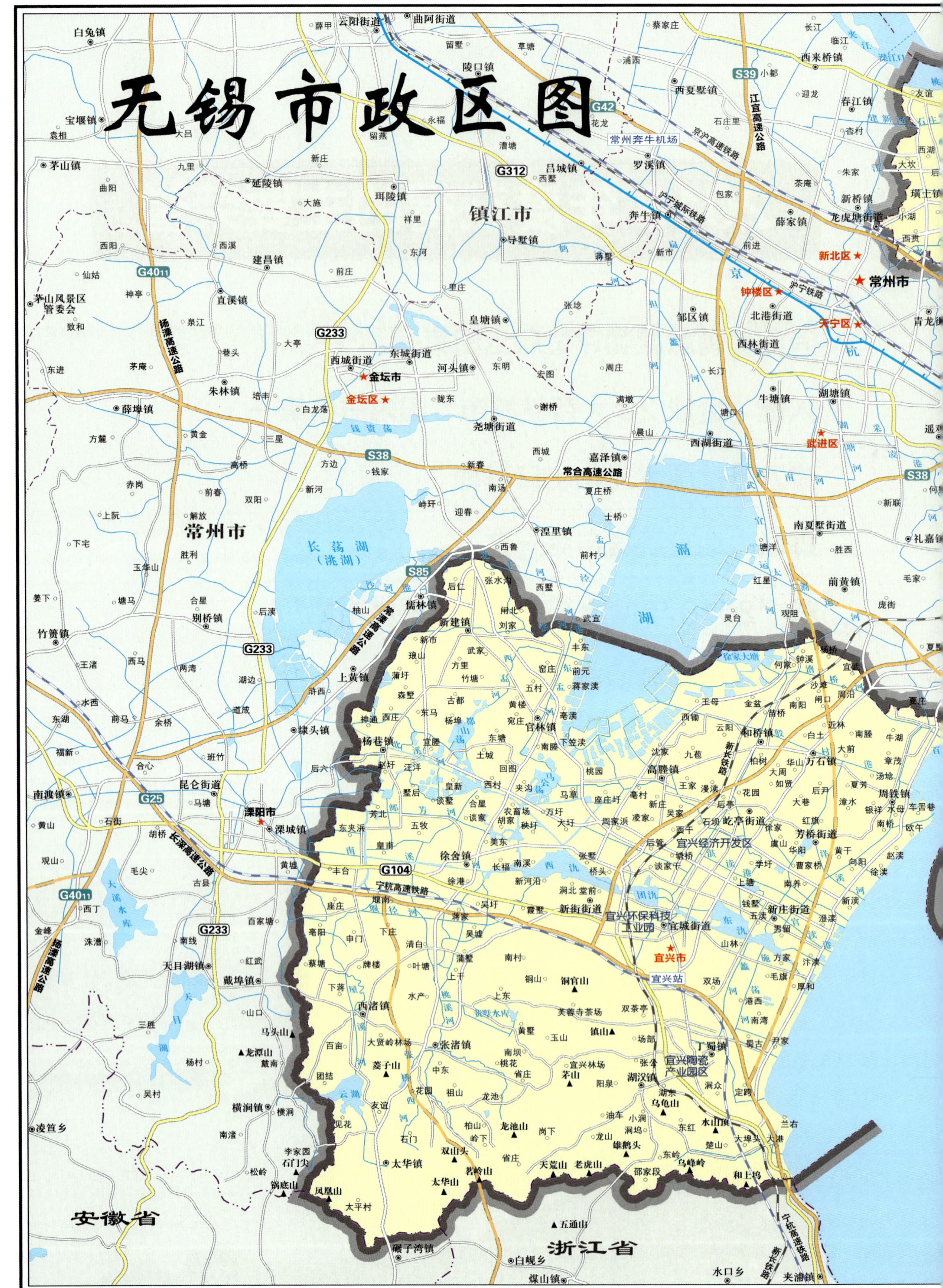

无锡市测绘院有限责任公司

地图审图

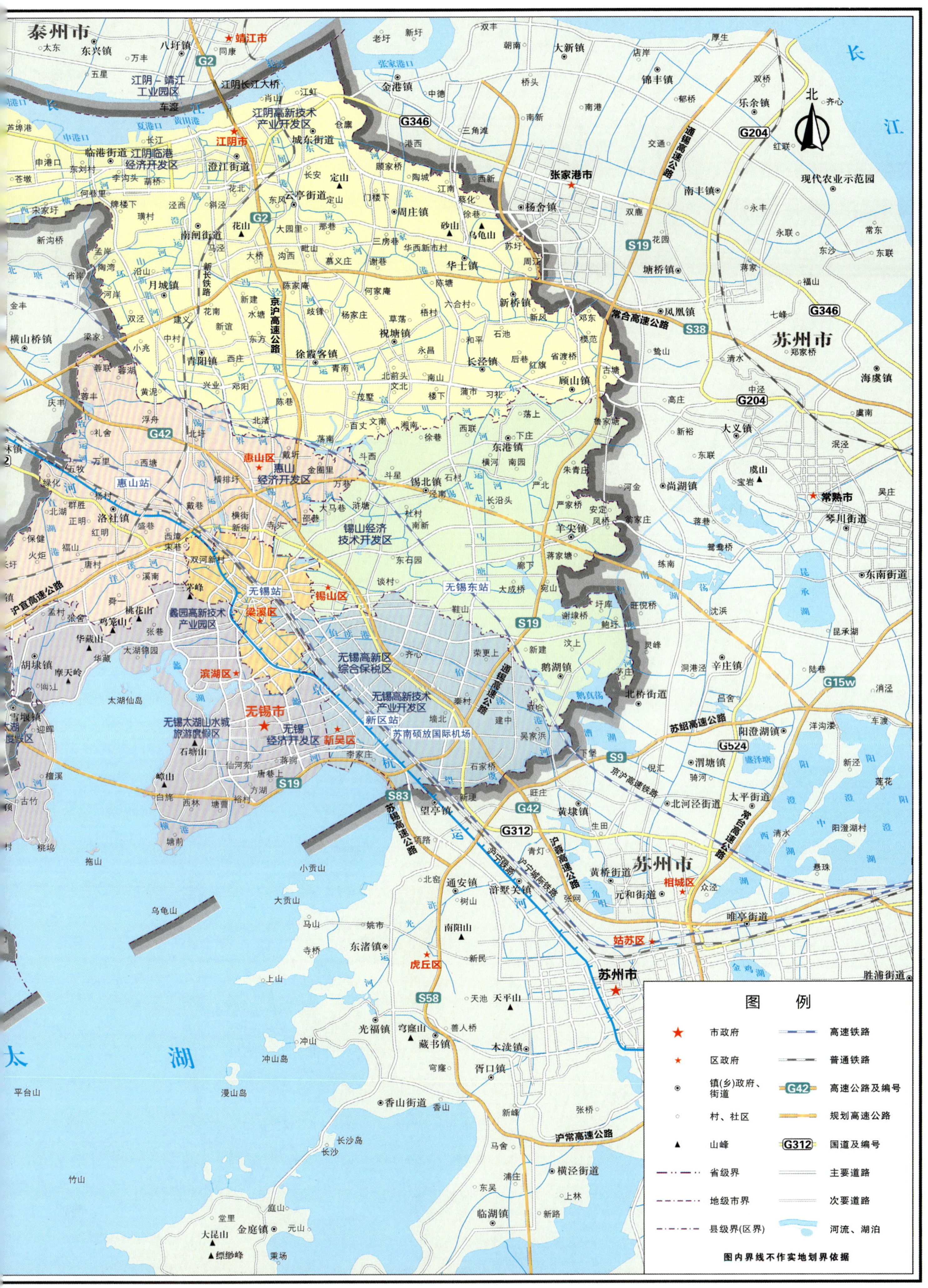
泰州市
靖江市
江阴市
张家港市
苏州市
常熟市
无锡市
惠山区
锡山区
梁溪区
滨湖区
新吴区
相城区
姑苏区
虎丘区
江阴长江大桥
江阴高新技术产业开发区
江阴临港经济开发区
江阴－靖江工业园区
惠山经济开发区
锡山经济技术开发区
蠡园高新技术产业园区
无锡高新区综合保税区
无锡高新技术产业开发区
无锡经济开发区
无锡太湖山水城旅游度假区
苏南硕放国际机场
无锡站
无锡东站
惠山站
新区站
京沪高速公路
沪宜高速公路
常合高速公路
通锡高速公路
苏绍高速公路
苏锡高速公路
沪常高速公路
沪宁铁路
沪宁城际铁路
京沪高速铁路
太湖
长江
现代农业示范园
北
图　例
市政府
区政府
镇(乡)政府、街道
村、社区
山峰
省级界
地级市界
县级界(区界)
高速铁路
普通铁路
G42 高速公路及编号
规划高速公路
G312 国道及编号
主要道路
次要道路
河流、湖泊
图内界线不作实地划界依据

无锡市测绘院有限责任公司

地图审图

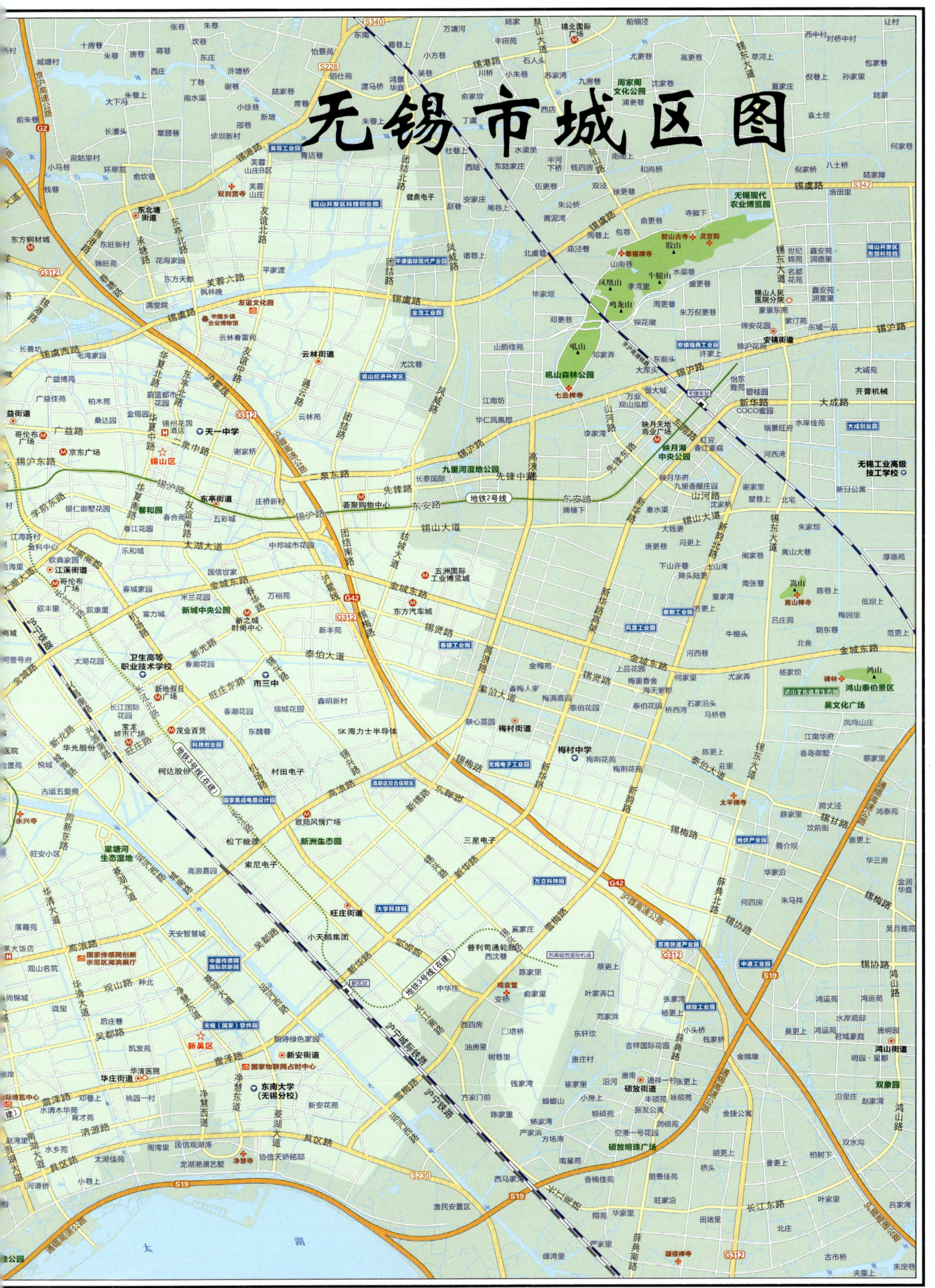
无锡市城区图
锡澄路
锡虞路
锡沪路
锡沪东路
锡沪西路
锡山大道
金城东路
金城路
锡贤路
泰伯大道
高浪路
高浪东路
震泽路
具区路
长江东路
锡梅路
锡协路
锡甘路
锡东大道
新锡路
新华路
先锋路
先锋中路
东安路
二泉东路
二泉中路
芙蓉六路
广益路
梁溪路
京东广场
地铁2号线
地铁3号线（在建）
沪宁铁路
沪宁城际铁路
沪宁高速公路
京沪高速公路
惠山隧道
九里河湿地公园
吼山森林公园
胶山古寺
灵官殿
崇福禅寺
七尖禅寺
鸿山泰伯景区
吴文化广场
无锡现代农业博览园
东北塘街道
东亭街道
安镇街道
云林街道
梅村街道
江溪街道
旺庄街道
新安街道
硕放街道
鸿山街道
华庄街道
锡山区
新吴区
天一中学
市三中
梅村中学
卫生高等职业技术学校
无锡工业高级技工学校
东南大学（无锡分校）
新城中央公园
梁塘河生态湿地
新洲生态园
蠡湖湾
荟聚购物中心
友谊文化园
中国乡镇企业博物馆
五洲国际工业博览城
东方汽车城
三星电子
SK海力士半导体
松下能源
索尼电子
小天鹅集团
欧尚风情广场
硕放明珠广场
太湖
S342
S340
S228
S230
S19
G312
G42
G2
鸿山
嵩山
胶山
吼山
凤凰山
鸡笼山
牛腿山

地区生产总值 单位：亿元

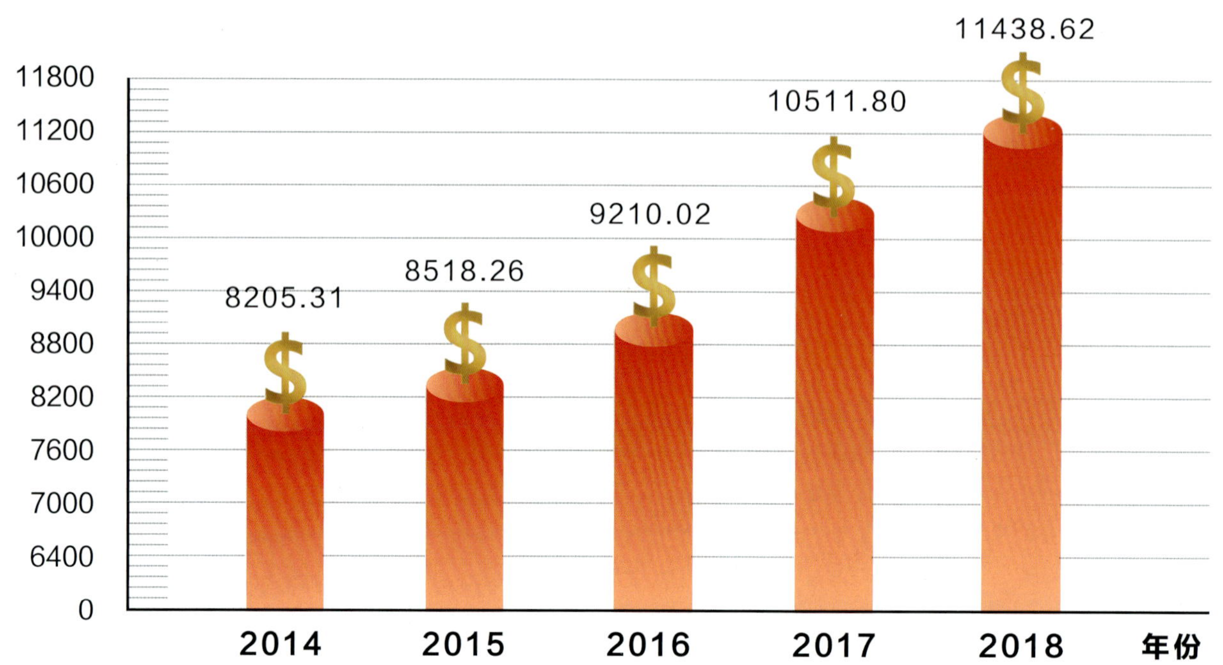

人均生产总值（常住人口） 单位：元

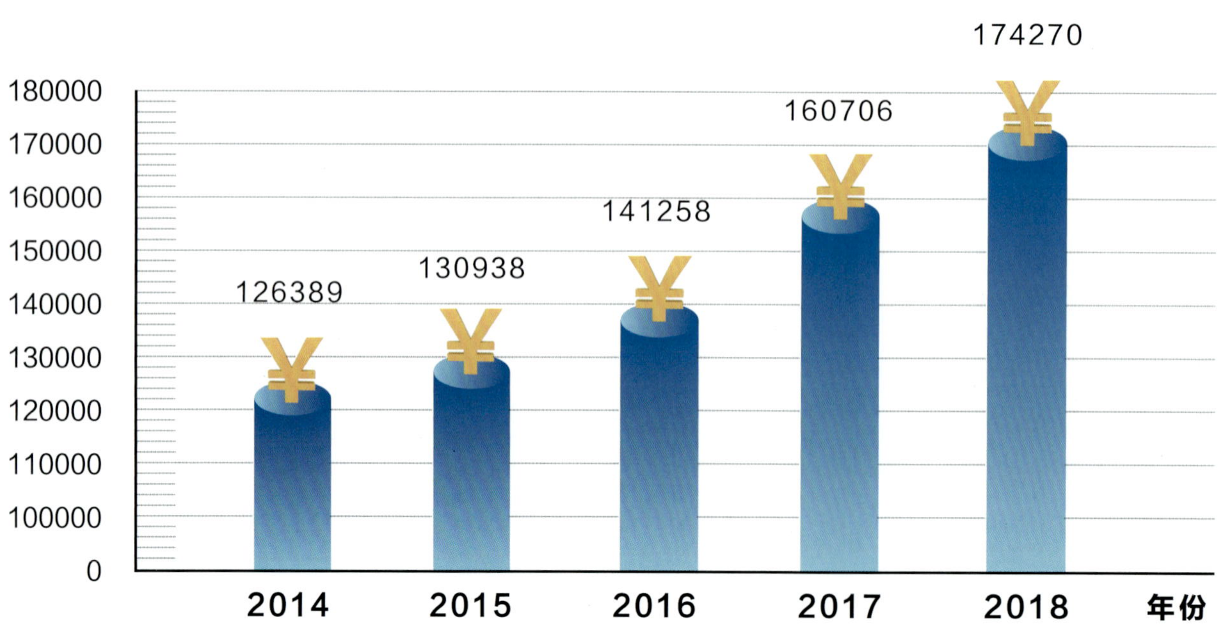

产业结构比例 单位：%

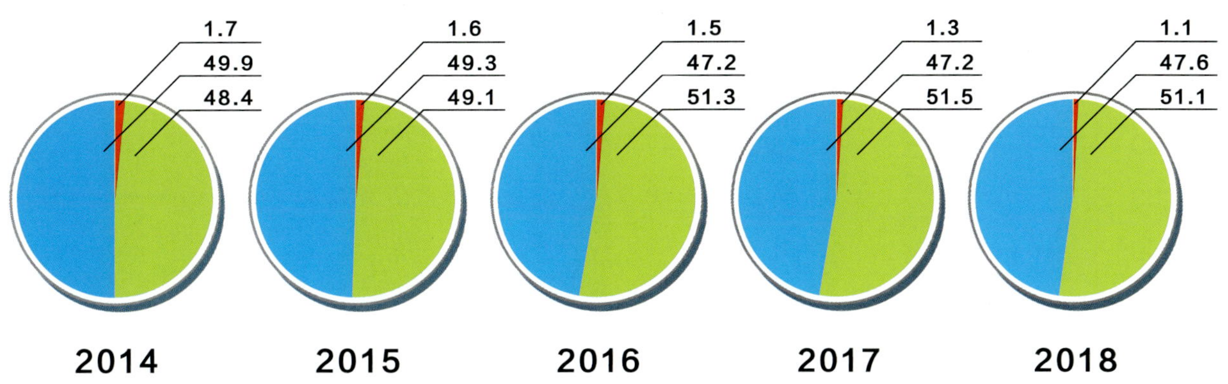

一般公共预算收入 单位：亿元

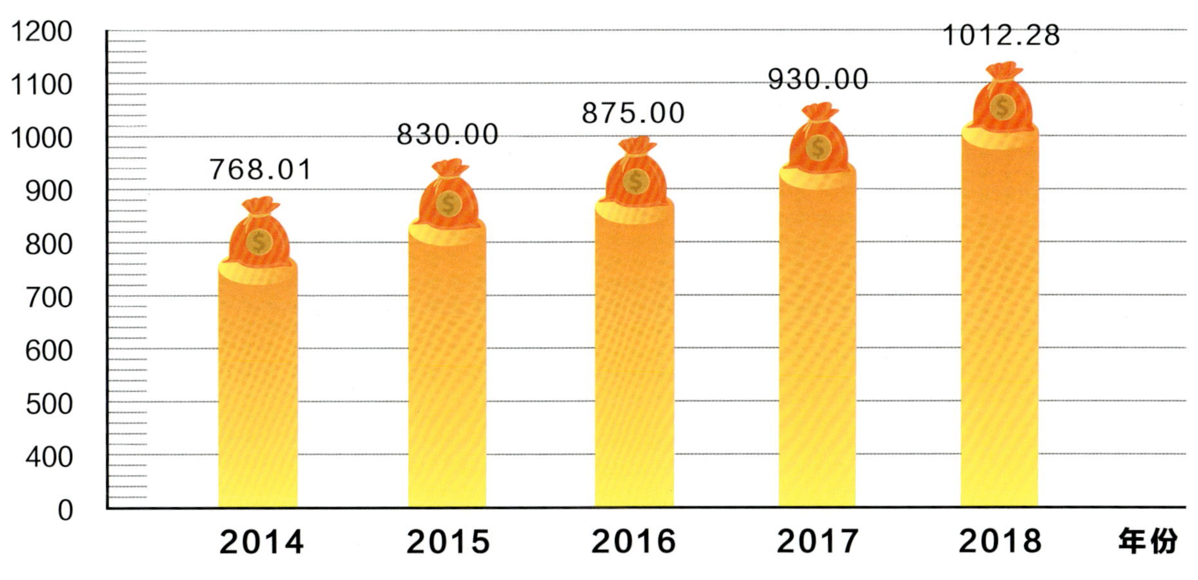

城镇居民人均可支配收入　单位：元

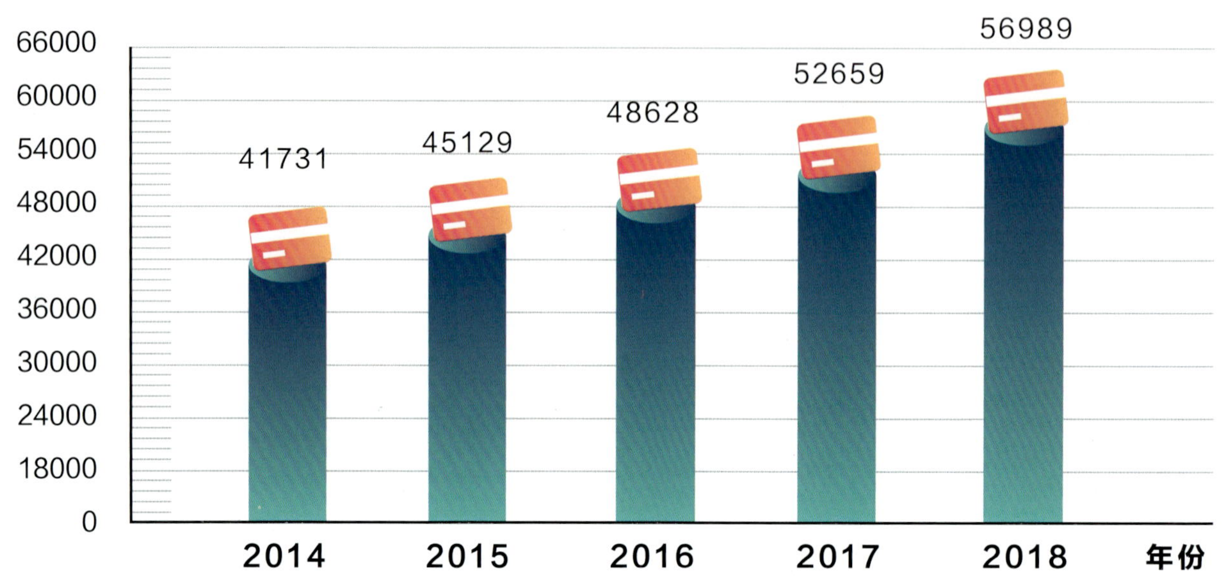

农村居民人均可支配收入　单位：元

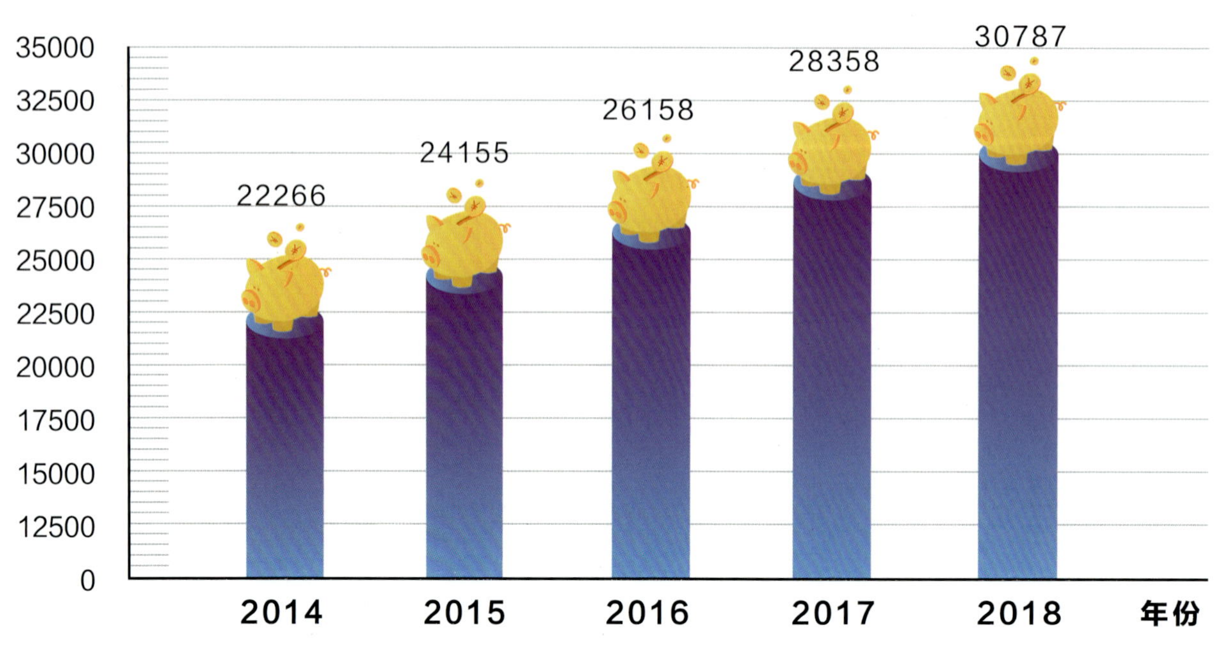

进出口总值　　单位：亿美元

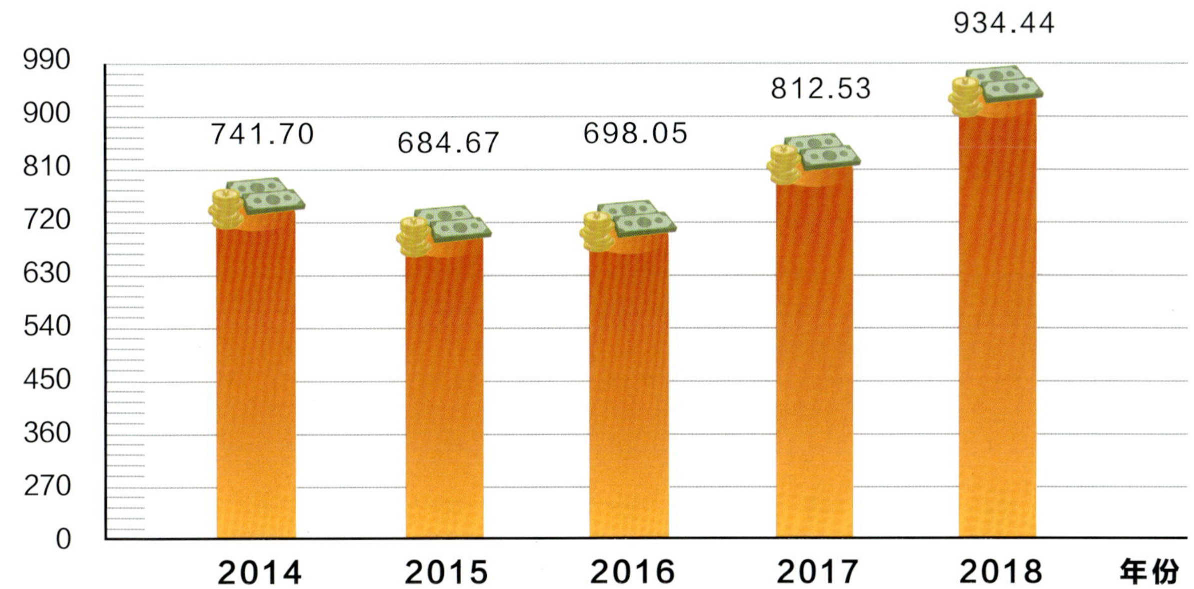

固定资产投资　　单位：亿元

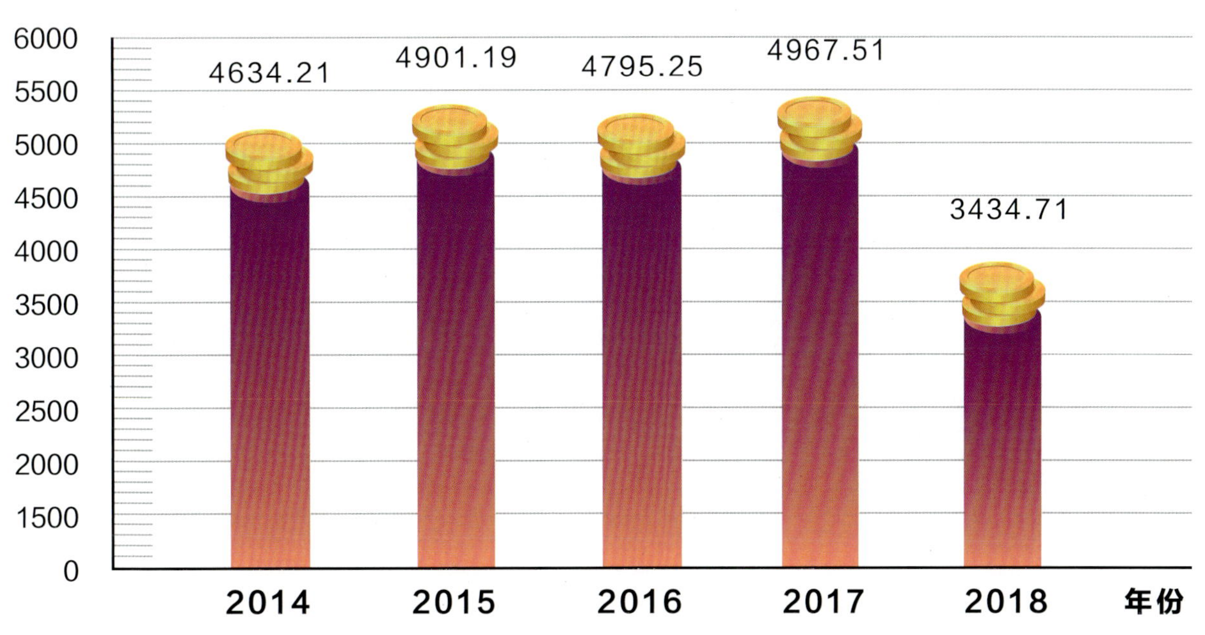

到位注册外资 单位：亿美元

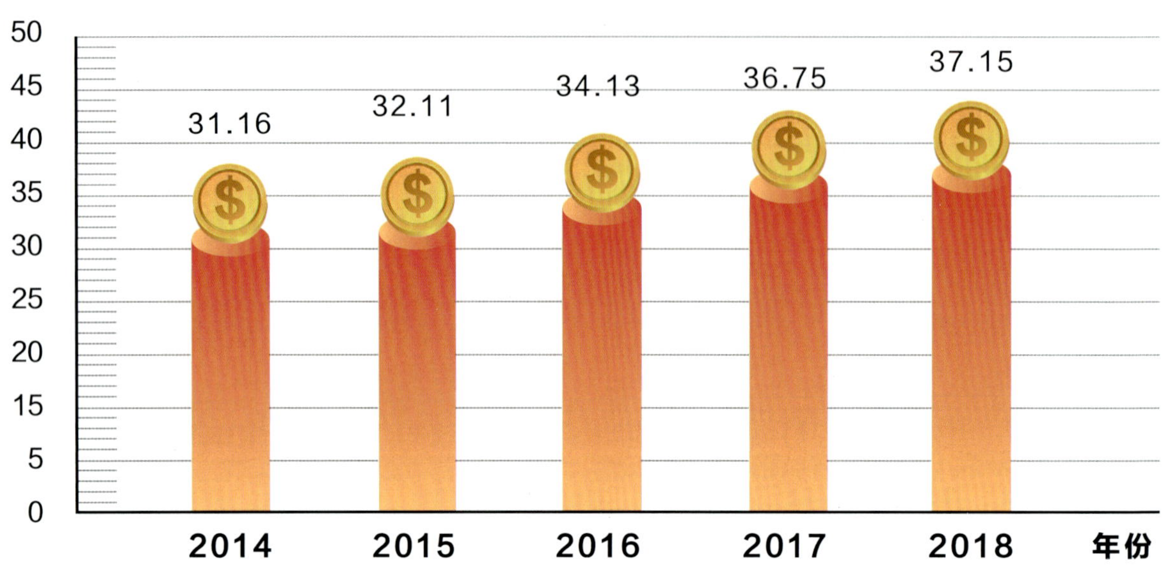

社会消费品零售总额 单位：亿元

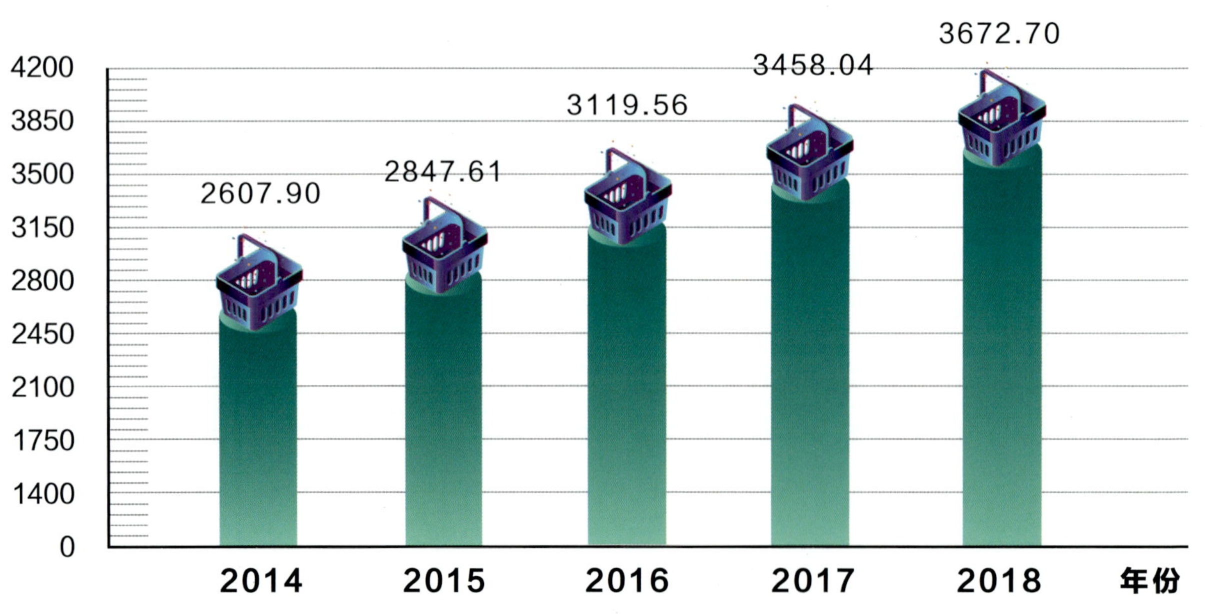

城市道路面积　　单位：万平方米

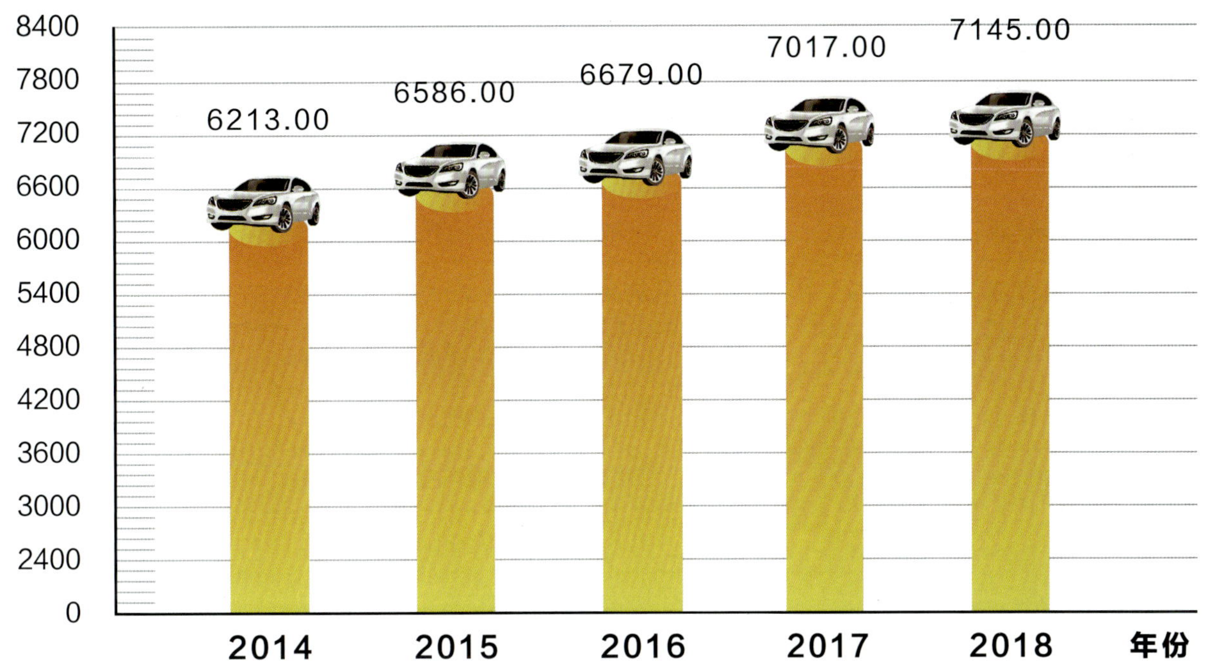

公园绿地　　单位：公顷

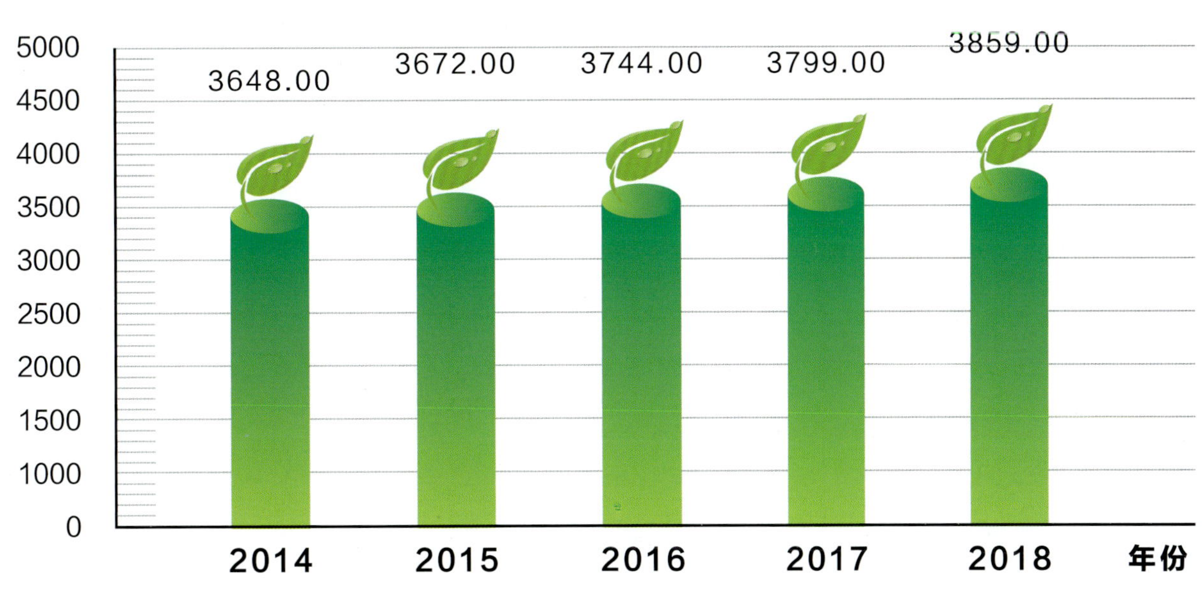

2018 年长江三角洲城市群 26 个城市国民经济主要指标

城市名称	地区生产总值（亿元）	第三产业增加值（亿元）	固定资产投资增速（%）	社会消费品零售总额（亿元）	一般公共预算收入（亿元）	出口总值（亿美元）	城镇居民人均可支配收入（元）	农村居民人均可支配收入（元）
上海市	32679.87	22842.96	5.2	12668.69	7108.15	2071.70	68034	30375
南京市	12820.40	7825.37	9.4	5832.46	1470.02	378.79	59308	25263
无锡市	11438.62	5849.54	5.8	3672.70	1012.28	567.81	56989	30787
常州市	7050.27	3630.73	7.5	2613.19	560.33	250.72	54000	28014
苏州市	18597.47	9450.20	4.5	5746.90	2119.99	2068.31	63481	32420
南通市	8427.00	4081.35	8.8	3088.77	606.19	254.53	46321	22369
盐城市	5487.08	2477.23	9.4	1778.74	381.00	60.31	35896	20357
扬州市	5466.17	2569.59	11	1557.00	340.00	85.42	31318	16545
镇江市	4050.00	1935.00	−26.5	1360.92	301.50	79.80	48903	24687
泰州市	5107.63	2393.57	9.2	1282.87	366.64	95.31	43452	21219
杭州市	13509.00	8632.00	10.8	5715.00	1825.10	516.38	61172	33193
宁波市	10745.50	4932.00	3.6	4154.90	1379.70	841.70	60134	33633
嘉兴市	4871.98	2132.46	—	1938.59	518.55	305.92	57437	34279
湖州市	2719.10	1317.80	—	5715.33	287.10	116.51	54393	31767
绍兴市	5416.90	2608.98	—	2007.61	501.34	309.20	59049	33097
金华市	4100.23	2218.91	4.5	2253.00	392.62	554.97	54883	26218
舟山市	1316.70	745.70	7.5	536.90	146.02	64.19	56622	33812
台州市	4874.67	2427.79	—	2366.88	431.18	232.36	55705	27631
合肥市	7822.90	3933.07	7.1	2976.74	712.49	182.46	41484	20389
芜湖市	3278.53	1434.86	9.7	1028.26	318.12	44.16	38397	20649
马鞍山市	1918.10	803.29	10.1	589.95	151.02	19.51	45108	21267
铜陵市	1222.40	460.30	9	364.97	73.77	4.59	35995	14335
安庆市	1917.59	761.31	12.6	814.89	133.20	10.63	31187	12990
滁州市	1801.70	650.90	15.4	639.10	199.30	23.10	31230	13127
池州市	684.93	320.31	12.1	255.50	64.49	2.08	30884	14709
宣城市	1317.20	540.20	14.9	521.20	153.10	17.00	36554	16013

40件大事 01

以真理标准问题大讨论为起点 持续推进思想解放

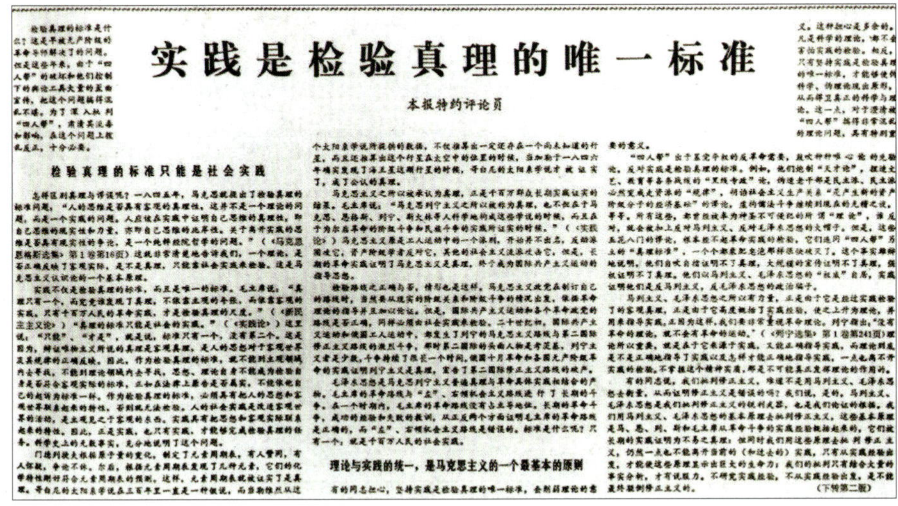

实践是检验真理的唯一标准

本报特约评论员

检验真理的标准只能是社会实践

理论与实践的统一，是马克思主义的一个最基本的原则

（下转第二版）

1978年5月11日，《光明日报》刊发《实践是检验真理的唯一标准》

無錫報

WUXI BAO

6

解放思想 振奋精神 努力实现工作重点转移

市委召开工作会议进一步贯彻三中全会精神

1979年12月6日，《无锡报》关于无锡市委贯彻落实党的十一届三中全会精神的报道

2018年12月20日，无锡市委、市政府召开庆祝改革开放40周年座谈会

（市委宣传部　供稿）

40件大事 02

无锡“三美”教育成为全国“五讲四美三热爱”活动源头

人民日报
RENMIN RIBAO

进一步放宽政策，贯彻“以牧为主”的

试用经济管理办法广开科研经费

围绕四化这个中心加强学生的思想教育

1980年7月2日《人民日报》刊文介绍无锡市第三十四中学“三美”教育　（市教育局　供稿）

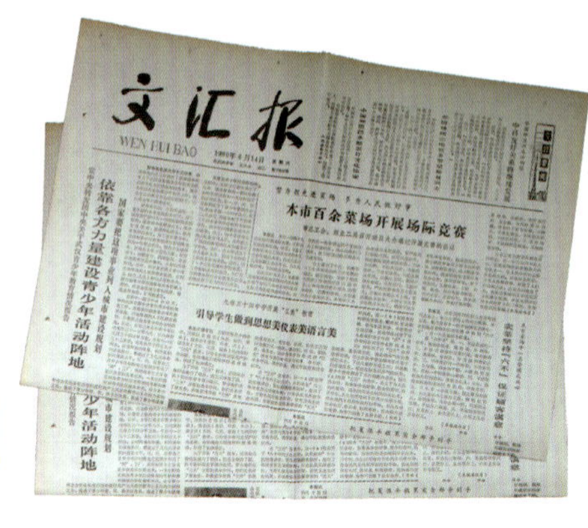

文汇报
WEN HUI BAO

依靠各方力量建设青少年活动阵地

本市百余菜场开展场际竞赛

1980年6月14日《文汇报》刊文介绍无锡市第三十四中学“三美”教育　（市教育局　供稿）

20世纪80年代，无锡中小学生参与学雷锋活动

（市教育局　供稿）

无锡市第三十四中学举行“五讲四美三热爱”合唱比赛　（市教育局　供稿）

蠡湖一角　　（市委宣传部　供稿）

20 世纪 80 年代的中山路三阳广场　（市档案史志馆　供稿）

40 件大事

03 无锡成为全国 15 个经济中心城市之一

2002 年无锡城区远眺　　（陈平　摄）

40件大事

04 江苏第一家中外合资企业江海木业在无锡成立

无锡成为外资高地

1981年，中国江海木业有限公司举行开业典礼

（无锡日报报业集团　供稿）

江海木业有限公司生产车间

（顾祚维　摄）

位于无锡的博世汽车柴油系统股份有限公司

（市商务局　供稿）

1988 年 3 月 6 日《宜兴报》关于宜兴撤县建市的报道
（宜兴市档案史志馆　供稿）

1987 年 8 月 1 日，江阴市成立大会在江阴长江影剧院举行
（江阴市档案史志馆　供稿）

40 件大事 05

市管县领导体制形成“大无锡”格局

2001 年，滨湖区举行区委、区人大、区政府、区政协、区纪委揭牌仪式　（滨湖区委宣传部　供稿）

1995 年 8 月，锡山市举行揭牌仪式和成立大会
（陈永年　摄）

2016 年 2 月 20 日，无锡市梁溪区成立大会召开
（梁溪区委宣传部　供稿）

2016 年 2 月 20 日，无锡市新吴区成立大会召开　（潘晓鸣　摄）

1987 年，无锡县前洲乡工业总公司与上海市针织进出口公司组建联营西达毛纺厂

（陈永年　摄）

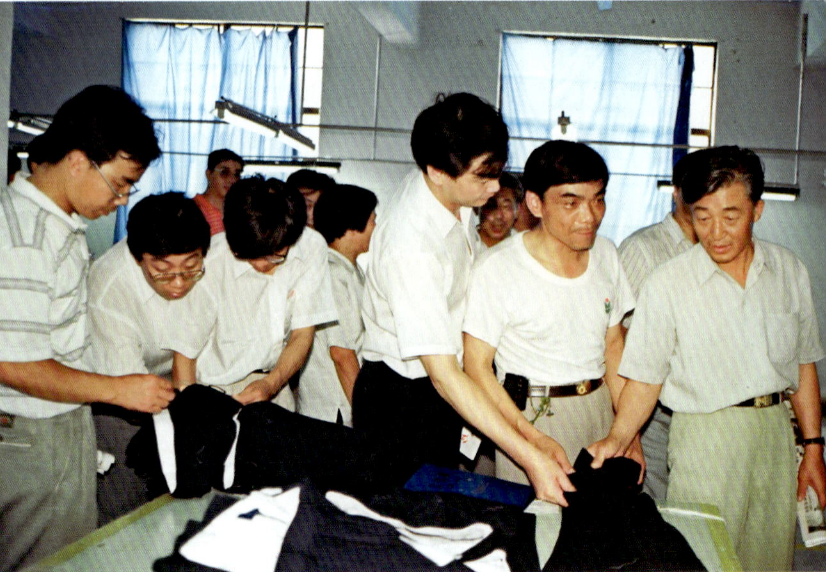

1996 年，全国大中型乡镇企业会议代表参观无锡乡镇企业

（陈永年　摄）

40 件大事

06 乡镇企业异军突起

江阴县村办工业创千万产值、百万利润座谈会留念 1985.4.

1985 年，江阴县召开村办工业创千万产值、百万利润座谈会

（江阴市档案史志馆　供稿）

国家集成电路（无锡）设计中心　　（市滨湖区档案史志馆　供稿）

40件大事

07 建设国家南方微电子工业基地中心

2009年6月5日，华润微电子有限公司8英寸模拟晶圆生产线投产

（市档案史志馆　供稿）

2017年，海力士二工厂签约落户无锡

（无锡日报报业集团　供稿）

2017年8月2日，华虹无锡集成电路研发和制造基地项目签约仪式在无锡市新吴区举行

（新吴区委宣传部　供稿）

位于堰桥的新宏泰公司　　（惠山区委宣传部　供稿）

人民日報
RENMIN RIBAO

有了生产经营、干部管理、劳动管理、经济分配、劳动福利等自主权

堰桥乡镇企业全面改革一年见效

粮基地试点县（市）商品率高

把“包”字引向乡镇企业

中共江苏省委文件

苏发〔1984〕24号

关于批转无锡市委《关于总结和推广无锡县堰桥乡乡镇工业“一包三改”经验的报告》的通知

1984年，江苏省委总结推广无锡“一包三改”经验及《人民日报》刊登《把“包”字引向乡镇企业》评论员文章。

40件大事

08 “一包三改”堰桥经验在全国推广

堰桥新貌 （惠山区委宣传部 供稿）

位于堰桥的燕华毛纺厂 （惠山区委宣传部 供稿）

南禅寺街道家乐花园社区帮助困难家庭增加收入　　（张立伟　摄）

国家体改委
劳动人事部 文件

体改分字〔1986〕1号

转发无锡市实行退离休职工养老保险统筹制度的通知

各省、自治区、直辖市人民政府，计划单列城市人民政府：

目前，城镇企业退离休职工养老保险费用负担畸重畸轻的现象十分突出，已成为急待解决的社会问题和经济问题。无锡市自一九八五年初以来，实行了以市为单位统筹退离休职工养老保险费用的改革。该市的这一改革，方向正确，办法稳妥，是成功的。受到国务院领导同志的赞许。现将该市《实行退离休职工养老保险统筹制度》的总结转发给你们，请于近两年内在有条件的城市参考无锡市的经验，结合具体情况，研究实行职工退离休养老保险费用社会统筹的改革。中央单位也按当地的规定参加统筹。

中华人民共和国国家经济体制改革委员会
中华人民共和国劳动人事部

一九八六年一月八日

1986年1月8日，国家体改委、劳动人事部转发《无锡市实行退离休职工养老保险统筹制度》的通知（体改分字〔1986〕1号）

40件大事 09

退离休职工养老保险改革经验在全国推广

灵活就业人员办理窗口　　（江阴市档案史志馆　供稿）

失地农民喜领社会保障卡
（江阴市档案史志馆　供稿）

工作人员在发放低保保障金领取证
（市档案史志馆　供稿）

40件大事

10 率先试点实行国有企业承包经营责任制

20世纪80年代，无锡合成化工厂举行经济承包合同签字仪式

（市发展改革委　供稿）

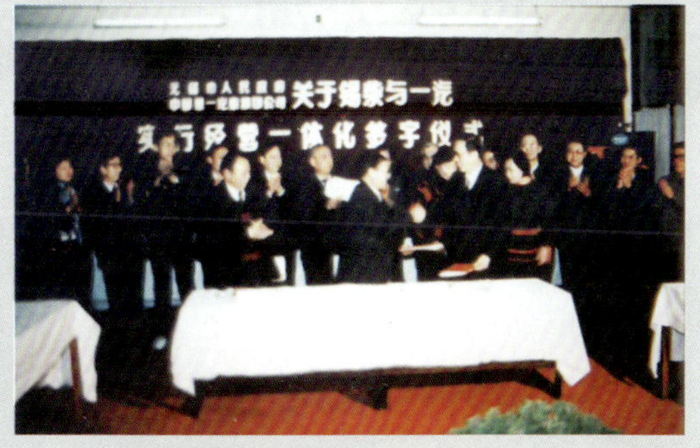

1992年12月18日，无锡市政府与一汽集团签订一汽锡柴资产经营一体化协议

（一汽锡柴　供稿）

2017年12月19日，无锡市委、市政府召开全市全面深化国有企业改革工作会议

（市国资委　供稿）

2018年2月9日，无锡市国资委召开全市国有资产监督管理工作会议

（市国资委　供稿）

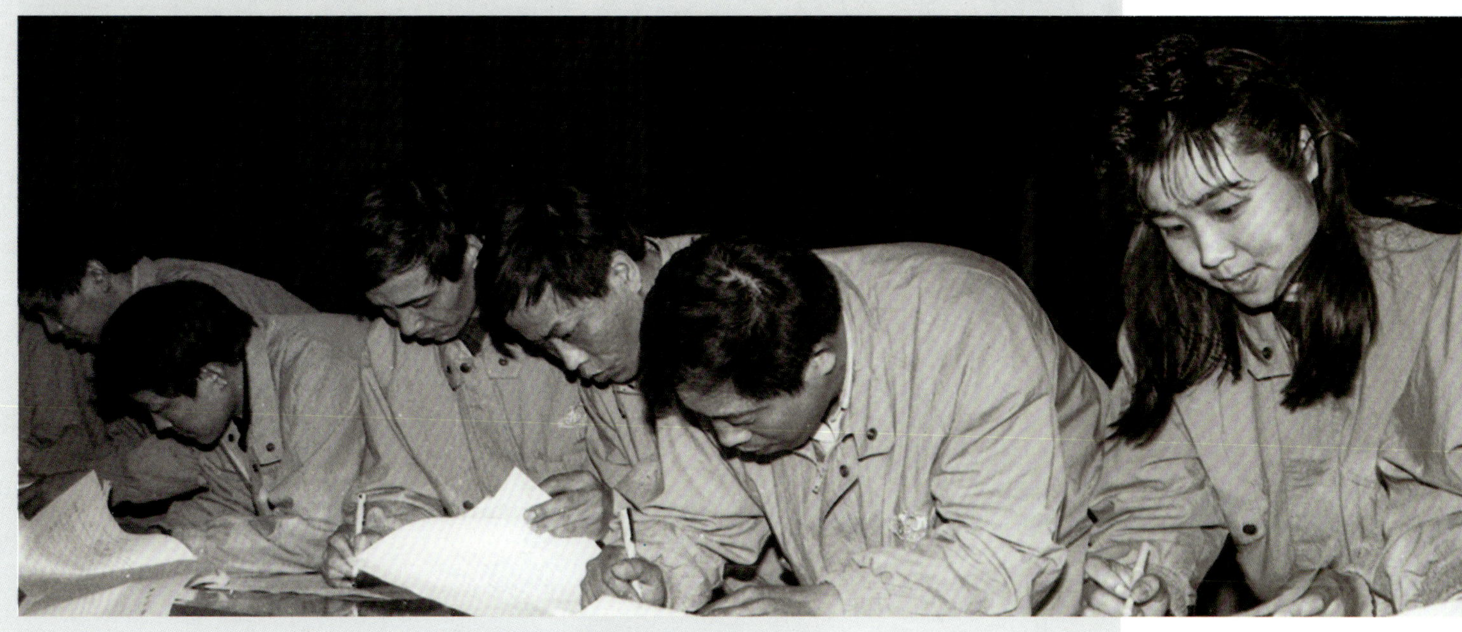

1992年，无锡油泵油嘴集团举行全员劳动合同制签约仪式

（顾祚维　摄）

40 件大事 11

太湖酒楼开创 无锡企业境外投资先河

境外投资蓬勃发展

无锡一棉(埃塞俄比亚)纺织有限公司一期工程示意图

(市商务局 供稿)

1987 年,太湖酒楼董事会成员合影

(市商务局 供稿)

1986 年,无锡市郊区河埒养殖场渔工商联合企业在澳大利亚合资创办耀锡有限公司 (滨湖区档案史志馆 供稿)

1995 年全国重点大学在无锡举办科技成果发布会 （陈永年 摄）

2018 年，南京理工大学江阴校区开工建设 （市教育局 供稿）

40 件大事

12 率先实施“科教兴市”战略

2018 年，东南大学国家示范性微电子学院签约落户无锡 （市教育局 供稿）

2018 年，南京信息工程大学滨江学院无锡校区建成招生 （市教育局 供稿）

2018 年 12 月，召开全市教育大会 （市教育局 供稿）

江阴市貌

40 件大事

13 县域经济发展持续位居全国前列

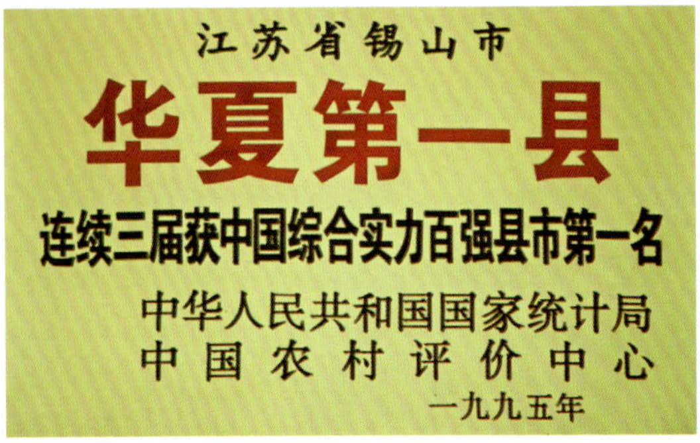

江苏省锡山市

华夏第一县

连续三届获中国综合实力百强县市第一名

中华人民共和国国家统计局
中国农村评价中心
一九九五年

1995 年，锡山市（原无锡县）被国家统计局、中国农村评价中心授予“华夏第一县”称号。

（锡山区档案史志馆　供稿）

宜兴市貌　（裴顺平　摄）

（严汉文　摄）

锡山区貌　（锡山区档案史志馆　供稿）

惠山区貌　（李怀大　摄）

无锡太湖国家旅游度假区　　（毛伟东　摄）

无锡新加坡工业园　　（新吴区委宣传部　供稿）

宜兴环保科技工业园区　　　　　　（宜兴市委宣传部　供稿）

40件大事
14
国家级、省级开发区相继成立

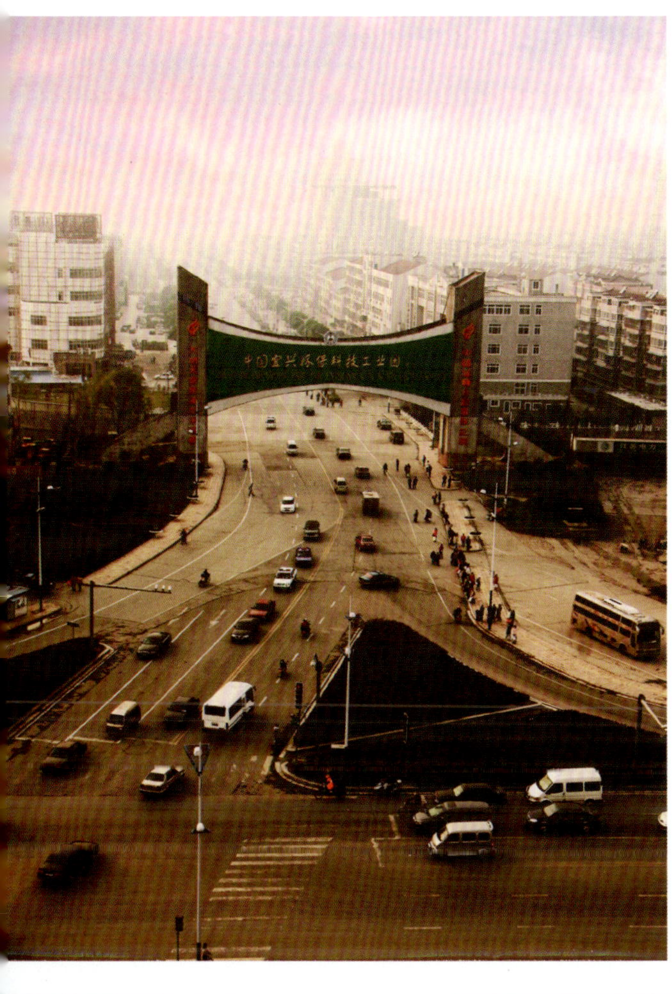

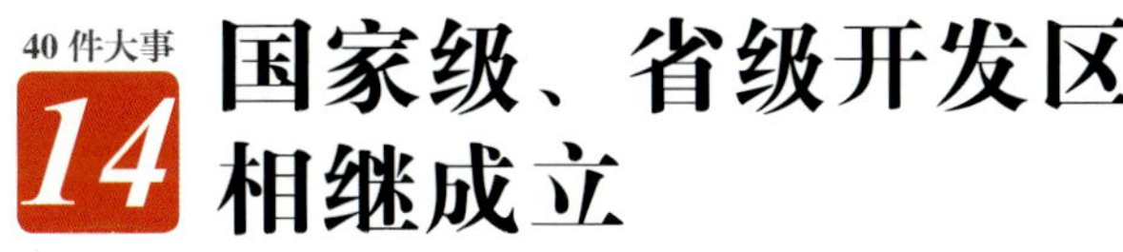

无锡国家高新技术产业开发区　　　　　　（顾祚维　摄）

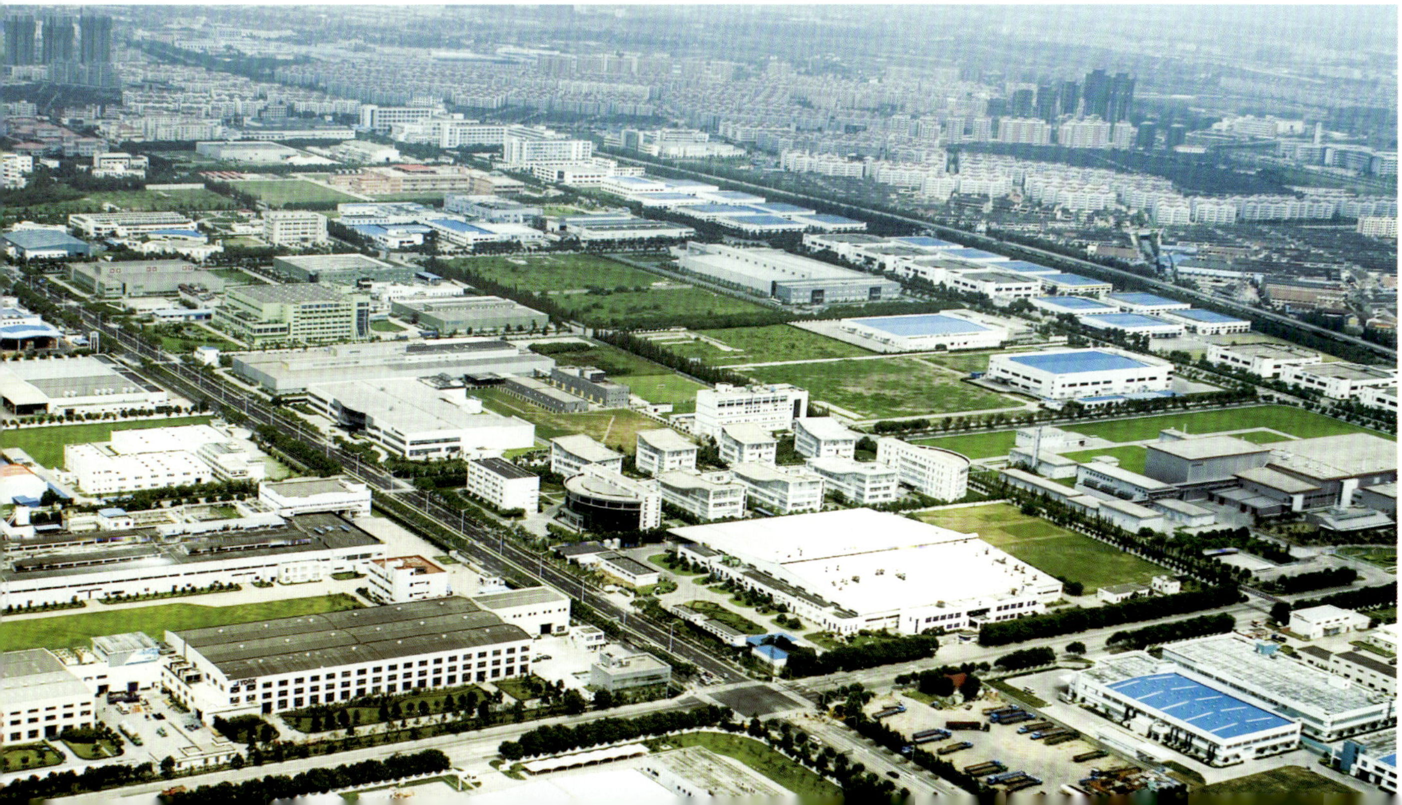

无锡市太极实业股份有限公司　　（市档案史志馆　供稿）

40 件大事

15 太极实业成为江苏省第一家上市公司

无锡资本市场由此逐步发展壮大

2017 年 4 月 12 日，太极公司员工合影　　（市档案史志馆　供稿）

2017 年 6 月 20 日，交通集团参投的中设股份在深圳证券交易所中小板首发上市

（市国资委　供稿）

2007 年江苏法尔胜股份有限公司生产场景（吕枫　摄）

2018 年 5 月 8 日，药明康德在上海证券交易所上市

（景致陶　摄）

创业板“无锡第一股”宝通带业厂景

（新吴区委宣传部　供稿）

40件大事

16 无锡陆路交通进入高速化时代

2008年12月，宁杭高铁宜兴段开工典基仪式

高铁无锡东站

（市档案史志馆　供稿）

沪宁城际高铁无锡段

无锡城市快速内环　（陈平　摄）

（宜兴市委宣传部　供稿）

（潘晓鸣　摄）

沪宁高速公路、锡澄高速公路在锡山区东北塘钱巷交汇

（锡山区档案史志馆　供稿）

蠡园风光

灵山大佛　　（刘其新　摄）

寄畅园秋韵　　（孙敏　摄

40件大事 17

无锡成为首批“中国优秀旅游城市”“中国旅游休闲示范城市”

（韦祥英　摄）

央视无锡影视基地　（许燕生　摄）

太湖鼋头渚　（陈平　摄）

40件大事

18 江阴长江公路大桥建成通车

江阴长江大桥　　（吕枫　摄）

大桥夕照　　（江阴市交通运输局　供稿）

江南大学鸟瞰　　　　（李淮云　摄）

江南大学食品科学与技术国家重点实验室　　　　（江南大学　供稿）

40件大事

19 江南大学组建成立

2018年11月，江南大学举行纪念建校60周年校友大会　　　　（江南大学　供稿）

40 1978-2018

别墅成群的华西村　（顾祚维　摄）

“天下第一村”带头人吴仁宝
（江阴市华西村　供稿）

40件大事 20

江阴华西村被誉为“天下第一村”

“天下第一村”华西村　（江阴市华西村　供稿）

锡东新城（周叶　摄）

40件大事

21 新城建设提升无锡城市能级

惠山新城夜景　（惠山区政府　供稿）

暮色中的蠡湖新城　（陈平　摄）

太湖新城　（陈平　摄）

惠山古镇

无锡阖闾城遗址博物馆

（潘晓鸣　摄）

清名桥历史文化街区　（陈平　摄）

40件大事

22 无锡晋级国家历史文化名城

中国吴文化博物馆、鸿山遗址博物馆

（市档案史志馆　供稿）

（陈平　摄）

2018年12月，首届江南文脉论坛在无锡召开

（市委宣传部　供稿）

40件大事

23 西哈努克港经济特区在柬埔寨建成

西哈努克港经济特区办公大楼

（红豆集团　供稿）

2017年6月25日，省委常委、市委书记李小敏（前排左二），柬埔寨西哈努克省副省长何茉莉（前排右一），省政府副秘书长、政务办主任方伟（前排左一）共同启动"无锡－西哈努克港"首航仪式

（市商务局　供稿）

建设中的西哈努克港特区

（红豆集团　供稿）

西哈努克港经济特区部分工厂区

（市商务局　供稿）

2009 年 7 月 3 日，全市社区扁平化管理工作推进会召开　（市委办公室　供稿）

40 件大事

24 率先推进社区扁平化管理

长庆路社区志愿者在网上为农民工预定返乡火车票　（刘芳辉　摄）

弄堂游戏，快乐童心　（市档案史志馆　供稿）

朗诗社区建立“文化驿站”，方便市民在家门口享受“精神大餐”　（刘芳辉　摄）

40件大事

25 建设国家传感网创新示范区

2018年9月15日，省委书记娄勤俭（前排右一），省委常委、市委书记李小敏（前排右二），市委副书记、代市长黄钦（二排右一）等参观世界物联网博览会展台

（市委宣传部　供稿）

2018年世界物联网博览会无锡峰会开幕式

鸿山物联网小镇展示厅　　（市委宣传部　供稿）

2018年9月14日，无锡国家传感网创新示范区部际建设协调领导小组第五次会议召开　　（市委宣传部　供稿）

（市委宣传部　供稿）

中国传感网国际创新园　　（钱伯荣　摄）

40件大事

26 建设苏南硕放国际机场

无锡机场

深航“无锡”号客机

（苏南国际机场集团　供稿）

2018年5月，无锡市首条、江苏省第二条洲际货运航线开通，无锡至欧洲洲际货运航线实现首航

（苏南国际机场集团　供稿）

2015年4月13日，苏南硕放机场在空军民航军民合用机场军民融合深度发展工作会介绍经验

（苏南国际机场集团　供稿）

（苏南国际机场集团　供稿）

“蛟龙”破浪　　（七〇二所　供稿）

40件大事 27 “蛟龙号”创造世界同类载人作业潜水器下潜纪录

2018年，“蛟龙号载人潜水器研发与应用”获国家科学技术进步一等奖

（七〇二所　供稿）

2017年11月30日，央视新闻直播间报道“深海勇士”号载人潜水器结束验收

（七〇二所　供稿）

红豆工业城　　　　（市工业和信息化局　供稿）

40 件大事

28 红豆集团党建经验向全国推广

2015 年，学习红豆党建经验实施“雁阵计划”启动仪式举行　　（市委宣传部　供稿）

中共中央组织部文件

组通字〔2012〕43 号

关于印发《现代企业制度+党的建设+社会责任——红豆集团探索构建中国特色现代企业制度的实践与启示》的通知

各省、自治区、直辖市党委组织部，各副省级城市党委组织部，中央和国家机关各部委、各人民团体组织人事部门，新疆生产建设兵团党委组织部：

最近，中央组织部组织二局会同江苏省委组织部、无锡市委组织部组成联合调研组，对红豆集团探索构建中国特色现代企业制度、把党的政治优势转化为企业发展优势的做法和成效进行深入总结，形成了《现代企业制度+党的建设+社会责任——红豆集团探索构建中国特色现代企业制度的实践与启示》的调研报告。现印发给你们，供学习借鉴。

2012 年，中共中央组织部向全国发文推广红豆集团党建工作机制

2009 年，无锡市委召开红豆集团党委和水秀社区党委先进事迹报告会　　（市委组织部　供稿）

朝霞中的地铁 2 号线　　（陈锡铭　摄）

40 件大事

29 无锡城市步入“地铁时代”

地铁 1 号线经过惠山区

2016 年 3 月 30 日，无锡地铁 3 号线一期暨 1 号线南延工程开工建设仪式举行

（无锡地铁集团　供稿）

2017 年 3 月 28 日，无锡地铁 4 号线一期工程开工建设仪式举行

（无锡地铁集团　供稿）

（顾云石　摄）

2015 年 8 月，无锡市委十二届九次全会召开　　（无锡日报报业集团　供稿）

40 件大事

30 鲜明确立产业强市主导战略

2018 年 10 月 19 日，无锡市委、市政府召开三季度全市重大项目现场推进暨经济形势分析会　　（张立伟　摄）

无锡市工业稳增长和转型升级成效明显受到国务院通报激励新闻发布会

（市工业和信息化局　供稿）

2018 年 3 月 2 日，2018 年无锡市首批重大项目集中开工仪式暨华虹无锡集成电路研发和制造基地项目开工仪式举行

（无锡日报报业集团　供稿）

40件大事

31 荣膺全国双拥模范城“七连冠”

解放军第一〇一医院与无锡市第六人民医院开展军民融合共建活动　（无锡军分区　供稿）

无锡联勤保障中心下属医院援助赞比亚出征仪式　（无锡军分区　供稿）

驻无锡某部注重军民融合发展，助推无锡经济发展　（无锡军分区　供稿）

驻无锡某部组织社区儿童开展军事趣味活动　（无锡军分区　供稿）

1994 年，无锡县人才市场开业　（陈永年　摄）

2006 无锡市毕业生双选交流大会暨人才招聘大会

（市人力资源和社会保障局　供稿）

40 件大事

32 创新创业人才助推无锡发展

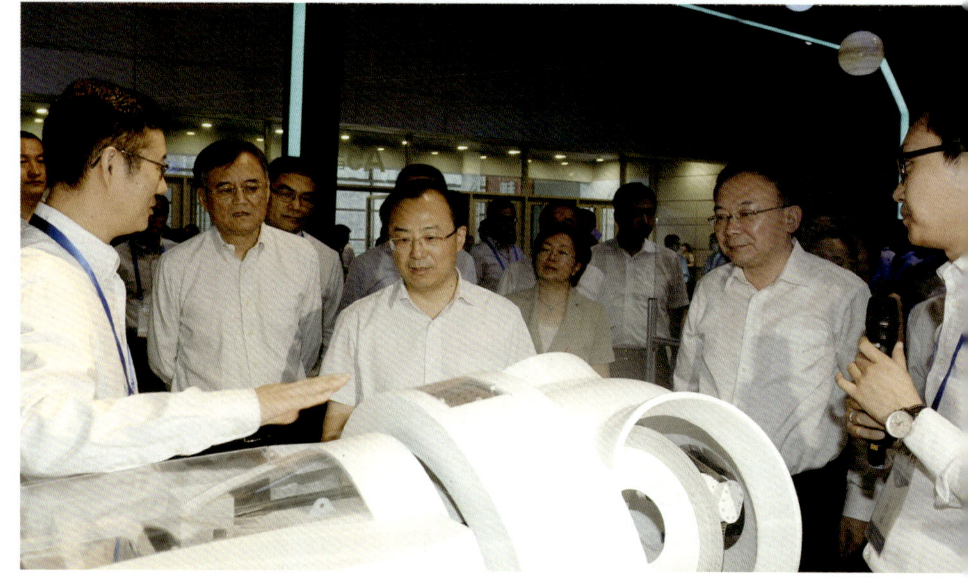

2017 年 8 月 26 日，省长吴政隆（前排左二），省委常委、市委书记李小敏（前排右二）等参观 2017 高层次人才创新创业无锡交流大会——国家“千人计划”专家技术成果展　（市工业和信息化局　供稿）

2017 年 8 月 26 日，2017 年高层次人才创新创业无锡交流大会召开

（市发展改革委　供稿）

2012 年 8 月，创新推动中国经济转型发展“千人计划”太湖（无锡）峰会主题论坛会场

（张立伟　摄）

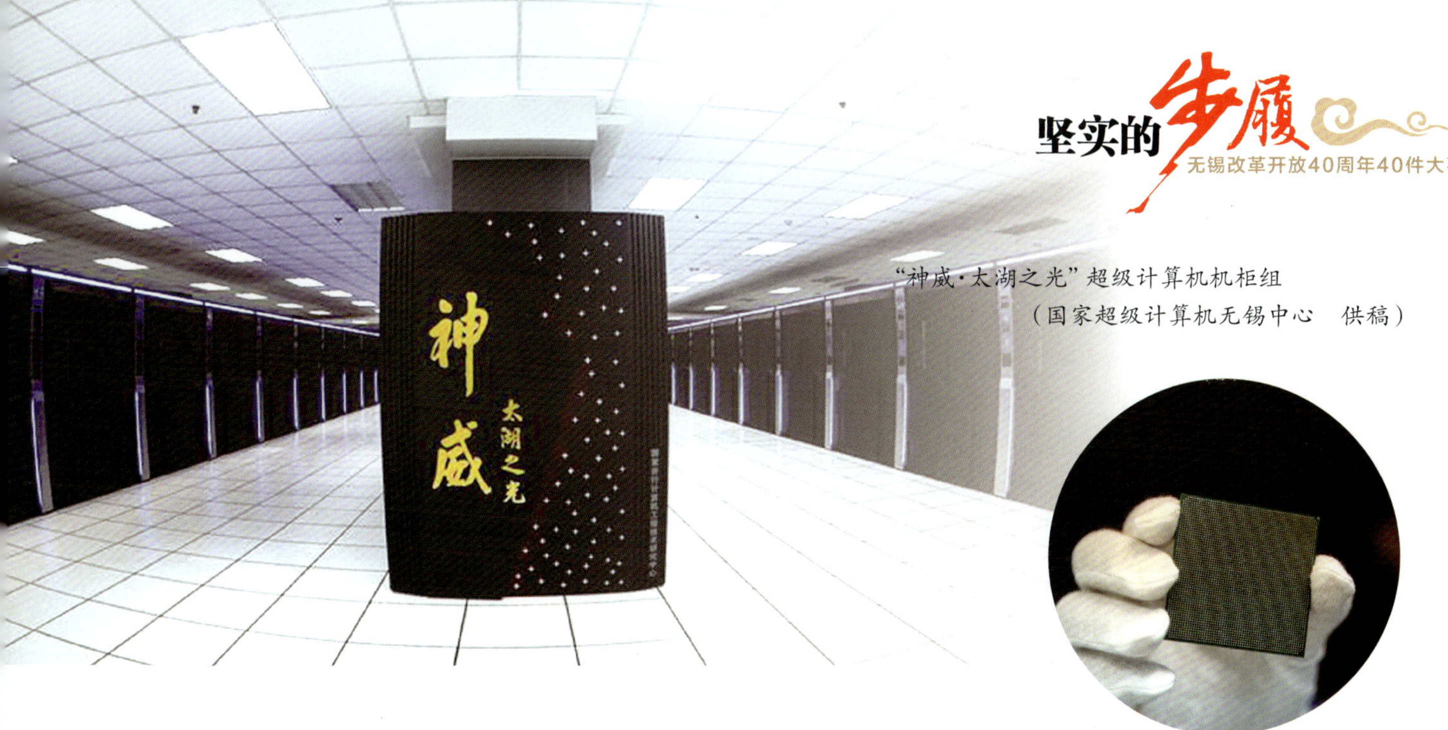

"神威·太湖之光"超级计算机机柜组
（国家超级计算机无锡中心　供稿）

40件大事
33 "神威·太湖之光"荣获四次世界超级计算机冠军

"神威·太湖之光"使用的国产芯片特写
（国家超级计算机无锡中心　供稿）

2016年，"神威·太湖之光"获世界top500冠军
（国家超级计算机无锡中心　供稿）

2016年，"神威·太湖之光"获戈登贝尔奖
（国家超级计算机无锡中心　供稿）

2017年，"神威·太湖之光"获世界top500冠军
（国家超级计算机无锡中心　供稿）

2018年，"神威·太湖之光"获戈登贝尔奖
（国家超级计算机无锡中心　供稿）

西蠡湖生态修复之水生植物养殖 （顾祚维 摄）

40件大事

34 荣获首批国家生态文明建设示范市称号

2018 年 1 月 26 日，全市河长大会召开

（符智强　摄）

2017 年 1 月 22 日，全市生态文明建设暨“两减六治三提升”专题行动动员大会召开

（市生态环境局　供稿）

波涌翠叠的金城湾生态休闲公园

（市市政和园林局　供稿）

整洁干净的锡东电厂　　（锡山区委宣传部　供稿）

无锡市公安局大数据指挥服务中心　　（夏震宇　摄）

40件大事 35

荣获全国社会综治领域最高奖“长安杯”

2017年9月，无锡市获全国社会治安综合治理最高荣誉“长安杯”

（赵小勇　摄）

无锡交警“铁骑勤务”　　（陈寒　摄）

2016年夏，无锡市公安局滨湖分局干警在辖区抗洪抢险

（梁嘉玮　摄）

街头巡逻

（夏震宇　摄）

2017 年 11 月，无锡率先创成首个全国文明城市群　　（市委宣传部　供稿）

2010 年，开展争创“文明示范街”活动　（盛国平　摄）

2017 年 3 月，惠山区开展学雷锋快闪活动　　（市委宣传部　供稿）

40 1978-2018

江苏阳光集团厂区

40件大事

37 民营经济占据无锡经济“半壁江山”

20世纪90年代初无锡市支持发展个体、私营经济新闻发布会

（市档案史志馆　供稿）

2007年无锡市非公企业经营管理者培训班

（市委组织部　供稿）

（阳光集团　供稿）

海澜之家连锁店　（海澜集团　供稿）

2003 年 3 月 31 日，12 家商业银行授信 189 亿元助私企发展　（顾祚维　摄）

2018年无锡国际马拉松赛事实现“人在画中跑”

40件大事

38 基本公共服务体系建设效果满意度全省第一

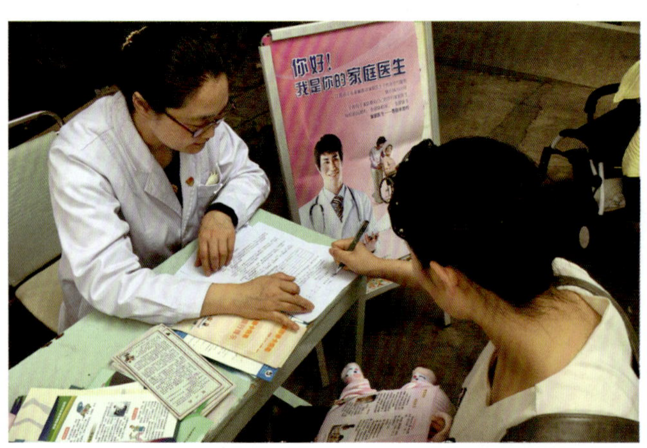

家庭医生活动宣传日（市卫生健康委　供稿）

花朵（市档案史志馆　供稿）

（市体育局　供稿）

绿色便捷的市区公共自行车　（无锡地铁集团　供稿）

2018年6月20日，全市卫生与健康大会召开　（市卫生健康委　供稿）

40 1978-2018

生态宜居的锡山区山联村

宜兴市张渚镇善卷村 （宜兴市档案史志馆 供稿）

新吴区鸿山都市农业生态园

（陈平　摄）

（市档案史志馆　供稿）

群众性文体活动在惠山区阳山桃花岛举行　（陈平　摄）

40件大事

39 在更高起点实施乡村振兴战略

2018年5月15日，无锡市委、市政府召开全市乡村振兴大会　（市委宣传部　供稿）

2018 中国 500 强企业高峰论坛　　（市工业和信息化局　供稿）

中国 500 强企业法尔胜泓昇公司生产的钢缆

（市档案史志馆　供稿）

亚洲品牌 500 强，中国企业 500 强，中国民营企业 500 强远东控股集团有限公司工厂遍布全国

（市档案史志馆　供稿）

40件大事 40

跻身万亿 GDP 城市实现历史性跨越

双良集团连续多年名列中国企业 500 强、中国制造企业百强、中国民营企业百强

（市档案史志馆　供稿）

编辑说明

一、《无锡年鉴》创刊于1991年，是由无锡市人民政府主办、无锡市档案史志馆编辑出版的年度资料性文献。本卷为第29卷。

二、《无锡年鉴（2019）》以马克思列宁主义、毛泽东思想、邓小平理论、“三个代表”重要思想、科学发展观、习近平新时代中国特色社会主义思想为指导，坚持辩证唯物主义和历史唯物主义的立场、观点和方法，全面、系统地记载2018年度无锡市政治、经济、文化、社会各方面的基本面貌和发展情况，旨在为各级领导决策和管理提供参考依据，为社会各界了解无锡、建设无锡提供最新信息，也为续修地方志积累资料。

三、《无锡年鉴》按照分类编辑法，设类目、分目、条目3个层次，部分分目下设子分目，条目为记述的基本形式。一般先有一简略介绍行业或事业情况的概况，然后按一事一条的原则设置条目。

四、《无锡年鉴（2019）》共设特载、大事记、无锡概貌、中共无锡市委员会、无锡市人民代表大会、无锡市人民政府、政协无锡市委员会、纪检·监察、民主党派·工商联、群众团体、法治、军事、经济管理、新兴产业、参与“一带一路”建设、开放型经济、开发区、农业、制造业、商贸服务业、金融业、旅游业、房地产业、信息业、交通运输、生态环境、城乡建设、科技、教育、文化、大众传播、医疗卫生、体育、人民生活、市（县）区概况、人物36个类目。书后设附录。

五、按2018年行政区划，年鉴中的“无锡市”“全市”，范围包括江阴、宜兴2个市(县)，梁溪、锡山、惠山、滨湖、新吴5个区。年鉴中的“市区”，范围仅指上述5个区。

六、年鉴中的条目，由市属各部门和各市(县)、区专人撰写，并经各自单位领导审阅。撰稿人姓名加括号列在每个条目后面，审稿人名单列于卷首。

七、本年鉴“统计资料”部分，由市统计局提供。由于统计口径的缘故，某些数据与有关业务部门使用的不尽一致，采用时请予注意。

八、本年鉴的检索方法有目录和索引两种。目录在卷首，编排至条目；英文要目编排至分目。索引在卷末，采用主题分析法编制。

九、读者可以通过手机扫描封面二维码，查阅《无锡年鉴（2019）》所有内容。

无锡市地方志编纂委员会

《无锡年鉴（2019）》

各撰稿单位主审人员

（按姓氏笔画为序）

丁　寅　丁鸭锁　于文霞　于伟治　于建军　马　剑
马卫明　马正红　王　晋　王　捷　王　萍　王　琳
王卫兵　王友宽　王冰宇　王建军　王敏军　王朝阳
毛晓刚　方枫云　邓弋青　邓小伟　石松哲　卢　益
史成飞　乐小松　包　鸣　冯　军　皮何总　邢　盈
过旭明　吕益华　吕勤彬　朱阳春　朱国富　任克奇
任金富　华　剑　华海岭　庄勤松　刘　晨　刘葱葱
刘新国　刘韶岭　刘燕萍　汤忠元　汤建华　安锡友
许麟秋　孙海东　严　峻　严雪峰　巫亚东　李　乾
李志宏　李祖坤　李海东　李维一　杨　华　杨如年
杨晋超　杨燕兰　吴　涛　吴　磊　吴正国　吴永东
吴红星　吴晓羚　吴象忠　何　鸣　邹　波　邹伟明
汪克强　沈　源　张　军　张　枝　张　铭　张　琳
张　睿　张　镇　张小民　张中云　张文新　张宁冶
张永罡　张吉平　张芸霞　张京东　张海泉　张海涛
张淇铭　张耀武　陆　洪　陆　融　陆伟明　陆政伟
陈　松　陈　勇　陈建东　陈惠莲　陈锡云　陈靖宇
武云超　金元兴　周　山　周卫平　周立军　周伟东
周桂艮　周凌晶　周海平　郑　逸　郑立平　孟　菲
赵　骏　赵志军　胡　碧　柳成安　柳高远　俞勇军
洪国喜　胥焱冰　姚健华　秦顺达　耿海华　夏正兴
夏晓东　顾　伟　徐　剑　徐惠娟　殷　超　殷兰青
高　慧　黄　珺　黄峻岭　曹泳敏　盛小伟　崔时松
符菊成　章　雷　章晓明　彭红宇　董晓婷　蒋　飞
蒋　俊　蒋晓鸣　韩家武　程　松　舒广权　蓝天月
路　斌　鲍小娟　鲍康杰　解令运　廉　文　蔡文煜
缪文峰　缪根宝　潘渔冬　薛海萍　戴可为　魏燕英

目 录

特 载

大事记

无锡概貌

中共无锡市委员会

重要活动

组织工作

宣传思想文化

统一战线

地方立法

监督工作

重大事项决定

代表工作

无锡市人民政府

综述

重要会议

为民办实事

对口支援与帮扶

行政审批和政务服务管理

外事工作

侨务工作

信访工作

群众团体

法 治

地方立法

政法委及综治

法治政府建设

公安

检察

法院

新兴产业

农 业

制造业

冶金工业

机械工业

电子工业

石化工业

电力工业

粮油工业

交通工业

商贸服务业

综述

物流业

电子商务

科技服务

会展

商品市场

供销合作商业

粮食购销

烟草专卖

生活服务业

金融业

综述

银行

房地产业

信息业

交通运输

生态环境

高新技术产业

东方硅谷创新创业人才计划

科技管理

科技活动

科技成果

国际科技合作

教 育

综述

幼儿教育

基础教育

职业教育

特殊教育

校外教育

高等教育

文 化

大众传播

医疗卫生

体育产业

人民生活

人口和计划生育

就业创业

收入和消费

社会保险

社会救助

社会福利

住房保障

社会事务

民政事务

老龄事务

民族事务

宗教事务

市（县）区概况

江阴市

宜兴市

人 物

新任中共无锡市委领导人

新任无锡市人大常委会领导人

新任无锡市人民政府领导人

中共中央、国务院表彰的改革先锋奖章获得者

国务院政府特殊津贴获得者

全国五一劳动奖章获得者

逝世人物

附 录

文献专载

文件选目

统计资料

先进名录

市辖区地名变动

索 引

Contents

Special Records

Record of Major Events

Survey of Wuxi

Wuxi Municipal CPC Committee

Wuxi Municipal People's Congress

Wuxi Municipal People's Government

Wuxi Municipal Committee of CPPCC

Discipline Inspection · Supervision

Democratic Parties • Federation of Industry and Commerce

Mass Organizations

Government by Law

Military Affairs

Economic Management

Emerging Industry

Participation in the Construction of "the Belt & Road"

Open Economy

Development Zones

Agriculture

Manufacturing Industry

Trade in Commercial Services

Financial Industry

Tourism Industry

Real Estate Industry

Information Industry

Transportation

Ecological Environment

Urban and Rural Construction

Science and Technology

Education

Culture

Mass Communication

Health Care

Sports

People's Lives

Survey of Cities（Counties）/ Districts

Figures

Appendix

Index

(Translated by: Qing Yu & Wu Gang)

高举新时代改革开放伟大旗帜 奋力开辟无锡高质量发展新境界（摘要）

——在无锡市庆祝改革开放40周年座谈会上的讲话

（2018年12月20日）

中共江苏省委常委、无锡市委书记 李小敏

一、无锡改革开放40年的奋斗历程，是全国改革发展辉煌成就的生动缩影

1978年，以党的十一届三中全会为标志，我国开启了改革开放的伟大征程。40年来，我们党团结带领全国各族人民，艰苦奋斗、顽强拼搏，坚决破除阻碍国家和民族发展的思想束缚和体制障碍，开辟了中国道路，释放了中国活力，凝聚了中国力量，实现了从赶上时代到引领时代的伟大跨越，书写了国家和民族繁荣发展的壮丽史诗，党的面貌、国家的面貌、人民的面貌、军队的面貌、中华民族的面貌发生了前所未有的变化。特别是党的十八大以来，以习近平同志为核心的党中央以巨大的政治勇气和强烈的责任担当，全面深化改革，扩大对外开放，推动党和国家事业取得历史性成就、发生历史性变革，中国特色社会主义进入新时代。40年来的实践雄辩地证明，改革开放是一条符合民心、顺应潮流的强国之路、富民之路，是决定当代中国命运的关键一招。

40年来，无锡人民在党的领导下，顺势而为、主动作为，在各个历史阶段勇当改革先行者、争做开放排头兵，夺取一个又一个改革开放新胜利，推动无锡实现了从江南传统城市到现代产业都市的华丽转身，从高度的计划经济体制到充满活力的社会主义市场经济体制的历史转换，从解决温饱到总体实现小康再到向高水平全面小康迈进的时代转变。回顾无锡改革开放40年的历程，大致可以分为四个阶段：

*第一阶段，从1978年至1992年，是改革开放的启动探索期。*这一时期，无锡紧紧把握全党工作重点根本转移的战略机遇，致力推动工作重点由以阶级斗争为纲向以经济建设为中心转移。在此过程中，无锡干部群众大胆冲破禁锢人们思想和行为的“枷锁”，以“说尽千言万语、踏尽千山万水、吃尽千辛万苦、历尽千难万险”的精神，与兄弟城市一道共同开创了以发展乡镇企业、壮大集体经济为主要形式的“苏南模式”，一举奠定了中国乡镇企业发源地的历史地位。与此同时，积极拓展国际国内两个市场、两种资源，推动城乡企业在更大范围配置要素资源，江海木业、周庄模塑分别开启了城乡企业实行中外合资的先河，实际利用外资实现了从无到有的历史性跨越。这一阶段的鲜明特征，是在冲破计划经济束缚中解放思想、解放生产力，调动和激活蕴藏在广大群众中发展生产力的巨大能量，开辟了农村工业化和经济市场化的发展道路。

*第二阶段，从1992年至2002年，是改革开放的快速推进期。*这一时期，无锡依托前期工业化积累的物质基础和长三角对外开放的历史机遇，紧扣改革开放主线，突出加快发展主题，形成了改革开放推动发展、发展促进改革开放的互动格局。在此过程中，无锡积极呼应浦东开发开放，大胆冲破“姓社姓资”的思想束缚，大力实施“外向带动”战略，一批大中型企业嫁接和利用外资加快技术改造，一批具有国际竞争力的企业进入国际市场，一批国家级、省级重点开放园区脱颖而出，全方位、多层次、宽领域的对外开放格局基本确立。坚决冲破“姓公姓私”的思想束缚，积极探索公有经济的实现形式和财产组织方式，加快推进乡镇企业转制、民营经济发展和国有企业改革，多种经济成分共同发展的格局初步形成。以建设区域型中心城市为战略重点，在全省率先实施行政区划调整，建立区域现代城镇发展体系，拉开了区域性中心城市的发展框架。这一阶段的鲜明特征，是坚持改革开放的基本国策，充分发挥市场机制的作用，更宽领域、更深层次优化配置资源，进一步解放和发展生产力。

*第三阶段：2002年至2012年，是改革开放的稳步拓展期。*这一时期，面对宏观发展形势的深刻变化，面对资源环境约束不断凸显的严峻挑战，无锡以科学发展观为统领，以结构调整、城乡统筹、改革创新、环境保护为突破口，着力推进转型升级和可持续发展。在此过程中，无锡积极推动人

才集聚和科技创新，加快培育战略性新兴产业，经济结构调整、产业转型升级迈出新步伐。全面实施中心城市带动战略，有序推进城乡规划、产业发展、就业保障、基础设施、公共服务、社会管理一体化。以太湖水环境治理为核心，扎实推进生态修复、环境保护和节能减排，推动城乡经济结构、生活方式向可持续发展方向转变。抢抓“入世”机遇，深入实施经济国际化战略，深度参与国际经济合作与竞争，对外开放的深度和广度不断拓展。这一阶段的鲜明特征，是以深化改革、扩大开放为主线，积极探索转型发展、创新发展和统筹发展新路子。

12月20日，市委、市政府召开无锡市庆祝改革开放40周年座谈会

（张立伟　摄）

第四阶段：党的十八大至今，是改革开放的全面深化期。这一时期，无锡围绕高水平全面建成小康社会和建设“强富美高”新无锡总目标，按照“五位一体”总体布局和“四个全面”战略布局，自觉践行五大发展理念，坚定实施创新驱动核心战略、产业强市主导战略等六大发展战略，改革开放呈现新气象，建设发展迈上新台阶。在此过程中，我们加大结构调整和转型升级力度，推进实施以“三去一降一补”为重点的供给侧结构性改革，致力推动城区区划调整、管办分离、放管服和国有企业等一系列改革攻坚；积极参与“一带一路”和长江经济带建设，主动顺应长三角一体化趋势，全面融入国家和省开放发展总体战略。最近三年来，针对经济发展中出现的突出矛盾和问题，校正方向、理清思路，奋力担当、埋头实干，坚持抓全局的重点、抓重点的关键、抓关键的具体，推动全市经济走出困境，有效扭转了“十二五”以来经济增速持续下滑、全省垫底的困局，在新的起点上重振无锡产业雄风。这一阶段的鲜明特征，是勇于直面前进道路上的矛盾问题，精准把脉、综合施策，戒虚求实、固本强基，更加注重发展的质量和效益，通过一系列重大改革攻坚和深化对内对外开放，推动解决了一批事关发展方向、影响发展全局的关键性、根本性问题，为无锡未来高质量发展奠定了坚实基础。

40年来，无锡经济社会各项事业在深化改革、扩大开放中破浪前行、蓬勃发展，取得了令世人刮目相看、让全市人民为之自豪的辉煌成就。综合实力大幅提高。1978年至2017年，地区生产总值从24.9亿元增加到10511.8亿元，增长了421.2倍；全市常住人口人均GDP从687元提高到16.07万元，位居全国主要城市前列。改革攻坚多点突破。农村集体产权、行政审批、民生建设、社会治理、生态文明等各领域改革全面发力，国企改革不断深化，江阴县级集成改革试点率先推进，经济发达镇行政管理体制改革经验在全国推广。对外开放成果丰硕。2017年全市实现进出口总额812.5亿美元，比1978年增长4276倍。目前已有100家全球财富500强企业在无锡投资，累计实际利用外资达558亿美元。其中，近三年累计到位注册外资103亿美元，占改革开放以来总量的近五分之一。城市能级全面提升。2017年常住人口城镇化率达到76%，比1978年提高了55个百分点。市域范围形成了以中心城市为主体、江阴宜兴为两翼、若干新城新市镇为骨架的三级城镇空间结构。以长三角机场枢纽、全国性铁路枢纽、区域性物流枢纽为特征的全国性综合交通枢纽城市地位逐步确立。人民生活显著改善。40年来，城镇居民人均收入年均增幅高于地区生产总值增幅，2017年城市居民人均可支配收入、农民人均收入分别达到52659元、28358元，分别较1978年增长154倍和156倍。城乡环境宜居宜业。跻身首批全国生态文明建设示范市，创成首个全国文明城市群，荣获全国社会治安综合治理最高荣誉“长安杯”，被中国社科院评为内地最宜居城市。

回顾无锡改革开放40年走过的发展历程，我们要向我们的前辈致敬，向为无锡发展孜孜追求、不懈奋斗的广大干部群众和千千万万企业家、创业者们致敬！正是他们以无所畏惧的胆识和勇气，冲破思想禁区、打破发展僵局，书写了领时代之先风的精彩篇章；正是他们以激情创业的担当，“摸着石头过河”，一次又一次涉险闯关，把无锡改革发展各项事业不断推向前进。最好的纪念是精神的传承和道路的坚持。我们要弘扬前辈们披荆斩棘、奋勇争先的精神，坚持走改革开放道路不动摇，在新的征程上创造无锡改革开放新辉煌。

二、无锡改革开放40年的经验启示，是新时代推进高质量发展的宝贵财富

过去40年是改革开放波澜壮阔的40年，是解放思想、锐意创新的40年，也是经受考验、负重拼搏的40年。这40年，我们走出了一条具有时代特征、中国特色、无锡特点的改革开放之路。40年改革开放的经验和启示，是我们在新起点深化改革开放、在新起点推进高质量发展的宝贵精神财富、强大精神动力。

40年的实践启示我们，在新起点深化改革开放，在新时代推进高质量发展，必须始终坚持党的领导。习近平总书记强调：“党政军民学，东西南北中，党是领导一切的。”无锡改革开放取得成功的关键在党的领导，根本在始终坚持党的领导。40年来，无锡广大党员干部在党的坚强领导下，认真贯彻党的路线方针政策，制定实施一系列推进改革开放的战略举措，克服了重重困难，经受了重重考验，推动无锡经济社会发展不断迈上新台阶。40年的实践证明，正是始终坚持党的全面领导，才保证了无锡改革开放的正确方向。我们要更加自觉地维护党中央权威和集中统一领导，不忘初心、牢记使命，坚定在党的领导下“将改革开放进行到底”的信心和决心，不断提高各级党组织把方向、谋大局、定政策、促改革的能力和定力，努力开创无锡改革开放、高质量发展的新局面。

*40年的实践启示我们，在新起点深化改革开放，在新时代推进高质量发展，必须持续推动思想解放。*习近平总书记指出：“没有思想大解放，就不会有改革大突破。”回顾40年来无锡改革开放的历程，无论是苏南模式的创造，还是打破“姓社姓资”“姓公姓私”的思想束缚，无论是率先破除“以物为本”的思想障碍，还是推动经济社会走上以人为本、全面协调可持续发展的轨道，解放思想是贯穿始终的一条主线。今年以来，我们按照省委部署要求，深入开展解放思想大讨论活动，引导全市上下切实破除与“践行新思想、落实新要求、担当新使命”不相适应的思维定势、行为模式，以思想大解放推动改革再深入、实践再创新、工作再抓实。40年的实践证明，改革开放的过程就是思想解放的过程，解放思想是无锡改革开放“活的灵魂”。我们要坚定不移依靠解放思想开阔视野、开拓思路，坚定不移依靠解放思想深化改革、扩大开放，推动无锡各项事业不断取得新的突破。

*40年的实践启示我们，在新起点深化改革开放，在新时代推进高质量发展，必须紧密结合无锡实际。*习近平总书记强调：“领导干部要按照实际情况决定工作方针，不提不切实际的口号，不提超越阶段的目标，不做不切实际的事情。”40年来，无锡走过的路，是一条把上级精神与本地实际有机结合、探索创新之路。改革开放初期，以发展乡镇企业为基础，坚持“围绕农业办工业、办好工业促农业”的发展思路，走出了一条农村工业化、城镇化的发展道路；浦东开发开放后，发挥无锡独特地理区位优势，主动接轨上海、服务上海、融入上海，创办经济开发区，走出了一条经济市场化、国际化的发展新路。近年来，我们立足无锡的资源禀赋和工商基因，牢牢把握发展实体经济这一根本，走出了一条创新驱动、产业强市的发展道路。40年的实践证明，推动改革发展，必须立足自身发展阶段、发展基础、发展条件，把比较优势最大程度转化成竞争优势，把潜在优势最大程度激发为现实优势。我们要始终坚持一切从无锡实际出发，上下结合、融会贯通、因地制宜地推进改革开放，形成更多的“无锡经验”，贡献更多的“无锡创造”。

*40年的实践启示我们，在新起点深化改革开放，在新时代推进高质量发展，必须尊重基层创新创造。*习近平总书记指出：“改革开放在认识上和实践上的每一次突破和深化，改革开放中每一个新生事物的产生和发展，改革开放每一个领域和环节经验的创造和积累，无不来自亿万人民的智慧和实践。”40年来，正是基层和群众的一次次创新创造推动了变革的一次次突破、赢得了发展的一次次率先。上世纪80年代，无锡首次将农村改革的经验引入乡镇经济，创造出闻名全国的“一包三改”堰桥经验，孕育了“华夏第一县”“神州第一郊”“天下第一村”，其中华西村成为中国农村改革发展的一面旗帜。20世纪90年代，大胆推动乡镇企业产权制度改革，率先推行国企股份制改革；对外开放从“三来一补”利用外资、出口创汇到“引进来”与“走出去”相结合，层次和水平不断提高。近年来，以供给侧结构性改革为主线，无锡相对集中行政许可权改革、江阴县级集成改革等成为全省试点；无锡主导设立的柬埔寨西哈努克港经济特区，成为全国“一带一路”建设的标志性典范项目，被习近平总书记誉为“中柬务实合作的样板”，这些都是基层创造性实践的结果。40年的实践证明，基层群众的创新创造，是改革开放的动力之源、活力之源。我们要始终尊重基层创新创造、鼓励基层创新创造、支持基层创新创造，从群众的实践创造中汲取营养智慧，在充分调动人民群众积极性主动性创造性中成就发展伟业。

*40年的实践启示我们，在新起点深化改革开放，在新时代推进高质量发展，必须践行以人民为中心的发展思想。*习近平总书记指出：“为中国人民谋幸福，为中华民族谋复兴，是中国共产党人的初心和使命，也是改革开放的初心和使命。”40年来，无锡坚持在发展中保障和改善民生，在各个阶段都部署推进了一系列富民为民工程，接续办好一批又一批民生实事，无锡人民的日子一年比一年好。40年的实践证明，人民群众对美好生活的期待是我们的奋斗目标，是推进改革开放的出发点和落脚点。我们要始终把人民放在心中最高的位置，多想纾解民忧的思路办法，多办增进民利的好事实事，让发展更有温度、服务更具品质、社会更为安宁，让群众的获得感、幸福感、安全感更加充实、更有保障、更可持续。

成绩来之不易，经验弥足珍贵。我们在为取得的辉煌成就感到自豪的同时，更要清醒认识发展中面临的困难和挑战，增强危机意识、忧患意识，居安思危、居危思变，坚持问题导向，坚持开拓创新，坚持低调务实，一步一个脚印朝着既定目标奋力前行。

三、高举新时代改革开放伟大旗帜，奋力开辟无锡高质量发展新境界

实践永无止境，解放思想永无止境，改革开放也永无止境。全市上下要以庆祝改革开放40周年为契机，深入贯彻习近平新时代中国特色社会主义思想和中共十九大精神，全面落实习近平总书记关于江苏工作的重要指示批示精神，按照省委对无锡提出的“当好全省高质量发展的标杆、示范和领跑者”的要求，持续解放思想、主动对标找差，咬定发展目标、坚定发展信心，扎实推动改革再深入、开放迈新步，努力走出一条体现时代要求、彰显无锡特色的高质量发展之路。

*我们要坚定推进产业强市，优化经济发展质态。*只有坚守重振产业雄风这个“初心”不动摇，咬定产业强市这座“青山”不放松，无锡才能在新一轮发展竞争中抢占先机、赢得主动。

要保持推进产业强市的战略定力，致力构建自主可控的现代产业体系和产业科技创新体系，加快推进产业转型升级和新旧动能转换，努力建设国内一流、具有国际影响力的现代产业高地、科技创新高地、人才发展高地，推动“万亿后”的无锡经济行稳致远。

我们要持续深化改革开放，激发创新活力源泉。全面深化改革、全面扩大开放，是新时代迈向基本实现现代化，直至全面建成社会主义现代化强国的根本路径。要坚持以改革破解难题、以开放促进发展，着力激发经济的活力和动力、基层的活力和动力、市场主体的活力和动力，着力构建国际经贸新生态、打造国际合作新样板、开辟国际交流新境界，在全面深化改革开放中抢抓机遇、迎接挑战、开创新局。

我们要构建一体发展格局，提升整体竞争优势。无锡城乡、区域发展虽然处于较高水平，但还存在发展不协调、不协同的问题。要面向外部一体对接，主动衔接长江经济带、长三角城市群等规划，积极接轨上海大都市圈建设，高标准建设全国性综合交通枢纽城市、区域性中心城市；着眼区域一体联动，构建完善“一轴一环三带”“一体两翼两区”的市域空间布局和“一城两核三片六组团”的市区空间布局，在锡澄宜一体化发展上迈出新步伐、取得新突破；统筹城乡一体发展，协调推动老城区更新改造、太湖新城开发建设，积极推进城乡融合重点区域发展，大力实施乡村振兴战略，让全市人民共建共享一体化发展成果。

我们要坚持传承创新并重，打造特色人文品牌。一流的城市需要一流的文化，一流的文化塑造一流的城市。要坚持在传承中保护、在保护中利用，统筹抓好文化事业与文化产业，加快建设文化价值高地、文化传播高地、文明风尚高地、文化服务高地、文化产业高地，精心打造吴文化名城、工商文化名城、影视文化名城，不断提高无锡文化的传播力，扩大无锡作为江南文脉核心区域的影响力。

我们要积极践行生态理念，建设绿色宜居家园。绿色发展对于无锡尤为重要。要正确处理当前利益和长远发展的关系，科学把握经济发展和生态保护的关系，自觉践行“绿水青山就是金山银山”的理念，坚定不移走生态优先、绿色发展道路，扎实推进系统“防”、科学“治”、长效“管”的各项措施，全力促进生态环境全面性、根本性好转，努力走出一条产业转型升级、环境持续改善的发展新路。

我们要主动顺应群众期待，提高民生幸福水平。增进民生福祉是我们一切工作的根本出发点和落脚点。要牢固树立为民服务的宗旨意识，始终聚焦群众最关心最直接最现实的利益问题，集中力量、集中资源落实富民硬任务，统筹推进教育、卫生、体育、养老等民生事业发展，切实做好困难群众帮扶工作，不断加强社会治理创新和现代文明城市建设，让无锡百姓生活得更加顺心、更加舒心、更加安心。

事业发展，关键在党，关键在人。我们要全面贯彻落实新时代党的建设总要求，坚定推动全面从严治党向纵深发展，为新时代全面深化改革开放提供坚强保证。要抓牢党的政治建设。坚持不懈用习近平新时代中国特色社会主义思想统一思想和行动，教育引导全市广大党员干部不断筑牢理想信念之魂，严守党的政治纪律和政治规矩，切实增强“四个意识”、坚定“四个自信”、做到“两个维护”，始终在思想上政治上行动上同以习近平同志为核心的党中央保持高度一致。要夯实党的基层基础。以提升组织力为重点，突出政治功能，深入实施基层党建“三项工程”，加强企业、农村、机关、事业单位、社区等各领域党建工作，不断扩大基层党的组织覆盖和工作覆盖，把党的建设责任传导到“神经末梢”、任务落实到“基层细胞”，推动全市基层党组织全面进步、全面过硬。要锤炼过硬干部队伍。坚持党管干部原则和好干部标准，建立健全素质培养、知事识人、选拔任用、从严管理、正向激励“五大体系”，加强对干部思想、工作、作风、纪律的全方位管理，注重培养选拔优秀年轻干部和女干部、党外干部，注重发挥各年龄段干部积极性，建设一支忠诚干净担当的高素质专业化干部队伍。要强化担当作为导向。积极推动鼓励激励、容错纠错、能上能下“三项机制”见人见事、落细落实，旗帜鲜明支持和保护那些作风正派又敢作敢为、锐意进取的干部，进一步强化能者上、庸者下、干者容、劣者汰的用人导向，促进党员干部担当作为、干事创业，切实担负起历史和时代赋予的责任使命。要深化正风肃纪反腐。认真贯彻中央八项规定和《实施细则》精神，严格执行省、市委《具体办法》，综合运用监督执纪“四种形态”，严肃查处领导干部违纪违法案件，严厉惩治群众身边的不正之风和腐败问题，严肃整治形式主义、官僚主义问题，进一步形成风清气正的政治生态和干事创业的良好环境。

回顾过去，无锡曾是开路先锋；审视当下，无锡正在重振雄风；展望未来，无锡必将再攀高峰！让我们更加紧密团结在以习近平同志为核心的党中央周围，扬帆再起航，整装再出发，凝心聚力开创改革开放新局面，众志成城夺取事业发展新胜利，为建设世界格局中的无锡、现代化形态中的无锡、人民更加幸福美好的无锡而不懈奋斗！

（市委办公室）

无锡改革开放40周年40件大事

一、以真理标准问题大讨论为起点持续推进思想解放

1978年5月,《光明日报》公开发表无锡籍学者胡福明等人以“本报特约评论员”名义撰写的《实践是检验真理的唯一标准》一文,在全国上下引发了一场关于真理标准问题的大讨论。1978年年底,胡福明应邀到无锡作专题讲座,为推动无锡真理标准问题讨论和开启改革之路起到积极促进作用。1992年后,无锡以邓小平南方谈话为强大动力,打破姓“社”姓“资”、姓“公”姓“私”的思想束缚,着力调整市场结构和所有制结构,改革开放向纵深推进。2018年,全市上下聚焦省委提出的“六个高质量”要求和“当好全省高质量发展领跑者”目标,兴起新一轮思想大解放的热潮,以思想大解放引领发展高质量,努力建设世界格局中的无锡、现代化形态中的无锡、人民更加幸福美好的无锡。

二、无锡“三美”教育成为全国“五讲四美三热爱”活动源头

1980年起,无锡市第三十四中学(现青山高级中学)在全校开展“三美”(即思想美、仪表美、语言美)教育。6月14日,《文汇报》头版刊登《无锡三十四中学开展“三美”教育,引导学生做到思想美仪表美语言美》一文。同月,中央领导充分肯定无锡市第三十四中学关于开展思想、仪表、语言的审美教育活动的经验,要求在全国开展“五讲”活动。7月2日,《人民日报》刊登题为《“三美”教育好》的评论文章。1981年,共青团中央在“三美”教育基础上提出在全国开展“五讲四美”活动的要求。1983年,和国务院提出开展“全民文明礼貌月”活动,在“五讲四美”的基础上增加“三热爱”。自此,“五讲四美三热爱”活动在全国展开。20世纪80年代这一具有首创性的群众性活动,成为社会主义精神文明建设的一项具有先导意义的重要实践。

三、无锡成为全国15个经济中心城市之一

1981年,无锡市被列为全国15个经济中心城市之一。1984年,被列为全国第一批13个较大城市之一。进入21世纪,先后获得“中国十大经济活力城市”“中国综合竞争力十强城市”“全国首批综合发展质量优秀市”“中国大陆最佳商业城市”“中国全面小康特别贡献城市”等荣誉称号。2018年,位居全国小康城市百强前列。

四、江苏第一家中外合资企业江海木业在无锡成立

1981年4月15日,江苏省轻工进出口公司、无锡家具总厂、无锡县轻工公司与菲律宾维德集团香港维德行合资成立江苏省第一家中外合资企业——中国江海木业有限公司,国家工商行政管理局颁发的营业执照为工商企合字“10001”号。江海木业在无锡的注册,拉开了江苏发展外向型经济的序幕。至2017年年底,全市累计批准外商投资企业14287个,全球财富500强企业中有100家在无锡投资兴办192家外资企业,与200多个国家和地区建立经贸合作关系。

20世纪80年代三里桥水运码头 (无锡市档案史志馆 供稿)

五、市管县领导体制形成“大无锡”格局

1983年3月1日,无锡市实行市管县领导体制,江阴县、无锡县、宜兴县分别由苏州、镇江地区划归无锡市管辖,形成“大无锡”发展格局。1987年4月、1988年3月、1995年6月,江阴县、宜兴县、无锡县先后撤县设市。2000年12月,撤销县级锡山市,设立锡山区、惠山区;撤销马山区,马山区、郊区和原锡山市的9个镇合并设立滨湖区。2016年2月,崇安、南长、北塘三个区合并为梁溪区;组建成立新吴区。2017年,全面部署启动锡澄锡宜一体化建设。多轮区划调整,为无锡优化空间布局、集聚发展动能、厚植发展优势奠定了坚实基础。

六、乡镇企业异军突起

改革开放以来,无锡农民发扬“四千四万”(走遍千山万水,吃尽千辛万苦,说尽千言万语,历尽千难万险)精神,推动乡镇企业异军突起。江苏省第一个亿元村、第一个亿元乡、第一个亿元镇均诞生在无锡。1983年,在中国首批9个亿元乡镇中,无锡占据5个,分别是无锡县前洲乡、玉祁乡,郊区黄巷乡,江阴县周庄乡、华士镇。无锡将农村改革的经验引入乡镇经济,与兄弟城市一道开创了“三为主一共同”的“苏南模式”,成为中国乡镇企业的发源地。乡镇企业的异军突起,被邓小平誉为“中国农民的伟大创造”,是中国农村继家庭联产承包责任制以后的第二次重大变革。

七、建设国家南方微电子工业基地中心

1983年,国家南方微电子工业基地中心落户无锡。1986年,中国第一块64K超大规模集成电路在无锡微电子公司试制成功。1990年,国家微电子908工程在华晶电子集团公司实施。2005年,海力士半导体超大规模集成电路制造项目在无锡高新区开工建设,成为江苏省当时最大外商独资项目;2017年总投资86亿美元的海力士二工

厂正式签约落户。海力士半导体有限公司在无锡总投资超过120亿美元。2017年，总投资超100亿美元的华虹集团集成电路研发和制造基地项目落户无锡高新区，成为无锡单体投资最大的重大产业项目。截至2017年年底，无锡半导体产业规模位居江苏第一、全国前列；集成电路产业产值规模达890亿元，在全国各大城市中位居第二，仅次于上海。

八、"一包三改"堰桥经验在全国推广

1983年，无锡县堰桥乡在全国第一次把农业改革成功经验推广到乡镇企业管理中，全面实行经济承包责任制，改干部任免制为选聘制，改工人录用制为合同制，改固定工资制为浮动工资制，史称"一包三改"。1984年4月8日，无锡市委总结推广"一包三改"堰桥经验，将乡镇企业的改革引向深入。4月13日，《人民日报》在头版刊登《堰桥乡乡镇企业全面改革一年见效》一文，并配发评论《把"包"字引向乡镇企业》。5月25日，省委批转无锡市委《关于总结和推广无锡县堰桥乡乡镇工业"一包三改"经验的报告》。"一包三改"经验的影响由全市至全省并辐射全国，极大激发了乡镇企业的内在动力和发展活力，堰桥一举成为20世纪80年代闻名全国的"改革之乡"。

九、退离休职工养老保险改革经验在全国推广

1985年，无锡市在全国率先实行以市为单位统筹退离休职工养老保险费用的改革，使养老保险由企业保障转向社会保障。1986年1月，国家体改委、劳动人事部向全国推广无锡经验。至2017年，无锡基本形成覆盖城乡的社会保障制度框架，全市社会保险综合覆盖率达98%以上。

十、率先试点实行国有企业承包经营责任制

1986年，无锡市被国家体改委确定为全国6个企业承包经营责任制试点城市之一。1987年，被国务院列为全国企业经营责任制试点城市。至1988年年底，企业承包经营责任制在全市国有、集体企业中全面实行。1996年，无锡市组织实施企业综合配套改革试点工作。2001年起，无锡市全面实施以产权制度改革为核心的国有企业改革，市各产业局相继改为资产经营公司。至2006年12月，全市599家企业完成改制。2008年起，整合重组市级国有企业集团。至2015年年末，形成由市国资委监管的10家企业集团和2家平台公司。2017年12月，市委、市政府以做强做优做大国有企业为重点，制定《关于全面深化国有企业改革的实施意见》，确立新一轮国有企业改革的任务书、时间表、路线图，推动无锡国有经济发展再上新台阶。

十一、太湖酒楼开创无锡企业境外投资先河

1986年，无锡市饮食服务公司在荷兰阿姆斯特丹合资创办太湖酒楼，开创无锡企业境外投资的先河。同年7月，无锡市郊区河埒养殖场渔工商联合企业在澳大利亚合资创办耀锡有限公司，成为中国农民在境外投资兴办的第一家合资企业。截至2017年年底，全市累计批准境外投资项目990个，中方协议投资额100.7亿美元，涉及89个国家和地区，涵盖制造业、批发零售业、商务服务业等多个投资领域。

十二、率先实施"科教兴市"战略

1989年，无锡市委、市政府率先在全省实施"科教兴市"战略，深化科技和教育体制改革，坚持教育为本，把科技和教育摆在经济社会发展的重要位置，着力提高科技进步对经济和社会发展的贡献率。2013年，在全省率先建成"江苏省学前教育改革发展示范区"，率先实现全部市（县）区通过"义务教育发展基本均衡"国家认定。2018年，南京信息工程大学滨江学院无锡校区建成招生，南京理工大学江阴校区开工建设，东南大学国家示范性微电子学院签约落户无锡。召开全市教育大会，推动教育高质量发展，加快教育现代化建设，办好人民满意的教育。2017年，全市科技进步贡献率达63.8%，连续多年蝉联全省第一；全社会研发投入占地区生产总值比重达2.83%，位居全省第二；企业研发费用占销售收入比重达1.75%，位居全省第一；获国家科技奖励、中国专利奖的数量连续多年位居全国同类城市前列，被列为"中国制造2025"苏南城市群试点示范城市、国家知识产权示范城市。

十三、县域经济发展持续位居全国前列

改革开放以来，无锡城乡经济迅速发展，特别是实行市管县领导体制后，县域经济发展在经济实力、增长潜力、富裕程度、绿色发展等方面走在全国前列。1992年，无锡县在首届中国农村综合实力百强县评比中名列第一，以后又连续两届位居榜首，1995年被国家统计局、中国农村评价中心授予"华夏第一县"称号。2003年起，在全国县域经济与县域综合发展评比中，江阴市连续十六年获得百强县第一名，宜兴市连续十六年入围百强县前十名。2017年，江阴市被确定为全省唯一一个县级集成改革试点县（市）。

十四、国家级、省级开发区相继成立

1992年至1993年，无锡国家高新技术产业开发区、宜兴环保科技工业园、无锡太湖国家旅游度假区、无锡新加坡工业园相继成立。2009年、2014年，无锡国家高新技术产业开发区被命名为国家传感网创新示范区、苏南国家自主创新示范区。截至2017年年底，全市有国家级开发区6家、省级开发区8家。开发区成为无锡先进生产力和生产要素的集聚地，成为对外开放的主窗口、利用外资的主阵地。

十五、太极实业成为江苏省第一家上市公司

1993年7月28日，江苏省第一家上市公司——无锡市太极实业股份有限公司在上海证券交易所上市挂牌交易，无锡资本市场由此逐步发展壮大。2018年，全市上市公司累计131家，其中A股上市公司79家，上市公司数量位居全省第一，在全国地级市名列前茅，被业内称为"无锡板块"，成为国内最受资本关注的十大城市之一。

十六、无锡陆路交通进入高速化时代

1996年，沪宁高速公路无锡段竣

工通车，结束了无锡高速公路空白的历史。2008年以来，无锡城市快速内环、机场路高架、江海路和蠡湖大道快速化改造等一批城市快速路相继建成，形成无锡快速路网格局。2010年、2011年，沪宁城际铁路、京沪高速铁路竣工通车，无锡进入“高铁时代”。2013年，宁杭城际铁路建成通车，宜兴融入长三角一小时都市圈。2017年，启动建设苏锡常南部高速公路，是江苏省高速公路建设史上一次性单体投资最大的项目，也是无锡市迄今为止单体投资规模最大的公路基础设施项目。其中，太湖隧道是全线关键控制性工程，是目前国内最长最宽的水下高速公路隧道工程。

十七、无锡成为首批“中国优秀旅游城市”“中国旅游休闲示范城市”

无锡风光旖旎，景色宜人，旅游资源丰富。截至2017年年底，全市拥有3处国家AAAAA级旅游景区、27处国家AAAA级旅游景区。1998年，被国家旅游局评为首批“中国优秀旅游城市”。2017年，被国家旅游局评为首批十大“中国旅游休闲示范城市”，并入选体育旅游十佳目的地。2013年、2016年、2017年，先后三次获“内地最宜居城市”称号。

十八、江阴长江公路大桥建成通车

1999年9月28日，江阴长江公路大桥建成通车。江阴大桥是中国首座跨径超千米的特大型钢箱梁悬索桥梁，也是20世纪“中国第一、世界第四”大钢箱梁悬索桥，是国家公路主骨架中同江至三亚国道主干线以及北京至上海国道主干线的跨江“咽喉”工程，是江苏省境内跨越长江的第二座大桥。

十九、江南大学组建成立

2001年1月，经教育部批准，无锡轻工大学、江南学院、无锡教育学院合并组建江南大学。江南大学从以食品、发酵、轻纺为主要特色的工科类高校，发展成为多学科协调发展的综合性大学，并跻身于教育部直属、国家“211工程”重点建设高校行列。2017年，江南大学入选一流学科建设高校名单，轻工技术与工程、食品科学与工程两个学科入选“双一流”建设学科名单。

二十、江阴华西村被誉为“天下第一村”

2001年，在中组部、中宣部等部门联合主办的“肩负人民的希望”大型图片展上，江阴市华西村被誉为“天下第一村”。2005年12月，华西村原党委书记吴仁宝被中宣部、中央先进性教育活动办公室列为全国第三批先进性教育活动重大典型。2009年、2018年，吴仁宝分别被授予100位新中国成立以来感动中国人物、100名改革先锋荣誉称号。中共十八大以来，华西村贯彻新发展理念，以转型升级、改革创新培育发展新动能，努力构筑效益优良的“百年企业”和富裕幸福的“百年村庄”的“华西梦”。多年来，无锡市持续开展“学习华西村”“学习吴仁宝”等主题活动，形成无锡党建工作的特色品牌。

二十一、新城建设提升无锡城市能级

2002年起，无锡市连续实施三个三年城市建设行动计划，开启21世纪之初大规模、系统化城市建设序幕，先后重点建设蠡湖新城、惠山新城、锡东新城、太湖新城。其中，蠡湖新城建设获2008年无锡改革开放30年最具影响力城市建设工程奖。2018年，市委、市政府决定依托无锡经济开发区对太湖新城管理体制作出部署调整，围绕生态环保示范区、科技创新先导区、现代产业引领区、高端人才集聚区的定位和目标，将太湖新城建设成为无锡新一轮城市规划“一城两核三片六组团”市区总体空间布局中的重要一核。

二十二、无锡晋级国家历史文化名城

2007年，经国务院批准，无锡晋级国家历史文化名城。2010年，清名桥历史文化街区入选第二批“中国历史文化名街”。2012年，无锡惠山祠堂群被列入“中国申报世界文化遗产预备名单”，无锡国家数字电影产业园被授予国家级文化和科技融合示范基地。2014年，大运河无锡段参与申遗成功。2016年年底，无锡成功创建国家公共文化服务体系示范区。2018年6月，无锡成为江苏省唯一入选国家13家文化出口基地的城市。2018年12月，成功举办首届江南文脉论坛，在江南文化研究上达成无锡共识，对扩大无锡对外影响、促进长三角一体化发展产生深远影响。

二十三、西哈努克港经济特区在柬埔寨建成

2008年2月23日，中国首批、江苏省首个境外经贸合作区——西哈努克港经济特区在柬埔寨奠基。该经济特区是由红豆集团主导，联合中柬企业在柬埔寨西哈努克省共同开发建设的国家级经贸合作区，是首个签订双边政府协定、建立双边协调机制的合作区。经过10年的建设，西哈努克港经济特区投产企业已达116家，得到了中柬两国领导人的高度肯定，成为无锡响应国家“一带一路”倡议、抢抓“走出去”发展战略的标志性项目和中柬务实合作的样板。

二十四、率先推进社区扁平化管理

2008年，无锡市确定在崇安、南长、北塘和滨湖4个区的8个社区进行社区扁平化管理试点，提升社区管理服务效率和水平。2009年，无锡市率先在全省推进城乡“一平台三机制”(城市社区事务工作站和农村社区服务中心，一岗多能、分片包干和信息共享机制)的社区扁平化管理新模式。至2010年年底，无锡市区社区扁平化管理覆盖率达100%。2011年，无锡市被民政部确定为“全国社区管理和服务创新实验区”。2015年起，全市加快基层社会治理体制改革，形成以治理协同化、政务扁平化、自治民主化、服务社会化和运行信息化为特征的基层社区治理和服务创新的无锡模式。

二十五、建设国家传感网创新示范区

2009年，国务院批准同意无锡市建设国家传感网创新示范区(国家传感信息中心)。2015年起，先后启动建设鸿山、雪浪、慧海湾等物联网特色小镇。2016年起，连续举办三届世界物联网博览会，这是物联网领域规格最高、规模最大的国家级博览会。2017年，

全市物联网产业营业收入2437亿元，接近全省的50%、全国的25%；智能传感产业集群成为全国首批创新型产业集群，物联网产业成为全国产业集群区域品牌建设试点；成为全国首个移动物联网连接规模超千万的地级市、全国首个窄带物联网全域覆盖的地级市、全国首个物联网用户数超过手机用户数的城市，在全国率先实现IPv6网络规模部署。2018年10月25日，十三届市委常委会第八十五次会议决定加快推进国家物联网创新中心建设。

二十六、建设苏南硕放国际机场

2004年2月18日，无锡机场正式开通民用航班，拉开了无锡民航发展的序幕。2009年4月9日，开通首条国际航线。2010年11月20日，经省委、省政府决策，由江苏省、无锡市、苏州市三方出资实施共建，成立苏南硕放国际机场有限公司。2015年，成为全国军民航融合试点机场。2018年，旅客吞吐量突破700万人次，洲际货运航班频次全省第一。

二十七、“蛟龙号”创造世界同类载人作业潜水器下潜纪录

2012年6月，中船702所牵头组织国内近百家单位，历时十年完成“蛟龙号”7000米级载人作业潜水器研制及海试任务。“蛟龙号”最大下潜深度达7062米，创造世界同类潜水器的下潜深度纪录。2017年，“蛟龙号”作为中共十八大以来国家科技发展的成就之一写入中共十九大报告。2018年，“蛟龙号载人潜水器研发与应用”获得国家科学技术进步一等奖。

二十八、红豆集团党建经验向全国推广

改革开放以来，红豆集团独创“现代企业制度+企业党建+社会责任”三位一体的“中国特色现代企业制度”，促进党建工作与企业运行的深度融合。2012年，中组部向全国发文推广红豆集团首创的“五个双向”（班子双向进入、工作双向互动、人才双向培养、文化双向互促、制度双向互补）的党建工作机制。2015年3月，无锡以红豆集团党建经验为示范引领，在全市“两新”组织启动学习红豆党建经验，实施“雁阵计划”。2018年4月，新华社刊发《雁阵引领，党建从“一个红”到“一片红”——透视“两新”党组织建设的无锡样本》，红豆集团党建经验走向全国。

二十九、无锡城市步入“地铁时代”

2014年7月1日、12月28日，无锡地铁1、2号线分别开通试运营，无锡由此步入“地铁时代”。地铁1号线的控制中心及配套工程获鲁班奖，并成为首个全线路获得国家优质工程金质奖的城市轨道交通项目。2016年3月30日，地铁3号线一期和1号线南延线工程开工建设；2017年3月28日，地铁4号线一期工程开工建设。届时，无锡地铁线路达112.9千米。

三十、鲜明确立产业强市主导战略

2015年8月，无锡市委十二届九次全会召开，审议通过《关于以智能化、绿色化、服务化、高端化为引领，全力打造无锡现代产业发展新高地的意见》，制定出台三个三年行动计划，确立无锡必须坚定不移走产业强市发展道路，在新的起点上重振无锡产业雄风。经过三年努力，无锡经济呈现出“止跌、企稳、回升、向好”的良好态势。2018年，无锡有13家企业入围中国企业500强、25家企业入围中国制造业企业500强、11家企业入围中国服务业企业500强，入围企业总数位列全省第一，处于全国同类城市领先水平，被工业和信息化部评为2017年全国工业稳增长和转型升级成效明显市。

三十一、荣膺全国双拥模范城“七连冠”

改革开放以来，无锡市不断拓展双拥领域，丰富双拥内涵，创新双拥载体，完善政策法规，健全运行机制，形成了军地一盘棋共同抓双拥，子弟兵和老百姓并肩争创双拥模范城的良好局面。1994年至2016年，无锡市先后七次荣获全国双拥模范城称号，实现“七连冠”。

三十二、创新创业人才助推无锡发展

改革开放以来，无锡十分重视人才的培养、引进和使用，注重以人才引领促进创新发展，以人才强市促进产业强市。20世纪70年代末期至80年代中期，从上海等地引进“星期日工程师”。21世纪之初，无锡在全国率先启动引进海外领军人才回国创业计划。2016年、2017年，先后制定实施“太湖人才计划”及其升级版。2017年、2018年，连续两年举办高层次人才创新创业无锡交流大会。至2018年年底，全市人才总量达165万人。各类人才的不断汇聚，有力促进了无锡经济社会全面协调可持续发展。

三十三、“神威·太湖之光”荣获四次世界超级计算机冠军

国家超级计算无锡中心由科技部、江苏省和无锡市三方共同投资建设。该中心拥有世界上首台峰值运算性能超过每秒十亿亿次浮点运算能力的超级计算机——“神威·太湖之光”。2016年、2017年，“神威·太湖之光”获得四次世界超级计算机冠军。“神威·太湖之光”的诞生，从一个侧面展现了无锡担纲国家重大科技设施的基础能力、研创重大科研项目的技术水平以及科技人才队伍的整体实力。

三十四、荣获首批国家生态文明建设示范市称号

2007年太湖水危机之后，无锡坚持铁腕治污，科学治太，在全国率先推行“河长制”，生态文明建设成效显著，城乡人居环境不断提升。2013年1月，无锡市被环境保护部授予国家生态市称号，成为全国首个建成生态城市群的地级市。2014年、2017年，无锡市分别被环境保护部授予全国首批生态文明典范城市、首批国家生态文明建设示范市称号。2017年，锡东电厂复工点火成功，成为三年来全国同类项目中原址复工投运的唯一成功范例。

三十五、荣获全国社会综治领域最高奖“长安杯”

改革开放以来，无锡深入开展平安创建活动，创新基层社会治理，有效维护了全市改革发展稳定大局。2017

年9月，在全国社会治安综合治理表彰大会上，无锡市被评为2013—2016年度“全国社会治安综合治理优秀市”，并因2005年以来连续三届获此殊荣被授予“长安杯”。

三十六、创成首个全国文明城市群

2015年2月28日，无锡市历时19年创建，成功跻身全国文明城市行列。2017年11月17日，在第五届全国精神文明建设表彰大会上，无锡市蝉联全国文明城市，江阴市、宜兴市入选全国文明城市，率先创成首个全国文明城市群。

三十七、民营经济占据无锡经济“半壁江山”

1992年起，无锡通过两次乡镇企业改制，民营经济蓬勃发展。1998年，无锡市委提出“六放”（放心、放胆、放手、放开、放宽、放活）方针，出台扶持政策，大力发展民营经济。2015年起，市委、市政府连续四年出台促进实体经济高质量发展的文件，造就了海澜集团、红豆集团、阳光集团、远东集团等一批具有广泛知名度、较强竞争力的大型民营企业集团。2017年，海澜集团、药明生物分别实现营业收入和市值超千亿“零”的突破。2018年，阳光集团荣获中国质量奖，成为江苏省首家、全国纺织行业唯一获此殊荣的企业。2017年，无锡民营经济实现增加值6895.74亿元，占全市经济总量的65.6%，为无锡经济社会发展作出重要贡献。2018年，无锡有20家民营企业入围中国民营企业500强，入围企业数跃居全省第一。

三十八、基本公共服务体系建设效果满意度全省第一

“十三五”期间，无锡不断加大基本公共服务体系建设力度，着力构筑覆盖城乡的公共服务网络。2015年，全面深化社会事业“管办分离”改革。2017年，无锡基本公共服务体系建设效果满意度总指数83.9分，位居全省第一，也是全省唯一一个超过80分的城市。其中，基本公共教育、基本公共文化体育、基本公共交通等满意度总指数分别为85.4分、89.9分、88.28分，均位列全省第一。2018年，召开全市卫生与健康大会，对市属医疗卫生机构布局作出重大调整，推动无锡卫生与健康事业加快发展、协调发展、优质发展。

2005年3月，无锡市举办第三届志愿者活动月 （无锡市委宣传部 供稿）

三十九、在更高起点实施乡村振兴战略

改革开放以来，无锡率先在全省开启农村现代化试点，扎实推进“三大合作”“三个集中”“两置换一转化”和“城乡六个一体化”等改革创新实践，农村经济社会始终保持持续健康发展势头，农业现代化发展水平、农村居民收入水平和村级集体经济实力位居全省前列，城乡协调发展成为无锡一大特色优势。2017年，加强农村住房建设管理，启动农村住房更新改造，改善农村生活居住条件。2018年5月，市委、市政府召开全市乡村振兴大会，明确提出农业农村高质量发展和乡村振兴的目标任务和政策举措，组织实施“十大工程”，全力推动农业农村高质量发展走在全省全国前列，努力探索具有时代特征、中国特色、江南特质、无锡特点的乡村振兴新路子。

四十、跻身万亿GDP城市实现历史性跨越

2017年，无锡市实现地区生产总值10511.80亿元，成为江苏继苏州、南京之后第三个迈上万亿元台阶的城市。其中，按常住人口计算人均生产总值达到16.07万元，在万亿GDP城市中位居前列。跻身万亿GDP城市，标志着无锡经济发展实现历史性跨越，城市能级和综合实力显著增强，开启了新时代中国特色社会主义无锡实践的新征程。

（市档案史志馆）

编辑 罗秋云

1月

2日　无锡市召开2017年城市重点道桥工程通车暨2018年城市重点道桥工程开工现场会。

3日　省委常委、市委书记李小敏主持召开市委常委会第50次会议。会议听取市人大常委会、市政府、市政协、市法院、市检察院党组工作汇报，讨论政府工作报告、人大常委会工作报告、政协常委会工作报告以及无锡市2017年国民经济和社会发展计划执行情况与2018年国民经济和社会发展计划(草案)、无锡市2017年财政预算执行情况和2018年市本级预算(草案)。

5日　无锡波士顿外籍人员子女学校开学，柴可夫斯基音乐学院交流音乐会在学校举行。

△无锡原创歌剧《二泉》在无锡大剧院上演。

△中央网信办发布《2017年中国优秀政务平台推荐及综合影响力评估结果通报》，无锡市获各类奖项6个。

6～9日　政协无锡市十四届第二次会议召开。省委常委、市委书记李小敏发表讲话，市政协主席周敏炜代表市十四届政协常委会作工作报告，叶勤良作市十四届政协一次会议后关于提案工作情况的报告。

7～10日　无锡市十六届人大二次会议召开。市长汪泉作政府工作报告，徐一平作市人大常委会工作报告，市中级人民法院、市人民检察院先后作工作报告。会议选举王唤春为无锡市监察委员会主任，魏多当为无锡市第十六届人民代表大会常务委员会副主任，丁荣峥、王维等60人为江苏省第十三届人民代表大会代表。

8日　在京召开的2017年度国家科学技术奖励大会上，无锡市获得进步奖一等奖1个、二等奖5个，技术发明奖二等奖3个，是无锡在国家科学技术奖励大会上获奖数量最多的一次。

12日　无锡市监察委员会成立。

△省委常委、市委书记李小敏主持召开市委常委会第51次会议，专题研究部署安全生产和食品药品安全工作。

△宜兴阳羡生态旅游度假区升格为国家级旅游度假区。

14日　在京召开的全国改善医疗服务工作会议上，无锡市人民医院和无锡市第二人民医院获评“全国优质医疗服务示范医院”。

15日　国际奥委会主席托马斯·巴赫在瑞士洛桑国际奥委会总部，授予中国紫砂艺术大师吕俊杰顾拜旦奖章。吕俊杰成为紫砂艺术界第一位获得该金质奖章的艺术家。

17日　市长汪泉主持召开市政府第19次常务会议。会议审议通过《市政府办公室关于创新管理优化服务培育壮大经济发展新动能的实施意见》《关于进一步扩大旅游文化体育健康养老教育培训等领域消费的实施意见》《无锡市市区建筑垃圾整治工作方案》《无锡市家庭经济困难学生认定办法》《无锡市事业单位机构编制管理办法(修订草案)》，讨论《关于深化统计管理体制改革提高统计数据真实性的实施方案》，听取关于2017年度“太湖人才计划”产业升级创新领军人才申报评审工作汇报。

18日　无锡市召开见义勇为先进分子表彰大会，表彰2012年后全市涌现出的见义勇为先进分子，以及为见义勇为事业发展进步作出贡献的先进集体和先进个人。省委常委、市委书记李小敏会见受到表彰的见义勇为先进分子代表并讲话。

△清华大学国家形象传播研究中心发布江苏省2017年度游客满意度综合指数调查结果，无锡以84.76分的高分，连续第三年成为全省游客满意度综合指数最高的城市。

△由无锡航道处试点建设的全省航道首个军民融合信息化项目“江苏航道桥梁净空高度检测系统项目”，在无锡市通过验收并投人运行，在全省范围内进行推广运用。

△宜兴市被国家卫计委确定为“国家慢性病综合防控示范区”。

19日　省委常委、市委书记李小敏主持召开市委常委会第52次会议。会议听取市委、市政府2017年重点工作完成情况汇报，讨论通过2018年重点工作方案。听取全省宣传部部长会议精神及无锡市贯彻落实意见的汇报，审议通过《关于深化统计管理体制改革提高统计数据真实性的实施方案》《关于党外干部队伍建设“321人才计划”的实施意见》。

△无锡市召开生态文明建设暨“两减六治三提升”专项行动推进会。

△中国民营经济十大新闻人物、新闻事件等活动评选结果在京揭晓，红豆集团党委书记、董事局主席兼CEO周海江，以最高票数当选“2017年度中国民营经济十大新闻人物”。

21日　无锡质量领域的最高奖——市长质量奖实行扩容提标。

22日　2017年度江苏省科学技术奖发布，无锡市28家企业和单位的20个项目获奖，其中八成项目由无锡企业、高校、院所、医院主持完成。

△占地约5.33公顷的ART综合

实训基地在江南影视艺术职业学院启用。

23日　省委常委、市委书记李小敏主持召开市委常委会第53次会议，专题研究支持物联网为龙头的新一代信息技术产业发展政策意见，审议通过《关于进一步支持物联网为龙头的新一代信息技术产业发展的政策意见》《关于进一步支持集成电路产业发展的政策意见》《无锡市加快发展以物联网为龙头的新一代信息技术产业三年（2017～2019年）行动计划2018年实施方案》。会议审议通过《关于进一步明确河长在河道环境综合整治工作中的职责任务的通知》，听取2018年市政府向市人大常委会报告的重大事项计划安排汇报。

24日　市委、市政府召开全市河长大会。

△2017年度全国报刊广告经营总结大会上，无锡日报社被评为“金推手”奖优秀单位，连续六年获得该项荣誉称号。

25日　在2017中国马拉松年度盛典中，无锡马拉松获得“金牌赛事”称号，这是无锡马拉松连续3年获此称号。

27日　首届世界跆拳道世界杯团体锦标赛在无锡太湖国际博览中心落幕。

28日　无锡怡和妇产、儿童医院与颐养院开工试桩，预计2020年年底投入运营。

29日　无锡市人力资源和社会保障工作会议召开。市委常委、常务副市长黄钦出席并为无锡市劳动保障诚信企业和第三届无锡技能精英大赛获奖选手颁奖。

29～30日　省太湖水污染治理检查考核组到无锡，对2017年度太湖水污染治理目标责任书完成情况进行检查考核。

31日　“2017江苏省创新型企业100强”结果发布，无锡有12家企业入选，其中江苏长电科技股份有限公司位列榜单第2位，前十名中有2家无锡企业。

△中国消费者协会发布《2017年城市消费者满意度测评报告》，在全国受测评的50个大中城市中，无锡综合得分77.88分，位居全国第一。

2月

1日　江苏省版权局公布一批省级版权示范单位名单，无锡3家单位被批准为省版权示范单位，入围总数居全省首位。

2日　省委常委、市委书记李小敏主持召开第54次市委常委会，传达学习省“两会”精神。

△无锡市交通产业集团与中国电子科技集团旗下的中电科软件信息服务有限公司签署战略合作协议。省委常委、市委书记李小敏会见中国电子科技集团总经理刘烈宏一行并出席签约仪式。

3日　无锡军分区召开党委六届八次全体（扩大）会议暨全市人民武装基层建设推进会。

△全国民办学校党建工作推进会在无锡太湖学院举行。中国民办教育协会民办学校党建工作委员会宣布成立，全国民办学校党建研究中心落户太湖学院。

4日　阳光集团获评质量领域最高荣誉中国质量奖，实现江苏在该奖项上的“零突破”。

5日　省委常委、市委书记李小敏会见40佳“孝亲敬老”先进典型，并一同参观先进事迹展览。

△无锡市少年宫新宫启用，全市中小学生“快乐寒假”公益活动周同时启动。省委常委、市委书记李小敏为市少年宫新宫揭牌，市长汪泉致辞。

6日　省委常委、市委书记李小敏主持召开市委常委会第55次会议。会议传达学习总书记习近平在中纪委二次全会上的重要讲话精神，听取无锡贯彻落实中纪委二次全会、省纪委三次全会的意见汇报，听取全省统战部部长会议精神及无锡贯彻落实意见的汇报。

△市长汪泉主持召开市政府第20次常务会议，传达贯彻省“两会”精神。会议审议通过2018年无锡市“263”专项行动的工作计划，排定减煤、减化、太湖治理等方面的11个专项工作计划，涉及重点项目1824个。审议通过《市政府关于全面放开养老服务市场提升养老服务质量的实施意见》，听取《无锡市贯彻落实省第二环境保护督察组督察反馈意见整改方案》编制情况的汇报。

△市政府召开新闻发布会。会议出台《关于进一步支持以物联网为龙头的新一代信息技术产业发展的政策意见》《关于进一步支持集成电路产业发展的政策意见》两大精准产业政策，两份《意见》自2018年1月1日起执行，效力为3年。

△《无锡日报》荣获“2017江苏企鹅融媒体大奖”。

8日　中共无锡市第十三届纪律检查委员会以电视电话会议的形式举行第三次全体会议。会议部署全市党风廉政建设和反腐败工作。省委常委、市委书记李小敏讲话并与各地各部门各单位党委（党组）主要负责人签订党风廉政建设责任书，审议通过市委常委、纪委书记、市监委主任王唤春所作的题为《以中共十九大精神为指引，推动全面从严治党向纵深发展》的工作报告。

△村田创新智造园新增11亿美元项目在无锡签约。省委常委、市委书记李小敏，日本村田集团社长兼会长村田恒夫出席签约仪式并为村田创新智造园揭牌。市委常委、宣传部部长袁飞向无锡村田电子有限公司颁发“全国文明单位”奖牌。

△国家开发银行江苏省分行党委书记、行长冯驭一行到无锡调研，并举办交流座谈会。

△市长汪泉会见到无锡考察的通用电气医疗集团总裁兼首席执行官基兰·墨菲一行，双方就推进数字化转型、拓展合作进行深入交流。

9日　无锡市首部安全生产地方性法规《无锡市安全生产条例》出台，并于3月1日起施行。

10日　由无锡市药品检验检测中心起草修订的阿莫西林三水酸原料国际药典标准顺利通过委员会的审定，即将录入2018年版《国际药典》。

22日　省委常委、市委书记李小敏主持召开市委常委会第59次会议。会议研究部署省第二环境保护督察组督察反馈意见整改工作，传达学习中央和全省政法工作会议、全国和全省扫黑除恶专项斗争工作会议精神以及全国信访局长会议、全省信访工作会议精神，研究无锡市贯彻落实意见。

△江苏省人社厅发布2017年度知识产权专业高级专业技术资格评审结果，无锡市共有6人获得知识产权专业高级职称，占全省总数近1/6，与南京并列第一。

27日　无锡市委召开领导干部会议，宣布省委有关人事任免的决定。会议宣布省委决定：黄钦任中共无锡市委副书记；汪泉不再担任中共无锡市委副书记、常委、委员职务，另有任用。

△市十六届人大常委会举行第八次会议，听取有关人事事项的说明。省委常委、市委书记李小敏代表市委就推荐黄钦担任市政府代理市长作说明。会议决定接受汪泉辞去无锡市市长职务的请求，并报市人民代表大会备案，决定黄钦代理无锡市市长职务。

28日　工业和信息化部公布第二批绿色制造名单，无锡市3家企业入选绿色工厂。至此，无锡市有6家企业获此殊荣。

3月

2日　无锡市举行2018年首批重大项目集中开工暨华虹无锡集成电路研发和制造基地项目开工仪式。

△位于无锡的上汽英飞凌汽车功率半导体（上海）有限公司生产基地成立。代市长黄钦会见由英飞凌董事会成员韩纳贝克率领的德国英飞凌科技公司高层一行，双方就深化合作进行深入洽谈。

6日　无锡市政府与东南大学签署新一轮市校合作共建框架协议。

7日　无锡市举行纪念国际劳动妇女节108周年大会暨“巾帼创业榜样”颁奖礼。

8日　无锡市举行市委法律顾问聘任仪式。这标志着市委法律顾问制度建立。省委常委、市委书记李小敏为8位法律顾问颁发聘书并讲话。

△代市长黄钦率有关部门负责人赴江阴调研，专题召开长江干线无锡段整治工作推进会，研究部署下阶段长江岸线整治工作。

9日　省委常委、市委书记李小敏主持召开市委常委会第61次会议。会议审议通过《中共无锡市委常委会关于坚决维护党中央权威和集中统一领导的规定》，听取当前无锡市落实意识形态工作责任制情况汇报，审议通过《关于实施村、社区党组织带头人队伍建设工程的意见（试行）》《关于实施党支部标准化规范化建设工程的意见（试行）》《关于实施基层党建工作指导站建设工程的意见（试行）》《关于全面加强城市基层党建工作的意见》《关于开展村级巡察全覆盖工作的指导意见》《关于向市领导通报巡察情况的办法（试行）》《关于加强巡察与派驻联动的实施办法（试行）》《无锡市贯彻落实〈党政主要负责人履行推进法治建设第一责任人职责规定〉实施细则》，听取省级机关党的建设工作会议精神及无锡市贯彻落实意见的汇报。

13日　省委常委、市委书记李小敏到新吴区，专题调研物联网与集成电路产业发展情况，现场督办重大项目的建设进度。

△代市长黄钦主持召开市政府第21次常务会议。会议审议通过《无锡市政府部门公共服务事项目录清单》《无锡市人民政府2018年度立法工作计划（草案）》等文件，听取2017年无锡市本级审计发现问题及整改情况的汇报，要求各地各有关单位、部门高度重视审计发现问题的整改。审议《市公共工程建设中心职能和机构编制调整方案》，听取关于对国家超级计算无锡中心建设和运行管理作出突出贡献的集体和个人记功奖励的汇报，讨论《无锡市奖励和保护见义勇为人员条例（草案）》。

14日　国家安全监管总局矿山中心副主任周北驹率领的国务院安委办督导组、省安委办检查组一行到无锡督查指导安全生产工作。

15日　省委常委、市委书记李小敏赴万达文旅城，实地考察了解项目建设进展，并与融创中国董事会主席孙宏斌会面。

16日　十三届市委第四轮巡察工作动员部署会召开，启动第四轮对12家单位为期三个月的全面巡察。

19日　省委常委、市委书记李小敏主持召开市委常委会第62次会议。会议研究太湖新城改革建设发展工作，审议通过《关于优化调整太湖新城管理体制的方案》，听取全省关工委工作会议精神和无锡市贯彻意见的汇报，部署关心下一代工作，会议原则同意《无锡市关心下一代工作委员会2018年工作要点》。

△省委常委、市委书记李小敏主持召开市委全面深化改革领导小组第19次会议，认真贯彻落实中央和省委关于全面深化改革的新部署新要求，研究确定改革重点任务，审议通过《市委全面深化改革领导小组2018年工作要点》以及《市委全面深化改革领导小组工作规则》《市委全面深化改革领导小组专项小组工作规则》《市委全面深化改革领导小组办公室工作细则》。

△无锡恩捷新材料项目落户锡山经济开发区。项目总投资50亿元。

20日　阿斯利康与江南大学签署战略合作协议。代市长黄钦会见阿斯利康全球首席执行官苏博科一行并出席签约仪式。

△市委、市政府召开全市新一代信息技术产业发展大会。

23日　代市长黄钦会见到无锡考察的芬兰拉赫蒂市市长杰凯·米拉维塔一行，双方就增进友谊、深化合作进行深入洽谈。

△华云数据登上“中国独角兽企业”榜单，成为无锡首个获此殊荣的企业。

24日　代市长黄钦率相关部门负责人赴宜兴调研大浦港整治工作，并专题召开整治工作推进会，就加快提升宜兴主要入湖河道水质研究部署重点工作。

25日　2018比佛利无锡马拉松赛开赛。

26日　省委常委、市委书记李小敏主持召开市委常委会第64次会议。会议听取关于2017年度市（县）区科学发展考核评价情况、全市开发区科学发展综合考评情况和市级机关部门

(单位)绩效综合考核情况的汇报,审议通过年度考核结果。

27 日　副省长、省公安厅厅长刘旸到无锡调研公安工作。省委常委、市委书记李小敏看望刘旸一行。市委常委、政法委书记、副市长谢晓军陪同调研。

△世界 500 强企业德国博世集团在无锡举行博世汽车系统(无锡)有限公司建设奠基仪式,全球首个电池产业化项目——车用 48 伏电池项目同步开工建设。

△首届国际粒子放疗技术与临床研究峰会在无锡举办。

28 日　无锡市政府与中国农业银行江苏省分行签署战略合作协议。未来五年农行将向无锡提供全方位金融服务。

△无锡市举办集成电路人才发展战略高峰论坛。无锡成为全国首个"芯动力人才计划"集成电路创新创业基地。

△ 2017 年度全国"最美中学生"寻访活动结果揭晓,无锡市侨谊中学的"小霍金"陈籽蓬和第六高中"捐髓救父"的李铭皓等 4 人入选榜单。

30 日　全省重大产业项目现场推进座谈会在无锡召开,省长吴政隆参加考察调研、出席会议并讲话。

△中央文明办副局长杨武军率领专题调研组到无锡调研未成年人思想道德建设工作。

4月

2 日　省委常委、市委书记李小敏主持召开市委常委会第 65 次会议。会议审议通过《关于深化文明城市创建工作长效机制的意见(2018 ～ 2020)》,部署 2018 世界物联网博览会筹备工作。

3 日　代市长黄钦主持召开市政府第 22 次常务会议。会议贯彻落实省重大产业项目现场推进座谈会精神,审议通过《无锡市人民政府关于清理市政府规章规范性文件的决定(草案)》,听取 2017 年度无锡市市长质量奖评奖情况的汇报、对无锡市在华虹重大集成电路产业项目招引工作中和在文明城市创建工作中表现突出的集体和个人记功奖励的汇报、2017 年度无锡市"太湖人才计划"先进制造技能领军人才申报评审工作的汇报、2017 年度"太湖人才计划"第二批新兴产业创业领军人才经费情况的汇报等。

△华虹集团技术研讨会在无锡举行,华虹半导体(无锡)有限公司一期桩基工程同步启动。

4 日　无锡市深化文明城市创建工作推进会召开。

△无锡钱窑文化与美国理查德·麦克唐纳工作室签订合作协议。

8 日　无锡市打好污染防治攻坚战暨"263"专项行动推进会召开。

9 日　新吴区梅村街道首届吴台文化论坛召开,梅里"故文台"同步揭碑。

△陕西省党政代表团赴江苏考察学习,无锡与延安对口帮扶工作联席会议在南京召开。会议总结两地对口合作成效,谋划下一步重点任务。

11 日　无锡市国际友城丹麦拜瑟克伦城市联合体巴勒鲁普市市长贾思博·乌特森率领的代表团一行到无锡考察,并参加"第三届无锡·拜瑟克伦教育展示会"。

12 日　"江南明珠"主题书画展在江南大学美术馆开幕。

△无锡国家安全教育公园开园。

13 日　市委召开"科技创新与产业升级"专题民主协商意见建议办理落实推进会暨 2018 年专题民主协商工作部署会。

△"秦风汉韵,盛世长安——西安新出土文物精品展"在无锡阖闾城遗址博物馆拉开帷幕。

△ 2018 年全国空手道锦标系列赛第一站在无锡太湖新城开赛。这是中国空手道协会推动空手道项目国内竞赛改革后,首个亮相的空手道赛事。

15 日　民革无锡地方组织成立 60 周年纪念大会暨"中山博爱讲堂"举行。全国政协副主席、民革中央常务副主席郑建邦到会祝贺,并作"中国近现代政党制度发展之路"专题报告。

△纪录片《太湖美》登陆中央电视台二套。

15 ～ 16 日　省委常委、市委书记李小敏到宜兴市、锡山区、惠山区 7 个乡镇(街道)的农村实地开展调研。

16 日　东北大学无锡研究院举办的智能制造企业发展论坛在钱桥街道召开。论坛期间,凯龙高科技股份有限公司、无锡华信雷达工程有限责任公司与东北大学无锡研究院;无锡惠泉凸轮轴有限公司、无锡市锡西模锻厂与中智软创公司签署相关智能制造合作协议。

17 日　代市长黄钦主持召开市政府第 23 次常务会议。会议审议通过《"健康无锡 2030"规划纲要重点任务分工方案》,听取江阴市县级集成改革试点赋权工作情况汇报。讨论《关于贯彻实施乡村振兴战略推动农业农村高质量发展走在前列的意见》《2018 年度贯彻落实乡村振兴战略工作要点》《关于进一步深化村级集体产权制度改革的意见》《关于开展"百企建百园"工程　促进现代农业高质量发展的实施意见》《无锡市农村人居环境整治提升三年行动计划》《无锡市"散乱污"企业专项整治工作方案》《关于全面深化安全生产领域改革发展的实施办法》和《无锡市 2018 年安全生产领域改革发展五大任务 50 项重点工作》,听取近期全市社会稳定工作情况汇报等。

△三门峡市政协主席赵予辉率队到无锡考察交流,市政协主席周敏炜会见考察团一行。其间,无锡三门峡大爱无疆座谈会召开,两市政协签约缔结友好政协。

18 日　韩国 SK 海力士在无锡高新技术产业开发区投资 6 亿美元,新建一家高水准的三级综合性医疗机构——SK 海力士医院。省委常委、市委书记李小敏会见 SK 集团副会长、SK 海力士社长朴星昱一行并出席签约仪式。

△尚品宅配工业 4.0 项目华东生产基地在锡山区锡北镇开工建设,总投资 30 亿元。

△省委常委、市委书记李小敏会见到无锡考察的上汽集团董事长陈虹一行,并共同观摩国内第一款获批量产上市的氢能源轻客——上汽大通 FCV80。

19～20日 市委、市政府召开全市一季度重大项目现场观摩、经济形势分析会暨智能制造推进会。

20日 市委、市政府授予十一科技(太极实业)董事长赵振元“产业强市杰出贡献奖”,并给予100万元专项奖金奖励,嘉许赵振元在引进上海华虹以及天津中环等一系列重大产业项目中的重要贡献。这是无锡历史上首次对个人给予产业领域的特别奖项。

21日 太湖(马山)生命与健康论坛——2018生物医药与金融创新大会在无锡太湖国家旅游度假区举行。

△无锡市试点窄带物联网“智慧停车”。

21～22日 全国政协副主席、全国工商联主席高云龙率队到无锡,就军民融合发展情况进行调研。

22日 2018“中国人民保险杯”无锡太湖皮划艇环马山27公里挑战赛在马山太湖沿岸水域开赛。

23日 2018年度市人大代表建议和政协提案办理工作会议召开。

△锡山区与华顿经济研究院举行战略合作签约仪式,组建一流战略顾问团队,做好锡山产业发展总体战略研究。

24日 市人大常委会专题视察无锡运用多层次资本市场促进实体经济发展情况。

△教育部、省教育厅党建工作专题调研组一行到无锡太湖学院,调研民办高校党建和大学生思想政治教育工作。

25日 全省县域公共法律服务体系建设推进会在无锡召开。

△无锡空港经济开发区举行重大项目集中开竣工仪式,项目总投资超48亿元。

26日 省委常委、市委书记李小敏主持召开市委常委会第67次会议。会议审议通过《关于贯彻实施乡村振兴战略推动农业农村高质量发展走在前列的意见》《关于开展“百企建百园”工程促进现代农业高质量发展的实施意见》《无锡市农村人居环境整治提升三年行动计划》《2018年全市农业农村工作要点》等“1+4”文件以及《关于加强和改进人民政协民主监督工作的实施意见》,研究部署下阶段相关重点工作。

△省委常委、市委书记李小敏主持召开市委全面深化改革领导小组第20次会议。会议研究部署安全生产领域、企事业单位公车改革工作,审议通过《关于全面深化安全生产领域改革发展的实施办法》《2018年安全生产领域改革发展五大任务50项重点工作》和《事业单位公务用车制度改革实施意见》《国有企业公务用车制度改革实施意见》等。

26～27日 无锡市残疾人联合会第七次代表大会召开。

27日 全省安全生产重点行业领域专项整治现场会在无锡召开,副省长费高云出席会议并讲话。

△无锡市政府第三次全体(扩大)会议暨廉政工作会议召开。会议落实全市一季度重大项目现场观摩、经济形势分析会暨智能制造推进会部署要求,总结一季度全市经济社会发展情况,安排下阶段重点任务;对全市政府系统党风廉政建设工作进行部署。

△首届长三角经济圈创新资本峰会在无锡召开。

28日 2018年中国宜兴第七届国际素食文化暨绿色生活名品博览会、首届云湖茶禅文化艺术节在佛光机庭宜兴大觉寺开幕。

30日 省总工会揭晓的2018省“五一”劳动奖章表彰对象名单上,无锡市产业工人杜建华上榜。

5月

1日 市政府印发《无锡市“证照分离”改革试点实施方案》,无锡高新技术产业开发区、江阴高新技术产业开发区、宜兴经济技术开发区、锡山经济技术开发区试点“证照分离”改革。

2日 全国各地的200多位肾病名中医及专家到无锡,共同纪念无锡籍一代名医、中医肾病学奠基人邹云翔120周年诞辰,交流研讨邹云翔教授的学术思想。

3日 苏南硕放国际机场与DHL敦豪全球货运、江苏佳利达国际物流签署合作协议,开通无锡－德国哈恩－韩国仁川－无锡和无锡—成都—比利时列日—无锡两条洲际货运航线。这是无锡市首开货运洲际航线。省委常委、市委书记李小敏会见敦豪全球货运亚太区首席执行官梁启元一行并出席签约仪式。

△无锡市推动实施“中国制造2025”、促进工业稳增长和转型升级成效明显,国办通报予以督查激励。

4日 圣安东尼奥河·无锡江南古运河“姐妹运河”缔约仪式暨2018中国无锡梁溪·古运河旅游推介会在美国圣安东尼奥市举行。

5日 总投资40亿港币的绿地中央广场项目开工建设。

△2018年无锡市青少年机器人竞赛暨物联网传感创意设计大赛在无锡城市职业技术学院举行。

6日 中国高新技术产业开发区国际马拉松赛2018无锡高新技术产业开发区(新吴区)首站开赛。

7日 运河西路(凤翔路－会丰路段)主体工程宣告完工,5月中旬通车。

△2018年中国无锡科技创新创业大赛启动仪式举行。

8日 韩国LG化学、浙江华友钴业公司与无锡高新技术产业开发区签署合作协议,汽车动力电池正极材料项目落户。

△无锡药明康德新药开发股份有限公司在上海证券交易所上市,成为无锡市第131家上市公司。

△首度到华考察的阿联酋卫生与预防部副部长乌来玛一行到无锡,参观无锡医药企业与卫生医疗机构,交流合作前景。

△中共中央政治局委员、国务院副总理胡春华在省委常委、市委书记李小敏等陪同下,调研走访无锡科技、能源、信息电子、机械等企业。

8～10日 省委书记娄勤俭到无锡调研并召开座谈会。省委常委、市委书记李小敏汇报无锡工作情况。

9日 无锡市召开全市大运河文化带建设工作联席会议第一次全体会议。会议明确将无锡二市(县)五区全域纳入大运河文化带的建设范围,把大运河无锡段建设成为高颜值的生态长廊、高品位的文化长廊、高效益的经济长廊。

10日　海尔集团无锡物联生态网基地项目在无锡签约。

△中国太保寿险与江阴市政府签署战略合作协议，双方将在保险资金运用、政策性保险、商业保险等领域开展战略合作。

11日　国际友城、德国勒沃库森市市长乌弗·里奇拉特率领的代表团到无锡。

△代市长黄钦会见由东盟副秘书长穆赫坦率领的外方嘉宾及东盟10国记者团一行，欢迎东盟各国深化与无锡的交流合作。

12日　首届中国—东盟媒体合作论坛在无锡开幕。

△“情暖江苏E起来”暨2018年无锡市网民公益体育大会“无锡农商银行杯”环太湖徒步大会，在太湖国际博览中心广场拉开帷幕。

14日　省委常委、市委书记李小敏主持召开市委常委会第68次会议，学习贯彻省委书记娄勤俭在无锡调研的讲话精神。会议审议通过《关于开展解放思想大讨论活动的方案》《市委常委会开展解放思想大讨论活动方案》。

△代市长黄钦主持召开市政府第24次常务会议。会议审议通过《无锡市土地整治规划（2016～2020年）》《关于进一步加强市区工业用地供应管理的实施意见》《无锡市安全生产工作考核办法》，审议通过部分省级以上开发区全链审批赋权清单和《无锡市使用财政性资金信息化项目管理办法》，讨论《无锡市推进新型智慧城市建设三年（2018～2020年）行动计划》，听取成立无锡市安全生产各专业委员会及组成人员方案的情况汇报。

15日　市委、市政府召开乡村振兴大会。

△省委常委、宣传部部长王燕文率调研组在无锡就如何推动文化建设高质量进行调研。

△市环保局、梁溪区政府、南京大学三方签约，南京大学环境规划设计研究院无锡分院、南大无锡校友环保物联网中心相继成立。

16日　省委常委、政法委书记王立科，副省长、公安厅长刘旸到无锡调研社会治理创新和安全稳定工作。省委常委、市委书记李小敏看望王立科、刘旸一行。

17日　旺庄街道举行2018年重大项目集中开竣工仪式，7大项目总投资额超61.7亿元。

18日　无锡首条洲际货运航线开通。从无锡直飞德国法兰克福哈恩。

△马山的药明生物生命科技园一期工程启动建设。

△以“绿色创新合作共赢”为主题的首届能源综合服务研究与交流会在无锡举行。

20日　第十五届无锡太湖山水文化旅游节开幕式暨2018 UltraS无锡（蠡湖）国际铁人三项赛在无锡大剧院西侧广场举行。

21日　鸿山街道与万里实业、上海北特科技、朗贤科技签约。三大项目总投资近20亿元。

△促进中国和平统一大业发展和文化艺术大使季汉生设计、陶艺大亨范大生嫡孙范秀红制作的“宫壶”出炉。通宜紫砂艺术联展在范家壶庄开幕。

△2018年度全国“最美家庭”榜单揭晓，无锡刘秋成家庭、戴锦霞家庭和周卫东家庭获得全国“最美家庭”称号。

22日　省委常委、市委书记李小敏主持召开市委常委会第69次会议。会议听取无锡市太湖安全度夏、防汛准备、江阴市县级集成改革试点赋权、全省对台工作会议精神等情况的汇报，研究部署相关工作。审议通过《全面从严治党“两个责任”履责记实工作考核办法（试行）》《关于支持检察机关依法开展行政执法检察监督和公益诉讼工作的意见》。

△代市长黄钦主持召开市政府第25次常务会议。会议听取关于中央环保督察整改省级专项督察情况及突出环境问题的汇报，审议《“健康无锡2030”三年行动计划》《关于加强建设行业诚信体系建设与工程招投标联动管理的意见》《无锡市既有住宅增设电梯暂行办法》《〈无锡市国有企业领导人员离任审计条例〉废止案（草案）》，传达全省铁路发展推进会精神，听取关于适应高质量发展要求深化市级专项政策和全面绩效管理的情况汇报，讨论《无锡市文明行为促进条例（草案）》等事项。

23日　常州市党政代表团到无锡考察解放思想、产业发展、科技创新、民营经济等方面的经验做法。

△山西省政协副主席、吕梁市委书记李正印率党政代表团到无锡考察。省委常委、市委书记李小敏会见代表团一行，双方就密切联系、深化合作进行交流。

24日　市见义勇为基金会召开全市见义勇为基层基础建设工作会议暨工作站示范点授牌仪式。江阴市顾山镇工作站等11个工作站被授予全市见义勇为工作站示范点铜牌。

△省委常委、市委书记李小敏到解放思想大讨论活动的联系点——新吴区开展专题调研。

26日　2018年全国职业院校技能大赛高职组“互联网+国际贸易综合技能”赛项以及“一带一路”国家留学生国际贸易技能大赛在无锡商业职业技术学院举行。

28日　代市长黄钦到解放思想大讨论活动的联系点——锡山区开展专题调研。

△市十六届人大常委会举行第十次会议，决定有关人事任免。会议决定任命蒋敏为无锡市人民政府副市长，鲁振平为无锡市人民政府金融工作办公室主任，并举行宪法宣誓。

29日　无锡市与公安部交通管理科学研究所举行合作协议签约仪式，深化产学研合作。

△海峡两岸关系协会会长张志军带队到无锡调研台资经济发展情况。省委常委、市委书记李小敏看望张志军一行。

30日　民盟中央美术院无锡分院创作基地在滨湖区美湖社区挂牌成立。

△2017年全省科技创新主要指标进展情况通告发布，在通报的16项指标中，无锡市11项科技创新指标进入全省前三，科技进步贡献率蝉联全省第一。

31日　“最美人物走基层”主题巡演首场演出暨“最美人物剪纸邮册”首发式在江阴华西村举行。

6月

1日　省委常委、市委书记李小敏到宜马快速通道太湖隧道、江海西路快速化改造等锡澄锡宜一体化重大交通基础设施项目和在建地铁3号、4号线一期和1号线南延线三条线施工现场，实地查看项目建设进展情况，看望慰问一线工作人员。

2日　省委常委、市委书记李小敏到市属医院、疾控中心、社区卫生服务中心等地，调研无锡医疗卫生事业发展情况，看望慰问奋战在一线的医护人员。

△首届中国兰亭会无锡·张家港分会联展在位于惠山区吴文化公园内的汉麓书院举行。

3日　全国党校系统学习贯彻总书记习近平乡村振兴战略思想理论研讨会在无锡召开。

4日　省委常委、市委书记李小敏主持召开市委常委会第70次会议。会议传达学习全省长江经济带发展工作推进会精神，研究部署贯彻落实工作。审议通过《2017～2021年市委巡察工作规划》《关于推进巡察工作向纵深发展的实施办法》。

△江苏省首届艺术基金资助的“锡剧艺术拔尖人才培养”开班仪式在江南大学举行。

6日　2018年全国企业家活动日暨中国企业家年会在江阴举行。

7日　“匠心锡韵”非遗进校园成果展在无锡旅游商贸高等职业技术学校开幕。市文化馆（市非遗保护中心）“非遗分馆”同时揭牌。

8日　无锡市与国家集成电路产业投资基金股份有限公司签署战略合作协议。

9日　全国长期照护和安宁疗护学术会议在无锡举行，300多位学者共商健康养老事业发展。

△太湖文明之光——宜兴下湾遗址暨无锡考古新发现成果展在宜兴博物馆拉开序幕。

11日　代市长黄钦主持召开市政府第26次常务会议。会议审议通过《关于鼓励和规范互联网租赁自行车发展的实施意见》《无锡市违法建设治理办法（草案）》《关于加强城市房屋建筑拆除工程管理的意见》《无锡市中小微企业信用保证基金绩效考核暂行办法》等文件，讨论关于加快诚信无锡建设、弘扬优秀企业家精神、加强城乡社区治理与服务、开展优美环境达标区创建全面提升城市精细化管理水平等相关文件，听取禁毒工作汇报。

△省委常委、市委书记李小敏主持召开市委常委会第71次会议。会议深入学习贯彻中央第四环境保护督察组对江苏省开展“回头看”工作动员会和工作汇报会精神，部署环保督察整改工作。传达学习省委中心组学习会和省大运河文化带建设工作领导小组第一次会议精神，审议通过《无锡市创新网格化社会治理机制的实施意见》。

12日　省委常委、市委书记李小敏赴江阴、宜兴，现场督导检查中央环保督察反馈问题整改落实情况。

14日　全市创新网格化社会治理机制工作会议召开，全面落实中央和省市有关工作要求，在全市范围内部署推开网格化社会治理工作。省委常委、市委书记李小敏作批示，代市长黄钦到会讲话，市委常委、政法委书记、副市长谢晓军作工作部署。

△无锡市人民政府和北京兆易创新科技股份有限公司签署合作备忘录。

14～15日　第九届中国慢病管理大会在无锡太湖国际博览中心召开。

15日　代市长黄钦就中央环保督察反馈问题整改落实情况以及太湖安全度夏工作进行现场督导检查。

16日　2018中国（无锡）国际瑜伽节”于在太湖新城贡湖湾湿地水韵广场拉开帷幕。

17日　无锡市市民中心获评首批全国公共机构“能效领跑者”，成为全市公共机构“绿色发展、机关先行”的典范。

19日　省委常委、市委书记李小敏主持召开市委常委会第72次会议。会议研究部署推进新型智慧城市和诚信体系建设，审议通过《无锡市推进新型智慧城市建设三年（2018～2020）行动计划》和《关于进一步加快推进诚信无锡建设的意见》《关于加强政务诚信建设的实施意见》。

△省委常委、市委书记李小敏主持召开市委全面深化改革领导小组第21次会议。会议学习贯彻省委常委会关于深化教育改革的决策部署，审议通过《关于加强城乡社区治理与服务的实施意见》《无锡市盐业监管体制改革方案》。

△代市长黄钦主持召开市政府第27次常务会议，听取关于加强地方预算执行管理以及年内市本级预算追加有关事项的汇报。

20日　市委、市政府召开全市卫生与健康大会。

△无锡市召开全市深化农村精神文明建设工作推进会，对深化新时代农村精神文明建设作出部署。

21日　省委常委、市委书记李小敏赴新吴区，走访多家外贸企业，实地调研对外开放和外贸进出口工作。

△全省首个优质农产品联盟在无锡成立。

22日　首届无锡水上体育旅游节在国家体育旅游示范基地蠡湖风景区开幕。

△无锡地税局和市工商局获得“不忘初心、牢记使命”市级机关学习中共十九大精神电视知识竞赛一等奖。

24日　无锡高新技术产业开发区与中加物联网与区块链产业发展研究院签署合作协议。在中国成立首个分院，全面推进物联网与区块链技术应用落地。省委常委、市委书记李小敏会见加拿大安大略省国际贸易厅厅长陈国治一行，并出席签约仪式。

25日　2018世界物联网博览会新闻发布会在京召开。

△太湖（马山）生命与健康论坛——2018无锡PNP独角兽跨境加速营路演活动在无锡启幕。

27日　省经信委公布173家2018年省专精特新小巨人企业名单。无锡省科技小巨人企业10家，位列全省第一；专精特新产品企业10家，位列全省第二；还有3家企业入选隐形冠军企业，2家企业入选隐形小巨人企业。

27～28日　由全国人大常委会预算工委主任史耀斌带领的调研组，就落实人大预算审查监督重点改革举措情况到无锡进行调研。

△市十六届人大常委会举行第十一次会议。会议听取和审议市政府关于市十六届人大二次会议主席团交市人大常委会审议的议案办理方案的报告、关于公共场所治安管理工作情况的报告、市人大常委会执法检查组关于《中华人民共和国产品质量法》执法检查情况的报告、审议并通过《无锡市人民代表大会常务委员会关于废止〈无锡市国有企业领导人员离任审计条例〉的决定》；一审《无锡市文明行为促进条例（草案）》；听取和审议市政府部分组成部门的工作报告，开展评议；决定有关人事任免，并举行宪法宣誓。

28日　省委常委、市委书记李小敏主持召开市委常委会第73次会议。会议传达学习中央和省委激励干部担当作为的有关精神，研究部署鼓励激励、容错纠错、能上能下“三项机制”建设。审议通过《无锡市党政干部鼓励激励实施办法》《无锡市进一步健全容错纠错机制的办法》《无锡市推进党政领导干部能上能下实施办法》，审议通过《关于加强和改进党内政治生活的若干规定》。

△省委常委、市委书记李小敏主持召开市委全面深化改革领导小组第22次会议，研究部署国税地税征管体制改革工作，审议通过《中共无锡市人大常委会党组关于完善全市各级人大代表联系人民群众制度的实施意见》。

29日　无锡太湖学院、南京航空航天大学无锡研究院举行合作签约仪式，双方围绕智能制造、无人机应用技术等领域，在人才培养、科学研究、产学合作等方面开展多方位深度合作。

△苏南硕放国际机场安检和登机人脸识别系统同时投入使用，成为全国首家实现全流程无纸化登机的大中型干线机场。

30日　2018雪浪大会在无锡太湖国际博览中心开幕。省委常委、市委书记李小敏和嘉宾在展示现场参观考察企业最新成果展示和解决方案。

7月

1日　无锡市与东南大学举行合作共建座谈会，听取市校合作共建东南大学无锡分校进展情况，就合作办学中涉及的一些具体事项进行沟通商议。

△海澜美术馆落成开放。

4日　省委常委、市委书记李小敏深入太湖沿岸，检查太湖安全度夏工作落实情况，慰问坚守岗位的一线工作人员。

5日　省委常委、市委书记李小敏主持召开第74次市委常委会，专题研究部署城市管理和城市环境综合治理工作，审议通过《关于开展优美环境合格区建设全面提升城市精细化管理水平的实施意见》 等文件，会议还审议通过《关于落实食品安全党政同责的实施意见》。

6日　无锡市召开消费者权益保护委员会第七届委员会第一次全体会议。会议宣布“无锡市消费者委员会”更名为“无锡市消费者权益保护委员会”。

9日　省委常委、市委书记李小敏主持召开经济形势分析会，听取上半年全市经济运行情况汇报，研究下半年经济工作。

10日　无锡市召开激励干部新时代新担当新作为落实省委“三项机制”工作推进会，对贯彻落实中央《关于进一步激励广大干部新时代新担当新作为的意见》和省委鼓励激励、容错纠错、能上能下“三项机制”进行专题部署。

11日　省委常委、市委书记李小敏赴滨湖区、新吴区、锡山区走访多家高新技术企业，研究无锡市培育创新型企业、发展高新技术产业的思路和举措。

12日　省委常委、市委书记李小敏主持召开第75次市委常委会暨市委中心组学习会，传达学习总书记习近平在全国组织工作会议上的重要讲话精神，对加强全市党的建设和组织工作作研究部署。

13日　无锡市小天鹅、长电科技、江南大学3家单位获批江苏省首批高价值专利培育示范中心共1000万元支持，立项数和获批经费均居全省第一，占全省总额的30%以上。

15日　由无锡市书协主办的“无锡市首届书坛新人新作展”在无锡程及美术馆揭幕。

16日　由无锡市委宣传部、市政府新闻办主办的无锡市媒体与海外华文媒体交流合作集体签约仪式举行。

17日　无锡市政府党组书记、代市长黄钦主持召开市政府党组（扩大）会议，学习贯彻中央和省委激励干部担当作为的有关精神和无锡市贯彻落实的三个《实施办法》；贯彻落实全国深化“放管服”改革转变政府职能电视电话会议精神及吴政隆省长有关讲话要求。

△代市长黄钦主持召开市政府第28次常务会议，听取关于调整市区低保、特困、孤儿保障标准的情况汇报，审议通过《邀请市民代表列席市政府常务会议工作制度》等议题。

18日　无锡市与360企业安全技术集团有限公司签署战略合作框架协议，共同打造国内一流的大数据网络安全产业生态基地和全国网络安全示范城市。

△副省长马秋林率省有关部门负责人到无锡调研物联网产业发展情况，听取2018世界物联网博览会筹备情况汇报。

19日　国务院召开第四次全国经济普查电视电话会议，部署第四次全国经济普查工作。

△全国政协副主席、交通运输部党组书记杨传堂带队到无锡，就苏锡常南部高速公路太湖隧道建设情况进行视察，并看望慰问奋战在一线的建设人员。

21日　无锡市政府与中国电子科技集团签署战略合作框架协议，双方将在集成电路设计制造、计算能力、智能制造、军民融合、科技成果转化等领域进行深入合作，共同打造中国电科研发制造产业基地。

22日　2018世界击剑锦标赛在无锡拉开帷幕。

25日　山东省滨州市委书记张光峰率党政代表团一行到无锡，考察无锡在智能制造、现代服务业、文化旅游、纺织服装产业等方面的经验做法。

△十三届市委专项巡察工作动员部署会召开。

△无锡市召开全市社会信用体系建设领导小组成员会议，通报2017年后的工作推进情况，部署下阶段任务，相关部门进行交流发言。

26日　省委常委、市委书记李小敏主持召开第77次市委常委会，会议传达学习省委十三届四次全会精神，决定近日召开市委十三届六次全会，传达学习全省组织工作会议精神，研究部署安全稳定工作。

△省委常委、市委书记李小敏主持召开市委常委会，传达学习中央第七巡视组巡视江苏省情况反馈会议精神，研究部署无锡市整改落实工作。会议讨论通过《关于抓好中央巡视反馈意见整改落实的分工方案》。

△“不忘初心跟党走，牢记使命立新功”无锡军民庆祝中国人民解放军建军91周年合唱音乐会在无锡大剧院歌剧厅举行。

27日　省委常委、市委书记李小敏带领市领导和各市(县)区、市各有关部门主要负责人，到梁溪区、滨湖区项目建设现场，实地检查项目建设情况。

△总投资50亿元的先导集团总部大楼及半导体和燃料电池装备制造基地在无锡高新技术产业开发区开工建设。

△2018年世界击剑锦标赛闭幕。

28日　2018“创青春”江苏青年创新创业大赛暨海外青年精英人才惠山活动周开幕。

27～29日　中共无锡市委十三届六次全会举行。会议贯彻习近平新时代中国特色社会主义思想和中共十九大精神，落实省委十三届四次全会部署。市委副书记、代市长黄钦对下半年工作作具体安排。会议审议通过全会《决议》。

29日　省委常委、市委书记李小敏带队走访慰问驻无锡部队，感谢部队长期以来为无锡经济社会发展作出的贡献。

30日　无锡市政府党组书记、代市长黄钦主持召开市政府党组(扩大)会议，传达学习市委十三届六次全会精神，研究部署贯彻落实工作。

△代市长黄钦主持召开市政府第29次常务会议，听取当前全市安全稳定工作情况的汇报，学习新修订的《中华人民共和国中小企业促进法》等。

31日　2018“创青春”江苏青年创新创业大赛暨“海外青年精英人才惠山活动周”在无锡落下帷幕。

△江苏政务服务网无锡分厅镇(街)频道全面上线。

8月

1日　无锡市政府组织召开全市打好污染防治攻坚战暨“263”专项行动推进会。

3日　无锡市召开打击非法集资防范化解金融风险攻坚战推进会。

5日　省委常委、市委书记李小敏到梁溪区、锡山区、惠山区、滨湖区、新吴区，实地检查城区的生态环境保护工作。

6日　徐州市党政代表团到无锡考察。省委常委、市委书记李小敏，代市长黄钦会见徐州市委书记周铁根、市长庄兆林一行并陪同考察。

7日　中加物联网与区块链产业发展研究院无锡分院成立。省委常委、市委书记李小敏会见加拿大联邦国会议员陈圣源一行，并共同为研究院揭牌。

△省委常委、市委书记李小敏会见到无锡访问的以色列驻沪总领事普若璞博士一行，双方就加强合作进行深入交流。

△代市长黄钦会见到无锡考察的华晨汽车集团控股有限公司董事长祁玉民一行，双方就推进新日集团与华晨汽车集团的合作进行深入交流。

△无锡市十六届人大常委会召开第十九次主任会议，听取市政府关于《无锡市人民代表大会常务委员会关于无锡引进南京信息工程大学滨江学院的决定》推进落实情况汇报，听取《江苏省旅游条例》执法检查情况汇报，讨论市十六届人大常委会第十二次会议时间与建议议程(草案)等。

8日　市委、市政府召开全市城市管理工作会议。

△代市长黄钦主持召开市政府第30次常务会议，专题听取上半年全市环保工作情况汇报，就做好下阶段工作进行再部署。会议审议通过《无锡市创新型企业倍增计划(2018～2022年)》。

△市人大常委会召开市和市(县)区人大常委会主任联席会议，贯彻落实市委十三届六次全会精神，总结交流上半年工作，研究部署下半年及以后一个时期的人大工作。

△第二届共享经济改变中国高峰论坛在无锡召开。

9日　省委常委、市委书记李小敏主持召开第78次市委常委会，听取上半年无锡市生态环保工作情况的汇报，要求各地各部门深入学习贯彻习近平生态文明思想，把生态环境保护摆在全局工作重中之重的位置，确保全面完成年内各项目标任务。

△民族歌剧《二泉》在无锡市人民大会堂唱响。

10日　无锡市召开市食安委成员半年度(扩大)会议。

13日　2018高层次人才创新创业无锡交流大会暨“人才引领高质量发展”主题峰会在无锡拈花湾小镇开幕。

△由国家“千人计划”专家联谊会主办的第二届海外高层次人才主题音乐会——《我爱你中国》在无锡大剧院举行。

14日　2018无锡市产学研合作科技成果洽谈会举行，代市长黄钦、副市长高亚光与院士专家共同见证一批重磅项目的落地。

△代市长黄钦会见到无锡考察的新加坡吉宝集团执行董事兼总裁卢振华一行，双方就拓展合作进行深入洽谈。

16日　2018“才交会”重要活动——无锡—麻省理工学院产学研计划创新研讨会举行，海外高端学府和顶尖人才为无锡产业发展带来最新的智慧。

16～17日　市委常委、市委书记李小敏主持召开会议，认真贯彻落实省委省政府关于高质量发展考核要求，围绕《全省和设区市高质量发展监测评价指标体系》和《省委省政府对无锡市年度重点考核内容》，听取无锡市各项监测评价考核指标的落实情况汇报。

17日 无锡市召开市城管委(扩大)会议暨城市精细化管理工作部署会,对全面提升城市精细化管理水平进行再动员、再部署。

18日 代市长黄钦深入建筑工地、企业车间,督促企业强化安全管理,有效防范事故的发生。

19日 由无锡日报报业集团联合浙报集团《浙商》杂志社、红豆集团共同发起的首届“太湖·西湖”企业家论坛在无锡举行。

20日 省委常委、市委书记李小敏主持召开市委常委会,专题部署落实中央巡视反馈意见整改措施,审议通过《中共无锡市委关于中央第七巡视组巡视反馈意见整改工作方案》《中共无锡市委关于落实中央巡视专项检查反馈意见的整改方案》。

△代市长黄钦主持召开市政府第31次常务会议,审议《无锡市进一步优化电力供应营商环境实施办法(试行)》,听取关于确定无锡市政府外聘法律顾问人选的情况汇报。

△省委常委、市委书记李小敏主持召开第79次市委常委会,审议《关于深入实施创新驱动核心战略加快建设产业科技创新高地的若干政策措施》《无锡市创新型企业倍增计划(2018～2022年)》,讨论市(县)区、开发区、市级机关高质量发展相关考核办法。

21日 省环保专项行动督查组到无锡督查环保专项行动进展。

21～23日 代市长黄钦率无锡经贸代表团在捷克考察,推动双方经贸合作。

25日 由国务院第十督查组副组长刘世斌带队的督查组一行,到无锡就贯彻落实党中央、国务院重大决策部署情况开展实地督查。

△2017年全省简政放权创业创新环境评价指标公布。无锡市不动产登记效能全省第一。

24～26日 代市长黄钦率无锡市代表团在匈牙利考察交流,访问匈牙利人力资源部、国家卫生局,佩斯州政府以及匈牙利友好交流城市萨瓦,加强与匈牙利“向东开放”战略的深度对接,拓宽无锡与中东欧国家的多领域合作。

26～28日 代市长黄钦率无锡市代表团到“欧盟首都”比利时,与鲁汶签订建立友好交流关系备忘录,出席无锡摩蝎中欧创新产业基金签约仪式,考察鲁汶大学、欧洲微电子研究中心IMEC以及贝卡尔特集团比利时总部。

27日 省委督查组一行到无锡,就中央巡视组反馈意见整改落实情况开展督查。

28日 德国博世集团高层到无锡考察。省委常委、市委书记李小敏会见博世集团董事会成员、汽车与智能交通技术业务总裁罗夫·布兰德博士,博世集团董事会成员、能源与建筑技术业务总裁斯蒂芬·哈通博士一行,就推动双方开展全面深入战略合作进行交流。

28～29日 市十六届人大常委会举行第十二次会议,听取和审议市政府关于无锡市2018年上半年国民经济和社会发展计划执行情况的报告、关于无锡市2018年上半年预算执行情况的报告,以及市政府、市中级法院、市检察院关于以审判为中心的刑事诉讼制度改革情况的报告。

29日 全市乡村振兴重点工作推进会召开。

28～30日 国务院第十督查组推进创新驱动发展专题组到无锡对创新驱动发展战略落实情况进行专项督查,并召开座谈会听取无锡市在激发创新活力和推动“双创”升级版方面的情况介绍。

30日 国际著名华裔设计师林璎、国际著名策展人黎蓉、市政府文化顾问刘丹一行,应邀到无锡考察文化事业。

31日 省委常委、市委书记李小敏主持召开市委中心组学习会,传达学习全国宣传思想工作会议精神、全国以及全省网络安全和信息化工作会议精神、全省科学技术奖励大会暨科技创新工作会议精神,研究部署无锡市贯彻落实工作。

△省委常委、市委书记李小敏主持召开第80次市委常委会,听取工业企业资源利用绩效评价工作情况汇报,审议通过《关于加强工业企业资源利用绩效评价结果使用的意见(试行)》。

9月

1日 全国第12个“全民健康生活方式行动日”,“2018健康江苏行启动暨无锡市全民健康生活方式行动日宣传活动”在蠡湖中心小学举行。

2日 2018中国企业500强、制造业企业500强、服务业企业500强榜单发布。无锡入选企业总数位列全省第一,其中13家企业荣登2018中国企业500强,入围制造业500强和服务业500强的企业数分别为25家和11家。

3日 无锡高新技术产业开发区与韩国SK海力士签署协议,SK海力士中国销售总部落户无锡高新技术产业开发区,这是无锡与SK集团深化全面战略合作的最新成果。

△代市长黄钦主持召开市政府第32次常务会议,审议通过《无锡市区中低收入居民疾病自费支出救助工作实施方案(试行)》《无锡市关于推进养老护理型床位建设的实施意见》等多项民生议题。

2～4日 九三学社无锡地方组织成立65周年纪念活动举行。

3～4日 全国人大代表、徐州市委书记周铁根,全国人大代表、无锡市人大常委会主任徐一平率徐州组和无锡组全国人大代表到无锡专题调研乡村振兴战略实施情况。

4日 由德国北威州心脏和糖尿病中心(HDZ)、中国医学科学院阜外医院、无锡明慈心血管病医院共同主办的第三届中德医疗交流研讨会在无锡举行。

4～5日 省侨联副主席宫琳带领参加“2018海外侨胞故乡行”的海外侨胞考察团到无锡考察高质量发展成就,感受科技创新与江南文化魅力。

5日 代市长黄钦率相关部门负责人赴无锡市税务局调研,看望慰问税务系统一线干部职工,并召开座谈会。

5～6日 省残联调研组到无锡

调研残疾人工作。。

6日 启明星辰物联网安全总部基地项目举行签约揭牌仪式。代市长黄钦会见启明星辰信息技术集团股份有限公司董事长严望佳一行并出席签约揭牌仪式。

△无锡市社会科学普及工作联席会议第一次会议召开。

7日 全市科技创新与人才大会在人民大会堂召开。省委常委、市委书记李小敏为无锡市科学顾问颁发聘书并作讲话。

△市十六届人大常委会召开第二十次主任会议，讨论关于开展2018年“代表建议督办月”活动的意见，听取《中华人民共和国农产品质量安全法》执法检查情况的汇报等。

9日 市委常委会召开巡视整改专题民主生活会。

11日 省委常委、市委书记李小敏来到市信访局现场接待群众来访，面对面倾听群众诉求，同时看望慰问信访工作人员。

12日 2017年度无锡上市公司评优发布暨监管政策解读会召开，会上对无锡小天鹅股份有限公司、药明生物技术有限公司等30家A股、香港上市公司进行表彰。

12～13日 省人大常委会副主任邢春宁率调研组到无锡，对《江苏省不动产登记条例(草案)》进行立法调研。

13～14日 以“聚焦国家重大战略，促进产业深度融合”为主题的2018中国集成电路产业发展研讨会暨第21届中国集成电路制造年会在无锡举行。

14日 无锡国家传感网创新示范区部际建设协调领导小组第五次会议召开。

15日 由工业和信息化部、科技部、江苏省政府共同主办的2018世界物联网博览会在无锡开幕。同时，2018世界物联网无锡峰会举行。

△剑桥大学、阿斯利康与无锡市政府签署谅解备忘录，开启政产学三方跨国合作。省长吴政隆会见阿斯利康全球CEO苏博科、剑桥大学副校长安迪·尼里一行，并出席签约仪式。

16日 省委常委、市委书记李小敏到太湖国际博览中心，参观考察2018世界物联网博览会的物联网应用和产品展览展示。

17日 南京信息工程大学滨江学院新校区投用。

△市政府党组书记、代市长黄钦主持召开市政府党组(扩大)会议，贯彻落实省委常委、市委书记李小敏在市委常委会专题民主生活会上的讲话精神和其他常委对市政府工作的意见建议，对市政府认真履行党风廉政建设“一岗双责”、全面落实意识形态工作责任制、扎实做好中央巡视组反馈意见整改工作，进而全面推动全市政府系统思想作风建设迈上新台阶进行再强调、再部署。

18日 省委常委、市委书记李小敏主持召开市委常委会，专题研究部署太湖新城管理体制优化调整工作，审议通过《无锡经济开发区(太湖新城)发展纲要》《江苏无锡经济开发区(太湖新城)党工委管委会机构编制和职能配置方案》《关于优化完善无锡经济开发区(太湖新城)财政管理体制的工作实施方案》。

△省委常委、市委书记李小敏主持召开第82次市委常委会，听取全市扫黑除恶专项斗争工作情况、全省加强和改进信访工作联席会议制度电视电话会议精神及无锡市贯彻落实意见、2018年军转安置工作情况汇报，审议通过《关于进一步加强禁毒工作的实施意见》。

19日 江苏省解放思想大讨论活动“城乡建设高质量主题论坛”在无锡市举行。省委常委、市委书记李小敏出席论坛并致辞。

△无锡市召开全市河长制工作推进会，贯彻落实全省河长制工作推进会和全市河长大会精神，研究部署下阶段重点任务。

20日 省委常委、市委书记李小敏赴江阴，到望江楼、船厂公园、江阴绿道大桥道施工现场等地，考察调研江阴沿江岸线保护利用、城市建设等工作。

△全国“时代楷模”王继才先进事迹报告会在市人民大会堂举行。省委常委、市委书记李小敏会见报告团一行。

21日 省市农业信贷担保战略合作协议签约暨江苏农担无锡分公司成立仪式在无锡举行。

22～23日 首个“中国农民丰收节”江苏主场活动在江阴华西村举行。

25日 代市长黄钦会见到无锡考察的日本AESC总裁兼CEO松本昌一一行，双方就积极开拓储能产业广阔市场进行深入洽谈。

27日 无锡市召开东西部扶贫协作工作推进会。

26～28日 国人大社会建设委员会副主任委员陈斯喜率调研组到无锡，就《中华人民共和国社会保险法》实施情况进行调研。代市长黄钦向调研组汇报相关情况，市人大常委会主任徐一平、副主任魏多、党组成员王中苏参加座谈或陪同调研。

29日 江阴兴澄特种钢铁有限公司、江苏斯菲尔电气股份有限公司2家企业被确定为2018年度国家知识产权示范企业，无锡曙光模具有限公司等10家企业被确定为2018年度国家知识产权优势企业。

10月

8日 省委常委、市委书记李小敏主持召开第84次市委常委会，听取2018世界物联网博览会举办情况的汇报，回顾总结办会成效和经验，谋划部署下一年相关工作，对发挥好物博会效应、促进物联网产业加快发展提出要求。

△南京银行·2018第九届环太湖国际公路自行车赛开幕式暨无锡滨湖绕圈赛发车仪式在蠡湖之光举行。

△省委常委、市委书记李小敏主持召开市委全面深化改革委员会第一次会议，审议通过《关于进一步深化“放管服”改革加快推进审批服务便民化的实施意见》《关于改革社会组织管理制度促进社会组织健康有序发展的实施细则》以及市文联深化改革方案。

9日 无锡市慈善总会第五届会员大会召开。省委常委、市委书记李小敏出席会议。

△无锡市十六届人大常委会召开

第二十一次主任会议，听取市政府关于惠山古镇申遗工作进展情况的汇报，讨论市十六届人大三次会议筹备工作方案、市十六届人大常委会第十三次会议时间与建议议程（草案）等。

△无锡市纪委监委召开市（县）区纪委书记座谈会，传达省纪委设区市纪委书记座谈会精神，听取各市（县）区纪委工作情况，部署四季度重点工作。

10日　无锡市组织工作会议召开，省委常委、市委书记李小敏出席会议并讲话。

△代市长黄钦主持召开市政府第35次常务会议，审议通过《无锡市加强机动车停车管理工作的实施意见》，听取关于贯彻落实全省跨境贸易便利化及口岸提效降费工作会议精神的情况汇报。

11日　由民革中央、江苏省政协联合主办的2018实体经济发展大会在无锡召开。全国人大常委会副委员长、民革中央主席万鄂湘出席大会并授予无锡“民革中央实体经济调研基地”。

△由江苏省文化厅、无锡市人民政府共同主办的第八届中国（无锡）国际文化艺术产业博览交易会在无锡开幕。

12日　无锡市举行市管干部“深入学习贯彻习近平新时代中国特色社会主义思想和中共十九大精神”研修班开班式，省委常委、市委书记李小敏为全体市管干部讲授第一课并作开班动员。

12～13日　农业农村部副部长张桃林一行到无锡考察现代农业发展情况。省委常委、市委书记李小敏会见张桃林一行，省农委主任杨时云、市委副书记徐劼、副市长蒋敏陪同考察。

15日　第二十届中国上海国际艺术节无锡分会场系列文化活动在无锡大剧院开幕。

16日　全国政协副主席邵鸿率全国政协提案委员会调研组到无锡就特色小镇建设进行专题调研。

18日　省委常委、市委书记李小敏就深入推进解放思想大讨论再次到联系点新吴区调研。

△省人大常委会副主任曲福田率省人大调研组到无锡，就检察机关公益诉讼工作情况进行调研。省委常委、市委书记李小敏看望调研组一行，市人大常委会主任徐一平、党组成员陈荣庆分别陪同调研。

17～19日　全国人大常委会委员、全国人大监察和司法委员会副主任委员王教成，全国人大常委会委员、全国人大监察和司法委员会委员王长河，全国人大监察和司法委员会委员陈勇等一行，就深化国家监察体制改革和监察法贯彻实施情况到无锡调研。

19日　首届全国医院物联网大会暨中国国际医院物联网产品展览会在无锡开幕。

21日　民进无锡地方组织成立60周年纪念活动举行。第十届全国政协副主席张怀西到无锡祝贺。

22日　无锡市首家融媒体中心——无锡高新技术产业开发区融媒体中心揭牌仪式举行，同时报业集团与高新区举行战略合作签约。

23日　省委常委、市委书记李小敏会见到无锡参加国际友城交流会的各国友城嘉宾代表。

24日　辽宁省盘锦市党政代表团到无锡开展对口合作会商工作，考察无锡市在改革开放、民营经济发展、乡村振兴等方面的情况。省委常委、市委书记李小敏会见盘锦市委书记付忠伟一行，并出席两市对口合作框架协议签约仪式。

△第九届无锡市国际友城交流会开幕，30多个城市的代表团和嘉宾，围绕“城市高质量发展”主题，在建立绿色低碳循环发展经济体系、建设人与自然和谐共生的生态文明城市方面展开交流探讨。

25日　省委常委、市委书记李小敏主持召开市委常委会第85次会议，听取中央第四环境保护督察组“回头看”反馈意见无锡整改方案、国家物联网创新中心筹建、对口援助、2018年无锡市有突出贡献中青年专家选拔等情况汇报，审议通过《无锡市市属医疗卫生机构布局调整优化方案（2018～2020年）》《无锡市严禁违规吃喝的规定》。

△省委常委、市委书记李小敏主持召开市委中心组专题学习会，集中学习宏观经济形势有关材料和省委书记娄勤俭在省委常委会上的讲话精神。

26日　代市长黄钦主持召开市政府第37次常务会议，传达中央第四环境保护督察组“回头看”反馈意见有关情况，就全面抓好反馈问题的整改作具体部署。

28日　无锡市政府、无锡经济开发区（太湖新城）管委会，与深圳市富华光电技术有限公司签署战略合作协议，合作共建无锡富华高技术研究院。

29日　市属医疗卫生机构布局调整优化重大项目集中奠基开工，江南大学附属医院、市妇幼保健院、市儿童医院、市急救中心、市精卫中心二期病房楼5个项目启动建设。

30日　无锡地铁3号线一期工程洞通。

△中国中铁股份有限公司高层到无锡考察。省委常委、市委书记李小敏会见中国中铁股份有限公司总裁张宗言一行。

30～31日　省委常委、省纪委书记、省监委主任蒋卓庆到无锡就监察体制改革、三大攻坚战、农村基层党风廉政建设等情况进行专题调研。

31日　费森尤斯卡比集团高层到无锡考察。省委常委、市委书记李小敏会见费森尤斯卡比集团总裁、首席执行官马驰·汉力克松一行，就深化双方合作进行交流。

31日至11月1日　省人大常委会常务副主任、党组副书记陈震宁率调研组到无锡调研人大工作。省委常委、市委书记李小敏看望调研组一行。

11月

1日　第十届中国（无锡）国际新能源大会暨展览会开幕。省委常委、市委书记李小敏，国家能源咨询专家委员会副主任、国家发改委能源研究所原所长、中国能源研究会常务副理事长周大地，中国贸促会、中国国际商会会员部部长刘振华，国家能源局新能源和可再生能源司副司长梁志鹏共同为大会启幕。

2日　省委常委、市委书记李小敏

到无锡日报报业集团、无锡广电集团调研，看望慰问新闻工作者。

3日　无锡市锡剧院排演的锡剧《蘩漪》在市人民大会堂举行专场演出，也是2018年上海国际艺术节无锡分会场的演出之一。

△代市长黄钦到联系点锡山区调研。

5日　省委常委、市委书记李小敏主持召开市委中心组学习会，传达学习总书记习近平在民营企业座谈会上的重要讲话精神。

△省委常委、市委书记李小敏主持召开第86次市委常委会，研究部署无锡市农村住房建设工作，听取全省宣传思想工作会议精神及无锡市贯彻意见、中国工会第十七次代表大会精神及无锡市工会第十八次代表大会筹备情况等汇报，审议通过《中共无锡市委关于建立市政府向市人大常委会报告国有资产管理情况制度的意见》《关于深化锡台经济文化交流合作的实施意见》。

6日　代市长黄钦率相关部门负责人赴上海国家会展中心参观。

△无锡市十六届人大常委会召开第二十二次主任会议，听取市政府关于市十六届人大二次会议代表建议办理情况的汇报，讨论《关于贯彻落实〈江苏省人民代表大会常务委员会关于聚焦突出环境问题依法推动打好污染防治攻坚战的决议〉实施方案》等。

7日　中国第一汽车集团高层到无锡考察。省委常委、市委书记李小敏，代市长黄钦会见中国第一汽车集团总经理奚国华一行，就深化合作进行交流。

△代市长黄钦主持召开市政府第38次常务会议，审议无锡市锡澄片骨干河网畅流活水规划，学习《无锡市旅游业促进条例》。

△无锡市与新西兰达尼丁市签署建立友好合作关系备忘录。

8日　无锡物联网创新中心第一届理事会第一次会议召开，标志着无锡物联网创新中心建设向前迈出重要一步。

△代市长黄钦会见到无锡考察的日本阿尔卑斯电气株式会社社长栗山年弘一行，双方就拓展合作进行深入洽谈。

9日　国际内燃机界最高水平、最全领域的"奥林匹克大会"——2018世界内燃机大会在无锡开幕。

13日　省委常委、市委书记李小敏赴无锡经济开发区（太湖新城）调研，实地考察了解前期筹建各项工作情况，对下阶段工作提出明确要求。

14日　由中国工程院环境与轻纺工程学部和江南大学共同主办的"轻纺与食品产业现代工程技术高层论坛"在无锡举行。

15日　省委常委、市委书记、市委全面深化改革委员会主任李小敏主持召开市委全面深化改革委员会第二次会议，听取年内全面深化改革情况、省委改革专项督察反馈意见、关于做好第一批江阴集成改革试点经验复制推广有关工作的汇报，审议通过《市委全面深化改革委员会工作规则》《市委全面深化改革委员会专项小组工作规则》《市委全面深化改革委员会办公室工作细则》。

△省委常委、市委书记李小敏主持召开第88次市委常委会，研究部署深化教育体制机制改革、生态文明建设目标评价考核以及市第十六次妇代会筹备等相关工作，审议通过《关于深化教育体制机制改革的实施意见》《关于全面深化新时代教师队伍建设改革的实施意见》《关于大力推进高等教育创新发展的若干意见》《关于加快推进职业教育现代化的实施意见》《关于进一步深化改革推进学前教育优质普惠发展的实施意见》以及《无锡市生态文明建设目标评价考核实施办法》。

16日　中华全国总工会副主席、书记处书记、党组成员蔡振华到无锡调研工会工作。省委常委、市委书记李小敏看望调研组一行。

17日　由无锡物联网产业研究院、无锡物联网金融研究院联合中国电子技术标准化研究院主导，面向动产质押物监管的物联网金融服务系统国际标准提案，顺利通过国际标准组织投票，这标志着全球首个物联网金融标准立项。

18日　第20届中国上海国际艺术节无锡分会场闭幕。

19日　省委常委、市委书记李小敏主持召开市委常委会第89次会议暨市委全面深化改革委员会第3次会议，研究部署无锡市贯彻落实长江经济带发展战略工作，审议通过《无锡市推动长江经济带高质量发展三年行动计划（2018～2020年）》《无锡市加快化工钢铁煤电行业转型升级三年行动计划（2018～2020年）》《无锡市交通基础设施建设三年行动计划（2018～2020年）》《〈无锡市国民经济和社会发展第十三个五年规划纲要〉实施情况中期评估报告》《关于加强和改进无锡市党的新闻舆论工作的实施方案》《无锡日报报业集团深化体制改革工作方案》。

△无锡市工会第十八次代表大会开幕。省委常委、市委书记李小敏到会讲话。

21日　在阿联酋富查伊拉举行的世界跆拳道联盟全球执委会会议上，无锡全票通过获得2021年世界跆拳道锦标赛的举办权。这是14年后世界跆拳道顶级赛事再一次花落中国。

21～22日　省委常委、市委书记李小敏率无锡市经贸代表团到素有"世界硅谷"之称的以色列，推动城市之间友好交流，学习考察该国科技创新的先进经验，谋求更宽领域、更深层次的合作。副市长王进健、陆志坚随同考察。

24日　无锡市政府与中国国新控股有限责任公司签署战略合作协议，双方将在国新科创（无锡）股权投资基金设立等方面加强合作，促进产业转型升级，优化国有资本布局，更好实现互利共赢。

23～25日　省委常委、市委书记李小敏率无锡市经贸代表团到韩国，与韩国企业界沟通交流，考察SK集团、三星SDI株式会社等韩国知名企业集团，出席无锡高新技术产业开发区与SK海力士、LG化学合作协议签约仪式。

26日　中国无锡（首尔）现代产业合作恳谈会举行。

28日　在北京召开的"2018智慧中国年会"，无锡市再次荣获"智慧城市领先奖"。

27～29日　省委常委、市委书记李小敏率无锡市经贸代表团，考察拜访日本知名企业集团，推动无锡与日本企业界增进友谊、深化合作，把“日资高地”推向新的高度。

29日　科技部发布首批创新型县（市）建设名单，全国共52个县（市）入选，江阴市上榜。

30日　无锡市政府党组书记、代市长黄钦主持召开市政府党组（扩大）会议暨中心组学习会，学习中共中央办公厅、国务院办公厅印发的《防范和惩治统计造假、弄虚作假督察工作规定》，传达省第四次全国经济普查工作推进电视电话会议精神。

△代市长黄钦主持召开市政府第40次常务会议，审议《关于进一步加快现代服务业提质增效的若干政策意见》《关于进一步加强“四好农村路”建设的实施意见》。

12月

1日　省委常委、市委书记李小敏主持召开第90次市委常委会，学习贯彻中央办公厅《关于陕西省委、西安市委在秦岭北麓西安境内违建别墅问题上严重违反政治纪律以及开展违建别墅专项整治情况的通报》精神，审议通过《关于开展习近平总书记对江苏重要指示批示贯彻落实情况“回头看”的工作方案》。会议听取市“两会”筹备工作情况汇报，审议通过《无锡市年度综合考核工作规定（试行）》《无锡市2018年度综合考核实施办法》《2018年度无锡市市（县）区高质量发展考核评价实施工作方案》和2018年度市（县）区、省级以上开发区、市级机关单位党的建设等3个《考核实施方案》以及《无锡市党政领导干部安全生产责任制规定实施办法》《无锡市安全生产巡查工作制度》。

△中宣部副部长孙志军率队到无锡调研新时代文明实践中心（所、站）建设试点工作。

2日　“能不忆江南——江南文脉论坛专场文艺演出”在灵山梵宫举行，开启“江南文脉论坛”序幕。

3日　首届江南文脉论坛在江南文化名城无锡开幕。省委书记娄勤俭专门就研究传承发展江南文化作出批示。

4日　无锡高新技术产业开发区与美的集团签署战略合作协议，标志着双方深化合作、共谋发展拉开新序幕。

5日　连云港市党政代表团到无锡考察学习无锡在推动高质量发展，特别是产业发展、科技创新、生态文明建设等方面的经验做法。

5～6日　省直无锡组、徐州组省人大代表就无锡市综合交通运输体系建设工作开展联组视察。省委常委、市委书记李小敏看望视察组一行。

6日　无锡市红十字会召开第十次会员代表大会。

7日　市委组织部召开全体机关干部会议，宣布省委、省委组织部关于市委组织部主要负责人调整的决定：冯军任无锡市委委员、常委、组织部部长；免去周英的无锡市委常委、委员、组织部部长职务，另有任用。省委常委、市委书记李小敏宣读决定并讲话。周英、冯军参加会议并发言。

△副省长王江到无锡调研金融服务民营企业工作并召开座谈会，听取无锡市金融服务民营经济情况的汇报，与相关部门、金融机构和民营企业负责人座谈交流。

9日　由民盟中央美术院、民盟江苏省委主办，民盟无锡市委、民盟江苏省国风书画院、民盟中央美术院无锡分院承办的“相约太湖——庆祝改革开放40周年民盟书画作品邀请展”在无锡开幕。

10日　无锡市“雪亮工程”一期竣工暨市图控中心揭牌仪式在“雪亮工程”项目大楼举行。

11日　省委常委、市委书记李小敏主持召开第91次市委常委会，研究部署降低企业负担、加快推进先进制造业重点产业集群发展以及政治生态监测评估、扫黑除恶专项斗争等工作，审议通过《关于进一步降低企业负担促进实体经济高质量发展的若干意见》《关于加快推进先进制造业重点产业集群发展的实施意见》《无锡市政治生态监测评估试点工作实施办法》。

12日　市政府党组书记、代市长黄钦主持召开市政府党组（扩大）会议暨中心组学习会，学习贯彻中办《关于陕西省委、西安市委在秦岭北麓西安境内违建别墅问题上严重违反政治纪律以及开展违建别墅专项整治情况的通报》精神，部署开展总书记习近平对江苏重要指示批示贯彻落实情况“回头看”工作。

△代市长黄钦主持召开市政府第41次常务会议，审议并原则通过《关于建立无锡市长期护理保险制度的意见（试行）》《无锡国家文化出口基地建设实施意见》《关于金融支持实体经济高质量发展的若干意见》，要求修改完善后抓紧印发实施。

13日　无锡市不动产集成服务平台上线，实现不动产业务“一窗受理、见一次面、一小时办结”的服务新目标。

△无锡市十六届人大常委会举行第十四次会议，听取和审议市政府“关于进一步加强机动车停车管理的议案”办理情况的报告、关于市十六届人大二次会议代表建议办理情况的报告、关于研究处理《中华人民共和国产品质量法》执法检查报告及审议意见情况的反馈报告，审议并通过《无锡市人民代表大会常务委员会关于召开无锡市第十六届人民代表大会第三次会议的决定》，决定于2019年1月中旬召开市十六届人大三次会议。

14日　“才赋新城”物联网专家无锡活动在江苏无锡经济开发区开幕。

15日　省委常委、市委书记李小敏会见国家体育总局副局长李颖川一行，并与世界跆拳道联盟主席赵正源互赠纪念品。

△2018第十三届中国全面小康论坛在京举行，江阴位列“2018年度中国全面小康十大示范县市”榜单第一名，实现该奖项的“十一连冠”。同时，在论坛发布的“2018年度中国十佳营商环境示范县市”和“2018年度中国十佳幸福县市”两份榜单中，江阴同样位列第一。

16日　无锡市妇女第十六次代表大会开幕。省委常委、市委书记李小敏在开幕式上讲话。

△2018世界跆拳道无锡论坛在太湖新城举行。代市长黄钦致辞并接受2021年世界跆拳道锦标赛举办城市证书。

17日　无锡市十六届人大常委会召开第二十四次主任会议，讨论《无锡市人民代表大会常务委员会关于表彰2017～2018年度无锡市人大代表活动先进小组、积极分子和优秀联络员的决定(草案)》《关于2018年度“十佳调研报告”“十佳代表建议”评选结果的通报》、市十六届人大常委会第十五次会议时间与建议议程(草案)等。

18日　党中央、国务院在北京举行庆祝改革开放40周年大会。无锡市各界通过收看电视直播、收听广播，第一时间了解大会内容。

△香港新华集团与无锡影都签署合作协议，合力打造数字文化创意产业园，共同构建大影视文化产业生态。

20日　无锡市委、市政府召开无锡市庆祝改革开放40周年座谈会，认真学习领会总书记习近平在庆祝改革开放40周年大会上的重要讲话精神。

21日　省委常委、市委书记李小敏主持召开第92次市委常委会暨市委全面深化改革委员会第4次会议，研究部署推进乡村治理、促进生态环境保护、做强文化出口基地和深化作风建设等工作，审议通过《关于坚持党建引领推进乡村善治的实施意见》“1+4”文件以及《关于全面加强生态环境保护坚决打好污染防治攻坚战的实施意见》《无锡市2018～2019年秋冬季大气污染综合治理攻坚行动实施方案》《无锡市生态环境损害赔偿制度改革实施方案(试行)》《无锡国家文化出口基地建设实施意见》《关于集中整治形式主义、官僚主义的工作方案》。

△代市长黄钦主持召开座谈会，与无锡市各市(县)区政府主要负责人、基层干部代表面对面交流，听取大家对2019年《政府工作报告(征求意见稿)》的意见和建议。

22日　代市长黄钦主持召开座谈会，就2019年《政府工作报告(征求意见稿)》向市级老领导征求意见和建议。

24日　无锡延安扶贫协作联席会议在延安举行，两市在旅游、农业、医疗和经贸等领域签订合作协议，无锡向延安额外增加500万元援建资金用于建设延安江苏中学学术报告楼“无锡楼”。

△无锡市人大常委会召开庆祝改革开放40周年座谈会，认真学习领会总书记习近平在庆祝改革开放40周年大会上的重要讲话精神，回顾改革开放以来无锡市人大工作的主要成就和宝贵经验，研讨新时代人大制度和人大工作与时俱进、完善发展的思路举措。

25日　韩国驻沪总领事崔泳杉到无锡访问。代市长黄钦会见崔泳杉一行，双方就拓展友好交流与多领域合作进行深入洽谈。

△无锡市十六届人大常委会举行第十五次会议，听取和审议市政府关于突出环境问题清单以及整治方案的报告、关于无锡市2017年度本级预算执行和其他财政收支审计发现问题整改情况的报告等。

27日　代市长黄钦主持召开市政府第42次常务会议，审议通过《无锡综合金融服务平台建设方案》《无锡市业主大会和业主委员会活动指导规则》。

28日　省委常委、市委书记李小敏主持召开第93次市委常委会暨市委全面深化改革委员会第5次会议，审议通过《无锡市乡村振兴战略实施规划(2018～2022年)》和市(县)区机构改革方案。

29日　省委常委、市委书记李小敏带领市领导和各市(县)区、市各有关部门主要负责人到宜兴重大项目建设现场观摩检查。

29～30日　中共无锡市委十三届七次全会举行。会议深入贯彻习近平新时代中国特色社会主义思想和中共十九大精神，按照中央经济工作会议和省委十三届五次全会部署，总结年内工作、安排下一年度任务。

30日　2018年基础教育国家级教学成果奖获奖项目名单公布。无锡共8个项目分别获得一等奖、二等奖，其中3个项目获一等奖。

△第20届中国专利奖评选结果揭晓，无锡市获得1个金奖、2个银奖、8个优秀奖，获奖总数达11件，获奖总数和级别均创历史新高，位居全省第三。

编辑　江　生

地情概要

【位置面积】 无锡市，别名梁溪，简称锡，位于北纬31° 07′～32° 02′，东经119° 33′～120° 38′，长江三角洲江湖间走廊部分，江苏省的东南部。东邻苏州，距上海128千米；南濒太湖，与浙江省交界；西接常州，距南京183千米；北临长江，与泰州市所辖的靖江市隔江相望。无锡市为江苏省省辖市，全市总面积为4627.47平方千米(市区面积为1643.88平方千米，其中建成区面积为231.3平方千米)，其中山区和丘陵面积为782平方千米，占总面积的16.90%；水面面积为1342平方千米，占总面积的29.0%。

（易　文）

【地形地貌】 无锡市境内以平原为主，星散分布着低山、残丘。南部为水网平原；北部为高沙平原；中部为低地辟成的水网圩田；西南部地势较高，为宜兴的低山和丘陵地区。无锡市地貌雏形，形成于中生代印支期(距今约1.8亿年)的华夏系构造，它使无锡地区褶皱成陆。燕山运动(距今约1.5亿～7000万年)因强烈的火山活动和新块褶皱构造的形成，使原来比较稳定的基底又生新复活升高。距今约2500万年的喜马拉雅运动，以差异性升降运动为主，在老构造的基础上，又加强了东西间褶皱和断裂，使江阴、宜兴一线以东形成了以现代太湖为中心的坳陷盆地，即太湖盆地。宜兴地区山体均作东西向延伸，绝对高度500米以上，最高峰为黄塔顶，海拔611.5米。江阴和无锡市区的山丘总体上呈北东、北东东走向，其高度由西南往东北逐级下降。最高峰为惠山三茅峰，海拔328.98米。

（易　文）

【气候】 2018年无锡市气候特点：

全年　全市气温显著偏高，降水正常偏多，日照时数正常。冬季气温正常，寒潮天气少，1月下旬连续出现两次暴雪过程；春季气温异常偏高，平均气温、平均最高气温、平均最低气温均创历史纪录，5月中旬出现罕见连续2天高温。入梅略晚、出梅略早、梅期略偏短，梅雨量偏少。夏季高温虽然日数多，但强度弱，7～8月间台风影响多；11月下旬到12月初，多雾霾天气。年内主要灾害性天气有暴雪、暴雨、强对流、高温、台风、连阴雨、雾霾等。因暴雨、台风、大雾等造成的人民生命财产、农业经济损失和直接经济损失较重。主要农作物、旅游及交通行业气候年景较好，水资源及水产养殖等行业气候年景正常，而水环境气候年景则较差。

年平均气温16.7℃(宜兴)～17.5℃(无锡市区、江阴)，年极端最高气温37.5℃(无锡市区)～38.2℃(宜兴)，年极端最低气温-6.6℃(江阴)～-10.1℃(宜兴)。年高温日数(日最高气温≥35℃)17天(宜兴)～31天(江阴)，高温最早出现在5月中旬，集中出现在7月中旬到8月上旬。年低温日数(日平均气温＜0℃或最低气温≤-5℃)12天(无锡市区)～22天(宜兴)，集中出现在1月中下旬～2月上旬。

年降水量1268.5毫米(无锡市区)～1805.4毫米(宜兴)，无锡市区正常，江阴、宜兴偏多；年雨日132天(江阴)～150天(宜兴)，比常年偏多10天(江阴)～16天(宜兴)；无锡市区、江阴和宜兴的一日最大降水量分别为103.9毫米(8月17日)、134毫米(8月17日)和186.7毫米(8月16日，创历史纪录)，年暴雨日数(日降水量≥50毫米)分别为4天、3天和6天。

年日照时数1807.5小时(宜兴)～2043.2小时(江阴)，无锡市区和宜兴比常年同期偏少23小时和26.4小时，江阴偏多88.6小时。

冬季(2017年12月～2018年2月)　气温、降水和日照正常。季平均气温3.6℃(宜兴)～4.8℃(无锡市区)，入冬时间为2017年11月18日(常年为11月20日)，冬季极端最低气温-10.1℃，1月13日出现在宜兴；冬季极端最高气温19.7℃，2月27日出现在江阴。降水量172.2毫米(无锡市区)～233.3毫米(宜兴)；雨日27天(无锡市区)～33天(宜兴)。日照时数321.6小时(宜兴)～399.3小时(江阴)。

表1　　2018年无锡市气象要素初终日期

月／日

要素名称	上年度			本年度
	初日	终日	初终间日数	初日
霜	11/5	3/10	126	12/8
雪	1/4	1/28	25	12/7
结冰	11/24	3/10	107	12/8
当年无霜期天数	272			

（钱昊钟）

图 1　　2018 年逐月降水量和日照时数

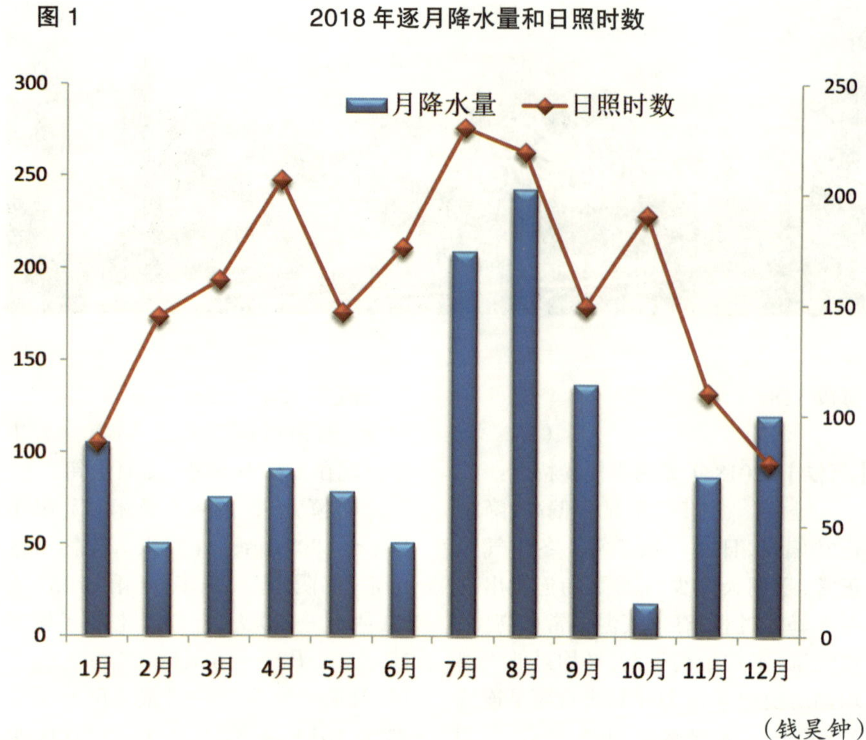

（钱昊钟）

图 2　　2018 年逐月雨日和平均气温

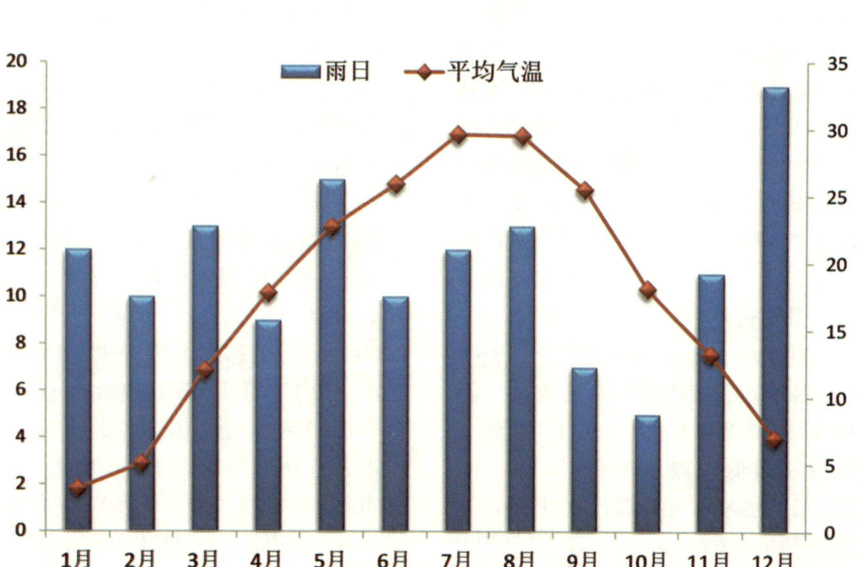

（钱昊钟）

春季（3～5月）　气温异常偏高，降水和日照正常。平均气温 17.0℃（宜兴）～ 17.5℃（无锡市区）。无锡市区、江阴和宜兴的季平均气温（17.5℃、17.4℃、17.0℃）、平均最高气温（22.8℃、22.9℃、22.8℃）均创新高，无锡市区平均最低气温（13.0℃）也创历史纪录。3 月 23 日入春，比常年早 5 天。5 月 24 日入夏，比常年早 15 天。降水量 245.8 毫米（无锡市区）～ 379.1 毫米（宜兴）。雨日 36 天（江阴）～ 39 天（宜兴）。日照时数 453.4 小时（宜兴）～ 531.2 小时（江阴）。

夏季（6～8月）　气温偏高，降水和日照正常。平均气温 27.6℃（宜兴）～ 28.4℃（江阴），比常年偏高 0.8℃（宜兴）～ 1.6℃（江阴），极端最高气温 37.5℃（无锡市区）～ 37.9℃（江阴）。降水量 503.3 毫米（无锡市区）～ 725.3 毫米（宜兴），与常年同期相比，无锡市区、江阴正常，宜兴偏多三成。夏季一日最大降水量 186.7 毫米，8 月 17 日出现在宜兴。雨日 31 天（江阴）～ 38 天（宜兴）。日照时数 624.9 小时（无锡市区）～ 680.0 小时（江阴）。

秋季（9～11月）　气温正常，降水偏多，日照时数正常。平均气温 17.9℃（宜兴）～ 19.1℃（江阴），10 月 1 日进入气象意义上的秋季，比常年晚 10 天。降水量 242.7 毫米（无锡市区）～ 321.0 毫米（宜兴），比常年同期偏多 2～3 成。雨日 23 天（无锡市区）～ 27 天（江阴、宜兴）。日照时数 448.8 小时（宜兴）～ 512.7 小时（江阴）。

（钱昊钟）

【水文】 2018 年，无锡市有水位站 13 处（潮水位站 1 处），雨量站 21 处，流量站 11 处，13 个测流断面，蒸发站 1 处，浅层地下水位站 13 处，地表水温站 1 处，地下水温站 1 处。

全年无锡市雨情较平稳，全市年平均降雨量 1243.0 毫米，比常年多 3.7%。汛期（5～9月）降雨量 697.8 毫米，占年降雨总量的 56.1%，比常年多 1.5%。全年日降雨量≥ 0.1 毫米的雨日 191 天，比常年多 66 天。水面年蒸发量 886.8 毫米，最大日水面蒸发量 6.8 毫米（7 月 19 日）。

2018 年，无锡市梅雨期呈现入梅迟、出梅早、梅雨期短、梅雨量少的特点。6 月 22 日入梅，较常年晚 6 天；7 月 9 日出梅，较常年早 1 天；梅雨期 17 天，较常年少 7 天。全市平均梅雨量 138.3 毫米，比常年梅雨量少 42.8%。梅雨期内，降水分布不均，江阴、宜兴和无锡市区的梅雨量分别为 136.0 毫米、172.1 毫米和 122.5 毫米。

2018 年汛期全市最大单日面雨量为 83.2 毫米（8 月 17 日），强降雨主要集中在 8 月 16～17 日、9 月 16 日。

河道水情　1～4月，河道水位变幅受降雨影响比较大，整体呈现平稳，各内河在 3 月 5 日左右出现汛前最高水位。

入汛后，河道水位整体趋于平稳，受台风“温比亚”“山竹”外围影响，“8・16”、“9・16”暴雨期间，全市各地水位上涨迅猛，内河大都在 8 月 17 日左右出现最高水位，其中大运河无锡站、洛社站以及锡澄运河青阳站出现超警戒水位。汛后，随着降水逐渐减少，河道水情平稳，总体呈下降趋势。

5月，河道水位变幅受降雨影响比较大，整体呈现平稳。各内河在5月31日左右出现月最高水位，月最低水位出现在6日左右。

6月，河道水位整体呈现平稳。各内河在4日左右出现月最高水位，月最低水位出现在30日左右。

7月，河道水位整体呈现平稳。各内河在5日左右出现月最高水位，月最低水位出现在1日左右。

8月，河道水位受"温比亚"台风影响，水位上涨迅猛，随着降雨的结束，水位呈下降趋势。各内河在17日左右出现月最高水位。

9月，河道水位受台风"山竹"外围影响，水位上涨迅猛。各内河在17日左右出现月最高水位。

全站区内河各站在8月17日后出现年最高水位，在2月15日前后相继出现年最低水位。全年，大运河无锡站(警戒水位3.90米)最高水位4.31米，最低水位3.25米；大运河洛社站(警戒水位4.00米)最高水位4.32米，最低水位3.28米；锡澄运河青阳站(警戒水位4.00米)最高水位4.37米，最低水位3.30米；西氿宜兴站(警戒水位4.20米)最高水位4.03米，最低水位2.92米；望虞河甘露站(警戒水位3.80米)最高水位4.07米，最低水位3.10米。

太湖水情　全年，太湖平均水位3.27米，与上年同期持平，比多年同期高0.06米；最高水位3.99米(7月5日)，最低水位2.55米(2月20日)。大浦口站平均水位3.34米，最高水位4.05米(8月17日)，最低水位2.86米(4月14日)。犊山闸站平均水位3.28米，最高水位3.88米(8月17日)，最低水位2.79米(3月16日)。

长江水情　全年，长江江阴站(警戒潮水位5.90米)8月13日(农历七月三日)出现年最高潮水位6.03米，1月10日(农历十一月二十四日)出现最低潮水位1.16米。

横山水库水情　年最高水位32.73米(9月1日)，最大蓄水量4467万立方米，最低水位29.58米(6月20日)，最小蓄水量2402万立方米。

(朱　玲)

表2　　2018年无锡市主要水位站水位特征值统计

河名	站名	年最高水位(米)	出现日期(月.日)	年最低水位(米)	出现日期(月.日)	年平均水位(米)
大运河	洛社	4.32	8.17	3.28	2.15	3.59
大运河	无锡	4.31	8.17	3.25	2.15	3.57
太湖	犊山闸	3.88	8.17	2.79	3.16	3.28
太湖	大浦口	4.05	8.17	2.86	4.14	3.34
锡澄运河	青阳	4.37	8.17	3.30	2.15	3.63
望虞河	甘露	4.07	9.17	3.10	5.6	3.44
西氿	宜兴	4.03	8.17	2.92	1.1	3.23
横山水库	横山水库	32.73	9.1	29.58	6.20	30.96
长江	江阴	6.03	8.13	1.16	1.10	–

说明：表内水位为吴淞基面以上米数

(朱　玲)

表3　　2018年无锡市主要雨量站降水量特征值统计

地区	站名	年降水量(毫米)	年降水日数	年最大日降水量(毫米)	出现日期(月.日)
南长区	无锡	1097.7	132	91.8	8.21
滨湖区	直湖港闸	1133.4	138	98.6	9.20
惠山区	洛社	1092.5	133	73.6	8.17
锡山区	甘露	1146.3	127	122.2	9.16
江阴市	江阴	1284.9	129	102.6	8.17
江阴市	青阳	1085.6	130	53.4	8.17
宜兴市	横山水库	1455.5	143	72.2	9.16
宜兴市	宜兴	1367.1	131	127.0	8.17
宜兴市	大浦口	1208.9	140	111.4	8.17

(朱　玲)

【资源】 气候资源　无锡市属北亚热带湿润季风气候区，四季分明，热量充足，降水丰沛，雨热同季，灾害频繁。夏季受来自海洋的夏季季风控制，盛行东南风，天气炎热多雨；冬季受大陆盛行的冬季季风控制，大多吹偏北风；春、秋季是冬、夏季风交替时期，春季天气多变，秋季秋高气爽。常年(1981～2010年30年统计资料)平均气温16.2℃，降水量1121.7毫米，雨日123天，日照时数1924.3小时，日照百分率43%。一年中最热是7月，最冷为1月。常见的气象灾害有台风、暴雨、连阴雨、干旱、寒潮、冰雹和大风等。由于受太湖水体和宜南丘陵山区复杂地形等的影响，局部地区小气候条件多种多样，具有南北农业皆宜的特点，作物种类繁多。

水资源　全市共有大小河道3100多条，总长2480千米。市区河道总长150千米，平水期水体容积800万立方米。太湖为江南水网中心，面积2338.1平方千米，总蓄水量为44.28亿立方米，年平均吞吐量约52亿立方米。因此，无锡地表水较丰富，外来水源补给充足。地下水资源据不完全资料测算，市区储量为6349万立方米，年补给量为6453万立方米。

矿产资源　无锡市具有开采价值的矿产资源，以黏土矿、石灰石、大理石、玻璃用石英砂岩、建筑石等非金属矿为主，其次为煤、泥炭等可燃性矿产及矿泉水。黏土矿以陶土为主，已探明工业储量5000余万吨。石灰石估算储量17亿吨。大理石估算储量5000万立方米。煤探明工业储量

表 4　　2018 年无锡市行政区划

区域名称	所辖街道、乡镇名称	镇	街道
梁溪区	街道：崇安寺、通江、广瑞路、上马墩、江海、广益、迎龙桥、南禅寺、清名桥、金星、金匮、扬名、北大街、惠山、山北、黄巷、五河		17
锡山区	街道：东亭、安镇、东北塘、云林、厚桥		5
	镇：羊尖、鹅湖、锡北、东港	4	
惠山区	街道：堰桥、长安、钱桥、前洲、玉祁		5
	镇：洛社、阳山	2	
滨湖区	街道：河埒、荣巷、蠡湖、蠡园、华庄、太湖、雪浪、马山		8
	镇：胡埭	1	
新吴区	街道：新安、旺庄、硕放、江溪、梅村、鸿山		6
江阴市	街道：澄江、南闸、云亭、城东、夏港、申港、利港		7
	镇：璜土、月城、青阳、徐霞客、华士、周庄、新桥、长泾、顾山、祝塘	10	
宜兴市	街道：新庄、宜城、屺亭、新街、芳桥		5
	镇：张渚、西渚、太华、徐舍、官林、杨巷、新建、和桥、高塍、万石、周铁、丁蜀、湖汊	13	
合计		30	53

（韩科峰）

表 5　　2018 年无锡市行政区划统计

区域名称	市（县）（个）	市辖区（个）	镇（个）	街道（个）	村委会（个）	居委会（个）	村居合一（个）	面积（平方千米）	户籍人口（人）
梁溪区		1		17		158		71.5	783030
锡山区		1	4	5	75	48		399.11	461583
惠山区		1	2	5	29	60	26	325.12	488972
滨湖区		1	1	8	0	110	7	628.15	525562
新吴区		1		6	9	80	35	220.01	370960
小计		5	7	41	113	456	68	1643.88	2630107
江阴市	1		10	7	197	57	46	986.98	1259164
宜兴市	1		13	5	215	97		1996.61	1080532
小计	2		23	12	412	154	46	2983.59	2339696
合计	2	5	30	53	525	610	114	4627.47	4969803

（韩科峰）

表 6　　2018 年无锡市民族基本情况

单位:个、人

少数民族数量	少数民族总人口（常住	苗族（常住）	土家族（常住）	回族（常住）	布依族（常住）	壮族（常住）	其他
53	50114	12546	11742	4172	3914	3184	14556

说明:该数据为第六次全国人口普查统计结果

（王庆伟）

4000 余万吨。

生物资源　植物资源方面，无锡市除栽培植物外，拥有自然分布于地区内以及外来归化的野生维管束植物共 141 科、497 属、950 种、75 变种，占全国的比例分别为植物科数 39.94%、属数 15.61%、种数 3.5%。植物种类中，草本植物有 744 种，占总数的 78.32%；木本植物（包括竹类）有 206 种，占总数的 21.68%。主要用材林有竹、松、杉，优良用材的树种有杉木、檫树、樟树、紫楠、红楠、麻栎、锥栗、榆树等。药用植物 400 多种。动物资源方面，鸟类有 170 多种；鱼类为 90 多种，太湖中的银鱼，长江中的刀鱼、鲥鱼、河豚是名贵鱼类；兽类有 30 多种，主要有华南兔、穿山甲、豹猫、黄鼬等。

（易　文）

【建置沿革】 无锡是江南文明发源地之一，有文字记载的历史可追溯到 3000 多年前的商朝末年。公元前十一世纪末，周太王长子泰伯为让王位于三弟季历，偕二弟仲雍，从现属陕西的岐山东奔江南，定居梅里（今无锡梅村），筑城立国，自号“勾吴”。周灭商后，因泰伯无子，周武王封仲雍五世孙周章为吴君，建吴国。周元王三年（公元前 473 年），越灭吴，无锡属越国。周显王三十五年（公元前 334 年），楚灭越，无锡属楚国。秦王政二十四年（公元前 223 年），秦灭楚，置会稽郡，无锡属之。汉高祖五年（公元前 202 年）始置无锡县，属会稽郡。王莽时（9 年）改名为有锡县，东汉建武元年（25 年）复置无锡县。三国时，分无锡县以西为屯田，置毗陵典农校尉。西晋太康元年（280 年）复置无锡县，属毗陵郡。隋、唐、宋相沿。元元贞元年（1295 年）升无锡为州，属浙江行中书省常州路。明洪武元年（1368 年）又降州为县，属中书省常州府。清雍正二年（1724 年），分无锡为无锡、金匮两县，同城而治，均属常州府。宣统三年（1911 年）9 月 16 日，无锡光复，锡金军政分府成立于原金匮县署，辖原无锡、金匮两县；民国元年（1912 年）1 月，无锡、金匮两县合并成为无锡县。同年 5 月，撤销锡金军政分府，以无锡县民政署为县最高行政机关，无锡县属苏常道。民国十六年（1927 年），无锡县直属江苏省。民国二十三

表 7　2018 年无锡市宗教基本情况

内容 教派	登记场所（个）	团体（个）	教职人员（人）	信徒人数（万人）	教职人员占信众比例（%）
佛教	181	7	384	12.7	0.3
道教	22	5	74	1	0.7
伊斯兰教	1	1	2	0.3	0.1
天主教	14	3	27	5	0.05
基督教	58	6	283	5.4	0.5
合计	276	22	798	40.72	–

（王庆伟）

年至二十六年（1934～1937 年），为无锡行政督察区专员公署驻地。抗日战争期间，无锡四乡先后建立中共领导的锡北、锡东、太湖、武南、澄西等抗日民主政权。

1949 年 4 月 23 日无锡解放，分无锡为无锡市、无锡县，市、县同城，无锡市属苏南人民行政公署。1953 年建江苏省，无锡市为省辖市；无锡县属先后多次变化，曾经属常州专区、无锡市、苏州专区管辖。无锡市区于 1958 年 6 月基本形成了四区格局，即崇安、南长、北塘三区和一个郊区。1983 年 3 月，实行市管县体制，原属苏州地区的无锡县、江阴县与原属镇江地区的宜兴县划为无锡市管辖。1988 年，在马山镇（含马圩地区）设立马山区。1987 年 4 月、1988 年 3 月、1995 年 6 月，江阴县、宜兴县、无锡县先后撤县设市，设立江阴市、宜兴市、锡山市。1995 年 3 月，无锡市市区和无锡县行政区划进行部分调整，组建无锡新区。郊区旺庄乡，无锡县硕放镇和坊前、新安、梅村 3 镇的 19 个行政村，连同无锡国家高新技术产业开发区、无锡新加坡工业园，由无锡新区管理。2000 年 12 月，撤销锡山市，设立锡山区和惠山区；撤销马山区，将马山区的行政区域和锡山市的部分镇（9 个）并入无锡市郊区，并将郊区更名为滨湖区。2001 年 12 月，滨湖区广益镇划归崇安区，扬名镇划归南长区，黄巷镇、山北镇划归北塘区。2015 年 10 月，撤销崇安区、南长区、北塘区，合并设立梁溪区；析锡山区的鸿山街道和滨湖区的江溪、旺庄、硕放、梅村、新安 5 个街道，设立新吴区。

（市民政局区划地名处）

【行政区划】 2018 年，无锡市辖梁溪、锡山、惠山、滨湖、新吴 5 个区，及江阴、宜兴 2 个县级市。全市有 30 个镇、53 个街道，下设 525 个村委会、610 个社区居委会、114 个村（居）委会（合一）。

（韩科峰）

年度荣誉

【消费者满意度测评全国第一】 1 月 25 日，中国消费者协会在北京召开新闻发布会，首次发布《2017 年城市消费者满意度测评报告》，在全国受测评的 50 个大中城市中，消费者满意度综合得分为 71.75 分，无锡综合得分 77.88 分，位居全国第一。

城市消费者满意度测评是中消协以通过委托第三方机构开展调查的形式，调查消费者在购买商品或接受服务过程中，对消费供给、消费环境和消费维权的情绪反馈，以百分制形式测度出的消费者主观评价。测评的对象是城市主城区的常住居民，在本地居住 6 个月以上，包括本地户籍以及非本地户籍，最近 1 个月有过线下日常消费行为的消费者。该次测评从 2017 年 11 月 14 日至 2018 年 1 月 4 日，在全国 50 个城市同步开展。共回收有效样本数为 27706 个，覆盖全国东、中、西部，涉及不同社会消费品零售总额水平的城市。根据城市不同的社会消费品零售总额，按照统计学要求，对应每个城市设计本地居民测评样本量。

（丁祥建）

【“全球 20 大智慧城市”国内排名第一】 3 月 12 日，英国市场调研机构 Juniper Research 发布“全球智慧城市 Top20”榜单。该项调查研究从出行、医疗、公共安全和生产力四个方面对城市的智能化程度进行综合评定，对全球 20 个智慧城市进行排名，并分析这些城市在节省时间、提高工作效率、改善健康水平、提高生活质量、提供安全环境等方面出现的积极变化和对排名的影响。中国无锡、银川、杭州分列榜单第十七、十八、二十位，无锡在国内智慧城市中排名第一。

（丁祥建）

【首批国家文化出口基地】 6 月 14 日，由中宣部、商务部主办的国家文化出口基地工作推进会在浙江杭州举行。会上，对无锡等 13 个首批国家文化出口基地进行授牌。建设国家文化出口基地是贯彻落实《国务院关于加快发展对外文化贸易的意见》的重要行动，以文化出口为导向，培育具有较强辐射力的功能载体。此次入选基地的城市有 13 个，无锡市是江苏省唯一一个入选城市。

（易　文）

【蝉联内地宜居城市第一名】 6 月 22 日，中国社会科学院和《经济日报》在北京共同发布《中国城市竞争力报告 No.16——40 年：城市星火已燎原》，无锡蝉联内地宜居城市第一名。宜居竞争力指数十强分别为：香港、无锡、杭州、广州、南通、南京、澳门、镇江、宁波和深圳。宜居城市是城市人才争夺的首要砝码。

（易　文）

【获“2018 年度金五星优秀会展城市奖”】 6 月 26 日，由《中外会展》杂志社主办的第八届中外会展项目合作洽谈会（EPFIC）在杭州国际博览中心举行开幕大会。会上，无锡市荣获“2018 年度金五星优秀会展城市奖”，无锡市会展办荣获“2018 年度金五星优秀会展管理机构奖”，无锡合能会展有限公司获得“2018 年度金五星优秀组展单位奖”。

（丁祥建）

【获“智慧城市领先奖”】 11 月 28 日，在北京召开的“2018 智慧中国年会”上，无锡市再次获得“智慧城市领先奖”。年会发布的《第八届（2018）中国智慧城市发展水平评估报告》显示，2018 年无锡智慧城市发展水平总得分

表 8　　2018 无锡市主要农产品产量及其增长速度

单位:吨

产品名称	产量	比上年增长(%)
粮食	568010	−0.2
油料	4768	0.1
#油菜籽	3807	−7.5
茶叶	6573	2.5
水果	187596	0.5
水产品	122292	−6.6

(市统计局)

74 分,居全国第三。

(丁祥建)

国民经济和社会发展概况

【综合】 2018 年,无锡市实现地区生产总值 11438.62 亿元,按可比价格计算,比上年增长 7.4%。按常住人口计算人均生产总值达到 17.43 万元。

全市实现第一产业增加值 125.07 亿元,比上年下降 0.3%;第二产业增加值 5464.01 亿元,比上年增长 8.0%;第三产业增加值 5849.54 亿元,比上年增长 7.1%;三次产业比例调整为 1.1:47.8:51.1。

全年城镇新增就业 16.14 万人,其中各类城镇下岗失业人员实现就业再就业 8.86 万人,援助就业困难人员再就业 2.15 万人。全市城镇登记失业率为 1.78%。

全年民营经济实现增加值 7526.61 亿元,比上年增长 7.5%,占经济总量的比重为 65.8%,比上年提高 0.2 个百分点。民营经济固定资产投入比上年增长 7.9%,民营工业产值比上年增长 16.0%。

至年底,全市工商部门登记的各类企业达 31.31 万家,其中国有及集体控股公司 2.72 万家,外商投资企业 0.65 万家,私营企业 27.94 万家,当年新登记各类企业 5.11 万家。年末个体户 40.07 万家,当年新增 7.58 万家。

全年市区居民消费价格指数(CPI)为 102.3,比上年提高 0.4 个百分点。其中服务项目价格指数为 102.3,消费品价格指数为 102.4,商品零售价格指数为 102.3。

(市统计局)

表 9　2018 年无锡市居民消费价格指数情况

指标	市区
居民消费价格总指数	102.3
食品烟酒	102.1
衣着	102.4
居住	101.9
生活用品及服务	104.7
交通和通信	102.0
教育文化和娱乐	104.0
医疗保健	101.5
其他用品和服务	100.0

(市统计局)

【农业】 2018 年,全市粮食总产量 56.80 万吨,比上年下降 0.2%。油料总产量 4768 吨,比上年增长 0.1%,其中油菜籽 3807 吨,比上年下降 7.5%;茶叶总产量 6573 吨,比上年增长 2.5%;水果总产量 18.76 万吨,比上年增长 0.5%。

全年粮食种植面积 8.434 万公顷,比上年减少 0.248 万公顷。油料种植面积 0.215 万公顷,比上年减少 20 公顷;蔬菜种植面积 4.363 万公顷,比上年减少 2120 公顷。

主要畜产品中,肉类总产量 2.00 万吨,比上年下降 61.4%,其中猪牛羊肉 1.46 万吨,比上年下降 65.1%;禽蛋总产量 1.36 万吨,比上年增长 208.6%。奶牛存栏 0.28 万头,比上年下降 66.3%。全年水产品产量 12.23 万吨,比上年下降 6.6%。

(市统计局)

【工业和建筑业】 2018 年,全市规模以上工业企业实现增加值 3618.71 亿元,比上年增长 9.0%。分经济类型看,内资企业总产值增长 15.1%,港澳台商投资企业总产值增长 13.1%,外商投资企业总产值增长 8.7%。全市统计的 264 个主要工业产品中,产品产量比上年增长的有 136 个,占全市统计产品数的 51.5%。在全市跟踪统计的 30 种重点产品中,有 14 种产品的产量实现增长。全市规模以上工业实现主营业务收入 16493.33 亿元,比上年增长 9.8%;工业产销率 98.4%,比上年下降 0.7 个百分点。

全年建筑业完成增加值 455.31 亿元,比上年增长 0.9%;实现建筑业总产值 901.15 亿元,比上年增长 21.3%。施工房屋建筑面积 3768.63 万平方米。1 个建设工程项目获得鲁班奖,18 个建设工程项目获江苏省优质工程奖“扬子杯”(房屋建筑工程)。

(市统计局)

【固定资产投资】 2018 年,全市固定资产投资比上年增长 5.8%。分产业投向:第一产业投资比上年下降 27.7%,第二产业投资比上年增长 10.7%,第三产业投资比上年增长 1.8%。

全年房地产业实现增加值 591.93 亿元,比上年增长 7.9%。房地产开发投资比上年增长 9.4%,商品房施工

表 10　2018 年无锡市对主要国家和地区进口、出口总额及其增长速度

单位:万美元

出口国家和地区	2018 年	增长(%)	进口国家和地区	2018 年	增长(%)
美国	809457	5.6	韩国	833594	47.4
中国香港	745204	8.5	日本	653764	6.7
韩国	567627	36.9	中国台湾	331308	15.9
日本	434701	4.6	美国	202902	12.4
印度	180239	13.2	澳大利亚	99744	−25.8

(市统计局)

表 11　　2018 年无锡市财政分项情况

单位:亿元

指标	2018 年	比上年增长(%)
一般公共预算收入	1012.28	8.8
#税收收入	860.51	14.4
#增值税	420.72	13.9
营业税	1.04	-44.2
企业所得税(40%)	142.97	14.0
个人所得税(40%)	57.87	22.7
城市维护建设税	60.50	14.8
房产税	39.00	6.6
印花税	13.36	12.7
契税	55.81	9.0
上划中央四税收入	740.48	13.2

(市统计局)

面积为 5994.51 万平方米,比上年增长 4.5%,竣工面积 761.67 万平方米,比上年下降 32.6%。全年商品房销售面积 1378.35 万平方米,比上年增长 16.6%,商品房销售额 1582.44 亿元,比上年增长 26.2%。

(市统计局)

【国内贸易】 2018 年,全市实现社会消费品零售总额 3672.70 亿元,比上年增长 9.0%。其中,批发和零售业零售额 3382.76 亿元,比上年增长 8.9%,住宿和餐饮业零售额 289.94 亿元,比上年增长 9.5%。按经营地统计,城镇社会消费品零售总额 3136.07 亿元,比上年增长 9.1%;乡村社会消费品零售总额 536.63 亿元,比上年增长 8.4%。

在限额以上批发和零售业零售额中,汽车类增长 2.6%,粮油、食品类增长 6.4%,石油及制品类增长 16.1%,通讯器材类增长 33.3%,服装、鞋帽、针纺织品类增长 9.8%,化妆品类增长 8.3%,金银珠宝类增长 11.7%。

(市统计局)

【开放型经济】 2018 年,全市实现对外贸易进出口总额 934.44 亿美元,比上年增长 15.0%。其中,进口总额 366.63 亿美元,比上年增长 15.5%;出口总额 567.81 亿美元,比上年增长 14.7%。一般贸易实现出口额 253.02 亿美元,占出口总额的比重 49.8%。按人民币计,全年实现对外贸易进出口总额 6161.83 亿元,比上年增长 12.0%。其中,进口总额 2418.15 亿元,比上年增长 12.6%;出口总额 3743.68 亿元,比上年增长 11.6%。

全年批准外资项目 434 个,新增协议注册外资 92.25 亿美元,比上年增长 54.0%。到位注册外资 37.15 亿美元,比上年增长 1.1%。战略性新兴产业利用外资占到位注册外资比重 58.3%,全年完成协议注册外资超 3000 万美元的重大外资项目 59 个。至年底,全球财富 500 强企业中有 101 家在无锡投资兴办了 197 家外资企业。

全市服务外包产业接包合同总额 142.22 亿美元,比上年下降 11.9%,执行金额 112.12 亿美元,比上年下降 7.1%;离岸合同总额 103.31 亿美元,比上年增长 9.0%;离岸执行金额 81.12 亿美元,比上年增长 8.2%。

全年备案投资项目 103 个,中方协议投资额达 15.23 亿美元,比上年增长 26.4%,其中 1000 万美元以上项目 26 个。

(市统计局)

【交通运输、邮政电信和旅游业】 至 2018 年年底,无锡市公路总里程 7575.68 千米,其中高速公路 273.88 千米。全社会拥有车辆 201.92 万辆,比上年增长 8.1%。其中汽车 192.17 万辆,比上年增长 9.3%。私人汽车拥有量达到 161.31 万辆,比上年增长 8.5%。城市轨道交通运营线路总长 55.01 千米,全年运营总里程 531.56 万列千米,线网客流总量 10312.02 万人次。市区新辟公交线路 2 条,营运线路 293 条,线路总长 5819 千米,全年公交运客总量 3.99 亿人次。市区营运巡游出租汽车 4040 辆。

全年完成客运量 8445.77 万人次,比上年下降 4.0%,完成货运量 18639.80 万吨,比上年增长 7.2%。完成港口吞吐量 23240.08 万吨,比上年增长 8.8%。空港旅客吞吐量 720.93 万人次,比上年增长 7.8%。

全年邮电业务总量 300.10 亿元,发送函件 2225.20 万件。全年规模以

无锡蠡园经济开发区夜色　　(俞　翔　供稿)

上快递服务企业业务量完成5.12亿件，比上年增长13.5%。率先建成国内高标准全光网城市，覆盖用户超过879.02万户，城域网出口带宽5.02T。建设4G基站累计达到33508个。年末移动电话用户908.94万户，其中4G手机用户达到756.14万户。固定互联网宽带接入用户313.03万户，移动互联网宽带接入用户778.35万户。

全年接待国内游客9817.68万人次，比上年增长7.0%；接待旅游、参观、访问及从事各项活动的入境过夜旅游者58.60万人次，比上年增长18.3%。旅游总收入1951.97亿元，比上年增长11.9%。全市拥有年接待游客10万人以上的景区50家，国家AAAAA级景区3家，国家AAAA级景区27家，国家AAA级景区14家，国家AA级景区9家。省星级乡村旅游区（点）117个。全市星级宾馆40家，其中五星级宾馆13家，四星级宾馆10家。全市拥有旅行社221家，其中出境游组团社33家。

（市统计局）

【财政和金融业】 2018年，全市一般公共预算收入突破千亿元大关，达到1012.28亿元，比上年增长8.8%。财政支出结构继续调整，一般公共预算支出1055.94亿元，比上年增长6.9%。

至年底，金融机构各项本外币存款余额达16056.79亿元，比上年增长6.1%；各项本外币贷款余额12102.76亿元，比上年增长7.8%。存款中，非金融企业存款余额7044.32亿元，比上年增长5.8%；住户存款余额5599.85亿元，比上年增长8.9%。贷款中，非金融企业及机关团体贷款9355.30亿元，比上年增长5.9%；住户贷款2739.73亿元，比上年增长15.0%。全年现金净投放225.59亿元。

全年实现保费收入374.36亿元，比上年下降8.4%。其中财产险收入96.21亿元，比上年增长3.5%；人寿险收入278.15亿元，比上年下降11.9%。保险赔款支出68.16亿元，比上年增长14.4%。保险给付支出32.63亿元，比上年下降0.1%。

全年证券市场完成交易额2.39万亿元，比上年下降24.8%。本年新增上市公司11家，累计138家。全市证券交易开户总数152.83万户，托管市值1958.97亿元，下降25.9%。全市有证券公司2家，证券营业部155家。全年"新三板"企业挂牌9家，累计挂牌268家。

（市统计局）

【科学技术和教育】 2018年，全市有国家级工程技术研究中心6家，省级以上重点实验室9家，省级以上企业重点实验室6家，国家级国际合作基地8家，省级国际技术转移中心11家。当年自主培育"千人计划"专家1人，累计培育国家"千人计划"专家90人，至年底，在无锡创新创业"千人计划"专家264人。

全市高新技术产业产值占规模以上工业总产值比重达43.23%，高新技术产业产值比上年增长12.6%。

万人有效发明专利拥有量达38件。全市获国家、省科技计划到位经费6.35亿元，比上年增长40.3%，其中获国家科技经费1.19亿元。

全市有国家级产品质量监督检查中心10个，国家级型式评价实验室1个，国家级检测重点实验室6个，国家级产业计量测试中心1个。全年，省级监督抽查无锡产品1200多批次。强制性产品认证获证企业1245家，法定计量技术机构3家，强制检定计量器具76.03万台（件），全年新增主导和参与制修订国际、国家、行业标准61项。

全市有普通高校12所。普通高等教育本专科招生3.40万人，在校生10.60万人，毕业生3.19万人；研究生教育招生0.27万人，在校生0.78万人，毕业生0.20万人。全市中等职业教育在校生达6.66万人（含技校）。九年义务教育巩固率100%，高中阶段教育毛入学率100%，普及高中阶段教育。特殊教育招生193人，在校生1330人。全市有幼儿园436所，比上年增加33所；在园幼儿19.95万人，比上年增加0.88万人。

（市统计局）

【文化、卫生、体育和民族宗教】 至2018年年底，无锡市有艺术表演团体72个，文化馆8个，公共图书馆8个，文化站82个，博物（纪念）馆58个。全市人民广播电台节目8套，电视台节目8套，无锡有线电视总用户121.89万户。电视人口总覆盖率和广播人口覆盖率均达100%。全市档案馆8个，已向社会开放档案59.77万卷（件、册）。

全市拥有卫生医疗机构2480个，其中综合医院81家，社区卫生服务中心（卫生院）106家，社区卫生服务站（村卫生室）700家，护理院30家，疗养院7家。有卫生技术人员5.47万人，其中执业（助理）医师2.10万人；拥有医疗床位4.70万张，其中医院、社区卫生服务中心（卫生院）4.58万张。全市各级医疗机构全年完成诊疗5587.56万人次，比上年增长2.2%。

全市人均公共体育设施面积1.53平方米，新增各级社会体育指导员1994人，国民体质总体达标率95.6%。城乡社区"10分钟体育健身圈"实现全覆盖，举办无锡马拉松、第九届环太湖国际公路自行车赛、世界击剑锦标赛等一批大型国际赛事，世界跆拳道中心落户无锡。全年无锡籍运动员在全国以上各级各类比赛中取得52个冠军，其中5人获9项世界冠军。全市体育彩票销售达到45.06亿元，增长55.1%。

年末有宗教活动场所273处，教职人员785名（不含散居道士）。

（市统计局）

【人口、人民生活和社会保障】 至2018年年底，全市户籍人口497.21万人，比上年增长0.84%。全年出生人口42117人，出生率8.5‰；死亡人口36939人，死亡率7.5‰，人口自然增长率为1.0‰。户籍人口城镇化率76.02%。全市常住人口657.45万人，比上年增长0.33%，其中城镇常住人口501.50万人，比上年增长0.7%，常住人口城镇化率76.28%。

全体居民人均可支配收入50373元，比上年增长8.6%。城镇常住居民人均可支配收入56989元，比上年增长8.2%。农村常住居民人均可支配收入30787元，比上年增长8.6%。全体居民人均生活消费支出31593元，比上年增长6.7%，城镇常住居民人均生活消费支出35016元，比上年增长6.2%，农村常住居民人均生活消费支出21460元，比上年增长7.3%。

全市企业职工基本养老保险人数达到272.42万人，扩面19.02万人。全市参加城镇职工基本医疗保险人数达到358.88万人，扩面17.81万人。全市参加失业保险职工人数为221.00万人，扩面12.21万人。全市参加工伤保险人数224.02万人，扩面15.88万人。全市参加生育保险人数223.86万人，扩面15.88万人。市区月低保标准提高至900元。至年底，在领失业保险金人数为3.19万人。

城乡居民最低生活保障对象17213人；全年发放低保金1.46亿元。实施城乡医疗救助41.23万人次，支付救助金9910.74万元；实施临时救助24246人次，发放救助金2434.07万元。全市享受国家抚恤、生活补助的优抚对象17787人。全市新开工保障性住房17204套，基本建成18565套。

全年累计抽检各类食品4.2万批次，每千人抽检率达6.41批次，食品监测合格率为98.38%。

（市统计局）

【资源、环境和安全生产】 2018年，全市国有建设用地供应总量2879.04公顷，比上年增长26.8%，其中，工矿仓储用地804.57公顷，房地产用地688.84公顷，基础设施等其他用地1385.63公顷。

全年全社会用电量732.81亿千瓦时，比上年增长6.7%。其中工业用电量551.49亿千瓦时，增长5.1%；城乡居民生活用电73.78亿千瓦时，增长10.5%。

全市水资源总量27.79亿立方米，比上年减少4.5%。全年总用水量27.12亿立方米左右，比上年增长0.9%，其中生活用水增长6.8%，工业用水（开式火电用水以耗水计）增长0.3%，农业用水下降2.6%。

全市$PM_{2.5}$年均浓度较上年下降2.3%，环境空气质量优良天数比例为70.7%，集中式饮用水源地水质达到考核要求，全市功能区昼间和夜间噪声达标率分别为94%和71%。

年内市区新增绿地面积206公顷，人均公园绿地面积14.91平方米，建成区绿化覆盖率达到42.98%。

全年发生各类事故618起，死亡323人。亿元GDP生产安全事故死亡率0.028人/亿元。

说明：

1. 资料中地区生产总值和各产业增加值绝对值按现行价格计算，增长速度按可比价格计算。

2. 部分数据因四舍五入的原因，存在着与分项合计不等的情况。

3. 资料来源。本资料中就业、社会保障数据来自人社局；工商登记数据来自工商局；茶叶、水果、水产品数据来自农委；对外贸易数据来自海关；利用外资、外包、外经数据来自商务局；车辆数据来自公安局；公路、水路交通运输数据来自交通局；铁路运输数据来自火车站；民航运输数据来自苏南机场；轨道交通数据来自地铁集团；邮政、电信业务数据来自邮政管理局、各通信公司；城市信息化数据来自市经信委；旅游数据来自旅游局；财政数据来自财政局；金融数据来自人民银行；保险数据来自保险协会；证券数据来自金融办；科技数据来自科技局；人才数据来自组织部；质检数据来自质监局；教育数据来自教育局；文化数据来自文广新局；档案数据来自档案局；卫生数据来自卫计委；体育数据来自体育局；宗教数据来自民宗局；户籍人口数据来自公安局；社会福利数据来自民政局；保障性住房数据来自住建局；用地数据来自国土局；水资源数据来自水利局；电力消耗数据来自供电公司；环保数据来自环保局；绿化数据来自市政园林局；安全生产数据来自安监局；食品安全数据来自食药监局（数据来源部门为无锡市机构改革前原部门）。

（市统计局）

编辑：邵文凯

中共无锡市委员会

综 述

【概况】 2018年，中共无锡市委员会(以下简称无锡市委)总揽全局、协调各方，团结和带领全市上下，坚持以习近平新时代中国特色社会主义思想为指导，深入贯彻中共十九大精神，按照省委对无锡提出的"当好全省高质量发展标杆、示范和领跑者"新要求，围绕高水平全面建成小康社会、建设"强富美高"新无锡总目标，以高质量发展为导向，坚持稳中求进工作总基调，自觉践行新发展理念，统筹推进"五位一体"(经济建设、政治建设、文化建设、社会建设、生态文明建设)总体布局，协调推进"四个全面"(全面建成小康社会、全面深化改革、全面依法治国、全面从严治党)战略布局，坚定实施"六大发展战略"(创新驱动核心战略、产业强市主导战略、全面开放战略、新型城镇化和城乡发展一体化战略、可持续发展战略、民生共建共享战略)，经济社会发展和党的建设取得新成果。

(杨少斐)

【经济发展】 2018年，无锡坚定推进产业强市，抓本咬根发展实体经济，统筹构建现代产业体系和产业科技创新体系，全市经济"稳"的基础更加牢固、"进"的步伐正在加快、"好"的势头不断显现。15个主要经济指标中，8个指标增速好于上年同期，9个指标增速在省内排名上升，10个指标增速高于全省平均值，其中，地区生产总值11438.62亿元、比上年增长7.4%、增幅居全省第二；规模以上工业企业实现增加值3618.71亿元，比上年增长9.0%，增幅20年来首次跃居全省第一；固定资产投资增长5.8%，其中工业投入增长10.5%；社会消费品零售总额3672.70亿元，比上年增长9.0%，消费满意度测评全国第一。把转型升级作为产业强市的重点，把科技创新作为产业强市的基点，先后召开新一代信息技术产业发展大会、智能制造推进大会、现代服务业发展大会，大力实施新一代信息技术产业、智能制造、现代服务业发展三个三年行动计划，出台先进制造业重点产业集群发展意见、制造业"唤醒计划"，全市高新技术产业产值占规模以上工业总产值比重达到43.23%，高新技术产业产值比上年增长12.3%；国家物联网创新中心等重大平台筹建工作有序推进，物联网博览会、高层次人才创新创业无锡交流大会等重大展会成功举办；全社会研发投入占地区生产总值比重达2.85%，企业研发经费占销售收入比重达1.73%，科技进步贡献率达63.9%，万人有效发明专利拥有量达38件，继续保持全省领先。不断强化项目建设，2018年新签约投资超10亿元重大产业项目49个，其中100亿元～300亿元项目4个。大力扶持实体经济发展，分别净增规模以上企业、规模以上工业企业1721家和570家，均位居全省第一；入围中国企业500强、制造业企业500强、服务业企业500强和民营企业500强4个"500强"榜单的企业总数达69家、全省第一；新增境内外上市企业11家，累计达到138家、全省第一。

(杨少斐)

【改革开放】 2018年，无锡市坚持以供给侧结构性改革为主线，全面落实"三去一降一补"(去产能、去库存、去杠杆，降成本，补短板)五大重点任务，累计压减钢铁产能290万吨、水泥产能30万吨、印染产能1000万米，整治燃煤工业窑炉185座；市区非住宅商品房库存比上年减少17.65万平方米；不良贷款余额、不良贷款率连续五年"双降"，不良贷款率降至全省第11位；为企业减负超200亿元。依托江苏省无锡经济开发区对太湖新城原有体制机制进行优化调整，初步构建一个管理主体、一个发展平台、一套班子队伍的管理体制和统一规划、统一招商、统一协调、统一建设的管理机制。按照中央和省委统一部署，认真做好各项重点领域改革工作，市、县两级党政机构改革、财税金融体制改革、"放管服"改革、综合行政执法体制改革、国资国企改革等扎实推进、取得实效。围绕全市人民反映强烈的就医、上学方面突出问题，分别召开全市卫生与健康大会及教育大会，全面启动市属医疗卫生机构布局调整优化，制定出台关于深化教育体制改革等五个文件，下决心做好教育、卫生领域改革、提质各项工作。主动融入"一带一路"倡议，复制推广自由贸易试验区改革试点经验，全面实行外商投资企业商务备案与工商登记"一口办理"，加大战略性新兴产业、先进制造业、总部经济等重点领域的外资招引力度，全年外贸进出口总额达934.44亿美元；到位注册外资37.15亿美元，其中战略性新兴产业利用外资占比达58.3%；获批国家跨境电商综合试验区，成为全省唯一国家文化出口基地；柬埔寨西港特区二期加快建设，全年"一带一路"沿线投资累计备案项目303个，中方协议投资额达25.4亿美元；列入省级特色创新(产业)示范园区的开发区数量全省第一，荣获"国际友好城市交流合作奖"。

(杨少斐)

【城乡一体】 2018年，无锡市积极融入区域一体发展，制定实施长江经济带高质量发展三年行动计划，研究制定综合交通基础设施建设规划和交通基础设施建设三年行动计划，启动苏南硕放国际机场总体规划修编和集疏运体系规划等，硕放机场升格为“4E”级国际机场、货运航班频次全省第一；苏锡常南部高速公路建设进展顺利，南沿江城际铁路开工建设；宜兴丁蜀通用机场获批立项，盐泰锡常宜铁路等重大交通设施前期工作加快推进，以长三角区域枢纽机场、全国性铁路枢纽、区域性物流枢纽为目标的全国性综合交通枢纽城市建设加快推进。不断加快市域一体发展，积极推进新一轮城市总规编制工作，编制锡澄锡宜两个协同发展区规划，锡澄城际轨道S1线、宜马快速通道前期工作进展顺利；地铁1号线南延线、地铁3号线、地铁4号线建设进度加快，江海西路、蠡湖大道快速化改造全面完成，市区交通状况明显改善；稳步实施新型智慧城市三年行动计划，智慧城市发展水平继续处于地级市领先地位；召开全市城市管理工作会议，实施市容市貌、建筑垃圾、交通秩序等专项整治行动，着力整治城市管理顽疾。大力促进城乡一体发展，持续推进老城更新改造，全年累计征收拆迁房屋350万平方米，整治改造旧住宅220万平方米；召开全市乡村振兴大会，编制出台乡村振兴战略实施规划等系列意见，扎实做好“百企建百园”、“四好农村路”建设、美丽乡村建设、农村集体产权制度改革等重点工作，农业机械化水平达90%以上，居全省首位，宜兴成为中国美丽乡村建设示范县，阳山镇入围中央农业产业强镇示范建设名单，全年累计更新翻建各类农村住房2457户。

（杨少斐）

【生态质量】 2018年，无锡市委自觉践行“绿水青山就是金山银山”理念，制定实施《全面加强生态环境保护坚决打好污染防治攻坚战的实施意见》，系统推进太湖生态保护圈、江阴长江生态安全示范区和宜兴生态保护引领区建设，宜兴市、锡山区、惠山区、滨湖区获评首批省级生态文明建设示范县（市、区），太湖新城获评全国首批绿色生态示范城区。坚决打好污染防治攻坚战，认真整改落实中央环保督察、太湖治理督导、省级环保督察、长江经济带环保审计等反馈意见，深入实施“263”（减少煤炭消费总量和减少落后化工产能，重点治理太湖水环境、生活垃圾、黑臭水体、畜禽养殖污染、挥发性有机污染和环境隐患，提升生态保护水平、提升环境经济政策调控水平和提升环境监管执法水平）专项行动、“散乱污”企业（作坊）专项整治和“绿刃2018”环保专项行动，全年主动关停落后化工企业250家，累计达498家，主动关停“散乱污”企业（作坊）8106家，整治5475家。统筹推进治水、治气、治固废、治土等综合治理，45个国考省考断面优III比例提升到64.4%，在已全面展开综合整治的161条河道中优于III类水质的河道增加到56条，基本完成城市黑臭水体治理任务，7个集中式饮用水水源地水质达到国家和省考核要求，太湖无锡水域水质主要指标好于全太湖平均水质，连续十一年实现安全度夏和“两个确保”目标；成为全省唯一（按年初省定指标）的$PM_{2.5}$平均浓度和空气优良天数“双达标”城市，大气污染防治年度考核综合得分全省第一；江阴秦望山危废焚烧项目、宜兴凌霞危废焚烧扩建项目、惠山飞灰填埋和桃花山飞灰填埋项目建成投用，益多垃圾焚烧厂大修改造项目如期复产，困扰全市多年的固危废处置问题得到有效缓解。

（杨少斐）

【人民生活】 2018年，无锡市委认真落实以人民为中心的发展思想，大力实施民生共建共享战略，基本公共服务体系建设效果满意度、社会文明程度测评指数、法治建设满意度、公众安全感四项指标得分均位居全省第一。全年城镇新增就业16.14万人，城镇登记失业率1.78%，就业创业公共服务在全省基本公共服务满意度排名第一。在省内率先出台本地户籍人员断保接续贴息政策，首创培训、就业、参保“三位一体”入户核查机制，职工基本养老保险扩面19.02万人，医疗保险扩面17.81万人，失业保险扩面12.21万人，工伤和生育保险均扩面15.88万人，养老待遇实现“14连增”。实现建档立卡户比对全覆盖，临时救助标准、孤残儿童养育标准、“两参”人员补助慰问标准均居全省第一，“阳光扶贫”覆盖全市2.36万户、3.45万人，155个经济薄弱村提前两年完成脱困转化任务，“慈福”民生保险品牌获评全国慈善领域最高政府奖“中华慈善奖”。启动与江南大学、东南大学等知名高校的新一轮合作共建，南京信息工程大学滨江学院正式招生，南京理工大学江阴校区、江南大学宜兴研究生院启动建设，江南大学江阴校区成功落户。成功举办2018年世界击剑锦标赛、无锡马拉松、首届世界跆拳道团体世锦赛等重大体育赛事，基本公共文化体育服务体系建设满意度全省第一。在全省率先出台全面放开养老服务市场提升服务质量的实施意见，社会办医养结合型养老机构等补贴标准全省最高，医养结合型机构医保定点审批时限全省最短。

（杨少斐）

【党的建设】 2018年，无锡市委全面贯彻新时代党的建设总要求，坚决扛起全面从严治党政治责任，与时俱进抓好党的政治、思想、组织、作风、纪律和制度等各项建设，不断提高党的建设质量。坚持把党的政治建设摆在首位，制定实施《中共无锡市委常委会关于坚决维护党中央权威和集中统一领导的规定》《关于加强和改进党内政治生活的若干规定》等文件，引导全市党员干部增强“四个意识”，坚定“四个自信”，坚决做到“两个维护”，在思想上政治上行动上始终同以习近平同志为核心的党中央保持高度一致。认真落实新时期好干部标准，树立事业为上的鲜明用人导向，改进干部考核评价方式，加强年轻干部培养，深入实施“三项机制”，激发广大领导干部干事创业的积极性。实施村（社区）党组织带头人队伍建设、党支部标准化规范化建设和基层党建工作指导站建设，全面提升基层党建工作水平，无锡“雁阵计划”经验做法在新华社专题刊发。深入推进党风廉政建设和反腐败斗争，紧盯重要节点加强对中央八项规定和《实施细则》精神执行情况的监督检查，围绕公务接待、办公用房和公务用车、通信补贴、会议管理等领域存在的“四风”问题，开展作风建设自查自纠专项行动，建立违规吃喝常态化暗访工作机制，制定实施《关于集中整治形式主义、官僚主义的工作方案》，全市作风建设在坚持中深化、在深化中加强。着力强化党内监督，市县两级监察委员会依法组建、挂牌成立，初步构建集中统一、权威高效的监察体系。坚持重遏制、强高压、长震慑，坚决查处领导干部违纪违法案件，重点抓好整治群众身边的腐败和作风问题、查处涉黑涉恶腐败和充当"保护伞"问题、追逃追赃工作等工作，先后查办全省留置第一案和处级干部留置第一案。认真抓好党管武装工作，全力支持部队改革调整，深化国防动员和后备力量建设，认真落实双拥政策，编制《军民融合创新示范区建设方案》，在全省率先成立军民融合产业联盟。

（杨少斐）

重要会议

【2017年城市重点道桥工程通车暨2018年城市重点道桥工程开工现场会】 1月2日，无锡市召开2017年城市重点道桥工程通车暨2018年城市重点道桥工程开工现场会，包括蠡湖大道快速化改造工程高架段在内的8个重点道桥工程集中通车，凤翔路快速化改造工程等8个项目集中开工。省委常委、市委书记李小敏宣布项目通车、开工，市长汪泉致辞。市领导徐一平、周敏炜、黄钦、朱爱勋，市政府秘书长许立新出席现场会。

（沈斐旻）

【共青团无锡市第十九次代表大会】 参见"群众团体·共青团无锡市委员会"。

（沈斐旻）

【专题民主协商会】 1月18日，省委常委、市委书记李小敏主持召开专题民主协商会，围绕"科技创新与产业升级"主题，听取市各民主党派、工商联和无党派知识分子联谊会对更好实施创新驱动核心战略和产业强市主导战略、加快推动经济实现高质量发展的意见建议。市政协主席周敏炜，市委常委、常务副市长黄钦，市委常委、统战部部长陈德荣出席会议。

（沈斐旻）

【生态文明建设暨"两减六治三提升"专项行动推进会】 1月19日，无锡市召开生态文明建设暨"两减六治三提升"专项行动推进会，总结2017年工作情况，部署2018年重点任务。会议认为，2017年，无锡市超额完成省下达的"减煤""减化"任务，太湖无锡水域水质总体向好，无锡跻身首批国家生态文明建设示范市，全市生态文明建设取得显著成效。副市长朱爱勋、陆志坚，市政府秘书长许立新参加会议。

（沈斐旻）

【全市河长大会】 1月24日，市委、市政府召开全市河长大会。省委常委、市委书记、市级总河长李小敏在全面分析无锡市河道整治情况后指出，满足人民日益增长的优美生态环境需要，首先要解决好突出的生态环境问题，而水污染问题是当前无锡最突出的生态环境问题。会议要求各地各部门要树立和践行"绿水青山就是金山银山"的理念，坚持源头治理、精准治理、综合治理、依法治理、长效治理，坚持上下联推、纵横联动、城乡联建、标本联治、内外联督，牢牢抓住治水这个生态文明建设的重点，牢牢抓住河长这个治水的关键，扎实推进生态河湖治理行动计划，积极打造河长制管理升级版，统筹河湖功能管理、资源保护和生态环境建设，促进河湖水质持续改善、流域生态环境持续修复、区域生态环境和经济发展持续融合，让无锡的水变清、变净、变洁，为高水平全面建成小康社会、加快建设"强富美高"新无锡奠定良好生态环境基础。市长、市级总河长汪泉主持会议，市人大常委会主任徐一平、市政协主席周敏炜、市委副书记徐劼等出席会议。

（沈斐旻）

【2017年度履行全面从严治党主体责任述职会】 2月7日，市委常委会召开2017年度履行全面从严治党主体责任述职会。会上，7个市（县）区委主要负责人进行口头述职，市委市级机关工委、教育工委、国资委党委、非公有制企业和社会组织工委作书面述职。省委巡视组组长庄同保到会指导。

（沈斐旻）

【2017年度民主生活会】 2月11日，市委常委会召开2017年度民主生活会。会议对照党章，对照《中共中央政治局关于加强和维护党中央集中统一领导的若干规定》《中共中央政治局贯彻落实中央八项规定实施细则》精神，对照初心和使命，联系班子和个人实际，深入查摆存在问题，深刻进行党性分析，严肃认真开展批评和自我批评，增强领导班子和领导干部发现和解决自身问题的能力。

（沈斐旻）

【市委全面深化改革领导小组第十九次会议】 3月19日，省委常委、市委书记李小敏主持召开市委全面深化改革领导小组第十九次会议。会议原则同意《市委全面深化改革领导小组2018年工作要点》以及《市委全面深化改革领导小组工作规则》《市委全面深化改革领导小组专项小组工作规则》《市委全面深化改革领导小组办公室工作细则》。会议强调，各改革专项小组以及各相关责任部门要围绕2018年改革的总体要求和重点任务，深入开展专题调研，研究提出本领域务实管用的改革方案和改革举措，强化工作责任，确保各项改革任务尤其是中央和省委确定的重大改革任务落到实处、取得实效。市委改革办要切实履行好综合协调、督促落实的工作职能，承担相关改革任务的地区和部门既要加强对上对接衔接、对下指导督导，提高改革的针对性和实效性，又要加强横向之间的沟通联系和协调配合，形成条块结合、联动推进的工作合力。各地区、各部门要增强全面深化改革的紧迫感责任感，按照中央和省、市委部署要求，科学统筹推进、狠抓落地见效，不断增强改革的整体性、系统性、协调性。

（沈斐旻）

【全市新一代信息技术产业发展大会】 3月20日，市委、市政府召开全市新一代信息技术产业发展大会。会议认为，当前和今后一个时期，是无锡市产业强市的关键期，也是新一代信息技术产业发展的黄金期。全市上下要牢牢把握全球科技革命和产业变革重大机遇，围绕构建现代产业体系、推动高质量发展，坚定实施创新驱动核心战略和产业强市主导战略，聚焦重点领域，突出关键环节，按照技术高端化、企业品牌化、产业规模化、应用市场化、区域协同化的要求，着力推动新一代信息技术产业的关键核心技术拥有率明显提升、应用示范效应明显提升、国内外市场占有率明显提升、产业升级带动力明显提升、经济增长贡献率明显提升，在若干领域形成具有独特竞争优势的发展高点，加快把以物联网为龙头的新一代信息技术产业培育成为无锡经济的“新基因”和“顶梁柱”，加快把无锡打造成为全省乃至全国一流的“智造强市”和“智慧名城”。代市长黄钦主持，市政协主席周敏炜、市委副书记徐劼等出席会议。

（沈斐旻）

【领导干部会议】 3月26日，省委常委、市委书记李小敏主持召开领导干部会议，传达学习习近平总书记在全国“两会”期间发表的一系列重要讲话和全国“两会”精神。会议以习近平新时代中国特色社会主义思想为指引，全面贯彻中共十九大和十九届一中、二中、三中全会精神，审议批准政府工作报告和其他报告，表决通过宪法修正案、监察法，审议批准国务院机构改革方案，选举任命新一届国家机构领导人员。市领导黄钦、徐一平、周敏炜、徐劼等出席会议。

5月22日，无锡市召开领导干部会议，传达全国生态环境保护大会精神，认真学习习近平生态文明思想，对全市贯彻落实工作作出部署。省委常委、市委书记李小敏主持会议并讲话。代市长黄钦、市政协主席周敏炜、市委副书记徐劼等领导出席会议。

（沈斐旻）

【党的建设工作领导小组成员会议】 4月3日，市委召开党的建设工作领导小组成员会议。会议听取市委党的建设工作领导小组办公室2017年工作情况汇报，审议通过《市委党的建设工作领导小组2018年工作要点》《2018年党建创新重点项目实施方案》。省委常委、市委书记、市委党建工作领导小组组长李小敏主持会议并讲话。市领导周英、陈德荣、王唤春参加会议。

（沈斐旻）

【全市深化文明城市创建工作推进会】 4月4日，无锡市召开全市深化文明城市创建工作推进会，总结经验、表彰先进，激励和动员全市上下立足新起点、谋划新举措，全面巩固提升全国文明城市群创建成果，为高水平全面建成小康社会、加快建设“强富美高”新无锡再立新功、再创佳绩。省委常委、市委书记李小敏会见创建工作先进集体、先进个人并讲话。代市长黄钦出席会议并作工作部署，市人大常委会主任徐一平、市政协主席周敏炜参加会见。市领导袁飞、华博雅、刘霞、刘玲，市政府秘书长许立新参加相关活动。

（沈斐旻）

【全市一季度重大项目现场观摩、经济形势分析会暨智能制造推进会】 4月19～20日，市委、市政府召开全市一季度重大项目现场观摩、经济形势分析会暨智能制造推进会，考察了解重大项目推进情况，分析当前经济形势，对下阶段工作和加快推进智能制造作出部署。代市长黄钦主持会议，市领导徐一平、周敏炜、徐劼等参加观摩和会议。

（沈斐旻）

【市委全面深化改革领导小组第二十次会议】 4月26日，省委常委、市委书记李小敏主持召开市委全面深化改革领导小组第二十次会议，研究部署安全生产领域、企事业单位公车改革工作，审议通过《关于全面深化安全生产领域改革发展的实施办法》《2018年安全生产领域改革发展五大任务50项重点工作》和《事业单位公务用车制度改革实施意见》《国有企业公务用车制度改革实施意见》等文件。

（沈斐旻）

【庆祝“五一”国际劳动节大会】 4月28日，无锡市集会，庆祝工人阶级和劳动群众的盛大节日。会议通报表扬2015～2017年度无锡市劳动模范，通报无锡市获得2018年全国、省五一劳动奖状奖章和工人先锋号名单，以及第六届无锡市唐翔千卓越工程师奖和唐鹤千卓越青年文化创意人才奖获得者等先进名单。劳模代表宣读致全市劳动者的倡议书。省委常委、市委书记李小敏向受到通报表扬的市劳动模范及其他先进集体、先进个人表示热烈的祝贺，向辛勤工作在全市各行各业、各条战线的劳动者致以节日的问候，向所有为无锡经济社会发展贡献智慧力量的劳动者表示衷心的感谢。市委副书记、代市长黄钦宣读先进名单，市领导徐一平、周敏炜、徐劼、周英、陈金虎、王唤春、柳江南、谢晓军、袁飞、高亚光出席大会。市委常委、统战部部长、市总工会主席陈德荣主持大会。

（沈斐旻）

【市防汛防旱指挥部成员（扩大）会议暨全市防汛防旱工作会议】 5月7日，无锡市召开市防汛防旱指挥部成员（扩大）会议暨全市防汛防旱工作会议，贯彻落实全国、全省防汛防旱工作会议以及太湖流域防汛抗旱总指挥部指挥长会议精神，分析当前全市防汛防旱形势，研究部署下阶段重点任务，确保全市安全度汛。市委副书记、代市长黄钦出席会议并讲话。会议要求各地区、各部门全力以赴抓好防汛防旱各项重点工作，紧盯薄弱环节，消除工程隐患；加强监测预警，实施精准调度；突出重点区域，压实工作举措；抓好河湖管护，确保行洪畅通。副市长陆志坚参加会议。

（沈斐旻）

【全市乡村振兴大会】 5月15日，市委、市政府召开全市乡村振兴大会，向全市发出实施乡村振兴战略的动员令。代市长黄钦作工作部署，市人大常委会主任徐一平出席，市委副书记徐劼主持。

（沈斐旻）

【创新网格化社会治理机制工作会议】 6月14日，全市创新网格化社会治理机制工作会议召开，会议全面落实中央和省市有关工作要求，在全市范围内部署推开网格化社会治理工作。代市长黄钦到会讲话，市委常委、政法委书记、副市长谢晓军作工作部署，副市长蒋敏主持会议，市人民检察院检察长俞波涛出席会议。

（沈斐旻）

【全面深化改革领导小组第二十一次会议】 6月19日，省委常委、市委书记李小敏主持召开市委全面深化改革领导小组第二十一次会议，学习贯彻省委常委会关于深化教育改革的决策部署。会议强调，教育关系千家万户，在经济社会发展中处于基础性、全局性、先导性地位，是无锡高质量发展的基础工程。各地区、各有关部门要从全局和战略的高度，充分认识深化教育改革的重要性和紧迫性，彰显为民情怀，以公平和质量为核心，以人民满意为根本标准，稳妥有序推进改革工作，不断提升人民群众的获得感满意度。要坚持问题导向，聚焦人民群众反映强烈的突出矛盾问题，认真研究、切实解决，促进教育公平，满足学生全面发展需要，用改革的实际成效向人民群众交上满意的答卷。会议还审议通过《关于加强城乡社区治理与服务的实施意见》《无锡市盐业监管体制改革方案》。

（沈斐旻）

【全市卫生与健康大会】 6月20日，市委、市政府召开全市卫生与健康大会，全局性部署、全方位推进全市卫生与健康事业发展。代市长黄钦主持会议，市政协主席周敏炜、市委副书记徐劼出席会议。

（沈斐旻）

【深化农村精神文明建设工作推进会】 6月20日，无锡市召开全市深化农村精神文明建设工作推进会，对深化新时代农村精神文明建设作出部署。省委常委、市委书记李小敏在批示中肯定近年来无锡市农村精神文明建设取得的显著成效。市领导陈金虎、袁飞、蒋敏参加会议。

（沈斐旻）

【全面深化改革领导小组第二十二次会议】 6月28日，省委常委、市委书记李小敏主持召开市委全面深化改革领导小组第二十二次会议，研究部署国税地税征管体制改革工作。会议指出，国税地税征管体制改革，不仅是税务部门领导体制、运行机制、职能职责的一场深刻变革，也是加强党对税收工作领导、把全面深化改革推向纵深的一项重要内容。各地区、各部门要充分认识国税地税改革的重要意义，把思想和行动统一到中央决策部署上来，拥护改革、支持改革、促进改革，不折不扣把改革任务落到实处。会议还审议通过《中共无锡市人大常委会党组关于完善全市各级人大代表联系人民群众制度的实施意见》。

（沈斐旻）

【2018雪浪大会】 6月30日，2018雪浪大会开幕。省委常委、市委书记李小敏在开幕式上发表题为《让我们一起拥抱智能制造的春天》主旨讲话。阿里巴巴技术委员会主席、阿里云创始人、雪浪小镇名誉镇长王坚作总结演讲。市领导徐一平、周敏炜、华博雅、朱爱勋、王进健、高亚光、丁旭初出席。

（沈斐旻）

【全面深化改革领导小组第二十三次会议】 7月5日，省委常委、市委书记李小敏主持召开市委全面深化改革领导小组第二十三次会议，审议通过《关于营造企业家健康成长环境弘扬优秀企业家精神更好发挥企业家作用的实施意见》《关于深化律师制度改革的实施意见》。会议强调，要大力选树和宣传优秀企业家典型，教育引导广大企业家弘扬优秀企业家精神，与传承锡商精神、工匠精神结合起来，丰富优秀企业家精神内涵，塑造无锡企业家群体良好形象；要抓好“放管服”改革，加大行政审批事项“减、转、放、免”力度，提高办事效率和服务水平；要维护公平秩序，引导诚信经营，营造对守法者保护、对失信者打击的浓厚氛围；要保护企业家的财产、经营、公平竞争等各项合法权益，让企业家在市场竞争中有公平感、在合法经营时有安全感；要加大对优秀企业家的正面宣传力度，形成正确的舆论导向。

（沈斐旻）

【经济形势分析会】 7月9日，省委常委、市委书记李小敏主持召开经济形势分析会，听取上半年全市经济运行情况汇报，研究下半年经济工作。市领导徐劼、王进健、高亚光参加会议。

（沈斐旻）

【市委十三届六次全会】 7月27～29日，中共无锡市委十三届六次全会举行。市委常委会主持会议。省委常委、市委书记李小敏总结上半年工作、明确下半年主要任务，对深化产业强市、推进现代服务业发展，坚定推进全面从严治党、推动落实“三项机制”作部署。市委副书记、代市长黄钦对下半年工作作具体安排。会议认为，2018年以来，市委围绕推动高质量发展，作出利当前益长远的重大部署，实施增活力添动力的关键举措，推进优生态惠民生的重点工作，建立严约束强激励的保障制度，改革发展稳定和党的建设各项工作取得新进展，特别是经济运行呈现出许多积极变化。上半年，15个主要经济指标有12个指标增幅高于全省平均水平，部分重要指标增幅位次大幅提升，其中，GDP增长7.5%，规上工业增加值增长10%，社会消费品零售总额增长9.9%，到位注册外资24.95亿美元，税收占一般公共预算收入比重达91.2%，分别位居全省前一、二位。会议强调，下半年要按照高质量发展要求，建立完善工作体系、政策体系、指标体系、考核体系，重点做好：保持经济稳定增长、加快新旧动能转换、推动改革纵深拓展、加大环境保护力度、加强区域一体化建设和改善人民生活质量工作。会议审议通过全会《决议》。市委委员、候补委员出席会议，市纪委委员、有关方面负责人和在无锡中共十九大代表、部分市第十三次党代会代表列席会议。江阴市、宜兴市、梁溪区、锡山区、惠山区、滨湖区、新吴区负责人作了交流发言。

（沈斐旻）

【全市城市管理工作会议】 8月8日，市委、市政府召开全市城市管理工作会议。会议认为，城市管理来不得半点马虎，更不能笼而统之，只有从“大动脉”拓展深入到“毛细血管”，真正落细落小、精准精心，才能见到实效、保持长效。各级各部门要认真贯彻落实总书记习近平关于“城市管理应该像绣花一样精细”的重要指示精神，充分认识城市精细化管理水平很大程度反映着政府的治理水平，城市精细化管理质量很大程度影响着居民的生活质量，城市精细化管理能力很大程度关系着区域的竞争能力，城市精细化管理程度很大程度决定着城市的文明程度，准确把握城市精细化管理对化解城市管理领域问题、提升城市管理工作质量的重要意义和关键作用，一以贯之地抓，一丝不苟地抓，一针一线“绣出”城市生活新面貌。代市长黄钦主持会议并作部署，市人大常委会主任徐一平，市政协主席周敏炜，市委副书记徐劼出席会议。会上，梁溪区、惠山区、滨湖区、市城管局、市公安局负责人作了表态发言。市委常委、副市长，市人大常委会、市政协分管领导，市中级人民法院院长、市人民检察院检察长，各市（县）区党政主要负责人；市各部委办局、人民团体、直属单位主要负责人和有关部门主要负责人参加会议。各市（县）区设分会场收听收看会议。

（沈斐旻）

【2018高层次人才创新创业无锡交流大会暨“人才引领高质量发展”主题峰会】 8月13日，2018高层次人才创新创业无锡交流大会暨“人才引领高质量发展”主题峰会在无锡拈花湾小镇开幕。来自海内外的600多名中外院士、国家“千人计划”专家、海外高层次人才、外国专家代表以及企业家参加峰会。省委常委、市委书记李小敏致辞。代市长黄钦主持开幕式和主题峰会。教育部中国留学服务中心副主任徐培祥、国家外国专家局中国国际人才交流基金会主任苏光明、省人社厅厅长戴元湖、省委党建办副主任洪浩、省科技厅副厅长段雄、江苏省高科技投资集团董事长张伟、市人大常委会主任徐一平、市政协主席周敏炜、市委副书记徐劼，以及国家和省、市有关部门、单位负责人出席开幕式。

（沈斐旻）

【科技创新与人才大会】 9月7日，全市科技创新与人才大会在人民大会堂召开。会议向10位院士颁发无锡市科学顾问聘书，为2017年市科技进步一等奖、第十届市专利金奖获得者和市十大杰出本土人才、十大杰出海外人才、十大杰出技能技艺人才、十大杰出创新创业团队代表进行颁奖和授牌。省委常委、市委书记李小敏为无锡市科学顾问颁发聘书并作讲话。代市长黄钦主持，市领导徐一平、周敏炜、徐劼等出席会议。

（沈斐旻）

【全市河长制工作推进会】 9月19日，无锡市召开全市河长制工作推进会，贯彻落实全省河长制工作推进会和全市河长大会精神，研究部署下阶段重点任务。会议强调，全市各级河长要聚力断面和水功能区达标，着力加强161条河道环境综合整治，切实提升水质达标率和优Ⅲ比例，力争相关指标走在全省前列；未达标断面和水功能区所在地区及相应河长、断面长要高度重视“达标”工作，抓紧制定达标整治方案，限期落实整治措施。各地各部门要对河湖水环境进行再摸底再梳理，全面查清劣Ⅴ类和黑臭水体，落实精准治理措施和长效管护机制，力争在2019年上半年全面消除黑臭水体，2020年年底前全面消灭劣Ⅴ类水体。要牢牢把握“共抓大保护、不搞大开发”的长江大保护战略导向，把修复长江生态环境摆在压倒性位置，坚持标本兼治、水岸同治，努力走好生态优先、绿色发展新路子。副市长蒋敏主持会议，市政府秘书长许立新出席会议。

（沈斐旻）

【市委全面深化改革委员会第一次会议】 10月8日，省委常委、市委书记李小敏主持召开市委全面深化改革委员会第一次会议，审议通过《关于进一步深化“放管服”改革加快推进审批服务便民化的实施意见》《关于改革社会组织管理制度促进社会组织健康有序发展的实施细则》以及市文联深化改革方案。会议强调，全市上下要切实把思想和行动统一到中央和省、市委关于全面深化改革的决策部署上来，激发改革精神，增强改革共识，落实改革责任，以实际行动将全面深化改革进行到底。

（沈斐旻）

【全市组织工作会议】 10月10日，全市组织工作会议召开，省委常委、市委书记李小敏出席会议并讲话。会议认为，各级党组织要牢固树立主责、主业、主角意识，把履行好管党治党主体责任作为“硬任务”，推动党的建设与中心工作同频共振、与业务工作同步推进，切实把主体责任压紧压实。各级党组织书记对党建工作不仅要把握方向、总体谋划、统筹协调，更要对重大政策亲自研究、重要工作亲自部署、重大事项亲自督办，真正做到守土有责、守土负责、守土尽责。各级组织部门要认真落实总书记提出的建成“讲政治、重公道、业务精、作风好”的模范部门的要求，在新时代党的建设和组织工作中当好先锋、打好头阵。市委常委、组织部部长周英主持会议。市领导黄钦、徐一平、周敏炜、陈德荣、陈金虎、谢晓军、袁飞、王进健出席会议。

（沈斐旻）

【全市三季度重大项目现场观摩暨经济形势分析会】 10月19日，市委、市政府召开全市三季度重大项目现场观摩暨经济形势分析会，考察了解重大项目推进情况，对照目标、查找差距，分析形势、明确要求，加压鼓劲、强化担当，推动全市高质量高水平完成全年各项目标任务。代市长黄钦主持会议，市人大常委会主任徐一平、市政协主席周敏炜、市委副书记徐劼参加观摩和会议。

（沈斐旻）

【第九届无锡市国际友城交流会】 10月24日，第九届无锡市国际友城交流会开幕。来自美国、丹麦、法国、匈牙利等国家的30多个城市的代表团和嘉

2018年8月13日，2018高层次人才创新创业无锡交流大会开幕

（市委组织部　供稿）

宾参加会议，围绕“城市高质量发展”主题，在建立绿色低碳循环发展经济体系、建设人与自然和谐共生的生态文明城市方面展开交流探讨。中国人民对外友好协会副会长谢元、代市长黄钦在开幕式上致辞，市领导魏多、陆志坚、张丽霞出席，中国国际友好城市联合会秘书长卿伯明，市政府秘书长许立新参加活动。大会期间，黄钦还会见到无锡参加国际友城交流会的外国嘉宾，代表无锡市与丹麦拜瑟克伦城市联合体签署健康医疗合作备忘录；与阿联酋艾因市、马来西亚登嘉楼州签署建立友好交流城市关系备忘录；见证无锡口腔医院与意大利瓦雷泽市生命集团签署合作意向书。

（沈斐旻）

【市委全面深化改革委员会第二次会议】 11月15日，省委常委、市委书记、市委全面深化改革委员会主任李小敏主持召开市委全面深化改革委员会第二次会议，听取2018年以来全面深化改革情况、省委改革专项督察反馈意见、关于做好第一批江阴集成改革试点经验复制推广有关工作的汇报，审议通过《市委全面深化改革委员会工作规则》《市委全面深化改革委员会专项小组工作规则》《市委全面深化改革委员会办公室工作细则》。会议指出，习近平总书记在中央全面深化改革委员会第四次会议上的重要讲话，深刻阐述推进改革落实的重要性、艰巨性。全市各级要按照中央和省委的部署要求，在抓改革落实上下功夫，确保各项改革任务一抓到底、抓出成效。

（沈斐旻）

【市委全面深化改革委员会第三次会议】 11月19日，省委常委、市委书记李小敏主持召开市委全面深化改革委员会第三次会议，研究部署无锡市贯彻落实长江经济带发展战略工作，审议通过《无锡市推动长江经济带高质量发展三年行动计划（2018～2020年）》《无锡市加快化工钢铁煤电行业转型升级三年行动计划（2018～2020年）》《无锡市交通基础设施建设三年行动计划（2018～2020年）》。会议原则同意三个行动计划，要求修改完善后印发实施。会议强调，全市上下要提高政治站位，强化“一盘棋”思想，合力抓好三个三年行动计划的实施推进，努力做到在生态环境保护上有实质性变化，在产业转型升级上有实质性进展，在交通设施建设上有实质性突破，为无锡高质量发展提供有力支撑，为推动长江经济带高质量发展作出应有贡献。会议还审议《〈无锡市国民经济和社会发展第十三个五年规划纲要〉实施情况中期评估报告》《关于加强和改进无锡市党的新闻舆论工作的实施方案》《无锡日报报业集团深化体制改革工作方案》。

（沈斐旻）

【全市教育大会】 12月12日，市委、市政府召开全市教育大会。省委常委、市委书记李小敏到会讲话。会议对2017年江苏省教学成果奖特等奖项目、2018年江苏省和无锡市有突出贡献中青年专家、第15批江苏省特级教师进行表彰。代市长黄钦主持，市人大常委会主任徐一平、市政协主席周敏炜、市委副书记徐劼出席会议。

（沈斐旻）

【庆祝改革开放40周年座谈会】 12月20日，市委、市政府召开无锡市庆祝改革开放40周年座谈会，回顾无锡市改革开放40周年走过的不平凡历程。省委常委、市委书记李小敏在座谈会上发表《高举新时代改革开放伟大旗帜，奋力开辟无锡高质量发展新境界》讲话。市委副书记、代市长黄钦主持座谈会，市人大常委会主任徐一平、市政协主席周敏炜、市委副书记徐劼出席。

（沈斐旻）

【市委全面深化改革委员会第四次会议】 12月21日，省委常委、市委书记李小敏主持召开市委全面深化改革委员会第四次会议，研究部署推进乡村治理、促进生态环境保护、做强文化出口基地和深化作风建设等工作，审议通过《关于坚持党建引领推进乡村善治的实施意见》《关于进一步加强农村集体“三资”管理监督的意见》《关于推进农村社区协商民主建设的实施意见》《关于加强农村社区网格化治理工作的实施办法》《无锡市村、社区党组织书记激励保障实施细则（试行）》“1+4”文件以及《关于全面加强生态环境保护坚决打好污染防治攻坚战的实施意见》《无锡市2018～2019年秋冬季大气污染综合治理攻坚行动实施方案》《无锡市生态环境损害赔偿制度改革实施方案（试行）》《无锡国家文化出口基地建设实施意见》《关于集中整治形式主义、官僚主义的工作方案》。

（沈斐旻）

【中共无锡市委十三届七次全会】 12月29~30日，中共无锡市委十三届七次全会举行。市委常委会主持会议。省委常委、市委书记李小敏总结2018年工作、安排2019年任务，对产业强市、全面从严治党作了部署。市委副书记、代市长黄钦对2019年经济工作作具体安排。会议审议通过全会《决议》。会议认为，2018年全市上下以高质量发展为导向，以解放思想为动力，全面推进经济社会发展和党的建设各项工作，综合实力迈上新高、转型升级步伐加快、改革开放不断深入、城乡区域统筹发展、生态环境持续改善、民生事业固优补短、党的建设得到加强。会议指出，做好2019年工作，要看清大势、把握规律，深刻领会习近平总书记在中央经济工作会议上关于“五个必须”重要论述的内涵要求，并贯彻到经济社会发展的各项工作中去，落实到促进高质量发展的各项任务中去。要坚定信心、保持定力，按照既定方向、沿着既定道路、落实既定措施，坚定不移、聚精会神办好自己的事，推动无锡的发展一步一个脚印向前迈进。要变中求稳、难中求进，既保持清醒头脑，审慎以对、理性应对稳中有变、变中有忧的形势；又保持积极心态，从释放积极进取的信号、体现当好全省高质量发展领跑者的要求、着眼于为高水平全面建成小康社会打下决定性基础三个方面出发，科学确定2019年的主要预期指标，努力保持无锡经济稳定增长良好态势。会议强调，全面从严治党永远在路上。全市各级党组织要认真落实新时代党的建设总要求，肩负起全面从严治党政治责任，持之以恒推进党的各项建设，不断增强党的政治领导力、思想引领力、群众组织力和社会号召力，为建设“强富美高”新无锡、当好全省高质量发展领跑者提供坚强保证。

市委委员、候补委员出席会议，市纪委委员、有关方面负责人和在无锡中共十九大代表、部分市第十三次党代会代表列席会议。会前，部分与会人员观摩宜兴重大项目建设现场。

（沈斐旻）

重要活动

【李小敏率无锡市经贸代表团到以色列考察访问】 11 月 21 ～ 22 日，省委常委、市委书记李小敏率无锡市经贸代表团到以色列访问，推动城市之间友好交流，学习考察科技创新的先进经验，谋求更宽领域、更深层次的合作。21 日上午，李小敏一行首先到太巴列市进行访问，与太巴列市市长荣·库比签署建立新一轮友好城市关系协议书，并进行座谈交流。21 日下午，李小敏到位于卡梅尔市的布劳德工学院，参观工程技术实验室和机器人实验室，了解该校产学研融合的做法。李小敏一行还参观宇航工业公司、国家创新署，围绕科技、人才、产业等方面展开沟通交流，推动双方在科技人才合作上迈出新步伐。副市长王进健、陆志坚随同考察。

（沈斐旻）

【李小敏率无锡市经贸代表团到日本考察交流】 11 月 27 ～ 29 日，省委常委、市委书记李小敏率无锡市经贸代表团，考察拜访日本知名企业集团，推动无锡与日本企业界增进友谊、深化合作，把“日资高地”推向新高度。李小敏一行拜访养乐多株式会社、日产集团总部、松下电器、捷太格特、夏普株式会社等国际知名院校、机构和企业集团，并在日本东京举办智能制造合作恳谈会，围绕科技、人才、产业等方面展开全方位交流，谋求更宽领域、更深层次的合作。市领导陈金虎、王进健、陆志坚参加相关活动。

（沈斐旻）

【黄钦率无锡市经贸代表团到捷克考察交流】 8 月 21 ～ 23 日，代市长黄钦率无锡市经贸代表团到捷克考察，推动双方经贸合作。22 日，无锡市在布拉格举行 2018 中国无锡·捷克经贸合作恳谈会。黄钦出席并讲话，中国驻捷克大使馆商务参赞王劲松、捷克国家投资局海外联络部主任马丁·帕特尔、捷克商会外事部部长彼得·达拉福斯分别致辞，市政府秘书长许立新主持恳谈会。恳谈会上，无锡企业祥生医疗公司、弗斯门控公司分别与捷克企业维亚姆德医疗器械公司、克罗泽克车库门制造商签订贸易投资协议。市商务局与捷克国家投资局签署合作备忘录。在捷克期间，黄钦一行还拜会捷克工贸部。

（沈斐旻）

【黄钦率代表团到匈牙利考察交流】 8 月 24 ～ 26 日，代市长黄钦率代表团到匈牙利考察交流，访问匈牙利人力资源部、国家卫生局，佩斯州政府以及匈牙利友好交流城市萨瓦，推动无锡市在“一带一路”倡议下，加强与匈牙利“向东开放”战略的深度对接，拓宽无锡与中东欧国家的多领域合作。市政府秘书长许立新参加考察交流活动。在匈牙利首都布达佩斯，黄钦一行与匈牙利总理首席顾问苏契·盖佐进行座谈交流。在匈牙利人力资源部、国家卫生局访问时，黄钦与中国驻匈牙利大使馆科技参赞雷红梅、匈牙利人力资源部部长首席顾问深戴·托马斯、布达佩斯市副市长萨拉依·阿莱克萨德拉、匈牙利科研实力最强的医科大学塞梅维依斯医科大学副校长韩寇·巴拉士等进行交流。无锡市政府、市卫计委与匈牙利人力资源部签订合作备忘录。根据备忘录，双方将在卫生健康政策、健康产业、医疗技术、传统医学、国际友好医院建设五个方面深化交流合作，如推动医疗器械、健康信息化、医疗旅游等健康领域产业合作，开展中西医结合科研合作，推进学术成果转化等。

（沈斐旻）

【黄钦率无锡市代表团到比利时考察交流】 8 月 26 ～ 28 日，代市长黄钦率无锡市代表团，到比利时考察，与鲁汶签订建立友好交流关系备忘录，出席无锡摩蝎中欧创新产业基金签约仪式，考察鲁汶大学、欧洲微电子研究中心 IMEC 以及贝卡尔特集团比利时总部。代表团一行与比利时就增进友谊、深化合作，推动双方在物联网等新一代信息技术产业以及金融、医疗、文化、教育等领域实现更高层次的共赢发展进行深入探讨。市政府秘书长许立新参加考察交流活动。在鲁汶市政厅，两市代表共同见证无锡摩蝎中欧创新产业基金的签约成立，该基金由比利时国家主权基金、无锡市金融投资有限责任公司、无锡摩蝎投资管理有限公司、无锡锡东新城创业投资有限公司、建投嘉浩股权投资基金管理公司共同启动。摩蝎中欧创新产业基金代表与有关项目方进行签约，无锡金投鲁汶办事处在比利时摩羯基金办公楼揭牌。基金和办事处成立后将充分依托比利时的区位和产业优势，积极吸引当地及欧洲先进的科研成果和创新项目落户无锡，加快科技成果转化。考察期间，黄钦与比利时国家主权基金首席执行官科恩·拉德卢，比利时摩羯基金创始人、总经理乔斯·佩特斯等进行交流，希望无锡与比利时合作方，充分运用市场化手段依法依规运作好、管理好新成立的基金；积极关注集成电路、智能制造、生命科学等领域的先进技术，吸引更多创新企业和团队到无锡发展，开拓市场。

（沈斐旻）

组织工作

【概况】 2018 年，在市委坚强领导下，全市组织系统深入贯彻习近平新时代中国特色社会主义思想和中共十九大精神，认真落实省委、市委全会精神，各项工作取得新的成效。坚持政治统领，开设习近平新时代中国特色社会主义思想和中共十九大精神研修班，持续抓好学习教育。推进领导班子和干部队伍建设，牢固树立事业为上的选人用人导向，突出政治标准，注重人岗相适，市管领导班子结构不断优化、功能持续增强。健全完善管思想、管工作、管作风、管纪律的从严监督管理体系，严肃查处诬告陷害行为，及时为受到不实反映的干部澄清正名、消除顾虑。实施全覆盖、全方位、差别化考核，全面客观评价领导班子运行情况、领导干部德才表现情况，并“一对一”精准反馈考核结果。实施基层党建“三项工程”，统筹推进各领域基层党建，全力落实抓乡兴村 40/60 计划，“寻找老支书精神”，在全市 52 个街道建立党建联席会议制度，509个城市社区建立区域化党建机制，梁溪党建联盟、地铁城际党建联盟、江阴上市公司党建联盟、融智空间联盟等一批党建联盟内涵持续深化。做好"两新"党组织"雁阵计划"考评验收及新一轮申报工作，新华社专题刊发《雁阵引领，党建从"一个红"到"一片红"——透视"两新"党组织建设的无锡样本》。制定"太湖人才计划"升级版2.0政策，举办高层次人才创新创业无锡交流大会，放大"双招双引"美国行、欧洲行的成效，与美国麻省理工学院初步达成11项合作协议，PNP无锡全球创新加速器项目、PNP（江阴）全球高端制造及新能源加速中心、欧洲创新中心无锡分中心、海创无锡工业互联智慧谷等正式落户。此外，全市对口支援工作扎实推进，年内协助海东市循化县、平安区、延安市延长县3个国家级贫困县脱贫摘帽；安置师团职军转干部107人，总量继续位列全省地级市前列；"智慧组工"项目纳入无锡市推进新型智慧城市建设三年（2018～2020年）行动计划。

（师国晓）

【党员干部政治思想建设】 2018年，无锡市启动为期3年的市管干部学习贯彻习近平新时代中国特色社会主义思想和中共十九大精神研修班，分政治理论精读篇、新发展理念研讨篇、干部能力提升篇和思想解放大讨论四个模块组织教学，引导领导干部在"学深悟透做实"上持续用力。全年按计划完成研修班3期，参训市管干部373人。在各类领导干部培训班中设置政治能力建设专题，把习近平新时代中国特色社会主义思想和党章作为必学内容，深入开展党的理论教育，做到主体班理论教育和党性教育比重不低于总课时的70%，3天以上培训班次理论教育比重不低于总课时的30%。严格党内政治生活，加强民主生活会的指导、督导力度，实现市（县）区、市级机关部门领导班子民主生活会督导全覆盖；制定下发《关于切实提高基层党支部组织生活质量的意见》，全市基层党支部围绕"解放思想大讨论"召开专题组织生活会；制定出台《关于进一步严格规范党员领导干部参加双重组织生活的实施办法》，建立领导干部参加组织生活报告制、公示制，推动领导干部带好头、作表率。

（师国晓）

【基层党建"三项工程"】 2018年，无锡市委组织部以提升组织力为重点，实施村、社区带头人队伍建设、党支部标准化规范化建设、基层党建工作指导站建设"三项工程"，推动基层党建全面进步、全面过硬。确定政治素质强、担当作为强、发展本领强、治理能力强、作风纪律强"五强"型村、社区党组织书记队伍建设目标，研究制定《关于加强全市村、社区党组织书记激励保障的实施细则》，提拔任用22人，进事业编制31人，调整不合格书记44人。明确党支部标准化规范化基本要求，分别制定农村、社区、非公企业、机关等8个领域标准化规范化具体要求，形成"1+8"的支部建设标准体系。推动镇（街道、开发区）基层党建工作指导站建设全覆盖，已建成44个，配备专职党建指导员320人；制定《全市基层党建工作指导站目标管理暂行办法》，发挥指导站"指导、推进、检查、落实"功能。省委办公厅《情况与建议》刊登关于无锡市基层党建"三项工程"推进情况的专题调研报告。

（师国晓）

【干部激励机制】 2018年，无锡市落实省委"三项机制"，制定出台《无锡市党政干部鼓励激励实施办法》《无锡市推进党政领导干部能上能下实施办法》。召开工作推进会，选树发布胡小坚等一批典型案例，营造激励担当作为的浓厚氛围。在市（县）区、省级以上开发区、市级机关部门全面推行以高质量发展、党的建设、领导班子和领导干部年度考核为主要内容的年度综合考核，把考核结果与选树先进、选拔重用、考核奖励结合起来，根据年度考核结果，形成"可提拔或进一步使用""跟踪培养""提醒诫勉及不胜任现职"三类名单，对27个评定为优秀的班子、202名评定为优秀的干部通报表扬，年内已提拔或进一步使用19人。

（师国晓）

【培养选拔优秀年轻干部】 2018年，无锡市委认真贯彻习近平总书记"大力发现培养选拔优秀年轻干部"重要指示精神，加强长远规划，精准科学施策，持续推进年轻干部选拔培养工作。拓宽年轻干部来源，面向机关、企事业单位和在无锡科研院所、重点民营企业，开展紧缺优秀年轻人才专题调研，掌握210名优秀年轻人才。新选派55名年轻干部到市委重大项目、乡村振兴、"263"专项行动等一线开展"组团式"挂职，提升能力素质。组织实施党外干部队伍建设"321人才计划"，储备300多名党外人才。加大年轻干部使用力度，2018年度40岁以下副处职增配16人，其中80后9人，80后正科职增配35人，90后乡科级增配11人。

（师国晓）

新吴区江溪街道基层党建工作指导站指导员桑梅（右三）正在对辖区党支部进行标准化规范化建设指导

（市委组织部　供稿）

【"太湖人才计划"升级版 2.0】 2018 年，无锡市制定"太湖人才计划"升级版 2.0 政策，实施国际人才特别支持、产业人才优先支持、社会事业人才重点支持、本土人才精准培育"四大计划"，以更大力度集聚天下英才。开展人才政策"进园区、进企业、进高校、进院所、进机构"活动、更大力度引进"高层次人才、高成长项目、高科技技术、高端化平台、高效益资金""五进五引"活动，牵头组织 10 个部门（单位）研究制订 19 个细则，推动人才政策细化落地。连续举办高层次人才创新创业无锡交流大会，"1+10"系列活动开展，共吸引 600 余名海内外高层次人才和机构代表参会，179 个项目现场签约。设立首期为 1 亿元的"人才贷"信保基金增信金额，促进金融机构加大对人才企业的信贷支持力度。会同江苏高投集团举办 GIFT 首届长三角经济圈创新资本峰会，联合深交所、省高投等举办 30 期"创投无锡"路演，助推 40 多个人才项目获得融资 10 亿多元。落实"太湖人才"子女入学政策，畅通体检就医"绿色通道"，建立院士保健医生结对机制，提供便捷化、精准化服务。

（师国晓）

【全市党员和党组织概况】 至 2018 年年底，全市党员总数为 422326 名，比上年净增 919 名。全年发展新党员 5998 名，其中 35 岁及以下的 4511 名。全市党员中，女党员 131745 名，占 31.20%。35 岁及以下的 99759 名，占 23.62%；36 岁至 45 岁的 75995 名，占 17.99%；46 岁至 55 岁的 74317 名，占 17.60%；56 岁至 60 岁的 27442 名，占 6.50%；61 岁及以上的 144813 名，占 34.29%。研究生学历的 24388 名，占 5.77%；大学本科学历的 125001 名，占 29.60%；大专学历的 78905 名，占 18.68%。

全市共有基层党组织 21186 个，其中党委 737 个，总支部 1753 个，支部 18696 个。全市城市社区建立党委 102 个，总支部 394 个，支部 38 个，建制镇党委 30 个，村建立党委 43 个，总支部 499 个，支部 32 个。全市公有经济控制的企业法人单位建立党委 93 个，总支部 70 个，支部 441 个；非公有经济控制的企业法人单位建立党委 153 个，总支部 189 个，支部 5998 个。事业法人单位建立党委 100 个，总支部 113 个，支部 1255 个。国家机关、政党机关、人民团体和群众团体机关法人单位建立党委 91 个，总支部 151 个，支部 392 个。

（师国晓）

7 月 31 日，省委老干部局主要领导率设区市委老干部局局长观摩无锡市第二人民医院离休干部就医绿色通道　（姜正伟　摄影）

【全市离休干部概况】 至 2018 年年底，全市离休干部 1367 人（含江阴市 134 人、宜兴市 186 人），平均年龄 90.2 岁。按参加革命工作时期分，抗战前期 57 人，抗战后期 187 人，解放战争时期 1123 人；按享受待遇分，享受副省级医疗待遇 1 人，享受按副省长级标准报销医疗待遇 63 人，享受地市级政治、生活待遇 94 人，享受县处级待遇 591 人，享受科级其他待遇 618 人；按机构性质分，机关 349 人，事业 387 人，企业 631 人；按年龄分，80 ～ 89 岁 639 人，90 岁以上 728 人。另有在无锡的部省属单位离休干部 285 人，外省市安置在无锡的离休干部 95 人。

（姜正伟）

【离退休干部党组织"六有一提升"工程】 2018 年，无锡市全面实施"六有一提升"工程，制定《实施方案》和《考评细则》，明确"四大目标"，进行六大类 36 项指标考核，实现机关、事业单位离退休干部党组织全覆盖，全市选树 28 个"六有一提升"示范党支部。探索"一方隶属、多重管理"党建模式，71 个社区开展离退休干部党建工作。出台《中共无锡市委离退休干部工作委员会工作规则》，举办第 28 期全市离退休干部支部书记学习班，配备在职党员担任支部联络员。

（姜正伟）

【离休干部看病就医"三有一落实"工程】 2018 年，无锡市出台相关文件，畅通离休干部看病就医绿色通道，做到"六优五有一站式"（优先挂号、就诊、检查、缴费、取药、住院，有专人管理、有专属诊室、有专设窗口、有专门标识、有专用病房或病床，三甲医院设立集挂号、就诊、缴费、预约、转诊等功能十一室的离休干部专门诊室，提供"一站式"服务）服务。全力打造"签约医生 + 服务团队 + 信息化平台"的家庭医生签约服务离休干部升级版。全市 356 名家庭医生签约服务 1567 名离休干部，实现全覆盖。完善离休干部困难帮扶机制，通过"一降一扩一补"（降低自费比例，扩大用药目录，自付医疗费困难补助）加大帮扶力度，全年为 280 名困难老干部发放医疗困难补助 132 万元。7 月 31 日，全省"三有一落实"（离休干部看病就医有绿色通道、有家庭签约医生、有医疗特困帮扶机制，落实好离休干部享受医疗待遇政策）工作推进会在无锡召开，无锡市在推进会上作经验交流。

（姜正伟）

【"奉献新时代，共建新无锡"主题实践活动】 2018 年，围绕纪念改革开放 40 周年，无锡市老干部系统开展"奉献新时代、共建新无锡"主题实践活动，组织 2 万多名老干部召开座谈研讨会

500次，举办老干部专题宣讲450场。深化“千名银发人才服务千家企业”活动，建立完善1100多人的“银发智库”，对接服务企业1100多个项目，助力无锡产业强市，召开全市“双千”活动总结推进会。不断深化正能量活动载体，持续推进“两代人携手共进”等活动。

（姜正伟）

宣传思想文化

【概况】 2018年，无锡市宣传思想文化战线积极推进“文化建设高质量”建设，为加快“强富美高”新无锡建设提供强大价值引领力、文化凝聚力和精神推动力。加强思想理论武装，通过专家辅导、宣讲报告、专题培训、“思想云”平台等多种形式，全市超过100万人次接受学习教育。在全省习近平新时代中国特色社会主义思想电视知识竞赛中，无锡市代表队获得选拔赛和决赛3个第一名。率行在省内成立意识形态工作领导小组，制定工作责任制《实施细则》和《分解指标》。围绕改革开放40周年，广泛开展“将改革开放进行到底”群众性主题宣传教育活动，聚集无锡GDP破万亿元、世界物联网博览会、首届江南文脉论坛等进行集中宣传。无锡市、江阴市、红豆集团入选中共中央宣传部改革开放40周年“百城百县百企”典型，宜兴市、白塔村、海澜集团入选省委宣传部“十县十镇十村十企”典型。胡福明、王选、吴仁宝、叶聪入选全国“改革先锋”。深化文明城市、文明单位、文明村镇、文明家庭创建，社会文明程度测评指数获全省第一名，志愿服务典型总数连续三年保持全省第一名。推进新时代文明实践中心建设，宜兴入列全国试点城市，江阴成为省级试点城市。成功举办首届江南文脉论坛、第二十届中国上海国际艺术节无锡分会场活动、星期广播音乐会等活动，建立大运河文化带建设领导小组，推动清名桥等文化街区入选国家文化公园项目，无锡市成为全省唯一入选首批国家文化出口基地名单城市。

（锡　轩）

【改革开放四十周年系列活动】 2018年，无锡市讲好改革开放四十年“无锡故事”。组织“跨越四十年改革再出发”“领跑新时代”大型融媒体新闻行动，做好解放思想大讨论活动宣传报道，开展“无锡改革开放进行时·领跑者”“一领域一开发区一镇一街道”等行进式、蹲点式、调研式集中采访，推出20多个专题专栏和600多篇系列报道。无锡市被中共中央宣传部列为“百城百县百企”典型，华西村改革发展创新经验被中央宣传部列为重大典型，江阴华西村、新桥镇、宜兴三洞桥村被中央宣传部列为江苏仅有的3个“庆祝改革开放40年基层行”典型，宜兴市、白塔村、海澜集团被省委宣传部列为“十县十镇十村十企”典型，中央、省级主流媒体到无锡采访报道。新华社江苏分社社长王存理、新华日报社社长双传学分别率采访组到无锡，省广电总台《潮起扬子江》大型全媒体新闻行动走进无锡，采访报道并专访省委常委、市委书记李小敏。中央电视台“庆祝改革开放40周年·印记”专题采访代市长黄钦，讲述绿水青山就是金山银山的无锡故事。《新华每日电讯》头版刊发《无锡：一座老牌工业城市的创新坚守》，阳光、红豆、堰桥街道、阳山镇、702所、中级人民法院等一批无锡改革发展亮点入选中央电视台综合频道18集大型纪录片《我们一起走过——致敬改革开放40周年》，《南风窗》《经济日报》《科技日报》《新华日报》《江苏新时空》等在头版、头条刊发重点报道。中国记者协会“庆祝改革开放40周年全国新闻界践行‘四力’江苏行”活动在无锡启动，全国46家主流媒体到无锡集中采访报道。

加大网络传播力度。由省委网络信息化办公室指导，无锡市委宣传部、无锡市委网络信息化办公室主办，无锡广电集团承办的“改革开放四十周年·看今‘锡’——网络大V无锡行活动”举行，这是无锡首次组织全国网络大V看无锡活动，大V在微信、微博、今日头条粉丝总量超过5000万人次。活动通过网络大V的视角、平台充分宣传无锡改革开放40年取得的辉煌成就。“无锡改革开放进行时·领跑者”新媒体集中采访以市重点网站、驻锡网站、重点客户端、政务微媒体、媒体微媒体为主体，充分发挥网络媒体各自特长，每月组织1次集中采访，全方位宣传无锡改革开放40年的显著成就和经验启示。活动开展以来，微博话题阅读量超过480.9万人次，网易直播平台传播量突破12.4万人次，改革开放40周年等网上主题宣传爆发“叠浪”效应。

开展重大主题宣教和文化活动。组织开展“无锡改革开放40年40件大事”评选、“讴歌新时代筑梦新征程——最美人物走基层”主题巡演、“见证改革开放40年”经典照片和家庭档案征集等活动，深入挖掘和广泛运用无锡改革开放40年蕴含的丰富教育资源，大力宣传改革开放以来的巨大成就和社会发生的深刻变化，在全社会营造浓厚的庆祝氛围。举办无锡市庆祝改革开放40周年暨“40年40事”揭晓发布主题活动，以文艺形式全面展示改革开

2018年6月22日下午，“不忘初心，牢记使命”——市级机关学习中共十九大精神电视知识竞赛在无锡电视台演播大厅举行。图为决赛现场

（李　娟　摄）

放40年无锡市经济社会发展取得的辉煌成就。策划举办主题庆祝活动和“全景看无锡”大型摄影展览、纪念改革开放40周年系列收藏展等活动，以各种艺术形式，展现无锡改革开放40年丰硕成果。认真组织参加江苏省庆祝改革开放40周年图片展，并组织5000余人赴南京观展。

（锡　轩）

【理论宣传】 围绕促进习近平新时代中国特色社会主义思想和中共十九大精神深入人心、推导实践、推动工作，精心抓好党委(党组)中心组理论学习，制定全市县以上党委中心组专题学习计划，区分12个专题进行集体学习研讨；先后邀请原外经贸部副部长龙永图、上海市委党校教授冷鹤鸣等专家学者，到无锡举办“梁溪大讲堂”13场；在全市县以上领导干部中开展“学习新思想、砥砺新作为”专题读书调研活动，提高学思用水平；利用党委中心组网上管理平台，动态掌握情况并每月进行通报；开展2017～2018年度全市县以上党委中心组学习示范点评选，锡山区委中心组等12个单位受到表彰。无锡市委中心组被评为2016～2017年度江苏省县以上党委(党组)理论学习中心组学习示范点。

加大学习宣讲力度。据不完全统计，中共十九大以来，全市共举办各类宣讲报告会9000余场，受众超过100万人次；利用“思想云”理论学习平台，每天发送最新理论动态、理论成果、理论信息；利用“手机微学堂”平台，向各级领导干部每周至少发送1条学习短信；相继编印《全国“两会”精神》学习口袋书和《参考文选》等辅导资料12期。无锡市代表队参加全省习近平新时代中国特色社会主义思想电视知识竞赛，在选拔赛和决赛中，连得3个全省第一。

搭建高层次学习研究平台。在全市开展解放思想大讨论活动，围绕推进产业强市等7个方面问题，区分宣传发动等4个阶段，通过召开交流会、研讨会，编印工作简报，征集创新案例等多种形式，不断推动兴起热潮，解决一批影响制约无锡改革发展的难点问题。成功举办首届江南文脉论坛，来自海内外的300多位专家学者广泛进行文化对话和研讨交流，形成一批高质量学术成果，达成江南文化研究无锡共识。承办全省城乡建设高质量论坛，来自省内外150余名专家学者参加论坛，观摩无锡城乡发展成就。组织社科研究课题招标，从168个申报课题中遴选33个课题予以立项，形成一批具有前瞻性、应用性的研究成果。

强化信息和调研工作。全年编发《宣传思想工作信息》简报100余期。囊括省委宣传部综合信息工作、宣传信息工作两项先进集体奖项，并获综合信息优秀信息奖一项，“好信息”三则。在全市宣传思想文化战线开展大调研活动，形成50项市级调研成果，《以“四梁八柱法”做好互联网内容建设营造风清气朗的网络环境》《“江南文化”的时代价值与传承开发》分获省优秀调研报告一、二等奖。开展全市宣传思想文化创新成果征集评选活动，征集到创新成果56项，《打造研究传播江南文化的高端平台——江南文脉论坛》《创新三大载体推进宜兴新时代文明实践》被省委宣传部评为优秀创新案例。

（锡　轩）

【核心价值观建设】 2018年，无锡市委宣传部针对不同群体、不同行业系统，实施分类推进核心价值观建设。在妇联系统策划开展“扬正气亮家风展风采”社会主义核心价值观主题教育实践；在卫生系统策划开展“践行核心价值，服务百姓健康”主题教育；在国资系统策划开展“强化责任担当，践行核心价值”教育实践活动；在全市中小学组织开展“e人益语——少年家风说”系列活动，促进核心价值观从“认同”向“践行”迈进，从“价值遵循”向“生活习惯”转变，做到日常化、具体化、生活化。总结推广基层培育和践行核心价值观创新经验，开展《社会主义核心价值观落细落小落实的“华西样本”研究》，入选全省解放思想大讨论文化建设高质量主题论坛论文集。年内，推出“无锡最美人物”44人，5人入选“江苏最美人物”。

提升爱国主义教育基地功能。加大对爱国主义教育基地建设管理力度，对全市12个省级、32个市级、84个区(县)级爱国主义教育基地进行集中排查，逐项对标，摸清底数，建档立案。指导各级爱国主义教育基地发挥自身优势，利用传统节庆、重要节日、纪念日等，开展形式多样的群众性爱国主义教育和实践活动，扩大基地影响力和美誉度。举办爱国主义教育基地负责人培训班，加强业务指导、推动实际工作。开展新婚夫妇向烈士献花活动，40对新婚夫妇参加，并进行新浪视频直播，在线观众达百万人次，社会影响力不断扩大。

开展文化科技卫生“三下乡”活动。在锡山区羊尖镇，举行2018年无锡市暨锡山区文化卫生科技“三下乡”集中活动和援助项目集中开建仪式。活动现场内容丰富，有慰问演出以及科技、卫生、环保、法律、专家义诊、书写春联等30多项志愿服务活动。据统计，市区两级共筹集175万余元资金和物品。

（锡　轩）

【新闻舆论宣传】 2018年，无锡市唱响高质量发展“无锡之歌”。先后开展“新时代新征程：强富美高无锡实践”“走在高质量发展前列”“打造新时代‘东方硅谷’”“打造高质量无锡品牌”“乡村振兴看无锡”“物联时代领跑者”等10余次集中宣传报道，做好GIFT长三角经济圈创新资本峰会、雪浪大会、才交会、物博会等10多项重大活动、会展、赛事报道。从无锡GDP过万亿元、重大项目、品牌建设、集成电路、物联网、内燃机产业，到城市精细化管理、“小飞龙”整治、文明城市创建、见义勇为等，持续推出一批创新举措、亮点经验和先进典型，为无锡市当好全省高质量发展标杆、示范、领跑者营造良好舆论氛围。

加强新闻舆论阵地建设。下发《关于加强和改进无锡市党的新闻舆论工作的实施方案》。修订《无锡新闻奖评选奖励办法》，对接中国新闻奖，无锡新闻奖总数增至20件。深化媒体融合，报业集团建好数字出版运营中心，成立教育融媒中心；广电集团成立新媒体中心，建立文化融媒体中心。召开全市加强媒体融合发展观摩会，挂牌成立“橙视觉”“畅想”“江南风”3个新媒体工作室，涌现出方言童谣MV《倷伲无锡结棍咧》等一批爆款新媒体产品。"无锡发布"微博粉丝数超155万人次，微信粉丝数达12万+，获得《人民日报》评选的全国十大外宣微博、澎湃新闻评选的2018年度最具影响力政务发布等荣誉。

（锡　轩）

【文化创作】 文艺精品创作扎实推进。民族歌剧《二泉》、舞剧《南国红豆》参加中国歌剧节、全国优秀现实题材舞台艺术作品展演等全国展演，锡剧《花中君子陈三两》获江苏艺术基金2018年度传播交流推广资助并启动全国巡演。电视剧《父亲的身份》、纪录片《惠山祠堂群》等6部作品获江苏优秀文艺成果奖，获奖数量和获奖金额名列全省第一，华莱坞园区企业出品的《西游记之女儿国》《捉妖记2》等电影作品在春节档获得不俗票房成绩。无锡市山禾合唱团在南非第十届世界合唱比赛中取得两金一银；山禾合唱团与少年宫合唱团共同参加北京国际合唱节，取得三金。

（锡　轩）

【文化惠民】 启动高雅艺术宣传普及平台无锡星期广播音乐会，著名钢琴家孔祥东受聘首席导聆大师，全年共完成13场活动。完成第二十届中国上海国际艺术节无锡分会场活动，共演出37场精品舞台剧目。举办2018阿炳民族音乐季，传承弘扬中国民乐艺术魅力。举办2018江苏紫金文化艺术节"美好新时代吴韵醉江南"广场文艺演出，获全省综合排名第二名。做好2018年群众特色文化团队小额资助和星级评定，对500支团队进行资助。启动第十一届太湖读书月活动，全市各地各单位集中举办160余项活动、86项重点阅读活动。元旦、春节期间，组织各市（县）区和市直各文化单位派出20多支文艺小分队深入乡镇、街道、社区、农村举办各类文艺活动1000余场。全年共组织40余支群众文艺团队开展"激情周末"广场文艺展演。江阴华西村成为江苏省首批文艺志愿者服务基地。

（锡　轩）

【文化交流活动】 赴格林纳达开展"欢乐中国年"文化交流演出，受到格林纳达国家领导人和各界的高度评价。原创舞剧《绣娘》《聊斋青竹》成功赴荷兰、英国进行商演，反响强烈。组团赴美国圣安东尼奥市建市三百周年纪念活动，推介民乐等无锡特色文化、展示城市品牌。组团赴匈牙利萨瓦市、波兰绿山市两地举办"遇见无锡"波兰、匈牙利友城行——无锡文化交流。赴台湾参加"江苏省艺术节"活动，展示传统文化，并举办锡台少儿合唱专场音乐会、海峡两岸梅花摄影艺术交流展等活动，无锡非物质文化遗产精品亮相香港"江苏文化嘉年华"。完成无锡徐州对口文化交流——"彭城画派"优秀书画精品展，圆满完成无锡海东文化交流——舞剧《彩虹部落》到无锡演出活动，与甘肃酒泉、山东济宁联合举办书画展，举办第八届北京青年相声节获奖选手交流展演。

提升公共文化服务水平。启动基层文艺辅导员征集遴选建库工作。推广图书馆总分馆模式，上半年新增乐都汇分馆和1家24小时自助图书馆。江阴文化馆获第七届全国"双服务"文化建设先进集体。

传统文化传承有声有色。成立"锡剧艺术传习所"，举办纪念梅兰珍大师九十周年诞辰——"梅派"名剧《孟丽君》专场演出，继续推动"锡剧周周演"、"锡剧进校园"和"锡剧周周演"进古镇活动。与社科联和市文联专题研究吴文化工作，对弘扬吴文化提出实施"六项工程"的具体工作举措。制定出台《非遗大师带徒传承补贴办法》，启动"非遗进校园"活动。惠山古镇加入江南水乡古镇申遗行列。

（锡　轩）

【对外宣传】 2018年，无锡市启动"新时代新无锡"大型航拍活动，制作新的无锡城市形象片。落实2017年中国—东盟新闻部长会议共识，成功举办首届中国—东盟媒体合作论坛。来自中国和东盟10国的主流媒体代表、专家学者、东盟国家驻华使节，以及企业界人士等100多位中外嘉宾参加论坛。近70家中外媒体参与报道，反响较好。组织红豆杯"新时代新气象·爱在无锡"、"洋眼看无锡"走进惠山区堰桥街道、第八届外籍大学生国际文化美食节、"同乐江苏——外国人汉语演讲大赛"、'爱在无锡'汉语演讲大赛等系列外宣活动。加强与外媒体合作，《江南晚报》、广电广新公司、广电广播中心分别与《欧洲时报》、美国华视、西雅图中文电台签约。

（锡　轩）

【文化产业】 2018年，无锡市影视产业实现跨越式发展，无锡国家数字电影产业园实现产值55亿元，园区集聚影视企业800余家，工作室600余个，年招引剧组80余个，立项影视剧120余部，承接影视项目拍摄制作200余部；数字内容和创意产业势头喜人，涌现出艾德无线广告、易视腾、CNTV、天脉聚源等一批骨干企业；文化旅游业持续增长，无锡灵山文化旅游创意产业园入选省级文化产业示范园区，灵山拈花湾成为马山国际旅游岛新地标，无锡融创文旅城内含42项科技含量高的子项目，激发文化旅游市场新活力；借力金融机构谋发展，鼓励支持省内首家专业文化金融机构——无锡农村商业银行太湖文化支行拓展业务，为更多文化创意企业贷款开设"绿色通道"。推动全市8家银行纳入信保基金。新设立"华莱坞恚泉影视基金，"为影视企业的发展提供有力的资金支撑和金融服务；加快文化服务贸易出口步伐，慈文传媒、凤凰画材等4家企业和1个项目入选2017～2018年度国家文化出口重点企业和项目，无锡市入选全国首批文化出口基地，成为江苏省唯一入选城市；持续打造特色文化品牌，2018年无锡文博会以博览和交易为核心，17个国家和地区以及全国22个省（市、自治区）的896家展商参展。举办无锡市第四届文化创意设计大赛，设立100万元成果转化基金，提升文创大赛的参与度和市场影响力。

（锡　轩）

【大运河文化带建设】 2018年，无锡市成立由省委常委、市委书记李小敏任组长的无锡市大运河文化带建设工作领导小组，惠山区、梁溪区、滨湖区、新吴区等核心流经区也相应成立区级大运河文化带建设工作领导小组。率先在省内把大运河文化带建设列入市（县）区高质量发展考核中。结合新一轮城市总体规划修编，完善《大运河（无锡段）遗产保护规划》（2010～2030）和《无锡市古运河风光带沿线城市设计》，梳理上报大运河无锡段文化保护传承利用重大项目56项，并纳入省重大项目库37项，推动清名桥古运河历史文化街区、惠山古镇入列国家文化公园江苏段。依托江南大学筹建江南大学大运河文化带建设研究院无锡分院。探索"产业经营+资本运营"双轮驱动运河产业开发新模式，积极推进无锡江南古运河旅游度假区建设，江苏江南古运河旅游股份有限公司在"新三板"成功挂牌。设立基金规模为10亿元的无锡大运河文化旅游发展基金，签约古运河华侨城项目。完成古运河环城步道示范段建设，成功举办大运河文旅融合发展论坛、2018中国(无锡)商旅文产业年会等28项运河主题活动。

(锡　轩)

【宣传干部队伍建设】 2018年，市委宣传部认真贯彻全国宣传思想工作会议精神，努力打造一支政治过硬、本领高强、求实创新、能打胜仗的宣传思想干部队伍。扎实推进市委巡察反馈意见整改落实，认真落实"三项机制"，严格执行"1+N"内部管理制度。重视党员干部教育培训，提升干部队伍综合素质和业务能力，举办全市意识形态工作专题培训等培训班14个。开设"业务课堂"，提升党员干部理论水平。部领导班子认真履行主体责任，党员干部作风建设持续加强，在年度综合考核中被评为优秀等次。

(锡　轩)

【新时代文明实践中心建设】 2018年，无锡市组建30支、1000余人的宣讲队伍。宜兴在18个镇(街道)、312个行政村(城市社区)，江阴在17个镇(街道)、267个行政村(社区)全面推开新时代文明实践中心(所、站)建设试点。中央文明办在宜兴市举办全国新时代文明实践中心试点地区志愿服务工作培训班。

(顾志坚)

【《无锡市文明行为促进条例》获批】 11月23日，《无锡市文明行为促进条例》由江苏省第十三届人民代表大会常务委员会第六次会议批准，并获评2018年度全省唯一一部设区市精品立法示范工程。

(顾志坚)

【文明创建】 年内，无锡市制定文明城市创建长效机制意见、《关于进一步加强农村精神文明建设工作的实施意见》等，开展文明城市创建专项整治行动，上线"无锡'12345'暨文明城市创建直通车"平台，深化推进文明城市创建工作。至年底，全市创建成功全国文明镇、文明村16个，江苏省文明镇、文明村102个，江苏最美乡村10个。其中，县级以上文明镇、文明村占比分别达90%、55%以上。

(朱　敏)

【文明创建系列主题活动】 年内，无锡市开展"做文明有礼无锡人"主题活动，覆盖人群近25万人，参与答题人数近5万人。围绕中国传统节日开展2018年度"我们的节日"主题系列活动，开展"迈进新时代，幸福舞起来"广场舞活动。在省级决赛中获优秀组织奖。江阴市委宣传部、无锡广场健身舞运动协会获优秀组织奖基层单位，无锡市筑梦舞蹈队被评为最具活力奖组织。

(朱　敏)

【未成年人思想道德建设】 年内，无锡市推进"扣好人生第一粒扣子"主题教育和"小"字系列美育、"缤纷的冬日"、"七彩的夏日"系列实践活动。市侨谊实验中学初三学生陈籽蓬作为全省唯一代表入选全国首批十名"新时代好少年"，江阴市第一初级中学郭禹彤当选"新时代江苏好少年"。中央文明办肯定无锡市未成年人工作，推广无锡市未成年人校外活动阵地建设经验做法。在"长三角地区未成年人思想道德建设与新时代城乡一体化学校少年宫发展论坛"上，无锡市报送的作品作为江苏省唯一入选的一等奖作品获得表彰，并在论坛现场作交流发言。

(周云华)

【选树先进典型】 全年无锡市有11人(组)登上"中国好人榜"，22人(组)获评江苏好人，评选出无锡好人120人(组)；无锡市全国道德模范提名奖获得者、中国好人袁梅芬作为全省唯一的好人代表，参加中央文明办"我推荐我评议身边好人"十周年回顾活动，吴小波、聂兴、庄技新3人先进事迹被刊登载入中国文明网好人365封面故事。

(顾志坚)

【办好文明频道、文明网站】 江苏有线无锡文明频道全年累计更新各类新闻、消息、通知、视频、图文等670余条，累计收看点播128213次，在无锡高清互动电视板块里名列第三位。无锡文明网发布信息3300余篇，"文明无锡"微信公众号制作专刊245期，向中国文明网推荐录用稿件300余条(首页录用43条)，江苏文明网无锡频道编发图文信息近14000条。

(顾志坚)

【诚信建设】 年内，无锡市有1人上榜省"十大诚信标兵"，12人获省"诚信之星"称号，无锡清名桥古运河景区、江阴市人民路步行街区进入首批江苏省诚信示范街区行列。

(顾志坚)

【志愿服务】 年内，无锡市在人流密集和需求突出的地方建成志愿服务标准化示范点10个，滨湖区蠡湖街道美湖社区、惠山区长安街道长宁社区、梁溪区北大街街道丽新路社区被评为第七批"全国社区学雷锋志愿服务联络工作示范站"称号。市"崇德乐善"一月一主题公益活动、"尚德同心"志愿服务队分别被评为全国"最佳志愿服务项目"和"最佳志愿服务组织"，全市拥有全国级志愿服务典型15个，总数连续4年保持全省领先。"志愿之城、大爱无锡"志愿服务展示馆在第三届省志愿者服务交流会亮相，展示无锡深耕多年的品牌项目38个。全年为国内外15场大型赛会提供志愿服务，得到海内外嘉宾认可。加大志愿者注册率，提高活跃率，全市活跃注册志愿者总数760274人，占城镇常住人口的比重15.16%，位居全省第三，注册志愿组织52840个、志愿服务活动584179个。新华社、人民日报、人民网、中国文明网等10余家中央媒体、网站、新媒体宣传报道无锡志愿服务工作经验。

(顾志坚)

【市委讲师团取得新成绩】 2018年，市委讲师团深入贯彻中共十九大精神和习近平新时代中国特色社会主义思想，在意识形态工作巡察、基层理论宣讲、重点课题研究等方面取得新成果。

意识形态工作巡察。对各市(县)区讲坛建设管理工作开展专项督查，对各部门单位讲坛报备情况进行认真梳理，分析讲坛建设管理工作中存在的问题和不足，提出整改意见和要求，并将督查情况进行通报。参加省委第五轮巡视，对南通市意识形态工作进行专项巡视。参加市委第四轮和第六轮巡察，共对26家单位开展落实意识形态工作责任制进行专项巡察。

基层理论宣讲。围绕学习贯彻中共十九大精神、习近平新时代中国特色社会主义思想、落实意识形态工作责任制、开展解放思想大讨论等内容深入基层开展理论宣讲，共宣讲92场次。继续开展“公益宣讲基层行”活动，在锡山区的厚桥街道、东北塘街道、云林街道、东亭街道、鹅湖镇、锡北镇等地举办公益宣讲。在全市组织开展“学习新思想拥抱新时代”“百姓名嘴”风采展示活动，组织基层推荐上来的18名选手在无锡广播电视台进行电视决赛。选派1名优秀选手参加全省总决赛，获得一等奖，市委讲师团获优秀组织奖。做好省基层理论宣讲先进集体、个人和优秀理论宣讲报告评选工作，市委讲师团被评为全省基层理论宣讲先进集体，新吴区江溪街道太湖花园第二社区党支部书记桑梅被评为全省基层理论宣讲先进个人，惠山区石塘湾中心小学副校长钱红雨的《寻根固本自信追梦》被评为全省优秀理论宣讲报告。

重点课题研究。获得省社科财经专项课题立项1项，完成市社科研究课题2项。完成市党建研究基地2017年度立项课题2项。积极参与全市宣传思想文化战线大调研工作，撰写调研报告《加强讲坛建设管理把握舆论引导主动权》和《无锡文化强市建设中公共文化服务“不平衡不充分”问题对策研究》。编写的著作《微故事传大义》获无锡市第十四届哲学社会科学优秀成果奖三等奖。对全市开展“理论＋文艺”基层宣讲工作情况进行总结，撰写创新案例《“理论＋文艺”让宣讲更有魅力》获全市宣传思想文化工作创新项目奖。

新载体延伸工作触角。通过无锡宣讲网、无锡宣讲微博和微信公众号等载体，拓展工作平台，延伸工作触角。配合市委宣传部共同做好手机微学堂工作，编辑发送52期手机微学堂。负责市委宣传部“思想云”的日常维护和更新，全年发送1000多条信息。围绕“全国宣传思想工作会议精神”“解放思想大讨论”等专题，撰写网评文章22篇，分别在江苏新华网和太湖明珠网等网站发布。参加无锡市解放思想大讨论活动《简报》编辑工作，共编辑50期。

（肖复新）

统一战线

【概况】 2018年，全市统战系统紧紧围绕无锡高质量发展大局，开展“三联三创”“解放思想大讨论”等活动，发挥统一战线独特优势，聚焦中心任务，聚力实践创新，广泛凝聚人心，多方汇聚力量，提升多党合作制度效能，创新推进新的社会阶层人士统战工作，巩固民族宗教领域和谐稳定局面，有效促进非公经济“两个健康”（非公经济健康发展、非公经济人士健康成长），提高统战工作科学化水平，各项工作取得新成绩。年内，无锡市民族宗教事务局被人力资源和社会保障部、国家宗教局表彰为“全国宗教工作系统先进集体”。

（姚静芳）

【多党合作制度效能建设】 2018年，无锡市开展“纪念‘五一口号’发布70周年”系列活动，市委统战部通过举办座谈会、参政党理论研修班、文艺会演等“五个一”活动，引导党外代表人士继承和发扬与中国共产党风雨同舟的优良传统，夯实多党合作的思想政治基础。组织开展统一战线“纪念改革开放40周年”主题活动，通过召开座谈会等形式，凝聚改革共识、汇聚发展合力。在民主党派成员、非公经济人士、党外知识分子、新的社会阶层人士中分别开展“不忘合作初心，继续携手前进”主题教育活动、“不忘创业初心，接力改革伟业”理想信念教育实践活动、“跟党迈进新时代，同心共筑中国梦”主题教育活动、坚持和发展中国特色社会主义主题教育等活动，组织举办第29期党外中青年干部培训班、新时代参政党建设高级研修班、民主党派新成员培训班、新的社会阶层人士培训班、民族宗教界人士培训班等培训，增强统一战线广大成员接受党的领导、走中国特色社会主义道路的自觉性和坚定性。

（姚静芳）

【参政议政和民主监督】 2018年，无锡市委统战部协助市委制定政党协商年度计划，组织市各民主党派、工商联和无党派知识分子联谊会围绕“经济发展高质量”和“生态环境建设高质量”市委民主协商专题，开展调查研究，形成《深入解放思想，创新发展思路，提升省级以上开发区在推动经济高质量发展中的作用》等18篇调研成果。分别组织召开“科技创新与产业升级”和“经济发展高质量”两个专题民主协商意见建议办理落实推进会，有效推进民主协商意见建议的办理落实和成果转化。围绕“产业强市”等重大决策部署贯彻落实情况，开展专题民主监督，形成民主监督专报。支持民主党派开展重点考察调研，做好服务保障工作。协助民革中央在无锡举办“2018实体经济发展大会”，聚力

4月27日，无锡市统一战线举办“不忘合作初心　继续携手前进”文艺演出

（市委统战部　供稿）

聚智研究实体经济发展问题，助推实体经济高质量发展。

（姚静芳）

【实施“321人才计划”】 2018年，制定出台《关于推进党外干部队伍建设“321人才计划”的实施意见》，通过层层推荐、综合调研，物色发现300余名优秀党外中青年干部，充实完善党外中青年干部“321人才计划”库（用3年时间建立“321党外人才库”，其中县处级党外干部30名左右，乡科级党外干部200名左右，乡科级以下党外干部1000名左右）。组织召开市各民主党派与在无锡高校、政府相关部门交流座谈会，推动有关单位部门健全党外人才选拔培养工作机制。

（姚静芳）

【新的社会阶层人士统战工作】 2018年，制定下发《关于进一步加强民营企业管理技术人员统战工作试点企业工作指导的通知》，建立健全组织协调、教育培训、联系交流、评价激励、政治安排五项机制，推动民营企业管理技术人员统战工作试点扎实开展。制定《无锡市新的社会阶层代表人士综合评价细则》，探索开展对新阶层代表人士综合评价工作，市级建立400余名新的社会阶层代表人士队伍，组织成立无锡市新的社会阶层人士联谊会，7个市（县）区全部成立新的社会阶层人士联谊会，实现组织全覆盖。按照有计划、有场地、有内容、有制度、有台账和教育培训、聚才引智、联谊交友、创业服务、建言献策、实践锻炼、服务社会、风采展现八个方面的建设标准，推进“无锡新英汇”实践基地建设。召开“无锡新英汇”新的社会阶层人士统战工作实践创新基地推进会，选树“香山书屋”“紫砂新希望”“桃缘新联盟”等17个实践基地为示范基地。无锡市新的社会阶层人士统战试点工作受到中共中央统战部的充分肯定，被确定为全国“新的社会阶层人士统战工作创新推广城市”。中共中央统战部《统战工作》刊发专文介绍无锡市探索建立新的社会阶层人士综合评价体系的经验做法。

（姚静芳）

【民族宗教工作】 2018年，出台《无锡市宗教活动场所安全管理办法》，启动“宗教活动场所安全隐患排查整治年”活动，确保重大节庆期间民宗领域的安全稳定。组织召开全市农村宗教工作会议，加强农村宗教工作体制机制建设。持续推进宗教“中国化”无锡实践，开展以“纪念改革开放四十周年”为主题的讲经论道交流活动，不断推进宗教仪轨、宗教制度规范、宗教神学思想的“中国化”。支持宗教界参与公益慈善事业，指导市佛协举办“庆国庆迎中秋慈善感恩晚会”活动。加强宗教慈善基金会规范化管理，新成立无锡市祥符慈善基金会和宜兴市和桥镇鹅洲宗教慈善基金。通过定期召开会议、举办市级团体新春联谊会等形式，促进各市级宗教团体间的联系与交流。全面贯彻落实省委统战部、省宗教局《关于加强和改进新时代宗教团体工作的意见》，启动“宗教团体制度建设完善年”活动，指导宗教团体完善规章制度，增强团体自我管理、规范管理、高效管理的能力。推进民族团结进步教育创建活动，做好少数民族困难群众精准扶贫、少数民族困难家庭新春送温暖工作，实现全市少数民族困难群众帮扶全覆盖。创建“无锡市民族团结教育馆”，强化民族团结进步教育展示功能。

（姚静芳）

【非公有制经济“两个健康”服务】 2018年，无锡市委统战部举办无锡市民营企业“聚焦高质量发展”企业家论坛、全市工商联践行亲清新型政商关系推进会、全市年轻一代民营企业家理想信念报告会、无锡市青年企业家基业长青“百千万工程”暨“创二代”培训班、商会协会会长、秘书长专题培训班等，强化服务支持，营造“亲”“清”政商环境，引导企业家转型升级，提升核心竞争力。深化感恩社会光彩公益“百千万工程”。举办无锡市光彩事业“助残圆梦行动”走进梁溪区暨“锡商助残联盟”启动仪式，建立“锡商助残联盟”，协调爱心组织和企业为残疾人辅助性就业劳动产品提供订单和拓展销售渠道。推进“百企帮百村”精准扶贫工作，组织动员民营企业参加助学、助困、助业公益活动，红豆、法尔胜、海澜、双良等企业积极参与省精准扶贫基金，认捐7000万元。21家民营企业上榜“江苏省民企100强”，20家民营企业入围“中国民营企业500强”，上榜企业数双双位居全省第一。3名无锡籍企业家获全国工商联“改革开放40年百名杰出民营企业家”称号。

（姚静芳）

【境外统战工作】 2018年，无锡市委统战部参加“水韵江苏·相约香港”的“江苏文化嘉年华”活动，开展无锡特色旅游产品推介，促进锡港两地交流融合。举办“唐翔千先生追思会”，发扬爱国爱乡精神，强化示范引领作用。组织实施第二期“同创未来——香港大学生无锡暑期实习计划”，增进香港大学生对无锡的了解，对国家民族的认同感和归属感。协助举办台湾同学会“2018年两岸关系研讨会”，开展文溯源·创未来——苏台两地大学生文创设计与体验交流活动。加强海外联谊组织建设，协助召开香港无锡商会会长（扩大）会议、香港无锡商会会员周年大会，推动提高商会自身建设水平。认真做好“江南大学荣鸿庆、荣智权、荣康信、龚铁城奖（助）学金、奖教金”和“辅仁中学唐君远奖学金”发放工作，组织开展由海外爱国人士设立的“无锡市唐翔千卓越工程师奖”“无锡市唐鹤千卓越青年文化创意人才奖”评审工作，协同办好江南大学君远学院工程教育改革研讨活动，助力无锡经济社会发展。

（姚静芳）

【全面提升统战工作科学化水平】 2018年，无锡市委统战部围绕“两聚一高”和建设“强富美高”新无锡发展大局，结合开展“解放思想大讨论”活动，在全市统一战线组织开展“联一线、联成员、联基地，创特色、创品牌、创成效”（三联三创）活动，推进实施“一市（县）区一品牌，一乡镇（街道）一特色”统战工作品牌建设工程，打造无锡统战工作品牌。挖掘整合各类社会资源，联合55家单位创建全市统一战线“同心”基地联盟，并建立基地联盟联席会议制度、培育机制、考核机制、激励机制、退出机制“五大工作机制”，有效提高统一战线实践基地建设制度化、规范化水平。制定年度理论研究和调查研究课题计划，“充分发挥党外人士在意识形态建设中的优势作用”等16个招标课题作为重点课题予以立项。重视发挥《无锡统战》杂志、“无锡统战”微信公众号、“无锡统一战线”网站阵地平台作用，健全信息报送考核制度，做好向上级统战刊物、信息平台和网站的稿件报送工作。

（姚静芳）

调查研究

【概况】 2018年，市委研究室以高质量发展为导向，以发挥参谋助手作用为重点，聚焦中心任务，服务发展大局，创新思路举措，扎实履职尽责，为市委谋全局、把方向、抓大事提供高质量服务。全年共编发《决策参考》18期、《情况与建议》12期、《改革动态》26期，一些重大课题和研究成果在全市产生积极影响。全年共有7篇调研报告在省委《调查与研究》《江苏改革简报》等内参刊发，录用刊载数在全省设区市中名列前茅。

（黄　沛）

【服务市委决策】 2018年，市委研究室持续强化围绕中心、服务大局的“公转”意识，聚焦无锡“当好全省高质量发展领跑者”新定位新要求，超前研究、深入思考、提出对策，为市委决策提供科学依据和详实建议，努力做到谋当其时、恰逢其用。围绕市委关于规划建设太湖新城的重大部署，专门成立课题组，深入基层一线摸情况、察实情，赴先进城市问思路、学经验，组织有关专家讨论把关、咨询论证，制定《无锡经济开发区（太湖新城）发展纲要》，起草市委主要领导在无锡经济开发区（太湖新城）调研时的讲话，服务市委决策。根据市委工作安排，先后起草市委主要领导在市委深改委会议、无锡市庆祝改革开放40周年座谈会、全市城市管理工作会议上的讲话等重要文稿。

（黄　沛）

【深入调查研究】 2018年，市委研究室把调查研究作为发挥参谋助手作用的重要抓手，加强对大势大局的研判把握、对重点问题的研究解决、对上级要求的研读分析，围绕无锡“六个高质量发展”主题，组织开展系列课题调研，推出《关于提升我市科技创新能力的几点感悟》《谁来“领跑”无锡高质量发展——关于全国“人才大战”的思考和建议》《无锡“企业上云”形势与推进路经》《中关村量产独角兽企业的启示》《关于加快培育我市智能制造专业基础人才队伍的建议》《关于养老服务业发展趋势及对无锡的启示与建议》等多篇高质量调研报告，提升调查研究的前瞻性、针对性，一些调研成果转化为市委决策部署，得到市委领导肯定。

（黄　沛）

【推动全面深化改革】 2018年，市委研究室积极探索以调研促改革的新思路新举措，加强统筹协调、督促检查，推动改革决策部署落细落实。研究制定市委深改委年度工作要点，为全市改革工作绘制年度“施工图”。研究修订市委改革领导机构和工作机构制度规范，不断健全改革制度体系。在《无锡导刊》开设改革进行时专栏，选登各地各部门改革调研文章，在全市形成积极影响。围绕农村一二三产融合、医联体建设、教育集团化办学、养老服务业综合改革等改革重点领域和关键环节，组织开展系列改革调研，形成《优化医疗资源结构布局，提升服务体系整体效能——关于无锡市医疗联体建设的调研和思考》《强化资源落实，实现深度融合——关于推动我市产学研深度融合的调研与思考》《拓展总量提高水平，大力推进优质普惠——关于我市学前教育发展情况的调研和思考》等一批有情况分析、有对策建议的调研报告，部分在《江南论坛》等知名社科期刊上刊发。

（黄　沛）

【创新体制机制】 2018年，市委研究室立足部门职能，积极发挥在全市调研系统的综合协调作用，建立覆盖7个市（县）区和20多个重点部门的调研联络员制度，构建全市“大调研”工作网络和格局。根据省、市委关于乡村振兴战略的工作部署，组织相关部门深入研究，形成《自主管理共治共享——秦巷村“微自治”乡村治理工作经验总结》《以文明乡风浇铸乡村振兴之魂》《以乡村旅游推动乡村振兴》等案例文章，被《江苏省乡村振兴案例选编》刊用。会同市委农办、惠山区联合调研阳山镇乡村振兴的探索和实践，会同江阴市联合调研山泉村乡村振兴之路，会同市金融办联合调研产业金融政策课题，会同市教育局联合调研集团化办学改革课题，牵头形成《大美阳山幸福桃源》《全方位优化资源布局，高质量发展基础教育——无锡市梁溪区开展集团化办学的探索与实践》等一系列调研报告，得到相关市领导批示肯

6月15日，“2017年度荣鸿庆、荣智权、荣康信、龚铁城、唐君远奖（助）学金、奖教金颁奖仪式”在江南大学文浩馆隆重举行　（市委统战部　供稿）

定，形成开门搞调研的新格局。

（黄　沛）

对台工作

【概况】 2018年，无锡新批台资项目34个，新增协议注册台资2.77亿美元，实际到位台资2.88亿美元。全市台资企业增资项目18个，协议注册台资1.86亿美元。全市因公赴台团组193批、880人次，其中经贸团组38批、274人次，交流团组56批、405人次，培训或商贸团组99批201人次。

1月8日，宜兴市方井紫砂文化城被省台办批准为"江苏省台湾青年就业创业基地"。4月28日，"无锡市民卡·台胞卡"首发仪式在鹅湖玫瑰文化园举行。5月29日，海峡两岸关系协会会长张志军等到无锡调研台资经济发展情况。11月5日，市委常委会审议通过《关于深化锡台经济文化交流合作的实施意见》。年内，市台办被评为"全省台商服务工作示范点"。

（戚建伟）

【黄钦会见台湾光群集团董事长郭维武】 6月2日，代市长黄钦会见台湾光群集团董事长郭维武一行，就光群集团在无锡新投资项目、企业在大陆上市、设立大陆营运总部等问题进行交流。市台办、市金融办、新吴区等有关方面负责人参加会谈。

（戚建伟）

【51家台资企业进入江苏台企500强】 1月5日，第二届"江苏台资企业500强"名单公布，无锡市有51家台资企业上榜，上榜企业年营收约772亿元。上榜企业数及营收规模均居全省第2位。健鼎（无锡）电子有限公司以104.6亿元资产总额列全省台资企业第3名，自有资金（净值）以72亿元列全省第2名。江阴见龙国际贸易有限公司位列全省台资企业服务业营收第2名，单位员工纯益额全省第1名。

（戚建伟）

【海峡两岸纪念徐霞客活动】 5月19日，台湾徐霞客研究会成员、台湾东南科技大学学生到霞客故里与江阴人民共同举行纪念徐霞客活动。公祭典礼上，台湾徐霞客研究会副会长陶翼煌宣读祭文。大陆徐霞客研究会向台湾徐霞客研究会授予"突出贡献奖"奖牌，并向来自台湾的大学生颁发纪念证书。台湾学生还与江阴小小徐霞客研学营的成员开展丰富多彩的交流活动。

（戚建伟）

【"百灵之声"专场音乐会】 6月2日，"百灵之声"锡台少儿合唱专场音乐会在无锡市少年宫举行，来自台湾台东县儿童合唱团、新北市北新小学合唱团与无锡少年宫合唱团、无锡连元童声合唱团的同学同台为市民演出。无锡市代市长黄钦、台东县县长黄健庭等出席。音乐会在市少年宫合唱团《小小无锡景》中拉开序幕，无锡小演员演唱《蠡湖情歌》《敕勒川》《美丽的夏牧场》等曲目，台湾同学演唱《我喜欢》《外婆的澎湖湾》等曲目，音乐会在两岸小演员合唱《同一首歌》中落幕。6月4日，台湾小演员又来到江阴市天华文化中心小剧场，与江阴天华艺校民乐队、长寿实验小学合唱团共同为江阴市民演出。

（戚建伟）

【"丝竹声声宝岛情"赴台湾演出】 6月19～26日，由无锡市海峡两岸交流促进会主办，无锡市文化发展集团近20名艺术家赴台湾开展"'丝竹声声宝岛情'——中华民乐演奏会文化交流活动"。先后在台湾高雄佛光山、台东桂田剧场、新北市艺文中心和台北何嘉仁文教基金会等地演出，演绎精彩的中华文化和江南特色，受到台湾同胞的热烈欢迎，4场演出场场爆满，节目一再加演，体现中华文化对两岸同胞共同的感染力和凝聚力。

（戚建伟）

【"江南锡韵——无锡非物质文化遗产"特展在台湾举办】 12月11～17日，由无锡市海峡两岸交流促进会组织的"江南锡韵——无锡非物质文化遗产"特展在台湾佛光山举办。特展展出无锡精微绣、留青竹刻、陶刻、碑刻、古琴、剪纸、宜兴青瓷、紫砂、内画等艺术精品，锡剧《珍珠塔》《琵琶记·扫松》《柜中缘》等精彩节目，充分展示无锡深厚细腻的文化底蕴，受到台湾同胞的热烈欢迎。

（戚建伟）

保　密

【概况】 2018年，全市保密系统认真落实习近平、栗战书等中央领导的指示精神，持续推进保密事业"十三五"规划在无锡的落实发展。严格落实党管保密的政治原则和管理制度，召开市委保密委员会会议和全市保密局长会议，研究形势、分析问题、部署工作。先后举办全市保密干部培训班、全市党政机关保密主官和专兼职保密干部脱产培训班、全市涉密信息系统"三员"培训班等，提升全市保密干部的能力素质。围绕全年工作要点，深化保密法制宣教，加强保密技术监管，确保国家秘密安全。

（陆　烨）

【宣传教育】 2018年，无锡市组织全市330多家机关单位，认真做好"七五"保密宣传教育规划中期总结和督导工作。年内，无锡市保密局为市管领导干部轮训班、军转干部培训班、初任公务员培训班和江南大学、无锡商业职业技术学院、市公安局、市气象局、中国人民银行无锡分行以及乡镇、街道和军工企业、涉密印刷资质单位等开展保密讲座40多场次。组织参与江苏省第四届"4·8"司法日广场法治宣传法律服务活动，设立保密展板和法律咨询台开展义务讲解，发放保密宣传袋、保密提醒20条等宣传品上百份。

（陆　烨）

【监管服务】 2018年，无锡市保密局为全市"两会"、市委常委会议等涉密会议和活动提供保密技术服务保障23场次，现场服务保障近40人次，出动设备一百多台次。规范涉密载体回收销毁工作，提升服务质量，全年为各机关单位回收销毁各类保密废纸800多吨，计算机主机5000多台，显示器4000多台，各类打印机、传真机、复印机、扫描仪1800多台。秉持"服务为先"理念，贯彻"服务基层，服务企业，服务中心工作"的宗旨，做好企事业单位申请军工保密资格、涉密集成资质、涉密印刷资质的指导服务工作，为近40家申请单位提供现场指导服务112人次，接受各类咨询近500人次，全市近40家单位通过省认定委的现场审查。

（陆 烨）

【**保密检查**】 2018年，无锡市保密局组织开展机关单位保密自查自评专项督查、重要军事设施周边环境安全与隐患整改情况的跟踪督促以及中高考、司法、卫生专业技术、医师资格等国家统一考试前的保密检查，做好资格（资质）单位复查和回头看检查。依托相关监管平台对全市党政机关、涉密单位的涉密计算机进行实时动态监控，对150多个重点党政机关和涉密单位网站发布的信息进行针对性保密检查。

（陆 烨）

机构编制管理

【**概况**】 2018年，全市机构编制部门紧紧围绕深化党政机构改革这一中心任务，协调推进重点领域改革和机构编制管理等工作，把准站位，锐意进取，求真务实，狠抓落实，党政机构改革扎实推进，“放管服”改革取得新成效，重点领域改革不断深化，事业单位改革稳步推进，机构编制管理规范，机构编制保障服务得到强化，各项工作取得明显成效。

（鲁 超）

【**机构改革方案研究制定**】 2018年，无锡市编办深刻领会《中共中央关于深化党和国家机构改革的决定》和《深化党和国家机构改革方案》精神，按照中央和省委、市委部署要求，认真做好党政机构改革基础调研工作，对原有62个党政机构职能运行情况作了认真梳理，全面听取市委常委、市政府副市长和市人大常委会、市政协主要领导以及各市（县）区、市各部门主要负责人意见建议，对照中央和省、市委有关改革精神和政策口径要求，对市级党政机构设置进行深入细致的研究讨论，形成《无锡市机构改革方案》初稿，并按照市深化机构改革领导小组的意见对《无锡市机构改革方案》进行多次修改完善。12月21日，《无锡市机构改革方案》经市委常委会审议通过后报省委、省政府审批。

（叶长渭）

【**优化调整太湖新城管理体制**】 2018年，无锡市编办按照市委、市政府统一部署，研究制定并以市委办名义印发《江苏无锡经济开发区党工委管委会机构编制和职能配置方案》，明确无锡经济开发区党工委、管委会核定行政编制65人，设职能机构10个。制定印发《江苏无锡经济开发区工作委员会、江苏无锡经济开发区管理委员会主要职责、职能机构和人员编制规定》，会同相关部门做好无锡经济开发区赋权工作。

（叶长渭）

【**6家省级以上开发区赋权工作**】 2018年，经市政府研究决定，市编办依照法定程序赋予无锡高新技术产业开发区、江阴高新技术产业开发区、江苏江阴临港经济开发区、宜兴经济技术开发区、宜兴环保科技工业园、锡山经济技术开发区6家省级以上开发区187项市级经济管理权限，其中行政许可173项，其他行政权力14项。

（管伟峰）

【**环保监测监察执法垂直管理制度改革**】 2018年，市委办、市政府办印发《无锡市环保机构监测监察执法垂直管理制度改革工作方案》，明确各市（县）区环境保护局统一调整为市环境保护局的派出机构，各市（县）区环境保护局所属事业单位随市（县）区环境保护局一并上收市环境保护局。环保垂直管理体制改革具体工作按中央有关改革部署实施。

（孙 森）

【**梁溪区开展综合行政执法体制改革试点工作**】 根据市委、市政府《关于深化行政审批制度改革加快简政放权激发市场活力的实施意见》和梁溪区改革发展实际，经省编办批准，梁溪区为无锡市县域综合行政执法体制改革试点地区。市编办指导梁溪区制定并组织实施推进综合行政执法体制改革方案，整合现有执法职责和队伍，组建综合行政执法、劳动保障、卫生监督、市场监督、安全生产监管领域5支执法队伍，形成“1+4”和“综合+专业”的执法模式。

（孙 森）

【**无锡日报报业集团深化体制改革**】 2018年，市编办根据中央《关于加强和改进党的新闻舆论工作的意见》、省相关文件精神和市委全面深化改革领导小组工作要点安排，会同相关部门研究制定《无锡日报报业集团深化体制改革工作方案》，《方案》经市委常委会第八十九次会议审议通过后，11月30日以市委办名义印发实施。

（李 颂）

【**“放管服”改革**】 2018年10月，研究起草并以市委办、市政府办名义印发《关于进一步深化“放管服”改革加快推进审批服务便民化的实施意见》，推出21项改革举措。组织起草并以市政府名义印发《无锡市“证照分离”改革试点实施方案》，在无锡国家高新技术产业开发区等4个国家级开发区开展“证照分离”改革试点。以市政府名义公布《无锡市政府部门公共服务事项清单》，着力推动公共服务清单化管理。市审改办公布《无锡市政府部门随机抽查事项清单》，规范“双随机、一公开”监管。

（许宇峰）

【**行政和经济管理赋权**】 根据江阴县级集成改革工作部署，围绕实现“市县同权”要求，4月26日，市政府公布《江阴市县级集成改革试点赋权清单》，赋予江阴市与设区市同等的行政权力282项。5月25日，市政府公布《部分省级以上开发区全链审批赋权清单》，赋予无锡高新技术产业开发区等6家省级以上开发区187项市级经济管理权限，推动全市开发区改革和创新发展。落实市委、市政府优化调整太湖新城管理体制重大决策部署，积极做好赋予无锡经济开发区经济社会和行政管理权限工作。加强权力下放的指导培训工作，确保基层接得住、管得好、效率高、服务优。

（茜 坤）

【**“不见面审批”改革**】 按照省《“不见面审批”标准化指引》要求，全面梳理规范各地区、各部门“不见面”审批服务事项，调整公布市级“不见面审批”事项1198项，其中“不见面审批”事项1098项，“最多见一面”事项100项。加快推进“不见面审批”在项目、流程、材料、费用、时限、方式等方面实现标准化、规范化。建立“不见面审批”改革评价通报工作机制，对各市（县）区、各省级以上开发区改革工作推进情况定期进行考核评价，以评促改，以评问效。充分利用“两微一端”、自助机、代办制等渠道，为企业群众提供多样化的不见面审批服务，社保缴存、公积金贷款提取等办件量前20位的审批服务事项80%以上实现“不见面”办理。

（袁　晨）

【“减证便民”专项行动】 2018年，根据国家和省“减证便民”工作部署要求，按照“四个一律”（凡是没有法律法规规章依据的，一律取消；凡是能够通过个人有效证照证明申请人身份、亲属关系、婚姻状况、不动产权属等相关信息的，一律取消；凡是能够采取申请人书面承诺方式解决、且不影响第三方权利义务的，一律取消；凡是能够由行政机关及相关机构调查核实、通过部门之间信息共享解决的，一律取消）和“最大限度利企便民”（各地各部门在开展专项行动过程中，要坚持让群众、企业“少跑路、少花钱、少费时”的原则，最大限度精简办事流程和环节，减少申请材料，缩短办理时限，不得通过索要证明等方式推卸本应履行的查实责任，不得要求当事人提交无法查证、无法开具的证明材料，切实为办事群众和企业提供更加便捷、高效、优质的服务）原则，在全市范围开展“减证便民”专项行动，经过深入调研、全面梳理、集中审核、专题论证、征求意见、合法性审查等工作环节，全面清理群众企业办事创业过程中需提交的各类证明材料。10月8日，市政府办印发《市政府部门清理取消证明材料目录》，在省内率先公布“减证便民”取消事项清单，共梳理各类证明材料事项3053项，其中取消1632项，压减率达53.48%，方便企业群众办事创业。

（高道峰）

【深化经济发达镇行政管理体制改革】 8月22日，无锡市第二批经济发达镇宜兴市官林镇、锡山区东港镇、惠山区阳山镇改革方案获省委、省政府批复同意。11月5日，市政府召开全市深化经济发达镇行政管理体制改革工作推进会，同步建立无锡市经济发达镇行政管理体制改革工作联席会议制度，为推进基层治理体系和治理能力现代化提供体制机制保障。巩固江阴徐霞客镇经济发达镇改革成效，以集成改革试点为契机，指导江阴全市域复制推广徐霞客镇“1+4”改革经验，初步构建“集中高效审批、强化监管服务、综合行政执法”和“信息化＋网格化”的基层治理架构。

（茜　坤）

【江阴县级集成改革试点】 2018年，按照江阴县级集成改革试点工作部署要求，指导江阴市制定出台《江阴市镇（街道）行政管理体制改革方案》，调整完善镇（街道）职能机构设置，统筹使用行政、事业资源，加快构建简约高效的行政管理体制。11月13日，省委编办在江阴召开全省“放管服”集成改革经验交流现场会，向全省推介江阴县级集成改革试点经验。按照加快形成全省县级集成改革的“江阴样本”要求，在充分调研评估的基础上，11月19日，市委办、市政府办印发《关于做好第一批江阴集成改革试点经验复制推广工作的通知》，在全市范围内推广徐霞客镇“1+4”基层治理模式，创新网格化社会治理机制工作经验等8个方面改革做法。

（苏兆熙）

【首次事业单位信用等级评价】 根据《无锡市事业单位信用等级评价办法（试行）》，3月21日，市编办下发《关于开展2017年度市属事业单位信用等级评价工作的通知》，首次组织开展市属事业单位信用等级评价工作。经自评自查、分类评分、初定等级、反馈征询、结果公示等环节严格评审，全市352家市属及委托登记事业单位中，信用等级结果为A级的事业单位346家，B级和D级的各3家。

（吴　昊）

机关党建

【概况】 2018年，市级机关各级党组织坚持以习近平新时代中国特色社会主义思想为指导，认真落实省委、市委的决策部署，实施“机关党建质量提升工程”，把推动党支部标准化、规范化建设作为重点，市级机关党建工作呈现新局面。至2018年年底，市级机关共有直属党组织85个，下辖党的基层组织806个，其中党委58个，党总支43个，党支部705个，党员11614人。

（李　娟）

【落实全面从严治党责任】 2018年，市委市级机关工委深入学习习近平新时代中国特色社会主义思想，引导机关党组织和党员干部提高政治站位、政治能力。严格政治生活，强化“四个意识”，坚定“四个自信”，做到“两个维护”。深入开展习近平总书记对江苏重要指示批示精神贯彻落实情况“回头看”工作，结合中央、省委巡视和市委巡察反馈意见整改要求，强化机关党组织政治功能，提高党内政治生活质量。按照中共十九大精神和党章新规定新要求，树立“抓好党建是最大政绩”的理念，强化机关党建工作责任落实。部门党组（党委）抓党建的主体责任全面压实，形成党组（党委）书记负总责、分管领导分工负责、机关党组织具体抓、党支部书记“一岗双责”的党建工作责任体系。市级机关各部门将党建工作与业务工作同谋划、同部署、同实施、同检查、同考核已基本形成常态。

（李　娟）

【思想政治建设】 2018年，市委市级机关工委创新路径方法载体，深化理论学习，提高学习成效。打造阵地。坚持主流引导，积极探索改进思想政治工作的有效方式和途径，形成“一刊（党建杂志）、一网（先锋网）、一微（公众号）、一角（读书角）、一会（读书会）、一册（学习资料）、一节（文化节）”七大阵地。组织竞赛。举办“不忘初心、牢记使命”学习中共十九大精神电视知识竞赛，分笔试预赛、现场复赛和电视决赛3个阶段，700多名党员干部参与比赛和现场观摩，决赛实况“七一”前在市电视台播出。配合市委宣传部组队参加全省“习近平新时代中国特色社会主义思想电视知识竞赛”，包揽选拔赛和决赛冠军。搭建平台。举办市级机关“尚贤读书会”，组织学习各类经典著作，铸牢理想信念，提升人文素养。以“机关党员谈初心”“解放思想大家谈”等为主题，交流学习心得，展示思想收获。配送资料。配发《共产党宣言》10500万册。定期编辑印发《学习参考资料》7期10500册，每期推出一个学习专题，为基层党组织提供学习服务和指导。开展讨论。结合学习新思想开展解放思想大讨论活动，广泛开展大学习、大调研、大讨论，召开了机关干部代表解放思想大讨论座谈会，聚焦“当好高质量发展领跑者”献计献策。

（李　娟）

【基层组织建设】 2018年，市级机关实施机关党建质量提升工程，提高党支部标准化、规范化建设水平。理顺市公安局、市交通局等14个部门的机关党组织管理关系，指导相关单位健全组织架构，形成机关党建工作部署考核一体化，提升机关党建引领力。落实机关基层党组织活动经费，按每名党员每年600元标准列入部门行政预算。加强机关党务干部队伍建设，举办直属党组织书记培训班，110余名书记参训；连续举办3期600人参加的基层党支部书记实务轮训班，实现培训全覆盖；抓好发展党员工作，严把质量关，发展党员109人。坚持分类指导，加强党建片组建设，每季度开展一次交流活动。把2018年作为党支部标准化建设规范年，出台系列文件，加强现场指导，对“三会一课”、组织生活会、谈心谈话、民主评议等组织生活制度进行具体规范。认真落实党员领导干部双重组织生活会制度，坚持以上率下，市领导和各部门党员领导干部以普通党员身份参加所在党支部组织生活，形成良好导向。年底所有机关支部标准化、规范化建设基本达标。制定党建工作考核清单，加强日常管理指导。实行季度抽查、半年度专题调研，年底全面考核，按30%比例安排直属党组织书记开展现场述职评议。坚持把围绕中心、服务大局作为评价党建成效的出发点和落脚点，深化推进“两服务走在前、两提升作表率”活动，评选表彰机关优秀共产党员、优秀党务工作者、先进基层党组织，在服务窗口和执法部门开展“为民服务”“执法为民”先进单位和个人争创活动，发挥榜样的示范带动作用。

（李　娟）

【意识形态工作】 2018年，市级机关成立机关意识形态工作领导小组，制定落实责任制实施意见。对各部门意识形态工作责任制落实情况进行专题督查指导，对70多家市级机关单位意识形态风险点开展排查，列出清单，及时处置相关问题。组织开展“春节微调研”、“红色经典”传承月、“阅读让心灵飞翔”主题读书月等活动。举办直属党组织宣传委员网络意识形态专题培训班。适应机关干部精神文化需求，举办第四届机关文化节，开展纪念改革开放40周年主题摄影作品展、崇德倡廉书画作品展、大型史诗话剧《雨花台》演出等六大主题活动，3500多名机关干部参加。发挥文化引育功能，积极培育文体组织，开设2个俱乐部10个兴趣班，合唱俱乐部已成为机关文化品牌。

（李　娟）

【作风纪律建设】 2018年，市委市级机关工委落实“三项机制”要求，激励机关党员干部新时代新担当新作为。落实党风廉政建设责任制，开展“5・10”崇德倡廉主题教育月活动，推进落实中央八项规定实施细则精神。推动主动学廉、思廉、践廉，打造一批机关廉政教育品牌。坚持执纪必严、违纪必究，机关纪工委查办案件2起。修订《关于建立健全市级机关基层党组织激励关怀帮扶机制的意见》，走访慰问困难和大病党员，让党员感受到组织的温暖。组织开展高质量发展考核“半年初评”和“年终评议”活动，与各市（县）区工委建立联系机制，协同开展微信评议。推进群众反映意见整改，对年初和半年度测评中征集到的500多条意见建议进行梳理，向涉及的70多家市级机关单位逐一进行反馈，督促在规定时限内完成整改，并对整改措施进行公示。做好“阳光扶贫”结对帮扶工作，580余名县处级以上领导干部与建档立卡贫困户结对。

（李　娟）

关工委工作

【概况】 2018年，市关心下一代工作委员会（以下简称市关工委）组织开展“传红色基因、共话新时代、放飞青春梦”主题教育活动，深化青少年党史国史教育和社会主义核心价值观教育。各级关工委组织2913名“五老”（老干部、老战士、老教师、老专家、老模范）编写宣讲材料1898篇，作宣讲报告4426场次，听讲青少年136.8万余人次。推进未成年人“零犯罪”社区（村）创建活动，全市组织3322名法治教育报告员作普法宣讲报告3429场次，听讲青少年101.7万余人次；组织7367名“五老”结对帮教帮扶4246名失足、后进青少年；组织2385名“五老”对网吧、电子游戏室进行义务监督；发动社会力量资助贫困学生1.7万余人次。至年底，全市未成年人“零犯罪”社区（村）创建达标率97.8%。加强校外教育辅导站建设，全市有各类辅导站（点）3538个，社区（村）中心辅导站电子阅览室750个，配置电脑5518台；参加辅导站工作的“五老”15470人，在职教师15501人，大学生“村官”1085人，其他志愿者5288人，全年辅导学生

2019年1月11日，市委市级机关工委组织机关党组织开展2018年基层党建工作述职评议

（李娟　摄）

60.8 万余人次，到电子阅览室活动的学生 31.6 万余人次。

（华治平）

【督查指导“党建带动关工委建设”】 8 月 9 日，市委组织部、市关工委联合下发《关于对贯彻落实“党建带动关工委建设”工作机制情况进行督查指导的通知》。根据通知精神，11 ～ 12 月，市委组织部、市关工委对各市（县）区、市有关部门进行专项督查指导。从督查指导情况看，各级党政组织对关工委工作的重视程度和支持力度加大，基层关工委组织建设、领导班子建设和“五老”队伍建设加强，“有人干事、有钱办事、有场地开展活动”的“三有”要求落实。至年底，全市有各级关工委组织 6694 个，参加关心下一代工作的“五老”志愿者 5.1 万余人。

（华治平）

【民营企业关工委工作】 市关工委针对工商部门机构改革和职能调整的新情况，坚持党建带动民营企业关工委建设，健全完善“以块为主、条块结合”的领导体制和工作机制。5 月 23 日，市关工委调整充实市民营企业关工委工作指导小组成员，增补市经信委（市中小企业局）为指导小组成员单位。5 月 25 日，市关工委召开全市民营企业关工委工作会议，对强化党建引领、完善体制机制进行具体部署。各级关工委贯彻落实。至年底，全市有民营企业关工委 4885 个。

（华治平）

【中小学生主题教育征文演讲比赛】 3 ～ 10 月，市关工委组织全市中小学生开展“传红色基因、共话新时代、放飞青春梦”主题教育征文演讲比赛，有 33.2 万余名中小学生参与。经层层遴选，各地向市关工委报送征文 421 篇，选派 12 名学生参加演讲比赛。10 月 13 日，市关工委举行主题教育演讲比赛，并公布征文比赛结果。经评委审定，有 78 名学生分获征文比赛小学组、初中组、高中组一等奖、二等奖、三等奖，有 12 名学生分获演讲比赛小学组、初中组一等奖、二等奖、三等奖。

（华治平）

【“五老”电视访谈活动】 9 月 14 日，市委老干部局、市关工委联合在市教育电视台举办“壮阔 40 年，奋进新时代”“五老”电视访谈活动，纪念改革开放 40 周年。4 位老人结合亲身经历，以讲故事、互动交流等形式，向青少年宣传改革开放 40 年无锡发生的巨大变化，让青少年在生动形象的教育中感悟改革之不易、创业之艰辛。

（华治平）

9 月 14 日，市委老干部局、市关心下一代工作委员会举办“壮阔 40 年 奋进新时代——纪念改革开放 40 周年”电视访谈会 （陶峻 摄）

党校工作

【概况】 至 2018 年年底，中共无锡市委党校（无锡市行政学院）有教职工 85 人，专职教师中副教授以上职称 11 人，同时聘请一批国内专家、学者、企业家和市有关方面领导担任兼职教授。市委党校挂有无锡市社会主义学院、无锡市国防教育学院、中央党校无锡科研基地、中央社会主义学院主体班教学基地、江苏省高层次创新创业人才培训基地、江苏省社会科学院无锡分院、苏南发展研究院等牌子。设有基本理论教研室等 5 个教研业务机构和教务处等 11 个管理机构。同时设有中共无锡市委党校（无锡市行政学院）梁溪区分校（分院）、新吴区分校（分院）。学校图书馆藏书 6.7 万余册，常年订阅报刊 400 余种。学校实际占地 6.14 公顷，建筑面积 2.39 万平方米，能同时容纳近千人学习培训。6 月，获评“江苏省第一批公共机构能效领跑者”单位。年内，完成市委巡察整改措施落实工作。

（刘周一叶）

【市管干部研修班】 10 月 12 日，无锡市市管干部“深入学习贯彻习近平新时代中国特色社会主义思想和中共十九大精神”研修班举行开班式，省委常委、市委书记李小敏出席开班式并讲授第一课。至年底，先后举办 3 期研修班，共 374 名市管干部参训。研修班邀请市领导和上级党校、高校专家学者授课，采用研讨式、访谈式、互动式和现场体验式教学等方式，提高教学成效。

（刘周一叶）

【干部培训和理论宣讲】 2018 年，市委党校共举办市管干部轮训班、公务员任职培训班、中青年干部培训班等主体班 38 期，培训学员 3121 人。将习近平新时代中国特色社会主义思想作为核心必修课程，覆盖所有主体班次，占比超 30%。举办委托培训班 153 个，培训学员 1.1 万人。获全省党校系统教学组织奖，1 门课程被评为全省党校系统优秀课，实施课程开发“四个一”（以教研室为单位，开发一批教学新专题、打造一堂精品课、开发一堂现场教学课、打造一堂教学创新课）工程，新开发的“四千四万”精神访谈式教学课程被列为 2018 年全省干部教育培训基地精品课程开发项目。

组织实施全市党建创新重点项目

"学习新思想，拥抱新时代"有关基层宣讲活动，面向全市宣讲百余场次，受众近2万人次。

（刘周一叶）

【科研咨政】 2018年，市委党校全年45项课题获准立项，其中省社科基金课题1项、省软科学项目1项、省"333"工程项目1项、全省党校系统重大调研课题1项、市哲学社会科学重点课题3项。1项课题获全国党校系统2018年度重点调研课题并获优秀结项，3项省委党校调研课题均获优秀结项。公开发表论文78篇，其中在核心期刊发表论文17篇，延续高位态势。科研成果获全国、省、市奖项共25项，其中1篇论文获全国行政学院系统优秀科研成果奖三等奖，1项科研成果获省第十五届哲学社会科学优秀成果奖三等奖，4项科研成果分获市第十四届哲学社会科学优秀成果奖一、二、三等奖。首次在公务员任职班开展教研咨一体化课题研究，形成一批优秀调研报告。7篇咨政报告获市领导批示。

（刘周一叶）

【"纪念改革开放四十周年"系列活动】 2018年，市委党校实施"纪念改革开放四十周年"重点专项课题2项，一般专项课题12项。召开全市党校系统"四千四万"精神、"一包三改"经验及其当代价值3次专题学术沙龙，邀请无锡改革开放的亲历者、实践者、领导者和研究者作主旨发言。筹备出版《转型蝶变再出发：谱写无锡改革发展新篇章》等2部著作，发表系列理论宣传文章，推进无锡市情和改革开放历程研究。

（刘周一叶）

【乡村振兴战略思想理论研讨会】 6月3日，全国党校系统学习贯彻习近平总书记乡村振兴战略思想理论研讨会在无锡召开。会议由中央党校习近平新时代中国特色社会主义思想研究中心、中央党校科研部、江苏省委党校和中共无锡市委主办，无锡市委党校（中央党校无锡科研基地）承办。中央党校校委委员黄宪起出席并讲话，省委常委、市委书记李小敏致辞。中央党校、省级和副省级城市党校的校领导、科研和决策咨询部门负责人、入会论文作者近150人参加会议。会议还推介无锡乡村振兴战略的经验成效。

（刘周一叶）

史志工作

【概况】 2018年，无锡市史志系统积极构建开门办史志的大工作格局。无锡市史志办公室（以下简称市史志办）在推进党史编撰、方志编修、资政研究、平台建设等方面取得成效。年内，在第五届江苏省优秀年鉴评选活动中，《无锡年鉴（2017）》获地方综合年鉴一等奖。

（徐西平）

【庆祝改革开放40周年系列活动】 2018年，市史志办联合市委宣传部开展"无锡改革开放40周年40件大事"评选发布工作，历经系统梳理、各级层层推荐、广泛征求意见、网络投票评选、专家评审论证、领导小组审定等环节，确定覆盖面广、内容全面、充分展示改革开放无锡实践和无锡经验的40件大事。12月18日，无锡市庆祝改革开放40周年暨"40年40事"揭晓发布主题活动举行。年内，联合市委宣传部、无锡报业集团、无锡广电集团，开展改革开放40年来重要历史人物、重要历史事件的宣传报道工作。12月20日，出版发行《见证辉煌——无锡改革开放亲历者述忆》，通过采访60位无锡改革开放亲历者，记述改革开放以来无锡发生的重大事件、重要决策、重大典型的背景、经过、成效及其影响。12月25日，联合市中共党史学会举行全市党史系统纪念改革开放40周年理论研讨会，30余位代表参会，探讨改革开放理论与实践问题，展现近年来无锡改革开放理论研究的重要成果。

（徐西平）

【党史教育书籍和基地分布图等出版】 2018年，市史志办征编出版《初心之旅——无锡市党史教育基地参观指南》，图文并茂介绍无锡市36处由市委组织部、市史志办联合命名的党史教育基地。指导建设无锡抗日青年流亡服务团新馆、太华山新四军和苏南抗日根据地纪念馆、扩建南水仙庙中共无锡工委展览，筹建季翼农烈士纪念馆，促进党史遗址的宣传推广。编制发行《无锡市党史教育基地分布图》，为全市党员干部开展党性教育提供参观指南。组织召开无锡市党史教育基地建设座谈会，交流全市党史教育基地建设、管理、使用的做法和经验。征编出版《丹心遗痕——无锡革命烈士诗文选》，辑录出版收集散存各处的无锡革命烈士诗文。联合无锡市电视台拍摄专题片《不忘初心》，回顾无锡第一个党组织创建历程。

（徐西平）

【党史资料征编】 2018年，市史志办加强党史资料征集、整理、汇编等工作，深入市档案局等单位查询、收集档案资料，向全市各级党政机关、社会团体、直属单位200余家单位发函征集新时期党史文献资料94册，各类电子材料72万字。组织业务骨干赴浙江、湖北、湖南党史研究部门学习取经，调整优化三卷本纲目设置，形成无锡党史三卷本纲目征求意见稿，为《中共无锡地方史》第三卷编撰工作做足准备。经无锡市委同意，组织党史专家修订《中国共产党江苏省无锡历史》第一卷（1925～1949年）。征编出版党史专题资料长编《无锡国企改革之路》，全书45万字，客观反映无锡市国有企业改革历程和取得的重要成就。完成《江苏党史专题文集（第二辑）》供稿工作，提供《无锡县堰桥乡"一包三改"改革情况》一文。出版雨花台烈士传记《蒋云传》《朱杏南传》，基本完成《史砚芬传》审稿。

（徐西平）

【区志、部门志、名镇（村）志编修】 2018年，《北塘区志》正式出版发行，无锡市率先完成省政府下达的新一轮修志工作任务。1月，《惠山区志》通过终审。指导《钱桥街道志》《无锡监狱志》《无锡消防志》编纂。持续推动名镇名村志编纂，从篇目制定、材料收集、编写规范等方面加强对《鹅湖镇志》《严家桥村志》《祝陵村志》编纂指导力度。3月，《祝陵村志》顺利通过终审，成为江苏省名镇名村志编纂工程启动以来的首部终审志书。基本完成《严家桥村志》《鹅湖镇志》初稿。完成《江苏援藏援疆建设志》（无锡部分）初稿编纂工作。出版发行清·光绪《无锡金匮县志》，完成明弘治《无锡县志》点校工作。

（徐西平）

【综合年鉴实现全覆盖】 2018年，市史志办针对以往史志系统综合年鉴编纂出版不全面的实际情况，采取办主要领导和业务分管领导包点包干的办法加以解决。年内，业务分管领导多次就年鉴事宜到新吴区档案馆调研，参与新吴年鉴篇目框架讨论、业务指导和难点协调、解决实际问题，促成新吴区首部综合年鉴按时按期出版。办主要领导及时和滨湖区史志办负责人协商、沟通，业务分管领导及时跟进、督察，推动滨湖区编纂出版综合年鉴。《无锡年鉴（2018）》《江阴年鉴（2018）》《宜兴年鉴（2018）》《梁溪年鉴（2018）》《锡山年鉴（2018）》和《惠山年鉴（2018）》，年度按时公开出版，至此，无锡综合年鉴实现全覆盖目标。

（徐西平）

【史志资源挖掘利用】 2018年，无锡史志系统深挖史志资源，扩大史志工作社会效应。市史志办联合江南大学举办“家国记忆——无锡抗战老战士口述史采访”启动仪式，组织指导大学生开展抢救性记录抗战老兵口述历史珍贵影像资料。联合市新四军历史研究会、江苏信息职业技术学院召开纪念孙冶方110周年诞辰研讨会，从不同侧面缅怀孙冶方为党、为国、为人民作出的重大贡献，并围绕当前改革发展的重点问题进行深入探讨和交流。联合中央电视台纪录频道，组织拍摄专题纪录片《渡江第一船》。积极开展送“红色文化”进大学校园活动，联合团市委开展“丹心遗痕凝心筑梦——无锡市诵读学传活动暨纪念一二·九运动83周年”主题活动，联合无锡城市职业技术学院举办“寻初心，励青春”党史教育进大学校园活动，引领青年大学生传承红色基因，担当时代重任。加强无锡文脉整理和研究，出版发行《无锡读本》。组织精干力量深入市国联集团、地铁集团、江南大学等举办史志讲座，赠送史志书籍。

（徐西平）

【方志馆平台建设】 2018年，无锡方志馆通过购买、受赠、交换等途径，征集各类史志书籍319本（册），高清晰度老照片29幅，无锡古志书示意图38幅，高文华烈士生前书信资料85封、实物镜子1面，2017年无锡城市建设图片1131张等。联合市文广新局印发《关于交存连续性内部资料出版物的通知》，明确建立无锡市拥有准印号的内部刊物向无锡方志馆交存的制度，征集内部刊物61种226份。年内，按照市发改委项目计划要求，组织实施无锡方志馆拓建项目，完成《璀璨梁溪—无锡历史人文集萃》布展工作。无锡方志馆加强部门联动，提高服务社会功能，克服闭关重建困难，做好资料查阅服务工作。联合市文广新局、市教育局等部门举办首届“乡音记忆·魅力童谣”征集诵读大赛，在“喜马拉雅”APP共建无锡音频童谣库，将优秀成果制作成电子光盘，作为乡土文化资料入藏无锡方志馆，丰富馆藏资料内容形式。联合团市委、灵山慈善基金会等举办“尚善公益e路锡行”公益活动，培育公益项目，记载首善城市，入藏志愿文化，实现无锡方志馆关于无锡地方志愿文化收藏零的突破。

（徐西平）

【大史志格局构建】 2018年，市史志办参与举办和承办多项全市性的史志文化相关活动，构建开门办史志的“大史志”工作格局。3月，联合市太湖新城指挥部、市全民阅读办等举办“书香樱花季”系列活动月活动，通过组织优秀无锡史志图书参与万人经典作品网络读书活动，提高史志文化的能见度与传播力。4月，首次参与主办第十一届太湖读书月活动，设立8个史志文化阅读角，举办展览等系列活动，推动无锡乡土文化、史志图书与全民阅读有机融合。4月，联合市台办、梁溪区政府等举办“与君同源来——锡台文化交流月”活动，与台湾中国文化大学图书馆相互交流地方文献，积极探索建立地方文献互通交流制度。

（徐西平）

档案工作

【概况】 2018年，在综合性档案馆中，全市有国家一级档案馆5家（无锡、宜兴、江阴、滨湖区、梁溪区），国家二级档案馆2家（锡山区、惠山区）。年内，市档案馆（查档大厅、民族工商业档案馆、市民中心分馆）共查档接待5727人次，调卷16194卷（件），接收市委农办、市体育局、市人民医院等共计27家单位档案153卷又339215件，接收梁溪公证处公证档案28780卷，接收市审计局审计档案2287卷，接收锡山区工商局注吊销档案8667卷，接收市统计局经济普查档案223件，接收第四人民医院、第五人民医院等6家医院的出生证明档案共计229卷又10609件。全年征集档案资料1158件。至2018年年底，无锡市档案馆馆藏总计1097008卷又379354件。

年内，无锡市档案局加强接收各门类档案特别是涉及民生类别的业务档案，对档案鉴定划控及公布情况进行自查，完成民国档案修裱。市、区档案部门开展“江苏最美家庭档案”基层调研走访，组织大运河文化、乡村记忆、百湖百川、农地确权等专题建档以及“百村万户”口述史采集等工作。

（於　红　江剑萍）

【乡镇企业、民族工商业档案征集】 2018年，全市两级综合档案馆同步推进乡镇企业、民族工商业档案专题调研与征集，市档案局多次深入各区域板块的典型企业现场办公，获得一批宝贵的征集线索和档案实物，同时也掌握全市范围内乡镇企业、民族工商业专题档案的分布情况和总体价值状况。经过广泛发动和精心组织，全市共征集到乡镇企业档案信息数据9G，覆盖有代表性的乡镇企业。市民族工商业档案馆积极策划陈列展示，开展馆藏档案精品梳理，面向社会征集具有年代特征的地方名牌产品实物档案。全年共征集各类社会散存档案共计1130多件，其中家谱13部，照片、资料、书画418件，王玮之家庭档案300多件。

（於　红　张知常）

【数字档案馆（二期）工程通过省5A级测评】 2018年，无锡市档案局召开全市档案信息化工作会议，出台《无锡市档案信息化管理意见（征求意见稿）》。年内，市档案局推进馆藏档案数字化扫描，启动民族工商业档案馆馆藏档案数字化工作，馆藏应扫档案100%数字化。开发运行全市民生档案查询平台；重新开发网上查档系统，提高馆舍尤其是库区物理与技术安防等级，并将功能集成到数字档案馆系统。12月13日，无锡市档案馆以98.2分通过江苏省5A级数字档案馆测评。

（於 红 张知常）

【**档案法治和文化宣传模式创新**】2018年，无锡市档案局启动《无锡市档案管理条例实施办法》五年立法后评估，行政审批“不见面”“双随机一公开”执法取得进展，完成执法资格人员资质考试和认定，政府公开热线及网上法制咨询取得良好效果。6月8～10日，无锡市档案局联合滨湖区档案局、惠山区档案局、市公安局、市卫计委、市人才服务中心、市国土资源局、市城市建设档案馆和无锡地铁集团，在无锡地铁三阳广场站集中开展以“档案见证改革开放”为主题的广场宣传活动。梁溪区档案局联合中山路商业街管理办公室，编写通俗易懂的“国际档案日”宣传标语，于6月9日前后在市中心各大商厦的大屏幕上滚动播放，扩大档案工作的影响力。

（於 红 张知常）

【**档案编研成果**】2018年，无锡市举办“无锡老桥影像文献展”，以图文并茂的多媒体形式，展示宋代至民国时期建造的200多座无锡古桥，展览被列为上海国际艺术节无锡分会场。赴国际友城日本相模原市开展一系列档案文化交流活动取得成功。全年在《档案与建设》杂志开辟《锡商与中国现代化》专栏，提升“档案无锡”微信公众号发布数量与内容质量。依托国家重点档案保护和开发项目，推出无锡同业公会、民国教育、工商园林老照片等档案文化编研精品，一批书稿已付梓。28万字的新版《无锡市档案馆指南》编印出版。

年内，无锡档案系统十项作品获江苏省档案文化精品奖，其中无锡市档案局《农家账本的历史透视》《岁月如歌——无锡上山下乡运动知青老照片集》获江苏省档案文化精品一等奖，《百年徽章的历史见证》（上、下）、《无锡老照片》获江苏省档案文化精品二等奖，《老影戏单的历史演绎》获江苏省档案文化精品三等奖，《无锡籍中国两院院士信札集》获鼓励奖。

（於 红）

【**无锡市网上档案馆开通**】2018年9月1日，无锡市网上档案馆开通，登录地址:http://58.215.18.163:8887/archives/，或可在无锡市档案局网站首页 http://daj.wuxi.gov.cn/ 点击“网上档案馆”直接登录。

无锡市网上档案馆采用VR全景虚拟技术和移动互联网技术相结合的方法，向网民同步展示市档案馆的展览、编研书籍和视频档案，带给网民流畅的三维全景互动体验，使档案的网络宣传更富生动性和吸引力。

（於 红）

【**16名个人（家庭）档案获“江苏最美家庭档案”**】2018年5月23日至7月10日，中共江苏省委宣传部、江苏省档案局（馆）联合举办“档案见证改革开放——江苏最美家庭档案”征集评选活动，在全省范围内评选出反映江苏改革开放40年奋斗历程、家庭变迁和生活变化的江苏最美家庭档案100个。10月9日，评选活动办公室组成“江苏最美家庭档案”专家评委会，由全省15位档案专家和社会专业人士组成，分成4个专家小组，对符合申报条件的家庭档案，进行项目分类、严格审查、逐一复核、专业评审、综合评定和评委会审定等程序确定，无锡贺星允、胡立德、姜达敖、吴成、吴协恩、徐秀棠、曹耀堂、赵本金、陈洪春、过世杰、蒋华良、王巨榛、朱忠华、薛生龙、王孔长、朱可心16名个人（家庭）档案获“江苏最美家庭档案”，获奖数居全省第一。中共无锡市委宣传部、无锡市档案局、江阴市档案局、宜兴市档案局、梁溪区档案局、滨湖区档案局获“江苏最美家庭档案”活动组织奖。

（於 红）

【**创新创优项目评选**】2018年12月27日，无锡市档案系统10个优秀创新创优项目评选揭晓。“江阴市民生档案共享平台”“宜兴改革开放40周年暨撤县设市30周年图片展暨宣传册”被评为创新项目。“家庭档案，见证改革开放”（江阴市）、“滨湖区数字档案信息化项目”获创优项目一等奖；“《宜兴科举考》编研出版”、“锡山区档案馆创建成江苏省5A级数字档案馆”“惠山区乡镇档案馆建设”获创优项目二等奖；“企业档案创新管理模式”（梁溪区）、“惠山区档案异地出证”“蠡园街道档案规范化建设项目”（滨湖区）获创优项目三等奖。

（於 红）

表12 **2018年无锡市档案事业基本情况**

指标	全市	市区	江阴市	宜兴市
档案馆机构数（个）	8	6	1	1
档案员工数（人）	145	91	27	27
馆藏档案数（卷）	2683171	1737682	471695	473794
馆藏档案数（件）	2783719	1755714	453067	574938
当年接受档案数（卷）	60455	55360	2874	2221
当年接受档案数（件）	488382	371413	54198	62771
利用档案人次（人次）	59988	19892	22027	18069
档案馆库面积(平方米)	67277	49577	12538	5162
档案网站点击数（次）	215321	187784	12222	15315
档案文件机读目录(条)	28917078	17115327	6650000	5151751

（市档案馆）

编辑 罗秋云

综　述

【概况】 2018年，无锡市人大常委会贯彻习近平新时代中国特色社会主义思想和中共十九大精神，按照中共十九大报告提出的“成为全面担负起宪法法律赋予的各项职责的工作机关、成为同人民群众保持密切联系的代表机关”的要求，坚持党的领导、人民当家作主、依法治国有机统一，在中共无锡市委的坚强领导下，围绕当好全省高质量发展领跑者的目标任务，认真履行法定职责，积极主动担当作为，努力开创人大工作新局面，为无锡市民主法治建设和经济社会发展作出新的贡献。全年召开常委会会议9次、主任会议13次，开展执法检查、专题询问、视察、调研共90多项；制定地方性法规3件，修改和废止4件，调研论证4件，审查规范性文件6件次；听取和审议“一府两院”专项工作报告24项，听取工作汇报14项，对8个政府组成部门开展工作评议；督办代表议案建议258件；作出决议决定8项，依法任免国家机关工作人员60人次，所有新任命人员均举行宪法宣誓。

年内，市人大常委会认真贯彻中央大政方针和省、市委决策部署，坚持以社会主义核心价值观引领地方立法，在立良法、促善治上探索实践，以高质量立法护航高质量发展；注重观大势、谋全局，围绕当好全省高质量发展领跑者目标任务，坚持寓支持于监督之中，推动高质量发展迈出坚实步伐；注重议大事、抓落实，通过依法用好重大事项决定权来统一思想、凝聚共识，坚持不懈抓好各项决议决定的贯彻执行，放大行使重大事项决定权的工作效果和社会效应；注重完善代表工作制度机制，以开展“履职为民、连心富民”主题实践活动为主要抓手，强化履职服务，激发履职活力，发挥人大代表在推动高质量发展中的重要作用；始终把学习习近平新时代中国特色社会主义思想作为首要政治任务，对照新时代新要求，全面加强常委会及机关自身建设，突出理论武装，坚定理想信念，不断提高政治站位、提升履职能力，全力推动人大工作与时俱进。

（蒋　健　朱　煜）

【人大常委会自身建设】 2018年，市人大常委会始终把贯彻习近平新时代中国特色社会主义思想作为首要政治任务，对照新时代新要求，全面加强常委会及机关自身建设。健全完善理论学习制度，认真组织学习习近平总书记重要讲话和中共十九大精神；坚持解放思想、开拓进取，把学习成果体现到推动实践创新上，通过委托开展第三方立法评估、创新“询问+”模式、出台审议意见落实情况满意度测评办法等，提升履职成效和人大工作水平。召开改革开放40周年人大工作座谈会，回顾总结40年来人大工作的生动实践，研讨交流做好新时代人大工作的思路举措。切实把调查研究作为做好人大工作的基本功，全年形成调研报告和研究成果35篇，加强调研成果运用，做到常委会审议、视察都有调研报告。出台进一步改进作风若干规定，推动反“四风”向深度和广度延伸。认真贯彻省、市委“三项机制”文件精神，树立人大机关鲜明用人导向，激发队伍活力。重视抓好人大宣传工作，用好“人大之声”电视专题、《无锡日报》专版和《代表与人民》专刊三大传统阵地，改版升级人大网站和微信公众号，融合贯通传统媒体和新媒体，增强人大宣传的感染力和影响力。扩大履职公开，全年邀请群众代表、荣誉市民、专家学者等近300人次，旁听人代会、常委会会议和参与立法、监督等活动。加强与国际友城、“一带一路”沿线国家的互访交流，积极宣传无锡，宣传人民代表大会制度。

（蒋　健　朱　煜）

重要会议

【无锡市第十六届人民代表大会第二次会议】 会议于1月7～10日举行，出席会议代表431名，市政协委员、在无锡全国和省人大代表、部分荣誉市民等列席会议，20名市民代表应邀旁听大会。会议听取和审议《政府工作报告》《无锡市人大常委会工作报告》《无锡市中级人民法院工作报告》《无锡市人民检察院工作报告》，审查《无锡市2017年国民经济和社会发展计划执行情况与2018年国民经济和社会发展计划草案的报告》《无锡市2017年财政预算执行情况和2018年市本级预算草案的报告》，决定批准上述报告，并通过相关决议；听取并通过议案审查委员会所作的议案审查报告；大会表决通过魏多为无锡市第十六届人民代表大会财政经济委员会主任委员；选举王唤春为无锡市监察委员会主任；补选魏多为无锡市第十六届人民代表大会常务委员会副主任；选举丁荣峥、王维等60人为无锡市出席江苏省第十三届人民代表大会代表。大会进行宪法宣誓。

（蒋　健　朱　煜）

【无锡市第十六届人大常委会第七次会议至第十五次会议】 1月10日，市十六届人大常委会举行第七次会议，任命市监察委员会副主任、委员，并举行宪法宣誓。

2月27日，市十六届人大常委会举行第八次会议，听取省委常委、市委书记李小敏代表市委就推荐黄钦担任市政府代理市长所作的说明，听取和审议市政府关于全面深化“河长制”工作情况的报告，审议并通过《无锡市第十六届人大常委会2018年工作要点》《无锡市人民代表大会常务委员会关于接受汪泉辞去无锡市市长职务请求的决定》《无锡市人民代表大会常务委员会关于黄钦代理无锡市市长职务的决定》。

4月25～26日，市十六届人大常委会举行第九次会议，听取和审议《市政府关于文化产业发展情况的报告》《关于2017年度环境状况和环境保护目标完成情况的报告》，审议并通过《关于十六届人大二次会议主席团交市人大常委会审议的议案处理意见的报告》，审议《市政府关于2017年度法治政府建设情况的报告》，一审《无锡市奖励和保护见义勇为人员条例(草案)》，二审通过《无锡市不动产登记条例》。

5月28日，市十六届人大常委会举行第十次会议，决定任命蒋敏为市人民政府副市长，并举行宪法宣誓。

6月27～28日，市十六届人大常委会举行第十一次会议，听取和审议《市政府关于市十六届人大二次会议主席团交市人大常委会审议的议案办理方案的报告》《关于公共场所治安管理工作情况的报告》；听取和审议市人大常委会执法检查组关于《中华人民共和国产品质量法》执法检查情况的报告；审议并通过《无锡市人民代表大会常务委员会关于废止〈无锡市国有企业领导人员离任审计条例〉的决定》；一审《无锡市文明行为促进条例(草案)》；听取和审议市政府部分组成部门的工作报告，并开展评议；决定有关人事任免，并举行宪法宣誓。

8月28～29日，市十六届人大常委会举行第十二次会议，听取和审议市政府《关于无锡市2018年上半年国民经济和社会发展计划执行情况的报告》《关于无锡市2018年上半年预算执行情况的报告》《关于无锡市

1月7日，市人大常委会组织开展“我为高质量发展提建议”代表活动

(卢易　摄)

2017年本级预算执行和其他财政收支的审计工作报告》；审查和批准无锡市2017年本级财政决算；听取和审议《市政府、市中级人民法院、市人民检察院关于以审判为中心的刑事诉讼制度改革情况的报告》；听取和审议《市政府关于国企改革实施情况的报告》；审议并通过《无锡市人民代表大会常务委员会关于修改〈无锡市排水管理条例〉等三件地方性法规的决定》《无锡市人民代表大会常务委员会关于加快打造高质量发展环境的决议》；审议并通过关于个别代表的代表资格的报告；决定有关人事任免，并举行宪法宣誓。

10月23～24日，市十六届人大常委会举行第十三次会议，听取和审议市政府关于《无锡市国民经济和社会发展第十三个五年规划纲要》实施情况中期评估的报告、关于无锡市2018年市本级预算调整方案(草案)的报告，审议并通过《无锡市人民代表大会常务委员会关于批准无锡市2018年市本级预算调整方案的决议》；听取和审议市政府《关于经济薄弱村脱困转化工作情况的报告》《关于太湖新城管理体制优化调整工作情况的报告》；听取和审议关于《无锡市养老机构条例》执法检查情况的报告；一审《无锡市生态补偿条例(草案)》；二审通过《无锡市文明行为促进条例》，报省人大常委会通过后实施；审议并通过《无锡市人大常委会2019年度立法计划》；审议并通过《无锡市人民代表大会常务委员会关于罢免高敏江苏省第十三届人民代表大会代表职务的决议》、关于个别代表的代表资格的报告，决定有关人事任免。

12月13日，市十六届人大常委会举行第十四次会议，听取和审议市政府“关于进一步加强机动车停车管理的议案”办理情况的报告、关于市十六届人大二次会议代表建议办理情况的报告、关于研究处理《中华人民共和国产品质量法》执法检查报告及审议意见情况的反馈报告；一审《无锡市生活垃圾分类管理条例》；二审通过《无锡市奖励和保护见义勇为人员条例(草案)》；审议并通过《无锡市人民代表大会常务委员会关于召开无锡市第十六届人民代表大会第三次会议的决定》。

12月25日，市十六届人大常委会举行第十五次会议，听取和审议市政府《关于2018～2020年突出环境问题清单以及整治方案的报告》《关于无锡市2017年度本级预算执行和其他财政收支审计发现问题整改情况的报告》《关于建立政府向人大常委会报告国有资产管理情况制度的报告》；讨论市人大常委会工作报告(征求意见稿)；审议并通过《无锡市人民代表大会常务委员会关于2017～2018年度无锡市人大代表活动先进小组、积极分子和优秀联络员的通报》；决定有关人事任免，并举行宪法宣誓。

(蒋　健　朱　煜)

地方立法

【概况】2018年，市人大常委会贯彻习近平新时代中国特色社会主义思想，

学习中共十九大精神以及宪法修正案和相关法律法规，全面认识和准确把握面临的新形势、新任务、新要求，落实党委重大决策部署，高质量推动地方立法工作，全年共制定不动产登记条例、文明行为促进条例、奖励和保护见义勇为人员条例3件法规，修改排水管理条例、蠡湖景区条例、供水条例，废止国有企业领导人员离任审计条例，审查市政府报备的规范性文件及市民提出的审查建议6件，按计划稳步推进生活垃圾分类管理条例、生态补偿条例2件法规的制定工作，完成年初既定目标。

（蒋　健　朱　煜）

【**社会主义核心价值观入法入规**】2018年，市人大常委会切实提高政治站位，认真落实党中央、全国人大和市委部署要求，充分发挥地方性法规实施性、补充性、探索性功能，凝聚各方智慧，形成工作合力，年内组织开展文明行为促进条例、奖励和保护见义勇为人员条例的制定工作，推动社会主义核心价值观入法入规。文明行为促进条例提出八项文明行为倡导要求，全面规范文明行为倡导的鼓励和激励措施，明确十项重点治理的不文明行为和重点治理工作机制，强化文明行为促进工作职责和法律责任，对文明行为促进工作进行全面规范，巩固全市文明城市创建成果，提高市民文明素养和社会文明程度。奖励和保护见义勇为人员条例明确见义勇为人员的奖励和保护原则，落实奖励和保护经费，理顺确认和奖励程序，加大保障力度，强化政府及有关机构的工作职责等，通过地方立法，弘扬社会正能量、倡导社会新风尚。

（蒋　健　朱　煜）

【**生态文明建设领域立法**】2018年，市人大常委会高度重视生态文明领域立法，切实把这项工作作为地方立法工作的重中之重，坚持立改并举，统筹推进，开创无锡市生态文明立法新局面。5月起，结合前期生态环保地方性法规自查情况，组织常委会相关工委和市政府有关部门，采取公众参与评估、部门评估、综合评估等方式对排水管理条例、城市绿化管理条例、水资源节约利用条例开展立法后评估，全面评价三件法规的实施效果和主要制度，为高效开展生态环保地方性法规清理工作奠定坚实基础。8月起，结合立法后评估情况以及省人大常委会法工委的意见，组织开展排水管理条例、蠡湖景区条例、供水条例的集中修改工作，其中排水管理条例主要修改排水户的定义、排水监管部门等内容，增加排水户突发事件报告、排水设施维护检修报告制度，删除部分行政处罚轻于上位法的罚则；蠡湖景区条例修改个别条款，明确蠡湖景区内不同类别建设项目的审核、审批和备案主体，并对关于蠡湖景区内的禁止性行为规定作了补充完善；供水条例补充完善个别罚则，与上位法关于生态环保的最新要求保持一致，维护法制统一。此外，还组织常委会相关工委和市政府有关部门对全市涉及大气污染防治的禁止燃放烟花爆竹条例、实施《江苏省大气污染防治条例》办法等两件地方性法规进行自查，并结合自查情况制定清理工作方案，报送省人大常委会。

在开展法规清理工作的同时，按照年度立法计划，接续完成不动产登记条例的制定工作；推动制定生态补偿条例，明确生态补偿原则、适用范围、政府职责等内容，规定生态补偿对象的权利义务，对生态补偿资金的申报、审核、拨付、使用及监督管理等内容进行规范；推动制定生活垃圾分类管理条例，对生活垃圾分类收集、运输与处置措施及相关监督管理职责等内容全面规范，加强生活垃圾管理，促进全市生态文明建设。生态补偿和生活垃圾分类管理两部法规草案均经常委会初次审议。

（蒋　健　朱　煜）

【**科学民主立法**】市人大常委会根据2018年度法治无锡建设实事工程项目的要求，加强对科学民主立法的实践探索，不断改进审议工作，着力提升立法质量，彰显无锡特色。坚持党的领导，落实重大事项向党委请示报告制度，在制定文明行为促进条例和市人大常委会2019年度立法计划的过程中，先后就条例草案立法工作情况、一审后修改情况以及立法计划的初步安排向市委请示报告。广泛汇聚民智，除采用以往书面发文等征求意见建议的方式外，拓宽和创新“开门立法”的渠道和方式，利用网络新媒体优势，在智慧无锡、太湖明珠等全市新媒体上刊登条例草案，扩大全社会的覆盖面和知晓度；在《无锡日报》、《江南晚报》、无锡新闻频道、“文明无锡”微信公众号等媒体开展“十大不文明行为”投票评议活动，受众覆盖达100万人次，发放调查问卷6000多份，网上网下5万多人次直接

6月8日，无锡市人大常委会对《中华人民共和国产品质量法》进行执法检查并召开执法检查询问会

（小薛　摄）

参与，增强法规内容的民意基础。深入基层调研，根据文明行为促进、见义勇为、生态补偿、生活垃圾分类管理等立法工作实际需要，组织召开不同层次的座谈会并深入江阴、宜兴等地实地调研，全方位听取基层人大、乡镇(街道)、村(社区)、社会组织、立法联系点以及人大代表、专家学者、律师、志愿者等不同板块、不同条线的意见建议，共收集意见建议500多条。吸收专家意见，每部法规草案均征求常委会40位立法咨询专家的意见建议。委托省社科院对文明行为促进条例草案进行第三方评估，组织人员参加省人大常委会法工委组织召开的专家论证会，全面汲取立法智慧、凝聚立法共识、拓宽立法视野。充分研究论证，每部法规草案，市人大常委会相关工委、市政府法制办等有关部门均召开十余次会商会议对各方面的意见建议研究消化，并就草案的主要内容、制度设计、立法技术、文字表述等方面精益求精，反复论证。提升法规质量。其中，文明行为促进条例被省人大常委会法工委确定为“设区市立法精品示范工程”试点项目。条例出台后，系统总结立法经验，为省内其他城市开展地方立法提供借鉴。

(蒋　健　朱　煜)

【规范性文件备案审查】 2018年，市人大常委会根据监督法的规定，按照“有件必备、有备必审、有错必纠”的要求，推动备案审查工作稳步有序开展。扎实开展主动审查，全年收到市政府报备《无锡市既有住宅增设电梯暂行办法》《无锡市人民政府关于清理市政府规章规范性文件的决定》《无锡市家庭经济困难学生认定办法》《无锡市事业单位机构编制管理办法》《无锡市违法建设治理办法》5件规范性文件。对市政府报备的每一件规范性文件，都组织相关工委认真学习上位法规定，对其合法性、合理性进行认真研究，并请市人大常委会立法咨询专家书面审查。认真开展被动审查，有市民对《无锡市既有住宅增设电梯暂行办法》第二十条提出审查建议后，市人大常委会高度重视，及时组织市人大常委会相关工委及市政府法制办等有关人员，根据规范性文件备案审查规定依法进行审查，并按照规定及时给予答复。积极推进平台建设，按照省人大常委会规范性文件备案审查信息平台培训会议要求，对规范性文件备案审查信息平台建设进行探索；借鉴外地城市先进经验，在无锡人大网站建立“备案审查工作平台”，包括规范性文件报送备案系统、审查建议提交系统，以及备案审查工作动态和相关法律法规制度，努力实现对审查标准、审查方式、审查质量的标准化管理。

(蒋　健　朱　煜)

【2019年度立法计划编制】 根据《无锡市制定地方性法规条例》及其实施意见，市人大常委会从7月初开始做好2019年度立法计划的编制工作。广泛征集建议，向市政府、市政协、市监委、市中级人民法院、市人民检察院、市人大各专门委员会、市人大常委会各工作机构征集立法建议项目；通过《无锡日报》、无锡人大网站向社会公开征集立法项目意见建议，共收到16件立法建议项目。认真研究梳理，对市政府、市人大常委会相关工作机构以及市人大代表对各方面提出的立法建议项目汇总梳理，并加强与有关方面的沟通协调，研究起草2019年度立法计划初稿。反复协调论证，就立法计划初稿多次召开座谈会听取市人大常委会相关工作机构、市政府有关部门等各方面的意见，形成立法计划征求意见稿后，再次征求“一府一委两院”的意见和建议，召开法制委员会全体会议研究讨论，并加强与省人大常委会法工委的沟通协调，最终形成《无锡市人大常委会2019年度立法计划(草案)》，于10月经常委会审议通过。

2019年度立法计划共安排旅游市场条例、献血条例、建设工程质量管理条例3件制定项目，集中修改市容和环境卫生管理条例、城市绿化管理条例、水资源节约利用条例、河道管理条例、禁止燃放烟花爆竹条例5件法规，另有湿地保护条例等5件调研项目。

此外，按照市委要求，对无锡市城市环境综合整治方面的地方性法规、规章、规范性文件的制定及实施情况全面调研，提出立法建议，并形成书面报告报送市委；组织相关工委研究市人大代表提出的《关于将修订〈无锡市促进中小企业转型发展条例〉尽快纳入无锡地方立法计划的建议》，按照规定予以答复；扎实做好《中华人民共和国个人所得税法(修改草案)》等10余件法律、法规及政府规章的征求意见工作以及省人大和外地人大共21批次关于大运河保护、物业管理、市容环境、安全生产等立法调研相关工作。

(蒋　健　朱　煜)

7月25日，无锡市人大常委会对市医疗体制改革情况进行专题视察。图为视察人员在无锡市第八人民医院听取有关情况介绍　(小薛　摄)

监督工作

【突出推动经济高质量发展】 2018年，市人大常委会深入思考全市经济总量迈入万亿后如何更好发展这一新命题，深刻把握由高速增长转向高质量发展所面临的新要求，坚持寓支持于监督之中，全力推动高质量发展迈出坚实步伐。紧扣产业强市主导战略和创新驱动核心战略实施，对构建自主可控的现代产业体系开展历时4个月的专题调研，对产品质量法开展历时2个月的执法检查，力促打造产业发展新高地；听取审议“十三五”规划纲要实施情况中期评估报告以及半年度计划执行情况报告；调研科技创新、人才工作、创业发展环境以及高端生物医药、新能源汽车、石墨烯等新兴产业发展情况，视察多层次资本市场促进实体经济发展情况，力推新旧动能加快转换、产业与资本有效对接；密切关注中美贸易摩擦，调研进出口贸易和企业参与“一带一路”建设情况，加强对“放管服”改革、国企改革、部分地区管理体制优化调整的监督，推动解放思想、转变职能。

（蒋　健　朱　煜）

【持续促进民生改善】 2018年，市人大常委会聚焦群众关注的热点难点事项，就17项民生议题开展监督。回应群众对医疗、教育、食品安全的高度关切，就提升医疗水平开展视察调研，推动提高优质医疗资源供给能力；督促解决基础教育课业负担重、校外培训机构乱等问题，调研高等教育、民办教育和教育国际化情况，助力教育高质量发展；对食品安全法执法检查整改落实开展“回头看”，推动食品安全纳入高质量发展考核、食品检验检测中心和“智慧食安”建设纳入为民办实事项目。视察休闲农业发展，推动各方协力把美丽的田园风光变成农民的“金山银山”；调研“三农”人才队伍建设，就强化乡村振兴人才支撑提出建议。着眼打好精准脱贫攻坚战，听取审议经济薄弱村脱困转化工作，推动完善帮扶政策机制，实现根本性脱困。还就公交事业发展、共享单车管理、人防工程维护运行等开展调研，推动提升城市精细化管理水平。重视信访工作，全年办理群众来信409件，接待群众来访416人次，维护群众合法权益。

（蒋　健　朱　煜）

【助力打好污染防治攻坚战】 2018年，市人大常委会围绕打好污染防治攻坚战，就影响环境质量、存在环境风险、损害群众环境权益等内容开展调研，推动政府制定2018～2020年突出环境问题清单及整治方案，强调聚焦4个方面30个问题，强化清单制监督管理，压实压紧责任，推动生态环境改善提优；听取审议全面深化河长制工作情况报告，系统调研城市水系规划、水系环境治理修复和河道综合整治工作；调研太湖蓝藻治理、挥发性有机物治理，推动用好科研力量加强源头治理、提升治理水平；听取审议年度环境质量和环境保护目标完成情况报告，督促推动优化生态环境年年有进步。

（蒋　健　朱　煜）

【推进社会治理创新提升】 2018年，市人大常委会加强对法治政府建设的监督，推动政府对照法治政府建设纲要，全面提升依法治市水平。调研监委工作，支持监察体制改革。围绕以审判为中心的刑事诉讼制度改革，分别听取审议“一府两院”专项报告。加强对执法和司法工作的监督，探索完善工作机制，推动行政和司法机关依法忠实履行职能。听取审议公共场所治安管理工作情况报告，支持职能部门创新工作理念、强化管控措施、加强重点治理，努力争创平安中国示范区。调研民族宗教工作，促进社会和谐发展。

（蒋　健　朱　煜）

【管好人民的“钱袋子”】 2018年，市人大常委会坚持全面审查和专项审查监督相结合，探索预决算审查重点向支出预算和政策方向拓展，促进完善高质量发展的财政支持体系。听取审议预算执行和预算编制情况报告，审查批准年度决算和预算调整，推动财政加大对民生保障、科技创新、人才战略和重大项目的支持力度；监督审计发现问题整改，督促以制度堵漏洞、促规范；建立政府向人大报告国有资产管理情况制度，将国有资产监督纳入制度化、常态化轨道；以“调研＋询问”形式对学前教育资金等3个民生领域专项资金开展审查，促进提高资金使用绩效；推动加快财政体制改革，稳妥做好化解地方债务风险各项工作；推进预算联网监督系统和预算支出标准体系建设，提升预算绩效监督水平。

（蒋　健　朱　煜）

重大事项决定

【决议决定贯彻落实】 2018年，市人大常委会注重议大事、抓落实，通过依法用好重大事项决定权来统一思想、凝聚共识，坚持不懈抓好各项决议决定的贯彻执行，放大行使重大事项决定权的工作效果和社会效应。立足全局抓重点，注重系统抓关键，作出关于加快打造高质量发展环境的决议，推动以发展环境的领先助力高质量发展的领跑。持续推进加快发展以物联网为龙头的新一代信息技术产业决议实施，促进战略性新兴产业加快发展；专题视察加快推进锡澄锡宜重大交通基础设施一体化建设决定执行，推动加快形成一体发展格局。对上届常委会作出的关于生态补偿、垃圾分类处理、惠山古镇申遗、引进南京信息工程大学滨江学院等决议决定，一着不让抓推进抓落实，其中生态补偿、垃圾分类处理均已启动地方立法。探索形成“调研发现问题、提出议案建议、督促抓好办理、作出决议决定、政府出台办法、立法予以规范”的履职流程，发挥人大各项法定职权的集成效应，提升人大工作盯住重点难点、持续推动、一抓到底的实效性和影响力。

（蒋　健　朱　煜）

【人事任免】 2018年，市人大常委会坚持党管干部原则，把用好人事任免权，作为激发任命干部担当作为的有力举措。不断完善“任”的制度，严格落实法律知识考试、任前承诺发言和宪法宣誓等制度，有序开展对法院、检察院提请任命的审判员、检察员的任前初审，完善任命工作程序；不断创新“督”的方式，组织开展对政府组成部门的工作评议，首次以“评议＋询问”

12 月 24 日，市人大常委会召开庆祝改革开放 40 周年座谈会 （薛倩倩 摄）

形式，通过联组询问、分组审议和满意度测评，形成有针对性的评议意见，力促政府部门牢记责任使命、积极担当作为。年内，任命无锡市政府人员 3 人，免去 5 人；任命无锡市监察委人员 9 人；任命法院人员 18 人，免去 10 人；任命检察院人员 1 人，免去 8 人；内部任命 4 人，免去 2 人，共 60 人次。

（蒋 健 朱 煜）

代表工作

【代表主体作用发挥】 2018 年，市人大常委会出台《关于完善全市各级人大代表联系人民群众制度的实施意见》，在活动统筹融合、民生事项参与、完善激励机制等方面创新举措，引导代表践行群众路线。常委会组成人员带头走访联系基层人大代表 200 多人次，市人大代表在接待选民、持证视察、专题调研等活动中，联系群众 3724 人次，收集群众意见建议 1945 条；开通网络互动交流渠道，实现线上线下沟通联系常态化。深化“双民”（履职为民、连心富民）主题实践活动，各代表小组（专业组）开展活动 96 次，形成调研报告 28 篇。首次开展“我为高质量发展提建议”活动，组织代表就发展高端产业、优化营商环境、加大污染治理等课题深入调研、集中交流，市委、市政府领导以人大代表身份参加活动、听取意见。

（蒋 健 朱 煜）

【代表议案建议督办】 2018 年，市人大常委会在议案建议“提得好、交得准、办得成”上下功夫，完善培训保障、沟通协调、跟踪督办等工作机制，对重点督办的建议，坚持常委会领导牵头督办、政府领导领衔办理、督办月专题跟踪等做法，既关注办理满意率，更注重建议办成率。经市政府和相关部门的不懈努力，关于进一步加强机动车停车管理的议案，调查摸清不同区域、不同时段停车供需底数，出台停车管理实施意见和专项规划，为分阶段实施、整体化推进打下良好基础；关于构建物联网产业发展服务平台、完善“太湖人才计划”政策、加强“小飞龙”整治等事关发展和民生的重要建议，得到有效落实和推进。市十六届人大二次会议和闭会期间，代表共提出建议 257 件、交由人大常委会审议的议案 1 件，代表满意和基本满意率达 98.4%，建议办成率达 70.4%。

（蒋 健 朱 煜）

【代表履职激励和监督】 2018 年，市人大常委会开展争创代表活动先进小组、争当代表活动积极分子及优秀联络员活动，通报表扬 13 个先进小组、45 名积极分子和 16 名优秀联络员，评出代表建议、代表调研报告“双十佳”。加强代表学习培训，细化代表培训方案，以多种形式培训代表、联络员 230 多人次；扩大代表履职参与，邀请 967 人次代表列席常委会会议和参加各类履职活动。完善代表履职信息平台，充分发挥平台功能，增强履职便捷性、透明度；落实代表述职制度，全年 74 名代表回原选举单位报告履职情况。

（蒋 健 朱 煜）

编辑 罗秋云

综　述

【概况】 2018年，无锡市人民政府(以下简称市政府)坚持以习近平新时代中国特色社会主义思想为指导，认真落实中共十九大精神和习近平总书记对江苏工作的重要指示要求，在中共无锡市委的坚强领导下，在市人大、市政协的监督和支持下，紧紧依靠全市广大人民，按照当好全省高质量发展领跑者的目标定位，坚持稳中求进工作总基调，深入践行新发展理念，坚定实施六大发展战略，经济运行稳中有进，产业强市成效明显，改革开放协同发力，城乡区域协调发展，环境质量持续向好，人民生活不断改善，完成市十六届人大二次会议确定的目标任务，为决胜“十三五”后半程打下坚实基础。

(朱永福)

【政府自身建设】 2018年，市政府深入学习贯彻习近平新时代中国特色社会主义思想和中共十九大精神，认真落实新时代党的建设总要求，坚持依法行政，大力转变工作作风，政府自身建设取得新进展新成效。积极开展解放思想大讨论活动，深入基层加强调查研究，有效解决一批企业和群众反映突出的问题。落实法治政府建设规划，提请市人大常委会制定地方性法规4件，出台市政府规章4件，新聘任市政府法律顾问10人。继续优化和完善市政府工作制度，自觉接受市人大、市政协及各民主党派的监督，市人大代表议案、建议和政协委员提案办理满意率均在98%以上。抓好巡视巡察反馈问题整改，认真执行中央八项规定及其实施细则精神和省、市委具体办法，市本级“三公”经费支出比上年下降3.9%。加强对重大决策部署落实情况和公共资金、公共资产、公共资源的审计监督，市本级审计发现问题实现整改全覆盖。充分运用鼓励激励、容错纠错、能上能下“三项机制”，努力营造想干事、能干事、干成事的浓厚氛围。

(朱永福)

【政府信息公开】 2018年，无锡市着力提升政务公开能力和水平，扎实推进“决策、执行、管理、服务、结果”五公开，全年主动公开市政府及市政府办公室文件51份，受理、办理、答复涉及市政府及市政府办公室的政府信息公开申请90件，完成省政府办公厅交办的依申请公开查询4次。完善依申请公开工作程序，市民申请的渠道畅通便捷，做到网上、邮寄、当面递送均可及时受理，书面申请签收程序规范严格。积极改进政策解读方式，通过政府门户网站、微信公众号、“无锡政务发布”手机APP等新媒体平台发布信息9025条，组织新闻发布活动30场次。大力探索政务公开新路径，指导滨湖区开展基层政务公开标准化规范化试点工作。按照省政府统一部署，积极做好“改革开放40年系列发布·江苏改革开放进行时无锡篇”的制作发布工作，并在“中国江苏网”正式对外发布。

(朱永福)

【建议、提案办理】 2018年，无锡市政府高度重视市十六届人大二次会议代表议案建议和市政协十四届二次会议提案办理工作，创新机制，优化服务，切实提升办理质量和水平，推动一批事关全市经济社会发展大局的重大问题和人民群众普遍关心关注的热点难点问题得到有效解决。全年收办市人大代表建议257件，代表对办理结果总满意率为98.4%；共收到市政协立案提案360件，委员对提案办理总满意率为99.1%。

(朱永福)

【市长信箱办理】 2018年，无锡市“12345”政府公共服务热线共受理各类网上来源诉求28192件，其中市长信箱7411件，办结率达99.8%。网上工单处理量位居前五的成员单位为梁溪区(3044件)、市住房公积金管理中心(2240件)、新吴区(2128件)、市公安局(1955件)、锡山区(1561件)，主要涉及城乡规划建设、住房管理、公积金管理和教育政策等领域。

(朱永福)

【政务督查】 2018年，无锡市政府充分发挥政务督查职能作用，强化对重点工作的督促检查，有力推动各项决策部署的全面落实。配合做好2018年国务院大督查、中央办公厅习近平总书记江苏视察重要指示回访督查等相关工作，推动国家和省各项政策措施和工作要求在无锡落实落地。配合市委制定下发《无锡市委、市政府2018年重点工作》及《细化实施方案》，组织对各板块重点工作任务完成情况的督查调研；对降低实体经济企业成本工作推进情况、工业企业资源利用绩效管理工作、中央环保督察“回头看”和省级专项督察交办发现问题整改情况、河长制落实及河道整治情况、为民办实事项目、市区生活垃圾危险废物处置设施建设推进情况和望虞河违法行为整改等一批关键领域和社会关注热点问题进行专项督查，并对涉及民生的重点事项开展全年不间断督查，全面掌握推进落实情况，着力加强节点控制，有效促进市委、市政府决策部署的落实落地。强化对市委、市政府领导特别是主要领导批示件办理的督促检查，全年编发《督查专报》7期、《督查通报》3期，跟踪办理市政府主要领导批示32件，确保事事有回音、件件有着落。

(朱永福)

重要会议

【市政府全体会议】 2018年，市政府召开一次全体会议。

4月27日，市政府第三次全体(扩大)会议暨廉政工作会议召开，总结一季度全市经济社会发展情况，安排下阶段重点任务并部署全市政府系统党风廉政建设工作。会议认为，一季度全市经济运行延续2017年以来稳中向好的势头，实现首季“开门红”，为完成2018年目标任务打下坚实基础，但还存在一些矛盾和问题需要采取有效措施、认真加以解决。会议要求，各地区、各部门要坚持系统思维、创新思维、底线思维，突出目标导向、问题导向、效果导向，对标找差、强化举措，确保上半年时间过半、任务过半，要重点做好八方面具体工作：更大力度推进重大产业项目建设，更大力度构建现代产业体系，更大力度强化产业科技创新体系，更大力度打造一流营商环境，更大力度提升开放型经济发展水平，更大力度加强城市规划建设管理，更大力度打好污染防治攻坚战，更大力度做好惠民富民工作。会议强调，各地区、各部门要认真贯彻落实国务院廉政工作会议精神，提高政治站位、严守政治规矩，转变政府职能、提高行政效能，加强谋划思考、狠抓工作落实，全面对标找差、主动担当作为，坚持严抓严管、树立廉洁形象，推动政府系统全面从严治党、全面从严治政取得新成效。

（朱永福）

【市政府常务会议】 2018年，市政府召开24次常务会议，讨论和审议会议议题168项。

1月17日，市政府召开第十九次常务会议。部署贯彻落实市“两会”精神有关工作，审议《关于创新管理优化服务培育壮大经济发展新动能的实施意见》《关于进一步扩大旅游文化体育健康养老教育培训等领域消费的实施意见》《关于深化统计管理体制改革提高统计数据真实性的实施方案》《无锡市家庭经济困难学生认定办法》《无锡市市区建筑垃圾整治工作方案》《无锡市事业单位机构编制管理办法(修订草案)》，听取关于2017年度“太湖人才计划”产业升级创新领军人才申报评审工作的汇报。

2月6日，市政府召开第二十次常务会议。传达贯彻省“两会”精神，听取关于《无锡市贯彻落实省第二环境保护督察组督察反馈意见整改方案》编制情况、市区生活垃圾处置终端处理服务费补贴标准调整情况的汇报，审议《无锡市“两减六治三提升”专项行动2018年专项工作计划》《市政府关于全面放开养老服务市场提升养老服务质量的实施意见》。

3月13日，市政府召开第二十一次常务会议。听取关于2017年无锡市本级审计发现问题及整改情况、对国家超级计算无锡中心建设和运行管理作出突出贡献的集体和个人记功奖励的汇报，审议《无锡市政府部门公共服务事项目录清单》《市公共工程建设中心职能和机构编制调整方案》《无锡市人民政府2018年度立法工作计划(草案)》，讨论《无锡市奖励和保护见义勇为人员条例(草案)》。

4月3日，市政府召开第二十二次常务会议。传达学习全省重大产业项目现场推进座谈会精神及市委常委会部署要求，审议《无锡市人民政府关于清理规章规范性文件的决定(草案)》，听取关于2017年度无锡市市长质量奖评奖情况、对华虹重大集成电路产业项目招引中表现突出的集体和个人记功奖励、对文明城市创建中表现突出的集体和个人记功奖励、2017年度“太湖人才计划”先进制造技能领军人才申报评审工作情况、2017年度“太湖人才计划”第二批新兴产业创业领军人才经费情况及2012年、2013年无锡市区“东方硅谷”科技创新创业领军人才、团队项目分年度拨款情况的汇报。

4月17日，市政府召开第二十三次常务会议。听取关于近期社会稳定工作情况、江阴市县级集成改革试点赋权工作有关情况和全市信访突出问题大化解大突破专项行动进展情况的汇报，讨论《关于贯彻实施乡村振兴战略推动农业农村高质量发展走在前列的意见》《2018年度贯彻落实乡村振兴战略工作要点》《关于进一步深化村级集体产权制度改革的意见》《关于开展“百企建百园”工程促进现代农业高质量发展的实施意见》《无锡市农村人居环境整治提升三年行动计划》《关于全面深化安全生产领域改革发展的实施办法》《无锡市2018年安全生产领域改革发展五大任务50项重点工作》，审议《无锡市“散乱污”企业专项整治工作方案》《“健康无锡2030”规划纲要重点任务分工方案》。

5月14日，市政府召开第二十四次常务会议。听取关于无锡市推进新型智慧城市建设有关情况、成立无锡市安全生产各专业委员会及其组成人员方案的汇报，审议《无锡市安全生产工作考核办法》、部分省级以上开发区全链审批赋权清单、《无锡市土地整治规划(2016～2020年)》、《关于进一步加强市区工业用地供应管理的实施意见》、《无锡市使用财政性资金信息化项目管理办法》。

5月22日，市政府召开第25次常务会议。传达学习全省铁路发展推进会精神，审议《“健康无锡2030”三年行动计划(2018～2020年)》《关于加强建设行业诚信体系建设与建设工程招投标联动管理的意见》《无锡市既有住宅增设电梯暂行办法》，讨论《无锡市文明行动促进条例(草案)》《〈无锡市国有企业领导人员离任审计条例〉废止案(草案)》，听取关于中央环保督察省级专项督察情况及突出环境问题、贯彻落实高质量发展要求清理规范市级专项政策和全面实施绩效管理、对无锡市在安全生产工作中作出突出贡献的集体和个人记功奖励情况、2017年度无锡市“太湖人才计划”优秀企业家评选情况的汇报。

6月11日，市政府召开第二十六次常务会议。讨论《关于进一步加快诚信无锡建设的意见》《关于加强政务诚信建设的实施意见》《关于营造企业家健康成长环境弘扬优秀企业家精神更好发挥企业家作用的实施意见》《关于加强城乡社区治理与服务的实施意见》《关于开展优美环境达标区创建全面提升城市精细化管理水平的意见》《关于加强建设工地施工扬尘污染防治工作的实施意见》《无锡市盐业管理体制改革方案》《无锡市青少年科技创新市长奖管理办法（修订稿）》，审议《关于鼓励和规范互联网租赁自行车发展的实施意见》《无锡市违法建设治理办法（草案）》《关于加强城市房屋建筑拆除工程管理的意见》《无锡市信访人失信惩戒管理办法（试行）》《无锡市中小微企业信用保证基金绩效考核暂行办法》，听取关于信访矛盾化解攻坚战开展情况、2017年度“太湖人才计划”乡土人才项目申报评审情况、禁毒工作的汇报。

6月19日，市政府召开第二十七次常务会议。讨论《关于落实食品安全党政同责的实施意见》《关于开展全市道路交通文明建设整治行动的实施意见》，听取关于加强地方预算执行管理和2018年市本级预算追加有关事项的汇报。

7月17日，市政府召开第二十八次常务会议。审议《邀请市民代表列席市政府常务会议工作制度》《无锡市深入推进苏南国家自主创新示范区建设三年行动计划（2018～2020年）》《无锡市建设苏南国家科技成果转移转化示范区实施方案》《2018年无锡苏南国家自主创新示范区建设工作要点》《无锡市非法集资举报奖励实施办法（试行）》，听取关于调整市区低保、特困、孤儿保障标准的情况汇报。

7月30日，市政府召开第二十九次常务会议。传达学习全省退役军人服务管理推进会精神，讨论《关于在审计工作中进一步健全容错纠错机制的办法》《实施“太湖人才计划”升级版2.0版打造国内一流具有国际竞争力人才发展高地的若干意见》，听取关于市（县）、区人才工作专项考核及跟奖跟补情况、2019年预算编制方案及2019～2021年市本级城市建设和政府债务化解行动计划暨中期财政规划、当前全市维护稳定和安全生产工作、无锡市首批杰出本土人才申报评审情况、调整2018年度市区居民养老保险待遇标准、《宜兴市城市总体规划（2017～2035年）》编制情况的汇报，学习新修订的《中华人民共和国中小企业促进法》。

8月8日，市政府召开第三十次常务会议。听取关于上半年全市生态环保工作情况、国家物联网创新中心筹建情况的汇报，讨论《关于加强工业企业资源利用绩效评价结果使用的意见（试行）》《关于深化市属公立医院改革建立现代医院管理制度的意见》《关于深入实施创新驱动核心战略加快建设产业科技创新高地的若干政策措施》，审议《无锡市创新型企业倍增计划（2018～2022年）》。

8月20日，市政府召开第三十一次常务会议。审议《无锡市市区医疗机构设置规划（2017～2020年）》《无锡市进一步优化电力供应营商环境实施办法（试行）》《无锡市人民政府法律顾问工作规则》《无锡市政府合同合法性审查程序规定》《无锡市统计管理办法（草案）》《无锡市调整城镇土地使用税税额标准方案》《无锡市实施差别化城镇土地使用税政策方案》《无锡市市区征收集体土地涉及房屋及其他建筑物构筑物补偿安置实施办法》，讨论《关于进一步深化“放管服”改革加快推进审批服务便民化的实施意见》《无锡市12345政府公共服务热线运行管理办法》《关于改革社会组织管理制度促进社会组织健康有序发展的实施细则》，听取关于信访矛盾化解攻坚战情况、确定无锡市政府外聘法律顾问人选情况的汇报。

9月3日，市政府召开第三十二次常务会议。传达省长吴政隆关于防范化解政府性债务风险工作的批示要求并研究部署无锡市防范化解政府性债务风险的具体工作，审议《无锡市安全生产约谈办法（试行）》《无锡市市区中低收入居民疾病自费支出救助工作实施方案（试行）》《关于推进养老护理型床位建设的实施意见》，听取关于无锡教育发展投资有限公司续借高等教育发展专项借款事宜的情况汇报。

9月17日，市政府召开第三十三次常务会议。听取关于太湖新城管理体制优化调整前期准备工作情况、开展“减证便民”专项行动情况汇报、2018年军转干部安置工作情况、民生领域重点项目情况的汇报，审议《关于贯彻落实进一步推进物流降本增效促进实体经济发展实施意见的工作方案》《现役军人免费乘坐城市公共交通工具实施方案》《关于加强公共资源交易平台运行管理的实施意见》《无锡市生态补偿条例（草案）》。

9月25日，市政府召开第三十四次常务会议。听取关于申办2021年世界跆拳道锦标赛及世界残障跆拳道锦标赛、发放市级机关半年度绩效考核奖金的情况汇报。

10月10日，市政府召开第三十五次常务会议。审议《无锡市加强机动车停车管理工作的实施意见》，讨论《关于深化锡台经济文化交流合作的实施意见》《无锡市市属医疗卫生机构布局调整优化方案（2018～2020年）》，听取关于退役军人和其他优抚对象信息采集工作、贯彻落实全省跨境贸易便利化及口岸提效降费工作会议精神、无锡市蓝藻藻泥和市政污泥处置项目总体方案、2018年无锡市有突出贡献中青年专家选拔情况、参与江苏基金出资国家集成电路二期基金的汇报。

10月18日，市政府召开第三十六次常务会议。会议讨论《〈无锡市国民经济和社会发展第十三个五年规划纲要〉实施情况中期评估报告》，听取关于无锡市2018年市本级预算调整、开展市区非标电动（燃油）三、四轮车辆专项整治工作的情况汇报，审议《关于开展非标电动（燃油）三、四轮车辆专项整治的通告》。

10月26日，市政府召开第三十七次常务会议。传达中央第四环境保护督察组“回头看”反馈意见无锡情况并部署贯彻落实市委常委会精神的具体工作，讨论《无锡市推动长江经济带高质量发展三年行动计划（2018～2020年）》《无锡市加快化工钢铁煤电行业转型升级三年行动计划（2018～2020年）》《无锡交通基础设施建设三年行动计划（2018～2020年）》，审议《无锡市创建国家知识产权强市工作方案（2018～2020年）》《关于加强市区直管非住宅公房管理的意见》。

11月7日，市政府召开第三十八次常务会议。讨论《关于深化教育体制机制改革的实施意见》《关于全面深化新时代教师队伍建设改革的实施意见》《关于大力推进高等教育创新发展的若干意见》《关于加快推进职业教育现代化的实施意见》《关于进一步深化改革推进学前教育优质普惠发展的实施意见》《无锡市生态文明建设目标评价考核实施办法》,学习《无锡市旅游业促进条例》,听取无锡市锡澄片骨干河网畅流活水规划编制情况汇报。

11月16日,市政府召开第三十九次常务会议。听取关于全省地方政府隐性债务化解工作推进会精神的汇报并讨论《无锡市防范化解地方政府隐性债务风险的实施意见》,讨论《关于进一步降低企业负担促进经济高质量发展的若干意见》,审议《无锡市打赢蓝天保卫战三年行动计划实施方案》《中国(无锡)跨境电子商务综合试验区实施方案》《锡山经济技术开发区实施企业投资项目信用承诺制不再审批严格监管试点方案》,听取关于无锡市党政机关办公用房清理整改"回头看"工作、军民融合发展工作、无锡市援建延安市江苏中学学术报告楼项目的情况汇报。

11月30日,市政府召开第四十次常务会议。听取关于2019年市本级全口径预算草案"一上"编审情况的汇报,讨论《无锡市安全生产巡查工作制度》《无锡市党政领导干部安全生产责任制规定实施办法》《无锡市生活垃圾分类管理条例(草案)》《关于加快推进先进制造业重点产业集群发展的实施意见》,审议《关于进一步加快现代服务业提质增效的若干政策意见》《关于进一步加强"四好农村路"建设的实施意见》,听取关于对"两客一危"运输企业车辆安装主动安全智能防控系统给予专项补贴以及第九届无锡市优秀软件产品"飞凤奖"评奖情况的汇报。

12月12日,市政府召开第四十一次常务会议。讨论《无锡市生态环境损害赔偿制度改革实施方案(试行)》《关于全面加强生态环境保护坚决打好污染防治攻坚战的实施意见》《无锡市2018～2019年秋冬季大气污染综合治理攻坚行动实施方案》《关于加强危险废物污染防治工作的意见》,审议《2018～2020年无锡市突出环境问题清单》《关于建立无锡市长期护理保险制度的意见(试行)》《市级政府投资项目三年(2019～2021年)滚动计划(草案)》《无锡市非标电动(燃油)三、四轮车辆回收补贴方案》《无锡市残疾人非标电动(燃油)三、四轮车辆置换办法》《无锡市关于帮扶残疾人车主的若干意见》《无锡国家文化出口基地建设实施意见》《关于金融支持实体经济高质量发展的若干意见》,听取关于2018年"太湖人才计划"无锡市企业引进高级经营管理人才评审情况、无锡市第十届(2016～2017年度)自然科学优秀学术论文评选工作和无锡市第二届青少年科技创新市长奖评选工作情况的汇报。

12月27日,市政府召开第四十二次常务会议。听取关于调整2018年度市区"事改企"企业退休人员生活困难补助经费标准、《作风面对面》栏目调整承办单位及2019年上半年上线计划、2018年为民办实事项目执行情况和2019年为民办实事项目安排、无锡市法人数字证书一证通情况、无锡技师学院管理体制调整事项、无锡市人民政府与中船重工集团公司第七〇二研究所签订合作协议、银邦金属复合材料股份有限公司纾困方案、无锡市第十四届哲学社会科学优秀成果评奖情况的汇报,审议《无锡市慢性病防治中长期规划(2018～2025年)》《无锡市防治艾滋病行动计划(2018～2020年)》《无锡市结核病防治规划(2018～2020年)》《无锡市精神卫生工作规划(2018～2020年)》《无锡综合金融服务平台建设方案》《无锡市城镇土地使用税最低税额调整方案》《无锡市业主大会和业主委员会活动指导规则》,讨论《无锡市深化医药卫生体制改革规划(2018～2020年)》《无锡市乡村振兴战略实施规划(2018～2022年)》。

(朱永福)

为民办实事

【概况】 2018年,市委、市政府确定为民办实事项目共十大类40项,由市本级31个部门(单位)和4个地区负责实施。主要涉及环境污染防治、扶贫脱困公益扶助、重点交通基础设施、城市公共交通、市政配套设施、农贸市场改造、旧住宅区整治和平安无锡建设、智慧城市、文体卫生、教育事业等领域。至年底,全面完成各项目年度目标任务。

(朱永福)

【环境污染防治项目】 全市挥发性有机物治理重点工程项目完成196个。全市24条黑臭河道整治工程基本完成,水质明显改善。市区工业固体(危险)废物安全填埋二期工程进展顺利。

(朱永福)

【扶贫脱困和社会公益扶助项目】 无锡市区低保标准提高到900元,江阴市提高到900元,宜兴市提高至850元。完成全市26个经济薄弱村脱困转化。全市1100家居家养老服务机构全面实施综合责任保险,建成153家"残疾人之家"。全市共培训初级救护员10661名,普及培训90287名。

(朱永福)

【重点交通基础设施建设项目】 江海西路、蠡湖大道快速化改造工程建成通车,340省道、凤翔路快速化改造、锡州路一期、飞凤路、渔港路、运河东路大修等项目开工建设。

(朱永福)

【城市公共交通建设项目】 新辟5条公交线路,优化调整27条公交线路,购置新能源公交车273辆,投放市民卡自助机748台,完成无锡地铁"便民云服务平台"开发、测试及上线相关工作。

(朱永福)

【市政配套设施改造项目】 完成自来水老旧管网改造55.81千米、自来水水表出户3110户,完成锡澄水厂深度处理主体工程。新增天然气用户6.76万户。

(朱永福)

【农贸市场改造提升项目】 完成12家市区农贸市场改造,30家市场纳入第一期"无锡市农贸市场综合管理平台"。完成市农贸市场智慧监管平台建设。市食品安全检验检测中心启动建设。

(朱永福)

【旧住宅区综合整治改造和平安无锡建设项目】 完成旧住宅区整治改造220万平方米,涉及旧住宅区80个,惠及居民10万余人;完成棚户区(危旧房、城中村)改造51.3万平方米,涉及4080户居民改善居住条件。完成建筑面积88.67万平方米的21个老小区基础技防设施建设。市区新增城市绿地面积206万平方米，完成市区15座环卫公厕改造。“雪亮工程”示范项目顺利通过整体竣工验收。

（朱永福）

【智慧城市建设项目】“智慧电梯”“智慧消防”“智慧食安”项目顺利实施。完成全市范围内50家快递末端网点信息监管平台建设。“无锡通”发展10.2万用户，智能家庭安全守护覆盖用户累计达8.1万户。

（朱永福）

【文化体育卫生惠民项目】50个道德教育实践场所全部建成，完成165场“文艺进万家”活动。体育中心体育馆改造完成，智慧体育综合服务平台“畅动体育”APP正式上线。新锡山人民医院、新瑞医院建成使用，10家基层医疗机构全部完成升级改造并投入使用。在公共场所共配置22台自动体外除颤器(AED)。

（朱永福）

【教育事业建设项目】义务教育学校和幼儿园新扩建项目顺利完成年度目标。南京信息工程大学滨江学院无锡校区一期工程完工投用，正式招生。无锡市教师发展学院正式成立。

（朱永福）

对口支援与帮扶

【对口支援新疆工作】2018年，无锡市支援新疆工作围绕落实第六次全国对口支援新疆工作会议精神，统筹产业合作与教育、科技、人才等方面建设相结合，各项工作稳步推进。全年对口支援克州阿合奇县实施援建项目16个，投入援疆资金5300万元。无锡前方工作组获江苏省前指“优秀创新项目奖”，获克州总工会“开发建设克州奖”。年内，对口支援伊犁州霍城县实施援建项目26个，投入援疆资金14392万元。其中基建类项目14个，总投资12158万元；促进就业培训、贫困大学生补助、支教教师保障、干部人才培训等项目7个，总投资1119.5万元；另有平安建设、交流交往、产业招商、旅游发展等项目5个。投入到民生领域的资金总计12492.5万元，占年度总资金的86.8%。

（韦　锋）

【对口支援云阳工作】2018年，无锡市无偿援助云阳县资金294万元，用于云阳中学北部新区分校建设。投入资金20万元，举办“现代企业管理及市场开拓”专题培训班，帮助云阳县培训基层干部、企业家50人，为云阳县创新发展、转型发展培养一批生力军。积极推动两地经济互动交流，帮助云阳县三峡云海药业、旭达药业、万力医药等中医药产品进入无锡市场，年销售额3000多万元。

（韦　锋）

【东西部扶贫协作工作】2018年，无锡市优化调整对口帮扶延安市、海东市“十三五”扶贫协作规划，项目建设坚持因地制宜，注重长效，向深度贫困地区倾斜的原则。全年对口帮扶延安市选派挂职干部7人，选派专业技术人才61人。计划内实施各类项目40个，总投资9500万元，安排苏陕扶贫协作资金2740万元。统筹外无锡市及各县（区）安排财政性帮扶资金3061.6万元，社会帮扶资金793.5万元，实施各类帮扶项目57个，共覆盖贫困人口7500多人。全年对口帮扶海东市选派挂职干部13人，选派专业技术人才108人。计划内实施帮扶项目55个，安排扶贫协作统筹帮扶资金1.7亿元。统筹外无锡市及各县(区)安排财政性帮扶资金1037万元，社会帮扶折计933万元，惠及海东市建档立卡户17.45万人。7月26日和12月24日，代市长黄钦分别率团到海东市、延安市考察并召开两市扶贫协作高层联席会议。

（韦　锋）

【南北挂钩工作】2018年，无锡市联合徐州市编印《无锡～徐州南北对口深度挂钩合作三年行动计划（2018～2020)》，全面推动各领域合作。共建园区建设水平稳步提升，两市7家共建园区实现业务总收入2157.7亿元，比上年增长9.3%；规模以上工业增加值318.4亿元，比上年增长8.5%；地方公共预算收入36.4亿元，比上年增长25.1%。全年共实现产业转移规模以上项目39个，完成投资177.4亿元。在上年度省共建园区考评中，7家园区建设总体水平位居全省前列，共获省财政奖补资金6500万元。开展精准扶贫工作，江阴市、锡山区分别落实帮扶资金560万元、527万元，助推睢宁县、丰县脱贫攻坚，帮扶项目涉及村集体经济增收、百姓脱贫、民生实事、农村党建等领域。

（韦　锋）

【区域经济合作工作】5月，作为第三届丝博会江苏省主展市精心组织法尔胜泓昇集团、江苏同创节能科技有限公司等十余家代表性企业及相关部门、园区参会参展。组织江苏大东钢板有限公司、无锡鼎圣新能源科技有限公司、壬庚国际贸易有限公司等14家在中西部地区有投资意向的企业参加项目集中签约，签约总投资额达27.98亿元，其中包含对口帮扶延安市、海东市项目8个。10月，组织相关部门、园区和企业参加在徐州市举办的“第五届西部优秀企业家江苏行活动”，无锡再生铝及特种工业异型材项目和无锡智慧光伏新能源及环保科技产品制造项目参加签约，签约额共计2.3亿元。

（韦　锋）

【与盘锦市对口合作工作】2018年，无锡市邀请盘锦市相关部门和企事业单位参加无锡市国际物联网大会、国际新能源大会、无锡现代农业博览会、无锡旅游产业博览会等会展活动，推动两市各领域合作。其中两市粮食局达成无锡在盘锦市建立3333.3公顷粮食生产基地项目，两市旅游部门达成旅游专列进盘锦合作项目，盘锦大米全面进入无锡市各大商业超市。6月13日，代市长黄钦率红豆集团等10家企业赴辽宁参加“江苏企业辽宁行”活动，并与盘锦市签定深化合作协议。10月24日，盘锦市党政代表团到无锡考察，市委书记李小敏参加会见并出席两市部门合作签约仪式，两市组织部、宣传部、旅游局、文广新局、政研室5个部门分别签订对口合作框架协议。

（韦　锋）

行政审批和政务服务管理

【概况】2018年，无锡市行政审批局围绕“无锡当好全省高质量发展的标杆、示范和领跑者”的目标定位，持续深化行政审批制度改革，认真做好政务服务各项工作。市政务服务大厅共办结各类行政审批（服务）事项56.24万件，网上办件24万件，按时办结率100%，即办率44.30%，承诺件提速率达50.02%；其中，市行政审批局直接办结的审批（服务）事项5.96万件，网上办件2.65万件，承诺件提速率68.25%，承诺件提速率高于平均数18.23个百分点。市公共资源交易平台交易额在2017年首次突破千亿元的基础上，累计完成交易事项1.32万宗，总交易额1299.27亿元，比上年增长31.3%，节约资金64.71亿元。市“12345”政府热线受理量对比成立初增长近5倍，累计受理诉求120余万件，按时办结率98.6%，群众对处置结果满意率达91.15%，对政府热线服务满意率达99.6%。开展政务服务评先争优活动，12个进驻部门窗口被表彰为“创新示范窗”，40人被表彰为“服务排头兵”。年内，无锡市行政审批局荣获“省五一劳动奖状”，荣立“集体三等功”。

（程　骏）

【商事制度改革】 2018年，无锡市行政审批局推动“证照分离”改革试点。创新实施证照联办制度。“多证合一”事项扩大至34项，比省定目标多4项。在省内率先实现企业名称自主申报。全面推行“药械类许可＋套餐式服务”，满足企业群众的目的性办事需求。

（程　骏）

【工程建设项目审批制度改革】 2018年，无锡市实施“五合一”方案设计联合审查审批。市行政审批局会同市规划局推出工程建设项目规划许可告知承诺制。指导锡山经济技术开发区启动信用承诺制试点改革。与宜兴经济技术开发区试行辐射项目环评审批合作新模式。会同国家电网无锡分公司优化电力供应营商环境，实现非居民办电时限提速40%。组织开展重大项目服务“成全行动”，滨湖区药明康德生命科技园项目从第一次方案设计审查到拿到施工许可证用时仅40个工作日；市重大项目蓝藻藻泥处置项目从研究决策、征地拆迁、规划立项到施工许可证发放仅用时44个工作日，做到当天拿地、当天发证，为全市推开提供范例。

（程　骏）

【行政权力精简规范】 2018年，无锡市行政审批局对划转的70项权力事项精简规范，合并取消权力事项5项，取消证明材料181份，减少流程环节27个；向江阴市县级集成改革试点赋权18项，向省级以上开发区全链条赋权31项，企业群众从“找多部门、办一件事”向“找一个局，办所有事”转变。指导江阴高新技术产业开发区、江阴临港经济开发区、宜兴经济技术开发区行政审批局挂牌运行，协助无锡经济开发区筹建行政审批局。

（程　骏）

5月8日下午，市行政审批局组织召开金桥双语实验学校扩建初中部校区项目可研报告、初步设计、方案、抗震、绿建“五合一”联合审查会

（市行政审批局　供稿）

【四级“互联网＋政务服务”体系建成】 2018年，无锡市以“让群众办事像网购一样方便”为目标，全力打造全市政务服务“一张网”。年内提前建成覆盖市、市（县）区、镇（街）、村（社区）四级的“互联网＋政务服务”体系，初步实现全市政务服务事项从查询到办理的“一网通办”。全市政务服务事项网上可办率达95.8%，高于2017年14.6个百分点。无锡市行政审批局采取数据共享等方式破解群众办事堵点98个。推动202.2万张照面信息和存量信息统一归入市电子证照库，539类证照批文可同步发放电子证照。年内，在江苏政务服务网上开通全市“1+7”综合服务旗舰店矩阵，建立移动版综合服务旗舰店集群。推动无锡综合服务旗舰店5.0版上线。APP无锡站共提供91个热门应用服务。联合市国土局、税务局、住建局推动不动产集成服务平台上线运行，实现不动产登记业务“一窗综合受理、一网全市通办、一个小时办结”。开通集微咨询、微服务、微查询、微办事于一体的政务服务指尖大厅，让群众办事更便捷。在江苏政务服务网上开通电子监察模块，对网上政务服务全过程实时监控和预警纠错。建成全市统一的政务服务视频监控系统，实现对全市政务服务网点全时段监控和管理。

（程　骏）

【审批平台建设】 2018年，无锡市行政审批局按照“应进必进”的原则，推动市公安局交管业务便民服务点和市经信委公共信用、国家电网无锡分公司办事窗口入驻市政务服务大厅，共有681项政务服务事项入驻市政务服务大厅提供集中服务，占比达90%。在市行政审批局内部试点先行“一窗受理、集成服务”改革，设置市场准入类、投资建设类、社会民生类窗口统一对外服务，形成“前台综合受理、后台分类审批、窗口统一出件”的审批服务新模式。配优配强法律顾问、公职律师和一线执法队伍，制定出台《重大行政决策规则》等 8 个制度规范。加强争议处置法律风险管控，在省内率先出台相对集中行政许可权改革中行政复议和行政诉讼协调工作机制，做到“诉讼无败诉、复议无改变、审查无差错、答复无异议”。

（程　骏）

【交易平台建设】 2018 年，无锡市制定出台公共资源交易平台运行管理实施意见。市行政审批局会同市水利局将水利工程纳入进场交易范围。向滨湖区公共资源交易分中心下放实施政府集中采购权限。推动政府采购和水利工程交易“不见面”。开发完成公共资源交易投标保证金管理系统，制定投标保证金管理办法，实现投标保证金集中管理，统一代收代退。会同市住建局加强建设行业诚信体系建设，将信用考核纳入工程招投标联动管理，启动国有投资工程建设项目经济、技术、信用“三合一”综合评估或信用、经济“二合一”评标，在省内率先实施电子化“四合一”评标流程，不再直接将投标人经历、业绩、奖项作为评标加分因素，有力提升建筑市场诚信经营水平。

（程　骏）

【热线平台建设】 2018 年，无锡市出台“12345”政府公共服务热线运行管理办法，实现服务咨询类和投诉建议类诉求办结时限提速至 3 ～ 5 个工作日内。市行政审批局推动“12345”政府热线与纪检监察、妇女维权专线和文明城市创建、河长制工作深度融合。开通文明创建直通车微信受理平台和微信实时互动平台。举办首次市民开放日活动。做强政务服务“一号答”，对发现的疑难问题提请政府召开协调会，明确责任，限时整改。开展政情民意大数据分析，协调处置大数据预警发现的突发情况和苗头性事件 6 起，向市委、市政府报送文明城市创建、263 专项行动、城市精细化治理等 17 篇大数据分析报告，获市委、市政府主要领导批示肯定。

（程　骏）

外事工作

【概况】 2018 年，无锡市外办（以下简称市外办）有效服务推进全市对外交流合作，奋力当好全省外事高质量发展领跑者。接待各国来宾 144 批 1491 人次，其中部长级以上客人 6 批 98 人次。批准因公出国（境）团组 1956 人次。办理 APEC 商务旅行卡 137 张。年内，市外办获中国人民对外友好协会、中国国际友好城市联合会颁发的“国际友好城市交流合作奖”和中国人民对外友好协会、日本自治体国际化协会、大韩民国市道知事协议会三方共同颁发的“优秀友城合作奖”。

（缪绘苑）

【经贸交流与合作】 2018 年，市外办成功牵线瑞士纳沙泰尔市高新技术企业 KizyTracking 公司落户新吴区。邀请欧洲顶级集成电路技术研发中心 IMEC（欧洲微电子研究中心）全球副总裁参加世界物联网博览会，商谈技术合作。安排加拿大杜兰郡企业代表团与无锡市相关部门就两地搭建初创企业交流平台、建立合作机制进行交流，推动杜兰郡火花科技中心与新吴区高新区管委会签署共建中加科创中心合作备忘录。先后安排两批韩国国际人才开发中心企业代表团与无锡市模具协会交流、参观考察有关企业，推进双方在智能制造等领域的合作。组织市经信委赴韩国金海市进行智慧城市专题研修，学习经验，探讨合作。通过接待尼日利亚工贸部部长到访，促进两地在制造业特别是纺织服装业开展投资与贸易合作。两次邀请接待德国西门子公司高层到访，推进双方在城市轨道交通、智能交通等领域合作。

（缪绘苑）

【多领域对外交流合作】 2018 年，市外办在医疗领域，安排到访的瑞士沃州医疗代表团与市领导会谈交流，与市相关部门负责人就医疗大数据等问题进行探讨，就互派医生和护士进行学习交流达成初步共识，并考察医院和护理院；邀请江苏省友城英国埃塞克斯郡政府国际部官员访问无锡，与市卫计委商谈开展医疗对口合作交流，完成第三期无锡市全科医生赴英国培训；安排到访的韩国蔚山市医疗研修团与市有关部门商谈医疗及食药品安全合作；安排无锡市医疗研修团回访蔚山，与当地医疗部门进行业务交流，探讨合作。在教育领域，安排到访的比利时鲁汶大学工程技术学院代表团考察无锡市智慧城市建设情况；安排英国埃塞克斯郡政府国际部官员与市教育局交流，推进无锡引进英国优质职教资源、市属中职院校与英国学校结对等方面合作；促成市职业技术学院与美国友城圣安东尼奥市阿拉莫学院开展合作办学项目；联络推动无锡城市职业技术学院与捷克社会行政事务大学建立联系探讨合作；安排新西兰哈密尔顿市希尔克里斯中学、韩国荣光男子中学代表团分别与市外国语中学、梅里中学进行交流，韩国荣光男子中学与梅里中学签订缔结友好学校意向书；组织市金桥中学学生访问美国圣安东尼奥市开展交流。

（缪绘苑）

【对外宣传】 2018 年，市外办组织市新闻文化代表团访问波兰绿山市和匈牙利萨瓦市，在两市举办“遇见无锡”图片展，并设立“无锡窗口”外宣平台等系列活动，现场展示无锡精微绣、留竹青刻和惠山泥人等无锡传统文化，向绿山市赠送 1.5 米高大阿福一对，引起当地民众关注和媒体采访报道。组织安排市市政和园林局负责人参加第 23 届绿山市友好城市论坛并作主题发言，接受绿山电视台的专访，并向参会各国代表发放《认识无锡系列读本》宣传册。组织市政府代表团赴美国友城圣安东尼奥市参加建城 300 周年盛大庆典，向圣安东尼奥市赠送 1.5 米高户外大阿福一对，演出团在活动中进行二胡演奏及二胡文化推广，向美国市民展示宣传无锡文化；并与圣安东尼奥市签署古运河与圣安东尼奥河缔结姐妹运河协议书。组织市法制办友好交流团参加韩国金海市加耶文化节活动，举办座谈会，就两地加强环境保护等方面进行深入交流。“无锡国际赏樱周”期间，与会的中外记者团，全媒体跟踪报道 30 多篇，把鼋头渚的樱花美景和无锡以樱为媒带动城市转型与高质量发展的信息传递给世界各地。组织国外主

2018 年 3 月,太湖鼋头渚内樱花盛开,挂着的风铃与之“相得益彰” （孙权　摄）

流媒体访问无锡采访,有针对性地推介无锡市发展成果,先后接待日本《朝日新闻》、柬埔寨媒体代表团到访,宣传无锡市在转型创新、“一带一路”建设等中取得的成果。

（缪绘苑）

【第九届无锡市国际友城交流会】 10月23～26日,第九届无锡市国际友城交流会成功举办,交流会以“城市高质量发展”为主线,以“建立绿色低碳循环发展经济体系,建设人与自然和谐共生的生态文明城市”为主题,共邀请世界五大洲22个国家的32个友城代表团183名嘉宾(匈牙利萨瓦市市长米哈利·巴巴克、丹麦拜瑟克伦城市联合体主席约翰·施密特·安德森、罗马尼亚罗中友协哈尔吉塔郡分会主席桑德·鲁斯、瑞士瑞中友协主席狄安、德国博霍尔特市副市长约翰娜·卡姆勒、爱尔兰科克市市长迈克尔·芬恩,芬兰拉赫蒂市市长佩卡·蒂莫宁、意大利瓦雷泽市生命集团总裁加布里埃尔·恰瓦雷拉、比利时鲁汶市经济政策顾问汉·维洛伯格、美国查特努加市市长安迪·伯克、美国圣安东尼奥市副市长约翰·卡瑞基、新西兰哈密尔顿市新中友协分会会长范森、印度尼西亚泗水市粮食和农业局局长乔斯达玛·吉、日本相模原市副市长梅泽道雄、日本明石市副市长和田满、日本由利本庄市副市长九嶋敏明、日本熊本市驻沪事务所所长中村正昭、马来西亚怡宝市副市长李斯豪、马来西亚登嘉楼州拿督东姑哈山亲王、阿联酋艾恩市市政厅总干事马塔尔·纳爱米、韩国金海市副市长朴有东、韩国利川市副市长李元荣、韩国蔚山市政府代表团、柬埔寨西哈努克省副省长贡·维塔纳克)参会,其中市长、副市长22人,爱尔兰、比利时、丹麦驻上海总领馆总领事专程参会。中国人民对外友好协会副会长谢元、中国国际友好城市联合会秘书长卿伯明参加会议。市四套班子主要领导和分管领导先后会见到访的各代表团团长,分别参加相关活动。会议期间,无锡市与5个城市签署友好合作协议;组织约50场次“一对一”洽谈,涉及经贸、教育、文化、体育、旅游、科技等领域,达成10多项合作意向;友城韩国金海市、以色列太巴列市和波兰绿山市还分别派出演出团体到无锡献演。

（缪绘苑）

【无锡国际赏樱周】 3月27～4月2日,“2018无锡国际赏樱周暨中日樱花友谊林建设31周年纪念活动”在无锡举行。活动以深化地方和民间国际交流为宗旨,聚集高端国际资源,积极打造无锡市“无锡国际赏樱周”和“中日樱花友谊林”民间外交品牌,推进中国最美赏樱胜地建设和提升无锡国际知名度及美誉度。394名中外嘉宾应邀出席各项活动,其中包括271名来自20多个国家的外国友人。省委常委、市委书记李小敏、代市长黄钦会见到访的中外嘉宾代表。市友协与日本日中共同建设樱花友谊林保存协会、日本日中友好樱友之会、日本明石市日中友好协会、无锡日商俱乐部、无锡韩国商会、无锡外商俱乐部等单位分别签署《开展友好交流意向书》。亚洲书法家联合会副主席、日本著名书法篆刻家师村妙石在无锡东林书院展出其创新书法篆刻作品。

（缪绘苑）

表 13　　2018 年无锡市重大涉外活动

活动日期	活动内容
3 月 25 日至 30 日	无锡市友好交流代表团一行 3 人，参加在摩洛哥苏斯－马赛大区首府阿加迪尔市举办的第二届“中国摩洛哥友谊论坛”。与艾特梅洛市签署两市建立友好城市关系备忘录
5 月 11 日	首届中国－东盟媒体合作论坛在无锡红豆杉庄举办欢迎活动
8 月 21 日至 30 日	代市长黄钦率无锡市经贸代表团对捷克、匈牙利、比利时进行友好访问。访问比利时时，黄钦和鲁汶市市长路易斯·托巴克共同签署无锡和鲁汶建立友好关系备忘录。在匈牙利访问期间，黄钦与萨瓦市市长共同出席阿福阿喜揭幕仪式，考察匈牙利国家渔业、水产和灌溉研究院（HAKT）
9 月 28 日	69 周年国庆招待会在君来世尊酒店举行，24 个国家 165 名外宾应邀出席，会上举办“2017 年度无锡荣誉市民授荣仪式”
10 月 23 日至 25 日	在第九届无锡市国际友城交流会上，代市长黄钦代表无锡市与丹麦拜瑟克伦城市联合体签署健康医疗合作备忘录，与阿联酋艾恩市签署建立友好交流城市关系备忘录，并见证意大利瓦雷泽市与无锡口腔医院合作意向书签约仪式
11 月 20 日至 29 日	省委常委、市委书记李小敏率经贸代表团赴以色列、韩国、日本开展系列经贸招商活动
12 月 31 日	在梅园景区组织在无锡外国友人参与“迎新年、听钟声”活动。23 个国家的 146 名国际友人参与活动

（缪绘苑）

表 14　　2018 年重要外宾访问无锡具体情况

到访日期	内　容
1 月 12 日	副市长朱爱勋在市民中心会见西门子（中国）有限公司执行副总裁、西门子交通集团大中华区总经理荷骏飞先生（Frank Hagemeier）一行，双方就加强无锡与西门子集团在城市轨道交通、智能交通等领域的合作进行交流
1 月 30 日	瑞士专业生产追踪器的 Kizy Tracking 公司首席执行官 Ruud Riem-Vis 博士一行访问无锡，办理工商注册、税务登记和办公场地选址等落户手续
1 月 31 日	尼日利亚工贸部部长欧科楚库·埃涅拉玛（Okechukwu Enelamah）一行 14 人访问无锡。副市长陆志坚接待客人
2 月 8 日	通用电气医疗集团总裁兼首席执行官基轮·墨菲一行 8 人访问无锡。市长汪泉会见代表团一行，副市长王进健，市政府秘书长许立新参加会见
2 月 26 日	韩国三星 SDI 社长金永铉访问无锡。省委常委、市委书记李小敏会见金永铉社长
3 月 20 日	阿斯利康全球首席执行官苏博科一行 9 人访问无锡，与江南大学正式签署战略合作协议。代市长黄钦会见代表团一行并出席签约仪式
3 月 15 日	全球领先的新一代半导体公司、专业生产氮化镓晶片的比利时 EpiGan 公司 CEO 玛丽安娜·杰曼博士在比利时摩羯基金负责人的陪同下访问无锡，就合作事宜与市发改委、科技局、市外办等单位座谈交流，与市国联集团、智慧工场等投资基金举行对接洽谈
3 月 23 日至 25 日	芬兰拉赫蒂市市长杰凯·米拉维塔率政府及企业代表团一行 4 人访问无锡。代市长黄钦会见代表团一行，双方就推进两市在城市规划、工业设计和清洁技术产业等领域合作交换意见
4 月 4 日	比利时鲁汶大学工程技术学院国际办公室主任白伟恩率师生代表团一行 29 人访问无锡，了解无锡物联网产业发展和应用情况。在无锡期间，代表团参观市环境监控中心、无锡城市云计算中心和市城市规划展示馆
4 月 10 日	比利时摩羯基金创始人、总经理乔斯·佩特斯（Jos Peeters）博士一行 3 人访问无锡，就 PUNCHPowerglide 公司自动变速器项目的并购事宜与市发改委和市外办等单位座谈，并继续与无锡威孚、无锡金投等企业进行对接
4 月 12 日	丹麦拜瑟克伦城市联合体代表团一行 28 人访问无锡，与无锡市共同举办“第三届无锡·拜瑟克伦教育展示会”，并与无锡市相关部门和企业探讨两地在医疗卫生、生命科学和经贸等领域的合作可能。代市长黄钦会见代表团一行

续表 14

到访日期	内　容
4 月 12 日至 13 日	瑞士沃州副州长、沃州卫生与社会福利部部长皮埃尔－伊夫·梅拉德率领的医疗代表团访问无锡，副市长陆志坚会见代表团一行。在无锡期间，代表团就医疗、养老、社会福利等问题与无锡市开展交流
5 月 3 日	敦豪全球货运亚太区首席执行官梁启元一行 8 人访问无锡，与苏南硕放国际机场、江苏佳利达国际物流签署合作协议。省委常委、市委书记李小敏会见梁启元一行并出席签约仪式，代市长黄钦，副市长陆志坚参加活动
5 月 8 日	阿联酋卫生与预防部副部长穆罕默德·萨利姆·乌来玛一行 8 人访问无锡，副市长刘霞会见客人一行
5 月 21 日	江苏省友好省郡英国埃塞克斯郡政府国际部主任马宁一行 3 人访问无锡，拜访市卫计委、市教育局和市外办。在卫生领域，双方同意选择 5 家英国医疗机构与无锡相关机构开展对口合作，积极推进第三期无锡市全科医生赴英国培训。在教育领域，双方积极推进无锡市属中职院校与英国学校结对以及优质英国职教资源的引进等合作
8 月 14 日	新加坡吉宝集团执行董事兼总裁卢振华一行 8 人访问无锡，代市长黄钦会见代表团一行
8 月 29 日至 31 日	国际著名华裔设计师林璎、国际著名策展人黎蓉，应邀访问无锡，考察文化事业。30 日，省委常委、市委书记李小敏会见林璎一行。31 日，代市长黄钦会见林璎一行
9 月 14 日	法兰克地区德中友好合作促进会组织德国艾尔格电热技术有限公司董事长海默·梅塞尔（Heimo Messer）等一行 13 位企业家访问无锡，了解无锡经济发展情况，并参观无锡市城市规划馆
9 月 14 日至 18 日	欧洲微电子研究中心 IMEC 常务副总裁麦克斯·默戈利一行 3 人、美国圣贝纳迪诺郡行政长官科特·海格曼、韩国清州市代表团一行 4 人访问无锡，参加 2018 世界物联网博览会。与会期间，IMEC 与华虹半导体（无锡）、华润微电子、中环领先半导体材料等多家集成电路企业开展对接交流，达成多个实质性合作意向
9 月 25 日	日本 AESC 总裁兼 CEO 松本昌一一行 5 人访问无锡，代市长黄钦会见
10 月 17 日	挪威外交大臣瑟雷德访华由无锡东站经停，市外办参与接待
10 月 24 日	比利时贝卡尔特集团首席执行官泰乐一行访问无锡。代市长黄钦会见，双方就推动更高层次、更宽领域的合作进行深入交流
10 月 25 日 –26 日	柬埔寨西哈努克省省长润明一行 29 人访问无锡。代市长黄钦会见润明省长一行，市人大常委会副主任吴峰枫参加会见
10 月 31 日	德国费森尤斯卡比集团高层一行 13 人访问无锡。省委常委、市委书记李小敏会见费森尤斯卡比集团总裁、首席执行官马驰·汉力克松一行，就深化双方合作进行交流
11 月 6 日至 7 日	荷兰北布拉邦省副省长伯特·保利率领的政府代表团一行 10 人访问无锡。副市长陆志坚在市民中心会见客人一行
11 月 7 日	新西兰达尼丁市市长戴夫·卡尔一行 9 人访问无锡。代市长黄钦会见达尼丁市长一行，并与戴夫·卡尔市长共同签署《中国无锡市与新西兰达尼丁市建立友好合作关系备忘录》
11 月 13 日	日本三菱电机株式会社常务执行董事、FA 事业全球总裁宫田芳和一行 6 人访问无锡访问，代市长黄钦会见客人一行
12 月 10 日至 13 日	俄罗斯前驻新加坡、印尼和日本大使米哈伊尔·米哈伊洛维奇·别雷率领的中俄友好、和平与发展委员会老朋友理事会代表团访问无锡。副市长陆志坚会见代表团一行

（缪绘苑）

表 15　　2018 年各国使领馆人员访问无锡情况

到访日期	内　容
1 月 24 日至 25 日	美国领馆文化领事高葆玲一行 3 人访问无锡，协商美领馆在赏樱周期间举办文化活动相关事宜
1 月 29 日	美国驻沪总领事谭森一行 6 人访问无锡，参观国家超级计算无锡中心和无锡国家电影数字产业园

续表 15

到访日期	内　容
3 月 24 日	芬兰驻沪总领事万伯阳访问无锡
3 月 27 至 28 日	美国、日本、新加坡、瑞士、丹麦、爱尔兰、阿联酋、埃塞俄比亚、泰国等国驻沪总领事及领馆官员访问无锡，出席“2018 无锡国际赏樱周”相关活动。美国驻沪总领馆在无锡举办“肯尼迪生平与事迹照片展”
3 月 28 日	澳大利亚驻沪总领事梅耕瑞一行 3 人访问无锡，副市长陆志坚会见客人一行
5 月 28 至 29 日	瑞士驻沪总领事霍力轩率瑞士经济考察团一行 30 人访问无锡，举办无锡 - 瑞士贸易投资对接交流会。副市长陆志坚会见客人一行
5 月 29 日	荷兰驻沪总领事艾晓安一行 2 人访问无锡，出席耘林康复医院落成仪式
6 月 14 至 15 日	印度驻沪总领事瑞峰一行 2 人访问无锡，出席 2018 中国（无锡）国际瑜伽节
7 月 21 日	委内瑞拉驻沪总领事莱斯贝斯·克罗莫托·贝里奥斯·莱昂一行 6 人访问无锡，出席 2018 年世界击剑锦标赛
7 月 22 日	匈牙利驻沪总领事博岚一行 6 人访问无锡，出席 2018 年世界击剑锦标赛
8 月 7 日	以色列驻沪总领事普若璞一行 4 人访问无锡，省委常委、市委书记李小敏会见客人一行
10 月 23 至 25 日	爱尔兰驻沪总领事何莉、比利时驻沪总领事兰波、丹麦驻沪总领事林朗访问无锡，出席第九届友好城市交流大会
10 月 31 日至 11 月 1 日	印度驻沪总领事瑞峰一行 3 人访问无锡，出席第十届无锡新能源博览会
12 月 18 日	日本驻沪总领事片山和之一行 3 人访问无锡，代市长黄钦会见客人一行
12 月 25 日	新任韩国驻沪总领事崔泳杉一行 5 人访问无锡，代市长黄钦会见总领事一行，双方就加强在经济、教育、医疗等领域的合作进行深入交流

（缪绘苑）

表 16　　2018 年无锡市友好往来到访情况

到访日期	内　容
1 月 9 日	敦豪全球货运高级副总裁亨克·维纳玛一行 3 人访问无锡
1 月 9 日	韩中文化协会中国特使张波一行 2 人访问无锡
1 月 11 日	美国圣贝纳迪诺郡驻锡代表史凯哥拜访市外办
1 月 12 日	中日文化经济交流协会广田隆一郎一行 2 人访问无锡
1 月 12 日	美国圣安东尼奥市友好人士俞淑芬拜访市外办
1 月 18 日	新西兰朗伊蒂基大市市长安迪·沃特森一行 2 人访问无锡，并与市外办座谈
3 月 5 日	美国麻省理工学院产业联盟办公室高级副主任托德·格里克曼一行 2 人访问无锡，并举办麻省理工学院——无锡对接洽谈会（第三轮合作）
3 月 7 日	日本樱花会工藤园子一行 4 人访问无锡，考察鼋头渚
3 月 8 日	美国圣贝纳迪诺郡驻锡代表史凯哥拜访市经信委及市外办
3 月 12 日	澳大·亚健能基国际医养集团董事长姚思宇一行 2 人拜访市外办
3 月 19 日至 23 日	韩国蔚山医疗研修团一行 6 人访问无锡
3 月 22 日	澳大利亚无锡商会副会长杨宜南一行 2 人拜访市外办

续表 16

到访日期	内容
3月29日至30日	澳大利亚墨尔本市议员雷示人一行30人访问无锡，考察无锡市初创企业孵化、生物医药、生命科技、物联网、通用航空等领域的相关企业，与市科技局、市外办座谈，并召开无锡－墨尔本经贸洽谈会
3月29日至31日	缅甸全国民主联盟仰光省委执委梭温乌一行20人访问无锡，了解无锡市基层法律援助及社区党建工作
4月11日至14日	韩国庆尚南道体育会体育国际交流团一行35人访问无锡，与市乒乓球协会开展交流比赛，市体育总会与韩国庆尚南道体育会签署群众体育国际交流协议
4月20日	新西兰哈密尔顿希尔克里斯中学代表团一行20人访问无锡，并与无锡外国语学校进行交流
5月2日	波兰友城绿山市文艺活动基金会（Ars Activa Foundation）副主席兼艺术总监马里乌什·莫克萨访问无锡，洽谈到无锡演出事宜
5月8日至5月11日	韩国蔚山议会代表团一行5人访问无锡，并拜访无锡市人民代表大会
5月9日	澳大利亚维多利亚州内阁厅官员杰西·贝尔彻一行3人访问无锡，围绕友城关系、科技创新、园区建设等议题与市外办进行座谈
5月10日至13日	德国友城勒沃库森市市长乌弗·里奇拉特率领的代表团一行5人访问无锡。代市长黄钦会见代表团，双方就拓展友好交流与合作进行深入洽谈
5月14日	美国圣贝纳迪诺郡驻无锡代表史凯哥拜访市外办
5月17日至21日	加拿大杜兰郡经济和旅游发展局局长凯茜·韦斯一行9人访问无锡，推进共建中加科创中心合作沙龙事宜
5月30日	日本相模原市相鉴舍社长桥本钦至一行2人拜访市外办
6月21日	美国圣安东尼奥市阿拉莫学院院长、博士布鲁斯·莱斯利一行8人访问无锡，与市外办交流，并参加22日在无锡职业技术学院举办的中美合作班毕业典礼
6月28日	巴西足球大学国际部总监丹尼尔·雷特一行5人访问无锡，并与市外办、市教育局、市体育局就巴西足球大学足球教育项目与无锡市合作的可行性进行交流
7月7日至9日	新西兰友好人士玛格丽特·埃文斯一行2人访问无锡，与王宏民、吴东华等市老领导交流
7月8日至11日	日本日中共同建设樱花友谊林保存协会新发田丰会长携夫人访问无锡，并赴南京出席“江苏省人民友好使者”颁奖仪式
7月12日至13日	美国圣安东尼奥博物馆亚洲艺术助理策展人袁士远访问无锡
7月13日	韩国蔚山市青年实习生一行2人拜访市外办
7月16日至20日	塞尔维亚克拉古耶瓦茨市市长顾问杜山·达维多维奇一行3人访问无锡。市政协原副主席、市城乡规划委员会副主任孙志亮接待客人，双方认为两市应加强联络，挖掘合作潜力，有效对接合作需求，为下一步建立友好关系奠定良好基础
7月29日至30日	塞尔维亚青年第三次参访团一行8人访问无锡
8月16日至19日	日本明石市青少年足球交流团一行27人访问无锡，与无锡市青少年开展足球交流
9月30日	日本朝日新闻上海支局长宫嶋加菜子一行3人访问无锡，就“中日樱花友谊林”民间友好活动和“无锡国际赏樱周”活动的相关内容进行专题采访
10月17日至21日	英国苏格兰中国国际协会会长吴颖思一行5人访问无锡，与市教育局、市体育局、足协等就青少年足球交流开展座谈，并至市广丰中学等地交流
10月27日	波兰友城绿山市文艺活动基金会主席埃娃·马里乌什·莫克萨率领的文艺演出团一行4人访问无锡，参加第二十届中国上海国际艺术节无锡分会场活动，在无锡大剧院小剧场举行波兰小提琴和钢琴专场音乐会

续表 16

到访日期	内　容
10月31至11月2日	柬埔寨新闻部新闻与传播总司副总司长春占皮仑一行16人访问无锡，参观红豆集团和无锡商业职业技术学院
11月1日至6日	以色列友城太巴列市外办主任耶尔·伊然女士率太巴列市Synopsis舞蹈团访问无锡，作为第二十届中国上海国际艺术节无锡分会场活动之一，分别在无锡大剧院和乐都汇广场举办两场公益演出
11月4日	泰国数字经济部部长Pichet Durongkaveroj一行25人访问无锡，参观菜鸟无锡智慧物流园区
11月16日至18日	相模原日中交流协会会长川合贞义一行14人访问无锡，与市友协交流并参观无锡玉祁酒业和市少年宫等单位
12月12日至13日	美国圣安东尼奥艺术博物馆馆长凯蒂·鲁波一行4人访问无锡，并与无锡市博物院进行交流
11月19日至22日	韩国蔚山传统文化艺术交流团一行29人访问无锡，与市友协交流，并与市内演艺团体交流演出
12月13日	埃塞俄比亚阿达玛市城市经理贝尔哈努·德蒙·贝格纳先生率代表团一行5人访问无锡，市政协副主席叶勤良接待代表团一行

（缪绘苑）

表 17　　2018年无锡市友好往来出访情况

出访时间	内　容
2月1日至10日	无锡市文化代表团一行18人赴格林纳达进行文化交流访问。出访期间，代表团先后出席由驻格林纳达大使馆举办的2018年华侨华人春节招待会、“欢乐春节”专题文艺晚会及格林纳达独立44周年庆典等活动，无锡市歌舞团献演器乐、歌舞、魔术、武术等精彩节目
2月2日至6日	无锡市青少年足球交流团一行11人访问日本
3月12日至18日	无锡市外办友城工作组一行5人访问日本、韩国友城
4月21日至28日	无锡市友好交流团一行6人访问日本、韩国
4月26日至29日	无锡市民演出团一行14人赴韩国金海市演出交流
5月1日至5日	无锡市委宣传部交流团一行6人赴美国圣安东尼奥市演出交流
5月26日至6月2日	无锡市政协主席周敏炜率友好交流团一行6人访问柬埔寨、越南
5月31日至6月7日	市人大常委会副主任吴峰枫率无锡市友好交流团一行6人赴以色列和捷克进行访问。在以色列期间，代表团与无锡市友城太巴列市市长本·大卫进行座谈交流，考察太巴列市文化中心等市政设施，观看Synopsis舞蹈团的演出
6月22日至7月20日	市外办派遣一名翻译赴爱尔兰科克市参加干部培训项目
6月25日至7月2日	市委副书记徐劼率无锡市友好交流代表团一行6人，赴摩洛哥友城非斯市和葡萄牙友城卡斯卡伊斯市进行访问。在摩洛哥期间，代表团出席第六届非斯友城大会暨第二届非斯—梅内克斯大区经贸论坛，徐劼代表无锡在会上作主旨发言。在葡萄牙期间，代表团拜访卡斯卡伊斯市政府，与市长卡洛斯·卡雷拉斯进行座谈交流
6月26日至7月4日	无锡市经贸交流考察团一行5人赴摩洛哥、德国进行交流考察。在摩洛哥期间，代表团出席第六届非斯友城大会暨第二届非斯—梅内克斯大区经贸论坛。在德国期间，代表团一行考察德国萨克公司总部和历德公司全自动化仓储配送中心
7月2日至6日	无锡市卫计委研修团一行6人访问韩国
7月2日至14日	无锡市金桥中学交流团一行35人访问美国圣安东尼奥市
8月1日至5日	无锡市档案局交流团一行6人访问日本

续表 17

出访时间	内 容
8月30日至9月2日	无锡市旅游局友好交流团一行5人访问韩国金海市，拜访金海市旅游局领导、协商两市旅游交流事宜
9月13日至20日	市政协副主席吴仲林率无锡市友好交流代表团一行6人，赴波兰友城绿山市和匈牙利萨瓦市进行访问。在波兰期间，代表团参加2018绿山葡萄酒节暨第23届绿山市友好城市论坛，与波兰绿山市市长贾努兹·库比斯基共同为赠送给绿山的无锡城市礼物大阿福揭幕，并出席"遇见无锡"图片展和无锡市外宣平台"无锡窗口"揭幕仪式。在匈牙利期间，代表团与萨瓦市市长米哈利·巴巴克进行座谈交流，并考察萨瓦市水上剧院等市政设施
10月10日至12日	无锡市摄影家协会副会长唐浩武赴日本相模原市参加Photocity摄影节颁奖典礼，并获得大会颁发的"亚洲奖"
10月27至30日	无锡市游泳协会一行9人访问韩国，参加蔚山市市长杯游泳大赛
11月2日至9日	无锡市政协副主席高慧率友好交流团一行6人访问韩国、美国，赴韩国利川市参加第四届利川人参节，拜访美国查特努加市议会，学习智慧城市建设经验，并拜访波士顿微软分部
11月11日至24日	19名社区医生赴江苏省友好省郡英国埃塞克斯郡培训
11月15日至22日	市人大常委会副主任赵志新率无锡市友好交流代表团一行6人，赴德国友城勒沃库森市和丹麦奥胡斯市进行访问。其间，代表团与勒市养老部门负责人交流养老领域发展情况，实地考察德国当地养老院，与丹麦友城拜瑟克伦共同参加第二届中国丹麦地方政府合作论坛，并在健康及养老分论坛作主题发言
11月19日至23日	副市长刘霞率申办代表团一行5人赴阿联酋参加世界跆拳道联盟全球执委会会议，无锡成功获得2021年世界跆拳道锦标赛举办权
12月10日至14日	无锡市智慧城市研修团一行5人访问韩国

（缪绘苑）

侨务工作

【概况】 2018年，市侨办深入贯彻侨务工作法律法规和方针政策，依法维护归侨侨眷和华侨华人合法权益，深化与华侨华人及其社团的联络联谊，推动涉侨经济、科技、文化和教育等合作交流，广泛凝聚侨心、汇聚侨力，侨务工作取得新成效。年内，创建"全国为侨服务示范单位"2家、省"华侨华人创新创业服务中心"2家、省"中华文化海外交流基地"4家、省"华文教育基地"3家。

（章叶春）

【侨界联络联谊】 2018年，市侨办围绕"两新两重"（新华侨华人、华裔新生代和重点人士、重点社团），加大"走出去"力度，参团赴印度、瑞典、马来西亚等国家访问，拓展涵养海外侨务资源。先后组织海内外侨界联谊活动35场次，邀请和接待美国、英国、澳大利亚、菲律宾等10多个国家和地区的侨界访问团到无锡参观考察，接待华侨华人1200多人次。推进与海外侨界社团合作，新增菲律宾菲华商联总会、泰国苏浙沪总商会、英国华人国际交流协会等海外友好社团12家。依托东盟"一带一路"友好协进会、澳大利亚江苏联谊会、法属皮尼西亚大溪地中华会馆等建立海外联络处8个，总数达58个。

（章叶春）

【侨务引智引资】 2018年，市侨办积极邀请海外知名侨商、侨领和具有较强实力的侨界社团到无锡考察洽谈，牵线香港金轮集团投资10亿元打造的民丰城市商业广场项目签约落户梁溪区。主动对接省侨办侨智人才库、华侨华人专业人才海外联络站，推动开发园区与海外专业社团建立长期合作机制。邀请国际华人科技工商协会到无锡洽谈，促成纽约大学授权卓和药业集团开发创新药阿斯特灵项目合作签约。推荐中国留德学者计算机协会、德国华人华侨科技工商协会等专业人才团体与新区创业中心德国引才工作站开展交流合作。年内，江阴国家高新技术开发区、锡山经济技术开发区挂牌为省"华侨华人创新创业服务中心"。

（章叶春）

【服务侨资企业】 2018年，市侨办充分发挥市海外交流协会和市侨商投资企业协会作用，先后组织侨资企业家赴北京参加由中国侨商会举办的中国经济形势报告会，赴温州侨商会、宁波侨商会和镇江华商会考察对接交流，拓宽发展商机。5月，邀请菲律宾驻上海总领事馆在无锡举办"一带一路——中菲经贸旅游推介洽谈会"，宣传推介投资商业环境、项目推介、旅游合作、风险防范等信息，服务侨资企业"走出去"。以江南大学"为侨服务工作站"为抓手，推动高校与侨资企业开展交流合作，促进高校科技成果转化、侨资企业技术转型升级的双赢发展。年内，落实《江苏省保护和促进华侨投资条例》，走访调研侨资企业130多次，排忧解难20余件。

（章叶春）

2018年7月29日至8月9日，海外华裔青少年“中国寻根之旅”夏令营无锡营活动闭营仪式现场 （市侨办 供稿）

【对外宣传与文化交流】 年内，市侨办先后在日本《中文导报》、法国《欧洲时报》、非洲《华侨周报》、加拿大《加中时报》《环球华报》制作无锡宣传专版7期，面向海外广泛推介无锡城市形象。7月，由市海外交流协会、无锡灵山慈善基金会侨海文化艺术基金主办的歌剧《魔笛》在无锡大剧院登台亮相。11月，组织国家级非物质文化遗产项目惠山泥人赴马来西亚参加“江苏文化周”展出，受到当地侨界广泛欢迎。精心举办为期12天的海外华裔青少年“中国寻根之旅”夏令营无锡营活动，以“体验运河文化，感受无锡发展”为主题，邀请法国、爱尔兰、奥地利等7个国家的88名华裔教师和青少年到无锡学习体验中华优秀传统文化，增进华裔新生代对祖（籍）国、对无锡的认知。无锡博物院、无锡现代农业博览园、江南影视艺术职业学院、无锡信利博物馆4家单位被省侨办、省文化厅确定为“中华文化海外交流基地”；东林中学、连元街小学、宜兴市丁山实验小学3家单位被省侨办、省教育厅确定为“全省华文教育基地”。

（章叶春）

【侨胞合法权益维护】 2018年，市侨办多形式开展侨法宣传活动32场次，推进侨法宣传“五进”（进园区、进校区、进社区、进企业、进网络），扩大侨法知晓率。建立法律顾问制度，并与律兜法律平台开展合作，提供网上侨务法律服务。深入推进“侨爱工程”，举办送温暖医疗队、暖侨敬老、侨爱公益、迎新年联谊会等活动，帮扶困难归侨侨眷170人次，发放各类补助款27.66万元。加强依法行政，为3名“三侨生”（归侨学生、归侨子女和华侨在国内的子女）办理身份认定，办结来信来访94人（件）次，维护侨界人士的合法权益。市华侨活动中心举办各类文化活动140多场次，丰富侨界群众的精神生活。指导市（县）区设立为侨服务综合平台和服务窗口，年内，无锡惠山留学人员创业园、江阴市青阳镇旌秀社区被国务院侨办确定为“全国为侨服务示范单位”。

（章叶春）

信访工作

【概况】 2018年，全市信访系统认真贯彻习近平新时代中国特色社会主义思想和学习习近平总书记关于做好信访工作的批示精神，积极适应新形势新任务新要求，持续深化改革，不断攻坚克难，妥善解决大量事关群众切身利益的信访问题。年内，市和市（县）区两级信访部门受理信访总量2.6万件（人）次，全市信访事项及时受理率达99.9%，按期办结率100%，群众满意度98.1%，全市信访形势平稳有序、总体向好。加强主责主业意识，圆满完成上海合作组织青岛峰会、中非合作论坛北京峰会、首届中国国际进口博览会、世界物联网大会、第十九届省运动会等重大会议和重要活动期间的信访保障任务。在全省2018年度信访工作绩效考核中，被省信访工作联席会议评为全省信访工作先进单位。

（吕一品 陈 颖）

【信访法治化建设】 2018年，市委办公室、市政府办公室印发《关于进一步加强信访法治化建设的实施意见》，明确依法逐级走访、诉访分离、依法分类处理信访诉求等工作要求。探索出台《无锡市信访人信用管理实施办法》，对信访人失信行为实施协同监管、联合惩戒，规范信访人行为，依法维护信访秩序。加强和改进信访工作联席会议机制，制定工作规则，印发工作意见，建立健全市、（县）区、镇（街道）三级信访联系会议制度，充分发挥信访工作联席会议统筹协调、整体推进、督促落实等作用，形成“信访联治、矛盾联调、工作联动”的格局。

（吕一品 陈 颖）

【信访信息化建设创新】 2018年，无锡市积极推进大数据与信访工作的深度融合，在全省率先研发使用信访业务智能调度辅助系统，加快网上信访业务智能化升级，完善已有功能，新增“网格信访”“调度预警”模块，实现以智能化助推信访基础业务规范化、精细化、标准化。在全市两级信访部门全面推广使用手机APP信访、微信、政务网等新媒体渠道，使群众足不出户就能表达诉求，解决问题。全市网上信访受理量比上年上升289.9%，逐步成为信访主渠道。

（吕一品 陈 颖）

【信访疑难积案化解】 2018年，无锡市认真组织开展信访突出问题大化解大突破专项行动和信访矛盾化解攻坚战，成立工作专班，党政领导亲自包案，职能部门全力落实，信访部门协调推动，第三方力量参与，共化解稳定信访积案286件。积极开展党政主要领导“百县千案”活动，把领导接访下访与包案化解疑难复杂案件有机结合起来，市和市

(县)区党政领导818人次参与接访下访接待群众2909批次，解决信访问题2698件，取得良好的制度效应和社会效果。

(吕一品 陈 颖)

【**信访基层基础建设**】 2018年，无锡市各级信访部门认真落实《无锡市信访工作责任制实施细则》，深化"三无"市(县)区、"四无"镇(街道)创建，压实属地和基层责任，实现信访存量、增量"双下降"。以创建"人民满意窗口"为抓手，开展"争创人民满意信访部门、争当人民满意信访干部"活动，激发各级信访干部干事创业的责任担当和工作活力。加强市、市(县)区两级人民来访接待中心软硬件提档升级，不断提升服务群众的能力和水平。大力弘扬新时代"枫桥经验"，综合运用法律指引、经济调节、协商民主、公开听证、道德教化、心理疏导等手段，及时就地解决群众诉求，防止矛盾上交、人员上行。加强信访形势分析研判，完善信访信息预警制度，提升工作的前瞻性、有效性。

(吕一品 陈 颖)

机关事务管理

【**概况**】 2018年，无锡市机关事务管理局(以下简称管理局)坚持新发展理念，按照高质量发展要求抓重点、补短板、强弱项，着力强化改革创新、统筹谋划、科学发展、系统保障能力，着力提升机关事务法治化、标准化、信息化建设水平，在办公用房集中统一管理，公务用车改革管理，公共机构节能，市民中心安全运行，管理保障服务等方面取得明显成效。年内，管理局被评为"全国公共机构能效领跑者"、江苏省首批"水效领跑者"、江苏省机关事务管理系统先进集体等，在全国文明城市创建中获市政府"集体嘉奖"。

(金剑锋)

【**办公用房管理**】 2018年，无锡市推广RFID系统和办公用房图形管理。促进资产、房产管理规范化、标准化、信息化，完成53663件资产盘点。6月上旬，部分中央国家机关和各省(市)机关事务管理部门资产管理信息化建设座谈会在无锡召开，无锡做法受到充分肯定。9月，管理局对全市党政机关办公用房进行检查，全面做好党政机关办公用房"回头看"督查、建档整改等工作。对全市7000多名副科级以上办公用房进行实地测量、拍照，查找存在问题，抓好整改落实，清理整改超标办公用房119套。11月，在全国率先建成全市办公用房"一张网"系统。

(金剑锋)

2018年5月，无锡市市民中心被评为全国"公共机构能效领跑者"

(机关事务管理局)

【**公务用车管理**】 2018年，无锡市全面完成企事业单位公务用车制度改革。1874家涉改事业单位，取消公务用车588辆；843家涉改国有企业，取消公务用车409辆。开展公务用车规范管理自查自纠专项行动，管理局与市车管所共同完成全市公务用车"一车双牌"清理。做好"三定点"(定点加油、定点保险、定点维修)和公务出行车辆社会化租赁定点单位招标，完成"12家定点维修、6家定点保险、1家定点加油"采购。完善公务用车"平台化"建设，用信息技术加强公务用车管理和监督。年内，无锡市公务用车管理平台建设获评江苏省第一名。

(金剑锋)

【**公共机构节能管理**】 2018年，无锡市完成《无锡市公共机构节能"十三五"规划》中期评估和2018年节能降耗"双控"考核，超额完成"十三五"公共机构节能时序进度目标任务。无锡继续在全省保持领先发展态势，受到省级通报表彰。绿色行政中心建设取得新成果。深入推进光伏发电、充电桩建设、绿色照明改造、电梯余能回收等节能环保工程，建成59个充电桩，并预留300个充电桩位置。12月，管理局与国家电网江苏分公司签订为期5年9440万元的市民中心能源费用托管能源管理项目，其建筑体量和合同金额在党政机关中为全国首家，是至2018年年底全国最大能源托管项目。对市民中心信息化监管平台进行升级提升，实现分户分类分项监测监管全覆盖。整合能源监管体系，构建全市公共机构信息化"一张网"。节约型机关建设成绩突出。成功创建5家全国节约型公共机构示范单位，9家江苏省公共机构节能示范单位，6家江苏省节水型示范单位，公共机构节能工作被评为"市建筑节能突出贡献奖"。

(金剑锋)

【**财务管理**】 2018年，无锡市继续完善管理局支付分中心财务管理模式，积极推进"机关财务慧算网"建设。及时开展对基层单位年度财务审计，严格账务管理、规范开支行为，厉行节约，加强"三公"经费支出控制。为33家市级机关部门(单位)做好财务服务保障，全年往来服务经费8亿余元。全年零星工程结算总计51项1100万元。

(金剑锋)

编辑 罗秋云

综　述

【概况】 2018年，无锡市政协认真贯彻习近平新时代中国特色社会主义思想和中共十九大精神，在中共无锡市委坚强领导下，把握团结和民主两大主题，加强自身建设、发挥独特优势、履行三大职能，团结带领广大政协委员和各界人士，落实中央和省、市委重要决策部署，聚焦助推高质量发展，增进共识聚合力、围绕中心献良策、履职担当惠民生，为全市经济社会持续健康发展作出贡献。

全年共召开常委会议4次、主席会议12次。形成1篇建议案和13篇重点调研报告；就政协工作、人工智能、廉洁自律和军民融合等热点问题举办4次政协大讲堂；围绕物联网示范应用项目推进、老城区街巷振兴、农村小城镇建设管理、公共法律服务体系建设等方面组织重点视察和开展专题视察23次。开展“法律助企进商会”活动，组织11名律师委员与176家商会协会结对联系，提供法律咨询服务，助力中小企业发展。健全“三联系”活动机制，市政协领导全年共走访委员及联系的界别群众1200余人，反馈和协调解决问题200余个。全年围绕党委政府中心工作，督办12件重点提案；共收集社情民意信息984件，编发《社情民意》201期；拍摄《政协话题》24期；编发《无锡政协》6期；在省级以上媒体刊发通讯稿15篇，市政协微信公众号影响力排名位居全国政协系统前列。

组织召开习近平总书记关于加强和改进人民政协工作重要思想理论研讨会；围绕助推高质量发展，在全市政协组织广泛开展解放思想大讨论；专题召开全市政协系统党的建设工作会议，在市政协各专委会、委员联系小组建立党组织，推进政协党的组织和党的工作全覆盖。开展“庆祝改革开放40周年”和“政协委员眼中的改革开放40年”征文活动；组织港澳委员和企业家委员座谈。继续开展“立足本职促发展、当好委员献良策”主题活动。市政协领导进企业开展“听意见、出主意、解难题、办实事”活动，以市政协企业家沙龙为载体，举办“物联网金融”“新农菁英创新创业”等专题活动，在全体政协委员中倡议“争做文明有礼无锡人”，开展城市管理问卷调查。推进《无锡工业企业发展变迁》和《无锡品牌史料》征集编撰工作；举办无锡·三门峡大爱无疆座谈会，与三门峡市政协结为友好政协。

（孙　斌）

重要会议

【政协无锡市第十四届委员会第二次会议】 中国人民政治协商会议江苏省无锡市第十四届委员会第二次会议，于2018年1月6～9日举行。425名市政协委员参加此次大会，占实有全体委员的96%。市委、市人大常委会、市政府全体领导和市中级人民法院、市人民检察院领导参加大会开幕式。在无锡全国、省政协委员以及14位市民代表列席开幕式和闭幕式。

会议深入学习贯彻中共十九大精神，落实省、市第十三次党代会精神和省委十三届三次全会、市委十三届五次全会精神，学习和讨论省委常委、市委书记李小敏的重要讲话。回顾总结市政协十四届一次会议以来的工作，确定市政协2018年主要工作任务；列席市十六届人大二次会议，听取和讨论市政府工作报告和其他报告；听取和审议市政协“两个报告”；听取提案初步审查情况报告；审议通过市十四届政协二次会议决议。会议表彰“立足本职促发展，当好委员献良策”主题活动中表现突出的先进集体、先进个人和优秀提案、优秀社情民意、优秀调研成果。会议期间，来自各民主党派、人民团体和有关界别的13位委员进行大会发言。会议期间共收到提案349件，其中集体提案79件，委员及委员联名提案270件。经审查后移交有关单位承办。

（孙　斌）

【市十四届政协常委会】 3月20日，市十四届政协举行第六次常委会议，传达贯彻全国政协十三届一次会议精神，部署开展“立足本职促发展，当好委员献良策”主题活动，协商通过市十四届政协2018年工作要点，讨论通过张艺明、蒋家举任市政协调研员，免去张艺明市政协社会法制委员会副主任职务，免去蒋家举的市政协提案委员会副主任职务的有关人事事项。

6月20日，市十四届政协举行第七次常委会议，听取市政府通报全市2018年上半年经济运行情况，专题议政“推进智能制造发展”，协商讨论市政协《关于推进我市医联体建设的建议案》和《关于加大我市河道治理工作推进力度的建议》《发挥民间对外交往作用，提升无锡城市国际影响力》《推动高质量发展，提升无锡工业增加值率》《〈无锡市物业管理条例〉实施情况调研报告》《重视规划建造城市名人雕塑，提升无锡文化品位》等重点调研报告，讨论通过吕益华任市政协副秘书长（兼）；汤亚宾任市政协提案委副主任，免去其市政协研究室副主任职务；免去张轩市政协社会法制委副主任（兼）职务的有关人事事项。

9月20日，市十四届政协举行第八次常委会议，听取市政府通报2018年提案办理情况，民主评议市发改委、市公安局提案办理工作，协商通过《关于进一步发挥委员主体作用的意见》，协商讨论《关于加快我市垃圾分类体系建设的若干建议》《关于大力发展石墨烯产业的建议》《关于实施乡村振兴战略的调研建议》《关于加强和改进新时代宗教团体工作的建议》《关于充分发挥社会组织在基层社会治理中积极作用的调研报告》和《关于加快我市文化旅游产业融合发展的调研与建议》市政协重点调研报告，并讨论通过夏晓春任市政协副秘书长（正处级）；胡新兵任市政协研究室副主任；唐瑛任市政协社会法制委员会副主任的有关人事事项。

12月25日，市十四届政协举行第九次常委会议，听取市政府通报2018年全市经济社会发展情况，协商议政"推进垃圾分类体系建设"，协商通过关于召开市十四届政协三次会议的决定，会议还对市政协2019年重点工作（调查研究课题、专题协商议题、重点视察内容等方面）提出意见、建议，协商通过市十四届政协三次会议议程（草案）、日程。

（孙　斌）

参政议政·民主监督

【协商议政】2018年，无锡市政协办与市委办、市政府办首次联合下发《市政协年度协商计划》，共同推动计划落实、成果转化。市十四届政协二次会议期间，委员们围绕经济提质增效、民生共建共享、环境宜居宜业、社会和谐有序踊跃参与讨论，各界代表就激发民企活力、引导扶持中小企业科技创新、优化学前教育资源布局、提升养老机构服务水平等方面进行大会发言，积极为党委政府建净言。全年围绕物联网示范应用项目推进、老城区街巷振兴、农村小城镇建设管理、公共法律服务体系建设等方面组织重点视察，努力为改革发展集众智。组织人民法院、人民检察院和公安局工作情况重点通报会，主席会议专题听取城市总体规划修订、行政审批改革、城市水利建设、市属企业发展、全域旅游示范区创建等9个方面的情况通报，切实为改进工作提建议。探索开展常委会专题议政，聚焦助推"智造强市"建设和垃圾分类体系建设，邀请市政府领导、职能部门与市政协常委面对面协商讨论，增强专题协商的深度与活力。聚焦打赢河道治理攻坚战，组织开展专项监督、专题协商，为加快推进城市黑臭水体治理拓宽思路、增强合力。医联体建设专题协商助推相关考核办法的迅速出台，促进职能部门加快研究制定医保按病种付费政策和专家下基层激励政策，围绕利用闲置资源发展现代服务业、壮大老城区文商旅产业、推进市属高校建设等方面及时组织协商，广泛听取意见建议、深入研究对策举措，为市委、市政府决策部署提供有益参考；结合各专委会与市各党派团体对口联系制度，就新业态发展等专题组织界别协商；搭建提案有关各方共同参与的协商平台，扎实推进提案办理协商；就《无锡市违法建设治理办法（草案）》《无锡市文明行为促进条例（草案）》开展立法协商，完善政协协商议政格局。

（孙　斌）

2月2日，市政协举行"金融创新助力实体经济"主题沙龙活动　（市政协　供稿）

【民主监督】2018年，无锡市政协落实市委《关于加强和改进人民政协民主监督的实施意见》，召开全市政协民主监督工作会议。聚焦助推黑臭水体治理和城市精细化管理，以18个市政协委员联系小组为主体，组织全体市政协委员对市区38条河道和47个街道进行明察暗访，深入基层和现场开展专项民主监督活动；深化民主监督员工作，16个民主监督员小组围绕政府效能、民生实事、项目推进等重要方面，对19家单位部门进行派驻监督，全年共发送民主监督建议书39份。此外，参与全省"放管服"改革、"长三角污染防治"区域联动监督活动，以更大的格局助推改革、服务民生。开展提案质量评价工作，对2017年重要提案和2018年360件立案提案进行综合分析和质量评价，形成专题报告发送全体政协委员。探索开展"提案集中撰写月"活动，将提案线索征集、调研和撰写的时间前移，引导委员不断提高提案质量；首次开展民主监督性提案督办，对81件重要提案实施市领导集中批办，联合开展建议提案办理"十大创新务实办理举措"推选活动；对市发改委、公安局等部门的提案办理工作进行民主评议，组织对2017年度重要民生提案办理开展"回头看"，推动提案建议有效落实。拓展社情民意信息工作网络体系，完善信息征集、报送、督办和反馈机制。

（孙　斌）

重点调研工作

【概况】2018年，无锡市政协围绕产业发展、民生福祉、城乡建设、生态环境以及社会治理等方面开展重点调研，形成1篇建议案和13篇高质量、有深度、有见地的重点调研报告，许多调研成果受到市委、市政府主要领导高度重视并多次批示，其中的一些对策建议被转化成职能部门推动工作的具体举措。

（孙　斌）

【产业发展高质量调研】2018年，无锡市政协就建立现代产业体系、提升工业增加值率和智能制造水平、发展以石墨烯为代表的未来产业、加快文旅产业融合发展等方面，广泛调研、科学分析，为调高调优产业结构拓思路。形成《关于实现无锡经济高质量可持续发展的调查与建议》《推动高质量发展提升无锡工业增加值率》《以智能制造为主攻方向，推动制造业转型升级》《关于大力发展石墨烯产业的建议》《加快我市文化旅游产业融合发展的调研与建议》5篇高质量的重点调研报告。

（孙　斌）

表18　　2018年无锡市政协重点督办提案

序号	提案号	案　由	提案者	督办领导	承办单位
1	1	关于我市全域旅游发展的建议（民主监督性提案）	市政协提案委员会	主席会议成员集体督办	市旅游局
2	3	关于进一步深化我市智能制造发展的建议	市政协经济科技委员会	主席会议成员集体督办	市经信委
3	61	关于智慧城市进程中加强数据资源整合的建议	九三学社无锡市委	叶勤良	市经信委
4	11	关于建立健全计划生育失独家庭养老保障制度的建议	民革无锡市委	张丽霞	市卫计委
5	39	加大军民融合力度助力地方经济发展	民建无锡市委	吴仲林	市发改委
6	77	关于加强物业管理的建议	无党派人士、文化、新闻出版组（第16组）	丁旭初	市住建局
7	21	深化综合行政执法体制改革提升基层执法效能	民盟无锡市委	刘玲	市编办
8	41	关于加强婴幼托事业社会化规范监管的建议	民进无锡市委	金元兴	市卫计委
9	54	对推进我市老城区旧城改造和更新的建议	致公党无锡市委	高慧	市住建局
10	50	加强食品安全预警和检测切实保障百姓食品安全	农工党无锡市委	韩晓枫	市食品药品监管局
11	8	关于加强无锡品牌建设助推产业强市的建议	市政协学习文史委员会	蔡捷敏	市经信委
12	65	关于扩大银行业面向小微企业服务的建议	无锡市工商业联合会	孙志亮	市经信委

（市政协办公室）

【人民生活高质量调研】 2018年，无锡市政协就推进医联体建设、物业管理条例实施等方面，走进基层广泛听取意见建议，为增进民生福祉谋实招。撰写《关于推进我市医联体建设的建议案》和《〈无锡市物业管理条例〉实施情况》的调研报告"。

（孙 斌）

【城乡建设和生态环境高质量调研】 2018年，无锡市政协就推进锡澄宜一体化发展、提升城市现代化管理水平、建立河道治理长效管理机制、垃圾回收体系建设等方面，深入实际、了解实情，为改善城市发展环境献良策，形成《关于无锡市城市管理现代化的调查与建议》《加大无锡市河道治理工作推进力度》《关于加快无锡市垃圾分类体系建设的若干建议》3篇有深度的重点调研报告。

（孙 斌）

【提升社会治理水平和文明程度调研】 2018年，无锡市政协就发挥社会组织在基层治理中的积极作用、规划建造城市名人雕像、促进民间对外交往、落实宗教条例等方面开展调研，为提升城市品位、促进社会和谐建真言。撰写形成《关于充分发挥社会组织在基层社会治理中积极作用的调研报告》《〈重视规划建造城市名人雕塑提升无锡文化品位〉调研报告》《发挥民间对外交往作用提升无锡城市国际影响力》《关于加强和改进新时代宗教团体工作的建议》4篇有见地的重点调研报告。

（孙 斌）

8月23日，市政协就城市精细化管理开展专项民主监督活动

（市政协 供稿）

委员工作

【委员活动】 2018年，无锡市政协组织居住在无锡的全国和省政协委员就军民融合、城市绿色发展进行视察，组织全体委员赴宜兴举办"委员活动日"，组织"委员导师"进校园并对历年参与活动的18位优秀导师进行表彰。组织全体市政协委员、居住在无锡的省政协委员及市政协、民主党派团体机关人员开展廉洁自律专题学习报告会。探索开展委员挂钩联系社区和界别群众工作，通过建立固定联系、开展定期走访，把基层群众中具有代表性的意见及时向党委政府及有关部门集中反映。开展"走企业、进社区，促发展、惠民生"活动，全年共组织活动120余场，参加委员3000余人次，引导广大委员勇担社会责任、投身公益事业。

（孙 斌）

【主题活动】 2018年，市政协继续开展"立足本职促发展，当好委员献良策"主题活动，制订年度主题活动实施计划。广大委员紧紧围绕市委重要决策部署，就集成电路、智能制造和现代服务业发展，以及科技创新、街巷振兴、乡村振兴、高等教育、养老和医疗卫生事业等事关全市产业发展、民生幸福的热点方面调研视察、协商议政、献计出力；踊跃参加对市区38条河道和47个街道开展的黑臭水体治理和城市精细化管理专项监督，助推全市打赢黑臭水体歼灭战，打造洁美畅通智慧文明无锡。以市政协企业家沙龙为载体，开展"听意见、出主意、解难题、办实事"活动，举办"物联网金融""新农菁英创新创业"等专题活动，深化企业与政府部门、金融机构之间的交流协作，有效引导职能部门的委员弘扬担当精神、优化政务服务，为企业解难题、为百姓办实事，激励企业家委员传承锡商精神。开展"法律助企进商会"活动，组织11名律师委员与176家商会协会结对联系，提供法律咨询服务，助力中小企业发展。继续组织"法制进校院""法制进社区"等活动，助推依法治市和社会治理。深入开展密切联系委员、联系基层、联系群众的"三联系"活动，切实发挥好党委、政府和各界群众之间的桥梁纽带作用。市政协领导按计划带领有关人员走访委员及其所联系的界别群众，倾听群众呼声、拓宽社情民意信息渠道，共走访委员及联系的界别群众1200余人，针对发现的困难问题，走访人及相关专委会、民主监督员小组会同政府主管部门协商解决。

（孙 斌）

【委员队伍建设】 2018年，无锡市政协完善委员管理服务机制，专门出台《关于进一步发挥委员主体作用的意见》，研究制订建立委员履职档案、委员联系小组考核、优秀委员评选等办法，引导广大委员树牢本职工作和政协履职"双主业"意识，积极履职尽责、主动担当作为。

（孙 斌）

编辑 罗秋云

综　述

【概况】2018年，在省纪委监委和市委坚强领导下，全市各级纪检监察机关认真贯彻习近平新时代中国特色社会主义思想和中共十九大精神，全面贯彻落实中央纪委二次全会、省纪委三次全会和市委部署要求，持续深化监察体制改革，坚持稳中求进工作总基调，忠诚履行党章和宪法赋予的职责，持之以恒正风肃纪，坚定不移反腐惩恶，党风廉政建设和反腐败工作取得新进展、新成效。全年共处置问题线索3182件，立案1586件，其中县处级23人，乡科级106人，给予党纪政务处分1190人，涉嫌犯罪依法追究刑事责任33人，共采取留置措施47人，位居全省前列。查办全省留置第一案、处级干部留置第一案、处级干部自动投案第一案和行贿受贿同步留置第一案，并在全省第一个实现市、县两级留置全覆盖。坚持挺纪在前，共运用“四种形态”处理2925人次，其中第一、第二种形态占比87%，实现由“惩治极少数”向“管住大多数”拓展。一体推进不敢腐、不能腐、不想腐，在查处个案的同时，注重查找共性问题、深层次问题，以案促改、举一反三，在市、县两级全面推进专责监督，共发出监督意见书、监察建议书29份。

3月12日，中央纪委十二室到无锡专题调研执纪监督工作，召开座谈会专题听取无锡市各板块执纪监督工作汇报。5月29日，中央纪委审理室到无锡专题调研监察体制改革后的查案工作。10月17～19日，全国人大常委会委员、全国人大监察和司法委员会委员王长河，全国人大监察和司法委员会委员陈勇等一行到无锡调研国家监察体制改革工作。

3月12日，省纪委副书记、省监委副主任刘月科，省纪委常委、省监委委员陈志扬一行到无锡调研“阳光扶贫”系统运行情况。8月8日，省监委委员葛夕芳一行到无锡市专题调研扫黑除恶专项斗争工作。10月30～31日，省委常委、省纪委书记、省监委主任蒋卓庆到无锡调研党风廉政建设和反腐败工作情况。

（张仁伟）

重要会议

【十三届市纪委三次全会】2月8日，中共无锡市第十三届纪律检查委员会举行第三次全体会议，会议贯彻习近平总书记在十九届中央纪委二次全会上的重要讲话精神，全面落实中央纪委和省纪委全会部署要求，总结工作，分析形势，部署2018年全市党风廉政建设和反腐败工作。省委常委、市委书记李小敏在会上作了讲话。全会审议通过市委常委、市纪委书记、市监委主任王唤春代表市纪委常委会所作的题为《以中共十九大精神为指引，推动全面从严治党向纵深发展》的工作报告。全会研究部署2018年无锡党风廉政建设和反腐败工作，强调要把政治建设摆在首位，严明政治纪律规矩，严肃维护政令畅通，严把源头选好干部，严格落实政治担当。扎实推进纪检监察体制改革，做好国家监察体制改革工作，完善派驻巡察一体联动机制，深化基层纪检监察体制改革，完成国企、医院纪检体制改革。驰而不息抓好作风建设。全面加强党的纪律建设，深入开展党章党规党纪教育，健全日常管理监督制度体系。巩固发展反腐败斗争压倒性态势，坚持“老虎”“苍蝇”一起打，坚持受贿行贿一起查，坚持追逃防逃一起抓，坚持标治本一起做。坚决惩治群众身边腐败问题，开展专项治理，强化“三资”监管，抓实工作责任。会上，市委与各地各部门各单位党委（党组）主要负责人签订2018年党风廉政建设责任书。

（张仁伟）

【党风廉政建设创新成果展评会】4月3日，无锡市纪委召开2017年度全市党风廉政建设创新成果展评会，来自15个地区和单位的15个创新项目以视频或PPT形式进行集中展评，最终评选出5个“推广项目”，其余为“优秀项目”。市委常委、市纪委书记、市监委主任王唤春担任评委并讲话。全市党风廉政建设创新成果评选是市纪委的传统工作和品牌项目之一。本次评选是该项目由一年开展一次改为两年一次后首次举办，得到全市各地区和单位的积极响应和踊跃参与，初选共收到来自各市（县）区及15个单位的参评项目共26个，参评单位覆盖各市（县）区纪委监委、乡镇街道、市级机关、事业单位、国企、院校等。最终，江阴市纪委监委的《创新“三资”监管机制，规范农村小微权力》、宜兴市纪委监委的《深化村级巡察，打通全面从严治党“最后一千米”》、市国土资源局的《唯有“知道”方“跟上”》、惠山区纪委监委的《惠山区推出升级版“四级勤廉预警”》、锡山区纪委监委的《举“五全”之策，治“六小”微腐》5个项目获评“推广项目”，新吴区纪委监委的《激励改革，创新担当——新吴区制定出台容错纠错机制实施细则》等10个项目获评“优秀项目”。市各部委办局、各人民团体、各直属单位纪检监察工作分管领导等200余人参加会议。

（张仁伟）

【扫黑除恶专项斗争工作会议】 7月18日上午，无锡市纪委监委召开会议，专题部署在扫黑除恶专项斗争中强化监督执纪问责工作。市委常委、市纪委书记、市监委主任王唤春出席会议并讲话。市纪委副书记、市监委副主任、市扫黑除恶专项斗争领导小组副组长孙英主持会议，市监委委员王海平出席会议。

（张仁伟）

【纪检监察重点工作推进会】 8月13日，无锡市纪委监委召开重点工作推进汇报会，贯彻、落实近阶段省纪委省监委主要任务和相关会议精神。市委常委、市纪委书记、市监委主任王唤春主持会议并讲话。会上，各市（县）区纪委书记分别汇报纪委监委机关监督检查与审查调查部门分设、向乡镇（街道）派出监察机构两项改革进展情况。

（张仁伟）

纪检监察体制改革

【市、县两级监察委员会组建】 2018年，无锡市纪委监委把改革工作作为落实中共十九大精神的一项重要政治任务，加强组织领导，抓好关键环节，按时按要求依法组建市、县两级监察委员会并正式挂牌。深入细致做好编制划转、人员转隶、留置场所置换、陪护队伍建设等工作，共划转编制247个，转隶干部181人，设置内设机构94个，核定人员552人。整合行政监察、预防腐败和检察院查处贪污贿赂、失职渎职及预防职务犯罪等工作力量，初步构建集中统一、权威高效的监察体系，实现对全市12.8万名公职人员的监察全覆盖。

（张仁伟）

【综合派出监察员办公室】 2018年，无锡市以江阴、梁溪两地为省级试点先试先行综合派出监察员办公室改革工作，再向全市乡镇（街道）全面推开，推动监察职能向基层延伸。全年，向全市71个乡镇（街道）共综合派出22个监察员办公室，配备室专兼职干部168人。派出监察员办公室通过开展交叉监督等方式，成为县级监委对乡镇（街道）监督的新“探头”和新“哨兵”，解决基层纪检组织的“监督难”、问题线索的“办结难”、纪检干部的“三转难”等问题，切实将制度优势转化为治理效能。

（张仁伟）

【监督检查与审查调查职能分离、部门分设】 2018年，无锡市纪委监委按照《中国共产党纪律检查机关监督执纪工作规则》精神和中央纪委国家监委部署要求，调整优化内设机构设置、职能权限配置和人员编制配备，实行监督检查和审查调查职能分离、部门分设，监督检查部门主要负责联系地区和部门、单位的日常监督检查和对涉嫌一般违纪问题线索处置，审查调查部门主要负责对涉嫌严重违纪或者职务违法、职务犯罪问题线索进行初步核实和立案审查调查，市、县两级纪委监委机关直接从事监督检查和执纪执法一线工作的机构、编制占比分别达89.1%和89.5%。同时，扩充案件监督管理、案件审理等部门力量，加强对审查调查措施使用的审批监管和案件质量的审核把关。

（张仁伟）

1月12日，无锡市监察委员会正式挂牌　　（市纪委　供稿）

【派驻监督工作机制建设】 2018年，无锡市纪委监委制定落实《中共无锡市纪委派驻纪检监察组工作规定（试行）》以及信访举报、监督、问责、执纪审查“1+3”配套制度，建立健全派驻组与被监督单位党组织定期会商、重要情况通报、线索联合排查等工作机制，形成两者同向发力、协作互动的工作格局。围绕监督这个第一职责，形成“三个一”日常监督工作法，全年各派驻组共开展廉政谈话2616次，抽查关键岗位个人有关事项354次，发现问题411个。深刻剖析违纪违法案件，提炼出思想、工作、生活三方面40种异常行为，编发《公职人员日常异常行为管控指导手册》，全年共有142人因异常行为被党组织提醒谈话。把被监督单位领导班子成员和关键岗位人员作为监督重点，发现苗头性、倾向性问题及时加以干预。深化运用监督执纪“四种形态”，持续释放“越往后执纪越严”的强烈信号。全年，派驻组共实施问责33人次，下发监察建议2份。加大审查调查力度，严格把好问题线索处置程序关、了结关。各派驻组共受理问题线索157条，办结130条，全年立案84件86人。创新审查调查协作机制，建立健全重大案件督办机制，探索案件审查审理实行“派驻组立案审查调查、市级机关纪工委审理、被监督单位党组织讨论决定”的新模式。积极构建“1个审查调查室+3个派驻纪检监察组+1个区纪委监委”的“1+3+1”协作办案模式，锻炼队伍，提升审查调查质效。

（张仁伟）

【纪检监察工作流程规范】 2018年，无锡市纪委监委严格落实《中华人民共和国监察法》和省监察工作运行“1+N”制度体系。全年制定纪检、监察两套文书模板，建立健全市管干部问题线索处置情况反馈、技术调查配合、审查调查安全管理、审查调查主办人、办理职务犯罪案件工作衔接、适用从宽处罚建议等12个规范性制度，加强对监委管辖88个罪名的实践运用。制定《关于使用留置措施报批工作的实施办法》《雪浪苑审查调查安全相关配套制度》等规定，健全统一决策、一体运行的执纪执法工作机制。建立公职律师制度，聘任机关5名干部担任公职律师，助推监察工作。

（张仁伟）

【纪法协调和工作衔接机制建设】 2018年，无锡市纪委监委充分发挥反腐败协调小组作用，完善党员和公职人员涉嫌违纪违法案件和问题线索通报、移送机制，建立健全监察机关与司法、执法机关的协调和工作衔接机制，审查调查与司法程序之间顺畅高效对接。强化与检察院的协作配合，市监委与市人民检察院联合制定《办理职务犯罪案件工作衔接实施细则》等规范性制度，保障监委与人民检察院办理职务犯罪案件工作的顺畅衔接。强化与法院的协作配合，及时就案件定性、法律适用等问题向法院进行咨询、听取意见，补充完善证据。全年移送的30起案件证据全部采纳、顺利起诉，已审判的13人一审全部服判息诉。

（张仁伟）

【市属公立医院纪检体制改革】 2018年，无锡市纪委监委实施市属公立医院纪检体制改革，印发《市属公立医院纪委工作管理规定（试行）》。健全市属公立医院纪委，明确纪委配备书记1人，进入医院领导班子，同时配备1名副书记和5～7名委员，并配备3～5名专兼职纪检干部。纪委书记实行定期轮岗制和任职回避制度。市属公立医院纪委在医院党委和市纪委双重领导下进行工作，监督执纪问责工作以市纪委领导为主。医院纪委书记必须专职专责，聚焦监督执纪问责。市属公立医院纪委书记实行委派制，根据相关提名考察办法提名、考察和任免。改革后的医院纪委专责执纪监督，监督重点对象是市属公立医院领导班子、班子成员和其他领导干部。医院纪委通过定期报告、定期谈话、调查核查、列席会议等一系列工作制度强化履职履责。

（张仁伟）

12月17日，"诚信建设万里行"无锡站启动仪式暨"信用无锡·10年"成果展举行

（市纪委　供稿）

纪检监察工作

【重大决策部署落实情况监督】 2018年，无锡市纪委监委把督促检查党的重大决策部署落实情况作为落实"两个维护"的重要任务，制定《关于为高质量发展提供坚强纪律保障的意见》，紧紧围绕长江经济带生态保护、打好"三大攻坚战"、实现高质量发展等重大决策部署加强监督检查，确保党中央政令畅通。对中央环保督察"回头看"移交的402个环境问题信访件认真核查，问责58人，给予党纪政务处分21人次、诫勉谈话32人次，通报批评5人次。对省环保督察组移交的市国联集团环保整改不力问题，追究集团党委书记、董事局主席高某的领导责任。

（张仁伟）

【管党治党政治责任落实】 2018年，无锡市纪委监委压紧压实管党治党政治责任，制定2018年度党风廉政建设主体责任、领导责任和监督责任清单，改进个性化责任书，推动各级党组织和领导干部把"两个维护"贯彻落实到谋划重大战略、制定重大政策、部署重大任务、推进重大工作中去。在市委召开的专题民主生活会上，通报15起严重违纪违法典型案件和暴露的共性问题，推动市委常委汲取深刻教训，自觉履职尽责。深化履责全程记实工作，加强日常督查，推动市委制定《全面从严治党"两个责任"履责记实工作考核办法（试行）》。用好问责利器，出台问责工作实施办法，共查处落实"两个责任"不力案件277起，问责党组织183个、领导干部135人。对履行主体责任不力的8名处级干部和履行监督责任不力的2名纪委书记进行通报。

（张仁伟）

【政治生态监测评估办法出台】 2018年，无锡市纪委监委制定《无锡市政治生态监测评估试点工作实施办法》，设置差别化指标，实施分类监测，对市（县）区、市级机关部门、镇（街道）和开发区政治生态状况进行动态分析判断和综合评价。

（张仁伟）

【三项机制落实】 2018年，无锡市纪委监委落实中央和省委要求，推动市委建立健全鼓励激励、容错纠错、能上能下三项机制，激励干部担当作为。修订《无锡市关于进一步健全容错纠错机制的办法》，编印《典型案例汇编》,细化适用范围、操作流程、容错备案的工作要求等内容。共实施容错备案48起、容错9起。

(张仁伟)

【推进诚信体系建设】 2018年,无锡市纪委监委加快推进"诚信无锡"信用体系建设,推动相关单位制定诚信无锡和政务诚信建设的两个意见,以政务诚信带动商务诚信、社会诚信、司法公信,推动营造廉洁诚信的社会环境。12月17日,举办"诚信建设万里行"无锡站启动仪式暨"信用无锡·10年"成果展。加强以廉政档案为核心的政务诚信档案建设,发挥政务诚信对其他社会主体诚信建设的表率和导向作用,诚信情况作为干部日常管理、职务晋升、评先评优的重要依据。

(张仁伟)

【支持民营经济发展】 2018年,无锡市纪委监委通过挂钩结对、实地走访、问卷调查、座谈调研等多种方式,了解企业困难和诉求,推动解决实际问题。制定《关于开展为民营经济营造更好发展环境专项治理的工作方案》,强化纪律监督,督促各级党委、政府和职能部门把支持民营经济、服务民营企业作为重要任务,推动政策落实,解决突出问题。

(张仁伟)

【加强廉洁文化建设】 2018年,无锡市纪委监委召开全市领导干部警示教育大会,制作播放《驰而不息正歪风》警示教育片,累计播放198场,1.2万余人次接受教育。加强全社会廉洁教育,征集廉政文化微作品169件,制作廉政公益广告8个,编写《无锡家训与廉洁教育》《中国古代清官——惠山古镇祠堂人物连环画》等一批廉洁教育书籍。

(张仁伟)

【持之以恒正风肃纪】 2018年,无锡市纪委监委紧盯重要节点,加强对中央八项规定及其实施细则精神执行情况的监督检查,共查处违反中央八项规定精神问题234起,处理党员干部270人,给予党纪政务处分75人。建立落实中央八项规定精神情况月报制度,动态研判各类突出问题的发生情况和变化态势,有针对性地开展专项治理。市纪委监委7次专题对24起典型问题进行通报曝光,充分发挥震慑教育作用。

(张仁伟)

【治理违规吃喝和会风问题】 2018年,无锡市纪委监委建立违规吃喝常态化明察暗访工作机制,开展监督检查635次,检查餐饮场所、单位食堂1371个,发现问题线索322个,立案查处10人,留置1人。查处并通报江阴市环保局青阳分局局长赵某良、惠山区洛社镇党委副书记周某东、滨湖区山水城拆迁办公室主任杨某忠等典型案例,推动市委制定《无锡市严禁违规吃喝的规定》,重申违规吃喝的"五个严禁",初步遏制违规吃喝歪风。把会风会纪问题作为作风建设的切入口,严肃查处无故缺会、代会,迟到、早退,不遵守会场秩序、不认真听会等问题,共开展督查16次,发现问题63个,处理42人,推动机关干部工作作风持续好转。

(张仁伟)

【集中整治形式主义官僚主义】 2018年,无锡市纪委监委制定《关于集中整治形式主义、官僚主义的工作方案》,结合无锡实际梳理出4个方面12个具体表现,部署推进第一轮整治工作。推广复制江阴集成改革工作经验,建立标准化、规范化工作标准和履职体系,通过科学考核和日常监督,激励干部依法履职、担当作为。 (张仁伟)

【开展近距离监督】 2018年,无锡市纪委监委向市城市重点建设项目管理中心、社会保险基金管理中心、住房公积金管理中心派出3个专项监督组,在单位纪委之外再架起一个监控"探头",实施全程化、嵌入式的重点监督,提高发现问题的精准度,努力提高监督质效。

(张仁伟)

【保持惩治腐败高压态势】 2018年,无锡市纪委监委共处置问题线索3182件,立案1586件,其中县处级23人、乡科级106人,给予党纪政务处分1190人,涉嫌犯罪依法追究刑事责任33人;其中查办存量案件1319件,占案件总量的83.2%;查办增量案件178件,比上年下降32.6%。在强大震慑和政策感召下,梁溪区委常委、副区长陈某升,江阴市政协原副主席须某宇等4名党员干部自动投案。把办理留置案件作为反腐败的突破口,共采取留置措施47人,位居全省前列,并且在全省第一个实现市县两级留置全覆盖,先后查办全省留置第一案、处级干部留置第一案、处级干部自动投案第一案和行贿受贿同步留置第一案。

(张仁伟)

【加大追逃追赃力度】 2018年,无锡市纪委监委扛牢追逃追赃主办责任,加强组织协调,在中央追逃办发布《关

4月3日,江苏留置"第一案"当庭宣判:顾某以挪用公款罪被判处有期徒刑二年六个月

(市纪委 供稿)

于部分外逃人员有关线索的公告》12天后，将50名重点外逃人员之一的王某缉捕归案。年初，省纪委和省人社厅专门为无锡市纪委等单位和个人记功表彰。

（张仁伟）

【一体推进不敢腐不能腐不想腐】 2018年，无锡市纪委监委在市县两级全面推进专责监督，共发出监督意见书、监察建议书29份。健全即时教育制度，在锡山人民医院、市科技局等14家单位召开现场警示教育会，66名党员干部上交违纪所得1200余万元。开展市级机关银行账户专项清理，对清理出的3108个银行账户，督促财政主管部门撤销账户416个，涉及资金14.43亿元，并就账户设立、管理等健全完善规范性制度。着眼防范权钱交易和利益冲突，在全市科级以上干部中部署开展违规借贷专项清理，领导干部借贷行为纳入廉政档案管理。针对易某华等案暴露出的医药购销、医疗器械和高值耗材采购等领域问题，开展专项治理，督促推进医药卫生体制改革，着力挤压虚高价格空间。

（张仁伟）

【集中整治群众反映强烈问题】 2018年，无锡市纪委监委紧盯民生资金、“三资”管理、征地拆迁、教育医疗等重点领域开展监督检查，共查处群众身边腐败和作风问题860件，问责979人，比上年分别增长311.4%、345%，给予党纪政务处分125人，让群众感受到全面从严治党就在身边。开展扶贫助困领域专项治理，查处扶贫助困领域腐败和作风问题78件，处理84人。开展教育领域人民群众反映强烈突出问题专项治理，督促教育部门开展学校食堂管理专项督查，加强食堂管理；依法关停校外培训机构115家，查处组织或参与有偿校外培训在职教师11人；对3起教育领域腐败和作风问题公开通报曝光，严肃查处江阴市山观实验小学校长费某良、总务处主任龚某娟等严重违纪违法案件。

（张仁伟）

【严查黑恶势力“保护伞”】 2018年，无锡市纪委监委把惩治“蝇贪”与扫黑除恶结合起来，查处涉黑涉恶腐败和“保护伞”问题9起，给予党纪政务处分7人、追究刑事责任3人。督促公安机关重点打击“套路贷”“黑赌合流”和“两占一暴力”等具有地方特点的涉黑涉恶犯罪，打掉涉恶团伙246个；其中，打掉涉嫌“套路贷”犯罪公司39个。

（张仁伟）

【深化基层治理现代化改革】 2018年，无锡市纪委监委持续推进完善村（社区）领导体制，352个村（社区）实行书记主任“一肩挑”，占比30%。提炼总结江阴市山泉村、璜土村，宜兴市白塔村等基层管理先进典型，探索制定标准化、流程化的规范样本。完善管理机制，推进清产核资，探索实施村级财务集中委托管理。完善监督机制，建设“三资”监管户户通平台，强化对村级集体“三资”处置、财务预决算、日常开支的监督。

（张仁伟）

巡察工作

【修订巡察工作规划】 2018年，无锡市委修订《2017～2021年市委巡察工作规划》，制定《关于推进巡察工作向纵深发展的实施办法》，将选人用人和落实意识形态工作责任制情况等纳入巡察范围，同步开展政治生态评价。准确把握政治巡察新要求，着眼“六围绕一加强”（围绕党的政治建设、思想建设、组织建设、作风建设、纪律建设和夺取反腐败斗争压倒性胜利，加强对巡视整改情况的监督检查）对党组织和党员干部进行政治体检，查找政治偏差。对34家市级机关开展两轮常规巡察，发现问题539个，移交问题线索42条；对428个村（社区）开展巡察，完成计划的38.7%，发现问题2888个，移交问题线索304条。

（张仁伟）

【开展首次专项巡察】 2018年，市、县两级联动开展十三届市委首次专项巡察，市委提级巡察江阴市南闸街道、宜兴市湖㳇镇、梁溪区南禅寺街道、滨湖区蠡湖街道，市委统筹协调交叉巡察锡山区鹅湖镇、惠山区堰桥街道、新吴区新安街道，巡察工作延伸到村（社区）。共发现问题285个，移交问题线索38条。对无锡市第二人民医院、无锡市精神卫生中心开展机动式巡察。制定《关于加强巡察与审计协作配合的实施办法》，通过审计发现问题线索110条。根据巡视巡察移交线索，查处市政府驻北京联络处主任吴某、市第二人民医院原院长易某华等严重违纪违法案件。

（张仁伟）

【为市级机关机构改革提供“纪律护航”和政治保障】 2018年，无锡市委开展十三届市委第六轮巡察，此次巡察是为即将启动的市级机关机构改革提供“纪律护航”和政治保障。该轮被巡察单位中，14个单位涉及下一步机关机构改革，另外2个是群众重点关注的工程建设领域单位。巡察组通过2个月的“望闻问切”“把脉会诊”，找准突出问题，解决突出问题，对巡察发现的破坏机构改革问题认真研判、迅速报告，快速查核，严肃处理，督促各单位在机构改革期间履职尽责，为机构改革做好政治上的准备。

（张仁伟）

【用好巡察成果】 2018年，无锡市委制定《关于进一步加强市委巡察整改和成果运用工作的意见》，扎实做好“后半篇文章”。把整改落实作为派驻纪检监察组日常监督重要内容，对整改情况持续跟踪督办。在市委第五轮巡察中，首次对19家单位开展巡察整改专项督查，发现问题108个。建立专项报告和向市领导情况通报制度，针对巡察发现的普遍性、倾向性问题，拍摄《“政治体检”验忠诚》巡察警示教育片，向市委提交专题报告30份，推动制定整改措施1648条、完善制度344项。

（张仁伟）

编辑　罗秋云

综 述

【主题教育活动】 2018年，无锡市各民主党派、工商联、无党派知识分子联谊会继续开展“不忘合作初心，继续携手前进”主题教育活动，深入广泛开展“纪念‘五一口号’发布70周年”系列活动和“纪念改革开放40周年”主题活动，通过举办座谈会、参政党理论研究班、纪念大会、文艺会演、征文活动、书画展、参观革命故居等活动，继承和发扬与中国共产党风雨同舟的优良传统，热情讴歌改革开放以来取得的伟大成绩，凝聚改革共识、汇聚发展合力，夯实多党合作的思想政治基础。深入开展“不忘合作初心，继续携手前进”、“跟党迈进新时代，同心共筑中国梦”、坚持和发展中国特色社会主义主题教育活动和“不忘创业初心，接力改革伟业”理想信念教育实践活动等，增强接受党的领导，走中国特色社会主义道路的自觉性和坚定性。

（姚静芳）

【参政议政】 年内，无锡市各民主党派、工商联、无党派知识分子联谊会贯

表19　2018年无锡市各民主党派、工商联、无党派知识分子联谊会组织各类特色活动情况

名称	特色活动
民革	举办民革无锡地方组织成立60周年纪念大会，拍摄祝贺视频，编印纪念资料，编制《风雨同舟——纪念民革无锡地方组织成立60周年》纪念册、特刊和艺术作品集，举办“中山博爱讲堂”，举办“不忘合作初心，继续携手前进”纪念中共中央发布“五一口号”70周年暨民革无锡地方组织成立60周年文艺汇演，参观爱国主义教育基地，协办2018实体经济发展大会
民盟	承办民盟中央美术院“相约太湖——纪念改革开放40周年民盟书画作品邀请展”，召开纪念中共中央“五一口号”发布70周年座谈会，举行上海、无锡两地基层组织纪念“五一口号”报告会，举办纪念“五一口号”暨纪念改革开放40周年“盟员眼中的年味”摄影比赛，承办江苏民盟地方组织纪念改革开放40周年书画作品邀请展无锡站活动，协办“纪念改革开放40周年”环太湖摄影创作活动暨第三届太湖摄影论坛
民建	开展纪念“五一口号”发布70周年座谈会，组织骨干会员赴浙江省金华市参观民建先贤施复亮故居，组织骨干会员赴浙江大学参加参政议政骨干培训班，与新浪网联合举办“无锡民建与改革开放40周年”采访活动，组织部分宣传骨干会员赴江阴参观考察香山书屋和江阴新桥特色小镇
民进	成立无锡民进开明大讲堂和无锡民进开明书画院，开展“我与民进共成长”专题征文活动，制作视频短片，编印纪念册，举办“风雨同舟正道行”纪念无锡民进地方组织成立60周年系列活动，组织参观柯灵故居、叶圣陶纪念馆等会史基地
农工党	开展“三学一讲”专题活动，摄制党史视频，筹建3D党史教育基地，赴重庆市、河北省西柏坡开展“不忘合作初心，重走先辈道路”专题教育活动，举办书画摄影展，举办专题讲座，配合农工党省委书画院举办“纪念改革开放40周年书画展暨对口帮扶书画作品义拍活动”，编撰出版《锡农新故事》
致公党	举办理论研修班、征文活动、演讲比赛，举办“从新型政党制度聊基层组织工作”专题讲座，举办纪念“五一口号”发布70周年携手同行音乐会、“亲情中华”第四届国际华人（海归）歌唱音乐会、金秋诗歌朗诵会
九三学社	举行“纪念改革开放40周年书画展”，举行九三学社无锡地方组织成立65周年纪念活动，召开纪念“五一口号”发布70周年座谈会，举办“不忘合作初心，继续携手前进”骨干培训班，组织女社员在三八节赴浙江省嘉兴市开展红色教育，会同滨湖区文体局开展“送文化进警营”活动
工商联	举办无锡市商会党建联盟启动仪式暨民营企业庆“七一”歌咏大会，组织参加改革开放40周年江苏民营经济成就展及优秀苏商人物推选，编印无锡市工商联纪念改革开放40周年主题征文获奖作品集，开展“不忘创业初心，接力改革伟业”理想信念教育实践活动，举办全市年轻一代民营企业家理想信念报告会
无党派	举办“我与祖国同行”演讲比赛，组织赴革命老区参观考察、征文活动

（姚静芳）

表 20　　2018 年无锡市各民主党派、工商联、无党派知识分子联谊会参政议政情况

单位:份(条)

名称	完成专题调研报告	被刊用专题调研文章	被采纳社情民意	“两会”提出议案、提案	被有关部门采纳意见、建议
民革	22	5	10	9	45
民盟	62	7	211	9	5
民建	34	8	148	39	38
民进	29	2	291	52	10
农工党	11	2	258	5	175
致公党	38	16	90	12	15
九三学社	12	2	50	6	10
工商联	7	3	3	6	3
无党派	3	1	3	2	2
合计	218	46	1064	140	303

(姚静芳)

表 21　　2018 年无锡市各民主党派组织及成员情况

单位:个、人

名称	组织情况						成员情况		
	市委会	(市)县委会	基层委员会	总支部	单一支部	综合支部	女成员	新成员	成员总数
民革	1	0	3	1	5	29	230	33	549
民盟	1	2	7	2	18	8	759	83	1871
民建	1	1	7	3	80	0	609	59	1779
民进	1	2	6	0	28	51	689	80	1528
农工党	1	1	7	3	68	24	779	7	1581
致公党	1	0	3	2	34	0	224	37	574
九三学社	1	1	11	0	59	0	554	77	1402
合计	7	7	44	11	292	112	3844	376	9284

(姚静芳)

表 22　　2018 年无锡市各民主党派、工商联、无党派知识分子联谊会社会服务情况

名称	社会服务品牌项目	社会服务主要内容	参与公益慈善活动(场次)	结对助学(对)	捐款(万元)
民革	博爱志愿服务	关爱儿童、书画巡展、义诊、法律服务、水上搜救、关爱失独老人、关爱抗战老兵	102	20	20.00
民盟	凉山支教行、六一圆梦助残	助学、帮困、社区服务	185	15	20.50

续表 22

名称	社会服务品牌项目	社会服务主要内容	参与公益慈善活动（场次）	结对助学（对）	捐款（万元）
民建	思源工程——生育关怀行动，蠡湖文明之友、“心悟之春”志愿者服务队	失独困难计生家庭帮扶、黑臭河道巡查、心理咨询服务	157	70	260.00
民进	书画拥军、送春联进社区、送文化进社区、“智汇课堂、助力成长”送教活动	书画服务、文化服务、教育服务	543	102	293.99
农工党	源泉助学金、瑶寨助学、同心助医援藏、苏陕扶贫协作	义诊、科普宣传、捐资助学、技能培训	308	87	10.38
致公党	致德扶智、致善施美	精准扶贫	88	30	15.00
九三学社	无锡九三大讲堂、专家工作站	技术指导、讲座、义诊、捐赠	105	20	68.93
工商联	感恩社会光彩公益“百千万工程”、“百企帮百村”精准扶贫	助学助困、助残、结对扶贫	109	800	7200.00
无党派	同一片蓝天下	助学、社区服务	8	5	15.00

（姚静芳）

彻执行中共无锡市委政党协商年度计划，围绕“经济发展高质量”“生态环境建设高质量”两个民主协商课题，开展调查研究，形成《深入解放思想，创新发展思路，提升省级以上开发区在推动经济高质量发展中的作用》等调研报告18篇，提出一系列针对性、操作性强的意见、建议，为市委、市政府决策提供参考。围绕社会热点难点问题，撰写上报各类意见、建议和社情民意3000余条，被录用1367条，为党委、政府科学决策提供重要参考。参加“科技创新与产业升级”“经济发展高质量”两个专题民主协商意见、建议办理落实推进会，有效推进民主协商意见、建议的办理落实。围绕“产业强市”等重大决策部署贯彻落实情况，开展专题民主监督，形成民主监督专报。民革中央在无锡举办“2018实体经济发展大会”，聚力聚智研究实体经济发展问题，有效助推实体经济高质量发展。

（姚静芳）

【组织建设】 年内，无锡市各民主党派贯彻中央、省委、市委统战工作会议精神，落实《无锡市各民主党派基层组织建设纪要》精神，按照注重质量、兼顾数量、保持特色、改善结构的工作思路，增强组织建设水平，规范、完善、探索人才甄选、培养、选拔机制和模式，优化组织人才结构，规范新成员发展程序，组织凝聚力和影响力得到全面提升。全年发展新成员376人，净增率4.2%，增长速度比往年放缓。至年底，全市民主党派成员总数9284人。市无党派知识分子联谊会注重加强团队能力建设，至年底，有会员180人。7月，无锡市新的社会阶层人士联谊会成立，首批会员156人，各市（县）、区相继成立新的社会阶层人士联谊会。市工商联深入实施非公领域党建“百千万工程”，组织落实“非公党建雁阵计划”，创新推进非公领域党建工作全覆盖，以党建促组织建设，形成商会党建联盟化工作格局。采取独建、联建、挂建、合建、统建5种组建模式，推进商会、协会基层党组织建设，实施“一商会一特色、一支部一亮点、一党员一示范”商会党建特色工作，全年创建商会、协会党支部30个。至年底，全市工商联有各类会员31648个，比上年增长3.7%，其中企业会员26990个，比上年增长4.6%。年内，共建有海内外无锡商会23家，在无锡异地商会27家。市工商联归口管理的经济类行业协会商会157家。

（姚静芳）

【社会服务活动】 年内，无锡市各民主党派、工商联、无党派知识分子联谊会依托市统一战线“同心”基地联盟，发挥各自资源特色和界别优势，坚持社会服务优良传统，打造特色活动品牌，拓展社会服务领域，探索精准服务形式，广泛开展捐资助学、扶贫帮困、法律援助、文化下乡、义工义诊等形式多样、内容丰富、实效显著的社会服务活动，形成一批各具特色的统一战线社会服务品牌。全年组织各类社会服务活动1905场次，累计捐款捐物7903.8万元，受益群众数万人。

（姚静芳）

中国国民党革命委员会无锡市委员会

【宣传教育】 2018年，民革无锡市委开展纪念中共“五一口号”发布70周年、民革成立70周年、民革江苏省委成立60周年、无锡民革成立60周年活动，通过召开纪念大会、举办“中山博爱讲堂”、拍摄祝贺视频、编撰纪念资料、举办艺术作品展、举行文艺会演、深化党史党章学习、开展观故居和红色教育活动八项系列纪念活动，推进“不忘合作初心，继续携手前行”主题教育，加强思想政治建设。全面开展坚持和发展中国特色社会主义学习实践活动。10月11日，由民革中央和江苏省政协主办，民革江苏省委和中共无锡市委、市政府等承办，市委统战部和民革无锡市委协办的“2018实体经济发展大会”召开。经过自愿报名和基层推荐，市委会从博爱志愿者服务团中选出50名博爱志愿者参加会议服务。

（温　明）

【组织发展】 年内，民革无锡市委发展党员37人，平均年龄36.5岁，其中，博士1人、硕士7人，20人具有中级及以上职称，其中51.4%具备民革界别特色。离世和转入、转出党员各2人。至年底，党员总数549人。分层次组织举办基层领导、骨干党员、新党员培训班，推荐党员骨干参加各级各类培训学习。参训党员总数累计300余人次。2名成员参加江苏省妇女代表大会，徐雯当选省妇联执委；6名成员参加无锡市妇女代表大会，龚婷婷当选市妇联执委。

（温　明）

【参政议政】 上半年，民革无锡市委围绕“经济高质量发展”，完成民主协商课题《改革发展模式，加快提质转型，努力实现我市农业经济高质量发展》。下半年，围绕“生态环境高质量发展”，形成调研报告《多措并举，推动我市土壤修复工作再上新台阶》。完成民主监督课题《积极培育新动能，创建中国高端智能电动车产业基地》《对新国标出台后我市电动车产业发展的建议》。在市政协十四届二次会议上，作题为《提升农村一二三产融合力度，进一步加快我市现代农业园区建设》的大会发言，2名委员参与大组发言，提交集体提案9件，其中《关于建立健全计划生育失独家庭养老保障制度的建议》被列为主席督办重点提案。获评优秀集体提案和优秀社情民意各2件。全年报送统战信息和社情民意80余条，各级各类录用41条，其中《提早谋划城轨过江通道助力产业强市的建议》《做大做强硕放机场加强地区整合的建议》2条得到中共无锡市委书记李小敏批示，省民革和省委统战部录用8条，市政协录用社情民意10条。各级人大代表、政协委员积极履职尽责，5人获评优秀市政协委员。

（温　明）

【社会服务】 年内，民革无锡市委关爱儿童服务团坚持每月为市儿童福利院的孤残儿童服务。梁溪区基层委员会、滨湖区基层委员会多个支部参与服务，直属机关支部党员陪伴孤残儿童走进大自然农庄，开展秋游活动。法律服务团做好涉台法律服务，为民革党员提供法律咨询近10件，多次举办公益法律讲座，开展困难群体救助。海辉律师事务所承办市委会“企业知识产权司法保护论坛”活动。书画服务团年内围绕纪念民革无锡地方组织成立60周年、纪念中共中央发布“五一口号”70周年、纪念改革开放40周年等主题，在无锡市文化馆、惠山古镇寄畅传统文化活动中心、江苏省兰亭小学、无锡市城管局、无锡边检站、滨湖区图书馆开展书画巡展6个场次，参加民革省委和市委统战部有关纪念活动。医疗服务团多次联合基层组织走进社区、敬老院、学校等地开展服务。梁溪区基层委员会、锡山区总支联合举办“博爱随行、恒康敬老”大型公益活动，为近百名民革老党员和民革结对社区群众进行体检。梁溪六支部和十支部、滨湖区一支部开展公益义诊。水上搜救服务团坚持常年分散自主训练与定期集中训练、不定期拓展体能训练相结合，与外省市开展交流活动2次，部分队员参加6月青海循化抢渡黄河比赛和8月苏锡常游泳友谊赛并取得优异成绩，为社区失独老人捐钱捐物。关爱抗战老兵服务团对口服务17名抗战老兵，坚持逢年过节上门慰问、生病住院前往探望、生日祝寿送上祝福，全年走访慰问抗战老兵40余人次。发起募捐，为钱建明老人提供临终关怀，联系爱心企业家为17名老兵上门免费安装取暖器。民革无锡市委和民革无锡市委博爱志愿者服务团被评为2018“健康中国”发展大会、“2018实体经济发展大会”有功单位，民革无锡市委被评为纪念民革成立70周年系列活动先进集体，民革无锡市委博爱志愿者服务团被评为2017～2018年度社会服务工作先进集体，民革无锡市委中山博爱之家等7个“党员之家”被评为2017～2018年度“中山博爱之家”建设先进单位，徐雯等7人被评为纪念民革成立70周年系列活动及其他相关工作先进个人。

（温　明）

【促进祖国统一工作】 年内，民革无锡市委坚持工作特色，注重对台交流。会同市台办举办纪念改革开放40周年暨《告台湾同胞书》发表40周年座谈会，10余名党员代表参加座谈。法律服务团开展对台法律服务，坚持涉台服务常态化，为台企、台商和台胞提供公益性、针对性的法律服务，全年接受在无锡台胞、台属、台商、台企无偿法律咨询70余件，受理案件4件。加强涉台参政议政，《关于进一步发挥台资助推产业强市作用的建议》《关于完善台湾同胞就业环境的建议》等7条涉台涉侨信息被录用。法律服务团会同市台办开展涉台法律服务的工作调研。

（温　明）

中国民主同盟无锡市委员会

【思想建设】 2018年，民盟无锡市委继续深入开展“不忘合作初心，继续携手前进”主题教育系列活动，以纪念中共中央发布“五一口号”70周年及庆祝改革开放40周年活动为抓手，谋创新、扩影响、聚人心。盟市委十三届六次常委（扩大）会议专题学习全国“两会”精神。无锡民盟暑期基层领导干部培训班暨宣传工作会议专题学习全国宣传思想工作会议习近平总书记讲话精神。召开纪念中共中央“五一口号”发布70周年座谈会，举行上海、无锡两地基层组织纪念“五一口号”报告会，举办“盟员眼中的年味”摄影比赛。加强理论研究工作，皮何总、朱小红当选民盟中央参政党理论研究中心特邀研究员，朱小红执笔的《民盟先贤、法学泰斗林亨元》获民盟中央理论研究课题二等奖，完成《新形势下高职院校加强党外知识分子思想政治工作的对策研究》等3个课题上报市委统战部。组织参加省、市征文活动，上报征文24篇。承办民盟中央美术院“相约太湖——庆祝改革开放40周年民盟书画作品邀请展”、民盟中央美术院无锡创作基地揭牌仪式，民盟中央副主席张平出席活动。举办家长教育、法律知识等“民盟大讲堂”专题讲座。全年采编稿件700余篇，其中20余篇在《人民政协报》等国家级报刊发表，100余篇在《新华日报》等省、市级媒体发表，近400篇在人民网等各级网站发表。“无锡民盟”微信公众号全年上传微信稿件500余篇，被上级公众号录用50余篇。编辑《无锡民盟特刊：2017微信稿精编》《无锡民盟增刊：宣传工作经验交流2018》。以吴安琪先进事迹为原型，创编情景剧《最后的请求》。民盟无锡市委获民盟中央思想宣传工作先进集体称号、《群言》发行工作突出成绩奖，获民盟省委宣传工作先进集体二等奖、新媒体建设先进集体称号。8个盟员之家被民盟中央授予“优秀盟员之家”称号。

（眭俊宝）

【参政议政】 年内，民盟无锡市委坚持围绕市委、市政府中心工作，做实做细调查研究。全国“两会”期间，全国政协委员高亚光提交“关于发展集成电路产业的建议”等提案3篇。省“两会”期间，王卉青、钱晴、孙璘等委员、代表提出《从立法层面完善物联网信息保护制度，推动物联网产业健康发展，维护国家安全》等多份提案、议案，盟市委《物联网发展中存在的主要瓶颈及对策建议》《关于促进“物联网＋居家养老”新业态发展的建议》两篇调研报告被转化为盟省委集体提案。市政协全会期间，无锡民盟作《推进高等教育新发展，支撑产业强市新提升》大会发言，提交11篇集体提案、43篇个人及联名提案，其中，《深化综合行政执法体制改革，提升基层执法效能》被市政协评为优秀集体提案，政协民盟、体育小组提交个人提案17件，在委员联系小组中位列第一。民盟江阴市委跨省调研成果《创新建立村级医疗互助制度，健康扶贫助力全面实现小康》被转化为盟中央在全国政协的集体提案。高亚光参加十三届全国政协第十五次双周协商座谈会并围绕特色小镇建设发言。陈承红提交的《财政文化资金向消费端发力，提高文化产品和服务供给的有效性》《发挥高水平中外合作大学的示范辐射作用，带动江苏高等教育内涵式发展》在盟省委文化、教育两个论坛中均获一等奖。鲍钰鸣执笔的《让河长制向“河长治”嬗变升级——来自无锡河长制调研与民主监督的报告》在盟省委生态文明建设研讨会上获一等奖。向中共无锡市委、市政府报送《提升省级以上开发区在推动经济高质量发展中的作用》《打造河长制升级版，提升河道整治实效》民主协商发言稿，提交民主监督建议书两篇，《深化综合行政执法体制改革，提升基层执法效能》被列为市政协主席重点督办提案。开创柔性监督形式，与结对的荣巷街道勤新社区建立“河长治水同心工作站”，组织民盟艺术家进社区慰问河长及治水员，市政协委员吴锡光捐款1万元援建乌泾桥小花园。扩大社情民意信息报送覆盖面，在首席信息员、专报点等基础上实施创新，根据盟员专长发函约稿，向取得突出信息成果的盟员所在单位党群部门发感谢函。全年上报各类社情民意信息502篇，其中253篇分别被中央、省、市级有关部门采用。钱洁《“直播答题”全民热潮恐触“红线”应引起重视》被中办、全国政协采用，杨中浩《对我省工业企业资源集约利用综合评价工作的几点建议》被时任副省长马秋林批示，郭方成《建议完善信息基础设施建设提升我市智慧城市发展水平》被市信访办评为“人民建议”一等奖。民盟无锡市委获民盟省委参政议政工作先进集体一等奖、信息工作先进集体一等奖，全市统战系统信息工作特等奖。

（眭俊宝）

【组织建设】 年内，民盟无锡市委推进“人才强盟”战略，提升盟员发展质量。全年发展盟员83人，平均年龄37.7岁，本科学历以上占比97.6%，界别优势明显。至年底，有县级市委会2个，基层委员会7个，总支部2个，支部89个，盟员总人数1871人，中、高级以上职称盟员占比78.7%，本科学历以上占比76.1%。选送21名盟员参加无锡市第一期党外干部“321人才计划”培训班、江苏民盟高校骨干盟员培训班等。举办新盟员培训班，70余名近三年入盟的新盟员参加培训。启动民盟示范支部创建工作。民盟江阴市委顺利完成届中调整。新成立民盟无锡市委企业家联合会。新建立梁溪区“同舟民盟之家”等盟员之家6个，民盟江阴市委与江阴广电集团战略合作，建立综合性社会服务（实践）中心基地暨盟员之家。民盟宜兴市委第七支部等11个基层组织被评为示范支部，“江南大学校庆音乐会”等活动被评为年度“十佳活动”，全市基层组织测评达标率98.4%。民盟无锡市委监督委员会将基层组织的制度建设情况作为2018年监督工作重点，开展走访调研和实地监督，形成《关于基层组织制度建设监督情况的报告》，推动基层组织盟务活动更趋规范化。全市盟员在本职岗位取得成绩，李守才被中国轻工联合会、全国总工会组织部评为“大国工匠”，汤卓敏当选中国妇女十二大代表，庄晓波获第十届全国中小学外语教师“园丁奖”，吴锡光被中国侨联、国务院侨办评为“全国归侨侨眷先进个人”，崔荣荣负责的社科项目获省政府优秀成果奖，丁锋获2017年度江苏省科学技术三等奖，周悦、蔡晓英、姜少伯获江苏省“五星工程奖”，史小明被省政府授予“江苏省有突出贡献中青年专家”称号，许冬雷被评为“江苏省优秀企业家”，黄静慧、葛昊翔、钱祥芬获无锡市五一劳动奖章，沈锡芬被评为无锡市五一巾帼标兵，张蕾被评为“2016～2018年度无锡市三八红旗手”。民盟无锡市委被评为民盟江苏省委活力基层组织建设先进集体。

（眭俊宝）

【社会服务】 年内，民盟无锡市委继续开展“四川凉山支教行”活动，在民盟宜兴市委的支持下，向10位家庭贫困的大学新生捐款5万元。会同部分企业向凉山彝族自治州普格县部分小学捐赠童袜5000双。会同中山集团等单位赴锡山区特殊教育学校慰问师生，锡山区总支捐赠爱心礼物价值5000余元。锡山区总支发起“衣颗小爱心，书写两地情”活动，向新疆维吾尔自治区叶城县人民捐衣捐书，筹集200余包衣物和50余箱书籍文具等物品。会同市农委承办江苏民盟现代农业专家行活动，为宜兴农业龙头企业、农村产业融合示范点负责人以及新型农民代表80余人作举办高层次农业讲座，并与宜兴远望蔬果等6家农业企业签订互助合作框架协议。继续开展书画进军营活动，组织文联支部近10位书画家赴驻无锡某部，创作并赠送近40幅书画作品。滨湖区基层委员会会同市特教学校开展“光彩公益、植树护绿”等主题教育实践活动。陈瑞农向钱锺书故居捐赠两封钱锺书亲笔信，人民网、凤凰网等媒体予以报道。民盟宜兴市委第七支部依托方圆帮教中心，为社区矫正人员开展法律教育暨捐赠图书活动。杨晓兰“我是你的眼”助盲工作站揭牌并举行为盲人讲电影活动。顾培明连续10年发起“萌动成长，为爱坚守”春联义卖公益活动，累计筹集资金4.6万余元，资助街道学业优秀的寒门学子近百人次。民盟江阴市委澄江支部承办暑期关爱青少年系列活动，为南闸等13个社区400余名青少年举办法律知识普及讲座。文博支部发出捐款倡议，发动419位盟员筹集善款10万余元，帮助盟员渡过难关。民盟无锡市委被评为民盟中央社会服务工作先进集体，民盟江苏省委农村教育烛光行动（教育帮扶）先进集体、黄丝带行动（社会帮教）先进集体，段哲荣获民盟中央“社会服务工作先进个人”称号。

（眭俊宝）

中国民主建国会无锡市委员会

【宣传教育】 2018年，民建无锡市委继续开展“不忘合作初心，继续携手前进”主题教育活动，开展解放思想大讨论活动，举办中共十九大精神、民建十一大精神专题宣讲会，邀请全国人大代表传达全国“两会”精神，组织会员学习习近平总书记在民营企业座谈会上重要讲话精神，巩固思想政治基础。结合纪念中共中央发布“五一口号”70周年、庆祝改革开放40周年，组织基层支部开展系列活动。会同新浪无锡采访10位无锡民建优秀企业家会员，进行“无锡改革开放进行时·领跑者”系列报道。组织支部和会员开展解放思想大讨论调研活动，向中共市委上报解放思想大讨论意见、建议近30条。《无锡民讯》完成改版工作，筹建无锡民建微信公众号。依托市委网站、《无锡民讯》，全年在中央级媒体刊登84篇次，省级媒体刊登149篇次，市级媒体刊登216篇次。向民建中央、民建省委、中共市委统战部报送各类征文107篇，其中1篇被评为民建中央优秀作品，11篇被评为民建省委优秀作品，5篇获市级优秀征文二等奖、三等奖。《无锡民建“爱心牛”精准扶贫新路径在青海省贫困山区落地生根》获评省优秀作品。民建无锡市委被评为民建江苏省委新闻宣传先进单位三等奖、2018年度民建江苏省委网站供稿先进单位。全年形成理论研究成果6篇，其中1篇被民建省委评为理论研究优秀成果。在民建中央第三届“工匠精神”论坛活动中，报送论文7篇，其中1篇获二等奖，1篇获三等奖。

（王　凡）

【参政议政】 年内，民建无锡市委组织各级人大代表、政协委员积极建言献策，向市政协提交集体提案9篇，内容涉及城市建设、产业转型、金融服务、社会治理等各方面。“两会”期间，市、区级人大代表、政协委员提交人大建议案19件、政协提案116件。开展民主协商课题调研，完成《助推金融环境优化，高效服务实体经济》《扎实推动河道整治，实现生态环境高质量》民主协商调研报告并上报中共市委。形成《与时俱进，创新作为，促进民营经济健康发展》调研报告，并作为政协大会发言文章。全年完成调研报告34篇，其中《关于我市大运河文化带建设的思考和建议》等4份调研报告被中共无锡市委主要领导批示。获民建江苏省2018年度报送参政议政成果先进单位一等奖，无锡市统战系统2018年度信息工作一等奖。向上级信息部门报送社情民意409篇，其中民建中央采用6篇，中共江苏省委简报录用9篇，民建省委录用38篇。《处理海洋油料污染有三策》被国家级专报录用，《建议进一步完善江苏省政府采购专家评审机制》被中共江苏省委快报录用。《进一步解放思想，确保农村住房建设取得实效》等两篇社情民意信息被中共无锡市委主要领导批示；《构建新型政、银、保关系，全力推进“锡信贷”业务办理》等4篇社情民意信息被3位分管副市长分别批示；37篇信息被市人民建议征集办公室采纳为人民建议，多篇被《无锡日报》刊载。派驻市规划局民主监督员小组履行民主监督职能，监督梁溪区棚户区改造、新吴区重大项目规划建设工作，形成高质量的民主监督建议书7篇。围绕“智能制造产业政策落地见效”开展民主监督，及时掌握无锡市智能制造政策落地见效过程中存在的问题，为无锡产业强市战略献智出力。

（王　凡）

【组织建设】 年内，民建无锡市委贯彻民建江苏省委组织工作会议精神，落实《民建无锡市委关于“人才强会”的实施意见》，明确发展重点，多渠道物色高素质人士入会。全年发展新会员59人，平均年龄39岁，其中本科及以上学历45人，中高级职称17人，其中高级职称8人，担任企业高级管理人员18人。至年底，全市会员总数1779人，平均年龄为54岁。探索加强会员组织管理新方法，被民建江苏省委评为2018年度组织管理信息系统工作三等奖。制定《民建无锡市委基层支部年度工作目标考核管理办法（试行）》，做好对各支部考评工作和达标评优工作。向民建江苏省委推荐3个特色基层组织，表彰一批达标支部，发挥典型示范引领作用，激发基层组织活力。升格成立江南大学基层委员会。至年底，全市辖县级市委1个，基层委员会7个，总支部3个，基层支部80个。推荐会员参加中央、省、市级骨干会员培训班24人次，参加各级统战部门和民建省、市委举办的理论学习、辅导讲座、专题培训班的会员300余人次。建立“321”青年干部后备人才库，做好党外代表性人士的推荐工作，1名会员经推荐当选为无锡市有突出贡献中青年专家。成立青年工作委员会，调动青年会员在会务工作方面的积极性，建设青年骨干成长平台。

（王　凡）

【社会服务】 年内，民建无锡市委推进“思源工程——生育关怀行动”，关爱失独家庭。“蠡湖文明之友”志愿者服务团队创新活动机制，开展城市黑臭水体治理专项巡查。创立“心悟之春”志愿者服务队，整合会内资源，进社区开展心理咨询服务。“同心实践基地”多点开花，深耕品牌，其中宜兴市基层委员会“同心实践基地”在丁蜀镇敬老院长期运作，关爱孤老；综合支部开创支部与街道共建模式，创建民建“同心实践”新阵地。支持江阴“香山书屋”品牌建设，捐助书款2万元，支持全民阅读推广活动。配合省民建做好“思源爱民公益基金”筹备工作，筹集公益基金91.58万元，其中5万元用于贵州省黔西县新山村农村综合发展定点帮扶。赴青海省循化县考察精准扶贫工作，带领医卫界骨干会员赴西安市周至县开展扶贫助医义诊活动，并向周至县人民医院捐赠药品3万元，聚焦打好精准脱贫攻坚战。宜兴市基层委员会开展各类爱心帮扶活动，通过设立“银燕园丁奖”及困难救助金等形式助学助困，捐资额91.1万元。江阴市委会开展各类助学、助困、助医、敬老活动，捐资额200余万元。全年民建无锡市委各类公益捐款慈善基金近400万元。民建无锡市委获全省民建社会服务优秀组织奖。开展“助力少儿健康”社区公益行系列活动，为青少年提供免费的健康教育和咨询服务。搭建多种交流、学习平台，切实服务民建会员企业。根据市委“连心富民、联企强市”大走访活动的部署要求，民建无锡市委主要领导带队，分赴高校、街道、基层党委、基层支部、会员企业等，及时了解和反映基层的需求。成立法律、金融、中介特色服务小组，精准对接，为会员企业的发展提供力所能及的支持和服务。金融服务小组会同市中小企业联合担保公司、企业发展服务中心举办融资对接会，帮助9家企业解决融资难、担保难以及转贷资金使用和办理。

（王　凡）

中国民主促进会无锡市委员会

【思想建设】 2018年，民进无锡市委开展纪念无锡民进地方组织成立60周年系列纪念活动。成立无锡民进开明大讲堂，全年举办书画艺术、青少年科普等讲座4期；成立无锡民进开明书画院，第十届全国政协副主席、原民进中央常务副主席张怀西为书画院题名并揭牌；开展“不忘合作初心，继续携手前进”主题教育活动，组织基层骨干和新会员参观柯灵故居、叶圣陶纪念馆等会史基地；开展“我与民进共成长”专题征文活动，收到征文49篇；录制60周年VCR短片，编辑纪念册、特刊、美术作品册，梳理60年发展脉络和各阶段工作成绩；10月21日，举行“风雨同舟正道行”庆祝无锡民进成立60周年座谈会、美术作品展和文艺会演。参与系列活动会员2000余人次。贯彻民进中央和省委思想政治教育主题年活动要求，结合纪念“五一口号”发布70周年、改革开放40周年等重大纪念活动，组织中共十九大、民进十二大、全国“两会”等重要会议精神的专题学习，深入开展“不忘合作初心，继续携手前进”主题教育活动，面向全市会员开展解放思想大讨论活动，查找突出问题，自觉剖析原因。办好会刊《无锡民进》，加强市委会门户网站管理和手机新闻、QQ群维护，密切与主流媒体、重点新闻网站的联系与合作，及时报道市委会各类活动和典型人物，全年有30篇报道被《团结报》《人民政协报》《民主》《中国统一战线》等中央级报纸杂志采用；建立“无锡民进”微信公众平台，收集、编辑、发布优质内容，在全国民主党派微信公众号影响力排行榜（市级组织篇）居第一；新闻宣传工作量质并举，呈现良好态势，民进宜兴市委和会员许建国、钱雷分别被评为民进全国宣传思想工作先进集体和先进个人。申报参加民进中央、民进省委、市委统战部理论研究招标课题，完成理论调研文章《有思有行，集智聚力，提升民主党派议政建言实效性》《做好新的社会阶层人士的组织发展，是新时代民进会务工作的应有之义》。

（华佳佳）

【组织建设】 全年发展新会员80人，全市会员总数1528人，其中教育、文化、出版传媒主界别会员占比65.8%。组织部分市委委员赴山东省曲阜尼山进行国学文化考察调研，分批举办拟发展对象座谈会、新会员培训班等，推荐会员参加省市各类学习培训活动110人次。密切联系基层组织和会员，争取中共市委、区委统战部和民进基层组织所在单位党组织领导对基层组织建设和会员各种活动的支持，并根据市委统战部、市委组织部《关于党外干部队伍建设“321人才计划”的实施意见》的要求，推荐青年骨干会员32人进入各级党委组织部门后备干部人才库。推进基层组织规范化建设，召开全市基层组织建设工作会议，部署2018年示范支部创建工作任务，锡山区教育支部等基层组织通过市委监督委员会的考核，成功创建“示范支部”7个。指导梁溪区基层委员成立虚拟机关。机关各职能处室高标准高质量完成省委目标考评任务，机关组织、信息、调研、宣传、社会服务等8项工作的综合考评列全省12个市委会机关第一名，受到省委会嘉奖。

（华佳佳）

【参政议政】 年内，民进无锡市委提交民主协商课题报告《量身定制，精准发力，以高质量发展无锡未来产业》《乡镇经济转型与生态文明建设同步推进》和民主监督课题报告《加快发展智能工厂、智能车间，推进“标准化+”智能制造》。完成民进省委年度关注课题报告《城市总体规划编制须重点破解“多规合一”难题》报告，并被民进省委采纳作为年度省政协提案素材。继续开展年度基层组织申领招标课题工作，各专委会、基层组织申报并完成课题29篇，其中民进无锡市综合三支部《加强特殊人群心理健康服务，推动共建共治共享一体化管理模式》等3篇调研报告获一等奖，滨湖区基层委员会《加强文化创意产业发展，全力助推强富美高新无锡建设》等7篇调研报告获二等奖，辅仁高级中学支部《规范学校管理，减轻学生过重课业负担》等9篇调研报告获三等奖，其余10篇调研报告获优秀奖。加强与苏州民进参政议政联盟合作交流机制，民进无锡市委就课题《现代化城市建设中历史文化元素传承研究》赴苏州调研，集智聚力共同为两地区域共性问题建言献策。协助民进江苏省委文化传媒专委会、教育专委会课题组到无锡调研“江苏工业遗产保护现状问题研究”“校外培训机构专项治理情况”。全会开展“一支部一调研、一会员一信息”活动，聘请丁玲燕等50名会员为民进无锡市委新一轮特约调研员、信息员、通讯员，定期开展专题辅导、线索征集、信息交流、工作总结等系列活动。全年报送信息400条，被各级录用291条次。重视提案工作，各级人大代表、政协委员提交批评建议和提案200余件，对民进无锡市委“关于保障粮食安全加强对超标粮食合理化处置的建议”等6个集体提案所涉及到的相关部委办局办理情况跟踪督导。

（华佳佳）

【社会服务】 年内，民进无锡市委组织20余位书画家赴梁溪区五爱家园社区和胜利门社区开展戊戌（2018）年江苏民进“春联万家”活动，写作春联500余幅。组织10余名书画家赴驻无锡某部开展送书画进军营活动。组织民进江阴市委、民进梁溪区基层委员会、民进滨湖区基层委员会开展图书捐赠活动，捐赠图书2269册，价值6.8万余元。举办无锡与甘肃省酒泉市两地民进组织合作交流活动，与民进酒泉市委开始新一轮结对共建，举办“从丝绸之路到大运河”民进梁溪、敦煌会员艺术家书画联展，加强两地结对共建。各地方组织、基层组织发挥自身优势，开展社会服务工作。全年全市各级民进组织开展教育服务活动115场次，其中送教活动受益人数6200余人，资助学生1186人、19.27万元；通过骨干教师外出讲学、举办教师培训班等形式，为4100余名省内外教师提供培训服务，捐助教学设备教材及物资价值约78.2万元；开展文化服务活动709场次，受益人数4.9万余人次；开展其他社会公益活动276场次，出资698.28万元，受益人数1.06余人次。

（华佳佳）

中国农工民主党无锡市委员会

【思想建设】 2018年，农工党无锡市委学习贯彻中共十九大精神、农工党十六大精神，坚持以习近平新时代中国特色社会主义思想为指引，各项工作取得进展。围绕“不忘合作初心，继续携手前进”主题教育活动，举办主题教育活动骨干培训班，主委韩晓枫以《血与火锻造合作初心，新时代继续携手前进》为题，亲授党课。围绕纪念中共中央发布“五一口号”70周年，开展“不忘合作初心、重走先辈道路”专题教育活动，组织骨干党员赴陕西省延安市、河北省西柏坡、河北省保定市、重庆市进行学习考察；开展主题征文活动，上报征文20篇，其中《使命在肩，初心如磐——追寻历史纪念“五一口号”发布70周年有感》《牢记使命，不忘初心——谈新时代参政党履职尽责》等获省、市嘉奖。开展书画摄影征集活动，其中22幅作品获农工党省委嘉奖。参与主题教育知识竞赛，获党员参加人数全省第一名，组织奖二等奖，个人优秀奖23人。年内，《无锡农工》出刊4期，微信、网站发稿1265篇次，各类宣传报道在《中国政协》《人民政协报》等全国性报刊和新媒体发表50篇次，《扬子晚报》《挚友》等省级媒体刊物和新媒体发表176篇次，《无锡日报》《无锡政协》等市级刊物和新媒体发表153篇次。出版《锡农新故事》，报道基层故事和党员履职故事、敬业故事63篇。创办《党史留声机》品牌栏目。被农工党江苏省委评为社会宣传工作二等奖，订阅党刊《前进论坛》先进单位。

（程　华）

【参政议政】 年内，农工党无锡市委围绕中共市委、市政府中心工作、社会热点问题，开展调查研究，建言献策。围绕“高质量发展”专题民主协商课题，完成题为《加快特色田园乡村建设，助推农业农村振兴发展》《着力农村人居环境整治，助力乡村振兴战略实施》的调研报告。参与农工党中央“长江大保护”重点调研课题，开展太湖水环境综合治理情况的调研，完成题为《全力守好“母亲湖”，为长江大保护贡献力量》的调研报告，在农工党中央举办的第十三届中国生态健康论坛上作交流发言。参与农工党省委“乡村振兴”联合调研征文活动，农工党江阴市委奚海明《加强长效管理，打造美丽乡村》在农工江苏省委“农工论坛”上作交流发言，锡山区基层委员会叶露《农村生活污水处理现状分析及建议》获评二等奖。参与专题民主监督，完成题为《对我市发展物联网产业的几点建议》《对我市发展集成电路产业的几点建议》的调研报告。在无锡市政协十四届二次会议上，提交《关于大力推进我市海绵城市建设的建议》等集体提案6件，作题为《以开展等级评价为抓手，整体提升养老护理机构服务水平》的大会发言。全年农工党员通过各种渠道反映社情民意信息（统战信息）451件，向有关信息渠道报送信息365件，其中市特供信息采纳18件，市党政信息采纳150件，市政协信息专报7件，农工党江苏省委采纳251件，农工党中央采纳7件。《建议加强过程管控防政府招投标项目“低价胜出”弊端》获市领导批示，市二院支部陈义钢和法律支部周颖颖《建议建立规范化共享肿瘤标本库有力提升无锡医学科研水平》和《建议建立劳动纠纷查询平台有效防范就业“碰瓷”》两件建议分别被副市长刘霞、代市长黄钦批示，并分获2018年度全市“人民建议书”征集二等奖和三等奖。《建议加快个税改革缓解“全面二孩”背景下出生人口、人口出生率双降趋势》被农工党中央作为集体提案提交全国政协十三届一次会议；《当前农业人才培养存政策“热”现实“冷”问题须改观》被中共中央办公厅采纳；《建议统一环境污染案件专业技术鉴定规范》被中央统战部《零讯专报》采纳；锡山区基层委员会的万颖岚《亟待开发海关进出口商品编码智能化归类系统》被全国政协采纳；血站支部钱惠忠《建议尽快修订完善“献血法”》被中央统战部《零讯专报》采纳，并被党和国家领导人批示；《政府购买服务核查中的第三方评估次数过多问题须重视》等40件意见建议被中共江苏省委采纳。《建议参照邻市提高我市心脏射频消融术报销标准》和《建议我省完善疫苗全程溯源查询体系建设》被评为2018年度无锡市政协优秀社情民意。农工无锡市委连续7年获农工党江苏省委社情民意信息特等奖，连续6年获中共市委统战部信息考核第一名。

（程　华）

【组织建设】 年内，农工党无锡市委以换届和基层改选为契机，深化组织建设，奠定组织保障。稳步推进党员队伍发展，全年发展新成员78人，平均年龄38岁，其中医药卫生界37人，人力资源与环保领域5人，中高级以上职称49人，市政协委员1人，人大代表1人，党员的年龄、学历层次构成改善；持续抓好党员培训教育，输送2名党员参加农工党江苏省骨干(海归)党员培训班，15名党员参加农工党江苏省经济界骨干培训班，13名党员参加无锡市新时代参政党建设理论研修班，19名党员参加农工党无锡市委骨干培训班，6名党员参加无锡市第29期党外中青班，1名党员参加省委统战部举办的省第22期骨干培训班，54名新党员参加市委统战部举办的民主党派新成员培训班。建设后备队伍，配合中共市委统战部党外干部“321人才计划”，推荐乡科级或(中层正职)人选14人，乡科级以下人选26人。配合中共市委统战部推荐参加无锡市妇女第十六次代表大会代表2人，参加市级机关绩效管理和作风建设社会评议参评人员5人。推荐78名党员成为“农工党江苏省经济界党员联谊会”会员，其中5名担任副会长职务。推进基层组织建设，在全市基层组织中开展为期三年的“创建示范支部，争当优秀党员”活动。根据农工党江苏省委《关于在全省各级组织建立“农工之家”的决定》的工作部署，推动广大基层组织积极创造条件建立“农工之家”，至年底，有30个基层组织建成“农工之家”，其中江阴市委完成下设基层组织的全覆盖。

(程　华)

【社会服务】 年内，农工党无锡市委以精准扶贫、惠及群众为目标，发挥资源优势，树立服务品牌。连续4年与农工党酒泉市委联合开展区域合作帮扶，发放“源泉助学金”3万元，安排甘肃省肃北县、阿克塞县、瓜州县的5名医护人员在惠山区人民医院免费培训。根据农工党省委工作部署，安排1名大方县乡镇卫生院医生在江阴市骨伤医院免费进修，成员王田为大方县第四中学捐书价值3万元；在农工党省委举办的云南省楚雄彝族自治州招商推荐会、农工党江苏省经济界党员联谊会对口扶贫艺术品义拍会上，农工党无锡市委骨干企业家为云南省楚雄彝族自治州、贵州省大方县等地区捐资捐物。继续推进与梁溪区沁一社区合作共建活动，捐赠树苗价值4800元。在宜兴市丁蜀镇紫砂小学成立“同心”服务基地。到惠山特殊学校开展体检和健康服务并进行疾病防控知识讲座。以前进书画院为载体，组织“翰墨育英才、书画进校园”活动。会同民进市委开展“丹青绘伟业，同进新时代”主题书画创作活动。在省书画院成立暨纪念改革开放40周年书画展上，有20名成员入选农工党江苏省书画院，其中2人担任副院长，创作绘画、篆刻和摄影工艺作品44件，其中义拍作品8件，拍卖所得作为省扶贫基金。各基层组织开展“同心助医援藏”“瑶寨助学”“健康江阴行”“春风五月行”“同心服务进社区”“暖宅行动”“童梦家园”等一系列社会服务活动。

(程　华)

中国致公党无锡市委员会

【思想建设】 2018年，致公党无锡市委组织“纪念‘五一口号’发布70周年”携手同行音乐会、“亲情中华”第四届国际华人(海归)歌唱家音乐会、金秋诗歌朗诵会等活动。组织党员参加省政协副主席、致公党省委主委麻建国所作的《从新型政党制度聊基层组织工作》专题讲座，参加市政协领导孙志亮主讲的《坚持、沟通、务实、学习、研究——我为自己选择的专业而自豪》专题讲座。全年推送“无锡致公”公众号48期，党员李红月撰写的《生生不息长江水 念念不忘爱国情》被《新华日报》、“江苏统一战线”微信公众号、《无锡统战》等录用，主委高慧撰写的《感恩于时代——我与改革开放40年的缘分》在《中国政协》、“江苏致公”微信公众号、《无锡日报》等媒体上专题刊登。

(吴　洁)

【参政议政】 年内，致公党无锡市委有29个支部完成调研报告32篇。其中，6项调研被列为省委2018年立项重点调研课题；4篇调研被分别转化为省政协大会发言、书面发言、省政协提案，并被评为致公党省委优秀调研报告。在无锡市政协十四届二次会议上，致公党无锡市委提交集体提案6件，其中《产业强市，须促进产学研深度融合发展》被列为市政协2018年度重要提案，《对推进我市老城区旧城改造和更新的建议》被列为市政协重点督办提案。6篇参政议政成果和2名党员受到表彰。集体提案《对建设食用农产品监管体系的建议》获评优秀集体提案，党员蔡靓羽撰写的《关于医保政策需及时更新的建议》、金为铠撰写的《关于落实细化无锡市互联网企业相关扶持政策的提案》被评为优秀个人提案。致公党无锡市委重点调研《优化产业工人职业技能培训模式，增强就业稳定性》被评为市政协优秀调研成果。向中共无锡市委提出《厚植“两化融合”，激发智能制造发展动力》的民主协商议题和《强化生态制度创新，推动环境污染从“管不住”向“管得好”转变》的调研建议。向市政府提交《关于进一步做大做强无锡地区产业资本的建议》，获市长批示。向中共无锡市委提交的调研报告《打造国际文化艺术产学研生态圈，提升无锡文化产业世界影响力——对发展无锡文化艺术产业发展的建议》获市委书记李小敏批示。全年上报信息130余条，其中被中央统战部录用6条，被致公党中央录用10条，被省政协、致公党江苏省委及中共无锡市委录用60余条。被省委书记娄勤俭批示1条，被省委常委、市委书记李小敏批示2条。年内，有信息员队伍15人，其上报信息数量及录用率占市委会全年总量的1/3以上。

(吴　洁)

【组织建设】 全年发展党员36人，其中博士30人，硕士105人，平均年龄48岁。至年底，党员总数574人，有基层委员会3个、总支部2个、支部34个、小组1个，基层组织覆盖无锡城区。在11月召开的全市组织工作会议上，梁溪区基层委员会等10个基层组织和龚备英等16名党员受到表彰。致公党无锡市委向中共无锡市委的党外干部“321人才计划”推荐优秀党员36人。有各级人大代表、政协委员74人次，其中省人大代表1人、省政协委员1人。与泰州、盐城致公党组织签订合作共建协议，率党内律师团队开展“致公为民，法润阜宁”——法律进村社公益活动。邀请泰州、盐城部分基层组织负责人参加参政议政培训班，率领信息员赴深圳市、广州市开展学习调研活动，参加市级机关总支的解放思想大讨论活动。12月，赴泰州、盐城两市就合作共建工作深入探讨，签署合作共建工作备忘录。

（吴 洁）

【联谊活动】 年内，致公党无锡市委连续第三年开展“老归侨新海归手拉手”活动，率结对的海归人士走访老归侨。3月2日，会同新吴区基层委员会、江南大学总支举办“梅花开两岸、两岸一家亲”两岸名家书画展。召开归侨党员中秋节座谈会，对归侨进行关怀和节日问候。“致公凤巢”——泽一青年城市发展论坛邀请市发改委主任张明康，市委副主委、三高中校长王晓刚担任主讲嘉宾和青年导师，就“国家战略中无锡经济社会发展趋势”“对无锡基础教育的理性认识”与数十位青年进行座谈。致公党无锡市委通过“企业家学堂”，会同北京德恒（无锡）律师事务所举办“致公凤巢——企业家学堂”《企业并购法律实务》讲座。新吴区基层委员会举办主题为“中小企业在多层次资本市场中可能遇到的机会和陷阱”的无边界沙龙。6月，全国政协常委、全国政协港澳台侨委员会副主任、致公党中央副主席闫小培一行到无锡，调研海外留学人员回国创业创新环境。6月，第九届“引凤工程”在江苏举行，致公党无锡市委会同江南大学赴南京参加江苏引才单位集中对接洽谈会，5名博士与江南大学达成初步意向。举办2018国际食品学科学生竞赛（2018 Global Food Science Student Competition），该赛事由致公党党员、江南大学教授江波负责，全球36个国家和地区、60所高校的70名食品学科研究生到无锡参赛，通过活动加强与海外的联系，扩大交流。

（吴 洁）

【社会服务】 年内，致公党无锡市梁溪区基层委员会和党员企业联合举办“致美施善——第三届施尔美·致公党夏季送清凉活动”，向环卫工人赠送夏季清凉礼包，为考上大学的环卫工人子女提供助学金。滨湖区基层委员会举行“学雷锋广场服务活动”，与水秀社区开展同心基地“名医零距离”社区医疗服务活动，党员高永明创办“英明零距离红色物业”，为党派社会服务搭建平台。新吴区基层委员会与江溪街道叙康里社区签约结对共建“同心”实践基地。致公党梁溪区基层委员会、滨湖区基层委员会“同心”实践基地获评无锡市统一战线“同心”实践示范基地荣誉称号。致公党无锡市委向全体党员发出倡议，捐款购买100辆可折叠、轻便带坐便、可躺便携残疾人轮椅车，帮助残疾人出行。党员曹洪海每年向无锡市光彩事业促进会和滨湖区扶贫帮困慈善基金会各捐赠10万元用于慈善公益。党员贾振斌发起“九州有爱”绿丝带活动，发动多家药企募集生活物资价值约30万元，赠予30个社区的200户困难家庭。党员刘堃与无锡明慈医院医生赴青海省循化县开展“精准医疗”，助推“精准扶贫”。梁溪区基层委员会在第34个教师节前，组织开展充满温情和书香的“教师节”慰问活动。新吴区基层委员会组织党员赴徐州市新沂市贫困村开展精准扶贫的调研走访活动。“六一”儿童节期间，新吴区基层委员会党员走进儿童康复中心，开展关爱特殊儿童“同心致善”公益活动。党员朱艳向江南大学100名贫困学生捐赠每人一件定制衬衣。

（吴 洁）

九三学社无锡市委员会

【思想宣传】 2018年，九三学社无锡市委学习贯彻习近平新时代中国特色社会主义思想和中共十九大精神，凝聚共识，提高认识，巩固思想政治基础。开展“不忘合作初心，继续携手前进”主题活动，组织市委委员及基层骨干社员赴河南省开封市市委党校开展专题培训活动，组织新社员赴浙江省嘉兴市南湖革命纪念馆、湖州市梁希纪念馆等地开展学习教育活动，邀请全国人大代表赵伟、全国政协委员唐江澎作两会精神辅导报告。开展纪念中共中央发布“五一口号”70周年和庆祝改革开放40周年系列活动，组织青年社员召开专题座谈会，邀请思想宣传、组织建设、参政议政等方面的基层社务工作先进代表与青年社员交流心得体会；在冯其庸学术馆举办“庆祝改革开放40周年书画展”；开展征文活动，收到各类征文70余篇，社市委两次获得中共市委统战部颁发的优秀组织奖。举行“纪念九三学社无锡地方组织成立65周年活动”，成立“九三履职智库”，聘请科研科技、医疗卫生、城乡建设、教育人文等领域170位社员为智库成员。全年编辑出版《无锡九三》4期，推送微信公众号50期、100余篇，更新网站内容100余篇。在《人民政协报》《团结报》等媒体上发表各类文章30余篇，在政协、统战系统和九三学社上级组织宣传平台上发表文章140余篇。2名社员入选社省委第三届思想理论研究会。

（曾志洪）

【组织建设】 年内，九三学社无锡市委修订主委办公会议、常委会议等工作规则，要求社市委领导班子成员以身作则，模范执行社章社纪，自觉接受监督，为全社作示范。开展主委“约谈日”和“常委联系基层”活动，主委程红约谈基层社员200余名，切实了解、帮助基层组织和社员解决有关困难问题。密切和市纪委派驻二组联系，通报社的重大事项，接受监督和检查。在基层换届、改选，领导述职、机关干部民主测评、考核等社务工作中充分发挥监督委员会作用，强化督导作用，加强监督委员会与兄弟社市委监督委员会的交流与合作。全年新发展社员77人，平均年龄37岁，博士7人，硕士研究生学历28人，高级职称29人，中级职称32人，行政正、副科职各1人。至年底，全市社员人数1402人。淡水渔业中心支社和人民医院基层委员会完成换届工作，至年底，社市委辖县级市委会1个、基层委员会11个、支社16个、个别联系小组1个。1名社员晋升副处职，3名社员晋升副科职，1名社员由事业副科职转任行政副科职。傅洪拓、匡逸强当选江苏省十三届人大代表，程红、颜开当选政协江苏省第十二届委员，25人入选市委统战部党外干部队伍建设“321人才计划”首批名单，徐新宇、杨丽、高彤当选江苏省妇女第十三次代表大会代表，李建华、苏文瑜、季安娜当选无锡市妇女第十六次大会代表，范旻湜、丁云龙当选无锡市青年联合会第十三届委员会委员，费凌云、刘石峰、刘京秋、胡树建当选无锡市新的社会阶层联谊会成员。1名社员参加省委统战部第20期党外县处级领导干部培训班；4名社员参加社省委第11期中青年干部培训班，6名社员参加社省委2019年基层组织负责人培训班；3名社员参加市委统战部第29期党外中青年干部培训班，10名社员参加市委统战部第27期民主党派骨干多党合作理论研修班，80名新社员参加市委统战部和社市委举办的新成员培训班。九三学社江阴市委综合支社和电子电力支社联合赴安徽省池州市黄精种植基地开展调研活动；宜兴市基层委员会与社昆明市委、社嘉兴市委、社泰州姜堰基层委员会开展交流学习活动；滨湖基层委员会会同中共滨湖区农林局党委开展“解放思想大讨论”活动；惠山基层委员会邀请北京大学历史系教授荣新江作“丝绸之路上的文化之旅”的讲座。九三学社无锡市委获社省委“2018年组织建设先进集体”荣誉称号。

（曾志洪）

【参政议政】 年内，九三学社无锡市委围绕中共无锡市委、市政府中心工作，提升建言献策水平。在中共无锡市委专题民主协商会上作《加大培育优势产业，充分发挥集群效应》《推进城市污水管网改造，提升水环境综合治理水平》的发言。两会期间，提交《关于进一步加强机动车停车管理的议案》，提出的《关于规范共享单车管理，让“共享”与“共治”同路、“共享”与“文明”同行的建议案》被列为主任督办重点建议案，提出的《关于工业垃圾集中化处理的建议》被列为重点建议案。向市政协提交《关于智慧城市进程中加强数据资源整合的建议》等集体提案6篇，作《关于提升开发园区全要素生产率的五点建议》的大会发言，4名社员在政协大组上发言。列入市政协重点督办提案1件，获市政协优秀集体提案2件，个人优秀提案2件，优秀社情民意1篇。社市委分别召开社会和法制、经济和科技、城乡、文化教育、医药卫生5个工作委员会和基层组织负责人会议，研究部署调研课题工作。组织相关课题组就优势产业发展、城市污水管网、工业企业资源利用绩效等开展专题调研，完成《以“亩均效益”推进高质量发展的思考与建议》等调研报告12篇。完成社省委中标课题4篇，提交“江苏九三论坛”文章11篇，入选8篇。邀请中央统战部舆情评议员、九三学社中央经济专委会副主任、江苏政协委员龚震到无锡作社情民意专题培训。全年上报各类信息260余篇，其中社中央录用5篇，全国政协综合转报1篇，省委统战部录用20余篇，社省委录用80余篇，市政协、市委统战部录用30余篇。就“工业用地绩效评估”开展民主监督，形成题为《“亩均效益”而非“亩产论英雄”》的监督报告。在梁溪区金星、金匮等3个街道开展“城市精细化管理”专项民主监督工作，在梁溪区扬名街道开展“城市黑臭水体治理”专项民主监督活动，在市市政和园林局开展“放管服”专题民主监督。赴华润燃气公司开展燃气储备调研工作，向有关部门提出意见、建议。

（曾志洪）

【社会服务】 年内，九三学社无锡市委依托“九三履职智库”，发挥九三学社专家工作站作用。锡山基层委员会、淡水渔业中心支社等基层组织持续开展送科技下乡活动，为结对对象拓宽销售渠道。江南大学基层委员会、淡水渔业中心支社持续为甘肃省酒泉市农民提供农业技术支持并赠送鱼药等物品。江阴市委会与江南大学基层委员会合作为江阴红豆村水蜜桃等农产品再加工提供技术支持。社市委会同梁溪基层委员会、滨湖基层委员会、人民医院基层委员会、教育一支社等基层组织，持续开展“九三大讲堂”活动。社会和法制工作委员会、新吴基层委员会、惠山基层委员会开展“法律在你身边”系列法律咨询服务活动。“第30届国际科学与和平周”活动期间，宜兴市基层委员会、梁溪基层委员会、滨湖基层委员会、三院支社、四院支社、精卫中心支社等基层组织开展各类医疗健康、法律知识等专题讲座40余场，受益群众2300余人；组织义诊12次，发放资料500余份，受益群众600余人。在无锡微视界创意空间挂牌成立“九三学社无锡微视界同心实践基地”。社市委会同市交警支队、滨湖区文体局开展“送文艺进警营”活动，九三艺术团开展送文艺进社区系列活动。锡山基层委员会赴青海省海东市化隆县开展扶贫帮困和捐资助学活动，向知海买村提供物资价值10万元，向25家建档立卡贫困户捐赠御寒毛毯、资助家庭贫困学生5个。社员赵磊长期在青海省海东市挂职，社员曹炳汝长期为新疆维吾尔自治区阿合奇县提供柔性智力支持。梁溪基层委员会开展青少年暑期自护夏令营活动，惠山基层委员会举办西点烘焙培训班，滨湖基层委员会组织小学生开展“美食探秘”手工体验活动，新吴基层委员会开展“阅读大运河”新安花苑社区亲子体验活动。

（曾志洪）

无锡市工商业联合会

【非公有制经济人士理想信念教育实践活动】 年内，市工商联举办全市年轻一代民营企业家理想信念报告会，全市160余名青年企业家参会。华云数据许广彬、澄星实业李岐霞等9位企业家讲述自己的成长奋斗和创新创业故事，用身边事教育身边人。推荐双良集团缪文彬在全省年轻一代民营企业家理想信念报告会上交流发言。命名澄星实业等一批“无锡市‘三联三创’理想信念教育实践基地”，选树典型、示范引领，引导年轻一代民营企业家做诚实守信新锡商。

（陆雨晨）

【组织建设】 年内，市工商联加强商协会建设，新成立异地商会2家（启东、山西商会），行业协会5家（工业气体、物联网产业、家用电器、垃圾工程处置、保健食品化妆品行业协会），海外无锡商会1家（越南无锡商会）。4月10～13日，组织全市工商联系统“提升五个能力、聚力产业强市”培训班，市、市（县）区两级工商联干部以及乡镇(街道)商会秘书长等95人赴桐庐县委党校开展专题培训。至年底,全市有市(县)、区工商联7个,乡镇商会31个,街道商会48个,园区商会7个,楼宇商会5个,其他类型商会44个,在无锡市级异地商会28个,海内外无锡商会24个,省级行业商会5个,市级行业协会商会157个,拥有各类会员31648个。其中,企业会员26990个,团体会员476个,个人会员4149个。全市工商联会员中,有全国人大代表1人、省人大代表8人、省政协委员9人、市人大代表80人、市政协委员85人。

(陆雨晨)

【参政议政】 年内,市工商联围绕市委、市政府中心工作和民营经济发展的热点难点问题开展调研,建言献策。《无锡市民营企业品牌建设的对策与思考》得到市领导高度重视,获得市政协优秀调研文章一等奖和无锡市第九届社科学术大会优秀论文二等奖,《无锡市民营企业"创二代"调查与分析》调研报告被市委宣传部确立为2018年社科研究招标课题,针对民营企业高质量发展中遇到的税收、融资、社保、环保和用工问题,市工商联及时进行走访调查,形成《无锡市推动民营企业高质量发展情况汇报》一文上报省工商联和全国工商联。全年有4篇文章分别被评为省工商联、市政协、市委统战部、市社科联优秀调研成果。在市政协十四届三次大会上,市工商联作《注重民企创二代培养,推动民企高质量发展》的大会发言和《坚定信心,迎难而上,为民企高质量发展提供强劲动力》大组发言。报送市党政信息、统战信息500余条,向市政协提交集体提案和社情民意40余件。其中《关于扩大银行业面向小微企业服务的建议》被评为政协优秀提案,《关于扶持消费互联网企业成长,打造无锡"独角兽"企业的建议》等3篇被评为政协优秀社情民意。向市政协提交的《依法保护企业家合法权益,为企业家健康成长和事业发展营造宽松法治环境》提案,针对经济运行中的突出问题,提出切实可行的意见、建议,被评为优秀提案,《关于重视广瑞三村雨季防涝工程的建议》被评为优秀社情民意。《无锡市民营科技企业调查报告》被市政协收入2018年度调研成果汇编。

(陆雨晨)

【服务非公有制经济发展】 年内,市工商联推进"民企活力创新计划",向全国工商联、省工商联提交《无锡市推动民营企业高质量发展情况汇报》,反映民营企业税收、融资、社保、环保、用工等问题。组织"聚力产业强市经济形势发展"报告会,邀请国务院信息中心首席经济学家范剑平为无锡市企

表23　"2018中国民营企业500强"无锡市入围企业名单

序	企业名称	所属行业	营业收入(万元)	全国排名
1	海澜集团有限公司	纺织服装、服饰业	10885541	34
2	江阴澄星实业集团有限公司	化学原料和化学制品制造业	7237863	73
3	红豆集团有限公司	纺织服装、服饰业	6033816	94
4	江苏三房巷集团有限公司	化学纤维制造业	5233235	121
5	江苏新长江实业集团有限公司	黑色金属冶炼和压延加工业	4357390	151
6	江苏华宏实业集团有限公司	化学纤维制造业	4117625	161
7	江苏阳光集团有限公司	纺织服装、服饰业	3738814	193
8	江苏扬子江船业集团	铁路、船舶、航空航天和其他运输设备制造业	3553722	200
9	双良集团有限公司	金属制品、机械和设备修理业	3518421	201
10	法尔胜泓昇集团有限公司	金属制品业	3403315	211
11	远东控股集团有限公司	综合	3389258	213
12	江苏大明金属制品有限公司	金属制品业	2777190	263
13	江苏三木集团有限公司	化学原料和化学制品制造业	2477309	305
14	江苏新潮科技集团有限公司	计算机、通信和其他电子设备制造业	2397733	313
15	新华发集团有限公司	黑色金属冶炼和压延加工业	2298919	327
16	兴达投资集团有限公司	化学原料和化学制品制造业	1810714	425
17	远景能源(江苏)有限公司	其他制造业	1781438	433
18	无锡市不锈钢电子交易中心有限公司	零售业	1642583	471
19	江苏中超投资集团有限公司	其他制造业	1599629	482
20	江苏江润铜业有限公司	有色金属冶炼和压延加工业	1586377	488

(陆雨晨)

业解读中央经济工作会议精神。全力组织开展上规模民企调研和中国民企500强的申报工作，市海澜集团、红豆集团、远东集团等20家民营企业入围，上榜企业数位居全省第一。在江苏百强民营企业的评选中，无锡市21家企业入围，上榜数量位居全省第一。市工商联创新工作机制，将全市197家在无锡异地商会、行业协会商会按行业产业组成九大联组，定期互动交流、服务对接。开展"法律助企进商会"活动，市政协法律事务咨询组11位律师委员与商会联组结对联系，担任商会协会"法律助企"顾问。主动协调市政法委、市公安局、市国税局、市法院、市检察院等部门，妥善解决无锡针织服装行业近百家企业涉税案件。与警企协作办协调解决滨湖经济开发区企业货运车辆通行的难题。军民融合发展工作得到全国工商联主席高云龙肯定，市工商联、市军民融合企业协会及航亚、银环、永瀚、法尔胜等成为全联系统军民融合典型案例。3月，组织六地24城60余位海内外无锡商会会长秘书长、锡商乡贤共叙乡情共话发展。5月，安排组织苏州无锡商会50余位会员企业，开展"情系家乡·助力无锡"无锡行活动。全年组织专题研讨、友城对口洽谈、维州工商企业驻点交流、德国商会项目推介等会议，安排柬埔寨、越南2个经贸团组出访，组团参加首届中国国际进口博览会，147家企业达成采购意向，贸易成交额2.79亿美元。

（陆雨晨）

【行业协会商会归口管理】 年内，无锡市新成立市工业气体、物联网产业、家用电器、垃圾工程处置、保健食品化妆品商协会5家，办理旅游业、证券期货、创业投资、广告、商标、行业卫生6家商协会归口管理。至年底，市工商联归口管理的行业协会商会157家。完成商协会年检122家。加强商协会的管理工作，制定《市工商联商会协会管理办法（试行）》，对商协会筹建、年检、换届、注销、章程核准及名称、法人、负责人等事项变更审批备案工作，依法依规加强规范管理，开展商协会规范相应报告、报批、报备手续。组织召开"市政协法律助企进商会暨市工商联践行亲清政商关系推进会"，聘请市政协法律事务咨询组11名律师委员担任结对商会协会的"法律助企顾问"、16名商协会秘书长担任市工商联践行亲清新型政商关系"亲清监督员"，组织商协会签订党风廉政责任书，秘书长以上负责人登记备案、经审批在商协会兼职的退休领导干部签订承诺书。组织开展商协会联组活动，除专题座谈交流以外，开展相互走访交流、"法律助企进商会"专题培训等活动。筹备召开江苏丝绸产业高质量发展大会。机械工业联合会被评为全国工商联"四好商会"，金银珠宝玉石、物业、纺工、物业4家行业组织被评为省工商联"四好商会"。组织行业协会参加社会组织评估，至年底，全市行业协会商会获社会组织评估AAAA级16家、AAA级21家。

（陆雨晨）

【光彩公益事业】 年内，无锡市光彩事业促进会继续实施光彩事业"百千万工程"，推动非公领域开展助学、助残、助医、助困、助业"五大圆梦行动"和"百企帮百村"精准扶贫攻坚行动。完成项目33个，捐赠资金314.5万元。召开专题推进会，以徐州市、连云港市等地20个贫困村为帮扶对象，会同市（县）区工商联，组织动员民营企业助学、助困、助业。红豆、法尔胜、海澜、双良等企业积极参与省精准扶贫基金，认捐7000万元。开展无锡市光彩事业助农走进连云港活动，红豆集团捐助30万元，完成省工商联下达的16个贫困村的扶贫任务。举办无锡市光彩事业"助残圆梦行动"走进梁溪区暨"锡商助残联盟"启动仪式，向梁溪区"残疾人之家"捐赠空调50台，向市特殊教育学校捐赠电话亭书屋5座，总价值20万元，建立"锡商助残联盟"。

（陆雨晨）

【商会党建】 年内，市总商会党委推进工商联（商会）组织和非公有制企业党建工作，新成立长沙无锡商会党支部、宁夏无锡商会党支部。至年底，市总商会党委下辖的商协会党支部31个，发展新党员9人，在册党员160人。12月，举行全市非公经济领域党建工作推进会，设立10个市级、20个县级、30个商会协会、企业党支部党建示范点。湖北、如东、温州等7个商会支部以"进一步解放思想，激励新时代新担当新作为"为主题，开展专题组织生活，温州商会党支部赴浙江省嘉兴市南湖和江西省井冈山，潮汕商会党支部赴陕西省延安市开展"党日活动"。湖南、江西、台州、海安等商会党支部召开纪念建党97周年座谈会。海安商会党支部瞻仰上海中共一大会址。如东商会、新华商智商会和不锈钢支部党员浙江省嘉兴市组织入党宣誓。

（陆雨晨）

编辑　李汉洪

无锡市总工会

【概况】 2018年，全市各级工会坚持中国特色社会主义工会发展道路，贯彻落实党的全心全意依靠工人阶级的指导方针，履行团结教育、维护权益、服务职工等各项职能，改革创新，推进“大教育、大竞赛、大维权、大调解、大关爱、大组建”工会工作六大工程收官，召开市工会第十八次代表大会，明确今后五年全市工会工作实现职工素质建设、职工能力建设、职工权益建设、职工服务建设、工会组织建设、工会党的建设等“六项建设”高质量发展的目标任务。至年底，全市基层工会有14325个，涵盖单位数66287个，工会会员266.5万人。市总工会机关被评为无锡市2018年度综合考核优秀单位。

（丁 一）

【职工思想引领】 2018年，全市各级工会以学习贯彻习近平新时代中国特色社会主义思想和中共十九大精神为主线，加强“中国梦、劳动美、幸福路”主题教育，开展“启程新时代、再创新辉煌”学习中共十九大精神知识竞赛活动，通过多种形式把学习融入实践。以“我与无锡品牌”“我与无锡质量”为主题，开展“建功必须有我”百场巡讲进企业活动，把职工的思想行动与中央和省委、市委重大决策部署相统一。

（丁 一）

【弘扬劳模精神工匠精神】 2018年，市总工会做好市劳模和全国、省五一劳动奖推荐评选工作；各市（县）区总工会紧贴实际开展培育宣传活动，发动基层工会组织，以建设“工匠之家”、开展“平凡岗位不平凡员工”选树活动等多种形式弘扬劳模精神、劳动精神、工匠精神。市总工会组织劳模开展劳模工匠精神进企业、进机关、进校园“三进”宣讲活动161场；以“纪念改革开放40周年·40劳模风采路”为主题，制作播放劳模风采专题片、劳模个人宣传片、劳模画册，举办“弄潮江南40年劳模先进风采音乐故事汇”，在全社会营造劳动光荣、创造伟大，勇当先进、争创一流的争先创优氛围；实施劳模支部“双创双提升”工程，开展劳模创新工作室科技成果收益共享专题调研，推动形成尊重劳动、尊重创造的激励机制。

（丁 一）

【提升职工文化素养】 2018年，市总工会深化职工读书活动，开展“职工读书月”系列活动，深化“职工书屋”示范点建设，新建全国“职工书屋”示范点5家、省级“职工书屋”示范点9家、市级“职工书屋”示范点24家；开展职工文体活动，举办“送关爱·送法律·送文化”活动25场，开展请优秀职工看电影大片活动50场，组织职工参加第十九届省运会职工部比赛，承办江苏省第十九届省运会职工部龙舟赛，举办全市职工文艺骨干培训班，加大职工文体人才培养力度，营造健康文明、昂扬向上的职工文化氛围。

（丁 一）

【职工教育培训】 2018年，市总工会线上线下双向推进职工教育培训工作。由市总干校开发运营的“江苏工会学院”职工教育网络服务平台有5000余家企业注册，134万人次在线学习；深化“无锡工会会员教育普惠项目”，形成涵盖五大类30项400多门线上免费培训课程的教育普惠培训体系，创新推出“企业网上大学”等培训项目。进企业巡讲，培训职工2.2万余人次。设立“工会励志奖学金”，开办劳模先进学历提升班，促进职工职业素养和职业技能的“双提升”。

（丁 一）

【主题劳动竞赛】 2018年，市总工会开展“践行新理念、建功‘十三五’”主题劳动竞赛，围绕产业强市主导战略，在全市十大重点工程（项目）、十大重点行业和重点企业，开展主题鲜明、形式多样的示范性主题劳动竞赛；结合实际打造劳动竞赛特色项目，推动无锡城市轨道交通工程劳动竞赛列入全省十大重点工程劳动竞赛项目；加强劳动竞赛组织动员，层层发动全市近万家企业、超百万职工参与劳动竞赛，形成立足岗位投身“强富美高”新无锡建设实践。

（丁 一）

【职工技能培训和技能大赛】 2018年，全市各级工会按照“培训、练兵、竞赛、晋级”全链条模式，先后举办技能培训班1500多期，培训职工2.6万人次。举办第十[illegible]届无锡市职工职业技能大赛，在全市教育、卫生、交通、行政服务、通信、旅游、居民服务等行业（单位）开展28项35个工种的比赛，吸引逾10万职工参加比武竞赛活动，引导职工在争先创优中提升技能水平。

（丁 一）

【职工科技创新】 2018年，全市各级工会广泛开展以职工科技创新、合理化建议为主的“五小”（小发明、小创造、小革新、小设计、小建议）活动，组织各类创新竞赛400多场次，职工科技创新项目1万余项，提出合理化建议5.7万条，创造（节约）效益超2亿元。参与第五届全国职工优秀技术创新成果交流活动和第十届江苏省职工科技创新成果评选活动，无锡市有5个项目获奖，数量列全省之冠。

（丁 一）

【推进民主管理】 2018年，全市各级工会推进厂务公开民主管理制度化、规范化建设，完善以职代会为基本形式的民主管理制度，推广“星级职代会”建设工作。全市实行厂务公开民主管理企业总数38790家，国有、集体企事业单位厂务公开民主管理制度建制面100%。制定《关于推进全市职工董事、职工监事制度建设的意见》，提高职工参与企业民主管理水平。推动工资集体协商提质扩面，加大工资协商指导员队伍建设力度，全市开展工资集体协商企业39018家，建制率98.8%；贯彻《江苏省女职工劳动保护特别规定》，加强菜单式指导、精细化协商，推进市协调劳动关系三方委员会修改《女职工特殊保护专项集体合同文本》无锡版本。

（丁　一）

【职工劳动保护】 2018年，全市各级工会广泛开展“安康杯”竞赛活动，全市参赛企业1.6万余家、参赛班组10万多个、职工105万人次；广泛开展职工安全“百千万”大教育培训工程，组织开展“我身边的隐患随手拍”活动，编印发放《安全事故案例汇编》1万册，夯实安全生产工作的职工群众基础。

（丁　一）

【劳动法律监督】 2018年，全市各级工会加强上下联动，推进与政府职能部门横向联动，开展工会劳动法律监督检查，对1640家企业进行法律监督与指导服务，发放《工会劳动法律监督意见书》115份，提出整改意见621条，补签劳动合同91份，补发工资38.7万元。

（丁　一）

【劳动法律服务】 2018年，全市各级工会坚持面上服务与重点服务相结合，深化劳动法律宣传，开展“聚力新时代·法治在身边”“五一”劳动法律宣传服务月活动；开展“尊法守法·携手筑梦”法律服务活动，发放《农民工法律服务手册》和《农民工进城务工百题问答》等宣传册，为农民工等重点群体提供精准服务。升级上线法律援助站点电子地图，扩大工会法律援助影响力，进一步畅通职工法律维权渠道。

（丁　一）

【矛盾隐患排查化解】 2018年，全市各级工会运用工会系统月度排查化解、横向部门联动排查化解、纵向地区层层排查化解“三大机制”，全年开展日常排查企业13万余家（次），排查出存在劳动关系隐患企业21家，涉及职工2386人，与有关部门及时沟通信息、联手化解矛盾，维护职工队伍和谐稳定。

（丁　一）

【职工服务平台建设】 2018年，全市职工服务三级综合平台三年建设行动全面完成，实现市、市（县）区、省级以上开发区及乡镇（街道）职工服务综合平台全覆盖；全市已建成户外劳动者“安康·爱心驿站”200家、企业和公共场所“爱心母婴休息室”145家，各类职工服务实体阵地体系不断健全、功能日益丰富。

（丁　一）

【完善职工服务体系】 2018年，全市各级工会推进工会普惠服务，市总工会启动工会会员服务卡发行工作，将普惠服务内容延展到职工生产生活、身心健康、素质提升、购物旅游、休闲娱乐等各个方面。加强精准帮扶，做好“两节”送温暖、“金秋助学”等工作；联合市人社局开展“春风行动”，共组织专场招聘会50场次，为28710名求职者提供就业服务；市总工会还通过举办专场招聘会、推出网络培训等形式，多渠道促进就业再就业。

（丁　一）

【工会特色服务品牌】 2018年，市总工会深化“关爱·圆梦”工程，全市各级工会组织积极参与，发动613家爱心企业提供实习岗位4183个，2168名学生参加实习，其中困难（特困）职工子女132人。开展“送关爱·送法律·送文化”活动，实施劳模“暖心关怀”行动，推进职工互助保障项目，推动全市各级工会打造各具特色的服务品牌。市总工会“工会会员教育普惠平台”被评为“全省工会促进职工创业创新富民增收示范项目”。

（丁　一）

【工会组织基础建设】 2018年，全市各级工会推进基层工会组织扩面拓点。落实“两个普遍”工作要求，扎实推进工会组建和会员发展工作，全力加强产业工会和行业工会建设，拓展建会入会新领域，在无锡八佰伴开展商场信息员入会试点工作。职工之家建设持续提质。推荐全国模范职工之家5个、全国模范职工小家4个，江苏省模范职工之家64个、江苏省模范职工小家62个，表扬无锡市模范职工之家100家、无锡市模范职工小家50家；开展“结对共建、联手强家”、“会员评家”等活动，提升职工民主参与职工之家建设水平。

（丁　一）

【工会改革】 2018年，市总工会推进《无锡市总工会改革实施方案》落实，召开机关改革工作动员部署会，凝聚工会系统改革共识；做好改革任务责任分解，加强对下改革督促指导，推动各市（县）区总工会改革任务落实。以制度建设作为改革创新重要抓手，加强工会财务、经审制度建设，推动市工人文化宫、市总干校、职工服务中心等工会事业单位取得新发展。工会调查研究、对外交流、对口援疆工作有序推进。

（丁　一）

【市工会第十八次代表大会】 11月19～21日，无锡市工会第十八次代表大会在市人民大会堂召开。省委常委、市委书记李小敏和省人大常委会副主任、省总工会主席魏国强在开幕式上发表讲话，市长黄钦在工代会期间为代表作经济形势报告，市总工会主席陈德荣代表市总工会第十七届委员会向大会作工作报告。大会选举产生市总工会新一届领导班子，全面总结过去五年全市工会工作，系统谋划今后五年工会工作思路，明确了今后五年无锡工会工作六项建设高质量发展的奋斗目标，为推动无锡工运事业和工会工作高质量发展提供坚强有力保障。

（丁　一）

共青团无锡市委员会

【概况】 2018年，共青团无锡市委员会（以下简称团市委）把握共青团工作的根本任务、政治责任和工作主线，按照市委党的群团工作会议部署和市委书记李小敏寄语批示要求，推进改革攻坚和从严治团，青少年思想引领、基层组织建设、助力青年创新创业等工作，全市青年和共青团工作实现新发展，得到团中央书记处第一书记贺军科高度肯定。至年底,全市有共青团员339167人。

（严　杰　李鸿飞）

【共青团改革】 2018年,团市委完成共青团无锡市委机关主要职责、内设机构和人员编制规定的制定;制定《关于推荐优秀团干部和优秀青年骨干到团市委机关挂兼职锻炼的方案》;完善建立跨部门的工作小组;指导和督促所有市(县)区出台改革实施方案,指导直属单位做好配套改革举措,做好学联、青商会换届的相关工作。制定《全市基层团组织"双强"攻坚行动实施方案》,解决基层团组织弱化、虚化、空心化等突出问题;推进休闲集聚地和青年之家建设,进一步构建"职业+地域+交往"的三维组织和服务网络;推进区域化团建,进一步完善基层团工作的"块面+条线+社会组织"区域化结合机制;建设青年观察员队伍,进一步构建"党政+团内+青年"满意度评价结合机制。

（顾　茜　李鸿飞）

【纪念五四运动九十九周年主题团课】 5月3日上午,"新时代青年说"无锡市各界青年纪念五四运动九十九周年主题团课暨"新时代新思想青年大学习"示范活动举行,全市各行业青年代表600余人现场聆听此次团课。原团市委副书记、老团干代表朱姝带领新团员宣誓,市委常委、组织部部长周英代表市委向全市广大团员青年致以节日的问候,向青少年工作者和关心支持青年工作的社会各界人士表示衷心的感谢。活动中,市委副秘书长曹国光为无锡"青年大学习"行动首批导师颁发聘书;团市委书记俞政业与无锡日报报业集团党委书记、总裁、社长杨建共同启动"奋斗者说"青年寻访展示活动;活动现场还为第二届无锡市"最美青年工匠"获得者授牌。

（顾　茜　李鸿飞）

【市第十九次团代会】 1月3～5日,共青团无锡市第十九次代表大会召开。大会选举产生了共青团无锡市第十九届委员会,审议并通过团市委书记俞政业代表共青团无锡市第十八届委员会所作的《深化改革攻坚助力产业强市为谱写新时代中国特色社会主义无锡实践的新篇章贡献青春力量》的工作报告。闭幕会后举行共青团无锡市第十九届委员会第一次全体会议,选举产生第十九届委员会常委、书记、副书记。俞政业当选为书记,周卫国、朱晓峰、周凌晶(挂职)、唐忠宝(兼职)、朱虹(兼职)当选为副书记。

（顾　茜　李鸿飞）

【青年身边小微服务】 2018年,团市委坚持顶层设计与基层实践相结合,打造无锡共青团青年身边小微服务项目,累计服务青年超过100万人次,编撰6期《无锡市"青年身边共青团"工作成果交流》,制作《无锡共青团青年身边小微服务项目大赛优秀项目汇编》全手册。8月,举办"无锡共青团青年身边小微服务项目PPT大赛",现场发布20个优秀项目。11月,2个项目入选2018全国"青年之家"主题活动季团中央扶持项目。

（顾　茜　李鸿飞）

【"青年之家"建设】 2018年,团市委实施无锡"青年之家"激活计划,全市共建成"青年之家"87家,实现县、镇、村三级覆盖,打通服务青年的"最后一千米"。配备131名"青年之家"管理员,团干部占58%,青少年事务社会工作者占42%,做到"专人运营,专业服务"。在青创空间、专业园区、文创基地等青年集聚的工作地建立升级版"青年之家",如恒华科技园的"白领青年之家"、高新区科创中心的"文创青年休闲集聚地"、国家超级计算无锡中心的"科研青年集聚地"等。

（顾　茜　李鸿飞）

【基层组织建设】 2018年,团市委相继在无锡市体育产业发展集团、国家超级计算无锡中心、市文学艺术界联合会、市快递行业协会等文体、科研青年聚集的新兴领域建立团组织,开发"SUPER团建工作法""U递团工作法"等一系列与该领域实际密切契合的共青团工作方法,依托市文学艺术界团工委、市快递行业团工委举办"文艺进万家青春颂改革"无锡共青团专场文艺演出、"双十一"慰问无锡快递行业青年等活动。推进地铁团建大联盟建设,在地铁三阳广场站打造市级青年休闲集聚地公益阵地,带动沿线商家、学校、医院等团组织的资源互补,撬动联盟资源服务青年。在新吴区指导成立"长江路团建联盟"、滨湖区成立"科研院所团建联盟",在无锡农村商业银行开拓"团聚·锡银青年"阵地,在新吴区万科泊寓开拓"青年人才公寓团建"阵地,辐射周边地区,对展示共青团改革成果、展现青年整体形象产生重要作用。

（顾　茜　李鸿飞）

【好青年培养与宣传】 2018年,团市委在全省率先成立"青年学者学习社",被省内多家媒体报道;指导所属7个市(县)、区和在锡大专院校团委,建立各类青年学习社109个,其中,依托"青年之家"重点打造突出青年特点、有特色的线下阵地24个,聘请首批"青年大学习"导师,先后指导各级团组织开展"青年大学习"活动36场次,联系和覆盖青年17万余人。举办"习经悟典"系列宣讲活动,以"青眼看党史"为主题,组织青年学习中共一大、二大等党史知识,在全市各级团组织和广大青年中开展"与宝哥共话新时代——无锡市'马克思主义青年说'主题活动",项目入选团省委宣传部"10100"创新创优工程十个重点(储备)项目。联合市史志办举办"丹心遗痕凝心筑梦"——无锡各界青年纪念一二·九运动83周年暨江苏省"诵读学传"活动走进无锡文艺会演。开展《青年节里谈青年》街头采访活动,联系《无锡日报》和无锡广电新闻综合频道,采访甘霖、郑冰清、徐铭骏等青年代表,制作《厉害了,无锡青年!》专版和《奋斗所到处青春恰自来》深度采访,录制"当青春遇上改革开放"主题视频。完成全国"向上向善好青年"推报,其中,钱志文、周立宸分别被评为"诚实守信好青年""崇义友善好青年";推进2018"我们身边的好青年"大型网络推荐活动,落实"每周一星"选送,顾若君、黄秦祺、虞嘉晔等9人入选2018江苏好青年百人榜。

（范滢皓　李鸿飞）

【新媒体平台应用】 2018年,团市委开展"改革开放40周年解放思想青年说"主题网络新媒体活动,做好"团聚无锡"微信公众号的运维,加大微信原创内容供给,至年底,累计发布微刊635条。开通"新青年说"抖音官方页面,为新兴青年说出自己的梦想和故事、传播自己的创意和想法，搭建有效的网络平台。筹备和开通“团聚无锡”抖音官方号，并按照每日推送1～2条内容的频次组织试运营。推进“苏青U+”等平台的加速推广和常态使用，重点推动“苏青U+”在“市—区（县）—镇（街）”各级覆盖贯通。

（范滢皓　李鸿飞）

【助力青少年健康成长】 2018年，团市委联合市政法委开展重点青少年群体走访联系工作，覆盖5000余名重点青少年，以社区为单位，由基层治保主任、民警、团干部、五老、志愿者组成的“帮扶团”进行常态化联系和针对性帮扶。落实“七五”普法规划，加强“两法两条例”（《中华人民共和国未成年人保护法》《中华人民共和国预防未成年犯罪法》《江苏省未成年人保护条例》《江苏省预防未成年人犯罪条例》）的宣传贯彻。联合市司法局、广电集团开展“青春红绿灯”校园行——无锡校园法治宣传教育巡讲活动；联合无锡交广网共同举办《青春红绿灯》未成年人保护教育专题教育节目48期。全年开展29场法治专题宣讲，模拟法庭展演场17次，覆盖人数超过1.2万人。推进青少年禁毒宣传教育“双百计划”，率先在无锡城市职业技术学院开展“守护青春——大学生禁毒防艾同伴教育计划”项目，培育100位同伴教育主持人；自主研发青少年禁毒宣传教育教学课程，由18位公益讲师在6所中专职院校进行授课，累计22次，覆盖学生近7000人。实施“禁毒科普课堂”，开展小白鼠科学实验网络直播活动，累计在线观看人数超过130万人；开展“‘泡’击毒品”禁毒快闪活动，吸引广大青少年线下参与。常态化开展“轻松备考·12355与你同行”阳光行动，热线开通期间，共接听考前电话咨询286个，跟踪服务并有效介入心理疏压个案98个。市“两会”期间，团市委作题为《青春自护为载体助力“平安无锡”建设》的政协大会发言。

（焦　朏　李鸿飞）

【青年志愿者工作】 2018年，团市委组织开展“青春建功新时代，七彩志愿社区行”志愿服务主题月活动，在全市354个社区、学校和企事业单位开展422场志愿服务主题活动，获得省级七彩志愿服务组织奖。开展以“青春新时代七彩志愿行”为主题的“舞动青春”奉献月系列活动，开展上百场志愿服务活动，受益群众上万人。组织实施青年志愿者关爱农村留守儿童“七彩假期”志愿服务项目，累计服务留守儿童2600余人次，服务时长1万余小时。动员志愿者组织全面参与世界物联网博览会、无锡才交会、无锡马拉松赛、雪浪大会、浪漫樱花情侣跑等赛会保障工作。

（华晓蕾　李鸿飞）

【新兴领域青年人才服务】 2018年，团市委主动走进行业协会、技术园区、文化街区等新兴领域青年聚集地，以调研座谈、网络沟通、活动参与等途径，发现一批新兴领域青年。针对新兴文艺青年建立活动和孵化阵地——“文创青年筑梦空间”，提供文化交流学习场地，为培养对象创立工作室、文化企业等提供相关配套服务，推动培养对象作品市场化，扶持文艺青年创作出更多优质文化作品。围绕新兴青年群体设计举办“江苏新兴青年青春筑梦季启动暨2018无锡青年创意节”，凝聚一批积极向上的新兴青年群体骨干。开展“见微知著锡城记事”微小说征集活动，引导文艺青年用手中的笔记录改革开放四十年的变化，收到征文57篇。推荐高彤等7人加入全市新的社会阶层人士联谊会。

（华晓蕾　李鸿飞）

【青年交流与援建】 2018年，团市委以“锡望工程”为统揽，做好精准脱贫攻坚工作。与阿合奇县政府、无锡广电、灵山慈善基金会、阿合奇沙棘产业协会，共同策划实施“向阳而生”沙棘林公益认养活动，计划筹资100万元。邀请阿合奇优秀学生到无锡参加“无锡—阿合奇融情实践夏令营”活动。联合微天使公益社、无锡市志愿者总会秘书处、“1069”无锡广电交通频率等单位，开展“爱心双城记”系列活动。分赴陕西延安、新疆阿合奇、甘肃永登、湖南石门开展爱心助学活动，共成功结对（资助）100余位贫困学生，资助爱心款项（物资）超10万元。

（华晓蕾　李鸿飞）

【扶持青年创业就业】 2018年，团市委承办“创青春”江苏青年创新创业大赛，参赛项目共有271个，其中无锡参赛项目27个，分别荣获一等奖1个，二等奖3个，三等奖6个。赴无锡科技职业学院、锡山区支点众创空间调研，规划建设新一批创客空间，强化团元素融入和创业服务设计，着力打造青年创客集聚地。推进融入中国青年创新创业板建设，无锡三乡岸生态农业科技有限公司、无锡麦梯服装科技有限公司等企业实现青创板挂牌。连续第五年举办无锡青年“双创”特训营，优选国内外15所高校60名学员进行封闭式强化训练。实施“U+展翅”大学生就业创业能力提升计划，联合无锡市人才服务中心、无锡市人力资源市场进一步丰富“职场微体验暑期莫宅家”大学生暑期实习品牌活动内容，组织100家重点企事业单位提供3000多个就业岗位，15家就业见习实习基地单位提供500多个见习实习岗位，覆盖求职就业青年5000多人。

（刘　尧　李鸿飞）

【青年成长成才服务】 2018年，团市委利用青商会、省农村青年创业协会换届等契机，组织开展各类调研走访活动近20场次，调研市（县）区、乡镇（街道）30余个，非公企业30余家，走访覆盖青年一线职工100余人，青年企业家50余人，青年农民80余人。与市人社局、商务局、质监局等相关部门联合开展各类职业技能大赛共计5场次，参赛青年500余人次。开展无锡市“最美（优秀）青年工匠”寻访活动，进一步宣传好、展示好优秀青年职工践行工匠精神的风采，寻访产生无锡市“最美青年工匠”“优秀青年工匠”各10人。深化无锡市“最美新型青年农民”寻访活动内涵，选树10位“最美新型青年农民”，通过农博会、真人图书馆、团聚无锡微信、抖音小视频等线上线下平台充分展示新型青年农民群体的风采。举办无锡市“新农菁英”人才发展联盟成立大会暨“菁话未来”青农人才发展论坛活动，对“新农菁英”人才发展联盟工作进行推介，通过联盟理事会人选及理事长建议名单，推荐朱虹担任联盟会长，邀请“新农菁英”代表分享涉农创业经验，邀请农商行“三农”工作部进行了农贷产品政策介绍。举办无锡市政协第六期企业家沙龙——“新农菁英创新创业”主题沙龙，邀请国土、人社、商务等涉农相关部门负责人，与20位青年农民围绕发展中存在的问题进行交流。开展农村青年人才调查研究，撰写调研文章《乡村振兴战略背景下服务青年农民创新创业的思考》。

（刘 尧 李鸿飞）

【“青字号”品牌管理】 2018年，团市委举办第二十五期市级青年文明号创建集体负责人培训班，从创建管理、主题活动、党团建设、青年成长等方面对各单位青年文明号工作进行指导。通过开展复核工作，对全市省、市两级青年文明号集体进行梳理、统计。推荐江苏法尔胜缆索有限公司扭绞甲班申报全国青年安全生产示范岗，推荐中船澄西船体车间装配班等3个集体申报省级青年安全生产示范岗，开展2017年度市级青年安全生产示范岗考核工作。推荐国家超级计算无锡中心甘霖为全国青年岗位能手，无锡华能电缆有限公司钱华彬等5人为省级青年岗位能手。联合市人社局通报2017年度无锡市青年岗位能手（标兵）及优秀组织奖，授予无锡技师学院张俊等4人“无锡市青年岗位能手标兵”称号，授予江阴兴澄特钢顾丰波等24人“无锡市青年岗位能手”称号，授予法尔胜泓昇集团有限公司等8家集体“无锡市青年岗位能手活动优秀组织奖”。

（刘 尧 李鸿飞）

【学校共青团、少先队工作】 2018年，团市委推动各市（县）区普遍成立教育团工委，印发《无锡市中学共青团、少先队改革任务清单》，联合市政府教育督导室、市教育局开展区、校两级中学共青团、少先队改革专项督导。指导江阴、梁溪、锡山等地少工委探索“少先队员证”“少先队工作联盟”“少先队‘三研（教研、调研、送研）’行动”等改革示范项目，梁溪区“少先队工作联盟”经验被省少工委推荐参加全国少先队改革书面交流，团省委《中学共青团与少先队改革动态》录用改革信息3条。主持《辅导员》（团中央主办）杂志“少先队教研”“动感聊吧”两个专栏，推介无锡少先队改革经验文章近70篇，在“全国少工委办公室”“中国辅导员”“中国红领巾”“红领巾集结号”微信公众号发布改革动态信息43条。推动各市属高校以党委名义印发学校共青团、学联学生会组织改革实施方案，召开市学联第十次代表大会，选举产生第十届市学联委员会、主席团，选拔聘任4名市学联驻会执行主席。举办少先队活动月观摩5场，以会代训辅导员800余人。推荐30家少年科学院成为省少年科学院团体会员单位，10家少年科学院被评为省优秀少年科学院。举办“红领巾梦工场”研学实践营、“故事家族”亲子故事大赛，开展“寻访无锡路见美好”纪念改革开放40周年夏令营等活动。举办首届红领巾“创未来”创新创意创造活动，聘任首批市青少年科学院小院士40人，36件作品入围全国交流展示项目。与无锡广电融媒体中心联合推出《牛娃来了》广播电视节目，面向大中学生开展校园相声节、“青春韶华、感恩学校”抖音作品展评活动，与尚善志愿团、灵山慈善基金联合培育大中学生优秀公益项目36个，为大中小学生创造丰富的实践体验机会。

（吴 燕 李鸿飞）

【希望工程系列活动】 2018年，团市委召开希望工程系列公益项目规范化建设工作会议，指导基层开展自查和整改。组织开展“共青团在你身边”——2018“暖冬行动”青少年服务月活动，累计募集发放爱心助学基金116.88万元，结对助学青少年学生7109人。开展“希望之星”“优秀受助生”“慈善助学金”助学项目评选，新增贫困学生105人。开展“圆梦大学”行动，11名应届高中毕业生获得每人5000元的省级资助。开展第19届“希望之家状元奖”评选活动，“希望之家”新增10名“双一流”高校受助生。连续2年举办“爱心午餐”公益助学活动，联合中国人民银行无锡分行等为37名贫困学生提供餐费补助。结合“青春扶贫”工作要求，对关爱缺失的事实孤儿、生活困难的未成年人、需要帮助的被侵害虐待未成年人三大困境青少年群体进行组织化信息排查、精准化结对帮扶、专业化项目设计。排摸出困境青少年916人，其中事实孤儿176人，生活困难的未成年人678人，被侵害虐待的未成年人62人。针对生活困难的未成年人，主要对接爱心群体和社区资源，帮助青少年及其家人培养劳动技能，最大限度争取物质帮扶；针对被侵害虐待的未成年人，引入社会组织、专业社工和心理咨询师，以个案形式点对点帮扶疏导，筛选关爱案例28例。

（范滢皓 李鸿飞）

无锡市妇女联合会

【概况】 2018年，全市各级妇联组织把握增强政治性先进性群众性的要求，坚持党的领导、履行政治责任，坚持立足基层、服务妇女群众，改革创新，团结引领全市妇女在推动无锡高质量发展中贡献力量。至年底，全市有各级妇女组织5660个，“妇女儿童之家”阵地1177个。

（唐科红）

【妇女创业创新】 2018年，市妇联紧贴产业强市主导战略和乡村振兴战略，推动妇女创新创业。开展城乡妇女岗位建功活动，首次面向社会公开征集无锡市巾帼文明岗20个，通过社会公开征集和组织推荐，经审核，授予无锡市妇幼保健院药学部等100个岗位为“无锡市巾帼文明岗”，何冬梅等50人为“无锡市巾帼建功标兵”。召开乡村振兴巾帼行动推进会，组织动员全市各级妇联组织联合开展乡村振兴行动。举办“三八架金桥，春风送岗位”女性专场招聘会，提供适合女性就业岗位3000多个。先后组织女企业家代表考察位于柬埔寨、越南的无锡企业、位于杭州的阿里巴巴集团，参加浙江云栖2050大会、“两湖”论坛、“巾帼匠心绣美天堂”——江苏女性手工工艺展、2018海峡两岸（江苏）名优农产品展销会等，开阔眼界，增强发展动力和信心。年内，申报成功各类省级巾帼示范基地29个，推荐省级乡村振兴、巾帼建功、创业创新女性典型人物6人，9名优秀创业女性入选省女企业家领航计划，5名优秀创业女性被评为省“十行百星”巾帼创业创新典型。

（唐科红）

【家庭文明新风建设】 2018年，市妇

3月7日，无锡市纪念国际劳动妇女节108周年大会暨"巾帼创业榜样"颁奖礼 （唐科红 供稿）

联在全市广泛开展"树新风、扬正气、展风采"社会主义核心价值观主题教育实践活动，大力弘扬优秀家庭文化，广泛传播家庭文明新风，多维展示女性时代风采。广泛组织动员各级三八红旗手、巾帼建功标兵、"最美家庭"等优秀典型、专家学者、妇联常执委走进妇女群众身边，开展"十百千巾帼大宣讲"，传递党的好声音。深化寻找"最美家庭"活动，年内，推荐产生全国最美家庭3户、全国第十一届五好家庭3户，省五好家庭4户，省最美家庭8户、第三届江苏省书香家庭3户。"E人益语——少年家风说"活动入围市网络文化季推广项目。开展"我家这40年"讲故事活动，无锡地铁集团马燕演讲的《一条轨道两代人——三生三世情》荣获省大赛一等奖。全市63个家庭教育讲师团1254名讲师常态化进村（社区）开展"科学家教进万家"公益巡讲。在全市广泛开展"书香飘万家"家庭亲子阅读活动，培育并挂牌首批市级家庭亲子阅读基地20个。

（唐科红）

【妇女儿童权益维护】 2018年，市妇联履行促进男女平等、维护妇女儿童合法权益的基本职能，办好妇儿实事。开展性别平等咨询评估，将市政府2018年规范性文件中涉及妇女儿童的10个文件纳入咨询评估范畴，对3部法规政策的制定开展专家评估。举行"万家学法平安促和谐"普法宣传社区行活动，编排《不做沉默羔羊》反家暴情景剧走进14个社区。邀请法律顾问团专家走进5所高校，开展"陌上花开"婚恋观教育暨"万家学法法润万家"高校行宣讲活动，1300多名学生参加活动。实施妇女儿童权益保护代理诉讼工作，全年受理代理诉讼案件22件。实施"爱的港湾"预防家庭暴力援助项目，为30户家提供干预服务150余次。全年接待群众来信来访574件次，办结率达98%以上。举办普法讲座83场，参与人数6850余人。组织开展各类普法宣传咨询活动215场，发放宣传资料近11万余份，参加服务的专家及志愿者2738人次，开展对特殊人群的帮教慰问870人次。

（唐科红）

【帮扶困境妇女儿童】 2018年，市妇联持续推进对困境妇女儿童的关爱和帮扶。举办妇女家政、母婴护理、电子商务、农村妇女网上行、妇女创业贷款等各类培训班，培训妇女1.26万人次。部门联动开展困境未成年人及农村留守儿童"合力监护相伴成长"关爱保护专项行动；深入村（社区）开展"女童课堂"公益巡讲；实施"守护花蕊、美丽绽放"流动女童自护项目；举办第十一届"社会妈妈助春蕾移动真情献爱心"助学活动，累计惠及困境儿童1100名。市妇联荣获江苏儿童慈善"创新组织奖"。帮扶结对贫困村宜兴后洪村，向困难村民、贫困学生发放慰问金及慰问品价值10万余元。协调慈善专款30万元，用于救助全市197户贫困单亲母亲家庭。推动女性安康保险工作，15.51万人参保，622名女性得到保险赔付，累计赔付资金482.4万元。全市申报实施省级服务妇女儿童公益创投项目13个，市妇联发包立项实施"苔花芬芳"公益创投项目17个。

（唐科红）

【巾帼志愿服务】 2018年，市妇联开展"巾帼建功新时代·志愿服务暖人心"主题志愿服务活动，在全市开展

巾帼志愿者进村入户宣讲中共十九大精神 （唐科红 供稿）

"百团四送进百家"和"百队千人走社区"巾帼志愿服务活动。继续开展"走进春天玫瑰有约"千名妇联干部大约访活动,走访贫困妇女、巾帼志愿者、女性特色团队负责人、女大学生、外来务工女性、私企女老板等各行业女性近2000人。推荐3个优秀巾帼志愿服务团队参加江苏省第三届志愿服务交流展示会。面向全市征集"巾帼志愿者暖心故事"微视频,遴选8个优秀故事视频参与全国妇联新时代"巾帼志愿者暖心故事"网络展播。实施关爱"苔花女性"之公益影像计划,对23个承接市妇联公益创投服务项目的女性公益组织进行跟踪报道。江阴市创新设立女性公益"芳舟奖",宜兴市持续打造"陶都木兰"志愿者服务品牌。

(唐科红)

【**妇联工作改革创新**】 2018年,市妇联以《无锡市妇联改革实施方案》为纲领,完成既定的各项改革任务。调整市妇联机关各部室职能分工,调整后,市妇联机关内设6个业务部门,即办公室、组织部、宣传部、妇女发展部、权益部、家庭和儿童工作部;市政府妇女儿童工作委员会办公室按照有关规定设置。制定市妇代会代表和常执委履职规则、市妇代会代表联系妇女群众等相关工作制度,建立机关干部基层联系点制度和到居住地社区妇联报到制度。壮大妇联干部队伍,市、市(县)区、镇(街道)、村(社区)四级妇联共配备了挂兼职副主席2750人,执委11980人。加强基层组织创新和妇联区域化建设,指导成立省内首家公司妇联——中国移动通信集团江苏有限公司无锡分公司妇联,全市各区新建各类妇联组织近80家。依托区域化党建积极开展区域化妇建,江阴市妇联出台《关于推进全市开发区、镇(街)妇联组织区域化建设"聚能计划"的意见》,新吴区妇联着力打造江溪长江路妇联服务联盟等6个不同类型各具特色的妇联联盟。建好用活基层妇女儿童阵地,重点打造宜兴市、惠山区、滨湖区妇女儿童活动中心。

(唐科红)

【**三八红旗手(集体)推荐**】 2018年,市妇联推进典型培树工作,提升无锡市三八红旗手(集体)推荐活动的社会参与率和品牌影响力。首次尝试面向社会公开征集2016～2018年度无锡市三八红旗手8人,设置网络投票环节,吸引47万多人次投票。探索建立三八红旗手(集体)工作室,至年底,共建成市级三八红旗手(集体)工作室8个、市(县)区级三八红旗手工作室22个、镇(街道)三八红旗手工作室26个。陆晓燕获全国三八红旗手称号,姚娟获省三八红旗手标兵称号,薛花娟等7人获省三八红旗手称号,梁溪区妇联等3个单位获省三八红旗集体称号。

(唐科红)

【**"巾帼创业榜样"颁奖**】 3月7日,无锡市纪念国际劳动妇女节108周年大会暨"巾帼创业榜样"颁奖礼隆重举行。无锡市康斯泰科技有限公司董事长马雪芬等15名女企业家获无锡市"巾帼创业榜样"称号,无锡市电力变压器有限公司总经理王佳美等14名女企业家获无锡市"巾帼创业榜样"提名奖。省委常委、市委书记李小敏会见"巾帼创业榜样"获奖人员,并与市领导黄钦、周敏炜、周英、华博雅、刘霞为获奖人员颁奖。

(唐科红)

【**创建家事审判新模式**】 2018年,市妇联与市中级人民法院共同推出"三台一金"(家事调解平台、财产查询平台、家事陪审平台和反家暴救助金)家事审判新模式,旨在实现"清官巧断家务事"。搭建家事调解平台,组建由妇联干部、社工、志愿者组成的调解团队,成员从具有法学、社会学、教育学、心理学专业知识和具有法律从业、社会调解、基层工作经历等人员中选任,采取首调负责制,并推出线上家事调解以保护当事人隐私权。搭建财产查询平台,在家事案件审理过程中,满足条件的,经当事人申请可由审判庭委托执行局利用网络执行查控系统进行财产查询,财产查询平台与财产申报制度共同发力,督促当事人如实申报财产,为弱势家事纠纷当事人提供有效权利救济。搭建家事陪审平台,挑选具有优秀专业学历背景和丰富工作、生活经验的人员作为家事陪审员,与家事法官共同构建家事专项陪审平台,根据案件特点可突破常规的三人合议庭,组建大合议庭,从法理、情理、事理入手,在依法判决有效维权的同时化解当事人心结。设立反家暴救助金,制定《无锡市反家暴救助金管理使用办法(暂行)》,规范反家暴救助金的来源、支出和监管,定向援助因家庭暴力而受到伤害的妇女儿童、老年人等弱势群体,帮助其解决基本生活、医疗困难及因诉讼、执行而产生的相关费用。

(唐科红)

【**市妇女第十六次代表大会**】 12月16～17日,无锡市妇女第十六次代表大会在无锡市人民大会堂召开。全市各行业的400多名妇女代表参会。会议通报2016～2018年度无锡市三八

市妇联开展家风宣讲系列活动 (唐科红 供稿)

红旗手标兵、三八红旗手(集体)和无锡市“最美基层妇联干部”寻访结果。大会期间,与会代表认真听取并讨论了省委常委、市委书记李小敏和省妇联主席张彤的重要讲话;审议通过了市妇联十五届执委会的《工作报告》;经过民主选举,产生了新一届市妇联执行委员会,蒋群联当选为无锡市妇女联合会第十六届执行委员会主席,陈锡云、杭向丽当选为副主席,王芳当选为挂职副主席,徐艳萍、戴敏君、卫蕾当选为兼职副主席,邓丽洁等11人当选为常务委员。

(唐科红)

无锡市科学技术协会

【概况】 2018年,全市科协系统服务广大科技工作者,服务创新驱动发展,服务全民科学素质提升,服务党和政府科学决策。市科协被评为中国科协2018年度全国科普日优秀组织单位和优秀活动单位、省科协2018年全国科技活动周暨江苏省第三十届科普宣传周活动优秀组织单位、市级机关2018年度综合考核第一等次,市科协机关党总支被评为2016～2017年度市级机关先进基层党组织。推进企业科协、园区科协和科研院所科协建设,全市街道(镇)科协组织全覆盖,城区楼宇科协继续发展丰富内涵。

(办公室)

【“互联网+”服务模式建设】 2018年,市科协加快高端学术交流平台、新型科技智库平台、科普宣传及科技推广服务平台、科技信息情报共享平台和“海智云”平台建设,完成“科普无锡”科普公众服务平台的建设,开通“无锡科协”微信服务号和“科普无锡”微信订阅号,复刊《无锡科协》杂志,形成了“一刊、一网站、四平台、一微博和两微信号”服务新模式。

(办公室)

【学会工作改革】 2018年,无锡市科协持续推动学会治理结构和管理方式的改革创新,实施学会干部能力提升计划,市级学会理事长、秘书长和财务人员业务培训全覆盖;充实自然科学学会服务平台,各学会全面融入服务平台;规范学会管理,提升服务能力,对所属110家市级学会进行年检,评选五星和四星级学会20个、特色学会20个;落实“党建强会”计划要求,出台《市自然科学学会党建工作实施意见》《学会党建先进集体和先进个人评选意见》,探索学会党建创新发展的新途径、新模式。

(学会部)

【学术交流活动】 2018年,市科协落实《省会合作协议》精神,争取国家级学会和省级学会创新资源向无锡集聚。在中国科协和省科协的支持下,国家级学会在无锡举办多场高端学术交流活动:中国计算机学会主办“第六届太湖论坛——超级计算机并行应用大会”和“第七届太湖论坛——自主可控大数据与人工智能”;中国电工技术学会主办“中国(宜兴)电线电缆产业高质量发展论坛”;市级学会组织开展了“全国无人机发展高峰论坛暨无锡太湖杯无人机锦标赛”“第九届海峡两岸纺织学术论坛”“第三届青年科技工作者创新创业大赛”“智能交通建设和产业规划高峰论坛”。市科协邀请中央政治局集体学习主讲人魏少军参与梁溪大讲堂,作《集成电路——信息通信产业的拱心石》主题报告。开展第十届(2016～2017年度)自然科学优秀学术论文评选活动,共征集论文833篇,经推荐、评审、审定和公示,评出特等奖3篇、一等奖15篇、二等奖30篇、三等奖102篇,由市政府确认发布。市科协突出“科普场馆或基础设施建设方面的研究”等32个课题方向,面向全市科协系统开展2018年软科学研究课题申报工作。

(学会部)

【全民科学素质行动计划】 2018年,市科协履行市全面科学素质工作领导小组办公室职责,推动《无锡市全民科学素质行动计划纲要实施方案(2016～2020)》实施。开展各市(县)区科学素质工作“十三五”中期评估检查;组织科技活动和科普宣传周,扩大科普受众;推动“江苏科普云”科普信息屏社区广覆盖;牵头开展科普电影“五进”系列活动;联手相关部门在公交、地铁、电视媒体、微博微信等平台开展科普宣传;出台《关于支持科普基地服务全民科学素质提升的意见》,优化整合全市科普资源;实施文化科技卫生科普“三下乡”活动,组织科普体验馆援建;启动第二届青少年科技创新市长奖评选工作;加大科普志愿者招募,注册数已超7万人,名列全省第一;参加省公民科学素养大赛,参赛人数在全省领先。在全省“十三五”全民科学素质工作中期评估中名列第一。

(科普部)

【青少年科技竞赛】 2018年,市科协联合市教育局、团市委等部门,共同举办无锡市青少年机器人竞赛暨物联网传感创意设计大赛、无锡市第三十四届中小学生科技模型竞赛、第二十七届中国儿童青少年威盛中国芯HTC计算机表演赛无锡赛区决赛、无锡市第二届“遨天一号”杯少儿航天创意大赛、第六届无锡市中小学生金钥匙科技竞赛团体赛决赛、第二届青少年科普剧创作会演和科普夏令营等竞赛活动。竞赛活动不仅成为青少年了解新科技、开拓视野、展示成果的平台,而且培养了学生们的团队精神和解决问题能力,增强对科技创新的兴趣爱好。

(科普部)

【海智项目系列活动】 2018年,市科协联合市(县)区和相关单位举办“2018国际大咖秀”、“2018无锡(滨湖)KIT创新技术对接会”、“智云论道”质量论坛暨2018 QPDCA质量峰会,与DayDayUp无锡加速器等联合主办“‘海智沙龙’之解密以色列创新”活动和“‘海智沙龙’之国际知识产权”活动。10月26日,市科协首个海智项目孵化基地成立,Day Day Up无锡加速器自此成为市科协海智项目的专业孵化空间。基地的成立使市科协与Day Day Up携手,充分利用好现有资源平台,在海外项目落地、人才智力引进和创新技术合作等方面深入开展合作。

(国际部)

【“百名科技之星暨十大创新争先科技人物”评选】 4月13日,市科协发布《关于选树“2018年无锡市百名科技之星暨无锡市十大创新争先科技人物”的通知》。此次活动是市委组织部、市人力资源社会保障局和市科协首次联合组织开展的优秀科技工作者评选活动。经过多渠道推荐、依法征信、专家评审、选树委员会讨论及网上公示等程序，王钢等100名科技工作者被评为“2018年无锡市百名科技之星”，并从中评选出王强等10名“无锡市十大创新争先科技人物”和冯术娟等10名“无锡市十大创新争先科技人物提名人物”。

（办公室）

【太湖（马山）生命与健康论坛】 4月21日，由江苏省药学会、市科协等共同承办的太湖（马山）生命与健康论坛在无锡举行。论坛采用主题演讲、主题沙龙和专业论坛相结合的形式，商讨产业发展中的热点问题，为企业家们搭建国内外生物技术国际化交流平台，促进无锡生物医药与生命健康产业发展。开幕式上，江苏省科协授牌无锡生物医药研发服务外包区为“江苏省海智工作基地”。市科协引进的欧盟研究与创新中心无锡中心项目正式签约，成为无锡着重打造的马山国际健康旅游岛规划的一部分。

（国际部）

【“全国科技工作者日”系列活动】 5月，市科协以“弘扬科学精神，争做时代先锋”为主题，组织开展“百名科技之星暨无锡市十大创新争先科技人物”选树、“蛟龙号”副总设计师胡震《弘扬科学家精神持续发展深潜事业》主题报告、高科技发展典型企业观摩体验、走访慰问在无锡院士和科技工作者代表等活动。10月，市科协邀请话剧《杨石先》剧组到无锡，为高校师生、科技工作者和中学师生等3000余人作精彩演出。

（学会部）

【中欧科技创新项目洽谈会】 5月9日，由市科协、惠山区政府、欧盟研究与创新中心联合在惠山区举办“中欧科技创新项目无锡洽谈会”。洽谈会邀请葡萄牙驻上海总领事馆经济商务参赞马里奥·柯纳，芬兰驻中国大使馆科技参赞等欧盟七国的专家学者，推介欧盟最新的科技创新项目和技术，进行互动问答和项目洽谈对接。江苏毅合捷汽车股份有限公司与德国ARENA-INNOV ATION公司、无锡九霄科技有限公司与立陶宛的USB AltechnaR&D公司成功签约。

（国际部）

【科普宣传周活动】 5月19日，全国科技活动周暨无锡市第三十届科普宣传周在太湖广场拉开帷幕。开幕式上，表彰新一批省市科普教育基地、市青少年科技创新教育示范学校和市科普示范家庭；开展以城市转型、产业升级、科学生活为主题的科技创新成果展示；组织企业科技成果科普秀、中小学生科技创新成果作品展、趣味STEM工坊、青少年机器人嘉年华等主题展示和急救演示、体质测试、健康咨询等专题活动。科普周期间，先后举办流动科技馆巡展、机器人及3D打印作品展览、校园科技节等特色活动。

（科普部）

【大数据创新发展高峰论坛】 9月14日，“2018中国大数据创新发展高峰论坛”作为“2018世界物联网博览会”的重要子论坛在无锡举办。论坛以“跨界融合、智能创新”为主题，邀请中国工程院院士谭建荣、德国国家科学与工程院院士Peter Sachsenmeier、浪潮集团执行总裁王洪添等知名专家学者和企业家出席。论坛上，中国电子学会发布《工业大数据创新指数》，太湖新城发展集团发布“雪浪云工业制造大脑（2.0版）”。

（学会部）

【全国科普日活动】 9月19日，全国科普日启动暨无锡科普号地铁专列首发仪式在地铁一号线市民中心站举行。启动仪式上，市科协向市民代表赠送了《2018版科普地图》及“科普号”地铁专列首发纪念卡。“科普号”地铁一号线专列共6节车厢，设健康与医疗、食品安全、应急避险、航空航天、前沿技术、伪科学六个主题向公众普及科学知识。“全国科普日”活动以“创新引领时代科技创造未来”为主题，由市委宣传部、市经信委、市教育局、市科技局、市科协、团市委共同举办，在全市范围组织开展多种形式、内容广泛的科普宣传和体验活动148项。

（科普部）

【2018世界内燃机大会】 11月9日，由市科协承办的国际内燃机界最高水平、最全领域的“奥林匹克大会”——2018世界内燃机大会在无锡开幕。大会组织1场主峰会、1场内燃机产品展览展示、2场高峰论坛、8个专题分论坛、1场闭幕式以及1场技术参观，为全球内燃机行业的整机制造商、零部件供应商、用户、大学和研究机构提供交流平台，促进技术创新、商业模式创新以及相关方的合作，推进无锡“两机”产业发展和“动力之都”建设。

（学会部）

无锡市文学艺术界联合会

【概况】 2018年，无锡市文学艺术界联合会（以下简称市文联）进一步加强文艺创作引导、文艺人才培养和文艺惠民长效机制建设，发挥行业建设主导作用。充分利用民间文艺展馆资源的独特优势，在全省成立首家“文艺展馆联盟”（文艺展馆协会），加强对新文艺组织、新文艺群体的团结引导。在成立青年协会的基础上，与团市委联合成立无锡市文学艺术界团工委。在无锡文艺网开设无锡市文艺家协会会员系统，出台《无锡市文联文艺类社会组织管理办法》，制定《文艺家协会2018～2019年重点创作计划》。出版《无锡谜韵》，举办“江南谜史研讨会”，创作合唱歌曲《爱之路》，出版《无锡书法论文集（第三辑）》，举办中篇评弹《郑和下西洋》文本专家论证会等。

（孙必勇）

【庆祝改革开放40周年文艺活动】 2018年，围绕纪念改革开放40周年，市各团体会员、文艺社团组织各类主题文艺活动，举办“全景看无锡”大型摄影图片展、“新时代新无锡”大型航拍活动、庆祝改革开放40周年暨“梅花杯”无锡市舞蹈家协会首届优秀节目展演、无锡市诗词楹联书法作品展、无锡花鸟画优秀作品展、“春天的故事”纪念改革开放40周年书画作品展等。江阴市文联举办“大江潮起”纪念改革开放40周年文艺作品征集等活动。各协会开展“深入生活，扎根人民”主题创作、采风交流活动。作协赴安徽泾县、曲协赴山西大同、美协赴浙江松阳、民协赴浙江龙泉、青年剧协赴沪浙皖采风创作交流。组织音协、舞协文艺家赴无锡东西部扶贫结对城市青海省海东市进行采风交流，并与当地文艺家联袂举办"太湖情·湟水意"庆祝改革开放40周年文艺交流展演。启动"大美运河——无锡美术、书法、摄影采风创作活动"，创作反映运河风貌、历史变迁、风土人情的优秀作品。

（孙必勇）

【文艺创作】 2018年，市文联组织开展无锡美术奖、无锡摄影奖和无锡曲艺"迎春花奖"三个艺术门类的评奖工作，经初评、复评，评出美术奖5个组别12个奖项、摄影奖10个奖项，曲艺奖4个组别8个奖项。在省以上奖项参赛参评中，市摄协荣毅清、杨志坚的作品入展中国第17届国际影展，黄丰、周叶、谢松的作品获第二届江苏摄影奖。市摄协选送的25幅（组）作品获"庆祝改革开放40周年'辉煌巨变'江苏摄影艺术展"优秀作品奖，市摄影家协会获优秀组织奖。在第十届中国曲艺"牡丹奖"评选中，市曲协的音诗画评弹《徐霞客》获节目奖提名、曲艺演员竺慧丽获表演奖提名。市音协选送的两支合唱队在第十届世界合唱比赛中获得3金1银。在江苏省青少年音乐"小茉莉花奖"声乐大赛中3人获金奖，市音协获优秀组织奖。市美协2人的作品入选全国第九届油画展，3人的作品入选全国首届雕塑展，2人的作品获江苏省第十届油画展优秀作品奖。市美协有6人的作品参加"画说运河——江苏省美术家采风写生展"，入展数量为全省第二。市书协分别有3人在全国第二届行书展、第四届草书展中入展，有4人在全国第二届书法临帖展中入展。市剧协青年演员李梦恒获"中国田汉戏剧周武戏大赛"刀马旦组状元。王辉的《剑王朝》入选"中国网络文学二十年江苏20部优秀代表作品"及2018年优秀网络文学原创作品推介名单。

（孙必勇）

【文艺人才培养】 2018年，市文联推进文艺人才的举荐培养。举办青年文艺骨干暨文艺家读书班，组织文艺家赴上海一大会址、南湖革命纪念馆、安吉余村"两山理论"发源地学习，增强青年文艺骨干和文艺家从事文艺工作的使命感、责任感。组织举办摄影名家大讲堂、无锡书法讲堂、非遗传承研培班、锡剧艺术青年拔尖人才培养及名家传戏等活动。影视家协会成立航拍分会，市音协成立声乐学会，市舞协成立中国舞考级委员会并组织培训。宜兴市文联举办陶都文学院名家系列讲座。《书法报》用21个版面推出无锡书法专题，全面介绍无锡近十年书法创作研究成果和无锡书法家。建立健全青年分会工作机制。组织首届青年美展获奖者赴连云港写生创作，举办徐子尧、胡琦文、周莹个人独唱音乐会，首届书法新人展，青年美协理事作品展，网络文学"金手指"奖评选，青年作协微小说奖评选等活动二十多场。承接上级文联的人才培养项目，为中国音乐小金钟奖、江苏省青少年音乐"小茉莉花奖"二胡大赛等做好协调和比赛服务工作。组织各类活动，为文艺家搭建展览展示展演平台。举办第四届江浙沪锡剧票友暨锡剧新苗大赛、无锡美协写生30周年特展、2018无锡油画展、无锡市首届篆刻作品展、中国名家书法邀请展、鹿守璋书法作品展等活动。与甘肃酒泉、山东济宁、安徽芜湖等地举办交流展，接待安排江苏美术家大运河采风写生创作团到无锡采风创作。无锡的非遗文化精品亮相香港"江苏文化嘉年华"。"走出去、请进来"交流活动成效显著。市文联创研室儿童文学作家迟慧获"2018年无锡市有突出贡献中青年专家"称号。

（孙必勇）

7月18日，无锡市与扶贫结对城市青海省海东市联袂开展文艺活动

（孙必勇 供稿）

【文艺志愿惠民活动】 2018年，市文联坚持以文艺服务人民为宗旨，"文艺进万家"惠民活动被列入市政府为民办实事项目，完成"文艺进万家"惠民活动165场，超额完成市政府下达的"文艺进万家150场次"的任务要求，参加文艺家4600余人次。以"放歌新时代""青春颂改革"等大型广场文艺演出活动为引领，紧扣元旦、春节、"五一"等节假日，组织送福送春联进企业、军营、社区、农村，非遗展示进泰伯庙会、进云林街道民俗文化展示周，"吴韵流芳"戏曲名家进校园，摄影公益拍，近50场惠民开心小剧场等文艺志愿服务活动。市剧协组织锡剧名家和青年会员进养老院演出。市摄影家走进儿童福利院。市民协中国楹联教育基地在新吴区南丰小学挂牌。市剧协锡剧传习基地落户崇宁路实验小学。市舞蹈家志愿者走进宜兴市丁山小学精准助教。文艺类社会组织举办华东雀鸟文化节、名家名师校园阅读公益巡讲、青少年书画优秀作品展、迎新春音乐朗诵会等活动。市锡剧戏迷协会的《柳暗花明》，深入街道社区进行惠民巡演20余场，为创建和谐文明家园、繁荣基层文艺活动加油助力。江苏省文艺志愿服务总队与锡北镇签约共建"江苏省文艺志愿者乡村服务基地"。市音协葛歧峰参加志愿服务逾1200场次，荣获"到人民中去——2018江苏最美文艺志愿者"称号。

（孙必勇）

【无锡电信文联揭牌成立】 1月29日，无锡电信文学艺术联合会（以下简称无锡电信文联）正式成立。中国电信

10 月 16 日，“全景看无锡”大型摄影展开幕　（孙必勇　供稿）

无锡分公司纪委书记、副总经理蒋芃当选无锡电信文联主席。

（孙必勇）

【无锡市文艺评论家协会成立】 4 月 16 日，无锡市文艺评论家协会第一次会员代表大会开幕，128 名文艺评论工作者参加大会。会议选举产生由 45 人组成的理事会，苏迅当选第一届理事会主席，卢丽明、朱宗明、杨晖、吴宇华、陈皓、盛诗澜当选副主席，主席团聘请郑君任秘书长。无锡市文艺评论家协会是由无锡市文艺评论家、文艺评论工作者自愿组成的专业性非营利性社会组织，也是无锡市文联第十一个文艺家协会团体会员。大会通过了无锡市文艺评论家协会章程，选举产生了监事会。市评协成立后，先后举办“太湖对话艺术讲堂”阿炳文化研讨会、柳军摄影艺术讲座、“草书漫谈”暨作品点评、篆刻创作漫谈与作品点评等系列活动。市评协有 1 人获“长江杯”江苏文学评论奖。

（孙必勇）

【倪云林艺术研讨会在北京举行】 5 月 28 日，由无锡倪云林艺术研究会主办，无锡市文联、宜兴市文联承办的倪云林艺术研讨会在北京召开，北京、上海、南京、无锡四地的专家学者 30 余人参会。

无锡倪云林艺术研究会成立于 2012 年 9 月，旨在推动无锡倪云林艺术的研究和推广，已编辑出版《倪云林艺术研究》《倪云林诗词 300 首》《倪云林艺术研究文集》等刊物，筹划出版《倪云林艺术全集》。

（孙必勇）

【无锡市文学艺术界团工委成立】 10 月 26 日，由团市委、市文联共同主办的“文艺进万家青春颂改革”无锡市文艺家志愿者文化惠民演出共青团专场暨无锡市文学艺术界团工委成立仪式在无锡青少年活动中心青春剧场举行。市政协副主席、市文联主席金元兴、团市委副书记朱晓峰共同为无锡市文学艺术界团工委揭牌，市文联副调研员、秘书长毛建安介绍了筹备情况。无锡直属团组织的团员青年代表、青年文艺工作者代表等 600 余人参会。成立仪式后，市青年音协、青年剧协的演员和团员青年们表演歌舞、戏剧、诗朗诵、情景剧等一系列丰富多彩的节目。

无锡市文学艺术界团工委由团市委和市文联共同管理，下设青年作协团支部、青年书协团支部、青年美协团支部、青年音协团支部、青年剧协团支部、青年摄协团支部、国标舞协会团支部 7 个团支部。

（孙必勇）

无锡市哲学社会科学界联合会

【概况】 2018 年，无锡市社科联团结和组织全市社科工作者，求真务实，推动社科事业新发展。举办全市社科界“解放思想大讨论”研讨会。开展走访调研，完成《发挥社科普及阵地作用，推动马克思主义中国化时代化大众化》和《加强社科学会建设，发挥社会智库功能》两个调研课题。社科理论刊物《江南论坛》首次被评为中国人文社会科学期刊 AMI 综合评价（A 刊）扩展期刊。推动落实《江苏省社会科学普及促进条例》，激发社科普及工作活力。年内，市社科联报送的“建立社科工作社区平台和工作机制提高社科

2018 年，无锡市文联多次组织锡剧进校园活动　（孙必勇　供稿）

工作服务社会效能”被列为全市宣传思想文化工作创新项目；报送的图书《千秋家国梦》获无锡市“五个一工程”奖。无锡市社科联获评2017年度江苏省社科联系统“工作创新奖”，获得“全国社科组织先进单位”“省社科联系统先进社科联奖”等荣誉称号。

（徐柯柯）

【社科智库建设】 2018年，无锡市社科联面向全市开展“推荐无锡社科智库专家”工作，根据专家的研究领域、研究方向、研究重点和最新成果，精选出100名专家进入智库专家库名单，并按智库功能发挥的实际需要，对入库专家进行专业分类；组织专项调研，学习兄弟城市智库工作的成功经验，听取社科界对完善社科智库内涵机制等方面的意见和建议；拟订《无锡市社科智库管理办法》，明确社科智库工作的指导思想、入库条件和程序、工作任务、运作方式、经费保障等方面的内容。

（徐柯柯）

【学术研究和社科成果转化】 2018年，无锡市社科联做好年度课题研究工作，组织参加“江苏省社科应用研究精品工程”课题申报；围绕改革开放四十周年及省委、市委关于解放思想推动高质量发展的目标，举办无锡市社科界庆祝改革开放40周年理论座谈会、无锡市社科界“解放思想大讨论”研讨会学会专场、无锡市第九届社科学术大会青年学者专场、江苏省第十二届社科学术大会苏南区域专场暨无锡市第九届社科学术大会；编印《无锡市经济与社会发展重点课题研究成果》，定期编发《社科研究成果专报》和《新兴产业发展资讯》，市哲学社会科学界创作了一批科普读物，如《无锡园林十二章》《宜兴釉陶》《简牍上的敦煌书法史》《千秋清明梦——无锡城南人文故事集》等，提升社科成果的综合社会效应。

（徐柯柯）

【社科优秀成果评奖】 2018年，无锡市社科联组织开展市第十四届哲学社会科学优秀成果评奖，评出市哲学社会科学优秀成果奖119项，其中，一等奖10项、二等奖30项、三等奖79项。修订《无锡市哲学社会科学优秀成果评奖办法》，完善评奖细则、评价标准和评委产生办法等重要内容和环节，并对评审纪律、保密承诺等相关事项作了明确规定，确保各项工作有序进行。在省第十五届哲学社会科学优秀成果评奖中，无锡有24项优秀成果获得一、二、三等奖，其中，获得一等奖3个、二等奖4个、三等奖17个，奖项质量创下无锡历届社科评奖之最。

（徐柯柯）

【社科组织体系建设】 2018年，无锡市社科联与已成立社科联的江南大学、无锡城市职业技术学院、无锡职业技术学院等高校加强联系，联合举办学术论坛、学术大会等社科学术活动。指导无锡商业职业技术学院建立社科联，推动江苏信息职业技术学院、无锡开放大学等院校筹划建立社科联。

（徐柯柯）

【社科学会规范化管理】 2018年，无锡市社科联从社科学会注册登记、年检审核、经费使用、活动审批、学会建设等方面进一步规范学会管理。制定并印发《无锡市哲学社会科学界联合会学会规范化建设考核评估办法(试行)》，首次对社科联主管的104家学会进行考核评估，并将年度考核评估结果纳入学会年检指标。开展集中清理规范工作，建立异常学会目录，对问题学会下发整改通知，督促整改。评选表彰先进学会和优秀学会工作者，推动社科学会参加社会组织评估。年内，无锡市国际税收研究会被评为4A级社会组织。无锡市翻译协会被评为“江苏省哲学社会科学模范学术社团”。无锡市生态湿地保护建设研究会被评为“江苏省哲学社会科学先进学术社团”。

（徐柯柯）

【社科普及示范基地建设】 2018年，无锡市社科联加强基地工作联络，落实好基地信息报送制度，各基地共报送活动信息、工作动态30多条。发挥好基地辐射带动作用，无锡市图书馆、江

表24　无锡市第十四届哲学社会科学优秀成果获一等奖项目

序号	论文名	作者
1	强化无锡长三角区域中心城市地位的策略研究（论文）	张明康（无锡市发展和改革委员会）、陶延风（无锡市信息中心）、殷强（无锡市信息中心）、倪自宏（无锡市信息中心）、张捷（无锡市信息中心）
2	高技术企业与高新技术企业创新行为调查分析（论文）	周及真（无锡市委党校）、谭军（无锡市委党校）
3	机构投资者行为对股市的影响研究（著作）	童元松（无锡开放大学）
4	心理——道德教育研究（著作）	沈贵鹏（江南大学）
5	公平与效率：实现公平正义的两难选择（著作）	杨宝国（江南大学）
6	战略性新兴产业中的公共资本支出与企业技术创新——兼论物联网产业的融资选择与生产效果（著作）	王雷(江南大学)、周方召(江南大学)
7	无锡供给侧结构性改革与产业强市（著作）	黄胜平（无锡市经济学会）、杨建（无锡日报社）
8	作为意向性的旅游：兼论旅游世界的时空构造（论文）	赵刘（无锡商业职业技术学院）
9	无锡市涉农村（社区）“三资”管理中存在的问题及对策研究（研究报告）	刘燕萍（无锡市审计局）、谢浩峻（无锡市审计局）、张黎（无锡市审计局）、许蔚（无锡市审计局）
10	新型城镇化进程中农村转移劳动力职业教育研究（著作）	郑爱翔（无锡职业技术学院）

（徐柯柯）

阴市图书馆、百草园书店、无锡档案馆等基地发挥资源优势，主动作为，形成对周边社区和学校社科工作的辐射和工作带动。9月5日，市社科联命名无锡城市职业技术学院、无锡市社会教育服务指导中心、中共无锡市滨湖区委党校、江阴市香山书屋、江阴市博物馆、无锡中铠信息咨询服务有限公司、无锡市新四军历史研究会、无锡市梁溪区金匮街道五星家园第一社区、无锡市滨湖区河埒街道水秀社区、无锡市新吴区江溪街道春阳社区 10 家单位为“无锡市社会科学普及示范基地”。

（徐柯柯）

【社科普及活动】 2018 年，无锡市社科联举办社科普及骨干培训班，提升开展社科普及工作的能力和水平。加强社科普及工作品牌打造，委托专门机构设计无锡社科普及工作标志图案。举办无锡市第十五届社科普及宣传周活动，并委托社科专家参与省科普周社科知识竞答题目研发制作，全市参加社科知识竞答 2.4 万人次。组织参加市第六届网络文化季活动和 2018 年全国科技活动周暨无锡市第 30 届科普宣传周主场活动。做好 2018 年社科普及项目资助工作，各单位项目申报数比上年增加 113%，全市有 13 个活动项目获省社科普及专项资助；市级社科普及专项正式启动，有 22 项活动被列为市级项目。全年，各学会和基地开展社科普及重点活动、讲座 201 项，比上年翻一番。9月6日，无锡市社会科学普及工作联席会议第一次会议召开。会议讨论通过《无锡市社会科学普及工作联席会议工作规则》《无锡市社会科学普及工作联席会议成员单位工作职责》《无锡市社会科学普及工作联席会议制度办公室工作细则》。

（徐柯柯）

【社科普及社区平台建设】 2018 年，无锡市社科联进一步推动水秀社区社科普及平台建设，在梁溪区惠山街道棉花巷社区、通江街道金河湾社区、金匮街道五星家园一社区、新吴区江溪街道春阳社区等进行动员和考察，确立开展新的社区平台建设。制定《无锡市社科普及社区平台机制建设工作意见》，明确 23 家社区平台建设合作单位，聘请一批平台建设工作指导员，与无锡市社会教育服务指导中心建立联系，共同推进社科普及知识进社区，通过资源融合、平台共享，完善社科普及社区平台的机制建设。

（徐柯柯）

【第 15 届社科普及周活动】 9月16日，无锡市第十五届社科普及宣传周活动启动仪式暨广场宣传咨询活动在梁溪区金匮街道五星家园一社区举行。启动式上，发布了无锡市社科普及标志 LOGO 图案，公布了 2018 年江苏省和无锡市社科普及活动专项资助项目，为新创建的 10 家社科普及示范基地授牌。此次社科普及周活动时间为9月16～22日，主要包括大型广场咨询活动、社科普及条例宣传、无锡社科成果图片展、赠书仪式、社科普及宣传周主题知识有奖竞答等内容。

（徐柯柯）

【纪念孙冶方 110 周年诞辰研讨会】 11月3日，无锡市社科联、无锡市史志办、无锡市新四军历史研究会、江苏信息职业技术学院联合召开纪念孙冶方 110 周年诞辰研讨会。市委常委、宣传部部长袁飞，孙冶方养女李昭以及 40 余位专家学者参加研讨会。

（徐柯柯）

无锡市归国华侨联合会

【概况】 2018 年，无锡市侨联贯彻落实全国第十次侨代会精神，开展思想引领行动、凝心聚力行动、涵养资源行动、维权关爱行动、强基提能行动。年内，举行无锡市第九次归侨侨眷代表大会，会议审议市侨联第八届委员会工作报告，选举产生市侨联第九届委员会，通报表扬全市归侨侨眷先进个人和侨联系统先进集体、先进工作者，推举和聘请了市侨联名誉职务人士。惠山区侨联正式成立。完成留学人员亲属联谊会换届。在第十次全国侨代会上，无锡市侨联被人力资源社会保障部、中国侨联联合表彰为“全国侨联系统先进集体”，丁峰、尹健、吴锡光、黄敏、裴春花 5 人被中国侨联和国侨办联合表彰为“全国归侨侨眷先进个人”。至年底，全市有归侨 195 人，侨眷 10 万人。

（许竹敏）

【思想引领】 2018 年，市侨联以宣讲会、座谈会以及侨刊、网站、微信公众号等多种形式向广大归侨侨眷和侨联干部全面宣传习近平新时代中国特色社会主义思想和中共十九大精神；召开侨界人士座谈会，传达学习习近平总书记 3 月 4 日在看望参加政协会议的民盟、致公党、无党派人士、侨联界委员时的重要讲话精神；组织侨界群众参加全市统一战线纪念中共中央发布“五一口号”70 周年文艺会演；在侨界持续深入开展解放思想大讨论，召开“进一步解放思想激励新时代新担当新作为”专题座谈会，以座谈会、书画摄影展、文艺演出等形式举办庆祝改革开放 40 周年系列活动；组织全市侨联干部和侨界群众认真学习贯彻中国侨联“十代会”精神，团结引领全市侨界群众坚决维护以习近平为核心的

1月4日，无锡市第九次归侨侨眷代表大会召开　（许竹敏　供稿）

党中央权威，在政治立场、政治方向、政治原则、政治道路上同党中央保持高度一致。与省侨联联合编辑出版《江苏侨联》无锡专刊，与市交通台联合制作专题节目，宣传侨界风采。参加中国侨联举办的第十九届世界华人学生作文大赛，市侨联第 11 次荣获大赛组织奖，江阴市侨联、滨湖区侨联、新吴区侨联首次荣获大赛组织奖。

（许竹敏）

【助侨界人才创新创业】 2018 年，市侨联围绕市委“产业强市”战略，发挥侨联组织独特优势，动员吸引海外侨资侨智到无锡投资兴业。联合市科技局与基层侨联、园区、企业举办 5 次“创业中华”活动，为新侨提供金融、科技政策、法律等方面的支持，搭建高校与侨企合作交流的平台；组织有代表性的新侨人才参加第七届中国侨联侨界贡献奖评选，其中无锡中德美联生物技术有限公司总经理郑卫国获得二等奖；成功申报蠡园经济开发区、江南大学为“江苏省侨界人才创新创业基地”，推荐马山生物医药产业园申报“中国侨联侨界人才创新创业基地”，配合省侨联做好新侨创新创业基地调研工作。3 月初至 5 月中旬，对全市新侨创新创业情况进行调研，形成调研报告并在《中国侨联工作》2018 年第 8 期上发表。年初“两会”上，市级侨界人大代表和政协委员提交提案、议案建议 36 件。市侨联向市政协提交的《推进产教融合、校企合作，建设现代职业教育体系》集体提案，获评市政协优秀提案；向上级部门上报《关于调整申报“千人计划”人才年龄限制的建议》《关于建立中小学教师储备库的建议》等侨情专报。江南大学侨联参加“全国高校侨联与新侨人才工作交流会”并作大会交流发言。

（许竹敏）

【侨联海外工作拓展】 2018 年，市侨联拓展侨联海外工作的广度和深度。打响“亲情中华”品牌，成功申报惠山区冯其庸学术馆、蠡园开发区三蠡文化会馆、锡山区荡口古镇、新吴区二胡文化产业园、鸿山泰伯墓 5 家单位为“江苏省华侨华人文化交流基地”，申报惠山古镇为中国侨联国际文化交流基地，举办第四届“亲情中华”国际华人（海归）歌唱家音乐会，连续 5 年承办“亲情中华”海外华裔青少年江苏无锡夏令营。举办无锡籍海外侨社侨领新春团拜会，春节之前向海外友好侨社及重点联系侨胞分别寄发纸质和电子贺卡，协助新西兰、英国成立无锡同乡会，做好中国侨联海外侨胞故乡行活动的接待安排，成功组团及参团出访美国、英国、罗马尼亚和哥斯达黎加，与多个海外侨社签订合作协议。全年接待美国、英国、泰国、澳大利亚、荷兰、加拿大、马来西亚、新西兰、罗马尼亚等国家和地区的华人华侨 47 批 347 人。聘请泰国著名侨领刘锦庭为无锡市侨联第九届委员会名誉主席，王戟等 52 人为无锡市侨联第九届委员会海外顾问，进一步扩展海外联络联谊的渠道。

（许竹敏）

【关爱系列活动】 2018 年，市侨联坚持把侨界群众对美好生活的向往作为侨联工作努力方向。实施“侨爱心”工程，做好关爱老归侨工作，走访慰问高龄、鳏寡、困难归侨 170 户，发放困难补助和慰问品合计 8.61 万元，同时做好贫困归侨登记帮扶工作；发挥第八人民医院作为侨界合作医院的作用，组织侨界群众进行“关爱归侨侨眷、健康与我同行”的健康讲座和健康体检。10 月，组织老归侨重阳祝寿以及“百名归侨看无锡”活动，11 月，邀请省侨联专家到无锡为侨界群众作健康讲座。坚持开展侨法宣传，将 5 月定为“法律宣传月”，在全市侨联组织和侨界群众中开展“学习贯彻中共十九大精神，弘扬宪法精神，推动法治实施”为主题的系列活动，发挥侨联法律顾问委员会作用，坚持每月开展为侨界群众提供法律咨询，为侨界群众和基层涉侨干部举办法律讲座；认真对待来信来访工作，全年协调处理 61 件次，与市中级人民法院合作成立无锡市涉侨纠纷调解中心并建立特邀调解员队伍，完善诉调对接工作机制。设立公职律师办公室并出台管理办法，根据侨情需要完善主席接待日和侨联干部对口联系侨胞制度，推进侨联机关干部直接联系侨界群众常态化制度化。

（许竹敏）

无锡市台湾同胞联谊会

【概况】 2018 年，无锡市台湾同胞联谊会（以下简称市台联）贯彻落实中央对台方针政策，秉持“两岸一家亲”理念，围绕大局，推进锡台交流合作，团结乡亲，加深亲情友情，精心组织台胞活动，认真做好服务台胞工作，全年接待和服务定居台胞、常住台胞、岛内客人及台生 120 多人次。组织台联专干、台籍人大代表和政协委员、台籍中共党员、中青年台胞等参加各类培训学习、交流、调研等近 10 场活动。全年在省台联刊发信息 55 条、稿件 18 篇，单位通讯投稿获省台联三等奖。青年台胞洪雅迪荣获无锡市“三八红旗手”称号。至年底，无锡市定居台胞 135 人。

（王志好）

【台胞学习】 2018 年，市台联组织台联理事、中青年台胞骨干、台籍人大代表、政协委员参加各类培训班学习，先后参加“全省台联干部学习中共十九大精神报告会”、传达学习全国“两会”精神报告会、“台籍人大代表、政协委员培训班”、台籍党员学习培训活动、两岸婚姻家庭工作培训班等，通过培训学习，熟悉当前台情和对台方针政策，提高台联理事及中青年台胞骨干做好对台工作的担当意识，增强台胞的时代责任感和使命感。9 月，组织台联理事、青年骨干及专干参加由台湾同学会主办的“2018 年两岸关系研讨会”，听取海外、岛内统派人士的建言献策。举办“台胞学习会”，扩大台胞对岛内“九合一”选举及两岸政局变化的了解。

（王志好）

【庆祝改革开放 40 周年系列活动】 2018 年，市台联界政协委员撰写的《没有改革开放，就没有台胞的今天》刊载在无锡新闻传媒公众号上。组织台胞参加“纪念改革开放 40 周年”为主题的第八届“新视野”摄影比赛及征文活动，《辉映大剧院》获得一等奖，《不夜万达城》获得二等奖，市台联获得摄影比赛优秀组织奖。12 月，市台联组织 20 多名台胞与镇江市台联联合举办“纪念改革开放 40 周年座谈会”，并参观新四军纪念馆和“时代楷模”赵亚夫事迹展示馆。

（王志好）

【服务台胞】 2018 年，市台联继续开展“大走访”活动，关心台胞的学习、工作和生活状况，特别对是困难台胞、老台胞和老台胞遗孀，加大关爱台胞和家属的帮困力度，维护台胞合法权益。走访慰问台胞家庭 50 余户，发放慰问金 8 万余元和每户一桶油的慰问品；慰问探望住院台胞，省委统战部给予 4 名困难台胞每人 1000 元的慰问金。全年共探望住院及患重症老台胞、老台胞遗孀 20 多人次。协调解决两位女台胞的新生儿申报台籍户口问题，为台商子女更改籍贯并办理高考加分进行审核申报工作；为台籍学生中考、高考，提供加分相关政策咨询和审核申报工作；为定居日本的老台胞社保问题专门咨询协调市相关单位。举办各类联谊活动，增进台胞间联系和交流。3 月，市台联组织妇女台胞赴淮安参加省台联“两岸姊妹情”女台胞活动，组织老台胞参加全省老台胞学习交流活动和重阳节活动、组织中小学生参加省台联“放飞梦想”夏令营活动。举办中秋、春节两大传统节日台胞茶话会活动。做好台籍人士资料整理及参会保障工作。推荐 2 名青年台胞当选为省台联青委会委员；落实全国台联《关于报送大陆台湾省籍大学生基本情况的通知》中无锡地区统计上报工作；推选台湾省出席中国妇女第十二次全国代表大会无锡代表相关资料报表上报工作；对在无锡两岸婚生子女情况进行摸底统计，为 8 名两岸婚生子女办理信息采集。

（王志好）

【两岸交流交往】 2018 年，市台联贯彻习近平总书记“两岸一家亲”的理念，发挥民间交流优势，进一步密切锡台两地民间交流与联系。5 月，与市统战部共同接待了台湾少数民族江苏参访团一行 32 人，通过参观华西村、鼋头渚景区，增进台湾同胞对祖国大陆特别是无锡的社会、经济、文化的了解，加深两地友谊。推荐台胞参加全国台联在苏州举办的“两岸婚姻家庭休闲旅游产业研习班”，研讨产业发展经验。坚持与台北浦东同乡会的经常联系，向台北浦东同乡会成立 60 周年发出贺信，扩大共识，增进同胞情谊。推荐台联专干参加“江苏省台联工作访问团”赴台湾交流参访，与中华海峡交流协会、劳动党等有关人士进行交流。全年，协助办理公务赴台 15 批 126 人次。

（王志好）

【参政议政】 2018 年，市台联重视台籍人大代表、政协委员的参政议政工作，参与和关注台籍人大代表、政协委员参加各类考察、学习和培训活动，倡导台籍人大代表、政协委员履职履责，关注社情民意，为建设“强富美高”新无锡积极献言献策。组织台籍人大代表、政协委员开展交流座谈，参加市政协的专项调研及考察。5 月，市政协常委、市台联会长薛海萍参加市政协组织的“走进西柏坡”理论实践学习活动，学习心得体会文章《净化心灵，满满正能量》全文刊登在无锡政协公众号 6 月 26 日整版。10 月，与省台联联合举办“青年台籍人大代表政协委员参政议政经验交流会”，市台联理事、江阴市政协委员陈奕臻作发言。市“两会”前，召集台籍人大代表、政协委员听取意见，并协助他们做好建议、提案的撰写工作。市区两级台籍人大代表、政协委员提交各类建议、提案受到有关部门的重视，均得到解决和落实。

（王志好）

3 月 2 日，“梅花开两岸，两岸一家亲”为主题的两岸名家画展在梅园开幕

（王志好　供稿）

11 月 7 ～ 9 日，“共享”理念下残疾人社会工作与融合发展全国学术研讨会在无锡召开

（李　洋　供稿）

无锡市残疾人联合会

【概况】 2018 年，全市残联系统坚持“代表、服务、管理”的职能，加强和完

善全链条的就业体系、全覆盖的教育体系、全天候的托养体系、全要素的残疾预防体系和全方位的党建助残体系，各项工作在全省乃至全国保持领先。为民办实事项目建成153个“残疾人之家”，就业服务机构转型发展经验受到中国残联副理事长程凯的肯定批示，无锡市残疾人事业的新闻在央视《新闻联播》播出。年内，无锡市残疾人联合会第七次代表大会召开。

（李 洋）

【助力残疾人就业】 2018年，《无锡市城区企业单位按比例安排残疾人就业信用管理实施办法》（残联、信用办、税务局、财政局）、《市政府残工委关于表扬2017年度按比例安排残疾人就业工作优秀单位和个人的通报》等文件相继出台，为进一步开展残疾人就业工作提供政策支持和保障。助残就业联盟在首批入驻成员单位40家的基础上新增单位19家，全年实现各类残疾人多渠道就业1724人，各类实名制就业1019人。

（李 洋）

【残疾预防与康复】 2018年，无锡履行国家残疾预防试点城市工作责任，不断加强残疾预防宣传，在地铁二号线开通全省首列残疾预防“爱心助残号”地铁专列。年内，开展“苯丙酮尿症儿童特殊食品救助”“青少年脊柱侧凸残疾预防和康复干预”和“儿童低视力筛查和预防”等残疾预防重点项目，并与市卫计委开展“残疾人之家”与“心灵家园”合作项目，全市残疾人之家共建立30家“心灵家园”，为精神障碍残疾人开辟了社区康复的新形式。全年开展三城区青少年脊柱侧凸筛查6万多人，儿童低视力筛查筛查4万人，为残疾人安装假肢130人，完成“耳聪畅听”救助140人，实施白内障复明手术450人，为残疾人提供辅助器具883人，完成0～14岁儿童康复救助1233人，提供康复服务10118人。

（李 洋）

【关爱特需儿童和托养人员】 2018年，特殊需要儿童幼小衔接试验班在市特殊需要儿童早期干预中心创办并运行，早期干预中心15名儿童进入夹城里中心小学，接受全天幼小衔接课程，实现早期康复与普小的无缝对接。同时，中心对15所公办幼儿园1000多名教师进行培训，指导教师在教学和生活中发现和观察特殊需要儿童、运用相关策略开展教学、给予特殊需要儿童适应的辅助，提升参训教师的相关业务水平。市残疾人托养中心全年新收住托养人员73人（寄宿制新增71人），累计收住202人，经与财政部门协商，将托养对象年龄拓宽到60岁以上，并根据残疾人特点制定个性化康复方案，全年参加康复人员累计3768人次。

（李 洋）

11月15～16日，江苏省“进一步解放思想 推动残疾人事业高质量发展”工作会在宜兴召开 （李 洋 供稿）

【残疾健儿勇夺奖牌】 在2018年世界残奥田径大奖赛（北京站）暨第6届中国残疾人田径公开赛上，无锡市残疾人运动员姚娟在F44级铅球、铁饼项目中获得金牌。在第三届亚洲残疾人运动会上，无锡运动员夺得三个项目的金牌，其中两个个人单项、一个集体项目。省属市管男女坐式排球队在全国锦标赛上取得女排第二，男排第四的成绩。在江苏省第十届残疾人运动会上，无锡队残疾健儿获得53枚金牌、18枚银牌、13枚铜牌，位列金牌榜第二名，并被大赛组委会授予“体育道德风尚奖”。无锡代表队在江苏省特殊奥林匹克运动会共夺得12金7银3铜，获得团体总分第一名，同时还获得“体育道德风尚奖”。无锡市特殊教育学校作为唯一一支听障学生艺术体操队，参加2018年江苏省第四届青少年体操节比赛，与省内外一千多名健听儿童同场竞技，获得金奖。

（李 洋）

【技能竞赛获得好成绩】 2018年，无锡市选派30名残疾人选手参加了由省残联、省人力资源社会保障厅、省总工会、团省委、省妇联共同主办的江苏省第六届残疾人职业技能竞赛的5个类别18个项目，夺得了4个单项第一、5个单项第二、3个单项第三的好成绩，荣获团体总分第二名。在省残联举办的全省残疾人辅助器具服务技能比赛中，由无锡市残联推荐的参赛选手周金涛在理论和实操考核中均取得第一，最终以总分超出第二名19分的优异成绩一举夺魁。无锡市5名选手参加全省残疾人就业服务机构工作人员职业指导竞赛，获得一个个赛第一，团体第三的好成绩。

（李 洋）

【央视报道无锡残疾人工作】 第28次“全国助残日”当天，CCTV-1和CCTV-13并机播出的《朝闻天下》，上午九点和下午一点CCTV-13播出的《新闻直播间》，晚上七点CCTV-1播出的《新闻联播》，均有关于无锡市残疾人工作的报道。同时，央视通过新闻官方微博（新浪微博：央视新闻）发表了相关话题，网友们纷纷点赞留言并转发，首日阅读量超过200万次。

（李 洋）

【全国学术研讨会召开】 11月7～9日，由中国残疾人事业发展研究会残疾人社会工作专业委员会、江苏省残疾人事业发展研究会、南京大学残疾人事业发展研究中心主办，无锡市残疾人联合会承办的"'共享'理念下残疾人社会工作与融合发展全国学术研讨会"在无锡召开。全国50多所高校和研究机构、30多个残联组织共100多位专家学者和残疾人工作者参会，30多人现场发言，汇集40多篇研究论文，为全国残疾人事业发展奠定理论基础。

（李　洋）

【全省推动残疾人事业高质量发展工作会】 11月15～16日，全省进一步解放思想推动残疾人事业高质量发展工作会在宜兴市召开，省残联党组书记、理事长万力主持会议并讲话，与会人员就《省残联关于进一步解放思想推动残疾人事业高质量发展的意见》（讨论稿）进行讨论。此次会议是省残联为全面落实省委推动高质量发展走在前列的决策部署，由省残联领导带队，全省各设区市残联理事长，省残联各处室、直属单位、基金会秘书处负责人等近40人赴上海、浙江学习考察残疾人事业高质量发展情况后专题召开的。

（李　洋）

【全省"残疾人之家"建设暨辅助性就业推进会】 11月28～29日，全省"残疾人之家"建设暨辅助性就业推进会在无锡市滨湖区召开，省残联党组书记、理事长万力和各市、县（区）残联分管理事长以及"残疾人之家"工作负责同志共133人参加会议。市长黄钦和宣传部部长袁飞分别与万力就无锡残疾人事业发展及其宣传工作进行交流。

（李　洋）

无锡市红十字会

【概况】 2018年，市红十字会按照市委市政府和上级红十字会工作部署，依法履职，推进各项工作，完成年度目标任务。全年全市接收善款5017万元，比上年增长250％，发放救助款物3328万元；完成初级救护员培训10661名，普及救护培训90287名，分别占省下达任务数的152%和158%；完成造血干细胞捐献新增采样入库1274人份，实现捐献造血干细胞5例；实现器官捐献15例。

（华锡明）

【加强红会政治建设】 2018年，市红十字会明确目标，落实举措，下属事业单位市红十字服务中心被评为"无锡市三八红旗集体"。研究制定党组全面从严治党"主体责任清单"、"问题清单"和"整改清单"，惠山区红会党支部"1+1"工作法服务基层、企业和部门取得成效。制订《无锡市红十字会意识形态工作责任制》和《无锡市红十字会关于对公职人员日常异常行为管控的实施方案》，抓好制度执行。深入各区红十字会调查研究，总结查摆痛点、堵点和难点问题，形成红十字事业高质量发展目标任务，两篇调研文章被解放思想大讨论活动简报录用。

（华锡明）

【市红十字会第十次会员代表大会召开】 12月6日，市红十字会第十次会员代表大会召开，社会各界和各级红十字组织的251名正式代表和30名特邀代表参会。省委常委、市委书记李小敏，省红十字会党组成员、副会长徐国林出席开幕式并讲话。市领导黄钦、徐一平、周敏炜、柳江南、袁飞、华博雅、韩晓枫等出席大会。曹锡荣主持开幕式并代表市红十字会第九届理事会作工作报告。市总工会代表群众团体致贺词。大会聘请李小敏、黄钦为市红十字会第十届理事会名誉会长。大会总结市红十字会过去五年主要工作和基本经验，明确今后五年工作任务和举措，选举产生新一届理事会、监事会，通过有关决议。在十届一次理事会上，曹锡荣当选为会长，殷兰青当选为常务副会长，冯淑静、严健媛、商明、施勤、吴洵如、孙开锋、钱晓东、杨百海、胡建伟、普俊当选为副会长。在十届一次监事会上，唐家梁当选为监事长。年内，督导江阴市、宜兴市和惠山区红十字会按时换届，惠山区各镇（街道）红十字会都按时召开红十字会会员代表大会。

（华锡明）

【捐献宣传】 2018年，市红十字会利用重要纪念日开展遗体（器官）捐献宣传和造血干细胞捐献宣传。清明节前夕，组织已捐献者家属代表、医护工作者等100余人在青城公墓捐献纪念园开展祭奠活动。与中心血站联合开展"为他人着想、捐献热血、分享生命"为主题的无偿献血日大型广场宣传活动，组织10余名成功捐献造血干细胞志愿者在南禅寺广场现身说法普及捐献知识。

（华锡明）

【丰富学校红十字工作】 2018年，全市学校红十字工作会议召开，对获评第五批江苏省红十字示范学校的宜兴市实验小学、善卷实验小学等进行授牌。持续开展"博爱青春"暑期志愿服务活动，11所高等院校志愿者参与活动。开展艾滋病防治同伴教育，确定无锡城市职业技术学院等5所院校为重点培育学校，培训学生防艾活动主持人150名，并开展普及推广，直接培训3750人，间接影响2万人。

（华锡明）

【规范志愿服务工作】 2018年，市红十字应急救援队等3支市属队伍率先创新在民政登记注册成为民办非企。在市直属红十字志愿服务组织中开展"博爱志愿行"红十字志愿服务项目申报活动。在市文明办"四个一百"志愿服务先进典型推荐活动中，红十字系统1人获"最美志愿者"，1个项目获评最佳志愿服务项目，3个志愿队获评最佳志愿服务组织。

（华锡明）

【拓宽人道传播渠道】 2018年，市红十字会通过新闻媒介传递大爱善举。市微信报道篇数和阅读量在全省红会系统位列第一。动员社会各界参加全省"我与红十字"书法美术摄影展暨征文活动和全省"见字如面"书法征集活动。协助总会在无锡召开"红十字在社区"工作推进会暨创建红十字工作品牌推进会。宜兴市红十字会创新发布动漫形象代言人"宜小红"，拉近红十字会与公众的距离。

（华锡明）

编辑　邵文凯

地方立法

参见第 60 页“地方立法”内容。

政法委及综治

【概况】 2018 年，无锡市政法机关坚持围绕中心、服务发展，找准结合点、切入口，及时推出支持企业发展、保护知识产权、深化“放管服”改革、保障污染防治等 20 多个方面的服务保障措施，全力护航全市高质量发展。坚持一手抓平安、一手抓法治，推动落实综治和法治建设党政主要领导第一责任，继续深化平安法治系列创建活动，为无锡市高质量发展创造更加安全稳定的社会环境和公平正义的法治环境。无锡市被命名为全省“平安市”，被表彰为全省综治工作（平安建设）先进集体，江阴市、惠山区、市公安局等 14 家单位（部门）被评为 2015 ～ 2018 年全省社会治安综合治理先进集体，江阴市、滨湖区被评为第四批“全国法治县（市、区）创建活动先进单位”，宜兴市、江阴市、滨湖区和锡山区、惠山区分别被评为省级法治建设示范县（市、区）和创建工作先进单位。无锡市公众安全感、法治建设满意度分别提升至 98.04%、98.36%，公众安全感连续三年、法治建设满意度连续两年位居全省第一。

（赵小勇）

【维护社会和谐稳定】 年内，无锡市强化源头预防控增量，实施社会稳定风险评估机制，搜集研判涉及政治安全和社会稳定的各类情报信息，加强预测预警预防，把握工作主动权。强化多元化解减存量，健全完善人民调解、行政调解、司法调解机制，攻坚化解重大社会矛盾和信访突出问题，确保社会大局持续稳定。全年实施稳评项目 1261 项，中央信访联席办通报无锡市进京非访数全省最少，办结中央巡视组交办涉法涉诉信访件办结率 98.8%，涉众型矛盾化解取得进展。加强敏感节点和重大活动安保工作，完成各级两会、青岛上合峰会、中非合作北京峰会、世界物博会、上海进博会等安保任务，实现“零非访、零通报”目标。

（赵小勇）

【社会治理创新】 年内，无锡市贯彻问题导向，开展网格化社会治理、“雪亮工程”建设、“平安寄递”创建、群防群治工作“四项攻坚战”，创新打防管控工作机制，整合各方资源参与社会治理。网格化社会治理按照“五统一”标准推进建设，全市有 5.8 万余名专兼职管理员在网格内开展服务管理工作，采集汇聚各类工作信息 1400 余万条，网格事件实现闭环式流转处置；升级完善社会治安防控体系“三网三机制”（技防网、巡防网、数据网，合成研判新机制、合成打击犯罪新机制、实战指挥新机制），“雪亮工程”（以县、乡、村三级综治中心为指挥平台、以综治信息化为支撑、以网格化管理为基础、以公共安全视频监控联网应用为重点的“群众性治安防控工程”）一期建设顺利通过竣工验收，5.3 万余路视频监控实现联网共享，“锡递安”在寄递网点逐步推广运用，30 余万名平安志愿者在社会治理中发挥作用。全市现行命案和抢劫案件全部告破，扫黑除恶专项斗争绩效位居全省前列，违法犯罪警情数、刑事案件发案数、八大类案件发案数和抓获刑事作案人员数、刑拘数、公诉数呈现“三降三升”良好态势；全市法院系统受理案件 19.7 万余件、审执结 16.6 万余件；整治治安重点地区和突出问题，严格规范特殊人群服务管理；开展交通秩序三年大整治、“小飞龙”专项整治等行动，全市交通和火灾事故亡人数分别比上年下降 4.1%、14.3%。

（赵小勇）

【执法司法改革】 年内，无锡市坚持司法体制改革，加强信息技术运用，推进严格执法、公正司法、全民守法，提升执法司法公信力。推进政法领域改革，配合做好国家监察体制改革工作，按时完成市综治办、依法治市办等人员转隶、职能划转和市司法局重新组建任务；加强员额制管理，健全完善职业保障制度，司法责任制改革得到省第三方评估组肯定；推进以审判为中心的刑事诉讼制度改革，侦查人员、鉴定人、证人出庭率明显提升，辩护率、当庭宣判率分别达 86.1%、59.3%；全面推行繁简分流机制，结案数、结案率比上年上升 20%、4.5%；加强公益诉讼试点工作，挽回国有资产损失 1600 余万元，索赔环境损害修复费用 2100 余万元；公安机关职务序列改革和市国安局、基层检察院内设机构改革如期完成，对监狱巡回检察试点和律师制度、公证体制、司法鉴定等改革进展顺利。推进执法司法规范化、信息化、智能化建设，全市政法业务协同系统试点运行，“法律文书电子送达”和“智慧执行”有效破解送达难、执行难问题，检察监督综合研判平台基本实现对诉讼活动的实时动态监督，提升警务执法规范化水平。实施“七五”普法，召开法治无锡建设新闻发布会 4 场，实施法治惠民实事工程 219 项，获评全省首批优秀法治实事项目 3 个、提名奖 2 个，建成省级法治文化示范点 7 个，成功

表 25　　2018 年无锡市政法系统获省级以上荣誉情况

<table>
<tr><th>单位、个人名称</th><th>荣誉名称</th><th>授奖部门</th></tr>
<tr><td>江阴市、滨湖区</td><td>全国法治县（市、区）创建活动先进单位</td><td>全国普法办</td></tr>
<tr><td>江阴市人民检察院“澄苗计划”</td><td>第四届中国青年志愿服务项目大赛银奖</td><td>共青团中央、中央文明办、民政部、水利部、国家卫生健康委员会、中国残疾人联合会、中国志愿服务联合会</td></tr>
<tr><td>新吴区人民检察院</td><td>2017 年度查处侵权盗版重大案件有功单位二等奖</td><td>国家版权局</td></tr>
<tr><td>市公安局惠山分局经侦大队</td><td>2017 年打击骗取出口退税和虚开增值税专业发票专项工作成绩突出的集体</td><td>国家税务总局、公安部、海关总署、中国人民银行</td></tr>
<tr><td>市中级人民法院“法律文书统一电子送达平台”</td><td>入选“全国法院 2018 互联网 + 政务创新应用”并获评“智慧法院优秀创新案例奖”</td><td rowspan="4">最高人民法院</td></tr>
<tr><td>市中级人民法院金融庭</td><td>全国法院先进集体</td></tr>
<tr><td>江阴市人民法院知识产权庭</td><td>全国法院知识产权审判工作先进集体</td></tr>
<tr><td>宜兴市人民法院司法警察大队</td><td>全国法院司法警察先进集体</td></tr>
<tr><td>市人民检察院，江阴市、宜兴市、梁溪区、锡山区、惠山区、滨湖区、新吴区人民检察院</td><td>2018 年度全国检察宣传先进单位</td><td>最高人民检察院、检察日报社</td></tr>
<tr><td>新吴区人民检察院办理的《张承兵等人假冒注册商标，洪立洲等人销售假冒注册商标的商品，黄孟浩非法制造、销售非法制造的注册商标标识案》</td><td>2017 年度检察机关保护知识产权十大典型案例</td><td>最高人民检察院</td></tr>
<tr><td>江阴市公安局车辆管理所</td><td>优秀县级车辆管理所</td><td>公安部</td></tr>
<tr><td>江阴市新桥镇绿园社区、宜兴市宜城街道巷头社区、锡山区安镇街道安西村</td><td>第七批全国民主法治示范村（社区）</td><td>司法部、民政部</td></tr>
<tr><td>市司法局</td><td>首次国家统一法律职业资格考试工作表现突出单位</td><td rowspan="4">司法部</td></tr>
<tr><td>宜兴市司法局张渚司法所</td><td>全国先进司法所</td></tr>
<tr><td>惠山区司法局玉祁司法所</td><td>监狱戒毒司法所工作全国模范司法所</td></tr>
<tr><td>惠山区司法局</td><td>全国人民调解先进集体</td></tr>
<tr><td>市国家安全局某 4 项专项工作</td><td>集体一等功、二等功成员单位</td><td rowspan="2">国家安全部</td></tr>
<tr><td>市国家安全局某专案工作组和 2 个专项工作组</td><td>集体二等功、三等功</td></tr>
<tr><td>市中级人民法院机关工会委员会</td><td>全国模范职工之家</td><td>全国总工会</td></tr>
<tr><td>市中级人民法院</td><td>全国法院第 29 届学术讨论会组织工作先进奖</td><td>全国法院学术讨论组织委员会</td></tr>
<tr><td>中共江苏金汇人律师事务所支部</td><td>全国律师行业先进党组织</td><td>中共全国律师行业委员会</td></tr>
<tr><td>市委政法委，市公安局，江阴市，惠山区，江阴市祝塘镇，宜兴市公安局、官林镇，梁溪区上马墩街道，锡山区锡北镇、东亭街道综治办，惠山区长安街道，滨湖区马山街道、华庄街道水乡苑第一社区，新吴区江溪街道</td><td>2015 ～ 2018 年全省社会治安综合治理先进集体</td><td>省委、省政府</td></tr>
</table>

续表 25

单位、个人名称	荣誉名称	授奖部门
江阴市、宜兴市、滨湖区	2016～2017 年度全省法治建设示范县（市、区）	省委、省政府
锡山区、惠山区	2016～2017 年度全省法治县（市、区）创建工作先进单位	
何聪	全国法院先进个人	最高人民法院
张浩	全国法院系统 2018 年度优秀案例分析二等奖	
刘英	全国法院优秀案例 2018 年度二等奖	
陆超	2008～2018 年中国法院反垄断民事诉讼 10 大典型案例	
赵建新	最高人民检察院授予个人一等功	最高人民检察院
俞波涛	最高人民检察院授予检察基础理论研究三等奖	
孙玉明	首次国家统一法律职业资格考试工作表现突出个人	司法部
梁颖	国家司法考试工作先进个人	
朱富春、胡敏洁	监狱戒毒司法所工作全国模范司法所长	
何建忠、唐振健	全国人民调解先进个人	
市国家安全局干警	二等功 1 人、三等功 6 人	国家安全部
市国家安全局干警	“XX 尖兵”荣誉称号 1 人	
陈国兰	全国创建平安医院活动表现突出个人	国家卫生健康委员会办公厅等 9 部门
任璐	全国优秀工会积极分子	全国总工会
陆晓燕	全国三八红旗手	全国妇联
薛崴	全国维护妇女儿童权益先进个人	
张晖、谢伟、李锡胜等 48 人	人民法院荣誉“天平奖章”	最高人民法院
李乐平、何洪辉、顾甦等 148 人	人民检察院“检察荣誉章”	最高人民检察院
彭锡生、钱锡忠、岳中云、顾培植、杨俊	2015～2018 年全省社会治安综合治理先进个人	省委、省政府
牛兆祥、王玲飞、张进文、倪民、蒋立辉、杨震宇、任云	2015～2018 年全省社会治安综合治理个人二等功	
俞迪森、许海英	全省法治建设先进工作者	省委政法委、省依法治省领导小组办公室、省人力资源社会保障厅、省公务员局
葛永军、沈峰、张林兴、陆政伟	全省法治建设个人二等功	
周玉萍	第三届江苏省中等职业学校在校学生模拟法庭大赛“优秀指导老师”	共青团省委、省高院、最高院、省教育厅、省公安厅、省司法厅、省人社厅等

（赵小勇）

举办第二届智慧法务(无锡)发展峰会,公共法律服务云初步建成。

(赵小勇)

法治政府建设

【概况】 2018年,无锡市贯彻落实中共中央、国务院《法治政府建设实施纲要(2015～2020年)》和《无锡市法治政府建设规划(2015～2020年)》,加强法治政府建设。召开全市依法行政工作会议,全面部署2018年度法治政府建设目标任务;制定《2018年度无锡市依法行政工作要点》,将31项年度重点目标任务分解落实到各地各部门,调整市依法行政工作领导小组,明确工作职责,加强对依法行政工作的组织领导、统筹协调、督促推进。推广江阴市政府推进综合执法改革、市物价局规范重大行政决策、市卫计委落实行政执法“三项制度”、锡山区政府推进法律顾问制度建设、市司法局智慧普法的先进典型经验,确定15个全市依法行政示范项目,示范引领工作创新。组织开展全市2017年度依法行政、法治政府建设工作考评,将考评结果与各地各部门的绩效考核挂钩,推进法治政府建设;接受省政府对无锡市2017年度依法行政、法治政府建设专项督查,获得省政府好评。加强政府领导干部学法用法,市政府党组扩大会议组织专题学习《中华人民共和国宪法修正案》,增强宪法意识,维护宪法权威,推进依宪执政、依法行政;市政府常务会议组织学习《中华人民共和国中小企业促进法》《无锡市旅游业促进条例》,增强领导干部运用法治思维和法治方式推动产业强市能力。完善政府法律顾问制度,制定《无锡市政府法律顾问工作规则》《无锡市政府合同审查程序性规定》,市政府新聘法律顾问10人,依法完善科学民主决策相关制度,加强人员保障。年内,市政府法律顾问依法审核重要政府合同、重大矛盾化解等涉法事务70余件,提出法律意见建议110余条;依法办理信访复核42件,审核政府规范性文件62件,审核行政强制函1件。

(陆 裔)

【政务服务】 年内,无锡市深化“放管服”改革,创新政府管理服务方式,优化营商环境。市政务服务大厅办结各类行政审批(服务)事项48.53万件,网上办件18万件,按时办结率100%,即办率42.16%,承诺件提速率50.45%;其中,市行政审批局直接办结的审批(服务)事项6.12万件,网上办件2.66万件,承诺件提速率67.87%;群众对政府热线工单办理处置结果满意率92.07%,对政府热线服务满意率97.87%。持续深化商事制度改革。推进“证照分离”改革试点,4家国家级开发区按照取消、备案、承诺告知、提高透明度、加强监管5类管理方式简化流程;推进“多证合一、一照一码”改革,将“多证合一”事项扩大至34项;实施证照联办制度,明确企业在申办营业执照的同时可一并办理18项许可事项。深化企业名称登记改革,清理并开放企业名称库。全市新设企业4.14万家,比上年增长13.74%。加快推进工程建设审批制度改革。围绕破解工程建设项目审批手续繁杂、效率不高等问题,在“并、转、管、服”上抓攻坚,把可行性研究批复、初步设计审查、抗震设计审查、规划方案审查、绿建设计审查优化合并为投资项目“五合一”方案设计联合审批,审查审批时限压缩至20个工作日内;优化重大建设项目交评审查流程,压减审查时间3个工作日。开展审批服务提质增效专项行动。按照“马上办、网上办、就近办、一次办”的改革要求,构建更为完善的政务服务体系,全市81家镇(街道)为民服务中心进行规范统一,覆盖市、市(县)区、镇(街道)、村(社区)的四级政务服务体系基本建成;全面推行代办员和代理点服务制,市(县)区公布代办服务事项目录清单,健全覆盖市、市(县)区、镇(街道)三级的代办服务体系。建成全覆盖的“互联网+政务服务”体系。坚持统一规划,严密组织,建设便捷、高效、优质的政务服务“一张网”,提前建成覆盖市、市(县)区、镇(街道)、村(社区)四级的“互联网+政务服务”体系,不见面审批(服务)事项占比92.1%,中国政府网专题推广无锡市“互联网+政务服务”工作的经验做法。

(陆 裔)

【政府规章制定】 年内,无锡市政府制定《2018年度立法工作计划》,确定当年度9个地方性法规项目、7个政府规章项目、3个政府规范性文件项目和9个立法后评估项目。全年市政府提请市人大常委会制定地方性法规4件,提请市人大常委会废止地方性法规1件,出台市政府规章4件,引领推动经济社会发展。推进文明城市创建的制度建设,提请市人大常委会制定《无锡市奖励和保护见义勇为人员条例》《无锡市文明行为促进条例》等;推进加强环境保护的制度建设,提请市人大常委会制定《无锡市生态补偿条例》《无锡市生活垃圾分类管理条例》;推进服务保障民生的制度建设,制定《无锡市违法建设治理办法》《无锡市既有住宅增设电梯暂行办法》《无锡市业主大会和业主委员会活动规则》等;推进保障社会公共安全的制度建设,制定《无锡市公共安全视频图像信息系统管理办法》。推进科学民主立法,拓展社会公众有序参与政府立法的新途径,利用无锡发布、无锡微博、今日头条等网络新媒体,公布立法草案,向社会公开征求立法意见建议;完善政府立法协商机制,与市政协共同组织《无锡市文明行为促进条例》《无锡市违法建设治理办法》立法协商活动,使政府立法更好地体现民意、反映民声、服务民生;落实政府规章周年报告制度,组织开展《无锡市社会医疗保险管理办法》立法“回头看”活动,对《无锡市市区征收土地涉及房屋及其他建筑物构筑物补偿安置办法》等2件规章开展立法专家论证,对《无锡市水利工程管理办法》等9件政府规章开展立法后评估,提升政府立法质量。围绕深化“放管服”改革,组织开展市政府规章规范性文件全面清理工作,涉及106件市政府规章,其中继续有效83件,废止和宣布失效19件,修改4件;涉及规范性文件1017件,继续有效778件,修改1件,并将清理结果向社会公布;开展规范性文件专项清理,对涉及著名商标、城市环境综合整治和生态环境保护、涉及产权保护的地方政府规章和规范性文件开展专项清理;落实国家和省政府关于简政放权的决策部署,对涉及证明事项的地方性法规、政府规章、规范性文件进行专门清理，提升政府服务效能。推进规范性文件备案审查信息化平台建设，开展规范性文件备案审查专题培训，统一规范性文件备案审查标准和程序；开展规范性文件专家评审试点工作，对《江阴市城市生活垃圾处理费收缴实施办法》等部分规范性文件集中开展点评活动，提高规范性文件制定质量；加强规范性文件备案审查，全年无锡市向上级报备规章规范性文件6件，其中规章4件，规范性文件2件；接受市(县)、区政府和市级部门备案的规范性文件31件，备案率、及时率、合格率均100%。

（陆　裔）

【执法监督】 年内，无锡市指导协调江阴市推进相对集中行政处罚权和综合行政执法体制改革工作，形成执法信息互联互通、综合执法市镇联动、条块结合的综合执法新格局；指导协调推进梁溪区行政处罚权和行政强制权相对集中改革，提高行政执法效能。对江阴市县级集成改革试点赋权清单(282个行政权力事项和17个行政管理权限事项)进行合法性审查，对39个政府部门320余个随机抽查事项进行合法性审查；完成对部分省级以上开发区全链审批赋权清单(共187个，其中赋权开发区直接审批136个、赋权驻开发区分支机构审批24个、可由开发区直报27个)的合法性审查，保障“放管服”改革顺利进行。组织召开行政执法公示制度、执法全过程记录制度、重大执法决定法制审核制度“三项制度”工作推进会，推广交流市卫计委、市质监局、市公安局全面落实行政执法“三项制度”先进典型经验；开展“执法为民”先进典型评选活动，12家“执法为民”先进集体和12名“执法为民”先进个人受到表彰奖励，示范引领执法创新。严格落实行政执法人员持证上岗制度，对全市1142名新申领行政执法资格证的人员开展法律知识教育培训，提升依法办案能力；加强行政执法信息化管理，组织开展行政执法案卷评查，对37家市级部门和7个市(县)、区部门的440份行政执法案卷进行集中评查，规范执法行为，推进严格规范公正文明执法。

（陆　裔）

【政务公开】 1月，市政府向省政府、市委、市人大常委会报告上一年度无锡市法治政府建设情况；各市（县）区政府和市政府各部门于一季度分别向市政府报送上一年度法治政府建设和依法行政工作情况报告，并在无锡政府网、无锡政府法制网公布，公开接受社会监督。组织新闻发布活动31场次，“中国无锡”政府门户网站在2018年全国政府网站绩效评估中，位列地级市第一名；推进财政资金、公共资源配置、市场监管、公共服务信息等领域的政府信息公开，主动公开市政府及市政府办公室文件51件，受理、办理涉及市政府信息公开申请93件，答复率100%。加强政府热线“融平台”建设，推动“12345”政府热线与“12388”纪检监察热线、“12338”妇女维权热线深度融合，实现纪检监察、妇女维权专线全天候24小时在线服务；推动“12345”政府热线与文明城市创建、河长制等工作深度融合，建立“‘12345’+河长制”监督平台，开通文明创建直通车微信受理平台实时回应群众诉求，设置专席与群众在线交流，办复微信工单2639条；将政府热线与《作风面对面》《直通937》等节目开展合作播报，形成市民群众、政府部门、新闻媒体在线办理机制，有效解决社会热点诉求。

（陆　裔）

【行政复议】 年内，无锡市政府发挥行政复议化解矛盾纠纷的主渠道作用，化解矛盾纠纷，维护社会稳定。受理行政复议案件301件，办结267件，其中维持219件，驳回19件，撤回和终止28件，确认违法1件。市政府作为被告的案件60件，出庭行政诉讼案件45件。召开全市行政调解和行政裁决座谈会，提高全市行政调解和行政裁决工作水平；组织开展全市行政复议工作人员教育培训，提升行政复议办案能力；开展行政复议案卷评查，组织召开行政复议典型案例研讨会，破解行政复议办案难点。推动行政首长参加行政复议案件听证活动，有3名行政机关负责人参加行政复议案件听证；对办理重大、疑难、复杂的行政复议案件组织公开听证11次，提高行政复议公信力。严格落实行政机关负责人出庭应诉制度，强化工作考评，326名行政机关负责人出庭应诉；加强行政机关负责人出庭应诉工作培训，提高应诉能力，提高出庭应诉质量。完善行政调解协调联动机制，推动信息互通、工作联动、矛盾联调、优势互补，形成化解争议纠纷合力。全年全市各级行政机关受理行政调解案件36861件，调解成功30725件，调解成功率83.35%。

（陆　裔）

公　安

【概况】 2018年，无锡市各级公安机关围绕争创“平安建设示范区、智慧警务先导区、民生公安引领区和过硬职业警队”奋斗目标，深化公安改革，确保全市政治安定、社会安全和人民安居。公众安全感连续三年位居全省首位，无锡市被命名为“平安市”，被表彰为全省综治工作(平安建设)先进集体，市公安局被评为全省社会治安综合治理先进集体。健全不稳定因素滚动排查、实时监测预警、矛盾源头化解、人头动态稳控、联合应急处突、舆情联动导控等信访安保机制，落实各项安保措施，圆满完成上合组织青岛峰会、中非合作论坛北京峰会、上海进博会和世界物联网博览会期间重大安保任务和60批次警卫任务。开展派出所勤务指挥室提档升级、治安基础要素智慧管控、智慧警务建设发展和所队站室基础设施升级改造等基层基础“四项攻坚”，构建“主动进攻”的派出所勤务指挥新机制，实现资源向勤务指挥室汇聚、手段向勤务指挥室集中、实战指令由勤务指挥室下达、派出所运转由勤务指挥室调控；创新“治安要素”智慧管控模式，推广“一标三实”(标准地址、实有房屋、实有人口、实有单位)应用系统和移动采集APP，全要素采集“人房物地网”等各类信息；制定智慧警务三年攻坚行动方案，确定41项2018年度重点任务和36个信息化建设项目，落实预算资金0.8亿元；制定基层所队基础设施建设标准规范，按照基础设施、基本功能、基层力量“三个达标”的要求，完成45个派出所、交警队、查报站（检查站、治安卡口）、警务室的新（移）建、改（扩）建任务。推进防控体系“三网三机制”建设，提高对动态社会治安局势的驾驭掌控能力，建好智能型高清“技防网”，完成“雪亮工程”一期建设，图控中心投入使用；建设升级版立体“巡防网”，健全常态、加强、战时三级巡逻勤务机制，构成常态防控圈、快反处置圈和边界堵控圈，新建梁溪骑警队；建设生态型动态“数据网”，初步实现云计算、云存储、云管理、大数据等基础运行环境；启动运行大数据指挥服务实战平台、大数据高分展示、“一键点调”二期等系统，完善协同指挥流程和质态评估制度，引入“云镜”等高端互联网研判工具，搭建10余项实战指挥情景模型和工作预案，建立基层实战请求服务“全网通”平台，构建多警联动、多库联侦、多轨联控和同步上案的一体化侦查格局。推进升级版“技防城”建设。围绕严重影响群众安全感的突出问题，开展扫黑除恶、涉枪涉爆、电信网络诈骗等系列专项斗争，进行破案攻坚，破获通信网络诈骗案件数比上年上升17%，破获公安部、省公安厅毒品目标案件数列全省第一。整饬治安突出问题，挂牌治理14个涉娼重点地区和场所。严格公众安全监管，交通事故亡人数和火灾起数均比上年下降。改革加强公安执法服务工作，挂牌运作市公安局案件管理中心，推进受立案、刑事案件“两统一”执法运行机制改革，推动执法办案管理中心、刑事办案工作机制、智慧公安法制应用系统、基本制度“四项建设”工程。推进公安“放管服”改革，开展“减证便民”专项工作，取消证明材料83项，试点运行4个“证照分离”改革事项。在全国首批试点应用交通管理教育网络学习系统，启动建设城市智慧交通实验室，创新“警保联动”快处轻微交通事故机制，推出行政审批“不见面、一网办”事项104个、便民利企新举措16个。推动农业转移人口市民化进程，户籍人口城镇化率76.02%。在全市公安机关开展解放思想大讨论、“大学习、大研讨、大培训”和“坚定‘两个维护’、铸牢忠诚警魂”教育活动，开展解放思想大讨论活动，开展“青年文明号”联创及“无锡公安青春榜样”“无锡好警嫂”“最美警察”推选活动，举办无锡公安迎新联欢会、“五四”诗会、民警荣誉退休仪式、“警徽闪耀·平安共享”警营开放日等主题活动。完成经济开发区分局筹建、三城区交警大队合并，启动执法勤务警员职务、警务技术职务序列改革。推行惠警暖警措施20项。加强日常监督管理，完善党委（组）书记抓基层党建和履行党风廉政建设主体责任述职制度，落实市局对各地、各部门巡察工作。全局291个集体、2954名民警受到市公安局以上表彰，其中1名个人立一等功，15个集体、24名民警立二等功，2个集体获评“全省优秀公安派出所”，7名民警被授予2015～2017年度“无锡市劳动模范”称号。

（耿永军）

【扫黑除恶】 年内，全市公安机关根据中共中央、国务院的决策部署，组织开展为期3年的扫黑除恶专项斗争。市公安局成立扫黑除恶专项斗争领导小组；各市（县）区公安局、公安分局成立工作专班和“扫黑办”，组建扫黑除恶专业中队，分级落实职责任务，完善运行机制，落实各项措施。公布市公安局、市（县）公安局、公安分局接受举报的地址、电话、邮箱、微信、微博，24小时接受群众举报。全市查处涉黑组织6个、恶势力犯罪集团17个，破获9类涉恶案件948起，抓获犯罪嫌疑人3510人。聚焦涉黑涉恶问题突出的重点地区、重点行业、重点领域，结合无锡市实际情况，重点查处“涉赌、涉贷、涉村”类黑恶犯罪，查处“套路贷”（以民间贷款为“幌子”，利用欺骗、胁迫、虚假诉讼等不法手段让受害人“入套”，以达到直接侵害受害人高额财产的目的）犯罪团伙24个、281人，破获案件400余起。坚持有黑扫黑、有恶除恶、有乱治乱，解决治安突出问题。加强对“两占一暴力”（强占小区物业、霸占市场行业、实施暴力传销）等行业性、方面性涉黑涉恶违法犯罪活动惩治力度，查处13个暴力传销团伙和一批控制市场行业的恶势力团伙。整治社会治安乱点，与市场监管、住建、文化旅游、交通运输等部门建立联席会议制度，开展惩治整治长效机制建设。

（耿永军）

【“110”接处警服务】 2018年，市公安局“110”报警服务台受理处置各类警情229万余起，报警电话一次呼通率保持在99%以上，未发生一起有责投诉，接处警工作群众满意率始终保持在95%以上。加强联合指挥机制建设，优化联合指挥部进驻部门及岗位力量构成，根据实战需要增设岗位，细化协同指挥流程和质态评估制度，全年指挥处置重要警情1.6万余起，组织“关城门”作战180余次，直接抓获各类犯罪嫌疑人130余人，圆满完成重大活动、重要节庆和安保组织指挥任务。健全指挥预案流程，编制安保处置专项预案和配套子方案，拓展应急处突、专项安保、大型活动安保等实战场景指挥模型和视频预案，推动实战指挥环节的流程化和规范化。推进智慧指挥建设，建成大屏高分展示系统，试点应用大数据指挥服务实战平台，初步实现接报警情信息、执勤值守力量、应急预案流程、监控视频图像等指挥资源要素在线可视管理；启用350M数字集群通信，完成“一键点调”高清视频指挥系统二期建设。全市80余个户籍派出所完成勤务指挥室提档升级建设任务。加强警情质量监管，建立市公安局、市（县）公安局（城区公安分局）、基层派出所（大队）三级警情数据监管体系，采取自动梳理统计、重点项目检查、专人抽取接警单等方式，对“110”警情受理、现场处置、信息录入等实施全流程监管。升级改造“社会应急（求助）联动平台”网络，加强联动警情流转处置质量跟踪管理，每月评估通报联动部门工作质态，全年流转处置及联动处置各类群众求助警情7.3万余起，解救危难群众6000余人。细化“110”与“12345”政府热线、数字化城管业务流程，全年处置工单3万余件。加强对无锡电信分公司“114移车服务”业务的检查指导，提升移车求助的处置质态。创新科技手段应用，会同市红十字会研发应用“易走失人员定位手环专业智能平台”，建立专项联动工作机制，推动走失人员警情处置工作的信息化、社会化和效率化，全年找回（送回）走失人员6500余人。该工作机制被列入市公安局2018年深化“放管服”改革16项举措，获2018年全市政法工作创新奖二等奖。加强情报信息搜集报送、研判预警和查证处置工作。加强合成研判作战体系建设，调整常态、战时入驻研判作战中心的警种部门和岗位力量配置，规范日常运行管理；加强县级情报合成研判作战中心建设，健全全市情报合成研判作战体系；优化“合成研判+N”工作模式，完善同步上案、盯案研判、专题研判、动态研判等制度。加强情报研判实战服务，扩大情报平台的数据资源类型和数量，构建一批实战模块，引入高端互联网研判工具，全年通过情报平台预警抓获网上在逃人员884人。制定《无锡市公安局处置紧急警情信息查询工作规范》，为基层单位提供情报服务支撑。

（耿永军）

【社会面巡逻防控】 年内，市公安局加强四级“巡防网”建设，整合警力资源，重新规划布局，构建抓点、稳线、固边、控面的网格化防控体系，在全市确定303个巡防区域、335条必巡路线、939个巡逻必到点和18个警务工作站、32个治安卡口、137个应急堵控点，构成常态防控圈、快反处置圈和边界堵控圈，形成环省、环市、环区、环核心区四道防控识别圈。围绕屯警街面、动中备勤、快速反应、武装处突的要求，组建街面“尖刀”、城区“利刃”、空中“鹰眼”等多支专业队伍。处突机动分队、PTU作战单元和摩托车骑警队屯警街面快速应对处置重大突发警情，派出所巡逻处警中队、无人机飞行队和群防群治力量组成常态巡防体系。用情报信息与科技手段主导巡防警务，整合盘活各类资源，实施一体化智慧巡防指挥作战、精准化情报导巡作战和多频化高空巡逻作战，提高街面防控精确指挥、精准打击、精细防范能力。全市接报违法犯罪警情比上年下降3.6%，其中“两抢”（抢劫、抢夺）、入室盗窃、涉车类盗窃、扒窃拎包警情比上年分别下降15.2%、28.5%、7.2%和37.3%，巡防抓获各类违法犯罪嫌疑人员3354人。

（耿永军）

【大型活动安全保障】 年内，市公安局巡特警支队开展大型活动安全检查292次，整改各类安全隐患1260余处，组织协调各类安保力量9.3万余人次，圆满完成无锡马拉松赛、世界物联网博览会等246项、793场次、415.5万人次参与的大型活动安全保卫工作。加强大型活动联动监管体系建设，建立梯级组织领导、政府联勤联动、信息研判分享和现场联合指挥四项机制，固化组织架构模式，整合政府部门职能，放大安全监管效能，形成安保工作合力。从数据和专业技术角度精确量化安全评估、人员管控、场地布局和安全导向标识、临建设施指南、安保资源配置等标准控制规定，提升大型活动安全监管精细化水平。创新立体化大型活动安全监管模式，固化形成“无锡经验”，成为具有普遍借鉴意义的样板，被《人民公安报》和公安部、省公安厅刊发推广。围绕落实责任主体、开展风险评估、引入专业检测和挖掘安保资源等四个环节构建风险排除机制；采取部署警力“据点”、科技应用“守线”、应急处置“保面”和延伸管理“围圈”等四种举措精细活动现场管理，形成“监管+”政府管理工作模式，回归“市场+”经济调节运作道路，实现“精细+”管控服务多元共治。

（耿永军）

【公安科技信息化工作】 年内，市公安局实施公安大数据战略，以建设全国一流、全省领先的智慧公安实战应用体系为目标，建立具有无锡特色的智慧警务规划、建设、应用新格局，为全市公安工作向“主动警务、合成警务、精准警务”转型升级提供技术支撑和保障。市公安局成立科技信息化委员会和办公室，制定《无锡市公安局智慧警务建设发展三年规划（2018～2020年）》，明确以“泛感知”“云智联”“慧应用”为主体框架，通过升级线上警务、慧眼工程、空中围栏、阵控监管和协作汇聚，打造警务云计算、云数据、云地理、云视图和云政务，建设智慧情报指挥、数字防控、侦查打击、安全监管和民生政务，推动资源融合、系统互通、应用共享，实现全市公安工作数据驱动、业务引领、实战主导的现代智慧警务模式。将2018年智慧警务建设41项重点任务纳入全市公安机关绩效考评。加强警务云平台建设，完成警务云计算平台资源扩容，为信息化项目建设提供基础资源支撑；完成公安信息网IP地址扩容，完善公安警务云网络，搭建适应云计算、大数据的基础网络；规划大数据基础服务软件体系，提升大数据应用服务能力。加强“数据在线”攻坚行动，整合汇聚公安内部和政府、企事业单位等数据资源，实现部分数据资源在线共享、融合上云；对重要系统实施动态授权管理，提供大数据请求定制分析服务。加强网络信息安全管理，确保公安网信息安全。建设智慧警务应用体系，完成云搜索平台二期建设，向全警提供搜索应用。加强云挖掘服务平台建设，开发分析工具与可视化自主建模系统，满足警种部门专业化研判应用需要。搭建市级人像比对应用测试平台，提供静态人像比对服务。开展“警务数说”信息推送服务平台建设，向民警掌上终端提供精准信息推送服务。开展警用地理信息平台升级扩容项目建设，为警种部门应用系统提供地图服务。加强视频人像卡口建设，抓获在逃人员180人。与中电海康集团合作成立“物联网应用创新联合实验室”，制定《无锡物联网派出所试点建设指导意见》，在全市7个派出所开展物联网试点建设应用。推进政法大数据共享应用、网格化社会治理大数据智能应用服务平台建设，构建智慧警务多维感知体系，为智慧警务提供数据支撑。提高应急通信保障水平，完成警用无线通信集群一期建设，实现省、市350M数字系统联网；建成移动应急通信图像联网平台，联网整合移动图像资源；建成现场快速部署指挥通信系统，在大型活动保障中投入实战应用。加强科技信息化管理，修订《无锡市公安局科技信息化项目管理规定》《无锡市公安局科技信息化项目前置审查规定》《无锡市公安局科技强警奖励规定》，健全需求调研、方案论证、项目实施、成效评估、考核奖励等科技信息化项目管理模式，确保智慧警务项目建设科学、规范、有序开展。

（耿永军）

【技术防范管理】 年内，市公安局技术防范管理部门围绕“智能感知、融合共享、智慧应用、精准服务”总体目标，推进各项技防工程建设。“雪亮工程”一期竣工并通过验收，形成以云计算、大数据、物联网等新技术为基础，视频监控联网汇聚为核心，软件和硬件解耦、平台和算法解耦、数据和应用解耦为引领的视频云平台，平台方案获第16届中国国际社会公共安全博览会金鼎奖；在全国首次采用“电子政务网、公安视频网双网双平台”架构，汇聚视频监控5.3万余路，涉及公安、城管、教育、交通等各个领域，全市基本形成“1+N”的联网共享格局，联网能力领先于全国同类城市；全市汇聚车辆抓拍系统10338路、WiFi探针4325路、人脸识别系统850路和各类物联、视频资源6.8万余路，完成市级层面资源汇聚整合，并在政府部门和公安警种开展一体化应用。开展“升级版技防城”建设，江阴市、宜兴市通过省委政法委、省公安厅、省科技厅验收，成为全省首批7个“升级版技防城”建设示范单位；城区按照“党政领导、政法协调、公安主抓、部门联动、社会参与”的工作格局，将“升级版技防城”建设作为深化平安建设的民生工程，与“雪亮工程”“技防网”建设同步推进，新吴公安分局、锡山公安分局、惠山公安分局、滨湖公安分局等根据各区特点，开展“慧眼360”、“惠民二期”、“平安慧眼”、老旧小区技防改造等项目建设，提升全市技防设施覆盖率、联网率和贡献率；全市通过视频图像破获各类案件2.05万余起，抓获各类违法犯罪嫌疑人2.29万余人，为城市治理和民生服务提供信息支持2.25万余次。加强以“织密补盲、提档增效”为主要内容的“技防网”建设，与巡防网、数据网紧密融合，建成11594路高清监控、4182路智能前端；初步形成全市“防控识别圈”，基本实现人车物的动态感知；滨湖公安分局、新吴公安分局开展“慧眼护学”“物联社区”等试点工作，加强校园安全和社区安防感知，提升城市综合管理能力。明确全市公安“慧眼工程”建设任务。推动《无锡市公共安全视频图像信息系统管理办法》进入立法程序，保障全市视频监控联网建设应用工作的可持续发展。修订《无锡市住宅专项维修基金管理办法》，明确将技防设施维护费用列入住宅大修基金使用范围，破解小区技防建设更新改造费用难题。编制《公共安全视频监控信息系统技术白皮书》，指导全市公共安全视频图像规范建设。加强技防业务培训，对370余名基层监控操作员开展业务轮训。开展视频监控系统和情报研判、指挥调度、路面巡防、侦查破案等对接整合工作，建设集数据采集、平台管理、运营维护、技防侦查等业务于一体的技防专业队伍。

（耿永军）

【出入境管理】 年内，全市公安出入境管理部门创新理念、主动作为、强化协作、注重实效，开创移民和出入境管理工作新局面。全年办理出入境证件55万余件，其中中国公民出境证件54.2万件，外国人签证（居留许可）1万余件。全市常住境外人员1万余人，全年临时入境境外人员近40万人次，境外人员临时住宿登记及时率100%、准确率99.99%，位列全省第一。落实国家移民管理局“只跑一次”制度，推行免费拍照、证件异地办理、缩短办证时限等措施，发放宣传资料5000余份，办理立等可取港澳台单签1.5万余份，提供异地办证服务3万余人次，免费拍照服务为群众节省办证支出400余万元。加强与EMS（中国邮政特快专递）的合作，群众在市公安局和锡山区、惠山区、新吴区、滨湖区政务中心出入境窗口办理证件后，可选择快递到家，实现首次办证“只跑一次”；已持有效往来港澳台通行证的群众，再次办理个人旅游签注，可通过“江苏出入境”微信公众号填写相关信息，由EMS提供双向邮递服务，实现再次签注“一次不跑”。落实市公安局深化“放管服”改革16项举措，全市出入境业务受理点增加到16个。新吴区、滨湖区、锡山区、惠山区出入境受理窗口周六正常开放。推动出入境业务延伸至派出所和社区，在梁溪区、惠山区、锡山区、新吴区和滨湖区等地的18个派出所或警务室布设18台港澳台自助签注机。全市公安出入境窗口增添42台再次签注立等可取机、37台自助填表机、10台签注查询机、5台自助发证机、7台移动办证设备、2台出入境记录查询打印机等自助设备。依托“无锡公安微警务”和“无锡出入境”微信公众号，新增优化智能咨询、“微临住”、在线预约、实时窗口等线上办事模块，实现事前、事中、事后全流程线上运转。应用“境外人员智能动态管控系统”，提升境外人员动态管理水平。在“无锡公安微警务”增设“境外人员住宿登记”（含出租房屋二维码）模块，实现境外人员住宿登记办理“指尖式”申报。开展“暑期境外人员管理会战”“百日攻坚”专项行动，办理出入境行政案件730起，办理境外人员妨害国边境案件7起。运用国际刑警组织“I-24/7”全球警用通信系统，在大型涉外安保等工作中发挥重要作用。与涉外高等院校建立警校联动机制，创新留学生管理机制。放宽外籍高层次人才申请在华永久居留条件，签发3～5年期外国人居留许可60余份，受理外国人永久居留申请16份，在江阴市开展永久居留申请前置受理试点。开通苏南硕放国际机场口岸外国人签证业务，办理境外人员证件2.5万余份。为海外高层次人才和重点企业提供“绿色通道”“专属通道”“企业直通车”等特色服务，全年开辟“绿色通道”110余次。成立专职机构，加强国际警务合作。对红豆集团等海外投资企业进行实地走访，听取企业对于海外利益保护需求，提出针对性工作方案。

（耿永军）

【刑事犯罪侦查】 年内，全市公安机关破获刑事案件16504起，抓获刑事案件嫌疑人21858人。坚持领导盯案、合成作战和挂牌督办工作机制，加强调查走访、信息比对、技术侦控和视频查询等传统和现代侦查措施，及时高效惩治严重暴力犯罪，年内发生的江阴市周庄镇纵火致多人死伤案、新吴区梅村杀人分尸案、惠山区洛社街道杀人抛尸案等现行命案全部成功破获，连续第八年实现现行命案全破。开展命案积案攻坚行动，破获4起命案积案。开展惩治整治枪爆违法犯罪专项行动，查证各类涉枪线索1125条，破获涉枪案件47起，抓获涉枪犯罪嫌疑人104人，缴获各类枪支141支，其中公安部目标网络贩枪案件9起。针对入室盗窃、盗窃电动车、扒窃等事关群众切身利益的突出侵财犯罪，组织开展“三惩治一整治”（惩治传统“盗抢骗”、通信网络诈骗、网络贩枪三类犯罪活动，整治治安复杂地区）、“利剑”、“迅雷”、“秋风”等专项行动。对重大“两抢”（抢劫、抢夺）、入室盗窃、盗窃保险箱等有社会影响的现行案件，按照侦破命案要求，由市公安局刑侦部门统一指挥，开展现场勘查、情报研判、合成侦查等工作，年内发生的74起现行抢劫案件全部成功破获，连续第二年实现抢劫案件全破，破获现行抢夺案件42起。优化运行机制，发挥市反诈骗中心作用，破获通信网络诈骗案件1039起，抓获犯罪嫌疑人2775人。通过“三方（警方、银行、客户）通话”处置诈骗警情1.4万余起，办理止付13201笔，止付金额3.6亿元，冻结资金10616笔、2.42亿元，拦截诈骗通话19398次，人工干预提醒群众6356次，避免群众损失1135万余元。

（耿永军）

【刑侦基础建设】 年内，全市公安机关刑事侦查部门加强刑侦基础建设，推进刑事侦查手段、方法和机制的转型创新，整合侦控手段资源，提升惩治犯罪的整体效能。落实市公安局刑侦部门、县区公安（分）局刑侦部门、派出所三级侦查办案责任，市公安局刑侦部门突出实战职能，加强对全市疑难复杂和有广泛社会影响案件侦破的直接组织指挥，统筹调度人员、技术、手段资源实时服务支撑破案工作。推进侦查组织体系建设，落实层报、研判、指令任务，围绕案件、人员、线索开展专业研判、合成侦查，提升惩治系列犯罪、跨区域犯罪和新型犯罪能力。把刑事技术作为破案攻坚和认定犯罪的重要支柱，紧跟实战，创新手段。加强现场勘查“一长四必”（公安局局长对现场勘查工作负总责，现场勘查工作做到“必勘、必录、必采、必比”）机制建设，制定“13类重点案件现场‘零提取’报告”“采痕率靠后单位约谈”工作制度。加强刑事前沿技术研究，推进市级指纹库、足迹库升级扩容和涉案图侦系统、男性家族排查系统建设，拓展技术破案增长点。全部刑事案件勘验率95.6%；全市通过指纹系统直接比中案件2154起；DNA系统比中案件2027起。推进人脸图像比对破案会战，破案1714起。推动阵地控制工作提档升级。加快警犬技术规范化、专业化建设，提升警犬技术在惩治犯罪和维护社会治安稳定中的独特作用。

（耿永军）

【经济犯罪侦查】 年内，全市各级公安经济犯罪侦查部门立案查处各类经济犯罪案件1278起，抓获犯罪嫌疑人1190人，涉案金额49亿元。重点惩治关系国计民生、群众利益、市场秩序和社会影响恶劣的重大经济犯罪，成功破获涉及全国28个省市、3.3万余人、3亿余元的非法吸收公众存款案，涉及全国10余个省市、100余家企业金额7亿余元的特大虚开普通发票案等一大批大案要案。推进“云端2018”行动，围绕涉众、金融、假币、涉税、知识产权保护等8个领域的突出经济犯罪挖掘情报线索，为开展预测预警预防、情报分析研判、高度提炼技战法提供基础数据支撑。推进追逃工作，开展“猎狐2018”专项行动，针对每个境外经济犯罪在逃人员的不同情况，逐一制定抓捕方案，全年从4个国家和地区抓获在逃人员6人，其中1人为中央反腐败协调小组国际追逃追赃工作办公室公布的50名涉嫌职务犯罪和经济犯罪外逃人员之一。加强情报导侦、合成作战能力，推进信息化条件下惩治经济犯罪工作转型升级。加强违法犯罪资金查控，应用JASS系统（银联司法协助与服务系统）查控嫌疑人员和单位的经济身份、经济状况、经济轨迹和经济风险，协助抓获犯罪嫌疑人30余人。引入违法犯罪资金智能分析工具，用大数据分析将类罪模型效果最大化、抽象犯罪组织结构可视化，节约办案时间成本。

（耿永军）

【经侦执法服务】 年内，全市各级公安经侦部门健全执法质量管理机制，把握案件受理、办理和监督三个重要环节，细化制定具体执法操作规程，加强执法监督，提升经侦执法公信力。建立疑难案件定期会商制度，通过《无锡经侦案件管辖规定》等规范疑难案件的办理。定期与疑难案件侦办民警进行沟通会商，了解案件进展情况，掌握案件特点，针对难点、关键点提出相应侦查方案，加快案件侦办进程。市公安局经侦部门全年开展案件会商60余次，提出针对性建议200余条。建立案件全程监督机制，健全以审判为中心的侦查机制和公安法制部门统一审核、统一出口工作机制，依托案件管理中心（室），推进“执法公示平台”和“经济犯罪案件侦查监督系统”的应用，实现对执法基本要素集约化管理，清晰展现每起经济案件立案、破案、抓获、追赃等主要信息，避免执法过错，促进规范执法。坚持执法质量考评通报机制。开展“百案评查”暨办案卷宗规范专项检查活动，及时通报执法质量情况及考评结果，回顾点评投诉信访件、存在执法问题的案件以及线索核查情况。推进经济犯罪打防控一体化建设，通过加强部门沟通协调、深入走访摸排、舆情宣传等工作方法，构筑经济犯罪“防火墙”，从源头上减少经济犯罪的发生。加强与银行金融、行政执法和行业协会等部门联动的监测、预警、监管和惩治协作机制，以信息互通、高度共享、协同作战为目标，建立定期会商、派驻联络员、线索移送、案件协查等多形式的协调会商机制，形成惩治防范经济犯罪合力，提高对各类经济犯罪预防与处置效率。全年与金融办、保险协会、银行、工商联、国税、地税、检察院、法院等部门开展联席会议16次。加强警企协作，在全市骨干企业、工业园区和大型交易市场设立经侦服务站108个、经侦警务室11个，为企业提供接警报案、预警防范、法律咨询、规范经营、受害保护等“一站式”服务，开展“警企系列讲座”50余场次，为重大合同签订提供法律咨询100余次。在重大节日以及“3·15”消费者权益日、“4·26”世界知识产权日、“5·15”惩治和防范经济犯罪宣传日、警营开放日等宣传节点，开展惩治和防范经济犯罪宣传活动，揭露常见犯罪手法，提示风险危害，提高群众防范意识和能力。通过新闻媒体、网络、短信平台、社交软件、社区宣传窗口等向社会公众发布警情提示和防范指导信息。

（耿永军）

【创建全国禁毒示范城市】 年内，无锡市开展全国禁毒示范城市创建，创新禁毒工作体制机制，完善毒品治理体系，构建惩防结合、专社兼备的毒品治理新格局，经第三方机构监测，群众对禁毒工作满意度98%，创建工作做法在全国禁毒重点整治示范创建暨宣传教育工作会议上作经验交流。市委常委会、市政府常务会议专题研究全市禁毒工作，印发《关于进一步加强禁毒工作的实施意见》《全市禁毒工作责任制》《全市禁毒工作考评办法》《全市禁毒工作考评细则》，制定《全市创建全国禁毒示范城市实施方案》及工作细则，把创建活动纳入全市各地各有关部门年度重点工作。根据全市禁毒斗争实际情况，确定5个方面35项具体创建任务，下达《创建全国禁毒示范城市目标责任书》，逐一落实到综治、公安、检察、法院、民政、司法、人社、卫计、安监、工商、农委等36家成员单位，加强检查督导，推进履职到位。在国家禁毒委制定的重点城市毒情监测体系基础上，整合公安业务、社会化禁毒、第三方评估等数据，研发基于大数据技术的“无毒”APP软件系统，在禁毒委成员单位和相关企事业单位组建信息员200余人，建设监测点55个，将禁毒综合治理的责任具体化、数据化、标准化，实现对全市禁毒工作的动态化实时监测。

（耿永军）

【缉毒工作】 年内，全市公安禁毒部门开展“禁毒2018两打两控”专项行动，抓获毒品犯罪嫌疑人911人，查获吸毒人员5822人次，缴获各类毒品折合海洛因16千克，破获公安部、江苏省公安厅毒品目标案件数位居全省第一。加强与检察、法院、人民银行、邮政管理、文化、安监等部门的联动配合，开展3次联合执法“藩篱行动”，破获一批互联网涉毒、新精神活性物质等新型毒品犯罪案件。在全市建设25个城市毒品检查站，设立170余个流动查缉点，会同交警部门每周开展至少2次“酒毒同检”联勤工作。织密公路、铁路、航路、水路、邮路“五网合一”立体化毒品查缉网络。推进缉毒基础工作科技化建设，开展基于污水分析的毒品滥用监测科研项目；投入500余万元添置毒品实验设备，在全省率先开展易涉毒人员毛发检测初筛应用试点工作。

（耿永军）

【全民化禁毒治理】 年内，全市公安禁毒部门依靠和发动群众，构建全民禁毒防线，推动形成党委领导、政府负责、社会共治、公众参与的禁毒工作格局。创新禁毒宣传模式，组建以40余家传媒企业为成员的“正禁毒”全媒体禁毒宣传联盟，加强禁毒宣传力度；推出禁毒“快闪”站，制作“无毒”短视频、微课堂，开展专题网络直播，发布“禁毒侠”IP群组卡通形象，多元传播禁毒文化。搭建社会禁毒平台，在江南大学等13所高校成立“无锡高校禁毒公益联盟”，组建禁毒公益讲师队伍和禁毒智库，加强禁毒工作群防群治力量。开展“新媒体视角下青少年毒品预防教育策略研究”等国家、省、市级项目10个，吸引更多有原创力、策划力、执行力的民间组织、学生社团和社工组织加入禁毒事业。依托网格化社会治理机制，实施《无锡市社区戒毒康复条例》，组织专职社工602人，落实社工经费3000余万元，在各市（县）、区分别培育网格化管理示范单位1个，在全市选树市级社区戒毒、康复示范工作站10个，确保吸毒人员100%纳入网格化服务管理。

（耿永军）

【社区警务】 年内，市公安局人口管理支队将社区警务工作融入城乡社区网格化治理体系，做优做强网格警务，将社区民警、辅警、协管员、信息员纳入政府“全要素”网格组织，汇聚网格人、房、物、地、事、组织等治安要素，整合网格服务管理各方力量和资源，建立依托网格共同做好信息采集、矛盾化解、治安防范、人口管理、隐患排查、法制宣传的新模式，建立社情民情收集汇聚、诉求矛盾多元化解等常态化机制。设立社区（村）警务室982个；全市70%的微型消防站通过验收，95%的社区达到消防安全标准。结合全市四级“巡防网”建设，组建群防群治队伍，增强社区网格化治安联控力量。开展治安基础要素智慧管控攻坚行动，采集地址131万条，实有人口738万人，实有单位7.9万个。汇聚社区各行业“民间高手”，形成社区治理人才“智库”，在矛盾化解、治安防范等方面发挥作用。规范“公调对接”工作，发挥全市127个“派驻式”人民调解室职能作用，配备专职调解员290人、兼职调解员318人、人民疏导员453人。健全矛盾纠纷多元化解联调联处机制，引导社会力量、社区“智库”等参与调处工作，全年调处各类矛盾纠纷8.5万起。建立社区警务“一所一档”“一所一品”品牌孵化机制，涌现水乡苑、美湖社区、新丰苑、洛社新城智慧警务室等社区警务品牌。编发《全市优秀社区民警工作法汇编》，举行“基础工作大讲堂”，开展实战练兵培训，提升社区民警能力素质。

（耿永军）

【户籍管理】 年内，市公安局改革创新人口管理工作，实施《无锡市户籍准入登记规定》，为5.6万余人办理落户无锡的户籍登记事项，提前两年完成市政府“十三五”户籍人口城镇化率目标。为无锡市“太湖千人人才计划”开通户口“绿色办理通道”，对市人社局及人力资源市场确定引进的人才（含民营企业所需人才），凭人才引进手续及“落户联系单”全年办理落户483批9480人。简化户口登记迁移手续，提高行政服务管理效能，在全省率先开展省内跨地市户口迁移一站式在线流转办理（从省内其他市迁入无锡市的群众无须持纸质准迁证回原籍办理迁移手续），全年通过网上流转办理准迁手续10646件。落实《无锡市公安机关深化“放管服”改革16项举措》，5月1日起，符合受理条件的无锡市户籍人员和持有效居住证的非无锡市户籍人员可凭公安机关签发的有效身份证件和居住证，在全市任一户籍派出所或区（县）级公安机关户政窗口就近申请补领、换领居民身份证；符合异地受理条件但无有效居住证的非无锡市户籍人员，凭有效身份证件和相关证明材料，可在居住地区（县）级公安机关户政窗口或就近在实际居住地公安派出所申请补领、换领居民身份证。加强户政窗口民警业务培训，优化受理点布局，全年办理当地身份证27.1万余张，省内外异地身份证9.7万余张，为3800余名因乘飞机、参加考试、结婚登记、住院取款等原因亟须用证的群众加急办证，通过微信、网络、电话、短信等方式向居民身份证即将到期的2.6万余人提供到期换领提醒服务，窗口服务规范度、满意度99%。9月1日，根据公安部部署，施行《港澳台居民居住证申领发放办法》，细化证件持有人办理机动车登记、申领机动车驾驶证，以及为丢失或未携带居住证人员乘飞机等急办事项出具临时身份证明等工作流程，向市政府专题报告，推动政府相关部门制定港澳台居民居住证社会应用相关政策，落实港澳台持证居民市民化待遇。至年底，全市办理港澳台居民居住证600余张。

（耿永军）

【流动人口管理】 年内，市公安局人口管理支队在全市组织开展出租房屋、群租房、流动人口滚动排查和重点地区集中整治行动，加强流动人口信息登记采集和出租房屋管理。加强专职户口协管员队伍建设，明确人员配备和工资定期增幅机制。全年新登记出租房屋25.4万余户、流动人口185.9万余人，新签订治安责任书88万余份，处罚违法出租户主2300余人，整治各类治安隐患6800余处，抓获各类违法犯罪人员1.4万余人。根据国务院《居住证暂行条例》，审核制发"江苏省居住证"。完善全市居住证信息管理系统功能，建设综合采集、集中管理、信息共享的流动人口信息综合数据库。优化居住证受理、审核、制证、发放运作机制，实现符合办证条件群众7日内取证的目标，全年制发居住证17.4万余张。完善流动人口、出租房主、用工单位、出租房屋安全隐患信息采集、多渠道自助申报登记"警民通"系统应用功能，实现社区民警和协管员对出租房屋和流动人口信息二维码查询管理、出租房屋安全隐患信息实时采集和流转政府相关部门等功能应用，提高流动人口信息、出租房屋登记采集效率。加强与市人社、市住建等部门的信息交流协作，解决流动人口信息跨部门共享、应用难题。定期汇聚主要房屋中介机构房屋租赁成交信息，破解派出所在流动人口管理中获取、采集房屋租赁成交信息难题。

（耿永军）

【治安行政管理】 年内，全市公安治安管理部门开展治安基础要素管控攻坚，提升安保、重点管控、惩治整治和行政管理服务水平。加强旅馆等特种行业管理，查处857家次，抓获在逃人员241人。出台印刷业工作指引，建立承印物品在线报备咨询、可疑业务审核机制。建立外卖平台监管约谈、法制教育机制，落实企业主体责任，增强送餐员治安安全意识。通过现场检查APP检查场所行业15.6万余家次，更新单位信息8504条。在502家场所行业单位安装并联网接入高清视频监控，在市区22家留宿浴场使用智能闸机。在宜兴市旅馆试点安装50套人脸识别人证合验自助登记一体机。制定《关于办理寄递业单位违法违规行政案件的执法指引》，处罚23家，抄告邮管部门查处42家。整治治安突出问题，全年查处涉黄涉赌涉娼犯罪团伙301个，摧毁制售假冒伪劣产品窝点62个。整治涉枪涉爆犯罪，办理涉枪涉爆违法犯罪案件80起、117人，收缴各类非法枪支192支、子弹3.2万余发、废旧爆炸物品31枚、仿真枪126支、管制器具1678件、危险化学品36吨。推进治安管理"放管服"改革，制定4个国家级经济开发区"证照分离"行政审批制度改革试点规范，在江阴市试行"市县同权"集成改革试点，6个治安行政权力和许可服务事项实现全流程在线办理。规范保安行业监管，开展保安服务行业巡查整治，推动保安协会管理体制变更。探索群防群治新路径。推动养犬管理工作，研发集管理端、用户端、现场执法端联网的智慧犬管系统，实行犬牌犬证电子化。

（耿永军）

【网络安全监管】 年内，全市公安网络安全保卫部门加强网络社会综合防控体系建设，有力保障全市网络社会整体稳定。实施情报指导警务战略，加大网上巡查处置力度。惩治涉网违法犯罪，净化网络运营发展环境，全年侦破黑客攻击破坏和侵犯公民个人信息案件61起，查处犯罪嫌疑人265人，成功破获全国首起跨境侵犯公民个人信息案件；提升网络水军等5类案件侦办能力；查处网上滋事和发布谣言网民；加大网络安全执法监管力度，破获的朱某某等人为危害网络安全提供工具案被公安部评为精品案例。"无锡公安反信息网络诈骗平台"拦截诈骗网址、病毒木马链接成效显著，获2018年江苏省公安厅科技强警科研创新一等奖。完成"网络围栏"建设，实现数据资源融合共享与分析应用。加强对政务网站及重要信息系统检测，发现存在安全风险的网站284个、存在高危漏洞的系统85个，帮助落实整改措施，为全市100余家单位的重要信息系统和政务网站提供免费安全防护，提高全市基础信息网络和互联网重要信息系统的安全系数。通过"无锡网警巡查执法"账号发布辟谣、违法警示和宣传防范文章1000余篇，阅读量3500余万次，受理网警志愿者及网民举报的各类违法有害信息及犯罪线索1.2万余条，落地查处一批"黄播""网络赌博"案件。加强重要信息系统等级保护，开展全市网络安全专项执法检查，检查全市社会保障、医疗卫生、金融银行、政府机关、高新技术和水务燃气等行业单位60余家，发现整改各类安全隐患和问题150余个（处）。加强网吧管控，全年检查网吧19700余家次，全市网吧安全管理系统和视频监控系统安装率、在线运行率100%，网吧上网人员实名登记率99.5%。在城区网吧应用人脸识别系统，协助破获各类案件30余起。

（耿永军）

【公安监所管理】 2018年，全市公安监所管理部门按照建设"忠诚、平安、法治、文明、智慧、有为"监管要求，开展看守所补短板创品牌、行政收押场所强基础提能力、监管信息化建设应用大整合大升级、协助破案创战法提实效、监管队伍强素质增活力"五项攻坚"行动和整治监室悬挂点等安全隐患专项活动，构建"互联网+"时代下的智慧监管新模式，通过网上巡查、实地检查、交叉互查、突击清查等形式，加强经常性督导检查，建立监所问题整改清单，实行挂账销号，确保全市公安监管场所安全文明、规范有序，没有发生在押人员脱逃、非正常死亡等责任事故，没有发生一起涉及监所的负面舆情。围绕"风险人员管控、守牢出入关口、规范监室秩序、安全隐患查治、杜绝执法漏洞、突发疾病救治"等重点工作，制定《监所执法规范化管理制度》《民警队伍作风教育管理规范》，实现制度规定全覆盖、责任落实无盲区、执法规范无空档，提升全市公安监所规范化执法水平和民警职业化执法能力。发挥监管场所在管理手段、时空条件和信息资源等方面的优势，建立协助破案、矛盾化解、应收尽收服务通道，总结推广“多库联查”“人脸识别”等战术战法，全年协助办案单位破获各类案件3000余起，抓获网上在逃人员30人；化解调处社会矛盾220余起，拘留所社会矛盾化解经验做法被“中国警察网”刊载；开展病残涉毒人员专项收押行动，对自伤自残、吞食异物和患艾滋病的收押对象做到“应收尽收”。推出“一次办”“网上办”“随时办”等服务律师新举措、新机制，改建95间公安、检察、法院、律师按需使用的看守所“共享资源室”，依托无锡公安“微警务”，开设律师会见网上预约服务平台，实现近1万人次律师会见“零等候”。会同市司法局建立法律援助中心驻看守所工作站，提供免费法律咨询和援助等服务月均350余人次。第一看守所未成年在押人员“雨露学堂”经验做法两次被《人民公安报》刊载推介。

（耿永军）

【**食品药品和环境领域犯罪打防体系建设**】 年内，市公安局食品药品和环境犯罪侦查支队开展食品药品打假“利剑”行动、惩治环境犯罪“清水蓝天”、“两减六治三提升”等专项行动，破获食品药品环境犯罪刑事案件281起，对754人采取刑事强制措施。组织开展集中惩治食品药品环境领域犯罪活动攻坚月专项战役和深化惩治食品药品农资环境犯罪行动，破获17起公安部挂牌督办案件。参与“食品安全周”“环境月”宣传活动，会同江南大学食品学院、无锡天鹏菜篮子工程有限公司开展食品药品环境安全进社区活动和“尚德守法，食品安全让生活更美好”、全市环境问题联合大接访及警营开放日等公安主题宣传活动，发放宣传资料3万余份。在全市公安派出所设立食品药品环境犯罪侦查联络员，开展实战化训练和食药安全快速检测、环境污染刑事案件现场采样等专业技术培训，构建食品药品环境安全纵深打防体系。加强与市食药监局、市环保局、市城管局等行政部门的沟通对接和驻市食药监局、市环保局警务室建设，提升惩治防范管理控制整体合力，开展联合执法30余次，召开联席会议50余次，接收案件线索120余条、案件140余起。更新升级快检技术，初步建立减肥类保健品非法添加数据库，加强对未知可疑物的研究比对，确认两种国家公布的保健品非法添加名录以外药物，建立相应检验方法。依托“打假保名牌”平台，构筑警企协作窗口，加强与阿斯利康、拜耳、辉瑞、宝洁等10余家知名食品药品生产企业以及阿里巴巴、腾讯等互联网企业协作交流，邀请相关企业专家开展专业知识讲座，拓展警企联合惩治、联络沟通、联手研判等方面合作。

（耿永军）

【**单位内部安全保卫**】 年内，全市各级公安单位内部安全保卫部门创新应用科技手段，加强实战能力建设，打造现代单位内部安全治理体系。围绕重点领域、重点行业和重点群体，加强情报信息工作，落实管控措施，防范政治和安全风险。完善单位内部治安防控网络，提升单位抵御不法侵袭能力。加强高校、医院、加油站点等治安保卫重点单位、重要目标安防新技术、新手段应用；梁溪区、锡山区、惠山区在党政机关、医院、学校等治安保卫重点单位安装访客管理系统，抓获在逃人员4人。按照“底数清、汇聚全、应用优、管得住、控得严”要求，推进单位内部保卫重点单位基础要素采集和社会资源汇聚。加强与市教育考试院、市保密局、市无线电管理等单位和治安、交警、网安等警种的协作配合，完成高考等22场国家级考试的安保工作。开展为期一年的“做自己的首席安全官——平安校园行”主题活动，发放12万份宣传海报、10万份安全倡议书，设立600余块宣传展板，开设法制课、安全讲座250余场次、模拟演练120余场次。全市935所中小学幼儿园视频监控联网率超过80%。校园保安达标率、校园加高围墙达标或电子围栏安装应用率、校园门外划设安全区域防撞防护栏安装应用率、校园门口公安自建探头安装率均达90%以上。会同城管、教育等部门在4所学校试点“慧眼护学”系统。通过物联网技术自动甄别预警处置有异常行为的可疑人员，预防危害社会公共安全事件的发生。开展严厉惩治涉医违法犯罪专项行动，依法处置扰乱医疗机构、伤害医务人员案件30余起，抓获涉医违法犯罪嫌疑人31人。推进成品油市场秩序专项整治行动，取缔非法加油站（点）1个，查扣非法流动加油车87辆、非法加油船5艘，查扣非法油品730余吨，抓获涉案人员96人。配合全市各级教育部门开展校外培训机构整治工作，排查登记2770家，取缔120家。立案查处危害生产安全刑事案件79起。对152起单位可防性刑事案件进行倒查，查验民警履职、单位防范情况，实现检查记录可溯式查询、处罚结果征信化应用。

（耿永军）

【**见义勇为激励机制建设**】 年内，市公安局和市见义勇为基金会表彰见义勇为人员1030人次，发放奖金212万元。1月18日，市委、市政府召开全市见义勇为先进分子表彰大会，表彰3名“无锡市见义勇为模范”、34名“无锡市见义勇为先进分子”和3个“无锡市见义勇为先进群体”。搭建企业冠名专项表彰奖励平台，设立“交通产业杯”“澄安杯”和“广厦置业杯”3个专项基金，评选表彰见义勇为好司机、新市民和环卫工（快递员、物管员）。开展第二届“无锡见义勇为新市民”评选活动。推选见义勇为人员参加全国、全省先进评选活动，4人入选“中国好人”“江苏好人”，8人获得“江苏省见义勇为好司机”“江苏省见义勇为新市民”“江苏最美见义勇为环卫工（送奶工、送报工）”等荣誉称号，8人入选“无锡好人”。市见义勇为基金会取得慈善组织认证，在全市开展基金公募活动，获109家企业、3万余名群众捐款2679万元。落实市委办公室、市政府办公室《关于进一步加强见义勇为基层基础建设的意见》，无锡市5个城区成立见义勇为基金会，募集基金2330万元。市委政法委把见义勇为工作列入全市综治工作（平安建设）考评。市财政局拨款500万元充实市见义勇为基金。开展见义勇为工作站示范点创建工作，11个工作站被授予示范点铜牌，153个工作站有30%以上达到示范点要求。依托社区警务室，在梁溪区、惠山区试点成立见义勇为工作室9个。加强行业见义勇为志愿者队伍建设，市见义勇为志愿者服务团队被评为无锡市“平安志愿服务先进单位”。开展信息化平台建设，见义勇为工作实现智能化、动态化管理。创新见义勇为宣传形式，11月1日，市委宣传部、市文明办、市公安局、市文广新局、市见义勇为基金会联合举办“正义颂——无锡见义勇为专题晚会”。市见义勇为基金会、市公安局开展清明节祭奠缅怀见义勇为英烈、牺牲人员等系列活动。开展第一届“无锡见义勇为好新闻”评选、第二届“见义勇为宣传日”等活动。加强见义勇为权益保护工作，在全市开展见义勇为人员家庭状况调查摸底，明确对因见义勇为牺牲人员家庭和获得全国、全省、市级荣誉见义勇为先进人员的慰问年限和标准。市委、市政府将见义勇为人员纳入市领导新春走访慰问对象。全市各级见义勇为组织全年走访慰问见义勇为人员271人次，发放慰问金97万元。市见义勇为基金会为183名获得市级以上荣誉的见义勇为人员办理人身意外综合保险；开展“暖心助学”活动，向37名家庭困难的见义勇为人员在校子女发放助学款10万元；组织30名获市级以上荣誉的见义勇为先进人员疗休养。完成鼓励见义勇为行为地方立法，《无锡市奖励和保护见义勇为人员条例》由无锡市十六届人大常委会第十四次会议表决通过，经省人大常委会批准，于2019年3月1日起施行。

（耿永军）

【交通事故预防压降】 全市各级交警部门实施城市交通文明整治，开展道路交通安全攻坚行动，确保全市道路交通安全态势平稳，交通事故死亡人数连续第15年下降。市公安局交警支队推进市级挂牌交通安全隐患整治工作，上报市安委会挂牌整治13处重大道路交通安全隐患，明确治理措施、治理时限和责任单位，推动整改到位。开展施工工地交通安全隐患排查，对江海西路快速化改造、凤翔路快速化改造、轨道交通3号、4号线等重大项目开展交通安全设施及防护措施检查，整改交通安全隐患10处，确保施工区域交通安全。加强安全源头监管，建立“一车四方”监管平台和第三方社会监测平台，1.1万辆在无锡运营的货车、渣土车通过核发电子通行证实现“320”轨迹数据与GPS平台数据智能关联比对。整合交通运管、安监等部门资源，完善隐患突出企业挂牌督办、联合约谈、警示曝光等联动治理长效机制，清理逾期未检验、未报废的大中型客货车3112辆及逾期未审验、记满12分未降级的A、B类驾驶人和涉毒驾驶人2126人。组织开展“春雷”“夏安”“秋风”“冬季百日安全”等专项行动，依法严查酒毒驾、涉牌涉证等严重交通违法行为，查处酒驾4828起(醉驾1791起)，涉牌涉证违法行为39.9万余起。依托全市5处公路超载超限执法站，查处工程运输车辆违法15.6万余起，超员超载违法行为8768起，消除事故动态隐患。

（耿永军）

【城市交通文明建设】 全市各级交警部门坚持以交通文明促安全畅通的工作思路，创新体制、机制、方法，推进协同共治、共建共享，全面治理影响无锡城市交通文明建设的突出问题，提升城市交通文明水平。结合市委、市政府文明城市创建和优美环境合格区建设等工作部署，对影响道路秩序的不文明交通陋习，组织开展星火、清路、治微、夜鹰、猎飚、堵源“六大行动”和“拆棚”等专项整治，查处各类交通违法行为749.5万余起，其中电动自行车违法85.9万余起，行人违法14.2万余起，“拆棚”（拆除电动车遮阳棚）2.5万余个。组建交警、城管、交通运管“三车一拖”合成执法队，对严管路、主干道、示范路违停车辆进行清理拖曳，拍摄、清理违法停车109.2万余起，查处机动车随意加塞、违法变道、车窗抛物、接打手机等交通不文明现象6.3万余起，机动车不礼让行人19万余起。设置交通违法教育点，对行人、非机动车交通违法实行“首违教育”，实施“四个一”（即敬一个礼、发一封信、贴一个单、发一次朋友圈）等人性化执法。在主要交通路口、路段设置20套人脸识别曝光系统、32套不礼让斑马线自动抓拍系统、60套严管路段抓拍系统，抓拍各类动态交通违法行为10万余起。健全市民巡视团制度，征求社会意见建议，收集民生民意，实现交通管理全民参与、社会共治。市公安局交警支队推动开展全市非标电动(燃油)三轮、四轮车辆专项整治，坚持统一部署、属地负责，源头管控、严格执法，建立机制、长效管理的原则，推进各地联合队伍的组建，开展上门宣传、源头查控、路面查扣、回收置换等工作，组织开展“治非一决胜”路面整治联合执法实战拉练。至年底，全市查扣非标车辆2294辆、回收(置换)1770辆。

（耿永军）

【路面交通组织管理】 年内，全市机动车保有量210.1万辆，比上年增长7.9%；机动车驾驶员243.1万人，比上年增长6.0%，加之地铁3号、4号线和凤翔路快速化改造等重点工程全面开工建设，保道路畅通工作压力巨大。全市交警部门改革警务机制，实现警力配置最优化、勤务管理高效化和反应处置快速化，解决“交通拥堵、出行难、停车难”等问题。突出高速高架、国省干道、农村公路等重要区域和事故多发路段时段，对照“情报指挥勤务”一体化要求，实施高峰、夜间、假日、铁骑、农村、卡口“六大勤务”，推动勤务管理模式向数据化、机动化、精准化、可视化、立体化方向发展。以“保畅通、促平安、优民生”为目标，组织实施“平安畅行”行动，依托“情报指挥勤务”一体化指挥体系，加强交通拥堵节点信息反馈和排查上报，做到“高峰见警、堵点有警”，确保快速反应、处置和恢复。健全重大节假日和大型活动联合指挥协调机制和应急处置预案，提前开展重点景区、高速公路等重点区域交通态势研判预警，落实交通组织、指挥疏导、警力保障、宣传引导、应急处置等措施，圆满完成春节、清明、五一、端午等节假日大流量交通安保工作类以及世界物联网博览会、无锡马拉松、世界击剑锦标赛、环太湖公路自行车赛等各类大型活动交通安保工作任务160余场次。完善高速公路排堵保畅机制，加强苏州、无锡、常州区域性警务合作，细化诱导分流、应急响应等工作措施，确保高速公路应急车道安全畅通。加强高架道路动态巡逻和视频巡检，实现警情主动发现、事故快撤快处。

（耿永军）

【交通管理科技建设】 年内，市公安局交警支队加强智慧交管建设，为提升交通管理能力水平提供支撑服务。以“全国领先、全省一流”目标定位，建成集“大数据情报研判中心”“联合指挥调度中心”“交管信息服务中心”等职能于一体的无锡公安交通大数据指挥服务中心。至年底，全市累计安装汽车电子标识7万枚，建设读写设备400余套，交警支队基于汽车电子标识全国首创的“电子通行证+电子围栏”的管控服务一体化创新模式被中央电视台《新闻联播》专题报道。市政府明确全市所有营运车辆以及校车、大型客车、小型面包车等非营运汽车全部安装汽车电子标识。与中国移动集团有限公司、华为技术有限公司等企业合作，建设全球首个城市级规模有30余个应用场景的车联网示范应用项目，完成覆盖无锡主城区200余个路口的智能交通内外场设施的升级改造，实现车速引导、路况提醒、碰撞预警等车与人、车与车、车与路、人车路与平台的实时精准协同交互，项目获2018年世界物联网博览会特别奖。

（耿永军）

【车辆驾驶员管理】 年内，市公安局交警支队落实公安交管20项改革措施，做好车辆驾驶员管理工作。下放车驾管业务权限，将除公安部规定的大中型客货车驾驶人考试发证以外的45项车驾管业务权限全部下放至各县级车管所和交警大、中队，在市、县两级政务服务中心公安窗口增设车管业务便民服务点，全市51个公安窗口一站式提供补换领驾驶证、申领机动车检验合格标志等便捷化服务。完善“警+N”协作机制，与19家银行开展警银合作，委托代办机动车抵押业务5.6万笔；在汽车4S店、二手车市场、汽车报废回收企业、体检医院、保险公司等单位设立代办车管业务窗口163个，在全市35家机动车检测机构推出预约检车、周末检车、“先发标、后审核”等便民举措；在全市61家邮政网点设立代办交管业务服务站，受办交管事项4类、33项，推出“警医邮”远程体检换证服务。推行“交管12123”手机APP软件在线快处模块，研发运用交通事故在线快处终端机，成立道路交通事故在线快处远程定责中心，实现交通事故远程定责定损、就近就快办理保险赔付，日均在线处理交通事故200余起。与中国人民保险无锡市分公司合作，在滨湖区试点“警保联动”工作模式，完成全国首例“双人保”用户在线处理及定损直赔一站式在线服务。制定《关于加强交通违法处理窗口规范化建设的指导意见》，对全市交警窗口运作、硬件设施、工位设置等进行统一规范，改善服务环境、延长服务时间、提高服务效能，提升交管窗口满意率。

（耿永军）

【消防基础建设】 年内，无锡市消防支队结合地方发展和消防队站建设实际，制定《2019～2021年消防车辆装备购置计划》，推进《江阴、宜兴2017～2019年装备建设规划》。全市投入6000余万元购置重型泡沫车、强臂破拆高喷车、抢险救援车、云梯车、压缩空气泡沫车、油料保障车等各类消防车22辆；投入203万元购置皮卡车15辆和应急救援指挥车1辆；投入2000余万元购置破拆、侦检、个人防护等各类器材装备1万余件（套）。开展“基于物联网技术的消防装备智能管理系统应用示范项目”研发工作，落实项目资金2000万元。投入5000余万元建成消防大数据指挥中心，设置视频监控类、大数据应用类和实战决策类3类、13个软件平台、20余个联勤坐席。投入专项经费60万元制作3D数字化预案。推进各消防大队营房改造和营区设施升级工作，新吴区硕放专职消防队、滨湖区梅园地铁专职消防队挂牌执勤，申请建设江阴月城政府专职队。统筹协调城乡消防工作，完成全市所有重点镇及一般建制镇的消防专项规划编制任务。贯彻《无锡市市政消火栓条例》，新建市政消火栓900个。加强消防安全网格化管理，全市70%的微型消防站通过标准验收，95%的社区达到消防安全标准，70%的社区明确消防楼栋长。全市39个商业区、旅游区、开发区等重点单位集中区域全部建成区域消防联防组织。全市484个街道社区、3606个重点单位建成微型消防站。按省消防总队“863”（8必看、6必测、3必练）熟悉法开展熟悉演练，全年熟悉单位2000余次、实地演练1890余次，完成支队级演练13次，每月开展多中队联合实战化考核，修订数字化预案1178家，完成率100%。结合冬季、夏季火灾防控要求，完成全市高层、地下建筑、超大综合体和石油化工等重点单位熟悉工作。至年底，全市有消防站（中队）51个、指战员526人、合同制消防员1051人、各类消防执勤车辆229辆。全年接警8070起，出动8271队次，出动车辆15614车次，出动人员84534人次，救出遇险人员412人，疏散人员115人，抢救财产价值约1461万元。参与处置“4·22”无锡华润微电子有限公司火灾、“5·9”江阴市富菱化工有限公司火灾等急难险重任务。圆满完成世界物联网博览会、中国国际进口博览会、中非合作论坛北京峰会、无锡现代农业博览会、2018海峡两岸（江苏）名优农产品展销会等重大活动期间的消防安保工作。消防支队代表省政府参加国务院消防工作考核获评优秀等次，获评全省执勤训练工作先进单位、全省“智慧消防”工作先进单位和安全工作先进单位。

（市消防支队）

【消防安全监管】 年初，市政府召开全市消防工作会议，与各市（县）、区政府签订《2018年度消防工作责任书》。提请市委、市政府专题部署电动车火灾综合治理、电气火灾治理、群租房综合治理、冬季防火等消防工作。提请市安委会、市消委会下发《2018无锡市今冬明春火灾防控工作方案》《无锡市2018年春夏火灾防控工作方案》《无锡市人员密集场所消防安全专项检查行动工作方案》《关于进一步加强当前火灾防控工作的通知》，落实消防安全委员会常态化运作机制，形成齐抓共管的良好格局。提请省、市安委会挂牌督办重大火灾隐患8家；会同全市教育、民政、文广新、卫生计生、商务、旅游、民宗等行业主管部门开展检查行动56次，组织行业领域消防演练30次。开展电动车、高层建筑、电气火灾、春夏火灾、大型商业综合体、商场市场、儿童活动场所专项整治、博物馆和文物建筑专项检查8类专项整治。检查单位38442个，督改隐患41450处，下发责令改正通知书18920份，临时查封588家，责令"三停"（停产、停业、停止使用）456家，执法处罚1852起，罚款2200余万元，拘留59人。将消防安全大数据开发纳入"智慧城市"建设，汇聚各类数据13亿条，在3533家单位安装使用安全服务云软件，全市1515家单位接入消防远程监控系统。全市投入1000余万元资金整改老旧片区和重点区域的老旧电气线路，改造面积6万余平方米。安装电气火灾监控系统1568套，整改电气安全隐患20600余处，电气火灾数比上年下降12.6%。在全市5630个居民住宅区和出租房屋安装电动自行车库（棚）3500余个、集中充电设施1800套，配备灭火器材16500余个。

（市消防支队）

表26　　2018年无锡市火灾情况

项目 地区	成灾数（起）	死亡人数（人）	受伤人数（人）	经济损失（万元）
江阴市	330	1	7	1728.0
宜兴市	338	0	3	2477.8
梁溪区	235	0	1	284.0
锡山区	100	0	4	230.7
惠山区	171	3	6	350.5
滨湖区	435	1	2	156.8
新吴区	454	3	6	273.4
直属单位	0	0	0	0.0
合计	2063	8	29	5501.2

（市消防支队）

【火灾情况】 2018年，无锡市发生火灾2063起，死亡8人，伤29人，直接财产损失5501.2万元。与上年相比，火灾起数下降7.49%，死亡数、伤人数、直接财产损失数分别上升14.29%、81.25%、90.49%。未发生群死群伤等恶性火灾事故。

按行政区域划分：新吴区发生火灾454起，占全市火灾总数22.01%。滨湖区发生火灾435起，占总数21.09%。宜兴市、江阴市、梁溪区各发生火灾338起、330起、235起，分别占总数16.38%、16.00%、11.39%，惠山区、锡山区火灾相对较少，分别发生171起、100起。

发生火灾区域分析：集镇镇区火灾起数多、损失重。全市集镇镇区发生火灾881起，占总数42.70%；城市市区发生火灾623起，占总数30.20%；县（市）城区发生火灾64起，占总数3.10%；农村发生火灾365起，占总数17.69%；开发区旅游区火灾23起，占总数1.11%；其他火灾107起，占总数5.19%。

起火场所情况分析：起数较多的有住宅宿舍、交通工具和厂房，各发生火灾830起、354起、216起，分别占总数40.23%、17.16%、10.47%。仓储、餐饮、商业等场所的火灾也相对较多。

火灾原因分析：电气火灾共发生556起，占总数26.95%；其次是生活用火不慎发生火灾228起，占总数11.05%。此外，遗留火种、自燃和生产作业火灾也占有一定比重。

24小时火灾情况分析：火灾高发时段为14时至20时，在该时段平均每两小时达220起以上。最高点为18时至20时，发生火灾253起，占总数12.26%。

（市消防支队）

【交通事故】 2018年，全市发生交通事故1660起，致439人死亡，1377人受伤，直接经济损失6638212元。与上年相比，事故数、死亡数、伤人数分别下降1.07%、0.90%、10.76%，经济损失数上升22.52%，未发生一次死亡3人以上交通事故。

时段分析：上午的事故数、死亡数和伤人数均高于下午、上半夜和下半夜，上午（6～12时）的事故数、死亡数、伤人数分别占总数31.47%、36.26%、33.79%；下午（12～18时）的事故数、死亡数、伤人数分别占总数27.48%、28.15%、30.21%；上半夜（18～24时）的事故数、死亡数、伤人数分别占总数28.43%、22.97%、27.13%；下半夜（0～6时）的事故数、死亡数、伤人数分别占总数12.62%、12.62%、8.87%。死亡事故突出的时段为6时至10时和16时至20时，事故死亡人数分别占总数27.49%、24.70%。

路段分析：在高速公路、普通国省道、城市道路和县乡公路村道发生的事故分别占总数1.36%、7.87%、46.75%和44.02%。与上年相比，高速公路、县乡公路村道事故死亡数分别下降23.08%、8.33%，普通国省道、城市道路事故死亡数分别上升13.92%、8.49%。县乡公路村道伤亡事故多发，事故死亡数、伤人数分别占总数46.75%、45.16%。发生在路口的事故数、死亡数、伤人数分别占总数33.18%、36.12%、33.82%；发生在路段的事故数、死亡数、伤人数分别占总数66.82%、63.88%、66.18%。非机动车（特别是电动自行车）进入机动车道行驶、逆向行驶，非机动车和行人随意横穿道路等交通违法是导致路段事故多发的主要原因。

原因分析：机动车肇事是伤亡事故多发的主要原因，事故数、死亡数、伤人数分别占总数78.74%、84.73%、73.52%。引发交通事故（全部）的10种主要交通违法行为有同车道行驶中不按规定与前车保持必要的安全距离、未按规定让行、违法变更车道、不按规定倒车、违法占道行驶、违法上路行驶、违法停车、逆向行驶、违反交通信号和违法超车，其中最突出的有同车道行驶中不按规定与前车保持必要的安全距离和未按规定让行，所引发事故分别占总数12.58%、12.11%。引发死亡事故的10种主要交通违法行

表 27　　2018 年无锡市交通事故统计

地区＼项目	事故数（起）	死亡人数（人）	受伤人数（人）	损失数（元）
市区	560	169	381	2717300
江阴市	365	165	248	1580250
宜兴市	735	105	748	2340662
合计	1660	439	1377	6638212

（市公安交通警察支队）

表 28　　2018 年无锡市机动车、驾驶员统计

地区＼项目	机动车（辆）				驾驶员（人）
	汽车	摩托车	其他机动车	总计	
市区	1138818	6205	0	1145023	1341852
江阴市	483408	41894	229	525531	643408
宜兴市	299484	49050	134	348668	419991
合计	1921710	97149	363	2019222	2405251

（市公安交通警察支队）

表 29　　2018 年无锡市非机动车统计

单位:辆

自行车	三轮车	残疾车	电动自行车	合计
2768134	6867	554	1869795	4645350

（市公安交通警察支队）

为有未按规定让行、违反交通信号、无证驾驶、酒后驾驶、逆向行驶、违法占道行驶、违法变更车道、超速行驶、违法上路行驶和同车道行驶中不按规定与前车保持安全距离，其中最突出的是未按规定让行，事故致人死亡数占总数 14.87%。

交通设施的设置情况对道路交通事故有较大影响。无任何硬隔离（物理隔离）的道路交通事故数、死亡数、伤人数分别占总数 44.99%、38.11%、46.28%，有道路中心隔离设施的道路事故数、死亡数、伤人数分别占总数 21.08%、24.17%、20.62%，有机动车与非机动车隔离的道路事故数、死亡数、伤人数分别占总数 11.29%、14.48%、10.59%，有道路中心隔离设施及机动车与非机动车隔离的道路事故数、死亡数、伤人数分别占总数 22.65%、23.24%、22.52%。无任何物理隔离的道路（主要集中在农村地区普通国省道、县乡公路村道），非机动车或行人随意横穿现象更为突出，事故远高于有隔离设施的道路。由于死亡事故多数为机动车与摩托车、非机动车和行人之间的事故，有机动车与非机动车隔离的道路伤亡事故明显较低。道路照明情况也是影响事故发生的重要因素。

（市公安交通警察支队）

检　察

【概况】 2018 年，全市检察机关紧紧围绕“争当全省检察机关科学发展排头兵、争做中国特色社会主义检察制度示范院”的目标，履行法律监督职责，稳步推进检察改革，全面加强自身建设，各项工作取得成效。全市检察机关办案数量与质效全省领先，公益保护、检察宣传、检察人才建设、办公办案区转型升级等工作走在全省前列，开创性探索的检察监督信息化建设在全国产生重大引领性影响。市检察院党组中心组被评为无锡市县以上党委（党组）中心组学习示范点，连续第十年被评为市级机关绩效管理和作风建设先进单位，两级院有 182 个典型事例和案件被新华社、《人民日报》、中央电视台等中央主流媒体关注报道，33 项机制和做法被上级检察机关肯定推广，31 个集体、77 名个人受到市级以上表彰，两个基层院被评为全省检察机关先进集体。

（张卓越）

【服务高质量发展】 年内，全市检察机关围绕市委决策部署，制定服务生态文明建设、护航实体经济发展等方面的指导意见 20 份，推出服务举措 193 项。及时介入党委、政府关注，社会影响恶劣的生态环境资源类案件。锡山区检察院办理的陈某东等 10 人跨省倾倒生活垃圾案被评为全省检察机关保障民生十大优秀案件之一。加大生态环境犯罪立案监督力度，监督行政执法机关移送涉嫌破坏环境犯罪案件线索 10 件、23 人，监督侦查机关刑事立案 21 件、35 人。江阴市检察院在提前介入一起敲诈勒索案时抽丝剥茧、查微析疑，成功监督立案污染环境案 1 件、5 人。建立生态修复补偿机制，综合运用消除污染、货币补偿等方式督促当事方履行生态修复义务。锡山区检察院经过深入调查取证，连续发出两份检察建议，督促相关单位将遭受污染的鹅真荡 133.33 公顷水域生态环境恢复如初。结合办案推动环境综合治理，主动向党委、政府提出污染防治对策建议 52 份，推动专项治理 13 次。宜兴市检察院针对乱建码头易引发水体污染问题开展专题调研，推动行业专项整治，督促关停 22 个“黑码头”。依法惩治侵犯知识产权、扰乱市场秩序，以及暴力讨债、绑架、非法拘禁等危害民营企业从业者人身安全、财产安全的犯罪活动。起诉假冒专利、假冒注册商标等侵犯知识产权犯罪案件 29 件、68 人，新吴区检察院获国家查处侵权盗版有功集体二等奖，办理

的张某兵等人假冒注册商标案被评为全国检察机关保护知识产权十大典型案件之一。从严把握定罪标准及捕诉条件,依法妥善办理涉企刑事案件,监督撤案17件、21人,不批捕61件、78人,不起诉52件、63人。对11名涉嫌犯罪的民营企业经营者,启动羁押必要性审查,敦促变更强制措施,最大限度维护企业生产经营秩序。宜兴市检察院立足挽救老区民企和维护社会稳定,依法决定对安徽省金寨县某科技公司负责人取保候审,使濒临破产的公司重获新生。畅通司法救济途径,对涉及民营企业的76件民事行政案件依法进行检察监督,为其挽回经济损失2700余万元。延伸司法办案触角,在民营企业设立法律服务点29个,提供法律服务1300余次、帮助建立法律风险防范机制320余项。严厉惩治集资诈骗、非法吸收公众存款等金融犯罪,涉案金额127.46亿元。滨湖区检察院连续3年开展惩治涉众型经济犯罪"砺剑"行动,获评全省首批优秀法治实事项目。宜兴市检察院持续加大虚假破产、贷款诈骗等恶意逃废债务犯罪惩治力度,有效防止区域性金融风险的发生。深入剖析金融犯罪特点规律,向党委、政府和监管部门提交专项报告、情况反映17份。梁溪区检察院撰写的反映中心城区金融犯罪猖獗的风险分析报告,得到市委主要领导批示肯定。市检察院举办法治无锡建设新闻发布会,惠山区检察院开展职教园区"十万学子法律行",全市检察机关组织74场防范非法集资、"校园贷"等法治宣讲,覆盖受众13万余人。

(张卓越)

【落实司法为民理念】 年内,全市检察机关履行刑事检察职能,以高度的政治责任感投入扫黑除恶专项斗争,起诉数位居全省前列。江阴市检察院对一起黑恶势力犯罪案件12名被告人提起公诉,还一方平安。开展"保障千家万户舌尖上的安全"专项活动,批捕生产销售有毒有害食品和假药犯罪嫌疑人。惠山区检察院办理的武汉维尔德公司生产、销售假药案被评为全省检察机关食药类十大典型案件。梁溪区检察院提起的全市首例食品安全领域刑事附带民事公益诉讼案件中,被告人因在火锅食料中非法添加罂粟壳粉,被判处销售价款十倍的惩罚性赔偿金,并在《江南晚报》上刊登道歉声明。从严惩处侵犯公民个人信息犯罪,对公安部督办的"306专案"8名犯罪嫌疑人提起公诉,有效净化网络虚拟空间。严厉惩治群众反映强烈的电信网络诈骗犯罪,江阴市检察院依托专业化办案组分级协同办理214人特大电信诈骗案的做法被最高检推广。运用自主研发的"信访预警研判平台",研判排查矛盾纠纷,接收群众信访3987件、4006次,妥善处置重点信访案件20件,重信重访占比下降91%。贯彻宽严相济刑事司法政策,决定不批捕1468人、不起诉319人。深化羁押必要性审查,审前羁押率一直处于全省较低水平。对不需要继续羁押的300名犯罪嫌疑人敦促变更轻缓的强制措施,江阴市检察院办理的钱某龙羁押必要性审查案被评为全省检察机关精品案件。严格适用非法证据排除规则,对不符合法定程序、可能影响司法公正的1326件非法证据依法予以排除,市检察院连续三年被市委、市政府评为"规范执法示范单位"。会同公安机关开展指定居所监视居住专项监督,纠正违法违规问题22个,办理的一起监督案件入选全省检察机关侦查监督典型案例。尊重律师在诉讼活动中的权利保障作用,依法建议为犯罪嫌疑人或被告人指定辩护人251次,听取律师意见10352次。惠山区检察院在全省率先建立值班律师制度,提供法律咨询、程序选择建议及参与信访矛盾化解700余次。推进法律职业共同体建设,会同市司法局、市律协举办全市首届公诉人与律师电视辩论大赛,促进检律良性互动。严惩性侵、虐待、欺凌等侵害未成年人的犯罪,会同公安、教育、民政等18个部门制定专门规范性文件,在全省率先建立侵害未成年人权益案件强制报告制度。惠山区检察院温情办理的"生母虐童案",被中央电视台专访报道。江阴市检察院"澄苗计划"获全国第四届青年志愿服务大赛银奖。依托司法办案推动社会治理,保障弱势群体共享社会发展成果。滨湖区检察院从一件信访案件入手,会同民政、人社等7部门暂停实施"违法生育未经处理家庭不得享受最低生活保障"的规定,惠及全市该类低保人群。落实国家司法救助制度,向140名救助对象发放救助金88万余元。维护劳动者合法权益,起诉拒不支付劳动报酬犯罪;开展农民工讨薪专项行动,帮助315名农民工追讨欠薪380万元。

(张卓越)

【维护公共利益】 年内,全市检察机关紧扣公益核心,竭力当好公益"看护人",公益诉讼检察职能被省人大常委会专题调研组评价为"干出了深度、干出了水平、干出了成效"。坚持在党委领导下开展公益诉讼工作,主动汇报重大部署和重大案件办理情况,推动市委、市政府关于支持检察机关开展公益诉讼工作的"意见"落实落细。与监委、法院、环保、国土、市场监管等单位相继会签规范性文件22份,建立公益诉讼线索移送、信息共享、查处协作等配合机制;制定举报奖励办法,上线运行公益损害"随手拍",组织开展志愿者行动,引导、鼓励社会公众积极参与公益保护。滨湖区检察院依据群众举报,推动全市医疗危废物规范管理,并向举报人发放全国首笔公益诉讼举报奖金,在全国引起强烈反响,被评为江苏检察机关法律监督十大优秀案件之一。围绕生态资源和环境保护、食品药品安全、国有资产保护等重点领域靶向发力,摸排线索2221件,立案调查961件,提起公益诉讼26件,分别占相应总量的96.2%、96%和100%。宜兴市检察院会同国土、环保等部门启动无人机巡航监控系统,在全省率先运用区块链和卫星遥感取证技术,对宜南山区等公益损害高发区域进行月度航拍巡查,发现违法毁绿点38处,督促恢复植被绿地约30.87公顷。该院关于加强废铝灰监管的检察建议被评为全省十大精品检察建议之一。江阴市检察院探索成立全国检察机关首家生态环保和食品安全快速检测中心,滨湖区检察院挂牌成立全省首家生态环境与旅游检察室,锡山区检察院制发全市首份督促履职令协助人防部门解决国有财产领域公益损害问题,市检察院办理的一起跨省非法运输、倾倒生活垃圾公益诉讼案获

“推动中国法治进程十大案件”提名，无锡检察公益诉讼工作呈现出强劲发展的态势。把握“诉讼不是目的、维护公益才是目的”的价值目标，将工作的重点放在诉前督促整改上。在全国首创赋予行政机关自查自纠期和诉前风险提示工作机制，尊重行政机关主动履职和自我纠错功能。赋予行政机关692件次纠错期，向政府或其上级主管部门提示诉讼风险1063件次，促使97.7%的公益损害案件在诉前得到妥善有效解决。滨湖区检察院通过诉前程序，推动制定专门文件，对全市275处文物保护区域科学界定、规范保护。江阴市检察院在办理凤凰山污染环境行政公益诉讼案中，发现相关职能部门整改缓慢、群众反映强烈，即时发出“诉讼风险提示书”，督促其迅速处置900余吨危险废物。在全省率先制定规范性文件，严格规范公益诉讼线索管理。全市两级检察机关均成立由检察长任组长的线索评估小组，开展线索评估1904件次，暂缓或者终止办理不符合监督条件的线索745件次，实现源头精准把控。

（张卓越）

【**诉讼监督**】 年内，全市检察机关综合运用检察建议、纠正违法意见、再审检察建议、抗诉等多种方式，致力提升诉讼监督质效。推行重大监督事项案件化办理，监督立案46人、撤案109人，向侦查机关发出纠正违法通知书136份，退回补充侦查1952件、4809人。锡山区检察院从一起普通的非法拘禁案入手，深挖“套路贷”中的涉黑犯罪线索，依法纠正侦查机关遗漏的涉嫌组织、领导、参加黑社会性质组织等4项罪名，并追捕1人，追诉3人，案件获评江苏检察机关法律监督十大典型案件之一，具体做法被中央办公厅刊发。梁溪区检察院立案监督的曹某定骗保案，从立案监督到法院判决，检察机关坚守400余天。对认为确有错误的刑事裁判依法提出抗诉15件，发出再审检察建议33份、书面纠正违法6份。推进检察长列席法院审委会制度化常态化，两级检察院检察长列席法院审委会8次，就9起案件发表检察意见。全年对16520人的刑事执行活动进行监督，对10458份生效判决的交付执行活动进行检察。办理刑罚变更执行案件3340件，比上年上升29.9%。加强社区矫正活动监督，2712名社区矫正人员无一脱管漏管。加大财产刑执行检察力度，对6504人、1.2亿余元的财产刑执行情况进行监督。向监管场所提出纠正违法和检察建议480次，比上年增长31.1%。市检察院历时3年持续跟踪监督，成功将一名常年脱管的罪犯收押入监。江阴市检察院驻看守所检察室被评为全国检察机关派驻监管场所一级规范化检察室。扛起对监狱巡回检察全省唯一试点地区责任，精心打造监狱检察工作“无锡样本”。在为期3个月的第一轮巡回检察中，审查减刑、假释、暂予监外执行案件905件，对42名“三类罪犯”减刑案件出庭监督，对其中5人提出暂缓减刑意见，比上年分别上升54.4%、133.3%和400%；就监管行为违规、安全隐患等问题提出书面整改意见20次，比上年上升233.3%。巡回检察监督力度密度深度大幅增强，试点工作经验被省检察院向全省推广。完善多元化监督格局，加强对生效裁判、审判行为以及执行活动的监督，对民事裁判、调解书提出抗诉13件，提请省检察院抗诉19件，发出再审检察建议31份、纠正违法检察建议141份。加大对恶意诉讼行为的惩治力度，运用再审检察建议、抗诉等手段，办理虚假诉讼案件28件。市检察院对一起涉案400余万元的虚假借贷逃避执行案启动监督程序，原判决被纠正，当事人被追究刑事责任。开展非诉执行监督等专项活动，向法院发出检察建议193份。维护司法权威，对法院181件正确的民事行政裁判，做好释法说理、服判息诉工作，得到最高检肯定。梁溪区检察院持续跟踪释法，促成一起历时10年的工伤赔偿纠纷案执行和解。

（张卓越）

【**检察工作改革创新**】 年内，全市检察机关采集各类检察监督数据3亿余条，接入刑事诉讼及行政执法数据专线51条，自主研发的综合研判平台上线运行，在全国率先推动检察监督工作迈入现代化轨道。全年依托综合研判平台发现各类监督线索1129条，发出监督法律文书587份，连续两年均保持60%以上的增长速度，基本实现对刑罚执行、侦查讯问、刑事审判等诉讼活动实时动态监督，检察监督的规模与质效取得实质性突破。年内，全国各地110余批、870余人次到无锡学习考察，中央电视台等8家主流媒体进行专门报道，最高检专门组织具有互联网背景的全国人大代表、政协委员、专家学者到无锡视察考察，无锡开创性推进的检察监督信息化工作在全国产生重大引领性、示范性影响。加大诉前主导力度，落实重大疑难案件公安机关听取检察机关意见制度，提前介入刑事案件侦查活动2034件，提出检察意见2871次、1.32万余条，采纳率92.7%。加强证据复核，落实办案亲历性要求，复勘案发现场185次，询问证人2913次。凸显庭审实质化要求，与法院共同完善庭前会议程序，推动274名“四类人员”出庭作证，比上年上升216.4%。全面推行“繁案精办”“简案快办”，对3091件案件适用简案快办程序，有效节约司法资源。新吴区检察院发挥庭前主导作用、推进庭审实质化改革的经验做法，被最高检转发推广。会同市监委制定规范性文件，及时构建新型反腐败工作机制。受理监委移送起诉的职务犯罪案件28件、37人，提起公诉22件、27人，其中处级以上2人。组建职务犯罪案件检察部门和专业化办案组，依法提前介入，实现办案流程无缝对接。监察法实施后，省监委批准留置的江苏省职务犯罪“第一案”，滨湖区检察院在受理后3天内即对被告人顾某提起公诉。抓好上级检察机关交办的存量案件审查起诉工作，对扬州市政协原副主席倪某俊受贿、滥用职权案等重大案件依法提起公诉。

（张卓越）

法　院

【**概况**】 2018年，全市法院紧紧围绕“努力让人民群众在每一个司法案件中感受到公平正义”目标，坚持司法为民、公正司法工作主线，忠实履行宪法法律赋予的职责，各项工作取得进展。受理各类案件197737件，审执结

166198件，比上年分别上升14.34%、20.01%；其中市中院受理案件16347件，审执结14714件，比上年分别上升1.14%、3.9%。

（张圣斌）

【刑事审判】 年内，全市法院受理刑事案件9087件，审结8148件，比上年分别下降3.21%、5.2%。深入开展扫黑除恶专项斗争，始终保持严打高压态势，审结涉黑涉恶案件27件、144人，总数位居全省法院第一；其中，审结黑社会性质组织犯罪案件8件、54人，恶势力犯罪集团案件10件、63人，恶势力犯罪案件9件、27人，审结的方某、徐某真等38人黑社会性质组织犯罪案，系全省首例判决的“套路贷”涉黑犯罪案件。严惩危害群众切身利益的犯罪，审结涉案金额4.46亿元的“丰汇通”非法吸收公众存款案和被害人数达2.2万人的薛某林集资诈骗案等一批有重大社会影响的案件。参与反腐败斗争，审结扬州市政协原副主席倪某俊受贿、滥用职权等职务犯罪案件49件、110人。探索建立与监察体制改革相衔接的审判机制，审结的顾某挪用公款案系全省首例由监察委员会适用留置程序的职务犯罪案件。严格减刑、假释案件办理规程，落实，办理案件3585件，促进罪犯改过自新。

（张圣斌）

【法治化营商环境】 年内，全市法院紧紧围绕市委重大决策部署，制定实施《关于为高质量发展提供高水平司法服务和保障的实施意见》《关于充分发挥审判职能作用依法保护企业家合法权益营造法治化营商环境的实施意见》，系统推出司法保障措施30余项。强化规则之治，依法引导、保障和支持有利于高质量发展的经济活动和经济行为，审结经济领域各类纠纷案件30903件，诉讼标的额392.25亿元。推进产权保护法治化，依法制裁各类侵犯产权的行为，审结公司治理类纠纷案件746件，财产权属类纠纷案件1262件，一起物权确认纠纷案被《最高人民法院公报》刊发。尊重契约自由，倡导诚实守信，审结买卖、租赁、担保等合同纠纷案件23257件，促进市场要素顺畅流通。加大民营企业发展保障力度，树立谦抑、审慎、善意理念，对暂时经营困难的资信良好企业依法慎用保全、强制执行措施，妥善处理股权质押、三角债、互联互保等涉民营企业案件，依法保护企业家人身财产安全，让企业家专心创业、放心投资、安心经营。平等保护中外当事人合法权益，审结涉外、涉港澳台纠纷案件224件，优化开放型经济发展环境。依法制裁不正当竞争和垄断行为，维护公平竞争市场环境，审结的一起拒绝交易纠纷案入选“2008～2018年中国法院反垄断民事诉讼十大案件”。

（张圣斌）

图3　无锡市法院受理审结各类案件情况

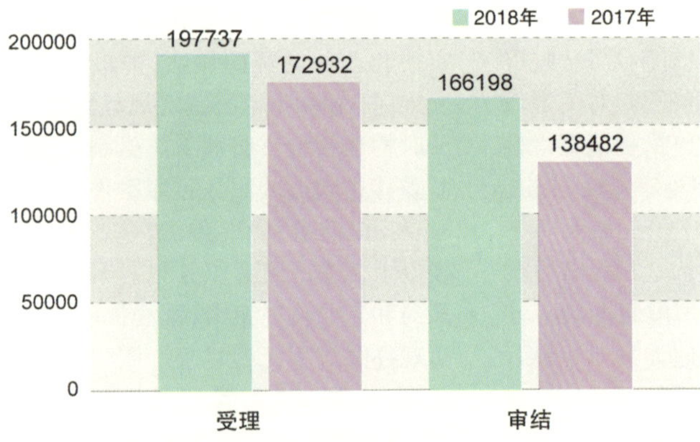

说明：1. 受理案件数比上年上升14.34%；2. 审结案件数比上年上升20.01%

（张圣斌）

图4　2018年无锡市各类案件分布情况

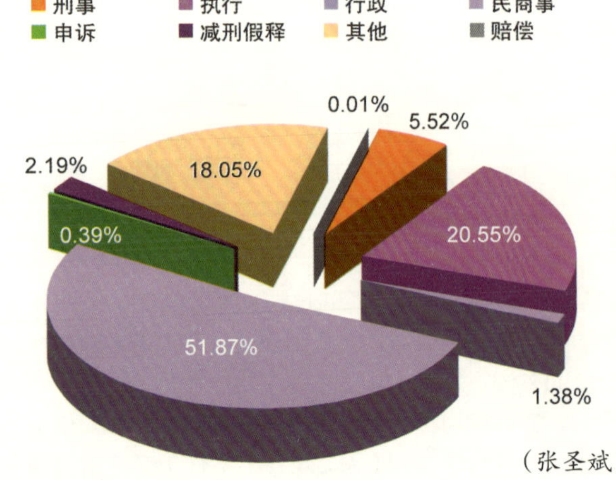

（张圣斌）

【重大战略实施司法保障】 年内，全市法院加大产业强市主导战略实施的司法支持力度，妥善审理涉及产业转型升级、重大项目建设、实体经济发展等纠纷案件15030件，推动构建现代产业体系。坚持保护金融债权与促进实体经济发展相统一，建立金融审判与金融监管良性互动机制，严厉惩治逃废金融债务行为，审结金融借款、融资租赁、商业保理等金融纠纷案件5638件，促进防范化解金融风险。围绕服务创新驱动核心战略强化知识产权审判，完善“三合一”审理机制，审结案件1301件。加大对恶意侵权、重复侵权的制裁力度，审结的江苏某传媒公司诉“今日头条”侵害信息网络传播权纠纷案，被誉为“传统媒体诉赢网络媒体非法转载第一案”。会同市政府举办“无锡知识产权发展与保护状况发布会”，发布知识产权发展保护状况白皮书和典型案例，推动构建全方位、立体化的知识产权保护体系。围绕助力打好污染防治攻坚战创新环保审判机制，会同市检察院制定实施意见，用严格制度和严密法治审判污染环境行为。树立修复性司法理念，探索通过异地补植、增殖放流等方式修复受损生态环境。审结案件570件，一起涉及跨界倾倒生活垃圾的民事公益诉讼案入选最高人民法院第三巡回法庭环境资源审判典型案例和“2017年度江苏十大环境资源审判案例”。

（张圣斌）

【服务供给侧结构性改革】 年内，全市法院健全法治化保障、市场化导向的破产案件审判工作模式，推动成立全省首家破产管理人协会，开展公益管理人试点工作，探索建立由政府补贴“无产可破”案件的管理人报酬和破产费用工作机制。畅通执破衔接渠道，审结“执转破”案件36件，化解涉企执行老案1151件，统筹解决执行难和“僵尸企业”破产难问题。坚持“尽可能多兼并重组，少破产清算”思路，审结破产案件102件，化解不良资产75亿元，盘活企业存量资产38亿元，释放土地资源约213.33公顷，安置职工3800余人。在审理无锡耀辉房地产开发有限公司破产重整案时，创新“市场化招募重整投资人”模式，成功吸引中国500强企业陕西东岭集团以高出评估价1亿元的偿债资金中标，并另行出资近4亿元全款回购已售商铺，一揽子解决“双子楼”续建和已售商铺处置等各类难题，清结债务30余亿元。

（张圣斌）

【便民工作机制建设】 年内，全市法院坚持以人为本、司法为民。市中院新建1600平方米的诉讼服务大厅，增设云柜、庭审观摩屏和自助立案终端、打印终端等智能设备，建成集服务大厅、诉讼服务网、“12368”热线于一体的综合服务平台，实现线上线下功能互通互融。在部分重点旅游景区设立旅游巡回法庭，建立旅游纠纷案件快立、快审、快执工作机制，方便群众诉讼。加强司法救助，依法为当事人缓减免诉讼费1017.88万元，对特困刑事被害人实施司法救助59.5万元，对533件“执行不能”案件的特困申请执行人救助864万元。

（张圣斌）

【民生案件审理】 年内，全市法院坚持法理情融合，审结涉及群众“衣食住行、业教保医”的各类案件37289件。推进家事审判方式改革，构建以家事调解平台、陪审平台、财产查询平台和反家庭暴力救助金为主要内容的“三台一金”审判模式，依法保护妇女、儿童和老年人的合法权益，审结案件6339件。开展民间借贷涉“套路贷”与虚假诉讼专项整治活动，加大借贷事实和证据审查力度，防范和惩治“套路贷”，审结案件15811件。会同公安、司法等部门开展道路交通事故损害赔偿纠纷“网上数据一体化处理”改革试点工作，实现一网办案、一键理赔，审结案件8276件。会同市人社局建立劳动人事争议仲裁与诉讼衔接机制，促进构建和谐劳动关系，审结案件5408件。做好军队全面停止有偿服务司法保障工作，103件涉军停偿案件全部按期妥善审结。

（张圣斌）

图5　2018年无锡市民事法庭结案情况

单位：件

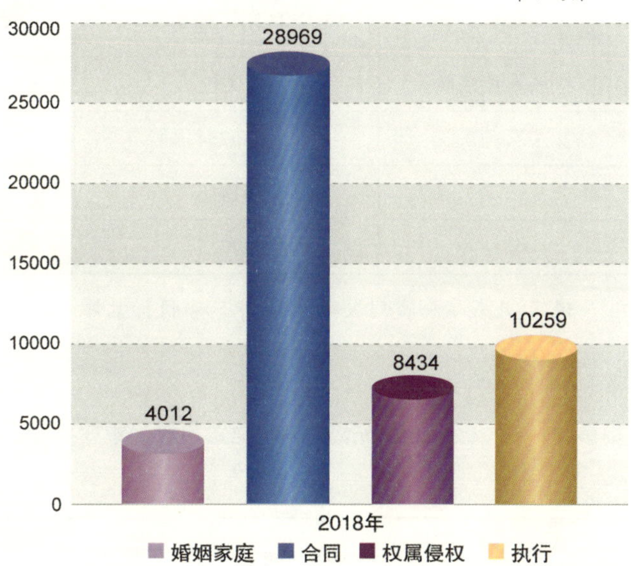

（张圣斌）

【行政案件审理】 年内，全市法院受理行政案件1358件，审结925件，比上年分别下降15.91%、23.62%。加大司法审查力度，依法审理行政处罚、行政审批、行政许可等案件99件，支持“放管服”改革。妥善审理司法强制搬迁案件9件，保障地铁3号、4号线等重点工程有序推进。注重行政争议的实质性化解，行政案件协调撤诉率37.52%。推进行政机关负责人出庭应诉工作，出庭应诉率71.92%。加强与行政机关的良性互动，定期发布行政审判年报，应邀进行培训授课，提出司法建议32份，促进依法行政。开展行政案件相对集中管辖改革试点工作，探索建立行政案件简易审理机制，全面提升行政审判质效。

（张圣斌）

【弘扬法治精神】 年内，全市法院创新未成年人权益保障举措，完善犯罪记录封存、心理干预等机制，围绕预防校园欺凌、网络犯罪等主题开展送法进学校、进课堂等活动，保障青少年健康成长。推进涉诉信访法治化，开展信访突出问题大化解大突破专项行动，化解重点涉诉信访案件221件，审结申诉、申请再审案件516件。落实“谁执法谁普法”责任制，在国家级媒体发表宣传报道140篇，通过官方微博、微信公众号推送各类法治信息1010条，召开新闻发布会24场，探索运用短视频、微电影、漫画等新形式，构建融媒体高效传播体系，讲好法治故事，传播法治正能量。

（张圣斌）

【执行难工作攻坚】 年内，全市法院始终把坚持党的领导作为解决执行难的根本保证，自攻坚执行难工作开展以来，向市委领导汇报执行工作30余次，市委及时研究并制定《关于支持人民法院落实“用两到三年时间基本解决执行难问题”的意见》，形成党委领导、政法委协调、人大监督、政府支持、法院主办、部门配合、社会参与的综合治理格局。横向抓联动，协同54家单位建立解决执行难联席会议制度，与15个部门及在无锡36家银行共享信息数据，可对车辆、房产等12类政务信息和银行存款、理财产品等进行联动查询，基本实现对主要财产形式完全摸排掌握。对内重配合，坚持“一把手抓、抓一把手”，采取攻坚竞赛、现场督导、通报约谈等措施压实工作责任，统一管理、指挥和协调全市法院执行工作。对外强宣传，会同电视媒体和网络平台举办“决胜执行难”全媒体大型直播活动3场，累计730余万人次在线收看；创新执行宣传形式，拍摄警示“老赖”脱口秀创意视频，发布以“抓老赖”为主题的“执行大决战”H5游戏，让网友通过游戏体验执行场景。

（张圣斌）

【失信行为惩治】 年内，全市法院突出执行措施的强制性，组织开展惩治拒不申报或虚假申报财产违法行为专项行动、涉民生案件专项执行、“腾房清场”

表 30　　2018 年无锡市诉讼案件结案情况

单位＼指标		结案（件）	结案标的（亿元）
中级人民法院		9207	82.34
基层人民法院		80754	460.82
其中	人民法庭	41415	96.95
合计		97011	543.16

说明:此表不含减刑假释、申诉申请和执行案件

（张圣斌）

表 31　　2018 年无锡市人民陪审员参加审理各类案件情况

单位:件

类别＼单位	基层人民法院（含法庭）	中院
刑事	2485	0
婚姻家庭、继承	934	0
合同	10632	0
权属、侵权	3732	0
行政	1475	0
合计	19258	0

说明:人民陪审员参加审理案件数比上年上升 3.12%

（张圣斌）

表 32　2018 年无锡市位居前十位的民商事一审案件收案情况

单位:件

序号	案由	收案
1	借款合同纠纷	19701
2	买卖合同纠纷	11718
3	人身损害赔偿纠纷	8563
4	婚姻家庭纠纷	6628
5	劳动争议纠纷	5624
6	服务合同纠纷	2802
7	房屋买卖合同纠纷	2518
8	承揽合同纠纷	2325
9	租赁合同纠纷	2264
10	保险合同纠纷	1576

说明:民间借贷纠纷收案 16176 件，占借款合同纠纷案件的 82.11%

（张圣斌）

等集中执行活动 927 次，出动警力 1.3 万人次，实施搜查 1300 余次，拘传 3700 余人次，拘留 1550 人次，罚款 1570 人次，执结案件 2.4 万件，执行到位 27.4 亿元。突出失信惩戒的严肃性，继 2014 年在全国首创公开“晒老赖”制度以来，探索创新失信被执行人信用监督、警示和惩戒机制，累计发布失信被执行人名单 9.2 万例，限制 12 名失信被执行人子女就读高收费私立学校，为 192 人定制手机彩铃失信提示，限制 8.2 万人次购买机票、动车和高铁票，废除护照 1019 本，限制出境 1043 人次，让失信被执行人“一处失信、处处受限”。突出刑事制裁的威慑性，会同公安、检察机关开展集中惩治“拒执罪”专项活动，立案侦查 64 人，追究刑事责任 24 人。

（张圣斌）

【“智慧执行”项目平台建设】 年内，全市法院把信息化建设作为破解执行难题的“牛鼻子”，全面推进执行指挥中心实体化、智能化运行，将其建设成集案件管理、指挥调度、网络查控等功能于一体的执行中枢。研发解决实战问题的特色信息化项目，“被执行人履行能力智能分析系统”继被评为“江苏省政法工作优秀创新成果二等奖”和“全市政法工作创新项目一等奖”后，又入选 2018 年《法治蓝皮书·中国法院信息化发展报告 No.2》。会同阿里巴巴集团研发集智能谈话、办公、评估和管理等功能于一体的智慧执行平台，全面打造“智慧执行无锡模式”，被最高人民法院确定为司法改革经典案例向全国法院推广。推行法官主导下的法官助理、书记员、司法警察分工协作的办案模式，打造执行“最强团队”。

（张圣斌）

【司法责任制改革】 年内，全市法院深化人员分类管理改革。完善“有进有出”的员额法官动态管理机制，坚持政治理论考试与业务考核、业绩考评并重，增补遴选员额法官 34 人，12 名法官因岗位调整等原因退出员额。建立员额法官、审判辅助人员、司法行政人员分类、分层、分级绩效考核制度，以科学考核调动各类人员工作积极性。健全司法人员权力清单制度，落实法官办案主体地位，普遍建立“法官＋法官助理＋书记员”的新型办案团队，实行院庭长办

图 6　2018 年无锡市民商事案件类型分布情况

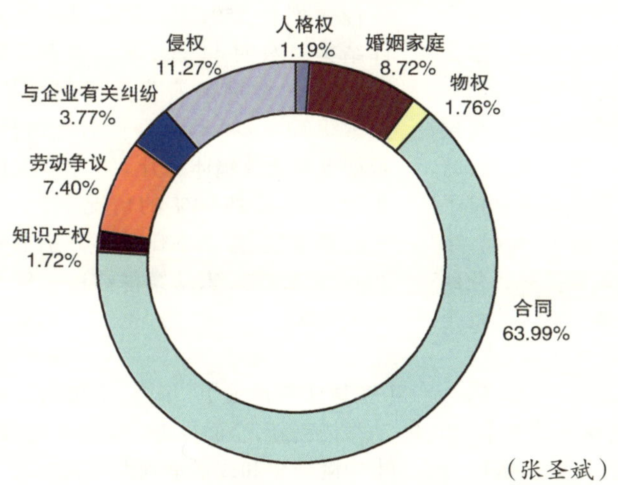

（张圣斌）

图 7　2018 年无锡市知识产权案件受理结案情况

单位：件

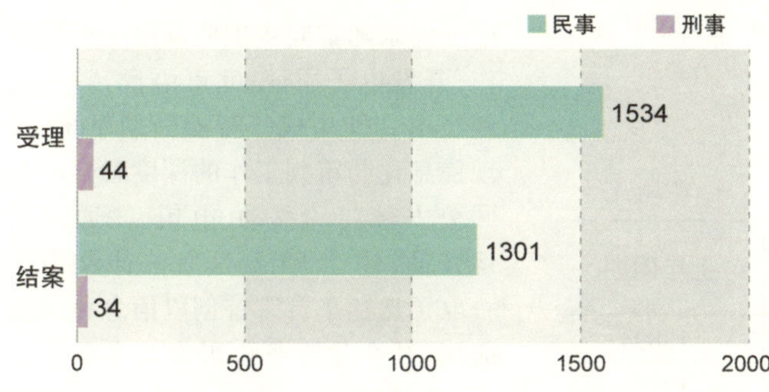

说明：受理数比上年上升 13.04%，结案数比上年上升 11.53%　（张圣斌）

图 8　无锡市人身损害赔偿、劳动争议案件一审结案情况

单位：件

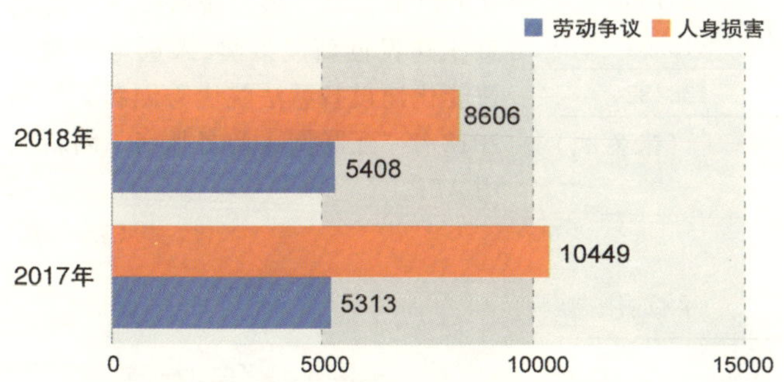

说明：审结人身损害赔偿案件 8606 件，比去年下降 17.64%；审结劳动争议案件 5408 件，比上年上升 1.79%

（张圣斌）

图 9　无锡市刑事一审案件收结案情况

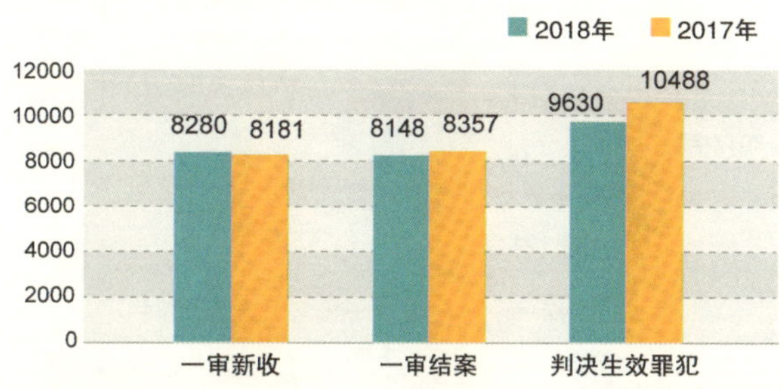

说明：1. 一审新收数比上年上升 1.21%；2. 一审结案数比上年下降 2.5%；3. 判决生效罪犯人数比上年下降 8.18%

（张圣斌）

表 33　2018 年无锡市位居前十位的刑事一审案件收案情况

单位：件

序号	案由	收案
1	盗窃罪	1890
2	危险驾驶罪	1731
3	诈骗罪	926
4	交通肇事罪	378
5	故意伤害罪	356
6	容留他人吸毒罪	314
7	虚开增值税专用发票、用于骗取出口退税、抵扣税款发票罪	237
8	走私、贩卖、运输、制造毒品罪	261
9	开设赌场罪	213
10	寻衅滋事罪	161

（张圣斌）

图 10　2018 年无锡市犯罪年龄分布情况

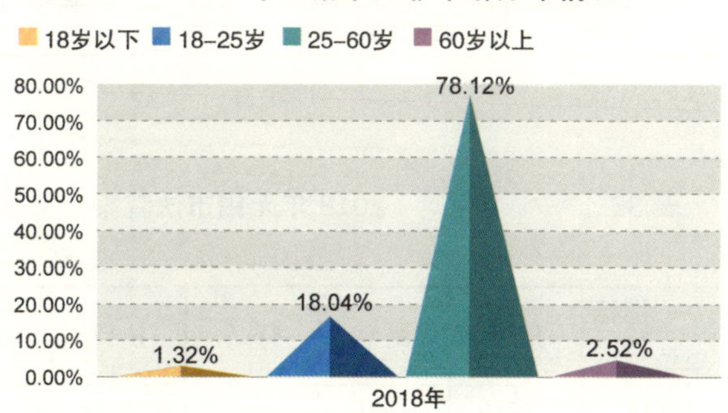

（张圣斌）

案常态化、制度化，实现“让审理者裁判”。细化院庭长监督管理职责，落实办案质量终身负责制和错案责任倒查问责制，实现“由裁判者负责”。落实与法官单独职务序列配套的待遇保障，按期晋升和择优选升 266 名员额法官的法官等级。完善法官权益保障委员会运行机制，保障法官依法履职。

（张圣斌）

【刑事诉讼制度改革】　年内，全市法院全面推进以审判为中心的刑事诉讼制度改革，完善庭前会议、非法证据排除、证人出庭作证等制度，开展律师辩护全覆盖试点工作，会同公安、检察机关制定重点类型案件证据收集指引和证据裁判标准，推进庭审实质化，启动庭前会议程序 49 次、非法证据排除程序 17 次，关键证人、鉴定人、侦查人员出庭作证 204 件、262 人次，出庭率 9.61%，辩护率 86.1%，当庭宣判率 59.34%。

（张圣斌）

图 11　无锡市行政一审案件收案情况

单位:件

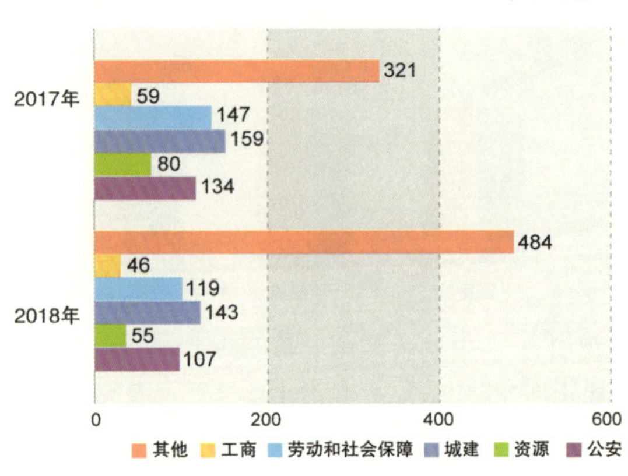

（张圣斌）

【多元化纠纷解决机制建设】 年内，全市法院坚持“请进来”，在诉讼服务中心设立律师公共法律服务站、人民调解工作室，接待群众3.5万人次，化解纠纷3200余起。坚持“走出去”，发扬新时代“枫桥经验”，参与网格化社会治理，与基层综治组织、群团组织、行业协会等建立诉调对接平台，化解纠纷3118起，市中院的诉调对接多元化纠纷解决机制入选“首批全省优秀法治实事项目”。

（张圣斌）

【繁简分流机制改革】 年内，全市法院探索繁简分流机制改革。基层法院普遍成立速裁团队，市中院立案二庭专门审理二审民商事速裁案件，建立单独考核机制，推行专业化、要素式审判。市中院3个速裁团队审结二审民商事案件2591件，占同期同类案件结案总数的44.5%，平均审理天数28.17天。推进繁简分流机制改革，探索缓解案多人少矛盾的有效途径，带动审判质效整体提升。在新收案件比上年增长15.94%的情况下，全市法院结案数、结案率比上年分别上升20.01%、3.97%，未结案件数比上年下降8.44%。

（张圣斌）

【智慧法院建设】 年内，全市法院推动举措创新，全面推进智慧法院建设。市中院新建和改造审判大楼和办公大楼，建设融科技法庭、信息集控、安全管控等功能于一体的大楼智能管理系统，打造智能型、环保型法院。推进电子卷宗随案同步生成及深度运用工作，开发电子质证、庭审语音转写、裁判文书智能生成等智能辅助系统，实现信息化与审判工作的深度融合。会同公安部门和移动、电信、联通三家运营商，建立“无锡法院法律文书统一电子送达平台”，首创以信息化深度应用、社会化服务购买为基本运作方式的手机短信电子送达模式，在全国开创出一条破解“送达难”的新途径。平台上线以来，12.15万件案件实行电子送达，发送短信26.61万条，成功送达21.04万条，成功率79.07%，平均送达时间6分钟。该系统获江苏法院信息化建设创新成果奖，入选全国政法智能化建设智慧法院优秀创新案例和2018年“互联网+政务服务”创新应用APP。

（张圣斌）

表 34　2018年无锡市法院案件审理情况

单位:件

单位＼指标	受理	上年同期	结案	上年同期
梁溪	28823	25079	23494	18894
滨湖	23546	16928	19123	12987
新区	16992	15592	14856	13191
惠山	19368	17105	15166	12611
锡山	15629	13535	12911	11090
江阴	42785	37596	37537	31945
宜兴	34247	31436	28397	24100
中院	16347	15661	14714	13664
全市	197737	172932	166198	138482

（张圣斌）

表 35　2018年无锡市法院案件结案情况

单位:件

单位＼指标	刑事	民事	行政	执行	申诉复查	其他	合计
梁溪	1219	12603	587	6681	56	2348	23494
滨湖	486	8911	382	3849	24	5471	19123
新区	807	8041	10	3580	23	2395	14856
惠山	746	8131	42	4171	22	2054	15166
锡山	692	7107	213	3513	17	1369	12911
江阴	2672	18573	219	11572	40	4461	37537
宜兴	1518	14603	242	9096	31	2907	28397
中院	754	7950	503	807	303	4397	14714
全市	8894	85919	2198	43269	516	25402	166198

（张圣斌）

司法行政

【概况】 2018年，全市司法行政系统推进司法行政高质量发展，各项工作取得发展。市司法局被司法部表彰为2018年首次国家统一法律职业资格考试工作表现突出单位，“无锡智慧普法工程”被江苏省依法治省领导小组办公室评为“首批全省优秀法治实事项目”，“构建智慧公共法律服务新模式”被市委政法委评为2018年度全市政法创新项目二等奖，“村（社区）法律顾问微信群全覆盖建设”“刑事法律援助全覆盖试点”分别被评为全市法治惠民实事工程项目优质奖和组织奖。全市律师、基层法律工作者代理诉讼、非诉讼案件5.9万件，公证机构办理各类公证7.01万件，司法鉴定机构办理鉴定业务1.3万件，法律援助机构办理各类援助案件8000余件。

（陆　裔）

【服务大局】 年内，无锡市围绕服务高质量发展，制定《全市司法行政系统服务“三大攻坚战”任务分解方案》和《开展民营企业法治体检专项活动的实施方案》。全市法律服务队伍收集排查法律风险3.4万余件，发布防控举措和法律建议近4900条，建立长效机制124项。积极开展法律扶贫，开展基本权益体检15699户，完成扶贫开发项目体检27件，组建帮扶对子1206个，募集公益帮扶经费近95万元。推动健全环境治理法治体系，会同相关部门开展“倡导绿色出行”“打造绿色企业”“建设绿色村居”“共创绿色校园”活动，培育发展环保志愿队伍近5万人，组织各类活动500余场。围绕服务开放型经济发展，指导无锡市律师协会与无锡商会签署《关于共建“一带一路”律师顾问团的框架协议》，引导法律服务力量融入“一带一路”和“长江经济带”建设，累计提供法律服务5200余次，为无锡市企业“走出去”保驾护航。组织律师参加国际大会、论坛，推动无锡市涉外法律服务行业的发展。围绕加强法治保障，推动党委、政府法律顾问制度建设，全市镇（街道）以上政府部门及1147个村（社区）法律顾问实现全覆盖，党群系统法律顾问工作全面启动，市、区两级有82家党政机关建立公职律师制度，村（社区）法律顾问制度规范运行。

（陆　裔）

【普法宣传】 年内，无锡市开展宪法学习宣传教育，组织开展国家宪法日等专题活动，成立宪法宣讲团，开展系列专题报告会。规范县处职领导干部任前法律知识考试，增加宪法法律知识学习和测试比重，开展任前法律知识考试6场。建成市级法治文化建设示范点342个，省级法治文化建设示范点44个。推广社区法治宣传电子显示屏建设，实现普法信息的定向发布和远程管理。举办“我与宪法”优秀微视频征集展播、法治楹联书画作品巡展、法治动漫微电影创作、法治文艺演出、德法大讲堂等群众法治文化活动。落实“谁主管谁负责，谁执法谁普法”普法责任制，对全市67个部门的普法责任进行细化，对200余部与市民息息相关的法律法规普及任务进行分解，构建大普法格局。会同42个专业部门，升级无锡智慧普法2.0版，建设集需求感知、产品研发、知识推送、服务供给、数据运用为一体的开放共享、精准普惠的无锡智慧普法体系。推进村规民约普及工作，开展“民主法治村（社区）”建设，健全村（社区）法律顾问制度，完善基层依法治理长效机制。

（陆　裔）

【公共法律服务】 年内，全市8家市和市（县）区公共法律服务中心、82个镇（街道）公共法律服务中心、1147个村（社区）司法行政服务站规范化建成率分别达100%、80%、50%，82家律师公益法律服务基地（中心、站、点），31个军人军属法律援助站有效运行，在市、县两级法院以及市看守所设立律师参与值班的法律服务站（法律援助站），建成333个公共法律服务社会组织，普遍建立“法润民生微信群”，推动“双微双员”向楼栋延伸，实现公共法律服务群众“零距离”。探索智慧法务发展新模式，以成功举办世界物联网博览会·智慧法务（无锡）发展峰会为契机，重点建设智慧城市·法律服务云体系，加强市到村（社区）四级公共法律服务中心（站、室）升级改造和覆盖楼道（组、户）法律服务微信群的建设管理，初步构建纵向覆盖市、市（县）区、镇（街道）、村（社区）、楼道（组、户）5个层级，横向涵盖10个建设子项的公共法律服务云体系架构，全面提升新时代公共法律服务的能力和水平。制定《无锡市公共法律服务基本项目清单》，扩大法律援助覆盖面，将确认劳动关系、土地流转合同纠纷、农产品买卖、生产安全、家庭暴力等6类事项纳入法律援助范围。推进刑事辩护法律援助全覆盖试点。会同无锡市中级人民法院印发《关于进一步加强刑事辩护法律援助工作的意见（试行）》，建立联席会议机制，确保工作有序运转。至年底，自开展刑事法律援助全覆盖试点后增加刑事法律援助案件1853件，比上年净增2倍。实施法律援助“名优工程”，建立包括24名各级人大代表、政协委员参与的法律援助名优律师团，建立每月坐班制度。贯彻省司法厅司法惠民10项举措，联动开展“法企同行”活动，开展“4·8”司法日、“12·4”宪法日、“法润无锡·春风行动”等系列法律服务活动。

（陆　裔）

【人民调解】 年内，无锡市建立健全人民调解“3531”组织体系，推进人民调解组织规范化创建达标工作，推进专职人民调解员以县区为单位集中招聘、集中培训、集中管理、集中保障的管理机制。至年底，全市建有各类人民调解组织1550个，人民调解员4888人。推进医疗、交通、劳动、物业、消费、商事等纠纷多发领域人民调解组织建设，推动环境污染纠纷调解委员会建成运行。开展坚持发展“枫桥经验”实现矛盾不上交暨人民调解参与信访矛盾化解试点工作，在5月23日至8月31日试点期间，全市司法行政系统参与排查信访案件工作3983次，受理案件373件，调处成功288件。组织开展“两节”“两会”期间矛盾纠纷专项排查调处活动，全年全市各级各类人民调解组织排查社会矛盾纠纷23514件，受理92391件，调处成功92388件，调解率100%，调处成功率99.99%。惠山区司法局被司法部表彰为全国人民调解工作先进集体，唐振健、何建忠被司法部表彰为全国人民调解工作先进个人，市医患纠纷人民调解委员会陈国兰被表彰为2013～2017年度全国创建“平安医院”活动表现突出先进个人。

（陆　裔）

【律师事务】 至年末，全市有律师执业机构270家，执业律师2453人，公司律师34人，公职律师88人，全年办理各类案件4.17万件，担任各级政府部门顾问580余家，担任企业法律顾问1.4万家。加强执业监管，对8家新设立律师事务所进行开业督导，对5家律师事务所发出“行政管理建议书”，限期整改；受理投诉33件次，行政处罚3件次。加强对律师代理扫黑除恶案件监督指导，成立扫黑除恶律师辩护代理工作业务指导委员会，举办全市律师办理黑恶势力犯罪案件辩护代理工作培训班，建立健全黑恶势力犯罪案件辩护代理报告备案、集体研究、主任负责、检查督导等专项工作制度，建立律师办理黑恶势力犯罪案件辩护代理“双向”备案反馈机制。完善律师执业保障机制，由市委办、市政府办印发无锡市《关于深化律师制度改革的实施意见》。加强对“一带一路”法律服务涉外律师培养和培训，江苏云崖、漫修两家律师事务所均被评为江苏省十佳涉外律师事务所之一；宋政平、丁嘉宏两名律师均被评为江苏省十佳涉外律师之一，江苏金易律师事务所代理的美国声威公司和无锡振发公司买卖合同纠纷案被评为江苏十佳涉外法律服务案例之一。加强律师参与调解工作，在全市人民法院设立律师工作站、公共法律服务中心设立律师调解工作室、市律师协会设立民商事调解中心、律师事务所设立调解工作室。印发《关于招募无锡市律师调解员的通知》，面向全市律师公开招募律师调解员400余人。设立多个免费咨询服务窗口，全年提供法律咨询5000余起，化解矛盾纠纷560余件次。加强律师事务所党建工作，1家律师事务所被评为全国律师行业先进党组织，4家律师事务所被评为全省先进党组织，8名律师被评为全省优秀党员律师，6人被评为全省优秀党务工作者。

（陆 裔）

【公证事务】 至年末，全市有公证机构5家、公证员48人，全年办理各类公证70160件，收费1978.14万元。拓展和深化服务领域，江南公证处在无锡市金融街设立办证点，建立金融专业团队，梁溪公证处探索开展“全生命周期”公证法律服务试点工作。推进公证参与人民法院司法辅助事务试点工作，加强公证参与调解、取证、送达、保全、执行等司法辅助事务，发挥公证在民商事领域纠纷分流化解的作用。开展“公证助残月”和“公证敬老月”活动，解答各类咨询近3000个，发放资料5000余份。推进公证体制改革，推进合作制公证机构试点工作。建立全市首家合作制公证处——江南公证处，全市4家事业性质公证机构建立企业化财务管理制度，脱离收支两条线管理，设立独立账号，落实独立法人地位和人财物管理自主权，施行绩效工资总量核定。推出无锡市公证行业“放管服”改革十项举措，建立公证证明材料清单制度，推动收集证明材料由坐等当事人提供向主动调查转变，对复杂公证事项开展主动调查服务。施行咨询首问负责和一次性告知制度，压缩一般公证事项出证时间，对确有困难的提供预约上门服务。办理公益类以及遗嘱公证事项，落实有关减免收费惠民措施。

（陆 裔）

仲 裁

【概况】 2018年，无锡市仲裁委员会（以下简称市仲裁委）受理案件数量和标的额继续保持平稳趋势，受理案件585件，受案标的额20.89亿元。案件数量比上年减少168件，标的额比上年增加7.37亿元，增幅54%，扭转受案数和标的双下降的态势，其中涉外案件2件。全年审结案件593件，办结数量比上年减少104件，其中当年结案440件，结案率75.21%。总平均结案时间为115天，其中当年办结案件的平均时间为77.23天，比上一年减少5.77天。以裁决形式结案259件，占总结案数43.68%；以调解形式结案118件，占总结案数19.9%；当事人撤回申请216件，占总结案数36.42%。

（蔡 毅）

【仲裁推广】 年内，市仲裁委围绕全国仲裁工作会议提出的“推行仲裁法律制度是根本，融入市场经济是关键”的工作理念，对接无锡市经济建设重点项目，拓宽仲裁服务领域。走访联系无锡国联发展集团、无锡市农商行、江苏古运河投资发展公司、无锡市梁溪城市投资发展有限责任公司、无锡市新吴区经济发展集团总公司，组织一次与无锡国联集团及下属各公司法务人员的座谈会。召开有市重点律师事务所主任及市国土、市市场监督局、市住建局等重点单位参加的业务座谈会，听取律师及行政机关对仲裁工作的意见与建议，发挥律师及相关重点部门的作用。配合行政机关执法活动，主动为市场监督机关提供房屋中介机构房屋交易情况信息，防范和化解行业风险。参加市住建部门有关市区直管非住宅公房管理的调研，为修订完善相关政策提出建议。继续做好国有建设土地使用权出让合同仲裁条款的规范工作，提高仲裁条款的约定率。

（蔡 毅）

【业务能力建设】 年内，苏州、无锡、常州三地仲裁机构组织业务交流活动，精心策划，细致实施，展开有针对性的业务探讨。邀请无锡市中级人民法院立案庭负责人就仲裁保全、仲裁裁决审查等问题作专题讲座，对“电子送达”特色业务作细致讲解。加强财务人员相关业务知识的培训学习，组织参加市审计局主办的内审人员培训，市财政局主办的新政府会计制度培训、非税收入电子化缴纳政策培训等，提高工作能力。仲裁常设机构确定改建的新办公用房，完成房屋平面布局及信息化项目设计方案，其中暖通工程项目完成招标和施工。信息化工程项目获得市发展改革委员会批准立项。会同上海沙番信息技术有限公司共同开发“仲裁案件信息管理平台”信息系统，完成第一期开发并于投入运行，包括案件的立案、组庭、开庭、结案、报酬发放到归档各个流程阶段实现动态及远程管理，经过调试、验收达到既定目标。

（蔡 毅）

编辑 李汉洪

人民武装

【思想政治建设】 2018年，无锡军分区以学习贯彻中共第十九次代表大会精神、习近平新时代中国特色社会主义思想和强军思想为重点，组织党委中心组理论学习和个人自学。开展“传承红色基因、担当强军重任”主题教育，组织“我们为什么不能安于现状”教育讨论。开展纪念改革开放40周年系列活动和学习王继才先进事迹活动。制订贯彻落实军委主席负责制措施，组织军委主席负责制集中学习，强化官兵核心意识。贯彻《军人荣誉体系建设意见》，组织驻无锡部队人大代表到市教育系统调研座谈。联合无锡市共同评选表彰“最美军嫂”。召开国防教育工作推进会，强化军人荣誉感。

（孙宇星）

【战备训练】 2018年，无锡军分区定期组织党委议战议训，查找存在问题，严肃纠治整改，确保中心居中。修订《非战争军事行动方案》，对接协调防汛抗台支援任务、用兵方案。年初，协调驻无锡部队1700余人次、民兵2000余人次，完成扫雪除冰任务。依据新编《训练大纲》，抓好实战化训练，组织首长机关训练和全区动员业务强化训练。以专职武装干部、民兵和专业技术骨干等为重点，突出抓好应急、防空和支援保障训练。牵头组织完成全市74所院校8万余名学生军事训练任务。

（孙宇星）

【兵员征集】2018年，无锡军分区坚持“一季征兵、全年准备”，开展征兵工作“创四优”活动。加强征兵机构规范化建设，严格把控体格检查、政治考核、走访调查、个人谈话等环节，落实廉洁征兵制度。组织“兵役登记强化周”“征兵工作宣传月”“征兵宣传校园行”等系列活动。开通大学生入伍“一站式”服务“绿色通道”，兵役登记率100%。完成新兵和直招士官征集任务，大学生征集比例81.9%。江阴市被评为江苏省征兵工作先进单位。

（孙宇星）

武警部队

【武警无锡支队加强思想政治建设】 2018年，武警无锡支队突出学习贯彻习近平新时代强军思想，开展“日读一段、周读一篇、月读一本”活动，探索建立学“习”小屋，创建“三微”课堂，提升官兵思维层次。抓好“学训词、铸军魂、开新篇”专题教育，开展小课串讲、课后讨论、参观见学等活动。开设武警大讲坛，外聘抗战独臂老英雄吴成为“编外政委”，该活动被《江苏法制报》和《人民武警报》刊载。探索党支部议事“五个搞清楚”，做法被总队推广。开展岗位大练兵活动，1人被总队表彰为“优秀政治教员”。坚持强军文化，开展“传承五四精神，担当强军重任”主题团日活动。组织干部家庭大走访，设立解难帮困专项基金。投入50万元，分3年实施扶贫帮困，与雪浪中学签订帮扶协议。建设警示、安全、廉政文化长廊，举办强军故事会。在3个基层单位建成军营网吧。组织新闻报道员和文体骨干培训。勇夺总队“迎‘八一’·强军杯”篮球赛季军。全年发展党员34人、选送学兵68人、表彰奖励官兵59人。

（金龙华　刘鸿兆）

【武警无锡支队执勤战备训练】 2018年，武警无锡支队学习贯彻统帅训令训词，开展“学规范、查隐患、抓建设、守底线”和“查隐患、找问题、定措施、保安全”执勤安全教育整顿活动。承办总队看押目标“智慧磐石”工程试点任务，加大基层中队建设协调推进力度。组织“贯彻落实兵力调动规定专题教育整顿”活动，建立完善兵力需求对接机制。规范战备值班秩序，修订各级各类方案30余个。组织首长机关要素协同和特勤排、应急班拉动演练，搞好特勤排、应急班比武竞赛，提升备战基点。组织狙击手、教练员、特战排、应急班、预提指挥士官集训。一季度，参加总队“魔鬼周”极限训练获得第一名。协助公安机关抓获网上逃犯2人，吸毒、藏毒人员各1人。加强训练场地配套建设做法被《人民武警报》头条刊发，《加强专勤专训，全面提升执勤能力》一文在《中国特警》杂志发表。全年动用兵力4800余人次，完成420余起临时勤务，确保执勤绝对安全。

（金龙华　刘鸿兆）

【武警无锡支队后勤保障建设】 2018年，武警无锡支队树立“后勤变前勤”理念，提升自身建设和服务保障质量。每季开展“一专多能、一兵多用”岗位训练，做好炊事员、驾驶员、卫生员、维修员、军械员、司务长等专业人员培训，11人获得炊事等级证书，13人通过技能鉴定。与地方政府签订代储、代运、修理协议，确保遇有任务能供得上、修得好、救得下。修订完善结算报销、物资采购、车辆派遣等制度规定，提升后勤规范化运行。推进后装领域“清仓归零”整治活动，对军粮、油料、工程、采购、卫生行业进行全面核查、全面清理。抓好伙食调剂，伙食满意率98%。落实每月下基层巡诊制度，定期开展卫生防病教育，配齐常用药品，协调市中医院为316名官兵及随军家属体检。

推进支队"一室两站"建设、训练场地、战备库建设和基层中队兵器室改造。做好教导队营房改善,综合保障效能初现成效。

(金龙华　刘鸿兆)

【武警无锡支队规范化建设】2018年,武警无锡支队依法从严治军,提升部队正规运行新常态。组织"条令年"活动,新条令颁布后,组织新旧对比学习、知识竞赛和队列会操。研究明确请示报告、兵员管理、车辆动用、经费审批等规范要求。规范生活秩序、物品摆放、言行举止、穿衣戴帽、内务设置,制定出台《基层经常性工作提要(试行)》。清查纠治手机使用等问题,邀请移动通信公司专家共同研究探讨手机、互联网使用中的管理难题和技术应对,安装防控软件,规范部队日常管理。清查人员思想、武器装备、执勤设施、组勤模式,排查整治隐患10余处。建立值班首长"每日三查"制度,4次派工作组进行"地毯式"排查。开展"车辆安全教育整顿周"活动,邀请交警举"案"说法。组织带车干部培训,统一制作和张贴驾驶员、带车干部职责和带车警示,提高抓安建安创安的行为自觉。

(金龙华　刘鸿兆)

人民防空

【概况】2018年,全市民防(人防)工作坚持以习近平新时代中国特色社会主义思想为指导,落实《中华人民共和国人民防空法》《江苏省实施〈中华人民共和国人民防空法〉办法》《无锡市人民防空规定》等法律法规,坚持"长期准备、重点建设、平战结合"工作方针,履行"战时防空、平时服务、应急支援"使命任务,注重强能力、补短板、转方式、抓管理、求规范,推动各项工作有效落实。

(彭海东)

【人防应急准备】2018年,市民防局完成"十三五"民防发展规划中期评估工作,开展新一轮城市防空袭预案修订,启动人防设施建设专项规划编制工作。加强人防指挥所建设和管理,平时做到通风、除湿、卫生、安全,做好日常维护,确保各类专、通用设施设备保持良好状态,能够正常运转。制定《无锡市人民防空疏散体系建设标准》,指导惠山区完成机动指挥通信系统建设,赴锡山区协调推进基本指挥所建设。突出实战化演练,组织全市机动指挥通信系统跨区域训练,组织演练21次,参演25000余人。组织人防专业队整组和训练,在第七届人防杯江苏省业余无线电应急通信演练比赛中,宜兴市人防通信专业队获得一等奖,无锡市人防志愿者通信大队、江阴市人防志愿者通信大队、宜兴市应急通信志愿队分别获得三等奖。在第二届省人防办组织的无人机操控比赛中,无锡市人防通信站获得一等奖,江阴市民防局位列第一名。完成省民防局布置的重要经济目标防护建设试点工作,指导江阴市利用人防工程进行容灾数据备份中心建设,建立健全水厂试点单位组织机构,完成防空袭方案修订。

(彭海东)

【人防信息化建设】2018年,市民防局完成省民防局交办的带区(县)基本指挥所信息化改造任务。制定市级基本指挥所智能化建设方案,与市"雪亮工程"对接建成重要经济目标和城区视频监控平台。制定市本级指挥所要素房信息化改造方案,组织完成市本级地面指挥中心高清矩阵改造工作,提升图像传输质量。加强人防通信战备值班值勤和通信业务基础训练,定期组织短波电台、超短波电台和机动指挥通信系统联网训练。组织警报器数据普查,对全市警报器建设分布、点位、数量、类型等进行数据普查。完成48台警报器及警报控制中心相关配套设备数字化改造,新增22台警报器,做好各类警报器的日常维护工作,组织各警报点管理人员培训。统一组织开展"9·18"全市防空袭警报试鸣活动,警报鸣响率100%,城区音响覆盖率达98%。

(彭海东)

【人防工程建设】2018年,市民防局统筹推进人防工程建设,实现地下空间开发更加充分,布局更加合理。开展自建人防工程建设和兼顾设防工程建设。根据全市"放管服"改革相关要求,继续做好5项划转给市行政审批局和下放给梁溪区的行政审批权力事项的后续指导服务。出台《市民防局关于深化审批制度改革加强人防工程建设事中事后监管的实施意见》,建立人防工程信息管理系统,加强事中事后监管。指导各市(县)区依法审批,"不见面"办理所有行政审批事项,确保依法配建"结建率"、易地建设费"征缴率"均达到100%。

(彭海东)

【人防工程维护管理】2018年,市民防局认真落实国家人防办《人民防空工程维护管理办法》,加强自建工程平时和重点时段的维护管理。加强平时巡查,确保老旧人防工程安全。重视老旧人防工程的维护管理,完成解放环路人防工程电气维修改造。完成违规使用人防工程专项治理工作,整改违法案件和安全隐患问题118起。落实省人防办有关平战转换、标识工作要求,结合深化文明城市创建活动开展解放环路人防工程口部房清理整治,确保工程完好率90%以上。

(彭海东)

【人防宣传教育】2018年,市民防局坚持把民防宣传教育融入国民教育、国防教育和公共安全教育体系,开展民防知识进机关、进学校、进社区、进家庭、进网络活动。结合防灾减灾日,组织各级人防部门开展"5·12"防空防灾宣传教育活动。结合市第三十届科普宣传周,组织市民防科普教育体验馆开展科普宣传周宣传活动,被评为"科普周宣传先进集体"。继续推进全市中小学、高校100%普及人防知识教育的任务目标。市民防科普教育体验馆被评为"无锡市优秀科普教育基地",全年接待参观者12.5余万人次。开展市民防科普教育体验馆升级改造,配合省民防局在无锡市举办民防宣教场馆建设与管理研讨活动。发挥社区民防工作站作用,普及民防知识教育,提升全民人防意识。

(彭海东)

【依法行政】2018年,市民防局根据《市物价局市财政局关于明确防空地下室易地建设费标准的通知》要求,调整易地建设费收取标准。制定出台

《无锡市防空地下室建设实施细则(试行)》《无锡市自建人民防空工程项目审查实施细则》《市级自建人防工程维护管理考核办法(试行)》等规范性文件。加强执法队伍建设,组织执法人员培训,提高依法行政能力。全年全市办理各类人防违法违规案件20起,作出行政处罚5起,发出各类行政文书35份,追缴历史欠缴的易地建设费400余万元。

(彭海东)

【党政专用通信网络战备工程建设】 2018年,市民防局与市专用通信局合作建设党政专用通信网络战备工程。新建应急战备通信设备、核心传输备份线路等党政专用通信基础设施,形成"平时和战时、地下和地上双备份"的党政专用通信保障体系。依托党政专用通信网,建立全国人防通信光纤通道,实现人防指挥所引接党政专用通信网以及国家、省和重点设防城市人防指挥所光纤骨干通信网互联互通,确保在发生重大自然灾害和突发事件时,能为市领导提供"跟得上、通得了"的专用通信服务。

(彭海东)

国防教育和双拥共建

【国防教育】 2018年,无锡市贯彻中共第十九次代表大会精神,深化国防教育,增强全民国防观念。组织全市大中专院校和中学国防教育工作座谈会,推进全市大中专院校和中学国防教育工作发展。在全市大中专院校学生和团员青年中,开展国防教育问卷调查,了解全市国防教育现状,在全社会营造关心国防、支持国防、建设国防的氛围。

(汤 奇)

【双拥宣传教育】 2018年,无锡市结合春节、"八一"、征兵、国防教育日、公祭日等重要时点,运用广播、电视、报刊等传统媒体和微博微信、显示屏等新兴媒体,宣传双拥工作新要求和各类双拥工作先进典型。年内,通报表扬47个双拥工作先进基层单位、46名双拥工作先进个人。举办"无锡军民庆祝中国人民解放军建军91周年合唱音乐会"。组织开展"新时代、新女性、新风采"、寻找身边"最美军嫂"活动,60名军嫂分别被评为"最美军嫂""最佳人气军嫂""最具活力军嫂"。以"缅怀先烈,不忘初心"为主题,组织40对新婚夫妇在烈士纪念碑前默哀。编印发放《无锡市完善拥军政策增强军人荣誉感三十条》1.8万份。发挥《无锡市双拥工作简报》宣传阵地作用,编发14期(含专刊3期),录用稿件187篇、照片128张,累计分发3500份。《无锡日报》先后以题为《荣光不改 续写忠诚》《永葆军人本色 开创别样人生》《最美军功章》《一名军嫂的情怀》等,集中宣传报道20余名军转干部选择自主择业、新老军嫂支持爱人献身国防事业的感人事迹。

(顾光耀)

【落实优抚政策】 2018年,无锡市落实拥军优属相关政策,出台《现役军人免费乘坐城市公共交通工具实施方案》(2019年1月1日起实施),现役军人凭军人证件免费乘坐城市交通工具。全市接收军转干部总数、计划安置数、师团职数量,位居全省地级市首位。年内,接收军转干部80%以上进入公务员队伍,20%正团职干部安排副处实职岗位,其余均安排副处级非领导职务。军嫂安置形成"无锡模式",安置军嫂164人,其中机关和事业单位工作23人,社区工作50人,货币化安置91人。50余名军人子女享受入学优待。累计为全市军人军属发放"光荣人家"牌155796块。支持驻无锡部队停止一切有偿服务,392个有偿服务项目全部完成停偿任务。

(顾光耀)

【走访慰问部队】 2018年,无锡市在春节、"八一"期间,举行团拜会、召开军政座谈和走访慰问驻无锡部队。市委、市政府通过新闻媒体向驻无锡部队全体指战员,全市烈属、军属、伤残军人、军队离退休干部,转业、复员、退伍军人致《慰问信》。出台《关于规范慰问在外执行任务驻无锡部队办法》,规范驻无锡部队执行重要任务及受到重大表彰慰问的条件、标准、方式。年内,慰问经费共计710万元。8月20～26日,成立慰问团,赶赴甘肃酒泉、云南陆良、广东汕头,看望慰问执行训练(演练)任务的驻无锡官兵。10月24日,市委常委、市政法委书记、副市长、市双拥工作领导小组组长谢晓军带队慰问完成3次海上测控任务的远望7号船官兵。开展科技进军营、图书进军营、书画进军营、法律进军营等活动,完善社区(村)拥军优属服务站(工作站)、军人家庭服务网点、优抚(老兵)之家等基层拥军优属服务平台。

(顾光耀)

【部队支援地方建设】 2018年,驻无锡部队在国防教育、学生军训、抢险救灾、扶贫攻坚、义务献血、军民融合发展等方面,推动第二故乡经济社会发展。1月,无锡发生雨雪冰冻灾害,驻无锡部队出动扫雪除冰。2月,武警某部二支队获悉市中心血站库存告急,组织开展"献血献爱心"活动,500余名官兵踊跃报名,346名官兵献血103800毫升。7月,武警某部一大队400余名官兵献血78050毫升。解放军第904医院(原101医院)设立特别基金,开展"厚待烈士家属、善待退役军人、优待在职军人"主题实践活动。与原总后勤部开发"军油工程",构建"全领域覆盖全程可控"的信息系统。与海军共建蓝鲸融合创新园,打造长江三角军民融合创新示范平台。红豆集团推动民兵基层党建与经济社会融合发展的做法被《解放军报》刊发。

(顾光耀)

编辑 徐西平

宏观经济运行管理

【概况】 2018年，无锡市发展改革委员会(以下简称市发改委)牵头编制《2018年无锡市国民经济社会发展计划》,科学制定经济社会发展年度计划目标,将年度计划目标分为经济发展、创新驱动、民生保障、生态环境4个类别,既体现平稳发展、稳中求进,又突出以进促稳、进中求好,通过预期引导推动全市经济转型升级。开展“十三五”规划中期评估,做好市“十三五”规划总结、评估和专题研究报告编制的牵头组织工作,形成《〈无锡市国民经济和社会发展第十三个五年规划纲要〉实施情况中期评估报告》,根据评估,“十三五”规划纲要各项目标任务总体进展良好,83%的主要指标已经完成或达到时序进度。完成“产业强市战略引领下无锡构建现代产业体系策略研究”“无锡人口发展和产业选择研究”2个市委宣传部重点课题;形成约20个课题研究成果报市委、市政府决策参考,其中15件成果获市领导批示,6件成果转化为相关政策文件。

(王　丹)

【重大项目建设】 2018年,华虹集成电路基地、海力士M8项目、中环大硅片项目已开工建设;无锡摩方高精密增材制造项目落户锡山区;与中国电科、兆易创新、上海技物所、中铁一局达成战略合作意向。鼓励重点骨干企业建立工程研究中心、工程实验室等创新平台。无锡深南电路有限公司高速高密度印刷电路板工程研究中心等10个中心成功申报省级工程研究中心;江苏隆达、凯龙高科技、扬子江造船3家企业申报省“双创”团队;小天鹅数字化平台项目获得国家3000万元扶持资金。市发改委在华虹重大集成电路产业项目招引工作中表现突出,被市政府授予集体二等功。

(王　丹)

【助推产业强市】 2018年,市发改委重点推动钢铁行业优化提升,石化行业去粗存精,汽车行业发展壮大。推动华晨汽车南方基地项目和领途汽车总部项目相继通过省发改委的准入审批,2个项目一期投资总额近50亿元。兑现总部经济综合奖补资金851万元,完成2018年全市总部企业认定和已认定总部企业资格复核。推动无锡市军民融合公共服务平台建设,明确平台重点建设“一网四中心”(信息服务网、展示展览中心、公共服务中心、项目孵化中心、大数据中心)内容。加强与军工集团、“民参军”企业沟通对接,北京华胜天成已落地,无锡富华高技术研究院正式签约。9家“民参军”企业获得省级军民融合专项引导资金1648万元;申报国家发改委(国防司)军民融合示范项目联合共建工作。提升发展现代服务业,实施提质增效三年行动计划,制定进一步加快现代服务业提质增效的若干政策意见,着力发展金融、科技、物流、信息、会展、文创、休闲、商贸八大服务业,兑现市本级服务业提质增效资金3400万元;6个项目获2018年省级服务业引导资金;4个项目获品牌和标准化政策奖励;1家企业获评互联网平台经济“百千万”工程重点企业;1家企业获评省级生产性服务业领军企业。全市有11家企业入围中国服务业企业500强,占全省入围数的26%。推进全市省级示范物流园区培育储备工作,江阴长江港口综合物流园区申报省级物流示范园区,无锡传化公路港物流基地纳入省重点物流园区储备库,西站物流园被评为优秀物流园区。年内,无锡市获粮食进口关税配额81462吨、棉花进口关税配额6316吨。

(王　丹)

3月2日,产业集团参与投资的华虹无锡基地项目开工建设

(王　果　供稿)

【扩大有效投资】 2018年,市发改委建立市级政府投资项目储备库,开展政府投资项目三年滚动计划编制,实行政府投资项目全口径管理。先后在全市范围内开展两轮亿元以上拟建在建投资项目入库行动,195个项目录

入国家重大项目库,总投资2327.9亿元。制定下达政府投资项目前期研究计划,不断完善市级政府投资重大项目前期研究制度。开展2018年市级政府投资项目计划和资金预算年中调整工作,制定实施《无锡市市级政府投资项目概算管理办法》,进一步规范政府投资。全面落实各级领导联系挂钩项目机制、重大项目服务专员机制,上线"项目通"手机APP。推进重大产业项目土地评估工作,抓好优质项目尽快落地。每季度召开一次重大项目推进会,协调解决25个项目36个问题。招引落地10亿元以上项目37个。100个市级重大项目完成投资978.5亿元,超过年度计划12.8个百分点。

(王 丹)

【深化供给侧改革】 2018年,市发改委有序推进"放管服"改革工作,对照市委、市政府划转权力事项清单,做好行政审批事项划转到市行政审批局相关事宜的协商、衔接和配合工作。对境外投资项目备案事项及转上报事项,提出精简高效、方便企业的调整意见,备案境外投资项目102个,中方协议投资额超7.6亿美元。持续做好简政放权工作,下放2个事项权限给宜兴市本级,做好国务院第五次大督查"放管服"专题督查相关工作。推进钢铁去产能工作,编制出台《无锡市严防"地条钢"死灰复燃工作方案》,组织多次排查,确保已取缔"地条钢"企业没有异地转移和死灰复燃情况,无新增"地条钢"企业,无"中改电"情况。制定出台《关于进一步降低企业负担促进实体经济高质量发展的若干意见》,开展降低企业杠杆率工作,防范化解金融领域风险。针对僵尸企业处理进展及总体情况开展两轮排摸。打好防范化解债券风险攻坚战,年内全市有27个企业债券完成本息兑付57.7亿元。推进专项改革,市发改委起草《关于优化调整太湖新城管理体制的方案》,形成太湖新城体制优化调整政策体系,制定股权调整方案。推进特色小镇培育创建工作,2家小镇(官林超导新材小镇、广益家艺小镇)入选江苏第二批省级特色小镇创建名单,第一批3家小镇(太湖影视小镇、新桥时裳小镇、鸿山物联网小镇)通过省年度考核。推进生态补偿立法工作,建立立法工作领导小组和起草工作小组,牵头完成《无锡市生态补偿条例》送审稿。

(王 丹)

【统筹城乡发展】 2018年,市发改委牵头起草《无锡市推动长江经济带高质量发展三年行动计划(2018～2020年)》和《2018年无锡市推动长江经济带高质量发展工作要点》。加快推进锡澄锡宜一体化发展,形成《关于锡澄锡宜协同发展区产业协同机制的一些思考与建议》调研报告,起草《关于建立锡澄锡宜协同发展区产业共建机制的实施意见》。针对锡澄锡宜公共服务共建共享,按照资源跟着需求走、服务跟着居民走的思路,根据乡镇、街道、建制村、社区、自然村、居民小区6个层次的空间配置单元,确定公共教育、医疗卫生、文化体育、社会服务、住房保障、公共交通、市政公用、公共安全、环境保护、生活服务、政务服务11个服务类别,明确具体服务项目、功能配置和配置主体,开展中期评估,统筹规划区域内基层基本公共服务配套设施的空间布局、建设标准与配套规模。推进重大基础设施建设,研究提出2018年市级交通基础设施建设项目投资计划,完成地铁4号线一期工程相关站点及相邻区间初步设计调整审查和批复,与地铁集团和省发改委对接协调市域S1线相关前期研究。推进硕放机场老楼改造获1100万元民航发展基金补助。推进环太湖高速南泉—华庄段改扩建、环太湖高速互通改造、锡宜高速、沿江高速扩建、盐泰锡常宜铁路等一批市域交通重大项目前期工作,南沿江铁路于10月8日已开工。

(王 丹)

财 政

【概况】 2018年,全市一般公共预算收入实现千亿元跨越,财政事业运行质量创近年来最好水平。完成一般公共预算收入1012.28亿元,比上年增长8.8%,增幅居全省第二。其中完成税收收入860.51亿元,比上年增长14.4%,税收收入占一般公共预算收入的比重为85%,居全省第三。财政支出平稳运行,全市一般公共预算支出1055.94亿元,比上年增长6.9%,教育、医疗、社保、就业等城乡公共服务支出占比达80%左右。

(杨亦婧)

【服务产业强市】 2018年,无锡财政系统统筹财政资源,聚力支持产业强市主导战略和创新驱动核心战略实施。发挥好产业发展资金的输血作用。至年底,累计拨付公共财政资金178亿元,大幅超过"十三五"200亿投入计划的序时进度。其中市本级当年投入27.2亿元,比上年增长超60%,扶持项目2198个、企业1496家,支持华虹、海力士M8等一批超大高质量集成电路产业项目落地实施。贯彻习近平总书记"落实好减税降费各项政策,以更有利的举措打造良好营商环境"指示精神,确保各项税收优惠政策落地见效,取消、停征、降低收费项目16项,阶段性降低社会保险费率,用好用足各项政策补贴,全年再为企业减负超200亿元。创新政府投资基金工具,构建股权投资基金体系,基金总规模达281.16亿元,引导社会资本、金融资本有力支持实体经济。信保基金建立银行遴选机制和基金绩效考核机制,累计引导金融机构投放贷款金额226.15亿元,平均放大倍数达12.19倍。

(杨亦婧)

【三大攻坚战财政支持】 2018年,市财政局围绕打好防范化解重大风险攻坚战,探索研发地方政府性债务综合监管系统,开展新上投资项目财政承受能力论证,制定化债方案,滚动编制中期财政规划,全年超额完成省政府下达的年度目标。全力支持精准扶贫,健全完善乡村振兴战略财政投入保障机制,落实重点帮扶经济薄弱村专项资金,筹建设立江苏农担公司无锡分公司,市区城乡居民最低生活保障、特困人员供养标准、孤儿养育标准等各项民生保障标准继续提高。强化污染防治保障,拨付太湖水治理、污水处理、黑臭水体整治等资金近9亿元,拨付4.6亿元支持锡东生态园建设,创新建立市区主要固体废弃物处置设施“共建、共享、共担”机制，拨付环卫设施建设维护资金2.24亿元，拨付0.6亿元完善生态补偿机制。

（杨亦婧）

【民生项目支出】 2018年，全市一般公共预算累计支出1055.94亿元，比上年增长6.9%。支出结构进一步优化，一般公共预算支出中民生领域支出占比达80%左右。支持新一轮教育资源优化，明确太湖新城学校管理体制，加快下达教育一般性转移支付资金，支持开工新建和改扩建24所中小学幼儿园，当年市级投入3亿余元聚焦高等教育，南信滨江学院、东大无锡校区等一批高校正式投用。支持医疗卫生事业发展，市级安排11.5亿元，用于公立医院基本建设和设备购置、重点学科等建设。安排基本公共卫生资金5450万元，保障了14类55项基本公共卫生服务项目开展。支持新一轮交通基础设施建设，围绕“一体两翼”布局和锡澄宜一体化战略，构建形成未来三到五年基础设施重大项目200亿元投入支撑体系，统筹支持江海西路、凤翔路、蠡湖大道快速化改造等重点项目建设。市区投入逾11亿元落实公交、航线、地铁运营补贴。在旧住宅整治、农贸市场改造、食品安全、创业基地建设和养老护理等方面加大投入、创新政策，打通各类民生政策的堵点痛点。支持各项社保提标、提档、提补。市区城乡居民最低生活保障从820元提高到900元，城镇特困人员供养标准从1340元提高到1400元，农村特困人员供养标准从1150元提高到1300元。为家庭经济困难学生减免午餐费、社会实践活动费等，并提供生均每年1000～2500元不等的补助。创新实施养老断保接续财政贴息政策，市区1000余名困难人员成为该政策覆盖的受益人群。

（杨亦婧）

【财政改革】 2018年，无锡财政系统全面实施绩效管理，建立市政府向人大报告国有资产管理情况的制度，首次将国资预算纳入绩效论证范围。对市本级所有专项资金开展政策和资金管理办法“回头看”，共修订政策29个，取消专项9个，修订资金管理办法27个。完善绩效指标体系，新增补充绩效指标431个。将政策的有效性作为第三方绩效评价的重点。优化财政体制机制，研究制定新一轮市对区财政体制调整实施方案，进一步理顺市区财政支出责任和事权，统筹下放梁溪区主城区土地资源开发经营运作的财权与事权，出台制定无锡经济开发区（太湖新城）财政管理体制的实施方案，明确蠡湖新城开发经营属地管理的权责，创新建立重大基础设施和重大民生项目建设市区共建共担共享机制，推动市区、市县财力均衡、区域协调和鼓励激励约束相容。推进支出标准体系建设，研究完善包括公用经费、工会经费、党建经费等运转类支出标准，探索构建民生社保、城市管理等专项类支出标准。压缩一般性支出，全面推开事业单位公车改革，建立健全公务用车有偿服务机制，组织新一轮会议定点饭店采购，研究完善移动办公经费管理政策，确保全年“三公”经费只减不增。深化机关事业单位财政财务改革。深入推进地方全口径预决算公开，强化预算执行管理和支出进度考核，推进税保区一般纳税人试点。

（杨亦婧）

国有资产管理

【概况】 2018年，无锡市国资监管和国企改革发展工作围绕推动高质量发展要求，聚焦主业、突出效益，经济运行稳中有进的态势得到巩固，生产经营稳步提升，经济效益持续增长，较好地完成全年目标任务。持续深化国企改革，先后出台系列文件16个，市属企业全部完成公司制改制，开展“十三五”战略规划的中期评估和修编论证，深入推进粮食、质监系统企业国有资产的集中统一监管，有序实施城发集团重组整合，推进国发公司组建并发起设立规模为32亿元的无锡市国有企业结构调整基金，基本完成“三供一业”（供水、供电、供热和物业管理）分离移交工作。企业生产经营呈现“五增两降一低”的特点。“五增”，即资产增，实现资产总额4784.3亿元；收入增，实现营业收入904亿元；效益增，实现利润总额75亿元；现价工业总产值增，达272.6亿元；所有者权益增，达1971.2亿元。“两降”，即企业整体资产负债率、“两项资金”占资产总额的比重均比上年下降。“一低”是综合融资成本费用率低，保持在4.93%左右，低于社会平均利率水平。市属企业主要经济指标在全省位居前列，其中，营业收入增幅居全省第一。无锡产业发展集团位列中国企业500强第236位，国联、交通、市政集团分别位列中国服务业企业500强第257位、403位和498位。

（王　果）

【国有企业所有制改革】 2018年，无锡市发展混合所有制性质项目62个，投资总额352.64亿元，企业投资221.66亿元，吸引社会资本和非公资本130.98亿元。资产证券化取得突破性进展，市政集团与中金环境、国联集团与闻泰科技、建发公司与康欣新材3家上市公司达成股权收购和战略合作协议，并购完成后，无锡新增控股上市企业数量名列全省国企首位，资产证券化率达25%，提前完成2020年目标任务，其中市政集团收购中金环境股权项目是年内全省首个股权收购与战略合作项目。产业集团与区属国企共同出资7亿元，成立纾困基金，助力民营上市企业化解金融风险，维护正常生产经营。照明公司、锡洲园林启动引入战略投资者工作，江南古运河旅游公司在“新三板”挂牌，宁波威孚天力公司申报“新三板”挂牌。

（王　果）

【重大项目建设】 2018年，市属企业计划投资（含调整）574项，项目总投资676.49亿元。华虹集成电路、SK海力士M8、中环大直径硅片、浪潮大数据产业园等重大产业项目均已开工建设，完成国联开发晶重大并购重组，南部高速项目开工建设。先后推进参股收购尼桑AESC锂电池工厂、在江阴规划建设年产10GW高性能锂电池生产基地、中光电科技、中科院上海物研所等一批重大产业项目落地。储备和在谈新能源整车、OLED面板等领域一批重特大项目。

（王　果）

【国资监管】 2018年，无锡市制定国资监管机构权责清单，将集团子企业的投资审核权和由企业批准经济行为所涉及资产评估备案事项下放给市属企业。加强经营风险防控,充分发挥外派监事会作用。强化企业分类考核、“对标”考核,增加对重大投资项目评价和社会评价指标考核要求。推进实施企业年金制度。注重法治国资建设,市国资委公职律师管理机构获得省司法厅批复,指导国联、产业和建发3家市属企业建立公司律师部。加强资产评估审核,完成资产评估项目23个,涉及净资产账面值35.26亿元、评估值62.02亿元,增值率75.89%;完成企业国有产权交易22宗,成交金额24.94亿元;资产转让项目5个,成交金额2.09亿元。加强经营风险防控,做好2017年度企业财务决算、国资统计、专项审计和政府性资产分析等工作;充分发挥外派监事会作用,深入各级企业开展专题调研,全年列席董事会15次并提交专项报告,组织对国联、君来集团集中检查,加强对企业财务和重大决策、运营过程中的重要事项、关键环节等方面的当期和事中监督。

（王　果）

税　务

【概况】 2018年,以国税地税征管体制改革为契机,无锡市各级新税务机构正式挂牌成立。全市税务系统对标高质量推进新时代税收现代化目标,深化国税、地税征管体制改革,推进改革和税收工作“两不误、两促进”,税收职能作用综合显效。全年组织收入总量迈过2000亿元大关,累计减税超过500亿元,研究出台无锡税务优化营商环境“28条”和税收服务高质量发展“30条”,创新构建税收动态信用积分系统和税收风险征纳互动系统,税收管理服务效能提升。

（陈　敏）

【税务机构改革】 2018年,全市税务系统机构改革稳步推进,成立了由市委副书记、市长黄钦担任组长的全省设区市最高规格的改革专项小组,建立改革组织领导机构。7月5日、7月20日,市、县两级新税务机构挂牌成立;9月30日,市税务局和各派出机构挂牌到位;10月底,7个县区税务局机构、职能、编制全部落实到位,“三定”工作圆满完成。个税改革、社保费和非税收入征管职责划转、“金三”并库上线及当地化软件改造等改革任务有序推进,划转的业务规则、协作事项、信息化建设等难题逐一攻克。

（陈　敏）

【组织收入】 2018年,无锡市税务局建立完善市、县(区)两级税务局责任共担、各尽其责的收入工作机制,加强税源监控、税收征管、分析预测、风险防控四措联动,实现各项税费收入持续、稳定增长,为全市一般公共预算收入破千亿元做出贡献。全年组织各项收入2141亿元,总量迈过2000亿元大关,稳居全省第三。其中,完成税收收入1642.8亿元,比上年增长12.6%,增幅列苏南五市第一;实现一般公共预算收入860.7亿元,比上年增长14.4%;征缴社保基金收入440.6亿元、非税收入57.7亿元。初步构建《税收服务高质量发展的实施意见》,率先启动编制税收视角看高质量发展的指标体系。强化增值税发票风险管理,规范所得税、财产行为税基础事项和流程管理,环保税顺利开征。提高跨境税源管理质量,调整补税2.51亿元。完善税收司法协助机制,全年司法拍卖环节入库税款5.96亿元。加强税收风险管理业务整合,统筹推送各类风险应对任务11557户次,应对总成效36.6亿元。

（陈　敏）

7月5日,国家税务总局无锡市税务局挂牌成立　（蒋立群　摄）

【税收优惠】 2018年,无锡市税务局充分发挥税制改革和税收优惠“组合拳”在调结构、促转型、助创新、惠民生等方面的导向作用和叠加效应,全年累计落实各类税收优惠超500亿元。其中,围绕促进转型升级,全面落实增值税改革三项新政,全年减免增值税20.3亿元、留抵退税14.6亿元;围绕支持创新发展,密切加强与科技部门的信息共享和工作对接,全年落实高新技术企业税收优惠73.8亿元;围绕改善民生福祉,累计减免小微企业税收约17.2亿元;按照“一次修法、两步到位”的个税改革总体部署积极推进新政落实,年内减免个税6亿元,有效释放改革红利。全年审批出口退(免)税398.23亿元,比上年增长7.95%,退税规模位居全省第二,审批额及实际办理额均创历史新高。主动用好税收协定等优惠支持“走出去”和“引进来”,积极推动综保区增值税一般纳税人资格试点,仅SK海力士一家受益试点全年增加免抵退税8.36亿元,试点规模全省居于首位。

（陈　敏）

【优化税收营商环境】 2018年,无锡市持续推进税收领域“放管服”改革提档升级,推动无锡税收营商环境持续优化。在简政放权上清障降负,深入对接“3550”改革,持续升级全省率先试点的“综合套餐”服务,企业新办从一周缩短到最快2个小时;半数以上申请注销纳税人享受“即办”和“免办”服务。在省内率先实施“取消有关涉税事项和取消报送资料”改革试点，减少资料报送近六成，机构改革后在全省首推“一窗通办”“一事不二罚”“一次申请、一套资料”三项制度性服务承诺，使实体办税等候时长大幅压缩至2分钟，退税时间从规定的10个工作日缩短至平均2天。创新落实“最多跑一次”要求，110项业务实现“全程网上办”，“不见面”业务量提升至95%。主动对接江阴集成改革试点，在全国首创“一网一平台”，推动纳税服务与政府公共服务的深度融合。

（陈　敏）

【提升征管效能】 2018年，无锡市税务局作为总局“税收动态信用积分管理体系”和“税收动态征纳共治体系”改革全国首批十个试点单位之一，以试点“取消有关涉税事项和报送资料”和构建“税收动态信用积分系统、税收风险征纳互动系统”为基础，创新融入全市信用体系建设。推动《无锡市税收信用信息应用管理办法》落地，初步实现税收信用结果多部门互联互认和多领域联合激励惩戒，通过“银税互动”发放信用贷款逾80亿元。对新技术、新产业、新业态、新模式“四新经济”探索实施税收审慎包容监管。通过自主开发企业财务信用平台，实现优化税收征管、助推信用建设、服务政府决策的多赢成效，持续推进“双打”专项行动，巩固与公安、海关、人民银行等部门的常态化协作机制，查处各类涉票案件1029起，查处百万元以上大案、要案79起，稽查查补入库9.74亿元。

（陈　敏）

审　计

【概况】 2018年，无锡审计机关共审计单位286个，其中审计237个，专项审计调查49个。查出主要问题金额475.51亿元，其中违规金额12亿元，损失浪费金额4.04亿元，管理不规范金额459.47亿元；审计发现非金额计量问题1028个；损益(收支)不实金额2.48亿元；审计发现侵害人民群众利益178万元；出具审计报告和专项审计调查报告417篇，被批示、采用58篇次。审计处理处罚金额36.98亿元，其中应上缴财政11.33亿元，应减少财政拨款或补贴2.74亿元，应归还原渠道资金2.4亿元、应缴纳其他资金702万元、应调账处理金额20.44亿元；移送司法机关、纪检监察机关和有关部门处理事项81件，移送处理人员16人，移送处理金额4.95亿元。审计促进整改落实有关问题资金73.08亿元；审计促进拨付资金到位1.24亿元；审计后挽回(避免)损失1.81亿元；核减投资额28.65亿元。审计提出建议653条，被采纳508条；推动被审计单位制定整改措施551项；促进被审计单位建立、健全规章制度58项；提交审计信息463篇，被批示、采用387篇次。向社会公告审计结果38篇。

2018年度，无锡市涉农村(社区)经济运行及“三资”管理情况专项审计调查获“全省表彰审计项目”；“关于在领导干部经济责任审计中建立容错纠错机制的办法”入围“江苏审计系统2018年度十大新闻事件”。

（伏小军）

【政策措施落实情况跟踪审计】 2018年，根据审计署、省审计厅统一部署，无锡市审计局先后实施长江经济带生态环境保护情况审计、扶贫政策跟踪审计、地方政府隐性债务审计、“放管服”改革政策跟踪审计，促进政策措施落地生根，发挥作用。同时结合无锡实际，聚焦精准脱贫和污染防治，对市委、市政府重大政策、决策部署执行情况进行跟踪审计，组织实施“经济薄弱村脱困致富工程”“263专项行动”政策措施落实情况审计，为经济薄弱村脱困致富提供了决策参考，为打好污染防治攻坚战发挥积极作用。

（伏小军）

【财政管理和预算执行情况审计】 2018年，全市审计机关完成各级财政预算执行情况审计、税收征管审计、94个部门预算执行审计、23个专项资金审计，促进建立全面规范透明、标准科学、约束有力的预算制度，保障公共资金安全、高效实用。

（伏小军）

【经济责任审计】 2018年，全市共审计领导干部(人员)76人，其中领导干部自然资源资产(离任)审计项目9个，任中审计49.3%，查出领导干部负有直接责任和主管责任的违规金额1919万元。

（伏小军）

【固定资产投资审计】 2018年，全市审计机关完成轨道交通1、2号线等政府投资审计项目51个，核减投资额28.65亿元，其中市审计局核减投资额24.61亿元。

（伏小军）

【企业审计】 2018年，全市审计机关重点关注法人治理结构、经营业绩真实性、自主创新等情况，完成国企国资审计19个，促进国有企业深化改革，推动国有资本做强做优做大。

（伏小军）

【民生审计】 2018年，全市审计机关重点关注民生政策贯彻落实、村级“三资”管理情况，实施医保、养老、保障性住房等民生资金和项目的审计，完成352个村(社区)的审计，占全市村(社区)总量的31.8%，分步推进村级审计全覆盖。

（伏小军）

【审计改革】 2018年，无锡市审计局落实市委、市政府《关于在领导干部经济责任审计中建立容错纠错机制的办法》，先后对9个经济责任审计项目12个问题按程序给予容错免责。无锡市审计局把审计发现问题整改销号纳入常态工作，2015年以来，审计发现的2339个问题已经整改“销号”1833个，涉及金额177.03亿元，实现审计发现问题整改全覆盖。

（伏小军）

统　计

【统计服务】 2018年，市统计局充分发挥统计“信息、咨询、监督”职能，围绕全市高质量发展要求，配合制定部门、市(县)区高质量发展考核办法，建立考核评价指标体系。制定并实施《无锡市现代产业统计监测制度》。把《无锡统计数据》《无锡统计概览》等5本纸质产品做精，把无锡统计手机报、微信平台、“数据无锡”、统计宏观数据库、企业微信五大电子产品做新。紧扣“两会”、改革开放40周年等重大节点，编印《精彩跨越路》等画册。撰写统计分析129篇，5篇获省级奖项，29篇在《中国统计》《中国信息报》《江苏统计》《统计科学与实践》等刊物上发表。

（徐 洁）

【统计改革】 2018年，市统计局推进落实《关于深化统计管理体制改革提高统计数据真实性的实施方案》。在全省首个成立专门统计执法机构，配强执法力量；设立能源资源环境统计处，加强生态环境监测；聚焦基层统计，以购买服务形式在全市共聘用统计协管员1098人。制定《关于建立防范和惩治统计造假弄虚作假责任制的实施办法》，落实领导责任、监督责任、主体责任和相关责任；建立台账，落实领导干部违规干预统计记录制度，责任问责体系更加完善。建立“无锡统计”企业微信平台，与联网直报企业建立最直接统计联系，入驻统计人员6292人；完成无锡市统计业务和数据中心项目建设方案。

（徐 洁）

【普查调查】 2018年，市第四次全国经济普查第一阶段工作顺利完成，经过8000多普查员两个多月的“地毯式”清查，全市共清查登记单位近26万个、个体经营户近30万户，比2013年分别增长88.2%和23.3%。圆满完成市第三次全国农业普查。推进第七次全国投入产出调查。围绕社会热点、焦点，利用“12340”热线、问卷调查等方式，开展13项社情民意调查。高质量实施年定报工作。规模以上企业入库创五年新高，全市新增规模以上企业近2400家，为近五年来之最。农业数据处理系统投入运行。落实无锡市统计局和国家统计局无锡调查队部分业务调整优化，完成月度劳动力调查、“四下”企业（规模以下工业、资质外建筑业、限额以下批发零售住宿餐饮业和规模以下服务业）抽样调查的分工调整。

（徐 洁）

【统计质量管理】 2018年，出台《无锡市统计管理办法》，在全省率先。出台《统计执法检查规范》等7个统计法治规范性文件。开展统计执法，对60家企业开展“双随机”检查，立案查处违法案件4件，对48家企业开展统计行政指导，公示3家统计上严重失信企业。进一步健全无锡市统计数据质量全程管理体系，开展对数据事前、事中、事后的全程管理。事前进行预测，建立《主要经济指标统计预警监测制度》，关注数据苗头性、拐点性、趋势性问题；事中进行管控，建立《统计调查数据异常管控制度》，加强源头数据管理，主动预防统计违法；事后开展督察，组织实施数据质量调研核查，数据质量管理体系闭环初步成形。

（徐 洁）

价格管理

【环境价格改革】 2018年，无锡市按照“263”专项行动的要求，结合企业环境信用评价等级和淘汰落后产能等产业政策，严格落实好差别化电价、水价政策。落实脱硫、脱硝、除尘电价政策和差别电价、惩罚性电价措施，对6家使用淘汰设备的企业设备用电实施淘汰类差别电价，加价标准为每千瓦时0.30元。年内，根据《省物价局 省环保厅关于根据环保信用评价等级试行差别电价有关问题的通知》要求，对2016年度环保信用评价结果等级分别定为黑色、红色的高污染企业实施差别电价。研究制定工业企业资源集约利用差别化价格政策。按照市政府关于工业企业资源集约利用的工作要求，结合产业结构调整和工业企业转型升级情况，研究制定工业企业资源利用绩效评价的差别化价格政策。

（陆洪明）

【商品住房价格备案】 2018年，贯彻落实《市政府办公室关于进一步加强商品住房价格管理的意见》文件精神，遏制无锡市区房价过快上涨，严把成本关口，要求申报价格高于所在区域商品住房成交均价的，须提供经第三方会计师事务所出具的房地产企业商品住房成本审核报告。为了确保第三方机构的公平公正公开，通过政府采购服务的形式完成第三方成本审核机构招投标工作。年内，进行商品房备案289批次，总面积882万平方米，77228套。

（李 敏）

【企业降本减负】 2018年，巩固历年清费减负工作成果，行政事业性及经营服务性收费实行动态清单制度，取消、停征、免征、转出14项行政事业性和经营服务性收费。优化口岸营商环境，向社会公布进出口环节口岸收费目录清单，进一步推进口岸提效降费。

（许彩华）

【价格监测预警】 2018年，粮油价格基本平稳，猪肉、鸡蛋价格波动频繁，蔬菜价格季节性波动；钢材、有色金属、水泥价格先抑后扬，成品油价格先扬后抑。全年共采集上报监测数据近16万条，其中主副食品监测数据14万多条，工业生产资料及服务价格监测数据2530条，重点工业企业监测数据2800条，常用药品监测数据4430条，建材价格数据3732条。另外审核基本药品监测数据6万条，公示民生价格1.4万条。上报价格监测信息140余篇。

（陆敏敏）

【重点领域价格专项检查】 2018年，先后组织开展城市供水供气价格、电信领域价格、医疗服务价格、校外培训机构收费、商业银行服务收费等专项检查。紧贴市委市政府中心工作，联合相关部门开展夏粮收购价格、殡葬服务收费、房地产市场及中介机构收费、景区门票价格等专项整治。全年，查处价格违法案件96件，实行经济制裁930.54万元，其中，没收违法所得238.89万元，退还478.45万元，罚款213.20万元。

（朱俊燕）

【网格化市场价格监管制度】 2018年，按照市场检查“横向全覆盖、纵向全连接、市区一盘棋”的要求，推行网格化市场价格监管制度，会同市区执法人员和乡镇价格监督站，定片、定点对全市停车场、商贸流通、平价商店、酒店宾馆、旅游交通、药品销售、网络经营等行业实现市场价格监管覆盖，坚持监管与服务相结合，注重采取约谈、提醒、告诫等方式，督促经营者自觉执行明码标价规定。每逢重大节日，市物价局制定周密的检查方案，采取市区联动、分片包干的形式，对重点行业、重点区域、重点单位开展不间断的巡查和检查。节日期间，全市共派出86个检查组600多人次深入一线，重点对8个行业126个单位进行检查。8月18日，“北京时间NEWS（今日头条)”发布无锡太悦度假酒店卖天价茶叶蛋的报道,随后多个新闻媒体进行转发,当天下午,市、区两级执法人员赴无锡太悦度假酒店进行实地调查,查明事情经过并及时向市有关领导汇报,为上级快速妥善处理网络舆情提供重要证据材料。

(朱俊燕)

【价格违法投诉举报】 2018年,全市各级价检部门共受理各类价格投诉举报3818件,回复率100%,办结率98.8%。9月,根据学生家长投诉线索,对无锡市大桥实验学校、无锡市民办辅仁中学2所学校不执行“新生新办法、老生老办法”规定的价格违法行为进行立案查处,责令当事人退还多收价款,经复核,两校共退还中学部老生的多收价款3975400元。10月,根据媒体报道无锡市太湖鼋头渚风景区门票价格问题的线索,执法人员依法对无锡市太湖鼋头渚风景区管理处的景区门票价格及收费行为进行调查,并对太湖鼋头渚风景区进行政策提醒。

(朱俊燕)

【案件三级审核制度】 2018年,全市价检部门建立案件预审会、案件审理会和案件审查会等三级审核制度,从制度上保证执法办案程序合规、定性合法、处理合理。认真落实“双随机、一公开”监管机制,19个单位价格违法行为的行政处罚结果被公开曝光,行政复议变更和诉讼败诉连续10多年保持“零记录”。

(朱俊燕)

工商行政管理

【商事登记制度改革】 2018年,无锡市工商行政管理部门推进“压缩企业开办时间”改革,指导基层各市(县)、区登记窗口最大限度压缩审批环节、审批材料和审批时限,企业从申请名称到具备一般性经营条件平均用时2.03个工作日,已经提前达到国务院的8.5个工作日的目标要求。市工商行政管理部门牵头指导无锡高新技术产业开发区、江阴高新技术产业开发区、宜兴经济技术开发区、锡山经济技术开发区推进证照分离改革试点工作,至年底,各试点地区已经办理涉及5种改革事项登记业务量共计882项,惠及试点地区企业857家。深化政银合作,推动全程电子化登记,全年发放电子营业执照4749份,累计发放53667份,累计发放比例为19.74%。深化名称登记、住所登记和简易注销改革,全年全市成功自主申报企业名称23067个,共办理“住用商”企业413家,对2042家企业实行住所信息申报,全市进行简易注销公告的企业数量1487家。

(魏　磊)

【“双随机、一公开”监管】 2018年,无锡市工商行政管理部门架构上线“双随机、一公开”抽查工作平台,检查对象库有企业29万家,检察人员库有检查人员832人。制定《无锡市工商局双随机抽查事项检查要点(试行)》,抽查项目13大类,覆盖抽查事项39条,大幅提高检查针对性与有效性。3月,启动“双随机”定向抽查工作,结合监管热点和风险行业研判,制定对有不良信用记录等企业进行定向抽查计划,抽查767家。内部整合职能,建立并实施工商八大类31项业务的综合抽查制度,按照总局抽查比例不低于5%的要求,组织开展全市13861家企业的“双随机”综合抽查工作。发布《工商、商务与海关开展跨部门联合“双随机”抽查监管实施方案》,并于7月中旬至9月中旬开展实施首次跨部门“双随机”联合抽查,抽查51家,对发现问题的13家企业责令整改。

(魏　磊)

【企业信息归集和证照监管】 2018年,无锡市工商行政管理部门全力推进上年度年报公示工作,全年全市企业年报率为89.42%。做好企业经营异常名录管理工作,全年累计列入企业经营异常名录40450家,移出6563家,将此数据与市经信委、国地税、人民银行等部门进行信息共享,探索部门联合惩戒。推进长期停业未经营企业证照的清理吊销工作,吊销9392家企业。在全市范围内开展证照管理督查暗访工作,做到所有基层分局(所)全覆盖,组织了三批次证照督查,检查1860家,有照率为91.5%,亮照率为79%。

(魏　磊)

【重点行业领域专项治理】 2018年,无锡市工商行政管理部门开展教育培训机构专项治理,排查出已经注册登记的校外培训机构4232家,其中企业2270家,个体户1962户,并将名单推送给教育部门。在除隐患防事故保安全专项行动中,出动检查人员1635人次。查处涉及厨卫家电、摩托车、汽车配件等产品的恶意混淆、假冒侵权案件10起,暂扣、罚没相关涉案产品上千件。针对“美团”“饿了么”“滴滴”3家餐饮外卖平台的开城大战和恶意竞争,及时对相关违法行为依法立案查处,制止无序竞争行为的蔓延。年内,查处网络违法案件335起,罚没款480万元;监测各类媒体发布的各类广告453741条,总违法率0.02%。市工商局经检支队查结各类违法案件34起,涉罪移送公安机关追究刑事责任案件2起,罚没入库1300余万元。开展对房地产中介行业合同格式条款专项整治,检查房地产中介企业214家,发现并规范疑似不公平格式条款46条。建立会展市场巡查制度,对重点展会进行现场巡查。

(魏　磊)

【“企业家精神”保护工程】 2018年,以贯彻落实新《中华人民共和国反不正当竞争法》为契机,无锡市工商行政管理部门加强竞争执法和知识产权保护,保护企业的创新成果和竞争优势,营造保护企业家合法权益的法治环境、促进企业家诚信经营的竞争环境以及激励企业家干事创业的社会环境。年内,公平交易条线执法人员查办案件1285件,其中立案案件1227件,罚没2866.32万元。加大对涉外商标专用权的保护力度,协助“瓦尔塔”、日本川崎摩托等外商企业进行调查维权。多次开展跨区域联合打假行动,协助“红豆”“雅迪”等重点品牌开展打假维权行动5次,端掉一批制假售假窝点。查处商标案件141起,案值1800余万元,移送司法机关4起。

(魏　磊)

【民生领域商品质量监测】 2018年,无锡市工商行政管理部门抽检流通领域商品1870批次,涉及54个品类,形成案件线索168个。组织抽检流通领域成品油115批次,板材、胶黏剂等含挥发性有机物的原材料130批次，洗衣粉(皂粉、香皂、洗衣液)110批次。开展电动自行车质量专项整治，抽检整车及配件190批次，发放宣传海报、宣传册2万份。突出儿童玩具、服装、灯具、小家电等与群众生活密切相关的商品质量监管。同时，加强商品质量抽检数据的利用，装修旺季发布板材、管材检验结果，公布不合格商品品牌及项目，作出消费提示；“六一”儿童节前，发布《2018年无锡市儿童用品质量报告》，集中公示儿童服装、儿童玩具(非遥控)、奶嘴、奶瓶、暖奶器等八大品类不合格商品的品牌、型号以及不合格项目及危害。

(魏　磊)

【“12315”消费维权智慧化建设】 2018年，市“12315”系统登记消费者咨询、投诉、举报52644件，为消费者挽回经济损失1305.56万元，查处侵害消费者权益案件98起，案值87.57万元，罚没184万元。4月1日，无锡“智慧315”公众服务平台正式上线，完成接线中心、全市“12315”工作平台整体切换，实现企业消费信用指数查询、投诉信息公示、先行和解、在线视频调解等首创性举措，实现了“12315”维权工作智慧化。9月至年底，在苏宁、中国移动等试点企业通过平台和解消费争议99起。以推广“智慧315”平台为契机，加强对全市各级“12315”维权组织的培训，累计培训基层工作人员1000余人次。

(魏　磊)

【放心消费创建】 4月12日，“深入推进全市放心消费创建工作”电视电话会议召开，出台《关于进一步深入推进全市放心消费创建工作的意见》并提请市政府办公室印发各市(县)、区政府，对今后三年的放心消费工作进行规划。将放心消费创建水平纳入市(县)、区高质量发展考核评价综合考核指标体系，考评占比0.5分。进一步修改完善无锡市消费环境建设测评指标体系，开展2018年无锡市消费环境建设调研和消费者满意度测评。推进快递行业、保健食品行业、汽车销售服务行业、通信行业以及旅游行业的放心消费创建工作。加强对重点商圈、街区的放心消费创建的质量提升，江阴市人民路步行街、梁溪区清名桥街区获首届江苏省诚信示范街区称号。

(魏　磊)

【消费维权系列活动】 3月15日，“无锡市‘3·15’新闻发布会”召开，会议发布2017年维权工作情况以及2018年消费维权工作安排、《2017年无锡市流通领域商品质量抽检报告》、《无锡市2017年度消费环境建设白皮书》和“2017年度消费者维权保护典型案例”。市工商局联合市物价局、市质监局、市药监局、行业协会、市消委会公益律师团等多部门开展“3·15”消费维权网络直播特别节目《品质消费我们有话说》，有6149人参与直播，网易客户端视频点击量120954人次，新闻广播慧直播视频点击量超过10万人次。制作发布“身边的四十年”之消费变迁视频农贸市场篇，反映改革开放四十年的伟大成就和人们生活的美好变化。通过实地调查、线上实测、视频直播等形式，对餐饮网络外卖服务进行消费调查，调查结果形成调查报告向全市消费者发布。市消委会全年共接待来访、接受咨询投诉举报1542件，为消费者挽回损失64.43万元。

(魏　磊)

【农贸市场远程智慧监管】 2018年，无锡市工商行政管理部门做实为民办实事项目，打造农贸市场综合管理平台，在新建和改造的农贸市场内安装综合管理平台软件和远程监控设施，对市场经营管理情况进行实时监控和动态分析。至年底，“无锡市农贸市场远程智慧监管平台”建成视频监控调阅、数据人工采集、投诉举报对接、数据汇总分析等功能，并完成31家试点农贸市场的监控系统升级改造，对纳入智慧监管平台的农贸市场，监管人员可依托手机APP实现动态巡查，提升监管效能。消费者通过“无锡智慧农贸”微信小程序可以进行市场信息、菜价信息方面的查询，也可以实现市场在线评价、投诉举报维权等互动功能。

(魏　磊)

【商标品牌战略】 2018年，无锡市工商行政管理部门扶持和培育一批具有良好市场基础、先进技术和丰富文化内涵的自主品牌，重点推进市政府确定的“物联网”“智能制造”等高端制造产业品牌建设，对接江苏长电科技(JCET)、江苏俊知技术(俊知)等为代表的高端制造品牌，促进自主创新和转型升级。无锡商标窗口受理商标申请2889件，成功发放商标注册证344件，市场主体创牌热情高涨。至年底，全市注册商标总数突破13万件。联合江南大学商学院首次发布“无锡市区域商标品牌发展指数”，综合反映全市各区域商标品牌的发展现状。

(魏　磊)

【广告业】 2018年，无锡市工商行政管理部门开展“发现无锡——公益广告展播暨全城定向毅行大赛活动”，从品牌无锡、物联无锡、魅力无锡、人文无锡四大角度展现无锡之美，弘扬城市精神。开展“物联网的微笑”城市主题公益活动暨“感知中国物联世界”主题广告创意设计大奖赛，为“2018世界物联网博览会”预热传播，提升无锡城市形象，增强博览会的知名度与影响力。助力无锡广告产业园规范运营、科学发展，至年底，累计集聚各类广告以及关联企业526家，其中中国移动广告十强企业2家，国家一级广告企业4家。

(魏　磊)

知识产权管理

【概况】 2018年，全市开展知识产权执法维权“护航”“雷霆”专项行动，其中专利“护航”专项执法检查出动215人次，检查产品超过5200件；假冒专利案件立案747件，结案率100%，做出行政处罚20件。针对电商平台的“雷霆”行动执法检查2次，检查商品超过50批次，立案查处16起。全年专利侵权纠纷案件立案79件，结案79件，结案率100%，下达行政裁决书11份，专利纠纷行政裁决数继续保持在两位数，其中一专利纠纷裁决案入选最高人民法院典型知识产权案例。由江苏省知识产权局发布的《江苏专利实力指数报告2018》显示，2018年无锡市专利保护指数达到0.805分，位居全省第一，无锡市也是全省唯一一个分值超过0.8的城市。

(谢啃兵)

【“正版正货”示范创建】 2018年，全市新增2家省级“正版正货”示范街区，新增省级“正版正货”承诺企业54家。至年底，全市有30家商贸流通领域单位先后列入无锡市级“正版正货”推进计划培育，省级“正版正货”示范创建街区（商城）13家，省“正版正货”承诺企业284家，承诺企业数量继续位居全省前列。全市累计建成国家级知识产权保护规范化市场（培育）4家。

（谢啃兵）

【知识产权人才培育】 2018年，全市举办知识产权工程师培训班，495人报名参加网络学习，464人参加面授，培训合格446人。全市累计开展知识产权工程师培训的人数达4282人，培训合格4009人，培训人数和合格人数列全省第一。年内，全市新评定知识产权初级职称5人，中级职称9人，高级职称6人，累计评定知识产权初级职称78人，中级职称86人，高级职称26人。瞄准专利从业人员专业化、高端化发展，组织专利代理人考试培训，有130余人参加，其中专利代理人考试通过率超过30%。年内，市知识产权局被评为全国知识产权系统人才工作先进集体。

（谢啃兵）

食品药品监督管理

【概况】 2018年，无锡市食品药品监督管理局推进落实利企便民的13条措施。开展“减证便民”行动，取消各项证明材料6项。推进“证照分离”改革试点工作，对涉及的19项许可事项4种分类管理方式，制定实施配套措施及改革办法。明确4个国家级开发区微型餐饮备案流程和后期监管具体规定试点，备案微型餐饮288个，协调“美团”“饿了么”“滴滴”3个网络订餐平台有序竞争，允许取得备案的微型餐饮上线经营。年内，全市核发食品生产许可265张、食品经营许可（销售类）17167张、食品经营许可（餐饮服务类）19927张。审核非特品种4291批次，现场复核非特1060个品种，现场检查率92.9%。

（韩 慧）

【药品进口口岸建设工作通过验收】 2018年，市药检中心陆续完成实验室信息系统（LIMS）上线运行、检验检测能力扩项CMA、CNAS现场评审，具有实验室资质认定（CMA）项目/参数209项，国家实验室认可（CNAS）项目/参数139项，检验检测能力实现《中国药典》项目全覆盖，《美国药典》《欧洲药典》《日本药典》项目基本覆盖，现有检测认证项目跃居全国市级药品检测机构首位，达到口岸药品检验所要求。8月，无锡市机构编制委员会同意市食药监局增设“药品进口备案办公室”，建立《进口药品备案信息报送管理制度》和《进口药品备案信息收集、整理、统计和利用制度》，建立与国家局进口药品信息平台相连接。12月24～26日，国家药品监督管理局、中国食品药品检定研究院组织由5位评估组专家和3位观察员组成的评估验收组，对无锡申报增设药品进口口岸进行现场评估，并全票通过验收。

（韩 慧）

【疫苗安全监管】 按照国家药监局、原省食药监局（省药监局）的具体部署安排，7月27日至12月中旬，市食品药品监督管理局组织开展和配合省食品药品监管局对无锡市疫苗生产企业罗益公司进行专项检查、整改检查、GMP认证检查、各类缺陷整改情况检查、跟踪检查等6次检查，对其疫苗储存运输管理情况进行飞行检查，督促发现问题整改到位。联合卫计部门加强疫苗流通使用环节监管，实地检查疾控机构8家、疫苗接种单位10家，印发督查通报，督促发现问题整改到位。年内，实现对疫苗生产企业、疾控和接种单位的全覆盖现场检查。

（韩 慧）

【市食品安全检验检测中心建设】 2018年，食检中心机构设立完成，原质检院食品检验检测人员转入。市食品药品监督管理局与新吴区政府签订合作协议，完成食检中心选址，面积约4600平方米，完成施工图设计，实现了年度为民办实事工作目标。

（韩 慧）

【“智慧食安”信息化建设项目启动】 2018年，“一个市级食药安全专业数据中心”“一套业务应用公共支撑平台”“八大业务应用集群”（行政审批、检验检测、日常监管、稽查执法、信用管理、风险监测、应急管理、公共服务与社会共治）的项目建设方案形成并成功立项。项目经市经信委、公安局、保密局预审确定为三级等保系统，由第三方专业机构完成安全和密码应用等配套方案设计。项目总投资概算1885万元，根据机构改革职能调整情况有序组织实施。

（韩 慧）

【食品、药品安全抽检】 2018年，全市食品检验量达41972批次，千人抽检率达6.41批次/千人，位居全省前列，提前2年完成“十三五”计划6批次/千人的目标，其中惠山区食品检验量达8.18批次/千人，领先全省，接近香港同期水平。全年，主要针对农药兽药的食品检验量17203批次，比上年增长186%，检验率达到2.66批次/千人。分别完成药品、保健食品、化妆品、医疗器械抽检1660批次、230批次、140批次、104批次，实现对辖区内所有基本药物生产企业相关品种按批准文号的全覆盖抽检。抽检发现问题全部做到闭环处置。

（韩 慧）

【食盐质量监管】 8月23日，市政府召开全市盐业体制改革职能移交工作会，会议签署《盐业行政管理职能移交备忘录》和《无锡市人民政府购买盐政监管、市级政府盐品应急储备服务的协议》。市食药监局及各市（县）、区市场监督管理局贯彻落实市政府会议部署，将食盐质量监管职能落实至具体科室部门，并确定负责人。江苏省苏盐连锁有限公司无锡分公司委派盐业协管人员至各单位。召开全市食盐质量安全监管条线会议，组织全市食盐质量安全监管培训班加强人员培训。开展食盐质量打假专项行动。完成年度全省食盐安全监督抽检两批、190批次的抽检任务；开展市级食盐抽检两批、50批次，经检测全部合格。

（韩 慧）

【食品安全追溯体系建设】 2018年，食品生产环节完成1家食用植物油生产企业和19家肉制品生产企业追溯系统建设任务，食品流通环节完成25家企业基本信息入库工作，食品餐饮环节完成26家企业基本信息入库工作。全市共新增71家单位纳入食品安全追溯体系,提前超额完成省政府民生实事市级目标任务,完成数超出省定目标30%以上。初评并经省局复核命名4条餐饮质量示范街(区)、244家餐饮质量示范店。

(韩　慧)

【食品安全快速检测规范提升】 2018年,全市258家农贸市场和联网超市组织上市食品抽检163.45万批次,其中不合格4245批次,封存、销毁、退市不合格产品10.05吨。"智慧食安快检物联网应用项目"在第十届中国食品安全论坛上荣获2017～2018年度食品安全示范项目奖,是全国7个获奖项目中唯一一个由政府部门主导实施的项目。制定《无锡市食品安全快速检测规范提升工程管理办法》。

(韩　慧)

【餐饮业质量安全提升】 至2018年年底,全市累计建设"明厨亮灶"餐饮单位9316家,学校(含托幼机构)食堂、养老机构食堂、城市综合体、国家A级旅游景区"明厨亮灶"建设覆盖率分别达98.4%、97.3%、72.5%、68.8%,提前超额完成年度目标任务。学校和养老机构食堂实时监控情况连接到"无锡市食药监"微信公众号上。省内首创协调"饿了么"在网站首页地方美食栏目开设"明厨亮灶"专栏,公示社会餐饮后厨安全监控实时监控视频,方便公众监督餐饮食品安全状况。

(韩　慧)

【药品上市许可持有人制度试点】 2018年,无锡市继续推进药品上市许可持有人制度(MAH)试点工作,2家企业获批成为MAH试点企业,其中曙辉药业产品成为江苏省第一个MAH试点进入市场的产品,世界排名第一的医疗器械研发、生产和销售公司美国BD与鹏鹞药业推进试点合作。持续推进仿制药质量和疗效一致性评价工作,全市有8家企业29个品种39个注册文号开展一致性评价工作,其中阿斯利康的10个原研地产化品种经过审评,成为参比制剂豁免一致性评价,江苏鹏鹞药业的苯磺酸氨氯地平片上报国家药监局一致性评价已受理。

(韩　慧)

质量技术监督

【质量强市建设】 2018年,无锡市质量技术监督局实施品牌培育发展规划,加强对战略性新兴产业、传统优势产业和现代服务业等重点领域培育,形成"培育一批、扶持一批、推荐一批"模式。加快区域品牌经济发展,江阴周庄镇获批筹建"全国化纤产业(聚酯及涤纶短纤)知名品牌创建示范区"。发挥质量标杆示范引领作用,开展市长质量奖评定管理办法修订后的首届评选应用,天江药业获第十届市长质量奖,英特派金属制品等5家企业获市质量管理优秀奖。实施"金质"工程,全市管理体系认证有效证书突破2万张,位列全国同类城市前列。

(朱　奇)

【质量监督】 2018年,市质量技术监督局对涉及健康安全环保的重点行业、企业、产品开展质量监督抽查,抽检23类1100多批次产品。突出重要民生消费产品领域,结合元旦、春节、"五一"、端午、中秋、国庆等重要节点,对209家超市、商店、集贸市场和部分生产企业的2054批次商品开展定量包装和商品包装计量专项检查,发现和处理不合格103批次。突出主体责任落实,综合运用责令限期整改、约谈企业负责人、质量分析会等手段,强化后处理工作,向不合格企业发放"质量诊断书"90余份。推广国际先进质量管理标准和方法,鼓励企业运用质量认证方式加强质量管理,新增620张质量管理体系认证有效证书。

(朱　奇)

【标准化工作】 2018年,市质量技术监督局印发《无锡市贯彻落实江苏省开展国家标准化综合改革试点工作方案意见》,开展标准化改革试点。年内公布的"中国标准创新贡献奖"名单中,无锡市7家企业榜上有名,江苏阳光集团有限公司荣获组织奖(全国仅4家),江阴黄山、无锡蓝海、无锡东舟3家舰船舾装企业和江南大学分析测试中心、无锡物联网产业研究院、江苏龙源催化剂有限公司等企业主导参与制修订的国际、国家标准分获一、二、三等奖。全省首个国家技术标准创新基地——法尔胜泓昇集团的金属线材制品国际标准化基地落户无锡。年内,全市新增主导参与制修订国际、国家及行业标准69项。新成立道路交通管理、排放测量与后处理2个全国标准化技术组织。

(朱　奇)

【管理体系认证】 2018年,无锡市质量管理体系认证有效证书新增620张,累计12664张,比上年增长5.15%。环境管理体系认证有效证书新增471张,累计3717张,比上年增长14.51%,证书持有量继续保持全省第二。以"互联网+认证认可"为抓手,继续完善无锡市检验检测认证共享公共服务平台,实现检验检测认证信息查询、能力分析和风险监测一站式服务。编制完成《无锡市2017年度检验检测行业统计分析报告》。全面推行"双随机、一公开"监督抽查机制,组织各市(县)、区认证监管人员跨部门、跨地区参与检查。

(朱　奇)

【计量管理】 2018年,无锡市质量技术监督局开展"计量精准服务企业行""工业计量标杆示范""中小企业计量基础能力提升"等活动,提升企业计量检测能力和管理体系,新增4家优秀"测量体系认证(AAA)"企业,另有3家通过复评审,4家企业参评"省级能源计量示范单位"并通过考核。宜兴市获评为"江苏省计量惠民示范市"。推进诚信计量体系建设,42家企业获评"江苏省诚信计量示范单位"。发展"智慧测量"助力产业强市,推动传统计量转型升级和提供计量增值服务。在元旦、春节、端午、春耕、中秋、国庆等时间节点,抽查定量包装和商品包装2054批次,打击计量违法违规行为,维护消费者合法权益。推进强制检定停征收费政策落实,全年免费检定强制检定计量器具56.08台(件),为企业减免费用3060万元。

(朱　奇)

【特种设备安全监察】 2018年,无锡市建成特种设备安全信息化平台,形成"全市一盘棋、数据一张网",压实"监管部门、检验机构、企业单位、作业人员"四方责任,特种设备隐患率由

10% 以上下降到 3% 以下，定期检验率由上年的 90% 提高到 97% 以上。推进电梯安全责任保险，开展安保互动服务，创新电梯安全监管方式。针对“两会”、“物博会”、节假日等重要时段，人群密集的公共场所等重点区域，开展特种设备重点安全检查和隐患排查治理。开展夏季百日安全生产专项活动、事故单位“回头看”、电梯维保单位、工业气体充装单位、锅炉使用单位等专项联合执法检查，全市出动监察人员 11229 人次，检查单位 4851 家，发现并督促整改隐患 3013 个，开具监察指令书 586 份，立案查处 79 起。部署开展压力管道安全专项整治，检查公用燃气、热力和工业压力管道相关单位 603 家，排查管道 3900 千米。严控特种设备事故，市特种设备事故调查处置中心正式运行，共调查处置特种设备事故 5 起，比上年下降 61.5%。

（朱　奇）

【质量违法行为查处】 2018 年，无锡市质量技术监督局针对重点行业和产品，开展给排水管材、日用消费品、农资、钢材、电线电缆、电商产品等“质检利剑”专项执法，开展电动自行车、成品油市场秩序、非标电动（燃油）三、四轮车辆等专项整治，全市立案查处 626 起质量违法行为，涉案货值 2213 万元，查办大要案 20 起，移送公安机关 17 起，两起案件入选省局十大优秀典型案例。根据执法案件制作的微动漫《花头秤现形记》，获得“第三届平安江苏微电影微视频微动漫”比赛微动漫类一等奖和中国政法委主办的“第三届平安中国微电影微视频微动漫”比赛十大微动漫奖。

（朱　奇）

【公共检测平台建设】 2018 年，无锡市国家增材制造、环保设备、石墨稀产品质检中心通过国家市场监管总局验收，国家物联网感知装备产业计量测试中心筹建有序推进，国家高端储能产品质检中心获批筹建。市计量院开拓“智慧计量”技术服务，为上汽大通、透平叶片、戴卡轮毂等企业在智能制造环节中的“智慧测量”需求，研发并提供技术解决方案。市质检院获批成为全省唯一的电动自行车 CCC 认证（中国强制性产品认证）指定检验机构，承接认证机构下达任务 191 批次，发放国信认证首批认证证书 10 张。市质标中心开展标准图书馆服务中小微企业标准化服务试点，为 3030 家企事业单位提供标准查新、标准动态跟踪等增值服务，开展标准化公益培训 18 场，培训标准化从业人员 2037 人。

（朱　奇）

【简政放权】 2018 年，无锡市质量技术监督局依法取消 2 项权力事项，新承接省局委托 2 项许可事项，将特种设备作业人员登记等 3 项市级许可审批权下放到省级开发区，将市级计量标准器具核准事项等 4 项权力直接赋权给江阴市有关部门。按照省市场监管局统一部署，实施工业产品生产许可证“先证后核”“一企一证”，办结许可审批 700 件。落实“政务服务一张网”建设，所有行政许可事项上网运行率 100%，实现“不见面审批”。建立计量行政许可事项网上预审制度，推进入库电子证照 368 条，提供延时、预约、午间值班、许可证邮寄送达等服务，实现“让信息多跑路，让群众少跑腿”。

（朱　奇）

【服务民生】 2018 年，无锡市质量技术监督局落实强制检定计量器具免费检定政策，通过建设信息化平台规范申报备案核准流程，免费检定强检计量器具 56.08 万台（件）。发挥标准化公共服务平台作用，为 1503 家企业免费提供执行标准有效性确认服务，赠送标准资源卡 941 张，价值 22.7 万元，发布技术性贸易壁垒预警通报信息 600 余条。落实 2018 年为民办实事项目“智慧电梯”建设，“96333”电梯应急救援平台处置困人故障 3304 起，推进电梯安全责任保险，创新电梯安全管理方式。免费检定市区集贸市场和基层医疗卫生机构在用计量器具 1.6 万余台（件），继续实施“血压计免费检测”和“明镜守护工程”，免费检修血压计 2000 余台（件），免费检测眼镜 55381 副。“12365”举报投诉中心全年受理举报、投诉和各类业务咨询 2451 件。省缺陷产品管理技术中心无锡分中心正式运行，指导和督促 21 家企业召回缺陷产品 5650 余件。

（朱　奇）

土地资源管理

【概况】 2018 年，全市国土资源工作实现系统化提升。深化实施工业用地产出监管、工业企业资源绩效评价、增存挂钩等机制，确立“亩产论英雄”的资源配置导向和存量用地为主的土地供应结构。“五个转变”的资源高效配置模式在实践中取得明显成效，2018 年，区域建设用地节约集约利用综合指数位居全国第六、全省第一，无锡市和所辖各板块节约集约模范创建实现了市域全覆盖。坚持建管并举厚植“绿色基底”，构建实施耕地资源“五重保护”机制，推进永久基本农田储备区建设，深化构建国土与城管联防联控机制，探索“矿地融合”无锡路径，通过生态修复和综合整治，腾退建设用地空间，实现矿区生态重建和土地可持续利用，宜兴创建矿地融合示范区获省国土资源厅批准。持续深化“放管服”改革，实现常规不动产登记 3 个工作日办结、21 项业务当场办结，建成不动产集成服务平台，创新“互联网 + 不动产登记”，形成老百姓只跑“一个窗口”、与工作人员“只见一次面”、“一小时”完成产权过户的服务模式，“不动产登记交易”指标在全省简政放权双创评价中持续保持全省前列。编制发布国土资源“四全”窗口公共服务六大类 59 个标准，通过国家标准委的中期评估，“四全”窗口公共服务标准化项目获无锡市法治惠民实事工程优质项目奖。

（钱　炜）

【土地资源节约集约利用】 2018 年，市国土资源部门优化工业用地供应，报请市政府出台《关于进一步加强市区工业用地供应管理的实施意见》，通过设置和提高产出投资、建设用地、存量用地、用地产出、建筑容积率等五项定额配置标准，提高工业用地市场准入条件，开启先租后让、短租转长租等差别化供应模式，实行出让（租赁）合同与产出监管协议“双合同”管理，引导有限土地资源向高效产业集聚，实现土地资源的精准投放。存量资源精细化管理，构建批而未供管理系统，编制低效用地再开发专项规划，划定 2017 ～ 2020 年低效用地盘活路线图和时间表;优化闲置土地跟踪管理系统,实现闲置土地从发现到后续处置"闭合环"管理;改造升级产业用地绩效管理平台,强化绩效评价分析功能;启动开发存量资源盘活挖潜管理系统项目,实现对批而为供、低效用地、储而未用等存量资源的集成动态监管、数据共享发布。存量用地盘活利用,分类施策推进批而未供、低效用地、闲置土地的盘活利用,形成"产业更新""成片开发""市场转让""闲置扩能""增容技改""政府收储""综合整治""归并改造"等低效用地再开发改造模式。其中,江阴海澜、惠山上汽大通、新吴宝通科技3个案例入选2018年自然资源部首批推广典型案例。全年盘活存量土地3607公顷,消化批而未供1080公顷,完成低效用地再开发1340公顷;全市总供地中存量用地占比达66.2%,市区供地中存量用地占比达74.4%。全市单位建设用地GDP产出达7.56亿元/平方千米,提前2年完成"十三五"提升28%的目标。工业用地绩效评价,完成全市工业用地更新补充调查工作,更新入库工业企业5.45万家、4万公顷;配合开展以单位资源产出效益为核心的工业企业资源利用绩效评价,配套制定差别化工业用地政策,明确对评价结果D类企业,在评价次年的土地供应上实施土地招拍挂限制,并作为重点低效盘活对象纳入低效用地库中予以监管。

(钱　炜)

【重大项目用地保障】 2018年,市国土资源部门落实市委、市政府"产业兴市"发展战略,坚持重保优供,加强规划计划调节,新增建设用地计划指标优先保障先进制造业、新兴产业和优势产业项目用地,一般产业项目以使用存量用地为主,旅游、文化、养老、体育、科研、工业等产业项目实现应保尽保。对100个重点项目逐个制定用地保障方案,实施重大项目挂图作战机制,实现对项目从用地前期手续、征地报批、土地供应、不动产登记、项目开竣工等环节的全程跟踪。苏锡常南部高速公路、常宜高速、宜长高速、新孟河延伸拓浚工程、凤翔路快速化改造项目获自然资源部批准;苏南沿江城际铁路上报审查。全年供地918宗,面积2879.04公顷,比上年分别增长12.50%和26.82%。其中,划拨供地1385.33公顷,出让供地1365公顷(经营性用地出让566公顷,工业性用地出让785公顷,其他用地出让14公顷),其他供地128.71公顷。加大后备资源挖潜力度,部署开展园地、残次林地摸底调查,全面摸清耕地后备资源潜力,编制完成市"十三五"土地整治规划;加强省内易地补充耕地指标调剂,组织各市(县)、区与省内有关地区开展补充耕地指标交易,保障重点项目建设。

(钱　炜)

【不动产登记交易】《无锡市不动产登记条例》经市第十六届人民代表大会常务委员会第九次会议制定,省第十三届人民代表大会常务委员会第三次会议批准通过,于2018年8月1日起实施,成为全国首部地级市不动产登记法规,《新华日报》、《无锡日报》、《江南晚报》、新华网、中新网、光明网等各大媒体进行了广泛报道。建成"不动产交易、登记、税务一体化"集成服务平台,推行"线上登记"和"不见面"服务,实现常规不动产登记"3个工作日办结",商品房首次转移登记等21项业务当场办结。全年颁发不动产权证书(证明)54万件,其中当场办结量33万件,联办业务11万件。简政放权双创评价"不动产登记交易"指标在全省13个设区市中位列第一,6个市(县)、区全部获评先进。加强不动产登记窗口作风建设,践行五项不动产登记服务承诺,开展"流动红旗窗口"评选,制定《关于进一步加强作风建设,提升不动产登记窗口服务水平的通知》《不动产登记窗口服务规范》《不动产登记服务十条禁令》。《中国国土资源报》进行头版报道,自然资源部《不动产登记与法制国土》全文予以刊发,市国土资源局应邀在全国不动产登记窗口作风问题专项整治工作部署会作典型交流发言。启动阳山镇特色田园乡村不动产登记试点发证工作,按照"集体土地所有权、承包经营权、宅基地和农房的不动产权"等三权发证工作进行分类部署,全面完成阳山镇桃园村冯巷、桃源村前寺舍和阳山村朱村3个试点村庄的不动产登记工作,涉及农户273户,不动产权证应发尽发。

(钱　炜)

【土地资源信息化建设】 2018年,市国土资源部门有序推进智慧无锡时空云平台项目,完成包括基础地理信息、公共专题、智能感知、空间规划四大类数据在内的智慧无锡时空大数据库和时空信息云平台,在国土资源、公共安全、城市管理、税务管理、社区管理、智慧小镇建设、物联感知等领域开展应用示范建设。建立市级基础测绘体系,形成市辖区平面和高程376个测量标志点位构成的空间控制网,开展第二轮1∶500～1000地形图更新,审核出版行政区域图,编制梁溪区域图和最新的城市影像地图。完成天地图无锡电子地图网站升级,实现"天地图·无锡"的省、市节点数据融合;增加天地图示范应用建设12个,新增政务服务地图、无锡市科普地图示范应用建设。举办国土资源大数据应用创新大赛,以"创新引领国土、数据支撑未来"为主题,开展数据可视化表达、空间分析、应用开发,提炼优秀的国土业务相关产品及解决方案。大赛吸引115支队伍报名,征集作品50余份。

(钱　炜)

安全生产

【概况】 2018年,无锡市委、市政府印发《关于推进安全生产领域改革发展的实施意见》及《无锡市2018年安全生产领域改革发展五大任务50项重点工作》,安全生产领域改革发展重点目标任务完成情况纳入全市高质量发展考评体系。安全生产监督管理部门围绕安全生产领域改革发展的重点目标任务,全面落实"严管严查严办"、突出危险化学品等重点行业领域监管,紧盯重要节点和风险时段,全市安全生产形势持续稳定向好。全年未发生重特大事故,连续第17年实现事故起数、死亡人数"双下降"。其中,化工、烟花爆竹未发生生产安全事故,非煤矿山连续14年"零"死亡事故起数,工矿商贸事故起数、死亡人数分别下降8.3%、7.8%。无锡市在省政府2018年度安全生产考核中连续第7年获得优秀等次。无锡市安全生产监督管理局获得“全国应急管理新闻宣传暨学报用报工作先进单位”称号。

（杜 建）

【安全生产责任体系完善】 2018年，市安全生产监督管理部门为贯彻落实中办、国办《地方党政领导干部安全生产责任制规定》，制定出台《无锡市党政领导干部安全生产责任制规定实施办法》《无锡市安全生产巡查制度》，加强党政领导干部安全生产责任。落实“三个必须”和领导干部“一岗双责”，出台《无锡市安全生产各专业委员会及其组成人员方案》，建立工矿商贸、危化品、交通运输、油气输送管道、电力等12个专委会。推动工矿商贸和危化品安全生产专业委员会实质化运作，构建多部门联动、专业化应对的监管机制。

（杜 建）

【安全生产执法提升年行动】 2018年，市安全生产监督管理部门围绕事故多发易发的重点行业、重点地区、重点企业，开展“全市工贸行业涉爆粉尘企业专项执法行动”“冬季安全生产执法行动”等专项行动，加强明察暗访、突击检查，加大事前执法力度，检查企业12784家，排查各类安全隐患45238个，隐患整改44512个。开展行政执法案卷评查、执法资格培训、案件审核学习交流等活动，制定并印发《无锡市安全生产监察大队中队执法装备配备标准》，提升执法机构规范化建设水平。

（杜 建）

【打击非法违法生产经营】 2018年，市安全生产监督管理部门推进《无锡市安全生产条例》实施工作，开展“安全生产执法提升年”“职业健康执法年”活动。局领导班子成员带头执法，落实全员执法。突出危化、粉尘涉爆、涉氨制冷等重点行业领域，下重拳打击非法违法生产经营行为，倒逼企业落实安全生产主体责任。全市事前立案件数比上年上升71%；事前查处率比上年上升268%；事前处罚金额比上年上升119%；事前处罚案均值比上年上升25%；事前处罚金额5万元以上的案件数比上年上升111%。强化对行政处罚案件全过程各环节监督，全年行政处罚案件无诉讼、无复议。

（杜 建）

【监管专项行动】 2018年，市安全生产监督管理部门结合重要时段、敏感节点，强化隐患排查治理，落实安全防范硬性措施。一季度，开展“除隐患防事故保安全”专项行动。全市各级责令整改企业6673家，立案673起，问责曝光工作不力单位36家，确保“春节”“两会”期间全市安全生产形势平稳可控。三季度，开展“夏季百日安全生产”专项活动，全面落实高温汛期安全防范措施，全市安全生产事故起数、死亡人数分别下降20.1%，25.2%。中秋、国庆及世界物联网博览会期间，全市未发生有影响的安全生产事故。年内，市安全生产监督管理部门开展危化品、涉爆粉尘及涉氨制冷液氨使用企业、有限空间作业、冶金企业等行业领域专项整治，落实重大事故隐患挂牌督办与治理销号办法，涉爆粉尘企业专项整治完成验收118家，取缔关闭7家，变更工艺19家，责令停产3家。

（杜 建）

【基层基础建设】 2018年，市安全生产监督管理部门会同市委、市政府督查室，市编办对全市81个镇(街道)安监机构建设情况开展专项督查。制定《关于加强基层网格化监管工作的实施方案(试行)》，探索镇(街道、园区)为重点的安全生产专属网格化监管运行试点，促进安全生产监管科学化、精细化、精准化，提升基层安监机构能力水平。推进全市工贸行业安全风险分级管控和隐患排查治理双重预防机制建设，全市有548家企业按双控机制建设要求规范运行。持续推动重点企业安全标准化提档升级，全市工贸行业累计达标企业9678家，比上年净增341家，企业本质安全水平稳步提升。

（杜 建）

【应急救援能力建设】 2018年，市安全生产监督管理部门完善应急预案，加强政企协同，会同梁溪区、锡山区、市政府应急办、市政园林局等单位，先后组织海太半导体、西气东输、天鸿化工和华润燃气4场应急预案综合演练，全年全市举办各类安全生产应急演练880场。推进江阴沿江危化品应急救援基地建设，提升应急救援能力。

（杜 建）

【安全生产中介机构监管】 2018年，市安全生产监督管理部门出台规范性文件《无锡市安全生产和职业卫生技术服务机构监督管理暂行办法》，进一步明确中介服务机构开展业务的标准和要求。组织在无锡开展业务的45家安全生产和职业卫生技术服务机构开展诚信签约仪式，局党组书记、局长周爱明与机构法定代表人现场签订《无锡市安全生产和职业卫生技术服务机构诚信承诺书》，营造诚信从业、规范评价的行业氛围。加强事中事后监管，不定期对技术服务机构开展的技术服务项目进行合规性评查，对存在违法行为的职业卫生技术服务机构依法作出行政处罚。

（杜 建）

【安全生产宣传教育】 2018年，市安全生产监督管理部门积极构建大宣传格局，加强与主流媒体合作交流，发挥《中国应急管理报》、《无锡日报》、电视台等主流媒体作用。注重运用新媒体手段，“无锡安监”微信公众号每日发送安全生产常识。持续开展《无锡市安全生产条例》宣传活动，策划组织“安全生产月”，协助承办全国“安全生产月”暨“安全生产万里行”活动启动仪式，24组“安全生产表情包”入选全国安全生产月特色宣教活动，《安全生产月，见证我们的“安全”约定》获得2018年全省“安全生产月”好新闻三等奖。加强考试中心和3个考试点的正规化建设，年内组织考核生产经营单位各类从业人员5.5万人，其中“三项岗位”人员3.8万人，一般企业主要负责人和管理员1.7万人。

（杜 建）

【职业健康监管】 2018年，市安全生产监督管理部门积极开展职业健康执法年活动，推进职业病危害企业基础建设达标工作，全年全市申报总数2.96万家，变更申报企业2105家，列入职业病危害专项整治企业414家，整治达标375家。摸清职业健康监管工作底数，推动定期检测、健康监护和现状评价，开展职业病危害定期检测企业9304家，职业健康检查企业1.08万家，现状评价企业578家。职业健康各项基础工作完成比例名列全省前列。

（杜 建）

编辑 郭 鹏

综　述

【概况】 2018年，无锡市大力培育发展战略性新兴产业，积极推进新一代信息技术产业、高端装备制造产业、新材料产业、新能源产业、生物技术和新医药产业、节能环保产业、新能源汽车产业、数字创意产业等重点战略性新兴产业发展，规模以上战略性新兴产业（制造业）增加值增长13.9%，战略性新兴产业总体呈现较快发展的良好态势。积极推动新兴产业集群发展，出台新兴产业集群发展的政策措施，形成物联网、集成电路等一批国内领先的新兴产业集群。

（尤鸣翔）

新一代信息技术

【概况】 2018年，无锡市认真贯彻落实国家、省、市各级决策部署，抢抓举办世界物联网博览会的机遇，全市物联网工作在应用推广、产业集聚、协同创新等方面取得较好成效。全市物联网企业超2000家，全市物联网营业收入2638.71亿元，比上年增长23.7%，上市企业数、技术创新、标准修订和专利申请均超过往年。年内，无锡微电子产业集群建设成效显著，呈现产业链各环节联动发展的良好局面，产业产值1112.45亿元，比上年增长19.3%。其中，高性能集成电路设计业产值123.8亿元，全国排名第五；晶圆制造业产值208.64亿元，全国排名第三；封装测试业产值473.48亿元，全国排名第一；配套支撑业产值305.54亿元。SK海力士半导体（中国）有限公司、华润微电子有限公司位列国内制造第四、第六位。新潮集团、全讯射频科技（无锡）有限公司、海太半导体（无锡）有限公司位列国内封测第一、第七、第九位。

（杜　洵　朱立新）

【应用示范项目】 2018年，无锡物联网坚持试点示范与全面推广相结合，不断提升行业应用规模和智能化水平，促进以物联网为龙头的新一代信息技术与工业经济、城市治理深度融合。5月，启动建设全球首个城市级车联网LTE-V2X应用示范项目，完成201个路口的基础设施建设，完成V2X平台和交管数据开放平台的开发和部署，并实现以V2X为核心的公安专网、特种车辆管理平台、车企和后视镜平台以及图商平台的互联互通，在2018世界物联网博览会实乘体验活动中获得一致肯定和好评。同时，“汽车电子标识”“居民健康信息管理”“电梯安全监管物联网”3个项目完成竣工验收，在交通、医疗、公共安全等方面惠及广大市民。“气象物联网”“智慧环保”“消防物联网”等项目有序推进。

（杜　洵）

【特色园区（小镇）建设】 2018年，为积极整合各方资源，加快打造物联网产业特色园区，推动产业特色化发展，无锡市重点推动智能交通、智能传感器、智慧体育、智慧健康、环保物联网5个特色产业园区集聚化发展。智慧体育产业园新引进企业27家，国体智体检测（江苏）有限公司完成工商注册，众创空间投入运营，积极推进并揭牌成立医疗健康物联网产品测评中心，填补国内相关测试验证服务空白，促进物联网细分行业发展。加大智能传感器产业园招商力度，新增注册企业79家。配合相关地区，加快推进鸿山物联网小镇、雪浪小镇、慧海湾感智小镇建设，雪浪小镇引进无锡富华高技术研究院有限公司、中科光电材料与器件无锡研究院；鸿山物联网小镇科技载体土建进度超过75%，加快实施“城市云脑计划”，飞凤神经节海量数据上云项目完成第一阶段神经节点布置，智慧交通、智慧旅游、智慧金融、智慧医疗、智慧教育5个领域应用示范项目稳步推进；慧海湾感智小镇提前完成年度目标，城市规划设计完成，小镇客厅完工并对外展示，

9月15～18日，2018世界物联网博览会在江苏无锡太湖国际博览中心举办

（陆润卿　摄）

西安电子科技大学、东南大学，芯籁半导体、拍字节存储科技、远传融创、智图汇联等项目落户小镇。

（杜　洵）

【2018世界物联网博览会】9月15～18日，2018世界物联网博览会在江苏无锡太湖国际博览中心举办，此届物博会参会企业达6217家，比上年增长17%，参会嘉宾涉及24个国家和地区，人数达1.35万人，比上年增长41.8%。吸引众多专家学者和行业大咖踊跃参会，其中，国内外院士48人，比上年增加9人；参展企业526家，特装独立展位164个，世界500强公司35家，境外参展企业67家，比上年增加12家。4天累计观展人数达到18.9万人，比上年增加1.6万人。电装、ABB、奥迪、甲骨文、百度、京东、苏宁、海尔、网易、拜腾、360、启明星辰等国内外知名企业首次参展。展会期间，同步组织开展23场不同形式的发布活动。集中发布《物联网助推数字经济新发展——世界物联网发展蓝皮书》《2017～2018中国物联网发展年度报告》《工业物联网白皮书(互联互通篇)》《医疗健康物联网白皮书(2018)》《工业控制网络安全防护导则》等10多个重量级报告。集中展示"车联网(LTE-V2X)城市级示范应用"等61项新技术新产品新应用成果。成立人工智能与教育大数据创新发展研究联盟、智慧旅游研究院、智慧法务研究中心等11个平台载体，新松机器人研发中心、中电智云环保大数据中心、智慧体育产业综合体、积高电子图像传感封装测试、航天科工气象雷达研发等47个重大项目，总投资达200余亿元。物博会影响力明显增强，平台效应更加凸显。

（张　凡）

【政策环境】2月6日，无锡市发布《关于进一步支持集成电路产业发展的政策意见》，强化政策引导，推动物联网、集成电路等新一代信息技术产业发展。意见出台后，与现代产业发展政策、太湖人才计划等现行政策相互衔接、互为补充，与《加快发展以物联网为龙头的新一代信息技术产业三年行动计划》相辅相成、互为支撑，从而构建一个目标明确、特色鲜明、科学完备"升级版"的现代产业政策体系。围绕意见和《无锡市集成电路产业发展资金管理实施细则》文件的贯彻落实，全年共扶持项目32个，全年兑付政策资金共计1909.94万元。此外，无锡新洁能股份有限公司等11家企业(含江阴市、宜兴市)获得省级专项资助共1790万元。

（王玉伯）

【重大项目】3月2日，无锡市首批209个重大项目集中开工，其中，华虹无锡一期、SK海力士二期、宜兴中环集成电路用大硅片3个超百亿元集成电路大项目同时开工建设，包括江阴中芯长电3D集成芯片和长电科技集成电路封装等项目，标志着无锡新一轮集成电路产业发展正式吹响号角。华虹无锡总投资100亿美元，分期建设数条12英寸集成电路生产线，是国家集成电路产业基金在无锡投资的第一个超大规模集成电路制造项目，是国家《"十三五"集成电路产业重大生产力布局规划战略》在江苏省落地实施的第一个12英寸芯片生产线项目，也是无锡市最大的单体投资项目，同时是华虹集团在上海市域以外布局的第一个制造业项目，标志着服务长三角经济一体化战略在集成电路领域的推进落实。

（王玉伯）

【国家示范性微电子学院】3月6日，无锡市人民政府与东南大学举行市校合作、共建东南大学无锡分校签约仪式，签订《无锡市人民政府东南大学市校合作共建无锡分校框架协议》，在无锡建设国家示范性微电子学院主体，招收电子信息类本、硕、博与国际留学生，2025年在校生规模可达5000人。东南大学是江苏省唯一获批建设国家示范性微电子学院的高校，而无锡集成电路产业总体规模位居江苏第一，属全国前列。东南大学的许多优势专业与无锡产业发展重点高度契合，双方的合作领域宽广，强强联合、优势互补。

（王玉伯）

【新一代信息技术产业发展大会】3月20日，无锡市委、市政府召开首个全局性会议——全市新一代信息技术产业发展大会，吹响全市新一代信息技术产业发展的"集结号"。无锡市委、市政府大力实施创新驱动核心战略和产业强市主导战略，推进以集成电路、物联网为龙头的新一代信息技术产业发展，无锡集成电路产业规模不断壮大，逐步形成一条涵盖集成电路设计、制造、封装测试、配套设备与材料等领域的完整产业链，为无锡经济高质量发展打造强引擎、注入新动能、树立高标杆。

（王玉伯）

【半导体产业规模超千亿元】2018年，无锡半导体产业捷报频传，产业产值破千亿元，成为国内第二个半导体产业规模超千亿元的城市，另外一个是上海市(2016年首超千亿元)。

（王玉伯）

【国家"芯火"双创基地】12月，无锡市成功获批建设工业和信息化部"芯火"双创基地(平台)，成为全国首个获批的地级市。这是无锡在集成电路设计方面，继2001年获批科技部集成电路设计产业化基地后，再获殊荣。国家"芯火"双创基地(平台)是由工业和信息化部牵头，在现有集成电路设计产业化基地基础上，提升专业创新创业服

3月20日，无锡市召开全市新一代信息技术产业发展大会　（孙　瑛　供稿）

务能力与水平,加速集成电路自主创新成果转化及推广应用。同时以整机系统需求为牵引,加强软硬协同,推动形成"芯片—软件—整机—系统—信息服务"的生态体系。此次获批建设国家"芯火"双创平台,标志着无锡再一次站上国内集成电路产业发展的最前列。

(王玉伯)

【"东方硅谷"集成电路人才发展战略高峰论坛】 3月28日,无锡市召开"东方硅谷"集成电路人才发展战略高峰论坛。300多名专家学者和企业代表参会,共同研讨集成电路产业人才的引进及培育之道,为无锡集成电路产业发展建言献策。无锡首次发布《无锡市集成电路人才蓝皮书》,工业和信息化部人才交流中心与无锡市人才服务中心、东南大学与无锡高新区科技创新促进中心、南京大学与SK海力士有限公司分别签订有关集成电路人才培养合作协议,工业和信息化部人才交流中心"芯动力人才计划集成电路创新创业无锡基地"成功揭牌。

(王玉伯)

【第21届中国集成电路制造年会】 9月13日,2018中国集成电路产业发展研讨会暨第21届中国集成电路制造年会在无锡召开。此次年会以"聚焦国家重大战略,促进产业深度融合"为主题,聚焦国家重大战略与全球发展机遇,共同探讨集成电路产业链与资本、人才、技术深度融合的新趋势、新特点,以及集成电路产业与物联网产业深度融合的新方向、新思路,推动全国集成电路产业向更高质量发展。

(王玉伯)

【半导体行业协会首次参展IC CHINA】 12月11日,IC CHINA在上海新国际博览中心开幕,也是首届全球IC企业家大会暨第十六届中国国际半导体博览会。此次大会以"开放发展,合作共赢"为主题,10多个国家和地区的企业家参会,200多家国内、外企业参展。无锡市半导体行业协会联合无锡(国家)集成电路设计产业化基地首次参展。此届展会上设立63平方米的特展区,高度概括介绍无锡集成电路产业发展历程和发展现状、主要企业、重大平台和重点项目,重点介绍无锡高新区和集成电路产业化基地以及2025年集成电路产业规划和实施路径,展示无锡集成电路作为国家南方微电子基地的"芯"面貌。

(王玉伯)

【重点招商】 2018年,为深入推进物联网为龙头的新一代信息技术产业发展,结合无锡市产业特色和实际,建立市、区协同联动、联盟抱团出击的工作机制,在国内重点城市开展一系列招商活动。先后组织前往北京、杭州、贵阳、深圳、青岛、重庆、武汉等地开展工业互联网、大数据、传感器等领域的交流对接,走访调研北京亚信数据、海尔集团、浪潮集团、小米科技、烽火科技、中移物联网总部等国内企业单位,在物联网成果转化、应用示范、商业合作等方面展开交流。积极协助开展新一代信息技术产业推介会、政策宣讲等活动,受到企业广泛好评。

(杜 洵)

【软件和信息技术服务】 2018年,无锡市软件和信息技术服务业收入1326.68亿元,比上年增长18.78%。云计算、大数据、人工智能等新兴经济增长快速,增幅均超过30%,软件业务收入从2000年的4亿元发展到2018年的1326亿元,年均增速近40%,逐步实现"从小到大到优到强"的发展路径。至年底,累计通过评估的软件企业1149家,其中,国家规划布局内重点软件企业7家,江苏省规划布局内重点软件企业32家,江苏省软件企业技术中心18家,信息系统集成及服务二级以上企业8家,ITSS三级以上企业44家,涉软企业在主板上市12家,在"新三板"挂牌33家;累计登记的软件产品5849件,其中,获得中国优秀软件产品1件,获得省"金慧奖"的优秀软件产品44件,获得市"飞凤奖"的优秀软件产品93件;拥有国家级软件园1家,省级软件园4家,省互联产业园2家,省互联网众创园3家,省大数据产业园1家。软件和信息技术服务业呈现出产业规模稳步增长、园区建设持续推进、骨干企业迅速成长、软件人才日益集聚、创新体系不断完善、特色优势逐步显现的良好发展态势。

(周同林)

高端装备制造

【概况】 2018年,无锡市高端装备企业库调整至431家,全年实现产值1263.9亿元,比上年增长15.7%;实现主营业务收入1295.4亿元,比上年增长19.5%;实现利润125.2亿元,比上年增长27.6%;实现新产品产值379.8亿元,比上年增长31.1%。其中,"两机"产业全年实现产值20.1亿元,比上年增长7.6%;主营业务收入20亿元,比上年增长7.7%,实现利润1.9亿元,比上年增长171%。智能装备产业全年实现产值1135.9亿元,比上年增长14.7%;主营业务收入1158.9亿元,比上年增长17.3%;实现利润95.8亿元,比上年增长21.8%;实现新产品产值307.7亿元,比上年增长30.5%。船舶和海工全年实现产值107.8亿元,比上年增长28.4%;主营业务收入116.5亿元,比上年增长50.9%;实现利润27.5亿元,比上年增长41%;新产品产值70.2亿元,比上年增长35.5%。

(朱 宇)

【研发能力建设】 2018年,通过自主创新,吸收、消化国外先进技术,无锡企业研发、制造出一大批科技新产品,多家企业产品获得国家和省各类奖项。年内,7家企业的12个项目获得国家首台(套)保险补贴,累计已有15个项目;18个项目通过江苏省首台(套)重大装备认定,累计已有108个项目;7个项目获得江苏省首台(套)重大装备示范项目奖励,累计已有33个项目;1家企业中标江苏省高端装备赶超工程项目,累计已有4个项目。在高端装备领域初步形成涵盖高端装备零部件、整机及系统集成在内的较完整的体系,拥有一批龙头企业,如天奇、先导、奥特维、贝斯特等,在物流装备、光伏装备等不同领域占有龙头地位,法尔胜、透平叶片获评工业和信息化部"制造业单项冠军"示范企业。

(朱 宇)

【科技创新成果】 2018年,随着制造业数字化、信息化建设步伐加快,自动化生产线、数字化车间建设加速,全市智能装备制造企业紧抓发展契机,加大科技创新和研发投入，取得初步成效。江阴华新电器科技股份有限公司被列为工业和信息化部强基工程伺服电机“一条龙”应用计划示范企业；远东智慧能源股份有限公司研发的“华龙一号”堆型用壳内和壳外核级电缆实现核电关键技术国产化；无锡中铁城轨装备有限公司自主设计制造的“拥江号”泥水平衡盾构机在国内同时采用长寿命立体式刀具布置技术、预制口字件同步施工及管路延伸浆液零排放快速回收技术的盾构机尺寸类型中直径最大；申锡机械有限公司被科技部授予“中国产学研合作创新示范企业”称号，成为国内高空机械与吊篮行业唯一获此殊荣的民营企业；华科大无锡研究院首创国内“大型构件多机器人加工技术”，入选“2018 中国智能制造十大科技进展”。

（朱　宇）

【工业和信息化部调研“两机”产业】 11 月 27 ～ 28 日，工业和信息化部组织国防科工局，工业和信息化部规划司、原材料司、装备司，中船重工、中国航发、国电投等单位和央企集团专程到无锡调研“两机”产业发展情况。调研组赴江苏隆达、航亚科技等企业现场了解情况，并召开产业发展座谈会，和省市政府部门、无锡重点企业进行充分交流和沟通。无锡地区瞄准“两机”关键材料和部件，具备较为完整的配套产业链条，形成一定的产业规模，涌现一批具有较强竞争力的企业，逐渐成为国内重要的“两机”材料和零部件制造基地，产业集群发展态势逐步形成。

（朱　宇）

【世界内燃机大会在无锡召开】 11 月 9 ～ 11 日，由中国科学技术协会、中国工程院和江苏省人民政府指导，中国内燃机学会、无锡市人民政府主办的 2018 世界内燃机大会在无锡成功举行，这是内燃机行业的首届世界性大会。大会汇聚全球内燃机行业的顶级专家、最新技术和产品，到会 35 位中外院士、156 位行业专家和企业家、150 名国外嘉宾，大会实际参会人数超过 1500 人。此次大会规模超过预期，在内燃机界引起广泛关注，赢得到会领导、专家和业内人士的普遍赞誉，被称为国际内燃机界最高水平、最全领域的“奥林匹克大会”，充分展示无锡市装备制造业特别是内燃机行业、“两机”行业企业的风采和水平。

（朱　宇）

新材料

【概况】 2018 年，新材料产业作为无锡市比较具有优势的新兴产业，在体系建设、产业规模、技术进步等方面取得明显成就，形成包括研发、设计、生产和应用，品种门类齐全的产业体系。在产业总体规模保持省内前列，特钢、石墨烯等战略新材料领域不断取得新突破，形成领先优势。

无锡市新材料企业在江阴市、宜兴市、惠山区和锡山区等地较为集聚，企业数较多、产业规模较大，相对形成一定优势特色。传统的金属、化工产业基础研究较好，新型化工材料和新型金属材料产业规模比重较大，电子信息、新能源等重点应用领域新材料特色显著。年内，全市新材料产业共有规模以上工业企业 241 家，占战略新兴产业比重为 27.5%，位居首位；新材料产业实现产值 1243.16 亿元，占战略新兴产业比重为 30.8%，在八大新兴产业领域中列第 2，仅次于新一代信息技术产业；新材料产业产值增速比上年增长 28.0%，位居八大产业首位，高

11 月 9 ～ 11 日，2018 世界内燃机大会在无锡成功举行　　（朱　宇　供稿）

于平均水平13.9个百分点。2018年,新材料企业实现营业收入1317.21亿元,比上年增长16.6%,快于规模工业平均水平8.2个百分点,实现利润总额74.82亿元,比上年增长32.2%,快于规模工业平均水平13.6个百分点。内资企业占主导地位,241家企业中175家为内资企业。

年内,无锡面向产业创新需求,围绕产业链布局创新链,加快产业研究院、企业工程技术中心等创新平台建设,整合优质科技资源,依托省内研发平台,加大人才引进力度,集聚高端研发人才,提升产业创新能力。新材料领域布局一批国家、省重点实验室,引导企业建立国家企业技术中心,积极推进"一站两中心"新型研发机构建设。全市新材料领域共有国家级企业技术中心3家,国家工程技术研究中心1家,省级企业技术中心20家,省级工程技术研究中心17家,市级企业技术中心30家,市级工程技术研究中心33家,博士后科研工作站8家。2018年,新材料重点企业共计投入研发经费占销售收入比重超过2.4%,承担省级以上各类科技项目142项,拥有授权专利超过1000件。

(朱玲燕)

【锡山经济技术开发区新材料产业园】 2018年,锡山区新材料相关企业超过200家,完成工业产值超过500亿元,在全区工业经济总量中的比重超过四分之一。锡山新材料产业园的新材料产业产值占全区高新技术产业产值的比重超过70%,拥有高新技术企业59家,占锡山区高新技术企业总数的42%。锡山新材料产业园覆盖四大领域的新材料产业,分别为:以铁氧体软磁材料、FR4高性能覆制板、高密度电子线路板、光存储等为代表的电子信息材料;以EPS材料、防伪涂料、环氧树脂、功能化纤维为代表的有机高分子材料;以大盘重铜合金管材、钢芯铝绞线、碳纤维铝绞线、铂铑合金贵金属、银合金焊料、钢绞线、不锈钢管件等为代表的金属新材料;以陶瓷控管、瓷绝缘子、竹活性炭等为代表的无机非金属材料。

(朱玲燕)

【宜兴非金属材料产业基地】 2018年,宜兴市非金属材料产业中,陶瓷产业最具特色,区域内拥有江苏宜兴陶瓷产业园区,该园区以陶瓷和非金属材料产业为重点,初步形成以江苏一方科技有限公司、宜兴新威集团有限公司等企业为代表的先进建筑陶瓷产业群;以宜兴东方石油支撑剂有限公司(东方陶粒)为代表的石油天然气工业配套的功能陶瓷产业群;以宜兴金帆陶瓷有限公司、宜兴彩陶工艺厂为代表的高档日用陶瓷产业群;以宜兴市宜刚精密陶瓷有限公司、宜兴中创耐火材料有限公司为代表的非企属陶瓷材料产业群。

(朱玲燕)

【江阴高新区特钢新材料产业集群】 2018年,江阴高新区特钢新材料产业集群曾先后被认定为国家863计划新材料成果转化及产业化基地和国家火炬计划江阴高性能合金材料及制品产业基地,成为国内最大的特种钢"普代进口"生产基地和出口基地。年内,江阴高新区特钢新材料集群拥有产业链企业及服务机构150家,其中,高新技术企业42家,上市公司3家,年销售额超百亿元企业3家。特钢新材料集群内企业实现销售收入超800亿元,比上年增长19%。在引进和发展科技服务中介机构方面,江阴高新区组建和引进江苏省高性能金属线材制品产业技术创新战略联盟1个、国家级技术转移机构1家、具有行业资质的产品检测认证平台2个,组建科技企业融资担保公司、科技产业市场营销服务机构、高端人才培训中心、专利检索及维权事务所、知识产权服务中心、科技金融等各类专业服务机构19家。

(朱玲燕)

生物技术和新医药

【生物医药产业稳步发展】 2018年,无锡市规模以上生物产业总产值达252.39亿元,比上年增长11.5%;规模以上医药制造业总产值达339.71亿元,比上年增长17.3%。

(赵雪倩)

【生物医药产业创新】 2018年,天江药业、普莱医药、鑫连鑫生物均获批国家"重大新药创制"专项资金支持,12个项目获得2018年度省重点研发计划生物医药技术专项资助,9个新药、创新医疗器械和仿制药一致性评价工作项目获市级科技发展资金生物医药技术创新与研发专项资金支持;药明生物生产的艾滋病治疗创新药TROGARZO获批上市,成为首例中国生产的进入美国市场的无菌生物制品;福祈制药研发的国家一类创新药WXFL10203614项目获得药物临床试验批件,并在无锡市人民医院一期临床实验中心启动临床研究;曙辉药业的环孢素软胶囊成为江苏省首个产业化生产的MAH试点品种;江苏艾尔康获得省科技创业大赛企业组二等奖和国家创新创业大赛三等奖。

(赵雪倩)

【重点企业发展】 2018年,全市共有规模以上生物医药企业155家,其中,上市企业(含"新三板")21家。无锡药明康德新药开发股份有限公司于2018年5月8日成功通过IPO途径上市,成为无锡首个市值超千亿元的A股上市企业;药明生物在港股也有近千亿元市值。

(赵雪倩)

【重点项目推进】 2018年,总投资15亿元的纽迪希亚制药特殊医学营养食品项目、总投资10亿元的时代天使隐形矫治研发生产基地项目、投资1.5亿美元的CASI高端仿制药研发和生产基地、投资7亿元的养乐多活性乳酸菌饮料二期项目、总投资2亿元的药明康德生物抗体偶联药品研发中心、总投资6000万元的无锡市食品安全检验检测中心等项目顺利推进。

(赵雪倩)

【系列产品获准在美国上市销售】 2018年,无锡海斯凯尔医学技术有限公司(科技创新领军人才企业)自主研发的无创肝纤维化和脂肪变量化检测系统FibroTouch系列产品通过美国食品药品管理局(FDA)认证,获准在美国上市销售,标志着以FibroTouch为代表的中国自主知识产权的国产高端医疗设备达到国际发达国家水平。

(赵雪倩)

新能源

【概况】 2018年，无锡市规模以上新能源产业产值498.98亿元，比上年增长1.5%，新能源产业发展整体放缓。其中，风能行业在远景能源等龙头企业高达两位数增长的龙头拉动下，产业规模不断扩大，集聚水平稳步提高，发展态势保持良好。而光伏行业在“531”退坡新政的影响下，全产业链各个环节产品价格普遍大幅下降，许多企业经营状况急转直下，甚至被迫停产，无锡市光伏行业情况基本与全国同步。

（张 飚）

【光伏产业自主品牌建设】 2018年，无锡市引进东方环晟、中建材新材料、中建材（宜兴）新能源等重点投资新项目，至年底，全市拥有高佳太阳能、尚德太阳能等一批老牌行业大型企业，东鋆光伏、施朗德太阳能等一批“专、精、优”企业，先导自动化等2家科技小巨人企业，先导自动化、上机数控、儒兴科技3家“专、精、特、新产品”企业；形成一批在全省、全国拥有较高知名度的自主品牌。其中，驰名商标2家，知名商标7家，省名牌9家。尚德太阳能、爱康太阳能、高佳太阳能、浚鑫科技、荣能半导体、嘉瑞光伏、江化微电子、法尔胜泓昇、江化微电子、上机数控、中建浚鑫、东鋆光伏、先导智能等一大批企业构筑起无锡光伏产业的亮丽风景线。同时，无锡市政府加大平台投入，推动平台建设，国家太阳能光伏产品质量监督检验中心、中科院太阳光伏发电系统质量检测中心华东中心等国家级平台服务机构相继落户，成为无锡光伏产业新名片。

（张 飚）

【风电产业提质增效】 2018年，风电产业在远景能源、吉鑫风能、国电联合动力、中航卓越等一批地区龙头企业的带动下加快科研投入和装备投入，把握发展机遇，提高企业核心竞争力，立足市场，创新发展，初步实现提质增效，产业规模不断壮大。其中，远景能源年新增装机418.05万千瓦，比上年增长37.5%，其市场份额占有比从上年度15.46%升至19.77%，稳居中国风电整机商装机排名第二，在国内低风速市场占有率排名第一；吉鑫风能产品的国内市场占有率接近35%，国际市场占有率超过15%，在风电铸造技术方面处于国际领先地位，拥有省级工程技术研究中心。公司的综合实力、经营业绩在行业中处于领军地位，成为世界最大的风电零部件产业基地。

（张 飚）

【远景能源科技进步】 2018年，远景能源科技有限公司打造全球领先的智能物联操作系统EnOS™，通过智能机器社交网络让100GW的6000万个风电、光伏、储能、充电桩、电动汽车等设备实时智能协同，帮助实现大规模可再生能源接入，推动能源转型。从低风速风机、智能风机、智慧风场，到2018年的柔性高塔筒及分布式风机，直至用人工智能和物联网技术对全球风力发电场的智能化运维管理，远景能源以数字化、智能化的核心科技引领风电行业的技术进步。年内，远景能源又利用智能物联操作系统的技术优势，将业务扩展至智慧城市等领域，为新加坡政府科技部提供物联操作系统，助力新加坡实现“智慧国度”战略。

（张 飚）

节能环保

【概况】 2018年，全市节能环保产业发展再上新台阶。全年节能环保产业集群实现总产值1040.65亿元，首超千亿元，比上年增长13.6%，占全省比重约13.97%。年内，无锡市进一步明确节能环保产业集群发展目标，节能型锅炉、高效制冷机、污水处理、大气治理和固废处置等重点领域快速增长。江阴市、宜兴市和新吴区等重点区域，节能环保产业进一步集聚发展。一批在研、在建的节能环保新技术、新装备力争打破国外技术封锁和市场垄断，实现进口替代、自主可控。重点项目持续推进，全市节能环保产业重点投资项目50个，总投资258.2亿元（2018年总投资85.6亿元），项目完成后预计实现销售收入258.1亿元。

（孙恒友）

【产业集聚】 2018年，全市进一步加快重点特色产业集聚区发展，推动节能环保产业做大规模、提升层次。充分利用节能环保重点区域的带动作用，整合宜兴环科园、江阴产业园、新吴国家高新区等现有资源，大力发展节能环保产业运营服务的总部经济，已建成主营业务收入超500亿元的基地1个，超200亿元基地2个，宜兴市已形成全国知名的环保产业高地。

（孙恒友）

【多措并举】 2018年，无锡市加大钢铁、水泥、化工等重点行业清洁生产技术推行力度，举办清洁生产审核工作培训，全年新增135家企业通过清洁生产审核验收。实施节能与循环经济项目112个，新增合同能源管理项目52个，累计实施节能量交易项目16个。全市单位GDP能耗下降4.75%，超额完成省下达目标任务。2016～2018年，无锡市单位GDP能耗累计下降12.39%，完成省下达“十三五”节能目标进度68.83%，超出时序进度8.83%。至年底，新增国家级绿色工厂7家（累计10家），1家企业获评生态设计产品。无锡小天鹅股份有限公司智能洗衣机绿色供应链系统构建项目成功入围工业和信息化部2018年绿色制造示范项目。

（肖俊英）

新能源汽车

【概况】 2018年，无锡市新能源汽车产业取得较快发展，全市新能源汽车产业主要分布于江阴市、锡山区、惠山区和新吴区等地，共集聚92家企业，已初步形成涵盖新能源汽车整车制造、新能源汽车零部件、充换电装备制造、充换电基础设施建设与运营等环节的较为完整的产业链。其中，新能源汽车整车制造企业5家，分别是常隆客车、上汽大通无锡公司、中车新能源（原一汽客车）、领途汽车无锡公司及华晨汽车无锡公司等。拥有晶石科技、新源动力、法阿姆电池、艾德斯、格林美、东恒科技、众联能创等龙头企业；拥有以博耳电力、无锡聚能为龙头的多家充换电装备制造企业,以市政公用新能源、国联科陆新动力等为龙头的一批充换电基础设施建设与运营企业。年内,惠山区领途汽车首款A0级纯电动乘用车领途K-ONE正式下线,上汽大通汽车惠山基地二期项目完成并正式投入使用。5月,总投资200亿元的联动天翼新能源动力电池及系统项目正式落户江阴高新区。全市新能源汽车行业全年实现产值451亿元,比上年增长17%;销售收入445亿元,比上年增长16%。全年生产新能源汽车整车2186辆,销售2230辆,销售收入6.47亿元。其中,上汽大通无锡公司生产新能源汽车(含纯电动、氢燃料电池汽车)2086辆,销售2130辆,销售收入5.7亿元。

(徐　看)

【推广应用】 2018年,无锡市推广应用新能源汽车3538辆,折合标准车9868辆,建设充电场站(桩群)517个,布设充电桩4720个(直流充电桩1856个,交流充电桩2864个)。至年底,全市共推广各类新能源汽车9300多辆,折合标准车约3.5万辆,建设充电场站(桩群)1006个,布设充电桩1.1万个(直流充电桩3011个,交流充电桩7981个),圆满完成省政府下达目标任务。

(徐　看)

数字创意

【数字文旅平台建设】 2018年,建设无锡文化云平台,平台整合无锡市图书馆、博物馆、文化馆、剧院等文化设施的资源,开设展览、演出、"非遗"传承、阅读等12个栏目。平台支持网站、微信、APP"三合一"信息发布,实现文化资源数字化管理,以图片、音频、视频等多媒体形式提供文化快讯、文化日历、文化地图、在线活动、虚拟展览、活动博览、在线商店、文化专题、个人用户空间等各类线上文化服务,现文化云平台一期已于2018年下半年试运行,并获评中国通信工业协会颁发"2018新型智慧城市建设创新成果"优秀奖。依托市物联网和云计算产业优势,进一步深化智慧产业在旅游发展中的应用,建设"全域旅游综合服务(指挥)中心"体系,宜兴市和滨湖区已完成试点工作,梁溪"分中心"也在加紧建设。

(徐　丹)

【重大文化产业项目建设】 2018年,盛大游戏IP授权中心子公司落户梁溪区,协议签约金额10亿元;融创文旅城项目万达茂、剧场主体已完成建设,室内水乐园、冰雪世界等完成框架搭建,初定2019年6月开业;马山复华度假世界4月26日正式签约;总投资300亿元的华侨城古运河小镇等项目顺利签约;无锡惠山古镇核心区二期启动建设,并正式加入江南水乡古镇"申遗"行列;启动古运河旅游度假区配套一期、江南古运河旅游度假区、古窑艺术村建设等23个重大文化消费项目,打造无锡版《清明上河图》,预计总投资达650亿元。周新老街保护性修复工程4月启动,接官亭弄、小娄巷历史街区、梦东方徐霞客国际旅游度假区等文旅项目有序推进。省乡镇企业档案馆、市美术馆完成规划选址,重大项目的落地和推进为数字创意产业特色IP打造提供丰厚的土壤和扎实的基础。

(徐　丹)

【行业龙头企业培育】 2018年,无锡国家数字电影产业园二期影棚建设完成,园区携手香港新华集团项目合作,成立总规模20亿元的创意基金。《幻乐之城》等4档全国知名综艺栏目入驻园区制作,提升无锡城市的娱乐热度和时尚度。无锡国家广告产业园入驻恩普勒斯、梵天信息技术等文化科技相关企业579家,营收184亿元,比上年增长29.6%,艾德思奇入围2018年江苏省首批重点文化产业示范基地,跻身中国互联网百强企业名单,央视网络国际入围中国创新创业大赛总决赛。无锡灵山集团与汉中市联合打造"兴汉胜境"汉文化旅游度假区、曲阜合作"尼山胜境"文化旅游度假区等顺利开园,江宁牛首山金陵小镇项目已完成签约,上市计划稳步推进。

(徐　丹)

【文旅品牌效应】 2018年,第八届无锡文博会圆满举行,以"提升文化标识度激发文化新动能"为主题,以文化高质量发展为导向,文博会首次设置重大文化产业项目签约、优秀文化企业表彰仪式和产业项目洽谈会等活动,着力推动产业提档升级的重要平台,现场20个项目签约,签约金额超50亿元;200多名省内外文化产业人士齐聚项目洽谈,振宇图书等20多个项目现场进行路演,迈出文化产业招商重要一步。此次展会共有20多个外省的896家展商参展,展会参观总人数超13万人次,现场交易额6.33亿元。举办2018首届中国(无锡)旅游产业博览交易会,吸引全国11个省(市)、30个城市、200余家旅游企业参展。推动第四届无锡市文化创意大赛提标提质,首次设置100万元创意孵化基金,增设6项企业定制赛,提升大赛吸引力和转化率。注重对无锡IP的培育,专设无锡"非遗"产品、文博创意衍生品、文化旅游商品等类别,大赛共征集作品2580件,是2017年征集数量的3倍,征集总量为历届之最。参赛团队覆盖含台湾在内的全国10多个省,组织优秀作品参展南京融交会、无锡文博会等文化类展会,搭建市场与设计之间的桥梁,纸加文化与故宫博物院达成初步合作意向,4名参赛作者与市文发集团签订合作框架协议,影响力和美誉度相比往届有较大提升。

(徐　丹)

编辑　郭　鹏

参与“一带一路”建设

综 述

【概况】 2018年，无锡市贯彻落实国家倡议和省委、省政府工作要求，全方位推进与“一带一路”沿线国家、地区在基础设施互联互通、产业合作、投资贸易、科技创新、境外园区建设、金融服务、人文交流等重点领域的合作，各项工作取得良好进展。企业加速在“一带一路”沿线国家布局生产基地、研发机构和营销网络，国际产能合作项目全面提速。柬埔寨西港特区发展顺利，至年底，西港特区累计投资6.57亿美元，总产值10.01亿美元，吸引入驻企业153家，解决当地就业超过2.5万人。市发展改革委积极发挥国家“一带一路”倡议联席会议办公室职能，紧盯任务节点，加强组织协调，发挥政策效应，聚焦重点，协调解决实施过程中的重大问题。

（王亦娴）

经贸合作

【概况】 2018年，全市对“一带一路”沿线国家和地区进出口总额216.7亿美元，比上年增长15.7%，占全市进出口比重为23.2%。其中，出口147.96亿美元，比上年增长15.3%；进口68.74亿美元，比上年增长16.5%。

（王亦娴）

【服务外包】 2018年，无锡市国际服务外包业务进一步拓展，部分技术先进型服务外包企业在俄罗斯、印度等国家业务保持持续增长，产品及服务进一步向价值链高端迈进。年内，由教育部、商务部、无锡市人民政府联合主办的第九届中国大学生服务外包创新创业大赛，围绕“大众创业、万众创新”，吸引北京大学、复旦大学、马来西亚拉曼大学、台湾长庚大学等401所院校的5432支团队参赛，比上年增长139.5%。大赛扩大了“一带一路”沿线国家和地区高校的参与，其中包含来自马来西亚、巴基斯坦、尼泊尔、津巴布韦等“一带一路”沿线国家和地区的高校代表队。

（王亦娴）

【跨境电商】 8月7日，国务院会议决定在北京等22个城市设立跨境电子商务综合试验区，中国(无锡)跨境电子商务综合试验区位列其中。年内，无锡市跨境电商公共服务平台完成招投标工作，跨境电商零售(9610)进出口业务系统完成开发、通关测试并实现正式运营。举办无锡跨境电子商务发展会议、智能制造电商创新发展大会、跨境电商双创大赛、跨境电商沙龙等活动，全市跨境电商氛围浓厚。

（王亦娴）

江阴长江大桥　　（张　军　摄）

鹿顶山上遥看无锡蠡园经济开发区新貌 （俞 翔 供稿）

【会展交流】 2018年，“外经贸政策宣讲会暨亚非拉国家经贸对接会”“无锡—墨尔本企业对口洽谈会”“胜未来出口系列论坛”“一带一路研讨会”等60余场经贸交流活动和12期“国际商务沙龙”成功举办，无锡会展交流与合作水平得到提升。市工信局、贸促会、工商联等部门筹划世界物联网博览会、新能源大会等活动，各地区组织企业参加广交会、华交会、进博会等各类展会，发挥重点展会对外贸的促进和导向作用，多元化开拓国际市场。

（王亦娴）

互联互通

【概况】 2018年，江阴市、新吴区、市交通局、机场集团紧抓“水、陆、空”基础设施建设，推动与“一带一路”沿线国家在物流、商贸往来等方面的发展。苏南硕放机场发展良好。江阴港能级稳步提升。南沿江铁路开工建设，盐泰锡常宜铁路长江大桥环境影响报告书正式获批。苏锡常南部高速、宜长高速、常宜高速均进入建设阶段，推进锡宜高速公路和沿江高速公路改扩建前期工作。

（王亦娴）

【苏南硕放机场】 2018年，苏南硕放国际机场旅客吞吐量721万人次，货邮吞吐量12.4万吨，比上年分别增长8%、15%。无锡直飞柬埔寨西港航线已通航近100班次，运送旅客近两万人。开通无锡至欧洲、美洲的国际货运航线，每周7班，洲际货运航班频次全省第一。老航站楼改造完成，机场等级升格为“4E”，综合保障能力进一步提升。

（王亦娴）

【江阴港】 2018年，江阴港完成货物吞吐量1.76亿吨，其中外贸吞吐量4397.39万吨，集装箱运量57.39万标准箱，比上年分别增长9.95%、28.36%和6.13%。年内，江阴港进港17万吨级开普敦型船舶320艘，比上年增长17.22%。开普敦型船舶未经中转直达江阴，每吨货物可节省综合物流成本20元。

（王亦娴）

人文交往

【概况】 2018年，无锡市与“一带一路”沿线国家在教育、文化、体育等领域交流合作取得扎实进展。西哈努克港工商学院、西港特区卫生服务中心等项目进展顺利。无锡马拉松、世界击剑锦标赛等赛事国际知名度逐步扩大。国际友城交流会成功举办，与“一带一路”沿线友城达成多项投资合作意向，与马来西亚怡保市、柬埔寨西哈努克省、印度尼西亚泗水市等“一带一路”沿线地区友城互访交流进一步拓展。

（王亦娴）

【教育交流】 2018年，无锡市教育局、人社局会同相关院校稳步开展与“一带一路”沿线国家人才合作。西哈努克港工商学院（SIBT）正式获准办学，成为中国首个高职院校在国外成立的校企合作股份制应用型本科大学。“老挝磨丁经济特区苏信培训中心”在老挝磨丁正式挂牌，为老挝和中国“走出去”企业提供教育培训支持。与中柬友谊理工学院开展技能培训项目合作，捐赠培训设备，建立培训课程体系，开展短期技能培训。“中柬政校企携手推进职业教育合作”项目入选“中国—东盟高职院校特色合作项目”。

（王亦娴）

【文化交流】 2018年，无锡市委宣传部、市文广旅游局积极打造文化品牌，加强与“一带一路”沿线国家、城市文化交流。惠山古镇正式加入江南水乡古镇申遗行列。“一带一路”主题舞剧《南国红豆》入选省文化厅“2018年全省现实题材舞台艺术作品创作计划”，多地展演获得好评。无锡入选全国13个文化出口基地。无锡九久动画制作有限公司等4家企业和无锡凤凰画材公司的“柬埔寨建立美术用品生产基地”项目获评2017～2018年度国家文化出口重点企业和重点项目。

（王亦娴）

【体育交流】 2018年，无锡市体育局积极开展与“一带一路”沿线国家体育交流。成功举办无锡马拉松、世界击剑锦标赛、环太湖国际公路自行车赛、世界跆拳道大满贯冠军系列赛等赛事。无锡马拉松功晋级国际田联“铜标赛事”。世界跆拳道大满贯冠军系列赛成功试行跆拳道大赛“无锡规则”，申办2021年世界跆拳道锦标赛。

（王亦娴）

编辑　邵文凯

综　述

【对外贸易创历史新高】 2018年，无锡市外贸进出口、出口、进口分别为934.4亿、567.8亿和366.6亿美元，比上年分别增长15%、14.7%和15.5%，进出口、出口增速分别高于全国平均水平2.4个百分点、4.8个百分点，高于全省平均水平2.6个百分点、3.4个百分点，进出口规模继续位列全省第二，占全省进出口总额的14.1%，比上年提高0.4个百分点。全市七大板块外贸进出口均有不同程度增长，其中，江阴市、新吴区、滨湖区出口增幅高于全市平均水平。结构持续优化。机电产品和高新技术产品出口分别增长16.2%和22.6%，占比分别提升至66.7%和46.2%；一般贸易进出口增长8.9%，占比达46.5%；重点监测的九大产业出口"八升一降"，其中电子信息、机械装备产业分别增长23.3%和18.3%，仅船舶下降1.6%。市场开拓更加多元。对美、日、欧传统市场出口分别增长5.6%、4.6%和15.9%，对金砖国家和"一带一路"沿线市场出口分别增长20.1%和15.3%；自美国、日本、欧洲进口分别增长12.4%、6.7%和10.1%，自"一带一路"沿线市场进口增长16.5%。服务贸易创新发展。全市服务贸易进出口总额91.2亿美元，比上年增长11.8%。无锡入选全省唯一的国家文化出口基地，出台《无锡国家文化出口基地建设实施意见》。口岸开放水平进一步提升。全市口岸完成出入境货邮吞吐量1.75万吨，比上年增长457.9%。获批为国家跨境电商综合试验区，开通欧美洲际货运航线，进一步提升无锡空港国际货运能力和贸易便利化水平。无锡口岸整体通关时间达到压缩1/3的目标。

（楼利锋）

【利用外资提质增效】 2018年，无锡市完成到位注册外资37.1亿美元，总量位居全省第三位；新增协议注册外资104.8亿美元，比上年增长54%。新引进协议注册外资超3000万美元重大外资项目59个，比上年增加4个，其中超10亿美元特大项目3个，数量全省领先。战略性新兴产业到位注册外资占全市比重58.3%，位居全省第二。新引进外资总部型企业3家，其中SK海力士销售总部已落户并实现销售，全年新增销售收入超40亿美元。

（楼利锋）

【境外投资稳步增长】 2018年，无锡市备案境外投资项目103个，协议投资额15.2亿美元，比上年增长26.4%，对外投资总额12.4亿美元，位列全省第四，比上年上升3位。新备案超千万美元项目26个，其中一棉埃塞俄比亚、通用科技泰国、远景能源阿根廷等重点项目建设推进有序。融入"一带一路"建设，至年底，赴"一带一路"沿线国家投资累计备案项目302个，协议投资额19.6亿美元。柬埔寨西港特区二期开发建设加快，已有世界各地的153家企业入驻园区，为当地2.2万人提供就业机会。

（楼利锋）

利用外资及港澳台资

【概况】 2018年，无锡市完成实际使用外资及港澳台资37.1亿美元，位列全省第三位，比上年增长1.1%，增幅高于苏南地区平均增幅1.1个百分点，低于全省平均增幅0.2个百分点。全年累计新批外资及港澳台资项目434个，协议注册外资及港澳台资104.8亿美元（不含减资金额），比上年增长54%。为进一步促进产业结构提档升级，推动全市利用外资及港澳台资高质量发展，全市完成制造业实际使用外资及港澳台资22.9亿美元，占全市比重61.7%；完成服务业实际使用外资及港澳台资14.2亿美元，比上年增长12.4%，占全市比重38.3%；完成十大战略性新兴产业实际使用外资及港澳台资21.5亿美元，占全市比重58.3%，其中新一代信息技术、新材料、相关服务业行业的实现大幅增长，分别比上年增长83.2%、1763.4%、348.9%。从资金来源地区和国别分析，主要来源地中国香港、韩国、日本到位资金分别为18.3亿美元、5.4亿美元和9835万美元，其中韩国、日本在无锡投资保持增长态势，比上年增长57.1%和0.3%；中国香港在无锡投资出现下滑趋势，比上年下降18.1%，占全市比重较上年减少11.5个百分点；中国台湾、新加坡在无锡投资呈现增长态势，分别比上年增长75.3%和361.4%。来自欧洲、美国等地区、国家的投资均出现下滑。至年底，全市累计有101个世界500强跨国公司在无锡投资设立197家企业。

（吴　栋）

【总部经济集聚效应】 2018年，无锡市有3家外资企业获省商务厅认定的江苏省第九批跨国公司地区总部和功能性机构，分别为强茂电子（无锡）有限公司1家跨国公司地区总部以及博尔豪夫（无锡）紧固件有限公司、南德认证检测（中国）有限公司2家跨国公司功能性机构。至年底，全市累计拥有省级跨国公司地区总部16家，跨国公司功能性机构16家。

（吴　栋）

【重大外资项目提质增效】 2018年，全市新批协议注册外资及港澳台资超3000万美元以上的重大外资项目59

个，比上年增加4个；完成协议注册外资及港澳台资89.4亿美元，比上年增长56.3%，占全市比重高达85.3%；完成投资总额218亿美元，比上年增长67.7%，项目平均投资规模为3.7亿美元，比上年增长54.2%，其中总投超1亿美元项目33个，累计投资总额204.2亿美元；超3亿美元重大项目16个，如总投资25亿美元华虹半导体（无锡）有限公司、总投资15亿美元中环领先半导体材料有限公司、总投资8.3亿美元SK海力士系统集成电路（无锡）有限公司等。

（吴　栋）

【外资及港澳台资企业经济发展贡献持续增长】 2018年，全市外资及港澳台资企业进出口总额596亿美元，比上年增长15.3%，占全市进出口总额的63%。全市外资及港澳台资企业缴纳涉外税收482.1亿元，比上年增长6.3%，占全市税收比重29.4%。

（吴　栋）

对外及对港澳台贸易

【概况】 2018年，无锡市外贸累计进出口实现934.4亿美元，比上年增长15.0%，其中，出口及对港澳台输出567.8亿美元，比上年增长14.7%；进口及港澳台输入366.6亿美元，比上年增长15.5%。高新技术产品、机电产品出口分别为262.1亿和378.9亿美元，比上年分别增长22.6%和16.2%，占全市出口比重分别为46.2%和66.7%。

2018年，全市一般贸易进出口434.5亿美元，比上年增长8.9%，占全市进出口总额的46.5%；加工贸易进出口392.2亿美元，比上年增长16.9%，占全市进出口总额的42.0%。全市有进出口实绩的企业共9639家。全市外资企业进出口、出口分别为596.0亿和311.6亿美元，比上年分别增长15.3%和13.4%。民营企业进出口、出口分别为253.9亿和183.7亿美元，比上年分别增长13.5%和16.0%。全市出口超1亿美元企业有70家，共出口299.5亿美元，占全市出口总额的52.7%。

2018年，全市对欧盟、美国、日本、韩国分别出口85.4亿、80.9亿、43.5亿和56.8亿美元，比上年分别增长15.9%、5.6%、4.6%和36.9%。全市对新兴市场出口增长较快，对拉丁美洲、大洋洲分别出口34.8亿和18.5亿美元，比上年分别增长29.0%和12.4%；对“一带一路”沿线国家出口148.0亿美元，比上年增长15.3%，其中，对俄罗斯、东盟和非洲出口比上年分别增长34.9%、15.0%和10.7%。

（徐　力）

【进口商品交易中心】 2018年，无锡市进口商品交易中心运行良好。省级进口商品交易中心试点江阴化工品进口交易中心全年双边交易额3710亿元，双边交易量4796万吨，营业收入5605万元，利税总额4679万元，缴纳税金1685万元。

（徐　力）

【企业市场拓展】 2018年，无锡市大力开拓国际市场，拓展外贸增长空间。发挥展会的主渠道作用，利用中国进出口商品交易会（广交会）、中国华东进出口商品交易会（华交会）、中国江苏出口商品交易会（日本大阪展）等优质展会平台帮助企业争订单、促成交。根据2018年无锡市境内外市场拓展计划，挖掘传统市场专业化展会项目，拓展新兴市场和新兴产业展会项目，支持更多企业参加广交会等境内外展博会。组织千余家企业参加第28届华交会，第123届、124届广交会，第22届大阪展，2018年美国芝加哥展，2018年澳大利亚中国纺织服装展，2018年中东迪拜五大行业展等150多个重点境内外展会，组织土耳其、希腊经贸促进活动，帮助企业巩固传统市场、拓展新兴市场。坚持“优进劣汰，竞争择优”原则，加强广交会参展企业遴选和更新力度，提高组展水平和交易成效，无锡分团两次被江苏省交易团评为优秀分团。在组展过程中，将参展资源对品牌企业、出口成长型企业予以倾斜，并通过与外省市调换等方式，不断优化参展企业结构，参展企业特装展位、品牌展位数量继续增加，进一步支持参展企业利用交易平台开拓国际市场。

（徐　力）

【外贸综合服务平台建设】 2018年，无锡世贸通供应链服务有限公司和无锡一达通企业服务有限公司两家省级外贸综合服务试点企业，通过整合外贸服务资源，为中小企业提供综合性服务平台，降低中小外贸企业运行成本，提升中小企业国际市场竞争力。两家企业累计服务中小微企业近2500家，进出口2.26亿美元，其中出口2.09亿美元。

（徐　力）

【出口信保工作】 2018年，全市出口信用保险累计支持全市出口贸易118.4亿美元，连续两年超过100亿美元，比上年增长13.8%，服务企业2056家，比上年增长13.5%，超过无锡一般贸易出口增幅1.9个百分点，对一般贸易的渗透率达41.8%。支持无锡企业参与“一带一路”建设，全年承保“一带一路”沿线项目12个，承保金额3.4亿美元，比上年分别增长20%和9.3%。全年累计服务全市年出口300万美元以下小微企业1242家，比上年增长12.8%，约占全市小微企业的22.3%。针对重点行业和企业主动降低企业投保成本，全年承保费率比上年降幅达到6.3%。扩大无锡市统保平台的覆盖面，统保平台运行6年，累计投入平台保费3860万元，累计承保企业1548家，总承保额108亿美元，较传统的自费投保模式，统保平台为参保企业节省保费支出累计约2.8亿元，节约财政保费补贴支出约7000万元。

（徐　力）

【“外贸小微贷”服务】 2018年，市商务局联合财政、银行、信保设立的“外贸小微贷”平台，继续发挥推动外贸高质量发展、更好服务全市中小微外贸企业作用。该平台自2017年4月正式上线后，累计已向全市331家企业投放1076笔各类免担保、免抵押、低费率贷款20.28亿元，贷款加权平均利率4.41%。年内，“外贸小微贷”成功扩容，不仅将合作协议续签至2020年、提高政策稳定性，更将基金规模从1亿元扩充至1.2亿元，累计向全市317家外贸企业投放791笔、14.88亿元贷款，至年底，在贷余额9.86亿元，基金放大倍数8.21倍。

（徐　力）

对外及对港澳台经济合作

【概况】 2018年，无锡市对外及对港澳台经济合作呈现稳健发展态势。全年新批境外企业(机构)103家，投资领域新增安哥拉1个国家，累计90个国家(地区)，协议投资额15.2亿美元，其中民营企业对外投资73个，协议投资额11.2亿美元，项目数和投资额分别占总量的70.9%和73.6%。对外工程承包和劳务合作方面，共完成外经营业额2.2亿美元，外经合同额3.8亿美元，新派劳务人员452人，至年底，在外劳务1083人。在对外援助方面，无锡市具有国家援外资格的机构，以其专业领先优势，继续承担和积极发挥在渔业养殖和寄生虫防治方面的培训基地作用。

(陆　方)

【西港特区发展】 2018年，中国政府援建在柬埔寨西哈努克港经济特区内的职业技术培训中心——西哈努克省中柬友谊理工学院开始招生。西港特区内的一期装机规模为50兆伏安的变电站启动建设。当地时间1月10日，国务院总理李克强在出席澜沧江—湄公河合作第二次领导人会议期间，在柬埔寨首相洪森的陪同下参观西港特区展位，表示祝愿西港特区取得更大成功。在两国领导人见证下，中柬双方签署《关于在西哈努克港经济特区加强职业培训的三方合作协议》。至年底，区内已累计引入包括工业、服务行业在内的企业(机构)153家，行业主要分布于纺织服装、箱包皮具、五金机械电子、包装用品、木地板等，已生产经营的企业达131家，区内从业人数2.2万人。

(陆　方)

【境外投资质量提升】 2018年，无锡市备案23个并购境外高科技成果和先进制造业项目，协议投资额3.1亿美元，分别占全市总量的22.3%和20.5%，其中，有1个超亿美元技术并购项目顺利获批。备案"一带一路"沿线境外投资项目24个，协议投资额1.2亿美元，分别占全市总量的23.3%和8%，投资额比上年增长26.4%。

(陆　方)

国际贸易促进

【概况】 2018年，无锡市围绕"一带一路"倡议和"走出去"战略，主动加强同各国驻华机构和海外商协会组织的交流合作。年内，无锡市贸促会先后接待美国、比利时、波兰等国家和地区的团组40余批次；拜访新加坡、马来西亚、菲律宾等国驻沪总领馆及贸易促进机构逾30家；组织相关企业赴印度、斯里兰卡开展经贸活动，与印度、斯里兰卡两国有关机构就投资、经贸信息进行深入交流。组织151家企业参加37个境外展(博)览会，实现外展摊位数162个；自行组团参加法兰克福国际家用纺织品展、德国慕尼黑国际体育及户外休闲用品展等13个境外展览会；协助企业参加在境内举办的广交会、华交会、中国—东盟博览会、中国—东北亚博览会、鄂尔多斯国际羊绒羊毛大会暨展览会等15个各类国际性展览(博览)会，内展摊位总数达1319个。

(卢　珊)

【国际商事法律服务】 2018年，无锡市贸促会开展自贸区优惠政策和ECO电子原产地证等新业务的宣传和推广活动。组织650名企业人员参加原产地、自贸协定宣讲等国际经贸法律业务知识培训，帮助企业提高应对国际经贸摩擦能力，节省企业贸易成本。加强对国际经贸法律规则的研究，提升公平贸易预警能力，及时收集和发布最新贸易预警信息。年内，发布贸易预警信息33次，通过刊物、官网、微信公众号等途径为企业提供各类经贸及预警信息上万条。全面推广ECO电子原产地证书业务，ECO签发覆盖率达85%以上，在全国名列前茅。年内，共签发各类原产地证书7.1万份，涉及东南亚、南亚、美国、中东、欧盟、俄罗斯等167个国家和地区；出具ATA单证册52份，比上年增长160%；出具国际商事证明书3200份，代办领事认证1000份。

(卢　珊)

【国际经贸变局应对】 2018年，无锡市贸促会围绕中美经贸摩擦等国际经贸变局，举办13期"国际商务沙龙"活动，培训人数1500人。举办"外经贸政策宣讲会暨亚非拉国家经贸对接会""无锡—墨尔本企业对口洽谈会""胜未来出口系列论坛""一带一路研讨会"等"走出去"题材的经贸论坛、座谈会、对接交流活动60余场，帮助企业了解沿线有关国家的法律与政策环境、产业与市场状况以及贸易投资风险。

(卢　珊)

【2018中国(无锡)国际瑜伽节举办】 6月16日，由无锡市贸促会牵头举办的第四届中国(无锡)国际瑜伽节开幕。此次瑜伽节以"新时代·心能量"

水上瑜伽　(穆平　摄)

为主题，吸引印度、新加坡、中国香港和台湾等国家和地区及北京、上海、无锡、南京等城市的瑜伽爱好者约2000人参与。《新华日报》《扬子晚报》《无锡日报》等20余家媒体争相报道。瑜伽节活动为拓展无锡与印度的双向交流和投资合作提供助力，将旅游、会展、体育、健康等产业创新融合，提升无锡的知名度和影响力，打造城市新名片。

（卢　珊）

【第十届中国（无锡）国际新能源大会暨展览会】 2018年上半年，中国（无锡）国际新能源大会暨展览会获得国际展览联盟（UFI）认证，成为国内第一个获得此项认证的新能源专业展会，也是无锡唯一一个获得此项认证的会展项目，被誉为新能源领域的“达沃斯”。11月，在第十届中国（无锡）国际新能源大会暨展览会召开期间，举办了30余场活动，500余家企业参展参会，200余位嘉宾出席，2000位听众参加论坛，累计观展参会超过2万人次。有20多个国家使领馆、贸易促进机构和企业家代表以及50余个国内城市政府团组等观展参会。新能源大会的成功举办，展示了无锡市新能源产业高地的优势，为广大新能源企业搭建了高水平的国际交流合作平台，促进产业转型升级，引导各行业关注新能源应用。

（卢　珊）

口　岸

【概况】 2018年，无锡市口岸货物吞吐量1.77亿吨，比上年增长9.99%；其中，外贸货物吞吐量4775.86万吨，比上年增长37.27%。全市口岸集装箱吞吐量70.63万标箱，比上年增长7.46%，其中，外贸集装箱11.37万标箱，比上年下降2.54%。无锡空港旅客吞吐量720.93万人次，比上年增长7.8%，其中，出入境旅客吞吐量94.7万人次，比上年增长10.9%；货邮吞吐量12.38万吨，比上年增长15.1%，其中，出入境货邮吞吐量1.75万吨，比上年增长457.9%。全市口岸运行保持平稳增长态势。

（张　艳）

【航空口岸发展】 2018年，无锡市航空口岸累计开通连接39个国内主要城市、19个国际和中国港澳台地区，共77条客货运航线。至年底，机场有新加坡，日本大阪，泰国曼谷、巴厘岛，越南芽庄，柬埔寨西港、暹粒及中国港澳台等国际（地区）在飞航线13条。5月18日，10月29日，顺利开通至欧洲和美洲B747全货机洲际航班，全年共计200架次，完成国际货邮吞吐量1.73万吨。8月27日，机场飞行区指标由“4D”升级为“4E”级。12月30日，国际（地区）航站楼改造工程完成建设并投入使用。

（张　艳）

海　关

【机构改革】 2018年3月，根据《深化党和国家机构改革方案》要求，出入境检验检疫职能和队伍划入海关。4月20日，新组建的无锡海关完成标识更换、新印章启用等工作，在旅检监管、报关报检资质申请等6个业务领域率先实现优化整合，实现“一个形象、一口对外”。12月29日，无锡海关行政综合部门搬迁至锡山区华夏中路10号对外办公。年内，按照海关总署和南京海关要求，全力促进关检融合，认真履行执法把关职责，严把国门安全，促进经济发展，较好完成了改革任务和年度工作目标。无锡海关获省文明口岸先进单位，驻宜兴办事处报关厅被评为2017～2018年度市级机关“为民服务示范窗口”。原检验检疫局下属江苏国际旅行卫生保健中心无锡分中心获2017～2018年度市级机关“为民服务示范窗口”，下属华检中心先后获江苏省中小企业公共服务示范平台（三星级）和“无锡市巾帼文明岗”。

（黄首先）

【业务改革】 8月1日，关检申报业务改革正式落地。全面取消通关单，报关报检实现“一张表格”；全面落实检验检疫单证电子化和“查检合一”，综合业务、跨境电商、监管场所等领域的优化整合同步实施。深化通关一体化改革，打印全国首份“单一窗口”新一代支付税单。推广以企业为单元加工贸易监管改革，3家企业试点进口货值0.96亿美元，出口货值1.13亿美元。开展以研发设计企业为龙头的全产业链保税监管模式改革试点，核发全国首本电子化手册。推行卡口货物分类管理、开展仓储货物按状态分类监管；工单式核销试点账册完成首期核销。赋予区内一般纳税人资格试点4家企业，其进项税金可抵扣额合计2.8亿元。

（黄首先）

【海关监管】 2018年，无锡海关共征收税款65.1亿元，创历史纪录。监管货运量62.03万吨，监管货物总值

5月18日，海关保障无锡首条洲际货运航线首航　（黄首先　供稿）

335.27亿美元；稽查补税9178万元，较上年增长48%。加强监管作业场所管理，为5家监管场所换发新证，规范化开展免税店免税品管理。H986顺利通过验收正式投入使用，非侵入式查验效率大幅提高。全年立案侦办刑事案件13起、案值1.66亿元、涉税2609万元；立案调查行政违法案件128起、案值1.33亿元、涉税702万元，其中海关总署缉私局一级挂牌督办案件1起，二级挂牌督办案件1起。

（黄首先）

【服务外贸发展】 2018年，无锡海关聚焦产业强市，审批进口减免税申请3186笔，减免税款近4.2亿元；深化企业管理，助力3家高级认证企业、32家一般认证企业通过重新认证；优化现场监管资源配置，支持和推动国际货运业务发展，保障无锡—香港、仁川—无锡—哈恩、无锡—芝加哥和无锡—辛辛那提等多条新开国际全货机航班的运营，监管进出口货邮量1.7万吨，比上年增长9倍。推进“智慧旅检”实现税款网上便捷支付、高风险行李定位远程预判等功能，提升旅客满意度。

（黄首先）

【营商环境优化】 2018年，无锡海关压缩整体通关时间。12月，辖区进口整体通关时间为37.11小时，出口1.28小时，分列全省第五和第一位，口岸通关效率提升明显。围绕“简单证、压时间、降成本”，公示口岸收费目录清单，推进降低集装箱进出口环节合规成本。

（黄首先）

【商品质量安全监管】 2018年，无锡海关完成进出口工业品检验监管12267批，其中出口工业品3679批、货值1.37亿美元(其中出口化工品2787批、货值1.04亿美元)；进口工业品8588批，货值8.20亿美元，其中进口机电产品6278批、货值6.38亿美元，进口化工品2582批、货值1.53亿美元，完成出口货物包装检验鉴定7917批。加强消费品质量安全监管，完善进出口商品质量安全风险预警与快速反应监管体系；突出进口废物原料和新调入目录商品的检验监管；加强对进口货物的现场检验监管，坚决将“洋垃圾”堵截在国门之外。全年共发现危化品及包装、机电产品等不合格货物106批次，总货值702万美元。完成进出口商品风险监测58批次(含专项监测)，发现不合格产品8批，不合格率为13.8%。

（黄首先）

无锡海关验放阳山水蜜桃　　（黄首先　供稿）

【口岸卫生安全防控】 2018年，无锡海关加强口岸重大疫情防控，重点做好埃博拉、尼帕、登革热等传染病疫情防控工作；完善与公安、环保、边检、海事部门的联防联控机制，落实联络、急报、处置制度；空港共检疫查验进出境航班7018架次，出入境人员99.17万人次，对819名症状人员进行医学排查，发现229例确诊病例；推进“健康无锡2030”计划，做好空港创卫工作，加快相关硬件设施和环境改造。

（黄首先）

【国门生物安全防御】 2018年，无锡海关加强国门生物安全防御体系建设，增强国门生物安全防控能力，重点加强非洲猪瘟的防控工作。开展“粮安行动、林安行动、合规行动”，对辖区内进口粮食加工企业开展全面检查，与市林业局联合制定专项行动方案，对辖区内进境非食用动物产品指定企业开展日常监管和飞行检查，注销2家进境羊毛指定加工企业资质。全年共检出植物疫情143种、1866种次。

（黄首先）

【进出口食品安全监管】 2018年，无锡海关开展进出口食品安全监管工作专项督查，确保各个监管环节规范有效；落实抽样检验和风险监测计划，加强对进出口食品风险监控。全年承担32批进出口食品的国家风险监测任务。加强进出口食品企业监管，实施境外生产加工企业注册管理制度，暂停、取消4家出口企业资格。

（黄首先）

【支持外贸发展和大项目建设】 2018年，无锡海关做好自贸试验区政策复制推广工作，开展会展业务监管新模式，率先开发使用行政审批平台，落实自贸试验区优惠政策措施。宣传原产地优惠政策，共签发优惠原产地证书6.7万份，可使企业获进口国关税减免约1.25亿美元。为无锡地铁3号、4号线项目建设提供进口设备检验通关便利举措，为上海华虹、SK海力士、村田电子二期、上汽等重点项目提供服务。帮助3家企业获得中国质量诚信企业称号，7家企业获省重点培育和发展的国际知名品牌。深化技贸措施应对，发布5期技术性贸易措施专报，帮助企业规避贸易风险。参与编写的《江苏出口产业亟待破解三个难题》专报获得省委书记娄勤俭的批示。

（黄首先）

编辑　邵文凯

综 述

【概况】 2018年,全市开发区把握高质量发展要求,较好完成各项年度目标任务,为全市经济社会发展做出积极贡献。14个省级以上开发区实现规模以上工业总产值12891亿元,比上年增长14.4%,增速高于全市1.4个百分点,占全市比重76.8%,占比提升2.8个百分点;完成一般公共预算收入558.9亿元,比上年增长14.4%,增速高于全市5.6个百分点,占全市比重55.2%,占比提升0.4个百分点;区内企业上缴税金892.2亿元,比上年增长12.8%,增速高于全市0.2个百分点,占全市比重54.3%,占比提升0.3个百分点。

(费　卫)

【对外开放】 年内,全市开发区完成到位注册外资及港澳台资34.6亿美元(制造业到位注册外资及港澳台资21.8亿美元),占全市比重93.2%,比上年提升0.4个百分点。其中,6家国家级开发区中,5家超额完成全年目标任务(宜兴环保科技工业园未完成全年目标任务),无锡高新区完成到位注册外资及港澳台资13亿美元,连续三年位列全省开发区首位。全市开发区完成协议注册外资83.5亿美元,比上年增长37.7%,占全市的79.7%;新批(含增资)重大外资及港澳台资项目52个,占全市的88.1%;协议注册外资及港澳台资81.1亿美元,占全市的90.7%。全市开发区完成进出口总额805.3亿美元,比上年增长15.1%,占全市的86.2%,比上年提升1.7个百分点;其中完成出口460.8亿美元,比上年增长14.8%,占全市的81.2%,比上年提升2个百分点;承接离岸服务外包合同执行金额63.7亿美元,比上年增长11.2%,占全市比重78.5%,占比提升2个百分点。年内,批准设立境外投资企业43家,占全市比重41.8%;境外投资无锡方协议投资额5.2亿美元。全市开发区累计设立跨国公司地区总部及功能性机构、总部企业28家。江阴综合保税区(一期)顺利通过国家验收,无锡高新区综合保税区增值税一般纳税人资格试点成效明显。

(费　卫)

【产业发展】 年内,全市开发区以产业发展为主线,加快开发区集约特色发展步伐。年内,全市省级以上开发区新引进(含增资)协议注册外资3000万美元以上项目52个。其中,超3亿美元项目6个,超5亿美元项目3个;新引进总投资超10亿元内资项目17个。华虹集成电路、中环大硅片、恩捷新材料等一批旗舰项目开工建设,领途汽车、村田锂电池新工厂等项目竣工投产,远景日产智能电池、闻泰科技5G智能终端等项目签约落地。

全年,全市开发区新增工商登记注册企业12931家,税收收入比上年增长12.5%;新增规模以上企业297家,税收收入比上年增长9.4%。无锡高新技术产业开发区物联网产业园和集成电路产业园、江阴高新技术产业开发区特钢新材料产业园、江阴临港经济开发区智慧能源产业园成功创建省级特色创新(产业)示范园区;在全省确定的18家示范园区中占4家,数量列全省第一位。锡山经济技术开发区、江阴临港经济开发区获评省级智慧园区;宜兴经济技术开发区军民融合产业园正式获批省级军民结合产业示范基地;无锡空港经济开发区获批省级生态工业园区。

(费　卫)

【科技创新】 年内,全市开发区累计拥有高新技术企业1506家,实现高新技术企业工业产值6001.9亿元;省级以上孵化器及众创空间累计95家、智能车间70家、研发机构累计达到747家。全市开发区用于科技创新的财政支出达23.9亿元,"四上"企业(规模以上工业企业、资质等级建筑业企业、限额以上批零住餐企业、规模以上服务业企业四类规模以上企业的统称)研究与开发经费支出295.5亿元;全市开发区当年授权发明专利3447件,PCT专利申请数265件;累计境内外上市公司98家。宜兴环保科技工业园、惠山经济开发区、无锡空港经济开发区通过省级知识产权试点园区验收。

(费　卫)

【海关监管区发展】 至2018年年底,无锡市有无锡高新区综合保税区和江阴综合保税区两个海关特殊监管区。年内,无锡高新区综合保税区主要经济指标实现两位数增长。其中,外贸进出规模、区域贡献份额、投资建设总量3项指标再上新台阶。外贸进出规模首次突破200亿美元,达到241亿美元,比上年增长35.5%。在全国已封关运作的66个综合保税区进出口总值排名第六,比上年上升一个名次。综保区占全市外贸进出口份额提高至25.8%,增加3.9个百分点,成为推动全市和全区外贸增长的重要力量。2018年是综保区项目落地开工的建设年,共11个重点在建项目启动开工,创历史纪录,工业投入146.1亿元,比上年增长17.3%。

年内,无锡高新区综合保税区探索转型升级新模式:增值税一般纳税人资格试点成功开展;全球维修检测业务试点实现突破;非保税货物分类监管顺利试点。

6月14日,江阴综合保税区通过国家验收。江阴综保区全年完成报关单量25050票,监管货值20.79亿美元，货运量136万吨，开票销售在上年突破200亿元的基础上完成近390.47亿元，比上年增长86%，完成税收1.12亿元。

（费　卫）

【合作共建园区】 年内，根据省商务厅苏陕合作共建园区工作要求，无锡市确定宜兴经济技术开发区与陕西省延安高新区进行对口帮扶推进共建"区中园"，推动双方共建协议的签订落实，提出实事求是的工作原则，探索建立科学合理、务实有效的推进机制，鼓励围绕电子商务、技工培训、服务外包等领域开展合作。支持延安高新区到无锡召开投资说明会和招商推介会，并动员无锡市所有的开发区和相关企业，赴延安考察对接，传递项目信息，寻求合作机遇。至年底，无锡市有11家经省政府批准设立的南北共建园区，主要共建地区是省内徐州、泰州、淮安和南通等地。

（费　卫）

【完善营商环境】 年内，全市开发区推动全链审批赋权。以"宽放、善管、优服"为目标持续深化开发区"放管服"改革，根据江苏省公布的全链审批赋权清单，结合无锡市实际，制定并公布无锡市部分省级以上开发区全链审批赋权清单，依照法定程序，赋予6个国家级和1个省级开发区187项市级经济管理权限，其中行政许可173项，其他行政权力14项，增强开发区创新发展动力活力。制定下发《全市省级以上开发区开展区域评估实施意见》，在全市省级以上开发区开展投资建设项目区域评估，探索以"区域能评、环评+区块消耗、环境标准"取代个体项目能评、环评，大幅提升省级以上开发区项目审批效率，降低企业投资成本，加快打造审批事项最少、办事效率最高、创新创业活力最强的区域。

（费　卫）

【争先进位】 年内，在全省经济开发区的考核评价工作中，无锡市参评的9家省级以上经济开发区总体表现良好，有8家开发区实现争先进位(除无锡经济开发区排名下降外)。其中，锡山经济技术开发区位列国家级开发区第9位，连续进入国家级开发区10强；江阴临港经济开发区、惠山经济开发区分别位列省级开发区第2和第8位。在国家级经济技术开发区综合考核评价中，2家国家级经开区综合排名大幅提升，锡山经济技术开发区从58位提升到46位，宜兴经济技术开发区从87位上升到55位。

（费　卫）

无锡国家高新技术产业区

参见"市(县)区概况·新吴区"内容。

中国宜兴环保科技工业园

【概况】 2018年，中国宜兴环保科技工业园(以下简称环科园)围绕"千亿级产业，千亿级园区"目标要求，坚持高质量发展，深化创新驱动，统筹做好改革发展稳定各项工作，继续保持经济健康、社会和谐、民生安定的良好局面。园区区域面积212平方千米，全年地区生产总值321.5亿元(含高塍镇，下同)，比上年增长9%。一般公共预算收入16亿元。应税收入1550.25亿元，比上年增长9.7%，其中工业、流通分别为1016.08亿元、357.48亿元。全社会固定资产投资58.3亿元。全年新批外资项目7个，协议注册外资2.48亿美元、到位注册外资0.88亿美元，出口总额4.23亿美元，比上年增长11%。

（陆　鍪）

【推进项目建设】 年内，环科园制定并完善项目协调推进会制度、信息月报制、督查考核制度等联动机制，全力推动项目招引和开工建设。全年在建重点项目38个，总投资198亿元；在推重点项目54个，总投资超400亿元，其中21个项目列入市级重点项目。在项目数量、投资总量、单体质量上均实现新的突破。双盾科技、光大二期、远东福斯特一期等一批重大项目快速推进，丰树产业园、南方瑞盛、联东U谷等一批超5亿元的重点项目报批落地；天鸟科技、乐希激光、米格电器等一批新兴产业项目贡献增量；斯特纳静脉产业园、LG膜技术、协鑫远东PARK电池等一批补链和新能源招商项目有序推进。

（陆　鍪）

【完善创新体系】 年内，环科园推进苏南国家自主创新示范区建设。新建成各类载体10万平方米，完善创新中心体系建设，吸引新南威尔士大学、中信环境、中国瑞林等7家科研机构及知名企业入驻，制订并发布70余项标准和项目。展示中心、环保学院、黑马营等载体对产业的联动促进效果明显。推进环境医院、鹏鹞智造园、概念水厂、云鲸网供应链平台等创新平台建设。国合环境高端装备制造基地成立不到一年，就成功引进8家企业、12个国际领先高新技术项目。首期6亿元丹鹏环保产业基金组建完成。引进外籍院士1人，新组建侯立安、杨志峰2个企业院士工作站，引进海归人才26人、双高人才74人、高级专家28人。企业创新氛围日益浓厚，规上工业企业研发投入保持两位数增长，新增专利申请1650件，累计获得专利授权820件，其中新增授权发明专利91件，万人发明专利拥有量60件。产学研合作、重大科技成果转化、重点研发等各类科技项目申报累计43项。

（陆　鍪）

【企业转型发展】 年内，环科园盘活闲置资产，提升资源利用率。全年盘活资产6宗、土地33.33多公顷，引进华鹤集团、美年大健康等名企，新增投资16亿元。支持企业对接上市公司资源，通过兼并重组提升企业质态。推进与美国碧迪、精华制药、楚江新材等5家上市公司股权合作，全年完成股权合作8起，涉及标的资本25亿元。全年新增高新技术企业23家，总数达到108家，占全市总量的35%，高新技术产业产值189.5亿元，比上年增长13.6%。中辰电缆获得"宜兴市市长质量奖"，俊知集团获"2018数字中国贡献企业领军企业"称号，卓易科技成为"省生产性服务业百企"宜兴唯一上榜企业。至年底，园区拥有国家智能化示范运用项目1个，省级、无锡级智能工厂车间4家；新增国家级、市级两化融合示范企业3家，总数达16家；新增国家级、省级、市级工程技术中心31个。

（陆　鏊）

【生态环境优化】 年内，环科园坚决打好“蓝天、碧水、净土”三大保卫战，全面推进“263”“散乱污”“大棚房”整改等专项行动，解决一批突出环境问题。生态环境保护年度综合考评位列宜兴市各板块第一，园区获评宜兴市2018年度污染防治攻坚先进单位。完成市级下达减化任务，超额完成减煤任务。排摸填埋、堆存生活垃圾、工业固废点位15处。依法整治取缔“散乱污”企业128家。做好“控源截污”污水纳管工作，建立健全“河长制”管理工作，对辖区107条河道实施长效管理。投资750万元，完成蒋渎河、导士涧河的黑臭河道整治；投资1630万元，实施了11个农水工程项目；试点完成陆平村林家南河水生态综合整治项目，成为整治标杆。全面完成10家畜禽养殖场关停退养和达标整治工作。各级环保督查和中央环保督察组“回头看”期间交办的7件次信访案件全部整改到位。

（陆　鏊）

【社会事业】 年内，环科园坚持共享发展理念，完成归径老街改造、新街中学体育馆重建、岳南路东延等工程；开工堂前人家二期、18条农道改造等工程；启动西花园二村、教工小区改造等工程，全年推进结转项目3个、新上项目14个、建成10个，投入资金1.2亿元。高塍区域范道敬老院主体工程完工，新建老年公寓配套设施完善到位。落实拆迁安置、稳定维护等工作，保障西氿大桥、人民医院、急救中心、光大二期等重点工程建设。有效解决困扰居民多年的潢潼花园、西花园房产证办理历史遗留问题。完成文明城市创建复检工作，成立社会综合管理指导中心，组建首批20名社区综合管理指导员队伍，按网格化要求，分片到位深入基层一线，对7个自管小区和51个市场化小区进行全覆盖巡查，累计完成5000多平方米占道经营、车辆违停、绿化保洁等突出问题的整治。

（陆　鏊）

【民生福祉】 年内，环科园实施乡村振兴战略，完成吴墟、水北、潼渚、新乐、铜山、百合6个经济薄弱村脱贫任务。扎实开展“阳光扶贫”工作，发放专项扶贫资金40多万元，帮扶对象由年初的262人缩减至199人。做好保障兜底工作，为161户、225名低保群众发放低保金132万元，加强五保、三无对象供养，尊老金发放，困境儿童、留守儿童帮扶，深度救助等慈善工作。开展送文化下乡活动20余次。加大对潘汉年小学，新街中学、小学、幼儿园的硬件投入，设置教学质量突出贡献奖励基金，新街中学被评为“无锡市新优质学校”培育单位。食药品监管、安全生产等责任制全面落实，妥善调处拆迁安置、涉军群体等问题，园区保持和谐稳定的发展环境。

（陆　鏊）

【2018（第六届）中国环保技术与产业发展推进会召开】 10月24～25日，2018（第六届）中国环保技术与产业发展推进会在宜兴市开幕。会议以“创新驱动，绿色发展”为主题。科技部社发司副司长邓小明，中国工程院院士、中国科学院生态环境研究中心研究员曲久辉等各级领导、专家学者，环保领域专业金融机构，国内外知名环保企业负责人，国际组织代表及国内主流媒体约300人参会，共同探讨环保产业创新发展之路。会上发出《科技创新支撑生态文明建设倡议》，曲久辉、David Waite等国内外院士学者分别作主旨发言。会议还设置长江经济带绿色发展、土壤与地下水修复装备创新等专题论坛，举办中美绿色合作伙伴计划年会、国家水专项成果展等活动。

（陆　鏊）

【2018世界物联网博览会智慧环保高峰论坛召开】 9月14日，2018世界物联网博览会智慧环保高峰论坛在宜兴国际环保展示中心举行。该次论坛主题为“共创智慧环保，共享绿色未来”。中国工程院院士潘德炉、刘文清等国内外环保和物联网领域的专家学者、行业机构、科研院所、相关企业负责人以及生态环境部、江苏省、无锡市、宜兴市相关领导等300多人齐聚一堂，交流思想、分享经验，深度探讨中国智慧环保产业绿色发展路径。本次论坛分别举行了“一带一路”环保工程全球场景实时连线、智慧环保项目集中签约、专家主旨演讲等。宜兴环科园和恩维联合环境共同提出“智慧联合、命运共同”理念，联合北控水务、苏伊士、首创股份、江苏天长等智慧环保行业领军企业，共同发起成立“中国智慧环保联盟”，通过创新模式形成精神联合体和利益共同体，共建智慧环保生态圈产业链，推进中国环境产业高质量发展。大会还设置“中国智慧环保联盟（首届）论坛”“融合—共振，物联技术推动环保智能化”等专题分论坛，同期举行“智慧环保展”，中国电信、中电智云、蓝创、新华三、华为、卓易科技、天长环保等智慧环保国企、上市大公司、实力公司等参展。

（陆　鏊）

【宜兴城市污水资源概念厂奠基】 4月17日，宜兴城乡生态综合体启动实施暨宜兴城市污水资源概念厂奠基仪式在环科园举行，中国工程院院士郝吉明、魏复盛、孙晋良、侯保荣、张全兴、曲久辉、刘文清等专家和业界人士出席奠基仪式。宜兴城乡生态综合体项目位于规划中的环科新城中央湿地公园范围内，环保大道与科技大道交叉口的西北角，占地面积128.47公顷。其中，宜兴城市污水资源概念厂占地面积8.03公顷，主要包括水净化单元、生物质处理中心、未来中心、创新中心及装备制造中心。概念厂以“碳磷高效分离+主流厌氧氨氧化+精处理”为污水处理的主体工艺，实现出水安全可持续、污染物极限去除与能源资源高效回收。概念厂设计能力为日处理污水2万吨、日处理污泥和有机垃圾各25吨。

（陆　鏊）

无锡太湖国家旅游度假区

【概况】 2018年，无锡太湖国家旅游度假区（以下简称度假区）贯彻实施“一区四地”（一流旅游度假区，旅游度假胜地、特色产业高地、湖岛生态绿地、和谐宜居福地）建设三年行动计划，较好完成各项年度目标任务。全年完成一般公共预算收入9.5亿元，比上年增长27.7%；规模以上工业总产值121亿元,比上年增长20%;全社会固定资产投资47亿元,其中工业投入13亿元;限额以上社会消费品零售总额7.15亿元,比上年增长22%;商务部确认到位注册外资6250万美元;外贸进出口总额3.73亿美元,比上年增长3.9%;接待入园游客620万人,比上年增长10.5%。换热器行业稳步提升,21家规模以上换热器及配套企业全年完成工业产值22亿元,比上年增长25%。

(许哲源)

【招商引企】 年内,度假区项目招商成效明显。招引注册资本1000万元以上规模企业60家,为年目标的150%。引进投资2亿元以上先进制造业项目5个,为年目标的250%。引进投资2亿元以上功能性服务业项目2个,为年目标的100%。引进投资1亿元以上生物医药及生命健康产业类项目19个,为年目标任务的950%。注册楼宇经济企业46家,其中注册资本达1000万元以上楼宇规模企业22家。药明康德生命科技园完成C2、C3地块挂牌出让。吴都田园小镇项目完成公司注册。恒正合、贝迪生物,方成彩印等项目完成挂牌出让。先后赴北京、上海、云南、深圳等地,重点拜访东方文旅、天安骏业、汉鼎亚太、云南协力等客商,寻求合作发展的新机遇。

(许哲源)

【文化旅游】 年内,度假区全域旅游深度推进,文化旅游展现新活力。完成旅游公共服务体系专项规划编制工作,对马山地区旅游交通、旅游停车、旅游厕所、旅游线路、旅游咨询等进行全方位规划设计。启动拈花湾公司上市工作。拈花湾小镇以最高分通过省旅游风情小镇创建年度验收。和平社区被评为“江苏省乡村振兴旅游富民先进村”,云居西村通过江苏省四星级乡村旅游区创建验收,群丰、嶂青社区被评为市美丽乡村示范村。举办女子半程马拉松赛、乐跑马山、户外旅游节、杨梅节、西安出土文物精品展等文旅活动。阖闾城遗址博物馆申报成为省社会教育学习体验基地、市研学旅游示范基地。马山街道创建成为市全域旅游示范街道。在省旅游局组织的旅游度假区考核中,度假区位列全省第三、无锡第一。

(许哲源)

【生物医药】 年内,度假区内生物医药产业实现销售收入77.04亿元,比上年增长14.47%。举办首届太湖(马山)生命健康论坛,中国科学院、中国工程院6位院士及学术机构、知名企业、投资机构、科研院所等150多位嘉宾参加会议。承办无锡PNP独角兽跨境加速营路演活动,18个国际大健康产业项目以及26个国内优质项目参与路演。药明新药5月上海主板上市,12月港交所上市,成为无锡唯一一家“A+H”上市公司,并刷新无锡上市企业市值新高。总投资70亿元的药明生物生命科学园项目开工建设。华瑞制药全年销售39亿元,占规模以上工业产值的近30%。实施华瑞、辉瑞等技改扩能项目。外包区被江苏省科协授予省级海智基地称号,通过省级服务外包示范区考核。

(许哲源)

【科技创新】 年内,度假区组织企业申报省“双创计划”5人,江苏省科技企业家4人。“太湖人才”企业引进高级经营管理人才1人,无锡市科技企业家8人。“滨湖之光”高层次领军人才8人全部入围,高新技术企业认定32家,科技人才工作在全区所有板块中名列前茅。企业累计获得各类资金奖励1125.1万元,其中企业上市奖励220万元,市级50万元,区级170万元,企业知识产权建设方面共争取到103.6万元资金资助。耿湾社区获评省级科普示范社区;嶂青社区获评市级科普示范社区;万和农乐园获评市科普教育基地。

(许哲源)

【城乡建设】 年内,度假区做好马山景区控制性详规修编、马山区域配电网规划修编、马山镇村布局规划和度假区景观提升改造规划。配合苏锡常南部高速公路施工,基本完成环山东路拓展改造工程。完成嶂青自然村提升改造。全年维修损坏路面2.5万平方米,修复破损路灯561套,清掏排水管道2万米,划设道路标线1000平方米,修剪树木1100余株。推进城市精细化管理,开展优美环境合格区创建工作。优化“数字城管”运行模式,处置第三方采集问题2078处,按期整改1975处,整改率达97%。度假区工业基地管理办公室正式运作,统筹园区为企服务。老工业园区存量厂房再利用取得明显成效,园区企业累计转让地块4.45公顷、转让空置厂房3.2万平方米、出租闲置厂房1.2万平方米。完成苏锡常南部高速公路(马山段)国土房屋征收,完成湖山路开源集团地块厂房及无锡养鸡场集团地块(峰影路肉鸡场)拆除工作。有序推进环山东路、人鱼小镇地块、药明生物科技园等项目地块拆迁。逐批推进转性安置房上市工作,全年出售履丰苑和栖云苑转性安置房156套。

(许哲源)

【社会事业】 年内,度假区在滨湖区率先推广实施“福村宝”医疗互助项目,马山街道17934人参加,居民累计获得医疗补助83万元。推进全岛居民天然气入户工程,惠及6781户居民。基本完成乐山、朝霞等老新村改造工程。连续两年为果农免费参保杨梅采摘意外险,年内有4787名果农免费参保,累计获赔采摘意外险32万元。引导鼓励社区开展协商民主项目,乐山“乐享共治议事客厅”、古竹“小院议事会”项目获得区社区协商民主项目三等奖。推进社区参与区级公益创投活动,峰影社区、乐山社区公益创投项目入围。推动峰影、乐山、栖云等6家社区完成居家养老服务中心社会化运作。根据“户籍随房走、股权跟人走、管理归属地”原则,做好湖山社区划归蠡园街道管理的跨区域安置工作。综合性、一站式人社基层服务平台——度假区人力资源服务中心建成启用。全年组织“家门口”招聘会6场,提供就业岗位5000个,累计办理录用4800人。实现城镇失业人员再就业1102人,援助重点就业困难人员297人。度假区创建成为省级创业型园区,被评为市人力资源和社会保障基层平台公共服务标准化工作优秀单位。开展“阳光扶贫”活动,为贫困家庭解决实际困难。

(许哲源)

【生态建设】 年内,度假区推进“两减六治三提升”生态环境建设。完成20个排水达标区创建验收、4家化工类企业专项整治、81家“散乱污”企业(作坊）集中整治、73.6公顷退渔整治。完成马山牛奶厂奶牛基地搬迁。完成东环堤河、西环堤河、北环堤河及七里堤河河道清淤疏浚工作。日处理能力10吨的餐厨垃圾站建成运行。打捞蓝藻27.3万吨，清运蓝藻、打捞垃圾0.66万吨。马山街道创建成为省级生态文明建设示范街道。

（许哲源）

江阴高新技术产业开发区

【概况】 2018年，江阴高新技术产业开发区（以下简称江阴高新区）以苏南国家自主创新示范区核心区建设为主线，加快打造产业层次高、转型动能新、改革开放水平高、生态建设成效新、民生福祉高、园区形象新"三高三新"的高新产业集聚区、创新驱动示范区、美丽和谐幸福区。全年完成地区生产总值928.24亿元，比上年增长9%，其中服务业增加值428.35亿元，增长10%；规模以上工业产值1505.75亿元，增长20.8%；一般公共预算收入58.19亿元，增长13.6%；全社会固定资产投资233.97亿元，其中工业投入76.57亿元。完成进出口总额105.05亿美元，增长37.7%，其中出口61.62亿美元，增长31%；到位注册外资5.84亿美元。年内，江阴高新区在无锡市高质量发展考核中获"综合考核优秀开发区"称号。

（朱亚丽）

【集成改革】 2018年，江阴高新区成立集成改革工作领导小组，制定下发《江阴高新区2018年度集成改革重点工作责任分解》，建立实施领导负责制、例会推进制、督促检查制、考核挂钩制等四项制度，全面完成市集成改革任务15项。完成集统一规划建设、统一经济发展、统一财政管理、统一组织人事管理、统一社会管理、统一行政审批、统一综合执法、统一考核管理、统一纪检监察"九个统一"的区街合一管理体制改革，实行安监、环保职能整合及创业园、财政和投资公司一体化管理；社会事业局、行政审批局、综合执法局和政务服务中心、管理服务指挥中心"三局两中心"挂牌运行，形成"1个中心（政务服务中心）+12个便民服务站"相融合的政务服务体系；全面承接江阴市政府首批赋予的行政审批事项163项和行政执法事项792项，对接无锡市行政审批事项187项，推进建设项目环境影响评价改革试点工作，行政审批日均办结超200件，实现"一枚印章管审批、一支队伍管执法、一张网格管治理"。在江阴市率先开展"证照分离"改革试点。制定国资平台整合方案，与民企合作设立房地产开发公司、建筑公司，对外投资项目7项，投资额超5亿元。先后与省高投及毅达资本成立规模30亿元的产业发展基金，与无锡金投成立规模5000万元的天使种子基金，与中昂基金成立规模30亿元的股权投资基金，与中普金融成立规模1亿元的中小企业转贷基金，与东方资产成立不良资产处置基金。设立规模1.5亿元的科技型中小企业信贷风险补偿专项资金池，累计转贷额超21亿元，服务企业185家。成立对外投资监管领导小组，强化风险防控，确保国有资产保值增值。

（朱亚丽）

【苏南国家自主创新示范区核心区建设】 2018年，江阴高新区根据《江阴市深入推进苏南国家自主创新示范区建设三年行动计划（2018～2020年）》，编制完成《江阴高新区产业提升三年行动规划》和《江阴高新区创新发展指标体系》，推进产业结构优化和创新能力实时监测。编制完善《江阴高新区苏南国家自主创新示范区建设实施方案》《江阴高新区苏南国家自主创新示范区空间布局规划》。贯彻落实江苏省科技创新政策，制定出台《江阴高新区关于加快推进苏南国家自主创新示范区核心区建设的若干政策措施》，在企业项目建设、研发投入、创新平台、人才引育、成果转化等方面给予支持。先后与中国科学院、上海交大、东南大学及美国麻省理工学院、斯坦福大学、杜克大学、哈佛大学等100多个国内外知名高校和科研院所建立合作关系，建成中德国际技术转移中心、中瑞生物医药创新中心、中美智能制造技术创新中心等跨国技术转移机构3家；与中科院中国高新区研究中心、长城企业战略研究所、中关村科技服务业创新联盟和江苏省生产力促进中心等创新服务机构合作，协助开展集成创新服务中心、"双创"服务广场等平台建设。举办创新创业大赛、科技金融路演、人才项目路演等活动，建成启用苏南自创区创新创业一体化平台，招聘专业工作人员5人，线上线下共引进12大类160余家科技服务机构，实现省级平台互联互通，为企业技术创新和人才创业提供一站式、全

5月8日，江阴高新区总投资200亿元的联动天翼项目签约

（朱亚丽　供稿）

天候服务。至年底,江阴高新区累计拥有高新技术企业137家、上市公司6家、“新三板”挂牌企业7家。拥有国家工程技术研究中心1家、国家重点实验室1家、国家企业技术中心3家、国家博士后工作站4家,省、市级院士工作站19家,省、市级工程技术研究中心155家。建成各类创新创业载体150万平方米,拥有国家级科技企业孵化器3家、国家级科技企业加速器1家、其他各类省级载体平台20多个,拥有国家级众创空间1家、省级众创空间3家、市级众创空间4家。建成特钢新材料、集成电路封测、现代中药配方颗粒和物联网等国家特色产业基地4个,建成国家集成电路封装测试、江苏省高性能金属线材制品等产业技术创新战略联盟2家和特钢新材料、光电通信材料等产业技术研究院2家。设立诺奖得主研究院6家,成为全省与诺奖得主开展合作最多的开放园区。拥有各类人才3万多人,引进诺奖得主6人、两院院士19人、国家“千人计划”专家19人、省双创人才41人、省双创团队6个,海内外高层次创新创业人才500余人。年内,国家火炬江阴物联网特色产业基地、国家火炬江阴高新区特钢新材料及其制品特色产业基地通过复审,获得江苏省财政厅、科技厅苏南国家自主创新示范区建设奖励补助专项资金2100万元,获批建设首个设在县(区)的省技术产权交易市场江阴地方分中心,获评苏南特钢新材料科技成果产业化基地和江苏省金属材料众创社区。紫米电子获批无锡唯一一家省级独角兽企业,6家企业获批省级瞪羚企业,长电科技、兴澄特钢、法尔胜3家企业入围“2017江苏省创新型企业100强”。

(朱亚丽)

【青阳工业园区建设】 2018年,江阴高新区青阳工业园区按照“区镇融合、产城融合、一体管理、捆绑考核、加快发展”总体原则,加快11.8平方千米(一期)启动区建设。完成2条道路配套设施建设和3条道路工程前期准备工作,豆腐浜排涝闸站建成投用,海港大道东河、纵二路东河、潘家桥浜河3条河道工程启动建设。青阳徐家湾一村安置房建设采用PPP模式(政府与社会资本合作),完成土地招拍挂和设计工作。至年底,累计拆迁农户2263户、企业78家,清除树木、河池、猪舍等附着物420.13公顷,建成园区道路11.4千米,铺设管线80千米,完成绿化15万平方米,园区一期启动区内3平方千米已打造出承载项目投入发展的基础和环境。年内,推进“项目攻坚突破年”主题活动,落实招商服务责任人制度,重点瞄准智能装备制造产业,打造高科技标志性军民融合产业园,推进重点重大项目13项,总投资100多亿元,其中在建项目2个,分别为总投资2.3亿元的冉溪环保装备项目和总投资2.25亿元的特种改装车项目;拟建项目1个,为总投资6亿元的南阳彩纤项目;签订正式协议项目4个,分别为总投资3亿美元的环普江阴国际产业园项目、总投资6亿元的高端阀门智能制造项目、总投资10亿元的万纬智慧物流产业园(一期)项目和总投资8亿元的锂电池用复合膜项目。全年园区工业项目投入3.3亿元。

(朱亚丽)

【招商引项】 2018年,江阴高新区树立“一切为了项目、一切服务项目”理念,全力招引符合产业发展规划、具有高新特色的龙头型基地型旗舰型项目、补链强链拓链项目、战略性新兴产业。全年新增协议注册外资10.57亿美元,实现到位注册外资5.84亿美元。签约超1亿元项目33个,总投资610亿元,其中工业项目22个,服务业项目11个;外资项目10个,内资项目23个。引进境内总投资150亿元以上项目1个,协议注册外资5亿美元以上项目1个,协议注册外资3亿美元以上项目1个,协议注册外资3000万美元或境内总投资10亿元以上项目5个。实施项目准入评审制度,根据《江阴高新区管委会关于进一步加强重点产业项目推进建设工作的意见》等文件,完成准入评审项目27个,其中通过江阴市优质评审项目5个。发挥项目建设协调会、重点项目推进会、土地载体安排研究会“三个机制”作用,推进在建项目34个,总投资530亿元;在批待建项目10个,总投资258亿元。贝卡尔特太阳能硅片切割材料及应用项目、法尔胜光通信年产5000万千米光纤等16个项目开工,总投资301亿元;中信泰富特钢集团总部、星科金朋半导体封装测试、长电科技高密度混合集成电路封装、斯菲尔电气智能电网输配电设备、新树工程塑料EPS扩能等14个项目竣工投产,总投资69亿元;普莱医药生物创新药生产基地、中芯长电二期JA2厂房等项目加快建设。5月,江阴高新区签约联动天翼新能源动力电池及系统项目,总投资200亿元,为江阴近年来单体投资规模最大的制造业旗舰型项目,并实现当年注册、当年开工。9月,江阴外国语学校过渡校区投入使用。12月,盈智城住宅及商办地块由深圳星河控股公司摘牌,占地面积29.53公顷,总投资120亿元,土地出让金35亿元,为江阴历史上单体投资规模最大的服务业项目之一,主要建设高端住宅、品牌酒店、人才公寓、购物中心、商务办公及幼儿园、邻里中心等,建筑面积超80万平方米;与江阴启新纺织有限公司签约合作,利用启新纺织存量土地和厂房,改造提升为用地面积22公顷、建筑面积超20万平方米的智能制造产业园。

(朱亚丽)

【主导产业发展】 2018年,江阴高新区坚持产业强区战略,加快构建以特钢新材料及制品为主导,微电子集成电路、机械智能制造、现代中药和生物医药为特色,新能源汽车及关键零部件为战略布局的“1+3+1”先进制造业产业体系和以工业服务、科技服务、商务服务、商贸服务、城市服务为主要方向的现代服务业产业体系。拥有年开票销售10亿元以上企业30家,其中超百亿元企业8家、超50亿元企业4家、超10亿元企业18家;入库税金超1亿元企业13家,其中超10亿元企业1家。2家企业入选中国企业500强,3家企业入选中国制造业企业500强,3家企业入选中国民营企业500强,1家企业入选中国上市公司500强。

先进制造业方面:特钢新材料及制品产业形成以兴澄特钢特钢制品为龙头,法尔胜高端线材制品、贝卡尔特钢帘线制品为核心的主导产业集群,全年实现开票销售收入582.72亿元,占规模以上工业开票销售收入的

55.6%，成为高新区乃至江阴市的支柱型产业，被列入国家重点扶持特色产业集群培育试点，获批特钢及金属制品产业省级新型工业化示范基地，特钢新材料及金属制品产业省级特色创新示范园区完成申报。中信泰富特钢成为无锡市第二家营业收入超1000亿元企业；微电子集成电路产业依托长电科技、中芯长电等龙头企业，初步形成集成电路设计、芯片制造、封装及测试产业链，全年完成开票销售收入217.52亿元，比上年增长15.4%，占规模以上工业开票销售收入的20.8%，成为高新区特色产业之一，获批国家集成电路封测高新技术产业化基地。总投资17.5亿元的高密度集成电路及模块封装项目和总投资5亿元的新顺微电子的半导体芯片项目建成投产；机械智能制造产业获批省级智能车间5个、无锡市智能车间2个，全年实现开票销售收入46.17亿元，增长9.1%，成为高新区支撑型产业。新树工程15万吨EPS智能化扩建项目、星科金朋智能化仓储等7个项目竣工投用，泰迪服饰智能化流水线、申利实业智能化仓储、天江药业二期等8个项目加快建设；现代中药和生物医药产业形成以天江药业为龙头，百桥生物医药孵化器、生物医药加速器为依托的现代生物医药产业集群，全年实现开票销售收入39.03亿元，增长43.1%，培育出抗菌肽、海洋蛋白、血型诊断等创新生物制药企业。总投资1亿美元的天江药业技改扩能项目、总投资7419万美元的普莱医药PL-5创新新药项目加快推进；新能源汽车及关键零部件产业处于成长期，总投资200亿元的联动天翼新能源动力电池及系统项目9月27日开工建设。年内，高新区完成工业投入80.6亿元，电子信息、智能装备、生物医药、新材料等高新产业和技改投入占工业投入的71.9%以上；技改项目投入54.6亿元，占工业投入的比重为67.7%。新批工业企业技改项目58项，总投资41亿元，其中超1亿元技改项目10个，法尔胜光通信的光纤项目、兴澄特钢的小烧结系统升级改造项目进展顺利；竣工投产技改项目52个。

现代服务业方面：全年实现商业开票1783.3亿元，增长38.8%；应征税金16.8亿元，增长13.3%；服务业增加值211亿元，增长11.1%，服务业增加值占GDP比重为33.9%；限上批发和零售额252亿元，增长23.3%；限上社会消费品零售额11亿元，增长33.6%；规上营收33.6亿元，增长25.7%。开票销售超100亿元企业4家、超10亿元企业19家、超1亿元企业81家；入库税金超1亿元企业3家、超5000万元企业6家、超1000万元企业21家。景澄市场引进企业41家，完成开票销售81.7亿元，增长27.7%；华西村商品合约交易中心围绕石油化工、钢铁、纺织品原料等贸易领域，开发上线大宗商品电子商务平台，打通期货现货线上线下交易渠道。年内，推动《关于进一步鼓励扶持服务业加快发展的实施意见》，出台服务业专项资金实施细则，兑付集团公司、平台载体、重点企业地方财政贡献奖励3.76亿元，电商专项奖励190.24万元，新增外贸进出口奖励和国家级行业协会省级总部服务平台补助210.06万元。用好用足上级各类扶持政策，助推企业争取重点项目、老字号、税收贡献等市级专项资金272.73万元，国家级、省级、市级服务外包专项资金292.28万元。用好中小企业转贷、信贷风险补偿等专项资金池，助推4家企业申请贷款1000万元。出台金融创新园、天安电商产业园“一个管理办法、两个考核细则”的制度体系，推动重点楼宇载体健康有序发展，金融创新园新增天奕、圣龙特奥、容海保险等8家入驻企业，初元视像科技、博润教育等11家虚拟注册企业；天安电商产业园新增延利汽车、易乐购、传澄网络等5家入驻企业。

（朱亚丽）

【科技创新创业】 2018年，江阴高新区继续实施创新驱动战略，加快构建以市场为导向、企业为主体、产学研深度融合为支撑的产业科技创新体系。全年实现高新技术产值618.2亿元，占规模以上工业产值62.3%；完成研发经费投入51.6亿元，占地区生产总值比重5.6%，大中型企业研发机构覆盖率100%。新认定高新技术企业63家、省民营科技企业32家、省独角兽企业1家、省瞪羚企业6家，完成高新技术企业培育入库21家、科技型中小企业评价入库120家。新建诺奖得主研究院1家、院士工作站2家，省级工程技术研究中心、研究生工作站等研发机构22家，中瑞生物医药海外孵化器揭牌运营，PNP（江阴）全球高端制造及新能源加速中心落户创业园，江阴金属新材料创新研究院、法尔胜企业联合创新中心、国澄军民融合装备技术研究院启动建设。引进高层次人才97人，其中诺奖得主1人、国家“千人计划”1人、省“双创人才”5人，新增海外留学人才15人、专业技术人才1504人，培养高技能人才620人，高新区科技人才服务平台成立运营。组织申报省、市各级科技计划项目69项，其中江阴天江药业有限公司批国家“重大新药创制”科技重大专项2个、省成果转化项目2个、省国际科技合作项目1个。申请发明专利844件，发明专利授权125件，有效发明专利拥有量达768件，PCT（国际专利）申请21件，获批开展国家知识产权示范园区创建，兴澄特钢获中国质量奖提名奖和“国家知识产权示范企业”称号，法尔胜获批全省首个国家技术标准创新基地和省知识产权战略推进项目，斯菲尔电气获评国家知识产权示范企业，黄山船舶获得国家标准创新贡献奖，长电科技获评省高价值专利培育项目。2月，会同江阴市科技和人才工作领导小组，启动以“智汇江阴、创业高新”为主题的2018年中国江阴（高新区）创新创业大赛，征集海内外项目52个。5月，苏南国家自主创新示范区江阴高新区一体化双创服务平台启用，与省生产力促进中心签订共建江阴集成创新中心协议，导入技联在线、金册网等省科技服务平台，审核上线服务机构170家，服务企业468家次。6月，召开高新区科协第一次代表大会，高新区科技工作者之家、生物医药产业企业科协联盟成立。11月，承办江苏省跨国技术转移大会江阴分会，达成意向合作项目4项。年内，组织企业赴武汉、西安等地开展产业对接活动，赴深圳参加高交会，赴华为、大疆、华大基因等企业考察学习，落实重点产学研合作项目24项。全年启动实施高新区创新型产业集群培育和科技型中小企业技术创新专项资金950万元、项目25项，带动企业增加研发投入近1亿元；为中小企业提供创业投资、科

12月28日，江阴高新区蟠龙山公园开工建设。此为公园效果图

（朱亚丽　供稿）

技贷款、科技保险等对接融资近2亿元，减免科技税收7.9亿元，增长36%；设立1000万元人才创新创业项目启动扶持资金和产业化奖励资金，落实兑付各级各类人才资金2600余万元；高新区财政人才投入资金5400多万元，占一般公共预算支出2.2%。

（朱亚丽）

【生态环境建设】 2018年，江阴高新区坚持“保护生态环境就是保护生产力、改善生态环境就是发展生产力”理念，同步推进园区经济发展高质量、生态环境高质量、人民生活高质量。与浙江省城乡规划设计研究院合作，编制完成《江阴高新区总体发展规划》和《分区规划》。新城镇综合开发PPP项目（政府与社会资本合作项目）完成设计，位于高新区城东中心区、总占地面积达70万平方米的蟠龙山公园于12月开工建设。年内拆迁农户64户、企业小作坊131家，拆迁面积超17.6万平方米。东盛东路、延陵东路建成通车，萧山路北段、秦望山路完成改造，水南路开工建设；新增道路绿化面积10.5万平方米，复垦土地43.33公顷。在全区范围内开展“310”综合整治行动，即利用3年（2018～2020年）左右时间，在全面落实省政府“263”专项行动的基础上，持续巩固全国文明城市创建成果，扎实开展沿江区域整治、淘汰落后产能、重点行业整治、大气污染防治、水污染防治、重点河道整治、违章违建整治、环境卫生整治、交通秩序整治、空闲土地整治等10项专项整治行动。年内关停“散乱污”企业261家、整治提升290家，完成申利纺织、长电科技、新树工程塑料等9家企业VOCs（挥发性有机化合物）治理工程、滨江和清泉污水厂提标改造工程，减煤4.5万吨，减排COD（化学需氧量）707.8吨、氨氮103.7吨、二氧化硫180吨、二氧化氮1000吨；清理整治蟠龙山路变电站南区域、凤凰山、银牌桥等区域环境6.67公顷，拆除长山临时菜场、锦隆社区、大河港汽修等新老违章建筑8840平方米，完成长山大道、金山路、澄江路等3条严管路设置。开展“长江大保护”行动，拆除涉及水源地达标建设的振华港机、中粮贸易码头、肖山码头，拆除涉及化工园区整治的宝利沥青、宇航石油，化工园区整改方案获省厅通过，完成化工园区规范发展综合评价。

（朱亚丽）

【民生实事】 2018年，江阴高新区坚持以人民为中心的发展思想，把人民幸福感、百姓获得感作为一切工作的落脚点，全力打造环境美、百姓富、福祉高的美丽和谐幸福区。全年完成工程项目78个。双牌景观河整治工程、老大河港治理工程建成完工，锦隆等社区安置房屋顶翻修工程、长山等社区道路改造工程竣工验收，新增停车位1600余个、小区监控点位240个。推进分布式污水处理站建设。组织分房101户181套，安置面积1.8万平方米。完成26个村集体经济股份制改革。完成社保扩面6837人，被征地农民即征即保率100%；实现本地劳动力就业1645人，扶持自主创业177人，农民人均年收入38158元。募集慈善冠名基金205万元，慈善一日捐50.11万元。“阳光扶贫”走访率100%，发放各类帮困资金近300万元。江阴市爱心护理院城东分院成立，长山、蟠龙社区居家养老服务站建成完工，“高新区残疾人之家”交付使用。召开高新区教育发展大会，制定教育提升五年行动计划，接纳新市民学生1377人，取缔16家校外培训机构学科类培训业务。组织公共卫生体检29807人次。高新区综合文化站投入使用。打掉涉黑恶团伙4个，破获各类黑恶案件25起，抓获各类涉黑恶人员63人。解决4家出险企业职工工资拖欠问题。金童社区创建“全国综合减灾示范社区”通过民政部检查验收，蟠龙社区、金山社区获批“江苏省和谐示范社区”，南苑小区、东苑小区获评为无锡市园林式居住小区。

（朱亚丽）

锡山经济技术开发区

【概况】 2018年，锡山经济技术开发区（以下简称锡山开发区）围绕打造苏浙沪地区“创新、兴业、宜居、乐活”优选理想地目标，推进招商引资、项目建设等各项工作，总体经济呈现良好发展态势。全年完成公共财政预算收入62.99亿元，比上年增长10.2%；规模以上工业总产值1112.1亿元，比上年增长14.3%；全社会固定资产投资283.69亿元，比上年增长13.3%；到位外资40614万美元，比上年增长7.27%；进出口总额39.56亿美元，比上年增长9.5%，其中出口总额28.55亿美元，比上年增长10.3%。

（陆金艳）

【招商引项】 年内，锡山开发区紧盯世界500强企业、跨国行业龙头企业、国内行业领军企业，拓展项目信息，突破重大项目招引，完成到位外资40614万美元。签约产业项目39个、总投资150余亿元，其中，总投资10亿元以上工业项目3个。总投资50亿元、用地26.8公顷的恩捷新材料科技有限公司项目，是开发区建区后引进的最大投资项目，产品技术含量处于国际领先水平，项目设计生产能力为年产25亿平方米，是全球最大的湿法隔膜生产企业；德力佳项目总投资20亿元，其中一期总投资13亿元、用地13.05公顷；健鼎高阶HDI板项目总投资10亿元、占地2.1万平方米。服务业招商取得新成效，荟智企业中心新注册企业101家，注册资本超20亿元，万奈特软件销售中心、新松机器人研发中心、摩方科技精密光学器件3D打印产业基地、帝尔激光科技有限公司研发总部先后落户。开发区拥有年开票超1000万元企业50家，较上年增加10家。无锡荟聚中心入选国字号"绿色商场"，海景壹号大酒店锡山店正式开业，蓝光雍锦园、华润江南府、恒大御峰、长泰国际社区四大高端住宅社区快速成型。

（陆金艳）

【产业升级】 年内，锡山开发区建设产业项目28个，其中续建项目13个、新建项目15个，总投资301亿元，完成投资76亿元。恩捷新材料、德力佳、昌航精铸、德林防务、中科微至等15个超1亿元新建项目如期开工；顶锋日嘉、积水映甫、上海工业锅炉等10个项目主体工程封顶，竣工投产项目6个。肯倍焊接技术（无锡）有限公司开业，项目总投资1250万美元，主要生产MIG焊枪、TIG焊炬及配件。

推进智能制造，无锡恩福油封有限公司等5家企业车间入围省级示范智能车间，累计创建13个省级示范智能车间。助推企业上市，协调解决无锡鑫宏业特塑线缆有限公司等企业上市过程中遇到的各类问题，三能器具（无锡）有限公司在台湾证券交易所成功上市，无锡德林防务装备股份有限公司、国宏工具系统（无锡）股份有限公司报省证监局辅导备案，无锡中天丝路云联纺织股份有限公司在"新三板"挂牌上市，推进全盛安仁机械有限公司、江苏卓和药业有限公司、泰极纸业有限公司等一批后备上市企业各项工作。

（陆金艳）

【科技创新】 年内，锡山开发区坚持创新驱动主战略，加快集聚人才、项目、专利等特色创新资源，布局未来产业。完成高新技术产业产值656.13亿元，占规模以上工业总产值的58.9%。申报高新技术企业47家、入围46家，开发区高新技术企业有105家。万人发明专利拥有量156件，在全市同类园区中继续保持第一。江苏新广联科技股份有限公司获评市科技进步一等奖。无锡富瑞德测控仪器股份有限公司等3家企业研究院挂牌成立，累计建成8家。南航国家技术转移中心锡山分中心正式签约。中科微至智能制造科技江苏有限公司李功燕入选国家高层次人才特殊支持计划名单。无锡风正科技有限公司刘玉桂的"空气净化用多效复合型滤材——'固气微'三效复合滤材的研发及产业化"项目入围省"双创计划"人才创业类项目；开发区博士后科研工作站实现无锡市博士后科研工作站考核评估"六连冠"。开发区科技创业园全年开票销售收入11亿元，纳税超8000万元，引进优质科技型企业28家，获批江苏省留学回国人员创新创业示范基地；无锡贝恩外科器械有限公司成为首家开票超1亿元、纳税超1千万元的龙头企业。

（陆金艳）

【园区建设】 年内，锡山开发区着力推进功能开发、服务配套和基础设施建设，打造多层次、高质量、有特色的供给体系。云林街道、厚桥街道签约拆迁面积10.81万平方米，其中住宅8.185万平方米、非住宅2.62万平方米，春江路南地块等9个地块完成签约。完成高邓路、镇北路、坊达路（九里河大桥）等"六路一桥"道路工程建设；完成厚桥幼儿园、厚桥街道养老服务中心及云林广场土建工程，启动桑园墩生态体育公园、云林滨水公园等建设工程。坚持实行"精细化、网格化、智慧化"城市管理，拆除各类违章建筑51处、2.7万平方米，环境卫生、违法建设等综合整治成效明显。全面推进"263"专项行动，完成污水处理厂一、二期总氮升级改造工程，完成污水处理厂分厂6万吨/日一级A出水标准建设工程；完成规划环境评估报告专家评审，启动国家生态工业示范园区创建验收准备工作。

（陆金艳）

【有信制造（无锡）有限公司建成投产】 4月19日，全球知名汽车零部件企业日本有信集团的汽车零部件项目——有信制造（无锡）有限公司建成投产。项目总投资1亿美元、注册资本3000万美元，主要从事汽车车身电

11月15日，锡山经济技术开发区"智造未来"上海推介会召开

（陆金艳 供稿）

子控制系统、遥控器、锁车架、中央门锁系统、驾驶杆锁、插锁和手柄及汽车用电动机械产品的开发与生产，为全球知名汽车生产厂家提供汽车安全系统，企业计划年销售额6亿～8亿元。

（陆金艳）

【开发区党建工作指导站成立】 6月1日，开发区党建工作指导站揭牌成立。指导站总面积1500平方米，设有党建展示厅、廉政教育展厅、党群服务窗口、教育培训中心、文体活动中心、职工服务中心等多个功能室，是锡山区功能最全、体量最大的党建公共服务平台。

（陆金艳）

【摩方高精密增材制造项目落户】 6月20日，无锡摩方高精密增材制造项目在开发区举行签约仪式。项目总投资5亿元，主要从事全球技术领先的微纳尺度3D打印，设计规模为4条以上的3D材料打印生产线，建成国家级精密增材创新研究院及精密光学器件3D打印产业基地。

（陆金艳）

【新松机器人研发中心项目落户】 7月18日，开发区与沈阳新松机器人自动化股份有限公司签署协议，挂牌成立新松机器人研发中心。研发中心将承担新松机器人激光系统解决方案、行业系统解决方案、工业4.0等业务板块产品的研发、销售、售后等工作，并计划建立华东地区生产、总装和试验基地。

（陆金艳）

【锡东新城产业推介会举办】 11月15日，“梦耀锡山、智造未来”2018无锡锡东新城产业推介会在上海静安昆仑大酒店举行。产业推介会吸引来自精密机械和智能装备、整车和汽车零部件、电子信息和集成电路、新能源新材料行业知名企业、跨国公司中国区总部、行业协会及商会等涉外机构150人参会。

（陆金艳）

【无锡顶锋日嘉金属制品有限公司开业】 12月4日，由世界500强跨国企业日本住友商事株式会社和全球高端模具钢细分行业的标杆企业日本大同特殊钢株式会社共同出资设立的无锡顶锋日嘉金属制品有限公司建成开业。项目总投资6000万美元。

（陆金艳）

宜兴经济技术开发区

【概况】 2018年，宜兴经济技术开发区（以下简称宜兴开发区）以“智能化、绿色化、服务化、高端化”为引领，确立“项目立区、产业强区、科创兴区”战略，保持经济社会各项事业协调并进。全年地区生产总值179.7亿元，比上年增长11.3%。工业应税销售收入596.72亿元，比上年增长13.8%；规模以上工业产值527.6亿元，比上年增长17.9%。全社会固定资产投资111.4亿元，占全市资产投资总量的26.5%；工业投资84.3亿元，占全市工业投资总额的35.9%。到位注册外资2.8亿美元，占宜兴市注册外资总额的58.3%。进出口总额16.4亿美元，其中出口13.6亿美元。税收收入30.9亿元。工业用电量保持两位数增长，高于宜兴市平均水平。年度考核中，开发区在219个国家级经济技术开发区中排名第55位。启动省级生态园区创建和规划环评工作，规划环评通过环保部评审。深化“263”专项行动，累计关停化工企业62家（含芳桥街道22家），并组织“回头看”；拆迁民房和企业6万平方米，推动坤风系印染企业破产。加强生态治理，完成北塍河等5条河道清淤工作，拆除畜禽养殖场40个，完成目标任务。

（梅　玲）

【项目建设】 年内，宜兴开发区项目建设成效明显。总投资50亿元的东方环晟光伏（江苏）有限公司5吉瓦高效叠瓦太阳能电池组件项目8条生产线建成投产，累计产能2吉瓦；总投资30亿元的无锡中环应用材料有限公司10吉瓦晶硅切片项目实现生产；总投资20亿元的江苏宜兴德融科技有限公司薄膜砷化镓光电元器件项目5台MOCVD设备实现量产。兴森快捷电路科技股份有限公司电路板贴片项目、江苏灵谷化工集团有限公司技改项目、江苏中广润新材料科技有限公司轨道交通高性能金属材料项目、军民融合产业等项目推进顺利。无锡市正耀机械有限公司标准件智能装备制造项目、江苏亚廷汽车科技有限公司涨紧轮项目，完成厂房建设。总投资均达10亿元的中环扬杰半导体器件封装项目、江苏文灿新能源汽车轻量件项目落户开发区。无锡帝科电子材料科技有限公司光伏新材料项目、安普多森机械（宜兴）有限公司离心泵项目集中开工。中环领先大硅片项目、中环应材10吉瓦晶硅切片项目分别获无锡市奖补7000万元、3900万元。

（梅　玲）

【科技创新】 年内，宜兴开发区申请专利688件，专利授权359件，万人发明专利73件，位列宜兴市第一。红牛维他命饮料（江苏）有限公司获宜兴市

6月21日，中环股份与扬杰科技集成电路器件封装基地项目签约

（梅　玲　供稿）

5月10日，宜兴经济技术开发区与无锡金程创业投资有限公司合作签约

（梅 玲 供稿）

市长质量奖。江苏国信协联能源有限公司陈坚院士工作站、宝银特种钢管有限公司张金麟院士工作站获评为省级院士工作站。江苏创新环保新材料有限公司在香港联交所上市，成为开发区第3个主板上市企业。宝银特种钢管有限公司入选江苏省两化融合管理体系贯标试点企业，获中国专利优秀奖。无锡帝科电子材料股份有限公司入选江苏省隐形小巨人企业、博士后创新实践基地，2018年度无锡市高成长创新型企业50强中第二名，列入首批无锡市准独角兽企业培育库。东方环晟光伏（江苏）有限公司、江苏雅克科技股份有限公司获评江苏省示范智能车间，东方环晟光伏（江苏）有限公司是江苏省唯一一个入选工业和信息化部《光伏制造行业规范条件》企业，获得国家政策扶持。

（梅 玲）

【区域发展】 年内，宜兴开发区新政务服务中心启用，其中进驻部门审批窗口11个，承接审批权限42项，市场准入与宜兴市级同权。成立不动产综合办理窗口，搭建“一站式”政务服务平台。全年开发区处置关停企业14家，盘活厂房25万平方米、土地67万平方米，落地开工项目10个，仅新征地4万平方米，其余均为盘活闲置。其中，无锡市中环材料股份有限公司完成国电光伏（江苏）有限公司27万平方米土地的收购，作为无锡市中环材料股份有限公司领先大硅片项目用地；投资10亿元的中环扬杰半导体器件封装项目、江苏文灿新能源汽车轻量件项目均是收购关停企业资产。军民融合产业园获批江苏省军民结合产业示范基地，建成省级科技企业加速器；宝银特种钢管有限公司与北京科技大学合作，共建高端装备制造研发平台；开发区与无锡金投控股有限公司合作，设立无锡金程创业投资基金，为成长型、科技型企业提供投资服务；举办宜兴集成电路材料产业规划发布会暨产业发展研讨会。

（梅 玲）

【帝亚一维技术中心揭牌】 5月18日，帝亚一维核心技术发布暨技术中心（宜兴）揭牌仪式在开发区举行。帝亚一维新能源汽车有限公司是由江苏悦达创业投资有限公司、IDG资本、北京联动天翼科技股份有限公司等共同出资成立，集纯电动汽车研发、制造、营销于一体的高新技术企业。帝亚一维宜兴技术中心占地面积6.7万平方米，建筑面积3.5万平方米，总投资5亿元。该中心具有国内新能源汽车行业一流研发水平，建成包括焊装、涂装、总装试制线，整车下线检测线以及电池PACK试制线等设施，是国内一流的新能源整车及零部件试制测试评价中心。

（梅 玲）

【宜兴集成电路材料产业规划发布】 10月，宜兴集成电路材料产业规划发布暨发展研讨会举行。开发区会同赛迪研究院完成宜兴集成电路材料产业规划的编制，打造专业化、智能化、生态化的集成电路材料产业园区，形成“一园三区”的总体布局结构，推动集成电路材料产业快速发展。“一园”是集成电路材料产业园区，规划面积7平方千米，力图打造成苏浙皖交界区域性中心城市战略性新兴产业园区；“三区”是三大功能板块，分别为电子化学品区、大硅片配套区和元器件配套区。开发区按照宜兴集成电路材料产业规划指导，以集成电路材料产业园区为依托，发展集成电路材料产业。

（梅 玲）

【爱心基金成立】 6月，宜兴开发区首个爱心基金——奥瑞金爱心基金成立。江苏奥瑞金包装有限公司捐资100万元成立奥瑞金爱心基金，将连续10年每年出资10万元，用于特困家庭慰问和贫困学生资助。开发区向全社会发起募集善款倡议，江苏国信协联能源有限公司、江苏灵谷化工有限公司、银环控股集团有限公司等23家企业响应，累计募集善款321万元。9月，开发区（屺亭街道）教育关爱基金成立，接受社会各界捐资，成立基金管理委员会，负责基金管理和使用，采取一年发放一次的方式，扶贫帮困、表彰先进等。

（梅 玲）

江苏无锡经济开发区

【概况】 2018年，江苏无锡经济开发区地区生产总值完成340亿元，增长7.5%；完成公共财政预算收入23.8亿元；规模以上工业总产值完成406.2亿元；规模以上服务业营业收入完成470.8亿元；固定资产投资完成233.9亿元；限额以上社会消费品零售总额完成64亿元；进出口总额完成9.36亿美元；完成到位注册外资219.4万美元。

（汪 晶 王浦均）

【产业发展】 年内，无锡经济开发区突出量质并举，树立“现代产业引领区”建设目标。工业项目中，有效高企数达88家，高新技术产业产值达161.37亿元，占规上工业产值比重超40%。威博钟山、美斯泰克等18个重大项目建成投产，翔淳科技、晶智鑫科技等8个先进制造业项目加快建设。振华亿美嘉、华尔众等汽车部件制造项目总投资10亿元。金秋经贸洽谈会期间，签约8个项目，投资总量超50亿元。签约中国中车（产业园）、中特野营装备等一批“中字头”“小巨人”项目。蠡湖增压登陆深交所创业板，振华轿车、派克新材料加快上市报会审批。航空发动机、燃气轮机等核心部件实现量产。生产性服务业中，与南洋投资公司签约新材料供应链产业园项目，总投资4000万美元。生活性服务业中，与北控集团签约高端商业住宅项目，总投资25亿元。汽车城完成销售22.4亿元，比上年增长15.5%，完成税收总量7368万元，其中，奔驰、雷克萨斯每公顷税收超9万元；林肯4S店启动建设，宾利、凯迪拉克新晋销售序列。举办九龙湾花彩小镇首届花朝节，花卉主题酒店一期正式营业，花公园等系列子项目加快建设。

（汪　晶　王浦均）

【招商引资】 年内，无锡经济开发区项目招引成效凸显。引进《财富》世界500强投资企业9家，新引进规模企业20家，新引进投资2亿元以上先进制造业项目和功能性服务业项目各1家，新增上市企业1家。55个超5000万元重点投资项目加快推进，其中永大科技、大业电器、上影影视文化产业园、怡和医院等项目开工建设，省市重点项目完成投资150亿元。富华高技术研究院、远景全球智能物联网创新中心、浪潮大数据产业园、“雪浪云”工业互联网平台等项目落户。中科院计算技术研究所海洋大数据应用研究中心、云栖工程院·雪浪小镇数字制造创新中心、无锡工业制造大脑平台项目等12个重大项目集中签约。

（汪　晶　王浦均）

【科技创新】 年内，无锡经济开发区对标国内外一流的科技谷、科技城，加大科技投入，打造无锡在新经济时代的“动力引擎”。全年实际用于科技创新的财政支出达到600万元，省级及以上研发机构58个，“四上”企业研发经费8.92亿元，高新技术企业88家。全年经开区企业PCT专利申请5个，年度发明专利授权量155个，年度新增江苏省示范智能车间2个。至年底，国家物联网创新中心等一批具有规模效应的重大创新平台落地经开区，浪潮集团大数据总部浪潮卓数、雪浪数制、中科海拓、巨蟹科技等一批高成长型科技企业签约落地，为打造“科技创新先导区”打下坚实基础。

（汪　晶　王浦均）

【区域建设】 年内，编制出台《无锡经济开发区（太湖新城）发展纲要》，开展经开区总体城市设计，启动经开区发展战略研究。新城初中、怡和医院、和畅睦邻中心、方庙农贸市场等配套项目加快推进，国际学校正式投用。尚贤河五期、蠡河生态环境整治项目、梁塘河生态湿地恢复工程等环境景观建设进展良好；秀水河、碧水河河道综合治理工程以及防汛应急工程等水利工程建设加快实施。围绕实现梁塘河以南至具区路以北拆迁地块三年清零的总体征拆目标，制定《三年征收（2019～2021）攻坚行动计划》，统一征收拆迁政策，并召开动员大会全面部署开展新一轮征收拆迁工作。生态环境有效提升。认真抓好各类环保交办问题整改工作，深入推进蓝天、碧水、净土三大保卫战，完成“散乱污”企业综合整治339家，关停化工企业1家。加快市容市貌治理，围绕户外广告、门头店招、无证摊贩、暴露垃圾、违章停车等市容问题开展环境综合整治，针对偷倒垃圾、违法建设、小飞龙、乱停车等热点问题开展专项治理并取得明显成效，“大棚房”排查整治工作按计划推进。原正茂化工厂地块完成土壤修复。胡埭地区卫生院建成启用，新文体服务中心全面启用。张舍农贸市场完成改造启用，夜宵疏导点提升改造加快推进。

（汪　晶　王浦均）

【社会文化事业】 年内，无锡经济开发区全面落实精准救助、社会保障各项政策，救助困难群众1554人，实现城镇新增就业6588人，援助重点就业困难人员再就业827人。有序承接教育资源，针对教育领域群众反映强烈的入学矛盾，谋划制定解决方案。推进学校食堂规范管理，全面开展校外培训机构专项治理工作。依托“家庭医生团队”，落实全市第一个残疾人精准康复服务试点，完成“江苏省示范乡镇卫生院”创建；胡埭鸿翔村卫生室获评“江苏省示范村卫生室”。启用综治中心，建设全要素网格，深化“七五”普法，统筹抓好信访稳定。加大文化惠民，举办“纪念改革开放40周年”主题会演、环保、科普等各类活动近百次。

（汪　晶　王浦均）

【体制改革】 3月19日，第六十二次市委常委会研究太湖新城改革建设发展工作，审议通过《关于优化调整太湖新城管理体制的方案》，成立无锡经济开发区管委会筹备工作组。9月18日，省委常委、市委书记李小敏主持召开市委常委会，专题研究部署太湖新城管理体制优化调整工作，审议通过《无锡经济开发区（太湖新城）发展纲要》《江苏无锡经济开发区（太湖新城）党工委管委会机构编制和职能配置方案》《关于优化完善无锡经济开发区（太湖新城）财政管理体制的工作实施方案》。11月13日，省委常委、市委书记李小敏一行实地考察了解经开区前期筹建各项工作情况，对下阶段工作提出明确要求。

（汪　晶　王浦均）

江苏省无锡蠡园经济开发区

【概况】 2018年，蠡园开发区（街道）把握高质量发展根本要求，推动经济社会和党的建设不断向好发展。全年完成财政总收入19.5亿元，比上年增长26%；一般公共预算收入10.06亿元，比上年增长24%；规模以上工业总产值87.7亿元，比上年增长18.5%；限额以上社会消费品零售总额5.75亿元，比上年增长12%；到位注册外资1125万美元，外贸进出口总额9.2亿美元，比上年增长10.4%；全社会固定资产投资46亿元，其中工业投入3.44亿元。开发区获评全市省级以上开发区2018年度综合考核优秀等次；在全省开发区综合排名三年累计提升23位。

（计　静　俞　翔）

【新兴产业发展】 年内，蠡园开发区明确“集成电路设计在滨湖”的定位，联合滨湖区设立总规模不低于20亿元的集成电路设计产业发展基金，投资总额超20亿元的集成电路设计企业（神威AI、启腾微电子、晶哲微电子等）落户；国芯微电子、启腾微电子、格能微电子、博通微电子等4家企业通过滨湖区集成电路扶持新政评审，获得项目启动扶持资金。举办太湖创“芯”峰会，引进投资超亿元的国芯微电子、启腾芯片等项目。推进超算及大数据产业市场化应用，“神威·太湖之光”应用成果连续两届获得“戈登·贝尔”奖。工业设计产业加速平台建设，通过政府监管企业化运作打造“设计+”公共服务平台和众创空间。金融创投产业成效明显，完成金融类企业引进并备案54家，创投企业实缴资本到位13.89亿元，创投企业对外实投资本13.89亿元。至年底，金融创投产业已累计引进企业290家，到位实缴资本78.36亿元。推进生物医药和大健康产业，正生科技集团投资6亿元，打造智慧健康高端项目。

（计　静　俞　翔）

【招商引资】 年内，蠡园开发区围绕投资额度高、产出效益高、科技含量高、产业关联度高的“四高”项目加大招引力度，新引进企业465家，其中注册资金1000万元以上企业占比近四成，国芯微电子、正生科技、芯超生物等一批重大产业项目落户。太湖智谷、信捷电气等7个超5000万元项目推进顺利，通过盘活闲置、新争取地块等方式，实现宏湖微电子、贝斯特六期扩产、微研汽配和旭电科技曝光机等项目落地，总投资7亿多元。紫金地块被龙湖地产以9.4亿元斩获，溢价率15.5%。

（计　静　俞　翔）

【科技创新】 年内，蠡园开发区引进各类人才1050人，其中高层次人才65人。星荃物联网张兰获评省双创博士（创业类）；卓胜微电子许志翰获评无锡市十大杰出海外人才；国家超算无锡中心杨广文团队获评无锡市十大杰出创新创业团队，全年开发区申请发明专利440件。新增13家企业通过高新企业认定；14家企业获高新企业培育奖励；4家企业获市科技型中小企业创新基金项目认定；7家企业入围首批雏鹰企业培育入库名单；6家企业入围首批瞪羚企业培育入库名单；4家企业入选无锡市高成长创新型企业50强。同步电子获无锡市科学技术进步奖三等奖。

（计　静　俞　翔）

【区域环境建设】 年内，蠡园开发区推进“263”专项行动和“河长制”工作，严格落实各级环保督察整改任务，制定出台相关实施意见、考核办法，推进治水工作。11条河道全面消除黑臭，西新河、秦巷浜黑臭水体整治工作得到生态环境部、住建部充分肯定，68个排水达标区块整改验收成果位列滨湖区第一。完成餐饮服务业整治项目4个，“散乱污”整治项目4个，“减化”企业双锦特种油品公司关闭。打捞蓝藻18.72万吨，水草5023吨，确保太湖安全度夏。建筑路、鸿雁路、观涛路改造完工，道路形象节点设计、老旧园区升级等工程持续推进，开发区功能配套和城市品位得到不断完善；通过开展吟白路及鸿桥市场周边环境、蠡溪路等8条主次干道市容秩序专项整治工程，推进“优美环境合格区”建设，确保城市精细化管理全覆盖。开发区辖区内首个储能电站项目在经历调试后顺利并网。通过接入储能电源，电站每天可以提供800千瓦时左右的电量。

（计　静　俞　翔）

【社会事业】 年内，蠡园开发区社保就业增量扩面持续推进，扶持自主创业100人、带动就业520人，发放创业担保贷款75万元，蠡园街道作为全省唯一满分单位被省人社厅认定为标准化创建示范点。蠡园街道为民服务中心办公地址迁至新址无锡市滨湖区滴翠路99号，中心内设民政等十余个服务窗口，开启了一个窗口受理、一次性告知、一条龙服务、一站式办结、一次性收费的服务新模式。开展“阳光扶贫”等活动，年内，16户居民实现脱贫。“惠民实事”十项工程全面完成，渔港菜场全新启用，有效提升渔港周边群众的生活便利性。街社联动的“家门口养老”服务体系不断完善，蠡园日间照料中心、湖景社区居家养老中心开业，为居民提供各项智能平台、就医绿色通道，实时健康监测等智慧居家养老服务。百禾怡养院打造成为无锡首家景观式养老院，街道卫生服务中心中医馆投入启用，积极打造“幸福陪伴”残联品牌，推进“智慧残联”平台、“百信民情”云平台建设工作，基本完成“智慧蠡园”演示指挥云平台的系统开发。深化全要素网格化社会治理机制，“三无”社区创建成效显著，化解阶段性、区域性、行业性的突出问题。

（计　静　俞　翔）

【第十九期“创投无锡”太湖人才科技金融路演暨滨湖区首期融资项目对接会】 3月30日，第十九期“创投无锡”太湖人才科技金融路演暨滨湖区首期融资项目对接会在蠡园开发区举行。

蠡园开发区的大箕山社区文化活动室　（俞　翔　供稿）

7月27日，无锡太湖创"芯"峰会在蠡园开发区举办　（俞　翔　供稿）

8家创业型企业的精心路演，吸引了全国近50家投融资机构的关注，有60多家中小型创业型企业进场观摩。

（计　静　俞　翔）

【CCF第六届太湖论坛——超级计算机并行应用大会】 4月27日，由中国计算机学会主办、中国计算机学会无锡分部承办的"CCF第六届太湖论坛——超级计算机并行应用大会"在蠡园开发区开幕，大会主题为"超算与人工智能"。国家超级计算无锡中心主任当天正式发布：神威社区是一个高度活跃的在线论坛社区，可以发布公告、技术交流、分组聊天、关注实时消息通知、markdown文档发帖等等。大会期间，还举行了第一届国产CPU并行应用挑战赛（CPC）总结暨第二届国产CPU并行应用挑战赛（CPC）启动仪式。

（计　静　俞　翔）

【滨湖区首个基层党建工作指导站在开发区揭牌】 5月4日，滨湖区首个基层党建工作指导站在蠡园开发区揭牌。工作指导站以推动党建工作高质量发展为目标，打造基层党组织的管理平台、特色党建品牌的孵化平台、后备人才的培养平台。

（计　静　俞　翔）

【第一届无锡太湖创"芯"峰会】 7月27日，滨湖区集成电路设计产业重大项目签约暨2018无锡太湖创"芯"峰会在无锡（国家）集成电路产业中心举行，无锡市人民政府与中国信息安全测评中心签订战略合作协议，神威AI、中科芯创芯芯片、深圳天基通讯、GNSS卫星导航芯片等15个项目同步签约，涉及芯片设计应用及相关产业，总投资近20亿元。

（计　静　俞　翔）

【江苏省首个生物样本库动工】 10月26日，总投资1.3亿元的百万级存储规模的江苏省首个生物样本库在蠡园开发区动工开建。该项目可为无锡乃至长三角地区的医疗发展提供大数据和专业的存储服务。

（计　静　俞　翔）

江苏省无锡惠山经济开发区

【概况】 2018年，惠山经济开发区（以下简称惠山开发区）围绕高质量发展要求，推动经济社会持续稳定健康发展。全年完成工业总产值386.6亿元，比上年增长11%；完成规模以上工业总产值360亿元，比上年增长10.3%；完成一般公共预算收入19.11亿元，比上年增长2.5%；完成到位注册外资1.96亿美元，比上年增长25%；完成外贸进出口8.5亿美元，比上年增长10%，主要经济指标平稳运行。

（叶晓雯）

【重点项目建设】 年内，惠山开发区43家资产超1亿元企业累计完成产值333.16亿元，占规上工业总产值的92.6%，比上年增长12.2%。龙禧锦纶、时代天使、美乐科斯等13家企业产值实现比上年增长超过50%；万斯集团、江苏一汽铸造、锡安达等23家企业产值实现比上年增长超过20%。上汽大通产值继续保持较快增幅，率先成为惠山区首家百亿元级企业，为开发区经济稳增长提供了有力支撑。总投资48.66亿元的中车时代新能源客车、领途新能源汽车、药明生基、大联洋快速食品等5个重点工业项目投产；总投资138.45亿元的达美新材料、戴卡凯斯曼、一源机械、嘉科密封件等13个重点工业项目竣工；完成总投资6.7亿元的嘉科公司汽车发动机及变速箱核心密封件生产线升级改造、万斯纺织床上用品产线改造等9个重点技改项目。服务业方面，总投资5.5亿元的生命园总部经济聚集区项目开工建设，总投资4亿元的尚航数据云服务中心项目开始进行内部装修。

（叶晓雯）

【招商引资】 年内，惠山开发区新招引5个超3000万美元以上重大外资项目，占惠山区83.33%。新签约项目包括：首期注册资本1.5亿美元的CASI高端仿制药全球研发及生产总部基地，首期注册资本1亿美元的"互联网＋全球旅游"行业内的龙头企业皇包车，注册资本4600万美元的中车浩尔夫动力总成研发生产基地，注册资本均为3000万美元的麦卡能源、精科增资、赛晶增资项目，以及注册资本均为1000万美元的绿凯思科环保设备、蔚然科技、安腾智能液压锤等。在"金秋招商月"活动中，总投资超220亿元的51个项目成功签约落户，为开发区经济持续稳定发展奠定基础。

（叶晓雯）

【服务平台建设】 年内，惠山开发区推动各类服务型平台建设。英国格拉斯哥离岸孵化器、无锡市太湖医疗器械创新发展中心、共享办公领域独角兽优客工场投入运行。石墨烯公共技术服务平台四期投用，平台实验室通过CNAS认证，入选江苏省中小企业一星级服务平台。美英加三国院士麦教授领衔的无锡创新药研究院、孙颖

11月17日，CASI高端仿制药全球研发及生产总部基地项目签约

（叶晓雯　供稿）

浩院士工作站、徐建中院士工作站进入装修阶段。惠山智能制造加速器、生命园E区总部经济集聚区启动建设。软件园获评国家中小企业公共服务示范平台（无锡市仅2家平台入选）、中国技术创业协会科技创业孵化贡献奖、江苏省科技创业孵化链条。生命园获评为市人才创新创业示范基地、入选2017年省科技服务业百强。数字园获评为江苏省科技企业加速器、江苏省科技企业孵化链条。高端装备产业园同济大学新能源汽车无锡研究院落户。创业中心获评为江苏省五星级中小企业公共服务平台，国家级石墨烯产品质量监督检验中心正式获批，中德国际科技创新离岸孵化器投入运营。

（叶晓雯）

【创新发展】　年内，惠山开发区新增安之卓、申瑞生物等32家高新技术企业，新增嘉加科技、睿米信息等14家市瞪羚企业培育入库企业，新增格菲电子、挪瑞科技等26家市雏鹰企业培育入库企业。申瑞生物的“尿中游离巯基定性测定试剂盒的产业化”项目、源晟动力的“大承载力低损耗磁悬浮轴承的研制”项目入选省重点研发计划。时代天使获评江苏省企业技术中心，并被认定为惠山区唯一一家省科技小巨人企业。新大力电机、中德美联获评省工程技术研究中心，沃尔福汽车、蓝力重工获评市工程技术研究中心。此外，力马化机、上能电气获评江苏省名牌；中车时代大型风电叶片机器人磨抛系统获评省级重大装备首台套；微炫客获评为惠山区唯一一家省级优秀软件企业；双鸟科技获批为惠山区唯一一家省专精特产品。年内，爱德阀业、务达五金、金木土4家企业启动股份制改制，完成股改2家；引进股改三板企业天安智联；力马化机、欧玛森、孚嘉航海、源隆金属、金木土、英罗唯森、爱德阀业、务达五金等挂牌省股交中心专精特新板，其中爱德阀业、务达五金场外挂牌成功；上能电气补充上报资料已报省证监会并验收；新瑞贝新三板摘牌拟向科创板上市。实施人才“微政策”，全年新获评国家创新人才推进计划1人、省“双创”5人、省“333工程”3人、省科技企业家5人、科技副总2人、区先锋英才22人，年内累计兑现“人才微政策”扶持资金1273万元。惠山科技金融中心新设立总规模92亿元的国新科创、加盛巢生等7家基金，引进的基金总规模已超250亿元，保障辖区创新企业的快速发展。

（叶晓雯）

【智能制造】　年内，惠山开发区以创建惠山智能制造示范引领区为目标，制定出台《惠山经济开发区创建智能制造示范区三年（2018～2020年）行动计划》，开展智能制造及物联网政策宣讲会、两化融合贯标及“企业上云”推进会、智能制造咨询诊断对接会、重点企业观摩交流会、首席信息官培训等工作，引入总规模20亿元的元禾控股人工智能产业投资基金，率先在惠山区形成特色鲜明、体系完整、融“研发孵化—中试加速—产业化”于一体的智能制造推广应用体系。锡柴惠山工厂“柴油机升级改造”、透平叶片“航空发动机关键部件科研能力技术改造项目”、一汽铸造“5MW大型海上风电零部件生产线节能技术改造”等30个超千万智能化技改项目进展顺利，其中，嘉科汽车发动机及变速箱核心密封件生产线升级改造、上汽大通二期汽车整车生产线改造、万斯纺织床上用品产线改造等9个总投资6.7亿元的项目完成智能化升级改造。新增美乐科斯车用电子智能车间、时代天使隐形矫治器智能车间2家省级示范智能车间，新增威孚长安自动化浇铸车间、上汽大通车身车间等3家市级智能车间；新增时代天使、赛晶电力等5家国家、省两化融合贯标试点示范企业；新增时代天使1家区级智能工厂，透平叶片、变格新材料、万斯等5家区级智能车间以及众联能创、威孚长安、威埃姆等6条区级智能流水线。依托华科大无锡研究打造的智能制造与机器人应用技术公共服务平台，获批为2018年省创新能力建设计划暨中央引导地方科技发展专项资金拟立项项目，成为无锡唯一、全省获得立项的3家科技公共服务平台之一。上汽C2B个性化订制上线运行、骏业科技“工业焊接机器人”、蓝力重工“智能数字伺服驱动泵式液压机”、盛力达“感应轮胎丝加热智能生产线”等智能装置、智能产品实现量产。金润传动的“自动变速器液压控制模块项目”中标工业和信息化部强基工程，成为无锡市唯一获批企业。华科大无锡研究院、力马化工机械获评省级智能制造优秀服务商，中智软创等2家企业列入江苏省工业互联网服务资源池。

（叶晓雯）

【区域建设】　年内，惠山开发区完成总面积超50万平方米的惠山大道景观绿化工程一期、张村南运河公园、光电园周边、白屈港西滨河公园华惠路以南景观绿化提升工程，及1.6千米的生态修复及沿岸景观工程。建成总长

2.3千米的吴韵路北延、堰裕路东延、畅园路东延3条道路；古庄东西排涝站改造工程、河东河排涝站工程、锡北运河和古庄生态园东堤防加固工程完成建设。编制产业发展规划以及存量用地整合利用研究规划的方案，完成静态交通项目及省锡中第三实验小学项目前期立项工作。张村下高、长安化纤厂2个区重点地块，以及河西宋巷、姑亭庙黄巷、威孚长安东等4个重点地块拆迁清零。全年拆迁住宅510户、10.2万平方米；拆迁非住宅21家、8.8万平方米。古庄生态园上舍120万平方光伏建设贯通并实现并网，大棚建设全部完成。玫瑰园项目完成13.33公顷面积玫瑰种植，同时完成11.33公顷林下花海环境整治工程。启动多塘串联净化工程及小微湿地净化工程。文化活动中心完成装修，申报白荡省级湿地公园项目。根据“清理僵尸企业、整合低效资源、优化资源配置”三年行动计划，通过采用腾地拆迁一批、并购重组一批、提升改造一批、回购收储一批等处置方式，最大限度为重大产业项目预留用地空间，累计投入超亿元成功竞得华通铜业、福隆鼎、力豪科技等不良资产抵押物，共回收土地6.78公顷，厂房及办公楼6.7万平方米，并且推进137家“散乱污”企业整治，腾地20公顷，实现低效资源配置高效资源、错配资源调成优配资源。

（叶晓雯）

【民生实事】 年内，惠山开发区推进教育均衡优化、卫生资源优化、人居生活改善、特殊群体帮扶、公共文化惠民、平安法治建设等十大类民生实事工程。省锡中实验学校二小完成装修，具备交付条件；惠山区中医院二期实现主体封顶；惠城社区管理服务中心和文体活动中心、悦水园幼儿园装修工程、长安中心幼儿园智慧学校建设、金惠社区优抚之家及区域性老年人助餐中心、长乐苑六期6.3万平方米安置房等一批民生项目如期交付使用。在惠山区率先完成安置房小区物业服务收费的备案工作，全年收缴物业管理费和停车费200多万元。制定了安置房小区物业管理工作考核办法，加强对各物业公司的考核。实施“乐享长安·幸福提速”残疾人才艺培养工程，制定出台《关于加强养老（残）服务体系建设的实施意见》，初步形成居家养老（残）、社区养老（残）和机构养老（残）为一体的社会化服务模式。新惠社区打造人大代表工作室、“左邻右里”、爱心满屋等特色品牌；金惠社区打造金乡邻“邻家”文化品牌，实现居民自治常态化；成功举办了非物质文化遗产新春展、送戏进社区、端午节主题文艺演出暨第三届文体艺术节开幕式、科普中秋纳凉晚会等活动，开发区自创小品《甲房乙房》获无锡市群芳奖金奖和省五星工程奖。全年新增就业3508人，援助重点就业困难人员再就业875人，落实精准扶贫帮困，为104户135人提供精准帮扶，累计发放救助补贴35万元。长宁社区红树林志愿者服务站获“无锡市十佳最美志愿服务社区”和“全国学雷锋志愿服务联络工作示范站”称号；堰新社区打造夕阳红志愿者品牌，夕阳红调解志愿者队获评惠山区首个五星级志愿服务队，58名志愿者获评惠山区星级志愿者；长乐社区建设无锡市首个社区“医养结合”服务站，并成功创建无锡市美丽乡村示范村；惠城社区深化“书香社区”建设，获评全国示范农家书屋；惠南社区在惠山区首推“法治楼道长”制度，并被央视《焦点访谈》栏目组等多家媒体深度报道；“智慧社区”居民融合项目获无锡市社区治理创新实践项目示范奖。

（叶晓雯）

【生态治理】 年内，惠山开发区加强环境保护督察整改，现场监督检查723厂次，下发限期整改通知书8件，上报立案处罚25件，把金惠农贸市场、原新乐园地块、高田村地块3个重点地块纳入环卫长效管理。协调处理各类环境信访150余件，处理率100%，其中，专门成立餐饮油烟污染专项整治工作领导小组，对金都花园欣惠路沿街餐饮店集中关停；成立“散乱污”企业专项排查小组，整改“散乱污企业”137家，完成率100%。持续推进“两减六治三提升”专项行动，完成一汽铸造熔化炉改电，年节约3500吨标煤；推动惠联热电完成1、2、6号送风机变频节能改造；完成惠山水处理厂五期扩建主体工程，建筑装修垃圾转运站、生活垃圾转运站、消纳场所完成建设并投入使用。推进“清水行动”，完善“河长制”管理，编制《开发区2018～2020年“畅流活水”规划》，12条镇级以上河道和33条村级以上河道纳入编制，为“一河一策”科学治理河道奠定基础，同时建立河道问题签单销号制，落实“一事一办”，确保每个问题整改到位。完成无畏河、长安东界河等7条河道清淤长度8.2千米、淤泥量9.3万立方米。在惠山区率先开展垃圾分类工作，完成4个居民小区及30家企事业单位的生活垃圾分类，辖区范围内陆上加油（气）站油气回收

9月，惠山经济开发区举办第六届金秋招商月活动 （叶晓雯 供稿）

11 月 28 日，领途汽车下线，标志着惠山经济开发区跃升为无锡汽车产业新高地

（叶晓雯 供稿）

治理率 100%。年内，开发区通过省级生态工业园绩效审核。

（叶晓雯）

【社会综合治理】 年内，惠山开发区做好社会治安防控体系建设，辖区建治安监控 2196 个，形成“点线面”立体化信息化社会治安防控体系；常态化开展矛盾纠纷排查化解工作，摸排线索 2346 件，处理矛盾纠纷 2158 件，调处成功率 100%；围绕重点行业安全防控，共排查 8884 家单位场所，发现各类安全隐患 723 处，全部责令整改到位；有序推进扫黑除恶专项斗争，成立 34 人组成的专项斗争领导小组，抓获涉黑涉恶案件人员近 40 人。开发区被无锡市信访联席办评为惠山区唯一的信访工作“四无”镇（街道）先进单位，并且被表彰为江苏省综治工作先进集体。

（叶晓雯）

【孙颖浩院士工作站落户】 11月2日，中国工程院院士孙颖浩工作站落户开发区生命科技产业园。孙颖浩是国际著名的泌尿外科领域泰斗、973 计划首席科学家。由孙颖浩领衔、申瑞生物和无锡二院联合承接的院士工作站，依托孙颖浩及其团队多年的临床及科研经验成果，凭籍承接单位的医疗资源，在“临床科研成果的产业化转化及应用”和“临床诊疗技术的全面提升”两方面深入开展前沿研究，在泌尿外科领域内建立起国内第一家院士领衔的科研产业转化基地。

（叶晓雯）

【省生产力促进中心与开发区缔结战略合作关系】 11 月 14 日，江苏省生产力促进中心与开发区签署全面战略合作协议，利用省生产力促进中心所拥有的“超 3 万名国内顶级专家库、全球双向高层产学研资源、江苏省大型科学仪器协作共用网、解决科技型中小微企业融资难利器‘苏科贷’、省双创人才选拔”等全省最顶级的高科技资源对开发区赋能，推进区域高新技术产业化发展。

（叶晓雯）

【纯电动汽车领途 K-ONE 下线】 11 月 28 日，领途汽车有限公司无锡分公司首台纯电动轿车 K-ONE 下线。总投资 30 亿元的领途新能源汽车项目于2016年落户惠山区，是继上汽大通、中车新能源客车后，惠山区引进的又一个汽车整车生产项目。K-ONE 的下线，标志着惠山区新能源汽车产业发展迎来新的里程碑。

（叶晓雯）

【国际数据中心落成】 11 月 29 日，无锡惠山国际数据中心落成。由无锡电信、无锡惠山区政府、尚航科技共同打造，规划为 1.5 万个 T4 标准机柜的江苏省最大容量的数据中心，坐落于开发区高端装备产业园核心区域，占地近 7 公顷。中心的成立，为开发区精准对接优质互联网项目资源搭建了沟通桥梁、提供了交流渠道，并通过大数据赋能，让惠山开发区整体企业向数字化、智能化纵深发展。

（叶晓雯）

无锡山水城

【概况】 无锡山水城由原无锡太湖山水城旅游度假区和原无锡太湖新城科教产业园（k-park）于 2009 年 9 月整合组建而成，行政管辖面积 72 平方千米。2018 年，山水城常住人口约 13.4 万人，完成一般公共预算收入 11.2 亿元，成为滨湖区第一个超 10 亿元的板块。固定资产投资 142 亿元，已连续五年总投资超 100 亿元。完成规模以上工业总产值 45.5 亿元，比上年增长 15.1%；完成限额以上社会消费品零售总额 4.2 亿元，比上年增长 21%；完成到位注册外资 1.62 亿美元，占滨湖区外资完成数近 2/3；完成外贸进出口总额 2.08 亿美元。

（堵雨洋）

【产业发展】 年内，山水城推进主导产业集群战略，聚焦五大主导产业，提出用 3 ～ 5 年打造五个“百亿级”产业集群。围绕聚焦智能交通、影视文化、信息安全、全域旅游、院所经济五大“百亿级”产业集群，开展“千万亿招商双提升工程”，新引进各类企业 1243 家，注册资本 59.18 亿元，其中 5000 万元以上企业 26 家，超 1 亿元企业 7 家。睿思凯公司完成省证监会辅导备案，上机数控 A 股股票于 12 月 28 日在上交所上市。华云数据入选 2018 年中国“独角兽”百强榜单，16 家企业入围 2018 年滨湖区“瞪羚计划”培育企业名单，占滨湖区总数的 2/3。

（堵雨洋）

【人才引育】 年内，山水城引进各类人才 1035 人，引进高层次人才 58 人。申报各类人才项目超 40 个，其中，申报“省双创”人才项目 1 个，省“333”项目 3 个、4 人次，省“有突出贡献中

无锡数字电影产业园夜景　　（堵雨洋 供稿）

青年专家”2 人、“省科技企业家”4 人，区“滨湖之光”项目 12 家，其中省“双创”申报单位卡尔曼为总分全省第一。协助 5 家企业高层次人才累计获得购房补贴 36.4 万元、退税 20 多万元。帮助园区企业办理人才引进及落户手续 618 人，协助市区人社部门受理大学生申领租房补贴 211 人。推进“无锡影都新英汇”创新实践示范基地建设。不断加强和扩大江苏省台湾青年就业创业基地的作用和影响力，打造 K-Park 商务中心 7000 平方米的两岸青年众创空间。

（堵雨洋）

【园区建设】 年内，山水城按照新型城镇化建设要求，完善城乡规划体系。完成南泉地区控制性详细规划修编，完成葛埭桥（洪口墩）、塘前（三槐）两个规划发展村庄的村庄规划修编，完成雪浪山公园改扩建规划方案，基本完成五大主导产业专项规划编制。保障苏锡常南部高速南泉段用地需求，有序推进融创文旅城二期、石塘吉宝地块等扫尾灭点工作。开展村庄、社区环境整治和长效管理工作，明确将塘前（三槐）自然村作为农村住房翻建试点村。完成仙河苑五期 F 块和 C1 块，共计 22.9 万平方米、1611 套安置房建设。成立安置房管理中心统筹协调安置房管理和“两证”办理工作，全年新安置拆迁户 824 户、1285 套。完成大通路西段、鹤溪路、鹤语路、鹤鸣路等道路建设和南泉农贸市场迁建及配套项目的前期手续办理。落实领导干部接访工作实施意见，化解 6 件信访积案。认真落实安全生产“党政同责、一岗双责、失职追责”和企业主体责任，开展安全生产大检查、维护区域安全和谐稳定。

（堵雨洋）

【民生事业】 年内，山水城完成雪浪中心小学改扩建一期工程（建筑面积约 7300 平方米）；完成 24 个班石塘小学（建筑面积约 1.55 万平方米）土建施工，开始实施内部装修；完成 60 个班滨湖中学（建筑面积约 3.85 万平方米）建设前期准备工作；完成仙河苑二期配套幼儿园场地及外立面改造。滨湖、望溪社区创成 3A 居家养老社区，17 个社区分别与安康通、小行星、九色公益等社会组织签订社会化运作协议，居家养老服务基本实现社会化全覆盖。推进退役军人和其他优抚对象信息采集。严格规范校外培训机构。推进“阳光扶贫”、因病致困家庭和困难孤寡对象的救助和援助工作，做到应扶尽扶。

（堵雨洋）

【园区与景区管理】 年内，山水城创新园区管理模式和内容，发挥园区载体、平台、资本和环境等配套优势。完成园区数字化管理软件的开发和运用，实现园区载体、入园企业、配套服务的数字化管理；加大对园区基础设施和环境改造的资金投入，提升园区整体对外形象；盘活优质存量资产，及时收回北大软微、中科院、沃浦光电等优质存量资产。通过与远大空调的合作，实现园区中央空调开支的扭亏为盈，全年节省空调费用支出近 800 万元，并实现 35 万元的盈余。加快转型升级，编制完成南泉工业园产业发展专项规划，持续加大对园区历史违章建筑的清理攻坚和环境改造提升，拆除各类历史违章建筑约 3000 平方米，完成新增绿化面积 2000 平方米。启动科技工业园改造提升工程，妥善处理明捷特退地和全通电缆破产等后续事宜。

推进雪浪山、龙寺和红沙湾环境改造提升工程，使景区功能设施进一步完善。薰衣草园二期、月季玫瑰园等项目继续保持较高人气，三月三庙会、“五一”劳动节等节庆期间，游客络绎不绝。龙寺生态园大力提升改造基础工程，全面推进绿化景观建设，创建绿色农产品品牌知名度。红沙湾景区在游览观光、旅游休闲、基础设施、功能配套、市场营销等多方面进行提升改造。

（堵雨洋）

【国家数字电影产业园发展】 年内，无锡国家数字电影产业园继续加大知名影视企业招引力度，全年引入银河星光、王马影视、星华文化等企业 415 家，实现产值近 55 亿元，税收 5.5 亿元

(不含补缴),立项影视剧项目110部,承接影视剧拍摄、制作、出品150部,招引各类剧组近80余家,园区影棚满负荷运行。大型综艺节目《幻乐之城》《高能玩家》等在园区全程录制,带动三产服务业消费达100亿元。1.2万平方米超大影棚、虚拟拍摄棚建成投用,提升产业承载能力和发展实力。产业综合楼正在进行主体结构施工;二期项目经过几轮方案优化和完善,即将启动建设。

(堵雨洋)

【科教产业园建设】 年内,开发区科教产业园推进二期建设。国家智能交通综合测试基地一期项目进场施工,控制中心大楼主体封顶,内部墙体砌筑,市政及内场测试道路施工。3.87公顷地块已完成土地挂牌。旭天智慧园一期完工并交付使用,二期主体封顶,二次结构施工中。中航雷达607所雷电研究院项目地下结构完成,已在进行主体施工。中船重工702所一期项目完成立项、土地证、规划许可证,施工图审图、招投标,计划2019年3月底进场施工。融晟科技研发中心、江苏中设综合大楼、君一合总部大楼等项目正在主体施工。

(堵雨洋)

江苏无锡空港经济开发区

【概况】 2018年,空港经济开发区充分发挥"区政合一"管理体制叠加优势,全力冲刺"千亿空港"目标,完善惠民工程,提升生态环境,经济社会各方面稳定发展。全年完成技工贸总收入1016.88亿元,比上年增长20.3%;其中工业销售收入403.38亿元,比上年增长16.7%;规模以上工业总产值完成344.13亿元,比上年增长16.3%;财政总收入完成24.6亿元,比上年增28.2%,其中一般预算收入完成13.3亿元,比上年增26.2%;全社会固定资产投资完成56.76亿元,比上年同期实际投入增长5.2%;进出口总额完成12.44亿美元,比上年增长29%;完成到位外资1亿美元。提前两年实现技工贸总收入超"千亿元"。在2017年江苏省开发区综合排名中位列第83位,在全市纳入开发区管理序列的省级开发区中位列第三,排名与2016年相比都提升了两位。

(唐钰倩)

【项目建设】 年内,空港经济开发区坚持以提高发展质量和效益为中心,围绕产业定位和发展方向,实施精准招商,引进一批符合经开区主导产业的重大项目。年内累计引进和签约TPO新材料、交通工程集团等19个重大项目,其中投资5亿～10亿元项目4个,10亿元以上项目2个,协议注册外资超1亿美元项目1个,计划总投资90亿元。拟签和在谈项目10余个。完成会通新材料、华东诚栋等9个地块的挂拍;先后有复星国药、深南二期、航亚二期等10个重点项目开工建设。菜鸟网络中国智能骨干网项目投入运行,丰泰电商、民生电商、江松科技、建锠科技竣工。

(唐钰倩)

【科技创新】 年内,空港经济开发区通过了省知识产权试点园区验收,并以此为契机,坚持高效益科技创新,加强研发企业培育,加大高层次人才引进力度。企业新增专利申请、新增发明专利申请、新增PCT申请等均超额完成年度目标任务。金城幕墙在美国纳斯达克上市,祥生医疗IPO报会。培育市级以上人才19人。推动主导产业提升和传统企业整合。格林美(无锡)能源材料有限公司入选国家工业和信息化部公布的第二批绿色制造企业名单,无锡市共三家企业入选。盘活存量土地13.53公顷;为集约利用土地,提高单位面积产出率,试点建成了5层标准厂房4栋,共4.6万平方米,全部投入使用。

(唐钰倩)

【社会民生】 年内,空港经济开发区围绕"聚焦富民",推进以创业带动就业、"大众创业、万众创新"工作,落实各种优惠政策措施,重点扶持高校毕业生、残疾人和被征地农民等特殊就业困难人员创业就业,城镇新增就业再就业人数2900人,实现了零就业家庭就业援助率和动态清零率两个100%。推动解决教育、医疗、养老等实际问题。丽景佳苑幼儿园建成投入使用。完成丽景佳苑小学腾地拆迁任务。硕放消防站建设完成并投入使用;推进硕放卫生服务中心的选址和建设前期规划工作。推进公益性骨灰堂新建、翁氏义庄原址复建。依托颐养园,成立硕放街道社区居家养老服务中心,将社区居家养老服务站打造成嵌入式养老服务机构,确保养老和医疗资源辐射到更多的居家老年人。改造12个社区综合文化服务中心,满足社区居民文化活动需求。承办新时代讲好中国故事鼓曲创作研讨会暨原创中篇评弹《郑和下西洋》文本专家论证会。

(唐钰倩)

【生态治理】 年内,空港经济开发区围绕"263"专项行动目标任务,重点做好化工企业"四个一批"、"散乱污"企业和黑臭河道、大气、固废、小流域、砂石码头等专项整治工作。完成"散乱污"企业整治277家。完成列入关停计划的4家化工企业和列入提升整改的5家企业的整治工作。推进砂石码头整治工作,全部完成并通过验收。妥善处置好固废垃圾;系统推进小流域及农村水环境综合整治,完成率61.39%。依托苏南硕放国际机场,以航空先进制造业、现代物流服务业为主打产业,引进低能耗、低污染、高产能企业和电商物流企业,切实做到"三生融合",于4月初顺利通过ISO 14001环境管理体系监审。

(唐钰倩)

【城市建设】 年内,空港经济开发区完成住宅拆迁205户、非住宅拆迁52户,共15万平方米。竣工交付安居房17.7万平方米,1223户。提升经开区城市发展品位,完成了占地10万平方米的华友中路地景绿地休闲公园建设;结合生态、文化、休闲功能,完成香楠现代化农业项目前期规划设计工作。推进以宜乐、宜游、宜健身的里夫泾浜景观带规划设计等前期准备工作。开展交通干线沿线环境综合整治,清理各类垃圾1000余吨。开展辖区内市容重点、难点、热点区域集中整治和城市环境综合整治,完善市容长效管理机制,建立城市管理新格局。推动违章建筑拆除,拆除各类新增违建149起,拆除违建面积30993平方米。

(唐钰倩)

【重大项目集中开竣工】 4月25日，空港经济开发区举行2018年重大项目集中开竣工仪式暨复星国药中国智能医药物流网络华东枢纽项目开工奠基仪式。此次参加集中开竣工的10个项目，涵盖智能物流、电子信息、现代制造、新材料、航空制造、精密制造、仓储物流等多个领域，所有项目总投资之和超48亿元。

（唐钰倩）

【亚捷通航CCAR-135部运行合格证颁证仪式举行】 5月25日，无锡空港经济开发区企业——亚捷通用航空无锡有限公司(以下简称亚捷通航)CCAR-135部运行合格证颁证仪式在亚捷通航无锡基地举行。此次颁证，标志着民航江苏地区管辖范围内诞生了9座以下第一家拥有CCAR-135部运行资质的通用航空公司。

（唐钰倩）

【金拓集团新型TPO材料生产线项目落户】 9月26日，香港金拓集团新型TPO材料生产线项目签约落户空港经济开发区。香港金拓集团在经开区投资设立的新型防水薄膜新材料生产线项目，注册资本1.5亿美金。（唐钰倩）

【丰泰产业园竣工开园典礼举行】 11月7日，2018年无锡高新区金秋经贸节空港经开区集中开竣工仪式暨无锡顺丰丰泰产业园竣工开园典礼隆重举行。此次参加集中开竣工的项目总投资22.5亿元，达产后销售收入达59.4亿元。

（唐钰倩）

江苏江阴临港经济开发区

【概况】 2018年，江阴临港经济开发区坚持以招商引资为主线、以项目建设为主攻、以生态宜居为主题，推动“二次创业”，辖区经济社会持续健康发展。全年完成地区生产总值775.97亿元，可比价增幅8.8%；全社会固定资产投资比上年增长10.0%，其中工业投入增长13.3%、服务业投入增长0.3%；一般公共预算收入51.42亿元，增长16.4%；规模工业产值1139.23亿元，增长20.7%；限额以上批零业销售额1297.95亿元，增长14.1%；工商登记协议注册外资7.4758亿美元，到位注册外资1.2045亿美元。经济总量在全省省级开发区中实现“七连冠”。开发区获评为“2018年全国十佳最具投资营商价值园区”、省级智慧园区和特色创新产业示范园区，军民融合产业示范基地通过省级验收。江阴综合保税区通过国家验收。远景能源、双良集团入选国家级服务型制造示范企业；4家企业入选“中国民营企业500强”。

（陈喜凤）

【产业建设】 2018年，江阴临港经济开发区围绕12大产业集群强招商、攻项目，远景智慧能源、中信事业等5个千亿元产业集群初具雏形，哈工智能、中能清洁能源、军民融合等7个百亿元产业集群加快形成，长江港口综合物流园区完成开票销售1500亿元、缴纳税金10亿元。总投资15亿美元的大昌行长三角食品加工物流园、20亿元的新浩阳风电轴承等一批重大项目加快筹建。总投资22亿元的中能LNG、3亿美元的中向旭曜木本泥炭土壤改良剂等一批优质项目，以及威茨曼金属二期、精成数控精密机械、万沅科技自动售货机、凯研金属、远景能源测试认证中心等一批高端项目加紧建设。澄高包装、振江新能源高端制造、墙尚软装产业园、宝湾物流、安姆科申恒工厂等一批超10亿元的龙头项目相继竣工。

（陈喜凤）

【招商引资】 2018年，江阴临港经济开发区围绕12大产业集群，累计签约产业集群项目超过150个。总投资350亿元的九州文旅、总投资230亿元的远景AESC智能电池项目、总投资15亿美元的大昌行长三角食品加工物流园项目签约落户。中向木本泥炭、丰树地产、星科金朋、申桦、中能LNG、澄高包装等一批超10亿元或超1亿美元的龙头项目加速集聚。至年底，有重点意向在谈项目129个、在批拟建项目44个、在建项目40个、竣工建成项目38个。

（陈喜凤）

【科技创新】 2018年，江阴临港经济开发区内8家企业年开票销售超一百亿元，15家企业入库税金超1亿元。双良集团、远景集团获评全国服务型制造示范企业30强，占全省的2/3；远景能源、双良节能成功入围全省创新型企业百强；9家企业跻身无锡市首批雏鹰企业、瞪羚企业培育计划行列。新增高新技术企业40家，3家企业建立无锡市工程技术研究中心，获得产学研合作项目补助12项，专利授权1092件，万人有效发明专利拥有量超35件。

（陈喜凤）

【园区建设】 2018年，江阴临港经济开发区坚持“区、块、链、群”集约模式，一体三区、一区四块，集群发展。南京理工大学江阴校区开工建设，江南大学江阴校区签约落户。无锡市首家外资医院中信医院、澄西医院加紧筹建中。迪卡侬对外投运，红豆万花城、中央商务区小学和幼儿园等一批城市功能项目加快建设和投运。辖区内有“长江之心”生态园、临港公园等30多个公园，绿化覆盖率达到50%。围绕“263”专项行动、“绿剑行动”、“散乱污”企业专项整治等打好污染防治攻坚战，完成新夏港河、新沟河、桃花港等8条主要河道整治相关工程，建成70个自然村村庄生活污水处理工程，运用石墨烯光催化治理河道4条。关停“五小”企业及“散乱污”企业超过500家，禁养区内养殖场全部关停搬迁。全年实现减煤27.3万吨，提前超额完成年度减排任务。深化污水管网一体化整合改革，通过与光大水务战略合作，澄西污水处理厂扩建等工程顺利推进，加快实现污水管网的全区域连通贯通。辖区优良天气明显增多。

（陈喜凤）

【社会事业】 2018年，江阴临港经济开发区城镇职工养老保险、医疗保险、失业保险、被征地农民基本生活保障、最低生活保障为主的“五道保障线”水平超过江阴市平均水平。农民年均收入增长9%，充分就业率达到96%，农村“三务(村级党务、村务、财务)公开”户户通率先在无锡市实现全覆盖。创新推出大病医疗互助基金，辖区居民大病互助参保率达87%。完成城镇公交线路优化4条，镇村公交线路优化8条，区域内各行政村(社区)实现公交出行通达率100%。夏港乐善颐养中心“公建民营”，澄西中学异地新建等工程稳步推进。加强教育、卫生、科研等机构的审批与管理，年内下发3张高危许可证、1张民营幼儿园许可证和1张非学历教育机构办学许可证。完善大技防、大巡防、大调解机制，稳妥处置与安抚防控相结合，各类纠纷调解成功率达99%，全年没有发生重大群体性涉稳事件。

（陈喜凤）

江苏江阴—靖江工业园区

【概况】 2018年，江苏江阴—靖江工业园区坚持新发展理念，稳中求进，经济社会取得高质量发展。全年完成地区生产总值107.37亿元，比上年增长10.0%；规模工业总产值227.9亿元，增长25.6%；固定资产投资11.19亿元，增长12%；其中，工业投资6.8亿元，增长15.3%，服务业投资4.39亿元，增长7.3%；工商开票销售509.08亿元，增长30.2%；其中工业开票254.14亿元，增长28.9%；公共财政预算收入9.49亿元，增长12.2%；限额以上企业零售额5.14亿元，增长10.7%；到账外资5503万美元，增长10%；完成进出口总额6850万美元；自营出口826万美元；港口货物吞吐量3713万吨，增长41.7%。

（毛　璧）

【跨江融合发展】 8月，江阴、靖江两市召开融合发展协调会，会议主题由过去的联动开发上升为融合发展，两市在会议上共同研究并出台了创建江阴—靖江高质量跨江融合发展实验区行动计划。10月，省政府研究室上报《着力打造跨江融合发展时代标杆——关于创建江阴—靖江高质量跨江融合发展实验区的调查》，得到省委书记娄勤俭的批示。省发改委专题调查组受省委书记委托，于11月先后两次到江阴、靖江两市调研，并形成《关于创建江阴—靖江高质量跨江融合发展实验区的对策建议》。

（毛　璧）

【招商引项】 2018年，江阴—靖江工业园区突出精准招商，主动对接两市融合发展中的产业项目，捕捉投资动向，进行跟踪对接，开展定向招商。突出总部经济、港口物流、生活型配套、新型服务业等服务业专题开展上下游产业链产业招商。总投资15000万美元的大明金属科技基础建设工作已经完成，正式启动生产，总投资6.34亿元的光汉科技厂房及室外道路管网进入竣工验收阶段。总投资50亿元的大明重工一期高端压力容器和钢结构项目已办理施工许可证，吹沙基本完成。总投资5.5亿元的双江能源办公楼主体已封顶，厂房钢结构主体施工，罐区基础基本完成。10月24日，举办江苏江阴—靖江工业园区产业发展恳谈会，签约项目4项，总投资超10亿元。在江阴经贸合作洽谈会期间，园区成功签约高端压力容器和钢结构加工、球墨铸管、环保设备制造、中晶晶润晶板四大项目，总投资超过30亿元。年内，累计引进“三个一批”项目（在建一批、拟建一批、重点意向一批）29项，总投资201.2亿元，其中在建项目10个，总投资约83.65亿元，拟建项目14个，总投资约51.48亿元，重点意向项目18个，总投资约66.07亿元。

（毛　璧）

【主导产业发展】 2018年，江阴—靖江工业园区实施产业强区主体战略和创新驱动核心战略，加快打造临江先进制造业基地和现代港口物流基地，全面增强主导产业的核心竞争力。充分发挥船舶、重钢结构等优势产业作用，做强“精益制造链”，提升园区制造水平。大明重工投资3亿元购置新加工设备，不增加工人的同时增加20%的产能。长强钢铁有限公司投资1.5亿元，进行轧钢生产线升级改造、环保除尘设备技术改造和余热余气发电项目改造，提升效益降低能耗，产值比上年提高25%，能耗基本持平。新中泰桥梁钢构企业投入4.6亿元从国外引进墙体晶板生产线，为转型做建材做好充分准备。海鹏、骥鑫船舶等中小企业通过近几年的转型升级发展，市场份额逐步提高，订单量明显增多。

（毛　璧）

【重点重大项目建设】 2018年，江阴—靖江工业园区发挥重大项目领导小组作用，不断完善领导挂钩、项目预审、要素保障、代理代办等机制，将精准服务落实到项目建设全流程。全年推进重点重大项目29项，其中在建项目10项：分别为总投资50亿元的高端金属材料精密加工项目，总投资5.5亿元的双江能源综合项目，总投资2亿元的电磁阀项目，总投资4.8亿元的下六圩港项目，总投资4.57亿元的大明金属科技二期项目，总投资4.64亿元的中晶晶润晶板项目，总投资0.83亿元的长强钢铁轧钢精整线工程技改项目，总投资1.3亿元的长强钢铁资源综合利用余气发电项目，总投资7亿元的融扬置业项目，总投资3亿元的扬子丽景Ⅲ期项目。拟建项目14项：分别为总投资3300万美元的润滑油仓储配套项目，总投资3000万美元的进口食品交易中心项目，总投资7.85亿元的球墨铸管搬迁项目，总投资2.50亿元的100万吨废钢再生加工项目，总投资2亿元的钢纤维项目，总投资2000万美元的日本精品玩具项目，总投资2亿元的高精不锈钢棒深加工项目，总投资5000万美元的高精管件深加工项目，总投资10亿元的大明港务项目，总投资5亿元的中建钢构新型建筑钢结构项目，总投资1.5亿元的中建钢构国家级检测中心，总投资8.1亿元的建筑新材料项目，总投资0.78亿元的长强连铸机项目，总投资2.64亿元的长强钢铁综合料场仓储项目。重点意向项目18项，总投资达66.07亿元。

（毛　璧）

【社会事业】 2018年，江阴—靖江工业园区初步完成《江苏江阴—靖江工业园区核心区域控制性详细规划》的编制工作；深入开展城乡建设用地增减挂钩和耕地占补平衡复垦“双整治”，复垦土地近27公顷；开工建设滨江路溢馨苑段和宇山万向北侧道路工程；推动拆迁扫尾工作，已签约交拆68户；创新安置模式，从溢馨苑剩余房源中挑选142套安置134户困难被拆迁户；通过房票政策，交房安置170户。实施莲沁苑雨污分流工程，启动污水处理厂提标改造工程，完成“见缝插绿”28480平方米，累计新增港口绿化面积426876平方米；总投资2000万元的江阴—靖江工业园区幼儿园即将竣工，溢馨苑社区服务中心、园区红绿灯监控、中力机械道路路灯等民生工程均已投入使用；加快六圩村安置区建设，完成24公顷征地工作，推进PPP项目建设；完成城乡居民保险续缴率96%。园区溢馨苑社区党支部升格为党委。

（毛　璧）

江苏宜兴陶瓷产业园区

【概况】 2018年，宜兴陶瓷产业园区工业应税销售收入185亿元，其中规模以上企业152亿元。流通应税销售收入49.13亿元。到位注册外资3722.17万美元。自营出口创汇4.62亿美元，比上年增长11.1%。工业后劲投入10.4亿元。举办第九届中国宜兴工业陶瓷产业发展高峰论坛，推动工业陶瓷产业高质量发展。举办第二届中国宜兴工业设计论坛，促进校企交流与合作。组织企业参加上海先进工业陶瓷展览会、德国慕尼黑工业陶瓷展、山东淄博新型陶瓷技术与产业高峰论坛、上海进口博览会，扩大企业知名度。举办中国工陶网启动仪式、工业陶瓷创新创业基地揭牌仪式等活动，加快陶瓷特色产业步伐。园区核心区企业污水纳管基本覆盖，建立重点污染源档案和污染源信息数据库，为针对性采取环保措施提供依据。

（任斌斌）

【支柱产业发展】 2018年，宜兴陶瓷产业园区机电、陶瓷、耐火三大支柱产业应税销售收入占比77%。江苏亨鑫科技有限公司、江苏汉光甜味剂有限公司、江苏裕龙电磁线有限公司等5家骨干企业位列宜兴市工业前50强。无锡市方力混凝土有限公司、市盛宝实业有限公司、江苏士林电机有限公司等企业应税销售收入增幅均超40%。江苏拜富科技有限公司、无锡远能耐火材料有限公司、宜兴台鹰滤材有限公司等企业应税销售收入增幅均超20%。成长型企业稳健发展，无锡市亿洲耐火材料有限公司、市国威陶瓷电器有限公司、市得力陶瓷科技有限公司等企业应税销售收入增幅均超60%。外贸出口持续增长，江苏亨鑫科技有限公司年出口额3800万美元，宜兴维多利亚家具有限公司年出口额3100万美元。全年新批重大外资项目2个：江苏亨鑫科技有限公司总投资3500万美元通讯电缆项目、宜兴新威利成耐火材料有限公司3500万美元贸易项目。

（任斌斌）

【首个国家级建筑卫生陶瓷行业研发中心落户】 5月，中国建筑卫生陶瓷协会与江苏宜兴陶瓷产业园区签订陶瓷产业战略合作框架协议。同时，中国建筑卫生陶瓷协会联动江苏新嘉理生态环境材料股份有限公司举行中国建筑卫生陶瓷行业陶板及陶板幕墙研究开发中心授牌仪式和新嘉理陶板大板新品发布仪式。由此，全国首个建筑卫生陶瓷行业陶板及陶板幕墙研究开发中心（以下简称研发中心）成立，落户江苏新嘉理生态环境材料股份有限公司。研发中心占地1000平方米，拥有陶瓷喷墨打印机、挤出成型机等重大设备。研发团队由2名博士、2名硕士在内的25人组成。江苏新嘉理生态环境材料股份有限公司是一个专业生产、开发、销售高档陶板幕墙、立方陶和外墙劈开砖的现代化“新三板”挂牌企业。2016年，公司建立博士研究工作站，与东南大学建立产学研合作基地。2018年，公司发布的大规格陶板新品，填补建筑幕墙材料空白。

（任斌斌）

编辑　邵文凯

综 述

【概况】 2018年,无锡各级农业农村部门以习近平新时代中国特色社会主义思想为指引,认真贯彻中央和省委、省政府关于实施乡村振兴战略的决策部署,围绕"当好全省农业农村高质量发展领跑者、在农业农村现代化建设上走在全省全国前列"的工作目标,坚持以解放思想为先导,以改革创新为动力,以"十大工程"为抓手,推动各项重点工作,促进农业全面升级、农村全面进步、农民全面发展。年内,全市农业园区比重达50%,高标准农田面积达71%;村均集体收入超过715万元,155个市级经济薄弱村提前两年完成脱困转化任务;农村常住居民人均可支配收入首破3万元、达30787元,比上年增长8.6%。

(孙科敏)

【农业提质增效】 2018年,无锡市发展优质稻米、精细蔬菜、精品园艺、特色渔业、生态牧业等特色优势产业,全国"一村一品"示范村镇达9个,新增绿色优质农产品基地面积3万公顷,绿色优质农产品比重达76.25%。用现代经营理念改造提升传统名特优农业品牌,精心培育壮大太湖"三白"、长江"三鲜"、阳山水蜜桃、阳羡和"太湖翠竹"茶叶、宜兴百合、璜土葡萄、马山杨梅等"锡"字号知名农产品。全面启动"百企建百园"工程,激发工商资本投农热情,加快建设现代农业产业园。与北京大学现代农学院、南京农业大学、省农科院等深化政产学研合作,加快提升现代农业科技水平。

(孙科敏)

【美丽乡村建设】 2018年,无锡市统筹开展美丽乡村示范村、特色田园乡村、休闲旅游示范村等示范建设,建成中国美丽休闲乡村6个、省级特色田园乡村3个、省级休闲观光农业示范村15个,新增市级美丽乡村示范村25个、休闲旅游示范村10个。以农村生活垃圾处理、污水治理、村容村貌整治为重点,实施人居环境整治提升行动,一般村庄推进建设"整洁村庄",规划发展村庄打造"康居村庄"和"美丽村庄",美丽宜居乡村新建152个,累计完成738个,达标率100%;新建村庄环境长效管理示范村100个,改善提升村庄23个,超额完成省定目标任务。

(孙科敏)

【农村精神文明建设】 2018年,无锡市推进基层综合性文化服务中心、文化广场、农家书屋等农村文化惠民工程,持续巩固农村思想文化阵地,全市建成382个村(社区)综合性文化服务中心。开展"欢歌笑语进社区进乡村""民俗巡游""村歌传唱"等形式活泼的民俗文化活动,举办各类文艺惠民活动、戏曲票友演出、送戏送影下乡等超过2150场次。开展文明村镇创建活动,全市创建全国文明镇村16个,省文明镇村102个,县级以上文明镇村占比分别达90%和55%。

(孙科敏)

【乡村治理体系建设】 2018年,无锡出台《关于坚持党建引领推进乡村善治的实施意见》《关于推进农村社区协商民主建设的实施意见》《关于加强农村社区网格化治理工作的实施办法》《关于进一步加强农村集体"三资"管理监督的意见》《无锡市村、社区党组织书记激励保障实施细则》系列文件,启动构建以村党组织为领导核心,以村民民主自治、乡村管理服务、集体经济发展、农村文明涵养平台建设为主要内容("一核心、四平台")的乡村治理新体系。多途径促进村级集体经济发展,健全完善"三资"管理制度,在每个市(县)区选择一个镇(涉农街道)整建制开展村级财务管理会计核算"第三方代理"试点,全面推行村级资金管理非现金结算,实现"村务卡"全覆盖,市级"三资"监管平台于年内上线运行。

(孙科敏)

【农民增收】 2018年,无锡市推进城镇就业创业政策向农村延伸、公共就业服务体系向农村覆盖、乡村特色产业在农村蓬勃发展,巩固提升农村整体就业水平,全市培训农村劳动力2.2万人、职业农民超6000人,扶持农民创业4048人,实现本地农村劳动力就业2.5万人。推动建立"一村一项目"、托底保障运转、帮扶资金统筹整合等精准帮扶精准脱困长效机制,年内又有26个村稳定性收入超过200万元、实现脱困转化,98个市级重点帮扶经济薄弱村提前两年完成脱困转化任务。推进"阳光扶贫",全市23条资金线和2.67万户建档立卡户、98个市级重点帮扶薄弱村全部进入监管系统。建立"村级医疗互助"制度,覆盖160万名农村居民,年度补助资金达1.6亿元,平均大病住院医疗个人负担减轻22.3%,探索缓解因病致贫因病助困的制度化路径。

(孙科敏)

现代农业

【概况】 2018年,无锡市全面实施农业提质增效工程,加快推进农业由增产导向转向提质导向,以国家现代农业示范区建设为引领,加强农业基础设施、生产设施建设,改善农业生产条件和生产手段,加快提高农业供给质量、效益和综合竞争力,推动农业发展向高端高质高效迈进。

（孙科敏）

【"百企建百园"工程】 2018年，无锡市出台《关于开展"百企建百园"工程促进现代农业高质量发展的实施意见》，提出以工商资本为重要主体，促进先进理念和优质要素向农业园区集聚，推进实施农业领域重大创新项目，对新时期现代农业园区建设的目标、思路、措施、政策等作出一系列安排。市级专门设立专项扶持资金1000万元。全市"百企建百园"工程新建项目27个，计划总投资14亿元。在全省现代农业产业园区建设现场推进会上，无锡市做大会专题发言，重点介绍"百企建百园"的经验和作法。

（孙科敏）

【首届"中国农民丰收节"】 2018年9月22～23日，首届"中国农民丰收节"江苏省主场活动在无锡市江阴华西村举行，其间举办"联合同庆"庆丰收晚会、非遗农事展示、农民书画展览等一系列活动。活动还邀请"一带一路"沿线国家以及贵州穿洞村、宁夏华西村、徐州马庄村等代表参加，提升无锡农业在国内外的知名度和美誉度。

（孙科敏）

【新型农业经营主体】 2018年，以农业龙头企业、农民专业合作社、家庭农场为建设主体，做好管理办法修订、示范创建、运营监测、项目建设、技术服务、宣传推广等工作，推动全市新型农业经营主体壮大发展。全市新认定市级农业龙头企业10家，累计建成国家级农业龙头企业4家、省级农业龙头企业33家；全市新增国家级示范合作社11家、省级示范合作社23家；新增省级示范家庭农场16家、市级示范家庭农场35家。出台《无锡市促进农业产业化联合体发展的意见》，组建江阴鹏程、宜兴周铁等5个主体分工协作、产业链条完整、利益联合紧密的农业产业化联合体，促进农民增收、农业增效。

（孙科敏）

【农村一二三产业融合发展】 2018年，无锡市促进农村一二三产业深度融合，做大做强江阴华西都市农业、宜兴阳羡茶、锡山金色山联、惠山水蜜桃、滨湖瓜果、新吴鸿山湿地等为主题的休闲农业产业集群。江阴市华西都市农业、宜兴市杨巷镇成为省农村一二三产业融合发展先导区，宜兴市白塔村等3个村被评为全省首批"乡村振兴旅游富民先进村"。江阴市璜土村、宜兴市洑西村和白塔村、惠山区万马村、锡山区寨门村和谢埭荡村、滨湖区万丰社区、新吴区鸿山村均被评为江苏省休闲观光农业示范村，认定江阴市满庭芳合作社、宜兴市晴兰生态、锡山区南青荡、惠山区好事莲莲等8个市级休闲观光农业示范点（园区、企业）。

（孙科敏）

【新型职业农民培育】 2018年，无锡市农委实施新型职业农民培育工程，组织开展实用技术培训、农民创业培训（职业农民培训），全市培育新型职业农民6051人，其中承担部级任务530人，省级任务4354人、地方任务1167人，新型职业农民比重达54%以上。发掘培养海归青年农民、高学历青年农民等"新农人"，锡山区先锋农场于永军入围中欧青年农业实用人才能力建设项目全国24人名单和全市首批"乡土人才大师工作室"人选，并成为省级乡土人才"三带"能手。举办无锡市政产学研合作助力现代农业高质量发展——青年农民"五新"分享荟，公布10位无锡市"新农菁英——最美新型青年农民"名单，4位青年农民代表分享创新创业经验。

（孙科敏）

【无锡市农业地理信息系统建成】 2018年，无锡市农委建成无锡市农业地理信息系统建设，通过搭建全市农业生产一张图地理信息系统，实现全市农业产业面积、产量数据和生产对象的可视化智能化管理，并利用云计算、大数据技术开展农业核心业务发展趋势、管理模式的分析，支持宏观决策，为加强信息资源整合与共享，推动农业大数据平台建设奠定坚实基础。

（孙科敏）

9月22日至23日，首届"中国农民丰收节"江苏省主场活动在江阴华西村举行。图为华西村"联合同庆"庆丰收活动现场 （市农业农村局 供稿）

种植业

【概况】 2018年，无锡市依托政策优势、资源优势，重点对蔬菜、果品、茶叶、花卉等特色产业进行合理开发和标准化培管，全市菜地累计播种面积43627公顷，花卉苗木种植面积9056公顷，茶叶种植面积5647公顷，果品14780公顷。全市粮食种植面积84340公顷，亩产449公斤，总产56.8万吨。夏粮面积40550公顷，亩产311.84公斤，总产18.97万吨，其中小麦种植面积39360公顷，比上年增加640公顷；亩产316.07公斤，比上年增加31.78公斤；总产18.66万吨，比上年增加2.15万吨。油菜种植面积1630公顷，比上年减少220公顷；亩

6月7日，宜兴金兰村水稻机插秧全面展开 （市农业农村局 供稿）

产155.7公斤，比上年增加5.33公斤；总产0.38万吨，比上年减少0.031万吨。全市秋粮面积43790公顷，平均亩产576公斤，总产37.83万吨，其中水稻种植面积41170公顷，比上年减少3970公顷；亩产596.8公斤，比上年增加15.1公斤；总产36.85万吨，比上年减少2.53万吨。

（孙科敏）

【粮食作物品种结构】 2018年，无锡市农委发展市场销路好、效益高的粮食作物，尤其重视优质食味粮食的推广种植，全市优质食味品种以南粳5055为主，搭配南粳46、宁粳8号、苏香粳系列等，占水稻面积的40%左右，比上年提高20个百分点。重点推广机插秧技术、完善配套水直播技术、优质米栽培技术、测土配方施肥、有机质提升技术、病虫综合防治技术等，提升种粮综合效益。

（孙科敏）

【补充耕地质量评定】 2018年，无锡市全面贯彻习近平总书记“依法依规做好耕地占补平衡，像保护大熊猫一样保护耕地”的指示精神，切实强化耕地质量监管，实行最严格的耕地保护制度，全面推进耕地占补平衡项目补充耕地质量评定。组织专家对全市177个耕地占补平衡项目的340.11公顷补充耕地进行质量评定，其中，合格项目158个，确认符合农业生产基本条件的补充耕地310.81公顷。

（孙科敏）

【化肥减量行动】 2018年，无锡市加强耕地质量建设，以推进有机质资源利用、推广科学施肥技术等措施，实现化肥施用减量化。累计推广应用商品有机肥18629吨，有机无机复混肥5708吨，种植绿肥1502.53公顷，测土配方施肥技术覆盖率达95.8%，配方肥应用面积约120万亩次。

（孙科敏）

【成熟的绿色防控技术推广应用】 2018年，无锡市大力推广应用高效低毒低残留农药和生物农药，在小麦、油菜等主要农作物上推广使用多酮、咪鲜甲硫灵、井冈霉素、吡蚜酮等药剂，并在水稻、蔬菜、果树等作物上示范应用昆虫信息素、黄板、杀虫灯、防虫网等成熟的绿色防控技术，建立粮食、蔬菜、果树病虫绿色防控示范区9个，示范区核心面积1510.2公顷，辐射面积8600公顷。

（孙科敏）

【产地检疫和调运检疫工作】 2018年，无锡市按照检疫操作规程，开展产地检疫和调运检疫，确保种苗和植物产品安全。共实施水稻制种产地检疫120公顷，检疫合格种子数量77万公斤，实施小麦制种产地检疫123公顷，检疫合格种子数量83.5万公斤，实施马铃薯制种产地检疫4公顷，检疫合格种子数量1.8万公斤，实施蔬菜制种产地检疫13.6公顷，检疫合格种子数量1.9万公斤。

（孙科敏）

【绿色蔬菜有效供给】 2018年，无锡市围绕将绿色蔬菜打造成为优势特色产业的目标，以惠山区洛社精细蔬菜产业园为核心示范，引进并连片布控小菜蛾性迷向设备，共布控小菜蛾迷向丝166.67公顷。通过性信息素叠加杀虫灯、诱虫板等防控手段，蔬菜每年每亩少打农药6次以上、用药量减少30%左右，既节省劳动时间、减轻劳动强度，又提高上市蔬菜的安全放心程度，实现良好的经济效益和社会效益。

（孙科敏）

【园艺业发展】 4月，在“第二届中国国际茶叶博览会江苏名特茶遴选”会上，无锡市农委选送的11个茶样获特等奖，27个茶样获一等奖;5月，在“第二届中国国际茶叶博览会”上，“惠泉牌”无锡毫茶获金奖。7月，在江苏省桃产业技术交流会暨2018年优质桃果评比活动上，无锡获金奖7个、银奖14个，获奖总数、金奖数、银奖数均超过全省总数1/3，位居全省第一。10月11～14日，在全国组合盆栽邀请展暨首届江苏组合盆栽大赛上，无锡选手收获4金、1银和3铜的好成绩，锡山区先锋家庭农场选送的“良田美池”牌凤梨新红星获“2018年度江苏盆栽花卉十大品牌产品”称号。

（孙科敏）

养殖业

【概况】 2018年，无锡市围绕“生态环保安全、动物防疫安全、畜产品质量安全”总要求，强力推进省级畜牧生态健康养殖示范场、市级畜禽生态健康养殖场、无锡市美丽生态牧场“三场同创”工作。全年累计创建、复检省级畜牧生态健康养殖示范场8个、市级畜禽生态健康养殖场27个、无锡市美丽生态牧场6个。全市畜禽生态养殖水平不断提升，畜禽生态健康养殖比重达

92.85%；水产养殖结构日趋优化，淡水养殖放养面积达15973.33公顷，其中河蟹、青虾等特种水产放养面积12453.33公顷，比上年增长15.4%，特种水产养殖面积比重达77.9%。受多种因素影响，畜禽养殖规模减小，全市生猪存栏6.13万头，比上年同期减少9.87万头，下降61.7%；累计出栏16.15万头，同比减少36.75万头，比上年下降69.47%。家禽存栏199.73万羽，同比减少47.47万羽，比上年下降19.2%；出栏271.63万羽，同比减少527.17万羽，比上年下降66%。奶牛存栏2884头，同比减少771头，比上年下降21.1%。

（孙科敏）

【水产健康生态养殖推广】 2018年，无锡市重点推广池塘工业化生态养殖、稻田综合种养两种健康生态养殖技术和模式，全市新增池塘工业化生态养殖面积20公顷，新建养殖流水槽33条，面积达3755平方米，累计完成稻田综合种养推广面积356.67公顷。江阴华西村在13.33公顷的池塘中建成25条不锈钢养殖流水槽，流水槽面积达2875平方米，成为苏南地区水平最高、单体规模最大的池塘工业化生态养殖系统。江阴市祝塘孔氏家庭农场、宜兴市龙鹏家庭农场、无锡市保兴农业发展有限公司水产养殖场等成为农业农村部水产健康养殖示范场。

（孙科敏）

【水生动物疫病防控】 2018年，无锡市对鲤科鱼类鲤春病毒血症（SVC）、虾类白斑病毒病（WSD）、桃拉综合症（TS）、虾传染性皮下及造血器官坏死病（IHHN）、河蟹颤抖病、鲫造血器官坏死病、草鱼出血病（GCR）等重大水生动物疫病进行专项监测，共监测样品55个，均为阴性。全市共设病害测报点20个，测报种类13个，测报面积645.29公顷。各病害测报点每月定期对监测养殖品种开展病害测报，与乡村渔医诊所、渔药销售门市部密切联系，搜集各类病例和数据，同时利用水生动物防疫实验室，开展疾病诊断，提高诊断的准确性。

（孙科敏）

【长江渔业增殖放流活动】 2018年，无锡市农委在江阴开展长江渔业资源增殖放流活动，共向长江投放河豚和四大家鱼近400万尾鱼苗、鱼种，连续17年的江阴长江增殖放流活动，已累计放流河豚等珍稀鱼类和四大家鱼鱼苗超过1.6亿尾，对改善江阴长江水域生态环境、恢复渔业资源、保护生物多样性和促进渔业可持续发展发挥作用。

（孙科敏）

【渔业养殖整治】 2018年，无锡市农委推进渔业养殖整治工作，在规定时间内完成886.67公顷滆湖网围养殖拆除工作，并在全市主要入湖河道内开展打击网围、网箱、渔簖等非法养殖、捕捞专项行动。开展沿太湖3千米缓冲带水产养殖整治，实际整治面积1066.67公顷，完成目标任务的1.1倍。

（孙科敏）

【渔业安全生产】 2018年，无锡市农委结合渔船签证工作，采取全面检查、重点抽查、明察暗访、突击复查等方式，加强渔船安全设备的检验，严格按照规定配备救生、消防、通信设备，淘汰有安全隐患的老旧渔船和装备，加大对“三无”渔船的管理力度，严禁渔船非法载人和载货，对存在安全隐患的渔船限期整改，确保全市排查渔业安全事故隐患整改率100%。开展各类渔业安全生产宣传教育活动，增强渔业从业人员的安全生产意识；与海事、交通、公安等部门建立联动制度协调配合，加强水上搜救体系建设，提高渔业安全应急处置能力；落实24小时值班和岗位责任制，实施灾害气象预警预报，在重大节日和突发性灾害天气来临前提前通知渔业村和渔民。

（孙科敏）

【非洲猪瘟防控】 2018年，无锡市全面贯彻国家、省对非洲猪瘟防控工作要求，严格落实非洲猪瘟防控各项关键措施，市级共召开9次全市非洲猪瘟防控工作专题会议，20余次部门条线会议，开展现场督查指导30余次，出动人数100余人次，并紧急采购20吨消毒药用于养殖场、屠宰场、交易市场等重点区域消毒。8月7日起实行日报告制度，每天排查养殖场（户）、生猪屠宰场、动物卫生监督检查站/卡口近600个，累计出动排查人员13000余次，实现生猪排查全覆盖；对生猪养殖场（户）等相关单位下发《关于规范处置餐厨废弃物的告知书》11000余份；处罚生猪运输未经指定通道签章案件3起，猪肉运输未经指定通道签章案件1起；共排查出来自禁调/停调地区生猪产品10个车次，计19.548吨，排查出来自禁调/停调地区生猪2车次共200头，均不予进入。迅速、果断处置宜兴发生的疫情，成功解除疫区封锁。

（孙科敏）

林 业

【概况】 2018年，无锡市坚持把推进绿色无锡建设摆在重要位置，优化城乡生态环境，抓好生态文明建设工程，加快推进绿色无锡建设，城乡绿化工作取得明显成效。全市完成成片造林513.33公顷，其中珍贵用材树种造林420公顷，珍贵用材树种培育181万株，全市林木覆盖率27.66%。年内，全市新建省级绿美乡村示范村36个，其中“三化”示范村16个；2015～2017年度全市中央财政抚育试点项目2400公顷全部完成。

（孙科敏）

【林业产业提质增效】 2018年全市林业产业继续保持平稳态势，总产值342亿元，增幅3%以上。其中，林业一产产值67亿元，二产产值230亿元，三产产值45亿元，三产中林业旅游业产值达40亿元；占比分别是20%、67%、13%，林业一产、二产、三产结构更趋合理。

（孙科敏）

【自然湿地保护】 2018年，无锡市自然湿地保护率达54.2%。无锡古庄白荡省级湿地公园获省林业局批复，新增锡山白米荡、锡山红豆杉康养小镇、梁溪区北兴塘河3个湿地保护小区。恢复湿地362.93公顷。

（孙科敏）

【爱鸟周活动】 4月21～27日，2018年度无锡市爱鸟周活动在无锡市动物园举行，活动由无锡市林业局主办，无锡市野生动物保护协会、无锡市动物园承办。此次活动通过多种形式向广大市民尤其是青少年儿童宣传普及鸟类知识和爱鸟意识。活动通过有奖竞猜方式寓教于乐，增进青少年对鸟类的兴趣；通过科普展板丰富广大市民鸟类知识；活动现场发放鸟类宣传画册、资料1000余份。主会场仪式结束后，主承办方代表前往长广溪湿地公园进行野生动物放生活动。放生种类有白琵鹭、领角鸮、环颈雉等。4月22日，野外观鸟活动在长广溪国家湿地公园开展。共观察记录30余种鸟类，带给青少年极大的感官体验。尤其是观鸟专家的现场科普讲解培养了青少年的观鸟、识鸟、爱鸟兴趣。市相关新闻媒体全程进行了采访报道。

（孙科敏）

【野生动物救护】 2018年，无锡市野生动物救护中心本年度共接收动物49批，1711只（通过电话等途径指导救护的不列入），物种涵盖哺乳类、鸟类和爬行类，其中执法收缴动物占大多数，爬行类和兽类多为外来物种，其中不乏原产国外的珍稀和外来入侵物种。全年收容的动物中有相当部分是公安执法系统收缴的违法运输、饲养的爬行动物，还有一些是弃养的宠物，对于大量没有条件妥善饲养的动物，及时上报上级主管部门调剂到有条件的单位收养，并解决证据保全和后续处理的问题。全年收容的外来物种龟类依然居多，对饲养环境要求较高，救护中心落实易地笼养，解决安全和保暖难题。越来越多的市民意识到鳄龟不能随便放生，主动交救护中心妥善处理，凸显出民众生态环境保护意识的提高。对于健康的野生动物，救护中心分别进行放生和暂养。

（孙科敏）

农业资源开发

【农业综合开发】 2018年，全市共实施国家农业综合开发土地治理项目3个，省级丘陵山区项目6个，总投资5315.7万元，其中，国家财政1500万元、省级财政3300万元、地方配套450万元，土地治理面积1333.33公顷，开发丘陵山区面积1100公顷。全市增加高标准农田面积6874.67公顷，高标准农田面积达82360公顷，高标准农田比重为71.8%，比上年提升6.1个百分点。

（孙科敏）

【第十三届无锡现代农业博览会】 9月7～9日，由无锡市政府主办、无锡市农业委员会承办的“第十三届无锡现代农业博览会开幕式暨无锡市打造‘优农产品、健康餐桌’行动启动仪式在无锡市体育中心会展馆举行。本届农博会以“彰显特色、立足创新、广泛交流、打造品牌”为目标，共设现代农业高质量发展成果核心展示区、农业政产学研成果展示区、最美新型青年农民展示区、农村创业创新展区、农业产业化联合体成果展示区、无锡“优农联盟”展区、无锡“农商协会”展示区7个特色展区，延安、海东、阿合奇、霍城、盘锦、云阳、徐州、广西等对口支援和友好城市优质农产品展销区以及全市各板块优质农产品展销区，来自全国各地的200多家参展商，带来2000余个品种的农副产品。会议期间，同时举办无锡现代农业政产学研合作工作推进暨高质量发展研讨会，无锡优质农产品推介会，全市政产学研合作助力现代农业高质量发展——青年农民“五新”分享荟等一系列形式新颖、内容丰富的活动。（孙科敏）

农产品质量建设

【概况】 2018年，无锡市贯彻实施《江苏省农产品质量安全条例》，以保证不发生重大农产品质量安全事故为底线，加强监管队伍建设，强化属地监管责任，努力推进标准化建设，深化农产品质量安全专项整治和各项重点工作，不断提升监管能力和工作水平。全市共检查生产企业3286家，出动执法人员8362人次，查处问题464起，涉及金额1152.5万元，责令整改318起，立案查处24起，监测场所1626个次，抽样767470个，省例行检测抽检合格率达99.5%，全年农产品质量安全形势稳中有升，无农产品质量安全事件。

（孙科敏）

【农业品牌建设】 2018年，无锡市推进绿色食品、有机农产品、地理标志农产品等绿色优质农产品基地建设，成功申报省级绿色优质农产品基地面积31333.33公顷，促进全市种植业优质农产品比重提高36个百分点，“无锡毫茶”通过国家农产品地理标志评审，成为全市首个市级国家农产品地理标志，“宜兴红”成为全市第十二个农业领域的国家地理标志证明商标。全市新培育杨巷大米、宜兴百合等超亿元农业区域公用品牌2个，美天奶业、橙宝食品等超5000万元农业品牌2个。华西村稻米、杨巷大米等26个品牌新列入江苏省农产品品牌目录，全市累计达84个品牌。

（孙科敏）

【农产品质量监测】 2018年，无锡市加强企业和基地速测点建设，全市500多家企业和基地设立速测室。组织协调省部级农产品质量安全例行检测和风险检测，组织开展市级农产品质量安全例行检测和风险监测，市本级检测合格率达99.1%，全年省例行检测480个批次，综合检测合格率达99.5%。年内，监测中心完成市级例行监测样品1559批次，检测参数63454项次，其中，种植业产品977批次，检测参数58649项次，养殖业产品582批次，完成检测参数4803项次。省级例行监测样品904批次，检测参数55824项次。发挥监测中心公益服务功能，为有需要的基层农业管理单位、农业企业、农业合作组织、种养大户和城乡居民无偿做好农产品检测服务，完成农畜水产品社会委托样品检测54批次，检测参数713项次。

（孙科敏）

【水产品质量安全监管】 2018年，无锡市开展水产品质量安全专项检查57次，对全市水产养殖场、苗种场和无公害水产品生产基地的持证情况、用药记录、生产记录、销售记录和水产品质量安全监管制度进行专项检查。完成部级水产品质量安全抽检样品13个，省级水产品质量安全抽检样品147个，市级水产品质量安全抽检40个，产地水产品抽检合格率100%。开展重大水生动物疫病监控工作，全市共设病害测报点19个，测报种类13个，测报面积631.01公顷，各病害测报点每月定期对监测养殖品种开展5个。开展2018年农业农村部水产健康养殖示范创建活动，组织对全市22家到期水产健康养殖示范场进行综合提升。

（孙科敏）

【农林综合执法】 2018年，无锡市加大农业领域专项整治力度，加强农资产品质量抽检，积极处置农林领域各类投诉举报，严厉打击农林领域各类违法行为。组织开展种子种苗、林业和野生动物、农药和化肥、兽药和饲料、农(畜)产品质量安全等方面的专项整治行动共8次，农药企业安全生产检查2次。完成农资产品质量监督抽检任务239批次，其中农药145批次，肥料20批次，种子24批次，兽药25批次，饲料25批次。完成省级农药产品监督抽检计划33批次。完成农(畜)产品质量监督抽检任务150批次，其中禽肉15批次、禽蛋15批次、蔬菜120批次。下发《查案通知》27件，督办各类案件39起，涉及27家经营户，39批次品种，其中兽药4批次、农药27批次、肥料3批次、鸡蛋1批次、蔬菜4批次。全市各级农林行政综合执法机构共办理农资类违法一般案件35起，其中农药29起、肥料3起、兽药3起，办理农产品质量安全一般案件11起，办理林业和野生动物一般案件35起，办理其他涉农林类一般案件21起。协助公安机关办理野生动物刑事案件5起。

(孙科敏)

【渔政执法】 2018年，无锡市组织做好梅梁湖、贡湖的长效管理工作，组织各类“打非治违”专项整治行动，联合公安等部门开展“两法衔接”行动。加强巡查力度，重点打击外来渔船非法入湖生产、电力捕鱼和违法张设地笼网、丝网等现象，严厉打击渔业违法行为。年内，出动执法车辆590多台次，艇船740多艘次，执法人员3000多人次，查办各类违法案件125件，查获涉案人员154人，移交司法处理案件25起。长江禁渔期间共组织各类长江检查40次，出动执法车辆80台次，艇船50艘次，执法人员310人次。立案查处违法捕捞31起，移交司法追究刑事处罚8起，8人追究刑事责任。做好渔业“扫黑除恶”工作，对辖区内的重点人群进行突击检查，在应对社会人员威胁太湖梅梁湖无锡水域渔民事件中，获赠“忠诚尽责保平安，渔民安心创丰收”锦旗一面。

(孙科敏)

【畜禽屠宰管理】 2018年，无锡市以“防风险、保安全、促发展”为目标，以优化布局、提质升级、规范经营、强化监管为重点，加强监管体系建设，淘汰落后产能，推进生猪屠宰标准化建设，巩固提升肉品质量安全保障能力。年内，全市共有获证生猪定点屠宰企业10家，其中江阴市3家、宜兴市3家、锡山区2家、惠山区1家、梁溪区1家。全市共计屠宰生猪171.45万头，检出病害猪及其产品5884.93头，无害化处理6873.93头，无害化处理率达100%。江阴市澄记肉食股份有限公司、江苏联大食品有限公司两家生猪屠宰企业被授予“省级生猪屠宰标准化示范企业”称号。

(孙科敏)

【“瘦肉精”专项整治】 2018年，无锡市出台《关于开展生猪养殖屠宰运输环节“瘦肉精”监测工作的通知》，明确官方兽医在开展产地检疫工作时，对养殖场出售的生猪、肉牛、肉羊按不少于2个样品进行抽检；家畜屠宰场实行批批检，对生猪按不低于5%的比例抽检，肉牛、肉羊按10%的比例抽检；动物卫生监督检查站监测比例生猪为检查数量的1%，肉牛、肉羊为检查数量的2%。年内，共快速检测“瘦肉精”样品121117份，其中屠宰环节抽检样品112185份，养殖环节抽检样品4053份，检测结果全部合格。生猪屠宰企业“瘦肉精”自检抽样118524份，检测结果全部合格。

(孙科敏)

【兽药饲料专项整治】 2018年，无锡市重点围绕规范兽药饲料生产经营行为、加强兽药饲料专属标识管理、强化标识说明书管理、许可证有效期和企业自查情况五个方面，对全市兽药饲料生产经营企业进行全面检查，通过查看资料和现场检查，提出相关整改意见，并要求当地主管部门就整改意见开展复查。组织开展全市兽药质量监督抽检、风险监测、动物及动物产品兽药残留监控以及饲料质量安全监测，完成部级饲料抽样63份，省级兽药抽样45份，畜产品药残抽样334份，未出现检测不合格结果。

(孙科敏)

农业机械化

【概况】 2018年，无锡市农机总动力96.33万千瓦，比上年减少0.58万千瓦。农机保有量14.99万台(套)，减少0.82万台(套)。农机总动力和保有量总体呈下降趋势。其中，大中型拖拉机、联合收割机、乘座式插秧机处于更新期，新增大中型拖拉机168台，保有量增加16台；新增联合收割机93台，保有量减少41台；购置乘座式插秧机259台，保有量增加187台。步进式插秧机、农用运输车、低速载货汽车、手扶变型运输机、机动脱粒机等机具处于淘汰期，其中机动脱粒机减少485台。谷物烘干机继续保持较快增长势头，新增谷物烘干机165台，增幅4.64%，保有量1082台。

(蔡宏雷)

【农机化作业】 2018年，全市机耕面积98931公顷，增加10660公顷，比上年增长12.09%。机播面积73048公顷，减少2560公顷，比上年下降3.38%。机植保面积89199公顷，增加2030公顷，比上年增长1.5%。机收面积82034千公顷，减少1890公顷，比上年下降2.25%。机电灌溉面积46010公顷；机械化秸秆还田面积55316公顷，减少5420公顷，比上年下降8.93%。全市农机化水平保持在90%以上，其中五项高效农业机械化指标平均值达52%，比上年增加0.8个百分点。

(蔡宏雷)

【农机化投入】 全年农机化投入1.45亿元，比上年减少0.23亿元，其中财政资金投入3202万元，基本建设投入2069万元，农机购置投入9239万元。农机购置投入中，中央和省级补贴资金2471万元，占比26.7%，补贴机具1407台(套)。全年农机服务收入3.98亿元，其中农机作业服务收入3.37亿元。

(蔡宏雷)

【粮食生产全程机械化创建】 按照全市粮食生产全程机械化创建工作总体部署，年内，在建立创建领导小组、出台实施政策、建立考评体系、明确奖补标准的基础上，推进2个示范县(市)、34个示范镇和113个“两中心”(育插秧中心、烘干中心)建设。至年末，全市34个重点涉农镇(街道)如期高质量建成市级粮食生产全程机械化示范镇,并通过市级考核;124个“两中心”(61个育插秧中心,63个烘干中心)完成建成任务。江阴市于2018年9月3日以第三名的成绩通过全省首批省粮食生产全程机械化整体推进示范县考评,成功创建成全国第二批率先基本实现农作物生产全程机械化示范县。宜兴市作为全省第二批粮食生产全程机械化整体推进示范县,完成各项创建任务和指标,达到示范县要求。

(蔡宏雷)

【秸秆机械化还田】 全年投入秸秆机械化还田作业补助资金1318万元,完成机械化还田面积55316公顷,还田率65%。结合粮食生产全程机械化创建,梳理完善稻麦生产技术路线,编制《无锡市稻麦周年生产全程机械化技术模式图》《麦秸秆机械化还田集成水稻机插技术规程》《稻秸秆机械化还田集成小麦机播技术规程》。年内,麦秸秆机械化还田集成水稻机插面积29493.33公顷、稻秸秆机械化还田集成小麦机播面积14386.67公顷,占比分别达81.6%和66.4%。

(蔡宏雷)

【农机化项目】 年内,全市共实施农机化项目14个,其中省“三新工程”项目2个、高效设施农业机械化项目7个、先进适用技术装备试验示范项目5个,重点就设施蔬菜、茶叶、林果、水产等关键环节和空白领域进行集中攻关。江阴市农机推广服务中心实施的“山地果品运输装备引进试验示范”项目,引进单轨运输机等装备,解决坡地运输耗时耗力问题,既节省作业时间和人工成本,又提高作业人员的安全性,填补丘陵林果运输空白。

(蔡宏雷)

【国家级“平安农机示范市”创建】 2018年,无锡市成立农机安全生产工作领导小组。市政府出台《关于进一步加强农机安全生产工作的通知》,开展一系列平安农机创建专项行动。8月,通过省级“平安农机”示范市考核,并申报全国级“平安农机”示范市。2019年1月,无锡市被农业农村部、应急管理部评为2018年度全国“平安农机”示范市。

(蔡宏雷)

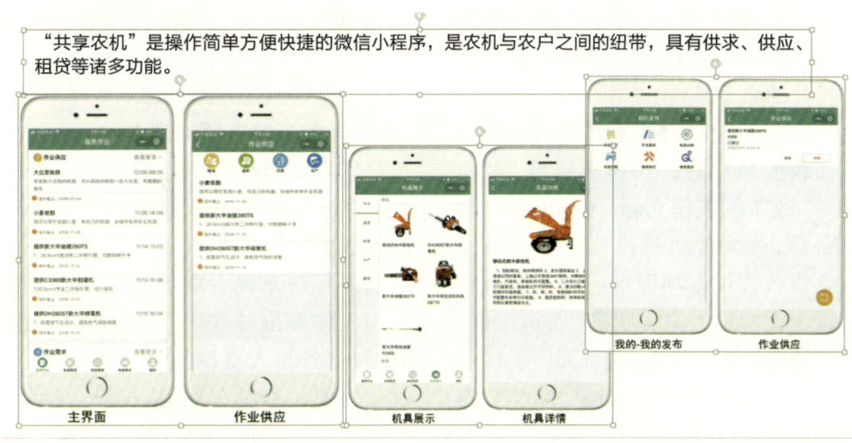

6月,无锡市首个高效设施农业共享农机平台在宜兴益健农业科技有限公司建立并试运行 (市农业农村局 供稿)

【农机合作社】 2018年,全市220家合作社机具原值3.22亿元,年度作业收入1.36亿元,年度利润4729.3万元;拥有大中型拖拉机892台、联合收割机504台、高速插秧机754台、粮食烘干机670台、高效植保机917台、小麦条播机261台。其中,机具原值100万元以上的128家,200万元以上的60家,500万元以上的9家;机库面积1000平方米以上的43家;年度作业服务面积666.67公顷以上的55家、1333.33公顷以上的11家;年度收入100万元以上的63家,200万元以上的20家;年度利润50万元以上的16家。全市农机合作社服务面积占比75.68%,其中组织流转型服务面积10666.67公顷,菜单式服务面积14666.67公顷,托管式服务面积12000公顷。年内,新增省级农机合作社示范社7家、市级13家。全市共拥有国家级农机合作社示范社3家、省级22家、市级50家。

(蔡宏雷)

【农机技能比赛】 2018年,无锡市组织选手参加第四届江苏技能状元大赛,市农机局精心开展市级选拔、参赛选手集训、全程指导服务等工作,代表无锡市参加农机修理工竞赛的宜兴青盛农机有限公司陈龙、洋马农机(中国)有限公司侍建怀,分别获个人第8名和第10名,双双获三等奖,集体总成绩位居省第四名,获优秀组织奖二等奖。年内,无锡市农机局加强农机人才队伍建设,弘扬“工匠精神”,开展专业培训和技能比武,打造一支高素质农机公共服务人才队伍,培养一批优秀农机技能人才,为全市农机化高质量发展提供有力的智力支持和人才支撑,助推“乡村振兴”战略实施。

(蔡宏雷)

【农机共享平台建设】 年内,首次实施“高效农业共享农机平台创建试验示范”项目,引进“大棚王”拖拉机、蔬菜精量播种机、蔬菜移栽机、粉碎机等多种机具,建立起共享平台,匹配农户需求和机主闲置资源,探索解决机主和农户双方的供需不平衡问题,从而优化效率、降低成本,提高农机合作共享和信息化管理水平。

项目以宜兴市农机推广站为主,与无锡百盛传感网络有限公司合作,开发“共享农机”微信小程序,面向社会免费提供农户发布作业需求和农机拥有者发布农机信息,为农户和农机手建立起农机作业服务网上业务联系平台,实现供求信息发布、竞价接单和农技咨询等服务。同时,“共享农机”还内嵌通信功能和第三方支付系统、评价系统,为供需双方提供“面对面”业务洽谈、订金与作业款第三方支付、服务与信用评价等服务,保证接单有效性和资金支付安全性,并为供需双方建立服务质量与信用评级档案,为诚信接单和提高服务质量提供保障,为新业务洽谈提供对象选择参考。

(蔡宏雷)

【农机维修事项监管】 自7月28日始,无锡市各级农机主管部门停止受理申请和核发“农业机械维修技术合格证”,该证不再作为从事农业机械维修经营的必要条件。

结合“农机维修”行政许可事项与工商营业执照等许可事项实施“多证合一”改革的工作实际,无锡市农机局出台《加强农业机械维修技术合格证核发行政许可事项取消后的事中事后监管工作实施方案》,明确“农机维修”监管的法律法规依据、监管部门工作职责与权限、监管范围与对象、标准与内容、方式与程序以及处理,要求市(县)、区级以上农机主管部门建立健全以“双随机一公开”监管为基本手段、以重点监管为补充、以信用监管为基础的新型监管体制,对照国家标准与行业标准,重点对工商营业执照“农业机械维修”经营许可内容、维修场地、维修技术人员与技术工人资质、维修质量、维修设备、检测仪器及其技术状态、零配件进货渠道、安全防护和环境保护措施、安全生产、维修记录等情况,依法开展监督检查与处理。至年底,无锡市注册的农机维修企业(网点)154家。

(蔡宏雷)

【林果业生产机械化】 2018年,市农机技术推广站承担的无锡市高效设施农业机械化项目“林果机械装备引进试验示范”,确定宜兴市能能熊果蔬专业合作社作为核心示范点,示范点占地面积70公顷,其中梨树33.33公顷,花卉7.33公顷,猕猴桃、桃树、桑果、柑桔、无花果、甜瓜等若干。项目引进大疆遥控无人植保机、博田履带自走式风送遥控喷雾机、躲避式割草机等开展适用性试验示范工作。通过项目实施,用机械代替手工,降低作业成本和劳动强度,满足花卉、果园生产实际需求,取得良好经济和社会效益。

(蔡宏雷)

【“农业废弃物机械化处理与利用技术集成应用”项目】 10月19日,宜兴市农业机械技术推广站承担的江苏省农机三新工程“农业废弃物机械化处理与利用技术集成应用”项目通过省级验收。通过项目实施,宜兴市建立农业废弃物基质化核心示范点1个,示范面积24.67公顷,出台《宜兴市农业废弃物机械化处理与利用技术集成应用机械操作规程》,不仅提高农业废弃物机械化处理与利用技术集成应用水平,同时为农节本增收成效明显。

(蔡宏雷)

【农用号牌车辆专项治理】 7月30日,市公安局、市城管局、市农机局联合印发《关于加强农用号牌车辆专项治理的工作方案》,明确至9月底在全市开展农用号牌车辆专项治理工作。专项治理工作突出城乡接合部、国省干道、农村集、外来人员聚集区等重点部位,加强对农用号牌车辆(拖拉机、变型拖拉机、三轮汽车、低速货车、三轮机动车等)的管控,严查严处偷倒垃圾、以车占道经营以及无牌无证、假牌假证、严重超载、违法载人,拼装、报废、未年检、逾期不缴纳保险车上路行驶等重点违法违规行为。

(蔡宏雷)

【变型拖拉机报废补贴】 5月2日,市农机局、市财政局联合出台《无锡市变型拖拉机报废补贴实施方案》(以下简称《方案》),明确从即日起,对2015年8月1日以后参加安全技术检验并取得检验合格证明的变型拖拉机(以下简称“变拖”)进行报废补贴。

变拖报废享受补贴需同时满足以下条件:(一)办理注销日之前“江苏省农机安全监督管理信息系统”中变拖违法和事故信息处理完毕;(二)变拖于《方案》发布之日起至2019年12月31日前拆解,并办理注销登记和提交补贴申请;2017年8月1日至《方案》发布之前,已办理注销手续,并将变拖交售指定回收企业拆解,取得《报废汽车(拖拉机)回收证明》,由车主提出申请,相关部门审核后办理追加发放补贴;(三)变拖提前报废的,必须在达到国家强制报废年限(即装用单缸发动机9年,装用二缸及以上发动机12年)之前完成。

根据变拖登记年限,分时段实施差别化补贴。变拖单缸使用满9年,多缸使用满12年及以上的,在距行驶证上签注的报废月份前一月内完成报废,每台补贴4500元;在行驶证上签注的报废月份当月完成报废,每台补贴3000元,超过提示报废月份后实施报废不予补贴。单缸变拖使用未满9年、多缸变拖使用未满12年的,实施引导报废,在2019年12月31日前完成报废并提出申请,每台补贴6000元。

《方案》同时明确变拖报废补贴的受理时间、地点、程序以及4家变拖回收拆解网点。年内,共报废变拖275台,其中享受补贴127台,补贴金额62.85万元。

(蔡宏雷)

【全国“平安农机”示范区】 1月3日,从农业部、国家安全监管总局获悉,无锡市惠山区成功创建2017年度全国“平安农机”示范区。

通过“平安农机”创建实践,玉祁、前洲、洛社、阳山、堰桥等镇(街道)先后成功创建为省级“平安农机”示范镇(街道),同时创建“农机安全村”98个、“平安农机”示范户208户,分别占全区行政村数和乡镇(街道)数的84%和71%;拖拉机、联合收割机注册登记率100%、驾驶人持证率100%。截止到2017年年底,惠山区连续17年未发生农田农机作业亡人事故,被评为全省“平安农机”示范区和全国“平安农机”示范区。

(蔡宏雷)

【高效农业机械现场会】 4月13日,2018年高效新型农机装备现场会在江阴市华士镇鹏程现代农业园举办。现场会上,来自上海、苏州、扬州、常州、无锡等地的30家农机企业展示(演示)了大功率拖拉机、联合收割机、高效植保机、高速插秧机、机械化育秧流水线、山地果园轨道搬运机、生物质颗粒炉等100多种农机装备。各种高效新型的农机装备令人耳目一新,尤其是无线操控植保机和遥控自走智能喷杆喷雾机,受到农业园区和农机专业合作社负责人的赞赏。农机化新技术、新装备、新模式的宣传,加快推动农业生产“机器换人”工程,助推农机化高质量发展再上新台阶。

(蔡宏雷)

【农机推广田间日】 4月20日,市农机局在宜兴市周铁镇举办“果蔬类机械推广田间日”活动,省农机局副局长王翠章、市政府副秘书长张千山等到现场观摩,各市(县)、区农机主管局分管副局长、农机科科长、推广站站长,部分蔬菜及林果园区、种植大户代表等100多人参加活动。

在益健农业周铁蔬果种植基地,10多家高效农机生产企业现场演示、展示蔬菜、林果类主要生产环节作业机具。其中,蔬菜生产包括撒肥、耕翻、起垄、覆膜、直播、移栽、植保、灌溉、收获等关键环节共20多种机具,林果类包括耕翻、植保、修剪、灌溉、枝条废弃物处理等生产环节共30多种机具。活动期间,还组织农民和机手进行新技术培训,在技术人员的指导下,进行实地操作体验。

(蔡宏雷)

【**植保机作业现场会**】 7月12日,植保机械作业现场演示会在宜兴市芳桥街道华阳村现代农业综合服务中心举行。现场会演示高地隙自走式植保机、履带自走式植保机、植保无人机3种植保机械的水稻喷药作业。技术人员在现场分别对3种新型高效植保机械的性能、价格、技术参数及优缺点进行详细介绍。其中,高地隙走式植保机具有田间通过性好、载重量大、安全性能好等优势,但在中后期有压苗现象;植保无人机具有机动性好、受地理因素制约少、雾滴穿透能力强等优势,无人植保机每小时作业量可达4公顷,工作效率可以达到人工的20～40倍,但现阶段无人机受农药载重量小、电池续航短等条件制约;履带自走式植保机具有成本低,机动灵活,施药效果好等优点。

(蔡宏雷)

4月20日,在益健农业周铁蔬果种植基地,开展"果蔬类机械推广田间日"活动　(市农业农村局　供稿)

【**"三农"人才队伍调研**】 8月14日,无锡市人大常委会组织开展"三农"人才队伍建设专题调研,通过实地走访、召开座谈会、问卷调查、听取汇报等方式,全面了解无锡"三农"人才培育引进使用机制、现代职业农民教育培训、科技人才服务"三农"等情况,以及当前人才工作中存在的主要问题与发展举措等。市人保局、农委、水利、粮食、农机、供销社等部门参加调研座谈。

市农机局以农机化管理人才、科技人才和实用人才三支队伍建设为重点,创新教育培训内容、改进教育培训方法、整合教育培训资源、优化教育培训队伍、提升教育管理水平。全市拥有农机化管理人员613人,其中科技人员(教师)250人;乡村农机从业人员20029人,其中拖拉机驾驶员5868人,农机维修人员1319人;拥有农机职业技能鉴定证书的6671人;全市累计鉴定农机高级工212人、中级工1539人、初级工10439人。

(蔡宏雷)

表36　2018年无锡市农机化基本情况

序号	项目	单位	合计	江阴	宜兴	锡山	惠山	滨湖	新区
1	一、农机总动力	万千瓦	96.33	26.66	48.26	10.23	8.32	1.66	1.2
2	二、拖拉机	台	6113	1824	3263	50	249	107	160
3	1. 小型拖拉机	台	3923	1140	2224	165	172	97	125
4	2. 中型拖拉机	台	1976	637	874	343	77	10	35
5	3. 大型及以上	台	214	47	165	2	–	–	–
6	三、拖拉机配套农机具	部	16183	3569	10305	1426	520	85	278
7	其中:与58.8千瓦以上配套	部	7393	1144	4882	1255	60	10	42
8	四、耕整地机械	★	–	★	★	★	★	★	★

续表 36

序号	项目	单位	合计	江阴	宜兴	锡山	惠山	滨湖	新区
9	1. 耕整机	台	901	–	–	348	442	57	54
10	2. 微耕机	台	2861	841	1647	240	133	–	–
11	3. 旋耕机	台	5398	1181	3130	775	210	13	89
12	五、种植业机械	★	–	★	★	★	★	★	★
13	1. 免耕播种机	台	1093	30	892	51	100	14	6
14	2. 水稻直播机	台	307	9	214	44	–	2	8
15	3. 水稻插秧机	台	3181	578	1916	600	67	7	13
16	其中：乘座式	台	1201	361	585	174	66	4	11
17	六、排灌机械	台	13915	3377	7567	912	1414	402	243
18	1. 水泵	台	11586	2882	5954	838	1195	445	242
19	2. 节水灌溉类机械	台	3790	2262	308	300	351	131	438
20	七、田间管理机	★	–	★	★	★	★	★	★
21	1. 中耕机械	台	2427		1647	295	442	36	7
22	2. 机动植保机械	台	12967	3558	5752	1831	961	485	380
23	3. 修剪机械	台	3801	523	1851	288	290	784	65
24	七、收获机械	★	–	★	★	★	★	★	★
25	1. 稻麦联合收割机	台	1173	302	686	149	17	4	15
26	2. 油菜籽收获机	台	39	6	21	12	–	–	–
27	3. 采茶机	台	829	10	434	76	241	68	–
28	4. 秸秆粉碎还田机	台	2742	758	1490	297	103	12	82
29	5. 打捆机	台	96	8	70	12	6	–	–
30	八、收获后处理机械	★	–	★	★	★	★	★	★
31	1. 机动脱粒机	台	6020	4296	1214	510	–	–	45
32	2. 谷物烘干机	台	1082	298	649	75	44	3	13
33	3. 种子加工机械	台	26	1	24	1	–	–	–
34	4. 保鲜储藏设备	台	1296	278	615	263	75	43	22
35	九、温室	★	–	★	★	★	★	★	★
36	1. 连栋温室	平方米	2680695	2002049	178312	295000	119459	26495	59380
37	2. 日光温室	平方米	1100	–	–	–	–	–	1100

续表 36

序号	项目	单位	合计	江阴	宜兴	锡山	惠山	滨湖	新区
38	3. 塑料大棚	平方米	47521379	22927649	4722351	2660000	17055724	43505	112150
39	十、农产品初加工作业机械	台	6106	1113	3793	661	185	249	105
40	1. 粮食加工机械	台	3115	931	1508	436	147	28	65
41	2. 油料加工机械	台	200	69	88	31	–	4	8
42	3. 果蔬加工机械	台	75	2	26	12	3	–	32
43	4. 茶叶加工机械	台	2610	15	2161	182	35	217	–
44	十一、畜牧机械	台	2903	603	728	1342	230	–	–
45	十二、水产机械	台	40899	5932	29484	3162	2153	0	168
46	其中：1. 增氧机	台	22228	3584	15671	1877	1060	0	36
47	2. 投饵机	台	15574	2280	10784	1285	1093	0	132
48	十三、农田基本建设机械	台	2566	1109	847	442	95	8	65
49	十四、农用航空器	架	24	5	15	2	1	1	0
50	1. 植保无人机	架	24	5	15	2	1	1	0
51	十五、农机化作业总体情况	★	★	★	★	★	★	★	★
52	1. 机耕面积	公顷	98931.67	21175	62654.67	8804	3067	2173	1058
53	2. 机播面积	公顷	73048.67	17350	47866.67	5749	1000	112	971
54	3. 机电灌溉面积	公顷	46010.07	9589	27982.07	2926	4323	620	570
55	4. 机械植保面积	公顷	89199.45	19219	54560.45	6373	5780	2216	1051
56	5. 机收面积	公顷	82034.82	18916	54270.82	6373	1334	174	987
57	6. 小麦机耕面积	公顷	36695.67	8333	24386.67	3054	333	52	537
58	7. 小麦机播面积	公顷	34679.67	7933	23066.67	2780	333	52	515
59	8. 小麦机收面积	公顷	38155	9140	24387	3350	667	87	524
60	9. 水稻机耕面积	公顷	40974	9589	27240	2937	667	67	474
61	10 水稻机械种植面积	公顷	37043	9180	23800	2880	667	60	456
62	其中：水稻机播面积	公顷	3324	900	2014	340	0	5	65
63	水稻机插面积	公顷	33679	8280	21786	2540	627	55	391

续表 36

序号	项目	单位	合计	江阴	宜兴	锡山	惠山	滨湖	新区
64	11. 水稻机收面积	公顷	40798	9589	27080	2937	667	67	458
65	12. 油菜机耕面积	公顷	1579	490	1000	89	0	0	0
66	13. 油菜机播面积	公顷	1276	187	1000	89	0	0	0
67	14. 油菜机收面积	公顷	1073	187	800	86	0	0	0
68	15. 水果机械中耕面积	公顷	11052	2697	5857	860	0	1596	42
69	16. 水果机械施肥面积	公顷	5888	1685	2869	496	0	810	28
70	17. 水果机械植保面积	公顷	11707	3102	5925	1020	0	1602	58
71	18. 水果机械修剪面积	公顷	3941	931	1839	301	0	843	27
72	19. 水果机械采收产量	吨	6405	4350	590	1240	0	200	25
73	20. 水果机械田间转运产量	吨	96922	50702	13540	18328	0	13650	702
74	21. 茶叶机械中耕面积	公顷	3236	16	2746	165	0	304	5
75	22. 茶叶机械施肥面积	公顷	2978	0	2788	95	0	90	5
76	23. 茶叶机械植保面积	公顷	5338	16	4781	196	0	340	5
77	24. 茶叶机械修剪面积	公顷	1960	16	1561	58	0	320	5
78	25. 茶叶机械采收产量	吨	497.4	2.9	462	6	0	20	6.5
79	26. 茶叶机械田间转运产量	吨	3894.43	3.93	3654	80	0	150	6.5
80	27. 精量播种面积	公顷	3033	3000	–	–	–	33	–
81	28. 机械节水灌溉面积	公顷	14638	7540	2580	800	3060	542	116
82	29. 机械化秸秆还田面积	公顷	55316	14348	34466	4400	984	147	971
83	30. 植保无人机作业面积	公顷	2546	300	1000	1186	0	60	0
84	十六、农机社会化作业面积	★	★	★	★	★	★	★	★

续表 36

序号	项目	单位	合计	江阴	宜兴	锡山	惠山	滨湖	新区
85	1. 合作社作业服务面积	公顷	274289	69246	176073	25386	2333	680	571
86	2. 农机跨区作业面积	公顷	39769	2799	34088	1766	500	0	616
87	其中:1. 机收小麦	公顷	17357	666	15214	933	267	0	277
88	2. 机收水稻	公顷	22412	2133	18874	833	233	0	339
89	十八、农机化作业服务组织	个	412	116	204	67	15	7	3
90	1. 拥有农机原值50万元以上	个	216	82	121	6	2	3	2
91	2. 农机专业合作社	个	319	95	187	21	10	3	3
92	十九、农机户	个	11749	4482	6174	359	388	216	130
93	1. 拥有农机原值20万元以上	个	571	257	299	3	8	4	0
94	2. 农机作业服务专业户	个	3311	1297	1524	356	0	4	130
95	二十、农机维修厂、点	个	154	43	67	27	15	1	1
96	二十一、农机从业人员	个	19324	6343	9937	2208	395	223	218
97	二十二、农机化财政投入	万元	3202	460	546	562	150	170	60
98	二十三、农机服务收入	万元	39833	10823	18900	6500	1500	1100	1010
99	二十四、农机具总量	台(套)	149969						

(市农业农村局办公室)

编辑　罗秋云

综 述

【概况】 2018年，面对复杂的国内外经济环境，全市上下紧紧围绕高水平全面建成小康社会和建设“强富美高”新无锡总目标，坚持以智能化、绿色化、服务化、高端化为引领，推进实施创新驱动核心战略和产业强市主导战略，推动无锡制造向无锡创造转变，推动制造大市向智造强市转变。年内，无锡被评为“促进工业稳增长和转型升级成效明显市”，获国务院办公厅通报表扬激励；江阴市蝉联“中国工业百强县(市)”冠军，宜兴市跻身十强，新吴区、锡山区、惠山区、滨湖区分别位列“中国工业百强区”第13位、36位、40位和41位；继海澜集团之后，中信泰富特钢集团成为全市第二家营收超千亿元企业；全市13家企业入围中国企业500强，25家企业入围中国制造业企业500强，11家企业入围中国服务业企业500强，入围企业总数连续多年位列江苏各市之首；获批建设国家“芯火”双创平台；全年新增国内、外上市公司11家，全市共拥有境内、外上市公司138家，上市公司总量全省第一，位居全国地级市前列。

（张伟峰）

【工业增速全省第一】 2018年，无锡市工业经济主要指标争先进位，贡献度不断提高，部分指标省内排位创出近年来的新高。全市规模以上工业产值完成16776.9亿元，比上年增长13.2%，增速高于全省平均4.8个百分点；规模以上工业增加值完成3618亿元，比上年增长9%，增速高于全省平均3.9个百分点，从上年的全省第四上升到当年的全省第一，创出近20年以来省内最好排位。全市规模以上工业实现利润1204.9亿元，总量创历史新高，比上年增长18.6%，增速创近7年来新高，高于全省平均9.2个百分点，列全省第四；主营业务收入利润率为7.27%，比上年同期增长0.67个百分点，创近7年来最好水平；资产负债率为51.8%，比上年同期下降0.8个百分点；企业亏损面为16.1%，比上年同期收窄1.1个百分点。全市实现工业税收806.6亿元，比上年增长8.5%。

（张伟峰）

【五大行业发展】 2018年，无锡市五大支柱行业产值均实现近两位数或两位数以上增长。机械行业完成规模工业产值6413.5亿元，比上年增长10.6%。其中，专用设备制造业、通用设备制造业受市场需求上升拉动，产值比上年分别增长15.6%和13%，建筑工程用机械、工业锅炉产量分别增长27%、11.5%。铁路、船舶、航空航天和其他运输设备制造业、金属制品业、电气机械和器材制造业产值分别增长14.8%、12.1%、10.7%。冶金行业完成规模工业产值2666.9亿元，比上年增长22.3%。其中，黑色金属冶炼和压延加工业产值增长27.8%，钢材、粗钢产量比上年分别增长11%、5%，有色金属冶炼和压延加工业产值增长16.5%，铜材产量比上年增长8.6%。电子行业完成规模工业产值2449.2亿元，比上年增长10.5%，完成出口交货值比上年增长7.6%，电子元件、集成电路、半导体分立器件产量分别增长17.6%、11.6%、10.6%。纺织行业完成规模工业产值1929亿元，比上年增长9.4%。其中，纺织服装、服饰业增长较快，增速为11.9%，化学纤维制造业、纺织业产值分别增长8.5%、7.8%。纱、布、服装产量分别增长0.6%、8.4%、6.1%。石化行业完成规模工业产值1895.3亿元，比上年增长19%。其中，石油加工、炼焦和核燃料加工业产值比上年增长31.6%，化学原料和化学制品制造业、橡胶和塑料制品业产值比上年分别增长20.3%、12%，初级形态塑料、聚酯、PTA（精对苯二甲酸）产量分别增长26.1%、17.9%、10.8%。

（张伟峰）

【大型企业支撑作用】 2018年，大型企业实现产值6896.88亿元，比上年增长14.5%；中型企业实现产值3847.84亿元，比上年增长11.3%；小型企业实现产值5906.44亿元，比上年增长12.7%。大型企业增长拉动较强，增速高于全市平均1.3个百分点，对全市规模工业产值增长贡献率达44.6%。大、中、小型企业完成出口交货值分别比上年增长9.5%、10.1%、8.7%，大型企业增速高于全市平均0.1个百分点，拉动全市出口交货值增速6.2个百分点。全市13家企业入围中国企业500强，25家企业入围中国制造业企业500强，11家企业入围中国服务业企业500强，入围企业总数连续多年位列江苏各市之首。其中，入围中国制造业500强的企业数，无锡占江苏省入围数的50%，连续12年居全省首位。

（张伟峰）

【新兴产业发展】 2018年，全市制造业领域战略性新兴产业快速发展，全市规模以上战略性新兴产业(制造业)完成增加值836.2亿元，比上年增长13.9%，增速高于全市平均4.9个百分点。以物联网为龙头的新一代信息技术产业成为无锡发展战略性新兴产业的制高点，全年物联网产业实现营业收入2638亿元，接近全省的一半，物联网企业超过2000家，其中，上市企业24家，“新三板”挂牌企业55家。集成电路产业实现产值1112亿元，成为继上海之后国内第二个突破千亿元大关的城市，规模位居江苏省第一、全国第二，其中，设计业产值113亿元，制造业产值201亿元，封装测试业产值470亿元，配套支撑业产值302亿元。软件业与信息服务产业业务收入增幅超过15%，销售规模超1300亿元，艾德无线等3家无锡企业入选中国互联网百强企业榜单，华云数据入选中国大数据独角兽企业TOP20榜单。新能源产业规模优势明显，全市光伏及应用规模以上企业110家，产值超亿元的企业45家，14家光伏企业列入工业和信息化部《光伏制造行业规范条件》公告名单，数量在江苏省名列第一。规模以上风电企业实现总产值300亿元，比上年增长15%，风电整机龙头企业远景能源实现营收超200亿元，占全国近10%市场份额，列全国第二。高端装备产业产值增速超过18%，产业规模不断扩大，成功举办首届世界内燃机大会。全市12个项目获得国家首台(套)保险补贴，累计达15个;18个项目通过江苏省首台(套)重大装备认定，累计达108个;7个项目获得江苏省首台(套)重大装备示范项目奖励，累计达33个;1家企业中标江苏省高端装备赶超工程项目，累计4家。新材料产业实现产值超过2300亿元，技术水平和综合实力位居全国前列。中信泰富特钢集团2018年营业收入迈上千亿元新台阶，集团下属兴澄特钢是中国生产规模最大、竞争实力最强的特钢企业，高标准轴承钢国内市场占有率达83%;汽车零部件用钢市场占有率达65%;江阴江化微电子材料股份有限公司超净高纯试剂、光刻胶配套试剂达到G4等级标准，可满足90纳米及以上集成电路制程工艺用材要求;无锡兴达泡塑新材料有限公司作为国内EPS行业龙头企业，占国内市场约35%份额;江苏雅克科技股份有限公司有机磷酸阻燃剂国内市场占有率高达65%。节能环保产业实现产值1040.6亿元，比上年增长13.6%，拥有规模以上企业400余家，上市公司10家。汽车尾气催化剂、催化净化器产销规模位居中国行业第一，SCR尾气后处理系统、柴油机颗粒捕集系统(DPF)、CNG/LNG/LPG后处理器国内占有率30%左右，溴化锂吸收式冷(热)水机组在国内排名第一，节能锅炉领域在全省前列，热电联产燃煤锅炉(CFB、PC)国内市场占有率第一，高效节能的燃气—蒸汽联合循环余热发电锅炉和国产化生物质发电锅炉等产品国内市场综合占有率均在30%以上。纺织服装产业实现产值1958亿元，比上年增长5.9%。海澜集团蝉联国内服装行业销售和利润双榜首;红豆集团是国内服装行业唯一国家商标战略实施示范企业，获“中国职业装领军企业”称号;无锡一棉是国家“两化”深度融合示范企业，产品获“中国名牌”称号。汽车及零部件产业已形成由11家汽车整车企业，108家底盘、车身、车架及附属件企业，37家核心零部件企业，26家内外饰件企业，14家汽车电子企业构成的较为完善的汽车及零部件产业链;企业主导或参与制订国际标准、国家标准或行业标准30多项，拥有中国驰名商标5个，江苏省著名商标26个，江苏省名牌产品17个;拥有上市公司3家，年产值超过1亿元的企业101家，10亿元以上的企业14家，30亿元以上的企业3家。生物医药产业结构优良，基础扎实，竞争和盈利状况良好，阿斯利康心血管、抗肿瘤、麻醉、呼吸等研发生产技术国际领先;华瑞制药的肠内外营养系列产品国内领跑;天江药业是全国“中药配方颗粒”行业的引领者，在国内首家研制成功中药配方颗粒;药明康德是全球最大的CRO(医药研发服务外包)企业，成功登陆“A+H”股双资本平台;药明生物荣获国际咨询机构IMAPAC评选的2018年度“中国最佳生物工艺卓越奖”和“中国生物制药连续生产工艺创新成就奖”。新能源汽车产业全年生产新能源汽车整车2186辆，销售2230辆，销售收入6.47亿元。其中，上汽大通无锡公司生产新能源汽车(含纯电动、氢燃料电池汽车)2086辆，销售2130辆，销售收入5.7亿元。

(张伟峰)

2月2日，上汽大通第20万台整车下线仪式在无锡工厂启动。

(武广雷　供稿)

【**绿色制造**】 2018年，无锡市坚持节约集约发展与高质高效增长有机统一，大力推行绿色、低碳、循环的生产模式，实行能耗总控，提高能源利用率。年内，全市工业增加值能耗下降7.1%;单位GDP能耗下降4%以上，近3年来累计下降12%。淘汰落后产能工作有序推进，全市关停化工生产企业250家，升级改造373家，化工企业入园进区率达34%;淘汰落后产能印染1000万米、水泥30万吨，整治燃煤工业窑炉200座。强化重点用能单位节能管理，推动重点用能单位能源管理体系建设，2018年重点用能单位实现节能量60万吨标准煤以上。推进节能技术改造工程，2018年纳入节能与循环经济项目库的项目112项，年节能量达到23.9万吨标准煤。加大重点行业清洁生产技术推行力度，举办清洁生产审核工作培训，2018年全市有135家企业通过清洁生产审核验收。累计建成国家级绿色工厂10家、国家首批绿色产品设计示范企业1家，列入省级绿色制造体系示范创建企业14家。

（张伟峰）

【工业企业资源利用绩效评价】 2018年，无锡市建成“1+3”政策体系，以市委、市政府出台的《关于开展无锡市工业企业资源利用绩效评价工作的实施意见》为中心，配套出台3个文件:《无锡市工业企业资源利用绩效评价办法（试行）》《关于开展工业企业资源利用绩效管理平台数据采集工作的通知》和《关于加强工业企业资源利用绩效评价结果使用的意见》。建成绩效管理大数据平台，汇集国土、国地税、工商、统计、环保等12个部门，建成包括数据中心、评价管理、分类管理、决策分析、大数据云图五大系统模块，可展示分年度、分地区、分行业以及单个企业的亩均销售、亩均税收、单位能耗税收等指标的横向对比及排名情况，已具备评价和分析功能。完成所有规模以上工业企业和占地2000公顷以上规模以下企业的分类评价工作，制定出台差别化政策实施细则，以“亩产论英雄”的综合评价机制和差别化资源要素配置机制初步建成。

（张伟峰）

【技术创新能力建设】 2018年，全市高新技术产业产值占规模以上工业总产值比重达43.3%，比上年提高0.1个百分点。加快构建企业创新平台，新增省级制造业创新中心培育单位4家、省级制造业创新中心试点单位1家，新增数均为全省第一；新增省级企业技术中心29家；1个项目入围省关键技术总课题。积极推动中小企业做精做专，新增省科技小巨人企业10家、省专精特新产品企业10家，分列全省第一和第二。实施首台（套）重大装备示范应用工程，12个项目获国家首台（套）重大技术装备保险补偿，新增“省首台（套）重大装备及关键部件”产品18个。

（张伟峰）

【智能制造】 2018年，无锡市坚定实施智能制造三年行动计划，新增国家智能制造综合标准化与新模式应用项目4个，列全省第一，新增国家级“两化”融合贯标试点企业7家。年内，全市实施100项智能化建设重点项目，实现投资金额156.4亿元。36个车间被评为省级示范智能车间，较2017年实现翻番，累计达到95个，列全省第二。认定无锡市智能车间60个，覆盖汽车零部件、集成电路、新能源、医药与医疗器材等多个行业领域。大力发展工业互联网，新增省工业互联网服务资源池平台企业和服务商25家，省级制造业“双创”平台5家，无锡瀚云、雪浪云工业互联网平台正式上线。实施“千企上云”行动，上云工业企业3000家。江苏极熵入选工业和信息化部2018年“制造业与互联网融合发展试点示范项目”，实现无锡市在这方面零的突破。

（张伟峰）

【信用体系建设】 2018年，无锡市出台《关于进一步加快推进诚信无锡建设的实施意见》《关于加强政务诚信建设意见》，启动运行无锡市公共信用联动奖惩系统，发布红名单277个、黑名单144个，典型联动奖惩案例36个。加快推动市公共信用信息平台建设，完成基准评价报告系统升级工作，实现与政务服务大厅窗口工作的协同。在招投标领域，率先完成市、市（县）区两级公共资源交易体系的全覆盖，基本实现“市场主体、交易、监管”等信息的集中交换与同步共享。“诚信阿福分”有效探索，把道德模范、劳动模范、志愿献血者等人群作为信用惠民应用的对象，制定身份信息指标项目录；把公务员、律师、会计师等12类重点人群作为信用积分应用的对象，制定重点人群指标项目录。

（张伟峰）

【产业发展环境】 2018年，无锡市政策扶持力度不断加大，完善现代产业发展政策意见，开展政策宣传月活动，启动运行无锡市企业服务云平台，帮助企业用足用好政策，全年共兑现市级现代产业发展资金4.38亿元，对上争取省部级资金9.43亿元。企业服务体系不断完善，年内，获评省中小企业公共服务五星级平台2家、四星级平台2家、三星级平台11家。加强人才培训，全年组织领军型人才、高级经营管理人才等培训30多场，培训企业人才2500余人次。降本减负不断落实，在降低实体经济制度性交易成本、税负成本和要素成本上协同发展。市、县（区）、乡镇各级转贷应急资金平台共使用资金近300亿元，办理转贷业务3495笔；其中，市级转贷平台使用转贷资金98.3亿元，共为1021家中小企业办理1506笔转贷业务，帮助企业续贷金额110.96亿元，为中小企业减负1.5亿元。中小微企业普惠融资平台——锡信贷，共为全市190家中小微企业办理239笔锡信贷业务，放贷金额累计7.58亿元。积极推动大用户直购电，全市577家企业参与电力市场交易，降低企业用电成本4.09亿元。

（张伟峰）

无锡产业发展集团有限公司

【概况】 2018年是无锡产业发展集团有限公司组建成立10周年，集团以实干必成的决心狠抓落实，促进高质量发展良好开局，为无锡争当全省高质量发展领跑者作出积极贡献。全年全资、控股企业实现营业收入459.98亿元，创历史新高，增加216.8亿元，比上年增长89%，完成年度目标的147%；利润总额30.26亿元（含太极实业股权转让收益5.16亿元），完成年度目标的107%；现价工业产值145.57亿元，圆满达成年度目标145亿元。集团统计口径营业收入达到850亿元。连续10年蝉联中国企业500强，2018年列第236位。

（张明飞）

【企业运行】 2018年，无锡产业发展集团把握增资注资机遇，持续壮大资本规模、增强平台功能，成功获得市政府认缴现金增资10亿元，集团注册资本规模由37.21亿元增长至47.21亿元，增幅近27%。按照市政府对粮食国企改革要求，稳妥推进市区粮食国企经营性资产划转工作，初步完成4.8亿元资产及相关业务单位人员接收工作，为无锡粮食产业市场化、专业化经营奠定基础。突出抓大扶小提质，构建企业整体充分平衡发展格局。引导支持企业在巩固和拓展产品竞争优势、保持市场地位的基础上加快转型升级、推动可持续发展。威孚高科以建厂60周年为起点，编制“2030”中长期发展战略，重点布局新能源驱动核心产品，推进汽车技术及轮毂电驱动系统开发和产业化。太极实业通过实施引进国家集成电路产业基金和剥离江苏太极资产，优化资源配置，调整产业结构，积极打造核心竞争力。江苏太极PA56工业丝等新材料开发应用取得实质性突破。宏源科技高速弹力丝机年销量、单月产量、人均产值均创建厂以来最高纪录。国开金属完成有色金属贸易量近55万吨、销售收入超200亿元。南大环保在手订单额创16年来最好水平。

（张明飞）

【项目推进】 2018年，集团强化引领无锡产业发展历史使命，聚焦六大产业板块，以产业链强链、补链、延链思维，完成“十三五”发展战略规划中期修编，大力推进项目建设，全年实际完成投资项目74项，完成投资金额138亿元，其中，集团本部完成投资57.3亿元，持续不断提升产业竞争力。以引进战略投资者国家集成电路产业基金为抓手，持续完善集成电路全产业链。通过公开征集受让方的方式向国家集成电路产业基金以9.49亿元协议转让集团所持太极实业1.3亿股、6.17%股份，促使大基金成为上市公司第二大法人股东，与市政府、华芯投资签订三方战略合作协议，推进开展短中长期三个层面多形式、全方位、实质性合作。继续高效配合推进华虹无锡、中环宜兴大硅片、海力士M8项目。以推动江苏日托光伏科技股份有限公司发展为抓手，持续增强光伏新能源领先优势。集团累计出资7.65亿元对南京日托增资扩股，获得61.42%控股权，完成公司迁址更名工作，并结合德鑫破产重整推动设立无锡日托光伏科技公司，完成600MW MWT电池线升级改造项目，发展新一代高效MWT背接触电池和组件技术。协同集团旗下思密得科技、十一科技、新能源产业基金、光伏供应链金融等多方优势，打造涵盖光伏材料、制造、应用上、中、下游于一体的产业链。以支持日产动力电池公司并购项目为抓手，持续深入布局锂电池核心领域。集团出资5亿元牵头支持设立AESC项目专项并购基金，参与收购日产动力电池公司及电池材料工厂业务与资产，推进在无锡建设产能规模20GWh、具有世界一流技术水平的811三元锂电池(NCM811)生产线。继续支持无锡安普瑞斯发展，稳步提升公司产能规模。以筹建无锡物联网创新中心为抓手，持续推动抢占物联网技术创新制高点。牵头成立筹备工作小组，搭建创新中心公司组织架构和管理模式，成功召开第一次理事会、股东大会和董事会，顺利实现公司实质化运营。联合感知集团投资成立无锡市锡产智谷感知科技有限公司，积极探索物联网技术在医药物流领域的市场化应用。以开展银邦股份上市公司纾困工作为抓手，持续推动无锡民营经济稳健发展。联合新吴区政府，出资3.57亿元成立无锡新邦科技有限公司，以6.93亿元价格协议受让当地上市公司银邦股份22%股权，以实际行动帮助区域内短期流动性出现困难的重点民营企业，提供紧缺资金支持，帮助缓解债务压力风险，为无锡民营实体经济健康、稳定发展担当国企责任。

（张明飞）

【改革创新】 2018年，无锡产业发展集团突出产业科技和发展模式创新。打造创新型企业集群。年内，累计建成省级以上高新技术企业16家，完成新产品销售收入93.7亿元。与南京大学共建的南大绿色环境友好材料技术研究公司完成设备采购、方案设计等前期工作。发挥“产业＋基金＋投行”创新模式效应，做好新能源基金光伏电站项目投后管理，高效运作新汽车基金，设立总规模20亿元的新汽车二期基金及总规模12亿元的云晖智能化产业基金。持续完善科技创新金融服务体系。创投集团在投基金22家，总规模超55亿元，担保、贷款科技小微特色持续显现。金控租赁创新拓展民生、消费金融领域业务。金控保理启动保理系统建设。北创科技园顺利通过国家级科技孵化器绩效考核。锡东产业园新增出租面积3.4万平方米。突出做好国企改革“加减乘除”。率先出台集团层面全面深化国企改革实施方案，严格实施季度进展督查制度。制定出台资产评估、交易监督等管理暂行办法，修订实施新投资监督管理办法，年内完成投资项目审批36项。探索分类考核、分类促进发展，起草对集团所属工业、类金融、资产管理3类企业绩效评价试行办法，研究起草职业经理人薪酬分配办法。做好增添经济活力“加法”，开展混合所有制改革，联合省属国企江苏汇鸿股份共同增资天鹏集团，协同推进三凤桥市场化建设，在创投集团设立由核心团队控股、创投集团参股的基金管理公司。做好瘦身健体工作“减法”，稳妥分类做好8家公司制改革工作，促进国有股权有序进退。做好公司高效治理“乘法”，充分释放现代企业治理的乘数效应，加强董事会、监事会建设，推动集团委派董事、监事管理中心和委派财务负责人(财务总监)中心常态化、规范化运作。做好破除担当束缚“除法”，研究部署鼓励激励、容错纠错、能上能下

图12 2018年无锡市各季度现价工业总产值、销售收入完成情况走势

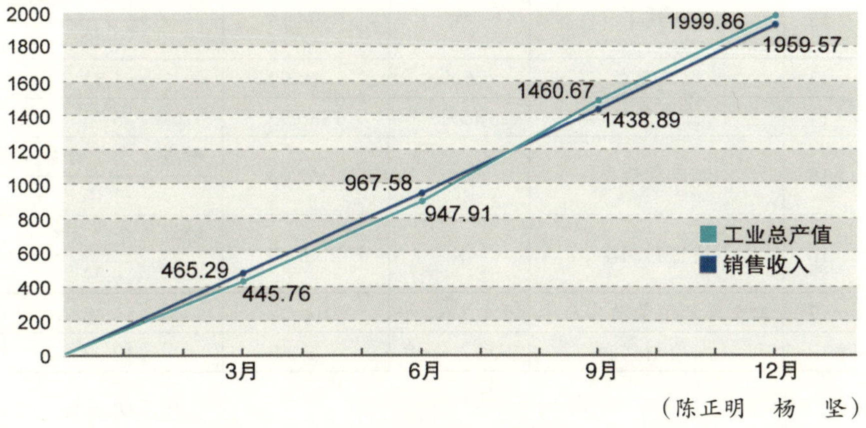

（陈正明　杨　坚）

“三项机制”建设。

（张明飞）

【经营管理】 2018年，无锡产业发展集团运行管理提质增效，产生示范影响。“大型国有产业投资企业基于‘五链一体’的集团管控”获第25届省企业管理现代化创新成果一等奖，为无锡乃至全省国资国企改革发展提供具有产业特色的管理方案。科学谋划融资工作。完成国际信用评级，惠誉对集团主体及债项评级均为BBB。以5.3%的票面利率在香港联交所发行上市3年期3亿美元境外债，是年内全市唯一公募境外债券，创同期同评级发行成本最低水平。加快国有资产市场化运作，完成泰山饭店股权重组，实现吉祥大厦以82%的高溢价成交出租，全年实现资产处置收入1.77亿元。协商推进近100万平方米“三供一业”家舍移交，有序剥离国企办社会职能。加强档案规范化建设，通过省四星级档案工作规范测评。风险管理保驾护航，营造和谐氛围。完善法务风险防控制度体系，探索建立集团公司律师履职绩效考核、法务条线法律保障服务工作绩效考评双线考评机制，实施集团法律事务归口集中管理新模式。妥善解决历史遗留股权承继问题，完成宁沪高速1万股过户，完成江苏银行190.3万股过户，分得红利近90万元。落实安全生产主体责任，开展各类安全生产主题活动、整治行动，推行“企业主要负责人安全履职季度报告制度”和“安全风险分级管控机制”管理提升项目，举办海太半导体综合应急预案演练，集团年度安全生产工作考核优秀。认真做好应急维稳工作，周到细致做好托管人员日常管理服务。

（张明飞）

纺织工业

【概况】 2018年，无锡纺织企业遵照党中央、国务院狠抓供给侧结构调整，坚持创新驱动、内需拉动、精益管理、降本增效，确保高质量发展的战略定力。年内，各项经济总量指标取得一定增长，经济运行总体稳中向好，运行质量显著提高。全年经济总量指标二季度好于一季度，三季度工业总产值比二季度增长6.28%，四季度环比三季度增长9.35%。经济稳中向好的主要原因是产品结构得到优化、高档次高附加值产品增加、主要产品纱、布、服装、纺机等产品产量增加，其中，纱比上年增长0.56%，布比上年增长8.43%，服装比上年增长6.08%，纺机比上年增长21.60%。其他主要产品产量虽有不同程度下降，但降幅均有限，如印染布比上年下降1.27%，呢绒比上年下降2.42%，化纤降1.55%。部分子行业由于价格和产品档次提高，虽然产品产量略有下降，但工业总产值和销售产值不降反升，如化纤行业产量虽比上年下降1.55%，但工业总产值却比上年增长8.50%，销售产值比上年增长7.80%。

年内，无锡纺织工业经济运行质量显著提高，全行业实现利润达113.56亿元，比上年增长10.34%，高于现价工业总产值和主营业务收入的增幅，经济效益增长明显；全年产销率达到98.16%，比上年增加0.08个百分点，产成品库存比上年下降2.50%，产品适销对路，货畅其流；资产负债率比上年下降1.10个百分点；销售利润率达5.80%，比上年提高0.24个百分点；全行业人均年创利达5.68万元，比上年增长12.63%。行业中的纺织业、服装业、化纤业、纺机纺器业四大子行业2018年经济总量指标均有一定程度增长，产销情况基本稳定，其中尤以纺机纺器业增长最为显著。实现利润除服装业略有下降外，其余各业都有一定增长，尤其化纤业增幅最大，达91.10%。但各子行业内部企业间发展极不平衡，亏损企业数和亏损企业面除纺机纺器业没有增加外，其余各业都有一定增加，特别是化纤业企业亏损面达25.84%，这些亏损企业主要是产品档次附加值较低，加上2018年中石油价格大幅波动，致使化纤价格在与化纤原料价格的时间差上吃

表37　2018年无锡市纺织工业各主要经济指标完成情况

序号	指标名称	计量单位	实绩	同比 ±%
1	现价工业总产值	亿元	1999.86	9.78
2	主营业务收入	亿元	1959.57	5.89
3	实现利润	亿元	113.56	10.34
4	利税总额	亿元	162.06	8.69
5	出口交货值	亿元	359.80	4.46
6	企业个数	个	808	6.5
7	亏损企业个数	个	129	11.21
8	亏损企业亏损额	亿元	4.70	39.05
9	企业亏损面	%	15.97	增减（个）百分点 1.61
10	应收账款	亿元	254.05	3.93
11	产成品存货	亿元	148.41	-2.50
12	产销率	%	98.16	增减（个）百分点 0.08
13	职工总数	万人	19.99	-1.53
14	资产总额	亿元	1886.93	5.76
15	资产负债率	%	62.03	增减（个）百分点 -1.10
16	销售利润率	%	5.80	增减（个）百分点 0.24
17	工业总产值劳动生产率	万元/人·年	100.04	11.48
18	人均创利润	万元/人·年	5.68	12.03

（陈正明　杨　坚）

表 38　　2018 年无锡市纺织工业主要产品产量完成情况

指标名称	计量单位	12 月	全年累计	2017 年同月	2017 年累计	同比增长 (%)	
						12 月	累计
纱	吨	38495.19	505182.34	40899.06	502348.10	−5.88	0.56
布	万米	5512.06	81977.51	5487.87	75601.05	0.44	8.43
其中：色织布（含牛仔布）	万米	1251.20	15934.90	1295.10	15197.80	−3.39	4.85
其中：棉布	万米	1708.00	26705.98	1508.15	21403.25	13.25	24.78
印染布	万米	11407.00	121400.66	12295.67	122961.75	−7.23	−1.27
毛机织物（呢绒）	万米	877.35	10259.82	1032.65	10513.85	−15.04	−2.42
服装	万件	5482.80	57268.22	5499.08	53984.01	−0.30	6.08
梭织服装	万件	2334.73	22883.08	1997.13	18945.89	16.90	20.78
针织服装	万件	3148.07	34385.14	3501.95	35038.12	−10.11	−1.86
化学纤维	吨	325562.56	3753558.80	331755.69	3812752.81	−1.87	−1.55

（陈正明　杨　坚）

表 39　　2018 年无锡市纺织各分行业主要经济指标完成情况

序号	指标名称	计量单位	纺织业		服装业		化纤业		纺机纺器业	
			实绩	同比 ±%	实绩	同比 ±%	实绩	同比 ±%	实绩	同比 ±%
1	现价工业总产值	亿元	739.12	7.8	684.96	11.9	504.89	8.5	70.89	21.6
2	主营业务收入	亿元	765.58	5.4	628.62	4.3	494.45	6.6	70.92	23.1
3	实现利润	亿元	23.82	9.5	61.91	−5.0	22.42	91.10	5.41	27.3
4	利税总额	亿元	40.51	11.1	84.13	−7.2	29.91	87.9	7.51	24.3
5	出口交货值	亿元	149.07	7.2	94.92	−0.8	107.87	4.2	7.94	29.3
6	企业单位个数	个	405	6.6	256.00	7.6	89.00	1.1	58.00	9.4
7	亏损企业数	个	64	6.7	37	19.4	23	15	5	0
8	亏损企业亏损额	亿元	2.93	52.6	1.14	23.9	0.45	4.7	0.18	63.6
9	亏损企业面	%	15.80	增减（个）百分点 0.99	14.45	增减（个）百分点 2.34	25.84	增减（个）百分点 3.37	8.62	增减（个）百分点 0.00
10	应收账款	亿元	151.92	−2.9	47.36	9.2	38.55	27.6	16.22	12.3
11	产成品存货	亿元	54.46	9.9	61.18	−22.6	28.71	57.3	4.06	−24.8
12	产销率	%	97.21	增减（个）百分点 0.32	99.03	增减（个）百分点 0.37	98.46	增减（个）百分点 −0.65	97.49	增减（个）百分点 −0.23
13	职工人数	万人	8.61	−2.4	8.53	−1.4	2.12	4.0	0.73	−6.1
14	资产总计	亿元	810.05	4.7	608.48	7.6	397.14	7.7	71.26	−6.5
15	资产负债率	%	69.11	增减（个）百分点 0.58	53.27	增减（个）百分点 −3.06	61.77	增减（个）百分点 −0.70	57.84	增减（个）百分点 −4.16
16	销售利润率	%	3.11	上升百分点 0.12	9.85	下降百分点 0.97	4.53	上升百分点 2.00	7.63	上升百分点 0.26
17	工业总产值劳动生产率	万元/人·年	85.84	10.38	80.30	13.61	238.16	4.39	97.11	29.93
18	人均利润	万元/人·年	2.77	12.15	7.26	−3.59	10.58	84	7.41	35.96

（陈正明　杨　坚）

亏,造成亏损。服装业运行质量略有下降,但销售利润率最高,其职工占全行业的42.67%,贡献利润占全行业的54.52%。

(陈正明 杨 坚)

【7家企业入围中国企业500强】 9月1日,在中国企业家联合会、中国企业家协会正式发布的"2018中国企业500强"名单中,无锡市纺织行业的海澜集团有限公司、无锡产业发展集团有限公司、红豆集团有限公司、江苏三房巷集团有限公司、江苏华西集团有限公司、江苏华宏实业集团有限公司、江苏阳光集团有限公司7家企业入围"2017中国企业500强",占全市入围13家企业的54%。

(陈正明 杨 坚)

【8家企业入围中国制造业企业500强】 9月1日,在中国企业家联合会、中国企业家协会正式发布的"中国制造业企业500强"名单中,无锡市纺织行业的海澜集团有限公司、无锡产业发展集团有限公司、红豆集团有限公司、江苏三房巷集团有限公司、江苏华西集团有限公司、江苏华宏实业集团有限公司、江苏阳光集团有限公司、江苏倪家巷集团有限公司8家企业同时入围"2018中国制造业企业500强",8家入围企业占全市入围25家企业的32%。

(陈正明 杨 坚)

【多位企业家和企业获殊荣】 12月10日,在北京召开的由中国纺织工业联合会主办的"2018中国纺织企业家年会暨中纺企协九届六次理事会"上,中国纺织工业联合会授予无锡市纺织行业5位企业家(全国共39位)"2018全国优秀纺织企业家"称号,1位企业家(全国共10位)"2018全国优秀纺织青年企业家"称号,1位企业家获"全国纺织行业管理创新成果主创者"称号,1家企业获"全国纺织行业管理创新成果大奖"。

(陈正明 杨坚)

【阳光集团获中国质量奖】 2018年,在第三届中国质量奖颁奖大会上,阳光集团凭借"经纬编织法质量管理模式"获得中国质量奖。中国质量奖是中国质量领域的最高荣誉,素有质量界的"奥斯卡"之称,每两年评选一次,旨在表彰在质量管理模式、管理方法和管理制度领域取得重大创新成就的组织和为推进质量管理理论、方法和措施创新做出突出贡献的企业和个人。此次表彰大会上,共有9家组织和1名个人获得第三届中国质量奖,71家组织和9名个人获得第三届中国质量奖提名奖。江苏阳光集团是江苏省首家、纺织行业唯一获此殊荣的企业。

(陈正明 杨 坚)

【一棉纺织集团进军海外】 1月,无锡一棉(埃塞俄比亚)纺织有限公司项目在埃塞俄比亚德雷达瓦国家工业园区举行开工典礼,标志着无锡一棉走出国门寻找发展新生机。无锡一棉纺织集团创建于1919年,企业共拥有60万枚纱锭、600台织机,年产高档纱线3万吨、高档织物5000万米,年产值20亿元。无锡一棉(埃塞俄比亚)纺织有限公司项目总投资2.2亿美元,规划建设30万枚纱锭,分2期进行。该项目产品定位为中高档纱线,主要配套国内、外高档色织、针织、家纺的产品市场,可提供3000人就业,实现年出口创汇约2亿美元,最终形成中国建设、一棉模式、非洲生产、全球销售的格局。

(陈正明 杨 坚)

【获评中国标准创新贡献组织奖】 2018年,在国家标准化委员会公布的2018年中国标准创新贡献奖评选结果中,江苏阳光集团有限公司获评中国标准创新贡献组织奖。中国标准创新贡献奖包括项目奖、组织奖和个人奖,是经国务院批准、由国家质检总局和国家标准委组织的全国标准化领域的最高等级奖励,是落实《国家中长期科技发展规划纲要》提出实施技术标准战略的重要举措。自2006年设立以来,全国仅有18家企业获此殊荣。

(陈正明 杨 坚)

冶金工业

【概况】 2018年,国内钢铁市场全面振兴,价格上扬,无锡冶金全行业处于上升境地,显现规模扩大、效益增长态势。全行业工业总产值3008亿元,比上年增长20.5%;主营业务收入2992亿元,增长17.3%,实现利润156亿元,增长43.1%。主要品种产量稳中有升。全年生铁产量949万吨,比上年增长1.7%;钢产量1150万吨,增长4.9%;钢材产量1843万吨,增长11%;铜材产量117.5万吨,增长8.6%;铝材产量119.2万吨,增长10.67%。无锡钢产量自2009年跨上1000万吨大关后,已连续11年保持年产钢千万吨的水平。在全行业4个子行业中,黑色金属业全年销售额1467亿元,比上年增长25.5%,实现利润95.3亿元,增长5.6%;有色金属业销售额1190亿元,比上年增长11.6%,实现利润47.9亿元,增长30.8%;耐火材料业销售额73亿元,比上年增长11.8%,实现利润5亿元,增长25%;金属丝绳业销售额261.8亿元,比上年增长5%,实现利润7.9亿元,增长11%。黑色金属业是全冶金工业的支柱,产值占全冶金行业48%,销售额占49%,利润占61%。在543个规模以上企业中,有97家企业处于亏损状态,亏损面为17.9%。

年内,无锡冶金企业年销售额100亿元以上的6家,分别是:江阴兴澄特种钢铁有限公司(288.3亿元)、江苏华西集团有限公司(233.3亿元)、江苏江润铜业有限公司(173亿元)、法尔胜泓昇集团有限公司(165.7亿元)、江苏海达科技集团有限公司(110.7亿元)、江阴泰富兴澄特种材料有限公司(109亿元)。年实现利润10亿元以上的企业4家,实现利润10亿元以下1亿元以上的企业24家。兴澄特钢国家级企业技术中心获国家发改委"良好"评价。全市冶金行业5家企业进入无锡市2018年"纳税百强"企业名单,分别为:江阴兴澄特种钢铁有限公司、江苏华西集团公司、江苏法尔胜泓昇集团有限公司、江苏新长江实业集团有限公司、无锡新三洲特钢有限公司,其中,新三洲特钢为2018年度无锡市纳税增量贡献十强企业之一。

(陈 健)

【法尔胜缆索公司技术突破】 10月,江苏法尔胜缆索有限公司成立20周年,国内众多桥梁专家到场祝贺。随着国内、外大型桥梁建设的兴起,大桥用钢丝、缆索成为市场热点,法尔胜先后研发成功世界先进的斜拉桥拉索PE热挤防护技术和PPWS索股生产安装技术，获13项国家发明专利和29项实用新型专利，在大桥缆索领域取得一系列令全球瞩目的技术突破。据检测，与国内、外同类产品相比，法尔胜缆索更稳——抗风振动系数下降80%；更强——强度提高20%；更耐用——使用寿命从25年增加到60年，全世界有900多座桥梁使用法尔胜的产品。2014年起，法尔胜集团承担国际标准化组织钢丝绳技术委员会秘书处的工作，已修订国际标准3项，提交"桥梁缆索用钢丝""悬索桥主缆用索股"两项新的国际标准，在国际钢丝绳和缆索领域占据巅峰话语权。

（徐傅林）

【通过国家技术创新示范企业复核】 2018年，工业和信息化部从创新投入、人才激励、创新合作、创新队伍建设、创新条件建设、技术积累储备、技术创新产出、技术创新效益等方面，对法尔胜进行全面系统的评价，通过法尔胜国家技术创新示范企业的复核。"国家技术创新示范企业"是指工业主要产业中技术创新能力强、创新业绩显著、具有重要示范和导向作用的企业。由国家工业和信息化部、财政部每年联合开展国家技术创新示范企业认定工作。

（徐傅林）

【极限性能系泊链钢成功研发】 4月，兴澄特钢历经3年奋战，成功研发出世界最高级别的R6级极限性能系泊链钢，并顺利通过DNVGL船级社的认证，成为世界首家获得R6级系泊链钢认证证书的企业。R6级系泊链钢可满足国家新型中深水海洋钻井平台安全、绿色作业的需求，为"国之重器"提供重要保障。此前系泊链用钢主要是R4、R5级，R6级系泊链钢开发成功后，成为世界最高级别海洋系泊链钢，填补该产品在世界上的空白。

（尹　莉）

【新三洲特钢实施环保工程】 11月25日，总投资达2.5亿元的新三洲特钢全封闭机械化料场封顶完毕。该全封闭料场跨度达到行业领先的125米，面积5.8万平方米，12月底全部完工并调试投入运行，成为新三洲实施无组织排放深度治理、履行企业责任的重要里程碑。该公司2018年度环保提标升级的重点工程——投资8500万元建设的两台烧结烟气脱硫、颗粒物超低排放改造工程也顺利推进，其中，1号烧结机超低排放改造于10月30日进入调试运行，全部烟气从原来的氧化镁湿法脱硫切换到SDA半干法脱硫方式。根据运行数据分析，二氧化硫和颗粒物排放指标远低于最新超低排放标准，并实现烟囱"脱白"，为周边环境削减PM2.5值作出重要贡献。

（陈　健）

【彩钢板生产线改造】 2018年，联合铁钢（中国）公司彩色板生产线配套的1套直燃式废气焚烧炉已运行10多年，设备老旧，决定改造成为1套蓄热式RTO废气焚烧炉，同时更新彩色板生产线上的2台烘干炉以满足生产需要。技改完成后彩色板生产能力保持不变，每年可节约天然气270万立方米，折合标准煤3279吨。该项目于2018年3月建成投产，形成年产热镀锌板30万吨、热镀高铝锌板25万吨、彩涂板18万吨的生产规模。

（林非非）

【耐材企业增强技术保障能力】 2018年，宜兴瑞泰耐火材料有限公司投入680万元，对定形耐材生产系统进行技术改造，新建烘干窑1条，重建隧道窑1条，新增1000吨压机1台，年产轻质砖1500吨、重质砖3000吨、浇注料8000吨、刚玉砖300吨，质量控制能力明显提高。无锡市宝宜耐火材料有限公司为推进产、学、研工程及高新技术企业申报工作，对公司研发中心进行升级改造，4月投入使用。这次改造及设备采购高标准、高质量，为公司产品质量的稳定提供重要保障，5月和12月，宝钢、马钢分别对该公司进行原料和质量保障飞检，公司顺利过关。

（徐浩凌　李春华）

【江阴华润制钢完成连铸技改】 2018年，江阴华润制钢公司通过对市场产品的深入调研，决定对原连铸机进行技改成板坯连铸机，板坯连铸机设计浇铸断面为150毫米 ×（500毫米～700毫米），预留180毫米 ×(500毫米～700毫米)，定尺长度为3.5米～9米，采用柔性引锭杆直弧形连铸机，弧形半径为6.5米，结晶器采用液压伺服非正弦震动，有利于提高板坯表面质量。3月7日，技改项目实现全系统热调试成功，并顺利产出合格产品。江阴华润制钢始终坚持产品结构调整，全力打造优特钢基地迈出坚实步伐，为公司拓展产品规格、品种及市场开拓打下坚实基础。

（胡月利）

【宝银特种钢管获军民融合奖】 2018年，宜兴宝银特种钢管有限公司承接的军工项目——合金U型管束，顺利交付委托方，为国家战略武器装备升级作出贡献，也标志着宝银公司在军民融合道路上又迈出重要一步，并且在2018中国产学研合作军民融合评比活动中，获得单位奖。中国产学研合作促进会是经国务院批准，由国家发改委、科技部、工业和信息化部、中国科学院、中国工程院等成立的促进科技军民融合发展的高层平台。

（胡　波）

【江阴金属材料创新研究院成立】 10月，由江阴高新区与东北大学、华西一村资本有限公司、深圳昀润投资有限责任公司共建的江阴金属材料创新研究院正式落户江阴高新区。作为江阴高新区重点引进的新型研发机构，江阴金属材料创新研究院以东北大学和中科院金属研究所深厚的技术背景为支撑，以先进钢铁材料、特种有色金属材料、先进功能材料为主要发展方向，以"1个研究院、1个本科生和工程研究生培养基地、1个材料公共检测分析平台、1个产业专项基金、N个公司"为发展模式，努力打造成国内领先的金属材料研发中心，为江阴高新区加快培育发展"一区一战略产业"注入新动力。

（黄海涛）

机械工业

【概况】 2018年，无锡机械工业经济运行平稳向好，主要经济指标均正向增长，产销平稳、订货好于预期、投资有所改善，发展的内生动力增强，但中小企业主营业务增幅有所回落。虽

表 40　　2018 年无锡市机械工业经济主要指标

单位:万元

指标名称	工业总产值	±%	新产品产值	±%	出口交货值	±%
全市工业	167768742.63	13.2	18370995.23	5.3	32546604.58	9.4
金属制品业	9464141.42	12.1	532530.06	17.8	849769.92	12.3
通用设备制造业	11560236.63	13.0	1252508.98	21.2	2160466.35	23.4
专用设备制造业	7947157.20	15.6	957212.60	56.0	1107976.65	11.4
汽车制造业	9661466.87	2.3	1995552.79	−23.7	1031014.21	7.6
铁路、船舶、航空航天和其他运输设备制造业	2575760.39	14.8	880626.00	22.7	845025.34	21.9
电气机械和器材制造业	21408666.11	10.7	4238987.97	20.1	2836008.64	17.4
仪器仪表制造业	1517618.63	6.2	115344.10	44.4	149330.35	4.2
机械行业	64135047	10.6	9972763	10.3	8979591	16.4

(姜鲁宁)

然遭遇中美贸易摩擦,但外贸出口增幅依然强劲,取得较好成绩。全年全市机械工业规模以上企业 2490 家,从业职工 47.6 万人。实现工业总产值 6413.5 亿元,比上年增长 10.6%;实现利润总额 506.8 亿元,比上年增长 13.3%。7 个子行业中,专用设备制造业比上年增长 22.5%;船舶、铁路、航空航天等非道路交通动力业比上年增长 56.5%;电力设备与电器器材制造业比上年增长 49.9%;金属制品业比上年增长 14.1%;通用机械制造业比上年增长 4.8%;汽车制造业比上年下降 18.5%;仪器仪表制造业比上年下降 0.9%。实现主营业务收入 6360.7 亿元,比上年增长 8.4%。除汽车制造业外,其余 6 个子行业比上年实现正增长,5 个子行业两位数增长。投资收益比上年增长 10.9%,出口交货总值比上年增长 16.4%。年内,受中美贸易摩擦和国内市场双重作用,企业经营成本有所上升,主营业务成本比上年增长 8%,销售费用比上年增长 6.6%,管理费用比上年增长 11.1%;职工薪金收入平均增长 9%。

(姜鲁宁)

表 41　　2018 年无锡市机械工业经济效益主要指标

单位:万元

指标名称	投资收益	±%	主营业务收入	±%	利润总额	±%
全市工业	1088111	23.1	165767100	9.8	12049400	18.6
金属制品业	11963	107.0	9329230	10.2	419103	14.1
通用设备制造业	246193	−21.6	11364478	11.4	1370324	4.8
专用设备制造业	64291	280.9	7850079	17.3	801177	22.5
汽车制造业	28612	−16.0	9650249	−1.1	779204	−18.5
铁路、船舶、航空航天和其他运输设备制造业	168853	67.5	2825245	23.7	328674	56.5
电气机械和器材制造业	61222	39.1	20941286	5.7	1177497	49.9
仪器仪表制造业	11350	−39.4	1646763	12.1	192981	−0.9
机械行业	592484.0	10.9	63607330.0	8.4	5068960.0	13.3

(姜鲁宁)

【高端智能制造】　2018 年,无锡机械加快转型升级步伐,大力推进"两化融合",智能制造、绿色生产取得显著进步。高端装备制造产业实现产值 1263.9 亿元,比上年增长 15%。无锡透平叶片有限公司自主开发的"发动机高性能涡轮盘锻件"被评为省高新产品。由双良新能源公司为内蒙古某多晶硅公司自主研发制造的 9 台(套)、72 对棒还原炉正式启运。该还原炉是当今世界最大炉型,引领多晶硅行业还原炉的大型化发展方向。海天塑机集团隆重举行大型注塑机智能化生产基地项目签约仪式,是企业全面推进智能制造的重要战略布局。4 月 15 日,远东电缆有限公司为标志着世界电压等级最高的特高压大跨越塔——昌吉特高压长江大跨越工程全线贯通,提供具有突破性技术的输电导线及高品质的技术服务,彰显远东在特高压工程及智能电网领域的地位。5 月 27 日,由双良节能 EPC 总承包的世界首个钢结构塔"烟塔合一"间接空冷系统项目,在陕西能源麟北发电有限公司 2×350MW 低热值煤发电项目施工现场举行钢结构塔封顶仪式。

双良节能"智慧能源管理平台"入选江苏省制造业"双创"示范平台名单,属于模式创新领域的新型生产制造模式平台。7 月,双良集团等 10 余家龙头制造企业发起首届雪浪大会,超过 500 家制造业企业参加大会,深入探讨中国制造企业在数字化、网络化、智能化进程中面临的需求问题,以"唤醒计划"推动制造业与互联网的全面融合。8 月 15 日,无锡宏源科技有限公司与华中科大无锡研究院等 6 家单位共同承担的国家科技支撑计划"江苏省数控一代机械产品创新应用示范工程"项目,通过国家科技部组织

图 13　　2018 年无锡市机械工业新产品产值增幅比较

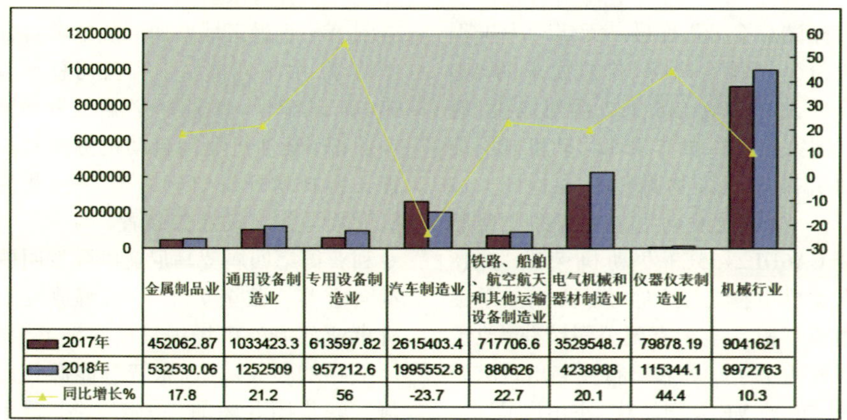

	金属制品业	通用设备制造业	专用设备制造业	汽车制造业	铁路、船舶、航空航天和其他运输设备制造业	电气机械和器材制造业	仪器仪表制造业	机械行业
2017年	452062.87	1033423.3	613597.82	2615403.4	717706.6	3529548.7	79878.19	9041621
2018年	532530.06	1252509	957212.6	1995552.8	880626	4238988	115344.1	9972763
同比增长%	17.8	21.2	56	-23.7	22.7	20.1	44.4	10.3

（姜鲁宁）

图 14　　2018 年无锡市机械工业出口交货值增幅比较

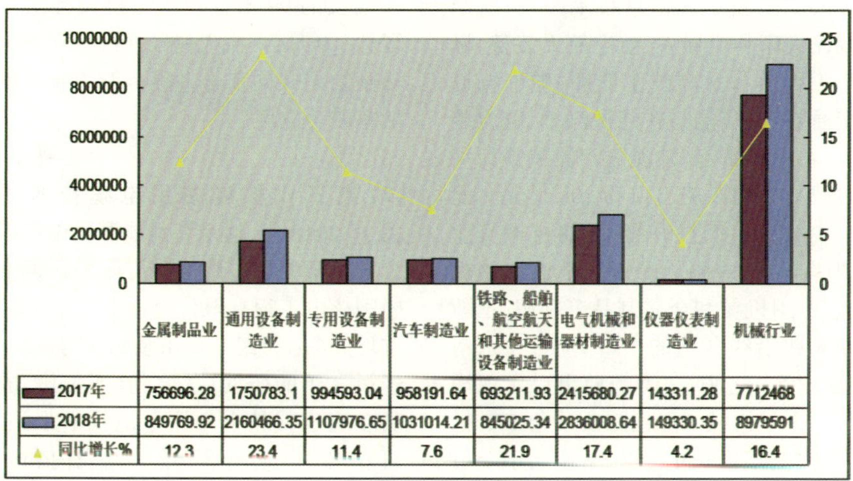

	金属制品业	通用设备制造业	专用设备制造业	汽车制造业	铁路、船舶、航空航天和其他运输设备制造业	电气机械和器材制造业	仪器仪表制造业	机械行业
2017年	756696.28	1750783.1	994593.04	958191.64	693211.93	2415680.27	143311.28	7712468
2018年	849769.92	2160466.35	1107976.65	1031014.21	845025.34	2836008.64	149330.35	8979591
同比增长%	12.3	23.4	11.4	7.6	21.9	17.4	4.2	16.4

（姜鲁宁）

的项目验收。12 月，远东福斯特新能源有限公司举行“智慧能源驱动‘锂’想”3GWh21700 动力锂电池项目投产仪式。12 月，双良节能系统股份有限公司被认定为 2018 年江苏省工业互联网发展示范企业五星级上云企业。

（姜鲁宁）

【科技创新成果】 2018 年，无锡机械行业科技创新步伐明显加快，全年实现新产品产值 997.2 亿元，比上年增长 10.3%。面对内外市场收缩压力，装备制造企业自主创新意识增强，通过产学研合作，引进先进技术和国外先进体系创新理念，研发制造出一批高新技术产品。1 月，无锡透平叶片有限公司“大型先进压水堆核电汽轮机 70 英寸等级长叶片制造技术研发及应用”成果，获得无锡市科学技术进步奖一等奖；无锡威孚力达催化净化器公司与上海内燃机研究所等合作单位联合申报的《柴油机选择性催化还原（SCR）系统》系列标准，获得中国机械工业科学技术三等奖；无锡威孚力达催化净化器公司、无锡威孚环保催化剂公司和天津大学共同申报的“高性能稀土汽车催化剂 / 器制备及应用”获得中国稀土科学技术一等奖；同济大学和无锡威孚力达、无锡威孚环保等企业申报的“柴油车颗粒后处理关键技术研发及产业化”项目，获得上海市科技进步奖一等奖。江苏双良锅炉公司申报的“大型模块组装高效冷凝式燃气热水锅炉研发及产业化”项目，列入江阴市科技成果转化计划，产品创新水平处于国内领先、国际先进。远东旗下安徽电缆股份有限公司携手中国核电工程有限公司，展开“华龙一号”用核级电缆研发、试验、验证工作，成功攻克三代核电站用电缆技术难关，通过国防科学技术成果鉴定，产品技术达到国际先进水平，填补国内空白，获核能行业科学技术二等奖。在 2017 年度江苏省科学技术奖励中，法尔胜泓昇集团主持完成的“特种光纤系列产品集成创新及产业化项目”获二等奖；一汽无锡柴油机厂“CA6DM 重型柴油机冷试工艺研究及批产应用项目”获三等奖。在 2017 年度国家科学技术奖励大会上，无锡气动技术研究所有限公司参与的“气动元件关键共性检测技术及标准体系”项目获国家科技进步二等奖，成果达到国际领先水平。6 月，无锡宏源科技有限公司 HY-7(LC) 型加弹机获第十六届江苏纺织技术创新奖。8 月 9 日，双良集团获 2018 年度中国分布式能源优秀项目能效特等奖。9 月，远东电缆有限公司研发生产的额定电压 1000 伏及以下硅橡胶绝缘电动汽车用软电缆成为国内首批获得德国机动车监督协会（DEKRA）和中国质量认证中心（CQC）联合认证的车内高压线产品。

（姜鲁宁）

【供给侧改革】 2018 年，无锡机械行业整体经济形势稳中有进，产销整体平稳，订货好于预期，投资有所改善。1 月 31 日，无锡华光锅炉股份有限公司入选 2017 年度江苏省“自主工业品牌五十强”名单。无锡华光锅炉股份有限公司 2017 年承接 51 台垃圾焚烧锅炉订单，占产品订单总额的 31%，跃居余热锅炉、煤粉锅炉、生物质锅炉前列，创历史新纪录。3 月，无锡压缩机股份有限公司与贺尔碧格（上海）有限公司商讨并达成战略合作，进行 5 个方面事项合作。远东荣获电线电缆类“500 强房企首选供应商服务商品牌”榜首。远东控股集团与江苏比高投资集团有限公司签订合作框架协议，促进双方在新能源领域项目层面和平台层面的业务联动。无锡宏源科技有限公司新研制的 HY—IDS1 新型物流自动化装备与客户成功签约，正式推向市场。远东福斯特新能源有限公司以 25545 台乘用车整车装机量、0.428GWh 电池装机量位居 2017 年中国新能源乘用车电池装机总电量榜单第六位。6 月，无锡威孚集团汽车零部件事业部被评为博世亚太区优秀供应商。7月,中国船舶重工集团有限公司第七〇三研究所与无锡透平叶片有限公司签署燃气轮机关键部件战略合作协议。无锡威孚集团国际贸易公司与上海星融汽车科技公司共同投资成立无锡星威科技有限公司。8月,远东控股集团有限公司入选2017年中国机械工业营业收入百强企业名单。8月7日,双良集团有限公司与内蒙古环保投资集团公司、中石油昆仑燃气公司内蒙古分公司,签署天然气管网投资运营战略合作协议。12月,江苏太湖锅炉股份有限公司被表彰为2017年度工业锅炉行业十强企业、出口创汇先进企业、新产品开发明星企业、第二届工业锅炉行业最具影响力品牌。

(姜鲁宁)

【机械工业高质量发展】 2018年,无锡机械工业聚焦优势产能,联手中外合作,积极推进产业链由中低端向中高端攀升。1月,远东智慧能源股份有限公司与国家电网全球能源互联网美国研究院签订科技合作战略框架协议。无锡华光锅炉股份有限公司为长沙市生活垃圾深度综合处理(清洁焚烧)项目设计制造的6台850吨/天垃圾焚烧锅炉,顺利通过168小时满负荷试运行,各项指标均达到行业优良标准,机组成功实现并网发电。双良锅炉公司研发的SZS70-1.6/130/70-Y、Q燃气锅炉入选国家2017年工业节能技术装备推荐目录。无锡威孚集团公司"中高速大功率柴油机高压电控燃油系统的研发",获得产业前瞻与共性技术类专项资金支持。无锡压缩机股份有限公司和神钢集团联合开发的22吨重的WS63MNZ工艺无油螺杆主机试车成功。国家桥门式起重机械产品质量监督检验中心与石家庄五龙制动器股份有限公司签署共建"制动器研发联合实验室"的框架协议并举行揭牌仪式,双方在制动器检测、新型制动器研发、合作撰写标准等方面开展合作。4月,双良节能股份有限公司、双良必宏钢结构技术有限公司EPC总包的华能宁夏大坝电厂四期项目2X660MW超超临界发电机组的钢结构7#间冷塔顺利实现封顶,其发电容量和单体塔体体积、直径、高度均为全球之最。江苏四达动力集团公司获省"2017年两化融合管理体系贯标试点企业"称号。无锡动力工程股份公司符合环保、排放要求的WD牌柴油机138、145、152系列样机,通过国家第三阶段非道路移动机械用柴油机排气污染物排放标准检测。12月,一汽解放发动机事业部的锡柴奥威CA6DL2-35E3发动机荣获"2018发动机里程之王"称号。无锡威孚集团南京威孚金宁有限公司荣获"改革开放四十年江苏农机行业突出贡献企业",电控VE泵产品获"杰出产品"。

(姜鲁宁)

【机械工业行业外贸出口】 2018年,中美贸易摩擦加剧,机械行业受影响最大的是新一代信息技术产业、高档数控机床和机器人、航空航天装备、海洋工程装备及高技术船舶、先进轨道交通装备、节能与新能源汽车、电力装备、农机装备、高性能医疗器械等新兴领域。影响对美出口约100亿元。面对中美贸易摩擦升级,无锡机械行业把握"一带一路"倡议机遇,在通用机械、专用机械和金属制品等领域,不断加大在沿线各国的出口力度,在东南亚、中东、北非、欧美等地出口实现增长。全年机械工业出口交货值898亿元,比上年增长16.4%,增速高于全市7个百分点。2月,无锡统力电工有限公司为印度尼西亚爪哇电厂1330MVA变压器项目生产的绕组线产品顺利发往常州东芝变压器有限公司;应用于巴基斯坦默蒂亚里—拉哈尔±660kV直流输电工程的特高压导线产品发往西电集团。4月,由江苏大明金属制品有限公司工程服务部开发及大明精密钣金有限公司生产的首批2300件烧烤烟熏炉顺利交付上海某客户出口美国市场。5月,无锡威孚集团公司携手阿联酋石油公司联合推出威孚牌润滑油"金装1号""银装2号""蓝装3号"三大系列柴机油,亮相2018中东国际汽车配件及售后服务展览会。5月,在德国投资发展有限公司(KFWDEG)投资,德国卡尔斯鲁厄理工学院(KIT)和GAMI全球先进制造研究所主办的供应商发展项目"Sustain"颁奖典礼上,双良节能系统股份有限公司获最佳企业社会责任与可持续发展奖、卓越项目合作伙伴奖。6月,无锡国联华光电站工程有限公司与西港特区热电有限公司签署柬埔寨西港热电项目合作协议,由华光电站工程公司总承包热电厂的建设。7月,一汽解放发动机事业部"柴油机泄漏自动检测控制装置关键技术开发与应用""一种柴油机油尺导管自动涂胶装置"两个发明专利获得第四届罗马尼亚国际发明展览会金奖。截至7月,一汽解放发动机事业部海外市场销量已突破万台,比上年增长8%。远东智慧能源公司与三峡集团共建的"一带一路"首个水电大型投资建设项目用于卡洛特水电站项目建设的线缆产品抵达巴基斯坦。8月,大明重工公司配套加工的中国最大的99米直径浓密机设备出口智利。9月,一汽无锡柴油机厂和德国马勒公司共同宣告世界首例激光焊钢活塞成功应用。

(姜鲁宁)

【攻克三代核电站用电缆技术难关】 2018年,远东智慧能源股份有限公司旗下安徽电缆股份有限公司携手中国核电工程有限公司为"华龙一号"首堆5/6号机组穹顶吊装的保驾护航,经过3年的研发、试验、验证工作,成功攻克三代核电站用电缆技术难关,研发出"华龙一号"堆型用壳内和壳外核级电缆,通过由中核集团科技部组织的国防科学技术成果鉴定,产品技术达到国际先进水平,填补国内空白,荣获核能行业科学技术二等奖。

(姜鲁宁)

【两个发明专利获国际发明展览会金奖】 2018年,在第四届罗马尼亚国际发明展览会上,一汽解放发动机事业部参展的"柴油机泄漏自动检测控制装置关键技术开发与应用""一种柴油机油尺导管自动涂胶装置"两个发明专利获得金奖。其中,"柴油机泄漏自动检测控制装置关键技术开发与应用"使柴油机维修效率提高100%～200%,故障判断准确率提高到100%。

(姜鲁宁)

【入选智能制造十大科技进展项目】 2018年,华科大无锡研究院的"大型构件多机器人智能磨抛加工技术"入选2018中国智能制造十大科技进展项目,是省内唯一获评项目。该项目攻克三维匹配与视觉定位、离线编程、型面误差检测、在线检测软件、磨抛工艺优化等多项关键技术，研制出国内首套大型构件机器人磨抛系统，实现大型构件的高精高效智能化加工。

（姜鲁宁）

【助力港珠澳大桥建设】 2018年，远东电缆有限公司在港珠澳大桥建设中提供智能交通电缆，全面应用于港珠澳大桥主体工程的交通照明、供配电以及收费通信综合中心的相关设施。法尔胜泓昇集团有限公司在港珠澳大桥建设中提供高科技、高质量、高性能的斜拉索产品。九洲航道桥、江海直达船、青州航道桥3座通航孔桥的斜拉索全部由法尔胜生产。大桥珠澳口岸主体建筑的钢结构工程由江苏沪宁钢机股份有限公司承建；使用的混凝土中的石片来源于无锡宜兴张渚镇；主航桥斜拉索的锚具用钢，由江苏铸鸿锻造有限公司生产。

（姜鲁宁）

电子工业

【概况】 2018年，无锡电子信息产业规模以上现价工业总产值完成4590.2亿元，比上年增长10.7%，比全市工业增速高2个百分点；实现利润203亿元，比上年增长20.1%。至年底，全行业规模以上企业615家，比上年增加32家。其中，计算机、通信和其他电子设备制造业完成现价工业总产值2449亿元，比上年增长10.5%；实现利润171亿元，与上年基本持平；主营业务收入1857亿元，比上年增长11.1%；全部从业人员平均人数19万人，比上年下降1.5%；规模以上企业为348家，与上年持平。全年全行业全员劳动生产率为121万元/人，比上年增长9.5%。年内，全行业规模（电子、计算机和其他电子设备）工业出口交货值完成1864亿元，比上年增长28.8%，外销率达65%，与上年基本持平。年内，17家企业跻身全市工业经济总量前50强，12家企业跻身全市工业效益前50强，2家企业入围中国企业500强（法尔胜泓昇、远东控股），2家企业入围中国制造业企业500强（新潮科技、海达科技）。

（任国伟）

【统力电工纳入中科院产学研合作组】 2月，无锡统力电工股份有限公司被中科院高能物理研究所牵头的“实用化高温超导材料产学研合作组”纳为正式成员，成为该合作组唯一的超导电缆制造企业，目前大型粒子对撞机高温超导材料已在研发。作为承担国家“十三五”电线电缆行业发展规划编订的知名绕组线专业制造商，无锡统力电工股份有限公司一直谋求转型发展，从以往生产变压器配件，到现在积极投身国家大科学工程，加快传统企业的华丽转身。统力电工生产的超导绕组线广泛应用于无锡乃至全国的高压输变电装备、先进轨道交通装备、医疗设备、新能源汽车等领域，在国内同行业中具有一定话语权。

（任国伟）

【村田创新智造园新增项目】 2月8日，村田创新智造园新增11亿美元项目在锡签约。村田集团是全球电子原器件细分市场上的领军和标杆型企业，具有广泛的行业影响力和带动力。村田创新智造园是村田集团在无锡高新区打造的以产业资源集聚、行业引领和示范于一体的创新型园区。此次项目签约后，智造园通过导入智能化、自动化的生产设备，引入未来性、前瞻性产品的生产，建设村田电子原器件新工厂和新能源锂电池新工厂两大全新的生产制造基地，整体投资规模从现有的14.5亿美元增加至25.6亿美元。项目全部建成达产后，产值规模

表42　　2018年无锡市电子信息产业分行业完成情况

分支行业	现价产值（万元）		实现利润（万元）	
	2018年	比上年 ±%	2018年	比上年 ±%
计算机制造	614987	−0.6	75731	18
通信设备制造	1255379	7.1	37214	−31.1
广播电视设备制造	919989	−6.1	48651	−19.7
视听设备制造	4561038	−2	89659	3.8
电子器件制造	9762807	14.7	464310	52.9
电子元件制造	5750958	37	374606	2.47
其他电子设备制造	1097489	5.7	78213	25.3
电机制造	3968011	18.1	418710	127
电光缆制造	10939742	10.9	293516	28
电池制造	822353	19	50854	87.4
通用仪器仪表制造	806843	10.7	103225	1.7
专用仪器仪表制造	699002	0.8	55502	−15.6

（任国伟）

表43　　2018年无锡市主要电子产品产量

主要产品名称	单位	全年完成数	比上年增幅（%）
半导体分立器件	亿只	1335.26	10.6
锂离子电池	万只	43652.54	−6.5
集成电路	亿块	350.99	11.6
数码照相机	万台	192.08	−7.2
硬盘存储器	万台	7301.66	−8.2
微型计算机设备	万台	56.65	−24.3
电子元件	亿只	172.97	17.6
电缆、光缆	万千米	1510	−15
印制线路板	万平方米	1720.43	平

（任国伟）

突破两个100亿元。

（任国伟）

【集成电路投资基金设立】 2018年，无锡集成电路产业发展获20亿元政策支持。年内，市政府出台《无锡市加快集成电路产业发展的政策意见》，在“十三五”期间设立总规模20亿元的产业发展基金，重点聚焦、培育若干个国内外知名的集成电路龙头企业，扶持一批中小型集成电路企业，力争全市集成电路产业年产值突破1000亿元。

（任国伟）

【远东电缆进入“北京第一高”】 3月5日，由远东控股集团旗下子公司——远东电缆有限公司生产的首批特种电缆，顺利抵达北京并移交中国尊工程方。中国尊位于北京商务中心区核心区，建筑总高528米，建筑层数地上108层、地下7层（不含夹层），可容纳1.2万人办公，是北京市最高的地标建筑。该工程由北京中信和业有限公司投资，预计总投资达240亿元。自2013年开工建设以来，中国尊便逐步刷新各项纪录。除“北京第一高”，中国尊还应用无数高端“黑科技”，创造多个建筑行业新纪录。工程选择的供应商及产品，基本是国内各个行业的领军“大咖”，其中包括中国500强的远东控股集团。

（任国伟）

【全球首个电池产业化项目】 2018年，世界500强企业德国博世集团在无锡市举行博世汽车系统（无锡）有限公司建设奠基仪式，其全球首个电池产业化项目——车用48V电池项目同步开工建设。博世汽车系统（无锡）有限公司是博世集团整合汽油事业部和柴油事业部后，在无锡高新区成立的唯一独资企业，成为未来博世集团动力总成业务的中国总部和在华发展的重要基地。其生产的车用48V电池可广泛用于电动汽车和传统燃油汽车，预计2021年实现销售87亿元。

（任国伟）

【华虹半导体无锡基地桩基施工】 4月，华虹集团2018技术研讨会在无锡市举行，华虹半导体（无锡）有限公司一期桩基工程同步启动。华虹无锡集成电路研发和制造基地占地约46.7公顷，一期投资25亿美元，新建一条工艺等级90～65纳米的12英寸特色工艺集成电路生产线，月产能约4万片，支持5G和物联网等新兴领域的应用，计划2018年上半年完成土建施工，下半年完成净化厂房建设和动力机电设备安装，通线并逐步实现达产，预计年产值达50亿元。

（任国伟）

【“申威26010”投入商用】 2018年，“神威·太湖之光”超级计算机使用的芯片“申威26010”投入商用，基于“申威26010”设计研制的小型服务器顺利完成，并亮相首届中国自主品牌博览会。小型机的研制，基于“申威26010”众核处理器的EEB服务器，构建小型化超算平台，为高性能众核异构混合计算系统的推广应用提供基础平台。神威众核小型机自带超算属性，与“太湖之光”超级计算机形成高低搭配、互融互通的超级计算开发和运行环境。

（任国伟）

【无锡国家集成电路设计产业园揭牌】 2018年，无锡高新区集成电路设计产业重大项目签约暨无锡集成电路设计产业高峰论坛举行，无锡国家集成电路设计产业园在会上揭牌。无锡市是中国微电子产业重镇，规模位居江苏第一、全国前列，无锡国家集成电路设计产业园位于高新区核心区域，立足加强集成电路设计公共服务平台建设，加大集成电路设计人才的引进和培育。无锡高新区管委会、无锡国家集成电路设计基地有限公司分别与全志科技、韦尔半导体、艾为电子、联暻半导体、IC咖啡等13家集成电路设计领域企业签约合作，进一步提升无锡市集成电路设计产业水平，补足补强全产业链。

（任国伟）

【签署战略合作协议】 2018年，无锡市与国家集成电路产业投资基金股份有限公司签署战略合作协议。年内，大基金向华虹注资9.22亿美元支持12英寸晶圆厂建设，受让太极实业6.17%股份。大基金对无锡的支持力度不断加大、推进节奏逐渐加快、合作程度不断加深。

（任国伟）

【高端智能装备生产基地开工】 2018年，先导集团总部大楼及半导体和燃料电池装备制造基地在无锡高新区开工建设，总投资约50亿元。分两期建设，一期为基于原子层沉积（ALD）技术的半导体装备、新能源汽车氢燃料电池装备的研发及产业化；二期为氢燃料电池汽车配套设施的研发及产业化项目，切入制氢、储氢等细分领域。一期项目达产后，预计可实现年销售收入25亿元、利税总额7亿元。新项目的启动标志着先导集团正式进驻半导体与燃料电池产业。年内，先导集团积极研发半导体核心装备——ALD原子层沉积装备，有望打破ASM等进口装备的垄断地位。集团与中科院微电子所达成战略合作，加速无锡建成半导体的全产业链。氢燃料电池产业化正处于起步阶段，国内燃料电池智能装备领域基本为空白，先导二期项目致力于氢燃料电池智能装备、先进测试平台及制氢等配套设施的研发及产业化，推动行业快速发展。

（任国伟）

【村田新能源锂电池新工厂竣工】 8月，村田新能源锂电池新工厂举行竣工仪式，是总投资11亿美元的“村田创新智造园”首个启动的项目，预计2019年1月正式投产。村田锂电池新工厂投资总额5.1亿美元，新建厂房和辅助用房近10万平方米。项目完全达产后，预计年产新型锂离子电池1.32亿块，年新增销售收入近35亿元。

（任国伟）

【“郝跃院士工作站”揭牌】 8月14日，无锡电子仪表工业有限公司“郝跃院士工作站”揭牌仪式及2018无锡市产学研合作科技成果洽谈会举行。“郝跃院士工作站”是西安电子科技大学与无锡电子仪表有限公司为充分发挥各自优势，共同推进企业与学校的全面技术合作，形成专业、产业相互促进、共同发展而设立。双方以此为契机，充分发挥院士工作站的优势，在院士和团队的帮助指导下，围绕石墨烯功能电路开发、微波功率与太赫兹器件的研究以及智能安检仪的研发生产等方面，开展重大关键技术难题攻关，进一步突破新材料、新工艺、新器件的技术瓶颈与开发壁垒，持续推动新型半导体材料与器件的基础理论与应用研究，为产业转化奠定基础，努力实现“校企合作、产学双赢”。

（任国伟）

【华捷电子获金卡工程“金蚂蚁奖”】 2018年，无锡华捷电子信息技术有限公司研发的公交车载刷卡、扫码一体机（WXHJ－2083型）获2018年国家金卡工程“金蚂蚁奖”创新产品奖。“金蚂蚁奖”是国家金卡工程建设的最高奖项，旨在鼓励和表彰国内智能卡行业相关的企业和研究部门在金卡工程实施产用结合、推进“两化”融合发展过程中的开拓创新精神以及涌现的实用性产品和优秀成果。此外，WXHJ－2083型公交车载刷卡、扫码一体机还通过国家建设部、交通部行业互联互通认证测试以及银联IC卡非接受理入网许可认证，已在武汉、青岛、南通等城市成功应用。

（任国伟）

石化工业

【概况】 2018年，无锡市全力推进化工企业“四个一批”专项行动和化工产业安全环保整治提升工作，取得较好成果。无锡石化行业中规模以上企业676家，完成工业总产值1895.3亿元，比上年增长19.0%；主营业收入1865.9亿元，比上年增长14.0%；利润总额141.7亿元，比上年增长22.7%。其中，石油加工、炼焦和核燃料加工业产值比上年增长31.6%，化学原料和化学制品制造业、橡胶和塑料制品业产值比上年分别增长20.3%、12%，初级形态塑料、聚酯、PTA产量分别增长26.1%、17.9%、10.8%。年内，无锡化工行业5家企业获得中国企业500强的称号，其中，江阴澄星实业集团、江苏三房巷集团入围中国企业500强；江阴澄星实业集团、江苏三房巷集团、江苏三木集团、兴达投资集团、阿尔法（江阴）沥青有限公司入围中国制造业500强企业。三房巷集团是集聚合物单体（PX、PTA）、聚合物（PET）及后道长、短纤维及瓶片供应的涤纶全产业链生产厂家，是国内最主要的涤纶生产企业之一。其子公司江苏海伦石化有限公司拥有350万吨PTA产能，是全国十大PTA供应商，产能占全省1/3。澄星集团是国内和亚洲最大的磷化工生产基地，其子公司江阴汉邦石化（220万吨）亦是国内十大PTA供应商。江化微是国内十大湿电子化学品生产厂家，主导产品为G3、G4级电子级硫酸、盐酸、硝酸、双氧水等电子化学品，部分产品向G5等级迈进，实现进口替代。三木集团是国内最主要的环氧、丙烯酸、聚氨脂、酚醛等各种涂料用树脂的生产基地。雅克科技是含磷阻燃剂全球第二大供应商，公司上市后积极拓展产品线，开发生产的LNG船保湿材料已经量产并为韩国现代、沪东船厂等配套，具有良好的发展前景。公司投资12亿元收购韩国半导体前驱体企业UP Chemical公司，已为SK海力士、三星、台积电、林德气体、昭和电工和关东电化等优质客户配套。

（顾　颖）

【关停任务超额完成目标】 2018年，无锡市关停化工生产企业250家，其中，太湖一级区化工企业120家，两年累计关停化工生产企业498家，全市化工生产企业由原来的1305家降低至789家，化工生产企业总数减少40%。关停化工企业数比省下达无锡市两年关停计划395家多完成103家。

（顾　颖）

【企业升级改造】 2018年，无锡市创新性引进保险和第三方机构参与企业整治提升工作，2017年、2018年完成升级改造企业470家，重组8家，转移1家，已经完成升级改造企业总数的60%。

（顾　颖）

电力工业

【概况】 2018年，无锡全社会用电量732.81亿千瓦时，比上年增长6.72%；国网无锡供电公司完成售电量675.08亿千瓦时，比上年增长7.13%；调度最高负荷1231.4万千瓦，创历史新高。完成各类投资35.99亿元；投产35千伏及以上主变容量172.6万千伏安、线路长度160.4千米。

（袁侃凯）

【安全生产】 2018年，国网无锡供电公司严格执行生产现场安全作业要求，深入开展“六查六防”（查安全责任落实、查安全基础保障、查消防隐患整治、查现场安全管控、查专业安全管理、查迎峰度夏工作，防范大面积停电事故、防范人身死亡事故、防范重特大设备事故、防范重大网络安全事件、防范重大火灾事故、防范重特大交通事故）等活动，保持安全生产稳定局面。编制全员安全职责清单，出台《安全督察实施意见》和《作业人员违章记分与考核实施意见》，开展安全督察5100余次。积极应对雨雪冰冻、密集台风等恶劣天气，强化特高压直流满送运维保障，35千伏及以上设备跳闸总数下降18%。配合市政府召开电力工作会议，全市2市（县）5区均签订电力工作目标任务书，处置树线隐患1100余处、变电站周边隐患14处。承办全市大面积停电事件应急演练。完成上海进博会、世界物联网博览会等属地保电任务。

（袁侃凯）

【电网建设】 2018年，国网无锡供电公司修编“十三五”电力专项规划并通过评审，呼吁政府构建以电网为核心要素的城市生命共同体。白鹤滩水电入苏工程取得全部28份路径协议，500千伏锡南变电站具备核准条件，东二过江通道工程通过可行性研究内审。东亚燃机提前投产，滨江学院顺利送电，新建设220千伏配套项目——文台开关站，获市政府“集体嘉奖”。开工投产220千伏太科、张公桥等输变电工程77项。建设国网首批全过程工程咨询试点项目220千伏绮北变电站，完成国内首条110千伏大段长、高落差电缆排管敷设与送电。新增改造10千伏配电变压器2595台、线路695千米。建设新一代配电自动化主站，配电自动化覆盖率提升至96%。公司获国网输变电工程设计竞赛一等奖；110千伏黄台变电站获省优质工程“扬子杯”奖。

（袁侃凯）

【综合能源】 2018年，国网无锡供电公司举办无锡市首次能源综合服务研究与交流活动。推广实施“供电方案＋综合能源服务建议书”模式。上线综合能源服务平台，接入445户客户数据，实施市民中心能源托管、红豆工业城多能互补、爱克发冷热电三联

10月16日，江苏首个全过程工程咨询试点输变电工程——无锡绮北220千伏输变电工程开工动员会在江阴市高新开发区施工现场举行 （王 辰 摄）

供等多个重点示范项目。大力实施清洁替代，优化分布式光伏项目并网流程，压降并网时长19%，全年累计并网项目2000余个，容量165兆瓦。深化电能替代，促进商业化储能、粮食电烘干、港口岸电等推广应用，完成电能替代项目333个，替代电量15.6亿千瓦时。加快完善电动汽车充电网络，建成东亭基地综合型示范充电站。

（袁侃凯）

【优质服务】 2018年，国网无锡供电公司完成“优质服务提质转型年”活动50项重点任务。与江阴市、新吴区等多个板块签订战略合作协议，与恒大集团、市产业集团等开展业务合作。促成无锡一市两县均出台电力营商环境支持政策，率先开展办电业务政企联合审批。深化报装接电专项治理，高压客户平均接电时长缩短18%。落实电价调整政策，减少企业电费支出4.75亿元。建成2个“三型一化”（智能型、市场型、体验型，线上线下一体化）供电营业厅，完成“多表合一”（电表、水表、气表、热力表合一）信息采集建设2.9万余户，用电业务线上办理率达90%。推行农村台区经理上门服务，率先实现农村用户业务办理“一次都不跑”。顺利通过国网五星级供电所考评。

（袁侃凯）

【企业管理】 2018年，国网无锡供电公司细化分解新时代发展战略，实施重点任务60项。修订公司工作规则，制定党委议事规则，编制重大决策合法性审核清单。深化触电人身伤害案件压降整治，全面完成压降目标。率先实现市、县电费业务集中核算、资金集中支付。

（袁侃凯）

【改革创新】 2018年，国网无锡供电公司积极参与星洲工业园增量配电改革试点项目，签订合作意向书，配合完成供电区域划分、增量配电网规划。组建新吴区供电服务中心，创新实行扁平化管理，实现高低压服务、营配业务全面融合。优化整合用检、采集、运维等专业资源，实现高压服务一体化、低压服务网格化，万户投诉率降至1.49。成立省公司系统首家院士工作站。承办2018世界物联网博览会·智能电网峰会。首次面向社会拍卖职工专利使用权。首获全国职工优秀技术创新成果一等奖。

（袁侃凯）

粮油工业

【概况】 2018年，无锡市粮油工业紧紧围绕“深化农业供给侧结构性改革 推动粮食产业经济高质量发展”主线，大力实施优质粮食工程，强化措施抓落实，创新机制提效能，产业发展水平稳步提升。产业结构持续优化。全市粮食工业经济完成销售收入70.32亿元，实现利润3.48亿元。宜兴杨巷地区推动一、二、三产嫁接大米主食加工，形成特色稻米小镇，“杨巷大米”荣获国家地理标志证明商标。粮机制造优势产业继续发挥领头作用，形成以无锡布勒为龙头，宜兴华鼎机械、江阴福鑫机械、锡山中大机械、太湖粮机为辅的产业集群。江苏无锡太湖可可食品有限公司积极响应国家“一带一路”倡议，在尼日利亚投

无锡市锡储粮食储备有限公司库区浅圆仓　　（梅欢丛　供稿）

资5000万美元，成立开元可可制品加工厂，并在尼澳雄洲设立江苏太湖工业园区，成为全市“走出去”发展的示范企业。

仓储建设推进顺利。项目申报方面，完成宜兴市安乐米业有限公司和宜兴市和桥米厂有限公司粮食产后服务中心建设项目、宜兴周铁2万吨粮食仓储迁建项目、国储库及新安库仓储相关配套设施维修改造及功能提升项目的申报。项目建设方面，完成江阴陆桥、宜兴杨巷、宜兴锡储仓储和烘干项目综合验收，新建宜兴西渚1.56万吨、宜兴鲸塘2.16万吨仓储项目，宜兴西渚烘干项目完成初验；完成江苏无锡国家粮食储备库仓房及相关配套设施维修改造项目、胡埭军粮专项“危仓老库”改造项目、川埠军粮专项“危仓老库”改造项目等维修项目。仓储管理规范有序，结合《粮油仓储管理办法》和《粮油储藏技术规范》，强化仓储规范化日常管理。全面落实“一规定两守则”各项要求，上半年、下半年分两批对全市所有库点储粮安全和生产安全进行专项检查，抽检率达60%左右，查出储粮安全隐患40余处，全部整改到位。开展仓储规范化创建工作，新安库获评“全国放心粮油示范仓储企业”称号，锡储公司针对合资企业特性，重新配备领导班子，完善相关制度，规范化管理水平进一步得到提升。

（孙志元）

交通工业

【造船工业】 2018年，无锡船厂造船形势严峻，全年完成产值1.19亿元。新承接船舶6艘，开工上台5艘、小艇2艘，全年共计交船出厂11艘。完成上海崇明2艘65车新型快速车客渡船、常州圩塘汽渡52米车客渡船、常熟通达长江汽渡60米车客渡船的建造，并顺利交付使用。长江车渡船市场进入新一轮更新，为继续承接新船打下基础。完成3艘上海水域40米清扫船的建造，该船用于首届“中国国际进口设备博览会”浦江环境保障。秘鲁新Z24.4米拖轮于12月份枯水期顺利下水，设计建造秘鲁新16.5米引航船（铝合金上建），为智利TRANSBORDADORA公司成功建造89米新型渡海车客渡船。

（吴志红）

【无锡爱邦公司海外市场开发】 10月，无锡爱邦辐射技术有限公司与中国同辐股份有限公司达成海外市场开发战略合作框架协议。中国同辐股份有限公司是中国同位素及辐照技术领域的领军企业，是中核集团核技术应用平台，肩负着中国核技术应用产业国际市场开发的使命，具有丰富国际市场开发经验；无锡爱邦辐射技术有限公司集辐照电缆料、辐照电线、辐射电子加速器及束下装置的研发、制造和辐射加工服务于一体，是一家拥有国家级博士后科研工作站、江苏省工程技术中心、江苏省院士工作站、无锡市外国专家工作室等高端科研平台的国家级高新技术企业，公司国内市场连续多年占有率超50%，并率先实现电子加速器成套出口海外。

（孙　政）

编辑　郭　鹏

综　述

【概况】 2018年，无锡市实现社会消费品零售总额3672.70亿元，比上年增长9%，增幅列全省第三。限额以上社会消费品零售总额1028.88亿元，比上年增长5.5%。18大类商品中14类有所增长，增长面77.8%，其中，增长最快的是通讯器材类、五金电料类、文化办公用品类、石油及制品类、金银珠宝类、饮料类等，分别比上年增长33.3%、23.8%、18.9%、16.1%、11.7%、11%。批发和零售业完成社会消费品零售总额3382.76亿元，比上年增长8.9%，占全市比重92.1%，仍是消费市场的主力。住宿和餐饮业完成社会消费品零售总额289.94亿元，比上年增长9.5%，占全市比重7.9%。从城乡看，城镇增长仍快于乡村，城镇实现社会消费品零售总额3136.07亿元，比上年增长9.1%；乡村实现社会消费品零售总额536.63亿元，比上年增长8.4%。与百姓生活息息相关的衣食住行类需求稳中有升，吃穿类商品中，粮油、食品类增长6.4%，服装、鞋帽、针纺织品类增长9.8%。住行类商品中，家电类下降7.3%，建筑及装潢材料类增长4.2%，汽车类增长2.6%，石油及制品类增长16.1%。

（徐一峰）

物流业

【概况】 2018年，物流运输结构不断优化调整，物流信息化、网络化、智能化水平不断提升，现代物流发展向高质量发展迈进，助力实体经济降本增效。全年，全市完成货物运输量18941.54万吨，比上年增长8.99%，其中，铁路运输80.54万吨，比上年下降19.2%，公路运输15761万吨，比上年增长8.61%，水路运输3100万吨，比上年增长11.95%，航空货邮吞吐量12.38万吨，比上年增15.1%，港口吞吐量23240.0831万吨，比上年增8.77%；集装箱吞吐量61.5535万标准箱，比上年增107.82%。全年新增省级重点物流企业（基地）3家，累计获评省级重点物流企业（基地）45家。

（刘行秋）

【物流商业模式创新】 2018年，无锡市物流商业模式创新完善，物流企业联盟、甩挂运输、多式联运、城市共同配送、电商物流和农村物流体系建设不断加强。交通部无车承运人备案试点企业业务量快速攀升，江苏物云通物流科技有限公司在年度交通部无车承运人试点综合监测评估排名中，名列全国第5位。商务部物流标准化建设深入推进，物流业降本增效成效明显。

（刘行秋）

【拓展物流市场】 2018年，无锡市坚定实施市场多元化战略，组织企业参加各类展会。组织参加第五届中国（连云港）丝绸之路国际物流博览会，通过图文并茂展览及设备设施直观展示宣传推介无锡市物流企业；组织物流装备制造企业及物流企业参加第十二届（南京）物流科技博览会，学习借鉴先进的物流科技，拓宽物流发展视野；组织部分物流企业分别赴甘肃兰州、江苏南京参加了甘肃－江苏“一带一路”物流对接交流活动，寻求商机，助推企业做大做强。

（刘行秋）

电子商务

【概况】 2018年，无锡市网络零售额突破700亿元，比上年增长26%。全市有15家单位获评各类电商示范单位。江阴市临港经开区“澄e工厂”、宜兴市丁蜀镇“中国陶都陶瓷城”2家单位获评省乡镇电子商务特色产业园（街）区；宜兴市丁蜀镇紫砂村、锡山区锡北镇东房桥村、惠山区阳山镇冬青村等8家单位获评省级电商示范村；江阴澄e工场、梁溪电商众创平台等5家单位获评江苏省首批电子商务众创空间培育试点。

（郭桂荣）

【参加义乌电商博览会】 4月11～13日，2018中国国际电子商务博览会在浙江省义乌市国际博览中心召开。展会设有国际标准展位2226个，展览面积5万平方米，吸引11个国家和地区以及国内19个省（市）的1102家企业参展，其中跨境电商企业有123家。博览会期间还举办2018中国数字贸易高峰论坛等21场活动，参会人数达17026人次。无锡市组织10家园区、企业参加此次博览会并取得预期效果，部分企业现场进行了签约。

（郭桂荣）

【无锡市第三届跨境电商创新创业大赛】 8～11月，无锡市商务局、无锡市人力资源和社会保障局、无锡市邮政管理局主办无锡市第三届跨境电商创新创业大赛。大赛为期4个月，主题为“跨境跨界跨越”，培训分孵化、实操、决赛3个阶段。培训、孵化以亚马逊平台为主，培养企业的跨境电商综合运营能力。无锡市凤凰画材、东晖纺织等传统重点外贸企业以及文途、科洛塞等跨境电商创新企业共28家、近60人参加大赛。参赛企业通过培训后，跨境电商业务都取得不同程度的增长。如无锡市凤凰画材进出口有限公司参加培训1个月，月销售额由3万美元提升到近8万美元，“黑五”期间，达到每天1万美元的销售额；无锡煜嘉进出口贸易有限公司参加培训后，顺利发送货物30万支产品到美国海外仓。

（郭桂荣）

【无锡入围第三批国务院跨境电商综试区】 7月13日，国务院常务会议决定第三批新设22个跨境电商综合试验区，无锡成功入围。为做好实施方案和政策创新清单制订工作，无锡市借鉴前两批综试区城市相关经验、做法，研究起草《中国（无锡）跨境电子商务综合试验区实施方案》，经市政府常务会议审议通过后上报省政府办公厅。省政府办公厅在征求省商务厅、南京海关等多个部门意见后正式下发。实施方案提出无锡建设跨境电子商务综合试验区的发展目标为“打造两区一中心”：打造跨境电子商务产业集聚区、对外贸易转型升级示范区、进出口商品集疏运交易中心。

（郭桂荣）

科技服务

【技术合同认定突破20亿元】 2018年，无锡市认定技术合同成交额首次突破20亿元，全年认定技术合同1576项，成交额20.19亿元，比上年增长23.71%。各领域技术交易保持健康发展态势，其中电子信息类依然保持领先优势，技术合同成交额达10亿元，占全市技术合同成交额的49.5%。增长较快的3个技术领域有生物医药类，全年成交额5.16亿元，比上年增长56.57%；农业类，成交额0.22亿元，比上年增长43.65%；环境保护与资源综合利用类，成交额0.35亿元，比上年增长30.7%。

（郭　媛）

【加强科技创新金融支撑】 2018年，《无锡市科技型中小企业贷款风险补偿业务管理实施细则》修订出台。科技信贷工作首次覆盖全市各版块，缔结“锡科贷”合作银行5家、“苏科贷”合作银行8家，入库企业达到1142家。全年发放“锡科贷”24亿元、“苏科贷”5.72亿元，有效缓解科技型企业融资难题。在省“苏科贷”合作地区绩效评估中，无锡市被评为优秀（A类）合作地区。

（白二飞　叶利群）

【专利质押贷款和保险业务】 2018年，无锡市突出产品创新、突出宣传普及、突出激励引导，推进专利质押贷款和保险业务。市科技局联合农行科技支行、江苏银行科技支行、中国银行无锡分行和兴业银行无锡分行、交通银行无锡分行五家银行，累计为95家企业、469件专利进行质押融资，放贷额度4.8亿元。人保财险无锡公司为82家企业、191件专利开展投保服务，专利保险保障金额达250万元。举办全市银行、保险公司与企业知识产权质押融资、专利保险对接会，组织开展专题宣讲会7次，培训服务近1000家企业。为35家开展专利权质押融资企业提供140.55万元贷款贴息支持，比上年增长30%，为82家投保专利险的企业提供12.44万元保费支持，比上年增长24%。

（姚　刚）

【知识产权服务】 2018年，无锡市科技局受理并审核市级专利资助26936件，开展知识产权执法维权“护航”专项行动，做好知识产权贯标标准化备案及绩效评价等工作，宣传“12330”，营造保护知识产权的良好氛围。全年，接到举报投诉电话407个，受理维权援助案件41件；处理举报投诉案件60件；完成人民调解案件1件；完成59项专利侵权判定咨询意见书；做好分支机构建设及培训工作。

（姚　刚）

会　展

【概况】 2018年，无锡市会展办加快推进会展经济发展，全年举办重要会展活动142个，比上年增长约10%，展览面积逾90万平方米。利用网站、微信等新媒体手段，定期发布无锡会展信息。借助2018国际会展业CEO上海峰会、UFI China Club首届年度大会暨UFI认证专题圆桌会议等会展行业活动平台举办推介会。无锡国际樱花节期间，组织召开“2018无锡会展恳谈会”，邀请40余位国内外会展界专家共同谋划无锡会展业发展新理念、新趋势、新蓝图，提升无锡会展城市影响力。

（卢　珊）

【管理与发展】 2018年，无锡市会展办规范全市会展业管理，推进产业发展。组织主要会展企业召开座谈交流会，听取政府相关部门、会展和旅游等产业协会、以及会展业相关企业等多方面意见建议，修订出台《关于加强会展业管理的意见》。推进国际会议中心筹建。加强会展城市推广和会展人才培训，引进和培育品牌会展项目。组织举办“无锡市现代产业发展政策申报指导”、“会展与城市”梁溪大讲堂及江浙两省会展企业学习交流活动等培训活动。

（卢　珊）

商品市场

【概况】 2018年，无锡市商品交易市场总体运行平稳，市场成交总额达4000亿元，在资源配置中发挥着愈来愈大的作用，为制造业和满足群众各类需求提供了强大支撑。市区农产品市场规划布点进一步优化，朝阳、天鹏等大型农副产品批发市场进一步加强产销衔接，全年成交总额分别达到96.16亿元、155.1亿元，分别比上年增长13.0%、8.5%，起到农产品保供稳价的主渠道作用。推进商品市场转型升级，充分发挥其引导生产、扩大消费、促进增长、助力供给侧结构性改革的作用，全市商品交易市场总体呈现转型升级、管理规范和服务提升的趋势。

（华尔斐）

【市场建设管理】 2018年，无锡市区共论证设立无锡市粮油交易市场、无锡市佳易通旧机动车交易市场、香梅集贸市场等3家市场。金桥国际食品城、国联金属材料市场、华东石材市场被评为江苏省转型升级示范市场。继续推进市区农贸市场改造提升工作，全年共完成改造12家农贸市场，改造面积3万平方米，改造摊位数近1200个，带动社会投入7000余万元，受益周边群众60万人。开展农贸市场公益性改革试点工作，全年有15家农贸市场参与公益性试点建设。规范二手车市场经营秩序，在全市开发推广使用《无锡二手车交易信息管理系统》，率先与商务部信息系统实现对接，真正实现二手车交易"实物、实名、实情、实时"登记制度，全年实现二手车交易16.94万辆，比上年增长15%，成交额129.74亿元，比上年增长9.8%。

（华尔斐）

供销合作商业

【供销合作社综合改革】 2018年，无锡市供销合作社贯彻落实中发11号、苏发31号、锡委发55号文件，按照全国总社、省总社目标任务安排，加强督查指导，贯彻落实综合改革文件实现全覆盖。滨湖区、江阴市、宜兴市、锡山区先后出台综合改革文件。江阴市、宜兴市作为省总社承担健全联合社"三会"制度试点任务单位，制订试点工作方案，修订供销社章程，厘清联合社机关行政管理、行业指导、经济发展职能边界，两地机构编制委员会均印发了供销合作社"三定方案"，并于年内分别召开代表大会。江阴市作为省级综合改革24个专项试点项目单位之一，在规范建立社有资产管理委员会后，完成江阴市澄合投资管理有限公司工商注册，搭建社有资产信息化管理平台，标志着"规范建立社有资产管理委员会"专项试点工作完成。按照省总社承担创办"以农民为主体的综合性合作社"专项改革试点任务要求，密切与农民利益联结，拓展为农服务领域，提高为农服务能力。成功创办宜兴张渚供销社、周铁供销社，江阴华士供销社3家"农综社"。年内，无锡市社被表彰为2018全国农资科技博览会暨全国品牌农产品交易会优秀组织单位，被省总社评为2018年度供销合作社系统综合业绩考核优胜单位一等奖第二名。宜兴市社被评为2018年度基层工作先进单位，江阴市社被评为2018年度完成省重点工作任务先进单位。

（周　毅）

【基层供销合作体系建设】 2018年，无锡市供销社系统紧扣基本属性，加强县级社建设，持续推进乡镇基层社改造提升，经营能力和服务水平显著提升。开展百强县级社创建，宜兴供销社、江阴供销社均被评为"全国供销合作社系统百强县级社"。江阴供销社综合改革试点先行经验，在10月9日《中华合作时报》头版上刊载，并获评2018年度《中华合作时报》优秀农情观察点。推动新型基层社的统筹创建和相对薄弱基层社的改造提升，组织开展全市供销社系统薄弱基层社、空壳基层社排查，对上协调确定薄弱基层社改造目录，提升改造质量的针对性。年内，创建"三体两强"示范基层社3个，改造薄弱基层社7个；江阴市徐霞客供销社被评为"全国总社基层社标杆社"。推动省总社《关于建设乡镇供销合作社经营服务综合体的指导意见》落实，充分利用和盘活基层社在乡镇的资产资源，在乡镇建设集生产、生活、生态服务于一体的"一站式"经营服务综合体。新增乡镇供销合作社经营服务综合体4个。加强专业合作社和农村综合服务社星级社创建。以密切与农民利益联结、促进小农户和现代农业发展有机衔接为抓手，推动县级供销社、基层社通过"共同出资、共创品牌、共享利益"等方式，创办、领办、参办农民专业合作社，发展农民专业合作社20个（联合社8个）。由全国总社认定的农村综合服务社星级社五星级4家、四星级9家、三星级12家；宜兴市"田保姆"农业服务专业合作社和江苏耕耘农机服务专业合作联社被评为"全国总社农民专业合作社示范社"。

（周　毅）

【健全农业社会化服务体系】 2018年，无锡市供销社系统推动农业社会化服务体系健全。以"打造农业全程社会化服务平台"为载体，以"提升农业社会化服务体系的专业作用"为己任，认真抓好《关于全市供销合作社系统推进农业社会化服务的指导意见》落实。自2016年起，市社每年从社有资产经营收益中拿出100多万元，用于扶持奖励农业社会化服务和为农服务基层组织建设。建好市级现代农业综合服务中心，指导帮助有实力的现代农业综合服务中心实施全国总社土地托管项目，推动各市（县）、区农业社会化服务体系建设。5月，省委常委、市委书记李小敏专程实地考察宜兴市杨巷现代农业综合服务中心，并对中心发展一二三产业融合示范项目予以充分肯定。年内，新建现代农业综合服务中心4家。在为农民、新型农业经营主体提供机耕机收、育秧栽插、农资供应、施肥除草、统防统治、收储加工、烘干冷藏等系列化、专业化服务的基础上，拓展农业社会化服务功能和内容。10月底，市社在锡山区再次组织召开全市农业社会化服务现场推进会。至年底，全市具有供销

天蓝水清苗绿的美好家园　（曹俊　摄）

社属性的农业综合服务平台大田托管面积达到1万公顷。

（周　毅）

【经营服务领域拓展】 2018年，无锡市供销社系统顺应农业供给侧结构性改革要求，制定下发《健全经营服务体系助力乡村振兴实施方案》，拓展流通服务、农民生产生活服务。加强农村电子商务建设。与全国总社"供销e家"、省总社农村电商"地平线"平台开展业务对接。宜兴供销社积极发挥宜网农村电子商务区域特色优势，推进县级运营中心、乡镇服务站、村级服务店业务延伸。江阴供销社通过抓好农产品购销龙头企业和经营网点建设，推进实体、网络同步建设、融合发展，"网上双代店"逐步成为百姓生活需求的知名品牌店。滨湖区供销社与"食行生鲜"电商平台合作，开展网上生鲜农产品销售。推进"农资物联网"应用示范项目建设和组建产业化公司工作。接受并顺利通过科技部、全国总社对无锡市农资公司承担的"农资物流防伪和溯源关键技术与装备研发"课题的现场核查和审计验收。9月，无锡市社受邀参加"2018中国智慧农资发展高峰会议"，加入中国智慧农资产业技术创新战略联盟，并成为该联盟副理事长单位。引导县级供销社、基层社立足当地优势资源，建设一二三产业融合发展综合体。推进无锡市苏南农副产品物流股份有限公司主导的城南、城北农贸市场建设及益家康农贸市场建设。年内，建成一二三产业融合发展综合体10个。高标准执行承办海峡两岸（江苏）名优农产品展销会。市社被海峡两岸（江苏）名优农产品展销会组委会评为"优秀组织奖"，系统内10人被评为"成绩突出个人"。为有效解决农业发展"融资难"问题，加强农村资金互助合作，稳步开展农村合作金融服务。

（周　毅）

粮食购销

【概况】 2018年，全市两季粮食收购76.9万吨，其中最低价粮食收购7.5万吨、地方国有粮食企业商品粮收购47.5万吨：夏粮收购小麦39.3万吨，其中最低价小麦收购7.5万吨、地方国有粮食企业商品粮收购28.1万吨；秋粮收购粳稻37.6万吨，其中地方国有粮食企业商品粮收购19.4万吨。全年全市粮食消费总量214.6万吨，其中居民口粮消费132.5万吨。

（姜鸿鸣）

【粮食国企管理体制调整】 2018年，市粮食局根据无锡市人民政府专题会议纪要要求和市委十三届六次全会有关精神，启动市区粮食国企管理体制调整工作。体制调整遵循政策性和经营性业务单位分离的总原则，保留政策性业务（承担粮食收购储备保供任务）单位，其余所有经营性业务单位全部划归无锡产业发展集团有限公司统一管理。至年底，完成相关人员和资产的核定及划转工作，实现既定目标。此次体制调整符合国家局深化改革、转型发展的总目标，有利于政企分开，有利于国有资产集中管理，有利于一揽子解决市属粮食国企的历史遗留问题，同时也有利于改变目前粮食企业小而散的现状，推动无锡粮食企业做大做强，实现国有资产利益最大化。体制调整以其前瞻性和大局观，被省粮食和物资储备局评为2018年度全省深化改革转型发展创新成果。

（姜鸿鸣）

【收储保供】 2018年，市粮食局全面完成省局下达的5.15亿斤全年优质优价收购任务。深化粮食收储制度改革。国家首次下调稻麦最低收购价，面对日益复杂的粮食收购形势，全市各级粮食部门周密部署、积极应对。江阴市和惠山区强化为农服务理念，确保粮农高兴而来满意而归，宜兴市拓宽融资渠道，全力争取资金支持，锡山区开展以收购政策、仓储管理等为主要内容的业务培训，两季收购实现"全规范、零投诉"的目标任务。全面加强地储粮管理。不断优化地方储备粮油管理，将实施十余年的市级储备粮稻麦7:3比例调整为5.5:4.5。加强粮源基地建设，和徐州、扬州签订粮食产销协议总量33.7万吨；在徐州市和盘锦市分别建立3333.33公顷粮食生产基地；开展"2018盘锦大米进无锡"活动。切实提升粮食应急保供能力，与市应急办联合举办应急演练，宜兴市进一步修订完善突发粮食供应紧张事件应急预案，惠山区编制防空袭应急预案。

（姜鸿鸣）

烟草专卖

【概况】 2018年，市烟草公司共销售卷烟23.18万箱；单箱结构41356元，比上年增长1.34%。全年实现税利30.50亿元，比上年增长5.71%。无锡烟草"尚德同心"党员志愿服务队被

无锡烟草"尚德同心"党员志愿服务队被中宣部、中央文明办授予"全国最佳志愿服务组织"称号

（王娟娟　摄）

中宣部、中央文明办授予“全国最佳志愿服务组织”称号，是烟草行业唯一一家获奖单位。无锡市局机关党委被评为无锡市先进基层党组织。“预警投射技术在物流安全管理中的应用”一期工程通过验收，实现智能化监控、自动化报警，达到由人监控到机器设备监控的转型升级，并获得国家专利。与交通银行合作的“烟草易付”跨行结算支付项目共实施跨行结算9695笔，金额1.1亿余元；“农行贷记卡代缴烟草费”项目共签约缴费968户，代缴烟款18112笔，金额2.94亿余元。

（虞　凯）

【专卖管理】 2018年，市烟草系统发挥好专卖管理维护国家利益和消费者利益的作用，查获涉烟违法案件2136起，其中查获5万元以上大要案件355起，50万元以上案件14起；查获涉案卷烟5658余件，其中假烟1306余件；上缴罚没款626万余元；依法取缔违法违规大户16户；获省局通令嘉奖16次。

（虞　凯）

生活服务业

【生活服务业职业技能大赛】 2018年9～12月，无锡市连续第六次开展生活服务业职业技能大赛。大赛包含仓储物流、美发美容、家电维修技能大赛，全市从业人员1200余人参赛，比赛内容包括理论知识和技能操作两大部分。市商务局联合市人社局、市总工会、团市委和市妇联，对获得无锡市仓储物流服务技能大赛（仓储管理团体赛、叉车驾驶、货车驾驶）、无锡市家电维修服务技能大赛（空调安装维修、彩电维修、冰箱维修）、美发美容服务技能大赛（美发、美容）各工种第一名的裴永乐等8人，授予“金牌服务能手”；各工种前三名的魏林中等24人，由市人力资源和社会保障局授予“无锡市技术能手”；对赵星星等8人，由市总工会授予“无锡市五一创新能手”（女性为“无锡市五一巾帼标兵”）；对赵星星等7人授予“无锡市青年岗位能手”；对陈佳楠等2人授予“无锡市巾帼建功标兵”；对获得各工种前六名的孙泽俊等60人授予“服务明星”；授予无锡市锦东空调工程服务有限公司等6家单位“无锡市商贸服务业职业技能大赛金奖单位”；无锡飘渺坊等6家单位“无锡市商贸服务业职业技能大赛银奖单位”；中储发展股份有限公司无锡物流中心等6家单位获评“无锡市商贸服务业职业技能大赛铜奖单位”。

（方少异）

【“无锡老字号”评选】 为推动老字号企业的创新发展，传承和弘扬优秀传统文化，创造更多的社会、经济和文化价值，根据《关于开展第二批无锡老字号推荐认定工作的实施意见》，经宣传发动、组织申报、专家审核、社会公示等环节，认定无锡市银楼经贸有限公司等26家企业为第二批“无锡老字号”（第一轮），颁发牌匾和证书；认定梁溪区迎宾楼菜馆等10家企业为第二批“无锡老字号”培育企业，待条件完善后认定为“无锡老字号”并颁发牌匾和证书。

（方少异）

【2018无锡蟹王争霸赛】 为弘扬江南传统餐饮文化，深度挖掘无锡“蟹文化”，9～10月，无锡市商务局联合市、区餐饮协会、企业共同主办“2018蟹王争霸赛”，最终选出2018无锡蟹王争霸赛“蟹王”及2018无锡蟹王争霸赛十大“五星蟹餐厅”、2018无锡蟹王争霸赛十大“甄选蟹餐厅”。

（方少异）

【2018无锡餐饮技能创新大赛】 为推动餐饮行业技能人才培养，打造最具权威及地域属性的特色美食评选活动，8月8日，由无锡市商务局主办、无锡市烹饪餐饮行业协会承办的真正无锡味——2018无锡餐饮技能创新大赛在无锡太湖国际博览中心举行。全市100多家知名餐饮企事业单位、162名选手、200多道参赛作品、20多个餐厅艺术摆台作品通过层层选拔入围决赛。经过互动投票、专家初选、现场决赛3个阶段，最终11道无锡品牌旺菜、62道特色锡菜胜出，创新锡菜、旺菜、宴会摆台各有3名选手获得“无锡餐饮技能创新能手”称号。

（方少异）

【第十九届中国美食节暨2018中国无锡锡菜美食文化节】 10月26～28日，由中国饭店协会、无锡市商务局和无锡市梁溪区人民政府主办，中国饭店协会、无锡食品科技园、无锡市梁溪区商务局和无锡市餐饮烹饪行业协会承办，江苏省餐饮行业协会、江苏省烹饪协会、江苏省工商联餐饮行业商会、南京市餐饮商会、苏州市烹饪协会和常州市餐饮烹饪行业协会等协办的第十九届中国美食节暨2018中国无锡锡菜美食文化节举行。美食节通过中国美食展示、中国餐饮新食材及新技术展览、中国美食品牌峰会、国际美食嘉年华、颁奖盛典暨闭幕式等活动，推动中国餐饮业高质量发展，促进美食文化交流和中餐走出去。无锡锡菜美食文化节旨在交流分享锡菜的传统文化，挖掘、保护、传承无锡地方美食的独特魅力，推动无锡锡菜创新发展。

（方少异）

【开展美食互动体验活动】 根据2018年海外中国文化中心整体项目安排，应哥本哈根、斯里兰卡和悉尼中国文化中心邀请，无锡市分别选定金龙凤大酒店和君来酒店组派厨师参加丹麦“中国味道—江南美食工作坊”和斯里兰卡、澳大利亚“美味之享—中国美食工作坊”美食互动体验活动。活动通过高端美食品鉴和中国美食文化展示活动、接受当地媒体采访，展示中华美食文化，加强中外文化交流。

（方少异）

编辑　邵文凯

综　述

【概况】 2018年，全市新增社会融资规模达1670亿元，比上年增长7.8%。至年末，全市银行业各项存款余额1.61万亿元，比上年增加386亿元；各项贷款余额1.21万亿元，比上年增加148亿元。制造业贷款余额2965.69亿元，在全市贷款中占比26.32%，其中新增21.15亿元，在经济下行压力加大的不利环境下，实现制造业贷款正增长目标。普惠口径小微贷款余额538.69亿元。民营企业贷款余额3259.87亿元，占全市企业贷款比重高于全省平均5.5个百分点。银行间市场累计发行债券601.7亿元，比上年多发131.2亿元。年末人民币贷款加权平均利率5.29%，低于全省平均0.39个百分点。不良贷款金额和不良率连续五年保持"双下降"。企业上市工作再创佳绩，全市新增境内外上市公司11家，累计达138家(境内81家、境外57家)，超额完成全年新增上市公司10家的目标任务，新增上市公司家数连续三年列全省第一；药明康德成为全国首家创新企业境内发行股票或存托凭证试点对象，成功在A股上市，实现全市A+H股上市公司零的突破。全市直接融资发生额910.37亿元，其中，银行间市场直接债务融资601.7亿元，11家上市公司首发融资118.9亿元，5家上市公司完成定增74.75亿元，证券交易所公司债88.67亿元，企业债券融资17.5亿元，30家"新三板"挂牌企业定增8.85亿元。全年实现保费收入374.36亿元，保费规模继续保持全省第三。其中，财产险保费收入96.21亿元，比上年增长3.46%；人身险保费收入278.15亿元，比上年下降11.91%，保险深度3.28%。全行业赔款和给付100.79亿元，比上年增长8.01%。

(刘海荣)

【金融改革创新】 6月28日，无锡市国发资本运营有限公司正式组建。申报设立锡商民营银行取得积极进展，宜兴市申报创建国家绿色金融改革创新试验区扎实推进，物联网金融创新试点全面铺开、顺利推进。无锡综合金融服务平台正式启动上线，打造"金融+产业+交易"的金融产业链，推动金融机构把资金投向实体经济。深化与国家集成电路产业投资基金的战略合作，中比摩蝎(欧洲)科技创新产业投资基金、太湖新兴产业成长基金签约落地，金融与产业的融合度持续提升。

(刘海荣)

【金融风险防控】 2018年，无锡市依法打击、稳妥处置非法集资等涉众型经济犯罪，制定实施方案和工作规则。互联网金融"打早打小"整治工作效果显著，关停P2P网贷机构6家，引导2家机构转型发展，7家交易场所完成整改，3家机构予以关停。稳妥处置大型企业债务风险和政府隐性债务风险，全市银行业金融机构不良贷款余额和不良贷款率连续五年实现"双下降"，防范和化解金融风险攻坚战取得积极进展。

(刘海荣)

【农行江苏分行与无锡市政府签署战略合作协议】 3月28日，无锡市政府与中国农业银行江苏省分行签署战略合作协议，未来5年，农行将向无锡市提供全方位金融服务，助力"强富美高"新无锡建设。双方开展全方位战略合作，农行江苏省分行将把无锡作为重要战略合作伙伴，重点围绕重点基础设施建设、产业转型升级、PPP项目、"三农"及县域重点项目、城镇化建设、农户金融、产业集群、个人金融、科教文卫及旅游九大领域，提供包括传统贷款、产业基金、并购贷款、理财融资等综合化金融支持。与此同时，大力支持农行无锡分行产品创新，力争将更多的创新产品、服务模式和金融工具优先在无锡市场探索、应用和推广，系统内的各项试点优先在无锡实施，提高对地方经济发展的金融支

5月8日，无锡药明康德在上交所挂牌上市　(刘海荣　供稿)

持含金量。省委常委、市委书记李小敏出席签约仪式，农业银行江苏省分行行长张建良、代市长黄钦分别致辞。副市长朱爱勋，市政府秘书长许立新参加签约仪式。

（刘海荣）

【无锡综合金融服务平台上线】 12月28日，无锡综合金融服务平台正式上线，代市长黄钦出席启动仪式并讲话。平台将有效整合政府、征信、银行三大资源，构建专项基金增信、专业征信报告、专门团队运作、绿色审批通道、差异考核激励5项创新机制，切实推动金融机构回归本源、扩大信贷投放、服务实体经济。设立10亿元“普惠贷”信保子基金，为通过平台融资的企业实施风险补偿；构建完善的企业征信服务体系，通过平台，为金融机构提供多维度、数据丰富的征信报告；吸引多方金融机构专营团队的参与，构建涵盖担保、小贷等多元融资主体的运营主体。首批入驻平台的银行有31家，共有127个信贷产品，基本实现所有驻无锡中资银行机构全部上线。

（刘海荣）

银 行

【概况】 2018年，无锡市新增社会融资规模1670亿元，在全国、全省社会融资规模同比少增的情况下，比上年增加12亿元，增长0.7%，增速高于全省4.0个百分点；各项贷款余额12102.76亿元，新增862.63亿元，增幅7.75%。搭建产业金融合作服务平台，推动银企达成授信意向1612.56亿元。债务融资工具创新发展。1～12月，全市企业债务融资工具发行601.7亿元，同比多增131.2亿元；存续余额1086.7亿元，比年初增加121.9亿元。推动兴业银行为江阴高新区注册发行辖区首单双创票据3.5亿元，推动浙商银行成功发行首单“应收款链”资产支持票据4.57亿元；推动江苏银行、南京银行、浦发银行、建设银行为红豆集团创设债务融资工具风险缓释凭证5.7亿元，先后发行4期超短期融资券13亿元。全年增加21.2亿元支农支小再贷款、19.2亿元再贴现，支农支小再贷款和再贴现规模位居全省前列。指导无锡农商行办理全省首批“先贷后借”支小再贷款5亿元，推动宜兴阳羡村镇银行办理全省首笔未经央行评级的信贷资产质押再贷款2000万元。组织金融机构开展“深化制造业金融服务提质增效”劳动竞赛，制造业贷款保持正增长。12月末，全市普惠口径小微贷款余额531.33亿元，比年初新增92.3亿元，是2017年同期的2.09倍；全市民营企业贷款余额3259.87亿元，占全市企业贷款比重38.95%，高于全省平均5.5个百分点。组织金融机构开展“金融惠企大走访”活动，走访小微民营企业1.24万家（次），达成授信36.75亿元；组建“梁溪区小微企业融资服务基地”，推动银企达成授信意向29.37亿元；运用“小微企业金融服务平台”，达成融资42.66亿元。推动全省首例基于中征应收账款融资服务平台的在线全流程“核心企业+银行+服务平台”应收账款线上融资业务成功落地，被中国人民银行推荐为金融服务小微企业的典型案例向国务院汇报。

（杨 月）

【人民银行无锡市中心支行金融改革】 2018年，人民银行无锡市中心支行绿色金融改革步伐加快。配合宜兴市政府拟定创建总体方案，加快国家级绿色金融改革创新试验区申报落地。引导兴业银行组建20亿元的江苏恚泉绿色产业股权投资基金，推动宜兴农商行发行辖内首单绿色金融债券，指导宜兴农商行成立绿色金融事业部和绿色信贷特色支行，加快绿色金融产品和服务创新。国家“两权”抵押贷款试点增量扩面。12月末，惠山区农村土地经营权抵押贷款余额10.14亿元，较年初增加7.07万元，同比增长230.3%，在全省试点地区保持领先，同时引导江阴市开展地方试点。

（杨 月）

【人民银行无锡市中心支行外汇服务改革】 2018年，人民银行无锡市中心支行创新开展优质可信企业跨境人民币结算便利化试点，为50家试点企业提供跨境人民币贸易便利化服务，缩短审批周期80%以上，为企业带来直接经济效益1300万元。省内率先试点进口报关单信息核验“白名单”管理制度，对筛选出的30家优质企业开通绿色通道，实行进口付汇免核验，提高付汇结算效率。省内率先出台外汇服务支持柬埔寨西哈努克港经济特区建设方案，帮助园区企业实现境外投资和跨境融资4.18亿美元。利用全口径跨境融资宏观审慎管理政策，支持企业跨境融资91.89亿元；支持长电科技、远景能源、道尼尔海翼等一批重点企业发行优先票据和海外债券9.7亿美元。拓展跨国公司外币资金池业务，实现账户收支169.56亿美元，为企业节约财务成本约9000万元；扩大境内外汇贷款结汇范围，推动银行发放出口项下可结汇外汇贷款2.72亿美元。

（杨 月）

【人民银行无锡市中心支行优化金融环境】 2018年，人民银行无锡市中心支行扎实推进全辖二市（县）七区开展金融生态创建，表彰锡山区、惠山区、滨湖区为“2017年度金融生态优秀区”。12月末，全市金融机构不良贷款率1.04%，比年初下降0.16个百分点；全市金融机构实现结益245.32亿元，比上年增加25.22亿元，增长11.5%，盈利水平继续改善。金融基础设施质效双升。全市建成农村金融综合服务站245家，“码上行”乘坐公交项目正式上线，1500辆出租车支持二维码支付，近四成地铁乘客选择扫码乘车。开展无锡市现金服务示范区创建活动，全辖共配备78台小面额自助设备。开辟“绿色通道”，实现新设企业账户核准0.5个工作日办结；办结全省首笔通过互联网申请的银行即期结售汇准入业务，实现“网上办”和“不见面”零的突破。实现辖内5家区级财政集中支付电子化全部上线，创新开展“五微”国债普惠服务满意工程。社会信用体系日趋完善。全年新增各类非银信息25万条，对11.93万户农户进行信用评定，发放贷款214.34亿元；评定农村青年信用示范户1777户，发放贷款68.24亿元。全年提供企业信用报告查询5059笔，比上年翻番；提供个人征信信息查询服务达47万人次，其中代理点查询占比79.50%。金融消费权益保护措

表 44

2018 年年末无锡市金融机构存贷款情况

	人民币存款			其中：住户存款			人民币贷款			外币存款			外币贷款		
	余额（亿元）	比上年增加（亿元）	比上年增幅（%）	余额（亿元）	比上年增加（亿元）	比上年增幅（%）	余额（亿元）	比上年增加（亿元）	比上年增幅（%）	余额（万美元）	比上年增加（万美元）	比上年增幅（%）	余额（万美元）	比上年增加（万美元）	比上年增幅（%）
全市合计	15568.68	961.73	6.58	5511.59	453.5	8.97	11971.55	867.46	7.81	71.12	−10.66	−13.03	19.12	−1.7	−8.17
中资大型银行	6505.1	347.29	5.64	3242.43	181.2	5.92	5259.72	287.68	5.79	43.01	−1.78	−3.97	8.79	−2.66	−23.21
工商银行	1039.74	109.9	11.82	435.8	43	10.95	987.23	53.38	5.72	5.33	0.58	12.13	1.7	0.14	9.13
农业银行	1805.13	109.53	6.46	1054.84	67.97	6.89	1152.85	72.33	6.69	6.08	−0.8	−11.68	1.51	−0.33	−17.71
中国银行	1145.95	16.39	1.45	551.68	−2.92	−0.53	1048.9	66.77	6.8	16.58	−1.08	−6.09	1.84	−0.48	−20.64
建设银行	1129.74	52.62	4.89	532.93	48.86	10.09	1035.68	26.08	2.58	7.94	−0.95	−10.68	0.77	−2.07	−72.99
交通银行	882.95	47.85	5.73	222	9.14	4.29	734.45	23.58	3.32	4.32	0.46	11.79	1.28	0.08	6.74
邮储银行	501.6	11	2.24	445.17	15.15	3.52	300.62	45.54	17.85	2.76	0.02	0.69	1.7	−0.01	−0.58
中资中型银行	4988.93	352.05	7.59	991.88	152.95	18.23	4074.82	339.93	9.1	15.85	−5.55	−25.93	5.44	0.51	10.38
农发银行	40.35	−1.86	−4.41	0	0	–	151.87	8.42	5.87	0.05	−0.05	−46.97	0	0	–
中信银行	390.04	−5.66	−1.43	53.81	16.14	42.85	376.09	29.04	8.37	3.84	−2.65	−40.83	0.46	−0.08	−15.39
光大银行	616.04	58.53	10.5	32.04	4.34	15.67	531.51	63.61	13.6	0.99	−0.14	−12.16	0.48	0.18	60.43
华夏银行	356.57	16.9	4.98	41.56	5.48	15.19	344.87	10.01	2.99	0.45	−0.2	−31.37	0.29	−0.06	−17.42
广发银行	116.45	35.1	43.14	10.51	2.35	23.8	76.27	2.08	2.8	0.06	−0.05	−47.91	0.06	0.06	–
平安银行	137.41	15.36	12.59	13.68	2.75	25.16	113.59	−19.96	−14.95	0.34	−0.05	−11.74	0.15	−0.06	−28.83
招商银行	344.22	55.49	19.22	82.46	12.21	17.38	355.61	46.3	14.97	2.08	−0.17	−7.76	0.23	0.07	43.15
无锡浦发	235.18	39.16	19.98	24.69	4.18	20.38	163.33	3.44	2.15	0.46	−0.29	−38.59	0.13	0.05	70.57
江阴浦发	307.43	−104.27	−25.33	58.59	10.26	21.23	182.07	−2.27	−1.23	0.88	−0.41	−31.81	0.36	−0.34	−48.66
兴业银行	364.58	31.32	9.4	30.99	8.59	38.35	297.64	47.69	19.08	1.7	0.16	10.35	0.64	0.28	80.54
民生银行	350.33	32.18	10.11	40.41	3.24	8.72	224.66	18.03	8.72	2.05	−1.01	−32.98	0.12	−0.17	−58.61
北京银行	72.12	31.49	77.49	2.96	2.1	244.19	138.64	62.46	82	0.29	0.29	–	0.37	0.37	–
上海银行	57.86	2.51	4.54	1.77	−0.52	−22.71	89.85	6.61	7.94	0.01	−0.01	−48.92	0	0	–
江苏银行	1600.35	145.79	10.02	598.4	81.82	15.84	1028.81	64.48	6.69	2.65	−0.97	−26.72	2.16	0.22	11.19
中资小型银行	3720.4	242.33	6.97	1275.23	119.62	10.35	2425.15	220.61	10.01	6.85	−3.32	−32.63	2.11	0.68	47.35
恒丰银行	104.24	−55.12	−34.59	6.12	−2.15	−26	102.33	−18.91	−15.6	0.33	−1.83	−84.85	0.09	0.02	38.12
浙商银行	117.19	−3.56	−2.95	5.07	0.93	22.46	67.68	14.62	27.56	0.21	−0.67	−75.91	0.17	0.17	11203.7
渤海银行	47.26	−1.26	−2.59	1.65	0.74	31.32	33.03	−8.3	−20.09	0	0	−54.8	0	0	–

续表 44

	人民币存款			其中：住户存款			人民币贷款			外币存款			外币贷款		
	余额（亿元）	比上年增加（亿元）	比上年增幅（%）	余额（亿元）	比上年增加（亿元）	比上年增幅（%）	余额（亿元）	比上年增加（亿元）	比上年增幅(%)	余额（万美元）	比上年增加（万美元）	比上年增幅（%）	余额（万美元）	比上年增加（万美元）	比上年增幅(%)
南京银行	520.81	33.1	6.79	73.91	13.07	21.48	288.94	47.17	19.51	1.97	0.45	29.98	0.17	0.12	233.4
长江银行	6.46	4.1	173.83	1.43	1.11	346.88	6.66	4.2	171.31	2.43	−1.05	−30.12	0.86	0.55	177.71
苏州银行	31.1	−0.72	−2.27	2.85	1.02	55.74	46.91	14.59	45.13	0	0	–	0	0	–
宁波银行	368.98	52.18	16.47	17.33	−1.74	−9.12	238.04	36.15	17.91	0	0	–	0	0	–
无锡农商	1110.16	86.82	8.48	449.09	39.65	9.68	619.6	47.22	8.25	0.36	−0.01	−2.1	0.52	0.17	50.89
江阴农商	775.54	55.31	7.68	385.1	27.89	7.81	508.43	26.53	5.51	1.21	−0.08	−6.33	0.29	−0.34	−54.08
常熟农商	25.65	5.62	28.08	1.76	1.19	208.77	43.95	11.76	36.54	0	0	–	0	0	–
张家港农商	41.95	13.41	47	1.08	0.29	36.71	37.53	11.4	43.62	0.01	0.01	–	0	0	–
江南农商	20.06	6.02	42.86	3.34	1.42	73.96	13.88	1.37	10.94	0.16	−0.03	−15.13	0	−0.03	−100
宜兴农商	484.32	42.44	9.6	307.63	32.13	11.66	356.51	29.8	9.12	0.17	−0.12	−40.42	0	0	
民泰村镇	14.05	4.72	50.55	2.98	0.89	42.58	7.08	0.46	6.92	0	0	–	0	0	–
建信村镇	0.36	−0.93	−71.91	0.11	−0.37	−77.08	1.37	−0.93	−40.46	0	0	–	0	0	–
常农商村镇	4.16	0.34	8.82	1.1	0.4	57.14	5.39	0.29	5.62	0	0	–	0	0	–
浦发村镇	12.94	−3.25	−20.06	3.25	0.15	4.84	16.07	−0.09	−0.55	0	0	–	0	0	–
阳美村镇	35.16	3.11	9.69	11.45	2.98	35.18	31.75	3.28	11.53	0	0	–	0	0	–
财务公司	118.84	14	13.36	0	0	–	85.81	6.3	7.92	0	0	−99.7	0	0	–
国联财务	72.91	20.97	40.36	0	0	–	32.44	3.29	11.3	0	0	–	0	0	–
红豆财务	24.77	−5.59	−18.4	0	0	–	20.5	1	5.14	0	0	−99.7	0	0	–
华西财务	12.86	−1.91	−12.91	0	0	–	19.87	0.5	2.58	0	0	–	0	0	–
三房巷财务	8.29	0.53	6.84	0	0	–	13	1.5	13.04	0	0	–	0	0	–
外资银行	157	27.84	21.56	2.05	−0.27	−11.64	124.55	13.44	12.1	5.41	−0.01	−0.25	2.78	−0.23	−7.67
汇丰银行	19.27	5.48	39.72	1.05	0.3	40	8.96	2.41	36.77	0.78	0.18	30.5	0.24	−0.02	−6.43
东亚银行	22.93	4.57	24.91	0.03	−0.03	−50	9.72	−1.41	−12.7	0	0	−44.3	0	0	–
花旗银行	0	−1.91	−100	0	−0.76	−100	0	0	–	0	−0.37	−100	0	0	–
瑞穗银行	39.97	20.21	102.32	0	0	–	29.5	8.79	42.43	1.65	−0.01	−0.53	0.64	0.08	14.07
三菱银行	18	−3.77	−17.32	0	0	–	25.51	−4.97	−16.31	2.12	−0.2	−8.68	0.87	0.22	34.16
新韩银行	16.5	3.69	28.83	0.22	0.03	15.79	10.81	−0.33	−2.98	0.34	0.22	170.48	0.04	−0.02	−33.33
南洋银行	40.32	−0.43	−1.06	0.75	0.19	33.93	40.06	8.96	28.81	0.52	0.17	49.36	1	−0.49	−33.14
国联信托	0	0	–	0	0	–	1.5	−0.5	−25	0	0	–	0	0	–

（赵沁乐）

施扎实。举办无锡市“金融知识纳入国民教育体系小学课程试点”工作启动仪式，推进金融知识纳入国民教育。举办40余场金融知识“银发讲堂”活动，被评为法治无锡建设年度实事工程项目。与梁溪区司法局联合成立无锡市金融消费纠纷调解中心，发起成立无锡市金融消费权益保护协会。

（杨　月）

【无锡银保监分局服务实体经济】 2018年，无锡银保监分局积极助力推进地方政府“产业强市”发展战略，修订完善《无锡银行业服务实体经济监管评价办法》，重点督促全市银行业加大对民营企业等的支持力度。年末，全市银行业制造业贷款比年初增加125亿元，制造业贷款占比27.35%，居全省首位。节能环保项目及服务贷款余额比年初增长14.84%，高于各项贷款增速7.17个百分点。出台降低实体企业融资成本指导意见，全市银行业主动降低企业融资成本约5.9亿元。（陈佳慧）

【无锡银保监分局普惠金融服务】 2018年，无锡银保监分局先后与锡山、惠山两区政府联合开展银企融资对接活动，30家银行与850余家企业成功对接34亿元。推广小微企业责任保险，全市保险业为3627家小微企业提供468亿元雇主责任风险保障。推进“阳光信贷”工程，完成建档农户32.26万户，已用信贷3万多户、77亿元。年末，全市银行业小微企业贷款余额4061亿元，比年初增加94亿元；小微贷款户数6.37万户，比上年增加9262户；单户授信1000万元以下的小微贷款775亿元，比上年增加157亿元，同比增幅25.36%，高于同期各项贷款增幅17.69个百分点。小微金融服务工作继续在全省位居前列。

（陈佳慧）

【无锡银保监分局物联网金融创新】 2018年，无锡银保监分局持续支持、引导试点银行创新物联网动产质押业务。该业务为全国首创，可提高信贷管理效率超过4倍，降低企业融资成本超过20%。至2018年年末，各试点银行累计为207家小微企业发放物联网动产质押融资贷款1540笔、19.95亿元。国务院金融稳定委员会督导组、中央办公厅督查组到无锡调研期间，高度重视并充分肯定该创新成果。

（陈佳慧）

9月13日，“金融知识普及月　金融知识进万家”暨“提升金融素养　争做金融好网民”广场宣传活动在崇安寺二泉广场举办　（张　清　供稿）

【无锡银保监分局推进信用风险处置化解】 2018年，无锡银保监分局持续完善债委会工作机制，稳控重点民营企业授信风险。依托债委会机制全年共协调大额风险企业14家，授信余额210亿元。扎实开展联合授信管理试点工作，完成10家试点企业的“两协议”签订工作。全年累计处置不良贷款106.55亿元。连续五年实现不良贷款“双降”，年末全市银行业不良贷款余额125.88亿元，不良贷款率1.04%，低于全省平均水平0.17个百分点，信贷资产质量排名全省第三。推动宜兴地区实现不良贷款“双降”，重点县域地区金融风险得到有效管控。宜兴农商行风险化解工作取得实效，受到省委常委、市委书记李小敏和原江苏银监局局长扶明高的批示肯定。

（陈佳慧）

【无锡银保监分局开展市场乱象整治】 2018年，无锡银保监分局在全辖范围内组织开展深化市场乱象整治工作，共开展现场督查64家次，提出监管意见156条。对12家银行机构开展整治乱象现场检查，对9家银行实施行政处罚，罚款525万元，警告6人，禁止从业1人。组织全市银行业金融机构成功开展“新政策、新法规”学习培训活动，全市银行业共2.1万人参加学习考试，覆盖率达85%，提升银行业员工的合规意识和专业素养。

（陈佳慧）

【无锡银保监分局金融服务宣传】 2018年，无锡银保监分局联合人民银行无锡市中心支行、市网信办在全市范围内开展“金融知识普及月金融知识进万家”暨“提升金融素养争做金融好网民”活动，全市银行业投入宣传人员共计9634人次，参与网点1310个；开展进校园、进社区、进农村等各类现场活动1309次，发放宣传材料25.4万份，现场宣传覆盖受众超30万人；通过各类媒体报道宣传146次，覆盖受众204万人，受到社会各界好评。无锡银保监分局被评为江苏省2018年“金融知识普及月金融知识进万家”暨“提升金融素养争做金融好网民”先进单位。

（陈佳慧）

【工行无锡分行支持实体经济发展】 2018年，工行无锡分行响应国家金融支持实体经济发展的信贷方针，围绕产业强市、转型升级等重点方面，支撑地方企业发展需要，获无锡市政府颁发“金融贡献奖”。全年实现本外币各项贷款余额998.91亿元，比年初增加54.89亿元，其中公司贷款余额702.5亿元（不含房地产），较年初净增31.5亿元。积极对接无锡市重大产业项目，全年累计完成项目贷款投放超百亿元，比上年新增

68.53%。牵头5家企业签署中国工商银行总行全国精选百家民营制造业骨干企业“总对总”服务协议，支持优质制造业客户做大做强。持续优化信贷资源配置，提升制造业企业融资占比。年内，工行无锡分行累计为835家制造业企业提供融资支持，较年初增加66家；制造业贷款余额324.97亿元，较年初净增8.12亿元；审批通过先进制造业扩能及并购项目9个，金额合计44.2亿元。

（周省蒙 郁利花）

【工行无锡分行普惠金融】 2018年，工行无锡分行始终遵循国家战略，积极探索完善普惠金融服务之路。专设普惠金融部门，实行小企业贷款专门流程审批、专项规模投放，缩短提款时效，贷款利率维持在低水平，在减费让利方面发挥“领头雁”作用，在解决小企业融资难、融资贵问题上取得实效。年内，银监普惠口径小企业贷款余额30.6亿元，比年初增加4.24亿元，顺利完成计划目标。民营企业公司客户数829户，贷款余额208.64亿元，总融资占比27.32%，民营企业融资户数和总额持续增加。融资总额在500万元以内的小企业家数508家，较年初增加115家，惠及更多市场主体。

（周省蒙 郁利花）

【工行无锡分行内控合规管理】 2018年，工行无锡分行坚持党建引领各项工作，坚持党建工作与业务发展融合共进，强化责任担当，激发干事创业的奋斗精神。坚持党管干部原则，弘扬“奋斗＋落实”的工作作风，推动务实执行文化；压实案防主体责任，组织开展深化整治银行业市场乱象、“十大重点领域和关键环节”、“八大领域”风险治理等活动，增强系统控险能力，在全省内控评价中再次获评一级行，在银保监部门、人行评价中排名“双第一”；持续开展员工家访活动，全年完成重要岗位人员家访687人次，其中网点负责人133人次，必访完成率100%；开展员工行为排查、个人征信专项排查，覆盖全行2151人。全年实现零案件、零重大事故、零重大负面舆情目标。

（周省蒙 郁利花）

【农行无锡分行服务“产业强市”】 2018年，农行无锡分行践行国有大行的使命与担当，坚持把服务实体经济发展作为各项工作的重中之重，以江苏农行与无锡市政府签订千亿元战略合作协议为契机，主动扛起服务无锡经济高质量发展的责任与使命，服务“产业强市”制造业转型升级、重大重点项目建设、新兴产业发展等各个领域，发挥金融“主力军”作用。至年末，该行各项贷款余额1163亿元，比年初增加70.7亿元，总量及增量均居四大行首位。年内，被市政府颁发金融工作“年度贡献奖”。

（吴广涵）

【农行无锡分行支持“乡村振兴”】 2018年，农行无锡分行牢固树立农业农村优先发展理念，深入落实“乡村振兴”战略，全面助力无锡乡村经济结构优化、乡村产业振兴、乡村环境美丽、农民增收致富。围绕乡村经济结构优化，不断加大对乡村旅游、生态养老、特色民宿和农家乐等“大、新、特”“三农”的信贷支持力度，助力农业农村经济结构调整和产业融合发展。围绕“产业兴旺”，依托“一项目一方案一授权”批量服务新模式，倾力支持阳山水蜜桃、黄土塘葡萄、太湖翠竹茶叶等“特色农业、观光农业、现代农业、品牌农业”发展。年内，联合阳山镇政府，成功举办农行助力乡村振兴暨阳山水蜜桃产业授信签约仪式；对接锡山现代农业产业园，创新推出新产品“锡农贷”。围绕“生态宜居”，支持江阴新桥、锡山东港等特色小镇建设，扮靓“绿水青山”。围绕“农民致富”，创新推出“三农”高级顾问机制，累计聘任500余人，全力打通服务“三农”最后一公里。为顺应农业农村进入移动互联的新趋势，农行无锡分行果断将互联网基因植入“三农”服务领域，主动把互联网服务“三农”作为全行的“一号工程”，着力打造“惠农e通”平台，融合“惠农e贷”网络融资、“惠农e付”支付结算、“惠农e商”农村电商三大功能，让“三农”客户享受到现代化的线上综合金融服务。

（吴广涵）

【农行无锡分行助力小微企业发展】 2018年，农行无锡分行顺应无锡地区小微企业众多的特点，执着于破解小微企业融资难题的探索，在用好用足“锡微贷”“科创贷”“知识产权抵押贷”等现有拳头产品基础上，创新服务模式，针对“优势行业、特色产业、产业集群和成熟专业市场”中的小微企业、个体工商户，推出“一项目一方案一授权”批量服务新模式，以一个项目带动一大批小微客户。至年末，累计审批通过61个项目28.7亿元，实现投放6.6亿元，普惠金融银保监会“两增两控”和人民银行降准口径实现“双达标”。与此同时，运用互联网、大数据等新技术、新工具，创新推出“智动贷”“微捷贷”等一系列普惠金融线上新产品，构建适合小微企业需求的服务模式和产品体系。

（吴广涵）

【农行无锡分行“民生金融”】 2018年，农行无锡分行主动对接金融科技核心技术，深挖客户源头金融需求，打造具有农行特色的智慧场景金融，把智慧金融服务完美嵌入到无锡城市人民旅游、购物、出行、投资等各类日常场景，以民生金融发展助力民生改善。年内，共打造出包括天鹏市场APP、甜美阳山e服务等在内的数十个“智慧场景”。在探索智慧场景同时，强化智慧网点建设，全力推进辖内网点开展“智能化轻型化”升级，加大新型智能设备布放力度，不断优化客户服务体验；创新推出“金穗汇”微信小程序，利用线上平台延伸线下网点金融服务的长度与宽度，切实推动金融服务实现升级。面向广大锡城工会会员，联合市总工会和市民卡公司创新推出“工会会员服务卡”，有效整合工会帮扶、日常消费、便民支付和金融服务等功能。

（吴广涵）

【农行无锡分行心系公益】 2018年，农行无锡分行在融入地方、服务经济发展的同时，履行社会责任，多渠道、多途径投身“慈善捐款”“敬老助残”“义务献血”等社会公益活动，传递农行温暖，为民解困，奉献爱心。8月22日，第十届“金钥匙”奖学金颁奖仪式成功举行，全市50名大学生获得资助。10年来，农行无锡分行累计发放奖学金135万元，惠及450名大学生。年内，员工尚蓉成功捐献造血干细胞，给素不相识的患者。此外，推出“小积分大梦想”信用卡积分捐赠平台，通过捐赠信用卡积分的形式，汇聚广大客户群体的爱心，支持希望工程、留守儿童和生态环保等公益事业。

（吴广涵）

【中行无锡分行加大实体支持】 2018年，中行无锡分行围绕“做好传统行业、做优新兴产业、做实新旧动能转换”的授信策略，加快授信结构调整，通过政策指引，引导更多的资源流向优质制造业。一方面，稳定传统行业重点客户授信，利用金融服务促进互联网、大数据、人工智能和实体经济深度融合，加快支持传统行业转型升级。另一方面，立足《中国制造2025江苏行动纲要》与省行“客户+”方案，重点拓展绿色制造、智能制造、高端制造领域的客户，引导新增授信投向新兴行业，支持集成电路、大数据、新材料等优质企业。至年末，中行无锡分行表内对公授信（本外币公司贷款）余额651.16亿元，比年初新增25.62亿元，其中，制造业贷款余额299.92亿元，比上年同期新增2.99亿元，制造业新增大公司贷款投放85.23亿元。

（殷国勇 李 允）

【中行无锡分行普惠金融】 2018年，中行无锡分行先后研发“税贷通”“中银结算通宝”“扶农通宝”“出口保单融资项下风险共担业务”等授信产品，用于支持小微企业发展，全力推进普惠工作开展，并取得积极成效。至年末，中行无锡分行“税贷通”客户205户，较上年新增154户，余额6.12亿元，较上年新增4.3亿元；“中银结算通宝”客户111户，较上年新增56户，余额5.16亿元，较上年新增1.55亿元。同时，无锡分行与市财政局、市商务局、市经信委等部门以及信保等第三方建立联动工作机制，陆续推出“商银通宝”“锡信贷”“锡科贷”“澄信贷”“梁溪担保基金”等产品，全力化解中小企业融资难、融资贵问题。年内，无锡分行“商银通宝”累计投放93户，投放金额6.9亿元。“锡信贷”累计投放19户，投放金额7800万元。

（殷国勇 李 允）

【中行无锡分行传统特色业务】 2018年，中行无锡分行发挥传统国际化、多元化优势，坚持助力企业参与全球化竞争的目标定位，在金融产品与金融服务上探索创新，充分发挥专业价值，全面助力企业走出去，实现长远发展。成功为江阴市金桥化工有限公司投放500万元在线融易达业务，是江苏首例、全国第三笔核心企业—中征平台—银行三方直连在线供应链融资项目。全流程探索国内贸易项下协议融资业务，为宝利沥青续做195万元协议融资。与海关总署联合推出“电子汇总征税保函”产品，加大对进口企业支持力度。组织协助90户锡城企业客户参加首届中国国际进口博览会，现场达成合作意向并签约12户，签约意向金额1.3亿美元。

（殷国勇 李 允）

【中行无锡分行多元金融服务】 2018年，为推动无锡市政府的优惠政策和中行无锡分行的融资服务惠及科技型企业，主办“科技金融”业务推介会；为扩大中行品牌效应，和江苏省锡山高级中学联合承办2018年中国国际象棋甲级联赛无锡站；为助力无锡市智慧体育建设，与无锡市体育产业集团签署战略合作协议；秉持客户中心理念，以健康医疗为切入点，举办“保健康”“保财富”中银名医堂健康讲座；为出国客群实实在在谋实策，推出“中国银行无锡分行第二届跨境金融服务季”系列活动，与留学中介、语言培训、移民公司、旅行社等多家三方机构合作，全方位做实跨境金融服务；为锡城公安民警与消防战士提供贴心关怀，开展“八一”送清凉慰问活动；为满足客户多元化与个性化需求，开展财富大讲堂、暑期夏令营、六大客群观影、积分兑换嘉年华等15场主题活动。

（殷国勇 李 允）

【中行无锡分行风险管理】 2018年，中行无锡分行坚持审慎原则，严守合规底线，全力创建健康、安全的金融生态环境，为平安金融建设保驾护航。年内，开展整治银行业市场乱象与合规季系列活动，保持高压态势，在全辖开展飞行检查，重点围绕公司治理不健全、违反宏观调控政策、影子银行和交叉金融产品风险、侵害金融消费者权益、利益输送、违法违规展业、案件与操作风险、行业廉洁风险等方面，强化过程管理，盯牢进度、压实责任，深化全行合规意识。建立风险内控长效机制。至年末，审议《无锡分行2018年内控合规工作要点》《无锡分行2018年“合规季”活动总体方案》《2018年无锡分行“后合规季”内控整治提升活动方案》等合规内控管理议题48个，对全行合规内控工作加强部署，强化指导，建立起长效机制。有序组织，完成联合授信组建工作。落实监管机构的工作要求，强化责任意识，履行好无锡地铁集团联合授信牵头行责任，同时配合作为参与行的7家企业的联合授信工作，在关键时间节点，保质保量完成联合授信组建工作。

（殷国勇 李 允）

【建行无锡分行助力金融扶贫】 2018年，建行无锡分行响应国家精准扶贫政策，加大金融精准扶贫信贷资金投入，提高金融供给效率，满足扶贫项目、扶贫企业金融服务需求，助力脱贫攻坚。年末，公司类精准扶贫贷款余额10.58亿元，比年初新增2.54亿元，增速31.56%，未发生不良。小企业普惠涉农贷款余额14.03亿元，新增1.65亿元，增速13.34%。同时，重点支持建档立卡贫困户个人住房贷款，对普惠金融类精准扶贫个人贷款实行贷款规模全额满足。在上级行统一协调下强化区域横向联动，聚焦省内贫困地区，因地制宜创新电商扶贫模式。跨区域发展盐城、淮安地区扶贫商户2户，并利用网络社交媒体功能扩大善融商务扶贫商品影响力，实现善融客户购买扶贫商品交易额42.5万元。此外，参加人民银行无锡市中心支行牵头组织的梁溪党建联盟精准扶贫公益项目，资助15名贫困残疾青少年职业康复，树立良好的社会公益形象。

（陈文寅）

【建行无锡分行住房租赁市场品牌建设】 2018年，建行无锡分行推进“要租房、到建行”品牌建设，依靠住房租赁“蓝海”项目与传统住房金融双轮驱动，对接房市理性消费痛点。全面上线住房租赁监管平台、共享平台、监测平台和企业平台，至年末，47家企业和4家中介公司入驻，新增房源3.8万套，建融家园APP关注用户6.56万户，实现房源交易218套。完成无锡市住房租赁公共服务平台当地化改造工作，为市民提供流程简化、便捷高效的住房租赁一站式配套服务。该平台成为建行江苏省分行系统内建成的首个具有当地化特色的租赁监管平台，植入全国首创的租赁备案证明二维码验真功能，使无锡市住房租赁公共服务平台成为全国样板，体现主动为社会安居圆梦的大行担当。

（陈文寅）

【建行无锡分行金融科技】 2018年，建行无锡分行加快金融科技人才队伍和体制机制建设，运用金融科技深度赋能传统金融，为全行转型创新提供大数据分析、系统模型搭建等全方位的技术支持，全面提升金融痛点解决能力。共打造社会化平台14个，与智慧无锡合作上线省分行首个民生类综合服务平台，完成省分行首个智能撮合平台项目匹配，运用区块链系统办理全国首笔融资租赁项下国内证福费廷业务，运用全国首例租赁备案信息手机二维码验真技术，开发上线微信小程序，“装修分期现场勘查系统”获建设银行总行产品创新奖，成功试点“网点业绩精细化计量”项目。“机构业务科技年”成果突出，成立金融科技创新学院并完成商院校园E银行项目，在无锡率先上线农民工工资实名制代发系统，设计的“智天使”科创企业成长顾问创新方案入围建设银行总行“创新马拉松”预孵化阶段，智慧医院、智慧军营等项目和平台也纷纷落地。此外，分行集中建行线上线下渠道优势，以支付结算为核心展现建行运用新技术、新场景服务大众市场的综合实力，扩建旅游、消费类金融服务生态圈6个，实现客户覆盖近20万户。

（陈文寅）

【建行无锡分行普惠金融】 年内，建行无锡分行直击小微企业融资难、融资贵等深化改革中的痛点问题，从加快发展普惠金融的角度推动“补短板”，助力小企业成就大事业。全年普惠金融贷款（银保监会口径）余额45.59亿元，较年初新增19.06亿元，计划完成率352%。建行无锡分行加强大数据运用，向小微企业提供云税贷、结算云贷、账户云贷等信用快贷产品，至年末，“小微快贷”客户2859户、贷款余额23.74亿元，分别比年初新增1814户、17.97亿元。聚合核心企业及其上下游小企业融资需求，接入网络供应链融资平台，全年新增平台6户，为多家优质核心企业办理网络银行“e信通”业务，运用“e点通”等产品向48户供应商投放贷款5.13亿元。

（陈文寅）

【农发行无锡市分行绿色生态建设】 2018年，中国农业发展银行无锡市分行立足无锡资源禀赋，发挥服务无锡乡村振兴的排头兵和主力军作用，服务乡村振兴迈出坚实步伐。宜兴市支行完成宜兴市丁蜀特色小镇环境综合治理项目还款来源变更，投放全省首笔特色小镇贷款，也是无锡市分行首笔银团贷款，全年共发放特色小镇贷款2.5亿元。

（陈福和）

【农发行无锡市分行“两权抵押”贷款】 惠山区是全国土地确权试点区，也是人民银行“两权抵押贷款”试点区。2018年，农发行无锡市分行土地承包经营权抵押贷款年度累计发放1.8亿元，其中：向无锡惠山桃文化体育产业有限公司发放农村土地规模经营中期流动资金贷款3000万元；向无锡惠玉农村新型社区建设发展有限公司发放农村土地规模经营中期流动资金贷款1.5亿元。

（陈福和）

【农发行无锡市分行服务国家粮食安全】 2018年，中国农业发展银行无锡市分行累计投放夏粮购销储贷款1.74亿元、秋粮收购贷款5.09亿元，保证全市粮棉油收购的资金供应，保障全市粮棉油收购工作有序开展。开展粮油市场化业务专题调研，对无锡地区涉及粮油生产、收储、流通、加工及全产业链等全口径粮油企业调查摸底，做到心中有数。

（陈福和）

【兴业银行无锡分行业务发展】 2018年，兴业银行无锡分行各项业务规模稳步提升。本外币各项存款余额371.58亿元，较年初增加33.29亿元，增长9.84%；本外币各项贷款余额305.8亿元，较年初增加53.54亿元，增长21.22%。由于在创新产品和服务、支持民生经济、绿色经济、小微经济等方面表现良好，被无锡市政府颁发“金融改革与创新奖”。

（岳国锋）

【兴业银行无锡分行支持绿色经济】 2018年，兴业银行无锡分行发挥绿色金融领域的先发优势，为建设无锡地区的“绿水青山”持续努力。至2018年年底，绿色金融融资余额116.25亿元。成功落地国联江森自控绿色科技有限公司5000万元“投贷联动”业务。成功落地全国首笔绿色产业股权基金，在省、市财政与兴业银行成立江苏疌泉绿色产业股权投资基金（有限合伙）的基础上，争取到首支规模20亿元基金落地无锡。用好用足专项绿色信贷规模，累计申请获批绿色金融专项信贷规模10.97亿元，支持锡东生活垃圾焚烧发电厂复工项目、惠山前洲配套园区给水管网改扩建工程、中设国联乐港40MWP农光互补并网发电项目等节能环保项目落地。

（岳国锋）

【兴业银行无锡分行服务小微企业】 2018年，兴业银行无锡分行坚持不断下沉重心，主动从小微企业客群特点出发，搭建平台，创新产品，为更多小微企业、创新企业提供优质金融服务，完成小微企业“两增两控”等各项监管指标。推出电子票据在线融资服务，全面升级电子票据在线承兑、电子票据在线贴现和票据池业务，实现业务的全流程线上化操作，让客户足不出户就可办理业务，提升客户体验度。落地“税兴融”系统，与江苏省国家税务局合作，采用线上申请、线下办理、线上用款的模式，根据企业纳税情况，向诚信纳税的小企业提供快捷便利的融资服务。以其担保方式及借还形式活、贷款额度高、授信期限长、贷款费率省受到客户的青睐。年内累计落地40笔，落地金额1.66亿元。成功发行无锡地区同业内首单双创专项债——江阴高新区投资开发有限公司2018年第一期非公开定向债务融资工具，首期发行3.5亿元，为区域内拥有高新技术的企业向资本市场获得股权融资开辟全新渠道。

（岳国锋）

【兴业银行无锡分行普惠金融】 2018年，兴业银行无锡分行顺应互联网金融趋势，依托总行在大数据和人工智能技术应用方面的持续探索，助力无锡社会生产生活的物联化，并从完善渠道建设、普及金融知识以及服务特殊客群等多方面落实普惠金融工作。持续推进

"智慧农贸"建设。与无锡"菜篮子"工程重点单位朝阳农贸市场上线线上平台"朝阳到家",实现线上线下整合,推动"智慧农贸"的管理现代化、服务智能化、体验人性化。与无锡市"十二大重点民生工程"重点单位无锡新瑞医院合作推出"智慧医疗",其中"智慧导诊系统"基于图聚智能自有的室内地图和高精度室内定位技术,让患者在手机端完成到科室的精确导航,缓解医院现场咨询压力,提高医院问诊效率。

(岳国锋)

【邮储银行无锡市分行支持地方经济发展】 2018年,邮储银行无锡市分行融入地方经济发展,加大对无锡地方经济发展及民生需求各个领域的信贷支持力度。全年各项贷款余额312.3亿元,比上年增加45.9亿元,有力支持地方经济建设。始终坚持服务"三农",助力"乡村振兴",在发展家庭农场贷款的基础上,持续推广"农保贷"、"富农贷"、省农担产品,创新推出宜兴民宿贷、农户置业贷、美丽乡村贷,为涉农企业提供有效融资渠道。年内,涉农贷款余额78亿元,净增21.6亿元。从信贷支撑、结算便利、资产增值等多个方面助力无锡特色小镇发展,为地方基础建设及美丽乡村建设提供一揽子的综合金融解决方案。助力小微企业发展,优化扶持小微企业的服务方式,推进快捷贷、信用贷、税贷通、增信贷等创新产品发展,促进产品体系丰富化,金融服务专业化,年内实现小微企业客户贴现量19.09亿元。

(冯辰辰)

【招商银行无锡分行经营成效】 2018年,招商银行无锡分行实现营业净收入14.92亿元,比上年增长17.30%,其中,实现非息收入4.28亿元,增长3.6%;经济利润8.48亿元,较上年增长144.5%。至年末,无锡分行不良贷款余额3.83亿元,较年初减少0.86亿元;不良贷款率为1.07%,较年初下降0.44个百分点,不良贷款额、不良贷款率持续"双降"向好。年内,无锡分行被招商银行系统评为"2018年优秀分行"。

(沈 潮)

【招商银行无锡分行助推实体经济发展】 2018年,招商银行无锡分行服务地方实体经济,助推小微企业成长,以实际行动助力"强富美高"新无锡建设。至年末,表内贷款新增42.45亿元,增幅14.38%,无锡市场份额3.01%,在9家主要股份制银行中排名前进1位。其中,小微贷款余额22.56亿元,较年初净增8.36亿元,增幅52.64%。

(沈 潮)

【中信银行无锡分行高质量发展】 2018年,中信银行无锡分行认真落实中央经济金融工作会议精神,围绕防范金融风险、促进高质量发展的工作要求,牢固树立依法合规经营意识,内控管理和资产质量在中信银行南京分行辖内和当地同业均处于领先水平。发挥中信集团综合金融优势,支持无锡地区经济发展,在强化重大项目服务、支持实体经济腾飞、促进普惠金融发展等方面取得硕果,为无锡担当全省高质量发展领跑者作出贡献。

至2018年年末,无锡分行各项存款余额419亿元,各项贷款余额379亿元,当年实现税后利润7.5亿元,不良贷款率仅为0.5%。主要业务指标在中信银行南京分行辖内保持领先,被评为南京分行年度标兵集体和综合考核A类分行。

(瞿峥屹)

【华夏银行无锡分行助力民营企业成长】 2018年,华夏银行无锡分行坚定实施"中小企业金融服务商"战略,创新光伏贷、年审制贷款、阳光龙e贷和网络贷等小微金融产品,拓宽金融进入实体经济渠道,实现普惠金融专项贷款和专项贴现额度近5亿元,提升华夏银行普惠金融服务在无锡市场的美誉度。至年末,小微企业贷款余额152.52亿元,在股份制银行中位列第1位,其中1000万元以下小微企业贷款余额净增3.07亿元,完成银监计划的204.67%,完成"两增两控"监管指标。

(苏 泽)

【华夏银行无锡分行金融业务创新】 2018年,华夏银行无锡分行加大业务创新,综合利用主动投资业务、融资租赁业务、票据贴现业务及企业ABS等金融新业态,为无锡产业发展集团、太湖新城、无锡市惠山经济发展总公司等企业办理各类金融市场业务近20亿元;服务无锡能达热电、永达污水处理和徐霞客旅游区发展等企业融资租赁新兴业务13.63亿元;开拓全行首笔国联华光供热收益权绿色资产支持专项业务。无锡分行满足企业多样化融资需求,帮助企业打通银行间市场和间接融资通道,降低企业财务成本,成功投资全国首笔民企PPP项目专项债券,用于美尚生态景观股份有限公司PPP项目,占据全市最大的投资份额。

(苏 泽)

【江苏银行无锡分行服务制造业企业】 2018年,江苏银行无锡分行推进"金融支持制造业提质增效行动计划",扩大制造业信贷投放力度。优化服务机制,以"大走访、大调研"等形式多渠道对接制造业企业;强化"订单融资"等交易银行产品创新运用,满足制造业企业多种金融需求,有效破解实体企业"融资难、融资贵、融资繁"问题。全年无锡分行本外币制造业贷款余额232.34亿元,比年初增加34.98亿元,完成总行全年计划的204.92%;其中智能装备制造、节能环保装备等先进制造业贷款余额79.01亿元,比年初新增14.79亿元,新增占比达34.01%,完成总行全年计划的204.92%。年内,先进制造业贷款占比34.01%,较年初提升1.47个百分点。

(夏世杰)

【江苏银行无锡分行助力小微企业发展】 2018年,江苏银行无锡分行探索适应无锡市产业结构和无锡分行自身特点的小微金融服务理念和经营模式,围绕"两增两控"目标,切实加大小微信贷投放力度,从产品创新深度、小微服务覆盖广度、企业融资成本减免力度方面着手,服务小微企业的能力和水平得到显著提升。年内,无锡分行全部小微企业贷款余额428.51亿元,较年初增加41.69亿元,增长率10.78%,高于全部贷款增长率3.61个百分点。全年新增支持500万元以下小微客户1415户,贷款金额23.05亿元。全年单户500万元以下小微贷款市场份额17.77%,多年保持全市第一。连续十年获"无锡市银行业金融机构小微企业金融服务工作先进单位"称号。

(夏世杰)

【交行无锡分行服务实体经济】 2018年,交通银行无锡分行回归本源,以服务制造业为主的实体经济作为工作重点。无锡分行以交通银行总行授信政策为指引,结合无锡市“十三五”规划纲要和“产业强市”发展战略,坚持“贴近政府、贴近民生、贴近市场”,支持供给侧结构性改革,加大对普惠金融等实体经济薄弱环节支持力度。持续强化无锡市重点项目投资计划的融资对接,加大优质装备制造业、战略新兴产业等重点项目的储备力度。全年人民币各项贷款余额734.45亿元,较年初增加23.58亿元。公司贷款投向中制造业贷款占比达41.11%,占比在全市银行中排名第二,高于全市银行业平均水平。此外,为服务好普惠金融,缓解民营企业融资贵难题,在2017年完成“三个不低于”(小微企业贷款增速不低于各项贷款平均增速、小微企业贷款户数不低于上年同期户数、小微企业申贷获得率不低于上年同期水平)小微指标上,2018年又超额完成中国人民银行MPA和银监“两增”(小微贷款同比增速高于各项贷款同比增速、贷款余额户数高于上年同期水平)贷款计划。

(李玉骥)

【交行无锡分行普惠金融服务】 2018年,交通银行无锡分行持续完善社区自助通功能服务。市民可在自助通多媒体屏幕上实现银行卡查询、跨行转账汇款、缴纳公共事业费用、家庭理财、手机充值、公交地铁充值以及市民卡年审等便民金融服务。通过一站式自助办理,免去客户穿梭各缴费点“排长队”的痛苦,成为不少居民缴纳公共事业费用的首选渠道。年内,全辖交银自助通595台,分布于全市各主要街道社区,其中包含96个行政村。同时,依托社区自助通平台,拓宽零售业务发展渠道,与无锡市民卡有限公司签订合作协议。丰富和完善公共交通支付渠道,增加聚合支付功能,拓宽市民卡业务线上销售渠道。发挥双方平台优势,围绕民生服务、金融转型,开拓交通服务、旅游服务、公共事业缴费等领域合作渠道,助力智慧无锡建设,共谱“互联网+”时代合作共赢。

(李玉骥)

【交行无锡分行助力“三农”产业】 2018年,交通银行无锡分行落实国家支持“三农”的金融监管好产业政策要求,以政策为引领持续优化和完善现代农业投向指引,在信贷政策、审批机制、专项额度等方面向服务“三农”项目倾斜,不断完善涉农行业投向指引和管理办法。在内控合规、风险可控的前提下,优化审批流程,开辟绿色通道,加快涉农贷款审查审批速度和质量。根据农村客户融资“短、小、频、急”的特点,不断完善“展业通”系列服务产品,实行差异化服务模式,对生产经营具有季节性特点的涉农企业,设计符合生产经营周期的授信方案,提供“贴身式”金融服务。全年涉农贷款余额343.97亿元,比年初新增17.33亿元,增幅5.31%,高于分行贷款平均增速1.62个百分点。其中普惠型涉农贷款余额9.73亿元,较年初增加3.08亿元,增速46.27%,超额完成全年计划。

(李玉骥)

【交行无锡分行致力支持绿色经济发展】 2018年,交通银行无锡分行引导金融资源投向绿色领域,加大对节能环保、新能源、新能源汽车等绿色经济的支持力度,助力产业结构转型,对九大产能过剩、高风险行业等持续推进总量管理、限额管控、减退加固等结构调整措施,优化授信投向结构,化解过剩产能。根据交通银行总行《交通银行行业绿色信贷管理指引》规定,按照行业投向指引体系,从耗能、污染、土地、健康、安全、移民安置、生态保护、气候变化等方面明确57个行业绿色信贷的具体要求,细化绿色信贷政策在具体行业管理中的运用。同时,持续健全绿色信贷分类管理体系,在原有“三色七类”标识体系基础上,按照监管要求,建立环境和社会风险A、B、C分类标准,在尽职调查、合规审查、贷后管理、资金拨付等授信业务环节分别进行环境和社会风险清单及评估标准,加大名单内客户管理力度,要求其制定并落实重大风险应对预案、建立充分有效的利益相关方沟通机制等。年内,机械行业贷款余额较年初下降2.68亿元,“两高一剩”限额管控行业贷款余额较年初下降2.32亿元。

(李玉骥)

【交行无锡分行财富管理品牌】 2018年,交通银行无锡分行坚持“以客户为中心”,致力打造“财富管理银行”,完善客户服务产品体系,提升客户体验。强化队伍建设,组建包含5位私人顾问的私银团队,实行私银业务片区管理模式。通过广场舞大赛、健鼎项目、私银活动等方式丰富获客渠道,增强客户黏性。同时,根据客户不同情况制定差异化理财服务策略,以财富传承、个人保障、资产增值为切入点,挖潜客户在基金、信托、证券、保险等方面的资产配置需求,帮助客户实现资产的保值增值。年内,零售板块重要的品牌活动“广场舞大赛”指标完成率在交通银行总行系统内排名第7;完成交通银行总行年初下达的沃德客户目标,完成率达143.5%;交银客户目标完成率达113.6%。

(李玉骥)

【浦发银行无锡分行主营业务】 2018年,浦发银行无锡分行应对复杂多变的经营形势,围绕“稳发展、保增长;增实力、促转型;降风险、强管理”要求,在服务无锡城市经济社会发展中持续稳中向好。年内,全行资产规模突破245亿元,比年初增长16%;各项存款余额236亿元,比年初增长19%,各项贷款余额167亿元,比年初增长4%;实现全口径营业净收入7.7亿元,全口径利润3.6亿元;后三类不良贷款余额1.3亿元,不良率0.8%,比年初实现双降,优于无锡同业平均水平。聚焦主营业务,落实“股、债、贷”三位一体服务体系,加大实体支持力度,通过发展债务融资工具业务,丰富信用风险缓释凭证等品种,全年新增发行债务融资工具14笔,金额73亿元,无锡地区排名第三;探索金融市场服务创新,召开太湖基金合伙人和产业投资峰会,加强无锡太湖股权投资基金运作和项目对接,全年太湖基金累计实缴30亿元,完成两个子基金出资,投资项目13个,支持一批上市公司成长壮大。此外,举办无锡市第三届上市公司精英汇活动,开启产融结合新局面,践行“做精主业,行稳致远”的发展观。

(张　磊)

【苏州银行无锡分行经营概况】 2018年,苏州银行无锡分行资产总额46.79亿元,比年初增长37.38%;负债总额

44.68 亿元，比年初增长 39.15%。贷款余额 46.91 亿元，存款余额 31.09 亿元，净利润 1.02 亿元。

（李　霁）

【苏州银行无锡分行业务发展】 2018 年，苏州银行无锡分行秉承服务中小实体经济的战略思想，多渠道全方位开拓无锡地区中小企业市场。通过深入调研无锡当地金融环境和企业发展需求，积极开发符合当地特色的专业化产品。开展“物联融”产品模式推广工作，累计运用各类产品服务物联网企业 26 家，获批授信额度 2.15 亿元，涵盖软件集成、智能制造、智慧医疗等多产业客户。运用“三板通”“快抵贷”等标准化产品推进小企业业务发展。依托理财、网银等产品营销对公结算客群，对公客户网银覆盖率 90%。10 月 26 日，首家异地支行江阴支行开业，开业前拓展各类公司业务客户近百家，与其中 60 家合作信贷业务，表内外授信 22 亿元，日均存款 9 亿元。12 月 28 日，由苏州银行无锡分行主导的无锡市综合金融服务平台启动，平台有效帮助企业降低融资难度和成本，促进信贷资源有效投放。年内，无锡市委、市政府颁给该行“金融改革与创新奖”。

（李　霁）

【无锡农商行助推实体经济发展】 2018 年，无锡农村商业银行发挥法人银行决策链条短的优势，把深耕实体经济服务作为发展的着力点和落脚点。至年末，各项贷款总额 753.43 亿元，比年初增加 92.69 亿元，增幅 14.03%。主动对接新农村建设和农业产业化项目，上线“农易贷”完善信用惠农产品，推出“阳光幸福贷”服务农民生活改善，尝试“惠农担保贷款”，打造“村委 + 惠农担保公司 + 银行”创新合作模式，持续推进“惠农贷”“确权贷”等支农金融产品。全年涉农贷款余额 182.61 亿元，增幅 10.59%。坚定服务民营和中小微企业市场定位，结合宏观经济金融形势，动态调整授信政策指引，持续加强金融服务对接，完善“税易贷”“微易贷”“锡信贷”“人才贷”“锡银税贷”系列金融产品，创新“物联网动产贷”“物联智造贷”业务，完成“两增两控”监管目标，提升金融服务小微和民营企业的主动性、针对性和有效性。

（张婷婷）

保　险

【概况】 2018 年，无锡市保险业共实现保费收入 377.18 亿元，占全省比重 11.37%，比上年下降 8.57%，保费规模位居全省第三。其中，财产险保费收入 94.16 亿元，比上年增长 3.32%；人身险保费收入 283.02 亿元，比上年下降 11.94%。按无锡市 2018 年 GDP11438.62 亿元计算，无锡保险深度 3.30%，比上年下降 0.62 个百分点。按照无锡市户籍人口 497.21 万人计算，无锡保险密度 7586 元，比上年减少 781 元。与此同时，全行业业务结构持续优化，保险产品保障功能提升，万能险占比比上年下降 95 个百分点。全行业赔款和给付 100.79 亿元，比上年增长 9.26%。其中，财产险赔款支出 57.64 亿元，比上年增长 14.73%；人身险赔款和给付 43.15 亿元，比上年增长 2.7%。全市财产保险业承担 6.9 万亿元的风险保障，比上年增长 9.52%。

年内，全市保险机构 76 家（不含出口信用保险）。其中，产险公司 28 家，寿险公司 48 家。其中，总公司 1 家（国联人寿），外资公司 18 家。全行业从业人员 6.77 万人。

（张　清）

【涉农保险】 2018 年，无锡市建立以政策性农业保险、涉农商业性财产保险、涉农商业性人身保险组成的农村保险网，全市政策性农业保险覆盖 30 万户农户，基本实现农业从业人员保险保障全覆盖。

“农业保险贷”和“人保惠农贷”为全市 98 个市级经济薄弱村和低收入农户提供涵盖生产、生活、融资、投资的全方位金融保险服务，其中农业保险贷合计放贷 35 笔，贷款金额 1000 余万元，为低收入农户脱贫创业和经济薄弱村发展经济提供贷款资金支持和风险保障。

（张　清）

【公众责任险】 2018 年，无锡市保险业以环境污染责任险、食品安全责任险、建工团意险、安全生产责任险、医疗责任险、公众责任险等责任险种为载体，发挥保险在社会公共管理中的矛盾缓冲和风险转移功能，其中环境污染责任险全年参保企业 1146 家，全年承担责任风险 9.2 亿元，全国地级市排名第一。为全市见义勇为人员提供的不记名意外责任保险服务，在全省保险行业首开先河。

（张　清）

【雇主责任险】 2018 年，无锡市保险业为全市 3627 家小微企业提供 468 亿元雇主责任风险保障，为 2280 家企业提供 74.3 亿元公众责任风险保障。

（张　清）

【慈福系列保险】 2018 年，无锡特有的“慈福”民生系列保险项目获全国慈善领域最高政府奖——第十届“中华慈善奖”。2012 年年底推出后，该系列民生保险逐步形成城乡户籍居民住房财产险、低保对象人身意外伤害险、养老机构责任险、福彩投注站点综合保险、中低收入居民疾病医疗自费支出救助责任保险等“10+3”系列的保险体系，覆盖全市 650 余万名常住人口，涉及突患严重疾病、遇到重大自然灾害、发生人身意外伤害等数 10 种情况。至年末，该系列保险累计处理各类理赔案件 7.4 万起，支付救助慰问金（理赔款）1.1 亿元，10.3 万户（人）直接受益。

（张　清）

【城乡居民大病保险】 2018 年，无锡市区大病保险参保人员 328.97 万人，其中，职工参保人数 223.52 万人、居民参保人数 105.45 万人。至年末，市区共有 4.9 万人次、1.28 万人实时享受大病保险补助待遇，受益金额 8219 万元，比上年增长 11.44%。中国国寿、人保财险、中华联合 3 家共保体单位于当年开始为参保人员提供“一站式”服务，方便参保人。

（张　清）

【退休人员住院医疗互助保险】 2018 年，中国人寿无锡分公司通过对承保条款的持续优化改进，退休人员住院医疗互助保险险种性价比高、结构简洁、理赔便捷等特色凸显，取得良好的社会效益，参保人员成倍增加，全年新

表 45　　2018年无锡地区各产险公司业绩

单位：万元

序号	产险公司名称	保费收入	增幅 %	市场占比 %
1	人保财险	351916.51	7.45	37.37
2	太平洋产险	176798.98	6.50	18.78
3	平保产险	217735.74	10.54	23.12
4	天安产险	18834.57	10.48	2.00
5	中华产险	20192.31	−5.99	2.14
6	永安保险	5465.69	62.40	0.58
7	大地保险	18085.64	20.66	1.92
8	华安保险	4469.76	−26.93	0.47
9	安邦财险	3197.00	−49.06	0.34
10	阳光产险	14048.99	−14.21	1.49
11	华泰财险	2102.84	−52.99	0.22
12	太平财险	15052.39	2.11	1.60
13	都邦财险	2437.64	−42.59	0.26
14	国寿财险	39254.97	−20.59	4.17
15	亚太财险	30.52	−81.88	0.00
16	渤海财险	2080.88	−17.14	0.22
17	中银保险	4384.42	20.16	0.47
18	安盛天平	8235.45	−47.03	0.87
19	安诚财险	1400.73	−60.07	0.15
20	长安责任保险	6010.86	−24.04	0.64
21	紫金保险	11108.52	7.46	1.18
22	三井住友海上（中国）	8292.66	2.07	0.88
23	英大财险	3798.04	−29.30	0.40
24	国任保险	4158.43	32.81	0.44
25	浙商保险	1003.97	−15.75	0.11
26	永诚保险	793.10	71.52	0.08
27	安信农保	10.96	−57.96	0.00
28	泰山保险	720.52	95.11	0.08
合计		941622.09	3.32	100.00

（陆　萍）

增3.6万名机关事业单位退休人员参保，其中，全年个人支付最高额8.94万元。至年末，全年参保人数49.18万人，理赔人次34.29万人次，理赔人数12.54万人，理赔金额6394万元。

（张　清）

【保险技防升级】 无锡保险业履行国有保险企业社会责任，主动将独有的直升机空中救援服务纳入全市突发事件应急救援体系，推动全市应急救援实现从平面到立体的升级。在2018无锡马拉松赛事期间，人保财险无锡公司推出"空中救援，人保有爱"的主题保障活动，为"锡马"全面护航。

（张　清）

【保险纠纷调处】 2018年，无锡市保险合同纠纷投诉处理中心共处理保险纠纷案超200件，调解成功率100%。通过"庭前联合调解"，调解保险纠纷案件334件，成功率81%，涉案金额3398.27万元。通过理赔服务工作室调解道路交通事故纠纷案8874件，涉及金额9174万元。

（张　清）

【特色理赔服务】 2018年10月，"警保联动"快处快赔新模式在滨湖区开展试点，平均处理赔付时间约30分钟，大大提升路面通行效率。国庆、春节等重大节假日期间，无锡地区阳光产险等中型公司开始进驻高速公路交通事故快速理赔处理点，提升保险业畅通道路高效通行能力。无锡泰康与江南大学附属医院（无锡三院）"健保通"成功签约，实现市民住院结算"医保商保"一体化。国寿财险自行购买3台交通违法处理自助终端机，方便客户就近上门处理交通违章。紫金财险借助江苏省道路交通事故社会救助基金平台，优化完善救助流程，至年底，

表 46　　2018 年无锡地区各寿险公司业绩

单位:万元

序号	寿险公司名称	保费收入	增幅 %	市场占比 %
1	中国人寿	697332.66	11.78	24.64
2	太平洋寿险	364447.94	12.94	12.88
3	平安人寿	337986.81	15.89	11.94
4	新华保险	33960.59	−2.30	1.20
5	泰康人寿	76380.97	−9.74	2.70
6	太平人寿	91546.79	0.67	3.23
7	民生保险	8602.34	−10.91	0.30
8	富德生命人寿	34925.61	−24.32	1.23
9	同方全球人寿	17925.40	45.85	0.63
10	合众人寿	5295.19	−25.54	0.19
11	中信保诚人寿	5275.31	109.61	0.19
12	中宏人寿	43712.97	22.42	1.54
13	北大方正人寿	4049.51	2.42	0.14
14	中意人寿	71156.51	64.21	2.51
15	陆家嘴国泰人寿	2499.75	10.88	0.09
16	农银人寿	7016.28	−58.41	0.25
17	恒安标准人寿	3103.11	−0.86	0.11
18	友邦保险	47624.24	41.28	1.68
19	瑞泰人寿	71.38	−47.78	0.00
20	人保健康	3845.51	−66.83	0.14
21	光大永明人寿	2780.86	78.89	0.10
22	平安养老	–	–	–
23	华泰人寿	22320.01	15.60	0.79
24	和谐健康	−25.28	−100.02	0.00
25	长城人寿	5019.18	−10.51	0.18
26	英大人寿	1470.11	−0.34	0.05
27	华夏人寿	262333.06	128.30	9.27
28	工银安盛人寿	17726.10	−47.21	0.63
29	大都会人寿	14991.36	18.55	0.53
30	阳光人寿	28466.99	−10.72	1.01
31	君康人寿	114475.75	−34.06	4.04
32	人保寿险	47362.75	13.27	1.67
33	信泰保险	5205.73	−19.45	0.18
34	国华人寿	29502.54	−17.71	1.04
35	中英人寿	2547.79	22.14	0.09
36	幸福人寿	3823.89	−80.25	0.14
37	中德安联人寿	808.95	−2.49	0.03
38	利安人寿	69950.82	46.93	2.47
39	招商信诺人寿	17914.52	36.93	0.63
40	交银康联人寿	18705.55	−29.01	0.66
41	东吴人寿	3549.53	−61.34	0.13
42	建信人寿	20524.13	10.74	0.73
43	国联人寿	81262.57	88.99	2.87
44	太平养老	6521.23	16.71	0.23
45	安邦人寿	13308.20	−97.98	0.47

续表 46

序号	寿险公司名称	保费收入	增幅 %	市场占比 %
46	前海人寿	133347.07	150.23	4.71
47	百年人寿	34123.82	35.61	1.21
48	天安人寿	15411.82	–	0.54
合计		2830187.92	−11.94	100.00

（陆　萍）

道路救助基金无锡路救办垫付救助2983件，垫付救助费用总金额首次突破1亿元。

（张　清）

【中国人寿无锡市分公司总保费居市场首位】 2018年，中国人寿无锡市分公司贯彻上级公司各项战略决策部署，围绕总公司“重价值、强队伍、调结构、稳增长、优服务、防风险”工作方针和省公司、分公司“三个确保”的工作要求，持续稳固系统、市场“双领先”地位。无锡市分公司实现总保费69.73亿元，比上年增长11.78%，市场份额为24.64%，较上年提升5.15个百分点，位居无锡寿险市场首位。被无锡市政府授予2018年度金融工作“年度贡献奖”。

（汪旻敏）

【中国人寿无锡市分公司党建活动丰富多彩】 4月12日，中国人寿无锡市分公司组织中层管理干部赴安徽凤阳小岗村参观学习，通过参观当年农家、大包干纪念馆及沈浩先进事迹陈列馆，重温入党誓词，学习小岗村人敢为人先的改革勇气和创新精神，优化工作作风，创新工作意识，立足岗位，尽责履职。6月28日，滨湖支公司党支部与滨湖区残联党支部举办党组织共建签约仪式，确立为党建结对共建单位。双方通过共建活动平台，分享工作资源、交流工作经验、解决实际问题，实现党的建设与政企发展良性互动。9月16～20日，无锡市分公司组织市、县两级中层干部赴井冈山红色大本营培训中心进行中共十九大精神培训。激励干部在公司转型升级时期，筑牢理想信念，传承艰苦奋斗本色，激发创新创业勇气，担当历史新使命。

（汪旻敏）

【中国人寿创新客户增值服务】 1月10日，“国乐迎春·国寿送福”中国人寿新春音乐会在无锡惠山举行，新春音乐会为600多名客户呈现一场精彩绝伦的视听盛宴。6月16日，无锡市分公司客户服务中心携手个险渠道组织开展“牵手国寿、共创未来”第八届少儿绘画活动，小朋友现场制作手工披萨，创意绘画，提升客户增值服务体验。

（汪旻敏）

【中国人寿无锡市分公司政保业务】 2018年，无锡市区4.9万人次、1.28万人实时享受大病保险补助待遇，受益金额8218.52万元，比上年增长11.44%，2018年度个人最高补偿金额37.84万元。全年新增3.6万名机关事业单位退休人员参保。退休人员住院医疗互助保险项目稳步推进。项目覆盖无锡市区42.9万名退休人员，是全省涉及退休人员人数最多、保费最大、涵盖区域最广的项目。年内参保人员49.18万人，比上年净增4.41万人。宜兴市城乡居民基本医疗保险全年参保人员43.23万人，参保率100%，累计对困难群体实施住院救助3795人次，金额620.43万元，减轻困难群体的医疗负担。

（汪旻敏）

【中国人寿无锡市分公司“安康关爱行动”】 2018年，中国人寿无锡市分公司承办全市“安康关爱行动”老年意外伤害保险，服务老年人80万人。由于在老年保险上的突出表现，无锡市分公司被中国人寿江苏省分公司评为2017年度“安康关爱行动”先进单位；所属新吴区支公司获“全国敬老文明号”称号，被评为无锡市“孝亲敬老”十佳先进单位。

（汪旻敏）

【人保财险无锡市分公司保费突破35亿元】 2018年，人保财险无锡市分公司主动融入经济社会改革与创新大局，紧扣助推经济转型主线，创新保险供给。参与社会保障类政策性保险项目，风险保障覆盖各个领域，履行好保险的经济补偿和社会管理功能。推进保险民生、保险扶贫、保险助学等工程。聚焦民生保险重点，履行社会责任；坚持能力建设根本，提升客户体验，经营业绩稳步提升。

年内，实现全险种保费35.96亿元，比上年增长7.6%；车险保费27.45亿元，增长5.45%；非车非农保费8.26亿元，增长15.88%；农险保费2474万元，下降4.49%。全险种利润2.01亿元，比上年增长17.81%。全险种市场份额36.9%，居全国系统中心城市第五位。

全年人保财险无锡市分公司累计承担风险2.26万亿元，处理报案近25.9万件，支付赔款21.01亿元，上缴各类税费1.1亿元，代扣代缴车船税2.37亿元。

人保财险无锡市分公司连续8年被无锡市委、市政府授予金融工作“年度贡献奖”，2018年，被授予无锡市“金融改革与创新奖”。

（孙梦誉）

【人保财险无锡市分公司国内首创“救助责任保险”】 9月初，无锡市探索推出针对中低收入居民疾病自费支出的救助政策，在现有医保体系基础上，通过政府出资投保的市场化模式，对无锡市中低收入居民的疾病自费支出按一定比例给予救助。无锡是江苏省中低收入居民疾病医疗自费支出救助责任保险的试点城市。10月下旬，人保财险无锡市分公司独家中标这一全国首创的“无锡市市区中低收入居民疾病医疗自费支出救助责任保险”项目，10月30日，与无锡市民政局正式签约。

根据实施方案，无锡市将救助对象分为特定对象、普通对象和特殊对象3类人群。特定对象指低保户、市级及以上劳动模范、计划生育家庭特别扶助对象（失独家庭）、领取伤残抚恤金、定期抚恤金和生活补助金的重点优抚对象等8类群体；普通对象包括家庭月人均收入在最低生活保障标准以上，最低工资标准1.2倍以内的人员；特殊对象则是家庭月人均收入在最低工资标准1.5倍以内，且家庭成员中个人全年住院、门诊自费医疗支出总额累计超过20万元的人员。

该项目保障的是市区中低收入居民疾病自费支出部分，对医疗救助政策、基本医疗保险和大病保险制度已经保障的个人医疗费支出不列入救助范围。保障具有无锡市区户籍、参加该市社会基本医疗保险、经有关部门认定的中低收入居民等10种对象，覆盖受益人群20万人，以及人均收入低于无锡市最低工资标准1.5倍的中低收入家庭。

（孙梦誉）

【人保财险无锡市分公司拓展“慈福”民生系列险】 9月，无锡“慈福”民生系列保险获民政部第十届“中华慈善奖”，这是全国公益慈善领域的最高政府奖。主导无锡“慈福”民生系列保险品牌项目的无锡市民政局、市慈善总会向人保财险无锡市分公司致以感谢信，感谢其在融入无锡经济社会发展、完善社会救助体系、增添民生福祉等方面所作出的贡献。

2012年11月开始，无锡市采用“主体险＋配套险”相结合的形式，打造“10+3”“慈福”系列民生保险制度。人保财险无锡市分公司共承保8个主体险和2个配套险。2018年10月，人保财险无锡市分公司又独家中标在全国首创的“无锡市市区中低收入居民疾病医疗自费支出救助责任保险”项目，“慈福”民生保险项目再扩容。其中绝大部分险种的保费由政府资金与慈善资金、福彩公益金支出，市民不出一分钱。

（孙梦誉）

【无锡市食品安全责任保险】 2018年，无锡市食药监局与人保财险无锡市分公司（主承保）等联合推出无锡市食品安全责任保险试点工作，采取分步实施的方式，在食品安全风险高发领域重点推行。无锡市是江苏省首个在市级层面推动食品安全责任保险试点城市。

无锡市食品安全责任保险采用政府推动与商业运作相结合的模式运营。投保食品安全责任保险后，如果因疏忽或过失使人食物中毒或患食源性疾病，或造成食用者人员伤亡或财产损失的，由保险公司承担相应的经济赔偿责任。保险期内，每人最高可获赔付30万元（含医疗费用5万元），累计限额最高为200万元。

农村（社区）群众聚餐是第一阶段试点的重点保障范围。此险涉及的聚餐地点包括农村（社区）便民会所（农村家宴中心）等场所（不包括营利性饭店），覆盖全市71个涉农镇（街道）农村（社区），该领域的投保资金由各地食品安全办公室落实。此外，第一阶段试点范围涵盖无锡市（含江阴市、宜兴市）范围内的学校食堂、餐饮服务经营者。

试点工作在全市有序推进。人保财险宜兴支公司在无锡全辖完成首单食品安全责任保险，为宜兴市丁蜀镇人民政府等18个镇、街道和宜兴市第二实验小学等209所学校承担集体用餐食品安全责任风险。据统计，全市（含江阴市、宜兴市）实现对农村集体聚餐保障的全覆盖；宜兴市和锡山区率先实现对学校食堂保障的全覆盖，其他地区的学校食堂试点年底前实现覆盖。此外，餐饮企业自愿投保食品安全责任险在新吴区成功签约7笔。

人保财险无锡市分公司在保险推行过程中还与地方防疫单位联手，在事前对学校食堂等投保单位进行标准化检查，从预防角度入手降低食品安全风险。至年底，市区35个街道农村集体聚餐实现保障覆盖，学校食堂及养老机构80%实现保障覆盖。

（孙梦誉）

【中标无锡市补充工伤保险项目】 2018年，无锡市在市区范围内试行用人单位参加工伤保险的基础上，推行无锡市补充工伤保险。人保财险无锡市分公司首席中标“无锡市补充工伤保险”项目。

该项目按照“政府推动、商业运作、单位资源、分步实施”的原则实施，由社会保险经办机构依照有关规定通过公开招标确定承办的商业保险公司为用人单位、工伤职工提供保险服务。该项目适用范围为无锡市市区范围内依法参加工伤保险的用人单位，保障对象为无锡市市区依法参加工伤保险的用人单位的参保职工，惠及市本级参加工伤保险人数131.39万人。

（孙梦誉）

【人保财险无锡市分公司精准对接地方扶贫】 2018年，人保财险无锡市分公司以保险助推无锡市脱贫攻坚决策部署，精准对接地方扶贫工作，开发精准帮扶经济薄弱的保险产品，为薄弱村“脱困摘帽”，助力各经济薄弱村按期实现脱困转化的目标。

年内，无锡市分公司与江阴市青阳镇悟空村开展结对帮扶，将保险扶危济困与扶贫开发深度融合，将保险工具嵌入农村社会保障体系，壮大无锡市经济薄弱村村级实力。

苏南经济发达地区农村现状、脱贫需求与中西部地区有很大不同。人保财险无锡市分公司发挥自身优势，将保险扶贫作为重大政治任务，在保险助推脱贫攻坚方面进行一系列卓有成效的探索和实践。无锡市分公司因地制宜，以全市98个市级经济薄弱村脱困致富为抓手，与无锡市委农办签订《保险扶贫合作实施协议》，开展扶贫保险及金融服务，构建经济薄弱村持续增收、区域协调发展扶贫开发新格局，为推进保险深度参与扶贫工作积累经验和做法。

推动保险纳入精准扶贫体系。无锡市分公司主要负责人、农险分管总经理主动与无锡市委、市政府分管领导沟通汇报，为保险纳入扶贫体系建言献策，从顶层设计上明确保险在服务精准扶贫中的定位。无锡市分公司农险条线走访对接农林、财政、金融办等部门，汇报拟开展的保险扶贫方案，优化保险服务精准扶贫的政策环境。

优化保险深度参与扶贫的具体方案。无锡市分公司精准识别扶贫对象，精准安排扶贫项目，精准设计保险扶贫产品和费率，发挥保险机构参与扶贫的积极性。依据县域经济差异化发展特点，针对不同地域、不同主体的保险要求推进保险产品设计组合工作。推动“两保、两贷、一投”（脱贫小康保、增收致富保、农业保险贷、人保惠农贷及引进集团投资）保险扶贫解决方案与地方实际紧密结合，发挥农业产业扶贫效应、保险资金直投支农支小的优势。

增强对困难农户的帮扶力度。重点加强对困难人群、低收入家庭的帮扶。通过提供重大疾病保险、医疗费用保险等，重点解决好因病返贫；通过人身意外伤害保险、贫困户救助保险等，重点解决好因灾返贫；通过保险的方式保障贫困人群子女教育、日常生活等。

推动经济薄弱村脱困转化。结合实际，引入涉农商业性保险产品，通过责任保险、物业保险、工程保险等为经济薄弱村探索脱困的路径保驾护航。

（孙梦誉）

【省内首推商业性茶叶种植扩展保额保险】 10月31日，人保财险无锡市分公司宜兴支公司开发的商业性茶叶种植扩展保额保险正式运行，首批为宜兴市张渚镇4个茶场承保茶叶40公顷，承担风险60万元。这是人保系统在江苏省首次开办商业性茶叶扩展保额保险，并作为附加险对政策性茶叶种植保险进行补充。

2013年，宜兴支公司首次开办政策性茶叶种植保险，农户通过政策性农业保险可获得自然灾害损失的补偿，一定程度上得到保障。由于江苏省现有的政策性茶叶种植保险保额最高只有3万元/公顷，而目前茶叶的物化成本普遍超过7.5万元/公顷，名贵品种的物化成本达12～15万元/公顷。为了提高保险保障程度的需求，宜兴支公司开发商业性茶叶种植扩展保额保险，作为附加险对政策性茶叶种植保险进行补充，如果主险的保障金额无法有效覆盖其生长期的物化成本，农户可以自愿选择投保该附加险，以弥补政策性保险保额的不足。

（孙梦誉）

【人保财险无锡市分公司首开苗木商业险】 年内，人保财险无锡市分公司江阴支公司首次开办苗木商业险，为红豆杉种植户承保2公顷苗木，承担风险保障12万元，这是江阴支公司继螃蟹养殖气温指数保险、水稻补充保额保险、水稻收获期降水指数保险之后开办的第4个商业性农险。无锡地区首次开办该险种，标志着江阴支公司在商业性农险发展方面实现新突破。

苗木保险对暴雨、内涝等自然灾害和火灾、爆炸等造成的保险标的损失承担赔偿责任，可以有效提高苗木种植户的抗风险能力。此险一经推出，江阴市一位王姓种植户即为自己种植的3万株红豆杉承保苗木保险。

（孙梦誉）

【直升机空中救援服务纳入全市应急救援体系】 12月12日，无锡市应急委授权市应急办与人保财险无锡市分公司签订航空应急救援合作协议，首次将无锡人保直升机空中救援纳入全市应急救援体系，这标志着全市应急救援实现从平面到立体的升级。

2017年，中国人保财险在全国首家推出直升机空中救援服务项目，目前全国救援直升机增至100余架，除青海、新疆、西藏3个省份外，其他省份已经全覆盖。人保财险无锡市分公司是市内唯一一家能够提供直升机空中救援服务的保险公司。无锡市分公司坚持以服务领航、为生命护航、用责任续航，自开通直升机救援服务以来，投入近300万元资金为广大客户提供服务。

（孙梦誉）

【太平洋产险无锡分公司加快战略转型】 2018年，太平洋产险无锡分公司以主动转型、加快转型为核心应对市场，开展相关重点工作，取得良好成效。全年实现保费收入18.07亿元，比上年增长6.6%。提升理赔时效，全年赔款支出10.18亿元，主要成本类指标优于同业和主要竞争对手。年内，被评为“无锡市平安金融创建示范项目”“无锡市三八红旗集体”、无锡市金融工作“年度贡献奖”。

（陈立培）

【太平洋产险无锡分公司开展创新工作】 2018年，太平洋产险无锡分公司建立与完善创新机制和激励制度，持续开展合理化建议、“微创新”等活动，不断提升工作效能，革新客户体验，挖掘创新人才。全年面向全员开展年度创新大赛，收到各类创新项目103个，最终决出优胜项目5个，在应用实践中得到检验和完善。

（陈立培）

【太平洋寿险无锡分公司业务发展】 2018年，太平洋寿险无锡分公司围绕集团转型2.0，坚持以客户需求为导向，坚持依法合规经营，聚焦队伍与机构，分公司整体经营情况良好，内外勤员工队伍保持稳定，费用管控收支平衡，风险综合评级被总公司评为“A类机构”，实现平稳健康发展。年内，无锡分公司实现规模保费37.87亿元，比上年增长12.55%，列无锡市场第二位。全年实际缴纳税费1.13亿元。共处理理赔案例1.41万件，赔付金额1.64亿元，其他各项给付金额4.77亿元。

（唐俞旻）

【太平洋寿险无锡分公司开拓“居民医保”衍生业务】 2018年，太平洋寿险无锡分公司江阴市医疗保险业务管理中心持续强化“医疗保险业务”经办管理工作创新，开拓“居民医保”衍生业务，开发居民医保按疾病诊断相关分组（DRGs）付费方案，实现“一站式”费用结报流程。DRGs在江阴市所有甲级医院推广运行，成为省内乃至全国典范。2018年，居民医保基金规模达6亿元，共服务人群52.66万人。其中住院结报10.24万人次，结报金额4.2亿元；门诊结报289.10万人次，结报金额7901.39万元。大病救助2.78万人次，结报金额5881.45万元。远程会诊中心服务915人次。发挥商业保险服务民生保障功能。

（唐俞旻）

【太平洋寿险无锡分公司“太e赔”】 2018年，太平洋寿险无锡分公司创新技术赋能，升级理赔作业模式，推出“太e赔”智能移动工具，为客户快速、便捷自助理赔服务。利用手机下载“太平洋寿险”APP，使用“太e赔”功能完成理赔资料的拍摄上传，无需提交实物资料就可以实现重大疾病保险、医疗费用保险、医疗补贴保险、学平险等险种的自助理赔服务。年内，“太e赔”项目服务客户3438人次，赔付金额3983万元，最快理赔8分钟，平均理赔时效缩短到1.3天。

（唐俞旻）

【太平洋寿险无锡分公司“四最”客户服务活动】 2018年，太平洋寿险无锡分公司在“2018年客户服务节”、“7·8”全国保险公众宣传日活动期间，对投保时间最早、被保险人年龄最大、单人次保单最多、单人次累缴保费最多的客户开展感恩暖心活动。活动从后台客户信息数据库中检索、甄选出投保时间1996年1月为自己和爱人分别购买无锡分公司的保险产品的"投保时间最早的客户";3位出生于1919年百岁老人的"被保险人年龄最大的客户";至年底,拥有个人长险保单89件的"单人次保单最多的客户"和累缴保费4399万元的"单人次累缴保费最多的客户",共6位客户代表,对其进行上门拜访和探望,诠释商业保险的契约精神和诚信理念,打造有温度的"太保服务"。

(唐俞旻)

【**泰康人寿无锡中支业务发展**】 2018年,泰康人寿保险有限责任公司江苏无锡中心支公司,全年总保费超过7.5亿元,其中,个险营销业务累计承保保费7.2亿元,银行保险业务全年累计承保规模保费2341万元。续收保费业务强劲增长,全年续收收入保费5.78亿元,13月继续率达96.12%,25月达成率92.95%,全年4次累计达成率98.26%。全年完成理赔赔付829万元,在原有高效理赔基础上,创新开通健保通业务,让客户实现出院即理赔。

(张 艳)

【**天安财险无锡中支新保险业务**】 2018年,天安财产保险股份有限公司无锡中心支公司在内部管控、文化建设、险种创新、重大承保等方面取得成效。全年实现保费收入1.92亿元,比上年增长10.63%,其中,车险1.65亿元,比上年增长9.2%;非车险2763万元,比上年增长19.9%。推出建工履约保证保险、建筑工程质量潜在缺陷保险(IDI)。凭借合理的承保方案和完善的售后服务、保障措施以及良好口碑,成功中标无锡市环境污染责任保险项目。组织理赔开放日活动,邀请客户通过实际案例亲自参加并体验无锡天安查勘员的现场查勘、理赔、救援等服务流程。邀请苏交科集团股份有限公司专家刘传新参加对地铁3号线4个标段、地铁4号线1个标段,进行全面风险查勘。开展对无锡地铁3号线一期工程03标盛岸站以及09标高浪路东站现场进行高温防暑健康巡诊活动。年内,获2017年无锡市"金融改革与创新奖"称号。

(赵 坚 杨晓静)

【**平安产险无锡分公司业务发展**】 2018年,中国平安财产保险股份有限公司无锡分公司累计承保181.01万件,实现总保费收入22.25亿元,上缴税额3.19亿元。其中,企业财产保险保费收入5435.2万元,比上年增长10.3%;家庭财产保险保费收入867.6万元,比上年增长51.2%;工程保险保费收入328.4万元,比上年下降75.2%;车险保费收入20.24亿元,比上年增长9.3%;责任保险保费收入5283.3万元,比上年增长54.6%;信用保险保费收入140万元,比上年增长108%;其他保险保费收入6932.9万元,比上年增长74.7%。

(张二磊)

【**平安产险无锡分公司护航大项目建设**】 2018年,平安产险无锡分公司从自身特点出发,通过保险保障贯彻政府政策要求,保障民生工程建设,助力产险转型和企业发展。先后承保无锡市安全生产责任险共保项目、无锡市自然灾害公众责任险项目、无锡市城乡户籍居民住房财产保险项目、无锡地铁轨道交通1、2号线运营期保险项目、无锡市补充工伤保险项目等重大民生项目,提供总保额近500亿元保障,护航重大工程,勇担社会责任。

(张二磊)

【**平安人寿无锡中心支公司经营业绩**】 2018年,平安人寿无锡中心支公司实现首年保费33.22亿元,其中,首年期交保费9.17亿元;10年及以上期交保费4.88亿元;首年趸交保费10.47亿元;短期险保费1.3亿元。处理赔给付案2.7万件,支付赔给付款5.2亿元。实缴地方各种税收9210.86万元(个人所得税7248.07万元,增值税1764.21万元,城建税123.49万元,教育费附加42.46万元,地方教育费附加28.3万元,其他税金4.33万元)。

(王乐天)

信 托

国联信托

【**概况**】 2018年,国联信托股份有限公司在充分分析行业发展趋势,深刻领会监管精神、政策导向的基础上,通过努力,各项工作取得成效。全年实现营业收入2.55亿元,利润总额2.49亿元,信托资产规模808.71亿元,自营资产规模51.23亿元。

(张 雯)

【**混改试点**】 8月3日,国联信托列入全省首批混合所有制改革试点企业。公司按照"完善治理、强化激励、突出主业、提高效率"的要求,组织开展混合所有制改革的相关工作,从推进公司治理体系优化、职业经理人制度设计、市场化薪酬机制改革、绩效激励体系优化等方面建立全面、总体的改革方案,总体方案获无锡市国资委批复,报江苏省国资委、江苏省发改委备案。

(张 雯)

【**优化空间布局**】 年内,国联信托加强渠道建设和物理网点布局,延伸业务触角,成立南京业务部和主攻上海等异地业务的信托业务部门,尝试在资产和资金两端增强公司的异地业务拓展能力,提升品牌辐射效应。

(张 雯)

【**供应链信托落地**】 年内,国联信托在供应链信托、Pre-ABS业务等方面强力推动,业务规模超5亿元,后续将立足优质上市公司,发挥信托优势,整合产业链上下游企业金融需求,提高金融资源使用效率。

(张 雯)

【**深化并购信托业务**】 年内,国联信托与无锡金控、天奇股份合作设立总规模7亿元的循环经济并购基金,成功发行总规模3.5亿元的信托计划。后续将结合无锡及周边地区上市公司产业整合要求,通过并购整合手段,帮助企业优化产业结构。

(张 雯)

证券·期货

【**概况**】 2018年,无锡证券期货行业在国内经济增长放缓、A股市场低迷下滑、依法全面从严监管延续的环境下,贯彻落实金融服务实体经济要求,加大金融风险防范力度,坚持稳健经营、夯实基础、严控风险，加强投资者教育，实现稳定健康发展。

至年底，全市证券、期货公司法人机构3家，其中证券公司2家，期货公司1家，证券咨询公司2家；证券分公司及营业部164家，期货营业部35家。新增证券营业部14家。全市证券投资者开户数152.83万户，全年新增6.69万户，期货投资者开户数超过5.14万户。全市证券营业部托管市值1958.97亿元，比上年减少684.25亿元，下降25.89%；交易金额2.39万亿元，比上年减少7863.94亿元，下降24.79%；营业收入5.54亿元，比上年减少1.63亿元，下降22.72%；上缴税款2344.02万元，比上年减少485.52万元，下降17.16%；税后利润2.42亿元，比上年减少1.64亿元，下降40.37%。年内，全市期货公司及营业部交易金额1.98万亿元，比上年下降7.42%。

国联证券将扶贫工作融入党建，为帮扶对象安徽省宿松县、四川省平昌县、湖南省汝城县注入金融活力，持续探索通过助力企业发展为贫困地区注入内在动力，并设立爱心助学基金；华英证券与贵州省赫章县、湖北省巴东县和江西省鄱阳县建立结对帮扶关系，结合自身从事股票和债券承销与保荐业务的特点，拓宽贫困地区企业融资渠道，提高贫困地区利用资本市场促进经济发展的能力。国联期货与中华财险公司合作，设计鸡蛋价格保险产品，利用场内期货进行有效对冲，从而提前锁定鸡蛋保底收益，为湖南汝城县农户出产的鸡蛋提供价格保障，降低价格波动对农户收入的影响。

（卢　英）

【国联证券综合财富管理业务】 2018年，国联证券公司以客户为中心，全力推进传统经纪业务向综合财富管理业务转型。全年代理买卖证券业务净收入2.64亿元，股基市占率0.48%，金融产品销售额304.55亿元，“两化”融合日均余额38.69亿元。实施金融科技战略，创新客户服务模式，上线智能客服、智能投顾、极速交易服务、掘金量化平台等，为客户提供多元化增值服务。同时，取得场外期权业务二级交易商资格，业务竞争力有效提升。

（徐　旐）

【国联证券资产管理产品线布局】 2018年，国联证券公司资产管理业务溯本回原，稳步提升主动管理能力，聚焦量化、FOF、固收产品线整体改造与优化，推动标类资产投资业务有序扩大，并在ABS、Pre-ABS等创新结构融资产品中取得突破，产品线布局日益丰富。至年末，实现存续受托客户资产管理规模238.85亿元。公司管理的资产管理产品共计94个，其中集合资产管理计划35个，定向资产管理计划58个，专项资产管理计划1个。公司落地ABS项目1单、Pre-ABS项目1单。

（徐　旐）

【国联证券投资银行业务】 2018年，国联证券公司投行业务由全资子公司华英证券开展，国联证券作为主办

表47　　2018年无锡证券营业部经营情况统计

指标名称	全辖	市区		江阴市		宜兴市		梁溪区	惠山区	新吴区	滨湖区
	累计	累计	占比（%）	累计	占比（%）	累计	占比（%）	累计	累计	累计	累计
现有开户数（户）	1528268	1173732	76.80	214454	14.03	140082	9.17	943810	40865	32704	156353
托管市值（亿元）	1958.97	1160.22		618.95		179.8		1001.11	41.45	14.34	103.32
交易额（亿元）	23863.59	20488.45	85.86	1406.83	5.90	1968.31	8.25	16892.81	703.1	304.81	2587.73
营业收入（万元）	55357.22	43149.35	77.95	4171.02	7.53	8036.85	14.52	33327.13	1537.56	1154.98	7129.68
上缴税款（万元）	2344.02	1662.84	70.94	159.72	6.81	521.46	22.25	1502.38	77.71	11.96	70.79
税后利润（万元）	24206.32	16323.09	67.43	3028.27	12.51	4854.96	20.06	11667.17	299.89	479.06	3876.97

（卢　英）

表48　　2018年无锡期货营业部经纪业务经营情况统计

指标名称	全辖	市区		江阴市		宜兴市	
	累计	累计	占比（%）	累计	占比（%）	累计	占比（%）
开户数	51405	47767	92.92	1779	3.46	1859	3.62
交易额（亿元）	19798.85	19298.54	97.47	500.31	2.53	0	0.00
营业收入（万元）	233127.24	233053.55	99.97	73.69	0.03	0	0.00
上缴税款（万元）	2285.96	2281.94	99.82	4.02	0.18	0	0.00
税后利润（万元）	3642.55	3649.82	100.2	−39.96	−1.10	0	0.00

（卢　英）

券商为企业提供“新三板”推荐挂牌、做市、定增等服务。华英证券主动探索“投行+资本”业务新模式，实现营业收入2.12亿元，比上年增长8.16%；利润总额4308.14万元，比上年增长8.53%。全年完成股权承销保荐项目1单，承销规模8.34亿元；完成债券承销项目9单及多笔债券分销项目，合计承销规模71.4亿元；完成财务顾问项目29单，实现财务顾问净收入3521.26万元。国联证券完成7个新三板推荐挂牌项目，推荐挂牌业务数量行业排名第23位。

（徐 旎）

【华泰证券无锡分公司业务】 2018年，华泰证券股份有限公司无锡分公司顺应行业趋势，响应公司政策，推动集团获客工作、发展投资顾问业务，践行财富管理转型、重视上市公司服务和其他机构业务、私募业务发展。通过集团获客，带动新增客户、资产的增长及综合金融服务机会；通过投顾业务，提升对投资者的服务水平，满足投资者的财富管理需求；重视上市公司服务、加大机构与私募业务开拓力度，借助公司平台及全业务链优势，通过增值服务吸引、服务机构和专业投资者。此外，围绕客户需求定期举行培训交流会，为客户讲解相关业务知识，揭示业务规则和风险，履行投资者教育职责，重视反洗钱工作、严守合规经营。

（徐 莉）

【国联期货创新发展】 2018年，国联期货股份有限公司（以下简称“国联期货”）通过完善制度，优化组织架构和业务流程，围绕服务实体经济，将各项工作落到实处。在坚持传统经纪业务展业基础上，推进业务和产品创新，同时坚持创新发展与风险防范并重，深耕重点商品、金融产业，为实体企业提供一揽子的风险管理服务解决方案。在行业分类监管评级中，被评为BBB级。全年实现客户保证金日均权益20亿元，手续费净收入6901万元。公司营业收入24亿元，实现利润总额5595.86万元，资产总额24.32亿元，净资产7.44亿元，净资本5.49亿元。

风险管理子公司（国联期货全资子公司）持续推进仓单业务、基差贸易等业务，同时开展场外期权、仓单串换和非标现货3类创新业务，更有效地满足现货企业的不同需求。子公司加强与母公司各部门的业务合作，加强服务实体经济工作力度，实现产融结合；在集团内部，加强与集团下属子企业间的业务联动。在业务方面，风险管理子公司与棉纺企业开展棉花原材料联合采购并运用金融衍生品工具锁定货源，规避价格波动风险，从而有效降低棉企采购新棉的成本，同时也获得合理利润，成为企业利润新的增长点；与仓库企业联手为客户进行库内存货的仓单服务及采购销售，既有效满足客户的业务需求和资金需求，也从市场中获取超额无风险收益。

年内，国联期货在《期货日报》、《证券时报》、上海期货交易所等举办的相关评选活动中获“中国最具成长性期货公司”“最受欢迎的期货经营机构公众号”“最佳中国期货经营分支机构（上海营业部）”等称号，以及“年度最佳投教工作奖”、“最佳风险管理子公司服务奖”、第十二届全国期货实盘交易大赛“优秀交易指导奖”、“铜期权仿真交易组织一等奖”等奖项。

（吴人杰）

其他非银行类金融机构

【典当行业】 2018年，无锡市实现典当总额22.18亿元，比上年增长21.27%。其中，动产10.51亿元，比上年增长1.15%；房地产9.19亿元，比上年增长41.60%；财产权利2.48亿元，比上年增长77.14%；典当余额12.52亿元，比上年增长7.74%。至年底，全市典当从业人员358人，比上年下降5.29%。全市典当企业83家，全部为协会会员单位，其中法人企业52家，分支机构31家，注册资本共计16.46亿元。

（王力行）

【拍卖行业】 2018年，无锡市新设立拍卖公司6家。至年底，全市共有正常经营的拍卖企业43家，从业资格人员近300人，其中，国家注册拍卖师70人。全年拍卖成交场次393次，拍卖成交金额35.6亿元，比上年增长3.8%；佣金收入7846万元，比上年下降17.8%。

（祝敏威）

表49　　2018年无锡上市公司情况统计

单位：家

指标名称	全辖	市区	江阴	宜兴	梁溪	锡山	惠山	滨湖	新区
上市公司家数	138	64	47	27	4	12	9	19	20
其中：境内A股	81	40	32	9	3	7	3	13	14
境外上市	57	24	15	18	1	5	6	6	6
本年新增上市公司	11	7	1	3	0	1	1	4	1
其中：境内A股	5	3	0	2	0	0	0	3	0
境外上市	6	4	1	1	0	1	1	1	1

说明：

1. 本表中“境内”“境外”采用海关口径。即“境内A股”指在上海、深圳证券交易所上市A股；非A股上市公司均称“境外上市”，包括在其他国家和中国香港、中国台湾等地区上市的企业。

2. 81家境内A股上市公司中，上海证券交易所上市35家，深圳证券交易所上市46家；57家境外上市公司中，新加坡证券交易所15家，香港联合证券交易所27家，其他国家和地区交易所15家。

3. “市区”40家境内A股上市公司中，上海证券交易所上市18家，深圳证券交易所上市22家；24家境外上市公司中，香港联合证券交易所12家，纽交所4家，新加坡证券交易所2家，台湾交易所2家，纳斯达克、多伦多、澳大利亚、伦敦各1家。

（卢 英）

【融资担保行业】 2018年,全市融资性担保行业业务规模有较大增幅,新增担保代偿有所减少,总体保持健康、稳定发展态势。全市在册融资性担保机构总数21家,其中法人机构14家,分支机构7家(较上年度新增3家)。全市在册融资性担保机构注册资本金总额31.4亿元,全年新增担保总额138.97亿元,在保余额113.24亿元,分别比上年增加10.80亿元、11.69亿元;全市融资担保行业新增担保代偿1.22亿元,持续保持下降趋势;全行业营业收入2.02亿元,净利润0.87亿元,比上年均有所减少,行业盈利能力保持在较低水平。

(周永超)

【小额贷款公司】 2018年年末,全市共有小贷公司63家,比年初减少2家,其中,农贷54家,科贷9家(3家为互联网科贷)。全市小贷公司贷款余额为82.13亿元,比年初减少16.52亿元,下降16.75%。全年全市小贷公司累放贷款75.34亿元,比上年同期的86.55亿元减少11.2亿元,下降12.95%。全年全市小贷公司实现净利润-693万元,比上年同期的-1674万元增加981万元。其中,盈利的公司39家,占小贷公司总数的61.9%。至年末,全市小贷公司贷款客户为6462户,户均贷款额127.1万元。全年全市小贷公司列支税款5445万元,比上年同期的5134万元增加311万元,增长6.06%。全年全市小贷公司贷款平均年化率为11.91%,其中,科贷10.55%,农贷12.97%,分别比上年上升0.11、0.12个百分点。

(高　波)

国联集团

【概况】 2018年,无锡市国联发展(集团)有限公司(以下简称国联集团)坚持稳中求进,加强改革创新,抢抓发展机遇,克服困难挑战,推进各项工作落实,保持良好发展态势。全年完成营业收入201亿元,实现利润23.8亿元,上缴各项税收11.9亿元。至年末,国联集团总资产840亿元,净资产321亿元,位列"2018年中国服务业企业500强"第257位。

(宛严超)

【服务地方经济社会发展】 2018年,国联集团会同无锡高新区战略性投资合肥中闻金泰30亿元,促成闻泰科技并购安世半导体,并推动5G智能研发和制造中心、半导体研发中心和模组制造中心等产业项目落地无锡,助力"产业强市"战略实施。协同国发公司,落实市政府与中国国新的战略合作,推动项目合作投资和牵引落地无锡。按进度完成华虹项目出资,配合重点产业项目推进。牵头组建市产业投贷联盟,发起设立规模为32亿元的国企结构调整基金、50亿元的太湖新兴产业成长基金和5亿元的乡村振兴基金,研究本地上市公司纾困方案,助力地方企业发展。承担益多电厂大修、惠联飞灰临时和永久填埋场、惠联餐厨垃圾处置、蓝藻藻泥和市政污泥处置等重点固废项目建设任务,确保安全、保质、按期完成,服务社会民生。

(宛严超)

【企业改革】 2018年,国联集团探索国有资本投资运营公司试点,学习借鉴改革有关经验和做法,按照现代企业制度要求,优化集团管控,在投资领域对子企业实施分类授权管理,扩大子企业经营自主权。根据全市国企改革工作总体部署要求,做好国发公司筹建,完成公司注册并积极推进相关合作。与意向投资者广泛接触,推进子企业引战增资、混改和上市工作,发展混合所有制,提高资产证券化水平。探索机制创新,出台改革创新容错办法,推动有条件子企业高管的市场化选聘,支持子企业改革薪酬激励机制,激发干部员工干事创业积极性。

(宛严超)

【金融综合竞争力建设】 2018年,国联集团发挥金融牌照齐全优势,完善工作机制,提高协同发展成效,推动金融产品交叉销售规模、项目协同数量大幅提升。加强品牌宣传,组织开展"综合金融·与您同行"徒步活动,扩大"国联金融"品牌影响力。推动金融子企业创新发展理念,聚焦无锡经济发展和改革重点工作,深化与市、区政府和平台的合作,加大金融产品开发力度,加强信息共享和客户资源深度开发,加快实现业务模式转型,提升金融控股平台的发展水平和市场竞争力。

(宛严超)

【产业转型提升】 2018年,国联集团推动华光股份向环保能源综合服务商转型,承建公主岭、乐平垃圾发电项目和红豆柬埔寨西港特区热电项目,联合世界500强江森自控等成立国联江森平台公司,努力开拓建筑节能等业务。加快推进一棉埃塞俄比亚纺织生产基地项目建设,2018年6月正式开工,同步实施扬子江车间5万锭智能化改造,提高装备智能化水平和产品研发能力,保持行业标杆地位。提升物流产业发展水平,合作推进普洛斯物流园项目建设,2018年8月正式开工。国联物资加快业务创新转型,被评为"全国商品交易市场系统转型升级示范市场""江苏省转型升级示范市场"和"江苏省工业互联网发展示范企业"。

(宛严超)

【企业管理】 2018年,国联集团认真开展"十三五"规划中期评估修编,立足服务无锡发展,主动加压,调高调优部分发展目标,高质量谋划"十三五"后期发展思路与目标。完成集团内控制度修订,抓好贯彻执行,规范运行,提高效率。制定出台集团人才激励政策,按最新政策规定建立企业年金计划,增强招才引智吸引力。加强采购招标管理,相关经验做法被评为江苏省企业管理现代化创新成果二等奖。强化资金预算管理,推进发票云和税务云平台建设,提高财务管理信息化水平。全面落实安全生产责任制,加强监督检查和隐患排查,保障集团各项生产经营安全有序。

(宛严超)

编辑　郭　鹏

综 述

【概况】 2018年，无锡旅游业以高质量发展为统领，以旅游供给侧结构性改革为重心，大力推动“旅游+”产业融合，各项工作取得明显成效。全年全市实现旅游总收入1951.97亿元，比上年增长11.9%。全年共接待国内游客9817.68万人次，比上年增长7.0%；实现国内旅游总收入1906.02亿元，比上年增长11.9%。接待入境过夜游客58.60万人次，比上年增长18.3%；实现旅游外汇收入4.95亿美元，比上年增长16.6%。在清华大学国家形象传播研究中心发布的江苏省2018年度满意度综合指数调查结果中，无锡获得全年游客满意度综合指数全省第一，是无锡连续四年获得江苏省游客满意度调查全省第一。

至年底，全市共有旅游星级饭店40家，其中五星级13家，四星级10家，三星级17家。无锡太悦度假酒店、弘阳洛克菲花园酒店、宜兴富陶温泉酒店3家酒店获“江苏精品休闲度假酒店”称号。全市共有旅行社229家，其中出境游组团社34家。无锡市太湖旅行社有限公司等13家旅行社通过国家资质认证，晋升为出境组团社。无锡中旅信程旅游股份公司荣膺“全国信用优级旅行社”称号。

全市共有53家国家等级旅游景区，其中，国家AAAAA级旅游景区3家，国家AAAA级旅游景区27家，国家AAA级旅游景区14家，国家AA级旅游景区9家，年接待游客10万人以上的等级景区42家，等级景区数量和规模均位居全省前列。“博大·摩登1930新文化主题生活公园”被评为国家AAA级旅游景区。全市共有国家级旅游度假区2个（无锡太湖国家旅游度假区、宜兴阳羡生态旅游度假区），省级旅游度假区6个（无锡太湖山水城旅游度假区、无锡阳山生态休闲旅游度假区、无锡江南古运河旅游度假区、无锡翠屏山旅游度假区、江阴徐霞客休闲旅游度假区、无锡鸿山旅游度假区）。国家级生态旅游示范区1个（无锡市蠡湖风景区），省级生态旅游示范区4个（阳山生态旅游区、鸿山生态旅游区、阳羡生态旅游区、太湖鼋头渚风景区）。全国工业旅游示范区（点）10家，其中国家级1家，省级9家。省级星级乡村旅游区（点）117家，其中，5星级3家，4星级39家，3星级47家，2星级28家。录入省级旅游风情小镇创建单位名录的有4个（灵山禅意小镇、阳山桃源风情小镇、湖㳇茶旅风情小镇、西渚云湖茶禅小镇）。

2018年，无锡文旅集团实现总收入11.67亿元，其中，旅游总收入5.2亿元。举办中国无锡首届惠山茶会暨《惠山茶会图》问世500周年纪念活动、太湖鼋头渚国际樱花节、梅花节暨全国梅花桩景精品邀请展、桃花节、杜鹃花展、郁金香展、花菖蒲节、荷花暨家庭园艺展、金秋菊会、渔家风情节以及动物园奇妙夜、锡惠嬉水节、梅园灯光艺术节、惠山菊灯会等活动，承办省运动会龙舟赛和青少部OP帆船赛、无锡蠡湖全民健身龙舟赛、首届无锡水上体育旅游节等，举办2018“鼋头渚杯”环太湖国际帆船拉力赛，进一步提升无锡作为旅游目的地城市的吸引力。启动惠山古镇二期建设暨龙光塔修缮项目，完成动物园萌宠乐园建设，推进太湖鼋头渚樱花山庄、惠山古镇“惠泉康疗”等混合所有制项目的实施，渔人码头酒店进入试运行阶段。对外拓展“走出去”项目，推进淮安漕运城·板闸遗址公园、安徽水东古镇项目，文化旅游产业进一步做强做优做大。

（朱雯君　袁　方）

【主要荣誉】 1月2日，第一届上海市民钟情旅游目的地颁奖盛典在静安区

9月，无锡动物园萌宠乐园建成开放　　（袁　方　供稿）

上海报业大厦举行。宜兴市凭借独特的城市人文气质、雅致的江南陶式生活,荣膺上海市民钟情旅游目的地"文创旅游奖"。

8月3日,2018"效·能"政务V影响力峰会在天津滨海新区举行,人民网舆情数据中心发布《2018年上半年人民日报·政务指数微博影响力报告》,无锡市旅游局官方微博获评全国十大旅游局官微第四名。

8月30日,由中国旅游协会、四川省旅游发展委员会、乐山市人民政府主办的2018中国特色旅游商品大赛新闻发布会在乐山市召开,无锡获得1枚金牌、3枚铜牌。

9月5日,在省文明办、省信用办、省工商局、省工商联、省放心消费创建办联合开展的江苏省诚信示范街区评选活动中,无锡市清名桥街区入围首批江苏省诚信示范街区公示名单。

9月7～8日,由中国会展经济研究会、中国旅行社协会共同主办的中国节事与旅游大会在内蒙古呼和浩特举行,无锡太湖鼋头渚国际樱花节获得纪念改革开放40周年"中国优秀节事奖",成为全国最具代表性的节庆活动之一。

11月10日,以"新时代、新休闲、新产业"为主题的"2018中国(国际)休闲发展论坛"在浙江省杭州市举行,宜兴市凭借全域共建、全域共融、全域共享的全域旅游创建成效以及山水与文化的历史交融,社会与经济的和谐发展,获得"2018年度中国全域旅游示范县(市)"奖。

11月16日,江苏省物价局公布2017～2018年度江苏省价格诚信单位评选结果,无锡影视基地被评为2017～2018年度江苏省价格诚信单位,是无锡市唯一一家获此殊荣的国家AAAAA级旅游景区。

由江苏省文化和旅游厅、江苏省广播电视总台联合推出的2018"寻找江苏旅游厕所之'最'"活动,结合官方推荐、网友点赞和专家评审,无锡8家景区公厕入选2018年江苏旅游厕所之"最"榜单。

12月4日,2018中国体育文化博览会、中国体育旅游博览会在广州举行。宜兴市获评"2018中国体育旅游博览会体育旅游精品目的地",这是宜兴市连续两年获评该称号。龙池山自行车公园再度获评"2018中国体育旅游博览会体育旅游十佳精品景区"。

12月27日,江苏省文化和旅游厅公布《第二批江苏省五星级乡村旅游区等评定结果的通知》,江阴市华西村获评五星级乡村旅游区,成为无锡地区唯一上榜五星级的旅游区。

(朱雯君)

【惠山古镇二期建设暨龙光塔修缮项目开工】 10月17日,惠山古镇二期建设暨龙光塔修缮项目正式启建,省委常委、市委书记李小敏宣布开工。惠山古镇保护修复项目作为全市重点文化工程之一,2002年启动规划工作,2008年实施一期修复工程,项目主要围绕惠山绣嶂街、秦园街、上下河塘区域进行。此次开工建设的二期保护修复项目,总投资约8.6亿元,主要包括修复李阁学祠、唐襄文公祠、徽国公馆、紫阳书院等15座祠堂,同时围绕"指尖上的无锡、舌尖上的无锡、耳尖上的无锡",着力打造非物质文化体验区,通过深度挖掘惠山古镇各类历史人文、自然资源优势,建设彰显江南水乡风情的特色文旅小镇,进一步打响"大惠山古镇"文化旅游品牌。此次龙光塔的修缮款项共计495万元,由香港隆源企业控股有限公司董事局主席荣智健全额捐助,彰显无锡荣氏家族情系家乡的深厚情怀和造福乡梓的优良传统。

(袁　方)

【惠山古镇廉洁文化参观专线开通】 5月10日,在惠山古镇西神广场举行的无锡惠山古镇"崇德倡廉"廉政文化教育活动上,惠山古镇"崇德倡廉"廉洁文化参观专线正式开通,《中国古代清官——惠山古镇祠堂人物连环画》首发。惠山古镇廉洁文化参观专线是无锡文旅集团廉洁文化自创品牌,开通至德忠诚线、清正廉洁线和勤励担当线3条廉洁文化参观精品专线。《中国古代清官——惠山古镇祠堂人物连环画》也是惠山古镇近年来打造的特色文创产品,这套连环画图文并茂,生动讲述清官故事,是无锡向大众传播廉政文化的利器,让读者从古人身上汲取智慧与力量。

(袁　方)

【蠡湖水上体育项目】 2018年,蠡湖君来公司积极拓展蠡湖水上体育旅游产业,全面提升"动感蠡湖"品牌形象。举办2018"鼋头渚杯"环太湖国际帆船拉力赛、江苏省第十九届运动会职工部龙舟赛、江苏省第十九届运动会青少年部帆船赛、无锡市蠡湖全民健身龙舟赛、无锡市蠡湖全民健身皮划艇公开赛、无锡市中小学生皮划艇大赛等各项水上运动赛事。积极开拓市场,推广水上运动产品,与110家单位建立合作关系,承接团建活动上百场。体育教育培训开展有声有色,"水上运动进校园"项目初见成效。成功举办首届无锡蠡湖水上体育旅游节,进一步促进体育、旅游融合发展,提升无锡"旅游+体育"产业的影响力。

(严　峻)

2月16～21日,无锡三国水浒古春节之"刘皇叔新春大拜年"

(徐燕玲　供稿)

4月1日至5月1日,三国文化旅游节”之“三国诗词会” （徐燕玲 供稿）

【蠡湖“河长制”工作】 2018年,对蠡湖入湖26条河道加强巡查,新建点春桥涵洞钢筋混凝土防护闸门;对湖滨饭店翠屏桥河道进行淤泥清理外运,新建混凝土挡水坝,对金城湾的仁寿桥、善福桥、崇德桥,长广溪的蠡盛桥、蠡芳桥等加高加固堤坝达10余次,满足上游开挖泄洪及夏季防洪需要,并严防污水流入,将控源截污工作落到实处,切实保护好蠡湖水域的良好生态环境。

（姚海丰）

【旅游融合发展】 2018年,无锡市旅游局围绕产品体系高质量,着力推动产业融合发展,协调多部门联动打造市级特色休闲旅游示范基地。开展研学旅游示范基地、交通体验示范基地及休闲商业示范街区评选工作,组织制定“旅游+文化、影视、体育、康养、物联网”等示范基地的评选标准及流程。积极创新“旅游+文化”融合。与全国八大美术院校及著名高校美术院系主动接洽,举办“全国大学生旅游写生节”,将旅游体验与书画创作有机结合,累计吸引近10万人次的美术专业学生到无锡创作。通过微信、微博传播修学体验,不断提升无锡文化旅游的品牌影响。深入拓展“旅游+体育”融合。主动对接无锡国际马拉松赛、环太湖国际公路自行车赛等精品赛事,精心设计“体育+旅游”的旅游线路,参赛选手通过智能手环就能以最优惠的价格到无锡各大公园游玩。联合景区、度假区承办特色体育赛事活动,“阳山桃花马”“深氧湖·马”“无锡(蠡湖)国际铁人三项赛”等活动吸引众多海内外游客到无锡参赛旅游。举办“水韵无锡·动感蠡湖”首届无锡水上体育旅游节,湖上皮划艇、OP帆船竞技与岸上啤酒音乐节的完美结合,为无锡周末休闲旅游吸引大量人气。推进“旅游+教育”融合。中国宜兴陶瓷博物馆等10家单位申报创建“市级研学旅游示范基地”;推动无锡城市职业技术学院与蠡湖君来文化体育发展有限公司共建全国旅游职业教育校企合作示范基地项目——水上运动俱乐部,利用校企双方资源优势,联合培养体育旅游专门人才,打造蠡湖水上游品牌;惠山古镇景区被国家文化和旅游部评定为第二批港澳青少年内地游学基地。推进“旅游+工业”融合。开展省级工业旅游示范点创建工作,阳羡贡茶院、魅力厨房、谈青窑艺3家工业旅游区全部通过省级工业旅游示范点认定。推进“旅游+文创”升级。创新升级酱排骨、油面筋、大阿福等无锡传统旅游商品,延伸出150个系列、1300多个品种的文创旅游产品、特色旅游产品。文创化发展带动了旅游商品的升级转型,无锡交通旅游发展公司创新开发“黄埠墩”品牌。宜兴文创、宜兴紫砂、灵山文创系列入选2018年江苏“百佳”特色旅游商品。推动“旅游+商业”互融发展。旅游和商务部门联合推进休闲商业示范街区建设,围绕和依托历史文化街区,打造一批富有特色的文、商、旅融合街区。清名桥街区、长泾古镇、溪南公馆海派风情商业街、崇安寺步行街、映月天地商业广场等5家被命名为“2018年无锡市休闲商业示范街区”。推进“旅游+交通”深度融合。旅游和交通运输部门联合推进交通运输旅游示范基地建设,全面提升交通运输旅游示范产品的安全规范、营运规范、服务规范、设施配套。通过打造包含“水、陆、空”立体交通运输旅游产品体系,增强运输旅游功能,为游客增添交通旅游的美好体验。促进“旅游+农业”融合发展。按照产业特色鲜明、宜游环境优美、文旅产品集聚、功能设施完善、服务质量优良、营运机制创新的指引标准,经无锡市实施乡村振兴战略领导小组命名认定,璜土村、善卷村、祝陵村、美栖村、张阳村、谢埭荡村、桃源村、万丰社区被命名为2018年,美丽乡村休闲旅游示范村。2018年,全市美丽乡村休闲旅游示范村建设乡村旅游基础设施和业态项目达98个,完成实际投资8923.56万元。

（朱雯君）

旅游资源

中视传媒无锡影视基地

【概况】 2018年,中央电视台无锡影视基地坚持“文化统领旅游”的经营理念,不断挖掘《三国演义》《水浒传》两大经典名著IP,结合汉朝、宋朝历史文化背景,着力创新,将景点、演出、活动与文化相结合,提升景区休闲产品的文化特色。围绕影视文化特色旅游,融入时尚游玩元素,持续打造宣传热点。开展市场推广,推动无锡影视基地旅游业务发展。高度重视游客体验感,调整优化园内经营格局,增加文化体验感,降低商业氛围。强化服务规范培训,提升服务水平和游客满意度。

围绕“三国水浒文化”这一主线，无锡影视基地全年创新推出春节期间的“三国水浒古春节”、春季“三国文化旅游节”、夏季“三国经典颂”、秋季“水浒好汉聚义节”4次季节性活动，并围绕活动热点持续开展多样化营销宣传，提升景区品牌影响力。

2018年，无锡影视基地共接待《狄仁杰浮世传奇》《知否知否应是绿肥红瘦》《大明皇妃孙若微传》《新白娘子传奇》《一场遇见爱情的旅行》等影视剧组22个。

（徐燕玲）

【主要荣誉】 1月，无锡影视基地三国水浒景区获评“去哪儿网”2017年度“最佳品质休闲景区”。景区按国家AAAAA级旅游景区标准推行常态化管理，通过场景、演出、季节性活动、游客参与性项目等，为游客打造丰富多样的文化体验，实现自然山水美景、历史经典故事和影视特色文化的完美融合。坚持以人为本，提升各项服务品质，游客满意度不断提高。

2月2日，江苏省旅游工作会议发布《关于2017年度江苏“旅游百佳”品牌单位和人才的公告》，无锡影视基地获评江苏“旅游百佳”品牌单位。作为影视基地经营的成功典范，无锡影视基地多年来赢得良好口碑，实现连续十四年增长的经营业绩，是业内经营效益最佳的影视文化旅游景区。

2月，无锡影视基地三国城景区获评2017年“美团网”评选的“最具影响力景区”。

2月9日，在全市安全生产工作会议上，无锡影视基地获评2017年无锡市安全生产目标责任考核优秀单位。

3月9日，滨湖区召开2018年经济工作会议，公布滨湖区经济发展争先创优表彰名单，无锡影视基地获滨湖区2017年“旅游业十佳企业”称号。作为中国建成最早的影视拍摄基地，无锡影视基地始终坚持“文化统领旅游”的经营理念，融影视文化、历史文化、名著文化、自然文化于一体，为游客创造精彩纷呈的文化休闲体验。

10月，江苏省物价局公布2017～2018年度江苏省价格诚信单位评选结果，无锡影视基地继2017年获评江苏省诚信旅游示范单位后，获评2017～2018年度江苏省价格诚信单位，成为无锡市唯一一家获此殊荣的国家AAAAA级旅游景区。

11月30日，在景域（驴妈妈）集团举办的主题为“IP赋能，向美而行”2018第三届中国旅游IP高峰论坛上，无锡影视基地获评“年度优质合作伙伴”。

（徐燕玲）

【主要活动】 2018年除夕至正月初六，无锡影视基地推出“时空穿越汉宋年，群星贺岁旺新春”三国水浒古春节活动，围绕三国水浒文化IP，策划“刘皇叔新春拜大年”“孔明邀您过大年”“天降鸿福”“群星贺岁”“新春宋词会”等活动，使历史和文化人物穿越千年，与游客一起贺岁，过汉式春节，进行诗词答题，营造古色古香的独特年味。

4月1日至5月1日，无锡影视基地全新策划推出第二届“遇见名著·三国文化旅游节”。结合三国经典故事，精心策划“刘备招亲”“小乔教你学汉舞”“三国公民照相馆”“三国诗词会”“花开三国，山樱烂漫”“穿汉服免费游三国”六大活动内容，多维度展现汉朝风尚，互动体验三国文化。

5月5日，在央视版《水浒传》播出20周年之际，无锡影视基地举办“向经典致敬，忆光辉岁月”媒体观众见面会，邀请央视1998版电视连续剧《水浒传》部分主创和演职人员重回无锡水浒城，寻访当年拍摄经典名著的足迹，接受多家媒体采访，并和现场游客互动。

7月1日，无锡影视基地为期两个月的暑期活动“三国经典颂”正式开幕。以《洛神赋》《三国经典诵》等五大内容，将三国文化经典和当前热点相结合，配合“汉学天下”“宋学风尚”，形成多样化的研学营、夏令营特色产品，让游客从游与学的体验中收获更深刻的文化领悟。

8月26日，无锡影视基地“最美东吴王妃”评选赛落幕。通过网络报名、网上投票等环节及“王妃风采”“汉服秀”“才艺展示”3个环节的比拼，最终决出最美东吴王妃、东吴贵人、东吴美人，作为2018～2019年度无锡影视基地形象代言人。

8月31日，无锡影视基地举办的三国城抖音挑战赛“嗨三国”落幕。挑战赛主要面向年轻群体，围绕景区文化主题，互动展现景区美景。自7月1日上线以来，得到广大抖音爱好者的积极响应，先后收到200多个参赛作品，吸引近35万人围观。

9月1日至10月7日，无锡影视基地在水浒城举办以“遇见名著”为主题的秋季大型文化活动——水浒好汉聚义节，还原经典名著《水浒传》中好汉原型，再现水泊梁山群雄聚义的精彩场面。

10月14～16日，在国际盲人节、重阳节之际，无锡影视基地携手常州市金坛区盲人协会、无锡市滨湖区雪浪街道南泉敬老院，分别举办“点亮心灯，铸就三国‘视界’”活动及“九九重阳节，快乐三国行”重阳敬老活动。

11月2日，2018年无锡市旅游行业消防运动会在无锡影视基地水浒城举办，无锡市各旅游景区、酒店的31支队伍参加，无锡影视基地取得男女双人混合三盘水带和分水器连接第一名，并获得“最佳组织单位奖”。

（徐燕玲）

灵山胜境

【概况】 2018年，灵山集团坚持创新发展理念，深化推进转型变革，创新灵山胜境、拈花湾双园景区运行，加快推进集团上市工作，推进文化旅游项目建设，开源节流，降本增效。全年集团实现合并收入11.85亿元，合并利润总额8497万元，双园景区购票入园人数达474万人次。

（陈佳慧）

【灵山胜境景区运行】 2018年，灵山集团公司强化组织管理，促进运营提升，推进品牌建设，进一步巩固和提升景区质量。公司落地网格化管理流程，建立督导、体系管控、游客调查“三位一体”长效运营管理机制，将三级督导结果纳入绩效考核范畴；组织参与服务提升培训，探索服务模式升级，进一步完善服务流程，优化服务模式，全面提升景区服务质量；梵宫圣坛前厅西厕所在江苏省文化和旅游厅、江苏省广播电视总台联合推出的“寻找江苏旅游厕所之‘最’”评选活动中，入选“最佳文明推广奖”。

（陈佳慧）

【拈花湾景区业务升级】 2018年，以推进拈花湾一期完善工程为抓手，景区推进拈花湾从商业、住宿、演艺到餐饮、服务等全方位的升级迭代。年内，拈花湾景区新开12家自营店，业态涉及轻食餐饮、体验活动、休闲娱乐、会务沙龙等，进一步拓宽营收渠道。此外，拈花湾在江苏省首批旅游风情小镇考核中位列榜首，获评2017～2018年中国最具魅力会议目的地；波罗蜜多酒店获得“2018最具影响力品牌酒店”“2018年中国最具竞争力会议酒店”“2018最具休闲度假型酒店”等称号。

（陈佳慧）

【文化品牌效应】 2018年，灵山集团举办高层次人才创新创业无锡交流大会、首届江南文脉论坛、网易全球合伙人大会、首届长三角经济圈创新资本峰会等大型国际性活动。各项活动圆满呈现，办出品质品位，彰显品牌效应。

（陈佳慧）

【尼山圣境试开园】 经过6年的精心建设，9月28日，灵山集团首个走出去项目——尼山圣境试开园，同时举办2018央视中秋晚会、第五届尼山世界文明论坛等大型活动。尼山圣境成为东西文明交流互鉴的平台、讲好中国故事的前沿窗口。尼山圣境二期项目建设正在推进中。

（陈佳慧）

鼋头渚景区

【概况】 2018年，鼋头渚景区围绕“太湖佳绝处，毕竟在鼋头”核心品牌，巩固提升“鼋渚春涛”和“江南兰苑”精致园林示范区景观品质，着力推进樱花山庄、宝界山林消防通道及鼋渚路步行绿道建设、水上游拓展等重点项目，持续推进“厕所革命”、门禁软硬件系统升级改造项目等。年内，太湖鼋头渚国际樱花节获中国节事与旅游大会组委会颁发的“纪念改革开放四十周年中国优秀节事奖”，获百度颁发的“中华最佳赏樱胜地”称号。

（刘　宇）

【花事节庆系列活动】 2018年，鼋头渚景区开展新春除夕撞钟祈福活动、春季兰花展、太湖国际樱花节、中日樱花友谊林31周年活动、花菖蒲节、渔家风情节、中秋烟花大会及冬季观鸟节等系列活动。其中，在太湖鼋头渚国际樱花节期间开展鼋渚春涛诗歌会、最美樱花女神评选大赛、国际樱花动漫节、樱花宝贝大赛等活动。在太湖渔家风情节期间，举办2018首届无锡太湖醉蟹文化节，依托景区百年老字号、“太湖船菜传承基地”横云饭店，“太湖横云醉蟹”一举夺得金奖；在中国烹饪协会联合河南商务厅举办的“向世界发布中国菜”活动中，横云饭店“太湖船菜宴”作为江苏十大主题名宴入编《中国菜——全国省籍地域经典名菜、主题名宴录》图书。中秋水上音乐烟花大会以“花晨月夕绚丽无锡”和“太湖映月梦回鼋头”为主题，配合一系列夜间游园活动，形成夜间旅游亮点。

（刘　宇）

【休闲配套设施】 4月，鼋头渚景区建设完成“樱舞荷风”鼋渚明珠项目，通过3D球幕技术，利用声光电科技手段，实现樱花美景的视觉再现，延展樱花观赏热度，彰显鼋头渚景区四季特色美景。新建“太湖祥麟”“太湖祥瑞”两艘五桅帆船及“太湖之星”双体多功能游船一艘，并投入运营。

（刘　宇）

【宝界山林消防通道及鼋渚路步行绿道建设】 宝界山林消防通道自2017年11月开工建设，2018年“十一”期间竣工通车，有效缓解鼋渚路车辆交通压力，全面提升山林消防水平。鼋渚路沿湖侧步行绿道建设项目于3月完成，并在樱花季发挥作用，有效引导人车分道而行，缓解旅游旺季人车混行的交通拥堵压力。

（刘　宇）

【门票价格调整】 为响应国家发改委《关于完善国有景区门票价格形成机制降低重点国有景区门票价格的指导意见》，无锡市太湖鼋头渚风景区门票价格调整核定为90元/人·次，自2018年9月10日起执行。针对16类门票优免对象，根据物价部门批复，执行园内交通车5元/人·次、交通客渡船10元/人·次的收费标准。

（刘　宇）

旅游规划

【全域旅游建设】 2018年，无锡市积极实施《关于无锡市创建国家全域旅游示范区的意见》和《无锡市推进旅游业供给侧结构性改革促进国家全域旅游示范区发展行动计划》，细化制定《无锡市旅游局创建“国家全域旅游示范区”重点工作和任务分解表》。结合全市高质量发展考核工作，研究制定“国家全域旅游示范区创建”指标考评办法。启动编制《无锡市全域旅游发展规划》，该规划被列为无锡城市总体规划专项规划。制定《无锡市全域旅游示范镇(街道)评选标准》，组织各基层单位积极申报。研究利用旅游卫星账户的成果，对全域旅游贡献度和全域旅游地区产值、旅游就业人数进行科学测算。每月组织专业调查人员赴旅游景区、旅游度假区、综合体开展旅游抽样调研统计，已完成“抽样调查分析系统”的研发建设工作，可在手机端实时查看旅游抽样调查分析结果，包括主要客源地、人均花费、对旅游资源兴趣度等数据分析。

推进宜兴市、梁溪区、滨湖区加快创建国家全域旅游示范区。宜兴市召开全域旅游示范区创建专题推进会，落实任务，明确分工；组织创建工作业务培训并开展专题调研；全域旅游服务中心、分区集散中心、游客中心、主题驿站4级全域服务体系日益完善。滨湖区和梁溪区先后完成全域旅游规划编制并通过省旅游局组织的专家评审。梁溪区成立创建工作领导小组，组织召开推进分析会3次、专项任务分解落实推进会7次，及时对各成员单位的工作情况展开督查。滨湖区建成全域旅游服务(指挥)中心，在马山度假区和山水城度假区设立旅游警察大队、旅游巡回法庭、旅游市场监管分局和旅游检察室，同时也为该地区景区治安管理、周边交通管理、旅游节庆及大型活动秩序管理提供有力的保障。

（朱雯君）

【人才培养】 7月16～20日，无锡市推进全域旅游发展专题培训班在杭州举办。各市(县)、区旅游局分管局长、科长，省级及以上旅游度假区相关负责人，2018 年创建旅游特色镇村相关负责人和市旅游局机关部分人员共计 42 人参加此次培训。9 月 25 ～ 28 日，无锡市旅游项目管理和营销专题培训班在上海举办。各市（县）、区旅游局负责人、重点旅游企业营销骨干共计 64 人参加培训。年内，广泛开展“优质旅游在无锡”主题劳动竞赛活动，市旅游监察支队获得无锡市“五一劳动奖状”称号，龙寺生态园有限公司营销部和江苏康辉国际旅行社有限责任公司国内中心获得无锡市“工人先锋号”称号，无锡大饭店客房部清扫班组获得无锡市“五一巾帼标兵岗”称号，无锡中国国际旅行社有限公司赖霖和市旅游监察支队钱珏获得无锡市“五一劳动奖章”称号，无锡中旅信程旅游股份公司邵满亮、无锡二泉环境服务有限公司王贤平和江苏康辉国际旅行社有限责任公司票务中心陈颖波获得无锡市“五一创新能手”称号，无锡中国国际旅行社有限公司任丽萍获得无锡市“五一巾帼标兵”称号。市旅游局组织人事教育处处长韩和平获得 2015 ～ 2017 年度“无锡市劳动模范”称号，宜兴市阳羡风景区旅游发展有限公司杨安桔入选 2018 年度国家旅游局万名旅游英才计划——“金牌导游”培养项目。

（朱雯君）

【太湖风景名胜区完成标界立桩工作】 2018 年 12 月，太湖国家级风景名胜区（无锡片区）完成景区标志及景区界桩界碑设立工作，并通过省太湖风景名胜区管理委员会办公室验收。景区界碑界桩的设计和设立，按照有关标准规范要求，突出界桩的标志性和指向性作用。严格按照景区总体规划确定的景区范围，准确安装，保证界桩的权威性、严肃性和法定性，加强风景名胜区保护。

（园林处）

旅游项目建设

【旅游重点项目建设】 2018 年，市旅游局围绕全域旅游示范区创建和休闲度假目的地建设要求，不断加大项目招引力度。先后借助西安丝博会、澳门旅博会、台北旅展等平台开展无锡旅游招商推介，结合各板块资源优势和文化特色，围绕重大项目开发、休闲旅游业态、景区运营管理等领域开展招商工作。阳山华侨城美丽乡村、蓝凤凰艺术小镇、华侨城古运河风情小镇等重大项目成功签约，皇包车电商运营总部落户无锡。对“无锡旅游重点项目库”进行梳理更新，每季度跟踪汇总全市重点旅游项目建设进度和投资情况。每月组织召开重点项目推进工作例会，通过实地调研、现场交流等形式，加强与规划、国土、建设等部门的协作，做好项目建设的动态跟踪和服务指导，协调解决相关地区重点项目建设进度迟缓等问题。徐霞客梦东方旅游度假区和长乔海洋王国被省旅游局列为省级重点旅游项目，雅达文化健康旅游产业园被省发改委列为省重点项目。海澜飞马水城、田园东方二期蜜桃街等项目建成开业；无锡融创文旅城进入关键冲刺阶段，各项配套业态正按时序进度全面推进；宜兴雅达健康生态产业园、太华天谷国际养生旅游度假区、小娄巷历史文化街区、巧克力开心乐园等项目加快建设。全年全市重点旅游项目投资达 157.5 亿元，完成目标任务。

（朱雯君）

4 月 1 日至 5 月 1 日，三国文化旅游节之“小乔教你学汉舞”

（徐燕玲　供稿）

【旅游度假区】 2018 年，市旅游局通过整合资源、创新业态、强化公共服务、落实标准化管理等措施，全力提升全市度假区建设及休闲业态集聚的整体水平。强化绩效管理，围绕组织机构、项目建设、基础设施、产品体系等重点，对全市 7 家省级及以上旅游度假区发展情况开展综合考评，形成《无锡市 2017 年度旅游度假区总体考核评价报告》。组织召开全市度假区建设工作推进会，落实推进全市度假区重点工作目标任务，协调解决建设推进中存在的问题，引导全市度假区深化交流、携手共进。江苏省人民政府于 10 月 18 日正式批复设立江苏省无锡鸿山旅游度假区，自此，全市省级及以上度假区已建成 8 家，实现各市（县）区省级及以上度假区全覆盖。

（朱雯君）

【旅游景区】 2018 年，市旅游局每月组织开展等级景区服务质量现场检查，全年累计对 38 家景区开展明察暗访近 60 次，下发整改通知书 7 份。落实“社会共治”理念，“线上 + 线下”监督相结合，全年通过网络共招募“神秘游客”1023 人次，重点围绕景区厕所、停车场、秩序管理、应急管理等服务内容开展暗访，通过对暗访数据的定量定性分析，每月发布调查报告，给出优化改进建议。完善国家 A 级旅游景区创建管理及退出机制，年内新建成国家 AAA 级旅游景区 1 家（博大·摩登 1930 新文化主题生活公园），有 7 家国家A级旅游景区因管理不到位被摘牌。推动景区舒适度管理，全面推广国家A级旅游景区游客承载量公示制度。完成对全市所有国家A级旅游景区最大承载量和瞬时承载量数据的重新核定，全市所有国家AAAA级以上旅游景区已全部纳入全省景区舒适度指数动态发布体系。

（朱雯君）

旅游行业管理

【市场监管】 2018年，市旅游局探索综合执法试点，将公安、市场监管、审判、调解等专属职能因地制宜融入旅游市场监管工作。梁溪区在全市率先设立旅游警察、旅游巡回法庭、市场监管旅游分局，在南禅寺景区设立旅游综合执法大厅，旅游巡回法庭已开庭审理旅游者的诉讼案件。滨湖区成立由区政府分管领导任组长的滨湖区旅游市场综合监管工作领导小组，滨湖旅游警察大队正式挂牌。马山和鼋头渚派出所已增设旅游警察职能，旅游法庭、旅游工商分局等正在筹建。宜兴法院旅游巡回法庭在龙池山景区挂牌试点。

发挥市旅游市场综合监管工作小组职能，组织召开全域旅游综合监管工作推进会，聚焦景区周边环境整治、无资质经营旅游业务、网络虚假宣传等热点难点问题，联合公安、工商、旅游、城管、交通等部门定期开展联合执法。全年共开展各类检查476批次，对象覆盖全市主要景区、旅行社、团队餐馆、旅游购物点。开展“利剑行动”，严厉打击强迫消费等突出违法行为。全年共组织联合检查12次，发出责令改正通知书2份、行政提示书8份，约谈涉嫌“不合理低价游”企业12家，3家单位(个人)受到行政处罚。开展“一日游”市场专项整治，严厉查处超范围经营、不签订合同、擅自增加购物及另付费项目等行为，检查规范“一日游”经营场所9家，开展“一日游”交通、治安秩序整治21次，查处非法拉客人员3人。创新建立旅游纠纷调解机制，挂牌成立无锡市旅游纠纷人民调解委员会，全年累计受理各类旅游投诉、求助1123件，均得到及时、妥善的处理，结案率达100%。

（朱雯君）

【旅游安全管理】 2018年，市旅游局全面落实安全生产“一岗双责”，全年召开各类旅游安全专题会议7次，督促旅游企业开展旅游风险评估，完善各类应急预案，层层落实旅游安全责任。强化旅游安全专项整治，联合市安监、公安、消防、海事等部门对全市20多家水上游览及“一日游”经营企业进行逐个排查，发现问题立即整改。重要时段实施重点保障，每逢重大节假日前夕，开展针对全行业的安全检查，下发专门文件进行周密部署；利用“3·15”、“5·19”、法制宣传月、“11·9”消防宣传日等时机，会同旅游监察支队开展法制宣传“六进”活动，先后在二泉广场、南禅寺、金匮公园等场所发放宣传册2000余份。全年共组织各类节前旅游安全检查11次，涵盖全市主要景区、饭店和旅行社。开展全行业消防演练和培训。6月26日，联合梁溪区政府、市消防支队在清名桥历史文化街区共同举办“生命至上、安全发展”——2018水陆联动消防演练，提升旅游经营者的消防安全意识，对游客和市民进行消防知识普及。11月2日，组织全市旅游企业开展旅游消防安全专题培训，举办全市旅游行业消防运动会，通过吸引一线员工亲身参与，有效提升全行业的消防应急处理能力，激发全行业积极参与安全管理的热情。推进“扫黄打非”“扫黑除恶”线索摸排，对全市重点景区、旅行社和火车站等场所进行专项检查，排查“黑车”“黑导”等问题线索，维护旅游市场风清气正的良好秩序。

（朱雯君）

9月1日～10月7日，水浒好汉聚义节之“好汉聚义”　（徐燕玲　供稿）

【太湖风景名胜区详细规划编制中期成果完成】 2018年，无锡市市政和园林局为加强太湖国家级风景名胜区管理，强化规划管控作用，按照国务院批准同意的太湖国家级风景名胜区总体规划，进一步推进太湖国家级风景名胜区(无锡片区)详细规划编制工作。全面开展实地调研，充分听取景区内各社区及驻区单位的意见、建议，以提高详细规划编制的针对性、规范性、科学性和前瞻性。年内，完成景区详细规划中期成果。

（园林处）

【参加省园林绿化行业职工技能大赛】 2018年，根据省住建厅、省总工会、省人力资源和社会保障厅、省教育厅《关于2018年度全省住房城乡建设系统职工职业技能竞赛结果的通报》，在此次全省园林绿化行业职工技能大赛中，无锡市有6人获个人单项奖，其中1名选手获花卉园艺工比赛第一名，被评为江苏省五一创新能手和江苏省技术能手、江苏省住房城乡建设系统技能标兵，无锡市市政和园林局获优秀组织奖，无锡市代表队获园林绿化行业花卉园艺工团体第二名和园林绿化行业盆景工团体第三名。

（园林处）

旅游活动

【旅游营销】 2018年，市旅游局引导各地依托资源优势精心策划系列旅游节庆、节事活动，不断营造旅游消费热点。江阴市围绕“游圣”徐霞客主题，连续举办中国旅游日系列纪念活动和“红豆旅情”旅游节。宜兴市抓住春季旅游资源集中优势，先后举办梁祝文化旅游节、“梅好时光·乐游乡村”旅游节、“云湖茶禅”文化艺术节、“我与竺西有个约会”周铁古镇旅游节等系列活动。此外，梁溪区“戏满运河·乐游梁溪”古运河风情夜游节、惠山古镇吴韵古风文化旅游节、锡山区田园风情旅游节、惠山区“到阳山过大年”活动、滨湖区太湖山水文化旅游节、大浮醉李文化节暨全域旅游护照首发式、新吴区“春在梅里”泰伯庙会等一系列特色旅游品牌活动，吸引大量周边城市游客及无锡居民的热情参与，有效增强周末休闲度假旅游市场的活力。年内，建成无锡旅游（俄罗斯）海外推广中心，这是自美国、加拿大、日本、韩国、澳洲、泰国之后建成的第8个海外推广中心。在持续做好《香港商报》《新华日报》《旅行家》《远方的家》《旅游情报》等平面媒体宣传的基础上，先后组团参加高雄国际旅展、澳门国际旅博会、上海世界旅博会、南京国际度假休闲及房车展、西安丝绸博览会、海峡两岸台北夏季旅展、宁波国际旅展、广州旅博会等重要旅游交易展会，专程赴韩国金海市、中国港澳台及湖北、重庆、辽宁、吉林、青海、广西等地开展营销推广。4月20～22日，市旅游局在香港精心组织无锡旅游嘉年华主题宣传活动，全面推广无锡旅游精品线路、特色美食和文创商品。活动期间，共发放各类宣传品3万余份，现场制作特色美食（点心）近2万份，数千套“无锡游礼”旅游文创产品被一抢而空，有效扩展了无锡旅游在香港的品牌效应。广泛邀请境内外专业旅行商及主流媒体到无锡踩线采风，先后组织台湾海峡两岸观光旅游协会，欧洲媒体采风团，新加坡、日本、韩国旅行商和媒体踩线采风团，澳大利亚研学拍摄团等近30批次的各类团体到无锡考察交流，无锡旅游的国际知名度和品牌影响力不断提升。

（朱雯君）

【无锡梅园举办花事节庆活动】 2月1日至3月20日，无锡梅园举办2018中国无锡梅花节暨全国精品梅花桩景邀请展，全国9个城市的10家单位参展，共展出精品梅花桩景500余盆，种植时令花卉3.3万余盆，并举办海峡两岸美食文化节、海峡两岸民俗演艺等活动。3月26日至4月25日，举办梅园第十八届郁金香艺术节暨第二届荷兰女王节，郁金香种植面积达6000多平方米、24万余株，其中在荷兰广场结合巨型的郁金香雕塑，采用迷宫、荷兰牧场及七彩花田的造型，打造全新的花海震撼效果。9月7日至10月7日，举办“梅好时光祖国颂”第十届梅园灯光艺术节，为庆祝改革开放40周年，首次将长达130米的主题灯组装置在景区外沿路景观带，并引入吴桥杂技、激光水幕秀等表演。10月，举办金秋赏桂行活动，在清芬轩草坪处制作桂花桩景小品展架进行集中展出，并与周边桂花树相呼应，形成桂花欣赏群落，使游客能够近距离赏桂闻香。年内，梅园还开展虞美人展、绣球花展、首届民谣音乐季等系列主题的花事节庆活动。

（李　鎏）

【花事会展活动获奖】 2018年，无锡文旅集团组织参加市园林绿化行业花卉园艺工、盆景工职业技能竞赛，获得2个项目10个奖项中的9个奖项，包揽竞赛两个项目的一等奖、二等奖。在扬州仪征举办的第十届江苏省园艺博览会上，共获得专题插花、盆景等项目的二等奖2个、三等奖4个。在2018年全省住房城乡建设系统职工职业技能竞赛上，无锡文旅集团共有6名选手进入前20名，获得插花项目全省第一名。鼋头渚景区参加第二十八届中国（翁源）兰花博览会、第十届江苏省（镇江）春兰展和江苏扬州蕙兰展，成绩显著，共获得特金奖1枚、金奖2枚、银奖3枚、铜奖5枚、优秀奖2枚以及优秀组织奖。惠山古镇景区参加在四川成都举办的第十五届中国杜鹃花展览，室内景点“绿水江南春花笑”和室内展台“一园红艳”均斩获金奖，共获5枚金牌、4枚银牌、2枚铜牌；在第八届中国精品菊展上获展位布置银奖1个、案头菊银奖1个、标本菊1个；代表无锡市参展第十届江苏省园艺博览会，在花卉花艺展区，“五里香塍”景点获得二等奖。梅园景区参加在上海举办的第十六届中国梅花蜡梅展，获得7枚金牌、9枚银牌、4枚铜牌的佳绩，室外景点“锡梅竹影”获得特等奖；在第十届江苏省园艺博览会上，作品“戏韵”“婆娑疏影”分获插花、盆景二等奖。

（姚海丰）

【第十九届无锡市花——杜鹃花节】 4月21日，无锡市市政和园林局会同市文明办、市文旅集团举办第十九届无锡市花——杜鹃花节。此届市花节坚持以体现“市民的节日”为目标，围绕“幸福无锡”主题，开展市花小天使评选、市花进社区、市花进校园、市民唱市花等丰富多彩的活动，受到广大市民的积极响应。

（园林处）

【中国无锡首届惠山茶会】 2018年恰逢明代大书法家文徵明所绘《惠山茶会图》问世500周年，10月26～29日，惠山古镇景区举行大型纪念活动——中国无锡首届惠山茶会，活动得到无锡市人民政府的大力支持，及中国茶叶研究所和国家茶产业战略联盟论坛的指导。活动包括中国茶产业战略联盟论坛、《惠山茶会图》及明朝茶文化生活专题讲座、“好茶比比看”、历代泉茶文化展示等，为宣扬泉茶文化、丰富古镇文化内涵、促进文旅产业创新发展作出贡献。

（周笑一）

【惠山古镇亮相柏林国际旅游交易会】 3月7～12日，第52届柏林国际旅游博览会在德国柏林举行，惠山古镇展台作为“美丽中国”国家展馆的组成部分参展，这是无锡文旅集团连续第九次参加这个展会。“惠山古镇”展台占地10多平方米，由惠山寺石经幢、传统民居墙门和窗景构成，辅以太湖名胜背景墙、惠山古镇宣传片电视屏幕播放，在众展区中凸显出鲜明的地域特色。开展首日，惠山古镇展台前就吸引1000多人次，并与多家海外旅行商代表达成合作意向。

（金石声）

【惠山古镇景区举办系列旅游活动】 元旦、除夕期间，惠山古镇景区举办2018“惠泉福地”惠山寺撞钟祈福迎新活动。2月16～21日（农历正月初一至正月初六），惠山古镇推出以“金狗献瑞，雄狮贺岁”为主题的新春喜乐会活动。2月27日晚（正月十二）至3月4日晚（正月十七），举办2018惠山古镇元宵灯会。4月1日至5月20日，惠山古镇景区推出“吴韵古风”惠山古镇文化旅游节，包括纪念阿炳125周年诞辰活动、第十九届无锡市花——杜鹃花节暨杜鹃花精品展等活动。9月21日至11月30日，举办2018年金秋惠山菊会，以“花期如期，来去有趣”为主题，以精品菊花、园艺小品为主，打造赏菊文化盛会。9月21日至10月31日，举办2018惠山古镇金秋菊灯节，以特色菊花造型、雅致小品景观、唐宋文化内涵灯组进行亮化，打造一台美轮美奂的灯光穿越秀。

（周笑一）

【中国杜鹃园获评国家重点花文化基地】 惠山古镇景区立足于杜鹃花特色资源优势，开展国家重点花文化基地申报工作。4月中旬，中国花卉协会、花文化分会、江苏省花卉协会等专家组一行，实地考察中国杜鹃园。9月26日，在河南许昌举办的第十八届中国·中原花木交易博览会上，中国杜鹃园被中国花卉协会正式授牌为第二批“国家重点花文化基地”。

（袁　方）

【李正造园艺术学术研讨会】 4月初，惠山古镇景区在中国杜鹃园枕流亭中设置“李勉之先生事迹纪念碑”，铭记李正对无锡园林建设作出的突出贡献，同时纪念他逝世一周年。李正事迹碑共3方，选用洒金黑色青石，通高138厘米，中间宽160厘米，两边各宽80厘米。中间碑刻“李勉之先生事迹纪念碑”，左方为李正1981年杜鹃园鸟瞰图手绘设计稿；右方为李正座右铭。4月12日，举行“造园意匠”——李正造园艺术学术研讨会暨李正事迹纪念碑揭碑仪式。

（金石声）

【蠡园举办旅游活动】 3月中旬至5月初，蠡园景区继续做优“江南桃花、醉美蠡园”品牌特色，以桃花自然景观为主体，进一步扩大桃林规模，在蠡园西部片区和西施庄上，增植品霞和簪粉等系列的新优桃树品种，对东部区域桃树逐步调整更换。5月，举办首届万花节，通过捕鱼、养蚕、种植多肉等趣味活动，带领游客领略暮春初夏的美。6月21日起，举办蠡园荷花节暨家庭园艺展，深度挖掘淡泊宁静、回归自然的园林精髓和灵魂，营造家庭园艺的空间布置，高品质打造精致的“映日花红”美景。9月下旬至10月下旬，金葵花展以“彩虹金秋炫彩蠡园”为主题，精心布置彩虹长廊、金色花海、家庭园艺、蔬菜乐园、多肉情怀等展区，开展韵律蠡园、印象蠡园、欢乐蠡园、公益蠡园等主题活动，重点推出百年旗袍秀、万人赏葵花等游园项目，为游客营造舒心、愉悦的游园环境。

（严　峻）

【无锡动物园开展丰富旅游活动】 春节期间，无锡动物园围绕生肖元素开展“汪汪贺新禧百兽闹新春”活动，开展汪汪国家队世界巡演赛、汪汪队拜大年等活动。春季，组织开展“缤FUN亲子节”，浪漫·动物草坪婚礼成为活动亮点。7月1～31日，举办2018夏季夜公园之动物园奇妙夜，利用声、光、电等技术打造“远古印象”实景项目。9月22日～11月15日，举办“嗨皮萌宠节”，开展网红萌宠大巡游、萌宠泡泡总动员、百变气球大咖秀、贝乐堡·相约萌宠乐队、中秋DIY萌宠月饼等系列活动。

（王纪芬）

【无锡动物园萌宠乐园开园】 9月，无锡动物园萌宠乐园建成开放。新建的萌宠乐园占地4000平方米，以主题乐园建筑风格为主体，主要以萌宠动物的互动科普、萌系游乐设施为主要内容，配以主题乐园餐厅，是一个集参观游玩、寓教于乐于一体的大型综合性游览区域。除萌宠动物外，萌宠乐园还打造玫瑰转转杯、熊猫乐园、自控飞机、激战鲨鱼岛等萌系游乐设施，适合学龄前儿童游玩体验。新建的贝乐城堡是萌宠乐园最标志性的建筑，整个城堡仿欧洲古城堡建筑风格，以蓝色为主调，配以少女粉，楼身高度近20米，设置主题餐厅、贝乐堡欢乐世界等。

（王纪芬）

【第十届江苏省园艺博览会参展工作】 2018年，根据《省政府办公厅关于印发第十届江苏省园艺博览会总体方案的通知》，按照第十届江苏省园艺博览会总体方案和组委会要求，按期高质量地完成无锡展园建设任务，并做好园博会花事活动参展工作。根据江苏省园艺博览会组委会《关于第十届江苏省园艺博览会获奖及表扬的通报》，在此届园博会上，无锡展园“太湖人家”获得此届园博会造园艺术一等奖。同时，无锡展园因“应用节约型园林技术展现丰富地域风景、文化”的特点，获创新奖。无锡市市政和园林局被省组委会评为“先进集体”，共获得各类奖项16个。无锡市人民政府获得“突出贡献奖”。

（园林处）

旅游业态

【智慧旅游建设】 2018年，市旅游局依托物联网和云计算产业优势，进一步深化智慧产业在旅游发展中的应用，为无锡旅游转型增添科技含量。建设“全域旅游综合服务（指挥）中心”体系，宜兴市和滨湖区完成试点工作，梁溪分中心加紧建设。与中国旅游研究院共同主办“旅行世界的互联互通——智慧旅游发展峰会”，峰会期间，中国工程院院士李幼平、中国旅游研究院副院长李仲广等专家学者分别围绕未来物联网、智慧旅游目的地打造、智慧旅游助推优质服务等前端领域发表主题演讲，中国旅游研究院大数据中心和携程网联合发布《2018中国旅游大数据报告》。FACEBOOK、腾迅、阿里巴巴、蚂蜂窝、携程等知名互联网旅游企业代表及北京大学、清华大学、东南大学、南京师范大学等多所高校的专家近300人参加会议。市旅游局与北京大有中城科技有限公司签订共同建立"智慧旅游事务链研究"的合作协议,全国首家旅游创客基金——无锡乐游文化创新基金正式发布,规模10亿元。

（朱雯君）

【旅游风情小镇】 9月20日,经省政府旅游风情小镇创建工作新闻发布会公布,灵山禅意小镇获评第一批创建单位年度考核优秀等次第一名,宜兴市云湖茶禅小镇列入第二批创建单位名单,全市省级旅游风情小镇建设单位总数达到4家。灵山禅意小镇·拈花湾在全面提升小镇服务及体验方面做出新亮点、新特色,2018年实现营业收入总额和接待国内外游客比上年分别增长59%、23.31%,游客服务满意率96.87%。阳山桃源风情小镇提升品质,打造的小镇"风情客厅"——蜜桃村已初步呈现,植物大战僵尸、疯狂拖拉机农场和蜜桃街投入运行,华侨城、蓝凤凰艺术小镇、墅家等一批项目落地。湖㳇茶旅风情小镇探索创新,完成湖㳇茶旅风情小镇总体规划,投资2.2亿元建成最美风景道"张灵慕线",代表茶旅产业的唐贡茶村项目完成土地拆迁,开元·阳羡贡茶院酒店运营。云湖茶禅小镇完成《宜兴市西渚云湖茶禅小镇规划》,构建大觉寺佛文化研究中心、云溪路生态景观禅道、云湖小镇茶禅文化传承体验区和白塔村禅源禅农休闲度假区的小镇空间布局。市级旅游风情类小镇——惠山古镇打造精神家园,2018年接待游客430万人次,营业收入首次突破1亿元,进入无锡亿元景区俱乐部。

（朱雯君）

【乡村旅游】 2018年,全市乡村旅游工作会议召开,对下阶段全市乡村旅游转型提升进行部署。研究制定《大力发展乡村旅游助力乡村振兴实施意见》,鼓励基层积极创建美丽乡村休闲旅游示范村,宜兴市白塔村、锡山区山联村、滨湖区和平村被评为首批江苏省乡村振兴旅游富民先进村。全年美丽乡村休闲旅游示范村建设乡村旅游基础设施和业态项目数达98个,完成实际投资8923.56万元。加快推进乡村旅游项目建设,阳山千里走单骑、尚田生态园民宿、疯狂拖拉机农场等乡村休闲项目建设进展顺利;锡山区山联黄鳝垂钓体验基地、南青荡玫瑰步道、宜兴市秘境乾元古道如期完工;惠山区桃源泉乡宿、滨湖区云居西村、大隐山居、半亩方塘等特色精品民宿投入运营。开展乡村休闲业态招商,举办无锡乡村新项目新业态发展投资说明会,精心策划美丽乡村休闲旅游嘉年华系列活动,整合全市可开发乡村旅游资源集中开展推介招商,组织长三角30余家投资商代表及主流媒体实地考察,伽力森主食企业、凤凰栖智能住宅等4家企业当场签订投资合作意向书。加大乡村旅游宣传推广力度,市旅游局与广电集团合作的《周末去哪儿》乡村旅游综艺栏目,连续制作播出5年。通过微电影的呈现手法、真人体验演绎的拍摄方式,不断推出无锡乡村休闲旅游的最新产品,深受广大市民和游客喜爱。

（朱雯君）

旅游公共服务

【旅游惠民】 市旅游局举办2018首届中国(无锡)旅游产业博览交易会,吸引全国11个省(市)、30个城市、200余家旅游企业参展。市旅游局广泛发动各市(县)区及全市重点旅游企业参与,精心布置特装展位,充分展示休闲旅游产业发展成果,并推出当地游、当地购、当地美食等特惠产品。5天时间就有13万人次当地市民参观抢购。组织"中国旅游日"无锡主题活动暨城市休闲惠民旅游月启动仪式,组织独居老人游古运河、为徐霞客中队和小小旅游志愿者授旗、向"江苏人游江苏"无锡站活动的江苏游客代表赠送"无锡游礼"特色旅游纪念品和无锡市爱心车队赠送园林卡年卡等活动。"5·19"中国旅游日无锡城市旅游休闲周活动期间,无锡49家旅游景区(点)向市民特惠开放,优惠幅度达50%以上。编印和发放文明旅游宣传卡片和宣传册,在元旦、春节黄金周或重大旅游节庆活动期间,组织旅游志愿者广泛开展旅游咨询、文明游客提醒、导游讲解等志愿活动。

在全市75个旅游点投放宣传资料架基础上,为游客提供便捷、周全的休闲度假旅游咨询服务,印制28个系列87个品种10种样式中文旅游宣传卡片达270万张,9个系列73种样式中文旅游宣传折页、12个系列12个品种英、日、韩文折页达308万折。全年累计配送、发放中英文各类旅游地图、宣传折页、卡片等宣传资料600余万份(张),深受游客好评。

（朱雯君）

【旅游设施改善】 2018年,市旅游局制定实施《无锡市厕所革命新三年行动计划实施方案(2018～2020)》,全年有100余座新建和改扩建厕所纳入旅游厕所管理系统,完工厕所81座、第三卫生间26个。拈花湾禅意小镇分游客中心和扩建300辆小车位停车场、三国水浒城新增1800个停车位等项目已经启动。惠山古镇景区开展国家AAAAA级旅游景区创建,先后投入4000多万元对智慧旅游以及旅游厕所、游客中心、停车场等基础设施进行完善,创建工作通过国家旅游资源规划开发质量评定委员会初审。江阴市城市绿道、梁溪区环城步道、滨湖区西蠡湖夜光步道等项目加紧建设。市旅游局与大科体育旅游公司合作推动旅游公共服务创新,开通机场到市区各主要景区和酒店的"慧游无锡"旅游专线,为外地到无锡自由行的游客提供更为舒适便捷的旅游交通服务。

（朱雯君）

编辑 郭 鹏

综　述

【概况】 2018年，无锡市认真贯彻中央、省关于稳定房地产市场调控工作的决策部署，严格控制商业办公用房用地供应，推进存量商业办公用房购房补助发放工作，加大商业办公用房库存去化力度，全年市区商业办公用房类用房去化周期稳控在100个月以内，完成年度供给侧改革商业地产去库存目标任务。坚持“房住不炒”的定位，继续对房地产市场综合施策，落实分区调控责任，加大房地产市场监管力度，并加大土地供应，合理引导住房需求，有效缓解市场供求矛盾，进一步稳定市场预期，房地产市场运行总体保持稳健，风险可控。

（市住建局房地产市场监管处）

综合开发

【房地产开发企业资质管理】 2018年，无锡市区房地产开发企业共有一级资质企业3家，二级资质企业24家，暂定二级资质企业218家，三级资质企业1家，暂定三级资质企业48家。市住建行政主管部门全年共办理房地产开发企业资质233家，其中市级审批的三级以下资质52家，经市级初审后上报省住建厅审批的暂二级以上资质160家，并办理21家房地产开发企业资质有关事项变更。按照市政府对部分行政审批事项的调整要求，积极配合市审批局共同做好三级以下开发资质的审批。

（市住建局综合开发管理处）

【商品房交付使用验收】 2018年，全市共完成商品房交付使用竣工验收项目101项，4.8万套，面积约695.7万平方米。其中，毛坯住宅面积约468.46万平方米，3.18万套；精装住宅面积约140.91万平方米，1.16万套；非住宅面积86.37万平方米，4644套。

（市住建局综合开发管理处）

【项目手册发放】 2018年，无锡市住房城乡建设局对房地产企业填报的电子项目手册和开发项目信息进行审核。全年共办理电子项目手册的发放及审核96批次；完成商品房“两书”（商品房质量保证书、商品房使用说明书）征订2.1万套，发放2.1万套。

（市住建局综合开发管理处）

【项目开发建设管理】 2018年，无锡市住建局加强商品房开发管理，在新建项目中提出公共服务设施、建筑节能、绿色建筑、绿色施工、可再生能源利用、成品住房、海绵城市以及产业现代化等建设要求。房屋交付前，严格按照建设要求进行公共服务设施核实，确保所有建设按质按量配置到位。全年共办理《项目建设条件意见书》27项，涉及住宅面积约482.31万平方米，住户4.24万户，公共服务设施配置面积约22.62万平方米；完成公共服务设施核验33项，涉及住宅面积246.7万平方米，户数2.44万户。

（市住建局综合开发管理处）

【房屋征收拆迁完成情况】 2018年，市区累积完成房屋征收拆迁面积394.13万平方米，征收拆迁总户数7583户（家），征收拆迁住宅户数6983户。与上年相比，面积下降3%，总户数下降40.7%，住宅拆迁户数下降42.1%。

（市房屋征收办公室）

【完善集体土地房屋征收政策】 9月，市政府出台《无锡市市区征收集体土地涉及房屋及其他建筑物构筑物补偿安置实施办法》。办法根据集体土地房屋征收补偿实际，采用市场化评估集体土地房屋征收价格，打通集体土地房屋征收货币补偿的政策通道，实现国有土地、集体土地“双轨制”向“单轨制”转变，统筹城乡一体化发展，切实维护集体土地被征收居民的合法权益，解决房屋征收工作中出现的新情况、新问题。

（市房屋征收办公室）

【房屋征收拆迁监督管理】 为全面贯彻落实房屋征收拆迁“八公示一监督”制度，推动征收补偿工作公平、公正、公开，2018年，市房屋征收办公室对市区实施的各街道（镇）征收拆迁项目实行类型全覆盖检查，在征收程序、规范操作、现场公示公告、项目实施、档案资料等方面，采取逐条对照、现场踏勘、拍照记录、提问座谈等方式进行抽查。全年累计检查项目70余个，推动征收拆迁项目的顺利实施。

（市房屋征收办公室）

【房屋征收行业党建工作】 根据新时代党建工作要求，结合无锡实际，2018年，设立中共无锡市房屋征收行业临时总支部委员会，加强房屋征收领域党建工作的领导，并制定实施有关工作意见，以多种形式推进党建工作落实。年内，梁溪区建立党建联盟，推动行业党建工作。有的项目成立临时党支部，有的项目因地制宜建立党员活动室或者党员工作室。

（市房屋征收办公室）

【推进适老住区建设】 2018年，无锡市住建局按照省政府提出的“居住宜老、设施为老、活动便老、服务助老”要求，积极推进城市适老住区建设与既有住区适老化改造。年初，将适老住区建设工作纳入市政府年度城乡建设管理工作目标任务，并以目标任务书的形式下发给各区政府。年中，对各区适老住区建设进度情况进行全面摸底，形成管理工作台账。年终，对各区适老住区建设完成情况进行全面考核。通过努力，年内市区共完成6个适老住区建设，其中，新建适老住区2个，既有住区适老化改造4个。同时，发挥示范引领作用，带动全市适老住区建设全面发展，翠云新村与南苑新村两个省级既有适老住区建设引导资金支持项目顺利通过验收；耘林生命公寓、宜兴九如城、凤凰怡然居等一批重点适老住区试点项目列入省级适老住区示范项目。

（市住建局综合开发管理处）

【宜居示范居住区建设】 2018年，按照省政府统一部署，无锡市开展省级宜居示范居住区建设。启动实施沁园二社区、宁海里一期、岳堤南苑、翠云新村4个2000年以前建设老旧小区改造项目和金科米兰花园、蟠龙华都、溪秀苑3个2000年以后建设既有住区提升项目。通过努力，年内，7个项目全部通过省级考核，全面完成年度建设任务，居民满意度超过95%。

（市住建局物业管理处）

2018年，无锡清舒道智慧路灯示范项目建成　　（吴若霁　供稿）

房地产市场

【房地产施工竣工情况】 2018年，无锡市区房地产施工面积3959.28万平方米，比上年增长3.94%，其中，住宅面积2905.95万平方米，比上年增长6.14%；新开工面积932.13万平方米，比上年增长10.37%，其中，住宅面积713.93万平方米，比上年增长7.51%；竣工面积为437.1万平方米，比上年下降39.75%，其中，住宅面积328.41万平方米，比上年下降37.9%。江阴市房地产施工面积1439.26万平方米，比上年增长1.44%，其中，住宅面积1083.05万平方米，比上年增长3.97%；新开工面积352.57万平方米，比上年增长152.63%，其中，住宅面积301.02万平方米，比上年增长145.11%；房地产竣工面积219.13万平方米，比上年下降10.38%，其中，住宅面积155.15万平方米，比上年下降27.92%。宜兴市房地产施工面积595.97万平方米，比上年增长17.23%，其中，住宅面积485.79万平方米，比上年增长21.21%；新开工面积221.32万平方米，比上年增长73.69%，其中，住宅面积183.27万平方米，比上年增长62.93%；房地产竣工面积105.44万平方米，比上年下降34.07%，其中，住宅面积65.46万平方米，比上年下降44.61%。

（市住建局房地产市场监管处）

【土地供应量处于近年较高水平】 2018年，去除加油站和汽车4S店用地，无锡市区共出让45幅国有建设用地使用权，成交总面积237.91万平方米，为近5年较高水平，成交金额348.64亿元。据测算，住宅用地面积约179.55万平方米，可建面积391.59万平方米。江阴市出让国有建设用地152.3万平方米，比上年增长101.72%，成交金额56.99亿元，比上年增长118.27%。宜兴市出让国有建设用地119万平方米，比上年增长13.32%，成交金额45.49亿元，比上年下降11.62%。

（市住建局房地产市场监管处）

【商品房新增供应面积增幅明显】 2018年，无锡市区商品房新增供应面积1368.84万平方米，比上年增长63.93%。其中，商品住宅新增供应面积1269.74万平方米，比上年增长67.78%。江阴市商品房新增供应面积168.92万平方米，比上年增长15.56%。宜兴市商品房新增供应面积149.26万平方米，比上年增长47.64%。

（市住建局房地产市场监管处）

【市场成交活跃】 2018年，无锡市区商品房成交面积1479.38万平方米，比上年增长103.82%，成交金额1425.75亿元，比上年增长96.37%。其中，商品住宅成交面积1371.7万平方米，比上年增长123.94%，成交金额1309.17亿元，比上年增长118.36%。全年二手房成交面积534.38万平方米，比上年下降26.17%，备案金额423.74亿元，比上年下降4.69%。其中，二手住宅成交面积458.05万平方米，比上年下降28.16%，备案金额394.68亿元，比上年下降4.04%。江阴市商品房成交面积355.44万平方米，比上年增长4.73%，成交金额284.44亿元，比上年增长8.93%。其中，商品住房成交面积320.32万平方米，比上年增长8.95%，成交金额239.75亿元，比上年增长11.05%。二手房成交面积173.72万平方米，比上年增长21.1%，备案金额102.41亿元，比上年下降26.28%。其中，二手住房成交面积164.4万平方米，比上年增长103.39%，备案金额97.69亿元，比上年增长25.28%。宜兴市商品房成交面积191.59万平方米，比上年增长5.05%，成交金额164.54亿元，比上年增长7.39%。其中，商品住房成交面积167.97万平方米，比上年增长8.05%，成交金额145.11亿元，比上年增长11.94%。二手房成交面积190.94万平方米，比上年增长32.84%，备案金额76.45亿元，比上年增长49.61%。其中，二手住房成交面积154.2万平方米，比上年增长28.83%，备案金额69.29亿元，比上年增长55.6%。

（市住建局房地产市场监管处）

【住房价格保持平稳】 2018年，无锡市区商品住房加权均价总体平稳。经测算，一季度商品住房加权均价为9646元/平方米，环比微涨0.19%；二季度均价为9693元/平方米，环比微涨0.48%；三季度均价为9823元/平方米，环比增长1.35%；四季度均价为9909元/平方米，环比上涨0.87%。

（市住建局房地产市场监管处）

【公积金贷款发放额增长明显】 2018年，全市个人住房商业贷款发放579.46亿元，比上年增长9.64%；市区公积金贷款发放110.12亿元，比上年增长71.25%。年末，无锡市房地产开发贷款余额总计586.37亿元，比三季度末增长5.62%；个人购房贷款余额（商业性）2208.78亿元，比三季度末增长3.88%。

（市住建局房地产市场监管处）

房地产市场管理

【商品房预售资金和存量房交易资金监管】 2018年，无锡市累计商品房预售资金签订监管协议198份，累计核实入账金额359.23亿元，累计拨付资金3206笔，累计拨付金额336.03亿元。同时，根据《市政府办公室关于印发无锡市存量房交易资金监管办法（试行）的通知》和相关监管服务操作细则，从2018年1月1日起，无锡市住房和城乡建设局对市区的存量房交易资金进行全面监管。年内，无锡市区存量房资金监管累计签约2.56万起，累计支付（销户）2.3万笔。

（市住建局房地产市场监管处）

【房地产市场秩序规范整治】 按照省、市统一部署和工作安排，2018年，无锡市陆续开展房地产领域购房矛盾纠纷排查化解、房地产市场经营行为"双随机"检查、打击侵害群众利益违法违规行为规范房地产市场秩序专项行动等工作。通过各专项行动，化解一批购房领域"老大难"矛盾，查处部分企业违规经营行为和部分中介机构乱收费问题，进一步规范房地产开发企业经营行为，维护购房群众合法权益，推进房地产市场平稳健康发展。

（市住建局房地产市场监管处）

【市区直管非住宅公房管理】 2018年，无锡市政府印发《关于加强市区直管非住宅公房管理的意见》。意见合理界定直管非住宅公房的范围，明确直管非住宅公房的管理模式、出租方式、租金标准以及涉危直管非住宅公房的处置等内容。意见的出台，进一步加强直管非住宅公房管理工作，理顺非住宅公房租赁关系，有效推进直管非住宅公房历史疑难问题的解决，加大直管非住宅老旧公房的安全管理力度，确保直管非住宅公房资产的保值增值。

（市住建局房产管理处）

【《无锡市既有住宅增设电梯暂行办法》出台】 为适应经济社会发展和人口老龄化的需求，2018年，出台《无锡市既有住宅增设电梯暂行办法》，于6月6日起施行。办法坚持"充分协商、自愿申请、政府支持、确保安全"的原则，明确既有住宅增设电梯应当是通过业主充分协商的自发行为，申请增设电梯应当征得该幢或者该单元三分之二业主意见，并将改造方案在小区内公示；明确实施的主要程序、审批流程、资金来源等。同时，还明确相关扶持政策，对2000年以前建成公房（房改房）增设电梯的给予财政资金补贴，并开通使用个人公积金余额支付增设电梯居民承担相关费用的通道。办法的出台实施，打通既有住宅增设电梯的政策通道，年内，无锡市区有7栋房屋增设电梯进入项目实施阶段，另有近50台电梯进入申报审批流程。

（市住建局物业管理处）

【物业管理】 2018年，无锡市住建部门加大物业服务行业监管力度，提请市政府出台《无锡市业主大会和业主委员会活动规则》，进一步规范业主大会、业主委员会的活动，维护业主合法权益。修订完善《无锡市物业服务企业信用档案与评价管理办法》，完善物业企业信用管理系统，对违规的企业给予记分处理，并实施信用评分等级。持续开展全市物业管理"双随机"检查，市区共抽查220个物业管理项目。通过努力，全年共有45个项目获得市级"物业管理示范项目"称号，14个项目获得省级"物业管理示范项目"称号。国家统计局无锡调查队通过对179家物业服务企业、487个项目、1.74万户（人）的第三方满意度测评，2018年度市区物业管理企业社会公众平均满意度为84.99分，比上年提高2.16分，达到较满意水平。

（市住建局物业管理处）

编辑　顾洪兴

综　述

【概况】 2018年，无锡市深入贯彻实施《“十三五”国家信息化规划》，以“优政、惠民、兴业”为宗旨，全力推进城市智慧化进程。三大运营商、铁塔公司、江苏有线投资超29亿元用于信息基础设施建设。4G网络覆盖进一步优化，网络质量进一步提升；启动5G试验网建设，主要用于车联网V2X测试和5G网络功能验证测试；推进NB-IoT网络建设应用，在智能抄表、智能停车、智慧家居等领域实施项目建设；在全省率先实现IPv6规模部署，完成电子政务网IPv6升级改造。

（周同林）

智慧无锡建设

【概况】 2018年，无锡市深入贯彻实施《“十三五”智慧江苏建设发展规划》，成立无锡新型智慧城市领导小组，强化组织领导，出台《无锡市新型智慧城市建设三年行动计划（2018～2020年）》，明确新型智慧城市建设总体框架和推进思路。全市各地区、各部门按照工作职责，积极推进2018年度重点项目，全市信息化和新型智慧城市建设取得较好成绩。2018年，无锡市入选英国市场调研机构评出的“全球智慧城市Top20”榜单，被国家发改委城市和小城镇发展中心评为“2018中国城市治理智慧化综合奖”；被国家信息中心和IDG（美国国际数据集团）评为“2018中国领军智慧城市”；第六届中国信息化50强城市榜单列第五名，全国地级市排名第一。根据《第八届（2018）中国智慧城市发展水平评估报告》，无锡市智慧城市发展水平总得分74分，位列地级市第一、全国第三。

年内，江阴市集成改革推出新举措，建设生活服务体系平台，将行政服务、公共服务、便民服务、公益服务、资讯服务五大版块延伸至移动端。宜兴市编制《宜兴市推进新型智慧城市建设2020行动计划》“智慧宜兴”建设的六大提升行动、32个重点专项，将为智慧宜兴的可持续发展提供强大动力。梁溪区制定《“智慧梁溪”建设行动纲领》，贴合梁溪实际加快“一云、一中心、一图、一平台”建设进度，为梁溪区的未来发展提供信息化支持和服务。滨湖区全面整合政务信息系统和资源，打造政务服务管理平台，深入推动平台审批办件，实现652个政务服务事项不见面审批。惠山区依托制造业发展基础，加快创建全国智能制造创新示范区，开发建设的“惠山工业云”平台，实施企业生产经营云化迁移；锡山区开展“欧姆龙智能农业”“中科微至物流分拣”“萌小明租车”“明佳智慧物流信息化管理平台”等智能农业、智能交通、智能物流等领域的应用示范和推广，新吴区启动国内首个“城市云脑计划”。发布白皮书《城市云脑计划实践篇（2018）》《城市基础传感终端部署规划》，为“城市云脑计划”实施提供建设思路和制度保障，在智慧治水、城市精细化管理等领域先行先试，接入传感器2万多组、数据2700万余条。首创物联网神经节网关系列产品，解决传感设备数据传输上云难题。

（王克宇）

【信息基础支撑能力建设】 2018年，无锡市优化城市光纤宽带网络，城域网出口带宽达5.02太，所有通信运营商全面完成光纤到户改造，户均带宽达91兆/秒。继续优化4G网络，新建铁塔635座，新建4G基站5826个。启动5G试验网建设，主要用于车联网V2X测试和5G网络功能验证测试。NB-IoT网络在智能抄表、智能停车、智慧家居等领域已开展实施项目建设，完成居民“水电气多表一体化采集”建设改造7.4万户。在全省率先实现IPv6规模部署，完成电子政务网IPv6升级改造。完成全市政务外网的整合，无线政务外网完成建设，已经覆盖市民中心，完成市县二级政府网站群集约化建设，市级容灾备份中心完成扩建。完善数据汇聚基础，提升数据服务能力。城市大数据中心二期开工建设，完成三期方案论证。中心汇聚51家委办局的7871个数据项，总计超过82亿条数据。信息资源管理平台已完成全市107家单位的1379个信息资源、6946个数据元、17265数据项的登记。完成全市67个重点部门和7个市（县）区的政务信息资源目录编制收集，汇总信息资源2282个、数据项44848个。推进政务数据共享开放，成功申请国家部委和省级部门提供的14个数据共享接口，先后为17个市（县）、委办局提供数据共享服务。制定下发《2018年政务数据开放工作意见》，建设完善新的数据开放平台，开放数据接口16个，数据集达1244个。

（王克宇）

【数字平台建设助力城市治理】 2018年，无锡市雪亮一期示范工程建设峻工。全市共新建公共安全高清视频监控2.125万路，已有5.55万路高清视频图像实现联网共享；综治网格化建设提前完成省、市、县三级网格化数据通道贯通工作，向市、省两级大数据中心上传网格化数据1054.51万条，终端升级（配发）率达97.6%；完成市、区两级数字城管一体化平台建设并投入使用，实现市、区、街道、社区四级无缝对接，全年市数字城管平台共计采集上报有效信息

105529件；配电自动化覆盖率达95%，完成末端电网智能感知试点第一批项目建设工作，推进掌上电力APP高压用户全覆盖；时空信息云平台全面整合历史影像、地形、地理信息资料，建设完成土地规划、普查、地矿资源等专题资源110个图层，实现多源数据与时空地理信息的融合。智慧粮食监管平台在粮食行业内率先实践运用粮食仓储智能机器人，形成“互联网＋粮食＋机器人”的信息化建设新模式。

（王克宇）

【民生领域数字化建设】 2018年，无锡市推动全市政务服务网市、区（县）、乡（街道）、村（社区）四级覆盖，初步实现全市政务服务事项从查询到办理的“一网通办”。无锡公安“微警务”新增11项不见面服务事项，累计关注用户93万人，各功能菜单点击量超250万次。着力推动《智慧养老建设规范》设计，建设智慧养老服务机构约90家。全民健康信息平台通过区域健康信息平台互联互通成熟度国家级五乙测评，无锡市成为全国第二家通过最高等级测评的地级市。同时，全市5家医院信息化平台达到四甲等级。启动“智慧全域旅游”项目建设，官方微博入选《人民日报》组织的全国十大旅游局官微，位列第4位。推动智慧体育综合服务平台建设，入驻100家体育用品商家、51家体育俱乐部和37家市属体育协会。推动无锡智慧教育云平台率先接入国家数字教育资源公共服务体系，自有可用资源超过28万份，服务于全市296所学校、40多万名师生家长用户。升级智慧公交系统，建设智慧交通云平台，在600余台营运公交车上安装车联网设备，推进车联网公交信号优先项目实施。全面展开智慧化机场建设，在国内首次实现新一代旅客智慧便捷出行。地铁“码上行”APP上线，实现地铁、公交、公共自行车、网约车辆之间进行便捷换乘。

（王克宇）

软件业

【概况】 2018年，无锡市软件和信息技术服务业收入1326.68亿元，比上年增长18.78%。新增通过评估的软件企业55家，累计1149家；新增通过评估的软件产品422个，累计5849个。

（周同林）

【龙头企业培育】 2018年，艾德无线、华云数据、无锡不锈钢3家企业荣登由中国互联网协会和工业和信息化部信息中心联合发布的2018年中国互联网企业100强榜单，实现中国互联网百强企业评选零的突破。在2018中国国际大数据产业博览会上，华云数据入围由人民创投、人民网联合发布的中国大数据独角兽企业TOP20榜，排名第12位。华云数据和帆软软件入围由工业和信息化部中国电子信息产业发展研究院与中国大数据产业生态联盟联合发布的2018中国大数据企业50强榜单。

（周同林）

【特色集群培育】 2018年，无锡市围绕工业互联网平台和工业APP集群发展，组织朗新科技、中船重工702所、中航614所、信捷电气、微茗科技、瀚云科技、蓝创智能、海宝软件、中智软创、雪浪数制等重点企业和科研机构，开展工业互联网平台建设和应用推广，制订工业软件标准，成立工业互联网产业联盟，并利用世界物联网博览会平台，组织工业互联网高峰论坛，助推工业互联网平台和工业APP发展。围绕信息技术创新应用集群发展，组织永中软件、北方数据、意源科技、卓易科技、江南计算所、中太服务器等重点企业和科研机构，组建产业发展联盟，参加应用创新研讨，完善产品技术图谱，建设产业攻关基地，推进产业链建设发展。

（周同林）

【重点招商】 2018年，为深入推进以物联网为龙头的新一代信息技术产业发展，无锡市结合产业特色和实际，积极对接国内软件和信息技术领军企业，成功签约360企业安全集团和启明星辰，推进360物联网安全运营总部和启明星辰物联网安全研发中心等项目落地建设，打造国内一流物联网网络安全产业生态基地和全国网络安全示范城市。市经信委联合惠山、滨湖、新吴等板块，分别赴重庆、成都、上海、北京等重点城市组织新一代信息技术产业合作活动，持续推进包括国信优易、中软国际、宇信科技、科大讯飞、哈工大机器人、深兰科技、中兴网科、彩虹鱼等企业项目的对接落实。

（周同林）

【产业政策落实】 2018年，为贯彻落实无锡市《关于进一步深化现代产业发展政策的意见》，深入推动产业转型升级，依据《无锡市信息技术产业（软件和云计算）扶持资金管理实施细则》，围绕软件新技术、新业态和新模式，在基础软件、应用软件、大数据、云计算和人工智能等领域，全年共扶持重点项目建设14个，奖励优秀软件产

10月23日，无锡—成都双城联动创新项目年度交流会 （周同林 供稿）

9月28日，无锡市“半导体高精度芯片贴装机器人”项目荣获第四届“i创杯”互联网创新创业大赛总决赛二等奖。

（周同林　供稿）

品“飞凤奖”和相关资质17个，兑现资金1200万元。加强对上争取，22家企业获省级专项资金支持2798万元。

（周同林）

【产业氛围营造】 2018年，无锡市为激发互联网创新创业的热情，发掘基于互联网的新技术、新产品和创新创业人才，成功举办第四届“i创杯”暨无锡市第三届“iPark”杯互联网创新创业大赛，包括9场分站赛和1场决赛，参赛项目超200个，吸引观摩人员超2000人次，参赛项目与投资机构对接超过100次，选送项目最终在省总决赛获二等奖1个、优秀奖18个，市经信委获评特别贡献奖。

（周同林）

邮政 快递

【概况】 2018年，无锡邮政行业（包括邮政企业和快递企业）完成业务总量117.65亿元，比上年增长13.04%，业务总收入（不包括邮政储蓄银行直接营业收入）74.07亿元，比上年增长5.45%。其中，全市快递企业业务量完成5.12亿件，比上年增长13.51%；业务收入完成58.83亿元，比上年增长6.46%。全年共处理邮政业消费者申诉19432件，并全部妥善处理，为消费者挽回直接经济损失79.25万元，消费者满意率99%。

年内，无锡市邮政业不断优化环境，政策法规不断健全。与市农委联合出台《关于推进邮政业服务乡村振兴战略的实施意见》，共同推进邮政业服务乡村振兴战略工作；与市商务局签署《关于推进电子商务与快递物流协同发展战略合作协议》，共同破解制约电子商务与快递物流协同发展的瓶颈问题；印发《关于强化落实企业安全生产主体责任的实施方案》，重点推进企业安全生产主体责任落实。开展重点整治专项行动，注重执法检查方式的创新，全年累计共出动执法检查186次，出动执法人员354人，发现一般问题隐患65项，重大隐患2项，下发整改通知23份，约谈4起，完成行政处罚40起，罚款9万元。141个邮政普遍服务网点实现全覆盖，机要通信检查12次，覆盖率超过300%，普遍服务行政处罚1起，全行业未发生重、特大安全事故。

年内，无锡邮政业不断深耕扩面，行业发展不断提升，顺丰电商产业园项目竣工并于11月投入运行；百世综合物流园新无锡基地于10月24日正式投运；苏南快递产业园获得2018年度无锡市服务业提质增效资金300万元；百世综合物流园新无锡基地于10月24日正式投运，总面积8万平方米，场地操作面积5.1万平方米，全部使用自动化分拣流水线；中国首个IoT未来园区——菜鸟无锡未来园区于“双11”正式投入服务，园区内近700台机器人正式上线运行，标志着中国最大的机器人智能仓库进驻无锡。无锡快递行业帮助制造企业消除物流痛点，促进生产企业降本增效，推动无锡水蜜桃、宜兴香米和宜兴百合等农特产品进城项目，累计产生业务量达335.4万件，累计业务收入超1.5亿元，直接服务支撑的农业产值达3.18亿元。市邮政管理局加大末端配送设施建设，引导“速递易”、“丰巢”等智能快件箱品牌企业在全市投放智能快件箱共计3061组，格口数达27万个。全市建成第三方公共服务平台291个（机关1个、高校16个、居民区271个、其他3个），合作共建包裹自提点770个。无锡邮政与无锡交警合作搭建代办交管业务服务平台，构建“警邮合作”新模式，在全市62个邮政网点开通代办交管业务，业务范畴从“警邮”拓展到“警医邮”，进一步深化邮政便民服务的社会影响力。

（李　哲）

【邮政监管机构全覆盖】 9月20日，江苏省邮政管理局批复成立江阴邮政管理局，10月19日，宜兴邮政管理局获批。此前，江阴市邮政安全发展中心和宜兴市邮政安全发展中心已分别成立。至此，无锡实现市（县）域邮政监管机构全覆盖，是完善全市邮政监管体系工作的重大突破。

（李　哲）

邮政普遍服务

【“无锡印象”邮资封首发】 5月5日，“无锡印象”普通邮资信封首发暨“寻访春天的故事”书信大赛启动仪式在无锡市少年宫举行。“无锡印象”邮资图为无锡首枚城市形象专用邮资图，采用扇形构图，画面选取最具无锡风光特色的太湖春景，展现一派朝气蓬勃的江南水乡风貌。无锡邮政借助邮资封宣传特性及人文特性开展系列城市宣传活动，把美丽无锡传播出去，以方寸之地，展城市风采。

（李　哲）

【寄递事业部揭牌】 9月28日，中国邮政集团公司无锡市寄递事业部正式揭牌成立。中国邮政集团公司无锡市寄递事业部的挂牌成立，有助于进一步整合寄递资源，加强资源管控，提升行业竞争力。

（李　哲）

【信息化分拣全国领先】 2018年，无锡市邮政公司为提高投递效率，解决快递包裹分拣到段的压力，在全国率先开展电子地图信息化分拣试点工作，投递环节在电子地图施画段道围栏，网运环节PDA扫描打印到局标签上增加段道标识，投递员根据段道标识直接分拣到段，全区城市、城郊地区电子地图匹配到段准确率平均达95%以上，农村地区电子地图匹配到段准确率平均达90%以上。

（沈振威）

【网点产能提升】 2018年，无锡市邮政公司持续推进“实干创新，产能提增”工程，特等支局由1个增加至3个，四等支局由42个减少至41个，其中，300万以下的低产网点由14个减少至8个。网点平均年收入由688万元增长到727万元。

（沈振威）

快递服务

【快递服务乡村振兴战略】 6月15日，“快递服务乡村振兴战略——桃农协会党总支与顺丰党支部共建启动暨智慧无锡快递模块上线仪式”在无锡市阳山镇举行。自2015年以来，多家快递企业与阳山桃农协会签订电商村协议，积极助力传统桃农转型升级，发展阳山镇水蜜桃互联网经济。此次智慧无锡快递模块的上线，为桃农带来更大的经济效益。6月21日，在无锡优质农产品联盟成立大会上，无锡市邮政管理局与无锡市农业委员会签订《关于推进邮政业服务乡村振兴战略合作协议》。

（李　哲）

11月，无锡邮政信息化分拣全国领先　（沈振威　供稿）

【江南大学“快递超市”】 3月8日，江南大学“快递超市”作为无锡唯一上报的服务品牌，入选第七届江苏省交通运输行业优质服务品牌，成为全省邮政快递行业首个省级服务品牌。11月24日，江南大学“快递超市”荣获全国“大学校园优秀标杆快递服务站”称号。

（李　哲）

【快递末端网点信息平台建设】 1月9日，快递末端网点信息监管平台建设纳入市政府“为民办实事”项目。10月18日，快递末端网点信息监管平台一期通过专家组竣工验收，提前完成年度任务。12月11日，快递末端网点信息监管平台二期工程正式启动。二期工程将建设网点124家，计划于2019年内完成。

无锡市快递末端网点信息监管平台（锡递安）进入正式启动建设阶段，计划三年内完成。2017年9月，无锡市发改委正式立项“无锡市快递末端网点信息监管平台”（锡递安），该项目运用物联网、云计算等技术实现电子地图、远程监控、安全监管、信用评价等功能，对企业网点落实实名收寄、开箱验视两项制度，可实现动态跟踪、隐患发现、风险防控、责任追溯等功能。该项目一期工程50家快递末端网点已顺利通过阶段性竣工验收，并投入使用，覆盖EMS、天天、中通、圆通、顺丰、德邦、优速等快递品牌末端网点。

（李哲）

通　信

中国电信股份有限公司无锡分公司

【概况】 2018年，中国电信股份有限公司无锡分公司（以下简称无锡电信）坚持党建统领，积极助力“强富美高”新无锡建设，在企业运营和服务地方信息化工作中取得较好成绩。积极推动IPv6部署和应用，助力无锡市在全国率先实现IPv6规模部署，在全国率先完成电子政务网IPv6网络改造。全力做好市委、市政府2018年为民办实事项目——建设智慧家庭项目，打造“无锡通”综合信息服务平台。建设无锡国际数据中心三期项目，2018年10月完成交付，具备1000个机柜的能力。积极推进基于800M的NB-IoT网络的智慧消防、智能抄表、智能插座、智能充电桩、智慧路灯、智慧环保水质、智慧停车等智慧城市物联网应用；完成基于IPv6的智慧燃气监测试点；完成基于NB-IoT的小天鹅共享洗衣机的规模推广；完成无锡市物联网产业协会的筹建工作并承接部分世界物联网博览会的相关论坛和活动。积极做好全市首批重大项目集中开工仪式、无锡国际马拉松赛、世界击剑锦标赛、无锡世界物联博览会等重点通信保障任务。年内，无锡电信获评“全国文明单位”“2017～2018年度江苏省价格诚信单位”“通信行业质量管理小组活动先进单位”等荣誉称号。

（钱晓静）

【两个项目入选为民办实事项目】 2018年，无锡电信“智慧家庭”和“无锡通”综合信息服务平台两个项目成功入选无锡市政府10件民生实事中的智慧城市建设项目。无锡10万户家庭建成“智慧家庭”，实现“三网（光纤、4G、WiFi）融合、四屏（电视、手机、PC、PAD）合一”的智慧家庭网络及应用基础。大力推广智能家居应用，加快生活、健康、教育、医疗、交通等智慧家庭应用的开发与整合，全面提升市民居家生活品质。重点打造汇聚社区信息、餐饮、购物及休闲娱乐等生活服务于一体的“无锡通”综合信息服务平台，向市民精准提供无锡特色人文、美食、商圈、旅游等服务，为社区提供信息发布平台，为商户销售服务活动提供支撑平台。

（钱晓静）

【智慧大桥一体化解决方案】 2018年，中国电信江阴分公司与江阴长江大桥管理处成功部署智慧大桥这一便民工程，助力全国首座跨径超千米的特大型钢箱梁悬索桥梁实现智慧大桥综合信息化解决方案。采用物联网、云计算、大数据三位一体化的信息化集成模式，在桥头堡两侧分别安装物联网视频监控及车流统计设备，在江阴分公司微信公众号向市民提供交通实时状况；每隔百米设置震动传感器，实时传输至云服务器，确保实时监控桥体质量；南北顺延G2高速，每隔一千米设置湿温度传感器，实时上传云服务器，在高速LED屏幕实现远程提前预警功能。

（钱晓静）

【智慧家庭建设】 3月20日，无锡电信举办无锡市智慧家庭与装修设计交流联盟大会，与全市20余家装潢企业签订智慧家庭战略合作协议，共推智慧家庭走进千家万户。双方发挥各自服务优势，借助平台化管理流程，增强天翼产品和智慧家庭业务的市场影响力，共同提升市民美好生活的舒适性、便捷性和科技性。无锡电信依托自身在智慧家庭方面的丰富经验、技术和品牌优势，从装修设计、施工协调、售后服务等各方面支撑装修设计公司业务发展，丰富其产品服务体系，助力提升竞争力。装修设计公司力推天翼产品进入居民前期家装解决方案。

（钱晓静）

【“美丽无锡”平台建设】 2018年，无锡电信与无锡市旅游局积极合作，开发“美丽无锡”在线实时景观平台，方便游客在手机、电脑、电视、LED大屏上欣赏到鼋头渚、灵山大佛、南长街等标志性景点的景观，随时了解景区天气情况、拥挤程度以及景区周边的交通状况，合理安排旅游线路，获得便捷周到的旅游体验，同时能查询流量使用情况，实现“智慧游览”。“美丽无锡”平台于2017年11月正式上线，至2018年4月共对外发布62个点位视频，覆盖无锡各大景区景点。无锡电信丰富原创内容，向全国各地的游客推荐无锡的优美景致，展示城市形象，扩大无锡旅游的知晓率和影响力。在2018年鼋头渚樱花节期间，网页播放量达10万次。

（钱晓静）

【软交换用户退网完成】 2018年，根据中国电信江苏公司统一安排，无锡电信对近10万用户进行迁移退网，6月28日完成最后一个用户的迁移，成功实现ISDN用户100%退网。无锡软交换设备于2005年上线使用，运行13年，作为江苏省内软交换第二大本地网，峰值用户数超百万。

（钱晓静）

【率先全国实现IPv6规模部署】 9月10日，无锡市在全国率先实现IPv6规模部署及率先完成电子政务网IPv6网络改造。无锡市于2009年启动IPv6现场试验，是全国首批两个试点城市之一。2012年开始规模试商用部署，2013年12月成为国家下一代互联网建设示范城市。无锡电信深入贯彻中共中央办公厅、国务院办公厅《推进互联网协议第六版（IPv6）规模部署行动计划》，先行先试，积极推进，9月，无锡电信在全国率先实现光纤宽带网、无线网、物联网、数据中心等基础设施的IPv6升级改造，200万光纤宽带用户、300万移动用户已全部具备IPv6接入能力，云计算和物联网也全面支持IPv6业务接入，率先建成国内IPv6网络能力覆盖最全面、支撑业务最丰富、流程最完整的下一代互联网络，实现覆盖全市范围内网络的IPv6规模部署。

（钱晓静）

【电子政务网IPv6网络改造】 2018年，无锡市市经信委与无锡电信联合成立工作小组，通过网络评估调研、改造方案设计、集成测试验证、安全防护升级、网络功能部署等环节，累计进行网络设备升级替换780次，完成各项业务验证测试5000余次，电子政务网IPv6网络改造经过专家评审验收，顺利完成。无锡市电子政务网是全市各级政务部门开展政务服务的基础网络，其IPv6网络改造于2018年初启动。

（钱晓静）

中国移动江苏公司无锡分公司

【中国物联网高端技术论坛在无锡举行】 1月15日，由中国移动物联网联盟、中移物联网有限公司、中国移动通信有限公司研究院、中国电子商务协会产业融合发展工作委员会联合主办的“禾云神话”首届护航数字中国物联网高端技术论坛在无锡举行。会上，

9 月 10 日，无锡市在全国率先实现 IPv6 规模部署及率先完成电子政务网 IPv6 网络改造 （钱晓静 供稿）

围绕“绿色、可信、可靠”的物联网安全理念、核心技术研发、产业生态打造以及配套产业落地等议题进行深入研讨。论坛期间，中国移动正式发布“安连宝”物联网安全解决方案。该方案是中国移动物联网有限公司与中国移动通信研究院共同研发的最新成果，满足公众、政府、行业客户、工业企业、移动自有物联网产品的安全需求。无锡移动在产品研发期间，提供配套实验资源，深度参与安全平台的研发工作，并实现安全产品在全国的率先落地。

（张玲珠）

【**物联网连接规模突破 1000 万户**】 2018 年，无锡物联网发展全面提速，物联网连接规模大幅增长。4 月 19 日，无锡移动物联网连接规模突破 1000 万户，成为全国第一个实现物联网连接规模超千万的地级市，率先实现中国移动“大连接”到 2020 年连接规模较 2015 年“翻一番”的战略目标，夯实无锡“全国物联网领先城市”地位。

（张玲珠）

【**车联网城市级示范应用**】 5 月 3 日，中国移动车联网（LTE-V2X）城市级示范应用重大项目启动会在无锡召开。会上，无锡车联网（LTE-V2X）城市级示范应用项目正式签约，并揭牌车联网（LTE-V2X）城市级示范应用重大项目工作组，标志着全球第一个城市级车路协同商用平台——车联网（LTE-V2X）城市级示范应用重大项目进入全面实施阶段。项目规划实施时间从 2017 年至 2020 年年底，分三期实现规模应用。在实现城市级规模示范应用阶段，大会明确实施阶段由无锡市人民政府、无锡市经信委分别作为指导单位，无锡移动作为项目单位之一落实推进专项工作协调、网络基础建设、车联网应用推广工作。

9 月 15 日，由中国移动牵头，联合公安部交通管理科学研究所、华为、无锡市公安局交通警察支队、中国信息通信研究院、江苏天安智联等 6 家核心单位以及奥迪、一汽等 18 家参与单位共同打造的无锡车联网（LTE-V2X）城市级应用示范项目，在博览会期间首次震撼亮相。无锡移动重点部署与优化 LTE-V2X 网络，实现在无锡市区主要范围内的 LTE-V2X 网络部署及性能优化，满足 V2X 应用对时延及可靠性的要求；升级基于 LTE-V2X 的网络能力，在核心网布设专用的 V2X 计算资源，将传统的通信网络升级为“通信 + 计算”的网络，满足 V2X 各类应用场景中的低时延、高可靠、高速移动等需求，提供更好的人—车—路—云的协同和更好的用户体验。

（张玲珠）

【**智能安全监护装置**】 8 月 9 日，中国移动物联网研究院、无锡移动多名技术人员来到梁溪区惠景社区，为社区独居老人安装智能安全监护装置。通过安装在大门上的门磁，感应老人在家或者离家，另外，分别在饭桌、卧室电视机旁以及大门口安装温感器，捕捉老人身上的热量发出的信号来亮灯。智能安全监护装置可以让老人的生活与公共安防、社区管理、街道管理等领域联接起来，对老人在室内的行为进行智能识别和分析，24 小时自动监控家中情况，发现异常及时报警，提升独居或空巢老人生活的安全性。

（张玲珠）

【**共享单车项目获中国信息港论坛金奖**】 9 月 3 日，在南京召开的第十五届中国信息港论坛上，无锡移动《共享单车车锁研发与智慧管控体系研究与实践应用》项目获“2018 年中国信息通信与大数据应用创新优秀成果奖”金奖。该项目创新采用“蓝牙桩组合定位 + 基站定位”的双层圈智慧围栏技术，建立一套从物联网车锁研发、停放区域规划、智慧停放监测的端到端

9月3日，共享单车项目荣获“2018年中国信息通信与大数据应用创新优秀成果奖”金奖 （张玲珠 供稿）

一站式应用体系方案，解决传统单车定位不准、停车区域模糊的问题，既满足市场不断增长的广阔需求，又解决共享单车乱停放管理难的痛点问题。

（张玲珠）

【智慧农业物联丰登助力农业跨越式发展】 9月14日，智慧农业应用与产业升级高峰论坛在无锡锡州花园酒店举办。物联网技术应用到农业生产中，可实现更多智能化控制与科学化管理，提高生产效率。无锡移动积极推进“互联网+智慧农业”应用，开通温室大棚无线监控、自动化滴灌等多种农村信息应用，帮助实现精准化农业生产管理，以信息化助力传统农业向现代农业转变。同时，通过农信通服务、多种资费优惠，为农民提供用得上、用得起、用得好的通话和信息服务，帮助农民增收致富。

（张玲珠）

【“数字巡塘”亮相世博会】 9月，无锡移动助力无锡市政府对巡塘古镇进行物联网升级改造，搭建智慧古镇智能信息化平台，实现全方位、一站式、高标准的物联网应用体验，使巡塘古镇成为全国数字古镇的领先示范工程，成为无锡物联网应用展示窗口。在巡塘古镇，智慧路灯、环境监测、共享洗衣机、智慧停车等一系列NB-IoT（窄带物联网）应用在这里安了家。通过内置移动物联网卡的传感器上传数据，并由NB-IoT网络进行传输，实时把控室内外环境，监测空气中PM2.5含量、水体含氧量、土壤水分含量，保证游客在活动时的良好感知，助力古镇管理提质升级。

（张玲珠）

【提速降费】 2018年，无锡移动深入落实“提速降费”，持续降低信息消费门槛，在优化4G网络传输速率的基础上，着力实现家庭宽带全面提速，完成全市居民小区100%光纤宽带覆盖，并在太湖新城建成一批千兆宽带示范小区，全方位满足人们高速上网需求，高速的网络体验已经成为“新常态”。优化语音与流量等服务资费，全面取消手机国内长途、漫游通话费和流量“漫游”费，推出大流量套餐、定向流量资费、流量安心服务等举措，进一步降低客户信息消费门槛，有效激发客户信息消费需求、培养数字化生活习惯。

（张玲珠）

【获评2017~2018年度江苏省价格诚信单位】 10月，无锡移动获评2017～2018年度江苏省价格诚信单位。无锡移动一直秉承“正德厚生、臻于至善”的企业核心价值观，以科学发展观为指引，将“诚信”作为企业践行核心价值观和责任观的出发点和基本准则。通过诚信经营规范内部管理，承担责任，努力实现与社会各界的和谐发展；建立完善的收费管理制度，强化诚信自律意识，严格执行收费法律、法规和政策；向广大用户提供诚信服务，以更大的热情、更实际的行动、更高远的使命感履行企业责任。

（张玲珠）

【参展第一届全国医院物联网大会】 10月19～21日，第一届全国医院物联网大会在无锡举行。无锡移动以“智慧医疗健康无处不在”为主题进行参展，并向市民开放为期三天的产品互动体验，全方位展现中国移动在医疗健康物联网领域的产品和解决方案。展区主要对远程医疗、区域医卫、智慧医疗、健康医疗大数据、健康管理五大产品线10个产品进行展示。远程医疗方面，重点展示远程心电、医疗影像云等应用。心血管患者通过监护仪将采集到的心电数据上传至云平台，医生进行远程浏览与分析。医疗影像云通过与院内PACS系统（影像归档和通信系统）对接，将采集到的影像数据上传至云平台，解决以往图像资料多且难以长期保存的需求。区域医卫方面，重点介绍家庭医生产品，展示市民与家庭医生线上签约，随时随地与家庭医生进行互动、检查、跟踪的应用。智慧医疗方面，重点展示4G云医护产品，使用基于4G-LTE网络实现连接信号，解决以往WiFi传送不稳定的状况，为医护人员提供护理、查房、输液等医护服务应用。健康医疗大数据方面，展示公司利用网络的定位技术，直观呈现医院人流量、医院规模、医生繁忙度，并提供就医群体的年龄性别、就医时长、就医频次等画像分析信息数据。健康管理方面，向市民开放展示健康小屋，自助式的检测设备吸引众多市民争相体验体脂、血压、血氧等检查，并与标准数据进行对比，获得对应的健康建议。

（张玲珠）

【获评“全国市场质量信用A等用户满意企业”】 12月，无锡移动被中国质量协会、全国用户委员会授予“全国市场质量信用A等用户满意企业”荣誉称号。2018年，无锡移动秉承“客户为根、服务为本”的服务理念，加强网络基础建设，积极拓宽家庭服务内涵，开展流程穿越测评活动，通过不同的服务举措，让服务满意工作深入人心。

（张玲珠）

中国联合网络通信有限公司无锡市分公司

【率先应用基于4G载波共享的聚合技术】 2018年，无锡联通在无锡市三阳广场核心商圈通过载波共享技术对网络进行提速，开通载波共享及载波聚合功能，成为国内第一家将载波共享功能应用到现网的通信运营商。载波共享技术是4G通信中一项重要的创新型技术，它能够实现2G和4G网络频谱资源的共享，将2G网络中利用率较低的频谱资源动态分配给4G网络，增加4G可用频率带宽，再结合载波聚合功能，实现4G网速大幅提升。开通后测试结果表明：三阳广场区域平均下载速率约40兆/秒，是开通前的1.5倍；人流密度最大的商业大厦、天安大厦、崇安寺步行街附近下载速率25兆/秒，是开通前的1.6倍，整个三阳广场核心商业圈4G网速提升明显。

（赵琬琦）

【网络接入系统获得国家实用新型专利】 2018年，无锡联通申报的“网络接入系统”获得国家知识产权局颁发的实用新型专利证书。该方案可支持多种移动信号制式，满足用户对不同网络制式的需求，快捷提升已有联通固网覆盖的营业厅及集团用户的无线网络覆盖，提升用户感知度。该方案与传统覆盖方式相比，接入成本仅为原有的七分之一。

（赵琬琦）

【无锡联通打通首个5G电话】 5月10日，无锡联通在清扬路营业厅使用华为Mate20X5G版手机成功打通无锡联通首个5G高清语音电话。此次5G通话不换卡不换号，接入无锡联通商用网络，现场语音通话音质饱满、稳定，视频播放画质清晰、无延时、无卡顿，4G与5G间相互切换操作良好，下行速率超过1千兆/秒。5G商用电话成功打通是无锡联通基于最新5G标准在商用部署中的成功应用，标志着无锡联通在5G商用网络上又迈出重要一步。

（赵琬琦）

【高空全景视频监控测试项目】 2018年，根据无锡市公共安全视频监控建设联网应用项目暨“雪亮工程”二期的建设要求，拟在全市30个至高点安装智能高空全景视频监控。苏宁大厦、三茅峰顶、市民中心作为试点，开展高空、区域管控等相关内容的建设。无锡联通承接此次高空全景AR/VR视频测试项目的建设任务。无锡联通群策群力，联合线路、配套多次到现场进行勘测，最终根据安装需求，结合实地情况，自主设计方案，并于7月初完成3个高空点的全景视频设备的安装任务。其中，三茅峰顶点位还通过5G网络进行视频回传的测试，效果良好。

（赵琬琦）

【助力红豆西服建设5G智能工厂】 7月15日，无锡红豆西服工厂数字生产车间投入试运营。此次工厂的数字化改造，标志着无锡首个5G智能工厂的建成。通过5G网络，将工厂的生产需求及车间产能信息实时向集团反馈，以提高生产效率及品质管理。5G开通后，下载速率达1100兆/秒，上传速率达110兆/秒，厂区内数字吊挂设备可通过终端接入5G网络，上传工厂的实时生产数据。

（赵琬琦）

无线电管理

【概况】 2018年，无锡市共指配无线电频率44个，收回无线电频率35个，新增专业无线电台站456部，撤销无线电台站341部，换(核)发无线电台执照1.2万余张；组织业余无线电操作技术能力验证A类、B类考试各2场次，共有158人参加考试，通过118人，核发业余无线电台操作证书118张，新增业余无线电台133部；完成223～235MHz等26个无线电频段的占用度监测任务，完成监测时间9717小时，其中，重点无线电频率监测1664小时，发现不明信号31个，识别合法不明信号15个，查处非法信号16个，查处干扰4起；强化技术基础设施建设，积极推进频谱监管中心和区域监测网(一期)项目建设，完成惠山无线电监测固定站升级改造；至年底，全市在册登记的无线电台(站)总数为55885部，其中，专业无线电电台(站)54578部，业余无线电台1307部；全年完成无线电频率占用费征缴116万余元。

（丁圣国）

【安全保障】 2018年，无锡市经信委积极做好全市重大活动现场的无线电安保和国家、省级各类考试的反无线电作弊工作，全年累计完成“世界击剑锦标赛”“无锡国际马拉松赛”等重大活动无线电保障任务4次，完成全国高考、公务员招录等各类考试反无线电作弊保障21次。

（丁圣国）

【专项整治】 2018年，无锡市经信委牵头组织“清理整治非法无线广播和打击‘黑广播’专项行动”，会同市委610办、文广新局、公安局等部门，在全市(含江阴市、宜兴市)范围内开展社区(村)级无线广播排查、广电系统调频广播电台核查和校园广播清理整顿，持续开展打击“黑广播”行动，摸清全市无线广播底数，规范广播台站设置，净化电磁环境。全年累计核查调频广播42个，纠正违规使用调频广播问题17起，取缔“黑广播”窝点11个。

（丁圣国）

编辑 郭 鹏

民 航

【概况】 2018年,无锡民航事业持续发展,苏南硕放国际机场连续实现第15个安全飞行年。全年完成旅客吞吐量720.9万人次,比上年增加52.4万人次,增长7.8%;完成货邮吞吐量123818.9吨,比上年增加16220.8吨,增长15.1%;完成运输起降55668架次,增长6.1%。机场驻场飞机总数达19架,其中,深圳航空有限责任公司无锡分公司8架,中国东方航空江苏有限公司无锡分公司11架。全年共通航城市58个,其中,国内航点39个,国际地区航点20个。国际航线方面,新开无锡—德国哈恩、无锡—美国辛辛那提和芝加哥洲际货运航线;国内航线方面,加密无锡—厦门、无锡—珠海、无锡—大连、无锡—长春、无锡—贵阳等航线,新增无锡—井冈山—贵阳、无锡—烟台—长春、无锡—南昌—昆明等航线,初步构建起覆盖国内,辐射东北亚、东南亚及欧洲、美洲的航线网络,日均航班量154架次,平均客座率80.7%,平均载运率77.2%。航空公司总数21家,其中,基地航空公司两家:中国东方航空江苏有限公司无锡分公司、深圳航空有限责任公司无锡分公司;其他国内航空公司有中国南方航空股份有限公司、四川航空股份有限公司等。外籍航空公司有泰国泰新时代航空、印度尼西亚城市快线航空等。中国航油无锡供应站保障航班28229架次,累计航空加油19.7万吨,比上年增长7.2%,油库油船接收391船次,共计19.9万吨,化验563批次,航班正点率、质量合格率、计量准确率均为100%。无锡东航食品有限公司保障航班15604架次,全年累计航空配餐量229.9万份,日均配餐6298份。亚捷通用航空无锡有限公司完成通用航空生产作业飞行4290个小时,比上年增长34.5%,起落4659架次,比上年增长19.3%。无锡华飞通用航空有限公司完成通用航空生产作业飞行1126个小时,比上年增长876.6%,起落5901架次,比上年增长1164%。通用航空企业适航在册航空器总数达19架,其中,江阴华西通用直升机场2架,亚捷通用航空无锡有限公司14架,无锡华飞通用航空有限公司3架。

(杨 华)

【欧美洲际货航开通】 5月18日和10月29日,苏南硕放国际机场分别开通无锡—德国哈恩、无锡—美国辛辛那提和芝加哥两条洲际货运航线,每周7班,频次列全省第一,初具国际货运枢纽机场规模。苏南地区聚集着大量世界500强企业和跨国企业,仅无锡、苏州两地,2017年GDP之和约为上海的92%,纳入海关统计的国际空运货量约89.7万吨,为苏南硕放国际机场发展国际货运提供市场基础。这两条洲际货运航线的正式开通,在无锡架起欧美洲的空中桥梁,不仅为苏南地区广大外贸企业提供更加便捷、高效的航空服务,帮助他们更好分享"一带一路"倡议的发展红利,更能显著提升无锡现代物流服务业的国际化水平和区域竞争力,对无锡乃至苏南地区经济社会高质量发展产生积极影响。

(杨 华)

【智慧机场建设】 6月29日,苏南硕放国际机场"新一代智慧出行"首发仪式在机场国内出发大厅顺利举行。"新一代智慧出行"打通民航旅客服务中值机、安检、登机环节,完成旅客智慧航显、"刷脸"安检和"无纸牌"登机完整的服务流程,实现"无纸化"出行。乘机旅客通过苏南硕放国际机场官微或者航空公司网站进行网上值机后,如无行李托运,可直接凭身份证经过安检和登机口的人像识别系统无障碍快速通关;如需托运行李也可在机场自助行李柜台办理后,再通过安检。

10月29日,无锡至美国洲际货运航线正式开通 (王 果 供稿)

人证合一毫秒级的识别速度，可有效减少旅客排队等候时间；系统精确判断旅客身份，通过比对安检和登机口采集的旅客信息，保证登机旅客身份的有效性，大大提升民航运输安全；安检和登机全程无纸化，也使整个出行更加高效、便捷和绿色。

（杨　华）

【保障能力提升】 2018年，苏南硕放国际机场立足区域性枢纽机场的发展定位，不断提升机场保障能力。9月6日，苏南硕放国际机场顺利通过机场使用许可换证升级审定，飞行区等级由“4D”升为“4E”级，可满足B747全载及A340等四发远程宽体客机运行，进一步加大“大飞机”引进力度，提升苏南地区对外互联互通能力。10月30日，获得民航局批准设立进近管制室，成为华东地区第二家成立进近管制室的地方机场，踏出机场管制由程序管制向雷达管制转变的关键一步，大大缓解以往空域狭小、可用高度层少、难以调配的局面，实现无锡进近管制区域内所有民用航班由无锡进近直接指挥。12月30日，机场国际航站楼国际出入境流程改造完成，总投资1.14亿元，改造面积达2.53万平方米，新建连廊600平方米，新增E类登机桥1座。新建边防检查通道32个，其中自助通道12个，值机柜台达22个，硬件和软件同步升级，大幅提高服务效能和旅客通过效率，能满足2025年国际年旅客吞吐量达到150万人次的设计要求。

（杨　华）

【无锡丁蜀通用机场完成前期手续】 2018年，无锡丁蜀通用机场前期手续基本完成。无锡丁蜀通用机场位于宜兴市丁蜀镇东北大浦村西南侧，总体规划以“一次规划、分期实施、滚动发展”为基本原则，项目一期占地33.13公顷，首期计划按照A1级通用机场标准建设，新建一条长800米、宽30米的跑道，另设置综合办公楼、机库、通信、气象、动力中心等必要的配套设施，一期建成后主要开展应急救援、森林防火、飞机组装试飞、飞行训练、机务维修、空中游览、航拍航摄、短途运输等业务。远期按照4C级通用机场标准建设并预留建设用地。年内，无锡丁蜀通用机场先后通过军方选址批复、协调省政府与军方签订军地保障协议、获得省发改委项目建议书批复、完成项目环评、通过省国土厅用地预审、获得省发改委可研批复、完成初步设计评审等一系列工作，前期手续基本完成。

（杨　华）

【民航无锡空管站开工建设】 9月10日，民航无锡空管站开工建设。民航无锡空管的功能在于为辖区内民用航空机场提供航空器进离港管制指挥服务，为苏南硕放国际机场提供空中交通管制服务。空管站位于新吴区硕放雪梅路西侧、锡钦路北侧地块，包括空管业务大楼、综合办公楼、空管训练用房等，年内开工建设空管训练用房，总建筑面积7077平方米，建筑层数6层，建筑高度28.95米，配套消防泵房建筑面积55平方米，建筑层数1层，建筑高度4.5米，并配套建设暖通、给排水、消防、绿化以及室外总体等设施。年底消防泵房和消防水池已封顶，正在进行空管训练用房五层脚手架和模板的搭设。

（杨　华）

铁　路

【概况】 2018年，铁路无锡站面对站改施工任务重、经营形势严峻的局面，牢牢把握安全、服务和经营等中心任务，紧紧围绕“强基达标、提质增效”工作主题，努力适应铁路创新发展新形势新要求，较好完成全年各项任务。全年共办理到发旅客4297.32万人次，比上年增加117.41万人次，增长2.81%；完成运输收入23.96亿元，比上年增加1.14亿元，增长5%；完成其他业务收入1518万元。全年完成装车22336车，货物发送66万吨。车站全年消灭一切事故，确保“两会”、上海进博会等重点时段的安全稳定，连续实现第七个安全年，先后荣获无锡交通运输行业“先进企业”和中国现场管理“五星级服务现场”称号。

（魏　玉）

【运输安全管理】 2018年，铁路无锡站坚守政治红线和职业底线，准确把握安全管理现状，明确“两手抓”安全管理思路，持之以恒抓好落实，实现行车、旅客、施工等安全关键持续受控。深化“三位一体”（班组、车间、科室三位一体）安全保障体系建设，突出人防核心，修订完善全站121个管理岗位、58个生产岗位的安全生产责任制和《车站行车工作细则》等技术规章，推进安全风险管控和安全隐患排查治理双重预防机制建设，优化安全质量考评机制，持续增强专业管理能力，提升安全管理水平。年内，铁路无锡站投入157.1万元，强化物防、技防措施，提高科技、设备保安全能力。强化安全隐患整治，深入开展调车、施工、安检查危、消防等安全专项整治活动，抓好闭环整改。坚持不懈推进标准化建设，实现“三位一体”标准化创建全覆盖。12月31日实现连续安全生产2628天。

（魏　玉）

【服务品质提升】 2018年，铁路无锡站抓好管理基础，重新修订客运服务质量管理、旅客投诉处理实施细则，进一步规范服务标准和流程。强化服务质量奖惩考核，将服务质量与职工收入挂钩，促进现场服务质量提升。坚持以旅客需求为导向，积极推行畅通工程，增加无锡站南进站口安检通道和无锡东站实名制验证设备，增加候车室自助取票机和进出站闸机，开通无锡城际站与地铁车站免检专用通道。深入推进“厕所革命”，实施“所长制”和星级评定管理，认真开展客运站车厕所达标活动和厕所整治“四个一”活动，厕所软硬件水平得到质的提升。优化扫码支付，配备AED急救设备，完成沪宁城际售票厅服务台建设，完善商务座服务等服务新举措。针对既有站新候车室搬迁、施工转场等情况，适时调整优化候乘组织，未发生一起相关责任投诉。年内共为重点旅客服务417人次，收到锦旗、表扬信146件，受到中央、地方各类媒体报道200余次。

（魏　玉）

【无锡站改造竣工】 12月10日，铁路无锡站改造工程竣工投入使用，成为沪宁铁路线上继上海、南京和苏州之后的第四座站房双侧高架候车室，车站客运设备设施得到极大改善。京沪既有线无锡客运站于2016年5月起实施改造,历时31个月。开通后,南北高架候车区域连成一体,新客站候车面积达1.8万余平方米。南、北站房通过高架候车室联通,出站地道实现南北贯通,形成"两场一站"的全新格局。旅客候乘采用"上进下出"的流线布局,更加方便快捷。新建"12306"线下服务中心,重新规划建造太湖明珠雷锋服务站,为旅客提供更加重点化、人性化、个性化的服务。

(魏 玉)

【获评全国五星级服务现场】 2018年,铁路无锡站秉承"交通强国、铁路先行"的战略目标,围绕"质量创新求发展,优质服务树品牌"的主题,进行星级服务现场创建"一心、二效、三节"(以顾客为中心,提升效率和技能,优化节拍、节省时间、节省资源。)为中心,突出高铁和旅客安全,突出经营质量和效益,突出队伍素质和管理水平升级,在保障旅客"三个出行"服务过程中打造服务品牌,创新服务细节,优化资源配置,美化候车环境,引导职工广泛参与现场管理,提高工作效率,提升综合服务水平,对现场服务过程进行改进,满足现场服务的需要,向社会展示铁路服务旅客的良好形象。在2017年获评江苏省现场管理星级评价五星级现场基础上,对创建过程中存在的薄弱环节进行精准补强,2018年荣获中国现场管理星级评价"五星级服务现场"称号,成为铁道行业唯一一家获评全国五星级现场的单位。

(魏 玉)

公 路

【概况】 2018年,无锡公路建设完成投资54.55亿元。苏锡常、常宜、宜长3条在建高速公路加快推进,锡宜和沿江高速公路扩建、锡太高速公路等前期工作有序推进。262省道宜兴段建成通车,340省道无锡段等项目开工建设。229省道江阴青阳至惠山西漳段(一期)等5个项目全面启动。全年开展复工检查1次、路面改造工程专项检查1次、在建工程综合检查4次,工程质量总体稳定可控,工程实体主要指标单点合格率达98%,工程质量优良率继续保持98%以上。122省道江阴世纪大道段通过省厅公路中心验收前专项检查,341省道无锡马山至宜兴周铁段工可获得省发改委批复,312国道无锡段快速化改造工程列入无锡市交通基础设施建设三年行动计划。262省道无锡宜兴段改扩建工程被评为全省示范项目。江阴芙蓉大道快速化改造工程被省厅命名为江苏省公路水运品质工程市级创建挂牌项目,259省道锡山段路面改造工程和340省道无锡段改扩建工程惠山东段列为无锡市第一批市级品质工程示范创建项目。提请市政府出台《关于进一步加强"四好农村路"建设的实施意见》,江阴市、宜兴市圆满完成"四好农村路"省级示范县创建任务。新改建农村公路69千米、桥梁48座,全市808个行政村双车道四级公路覆盖率达100%,保持全省领先水平。

年内,完成全市普通国、省道路网统计调整,对19条普通国、省道小修保养进行招标,对312国道、346国道非双优路段进行提升,全市普通国、省干线公路技术状况MQI大于92,优良路率高于95%,按计划完成5条省道养护大中修和滨湖胡埭养护工区标准化建设任务,对16座桥梁支座和7座桥梁伸缩缝进行专项处治,锡澄运河大桥健康监测系统建成并联网运行。新建农路桥梁16座,完成安防工程16.8千米,各项路况指标优于全省平均水平。开展交通运输行政执法质量大检查活动,成立e路畅行公路专业法普法志愿服务队,开展公路专业法宣传活动,深化"放管服",全年向市双公示平台推送行政许可信息22条,查纠国、省干线公路涉路事件254起、处罚88起,办理行政许可22件、超限运输许可核查37件,实施普通国、省道安防工程181千米,对7条国、省道标志标线进行更新改造,对14个普通国、省道集镇段标线进行出新,对122省道秦望山、凤凰山隧道入口段开展交通安全设施调查及专项整治,联合公安部门进行隧道安全风险辨识评估。明确5个治超站、3个收费站为重点执法路段,全市公路超限检测站公安交警派驻率100%,查处超限超载车辆2500余辆,累计卸驳载货物1.8万余吨,超限率实现省控目标。落实环境整治五项行动,完成市政府年度整治任务。加强政府还贷普通收费公路通行费收入下放管理,完成收费站高清车牌识别系统软硬件改造,应用ETC、MTC、电子月票、电子支付等高效便民收费方式,认真落实收费公路优惠政策,全年依法减免各类车辆通行费440余万元,宜漕收费站按照省政府要求从2018年1月1日0时起终止征收车辆通行费。104国道宜兴收费站完成潮汐车道改造,提升通行效率。全年建成视频监控和二类交通站点各10个、一类交调站点4个。编制路网信息专报60期,处置路网事件220余起,发布路网信息5000余条。落实上级"平安交通"三年行动计划要求,组织特殊时段安全综合督查21次,公路安全生产责任书签约率、安全工作履职报告书覆盖率100%。完成"两会""安全生产月""进博会"保畅等活动以及非洲猪瘟防控、防范船舶碰撞桥梁等专项行动。开展第三方安全检查及安全生产风险辨识评估工作,提升公路风险防控能力。342省道智慧公路建设方案通过省交通运输厅审查,加强绿色公路建设,全年开工建设钢结构桥梁5座,262省道宜兴西氿大桥三跨连续钢桁梁桥项目申报江苏省建筑业十项新技术应用示范工程,开展省级科研课题研究和2个市级QC小组活动,沥青路面施工质量管控、BIM技术以及沥青下面层就地冷再生、半刚性(灌入式)工艺、连续配筋钢筋混凝土工艺等在建养管各个环节得到广泛应用。

公路客货开辟新线,辐射到全国各地。无锡客运有限公司更名为"无锡客运集团有限公司"。无锡公路管理处通过全省交通运输文化建设示范单位复核,8个基层党组织被评为省、市公路系统"两聚一高"行动队。

(丁 悦)

【苏锡常南部高速公路建设全面推进】 2018年,苏锡常南部高速公路建设全面推进。完成投资17.04亿元,实物工作量 10.82 亿元，累计完成投资 23.73 亿元。CX-WX1 标基本完成软基处理和钻孔灌注桩，路基填筑、桥梁上部结构稳步推进。太湖隧道标段完成驻地和三场建设，CX-WX2 标、CX-WX3 标分别完成钢板桩围堰 6120 米和 6100 米，主体结构底板分别完成 360 米和 720 米，侧墙分别完成 90 米和 240 米，模板台车已进场试拼。CX-WX4 标完成驻地及三场建设，开展软基处理和桥梁下部结构施工。房建工程完成综合楼基础，宿舍楼完成封顶。马山段涉拆国土住宅 22 户（含线外带拆 10 户），红线范围内 12 户已全部拆除，涉拆国土非住宅 13 家，已全部拆除，马山 2.98 千米已全部移交。山水城段线内涉拆住宅 308 户和非住宅 43 户已拆迁完毕。协调解决无锡段线外临时用地 18.67 公顷，完善湖面 1.8 公顷补偿方案，并协调解决 1.8 公顷征地手续以及水利部门审查。无锡段拆迁累计完成投资 13.35 亿元（前期总投资约 13.4 亿元），其中，拆迁 9.95 亿元，征地费用 2.16 亿元，耕地占补平衡费 1.24 亿元，累计完成占总量的 100.1%。

（孙　华）

【宜长、常宜（无锡段）高速公路全线开工建设】 2018 年，宜长、常宜（无锡段）高速公路全线开工建设。宜长高速是宜兴至长兴高速公路江苏段，全长 25.45 千米，双向六车道，设计时速 120 千米 / 小时，总投资 39.8 亿元，已完成工程征地拆迁等前期工作，累计完成投资 8.5 亿元，占总投资的 21.4%。常州至宜兴高速公路无锡段全长 3.9 千米，双向六车道，设计时速 120 千米 / 小时，总投资 10.2 亿元，工程征地拆迁等前期工作基本完成，累计完成投资 4.7 亿元，占总投资的 46%。

（李　聪）

【262 省道环科大道南延段建成通车】 2018 年，262 省道环科大道南延工程建成通车。该项目北起老 104 国道与环保大道对接处，路线向南跨芜申运河，终点位于 G104 和 S342 交叉口，全长 5.29 千米，路基宽度 55 米，其中，西氿大桥全长 1.25 千米，设计宽度 42 米，主桥为三跨连续钢桁梁桥，引桥为预应力砼组合箱梁，桥面铺装采用钢桥面复合浇注式沥青新技术。

（李　聪）

【无锡 342 省道智慧公路方案设计通过审查】 12 月 27 日，由市公路管理处负责实施的“无锡 342 省道智慧公路（试点示范项目）”方案设计顺利通过由江苏省交通运输厅科技处组织的设计审查。无锡 342 省道智慧公路（试点示范项目）以智能化预警、快速化响应、扁平化指挥、联动化服务、低碳化养护为目标、建设全省首条示范智慧公路项目（省道 342），加快推进感知、互联、智能、创新、协同的综合发展。自 3 月开始启动项目建设以来，充分调研分析国内外智慧公路发展趋势，无锡 342 省道现状和建设需求，经过近一年的努力，以安全提升、效率提升和服务提升为目标，从公路多要素感知、智慧决策、标准规范等方面创新性提出多源感知、智慧路脑、出行服务、安全运输、高效管控、支撑保障等功能结构六大建设主题，为建设具有针对性强、可落地、可复制、可推广的智慧公路江苏示范工程奠定良好基础。

（周长春）

【首座钢桁梁桥西半幅安装顺利合龙】 2 月底，262 省道宜兴段全市首座西氿大桥主桥西半幅钢桁梁安装顺利合龙，为西氿大桥的全面建设奠定坚实基础。西氿大桥桥梁总长 1247.52 米，其中，主桥为三跨连续钢桁架桥，跨径分别为 101.7 米 +130 米 +101.7 米，钢板均采用 Q345qD 型钢板，下部结构主桥采用三角形墩、钻孔灌注桩基础；引桥为预应力混凝土组合箱梁，采用柱式桥墩、桩柱式桥台、钻孔灌注桩基础。与普通钢筋混凝土结构桥梁相比，钢桁架桥梁具有跨越能力大、承载能力高、适合于工业化制造、施工不受季节限制，拼装速度快等优点。

（徐　钢　李学建）

【干线公路首次采用灌入式复合路面】 2018 年，342 省道与锡沪路交叉口 1000 平方米的路面首次采用灌入式复合路面新工艺施工。该工艺是结合水泥路面和沥青路面特点，形成的一种新型的路面，是指在基体沥青混合料（空隙率 20% ～ 28%）路面中，灌注以矿粉、水泥、细砂等主要成分组成的灌入材料而形成的半柔性混凝土复合路面，其通过骨料（石子）之间的相互嵌挤作用和灌注式的灌入材料共同形成材料强度，提高结构层抵抗荷载作用的能力，具有“刚柔并济”的特点，能有效抵抗路面车辙、拥包等病害的产生，进一步延长公路的使用寿命。

（张　洁）

【芙蓉大道钢箱梁首次吊装成功】 10 月 10 日，江阴市芙蓉大道快速化改造工程东外环路钢箱梁首次成功吊装，皮弄路、大桥路、跨京沪、长山大道等各节点钢箱梁施工相继展开。芙蓉大道快速化改造工程是江阴市城乡建设“1310 工程”十大重点工程项目之一，起点海港大道，终点科技大道，全长 19.416 千米，总投资约 34.54 亿元，全线采用高架与跨线桥相结合的快速化改造模式。为有效提升公路桥梁建设品质，在芙蓉大道快速化改造工程东外环路、皮弄路、大桥路、跨京沪、长山大道等城市化程度高、施工期保通行要求高的重要节点，采用钢结构桥梁跨越的施工工艺进行施工。钢结构桥梁具有跨度大、抗扭刚度大、强度高、自重轻、预制加工方便、施工周期短且不受季节影响、整体性好、外形简洁美观、对外部环境影响小等优点，与混凝土桥梁相比，钢结构桥梁能减少上部结构自重，获得更大的桥下净空。2017 年 12 月 22 日，芙蓉大道快速化改造项目确定为江苏省《钢结构桥梁质量检测与评定标准》依托工程，指标检测数据为《钢结构桥梁质量检测与评定标准》的制定提供数据支撑和现场验证。芙蓉大道快速化改造钢箱梁运用的施工，不仅积累钢结构桥梁施工经验，更为钢结构桥梁的质量检验与评定积累原始资料和可靠的数据，对制定江苏省《钢结构桥梁质量检验与评定》地方标准有着重要的意义。

（袁静菊）

【首次采用新型泡沫混凝土填筑工艺】 9 月 9 日，江阴市芙蓉大道快速化改造工程京沪高速西侧桥头段高填方处首次采用新型泡沫混凝土填筑工艺。新型泡沫混凝土填筑工艺，是轻质泡沫混凝土新工艺，也是一项改变常规桥台背填筑工艺方法的革新型技术。该泡沫混凝土是通过发泡机的发泡系统将发泡剂用机械方式充分发泡,并将泡沫与水泥浆和其他外掺材料按一定比例充分均匀混合,再经发泡机的泵送系统进行现浇施工,经自然养护形成的一种含有大量封闭气孔的轻型填筑材料。该工艺具有环保性好、密度小、质量轻、防水好、施工方便、强度大于常规回填土等特点,填筑后形成一个整体,具有抗冲击性能好、无侧向压力、对地基荷载小等优势。新型泡沫混凝土填筑工艺,不仅可以有效缓解路基沉降与桥涵结构物的不均匀沉降,还能大幅度降低填土荷载,减少软基的附加应力,对抑制沉降和侧移、提高路基稳定性、降低桥头跳车、提高道路舒适性起着重要作用。

(袁静菊)

【智慧交通建设与产业发展高峰论坛】 6月16日,由无锡市土木建筑工程学会和江苏中设集团股份有限公司共同举办的“智慧交通建设与产业发展高峰论坛”在湖滨饭店隆重举行。此次论坛以“智慧交通、引领未来”为主题,旨在贯彻落实国家《交通运输信息化“十三五”发展规划》及《智慧交通发展行动计划(2017～2020年)》等文件精神,汇聚新形势下交通运输发展合力,积极参与国家、省市“互联网+交通运输”的建设。江苏省交通运输厅、省公路局、航道局以及全省各有关市的交通局领导参加本次论坛,安徽、江西等地交通系统部分领导也应邀参加此次活动,无锡市交通系统各有关单位以及规划、建设、市政园林、交警等单位领导参加会议。

(鹿　森)

【沪宁高速公路无锡段指挥中心揭牌】 1月4日,无锡段指挥调度分中心正式更名为无锡段指挥中心,“一路三方”(沪宁高速公路、沪宁高速公路无锡管理处、无锡高速交警大队、江苏省交通运输执法大队)相关负责人共同揭牌,至此,无锡段一路三方联勤联动工作机制正式落地。此次更名实现“融三家为一家”的目标。在更名过程中,无锡处广泛听取“一路三方”对于牌面制定的建议,精心设计版面,保留大部分字体,增加各单位标识,达到一目了然、整洁大气的效果。

(平　成)

【新型双组份标线试用效果显著】 7月,3M(中国)上海有限公司在沪宁高速无锡段NHK145-147处1车道免费试用新型双组份标线技术,极大增强该路段标线夜间反光警示效果,提高车辆夜间通行安全系数。新型双组份标线施工工艺与原热熔标线基本相同,主要区别是原热熔标线仅撒布玻璃珠,而新型双组份标线按规定比例同时撒布玻璃珠和特殊陶瓷颗粒,标线涂料改用丙烯酸酯类双组份材料,并每间隔15米增设一处反光道钉。该新型标线具有两个显著优点:一是逆反射系数高。该标线涂料本身逆反射系数检测数值较普通热熔标线高出4～5倍,同时配合反光道钉的使用,夜间反光效果十分明显;二是耐磨性强。该新型标线采用双组份标线涂料,涂料的附着力、耐磨性和耐候性能,均较普通热熔标线有明显提升,理论使用年限是普通热熔标线的3～4倍。通过近1个月的跟踪观测,该新型标线的夜间尤其是雨夜的反光效果甚好,可以给驾乘人员明显的车道分隔警示,减少交通事故的发生。统计数据显示,使用该新型标线后,上述路段夜间交通事故比上年降低33%。

(张　澄)

【两项课题获省级评奖】 11月中旬,沪宁高速无锡指挥中心QC小组“照明设施经纬仪光控控制柜的研制”课题获评2018年江苏省优秀质量管理小组活动一级技术成果,是全省交通行业仅有的两个一级课题之一。机场站起飞落地QC小组“串接车道遥控抬杆装置的研制”课题则获评二级技术成果。年内,江苏省质量管理协会首次开展优秀质量管理小组活动成果技术等级评定,贯彻落实《中共中央国务院关于开展质量提升行动的指导意见》精神,全省共评出一、二、三级技术成果共216项。

(陈　亮)

【国内首个高速公路主线救援驿站启用】 1月31日,国内首个高速公路主线救援驿站在沪宁高速公路无锡段正式投入使用,驿站位于无锡段上海方向硕放枢纽下匝道减速车道旁,占地14.4平方米。无锡管理处充分考虑安全防护效果,分别采用加固防撞护栏、加密护栏立柱、加装平台扶手、安装顶端警灯、设置监控抓拍、装配防溅石金刚网、漆划路面警示标识、安装漏电保护及避雷装置、使用高稳定性钢管桩基础等十余项防护举措,并严格按照《高速公路交通工程及沿线设施设计通用规范》等3项JTB系列标准、5项GB系列规范建造。救援驿站涂装为浅灰白色,外立面和顶部喷涂沪宁高速标识,突出企业形象和驿站应急救援驻点功能。该救援驿站的建成,较好地提升10分钟现场到达率,进一步推进沪宁高速公路超大流量路段应急救援零距离。

(丁志伟)

【无锡汽车客运西站投入运营】 8月17日,无锡汽车客运西站正式投入运营。无锡汽车客运西站的正式运营,填补作为无锡重要的区域性交通枢纽的城铁惠山站区没有长途汽车客运站的空白。西站位于城铁惠山站区从商路与站前路交叉口东南侧,沪宁城际铁路惠山站东侧,车站占地面积1.73万平方米,站房面积8400平方米,停车场面积6500平方米,是按照国家二级资质标准建设的汽车客运站。无锡汽车客运西站与沪宁城铁、公交、出租、地铁(在建)等多种交通方式紧密衔接,满足锡西及周边片区百万居民的出行需求,西站重点发展配载、始发和定制3种客运线路,并有效整合区域内的过境配载车辆,开通省、市班线35条,班线遍及安徽、江苏、四川、河南等地,日发班次60余班。

(惠　勤)

【无锡客运志愿者获殊荣】 3月23日,无锡客运骐骥志愿者公益服务队队员陈旭荣获2018年中国青年志愿服务春运“暖冬行动”优秀志愿者荣誉称号。无锡客运骐骥志愿者公益服务队成立于2016年11月,是一支由无锡客运青年团员发起,弘扬志愿者精神的志愿服务组织,主要开展公司业务宣传、社区服务、支援盲人、扶贫济困等各类志愿服务活动。服务队通过不到两年的时间,共发展注册志愿者115名,累计工时达1500小时,参与活动的志愿者数量达550人次。

(惠　勤)

公共交通

【概况】 2018年，无锡城市公交认真落实“公交优先示范城市”创建各项任务，市区新辟、优化公交线路41条，新增、更新新能源公交车辆582辆，公交万人标台数达18.4，公交出行群众满意度测评达86.73%，发展指标持续向好。无锡市公共交通集团有限公司拥有常规公交线路259条，微巴7条，定制公交89条，运营车辆2985辆，日均客流67万人次，单日最大客流85万人次，营运班次8447个，日均营运里程30万千米。“锡巴士”定制公交开通一年多以来，累计运送乘客100余万人次，陆续开通专线定制、校园定制、企业定制、个人定制等业务。日常运营的定制线路100余条，线路覆盖滨湖区、梁溪区、新吴区、锡山区、惠山区等区域，市民出行更加方便快捷。圆满完成物博会、才交会、世界击剑锦标赛、“锡马”环太湖自行车赛等重要活动期间，公交线路调整、接驳和车辆保障任务。

2018年，无锡公交集团先后获得“无锡市十佳敬老模范单位”“交通运输节能减排示范企业”“江苏省交通运输文化先进单位”“2017～2018年度安全生产工作先进单位”等荣誉称号，在2018年世界击剑锦标赛的交通运输保障工作中获得“最佳赛事服务奖”和“金牌服务单位”称号。邵坚林被评为“江苏省文明职工”，138路获“无锡市工人先锋号”“江苏省工人先锋号”称号，驾训队获2017年度“江苏省机动车驾驶培训学校培训质量信誉AA级”荣誉。出租汽车管理更加规范，行车形势更加稳定，有10家公司取得网络车许可，核发网约车道路运输证4206张，驾驶员9028人，牵头起草并提请市政府出台《关于鼓励和规范互联网租赁自行车发展的实施意见》，“共享单车”进入规范管理阶段。实现公共交通一卡通互惠。

（徐天南　蒋艳骅）

【新辟公交线路】 2018年，无锡市公共交通集团有限公司新辟线路5条，优化调整一批公交线路。新辟线路为:3月15日起，新辟公交黄巷医院微巴线，由旅游商贸学校始发，途经广石路、水澄路、广澄路至黄巷医院后循原线返回。停靠站点:旅游商贸学校、旅游商贸学校(水澄路)、黄巷医院站。8月18日起，新辟公交811路，由无锡东站始发，经翠山路、兴越路、先锋路、锡沪路、锡东大道、大成路、水岸街、文瑞路、锡东大道、锡山大道、新韵路、万泉路、润锡路、兴越路、翠山路至终点站。4月21日起，新辟新世界国际微巴线，由团结路公交停车场始发，经团结路、锡沪路、纺城大道、纺和路、东一路至新世界国际总站。9月1日起，新辟公交613路，由洛社客运站始发，经钱洛路、新兴路、园中路、洛杨南路、杨市园人街至杨市客运站后循原线返回。11月1日起，新辟华盛苑微巴线，由华盛苑北门始发，途经锡南路、周新路、立信大道、大通路、信成道、观山路至海岸城公交停车场。

（蒋艳骅）

【惠山区寺头公交总站启用】 6月28日，惠山区寺头公交总站正式启用。该场站位于西漳地区寺头家园北侧，是地铁西漳站区的配套公交场站，交付使用的一期项目占地3700平方米，配备站内办公、调度、司乘休息等配套用房约220平方米，配备公交停车位44个，可同时容纳多辆公交车进出。为配合寺头公交总站的启用，当天，公交29路、79路、79路(区)、90路、99路、180路、507路7条线路入驻运营，沿线增设停靠寺头公交总站、西漳公园、地铁西漳站、惠山区政务服务中心等站点，方便寺头家园片区的居民至市中心中山路、人民医院等地的出行，同时有效解决阳光100、牌楼社区等片区居民至西漳公园、地铁西漳站、天一站及区政务服务中心的出行，填补天一新城天昌路、天明路、凤宾路的公交空白，进一步满足周边居民出行的多样化需求。

（杨江峰）

【“萌萌巴”公交体验活动】 12月28日，无锡公交集团在瑞景道公交停车场举办“萌萌巴”公交体验暨新车上线活动。活动现场设置静态展示、充电展示、驾驶员日常工作展示和试乘等多个体验项目。投用“萌萌巴”是无锡公交集团满足市民个性需求、公交多样化发展，打通“最后一公里”又一项新举措，是无锡公交集团与国内知名交通设计规划院校合作，本着“常规公交送到站、定制公交送到点、微循环公交送到家”的理念，对无锡市公交线网进行整体统筹规划、整合，优化公交线路、线网布局，弥补城市边缘地区、乡镇公交线网盲点、盲区的尝试。场内设置微型环线，2辆“萌萌巴”在停车场完成充电演示后，进行循环行驶，“萌萌巴”车型小巧，拐弯、掉头灵活，在启动和运行过程中更平稳，噪音

12月28日，无锡公交集团在瑞景道公交停车场举办“萌萌巴”公交体验暨新车上线活动。

（孙　罡　供稿）

小，更舒适。体验活动结束后，20辆“萌萌巴”公交新车从海岸城公交停车场始发，在151线路上正式投放。无锡市交通局、市交通产业集团、市运管处领导，各区交通局、运管处领导，市公交集团领导，巴士之友、乘客委员会代表以及员工家属代表参加本次活动。

（陈 均 朱 苗）

【江阴公交移动支付APP“全澄通”上线】 12月28日，江阴城市公交移动支付APP“全澄通”正式启动上线。“全澄通”APP是江阴公交推出的公共出行智能服务平台，整合原“江阴公交一点通”和“江阴公共自行车”APP的所有功能。该系统历经6个多月，在中国人民银行的支持和指导下，先后完成与中国银联的对接、系统平台建设、“全澄通”APP开发及公交设备改造、安装、调试和测试等工作，可以为市民提供实时刷码乘公交、公交实时查询、公交线路规划、公共自行车租赁、公交卡充值、公交定制班车等便民服务。系统可以在苹果手机、小米市场、OPPO市场、腾讯应用保、华为、360、vivo等市场下载。无论是本地还是外地游客，都可以在江阴使用二维码乘坐公交车，实现公共交通领域的“移动支付”。使用“移动支付”乘坐公交车还可以享受票价的九五折优惠。

（谭 洁）

【宜兴公交智能化建设】 2018年，宜兴公交围绕“互联网＋出行服务”主题，大力开展智能公交建设，建成并使用智能公交调度系统，实现线网规划、线路设置、车辆配备、路牌计划等“智能化”，广泛推出“宜兴享出行”掌上公交APP，截至年底已拥有用户3.8万户。在原有刷卡支付的基础上，又推出手机二维码移动支付功能，为市民提供更便捷的多元化支付方式。

（李 聪）

【宜兴市首张网约车经营许可证诞生】 12月，宜兴市首张网约车经营许可证诞生。9月，武汉风韵出行信息科技有限公司宜兴分公司来到宜兴市行政服务中心交通窗口申请办理网约车经营许可证。经过2个多月材料补正、现场核查，该公司已符合《网络预约出租汽车经营服务管理暂行办法》和《宜兴市网络预约出租汽车经营服务管理实施细则(试行)》相关规定，具备开展网约车经营的各项许可条件，通过行政许可审批。

（李 聪）

【顾建明班组热心公益】 2月7日，无锡大众交通公司顾建明班组开展第11次“拥抱孤儿迎新年”公益活动，50多个孩子在15辆爱心车陪同下一起做游戏、游览城区变迁和提前享受火爆饭店提供的年夜饭，为孤儿们营造一个温馨的家。5月16日，在第28个全国“助残日”来临之际，顾建明班组再次携手迎龙桥街道锡山新村开展“心灵之约，携手助残”公益爱心活动，班组21名成员带领80多名残疾人畅游海底世界，参加此次活动的残疾人，年纪最大的87岁，年纪最小的13岁。6月5日，在无锡大众举行的“红丝带爱心送考”启动仪式上，“工人先锋号”顾建明班组的21辆出租车向社会承诺，为困难考生免费送考，同时向公司的549辆车发出倡议，在2018年高考期间，考生只要看到无锡大众系有红丝带的出租车，凭准考证就能免费送考。

顾建明班组自2007年9月成立以来，先后组织并开展上百次公益爱心活动，曾开展社区老干部、老劳模、残疾人、特困家庭、孤儿院畅游锡城，欣赏蠡湖中央公园、内环隧道、海底世界等锡城景点，饱览秀丽、品质、魅力、生态的锡城变迁和发展，感受城市日新月异的新面貌。顾建明班组是一个优秀的团队，曾被全国海员建设工会、省交通运输系统先后授予“工人先锋号”称号，团队中共涌现出全国先进个人4人，省级先进个人7人，市级先进个人21人，成为无锡市客运出租行业文明创建的先进代表。2013年获得省交通厅出租汽车行业“十佳品牌”车队，2014年荣获“全国工人先锋号”称号。

（王建忠）

【扫码乘车民生项目】 5月30日，无锡市民卡公司推出的集刷卡、扫码于一体的新型“聚合支付”车载机具系统在全市3000多辆公交车上完成安装，实现全市公交车POS机具的更新升级。无锡全市所有公交线路的公交车辆均支持二维码扫码乘车，至此，无锡公交车迈入全新的“互联网＋扫码”时代。该民生项目自运行上线以来，公交扫码量从最初的日均10笔左右，增长到日均3.5万余笔，电子太湖交通卡开卡用户达91万户。无锡市已成为全国为数不多的全线覆盖刷卡、扫码一体机的城市。

（班素红）

【共享单车发展实施意见出台】 7月20日，无锡市正式发布《关于鼓励和规范互联网租赁自行车发展的实施意见》(以下简称《实施意见》)，对共享单车企业的无序竞争、车辆乱停乱放、押金无法清退、骑行安全和用户信息安全等问题进行规范和引导。无锡市是省内除南京以外，首个出台“共享单车新政”的地级市。《实施意见》明确互联网租赁自行车的定位，即互联网租赁自行车是分时租赁营运非机动车，是绿色交通系统的组成部分，是方便公众短距离出行和公共交通接驳换乘的交通服务方式，并提出不鼓励发展互联网租赁电动自行车。《实施意见》明确互联网租赁自行车规范发展要求，提出加快推进规划建设、强化停车秩序管理、强化企业规范运营、引导用户文明用车、保障用户资金安全、加强信息安全保护、加强信用服务评价、加强监督执法管理等8个方面的鼓励和规范发展政策。

（李俊杰）

地 铁

【概况】 2018年，无锡地铁1号线、2号线全年总客流首次破亿，达1.03亿人次，日均客流28.25万人次，比上年增长12%，最高日客流39.24万人次。工作日高峰期最小行车间隔缩短至6分钟。自开通以来实现连续安全运营服务无事故。全面提升标准化服务能力，着力优化车站服务环境，开展“服务你来谈”专项活动10次，完成家庭卫生间、出入口导向优化、运行图调整等18项贴心服务措施。“码上行”被列为2018年无锡市为民办实事项目，至2018年年底，累计注册客户达73万人，地铁乘车使用率为30%。地铁乘客满意度达到87.5分。地铁每千米运营成本控制在1000万元以内，2018年共节约成本4059万元。在建的地铁3号线一期工程实现全线隧道贯通,19个新建站点全部实现主体结构封顶,全线进入轨道施工阶段。地铁1号线南延工程全线隧道贯通且实现电通,全线进入设备调试阶段。地铁4号线一期工程全线19台盾构机中10台已经始发,2个区间实现贯通,16个新建站点中8个站点实现主体结构封顶。地铁3、4号线一期工程13个工地被评为江苏省建筑施工标准化星级工地。成立无锡锡澄轨道交通有限公司,无锡至江阴城际轨道交通工程线站位方案、编组方案已基本稳定,工可报告和总体设计编制工作进入专题咨询阶段。无锡至宜兴城际轨道交通工程前期研究工作有序推进。启动新一轮线网规划研究,并配合完成新一轮线网规划成果及线网规划专家咨询。5月15日,无锡地铁建设专项劳动竞赛正式启动,标志着无锡轨道交通基础建设重大工程入选2018年全省十大重点工程劳动竞赛项目。11月27日,全国城市轨道交通工程质量安全联络员会议在无锡召开,来自全国20个省、4个直辖市、2个自治区及37个城市的地铁建设主管部门相关人员参会,各地围绕加强质量安全管理、落实责任方面深入交流经验做法,并研究部署下一步重点工作,共同创造城市轨道交通高质量发展新局面。

(周　明)

【地铁1号线南延线全线“轨通”】 9月21日,无锡地铁1号线南延线完成最后一组短轨接缝的焊接,全线实现“轨通”,成为继“洞通”后迎来的又一重大里程碑节点。无锡地铁1号线南延线正线全长5.2千米,从既有1号线长广溪站始发,途经雪浪站、葛埭桥站和南方泉站,共计三站三区间,铺轨总里程10.4千米,在全国首次应用“半机铺半散铺”工艺,并取得包括矩形隧道内组装轨排工艺、铺轨龙门吊改进、水沟模板工装改进等13项技术改进和科技创新,提升工程质量和施工效率。此外,无锡地铁首次引进国内先进的高速铁路CP Ⅲ测量技术,铺轨施工控制精度大幅提高,有效提升轨道平顺性,实现减振、降噪和减少轮轨磨耗,提高乘客乘坐舒适度,延长设备使用寿命。

(周　明)

【地铁3号线一期工程隧道全线贯通】 10月30日,在无锡地铁建设十周年之际,经过两年半紧张的建设,无锡地铁3号线一期工程迎来全线洞通的历史性节点。无锡地铁3号线一期工程由西北到东南斜穿无锡城区,起于惠山城铁站,止于硕放机场站,全长28.8千米。工程沿线环境复杂,地质变化频繁,线行设计复杂,仅北栅口三院站—无锡火车站区间,就有6次下穿河流、2次下穿京沪普铁及沪宁城际铁路,施工难度大、风险高。为此,施工人员加强监测、严格控制盾构掘进参数、管片等,在施工中首次采用土体冷冻和箱体+泡沫轻质土盾构接收技术,确保安全、优质下穿高风险区间段。

(周　明)

【中国首个城市轨道交通顶管法联络通道贯通】 12月26日,中国首个城市轨道交通顶管法联络通道在无锡地铁3号线一期工程高浪东路站至周泾巷站区间顺利贯通,为中国轨道交通联络通道的建设揭开崭新的一页。顶管法联络通道以其施工工期短、成本低、安全性高、环境影响小、适用范围广等诸多优点,适用于软土地质地铁盾构区间、公路隧道、地下管廊、电力隧道等工程的旁出结构和联络通道工程,今后不仅可用于地铁施工当中,还可推广至深层排水隧道、市政管廊和地下空间联通等施工领域。

(周　明)

【地铁2号线率先运用国产化IGBT技术】 2018年,无锡地铁运营分公司以行业前沿技术为依托,推动TIM1000NSM33型国产IGBT在地铁行业的首次装车试运行。IGBT是高端领域各类设备核心部件,被广泛应用于牵引传动、电力传输、能源变换等领域,是地铁车辆牵引逆变器的核心部件。IGBT已在无锡地铁2号线顺利装车,完成动态性能调试并上线运行载客,上线运营情况良好。与传统的IGBT相比,国产IGBT具有价格更低、服务响应更快、尺寸相当、电流输出能力更高、富裕容量更大、损耗更低、使用寿命更长的特点,有效解决进口IGBT市场垄断、价格昂贵等问题,对降低地铁车辆维修成本、关键零部件国产化、维修自主化等具有重大意义。

(周　明)

【无锡地铁启动首列车架修工作】 12月10日,无锡地铁运营分公司在架修基地举行车辆架修开工仪式暨党建“同行共建”号挂牌仪式,标志着无锡地铁首列车架修启动。为做好车辆架修工作,无锡地铁运营分公司精心筹备、广泛调研,吸收引进行业先进技术,结合无锡地铁现状,通过搭建数字厂房、建设模拟流水线,打造车辆架大修智能化生产管理新模式,精简架修人员架构,采用激光除锈等先进工艺,减少周转件配置数量,实现降本增效,形成具有无锡特色的“智能化、信息化、标准化”的架修。同时,无锡地铁与中车南京浦镇车辆有限公司通过党建联盟实现“学习共促、组织共建、人才共培、技术共享、智能互通”合作目标,把双方的思想政治优势、组织建设优势、群众工作优势转化为人才互补优势、技术支持优势、企业管理优势、生产竞争优势和持续发展优势,提升装备技术水平,提高维保服务质量,共同打造智能化、标准化的架修维保平台。

(周　明)

水　路

【概况】 2018年,无锡航道部门完成投资600万元。锡澄运河市区段主体工程加快推进,151号铁路桥特大桥水中墩调跨方案获得上海铁路局批准,工程范围内的非住宅拆迁全部完成合同签订,项目整体完成85%;锡溧漕河拆迁取得突破性进展,和桥段拆迁基本结束,屺亭段完成90%,直湖港段护岸施工全部完成,宜兴段整体完成80%;完成申张线中康桥前期准备,老桥拆除与桩基施工陆续展开。航道普查取得阶段性成果,对无锡市保留货运功能的内河航道进行分层普查,涉及航段94个、过河桥梁995座、沿线港口码头449处,总计993.18千米。贯彻落实航闸养护系列标准建设,扎实推进航道疏浚、护岸维修、航道扫床等日常维护及5项航道养护改善工程,重点干线航道、船闸通航保证率、优良闸次率均达100%。航标正常率达99%。江阴船闸率通过量逾1.41亿吨。苏南运河无锡段和锡澄运河承载内河航运量全国领先,“水运大市”地位得到凸显。开展江阴、宜兴干线航道监控项目的前期工作,完成对芜申运河、锡溧漕河,申张线、锡北线等省干线航道的实地勘察,同步完成初步设计。贯彻实施《中华人民共和国航道法》《江苏省航道管理条例》和《江苏省航道巡查工作规范》,开展各类法治宣传教育活动。严格上航巡查制度,累计巡查航道里程25956千米,拆除违章搭建3处约680平方米,处理违章23起,处罚3起。办理航道行政许可33件,航评27件。进行防范船舶碰撞桥梁专项整治活动,对境内6条省干线航道的17座非一跨过河桥梁上设置桥梁通航净高标尺34套。开展平安交通百日行动。安全检查26次,发现隐患215条,整改率达100%。推进干线航道洁化、绿化、美化。采用全封闭施工、场地硬化处理、安排专人清扫等,有效控制锡澄运河151号铁路桥等重点工程施工工地扬尘。利用“感知航道”系统,对苏南运河实时监控。联合海事、水上公安分局、水利等部门进行水上泥浆运输专项整治,开展夜间突击检查3次。航道转型升级步伐加快。江阴、锡山两个服务区23套岸电设施完成建设。原宜兴、新安、洛社水上服务区覆盖的31套岸电桩全部升级为新一代低压一体化车船复用岸电桩。年内投入干线航道环境整治资金650万元,完成清理垃圾249处,清理碍航设施242处,拆除违章建筑156处,修复损毁补植缺口230处,绿化提升4千米,新增绿化面积320万平方米。与市公安局水上警察支队合作,在苏南运河新安水上服务区设置水警新安检查站,共建平安水上服务区,实行24小时全天候运作。航道服务外延不断拓展,在建的江阴水上服务区投入运营,惠山、锡北线水上服务区建设全面完成,不断优化航道服务便民措施,全面推进具有航道特色的服务品牌建设,巩固水上服务品牌建设成果。全面启用新版ETC便捷过闸系统,严格落实过闸费优惠政策,切实减轻企业和船民负担。

(陈武宁　蒋晓军)

【锡澄运河整治工程市区段建设】 2018年,锡澄运河市区段航道整治工程加快推进。江阴服务区配套设施项目包括业务用房、1号、2号车间以及服务区范围内市政道路、雨污水管道、停车场、绿化景观、照明亮化等,地块总用地面积16915.5平方米,项目总建筑面积4095.83平方米,1月全部完工。项目总投资2500万元。151号铁路桥改建工程重要节点钱皋路中桥(最后一座改造的中桥)开始拆建施工。151号铁路桥改建工程特大桥水中墩的跨径调整方案难点攻克,通过变更施工图审查,水中墩施工全面推进实施。首片T梁于11月架设完成。京沪铁路锡澄运河特大桥全长2195.16米,为双线桥,共计60孔240片简支T梁,最大坡度为6‰,最小曲线半径为2000米,简支T梁有声屏障和人行道钢横梁两种T梁类型,采用DJ168型架桥机进行架梁作业。

(蒋晓军)

【新夏港船闸工程获评江苏交通优质工程】 1月,锡澄运河新夏港船闸工程项目被评为2017年度江苏交通优质工程。新夏港船闸工程是锡澄运河整治工程中建设投资和技术难度最大、建设周期最长的项目,是无锡地区唯一按Ⅲ级航道通航标准建设的复线船闸,船闸规模为2×23×180×4米(船闸线数×口门宽×闸室长×最小门槛水深),项目概算投资5.038亿元,能保障1000吨级单船通过,设计年船舶通过能力单向货运量4173万吨。该项目于2012年11月1日开工,2015年7月17日完成水下工程验收,2015年12月22日通过交工验收投入试运行。

该项目在建设过程中建立和完善工程质量保证体系、安全保证体系和廉政保证体系,将“优质工程创建”和“平安工地建设”贯穿始终,并在全省率先完成水运工程标准化试点、交通工程建设项目管理系统试点、环境监理试点工作,着力提升工程品质。该项目克服建设场地狭小、前期矛盾突出、闸位布置困难、安全监管压力巨大等重重困难,推行工程管理创新、设计创新、科技创新等质量创优措施。特别是首次采用“闸首错位布置、三墙两闸、全钢板桩闸室墙”的全新设计,减少土地占用面积、减少水工结构工程量,节约资金约2000多万元,节能减排和环保、生态效益显著。针对工程地质复杂、闸室钢板桩插打施工难度大的问题,该项目组织开展“错位布置双线船闸闸首结构受力机理及变形控制研究”“高性能钢板桩在船闸工程中的应用研究”等科研攻关,在钢板桩施工中采用“长螺旋预引孔+震动锤+双层导架+水刀辅助沉桩”施工工艺,“提高船闸钢板桩成桩质量”QC小组被表彰为全国交通行业优秀质量管理小组。“一种错位布置船闸的新型结构缝”于2017年4月5日获国家实用新型专利。

(王敏丰)

【老驳岸抢修加固】 4月,无锡航道部门完成锡溧漕河宜兴屺亭段驳岸的抢修任务。7月,无锡航道部门又完成锡十一圩线浒塘桥、南庄村南侧段180米水毁护岸修复加固工程,并于9月通过交工验收。同时,基本完成锡北线水上服务区疏浚工程。10月,惠山航道处修复锡北线耕渎桥段护岸280米,投资100万元。

(蒋晓军)

【杭湖锡线太湖航标加密配布工程通过验收】 1月10日,市航道处组织召开杭湖锡线太湖航标(9～12号标)加密配布工程验收,省交通运输厅航道局、无锡市市区航道管理站的代表及特邀专家参加验收,验收组成员听取市区航道管理站及设计、施工、监理单位的项目介绍,查阅工程文件,并对新建航标进行现场查看,一致认为航标增设工程满足设计、规范要求,质量优良,同意通过验收。该工程为在杭湖锡线太湖航标9～12号标之间增设航标4座,包括基础施工、航标标体(含航标灯、电源、遥测装置等)的制作、采购、涂装与安装,于2017年11月1日开工,2017年12月21日完工。

(蒋晓军)

【水上服务区岸电设施全覆盖】 3月,苏南运河新安服务区、苏南运河洛社服务区、芜申运河宜兴水上服务区全部安装船舶岸电接电设施,31个岸电充电桩更新升级。新型岸电系统的投用,为广大船民提供更加安全可靠智能便捷的现代化用电服务。此次使用的新一代低压一体化岸电桩，每套岸电桩可提供两个标准化供电接口，可同时给两艘船舶供电，单相岸电桩每个接口供电最大容量为7千瓦，两个接口总容量为14千瓦；三相岸电桩每个接口供电量最大容量为20千瓦，两个接口总容量为40千瓦，供电容量满足5000吨级以下内河船舶靠泊。每个充电桩采用新一代的彩色接摸屏，人机交互操作简单明了，同时采取新一代双网卡无线通讯，有效保障岸电的网络通讯功能。新版岸电桩取消旧版使用的刷卡充电方式，改为采用手机扫码和账号密码两种充电方式，有效解决船民在使用充电桩过程中申请充电卡、取卡、挂失、补卡等烦恼。

（蒋晓军）

【干线航道沿线环境综合整治】 2018年，无锡内河干线航道沿线环境综合整治工作全面推进。4月，已清理全市干线航道沿线垃圾202处，清理碍航设施累计84处，拆除违章建筑累计53处，修复损毁补植缺口累计103处，航道沿线新增绿化面积累计2.34万平方米，航道环境综合整治成效逐步显现，内河干线航道绿色生态走廊初具规模。

（蒋晓军）

【开展泥浆违法运输专项整治】 8月9日，无锡航道部门联合海事、公安、水利等部门，协同对苏南运河市区段航道沿线码头、河浜开展夜间联合巡航执法，执法人员对巡航途中遇到的泥浆、清淤船舶进行专项整治。共出动海事、航政艇各1艘，参加人员16人，取缔护渎河浜渣土码头1座，检查河道清淤黑水船9艘。

（蒋晓军）

【江阴船闸】 春节长假期间，江阴船闸共放行各类船舶726艘，确保船闸24小时船舶过闸。7月2日，江阴船闸新版便捷过闸系统（水上ETC）正式上线运行。实现船舶的远程登记和交付过闸费，实现与海事部门的船舶报港系统联网，信息互联互通，方便船民过闸。8月，为保障好高温天气江阴船闸的各种设备设施正常工作，江阴船闸工程技术科人员对各机房和配电房接地电阻进行测试，对通风散热系统进行检查维护，对各接口逐一排查，同时对江阴船闸闸首、闸室、下游扶壁进行沉降测量监测，确保不留存安全隐患，保障船闸畅通和船舶安全过闸。截至2018年8月14日，江阴船闸连续安全运行天数达5400天。

（施　宏）

【消防安全培训】 6月1日，无锡航道处为扎实开展好2018年全国第十七个“安全生产月”活动，紧紧围绕“生命至上，安全发展”主题，开展消防安全知识培训，邀请居安防火中心教员蔡哲授课，市处、市航道站全体职工及航道在建工地的安全管理人员共56人参加培训。

（蒋晓军）

【无锡市水上交通指挥中心通过验收】 10月23日，无锡市地方海事局邀请省交通运输综合行政执法监督局、市交通运输局等多位信息化工作专家，对无锡市水上交通指挥中心平台建设项目进行竣工验收。智慧海事小组负责人介绍本次验收工作具体安排，验收组成员查阅平台验收资料，详细听取承建单位负责人对工程建设以及平台运行方面的汇报工作，现场观看水上交通指挥中心及监管平台的运行。经研究讨论，验收评审组认为无锡市水上交通指挥中心平台建设项目已按照合同要求，完成所有要求的建设内容，平台经10个月的试运行，各模块以及设备运行稳定，达到使用要求，一致同意通过验收。这一项目的建设完成标志着无锡市地方海事局智慧海事建设又实现一个突破性的跨越，迈上一个新台阶，进一步促进水上交通安全监管各项工作职能履行，实现流域化、扁平化、精细化的监管，实现监控图像直通、现场信息直报、调度指令直达，提升内河与湖区搜救和水上交通安全指挥能力。

（蒋海波）

【船舶营运检验无锡工作站挂牌】 5月8日，无锡市船舶营运检验无锡工作站在前洲海事所挂牌成立，标志着船舶营运检验“通检通认”机制在无锡经过设备调试、运行磨合之后正式运行。该站点位于锡澄运河与锡十一圩线交叉河口，交通十分便利，并有较大待泊水域适合待检船舶停靠，利于“通检通认”工作顺利有序开展。年内，江苏省船舶检验局在全省推行船舶营运检验“通检通认”机制，在船舶营运、停泊密集地建成营运检验工作站网络，初步满足船舶可以就近向船检机构申请年度检验并办理相关证书的需要，为船舶提供更加便捷的服务。无锡市地方海事局贯彻落实省局精神，结合“锡澄运河协同管理任务平台”，于前洲海事所设立“通检通认”工作站，深入践行国家“放管服”改革工作要求，主动服务水运供给侧改革，推动内河水运降本增效。

（张晓峰）

【首艘多功能船舶污染物接收处置船开航】 11月，无锡首艘多功能船舶污染物接收处置船“苏锡洁01号”在京杭运河和锡澄运河等市区干线航道开航试运行，船民只需招手示意，该艘多功能船就会免费上门提供船舶污染物收集服务。该艘多功能船舶污染物接收处置船每天往返于新安锚地和洛社锚地，主要航行于京杭大运河无锡段、锡澄运河等市区干线通航水域，专门在沿途的锚泊区及港口装卸作业区流动收集生活垃圾、生活污水以及含油污水等污染物，并将收集的船舶污染物集中送到接收点进行上岸处理，同时当船舶发生溢油事故时可以兼顾应急抢险，避免船舶污染物抛洒直排对水体造成污染，改善全市水域生态环境。

（贺振亚）

港　口

【概况】 2018年，无锡港完成投资1.36亿元。《无锡（江阴）港总体规划（修编稿）》已正式上报，申交港区港口集团通用码头港池泊位建成，长洋贸易码头工程完成招投标。无锡（内河）港新安大桥作业区二期完成码头主体工程、8个1000吨级泊位、1.6万平方米集装箱货场、1.5万平方米仓库以及1500米园区道路，无锡水路二类口岸已从下甸桥搬至园内运营。港口生产经营稳定，全年完成货物吞吐量2.32亿吨，集装箱吞吐量61.55万标准箱，分别比上年增长8.78%、7.82%。其中，无锡（江阴）港完成货物吞吐量1.76

亿吨，集装箱吞吐量57.39万标准箱，分别比上年增长9.95%、6.13%。无锡（内河）港完成货物吞吐量0.56亿吨、集装箱吞吐量4.16万标准箱，分别比上年增长5.27%、37.99%。年内，港口行业管理更加规范，完成项目竣工验收2个，港口部门切实指导帮助企业规范申办港口经营许可，在干线航道港口经营许可专项整治的基础上，逐步向非干线航道延伸，提高港口经营许可持证率，规范港口经营许可申请材料，确保不发生违规发放的行为。无锡交通部门制定下发《2018年度无锡港口安全监管计划》《无锡市2018年港口管理工作要点》，明确港口安全监管重点，落实安全责任，确定主体责任试点，辖区港口企业全部签订安全生产责任书。继续推进港口“安全管理年”活动，强化港口安全专项检查，委托中国船级社质量认证公司南京分公司组织开展2018年度无锡港口第一次第三方安全检查活动，对宜兴17家危货码头进行全覆盖，查出安全隐患133个，完成整改128个，整改率达96.2%。开展危险货物水路运输从业人员资格考核，组织主要安全管理人员11人、装卸管理人员25人报告考核。做好港口危险货物作业附证核发工作，全市74家港口危险货物企业全部获证。开展“四个一批”、沿江非法码头、内河干线航道沿线非法码头、港口压力管道、长江江阴段水上过驳等专项整治，进行港口粉尘综合防治、水污染防治、港口绿化等大量工作，港口绿色创建全面完成，“一域一港”绿色交通体系驾构基本成型。

（朱海清）

【江阴港口口岸高质量发展】 2018年，江阴港口口岸系统高质量发展，全港完成建设投资2000万元，申夏港区港口集团通用码头港池泊位工程开工建设，完成港口集团、苏龙热电码头堆场防风抑尘网一期工程。深化港口转型，加强长江生态保护，协助无锡市交通运输局完成《无锡（江阴）港总体规划（修编）》（送审稿），完成《江阴市内河港口总体规划》（修编）工作，沿江取消原规划的7个万吨级泊位，沿江港口岸电系统基本建成，港作船舶、公务船舶靠泊码头期间全部使用岸电，省内首创港口船舶污染物接收转运处置电子联单和联合监管，完成长江村1号码头污水管网改造，硬化1万平方米码头道路，完成城区渡口搬迁。提升口岸效能，简化码头开放及船舶转港锚泊手续，口岸收费项目全面公示，3个泊位通过省级开放验收，国际贸易“单一窗口”申报实现全覆盖，落实通关作业新模式，建立口岸综合查验、船舶联合登临检查、关税汇协同等新机制，江阴口岸进、出口货物整体通关时间大幅缩短。夯实安全防线，开展沿江港口危险货物集中区域安全风险评估，9个危化品码头完成升级改造，削减危化品货种64个，举行江阴港口口岸应急突发事件联合演习，提高江阴港口口岸突发事件应对处置能力，打造平安港口。规范港政管理，提升港容港貌。继续开展沿江非法码头专项整治、交通干线沿线环境综合整治、港口颗粒物无组织排放等专项整治行动。实施沿江港口企业信用考核评级，长江江阴段水上过驳作业管理市场通过验收。根据江阴市相对集中行政处罚权改革部署，港口行政处罚、行政强制权限自2018年9月1日起交由江阴市交通运输局行使。全年完成港口货物吞吐量1.76亿吨（不含靖江园区），集装箱吞吐量57.39万标准箱（外贸4.7万标准箱、内贸52.69万标准箱）。

（吴承彬）

【江阴城区渡口搬迁】 8月29日，申港汽渡（江阴申港河西—靖江上五圩）航线正式通航，原黄田港汽渡（江阴黄田港—靖江八圩）、韭菜港汽渡（江阴韭菜港—靖江九圩）航线停止运营，江阴市城区渡口搬迁工作平稳完成。为提升城市品质，2016年8月，江阴市启动“十三五”期间城乡建设十大重点工程建设（以下简称“1310”工程）。实施江阴城区黄田港、韭菜港汽渡搬迁是江阴市“1310”工程建设的基础性工作之一，同时要和长江对岸的靖江汽渡协同配合、同步实施。同月，江阴市政府召集江阴市口岸办（港口局）、江阴市交通运输局、江阴市财政局、江阴市人社局等相关部门和单位，专题研究渡口搬迁总体框架和实施方案，开展江阴城区渡口搬迁前期准备工作。2017年，由江阴市口岸办牵头，制订完成《渡口搬迁涉及事业单位和事业人员安排建议方案》。同年11月，江阴靖江联动开发协调委员会第九次会议商定靖江轮渡新运营公司的组建方案。2018年，先后完成与江苏长博集团有限公司的退城搬迁谈判、新轮渡工程综合验收、新轮渡航线通航验收等工作。城区渡口搬迁后，按照“1310”工程计划，江阴市在城区渡口原址建设黄田港公园、韭菜港公园，配合实施城区段货车禁行，有力改善城乡环境面貌，增进市民福祉。

（吴承彬）

【《江阴市内河港口总体规划》修编完成】 为适应区域经济社会发展，保护和利用内河岸线资源，2018年3月，江阴市港口局启动《江阴市内河港口总体规划》（以下简称《规划》）修编，委托中交第二航务工程勘察设计院有限公司承担编制工作，规划范围是江阴市内河六级等级以上航道的岸线及其相关陆域和水域。江阴市内河港口是江阴市及周边地区重要的生产生活资料集散中心，至2017年年末，江阴市内河港口拥有生产性泊位433个，全年完成内河港口吞吐量2773万吨。《规划》修编过程中，江阴市港口局在“中国江阴党政网站集群”征求社会公众意见，向政府相关部门和镇、街道等单位征求意见和建议，开展专家评审、社会风险评估的基础上，形成《规划》（报批稿）。本次规划基准年为2017年，规划水平年为2025年和2035年；共规划内河岸线1.48千米，其中，公共岸线0.66千米；共规划8个公共作业区，包括4个主要作业区（南闸、月城北、青阳、华士）和4个一般作业区（月城南、周庄、顾山、徐霞客）。2018年12月，江阴市政府常务会议审议通过《江阴市内河港口总体规划（2017～2035）》（待无锡市政府批准后颁布）。

（吴承彬）

【省内首创港口船舶污染物联合监管电子平台】 8月，由江阴市口岸办投资，江阴电子口岸公司研发的江阴市港口船舶污染物联合监管电子平台启用。港口、海事、环保等相关职能部门可通过该平台实施对港口船舶污染物接收、转运、处置作业的电子联单监管，该平台为江苏省内首创。从事港口船舶污染物接收、转运或处置经营业务的企业添加江阴电子口岸微信公众号后，即可通过该平台进行污染物接收、转运、处置等作业申报，平台对业务关键数据信息进行采集，自动生成《港口船舶污染物接收转运处置联单》，并加盖电子印章，同时将电子联单信息推送给江阴市港口局、江阴海事局、江阴海关、江阴市交通运输局、江阴市环保局、江阴市水利局、江阴市公用事业局等监管部门，各监管部门可通过该平台实时查看各批次污染物接收、转运、处置流程情况和详细作业信息，实现精准监管。该平台还具有联单打印、查询统计功能，有效解决在实施电子联单监管方式前，港口污染物监管不连续、信息不互通的问题。年内，该平台累计完成申报业务 2296 票，对加强港口船舶污染物控制，提升港口船舶污染物接收、转运、处置的全程监控水平，改善长江水环境质量发挥显著作用。

（吴承彬）

【绿色循环低碳港口项目通过验收】 7 月，江阴港建设绿色循环低碳港口项目通过交通运输部综合规划司委托交通运输部科学研究院交通科技发展促进中心组织开展的部级验收。为贯彻落实中共中央、国务院《关于加快推进生态文明建设的意见》，2013 年 6 月，交通运输部和江苏省政府签署《共同推进江苏省绿色循环低碳交通运输发展框架协议》，提出到 2020 年江苏全面建成绿色循环低碳交通运输示范省份。江阴港建设绿色循环低碳港口项目被列入江苏省建设绿色港口主题性试点项目（全省共 4 个），项目建设主体是江苏江阴港港口集团股份有限公司（以下简称港口集团）。在绿色港口主题性试点建设期间，港口集团经过不懈努力，分别从港口基础设施建设、装卸运输装备和工艺改造、智能化信息系统技术应用、清洁能源及资源循环再利用、环境保护等五个方面实施节能减排重点工程改造，涉及的重点支撑项目共 19 个。至 2017 年 10 月，江阴港建设绿色低碳循环低碳港口主题性项目建设实施计划全部完成，总投资 1.1 亿元。该项目经省交通运输厅预考核、交通运输部综合规划司委托长江航运科学研究所实施第三方审核后，2018 年 7 月，通过交通运输部综合规划司委托交通运输部科学研究院交通科技发展促进中心组织开展的部级验收。港口集团建成该项目后，港口能源消费结构更加优化，清洁能源利用率有所提高，结构性节能成效明显，每年可节约标准煤 7200 吨，替代燃料量 2800 吨标准油，二氧化碳减排量约 6000 吨。

（吴承彬）

【港口安全检查】 3 月 9 日，无锡市港口管理站会同无锡市交通运输局安全处、港口处开展“两会”期间全市港口安全专项督查行动。督查组对各市（县）、区港口管理部门“两会”期间港口企业安全措施落实情况、前期隐患整改的落实情况以及节后危货企业的复工复产情况进行督查，重点督查港口管理部门在此期间的强化应急值守等工作。4 月 18 ～ 20 日，开展“五一”节前全市港口安全专项督查行动。检查组根据《2018 年度无锡市港口安全监督计划》要求，对各市（县）、区港口管理部门“五一”节前安全监管工作开展情况、各港口企业安全管理制度措施落实情况和港口危险货物作业附证发放情况、安全生产大检查的情况、夏季防汛防台准备工作进行督查。共计检查出包括危险货物码头企业未按照《船岸安全检查手册》进行船岸界面安全管理的安全隐患 3 条，全部整改完毕。9 月 26 ～ 30 日，开展“十一”节前全市港口安全专项督查行动。对各市（县）、区港口管理部门“十一”、中秋节前安全监管工作开展情况、普货码头防尘抑尘情况督查，并在每个市（县）、区抽取一家普货码头企业进行现场检查，共检查出安全隐患 6 处，全部整改完毕，确保港口安全形势平稳有序。

（倪　健）

【非法砂石码头整治】 3 月 27 日，无锡市新吴区整治办组织对京杭运河沿线非法砂石码头——战备码头（12 台吊机）及新区亚瑜建材码头（1 台吊机）的港口作业区内打隔离桩，以限制货船靠岸装卸货物。为贯彻落实《省政府办公厅关于加强内河干线航道沿线非法码头整治工作的意见》《市政府办公室关于印发无锡市内河干线航道沿线非法码头整治工作方案的通知》要求，新吴区全面展开内河干线航道沿线非法砂石码头整治工作，按照整治工作计划，对旺庄街道辖区内的战备码头、亚瑜建材码头进行打桩隔离，限制船运作业。前期区整治办召集街道和相关部门召开多次整治协调会议，不断完善集中整治保障方案，成立 9 个工作小组，确保此次集中整治行动能够顺利实施。旺庄街道、区住建交通局、政法委、综合行政执法局、公安分局、交警大队、消防大队、国土分局、安监和环保局、规划分局、市地方海事局、市航道站参与此次集中整治行动，整治行动采取对挖入式港池打桩隔离阻止船只靠岸卸货，陆路上采取安装限高装置杜绝车辆运输的形式，强制非法砂石码头停止作业，倒逼相关码头经营者拆除。此次联合整治行动，海事、航道部门做好水上安全措施，交通、公安、城管部门做好路上各项安全举措，街道人员做好现场维稳工作，在街道和各个部门的协调配合下，集中整治行动安全、有序推进，打桩工作顺利实施。打桩历时 11 个小时，此次行动参与单位 15 家，共计出动人员 195 人次，打桩 50 余根。

（宋丽君）

【惠山港区中化石油码头试运行】 7 月 16 日，无锡港惠山港区中化石油江苏有限公司无锡分销油库项目码头获得试运行许可，正式投入试运行。该码头位于无锡内河港惠山港区双庙作业区锡澄漕河直湖港改线段直湖港大桥下游约 800 米右岸，采用顺岸式布置，建设有 1 个 300 载重吨位和 1 个 500 载重吨位的石油化工泊位，占用岸线长度 303.8 米，设计年吞吐量 30.9 万吨。

（刘　民）

交通运输管理

【概况】 2018 年，无锡市交通运输管理部门着力深化改革，强化管理，严格执法，运输服务高质量提升。客运行业服务水平不断升级，认真落实“公交优先示范城市”创建各项任务，出台下发《关于无锡市创建“江苏省公交优先示范城市”2018 年～ 2020 年任务

7月11日，无锡海事局组织船艇安全检查 （孙 罡 供稿）

分解的通知》，新辟、优化公交线路41条，新增、更新新能源公交车582辆，预计公交万人标台数达18.4。公交满意度测评达87.48%，锡、澄、宜实现公共交通一卡通互惠。

全面落实现役军人、无偿献血“三免”人员等免费乘坐公交。牵头起草并提请市政府出台《关于鼓励和规范互联网租赁自行车发展的实施意见》，“共享单车”进入规范管理阶段。联合旅游部门评定通过“无锡汽车站运游结合集散基地”、“澄车去旅行”江阴世新旅游集散基地、宜兴阳羡生态旅游度假区旅游直通车3个示范基地。鼓励发展新能源客车，全市新能源客车达658辆，占比13%。VOCs治理全面完成，梁溪区59家重点单位完成治理并进行联合验收。“电子健康档案”系统逐步完善，100%完成一、二类维修企业的数据对接，电子维修记录上传量近450万条，目标任务完成率居全省前列。出租行业改革稳步推进。网约车发展逐步规范，已有10家平台公司取得平台许可，核发网约车道路运输证4206张，核发网约车驾驶员9028人，网约车驾驶员从业资格考试平均合格率达76%，比上年增长21%。全市道路货运经营业户1.5万家，道路运输货运车辆7.6万辆，户均车辆数5.25辆，处于全国领先水平。水路货运业户31家，营运船舶1260艘，114.35万载重吨，比上年增长1.3%和2.8%；全市户均车辆数100辆以上的道路货运企业129家，比上年增长24%；运力规模5万吨以上的内河水运企业1家，运力规模10万吨以上的国内沿海运输企业1家。“互联网+”无车承运人实现优质发展，江苏物云通、无锡恰途和无锡远迈3家交通部试点企业完成货物运输信息流、资金流、轨迹流以及数据流“四流合一”，整合货运车辆3万余辆，上传合格运单数达10万余单，完成货物运量500余万吨，数据准确率处全国前列，先行先试为全市无车承运项目发展树立标杆。城乡配送有序推进，无锡市被评为全省城乡高效配送试点城市（全省共3家），江苏华商物流、江苏佳利达国家物流等11家企业被评为全省城乡高效配送试点骨干企业。佳利达——无锡国际空港货运枢纽及华东区域配送网络建设项目被省厅列为“培育壮大运输新动能”项目。信用管理工作成效显著，全年共记录各类信用信息1357件，记录运输企业较重失信行为12起，较重、严重失信行为较去年大幅下降。安全生产稳步推进。“两客一危”等重点营运车辆动态监管不断深化，车辆入网率达100%、上线率99.68%，平台连通率99.72%，“车辆及驾驶员主动安全智能防控”设备安装率达93.37%。积极开展安全生产月活动，举办安全生产知识讲座，发放行业安全生产宣传手册900余本。检查企业796家次，发现并整改一般隐患452项。开展客运、货运、出租汽车等各类专项行动10余项，查处各类违章868起，处理各类投诉、求助、咨询19313起。

水上交通安全形势平稳。未发生一般以上水上交通事故和船舶污染事故、责任堵航事件、行政诉讼案件、工作渎职案件或因海事管理责任导致重大损失和被上级追究的海事船检管理工作责任事件。做好汛期及台风期间安全监管，保障“温比亚”等台风来临期间无锡辖区水上交通安全形势平稳。完成防范船舶碰撞桥梁等各类专项整治和进博会入沪船舶专项监管等工作。船舶污染防控加强，投资170万余元的无锡首艘多功能船舶污染物接收处置船——“苏锡洁01号”投用。加强危化品船舶检查和载运危化品船舶进出港申报审批管理；开展打击固体废物违法转移专项行动，查获非法转移固体废物船舶16艘次。全年共接处警811起，救助船民287次，救助船舶223次，挽回经济损失284.4万余元，人命搜救率达100%。安全保障水上风景旅游区乘船游客400万余人次。指挥中心实施电子巡航8053次，江阴船闸ETC系统和苏南运河“船联网”系统完成验收，船舶进出秩序管理成功启用微信应用，已关注用户13988人，绑定船舶10808艘，实现船舶便捷安全通航194638艘次。完成锡溧漕河、锡十一圩线、太湖湖区感知海事技术装备建设。实现辖区AIS感知全覆盖、70%以上重点干线航道视频全覆盖和海巡艇移动视频全装备的建设目标。完成CCTV、VITS、AIS感知数据、三基数据与电子地图的融合应用，巡航、报港等各业务模块上线使用。海事行政服务保持规范优质高效，全年办理行政许可事项8507件，其他审批事项85304件，各类服务事项1363件。承诺件提速67.5%，即办件占比76.1%，服务工作持续保持优质高效。2018年窗口服务满意度始终保持在98%以上，局服务大厅被评为2015～2017全省交通运输系统文明窗口、全市“为民服务示范窗口”。依托智慧水上交通监管服务平台，实现船舶进出闸微信预约登记、船员考试申报、船员证书换证等审批不见面服务；逐步开展船舶显性违法行为电子取证与查处非接触式执法。全面推行营运检验“通检通认”，为船东节约成本约58.5万元。海事行政执法规范，共实施行政处罚案件16163起，无一起行政复议和诉讼败诉案例。

（李俊杰 杨 蕾）

【联合专项整治行动】 6月1日，无锡市运管处、梁溪区环保局、梁溪区城管局与黄巷街道联合进行华东汽配城专项整治行动。此次整治主要涉及华东汽配城内超范围经营或无证经营烤漆业务的维修企业，发现一些维修企业存在无证经营超范围经营喷漆业务，环保设施不规范，无法满足环保与维修许可要求。联合检查组向企业负责人当面反馈存在的问题，并现场下发治理告知书，要求三十日内全部拆除烤房设备并清理线路确保无安全隐患，环保部门执行烤房查封程序，企业负责人签订限期整改承诺书。联合检查组召集华东汽配城周边产权方与物业方一起参与本次整治行动，共计出动执法人员20余人，执法车辆10余辆，查封违规烤房13个。6月26日，市运管处、梁溪区环保局、梁溪区市场监督局、梁溪区城管局与扬名街道联合开展汽修行业VOCs专项整治行动。此次整治主要涉及扬名周边涉及烤漆业务的违规维修企业，共计出动执法人员12人，执法车辆4辆，检查重点企业8家，其中，发现违规企业4家，3家已被拆除，1家烤房先停止使用，限其30天内全部拆除并验收。

（李俊杰）

【汽车维修质量服务月】 3月，无锡市机动车维修行业协会为贯彻交通运输部等十部委联合印发的《关于促进汽车维修业转型升级提升服务质量的指导意见》文件精神，以“3·15”国际消费者权益日为契机，三措并举，全面开展“汽车维修质量服务月”活动，促进行业健康发展。加强宣传，营造诚信优质服务氛围，联合各连锁品牌企业、绿色汽修企业与“江苏车大夫”等企业在客户接待区和休息区域张贴、悬挂行业品牌宣传标志标识，践行品牌服务标准、规范及承诺等，扩大品牌影响力，营造诚信优质服务氛围。加强宣贯，引导维修行业诚信经营，加强行业新规章、新标准的宣传，向公众广泛宣传企业信用考核办法以及汽车电子健康档案的重要意义，普及政策知识。组织各大车企，利用广电车博会等大型服务活动平台，开展“车大夫义诊”“政策咨询”等多种公益活动，引导维修企业开展便民服务、优惠促销等活动，充分利用电视电台、报纸、“无锡修车网”等媒体平台，并与无锡广播“大李小李讲道理节目”栏目合作，加大锡城汽修行业宣传力度。3月13～23日，“车大夫”每天与锡城百姓连线服务，利用无锡修车网、微信平台、现场义诊答疑等活动形式，全方位服务锡城百姓，随时随地解答车辆维修疑难问题。

（李俊杰）

【长效联动机制】 2018年，无锡市运管处联合无锡市交警支队开展“两客一危”、非法营运大客车等重点车辆长效联动及节日保障整治工作。整治工作主要围绕源头路面联动和景区联动检查展开，每周开展联动整治行动，以集中整治和区域整治相结合的方式开展，重点针对火车站、锡惠景区、鼋头渚、灵山、影视城、大型工业园区等重点地区加强执法力度。重大节日期间，深入客运、危化品运输等重点单位，加强现场检查监督指导，在景区、汽车站、高速公路入口等地方设卡检查过往的重点车辆，确保节假日期间全市道路的安全与畅通。主要查处无证经营、超范围经营、包车旅游客运线路两端均不在车籍所在地、甩客、倒客、不按批准站点停靠、不按规定线路运营等运输违规行为，超载、超员、超载、疲劳驾驶、逾期未检验、未报废、乘客不系安全带等交通安全违法行为。

（李俊杰）

【道路危货运输企业建立“病历档案”】 2018年，无锡市新吴区运管处在近年来收集的数据以及统计的基础上，为辖区道路危货运输企业建立“病历档案”，该档案分为实体档案和电子档案两种。实体档案在完善企业基础信息和信用信息的基础上，辅以管理部门开具的《安全隐患整改通知书》《交通运输管理工作监督检查指导书》等文书，主要体现企业安全生产和管理方面比较严重的隐患和问题；电子档案以企业每日动态监控数据为主，主要统计运输车辆每天的离线、离线位移、数据异常和疑似异地经营等问题。全区13家危货运输企业231辆运输车全部建立档案，企业的“健康”程度一目了然。

（秦佳泽）

【船舶进出港报告和VITS使用专项整治】 2018年，无锡地方海事圆满完成船舶进出港报告和VITS使用专项整治工作。4～10月，海事部门根据交通部海事局和省地方海事局文件要求，结合辖区实际情况，认真组织开展船舶进出港报告和船舶VITS使用专项整治行动。此次专项行动共检查各类船舶13293艘次，发现未按规定实施进出港报告的船舶242艘次，未按规定使用VITS和AIS的船舶36艘次，海事执法人员按照相关规定进行调查处理。

（蒋明江）

【平安交通百日行动】 2018年，为维护辖区水上交通安全形势持续稳定，强化当前交通运输安全生产，预防和遏制重特大事故，无锡地方海事根据《平安交通百日行动实施方案》等文件要求，开展平安交通百日行动各项工作，共出动海事执法人员进行宣传检查1260人次，共出动海巡艇(车)186艘次，发放宣传资料260份，检查船舶487艘次，涉水企业15家，查处各类违章行为227起，打击超载超员、冒险航行、违章作业等违法违规行为，实现水上交通安全形势平稳发展，为全市产业强市和高质量发展保驾护航。

（蒋明江）

编辑 郭 鹏

环境质量

【空气环境质量】 2018年，全市PM2.5年均浓度为43微克/立方米，比上年下降2.3%；环境空气质量优良天数比率为70.7%，比上年上升3.0个百分点。主要污染物中，颗粒物、二氧化硫、二氧化氮和臭氧浓度比上年有所下降，一氧化碳浓度比上年有所上升。但受颗粒物、臭氧及二氧化氮浓度影响，全市环境空气质量未达到二级标准。

城市空气　全市环境空气中$PM_{2.5}$、可吸入颗粒物（PM_{10}）、二氧化硫（SO_2）、二氧化氮（NO_2）年均浓度分别为43微克/立方米、75微克/立方米、12微克/立方米和43微克/立方米；一氧化碳（CO）和臭氧（O_3）浓度分别为1.6毫克/立方米和179微克/立方米。与上年相比，$PM_{2.5}$、PM_{10}、SO_2、NO_2和O_3浓度分别下降2.3%、2.6%、7.7%、6.5%和2.7%，CO浓度上升6.7%。

酸雨　2018年，全市酸雨平均发生率为25.6%，比上年下降19.6%。降水年均PH值为5.46，酸雨年均pH值为4.99，比上年均有所减弱；市区酸雨频率8.5%，比上年下降15.6%；江阴市酸雨频率29.6%，比上年下降25.7%；宜兴市酸雨频率58.0%，比上年下降13.2%。

（陈　茜）

表50　无锡市区及2市5区环境空气质量对比

区域	时段	二氧化硫（微克/立方米）	二氧化氮（微克/立方米）	可吸入颗粒物（微克/立方米）	细颗粒物（微克/立方米）	一氧化碳（毫克/立方米）	臭氧（微克/立方米）	优良天数比率（%）
无锡市	2017	13	46	77	44	1.5	184	67.7
	2018	12	43	75	43	1.6	179	70.7
	变化幅度（%）	−7.7	−6.5	−2.6	−2.3	6.7	−2.7	3.0
江阴市	2017	17	48	85	56	1.4	179	66.1
	2018	15	43	81	52	1.5	168	71.2
	变化幅度（%）	−11.8	−10.4	−4.7	−7.1	7.1	−6.1	5.1
宜兴市	2017	16	39	61	43	1.6	192	66.9
	2018	15	37	65	44	1.7	199	64.3
	变化幅度（%）	−6.3	−5.1	6.6	2.3	6.3	3.6	−2.6
梁溪区	2017	13	49	89	44	1.7	183	66
	2018	13	47	86	45	1.7	191	66.6
	变化幅度（%）	0.0	−4.1	−3.4	2.3	0.0	4.4	0.6
锡山区	2017	12	53	71	48	1.6	210	59.0
	2018	11	48	69	47	1.7	181	68.7
	变化幅度（%）	−8.3	−9.4	−2.8	−2.1	6.3	−13.8	9.7
惠山区	2017	15	50	81	51	1.6	175	64.8
	2018	13	43	83	46	1.7	186	65
	变化幅度（%）	−13.3	−14.0	2.5	−9.8	6.3	6.3	0.2
滨湖区	2017	13	36	71	42	1.4	186	70.6
	2018	12	37	68	39	1.6	174	75.9
	变化幅度（%）	−7.7	2.8	−4.2	−7.1	14.3	−6.5	5.3
新吴区	2017	13	55	74	42	1.7	182	61.9
	2018	11	50	71	43	1.6	180	70.0
	变化幅度（%）	−15.4	−9.1	−4.1	2.4	−5.9	−1.1	8.1

（市生态环境局）

【水环境质量】 2018年，全市水环境质量总体有所改善。纳入国家《水污染防治行动计划》地表水环境质量考核的14个断面中，年均水质符合《地表水环境质量标准》（GB3838-2002）Ⅲ类标准的断面比例为57.1%，无劣Ⅴ类断面。纳入江苏省《水污染防治工作方案》地表水环境质量考核的45个断面中，年均水质符合Ⅲ类的断面比例为64.4%，比上年上升8.8个百分点，无劣Ⅴ类断面。

饮用水源　全市7个集中式饮用水水源地分别为太湖的沙渚、锡东水

图 15　　2018 年全市酸雨发生率等值线示意

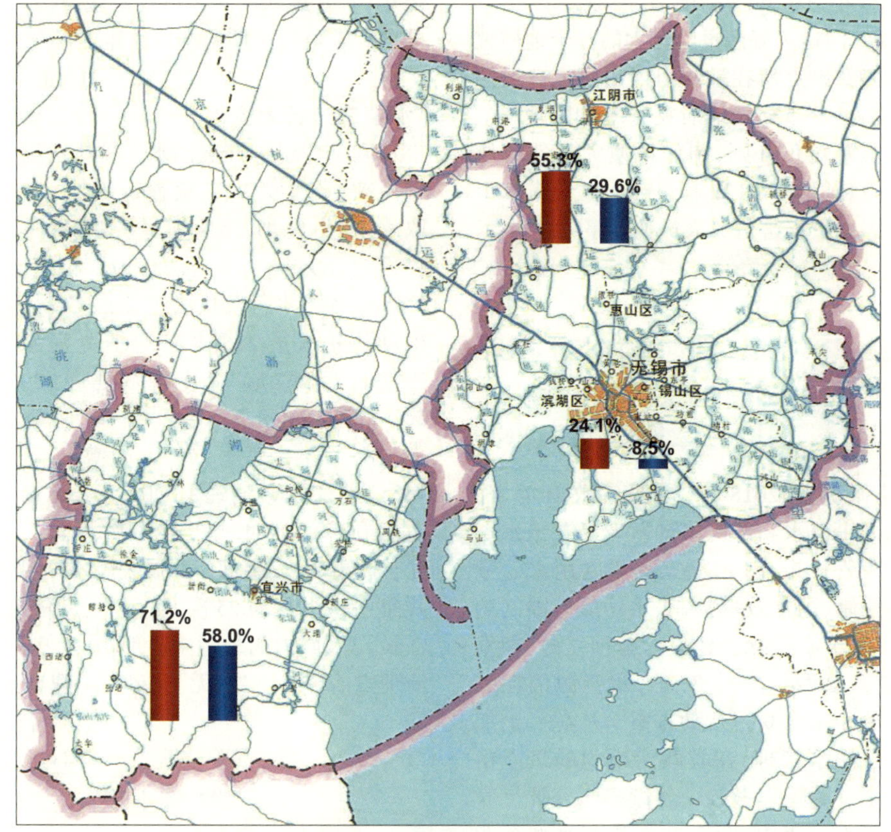

（市生态环境局）

源地，长江的小湾、肖山湾和窑港水源地，宜兴市的横山水库和油车水库水源地。年内，7 个集中式饮用水水源地水质达标。

太湖无锡水域　2018 年，太湖无锡水域总体水质处于Ⅳ类。湖体高锰酸盐指数和氨氮年均浓度分别为 4.0 毫克 / 升和 0.18 毫克 / 升，均稳定处于Ⅱ类；总磷年均浓度为 0.083 毫克 / 升，比上年下降 1.2%，处于Ⅳ类；总氮年均浓度为 1.26 毫克 / 升，比上年下降 22.2%，处于Ⅳ类。湖体综合营养状态指数为 56.8，比上年下降 0.2，处于轻度富营养状态。

13 条主要入湖河流中，大港河、望虞河年均水质符合Ⅱ类，占 15.4%；梁溪河、小溪港、直湖港、官渎港、大浦港、乌溪港、洪巷港、陈东港年均水质符合Ⅲ类，占 61.5%；漕桥河、太滆南运河和社渎港年均水质符合Ⅳ类，占 23.1%，水质总体保持稳定。

年内，列入省政府目标考核的无锡市太湖流域 41 个重点断面水质达标率为 92.7%，比上年上升 4.9 个百分点。

（陈　茜）

【声环境质量】　2018 年，全市声环境质量保持稳定。昼间区域噪声平均等效声级为 55.2 分贝，比上年下降 1.3 分贝；夜间区域噪声平均等效声级为 46.7 分贝，较 2013 年下降 0.6 分贝（夜间区域声环境质量每 5 年监测一次）。全市昼、夜区域噪声强度均为三级，声环境质量一般；江阴市、宜兴市和惠山区昼间区域噪声强度为二级，声环境质量较好；宜兴市和惠山区夜间区域噪声强度为二级，声环境质量较好；影响城市声环境质量的主要声源是社会生活噪声，占比为 55.0%；其余依次为交通噪声（31.0%）、工业噪声（11.0%）和施工噪声（3.0%）。

（陈　茜）

图 16　2018 年无锡市昼间噪声声源构成

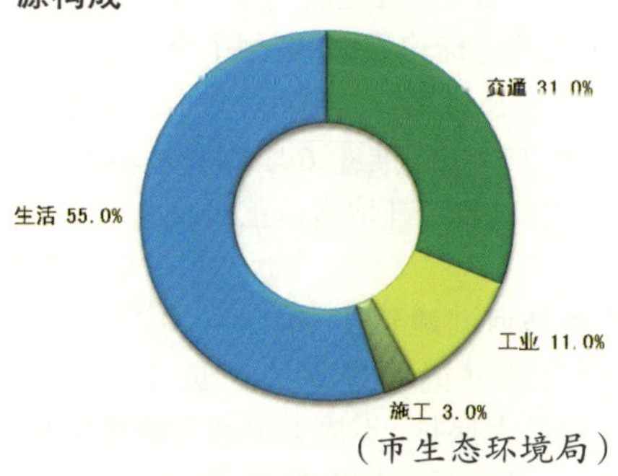

（市生态环境局）

图 17　2018 年无锡市夜间噪声声源构成

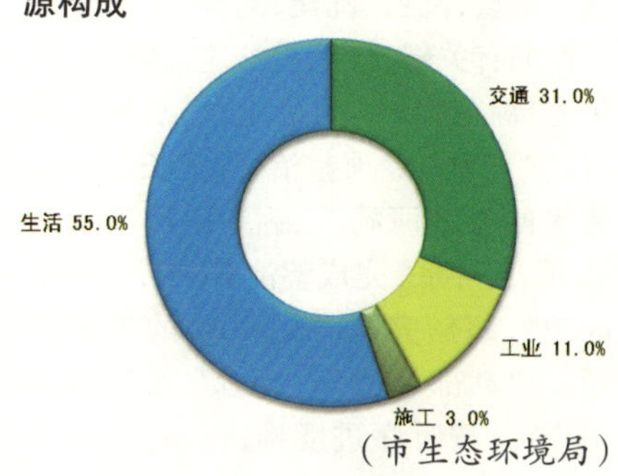

（市生态环境局）

土地资源保护

【耕地资源“五重保护”】　2018 年，无锡市注重耕地保护的顶层设计，在 2016 年出台《关于进一步加强耕地保护工作的实施意见》文件基础上，制定《关于切实加强耕地保护和改进占补平衡的实施意见》和《无锡市耕地保护补偿激励暂行办法》，形成“1+2”的保护政策体系。突出特殊保护，市、市（县）区、乡镇政府连续 11 年将耕地和基本农田保护目标任务，以任务书和责任状的形式层层分解下达；开展“十三五”设区市政府耕地保护责任目标期中检查自查工作；严格规划实施管理，强化永久基本农田的特殊保护；完成城市周边永久基本农田补划潜力摸排，推进永久基本农田整备区建设。突出生态保护，开展山水林田湖综合整治，推进土地生态环境综合整治，加强对禁止开发区、重点生态功能区、生态环境敏感区和脆弱区等区域的保护。全年实施土地整治新增耕地 919.4 公顷，其中：实施耕地占补平衡项目新增耕地 404.53 公顷，实施城乡增减挂钩复垦项目 472.73 公顷，实施工矿废弃地复垦项目 42.13 公顷。强化土壤环境综合监管，与环保、经信、规划等部门共同印发污染地块环境管理联动方案实施细则，完成原无锡市石化总厂内场地环境调查评估工作。突出激励保护，设立耕地保护激励专项资金，发放耕地保护补偿资金 1.7 亿元，评选 1 个区、5 个镇、17 个村为耕地保护激励单位，发放激励资金1350万元，发放城乡建设用地增减挂钩复垦奖励资金132万元。区级占补平衡指标奖补标准最高提至每公顷450万元，挂钩指标奖补标准最高提至每公顷525万元。配合开展生态补偿，对市区永久基本农田、水稻田、蔬菜基地及种质资源保护区共补偿面积15350公顷，比上年增加9667公顷，其中永久基本农田补偿11887公顷，比上年增加6220公顷。突出底线保护，2018年土地例行督察发现问题85个、252.22公顷、7.1009亿元，问题个数、面积、金额整改到位率分别达到91.76%、95.27%、90.50%。土地矿产卫片执法监督检查工作连续10年一次性通过部、省厅的核查验收。全年组织集中督查4次，重点督查1次，随机督查1次，发出《督查通报》4份；组织动态巡查6845次，督查新建在建项目545宗，面积5725.07公顷。

（钱　炜）

【**地质环境保护和管理**】 2018年，无锡市有序开展矿山环境整治，完成江阴稷山滑坡地质灾害治理工程、华士砂山南坡地质灾害治理工程等2个市级生态文明建设和环境保护重点工程项目年度任务，稷山项目复绿2万平方米、治理2.4万平方米，砂山项目（跨年度项目）实施过半、完成2018年任务。配合做好全市地下水动态监测工作，对6眼地下水质量国家考核点位和2眼省级考核点位进行取样及水质检测，开展年度枯水期和丰水期的水质取样、监测工作。完成无锡市矿山地质环境详细调查、《无锡市矿山地质环境恢复和综合治理规划（2017～2025）》。配合省自然资源厅积极推进苏南现代化示范区综合地质调查项目，做好相关勘察工作。

（钱　炜）

【**地质灾害防治**】 2018年，无锡市落实各项地质灾害防治措施，做好地质灾害防治工作。制定《无锡市2018年度地质灾害防治方案》《无锡市突发地质灾害应急预案（2017年修订版）》；编制完成93处地灾隐患点（不含不稳定斜坡）的地质灾害防灾明白卡、避险明白卡及单点应急预案，向各基层政府发放防灾宣传手册76份。落实汛期地质灾害巡查、零报告、险（灾）情速报、24小时值班等制度，开展巡查1352人次，向地灾隐患危险较大的6个地质灾害隐患点所在地政府发出了撤离通知书。发布突发地质灾害气象风险黄色预警短信3则，制作地质灾害气象风险预警产品122套，连续15年未发生因地质灾害造成人员伤亡事故。

（钱　炜）

水资源保护

【**概况**】 2018年，按照省政府部署，无锡市水利部门推动落实最严格水资源管理工作，超额完成年度用水总量控制、用水效率控制、水功能区限制纳污、节水型社会建设等各项任务，印发市、县两级《"十三五"水资源消耗总量和强度双控行动方案》，从源头上加强用水管理，在省政府组织的最严格水资源管理考核中连续多年获评优秀等次。年内，全市共创建节水型企业（单位）5家、节水型学校10所、市级水效领跑者5家。江阴市成功创建国家节水型社会建设达标县，惠山区通过省级节水型社会示范区创建验收。

（曹莉莉）

【**水源地达标建设**】 2018年，市水利部门全面完成无锡境内7个集中式饮用水源地达标建设，并编制了突发水污染事件应急预案。江阴肖山水源地取水口迁建工程有序推进，6月29日进场施工，11月28日迁建取水口正式通水。

（曹莉莉）

【**生态河湖建设**】 2018年，按照中共中央总书记习近平关于长江经济带"共抓大保护、不搞大开发"的战略思想以及省委、省政府关于河湖"两违三乱"（在河湖管理范围内违法圈圩、违法建设，乱占、乱建、乱排）专项整治工作的有关部署，无锡各地坚持"生态优先、绿色发展"目标定位，加快推进河湖"三乱"专项整治，省河长办下达无锡的省级河湖"三乱"违法事项共34项，至年底，完成整治22项，完成率64.7%，超额完成省定40%的年度目标。启动部署河湖"两违"专项整治工作，并按时序进度推进。对全市入河（江、湖）排污口进行摸底调查并登记建档，开展入河排污口规范化整治，推进利港电厂三期温排口迁建工程。

（曹莉莉）

【**水事违法行为查处**】 2018年，无锡市水利部门组织开展涉水专项执法巡查活动，及时发现、有效查处私自打井取水、擅自筑坝、堵塞河道、占用河道和偷排泥浆等水事违法行为。年内，共组织各类水行政执法巡查5247次，出动执法人员21674人次，查处河湖违法行为267起，其中现场处理229起、立案查处38起。

（曹莉莉）

【**长江非法采砂治理**】 2018年，无锡市水利部门针对长江非法采砂行为，联合海事、公安等部门开展大规模拉网式集中打击行动25次，驱离非法停泊在长江水域内的外地采砂船10余艘，清理整治辖区内"三无"采砂船7艘。

（曹莉莉）

污染防治

【**蓝天保卫战**】 2018年，无锡市制定出台《无锡市打赢蓝天保卫战三年行动计划实施方案》，全市1208项年度重点工程项目和65个大气减排项目全面完成，对35蒸吨/小时及以下、65蒸吨/小时及以上和其他燃煤锅炉实施分类整治。完成91个颗粒物无组织排放深度整治项目和3个钢铁冶炼行业无组织废气治理项目。全面开展挥发性有机物（VOCs）整治，完成207项重点工程、83个餐饮油烟和730个汽车维修等治理项目。加强机动车船排气污染防治，淘汰老旧车6234辆，新增和更新323辆新能源公交车，建成4套机动车尾气遥感监测系统，完成2个加油站油气回收在线监控项目，新建1套港口岸电系统。组织开展建设工地扬尘污染防治专项督查，城市建成区道路机械化清扫率达到90%以上。制定出台《无锡市2018～2019年秋冬季节大气污染综合治理强化管控方案》和《重污染天气应急预案减排措施清单》，完成中国国际进口博览会等重大活动空气质量保障工作。

（陈　茜）

【碧水保卫战】 2018年，全市114个年度重点工程项目和165个水减排项目全部完成。推进城镇雨污分流管网建设，建成污水管网64.9千米。推进城镇污水处理厂新一轮提标改造，有序推进187个规划保留村农村环境整治。推进农业面源水污染防治，太湖一级保护区建成畜禽禁养区，太湖环湖3千米和滆湖水产养殖生态整治已基本完成。加强船舶港口水污染治理，开展船舶污染物流动收集、上岸处理试点，全市内河港口船舶污染物接收转运处置设施超过75%。推进河道综合整治工作，161条(段)河道已全部开工整治。开展黑臭水体整治，市区38条黑臭水体整治工程已基本完成。组织开展集中式饮用水水源地环境状况评估。全市45个国、省考断面全部设立市、县两级"断面长"，国省考断面优Ⅲ比例高于省下达目标任务24.4个百分点。

(陈　茜)

【净土保卫战】 2018年，全市26项土壤污染防治年度重点工程项目全部完成。全面推进土壤污染状况详查工作，完成农用地土壤污染状况详查样品采集、制备、流转、检测等各项工作，全面启动重点行业企业用地土壤污染状况调查，完成1600余家企业基础信息采集工作。推动109家土壤环境重点监管企业责任书签订和自行监测工作，建立244家涉重金属重点行业企业全口径清单，统筹推进全市160家电镀行业企业环保整治和4个重金属重点防控区专项整治，开展涉镉等重金属重点行业企业排查整治工作。推进土壤污染治理与修复工作，制定出台《无锡市污染地块环境管理联动方案实施细则》，切实加强污染地块联动监管。

(陈　茜)

【提升固危废处置能力】 2018年，无锡市固危废处置能力稳步提升，餐厨废弃物、蓝藻藻泥和市政污泥处置项目启动建设。制定出台《关于加强危险废物污染防治工作的意见》和《无锡市危险废物集中处置设施建设实施方案》，推进危废焚烧、填埋、飞灰填埋等11项重点工程建设。全市建成危险废物集中处置设施3座，其中焚烧处置设施2座，焚烧处置能力4.7万吨/年，填埋处置设施1座，填埋处置能力1万吨/年，全市危险废物集中处置能力5.7万吨/年，比上年增长50%。

(陈　茜)

【环保制度改革】 2018年，无锡市建立生态环境损害赔偿制度。在全省率先制订《无锡市生态环境损害赔偿制度改革实施方案(试行)》，建立生态环境损害赔偿与责任追究体系。打造环责险"无锡模式"2.0版，参保覆盖面逐年扩大。推动社会信用评级体系联动。全市5834家企业参加企业环保信用评价，对红黑企业进行联动惩戒，倒逼企业增强环保意识和诚信意识。开展第二次全国污染源普查，完成全市3万多个普查对象的入户调查和数据采集。生态文明创建取得新进展，宜兴市、锡山区、惠山区和滨湖区被命名为第一批省级生态文明建设示范县(市、区)，全省数量最多。

(陈　茜)

水环境治理

【概况】 2018年，无锡水利部门坚持系统治水、谋求创新发展，全力打造水利改革的引领区、水生态文明建设的示范区、水利基本现代化的先行区。无锡在全国率先建成"水生态文明城市群"，水利服务经济社会发展的能力不断提升。完成《无锡市区水系

图18　　2018年无锡市汛期各月雨量与多年各月雨量对比

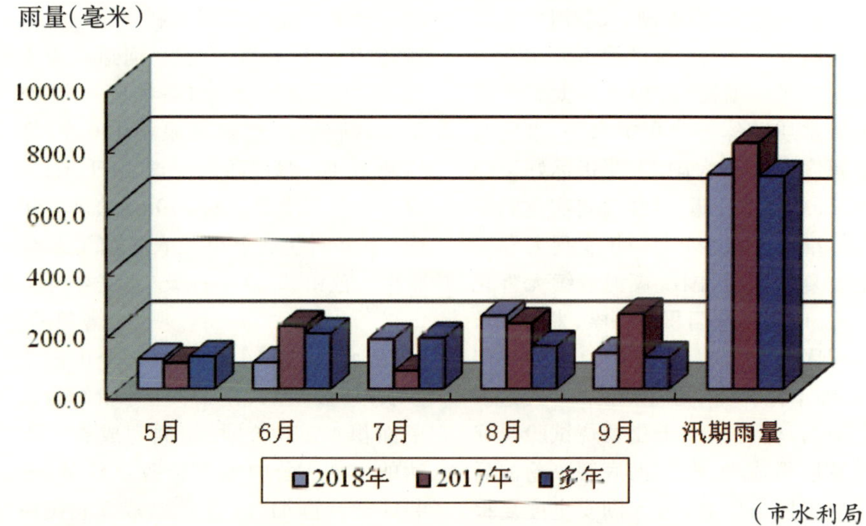

(市水利局)

图19　　无锡市2018年梅雨期雨量分区对比

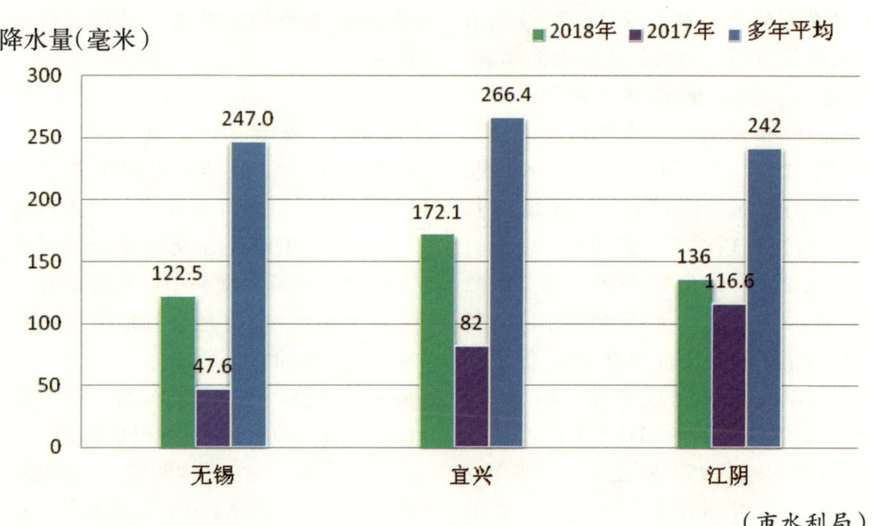

(市水利局)

专项规划(2018～2035)》修编,并综合考虑产业功能、建设开发、路网布局和生态保护、空间预留、河湖调蓄等因素,加强河湖空间管控,为推进新一轮水系综合治理提供依据。编制完成《无锡城市防洪规划》《无锡市水利“十三五”规划中期评估》《2018～2020年水利三年行动计划》和《无锡市锡澄片骨干河网畅流活水规划》,为“十三五”后期水利发展布局提供技术支撑和规划保障。

(曹莉莉)

【太湖连续11年安全度夏】 2018年,太湖藻情呈现“来得晚、去得早、暴发期集中”的特点,各地各相关部门按照属地管理原则,积极主动应对,全年累计打捞蓝藻164.3万吨,打捞水草7.35万吨,完成梅梁湖和贡湖共约40平方千米的水草打捞任务。全年“引江济太”调水11.61亿立方米,其中入太湖5.44亿立方米,梅梁湖、大渲河泵站调水6.14亿立方米,城区河道调水2.68亿立方米。据监测,2018年太湖无锡水域水质总体符合Ⅳ类水平,水质改善幅度大于全太湖,主要指标好于全太湖,总氮浓度近30年来首次达到Ⅳ类标准,无锡连续十一年实现太湖安全度夏。同时,围绕藻泥后续无害化处置,市水利部门积极探索,主动寻求藻泥无害化处置的新途径,最终确定“藻泥干化焚烧”处置新模式。经过多方努力,藻泥压滤干化焚烧试验研究开发取得成功,有望彻底解决藻泥后续处置瓶颈问题,为太湖安全度夏提供保障。

(曹莉莉)

【全面深化河长制】 2018年,按照市委、市政府在全市河长大会上的部署,各地河长积极履职,全市河湖治理组织有序、推动有力。全年市级河长共履职110次,区级河长履职2092次,镇级河长履职21363次,村级河长履职127523次,形成“见河长、见行动、见成效”的良好态势。据监测数据显示,2018年,无锡45个国家、省级考断面水质达标率91.1%,优Ⅲ比例64.4%,超额完成省定40%、市定51.1%的年度目标;47个重点水功能区水质达标率95.6%,比上年提高10.8个百分点,超过江苏省下达的74%的年度目标,全省排名第三;161条环境综合整治河道项目全面开工,优Ⅲ比例34.8%,较上一年度提升11.2个百分点;黑臭河道水体治理完成年度目标任务,全市河湖水质持续改善。

(曹莉莉)

【重点水利工程建设】 2018年,无锡市级完成水利建设投资20.77亿元。新沟河工程基本完工,新孟河宜兴境内河道开挖工程全面铺开,望虞河除险加固工程进入扫尾,望虞河西岸控制工程稳步实施,白屈港综合整治和锡澄运河北排扩大工程前期工作有序推进。

(曹莉莉)

【农村水环境治理】 2018年,无锡市把农村水环境整治作为改善农村人居环境的重要抓手,实施县乡河道疏浚和村庄河塘整治工程,逐步恢复河道自净和水系连通功能,改善农村水环境。全市共完成农村水利建设总土方1095万立方米,其中农村河道疏浚土方1020万立方米;加高加固圩堤75千米,新建、改造机电泵站120座、圩口闸56座,修建防渗渠道20千米;完成高效节水灌溉工程379.67公顷。年内,全市创建2个市级农村河道综合整治示范镇和20个省级“水美乡村”。

(曹莉莉)

【农业水价改革】 2018年,全市四个涉农市(县)区共完成农业水价综合改革面积47260公顷,超额完成省厅下达的14667公顷的水价改革任务,安装计量设施4116(台)套,成立农民用水合作组织391个,对全市所有农民用水合作组织全部重新颁发用水许可证,圆满完成白屈港大型灌区农业节水综合任务。

(曹莉莉)

【水利工程全流程电子化招投标】 2018年,无锡市水利工程建设招投标交易平台开发完成并投入试运行,这是全市继住建交易平台之后首个进入公共资源交易中心管理的专业工程交易平台,也是全省地级市中首家运行“两阶段”开评标法的电子交易平台。至年底,市级水利工程招投标已实现全流程电子化管理,形成“一个平台交易、一个机构监管、一套机制协调”的管理体系,初步实现水利工程招投标由分散管理向集中管理、由行业监督向综合监督的根本性转变。

(曹莉莉)

环境监管

【环境执法】 2018年,全市在环境执法过程中,下达行政处罚决定、处罚金额和适用新法配套办法案件数,比上年分别上升24.9%、126.2%和17.7%,各项执法数据位居全省第二。无锡市环境监察局获评“全国环境执法大练兵表现突出集体”。设立环保检察官办公室,强化“2+N”司法联动机制,共侦办环境污染犯罪案件44件。全面开展“散乱污”企业(作坊)专项整治,关停取缔8106家,整治完成5475家,为绿色发展、转型升级腾出环境容量。开展环境信访问题大排查大化解活动。全市环境信访总量比上年下降4.07%,越级上访和信访降幅达34.5%。加强核与辐射管理,组织开展了γ射线移动探伤单位突击检查、生产起重机企业专项检查、与公安联动的放射源综合检查。收贮闲置废弃放射源19家123枚,发放辐射安全许可证471份,注销辐射安全许可证55份,放射源转移转让审批61家110枚。

(陈 茜)

防汛防旱

【概况】 2018年,无锡梅雨量较常年偏少,但受台风影响较多,特别是第18号台风“温比亚”中心经太湖湖区进入宜兴境内,全市平均过程雨量124.3毫米。面对汛情雨情,各级防汛部门和防指成员单位周密部署、科学决策、精准调度、合力抗灾,全市水利工程提前预降水位,及时抢排涝水,最大程度减轻了强降雨及台风带来的影响,确保了人民群众生命财产安全。

(曹莉莉)

【防汛抢险演练】 2018年,无锡市防指组队参加全省军地联合防汛抢险演练,组织市防汛机动抢险队开展泵车排水、发电车供电、机动离心泵排水、电动自吸泵排水、防汛物资转运、沙袋构筑子堤等六个科目的演练，与无锡军分区联合组织民兵抗洪抢险分队开展防汛抢险技能培训及实战演练。演练的规模及专业性、针对性、实战性都超过往年，通过演练有效提高了各级抢险队的实战能力和应急处置水平。

（曹莉莉）

【两次启动防台风Ⅲ级应急响应】 2018年，防御第10号台风“安比”、第18号台风“温比亚”期间，市防指两次启动防台风Ⅲ级应急响应。各地加强水利工程调度运行，江阴沿江口门提前排水，预降河网水位；运东大包围提前开机排水，预降内河水位；农村低洼圩区关闸封圩，提前预降圩内水位；宜兴水库、塘坝严格按照批准的汛限水位运行，为台风可能带来的降雨和洪水预留调蓄空间。各部门按照预案要求，加强重点部位防范。突出做好城市内涝防范工作，强化建筑工地、危旧房屋、户外广告牌等的安全管理，落实防台风措施；做好人员转移避险以及船只回港避风、湖上作业人员与养殖人员上岸避险等工作；落实旅游景区、施工场所等人员密集区的防台风安全管理，全市未出现大的险情灾情。

（曹莉莉）

气　象

【概况】 2018年，无锡气象部门综合观测更完善、气象预报预警更智慧、决策气象服务更精准、公众气象服务更丰富。完成温室气体、风廓线雷达、近地层通量观测3个物联网监测站的建设，并投入业务运行；宜兴陈东港太湖生态气象综合观测平台通过业务验收投入使用；启动雷电灾害监测系统、微波辐射计建设。完成物联网气象服务软件研发，实现智能监控和感知，感知气象实时数据；开发无锡市地面气象观测数据的公共接口，优化整合气象预报预警产品，建成5分钟级实时数据面向行业和全社会的气象信息共享平台。加强对重大天气过程和重大灾害性天气的会商，准确预报冬季连续暴雪和7～8月间密集影响无锡的5个台风；为重大社会活动提供从气候概况到中期天气预报再到临近逐小时滚动预报；通过“部门联动，信息共享”和多部门紧密合作开展延伸服务，开展森林火险等级预报、地质灾害气象风险预警、重污染天气预警；全年共向市委、市政府及相关防灾部门发送各类气象决策服务材料473份，预警信号59次，为政府决策提供有力保障。充分利用电台、电视、“96121”、手机短信、微博、微信、报纸专栏、政府网站等媒介及时发布天气信息；“无锡气象”微博影响力在全国行业内排名靠前、“江阴气象”微博影响力在全省县级市中排在前位。

（夏　健）

【防雷安全监管】 2018年，无锡市气象局加强部门联动，与安监、消防、文化遗产局等单位开展联合行动，形成防雷安全监管合力。对全市危化、易燃易爆、涉粉、人员密集场所等重点监管单位实现100%全覆盖，减少防雷隐患，保障防雷安全。对全市重点文保单位防雷安全开展“回头看”活动。制定《无锡市防雷装置检测机构信用评价管理办法(试行)》，促进行业诚信自律，净化防雷检测市场环境。

（夏　健）

【气象科普活动】 2018年，无锡市气象局在世界气象日、防灾减灾周、科普宣传周等重要时段，组织开展“市民开放日”“儿童创意绘画比赛”“气象应急车模型拼搭”等形式多样、内容丰富的气象科普宣传活动。科普讲解《有一种雾，叫无锡斗山矮脚雾》在江苏省气象科普讲解大赛中获得第一名，在“华风杯”全国气象科普讲解大赛中获得三等奖。全年接待科普参观活动30批次，被评为2018年市科技活动周“优秀组织单位”。

（夏　健）

【全国数值预报研讨会】 4月18～19日，由中国气象学会主办，中国气象学会数值预报委员会、无锡市气象局、无锡市气象学会承办的“2018年全国数值预报研讨会”在无锡召开。有国家级科研业务单位、全国各省(区、市)气象局、高等院校、科研院所、部队等80余个单位200余位在数值预报领域从事科研和业务发展的专家学者出席会议。会议安排了区域数值预报、模式发展、资料同化、集合预报等四个分会场开展交流与研讨，中国工程院院士李泽椿、宋君强等出席会议并给予指导。中国科学院院士曾庆存、中国工程院院士徐祥德作特邀报告。

（夏　健）

【主要灾害性天气及其影响】

寒潮和低温　2018年，无锡市区、江阴和宜兴日平均气温＜0℃或最低气温≤−5℃的低温天气分别出现了12天、15天和22天，其中日最低气温≤−5℃的日数分别为3天、6天和13天。在1月中旬至2月中旬期间，低温天气频繁出现。特别是1月13日，无锡市区、江阴和宜兴的最低气温分别为−6.7℃、−6.6℃和−10.1℃，均为年极端最低。

年内，仅宜兴出现了寒潮天气，共4次，分别为1月10～12日、3月4～6日、3月7～9日和12月22～24日。

连阴雨　2018年，全市连阴雨过程频繁发生，无锡市区、江阴和宜兴7天以上的连阴雨天气过程分别有4次、4次和5次，其中12月2～11日无锡市区、江阴和宜兴的雨量分别达80.9毫米、73.4毫米和130.5毫米，且均无日照。

降雪　2018年，无锡市区、江阴和宜兴的积雪日数分别有11天、12天和20天。特别是1月25～28日，连续出现两次暴雪天气，1月28日08时无锡市区、江阴和宜兴的积雪深度达到15厘米、16厘米和29厘米。降雪对生产生活造成重大影响，农业受灾损失约4000余万元。原定1月28～30日的全市中小学期末考试日期也顺延至31日。1月28日夜间，无锡市内天一高架、高浪立交、景云立交以及蓉湖大桥、西山大桥、惠山大桥和红星桥等多处高架桥梁路段结冰现象严重，发生数起多车相撞事故。

暴雨　2018年，无锡市区、江阴和宜兴日降水量≥50毫米的暴雨日数分别为4天、3天和6天。8月17日，受1818号台风“温比亚”影响，全市普降暴雨到大暴雨，100个站点达到暴雨级别，其中56个站大暴雨，2个站特大暴雨(宜兴和桥镇355.9毫米，无锡马山古竹站344.7毫米)。无锡、江阴、宜兴三站17日单日雨量分别为103.9毫米、134.0毫米和186.7毫米。

梅雨　2018年，无锡市6月22日入梅，较常年偏晚6天；7月9日出梅，比常年略早，梅雨期17天，无锡市区、江阴和宜兴的梅雨量分别为192.4毫米、116.6毫米和188.9毫米，仅为常年的5～8成，雨日分别为12天、10天和14天，梅雨量前三的自动站都出现在宜兴，为竹海公园339.7毫米、红岭茶场329.1毫米、湖汶镇281.5毫米。

台风　2018年，台风特别活跃，无锡市受到7个台风直接或外围影响，分别是7月的“玛莉亚”和“安比”，8月的“云雀”“摩羯”“温比亚”和“苏力”，9月的“山竹”。

7月11～12日，受1808号台风“玛莉亚”外围环流影响，无锡市出现局部阵雨天气，马山古竹站连续两天出现大暴雨到暴雨，累积降水量达242.9毫米(7月10日20时～13日08时)；东南风力较大，最大为江阴利港17.9米/秒(8级)。

7月21日傍晚到23日凌晨，受1810号台风“安比”影响，全市出现了中到大雨天气，最大雨量江阴云亭42.2毫米；全市普遍出现6级以上阵风，23个站阵风7级以上，其中4站达8级，最大风力江阴云亭19.1米/秒。

8月2日傍晚到3日夜里，受1812号台风“云雀”影响，出现较明显的风雨天气，全市有32站达大雨以上量级，最大雨量宜兴竹海公园121.7毫米；普遍出现5～6级以上阵风，3个站阵风7级以上，最大风力江阴云亭16.6米/秒。

8月12日早晨到13日，受1814号台风“摩羯”外围环流影响，出现较明显的风雨天气，全市有26个站雨量超过50毫米，最大雨量宜兴竹海公园86.1毫米；普遍出现6～7级以上阵风，10个站阵风达8级以上，最大风力宜兴杨巷19.7米/秒。

8月17日，1818号台风“温比亚”在上海浦东新区登陆后，较长时间强度维持不变，台风结构完整，云区密实，外围螺旋云带多次席卷全市，因此“温比亚”也是2018年对无锡影响最为严重的台风。其影响过程中，全市普降暴雨到大暴雨，局部特大暴雨，并普遍出现大风。无锡市区、江阴和宜兴过程雨量分别为106.2毫米、152.5毫米和225.9毫米，极大风力达19.8米/秒(8级)、18.3米/秒(8级)和14米/秒(7级)。全市自动站中，雨量最大宜兴和桥镇410.7毫米，风力最大无锡南泉24.8米/秒(10级)。

8月21日，1819号台风“苏力”虽未登陆中国，但受其外围低层偏东气流与高层弱冷空气结合，无锡出现短时强降水、雷电等强对流天气，平均雨量53.7毫米。

9月16日傍晚到17日早晨，受1822号台风“山竹”外围水汽输送和副高边缘的共同作用，全市出现大范围的暴雨到大暴雨天气。无锡市区、江阴和宜兴过程雨量达100.3毫米、48.4毫米和124.4毫米，雨量最大无锡羊尖镇210.0毫米。

强对流　2018年，强对流天气多发生在春夏时节，主要表现为短时强降水和雷雨大风。

受冷暖空气的共同影响，3月4～5日出现一次较明显的对流性天气。4日晚间多地出现了7～8级的西北大风，其中无锡太湖仙岛极大风速达到17.6米/秒(8级)，江阴云亭极大风速18.7米/秒(8级)。

6月14日傍晚前后，江阴大部和无锡北部地区出现了一次强对流天气过程，部分自动站出现了短时强降水和大风天气。其中徐霞客镇(江阴市)极大风力为23.1米/秒，前洲街道、华士镇陆桥、城东街道(江阴市)、云亭街道(江阴市)都达到了8级大风。18～19时一小时内，云亭街道、城东街道、周庄镇长寿、周庄镇雨量分别为34.6毫米、25.4毫米、47毫米、39.8毫米。

9月1日午后，受低涡切变的影响，出现短时强降水、雷电等强对流天气。钱桥街道16～17时一小时雨量达23.8毫米，新安、东港、宜兴等站也有短时强降水。

9月20日，副高边缘冷暖空气共同作用下，出现明显强对流天气，阳山镇12～13时一小时雨量达21.5毫米，达短时暴雨量级。

高温　2018年，无锡市区、江阴和宜兴共出现了25天、31天和17天高温日，极端最高气温分别为37.5℃(7月25日)、37.9℃(7月25日)和38.2℃(5月16日)。5月16日无锡市区、江阴和宜兴的最高气温分别为37.0℃、37.7℃和38.2℃，创5月历史极端最高气温纪录。7月9日出梅后到8月上旬，由于受副热带高压控制，出现了长时间晴热高温天气。虽然高温持续时间长，但高温强度较上年明显缓和。

雾霾　2018年1月中下旬、11月下旬到12月上旬初，受本地静稳天气造成的污染物积累和北方弱冷空气带来的污染物输送共同影响，雾霾天气多发。全年共发布17次大雾预警信号和18次霾预警信号。

11月25日～12月1日连续7天时间里，大雾从凌晨或上半夜开始弥漫，到中午消散，转为霾。气象台连续多日发布大雾黄色、橙色、红色以及霾的黄色、橙色预警信号。大雾对交通影响较大，境内高速多日采取临时封闭交通管制，机场多个航班取消、延误。

(钱昊钟)

编辑　邵文凯

综　述

【规划引领管控作用强化】 2018年，无锡市城市总体规划编制取得重要成果，深化总体规划核心内容，完成市域和市区“三区三线”划定，完成总体规划总报告文本，完成产业空间布局等13个专题研究成果的专家论证，启动“多规合一”空间规划信息平台建设，举办环太湖城市协同发展研讨会。在总体规划编制统领下，稳步推进各专项规划编制和研究，开展锡澄、锡宜两个协同发展区规划编制和运河湾地区、空港地区概念规划等重点地区城市设计；推进镇村布局规划修编和村庄规划编制，完成无锡市乡村振兴战略研究编制；科学开展控制性详细规划修编和动态更新，启动历史建筑普查，《太湖国家级风景名胜区（无锡片区）详细规划》取得初步成果；全面开展重大交通战略规划研究，完成《苏南硕放机场集疏运交通体系规划研究》。

（市住建局办公室）

【城市基础设施建设】 2018年，无锡市积极化解城市基础设施建设前期工作难点，建设进度加快，路网优化，枢纽功能强化，市政设施不断完善，通行能力增强，生产生活条件进一步改善。蠡湖大道快速化改造、江海西路快速化改造、运河西路等一批重点道桥建成通车，通车道路超过30千米，城区人均道路面积达26.9平方米，居全省前列。苏锡常南部高速公路全线开工，太湖隧道进入主体结构施工，宜长、常宜高速公路、锡澄运河整治工程市区段加快建设，苏南硕放国际机场航站楼改造基本完工，无锡火车站完成改造并投入使用。地铁3号线一期工程全线隧道实现贯通并进入轨道施工阶段，1号线南延工程全线实现轨通，4号线一期工程进入盾构施工，无锡美术新馆、国际会议中心等重大文旅设施加快筹建。统筹推进市政公用设施建设，全市新改建污水管网64千米，新建扩建6个城镇污水处理项目，流域新增污水处理能力8万吨/日；完成老旧管网改造55.81千米，水表出户3110户；新增天然气用户6.8万户，城市照明设施完好率98.04%，市管道路养护状况综合完好率达98.38%。

（市住建局办公室）

【人居生态环境改善】 2018年，无锡市统筹推进房屋征收拆迁、棚户区（危旧房、城中村）改造、旧住宅区整治，市区完成房屋征收拆迁面积394.13万平方米，棚户区改造51.3万平方米，旧住宅区整治220万平方米，旧住宅电梯整治50台，既有住宅增设电梯改造有序推进。推进省级海绵试点区建设，启动实施绿地公园、河道整治、道路建设、旧区改造等一批项目，新建项目海绵城市建设达标率明显提升。推进城市绿化建设管理，新（改、扩）建16个城市游园，完成广南立交西北侧绿地改造工程，市区新增绿地面积206万平方米，市区建成区绿化覆盖率达到42.98%。深化排水达标区建设和黑臭水体整治，全市计划新创建118块排水达标区全部进入整改或验收阶段，完成14条黑臭水体整治任务，城市建成区黑臭水体整治达标率94%。建立完善农村生活污水处理设施运行维护机制，市区村庄生活污水治理覆盖率达95%以上。

（市住建局办公室）

【民生保障水平提升】 2018年，无锡市完善住房保障体系，统筹推进住房租赁市场发展以及住房保障、宜居住区建设和适老住区建设示范工作，全市城镇常住人口保障性住房覆盖率达100%，在省内居于领先位置；完成省政府下达的7个宜居住区建设目标任务，3个适老住区项目建成投运并获省适老住区示范项目称号。按照因城施策、分类调控的原则，继续采取严格的综合性调控措施，落实分区调控责任，妥善解决商品住房网签备案积压难题，社会矛盾风险得以有效防范，较好地实现控房价稳市场的调控目标，如期完成商业地产去库存目标任务。支持合理住房消费需求，全市归集住房公积金196亿元，提取住房公积金137.6亿元，发放住房公积金贷款157.62亿元。提升公共交通运输保障能力，市区新辟公交线路41条，新增新能源公交车482辆；地铁1号线、2号线日均客流27.97万人次，列车正点率99.98%，全年无事故。

（市住建局办公室）

【统筹城乡均衡发展】 2018年，锡澄、锡宜一体化基础设施互联、公共服务共享取得重要突破。锡澄城际轨道S1线站位方案、编组方案基本稳定，完成工程许可报告和总体设计编制工作；宜马快速通道、340省道开工建设，丁蜀机场前期工作进展顺利，锡澄宜实现公交“一卡通”互惠。加快推进特色田园乡村建设试点工作，全面建成3个省级首批试点村，完成27个市级试点村庄规划设计，其中15个启动建设。强化农村住房建设管理，建立完善责任体系和推进机制，组织开展试点先行示范，加快启动建设，全市开展各类农房建设2457户。在全省率先启动农村人居环境整治提升三年行动，全市美丽宜居乡村建设水平进一步提升。“四好农村路”建设成效显著，新改建农村公路58千米、桥梁40座。

（市住建局办公室）

【建设品质提升】 2018年，无锡市深入贯彻绿色、科技、创新理念，加快绿色建筑行动，全市新增节能建筑面积约1376.44万平方米，新增绿色建筑标识76项，城镇绿色建筑占新建建筑比例达95.96%，通过省绿色建筑示范市创建考评验收。加快推进建筑产业现代化，年内，新开工装配式建筑面积249万平方米，成品房竣工面积186万平方米。开展建设工程质量治理专项行动，年内，全市共有19项工程通过省优"扬子杯"评审。高质量推进地铁工程建设，13个工地被评为江苏省建筑施工标准化星级工地，《盾构隧道二次注浆台架研制》获得全国市政工程建设优秀质量管理一等奖，《围护结构施工质量管理》项目获得省级市政工程优秀奖。创新城市道路施工工艺，凤翔路快速化改造主线高架施工采用全预制装配式施工工艺，提升工程建设品质。

（市住建局办公室）

【建设管理服务效能增强】 2018年，无锡市深化"放管服"改革，进一步清理下放建设领域审批事项，加快推进"不见面审批"，并建立完善重大项目跟踪服务机制，加大对重点建设项目的服务保障力度。加快转变管理方式，加强事中事后监管，信用管理考核制度已覆盖到建筑业企业、市政企业、勘察设计企业、物业服务企业、园林绿化施工企业等建设领域主要行业，开发运行相应的信息管理服务系统，实现企业基本信息、信用信息全覆盖。强化建设市场监管，出台《关于加强诚信体系建设与建设工程招投标联动管理的意见》，在国有资金投资建设工程招标投标中，将企业信用考核结果作为招标评审因素，实行经济、技术、信用"三合一"综合评标法，有效遏制围标、串标现象，着力破解交易市场与施工现场相互脱节等问题，加大对违法违规行为的打击查处力度，确保建设市场的持续健康发展。

（市住建局办公室）

城乡规划

【概况】 2018年，无锡市城乡规划系统全面贯彻落实市委、市政府决策部署，以高质量发展为导向，把握城市现代化和城乡发展一体化工作主线，突出新一轮城市总体规划编制重点，坚持高起点规划、高质量管理、高效率实施，为领跑高质量发展提供科学的规划支撑和服务保障。全力推进新一轮城市总体规划编制并形成阶段性成果，完成市域和市区"三区三线"划定，启动24个专项规划编制和"多规合一"空间规划信息平台建设。统筹开展重点地区规划编制，完成中瑞生态城实施行动计划（草案），推动锡澄、锡宜两个协同发展区规划编制，开展运河湾地区、空港地区概念规划等重点地区城市设计。推进镇村布局规划修编和村庄规划编制，开展市区镇村布局规划实施评估及优化研究编制，完成无锡市乡村振兴战略研究，启动42个村庄规划编制工作，编制完成18个。开展控制性详细规划修编和动态更新，完成梁溪区4个管理单元、锡山区10个管理单元、惠山区3个管理单元、滨湖区2个管理单元、太湖新城4个管理单元、新吴区6个管理单元控制性规划动态更新。推进历史建筑立法前期研究，对老城区历史建筑开展抢救性保护，完成历史建筑普查数量400个点。全面开展重大交通战略规划研究，完成《苏南硕放机场集疏运交通体系规划研究》，形成《中心城区交通整体提升规划》中期成果，推进《无锡轨道交通3、4号线综合交通一体化规划》《无锡市轨道交通站点及周边一体化开发研究》《无锡市土地利用及交通协调发展TOD研究》。推进市政交通专项规划，开展轨道交通线网、黄线专项规划编制，形成第一批骨架道路红线方案研究、公共停车规划等成果。深入推进城市交通体系规划研究和服务，开展锡澄路网对接、蠡湖新城交通体系、马山地区交通体系、胡埭地区交通体系、渔港地区交通体系、苏锡常都市圈城际无锡段选线研究、宜锡张都市圈城际无锡段选线研究，有序进行无锡苏州交通基础设施对接、无锡常州交通基础设施对接、江苏省沿江城际铁路网规划对接等工作，完成市域铁路S1过长江通道选线等重点项目规划服务工作。

（市自然资源和规划局办公室）

【新一轮城市总体规划编制】 2018年，市自然资源和规划局持续推进新一轮城市总体规划编制，形成城市总体规划阶段性成果，进一步深化总体规划核心内容，完成城市愿景、战略定位和城市性质的多方案比选。统筹划定生态红线、永久基本农田保护线和城镇开发边界三条控制线，细化完善城市绿地系统和公共中心体系方案。完成城市综合交通规划、历史文化名城保护规划和市区城乡统筹规划3个专项规划核心内容编制，以及产业空间布局、城市开发边界划定、区域中心城市建设与协同发展等12个专题研究成果专家论证工作。开展总体规划公众参与系列活动，联合中国城市规划学会举办长三角一体化背景下的环太湖城市协同发展研讨会，联合市少年宫举办"小小规划师"绘画比赛活动。

（高军军）

【镇村布局规划修编】 为加快城乡统筹，优化镇村空间布局和规划发展村村庄布点，服务农村住房建设，2018年，市规划部门在现有镇村布局规划成果的基础上，开展惠山区、滨湖区、新吴区的镇村布局规划修编工作。修编重点关注农村、农业、农民的发展，更新划定城乡空间政策分区，优化村庄布局；校核更新规划发展村庄布局，明确村庄分类差别化引导策略；统筹安排配套设施，保护生态和文化，引导产业发展，加快农业现代化进程，促进乡村集约建设，为引导资源配置和公共财政合理投向提供规划依据。至年底，惠山区、滨湖区、新吴区3个区的镇村布局规划修编工作全部完成并通过专家论证。

（陆　洲）

【历史城区"双修"规划编制】 为实现无锡新城集中开发与老城品质改善、活力提升的有机统一，2018年，市规划部门启动《无锡历史城区"双修"规划》编制工作。无锡历史城区"双修"（城市修补、生态修复）规划，通过溯源历史城区核心价值，把脉当代问题，解读振兴使命，从打造运河文化魅力之城、运河商旅活力之城、水陆漫步品质之城3方面提出"双修"整治思路，着力于推动城市生态环境、经济活力、社会管理、文化自信、场所塑造、设施完善等各方面综合提升。至年底,已形成阶段性成果报告并通过部门审查和专家论证。规划重点对10组重点空间提出设计指引,包括:1组“水陆锡径”;两大城市前厅(运河湾片区、站前—北仓门片区);3条品牌道路(中山路、人民路、前后西溪—崇宁路);4个文化特色片区(惠山古镇—三里桥—接官亭弄片区、小娄巷—映山河片区、南禅寺—南长街—南下塘—大窑路片区、西水关片区)。

(陈文涛)

【控制性详细规划编制及动态更新】 为适应城市建设需求,服务经济社会发展,2018年,市规划部门开展一系列控制性详细规划编制和动态更新。包括《惠山区钱桥地区控制性详细规划》《惠山区玉祁街道控制性详细规划》《无锡市稻香地区控制性详细规划》3个控制性详细规划编制;《锡山区安镇—羊尖新市镇控制性详细规划高铁—吼山—查桥、高铁—嵩山—站南管理单元动态更新》《蠡园开发区无锡(国家)工业设计园控制性详细规划动态更新》《惠山新城控制性详细规划华源街道社区—滨河社区管理单元动态更新》《无锡新区高新区B区控制性详细规划梅北新镇南管理单元动态更新》《无锡新区商务综合配套区控制性详细规划江溪三—坊前北管理单元动态更新》《中心城区控制性详细规划城中—北塘—黄巷—刘潭、城中—北塘—黄巷—杨木桥、城中—崇安—崇二—兴塘河管理单元动态更新》《锡东新城(锡山主城区)控制性详细规划东北塘—依坝、东北塘—许巷、通江—通江管理单元动态更新》《锡山区东港—锡北(张泾)新市镇控制性详细规划东湖塘—东湖、东湖塘—中心区、港下—港下、港下—勤新管理单元动态更新》《锡山区安镇—羊尖新市镇控制性详细规划严羊—镇西、严羊—南丰管理单元动态更新》《惠山区玉祁—前洲新市镇城铁惠山站区控制性详细规划站前社区、站前商贸区、站前园区管理单元动态更新》《无锡新区高新区A区控制性详细规划A南—光伏管理单元动态更新》《惠山新城控制性详细规划堰桥工业配套区管理单元动态更新》等12个控制性详细规划动态更新。

(陈文涛)

【无锡综合交通规划编制】 作为无锡市新一轮城市总体规划重要专项规划之一,2018年,《无锡市综合交通规划(2016～2035)》与城市总体规划同步启动编制,并最终形成论证成果。《无锡市综合交通规划(2016～2035)》是无锡市综合交通发展的重要战略发展指引,以巩固无锡全国性交通枢纽地位和推进锡澄、锡宜一体化为目标,谋划交通基础设施布局蓝图,指导近远期交通基础设施建设。规划提出在苏南枢纽战略、锡澄宜交通一体化战略和“绿色高效、幸福出行”战略引领下,充分对接长三角区域一体化发展,建设区域城际、都市圈城际、市域轨道、城市地铁一体衔接的轨道交通体系,提升无锡在长三角快速轨道网络中的枢纽地位;规划“8线+1支”总规模297千米的城市轨道骨架网络,覆盖城市客运主走廊,承担公共交通系统主体功能;规划“两环十二射三联”总规模325千米的城市快速路系统,支撑无锡城市空间有效拓展,充分对接周边城市快速路系统,加强无锡在区域融合中的中心地位。

(何宝金)

【锡钢地区控制性规划编制】 锡钢地区位于梁溪区与新吴区交界处,古运河东侧河畔,现留存有部分工业建筑及构筑物,有较强的工业遗产风貌。为更好地利用运河沿线资源,建设运河沿线亮点,2018年,市规划部门采用城市设计方法,利用锡钢地区现存特色构(建)筑物,打造核心景观节点,塑造具有历史文化底蕴的创意文化产业园区,实现景观和功能的充分融合。同时,在“窄马路,密路网,小街坊”的城市布局理念下,城市设计提出建筑高度阶梯式布局等要求,有效将片区整体空间形态与功能进行有机结合。后续的控制性详细规划编制将该城市设计要求进行落实。通过城市设计和控制性规划编制,对锡钢地区重塑运河工业历史文化空间,提升城市功能奠定规划编制基础。

(王义龙)

【惠山区总体发展规划编制】 为实施城市总体规划的战略双向传导与深化布局落实,尽早谋划惠山区发展新思路、新格局,市规划部门开展《惠山区总体发展规划(2018～2035)》编制工作,2018年年底,完成中期成果的编制工作。规划成果适应惠山区高质量发展要求,认真分析该区枢纽地位提升、城市交通网络完善等八大问题和挑战,确立以服务促引领、以创新强产业、以特色优功能、以环境塑品质的“四区”战略定位,提出打造“双核引领、三片共耀、四轴联动”的内聚外联空间结构和实施品质宜居、印象惠山等8个举措,构建惠山区总体发展战

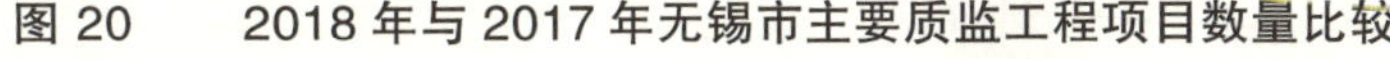

图20　2018年与2017年无锡市主要质监工程项目数量比较

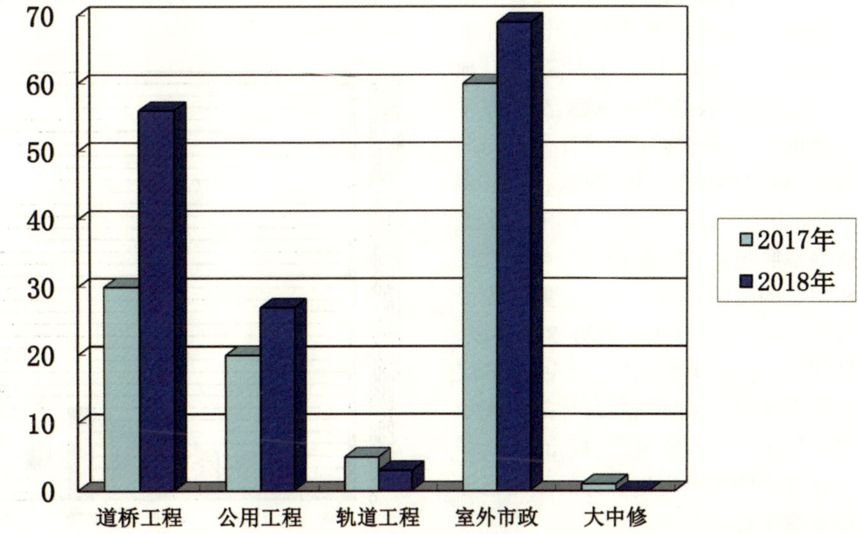

(市政工程质量监督站)

略定位—空间格局—策略行动的规划路径，突出实业创新、山水人文、绿色优居的要求。

（姜　敏）

【高新区分区战略发展规划】 为落实新吴区产城融合发展部署决策，5月，市规划部门联合中国城市规划设计研究院上海分院启动编制《无锡市高新区（新吴区）分区战略（产城融合）发展规划》，从经济、社会、历史、空间、交通、服务等多角度评估新吴区发展现状，识别各项系统的核心问题与发展瓶颈，科学谋划发展目标，提出产业升级、创新引领、品质城区、枢纽链接四大核心战略，努力构建产城关系和谐互促的发展新格局，打造面向未来、链接区域、服务民生、产城融合的科技新城区。至2018年年底，四大核心发展战略取得基本规划成果，"三脉三轴"空间结构基本稳定，为新吴区产城融合发展提供规划保障。

（蔡　雷）

【太湖新城总体战略规划编制】 为落实市委、市政府对太湖新城"四区"建设的要求，配合太湖新城管理机制调整，2018年，市规划部门组织太湖新城战略发展规划编制。规划初步提出太湖新城将建设为世界级生态湖湾新城的发展愿景，到2035年全面建成绿色低碳、智慧智能、精致精细、宜居宜业的高质量现代化新城，以及长三角世界级城市群的重要节点。在区域层面上，南北向加强与江阴市、苏州市，东西向加强与宜兴市、常熟市、张家港市的联系，力争形成太湖新城的交通枢纽地位；在城市特色品质提升上，注重打造人本理念突显、文化内涵丰富、地域特征鲜明、湖湾资源卓越、交通体系完善的魅力滨水城市空间；在布局结构上，提出构建"一园、两区、四片、多点"的功能布局，构建形成"田"字型蓝绿基底与倒"T"型城市空间主骨架相契合的空间结构。社区公共服务设施分为"社区—邻里—街坊"3个层级，形成15分钟、10分钟、5分钟等多层次的生活圈。太湖新城总体战略规划将为后续各类专项规划、城市设计、详细性规划的开展提供有力的战略指导和支撑作用。

（王　凌）

市政建设

【概况】 2018年年底统计显示：无锡市市管道路98条（计860.22万平方米），市管桥梁315座（计279.04万平方米），隧道1条（桃花山隧道），雨水管道826.45千米，声屏障11.73千米，泵站18座，场地1块（太湖新城污水处理厂再生水供应站，853.1平方米），人行地下通道1座（五爱广场通道）。

（市政设施管理处）

【提升精细化管理水平】 2018年，无锡市市政设施管理处在设施日常养护、新设施接管及桥梁违法广告牌拆除等方面取得成绩。内强素质，外塑形象。以高标准、严要求对各养护单位日常养护、内业资料、投诉处置及应急响应等方面的工作进行考核，确保设施完好。梁清路、红星桥、贡湖大道排水管道等7个项目获"全国城镇市政养护示范设施奖"——"扁鹊杯"，无锡与杭州并列成为全国获奖数最多的城市。源头管理，严格规范。将精细化管理纳入养护接管的工作中，对新建项目进行全面实测实量，针对道板平整度、路面窨井与道路高差等养

图21　无锡市历年轨道工程质监工程数量比较

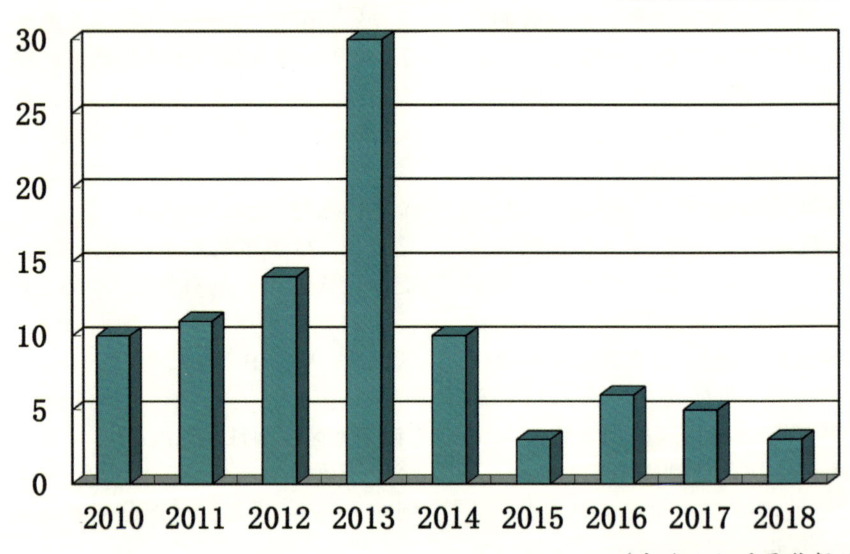

（市政工程质量监督站）

图22　无锡市历年市政工程质量检测工作量年度对比

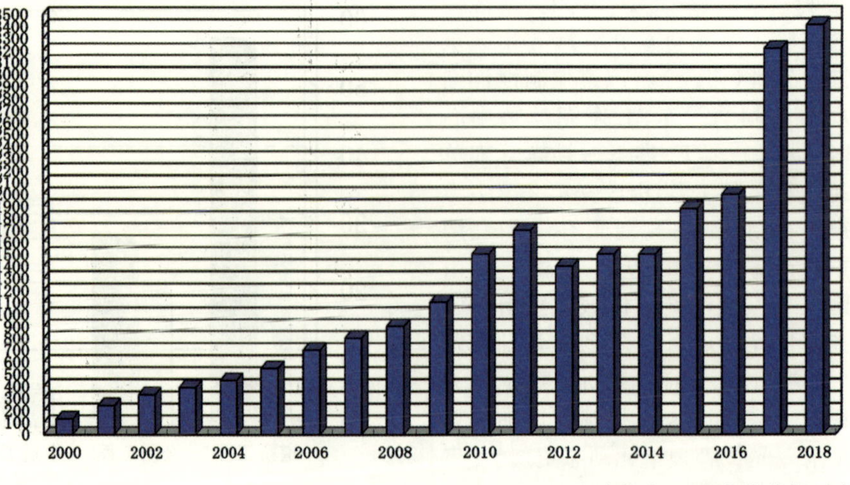

（市政工程质量监督站）

护中多发的难点问题，要求建设单位按规范要求整改到位方可接收，从源头控制病害问题产生。依法行政，重拳出击。完成1例行政执法全程记录并报送2例以案释法，对市管桥梁上的违法广告牌再次全面清理。经过不懈努力，市管桥梁上的16块违法广告牌最终得以拆除。

（市政设施管理处）

【运河东路大修工程】 自2018年运河东路大修工程（锡山大桥—永旺大桥段）开始实施以来，市市政设施管理处先后完成设计勘查、交通组织、施工许可审批、前期协调及施工招标等工作。年内，雨水管道检测全部完成，道路工程完成12%，雨水管道维修完成17%，污水管道维修完成82%。

（市政设施管理处）

【市政工程质量监督】 2018年，无锡市市政工程质量监督站共受理市政公用质量监督注册工程155项，监督注册工作量59.65亿元，其中，新注册市政道桥工程56项，公用工程27项，室外市政工程69项，地铁工程3项。共组织市政工程质量大检查8次，巡查在建重点工程43个。监督抽查528次，监督抽测391次，监督抽检85次。监督过程中，针对质量责任单位在质量行为、实体质量和试验检测等方面存在的问题，共发出整改通知书360份，整改完成率100%，行政处罚8起，金额12.8万元，较好保证质量监督巡查工作的有效性和及时性。

（市政工程质量监督站）

【工程质量安全提升行动】 2018年，无锡市市政工程质量监督站严格落实工程建设参建各方及人员的主体责任，加强对从业人员，特别是项目经理履职情况的动态监管。严格执行工程质量终身责任制书面承诺、永久性标牌、质量信息档案等制度，确保各项制度全面落实到位。组织有关单位研究质量通病的防治技术，从设计源头及现场实施加强质量通病防治措施的推广应用。组织现场观摩交流会，发挥典型示范的引领作用，全面提升市政工程质量水平。指导工程参建单位开展争创市政优质工程、省"扬子杯"和"鲁班奖"等活动。全面梳理轨道工程各类风险点、危险源，进行深入排查、科学评估、分级管控，通过关键节点验收、围护结构主体结构首件验收等制度的实施，降低质量风险，提高工程质量。重点加强对轨道工程原材料的质量管理，严禁使用未经检测或者经检测质量不合格的建筑材料及构配件。健全质量监督管理机制，推行"双随机、一公开"检查方式，对发现有违法违规行为和质量问题多发的项目和单位，加大检查力度和频次。强化对轨道交通、市政重点工程项目的质量监管，落实质量监管工作和风险防控措施。

（市政工程质量监督站）

【市政企业信用评价】 为进一步规范市政公用工程市场秩序，加强对建设各方市场行为和施工现场行为的联动监管，2018年，市市政工程质量监督站参与和推动无锡市市政企业信用评价工作，重点对施工单位及其施工项目的质量行为、实体质量、观感质量、创优特色做法和质量通病防治情况等进行检查。将信用考核工作与日常质量监督工作相结合，加强事中事后监管，推动全市市政行业诚信体系建设。

（市政工程质量监督站）

【提升检测工作质量】 2018年，市市政工程质量监督站继续做好地铁3号线、地铁4号线、江海路和蠡湖大道快速化改造工程的检测工作。围绕"科学、公正、准确、及时"宗旨，完善质量管理体系和管理制度，严格按体系和制度要求运行，质量目标完成情况良好。全年完成检测工作量3408万元，比上年增长6%。其中，常规检测工作量2286万元，桥梁结构检测工作量585万元，管道检测工作量约480万元，照明等检测工作量49万元，PC砖试验工作量8万元。全年共检测7.75万批次，出具检测报告4.83万份，检测中发现1112个不合格或异常批次。检测结论准确率100%，其他差错率0.29%；持证上岗率100%；在用设备完好率100%；检测报告及时率98%；服务满意率100%，未接到申诉和投诉。

（市政工程质量监督站）

【市政设施养护】 2018年，无锡市政设施建设工程有限公司负责市区范围内的主次干道107条约784万平方米、292座桥梁、786千米下水道、525米隧道、27座城市高架桥梁和18座公铁立交桥的日常养护维修。年内，完成道路养护15.4万平方米，人行道养护11.19万平方米；侧平石维修9.18万米；完成桥梁养护319座、1469座次；疏通窨井8.98万座、雨水井33.79万座，累计疏通主管和支管1839.47千米；更换雨水井盖1765个、窨井盖1176个；养护维修合格率保持100%，城镇道路综合完好率98%以上；"110"联动129次，投诉处理率为100%。

（张　薇）

【一项工程获评省优质工程"扬子杯"奖】 无锡市惠山污水处理厂四期扩建工程设计规模为5万立方米/天，土建规模为5万立方米/天，设备安装规模为2.5万立方米/天。新增单体：粗格栅及进水泵房、鼓风机房、脱水机房、变配电间、一体化MBR池、污泥浓缩池、污泥混合池、污泥调理池、接触消毒池、细格栅膜格栅池及曝气沉砂池、办公楼、门卫间及室外市政道路雨污水管道。合同造价6508万元。该工程建设单位为无锡惠山水处理有限公司，设计单位为无锡市政设计研究院有限公司，监理单位为无锡市新城建设监理有限公司，勘察单位为无锡市政设计研究院有限公司，施工单位为无锡市市政设施建设工程有限公司。工程于2014年7月20日开工，于2015年10月20日竣工。该工程2018年被江苏省建设厅、建设工会评为江苏省建筑施工标准化文明示范工地，被江苏省建设厅、省建筑行业协会评为江苏省优质工程"扬子杯"奖。

（孙亚明）

【地铁3号线主变进出线供电管廊工程】 无锡地铁3号线盛岸主变及新区主变进出线供电管廊施工及施工范围所涉及的道路、其他管线的迁改、拆移、恢复等工作。新区变廊道共7节廊道，全长121米；盛岸变廊道共18节廊道，全长404.21米。工程造价为3100.74万元。该工程建设单位为无锡地铁集团有限公司，设计单位为无锡市政设计研究院有限公司，勘察单位为无锡市政设计研究院有限公司，监理单位为无锡市市政建设咨询监理有限公司，施工单位为无锡市市政设施建设工程有限公司。该工程于2016年10月30日开工建设，2018年年底进入竣工验收阶段。

（孙亚明）

【中山路改造工程】 中山路段改造的现状是青石路，位于无锡市梁溪区，西北起自凤宾路，东南至春申路，全场1097米。根据无锡市路网规划，将现状青石路改造为城市主干路，设计车速50千米/小时。断面形式根据规划，改造后路宽40米，为双幅路形式。改造内容有：现状道路的拓宽改造，新建雨水、电力、信息、燃气和热力共5种管线，污水管线增加过路支管。该工程于2018年10月3日正式进场施工，建设单位为无锡市公共工程建设中心，设计单位为中国华西工程设计建设有限公司，监理单位为无锡市新城建设监理有限公司，施工单位为无锡市市政设施建设工程有限公司。

（孙亚明）

【道桥科技公司科技创新成绩卓越】 无锡市城市道桥科技有限公司在继续完善与深化沥青固废再生项目和"新技术、新材料、新工艺"推广运用上，以道桥科技为依托，加快沥青产品的升级换代，大力推进路面材料市场开拓。12月20日，公司顺利通过江苏省2018年高新技术企业认定，公司同时被认定为2018年无锡市"两化"融合示范企业"。公司研发机构被认定为无锡市沥青路面工程技术研究中心。围绕主营业务产品，2018年，道桥科技公司共申报4件实用新型专利、1件软件著作权和1件发明专利。至年底，公司共有18项实用新型专利获授权。

（张　薇）

城市建设重点工程

【蠡湖大道快速化改造工程竣工】 工程北起金石路，南至环太湖高速，全长8506米，宽60.5～73.5米。主线快速路（兼顾一级公路标准）以地面式为主，设短隧道下穿周新路，高架上跨高浪路，利用吴都路短隧道，高架上跨震泽路、具区路后落地，顺接南泉枢纽，双向6车道。辅道为城市主干道，双向4～6车道。该工程建设单位为无锡市公共工程建设中心，设计单位为中设设计集团股份有限公司、江苏中设集团股份有限公司，施工单位为中铁隧道集团三处有限公司、中铁二十四局集团有限公司、无锡市交通工程有限公司、无锡市第二市政工程有限公司、无锡市市政设施建设工程有限公司，监理单位为苏州市路达工程监理咨询有限公司、江苏中设工程咨询集团有限公司联合体、江苏交通工程咨询监理有限公司和无锡市市政建设咨询监理有限公司联合体。工程于2016年12月开工，2018年10月竣工。

（华栋梁）

【江海西路快速化改造工程主体竣工】 工程西起洛社新开河，东至凤翔立交，全长8824米，宽45～115米。主线快速路自洛社新开河起，以高架形式连续上跨洛南大道、洛城大道、钱威路、钱皋路、石门路、京杭运河、青石西路后落地，再以隧道形式下穿京沪铁路、沪宁城际铁路、兴昌北路后顺接快速内环（东），双向6车道。地面道路为城市主干道，双向4～6车道。该工程建设单位为无锡市公共工程建设中心，设计单位为上海市政工程设计研究总院（集团）有限公司、无锡市政设计研究院有限公司、中铁第四勘察设计院集团有限公司，施工单位为中交隧道工程局有限公司、中交第三航务工程局有限公司、中铁大桥局集团有限公司、无锡市交通工程有限公司、江苏江南路桥工程有限公司、无锡大诚建设有限公司、无锡路桥集团股份有限公司，监理单位为江苏华宁工程咨询监理有限公司、中铁武汉大桥工程咨询监理有限公司。工程于2016年12月开工，2018年12月主体竣工。

（华栋梁）

【具区路改拓建工程竣工】 工程西起塘埝路，东至蠡湖大道，全长2315米，宽40米，双向6车道，为城市主干道。该工程建设单位为无锡市公共工程建设中心，设计单位为江苏省科佳工程设计有限公司，施工单位为无锡市滨湖区市政设施养护管理处，监理单位为江苏东南工程咨询有限公司。工程于2018年1月开工，2018年11月竣工。

（华栋梁）

【运河西路新建工程竣工】 工程北起江海西路，南至凤翔路，全长1490米，宽35米，双向6车道，为城市次干道。该工程建设单位为无锡市公共工程建设中心，设计单位为同济大学建筑设计研究院（集团）有限公司、无锡市政设计研究院有限公司，施工单位为无锡路桥集团股份有限公司、无锡市市政设施建设工程有限公司，监理单位为江苏中设集团股份有限公司。工程于2016年9月开工，2018年5月竣工。

（华栋梁）

【吴桥东路改拓建工程竣工】 工程起自霞美路，终于莲蓉桥，全长1504米，宽26～30米，双向4车道，为城市次干道。该工程建设单位为无锡市公共工程建设中心，设计单位为无锡市政设计研究院有限公司，施工单位为无锡市第三市政建设工程有限公司，监理单位为无锡市新城建设监理有限公司。工程于2017年9月开工，2018年4月竣工。

（华栋梁）

2018年，蠡湖大道快速化改造建成通车　（吴若霁　供稿）

【环山东路改拓建工程竣工】 工程起于千波桥南桥堍，终于古竹路，道路全长8999米，宽10米，双向2车道，绿道全长8189米，宽3.5米，为旅游公路（参照二级公路标准建设）。该工程建设单位为无锡市公共工程建设中心，设计单位为江苏中设集团股份有限公司，施工单位为无锡市交通工程有限公司、无锡大诚建设有限公司，监理单位为江苏中设集团股份有限公司。工程于2018年4月开工，2018年12月竣工。

（华栋梁）

【前杨道新建工程竣工】 工程北起吴都路，南至和风路，全长529米，宽24米，双向2车道，为城市支路。该工程建设单位为无锡市公共工程建设中心，设计单位为无锡市政设计研究院有限公司，施工单位为江苏陆通基础设施有限公司，监理单位为无锡太湖明珠建设咨询有限公司。工程于2018年7月开工，2018年12月竣工。

（华栋梁）

公用事业

【完成供水任务】 通过实施市区供水管网优化和乡镇管网改造工程，2018年，无锡市供水实现“同城同质、同城同价、同服务”，建立安全可靠的供水体系，供水范围覆盖1648平方千米区域，形成“江湖并举、对置供水、双源互补、安全保障”的供水格局。市区形成取水能力260万吨/日、常规供水能力195万吨/日、应急备用供水能力50万吨/日的规模，最高日供水量达148.34万吨。江阴市形成取水能力156万吨/日、供水能力116万吨/日的规模，最高日供水量达91.57万吨。宜兴市采用横山水库、油车水库水源，西氿为应急水源，形成供水能力38万吨/日规模，最高日供水量达38.3万吨。

（公用处）

【巩固节水创建成果】 2018年，无锡市围绕“推行节水优先，实施国家节水行动”主题，以巩固节水型城市创建成果、提升城市节水管理水平为主线，对照新标准找差距，针对2017年国家节水型城市复查考核专家组的整改建议，进一步夯实城市节水管理工作基础，保持和发扬节水“三同时”管理方面的创建特色，弥补不足，以创新、务实的精神继续开展节水型城市建设，进一步建立和完善节水长效管理机制。做好国家节水型城市节水数据统计上报和资料收集汇总整理工作，广泛开展全国城市节水宣传周活动及日常节水宣传活动，深入企业、机关事业单位、学校和社区基层，节水型载体创建逐步展现成效，市民节水意识普遍提高。无锡市区公共供水计划用水户917户，纳入超计划超定额用水管理考核范围，水平衡测试等内部节水管理工作有效开展。2018年，全市共节约自来水2603万吨，再生水、雨水等非常规水资源利用率保持在33%以上。

（公用处）

【污水治理有序推进】 2018年，无锡市城镇污水处理厂共51家，其中，市区20家，江阴市20家，宜兴市11家。全市污水处理能力237.35万吨/日，其中，市区158.6万吨/日，江阴市51.25万吨/日，宜兴市27.5万吨/日。全市污水主管网总长度8899千米，其中，市区5234千米，江阴市1909千米，宜兴市1756千米。全年处理水量6.66亿吨，其中，市区4.34亿吨，江阴市1.42亿吨，宜兴市0.9亿吨。城市生活污水集中处理率稳步提高，主城区生活污水集中处理率达98%以上，市区生活污水集中处理率达95%以上，江阴市、宜兴市生活污水集中处理率均达90%以上。

（公用处）

【安全供气有保障】 2018年，无锡市区天然气管网已覆盖所有乡镇，市区实现“西气”“川气”双气源供气。全市天然气年用气量24.95亿立方米，其中，市区全年天然气用量为10.94亿立方米，江阴市全年天然气用量为7.91亿立方米，宜兴市全年天然气用量为6.1亿立方米。全市天然气总用户数180.55万户，其中，市区天然气用户130.42万户，江阴市天然气用户31.36万户，宜兴市天然气用户18.77万户。市区2018年新增天然气用户7.66万户，市区CNG加气站15座，C-LNG加气站1座，LNG加气站4座，市区CNG加气站累计销售天然气5319万立方米，LNG加气站累计销售天然气1222万立方米。市区2018年天然气气化率90%，比上年增长0.3%。

（公用处）

【污水厂及管网建设】 2018年，全市计划完成锡山区污水处理厂（规模6万吨/日）、安镇污水处理厂（规模1.5万吨/日）、鹅湖污水处理厂（规模1万吨/日）、宜兴城市污水厂（规模2.5万吨/日）等扩建工程并投入运行。启动新城污水处理厂（规模5万吨/日）、江阴澄西污水处理厂（规模3万吨/日）等扩建项目。截至12月底，锡山区污水处理厂已试运行；安镇污水处理厂、鹅湖污水处理厂、宜兴城市污水处理厂基本完成设备安装，处于调试运行阶段。新城污水处理厂正在进行土建工程，江阴澄西污水处理厂已开工建设。全市新增日处理污水规模11万吨。年内，启动污水处理厂提标改造工作。2018年，计划建设污水管网64千米，实际完成管网建设64.9千米，超额完成目标任务。

（公用处）

【黑臭水体整治】 2018年，市区14条目标任务河道整治全面完成，同时启动剩余11条河道的整治，并全部提前完成，25条河道从感官上基本消除黑臭。至年底，市区41条黑臭水体的整治任务基本完成，提前完成省政府“在2019年前消除城市黑臭水体”要求。国家生态环境部、住建部于5月7～22日、10月22日～11月2日对江苏省进行专项督查，对无锡的检查结果表示，无锡市黑臭水体整治工作总体情况良好，整治计划按照方案实施，台账资料较为齐全，现场河道保洁、周边环境、控源截污、调水活水等工作基本到位。秦巷浜河道治理案例登上生态环境部光荣榜。

（公用处）

【排水许可及行政执法】 2018年，无锡市完成排水方案预审59件、方案审批181件，完成接管工程验收234家，验收污水管线长度约116.57千米。新增发放城市排水许可证94张，正常流程换证67张，发放临时排水许可证20张。至年底，全市共有排水许可证1.46万张。完成《无锡市排水管理条例》立法后评估，对《无锡市排水管理条例》进行修订，新修订的条例已由省人大常委会批准，于2018年11月1日施行。在全局率先开展行政执法全过程记录。完成污水厂、重点排水户、重点工业排污企业采样5273个，指导施工工地、综合商业体及住宅小区55家次。完成行政指导4起，立案处罚9起，罚款金额12.3万元。

（公用处）

【燃气监管】 2018年，无锡市区新增天然气用户7.6万户。以新吴区智慧燃气项目为契机，推广使用泄漏报警装置，委托第三方签订合同2700户，已安装680户。对全市储配站、加气站开展专项检查，检查4批次146家，委托第三方检查2批次79家。整理出问题清单273条，经复查，237条已整改，36条已制定整改时限并督促企业及时进行整改。全年参加培训的送气工达512人，送气队伍逐步规范。全年举办培训班5期，其中管理人员、企业负责人培训班2期，操作工培训班3期。开展以“关注燃气安全、共筑美好生活”为主题的燃气安全宣传，组织燃气安全进校园活动13场次，受教育师生达1500人次。

（公用事业监管中心）

【服务热线改进】 2018年，无锡市公用事业服务热线工作水平持续改进。“12319”热线平台共接受各渠道事件1.16万件（不含各窗口单位受理的件数）。其中，“110”社会求助4217件，“12345”市民服务热线2297件，“12319”市政服务热线4122件，数字城管927件。按时办结率达100%，满意率为96%。

（公用事业监管中心）

【城市照明设施】 至2018年12月底，无锡市照明设施总量达96.05万盏。其中，中心城区市管总灯盏数为31.47万盏，锡山区10.5万盏，惠山区5.29万盏，新吴区22.99万盏，马山太湖度假区1.22万盏。江阴市为11.33万盏，宜兴市为13.25万盏。

（照明管理处）

【城市照明用电】 2018年，全市应发生电费约1.87亿元，实际发生电费约1.64亿元，节约电费2309.99万元。中心城区电费6231.91万元，占全市电费的38.07%；锡山区电费3641.1万元，占全市电费的22.24%；惠山区电费3048.07万元，占全市电费的18.62%；新吴区电费3448.15万元，占全市电费的21.06%。

（照明管理处）

【照明亮灯率和设施完好率】 2018年，无锡市中心城区亮灯率为99.89%，设施完好率为99.81%。锡山区亮灯率为99.33%，设施完好率为98.32%；惠山区亮灯率为99.35%，设施完好率为98.5%；新吴区平均亮灯率为99.75%，设施完好率为99.32%。

（照明管理处）

【申请中央和省财政补助资金】 2018年，无锡市加快实施《太湖流域水环境综合治理总体方案》和《江苏省太湖流域水环境综合治理实施方案》下达的太湖水污染治理目标任务。市市政公用产业集团全面完成承担的饮用水安全保障项目、城镇污水处理厂及配套管网建设项目、城镇垃圾处置项目等水污染治理重点工程。集团积极申请太湖水环境治理中央、省财政专项资金补助，获得省级财政资金1242万元。对于财政资金专项补助的使用，集团严格按照省、市各级部门的要求，加快实施项目建设，确保项目资金用到实处，起到实效。

（市政公用产业集团）

【优化“12319”热线服务平台】 2018年年初，无锡市市政公用产业集团再次中标“12319”热线2018～2020年度服务外包项目，投资150万元对原有“12319”热线服务平台进行升级、改造，实现功能拓展、业务延伸、服务升级，以便更好地服务市民百姓在市政公用行业遇到的相关投诉、咨询等问题。年内，“12319”热线平台整体运行平稳、顺畅，共处理各类投诉、咨询、建议等1.2万余起，取得积极的效果和强烈的社会反响。

（市政公用产业集团）

【为实体企业服务】 无锡市市政公用产业集团贯彻落实市委、市政府关于供给侧结构性改革、降低实体经济企业成本的实施意见，对符合规定的工商业企业降低用水、用气成本。2018年，集团共计让利2.48亿元，其中水费让利1.68亿元，惠及工商业用户5.69万家，特种用户33家；气费让利0.8亿元，惠及煤改气用户190家，工业用户427家，工业接管用户86家，有力促进无锡市经济健康发展，营造良好的市场环境。

（市政公用产业集团）

【无锡供水连续十一年安全度夏】 按照省、市“两个确保”工作要求，2018年夏季高峰供水期间，无锡市太湖水务有限公司全面加强南泉、锡东两个饮用水水源地沿岸的蓝藻和水草打捞，加强对各水厂生产工艺流程的质量控制。全年出厂水9项指标综合合格率100%，水质综合合格率100%，管网压力合格率99.7%，全面保障全市饮用水安全，实现连续十一年安全度夏。

（孙　吉）

【锡澄水厂深度处理改造工程竣工】 根据《江苏省政府办公厅关于加强城市供水安全保障工作的通知》要求，为实现全市供水从供“合格水”向供“优质水”的转变，无锡市太湖水务有限公司于2016年12月提出锡澄水厂50万立方米/天深度处理改造项目申请。2017年4月1日，市发改委对该项目核准通过。该项目被列入江苏省治太重点项目，也是无锡市2018年为民办实事项目之一。工程总投资2.8亿元，于2017年8月开工建设，2018年12月初完成项目的主体工程，年底正式竣工通水。至此，无锡五大水厂均实现常规处理和深度处理工艺全覆盖，为应对突发性水源水质污染事件增添有效手段，从而进一步保障全市饮用水安全、稳定、优质。

（孙　吉）

【自来水老旧管网改造完成55.81千米】 2018年，无锡市为民办实事项目计划改造50千米自来水老旧管网。为解决局部地区压力低、吃水难等问题，提高管网水质，降低漏损率，无锡市太湖水务有限公司对使用年限较长和材质较差的老旧管网进行改造，全年完成包括沁园新村给水管网和八士地区DN500输水管改造等工程，共计55.81千米，用户水质、水压得到明显改善。

（孙　吉）

【水表出户改造完成3310户】 2018年，无锡市为民办实事项目计划改造水表出户3000户。为进一步提高服务质量和供水水质，无锡市太湖水务有限公司全年完成包括建华新村、月秀花园、太湖花园、西太湖花园等小区在内的共计3110户，有效解决用户总分表差异的矛盾，改善居民用水水质，进一步提高服务质量和供水水质。

（孙　吉）

【污水处理完成年度任务】 无锡市太湖水务有限公司主城区污水处理年度计划为1.91亿吨，2018年，实际完成芦村、城北、太湖新城三大污水处理厂污水处理2.06亿吨。出水稳定达到一级A排放标准，水质排放综合合格率100%；削减COD5.66万吨，削减BOD2.68万吨；产生污泥约15.47万吨，全部得到安全处置。

（赵静静）

【华润燃气客户服务部获“全国工人先锋号”称号】 4月28日，在无锡市庆祝“五一”劳动节大会上，代市长黄钦为无锡华润燃气有限公司客户服务部颁发由中华全国总工会授予的“全国工人先锋号”奖牌。客户服务部是无锡华润燃气公司主要对外服务窗口，服务全市150万居民用户、7000多户工商用户，提供全年365天无假日的抄表、收费、安检、维修等各项服务工作。多年来，客户服务部秉承“阳光在心，服务在行”理念，积极提升服务技能，不断优化服务举措，为用户提供安全、放心、高效的服务。

（吴广敏）

【智慧燃气发展峰会】 9月16～17日，世界物联网博览大会智慧燃气发展峰会在无锡华润燃气有限公司会议中心举行。此次智慧燃气发展峰会是物博会16个系列活动之一，由华润燃气和中国信息通讯研究院共同主办，全国各地的燃气界、产业界、学术界250多人参加。会上，发布华润燃气《智慧燃气白皮书》，举办主题演讲汇报和高峰论坛等活动。这是物博会首次纳入燃气行业的一次峰会，是燃气行业和华润燃气智能化、信息化发展成果的一次集中展示，有力地提升华润燃气在行业中的地位和影响力。同时，公司在物博会智慧城市主题馆进行布展，集中展示华润燃气在智慧燃气建设上取得的成果和最新的应用。

（吴广敏）

【燃气流动服务车首进社区】 10月12日，无锡华润燃气有限公司首次将便民流动服务车开到惠山区润秀苑、滨湖区太湖国际等社区，为用户提供“一站式服务”，让用户不出小区就可以办理多种燃气业务。当天，办理业务的居民络绎不绝。便民服务车根据无锡市各区域居民用户人数密集程度及各小区服务需求，制定服务日程安排，开展常态化服务，深入小区为居民提供服务，现场办理燃气开户、燃气收费、保险销售、安全宣传、软管更换等业务。

（吴广敏）

【燃气新一代自助服务机投入运行】 12月1日，无锡华润燃气有限公司新一代自助服务机在金石东路营业厅投入试运行。新一代自助服务机是第一代自助充值机的升级换代，不仅具备查询气费、缴纳燃气费的功能，还兼具开户、过户、预约装表、预约点火四大功能，是公司智慧客服的一项重要举措，极大地方便用户的业务办理，也减轻客服网点压力。

（吴广敏）

【完善城市照明维护管理服务体系】 2018年，无锡照明股份有限公司保持市管设施养护市场领先优势，再次通过市场公开竞争中标无锡市市管照明设施维护业务一、二标段。公司积极做好节假日和重大活动期间照明设施运行保障，全年累计维修各类路灯3.26万盏，处理各类线路运行故障3152起，维护区域内亮灯率、运行故障率、设施完好率、服务及时率等指标稳中有升，全市照明设施保持安全、稳定运行。

（谭丽莉）

【市政公用环境检测院公司扩项评审】 8月2～4日，无锡市政公用环境检测研究院有限公司环境检测中心通过江苏省质量技术监督局首次现场评审。9月2日，获得证书（证书号:181012050437），具备环境、水质两大类2小类73个参数，涉水产品一大类7小类7个产品的检测能力。11月29～30日，无锡市政公用环境检测研究院有限公司环境检测中心迎接扩项评审，共申请五大类15小类117个参数，获得批准五大类14小类109个参数。通过扩项评审，环境检测中心共具备五大类15小类182个参数的检测能力。类别涉及固废、大气、土壤、废水、生活饮用水、涉水产品等，实现环境领域水、固、气、声四大类能力全覆盖。

（房俞晓）

乡村振兴

【概况】 2018年，无锡市按照“产业兴旺、生态宜居、乡风文明、治理有效、生活富裕”的总要求，围绕“乡村产业振兴、人才振兴、文化振兴、生态振兴、组织振兴”的布局安排，以“十大工程”建设为抓手，有力有序实施乡村振兴战略，各项工作取得新进展。

（孙科敏）

【全市乡村振兴大会】 5月，无锡市召开规模空前的全市乡村振兴大会，这是进入新阶段、站在新起点，开启新时代无锡“三农”工作新征程的一次全局性重要会议。省委常委、市委书记李小敏作题为《合力推动我市乡村振兴走在全省全国前列 奋力开创新时代无锡“三农”工作新局面》的讲话，市委副书记、代市长黄钦，市委副书记徐劼作具体部署。会议深入贯彻习近平新时代中国特色社会主义思想和中共十九大精神，认真落实中央和省农村工作会议精神，明确提出无锡乡村振兴的总体目标、主要任务和实施路径，动员全市上下解放思想、真抓实干，努力探索具有时代特征、中国特色、江南特质、无锡特点的乡村振兴新路子，奋力开创全市农业农村发展新局面，推动无锡农业农村发展走在全省全国前列。

（孙科敏）

【乡村振兴“1+4”政策文件】 2018年，无锡市围绕乡村振兴走在前列和农业农村优先发展、特色发展、高质量发展的要求，制定出台《关于贯彻实施乡村振兴战略 推动农业农村高质量发展走在前列的意见》和《关于进一步深化农村集体产权制度改革的意见》《关于开展“百企建百园”工程 促进现代农业高质量发展的实施意见》《无锡市农村人居环境整治提升三年行动计划》《2018年全市农业农村工作要点》,形成由1个综合性文件、4个专项文件构成的推进乡村振兴战略“1+4”政策体系。着力抓重点、补短板、强弱项、塑特色、创优势,加快构建现代农业产业体系、生产体系、经营体系,建立健全城乡融合发展体制机制和政策体系,推进乡村治理体系和治理能力现代化,让农业成为有奔头的产业,让农民成为有吸引力的职业,让农村成为安居乐业的美丽家园,努力探索具有时代特征、中国特色、江南特质、无锡特点的乡村振兴新路子,推动无锡农业农村发展走在全省全国前列。

(孙科敏)

【乡村振兴实施规划】 2018年,无锡市根据中央和省委、省政府部署要求,认真学习贯彻《江苏省乡村振兴战略实施规划(2018～2022年)》,立足无锡实际,编制出台《无锡市乡村振兴战略实施规划(2018～2022年)》。规划共10章31节,对无锡实施乡村振兴战略作出阶段性谋划,明确目标任务,细化工作重点,落实重点工程,部署行动计划,强化政策保障,引领乡村振兴战略在无锡全面实施。规划明确:到2020年,无锡乡村振兴取得实质性进展,农村高水平全面建成小康社会;到2035年前,乡村振兴取得决定性进展,率先基本实现农业农村现代化,城乡发展深度融合,农业农村更具活力,城乡居民生活水平差距明显缩小,生态宜居的美丽乡村基本建成;到2050年前,率先实现乡村全面振兴,率先实现农业农村现代化,全面实现农业强、农村美、农民富。

(孙科敏)

【建立健全工作体系】 2018年,无锡市建立实施乡村振兴战略“一把手”负责制,成立无锡市乡村振兴工作领导小组,市委、市政府主要领导担任组长,市委、市政府分管领导担任副组长。把乡村振兴战略实施情况纳入《2018年度无锡市市(县)区高质量发展考核评价实施意见》,列入对各市(县)区和市各相关部门年度绩效考核内容,研究制定《无锡市乡村振兴实绩评价办法(试行)》,开展半年度专项督查和年度综合考评,加强对5个方面21项主要指标实施进展情况的动态监测。各市(县)区均建立健全实施乡村振兴战略的组织领导体系,形成党政“一把手”亲自抓、分管领导直接抓、一级抓一级、层层抓落实的工作推进机制。

(孙科敏)

【农村集体产权制度改革】 2018年,制定出台《无锡市农村集体经济组织清产核资工作方案的通知》《农村“三资”管理平台建设方案》,全面完成55个镇(街道)、929个村(社区)集体经济组织清产核资。推荐1个县级市为国家级产权制度改革试点县、1个涉农区为省级产权制度改革试点区,确定3个镇(街道)为市级试点单位,各市(县)区分别选择2个村(居)开展整建制推进试点工作,改革试点实现县域全覆盖。全市70%的村完成股份合作制改造,量化集体经营性净资产200.59亿元,70%的农民享有集体经济股权;拥有200万元以上可支配收入的村基本实行股份合作制改革。

(孙科敏)

【农村金融创新】 2018年,无锡市、市(县)区联动,探索设立乡村振兴投资基金,母基金规模5亿元,计划撬动50亿元金融和社会资本投入乡村振兴建设。成立江苏省农业信贷担保有限公司无锡分公司,市级财政首期出资2000万元,在保余额突破2.7亿元。持续扩容“惠农贷”风险补偿基金,按照基准利率和无抵押担保为家庭农场和农民合作社提供融资,新增贷款181笔,总额达4960.9万元。年内,全市涉农贷款余额4300亿元,新增120亿元。

(孙科敏)

【全面开展农房更新改造试点】 2018年,无锡市在规划、用地、资金等方面制定一系列农房更新改造配套政策,明确“各市(县)区规划发展村涉及到的镇(街道)至少安排一个试点,到2020年年底,基本完成试点建设任务,到2025年,所有规划发展村农房建设改造全面启动并初具形态”的目标。通过试点先行、典型示范,以点带面、有序推进,全市确定106个首批农房建设试点村,涉及83个行政村1.25万户4.03万人,已有26个村开展建设,形成较为完善的市、县两级工作体系和政策框架,农房更新改造工作进入全面实施阶段。

(孙科敏)

【乡村振兴大学堂】 为整体优化提升村(社区)党组织书记队伍政治素质和履职能力,确保实施乡村振兴战略的任务落到基层、落到实处,2018年,无锡市在全省率先开设以乡村振兴为主题,以村(社区)党组织书记为主要培训对象的“乡村振兴大学堂”。11月6日,在江阴市华西村举办第一期;11月26日,在宜兴市举办第二期。每期6天,共有200名村党组织书记接受培训。

(孙科敏)

【美丽乡村建设】 2018年,无锡市村庄环境整治与长效管理点面共进,长效管理由点示范向面推广,美丽乡村建设取得新成效。贯彻落实国家、省关于农村人居环境整治提升工作要求,制定实施全市农村人居环境整治提升三年行动计划,分解落实具体目标任务,明确加强村庄规划引导、推进村庄生活污染治理、加大村庄生活污水治理力度、开展村庄厕所粪污治理、扎实推进农村住房建设管理、全面提升村容村貌、健全完善长效管护机制7项重点工作任务,确定到2020年年底全市建成600个美丽宜居村庄的目标任务。年内,创建160个市级村庄环境长效管理示范村;农村生活污水治理进程进一步加快,覆盖率进一步提升,市区基本实现村庄生活污水治理全覆盖,江阴市、宜兴市规划发展村庄治理覆盖率达100%,江阴市纳入全国农村村庄生活污水治理示范县。

(任余娟)

【农村住房建设改造】 2018年,无锡市加大农村住房建设改造力度,成立由市委、市政府有关领导任组长和副组长、20个部门和单位组成的无锡市农房建设工作领导小组,领导小组办公室设在市住房城乡建设局,并建立联络员制度。开展农房建设管理专题调研,印发《农房建设管理文件汇编(一)》,完善落实工作机制,及时协调解决推进过程中遇到的土地、水、电、气等问题和困难。各市(县)、区成立相应工作机构,制定落实实施方案,加快启动农房建设改造。年内,全市在建农房2457套,其中,江阴市188套,宜兴市1858套,锡山区250套,惠山区161套。

(任余娟)

【特色田园乡村建设试点】 2018年，无锡市特色田园乡村试点建设全面展开，基本完成2017年3个首批省级特色田园乡村试点村建设。全市优选30个村庄纳入市级特色田园乡村建设试点，其中6个村庄列入2018年省级建设试点，试点村庄全部完成规划设计方案设计修缮，编制项目实施清单，部分试点村已启动建设。

（任余娟）

【小城镇建设】 2018年，无锡市按照新型城镇化建设要求，以规划为引导，择优培育重点中心镇和特色镇。充分发挥市场主体作用，引导小城镇与特色产业发展相结合，与服务“三农”相结合，推动小城镇集约化发展，增强小城镇的综合发展实力。锡山区东港镇、惠山区阳山镇列入省特色镇保护发展项目，锡山区鹅湖镇获得省特色景观旅游名镇称号。

（任余娟）

【村镇基础设施建设】 2018年，无锡市建制镇建设投资市政公用设施9.86亿元。建成区范围内自来水供水普及率100%，燃气普及率94.5%；道路长度2022.29千米；建成区绿地面积5250.55公顷，其中，公园绿地面积537.63公顷，绿化覆盖率32.7%；公共厕所601座；各类环卫机械458辆；共有村镇污水处理厂42个，污水处理能力达95.51万吨/日，年污水处理总量1.35亿吨。全市村庄道路长度3223.77千米，集中供水行政村比例100%，对生活垃圾进行无害化处理行政村比例100%。

（任余娟）

建筑业

【概况】 2018年，无锡市年末在建施工项目数1130个，在建工程总面积5761万平方米，较上年增长32%；竣工验收面积2115.6万平方米，较上年增长8%。至年底，无锡市建筑业施工企业总数2214家，全市建筑业企业资质数4574项，其中，总承包资质1210项（特级资质2项、一级资质76项、二级资质249项、三级资质883项），专业承包资质3215项（一级资质285项、二级资质1392项、三级资质1301项、不分等级237项），劳务资质149项；全市具有监理资质的企业51家，具有检测资质的企业32家。

（市住建局建筑业管理办公室）

【省级绿色建筑示范城市通过验收】 2018年，无锡市围绕江苏省绿色建筑示范城市创建目标任务，加快推进绿色建筑行动，全面完成各项考核指标，于12月下旬通过江苏省住建厅组织的验收，获得高度评价。围绕绿色建筑示范城市创建，无锡市形成完善的工作机制与绿色建筑全过程监管体系；绿色建筑、海绵城市、既有建筑节能改造等绿色生态系列专项规划体系完整，绿色建筑星级等指标纳入土地出让、规划设计、竣工验收等环节，有效推动示范城市建设；绿色建筑示范面积、二星级以上标识比例均显著超过考核要求；开展城市空间复合利用、可再生能源一体化应用、住宅全装修、综合管廊建设、既有建筑节能改造等工作，全面完成节约型城乡建设目标任务；财政及配套资金落实到位，使用管理规范；在建立长效管理机制、全面推进二星级绿色建筑规模化发展、带动既有建筑节能改造的快速推进、开展绿色建筑体验调查研究等方面具有鲜明的特色与亮点。

（市住建局建筑节能与科研设计处）

【绿色建筑暨建筑节能】 2018年，无锡市加快推进绿色建筑与建筑节能工作。新建民用建筑（居住建筑和公共建筑）全部执行二星级及以上绿色建筑标准，全面执行65%及以上的建筑节能标准，节能设计达标率100%，节能施工达标率99%以上，获得绿色建筑设计标识的绿色建筑面积1322.44万平方米，获得绿色建筑运行标识的绿色建筑面积78.36万平方米。年内，新增节能建筑面积1376.44万平方米，其中绿色建筑面积1320.89万平方米，城镇绿色建筑占新建建筑面积比例达95.96%；太阳能光热建筑应用面积822.57万平方米，既有建筑节能改造面积154.27万平方米；新增建筑节能能效测评项目75栋，能耗统计项目1153项，能源审计项目8项。无锡江南大学数字媒体经管大楼获得2018年度江苏省绿色建筑创新项目二等奖。

（市住建局建筑节能与科研设计处）

【建筑产业现代化】 2018年，无锡市坚持“稳步发展装配式混凝土建筑，积极发展钢结构建筑，倡导发展木结构建筑”原则，全面落实建筑产业现代化发展目标任务，明确政策导向和发展路径，逐步构建装配式建筑监管体系，落实容积率、提前预销售及邀标奖励，装配式建筑在新建建筑中的比例不断提高，新建建筑中“三板”技术全面推广。全年写入用地条件装配式建筑面积237万平方米，新开工装配式建筑面积比例达15%，成品房年度竣工面积186万平方米。全市首个装配式项目主体结构通过验收，首个钢结构装配式建筑完成装配式建筑设计阶段技术论证，2个预制率大于30%的项目根据奖励政策顺利实施邀标。年内，新增国家、省、市各级示范基地、示范项目36项（累计65项），其中，省级装配式示范项目和BIM应用示范项目4个，市级装配式建筑示范项目4个，省级装配式建筑集成应用类示范基地1家，部级生产类示范基地4家；7家企业列入省装配式建筑施工、监理企业名录，11家企业列入省装配式建筑构件生产基地名录，5家机构列入省装配式建筑检测机构名录。至年底，全市装配式建筑预制构件生产基地共计7家，年内新增4家。

（市住建局建筑业管理办公室）

【建筑工程质量创优】 2018年，全市共评出“无锡市绿色施工示范工程”47项。181个项目入围江苏省建筑施工标准化星级工地，2项工程入围江苏省绿色建筑创新项目，19项工程入围江苏省优质工程奖“扬子杯”（含鲁班奖和国优奖确认项目2项、房屋建筑工程项目17项）。2项承建工程（外地房屋建筑工程项目）、8项参建工程（外地房屋建筑工程项目）和1项监理工程（外地房屋建筑工程项目）同时入围江苏省优质工程奖“扬子杯”。无锡市惠山区全民健身中心工程获国家优质工程奖，2项参建工程（外地）同时获国家优质工程奖，1项参建工程（外地）获国家优质工程金质奖。由江阴建工集团有限公司承建的江南水务业务用房工程，以及无锡市商务办公、居住用房及公建配套用房等2项工程获中国建设工程“鲁班奖”(国家优质工程);7项参建工程(外地)同时获中国建设工程“鲁班奖”(国家优质工程)。

(金平青)

【建筑行业评优荐优活动】 2018年,无锡建筑行业有2人入围江苏省建筑业先进协会工作者,4人入围江苏省建筑业优秀企业经理,5人入围江苏省建筑业优秀企业家,1人入围江苏省百名诚信之星,1人入围江苏省十大诚信标兵,11人入围江苏省住房城乡建设系统劳动模范,1人获评全国优秀施工企业家。1家社会组织入选无锡市工商联系统优秀协会,3家社会组织入围江苏省建筑业先进协会。6家企业入围江苏省建筑业优秀企业,4家企业入围江苏省建筑业最具成长性百强企业,3家企业入围江苏省建筑业竞争力百强企业,4家企业入围江苏建筑业百强企业。无锡锡山建筑实业有限公司、江苏沪宁钢机股份有限公司等企业保持“全国工程建设企业社会信用评价AAA级信用企业”称号,江苏宜安建设有限公司获评全国建筑业AAA级信用企业,江苏沪宁钢机股份有限公司获评全国优秀施工企业。

(金平青)

【建筑科技创新应用活动】 2018年,无锡市有15个项目入围江苏省建设系统科技项目(指导类),17项工程入围江苏省建筑业新技术应用示范工程。江苏沪宁钢机股份有限公司参与完成的“大跨钢结构大倾角带支架滑移及有约束提升施工关键技术”成果获中国施工企业管理协会科学技术进步奖一等奖,无锡市工业设备安装有限公司完成的“安装企业机电设备智能化服务转型管理”获第二十五届全国企业管理现代化创新成果一等奖。

(金平青)

【天亿建设晋升为两项行业最高资质企业】 2018年,江苏天亿建设工程有限公司获得住房和城乡建设部“建筑工程施工总承包特级”和“建筑行业工程设计甲级”两项行业内最高资质证书,成为无锡地区首家同时拥有两项行业最高资质的建筑企业。江苏天亿建设公司成立于2005年,在不长的时间内,依靠诚信理念、过硬质量,发展成为一家集设计施工于一体、多元化经营的大型建筑企业,承建的重大工程先后获得国优、省优、市优等多项荣誉。特级资质是衡量建筑企业整体实力的重要指标,更是一个地区建筑业发展水平的重要标志。江苏天亿建设此次成功晋升建筑工程“总承包特级”和“设计甲级”资质,对推动无锡地区建筑行业的转型升级和高质量发展具有重要示范作用。

(金平青)

【无锡中心城区最高烂尾楼复工】 8月28日,无锡最高烂尾楼原银辉中心双子楼复工仪式启动。矗立在无锡中心城区的原银辉中心双子楼位于人民中路与新生路交汇处东北角,与崇安寺仅一街之隔,总建筑面积约18万平方米,包含高达263米的两栋塔楼约11万平方米以及4万余平方米商业购物中心和地下停车场。因资金链断裂搁浅8年,牵涉标的体量之大,债权人之多,烂尾时间之长,创下无锡之最。接盘重整双子楼的东岭集团是陕西省规模最大的民营企业。

(金平青)

【建筑行业信用体系建设】 为进一步完善无锡地区建筑市场和施工现场联动管理机制,2018年,无锡住房和城乡建设管理部门印发并实施《无锡市建筑业企业信用考核实施办法(试行)》。通过建立“无锡市建筑市场信用管理系统”,运用科学合理的信用评价指标体系,与建筑业企业信用挂钩,以建筑业企业基本信用信息和信用行为信息为依据,并在规定的考核时段内,以信用信息(包括企业建筑市场行为:承接工程数量、社会和行业奖惩、投标活动、合同履约、工程造价管理、工程档案资料管理、建筑业行业统计等;施工现场行为:质量行为、安全行为、实体质量、安全生产文明施工标准化、人员履职等)标准量化为基础,对建筑业企业信用状况进行综合评价,并将综合评价结果应用于建设工程承(发)包活动和建设工程管理活动,实现建筑市场和施工现场管理的联动。

(金平青)

【勘察设计监督管理】 2018年,无锡市住建部门出台《无锡市建设工程勘察设计企业信用管理办法(试行)》,开发“无锡市工程勘察设计企业信用管理系统”,实现对全市勘察设计单位以及在无锡辖区承接业务的外地勘察设计单位全覆盖信用考核,将考核结果应用于工程招投标中,实行“五合一”(信用、业绩、设计方案、投标报价和其他评分因素)综合评标模式,全面促进勘察设计企业依法诚信经营,不断提高勘察设计质量。运用无锡市建设工程勘察设计管理信息系统,采集勘察设计企业及人员信息,加强对企业和人员的资质、资格及市场行为的管理,实现勘察设计项目合同备案和资质核验工作网上办理。开展工程勘察设计单位资质增项、资质升级、资质转正(延续)、资质换证、资质变更及新申请资质核定的初审工作,全市有39家单位资质延续、3家单位换证、2家单位新申请、2家单位升级和393家单位变更得到批准。年内,还完成注册建筑师、勘察设计注册工程师初始注册、延续注册、变更注册585人次,办理省外勘察设计企业进无锡勘察设计资质核验237项,省外在无锡分支机构年度资质核验1项,江苏省勘察设计企业合同备案881项。

(市住建局建筑节能与科研设计处)

【勘察设计业务培训和设计评优】 2018年,无锡市住房城乡建设局配合江苏省住建厅完成无锡市注册建筑师、注册结构工程师继续教育集中学习,共253名注册建筑师、94名注册结构工程师和50名注册土木(岩土)工程师参加培训。组织开展无锡市城乡建设系统优秀勘察设计、第五届“紫金奖”建筑及环境设计大赛、全市优秀农房设计方案征集评选等活动,其中,城乡建设系统优秀勘察设计项目共评选出一等奖35个、二等奖70个、三等奖69个。推荐一等奖、二等奖获奖项目参加江苏省城乡建设系统优秀勘察设计项目评优,有39个项目获得江苏省城乡建设系统优秀勘察设计奖项,2个项目获得江苏省第五届“紫金奖”奖项,6个项目获得江苏省农房设计方案奖项。

(市住建局建筑节能与科研设计处)

【施工图设计审查】 2018年,无锡市建设管理部门制定《无锡市工程勘察、建筑设计企业施工图质量考评办法》,

定期对建筑设计企业和勘察企业考评期内违反工程建设标准强制性条文情况进行汇总排名和对外公布，对违反强制性条文数量前5位的企业给予通报批评、约谈及相应的处理，提高勘察设计单位的出图质量。加大施工图审查工作力度，使房屋建筑工程的施工图审查在全市实现全面覆盖，保质保量完成全市范围房屋建筑和市政基础设施工程及专项工程的施工图审查任务，将工程质量安全隐患解决在萌芽状态。年内，全市建设工程设计审查共接审新建建筑工程施工图设计审查698项、建筑面积2778.25万平方米，查处违反工程强制性条文945条、违反强制性标准2.17万条；市政工程施工图设计审查188项，总投资额70.71亿元；幕墙专项施工图设计审查99项，建筑面积137.62万平方米。

（市住建局建筑节能与科研设计处）

【建筑工程质量监督检测】 2018年，无锡市建设管理部门创新建设工程质量监督工作模式，制定下发《无锡市房屋建筑工程质量监督检测管理规定》，全面开展建筑工程质量监督检测工作。规定要求，工程质量监督机构根据监管需要，对进入施工现场的主要原材料、构配件以及建设工程实体质量，随机确定材料品种或实体部位，由检测机构依据相关标准、规范制订抽样、检测方案，在现场见证人员的见证下抽样、检测，并由检测机构对抽检样品代表的检验负责。通过政府购买第三方服务的方式，强化建设工程质量、工程检测的业务监管。

（市住建局质量安全监管处）

【建设工程安全生产管理】 2018年，无锡市建设管理部门针对全市近年来发生的事故类型和特点，在进行充分调查研究的基础上，以建筑行业易发生群死群伤的危险性较大的分部分项工程、事故高发种类以及对社会可能造成不良影响的消防火灾事故等安全防范为重点，制定专项工作方案，完善落实工作措施，分阶段提出具体工作要求，有计划、有重点地开展全年的建设工程安全生产专项整治工作，形成全市建设行业安全生产管理工作一盘棋的格局。同时，完善落实考核机制，重新制订《无锡市建设工程安全生产考核评分细则》，进一步强化目标体系考评、责任体系考评、监管机构考评、监督执法考评、安全生产标准化考评、联动预防考评、依法治理考评等，通过常议常抓、持久发力，保持建设工程安全生产形势的持续稳定。

（市住建局质量安全监管处）

【建设工程扬尘污染管控】 2018年，无锡市将建设工程扬尘污染防治纳入市委、市政府重点工作任务，出台实施《关于加强建设工程扬尘污染防治工作的实施意见》，进一步明确工作目标，统一整治标准，理顺主体责任，强化行业监管及联动处置，统筹推进全市各类建设工地的扬尘污染防治工作。建立视频联网监控系统，强化现场管理，强化联动执法，并组织实施秋冬季节建设工地扬尘治理攻坚行动，建设工程扬尘污染管控水平全面提升。

（市住建局质量安全监管处）

【企业信用与工程招投标联动管理】 2018年，无锡市加强建设行业诚信体系建设，推动建设行业企业信用考核结果在国有资金投资建设工程招投标中的应用。出台《关于加强建设行业诚信体系建设与工程招投标联动管理的意见》，明确企业信用考核评价办法及信用考核结果在国有资金投资建设工程招标投标和行业管理中应用的具体办法，要求国有资金投资建设工程项目（含房屋建筑、安装、装饰、智能化、消防、市政、城市照明、园林绿化等专业）施工招标时，招标人应在评标办法中明确企业信用考核结果作为评审因素，并实行“三合一”（信用、经济、技术）综合评估法或“二合一”（信用、经济）评标法，不再直接将投标人经历、业绩、奖项作为评标加分因素。8月13日，无锡首例将企业信用分纳入评标办法的工程——无锡建华室外训练场及附属设施建设工程施工总承包项目，成功完成开标，标志着无锡建设工程招投标工作进入信用时代。2018年，市、区共有221个标段采用“三合一”“二合一”评标办法，其中有134个标段的信用分占主导作用，占比60.63%。

（市住建局建筑市场监管处）

【加强招投标监管】 2018年，无锡市建设行政管理部门加强对各市（县）、区建设工程招投标工作的业务指导和监督管理，制定规范化的招投标监管流程，完善全市统一的建设工程电子招投标监管系统平台，实现全市行政区域内招投标监管信息的互联互通与信息共享。加强对国有资金投资建设工程的招投标监管，将招标公告、招标文件及招标控制价作为监管重点，对重点监管环节实施网上“双随机”检查，及时公开检查结果，并将检查结果与招标代理机构和造价咨询机构的信用考核挂钩。同时，加强投标人中标后的合同履约管理，督促招标人与中标人严格按照招标文件与投标文件签订合同并诚实履约。2018年，全市建设工程招标发包1878个标段，中标额546.95亿元。其中，公开招标1730个标段，中标额442.48亿元；邀请招标148个标段，中标额104.47亿元；通过招投标节省投资54.42亿元，平均下浮9.05%。

（市住建局建筑市场监管处）

【拖欠农民工工资治理】 2018年，无锡市进一步完善落实预防和解决拖欠农民工工资问题的长效机制，制定实施《无锡市建设工程农民工工资支付管理实施细则》，落实农民工实名制度、人脸实时抓拍考勤制度、农民工工资专用账户制度、农民工工资分账管理制度、农民工工资足额支付制度和农民工工资银行代付制度等，切实保障农民工劳动报酬权益。建立健全企业拖欠工资联合惩戒机制，对拖欠工资的失信企业，在招投标、市场准入、评优评先等方面依法依规予以限制，使失信企业“一处失信、处处受限”，提高企业失信违法成本，维护社会公平正义，促进社会和谐稳定。

（市住建局建筑市场监管处）

【工程造价管理】 2018年，市建设工程造价管理部门贯彻省住房城乡建设厅建设工程各专业计价定额，及时转发工程计价相关政策文件并制定无锡市执行文件，做好各专业定额的解释、答疑工作，调解处理相关工程造价问题。加强国有资金投资工程造价管理，全年国有投资项目委托造价咨询比选备案项目共319个，协调一批市政道桥工程、校园工程、环境整治工程等公建工程的造价事项。提升信息服务质量，每月发布450种常用材料的含税、除税指导价，每半年测算并发布1200种园林苗木含税、除税指导价和一次人工工资指导价及全市工程造价指数。加强工程造价咨询市场监管，年内，全市造价咨询企业完成各类造价咨询项目上报7742个，咨询标的额达640.35亿元，核减金额51.6亿元，核减率11.36%。

（杨继红）

【行政审批服务制度改革】 2018年，无锡市住建局按照“放管服”改革要求，梳理完成部门2018版权力清单。至年底，市住建局权力清单共计566项，其中，处罚类524项，许可类4项，征收类1项，奖励类5项，给付类1项，强制类1项，裁决类1项，其他类29项。全面推进“不见面审批”，市住建局33项权力事项全部纳入“不见面”和“见一次面”清单，其中，许可类全部纳入“不见面”清单，并全部进驻市政务服务大厅。进一步加大放权力度，直接下放江阴市43项权力事项，并积极支持锡山经济开发区等开展企业投资项目信用承诺制不再审批严格监管试点工作。着力提升审批服务效能，优化高质量发展营商环境，实现“3550”改革目标，做到工业投资项目建设50个工作日内完成发放建设工程施工许可证。2018年，市住建局被市政府评为全市政务服务突出贡献单位。

（市住建局行政许可服务处）

【深化行政执法责任制】 2018年，无锡市住建局加大行政执法责任制建设力度，先后建立健全《行政执法岗位责任制度》《行政执法过错责任制追究制度》《行政复议、应诉和赔偿制度》《行政执法执法程序制度》《行政执法内部监督制度》等系列配套制度，实现以制度管人，以制度管事。修订《行政执法公示制度》《执法全过程记录制度》《重大执法决定法制审核制度》等，对行政处罚案件从立案、督查、调查取证、送达等全过程、多环节进行文字和音视频记录，实现行政执法全程留痕和可回溯管理。此外，根据行政执法队伍规范化要求，修订《行政执法责任制工作考核实施办法》，细化考核内容，突出考核实效，提升制度执行力。

（市住建局政策法规处）

城市管理

【精细化管理框架基本成型】 2018年，无锡市将建成区和街道（镇）集镇区划分为502个城市精细化管理单元，厘清责任边界，落实责任主体和责任人，制定一套建设、考评、管理办法，初步构建“重心下移、职能下沉，属地管理、高效处置，边界明晰、权责明确，服务为先、执法规范”的工作新机制。年内，市区202个管理单元考核成绩在合格以上，合格区建成率40.2%。江阴市围绕集成改革要求，建立健全“一长五员”的全覆盖网格系统，成立市、镇两级综合管理服务指挥中心，99.4%的上报事件在基层化解。宜兴市严格对照市容精细化要求，实施清单式网格管理，确保每条街巷、每个点位都在责任管理覆盖之中。新吴区推进政府职能部门评誉评价和管理单元内市场化作业单位绩效考核，滨湖区将优美环境合格区建设和十大专项行动列入区政府对镇（街道）和区相关部门科学发展目标考核和单项重点工作考核体系，有力保障精细化管理的推进。

（于　健）

【专项整治行动初见成效】 根据市政府“1+7+1+1”实施意见和行动方案，2018年，全市城管系统推进各类专项整治行动。制定《环境卫生作业质量标准》，全面清理暴露垃圾，市区全年清理无主垃圾20万吨。完成建设改造30座公厕的为民办实事项目，102个热点难点问题整治到位并长效落实。编制《无锡市户外广告设施专项规划（修编）2016～2030》，拆除各类违法户外广告1400余处近8万平方米，查处违法通信号码1018个，户外广告资源出让收入7380.2万元。出台《无锡市违法建设治理办法》，全力跟踪督办143起规划遥感督查图斑案件，查处违法建设61.26万平方米。出台《关于鼓励和规范互联网租赁自行车发展的实施意见》，市区共享单车累计减量超25万辆，集中清理共享电动车9199辆。完成29条主要道路景观秩序包装出新和25条背街小巷综合整治。建筑垃圾收运处置体系不断完善，市区设置41处装修垃圾临时堆放点和集中转运收集点，锡山区、惠山区完成共1000万立方米工程渣土消纳场建设，新吴区完成15万立方米装修垃圾消纳场建设，滨湖区胡埭30万吨装修垃圾资源化利用处置场开工建设。组织大规模偷倒垃圾集中执法行动63次，检查车辆1.37万辆，查扣1253辆，处罚1015.6万元，侦破偷倒源头165起，偷倒垃圾现象得到遏制。

（于　健）

【垃圾分类治理全面推进】 根据《无锡市区主要固体废弃物处置设施建设三年计划》要求，2018年，无锡市各重点建设项目按时序要求推进。锡东电厂推进股权变更事宜，为启动提标扩容创造条件；完成益多电厂改造、中心城区四大垃圾转运站改造、30座环卫公厕新改建和5座大件垃圾分拣中心建设等项目；惠联餐厨废弃物处理厂建设项目、滨湖区胡埭镇建筑垃圾资源化利用项目、惠山区飞灰永久填埋场等项目按时序进度持续推进；完成梁溪区崇安转运站、滨湖区马山街道和胡埭镇分散式餐厨（易腐）垃圾处理设施项目建设，市区12家单位率先建成并使用小型餐厨（易腐）垃圾处理设施，全市餐厨垃圾日处理能力达90吨。市区累计完成生活垃圾分类小区504个、单位604个，新增公共区域分类投放设施数量190余个，建成区生活垃圾分类设施覆盖率达56%。全年市区共无害化处理生活垃圾163万吨，无害化处置率连续10年达100%。

（于　健）

【精细化管理信息采集全覆盖】 2018年，成立无锡市城市管理监督指挥中心，市、区数字城管系统一体化运行、共享应用，案件处置实现全过程监控，案卷流转实现市、区、街道、社区四级无缝对接。502个精细化管理单元实现信息采集全覆盖。增补前端市容监控点位113个，扩容升级时光影像平台，数字城管监控范围覆盖各类市容热点区域、偷倒垃圾频发路段和重点农贸市场。全年共计采集上报有效信息27.92万件，立案派遣21.36万件，按期处置率91.3%，按期结案率90.56%。制定《无锡市数字化城管案件立案、处置和结案规范（暂行）》，共有32个事项的处置时限实现提速。

（于　健）

【执法管理效能提升】 2018年，全面开展"强转树"专项行动，完成无锡市城市管理协管人员制式服装和标志标识配备，完成全市执法车辆统一标识喷涂。开展城管执法队员体能、理论和会操考核，队员个人综合素质和业务考核达标率均达100%。推动"放管服"改革和证照分离改革。推行两法衔接，指导各区在打击偷倒建筑垃圾、破坏绿化等方面启动与司法衔接的程序，提高执法威慑力。探索律师参与城市管理执法工作和公职律师制度，建立城管法律顾问制度，完善执法全过程记录制度，市、区两级城管部门的案卷在各级案卷评查中均处于较高水平，市城管局被市政府评为规范执法示范单位。全年保障重大活动59批次，市投诉受理平台共受理投诉6185件，办结6114件，办结率90.57%，市城管局连续三年被评为政务服务先进单位。年初，面对"十年一遇"的冰雪灾害天气，全系统环卫工人和执法管理队员不畏艰难、轮番作业，为城市道路畅通和市民出行安全做出巨大贡献，受到市民群众和市领导的一致好评。

（于　健）

【环卫作业监管】 2018年，无锡环境卫生管理处加大对市管、区管道路环卫保洁的巡查、检查、抽查与考核力度，精心组织对市管道路每月一次、区级环卫作业每两月一次的明查，对社区背街小巷环卫作业每月一次暗查和每季度一次考评。全年市管道路综合保洁长度54.57万米，总面积1091.59万平方米，机械化扫地里程1848.03千米，机械化洗地里程766.87千米，冲洒水里程503千米；区管道路综合保洁长度900万米，总面积1978.01万平方米，机械化扫地里程3270.78千米，机械化洗地里程174.75千米，冲洒水里程283.90千米；背街小巷综合保洁道路1446条，总面积244.25万平方米；通航河道长度8.45万米，总面积376.79万平方米，非通航河道长度19.09万米，总面积179.63万平方米；公厕保洁管理723座，清理市管道路无主垃圾1.95万吨，安装、补缺路旁废物箱983个，更换废物箱内胆100个。

（汤丽娟）

【优美环境合格区建设】 2018年，无锡环境卫生管理处编制环卫汇编本，组织召开无锡环卫行业精细化管理工作大会，各乡镇（街道）环卫所所长、各作业单位业务负责人170人参加会议。9月，完成对2012版环卫作业标准的修订，修订后的标准增加对道路洗扫的要求，提高机械化率的要求。年内，无锡市市区主干道清扫机械化率达90%，背街小巷清扫机械化率达53%。

（汤丽娟）

【市区生活垃圾无害化处置】 2018年，无锡环境卫生管理处共收运生活垃圾163万吨，较上年有所增长，全部实现无害化处置，无害化处置率100%。填埋生活垃圾35.09万吨，焚烧生活垃圾127.01万吨，焚烧率达78.35%。锡东电厂共计处置生活垃圾76.18万吨，占焚烧总量的59.98%。惠联电厂稳定运行，共处置生活垃圾33.79万吨。益多电厂提标改造后处置能力大幅提升，运行稳定，共处置生活垃圾17.05万吨。

（汤丽娟）

【完善生活垃圾收运体系】 2018年，无锡环境卫生管理处加强前端收集规范管理，对有市级财政奖补资金投入的117辆收集车全部安装GPS（卫星定位系统），加强对作业时间和路线的监管；在区级更新收集车时，明确要求采购的无泄漏收集车比例不得低于33%，确保后期降低抛洒滴漏概率。在住宅小区公建配套环卫设施设置意见中明确提出小区应设置集中收集点且面积不少于80平方米，对集中收集点的位置和给排水系统等也给出具体要求，有效解决小区内生活垃圾收集点缺乏及设置不规范的问题。全年共投入资金691.87万元，对主城区4座大型生活垃圾转运站的主压缩设备进行改造更新，确保垃圾渗滤液尽量流在站内。督促锡山区、惠山区、新吴区按照集约化要求，整合现有各乡镇（街道）小而散的转运站，对未纳入整合的小型转运站，要求进行污染防治措施提标改造。惠山区已启动大型转运站建设工作，计划将堰桥等地3座转运站合并为一，锡山区环卫作业综合中心正在建设。出台《大型转运站质量考核标准》，通过增加不定期巡查频次，增强考核力度和扩大监管考核覆盖面，对大型转运站加强日常监管考核。全年共计投入2070万元购买更新36辆大型转运车，并加强转运车辆监督监管，生活垃圾转运车辆抛洒滴漏问题得到较好解决。

（汤丽娟）

【建立建筑垃圾收运监管体系】 2018年，无锡环境卫生管理处搭建建筑垃圾监管平台，将装修垃圾和建筑渣土统一纳入管理。建立装修垃圾环卫专运体系，明确装修垃圾环卫专运车辆市、区两级申报备案流程，根据《关于进一步加强建筑垃圾处置管理的实施意见》，制定出台装修垃圾源头管理、运输处置、协调调配的实施细则，通过市、区两级联动管理机制，加强市级监管，确保各区落实属地管理责任。装修垃圾环卫专运体系初步建立，完成装修垃圾车辆备案197辆，发放二维码197张。

（汤丽娟）

【餐厨垃圾合理处置】 2018年，无锡环境卫生管理处积极做好餐厨垃圾委托许可续期报告、合同签约工作，完成餐厨垃圾收运、监管、协调等各项工作。制定餐厨废弃物收集、运输考核细则，确保餐厨废弃物签约、收集、运输工作责任到人，餐厨废弃物去向明确、查无遗漏。全市共签约餐饮单位343家。

（汤丽娟）

【推进垃圾分类工作】 2018年，无锡环境卫生管理处开展垃圾分类宣传工作，组织市、区、街道培训40余次，参与培训1800余人次；发放宣传手册5万余册；组织开展垃圾分类广场活动40多次，垃圾分类进社区活动80余场，垃圾分类进学校活动30多场；联合相关单位举办"生活垃圾分类"地铁专列发车仪式、江南大学垃圾分类宣传海报征集评选活动、中小学生环保主题辩论赛、垃圾分类知识电视竞赛等活动；制作垃圾分类动漫宣传片6部。进一步加深居民垃圾分类意识，引导促进居民熟练掌握垃圾分类知识。年内，市区垃圾分类小区已达504个，单位604个，垃圾分类设施覆盖率达56%。

（汤丽娟）

【公厕新建改建】 2018年，无锡环境卫生管理处完成38座公厕的新改建工作，完成公厕规划纲要的编制，研究制定公厕革命三年计划。梳理环卫公厕384座,为下一步产权下放打好坚实基础。查漏补缺公厕标识牌、指示牌50块,与20家单位协商公厕开放联盟事宜。

(汤丽娟)

【城环科技公司成效显著】 2018年,无锡市城市环境科技有限公司以1.68亿元收购雪浪环境所持有的51%无锡市工业废物安全处置有限公司股权,实现100%控股,成为公司进一步打造固废处置品牌的重要里程碑。年内,无锡市城市环境科技有限公司相继中标市管道路环卫综合保洁采购项目一标段和四标段,共计16条道路,中标金额3160.42万元,实现市管道路综合保洁项目零的突破。公司增设"城环科技发展中心",配套用房4729.36平方米。公司下属无锡市固废环保处置有限公司被正式认定为高新技术企业。公司与江南大学合作的"太湖蓝藻基生物材料研发"项目完成结题,并申请4项发明专利,与江南大学合作开展的"垃圾渗滤液低能耗低碳源脱氮技术"项目进入小试阶段。经江苏省企业管理协会认定,公司"环卫企业基于数字化的城市垃圾填埋可持续精细管理"获得第二十五届江苏省企业管理现代化创新成果二等奖。

(王　译)

城乡绿化

【概况】 2018年,全市始终将推进绿色无锡建设摆在重要位置,全面开展生态文明建设,城乡绿化工作取得明显成效。全年市区新增城市绿地206万平方米,建成区绿化覆盖率为42.98%,人均公园绿地面积达14.91平方米。全年完成造林绿化面积1107.22公顷,其中成片造林513.59公顷,林木覆盖率超过27%。全市新建省级绿色美丽乡村示范村36个,其中"三化"示范村20个。继续开展市级园林式单位、居住区建设工作,评选出市级园林式单位8个、园林式居住区24个。

(城市绿化处)

【绿化业务培训】 2018年,市城市绿化处在武汉大学举办全市绿化管理专业培训班,各市(县)区绿委办、各区城管局、江阴市园林旅游局、宜兴市建设局负责城市绿化管理以及各街道(镇)负责绿化管理人员共153人参加培训学习。培训班由园林绿化资深教授授课,详细讲解海绵城市相关技术在城市园林绿化中的运用、城市居住区园林绿化与养护、城市绿地系统规划案例分析、城市植物景观营造策略与技巧等内容。

(城市绿化处)

【植树节大型广场宣传活动】 3月10日,市城市绿化处在梁溪区崇安寺二泉广场开展"广植珍贵树木共建美丽无锡"2018年全民义务植树月大型广场宣传活动,现场举办园林绿化政策法规咨询、占绿毁绿投诉受理、绿化成果展示、古树名木保护宣传、发放花草种子、种绿护绿知识有奖竞答等活动,并有园林绿化专家介绍家庭养花小常识。现场还举行"插花达人"比赛,向市民表演插花艺术,无锡广播电视台FM104经济频率对活动进行现场直播。

(城市绿化处)

【义务植树月系列活动】 2018年,全市开展以"广植珍贵树木　共建美丽无锡"为主题的全民义务植树系列活动,制定并下发《全民义务植树月系列活动方案》,包括活动主题及宣传口号、系列活动安排、媒体宣传报道等。植树月期间,市绿化委员会办公室与市多家新闻媒体联动组织"市民林""车友林""财富林""小记者林"等8个专类纪念林植树活动,宣传植树造林的重要性,增强市民爱绿、植绿、护绿和保护生态环境的意识。据统计,全市各级共举办广场宣传活动41场次,组织现场义务植树活动共136场次,营建纪念林19个,参加人数近3万人,共植树12.9万株。

(城市绿化处)

【公园绿地十分钟服务圈规划编制】 2018年,市城市绿化处基本完成《公园绿地十分钟服务圈规划》的编制工作。9月,市规划委员会原则同意该规划的内容,并明确下一步的实施要求,做好拟新(改、扩)建公园绿地地块的梳理统计工作,合理安排三年建设计划。按照规划,年内,选择部分游园建设任务以绿化任务书的形式下达到各区,主要新(改、扩)建水秀新村游园、蠡河滨水绿带(凯发苑段)、景云立交游园、新韵北路游园、竹苑新村东侧游园、桐桥港滨水绿地等16个城市游园,市绿化管理中心结合绿地大中修,做好广南立交西北侧绿地的改造提升。

(城市绿化处)

【建立园林绿化施工养护企业信用管理体系】 根据《省住建厅关于印发〈江苏省园林绿化工程建设市场管理改革创新试点工作方案〉的通知》要求,结合无锡市实际,2018年,市城市绿化处制定无锡市园林绿化工程建设市场管理改革创新试点工作方案,积极探索和实施园林绿化工程信用管理和失信惩戒机制,正式出台《无锡市园林绿化施工企业信用管理办法》,推进园林绿化企业诚信评价体系建设。按照办法规定,2018年年初,经过园林绿化企业自评、各市(县)区绿化主管部门初评、市绿化管理中心复核和市市政和园林局终审后,评出信用等级,经市市政和园林局网上公示后于4月2日正式公布。全市参评绿化企业共214家,其中,信用等级为A级企业25家,B级企业53家,C级企业130家,D级企业6家。

(城市绿化处)

防震减灾

【概况】 2018年,全市各地各有关部门通力协作,防震减灾事业健康发展,防震减灾各项工作取得新成绩。市地震局被省地震局评为全省市县防震减灾工作优秀单位,获得市局信息网络节点优秀奖,《无锡市2019年度地震趋势研究报告》获省级优秀奖。在全省年度地震观测资料质量评比中,无锡测震台网获得市级台网资料与产出第三名、市级台网系统运行优秀奖。峄嶂山观测台获前兆数据管理与系统维护优秀奖,该台的地倾斜、水位、水温3个前兆观测项目均获优秀奖;渤公岛强震台获强震动观测优秀奖。

(市地震局)

【推进项目实施】2018年，无锡市发挥防震减灾联席会议协调机制作用，研究解决重大问题，及时召开专题会议，开展专题调研，落实工作措施。制定年度防震减灾工作目标任务书并组织实施，防震减灾基础设施建设进一步加强。落实“国家地震烈度速报与预警工程”在无锡项目，配合省地震局完成2个基准台、4个基本台的站址选址工作。在江阴欧龙湖测震台受到雨季山体局部地质灾害威胁时，积极协调当地有关部门排除险情，保障台站正常运行。宜兴太华山强震台新观测室基建工程、新机房线路布设、供电专线改造顺利完成。

（市地震局）

【提升监测能力】2018年，制定《无锡市地震局2018年度震情监视和短临跟踪工作方案》，震情监视和短临跟踪工作高效有序制度化。坚持值班制度，及时分析、报送震情，共发送震情短信1.78万条，市地震局网站发布震情919条，报送《震情简报》12期。年内，共处置地震事件责任区内4件、网内15件、网外34件，接待市民震情咨询3起。密切跟踪震情，研究地震趋势变化，落实震情会商制度，共开展月会商12次、半年度会商1次，形成会商意见并上报省地震局。组织年度会商，编制《无锡市2019年度地震趋势研究报告》。加强地震观测设施规范化管理，开展台站巡查115次、维护/抢修59次，无锡地震台网总运行率96.046%。强化地震宏观、微观异常跟踪落实工作，9月13日，及时处置盛岸路田屠里水井自流疑似地震宏观异常事件，排除与地震的相关性，解除市民疑惑，维护社会稳定。

（市地震局）

【强化应急工作】2018年，市地震局进一步完善市北高中和旅游商贸高等职业技术学校、新体育中心、太湖广场、金匮公园和尚贤河湿地公园（一期）4个中心级防灾避难场所功能。建成梁溪区运河公园、原北塘区政府前广场、惠山区西漳公园、滨湖区梁湖生态园、河埒广场、太湖高中以及新吴区固定级防灾避难场所等一批固定级防灾避难场所，并通过竣工验收。落实预案，加强对各市（县）、区和街道、社区应急工作指导。按照国家和江苏省要求，对无锡市地震应急预案编制工作进行调查统计和分析评估。增强专业技能，组织市地震局机关和市地震监测预报中心开展专项演练2次，参加省市联合通讯演练2次、省市地震系统视频演练12次。指导基层单位开展应急预案演练，探索社区减灾演练新模式。强化应急设施设备和物资科学管理、日常维护工作。用好“12322”平台，开展灾情速报活动，强化应急队伍建设，开展地震应急知识培训讲座，选派业务骨干参加各级各类应急技术培训，不断提升应急处置能力。

（市地震局）

【加强抗震设防】2018年，市地震局深化行政审批制度改革，贯彻抗震设防要求管理新规，落实《省政府关于公布企业投资项目省级不再审批事项清单（第一批）的决定》精神，做好省地震局委托实施的辖区企业投资项目建设工程抗震设防要求确定工作，完成宜马快速通道项目的审批。根据“放管服”改革要求，做好“双随机”抽查工作，对宜兴太华镇强震台、江阴君山强震动台和卧龙湖测震台进行检查。社会服务工作提速增效，做好“12345”热线和“122”社会救助和社会稳定的处置工作，处置热线综合工单6件。加强法制建设，依法行政，认真开展证明事项清理、创建工作清理和行政处罚自由裁量权细化修订工作。宣传贯彻落实新一代《中国地震动参数区划图》，相关参数在国土规划利用、项目设计施工、审批监管服务等环节得到科学运用。巩固地震安全示范社区和示范企业建设工作成果，带动相关地区和行业防震减灾意识和能力进一步提升。

（市地震局）

【防震减灾宣传】2018年，市地震局充分利用防震减灾科普馆、示范学校、科普基地等平台，紧抓“平安中国”防灾宣导系列、纪念汶川地震十周年、科普周、安全生产月、纪念唐山地震42周年、“9·18”防空日、全国科普日等契机，会同市有关部门和社工、志愿者队伍开展广泛宣传教育活动。组织街道、社区和中小学的防震减灾科普宣传员、志愿者踊跃参加第二届全国防震减灾科普讲解大赛活动，市北高中和新城中学分别获得江苏赛区高中组和初中组比赛优秀奖。市地震局防震减灾科普馆发挥“行知大学堂”“科普教育基地”作用，组织学生寒假、暑假专场，26批1100多人次前往学习体验防震减灾知识技能。开展“5·12”全国防灾减灾日暨防灾减灾宣传周活动，共组织各类宣传活动366场次，展出知识展板1252块，发布信息202篇（含报刊、电视电台、网站），制作发放各类宣传品13.1万余份。加强基础教育，市地震局会同市教育局、市科协等部门编写《青少年防震减灾教育读本》，作为基本教材发放到各防震减灾科普示范学校及部分地震安全示范社区。做好《无锡防灾减灾》期刊编印和网络信息发布工作，推动传统媒体与新媒体融合发展，扩大防震减灾知识覆盖面，努力提高全社会防震减灾意识和抵御灾害的能力。

（市地震局）

编辑　顾洪兴

综　述

【**概况**】 2018年，全市科技系统聚焦破除制约科技创新发展的薄弱环节和突出短板，筹备召开近10年来规模最大、规格最高的全市科技创新与人才大会，制定出台一系列推动科技创新的政策措施，策划举办创新创业大赛、科技洽谈会、创客大赛等重大活动，科技创新工作呈现出创新指标“进”的步伐更加稳健、创新主体“增”的势头更加强劲、创新资源“聚”的效应更加凸显、创新环境“浓”的氛围更加巩固的良好态势。全市科技进步贡献率达64.8%，全社会研发投入占地区生产总值比重达2.85%，继续位居全省前列；获2018年国家科技奖励6项，获第二十届中国专利奖11项，继续位居国内同类城市第一方阵；万人发明专利拥有量超38件。

（吕华伟）

【**科技创新政策供给**】 2018年，制定出台《关于深入实施创新驱动核心战略 加快建设科技创新高地的若干政策措施》《无锡市创新型企业倍增计划（2018～2022年）》等政策文件，持续释放政策红利，加大对创新创业的支持力度。其中，《关于深入实施创新驱动核心战略 加快建设科技创新高地的若干政策措施》共10条，具有更加突出问题导向、更加聚焦企业主体、更加注重精准扶持三大亮点特色。

（吕华伟）

【**科技型中小企业贷款风险补偿业务管理规定**】 针对全市广大科技型中小企业融资难、融资贵等难题，2018年，无锡市在操作流程、支持企业范围等诸多方面对政策进行优化和调整，主要变化包括以下5个方面：简化科技型中小企业入库流程。符合规定条件的科技型中小企业经所在地区科技部门推荐、信用核实、查验企业提交的相关证明文件可直接加入备案企业库，无需再经过专家评审程序；支持企业范围进一步扩大。新政策支持企业范围由市区扩大覆盖到江阴市和宜兴市，企业的受益面和覆盖面进一步扩大；将市风险补偿资金承担的科技贷本金损失比例由原来的30%～80%统一调整为80%，进一步调动合作银行开展科技贷业务的积极性；调动地区开展科技贷业务的积极性。新政策调整风险补偿市、区两级分担机制，由原来对于不良贷款发生的损失风险由市本级与企业所在地区分别承担，调整为由市级统一承担；降低企业融资成本。新政策规定合作银行对科技贷执行优惠贷款利率，利率上浮不超过同期基准利率的10%，且不得另外收取保证金、中间业务费等其他相关费用。

（叶利群）

【**创新型企业培育机制**】 紧扣企业从初创期、成长期到成熟期的成长规律，2018年，出台《无锡市创新型企业倍增计划（2018～2022年）》，构建分层、靶向、梯度的创新型企业培育体系。建立雏鹰企业、瞪羚企业、准独角兽企业培育库，首批入库企业分别达到275家、175家和5家。联合长城战略咨询，首次开展“无锡市高成长创新型企业50强”评选，发挥标杆企业的示范引领作用，激发全市企业创新活力。扎实推进国家科技型中小企业评价，通过评价入库企业达2285家，稳居全国同类城市第一方阵。

（叶利群）

【**苏南国家自主创新示范区建设**】 2018年，制定《无锡市深入推进苏南国家自主创新示范区建设三年行动计划（2018～2020年）》等系列文件，加强顶层设计和整体部署，着力打造“一区三核多特”创新发展格局。无锡高新区物联网科技成果产业化基地、江阴高新区特钢新材料科技成果产业化基地、宜兴环科园节能环保科技成果产业化基地入围首批苏南科技成果产业化基地。各高新区顺利通过省高新区综合评价，共获省奖励补助资金6300万元。无锡高新区位居国家高新区综合排名第30位，较上年跃升4位。无锡高新区、江阴高新区、宜兴环科园苏南自主创新示范区线下一站式服务中心相继建成启用。

（叶利群）

【**知识产权强市建设**】 2018年，全市牢固树立“质量第一、效益优先”理念，坚持政策引导与服务指导并举、先进示范与监测监管并重，推动专利创造量质并举。全市专利申请量和授权量分别达6.27万件、3.53万件，分别比上年增长19.96%、21.88%，均位居全省第三位，其中发明专利申请量和授权量分别达1.97万件、4963件。

（吴　琪）

【**专利资助政策调整优化**】 2018年，制定出台《无锡市级专利资助经费综合奖补办法（试行）》，将市级专利资助经费采用因素法下达到各地区，由各地区整合市、区级资金统筹使用，合力推进专利创造实现数量稳、质量升。至年底，各地区均已出台专利资助的实施细则，形成市区联动、齐抓共推的工作格局。全年全市市级专利资助经费4214万元，比上年增加64万元。

（吴　琪）

科技计划实施

【**向上争取资金4.2亿元**】 2018年，

无锡市争取省级以上科技项目356项，获国家、省科技经费4.2亿元。其中，获国家科技经费0.15亿元，获省科技经费4.05亿元。获省级科技计划经费主要有省科技成果转化专项资金、苏南国家自主创新示范区建设专项资金高新区奖励补助资金和高新技术企业培育资金。

（朱　宏）

【列入省科技成果转化资金项目18项】 2018年，无锡市共有18个项目获省科技成果转化项目立项，获拨资金1.3亿元，立项数与资金额均较上年增长约30%。

（董　斌）

【列入省自然科学基金项目95项】 2018年，全市共有95个项目获省自然科学基金项目立项，获省拨资金共计1880万元。其中，3个项目获得杰出青年基金资助，1个项目获得优秀青年基金资助。

（赵雪倩）

【实施首批新一代信息技术产业等项目7项】 根据无锡市《关于进一步支持以物联网为龙头的新一代信息技术产业发展的政策意见》《关于进一步支持集成电路产业发展的政策意见》，经发布指南、单位申报、属地推荐、专家评审、现场考察等程序，2018年，无锡市有7个集成电路产业重点研发项目获立项支持，安排科技经费2890万元，首期拨付700万元，单个项目最高支持额度提升至500万元。

（叶利群）

【实施市成果转化产业化贷款贴息项目20项】 2018年，市科技局组织实施市成果转化产业化贷款贴息项目20项，项目通过市级贴息2969万元，带动项目企业自有资金总投入1.76亿元，拉动银行项目贷款6.73万元，带动比达1 ∶ 28。开发形成新产品23项，申请发明专利78件、实用新型专利79件，新增制定企业标准12项、新工艺25项。新增销售收入16.24万元，新增利税3.38万元，为全市提升产业核心竞争力、优化产业结构、转变经济增长方式提供有力支撑。

（王春耕）

【组织实施市级社会发展项目56项】 2018年，无锡市市级科技经费拨款993万元；向上争取获省重点研发计划社会发展立项16项，省拨资金共计1650万元；获国家重点研发计划专项立项3项，国家下拨资金共计4707万元。重点针对公共安全、生态环境、人口健康等民生领域的创新需求，开展关键技术与前沿技术研究55项，建设科技示范工程14个，建立临床研究转化医学中心4个，推进一批民生科技成果的转化与应用示范。

（赵雪倩）

【组织实施市级农业科技支撑计划项目9项】 2018年，无锡市围绕产业特色，在特种水产、经济林果、花卉苗木、设施蔬菜等领域，以农业龙头企业和具有规模优势的合作社为龙头，建有省级农村科技服务超市25家，组建专家服务团队304人，示范推广新品种新技术405项。组织培训活动183场次，累计培训1.65万人次，累计接待咨询1.59万人次，发布信息4827条。辐射带动2.21万公顷，辐射带动农户1.22万户，农户增收3152.89万元，人均增收2658元。

（戴晓斌）

【无锡国家农业科技园区通过验收】 根据科技部发布的《关于2018年国家农业科技园区验收结果公示》，全国通过验收的国家农业科技园区有48个，江苏无锡国家农业科技园区通过验收。无锡国家农业科技园区以“一区多园”为格局，形成核心区、示范区、辐射区“三区”联动发展模式。

（戴晓斌）

高新技术产业

【高新技术企业972家获认定】 2018年，无锡市新增省高新技术企业培育库入库企业521家，比上年增长73.7%，位列全省第三。高新技术企业认定申报企业达1071家，比上年增长45.5%。全市获认定高新技术企业3批，共972家，有效期内高新技术企业达到2060家。

（虞健勇）

【25家企业入选省创新型领军企业培育计划】 根据省科技厅公布省创新型领军企业培育计划入库名单，2018年，无锡市江苏长电科技股份有限公司等25家企业入选省创新型领军企业培育计划，数量位列全省第二，占全省比重16%。

（白二飞）

【12家企业入选省百强创新型企业】 江苏省科技发展战略研究院向社会发布“2018江苏省百强创新型企业”名单，无锡市远景能源（江苏）有限公司等12家企业榜上有名。其中，江阴市有5家，新吴区和惠山区各有2家，宜兴市、梁溪区和锡山区各有1家企业上榜。无锡进入榜单前十名的企业数量最多，达3家。

（白二飞）

【产业关键核心技术攻关】 2018年，无锡市围绕新一代信息技术、战略性新材料、生物医药等重点方向，组织实施市级产业前瞻性与共性关键技术项目43项、市级科技成果产业化贷款贴息项目20项，获省产业前瞻与共性关键技术攻关立项11项、重大成果转化立项18项。组建江苏省航空发动机和燃气轮机关键零部件产业技术创新战略联盟，有力推动重点领域率先实现技术跨越。华科大无锡研究院“大型构件多机器人智能磨抛加工技术”，成功入选“2018中国智能制造十大科技进展”，是江苏省唯一入选项目；华进半导体“大板集成扇出先进封装技术”，填补国内板级扇出技术、材料和装备的空白，入选“第十二届中国半导体创新产品和技术”；法尔胜、远东电缆等11家企业的多项先进技术、产品为港珠澳大桥建成通车提供技术支撑和产品保障。

（张秋平）

【江苏省“两机”关键零部件产业技术创新联盟成立】 12月12日，经省科技厅批准，由无锡透平叶片有限公司、无锡市生产力促进中心等50多家单位发起组建的江苏省航空发动机和燃气轮机关键零部件产业技术创新战略联盟在无锡成立。联盟作为省航空发动机和燃气轮机领域的技术创新合作组织，按照“政府引导、市场运作、企业为主、合作互助”的原则，围绕企业发展需求，联合攻关突破制约“两机”关键部件及配套产业发展的共性关键技术，帮助成员单位拓展合作渠道、导入创新要素、集聚创新资源，搭建集技术转移、科技金融、检验检测、人才引进、战略咨询、知识产权、创业孵化等于一体的专业服务平台，充分释放人才、资本、信息、技术等创新要素活力，集众智、聚众力，推动江苏航空发动机和燃气轮机关键零部件产业转型升级，为江苏省经济高质量发展做出应有贡献。

（胡大君）

东方硅谷创新创业人才计划

【科技创业领军人才企业发展态势良好】 2018年，无锡市1334家科技创业领军人才企业继续保持良好发展态势，产生销售收入或缴纳税款的有909家，共实现年销售收入（含应税销售及出口、免税销售）420.33亿元，缴纳税收总额（含减免及退税）22.13亿元。其中，销售超亿元的有31家企业，比上年增加2家；销售5000万元至1亿元的企业共37家。科技创业领军人才企业中正式挂牌“新三板”的企业共32家，上市企业2家。

（许文杰）

【入选江苏省科技企业家182人】 根据2018年“江苏省科技企业家”人选名单，无锡共有182人入选。入选的企业家包括无锡华云数据技术服务有限公司董事长许广彬，优彩环保资源科技股份有限公司董事长戴泽新，无锡帝科电子材料科技有限公司总经理史卫利等。

（白二飞）

【307名企业家入选无锡市科技企业家】 为加快培养造就一批既通科技、又懂市场的复合型创新创业人才，打造无锡创新创业的“最强大脑”，筑牢高质量发展走在全省前列的人才支撑，根据省《关于实施科技企业家支持计划的意见》和《关于做好科技企业家选拔工作的通知》精神，在各市（县）区组织个人申报、初审推荐的基础上，经专家评审、信用查询、市（县）区复核、综合比对、市人才办联席会议研究、社会公示，2018年，共有307名企业家被确定为无锡市科技企业家。其中，江阴市61人，宜兴市60人，梁溪区21人，锡山区25人，惠山区50人，滨湖区31人，新吴区59人。

（白二飞）

科技管理

【国家级众创空间达16家】 2018年，无锡市共有江阴维尔达、江阴牛商e工场、江阴华西天本、中科芯集成电路专业化众创空间、阿里巴巴创新中心、创业邦邦空间、太湖国际人才港7家模式新颖、服务专业、运营良好的众创空间被省科技厅评为省级众创空间。至年底，全市共有认定的众创空间53家，其中，省级28家，国家级16家；江阴金属新材料众创社区、无锡滨湖信息安全技术众创社区入选第二批江苏省众创社区。

（万　磊）

【工程技术研究中心突破1300家】 2018年，无锡市新认定市级工程技术研究中心74家，新增省级工程技术研究中心11家。至年底，全市市级以上工程技术研究中心达1304家，其中，省级工程技术研究中心517家，国家级6家，省级以上工程技术研究中心总数位于全省第二。

（万　磊）

【院士工作站累计建成151家】 2018年，无锡市新增院士工作站7家，累计建成院士工作站151家，总数位居全省第一。

（李　雯）

【创孵指数位居全国同类城市前列】 2018年，在首都科技发展战略研究院正式发布的《中国城市创孵指数2018》中，无锡排名第十四位，位于全国地级市前列。加强建设支持，对获得省级和国家级认定（备案）的众创空间、科技企业孵化器分别给予50万元和100万元奖励。加强绩效考核，对获得市级绩效评价优秀的众创空间、孵化器，给予最高50万元奖励。加强环境建设，通过举办苏南全球创客大赛和“创无止境，新有灵锡”科技创新创业大赛，搭建桥梁，助推创业项目落地孵化。至年底，全市省级以上科技企业孵化器和众创空间分别为46家和44家，其中，国家级分别为20家和16家，涵盖新一代信息技术、智能制造、生物医药与节能环保等领域，已经逐步成为科技型企业培育的摇篮和产业结构优化调整的助推器。

（[illegible]）

【无锡市科技资源共享服务平台建成启用】 2018年，无锡市科技资源共享服务平台正式上线。该平台通过“互联网+”和大数据技术，整合全市及全国高校、科研院所、新型研发机构和第三方检测公司等208家机构的科技资源，向全市科技企业和创业团队开放共享并提供优质服务，全面助力企业研发创新和产业升级。

（朱　莹）

【“一所一策”协议签署】 5月29日，无锡市与公安部交通管理科学研究所举行合作协议签约仪式，深化产学研合作，标志着无锡市与驻锡科研院所新一轮合作正式拉开帷幕。省委常委、市委书记李小敏出席签约仪式，公安部交管局局长刘钊、无锡市代市长黄钦分别致辞，副市长高亚光和公安部交科所所长王长君签署合作协议。根据合作协议，公安部交通管理科学研究所发挥在道路交通管理、安全、集成和标准等方面创新资源优势和人才优势，加快构建从技术研发、系统集成到产业孵化的创新生态环境，促进智能交通产业在无锡集聚发展；无锡支持该所高水平建设“国家智能交通技术综合测试基地”、高标准助推车联网LTE-V2X城市级示范项目、高层次打造智能交通产业高地、高起点布局城市交通大脑等，深化产学研合作，实现双方共赢发展。

（罗锦屏）

科技活动

【全市科技创新与人才大会召开】 9月7日，全市科技创新与人才大会在市人民大会堂召开，共800多人参加会议。省委常委、市委书记李小敏出席会议并讲话，市长黄钦主持会议并提出贯彻落实要求。会议向10位院士颁发无锡市科学顾问聘书，为2017年市科技进步一等奖、第十届市专利金奖获得者和市十大杰出当地人才、十大杰出海外人才、十大杰出技能技艺人才、十大杰出创新创业团队代表进行颁奖和授牌。会上，中国工程院院士、重庆大学国家镁合金材料工程技术研究中心主任潘复生，海澜集团有限公司董事长周建平，公安部交通管理科学研究所所长王长君，无锡高新区传感国际创新园，无锡微纳产业发展有限公司总经理杨渊斌，江苏卓胜微电子股份有限公司董事长许志翰，无锡帝科电子材料股份有限公司董事长史卫利作交流发言。

（吕华伟）

6月22日，第七届太湖奖设计大赛闭幕　（沈生华　摄）

【第七届太湖奖设计大赛】 6月22日，由无锡市人民政府主办、无锡市知识产权局承办的第七届太湖奖设计大赛落幕，共取得5项成果。评选出一批优秀设计项目。大赛通过媒体、网站、微信公众号和院校推广宣传，共收到近300家单位和个人的3361件设计作品，作品数量和参赛单位较往届多出一倍。最终，江南大学蓝宇宸的习惯养成女性系列家庭健身产品和出门问问信息科技有限公司的AI双耳无线智能耳机分获创意组和产品组的特等奖，还分别评出创意组和产品组一等奖各5名，二等奖各10名，入围奖若干，奖金较往年翻翻，提高奖项含金量；遴选出一批专家评委。大赛从知识产权管理部门、学术界、设计界、企业界4个层面更新专家库，广泛征集设计专业领域26位专家，根据大赛需求遴选出13位专家参与路演评审，提升大赛专业化程度；加强原创知识产权保护。大赛委托无锡（国家）外观设计专利信息中心进行专利检索服务，入围作品公示接受社会监督，取消剽窃抄袭件品的路演资格，严厉打击侵权行为。同时与国家知识产权出版社开展合作，推广原创知识产权保护平台，鼓励参赛选手和单位通过平台原创认证保护设计作品；筹建工业设计创业服务平台。大赛期间，无锡国家工业设计园进行推介，邀请获奖选手带着项目入驻工业设计园，与无锡市设计商会签约，合作共建工业设计创业服务平台，打造首个以工业设计为主题的众创空间，入围项目“和石设计”成为首家入驻平台的企业；分享创新设计经验。大赛改革评奖方式，采取“海选初评＋路演答辩＋现场打分”方式，增设互动交流环节，选手阐述设计理念，专家现场点评，江南大学设计学院院长作创新设计主题演讲，颁奖典礼上特等奖选手分享经验，使这次大赛成为一场创新设计经验交流分享会。

（吴　琪）

【无锡市产学研合作科技成果洽谈会】 8月14日，2018无锡市产学研合作科技成果洽谈会举行，一批重磅项目落地。洽谈会是2018无锡“才交会”的重要组成部分，由无锡市人民政府主办，市人才办、市科技局承办，重点设置产学研合作项目成果展示、产学研合作科技成果对接洽谈、无锡科技创新宣传和主题会议等方面内容，旨在有力推动创新要素与生产要素的良性互动、创新成果与企业需求的有机结合。一批新建院士工作站正式授牌，为无锡构筑更亮丽的“院士风景线”。2018年，无锡市新建14名院士领衔的12家院士工作站，其中，中船重工集团第七一九研究所原所长张金麟，上海交通大学医学院附属第九人民医院上海市关节外科临床医学中心主任戴尅戎，西安电子科技大学副校长郝跃，江南大学校长陈坚，上海科技大学副校长、中国科学院上海光学精密机械研究所所长李儒新等院士现场参加院士工作站承担单位授牌。一批重大产学研项目现场签约，为企业注

表51　2018年无锡市获国家科学技术奖情况

奖项	等级	序号	项目名称	完成单位（无锡）
国家科技进步	二等奖	1	长江口重要渔业资源养护技术创新与应用	中国水产科学研究院淡水渔业研究中心
		2	废旧聚酯高效再生及纤维制备产业化集成技术	优彩环保资源科技股份有限公司
		3	高世代声表面波材料与滤波器产业化技术	无锡市好达电子有限公司
		4	城市多模式公交网络协同设计与智能服务关键技术及应用	公安部交通管理科学研究所
		5	大范围路网交通协同感知与联动控制关键技术及应用	公安部交通管理科学研究所
国家技术发明奖	二等奖	1	耐胁迫植物乳杆菌定向选育及发酵关键技术	江南大学

（李　雯）

表 52　　2018 年无锡市获省科学技术奖一等奖、二等奖情况

奖项	等级	序号	项目名称	完成单位（无锡）
省科技进步奖	一等奖	1	大型风力机设计关键技术研究及应用	无锡风电设计研究院有限公司
		2	复杂大部件机器人智能装配关键技术与应用	无锡贝斯特精机股份有限公司
		3	两机叶片高效智能加工关键技术研发与应用	华中科技大学无锡研究院、无锡透平叶片有限公司
		4	满足国Ⅴ排放标准重型柴油车尾气高效后处理催化剂及产业化	无锡威孚环保催化剂有限公司、无锡威孚力达催化净化器有限责任公司
		5	食品加工中生物毒素控制创新技术与应用	江南大学
		6	等离子手性定量分析新技术和新方法	江南大学
		7	神经内镜微创手术关键技术的创新与推广应用	无锡市第二人民医院
	二等奖	1	高效生产谷氨酸链氨基酸微生物细胞工厂构建关键技术及产业化	江南大学、无锡晶海氨基酸股份有限公司
		2	棉织物活化漂白关键技术及产业化应用	江南大学
		3	车用柴油机氮氧化物和颗粒物后处理关键技术及应用	凯龙高科技股份有限公司
		4	植保无人飞机高效安全作业关键技术创新与应用	无锡汉和航空技术有限公司
		5	促进组织修复中药结合胶原关键技术及其运用	无锡贝迪生物工程股份有限公司、江南大学

（李　雯）

入更强大的核心竞争力。经过前期对接洽谈和推荐筛选，50 个项目现场签约，资金达 1.41 亿元，其中 4 个项目合同金额超过千万元。主办方首次通过微信扫码方式发布高校、科研院所最新科技成果 400 项和企业最新技术创新需求信息 400 项。更多产学研合作空间正在开启，为产业连接起高质量的“创新发展链”。洽谈会上，院士、专家等围绕发挥科技人才优势、推动校地合作、促进科研成果产业化、助推产业强市等热点、难点问题进行阐述，30 多家国内知名高校、科研院所的产学研负责人，16 家驻锡科研院所相关负责人，15 家新型研发机构以及超过 250 家创新型企业代表参与洽谈交流。会上还对第十批科技镇长团驻锡团员产学研创新创业项目进行表彰，为南京工程学院“薄宽带钢高效精密热连轧用高性能轧辊装备关键技术研发”等 6 个获奖项目颁奖。

（罗锦屏）

【世界物联网博览会国际技术转移大会】 9 月 16 日，由江苏省产业技术研究院、无锡市人民政府主办，江苏省产业研究院材料产业科技服务中心、无锡市科技局、无锡市经信委承办的 2018 世界物联网博览会国际技术转移大会在无锡苏宁凯悦酒店举行。无锡市副市长高亚光致辞，江苏省产业技术研究院院长刘庆发表主旨演讲，院士王现斌、杨超伟等分别讲话。大会以“创赢无锡、感知中国、物联世界”为主题，邀请海内外多位院士、教授、企业负责人等物联网领域的专家，其中，南京大学、浙江大学、同济大学等 18 所全国知名高校代表，华为、中兴、天合光能、汉能集团、康得新等 50 余家企业代表，共 300 余人参加此次大会。法尔胜、辰云科技、蝶和（无锡）智能制造、科尼格沃斯、国鹰环境科技、康宇水处理设备等 36 个项目现场签约。

（石秀臣）

【无锡创客大会】 12 月 12 日，以“产业创新、科技赋能、组织再造”为主题的第四届苏南全球创客大赛暨 2018 无锡年度创客大会在无锡君来世尊酒店举行。创客大会由江苏省科学技术厅、无锡市人民政府指导，由无锡市科技局、无锡国家高新技术产业开发区管理委员会、江苏省高新技术创业服务中心主办，由无锡众创空间协会、无锡市科技企业孵化器协会、无锡市生产力促进中心、无锡高新区科技创新促进中心承办。大会共取得 4 项成果：发布《2018 中国新零售白皮书》，分享并探讨新零售的本质和未来；探讨苏南民营企业转型路径，为苏南民营企业的发展提供具有前瞻性的指导意见，强调突出科技赋能的力量；表彰一批先进典型，12 家无锡市优秀众创空间获得表彰；评选一批优秀创业项目，创客大赛汇聚苏南五市和海外项目 130 多个，分种子期、天使期、A 轮 +3 个组别进行比赛，评选出最具投资潜力奖 10 个，三等奖 15 个，二等奖 9 个，纳米环保涂料、T—BOX、辰科慧芯 3 个项目获一等奖。

（石秀臣）

【中国无锡科技创新创业大赛】 2018 年，无锡市首次举办中国无锡科技创新创业大赛。作为国家赛和省赛的无锡地区预选赛，此次大赛取得良好的办赛成效。大赛聚焦电子信息、互联网、先进制造、新材料、生物医药、新能

2018 中国无锡科技创新创业大赛颁奖典礼 （沈生华 摄）

源及节能环保等六大专业领域，有效报名项目达 426 个，约占全省的 10%。经过多环节激烈比拼，一批优秀项目脱颖而出，大赛共评出智伴机器人、Anylink 物联网智能运维平台、高精度地图等 36 个获奖项目。无锡市推荐晋级第六届江苏科技创业大赛行业赛的 30 个项目，共获得 2 个二等奖、7 个三等奖；晋级第七届中国创新创业大赛的 19 个项目中，2 家企业获得三等奖，15 家企业被评为优秀企业。大赛同步推出"独角兽"企业成长计划，全力打造创业生态圈。获奖企业可得到科技计划项目、信保基金等的优先支持，赛事合作银行与 60 家参赛企业共达成融资意向近 1 亿元。以赛引才举措促成一批优质项目落地，大赛 6 个国内获奖团队中已有 3 个于 2018 年年底完成工商注册，落户无锡，另有一批团队正在洽谈对接中。

（蒋文雅）

【无锡创新创业院所行】 10 月 17～18 日，"无锡创新创业院所行"赴西安开展产学研对接活动，市科技局局长孙海东、副局长王浩率队出席活动，锡山区委常委、组织部部长窦虹，新吴区副区长胡逸参加有关活动，锡山区、滨湖区、新吴区等科技部门组队参加活动。活动旨在深入贯彻实施创新驱动发展核心战略和产业强市主导战略，全面落实全市科技创新和人才大会精神，进一步拓展产学研合作交流平台，加强无锡市企业与国内高校院所创新资源对接合作，加快科技成果向无锡市转移转化，推进全市自主创新体系建设。活动期间，成功举办无锡（锡山区）—西安电子科技大学产学研合作洽谈会，中铁智能科技—西电机电工程学院工业大数据联合研发中心、健鼎（无锡）电子—西电电子工程学院企业研究院两个项目现场签约，拜访中电科 20 所、中科院西安光机所、西安电子科技大学 3 所高校院所，并就无锡市与西安电子科技大学加强合作达成初步意向。

（罗锦屏）

科技成果

【获得国家科学技术奖 6 项】 2018 年，无锡市有 5 个项目获得国家科技进步奖，1 个项目获得国家技术发明奖。

（李 雯）

【获得省科学技术奖 29 项】 2018 年，无锡市获得省科学技术奖共 29 项。其中，一等奖 7 项，二等奖 5 项，三等奖 17 项。

（李 雯）

国际科技合作

【无锡—麻省理工学院产学研计划创新研讨会】 8 月 16 日，无锡—麻省理工学院产学研计划创新研讨会举行，海外高端学府和顶尖人才为无锡产业发展提供最新的智慧。研讨会旨在拓宽无锡与美国麻省理工学院的产学研合作新空间，麻省理工学院的专家、教授、学者以及 MIT（麻省理工学院）初创公司代表汇聚无锡，与无锡市科技部门、科技园区、金融机构、当地企业进行对接洽谈，专家教授还赴园区、企业进行考察对接。

（乔 健）

【创新型新生代企业家赴美培训】 10 月，无锡市政府组织 15 名创新型企业家赴美国进行为期 10 天的培训。培训围绕新时代可持续发展主题，通过对美国人文教育、科技创新的深入体验考察，提升无锡创新型企业家对实践创新、实现绿色可持续发展的认识。

（乔 健）

编辑 顾洪兴

综 述

【教育高质量发展】 2018年，在党建述职考评中，无锡得分在全省设区市教育系统中并列第一。高质量做好省对市人民政府履行教育职责考评工作，无锡综合得分位居全省第二名。加快推进教育现代化建设，根据省监测结果，无锡综合得分90.4分，位居全省第三。在高质量发展考核指标中，无锡教育综合得分排名全省第三。加快义务教育学校标准化建设，全市87.7%的学校达省定办学标准，达标率位居全省第二。基础教育优质均衡水平持续提升，在全省2018年公布的基本公共教育满意度调查结果中，无锡得分位列全省第一。职业教育质量继续走在前列，无锡参加全省职业学校技能大赛、全国职业院校技能大赛，获金牌数量均位居全省第二；参加全省职业学校班主任基本功大赛，团体总分位居全省第一。深化教育教学改革，无锡18个项目获得国家级教学成果奖，江南大学、无锡商院、南菁高中、市北高中、市实验幼儿园共获得一等奖5项，其中基础教育获得一等奖数量位于全国地级市第一，并超过绝大部分省份。

（刘红生）

【高等教育实现重大突破】 按照市委、市政府大力发展高等教育的决策部署，2018年，全力推进南京信息工程大学滨江学院无锡校区建设，完成一期工程建设，南京信息工程大学无锡研究生院、研究院同时挂牌运行，2545名本科生、研究生和留学生顺利开学。市政府与东南大学签订合作共建无锡分校协议，启动建设东南大学无锡国际校区，东南大学国家示范性微电子学院揭牌。南京理工大学江阴校区开工建设。此外，江南大学宜兴研究生院开工建设，江阴校区项目签约，江南大学智能制造协同创新中心建设方案获教育部批准；无锡太湖学院接受教育部本科教学评估；江南影视艺术职业学院办学条件总体达到本科院校设置标准；无锡职业技术学院入选江苏省卓越高职院校；无锡商院与红豆集团联合申办的“柬埔寨西哈努克港工商学院”项目获批，成为国内首个校企合作股份制海外大学；无锡职业技术学院与爱尔兰阿斯隆理工学院合作举办无锡职业技术学院爱尔兰学院项目获批。优质高等教育资源建设多点开花，实现10多年来的重要突破。

（刘红生）

【化解教育突出问题】 2018年，无锡市聚焦群众反映强烈突出问题，扎实开展校外培训机构专项整治，成立市级联席会议制度，多部门联动治理，出动316批次、3713人次执法力量，全面完成1158家学科类培训机构集中整治，其中，准入审批401家，收缩经营范围（退出学科培训）356家，关停取缔401家，无锡工作经验先后两次被省教育厅通报推广。推动解决初中升高中难问题，合理安排普通高中招生计划，增加的招生计划80%以上部分投向四星级高中，扩大普通学生就读优质高中的机会。严格规范义务教育招生行为，建立民办学校和公办特色初中统一报名平台，明确面谈人数，统一面谈时间和方式，免试入学、规范招生秩序得到强化。健全治理中小学在职教师有偿补课长效机制，中小学教师全部签署拒绝有偿补课承诺书，对经查实认定从事有偿补课的教师，一律给予党纪政纪处分并予以通报。开展中小学幼儿园食堂监管专项督查全覆盖，自查、互查、抽查学校食堂1596个次，督促各地各校抓好整改，全市299所学校食堂开展“五常管理”模式，96.4%的学校食堂建成视频厨房。

（刘红生）

【德育工作实效增强】 2018年，全市教育系统深化社会主义核心价值观教育，组织开展“传承优秀传统文化、涵养核心价值观”主题教育实践活动，征集校训传承优秀工作案例，近万名学生参与“小小百家讲坛”演讲、“传承红色基因”寻访、“英雄在我心中”赞颂等活动，《江苏教育报》头版头条报道无锡“非遗进校园活动”。实施中小学生品格提升工程建设和职业院校学生职业素养提升工程，新增品格提升工程省级项目5个、市级项目20个，南菁高中、石塘湾小学入选2018年全国中小学德育典型经验。构建小学、初中积极德育研究共同体，开展积极德育故事和特色班级建设案例征集等活动，市教育局在首届中国班级建设大会上交流发言，全市50篇特色班级建设优秀成果获全国一等奖，3名教师获省中小学班主任基本功大赛一等奖，开放大学教师获全国中等职业学校班主任基本功大赛一等奖。出台《进一步加强全市中小学幼儿园家庭教育指导工作的意见》，召开家长学校总校建设现场交流会，开设无锡网上家长学堂，举办网上家庭教育讲座97场，100多万人次点击学习，《中国教育报》头版头条报道无锡家庭、学校、社区联动工作经验。

（刘红生）

【教育教学质量不断提高】 2018年，全市教育系统深化基础教育课程改革，新增省前瞻性教学改革项目4个、高中课程基地项目5个、小学特色文化和初中课程质量提升工程项目7个，锡山高中入选省高中课程基地高峰建设项目。实施职业教育质量提升工程，建成省现代化实训基地6个、现代化专业群8个，举办全市职业学校教学比赛、大中专院校创业创新能力大赛和"传承工商精神、推进创新创业"活动，无锡职业技术学院、机电高职校入选全国职业院校实习管理50强，机电高职校、卫生高职校、立信高职校入选江苏省职业学校学生管理30强，机电高职校、旅游商贸高职校、汽车工程学校入选省职业学校教学管理30强。无锡参加全省职业学校技能大赛获金牌82枚，位居全省第二；参加全国职业院校技能大赛获金牌21枚，位居全省第二；参加全省职业学校班主任基本功大赛，团体总分位居全省第一；参加全国职业学校创新创效创业大赛获3个特等奖。

（刘红生）

【促进学生身心健康】 2018年，无锡市青少年学生健康促进实践基地成立，全面实施学生体质健康报告书制度，规范学生健康体检工作，举办全市中学生田径运动会，新增42所全国青少年校园足球特色学校，锡山高中、广丰中学作为全省仅有的两所学校入选教育部全国学校体育优秀改革成果。健全学校卫生监测网络，完善学校传染病防控机制，加强学校食品安全管理。加强心理健康教育，开展班主任心育培训、教师心理健康教育技能培训等，召开全市学生心理发展指导和学生心理健康教育专题研讨会，实施中小学心理健康教育案例督导，举办"12355考前减压阳光行动"，新增21所市级心理健康教育特色学校，市第三高级中学等3所学校建成省级心理健康教育特色学校。举办全市中小学生"百灵鸟"艺术展演活动，参加全省第六届中小学生艺术展演，获特等奖14项，6所学校建成省艺术教育特色学校。加强青少年法治教育，开展全市学生"学宪法讲宪法"系列活动，增强学生法治意识法治观念。

（刘红生）

【教育综合改革】 2018年，全市教育系统深化"放管服"改革，做好2项省级下放行政权力承接工作，行政权力清单24个项目纳入"不见面"审批，市教育局行政许可服务处被评为市规范执法示范点。扶持规范民办教育发展，对市区119所民办学校、幼儿园开展规范性评估，新批设立民办中小学4所、幼儿园30所。扩大教育对外开放，出台《关于规范无锡市普通高中国际课程班的管理意见》，举办无锡—新加坡校长教育交流会、第三届丹麦教育展（无锡）、首届无锡友好城市学生足球赛、无锡—台东少儿合唱音乐会，新增近20所中小学与境外学校友好结对，推进国际友好学校网上课堂，评选首批11所市国际交流合作示范校，江南中学成为德国哥德课堂基地，无锡技师学院、惠山中专等新增引进德国相关职业资格证书课程，编印《在锡高校海外留学生招生手册》。加快教育信息化进程，评选30所智慧课堂、125所智慧校园试点学校、40所创客教育实验学校、20所物联网感知教育基地学校，"一师一优课、一课一名师"晒课3.57万节，建设启用幼儿园电子化招生、中小学生综合实践活动管理等平台，举办2018世界物联网博览会智慧教育论坛，无锡智慧教育云平台率先接入国家数字教育资源公共服务体系。

（刘红生）

【教育发展保持和谐稳定】 2018年，全市教育系统落实校园安全管理责任，开展学校施工安全管理、实验室和危险化学品安全管理专项治理、大中专院校安全工作检查、中小学生"欺凌"和暴力集中排查整治等，推进学校消防安全标准化管理，评选101所市平安校园示范校，教育系统保持安全稳定局面。强化思想舆论引领，增设短视频平台"无锡教育发布"栏目，组织邀请媒体采访73次，大力宣传"筑梦新时代、奋进教育人""最美教师风采""我身边的幼儿园教师"等典型人物，开展"校园中国节"全媒体系列宣传活动，无锡教育微信、微博在省教育厅"双微"综合排行榜中均位列第一，无锡教育宣传工作受到省教育厅表扬。推进教育扶贫攻坚，《新华日报》头版报道无锡对口支援延安工作事迹，市教育局作为东部沿海唯一地区代表受邀参加教育部2018教育扶贫论坛并作主旨发言。构建精准资助机制，为家庭经济特别困难学生免除学前教育保育费、义务教育在校午餐费和社会实践活动费、高中学杂费和住宿费，年内落实1.2亿元资助学生10多万人次。加强机关作风效能建设，市教育局年中接受市人大常委会评议和询问，在8个政府部门中得分位居第二；自觉接受依法监督、民主监督，办好72件人大代表建议和政协委员提案，相关做法入选市人大议案代表建议和政协委员提案十大创新务实办理举措。

（刘红生）

【全市教育大会召开】 12月12日，市委、市政府召开全市教育大会。省委常委、市委书记李小敏到会讲话，代市长黄钦主持会议。会议对2017年江苏省教学成果奖特等奖项目、2018年江苏省和无锡市有突出贡献中青年专家、第十五批江苏省特级教师进行表彰。会上，江阴市政府、新吴区政府、市教育局、市财政局、江南大学、江苏省锡山高级中学作交流发言。会前，与会人员参观"新时代——无锡教育奋进之笔"图片展。

（刘红生）

【教师管理体制改革】 2018年，无锡市各市（县）、区全部建立"县管校聘"联席会议制度。完成2014名中小学、幼儿园教师招聘工作，组织5万人次教师参加各级各类培训。设立市级教师发展学院，5所学校成为省首批教师发展示范基地校，乡村骨干教师培育站第二届11个通过省终期考核、第三届11个启动建设。大力宣传太湖教育人才计划，组织开展市外引进人才申报认定工作，获批高等教育专项事业编制100名，支持江南影视学院、滨江学院引进19名博士等高层次人才。优化高级教师职称评审，修订市中小学学科带头人评选办法，评选市中小学教学能手422人。全市新增省特级教师26人，1人入选国家级名师名校长领航工程，9人入选首届省级领航名师项目，8人入选省职业教育领军人才培养计划，3人入选省"333工程"培养对象，3人入选省乡村教师培养奖励计划，15人获评省、市有突出贡献中青年专家。

（刘红生）

【在职教师有偿补课治理】 5月10日，市委教育工委、市教育局、市政府教育督导室出台《关于健全治理中小学在职教师有偿补课长效机制的意见》，进一步加强教育行风建设，提升师德师风水平，切实解决人民群众反映强烈

表 53　　　　2018 年无锡市教育事业概况

	学校数（所）	班数（个）	毕业生数（人）	招生数（人）	在校学生数（人）	毕业班学生数（人）	教职工数（人）	
							计	其中：专任教师
1. 普通高等学校	12		33871	36728	113879	34302	9379	6283
2. 中等专业学校	18		14021	13735	44028	13066	5218	4507
3. 职业高中			1845	897	2931	1015		
4. 普通中学	188	5284	68265	80872	232861	73531	23062	20905
高中	44	1608	21876	25744	71549	22535		7114
初中	144	3676	46389	55128	161312	50996		13791
5. 小学	203	9016	55808	77928	398408	60149	22349	21652
6. 特殊教育学校	7	100	142	193	1330	238	366	307
7. 幼儿园	436	5929	66615	72618	199527	68494	23291	12719
8. 成人高等学校			10910	10442	22159	11717		
9. 成人中等职业学校			397	16	36	20		
10. 成人技术培训学校	1007	10937	925573		782762		4204	3056
11. 技工学校	15		5678	6997	19685		2506	2083

（吴　伟　章雯雯）

表 54　　　　2018 年无锡市教育经费收入情况

单位:万元、%

项目	全市		江阴市		宜兴市		市区	
	金额	占全市教育总经费的比例	金额	占该市教育总经费的比例	金额	占该市教育总经费的比例	金额	占市区教育总经费的比例
国家财政性教育经费	1819537	86.97	436801	93.78	295029	91.37	1087707	83.44
事业收入	234635	11.21	25323	5.44	26362	8.16	182950	14.04
其中：学杂费收入	200931	9.60	20927	4.49	21200	6.57	158804	12.18
捐赠收入	831	0.04			128	0.04	703	0.05
民办学校中举办者投入	6305	0.30	2856	0.61	1344	0.42	2105	0.16
其他教育经费	30900	1.48	769	0.17	39	0.01	30092	2.31
合计	2092208	100.00	465749	22.26	322902	15.43	1303557	62.31

（过煜明）

的中小学在职教师从事有偿补课的突出问题。意见指出，要完善治理责任体系，将治理工作情况纳入对市（县）区政府履行教育职责考评指标体系、学校年度办学绩效考核和党风廉政建设责任制考核范畴。意见明确，要构建教育管理机制，强化常态管理排查，把治理有偿补课与治理校外培训机构工作有机结合起来，构建学校、教师、学生、家长及社会广泛参与的监督体系。意见强调，要健全查办惩处机制，加大查办惩处力度。对经查实认定从事有偿补课的教师，一律依据相关规定给予党纪政纪处分，实行“零容忍”，对涉事教师，按照相关要求进行严肃处理，直至予以开除处分。

（刘红生）

【小学综合实践教学基本功比赛】 6 月 11 ～ 12 日，全市小学综合实践活动课程青年教师教学基本功大赛举行，全市 12 名青年教师参加角逐。比赛分为“通用技能”和“专业技能”两大板块，包含教学设计与课件制作、课堂教学、理论常识和课例评析等具体内容，着重考察选手个人在教学设计、课堂教学实施、课件制作等各方面的综合素质，以及对综合实践活动课程的理解与实践。比赛旨在提升教师课程的专业素养和能力，进一步提升规范实施综合实践活动课程的水平。

（刘红生）

【选派新一批支教教师】 8 月 17 日，市教育局召开 2018 年无锡市赴新疆、延安支教出征动员会，欢迎老一批支教教师载誉归来，欢送新一批支教教师启程。座谈会上，新老支教教师交流支教经验，畅谈支教感受。全市共选派 42 所学校 9 个学科的 45 名支教教师，选派人数为历年之最。45 名支教教师中，赴新疆霍城县初级中学的有 10 人、霍城县江苏中学（高中）14 人、阿合奇县同心中学（初中）15 人、延安市第一中学（高中）6 人。

（刘红生）

【教师技能大赛】 9 月 20 日，无锡市第十七届教师技能大赛总决赛在无锡教育电视台举行。此次大赛自 5 月启动，吸引各市（县）、区的众多教师参加。决赛现场，6 位选手分幼小组和中学组，分别参加素质考核答辩、微型课展示和特长才艺展示的比试，经现场评审，最

8月17日，无锡市赴新疆、延安支教出征动员会召开 （华笑晔 摄）

终，无锡市梁溪区南长中心幼儿园周小琛和无锡市积余实验学校周佳瑜分别获得幼小组和中学组特等奖。活动现场还为2018年无锡市中小学班主任基本功大赛获奖代表进行颁奖。

（刘红生）

幼儿教育

【婴幼儿早期教养工作】 1月24日，市教育局召开全市0～3岁婴幼儿早期教养工作推进会，加强全市婴幼儿早期教养工作，提高家长和看护人员科学育儿水平。各市（县）、区教育局、镇（街道）、各类幼儿园相关负责人参加会议。会议强调：0～3岁婴幼儿早教体系是一项教育理念新、专业要求高、设计范围广、社会影响大的系统工程，全体早教工作者要进一步创新工作机制，强化规范管理，提升队伍素质，提高早教质量，推动全市早教工作跨上新台阶。滨湖区教育局、宜兴市教育局、滨湖区华庄街道、新吴区旺庄街道、滨湖区宋庆龄苗苗园分别作交流发言。

（刘红生）

【幼儿小铃铛艺术展演】 5月17～18日，无锡市第二十届迎"六一"幼儿小铃铛艺术展演活动举行，全市共有92所幼儿园参加活动。展演现场，孩子们用演唱、打击乐、音乐剧等形式，进行一场内容健康、生动活泼、富有童趣的表演，展示全市幼儿艺术教育的成果，展现孩子们朝气蓬勃、积极向上的精神面貌。

（刘红生）

【民办幼儿园骨干教师培训】 9月25日，无锡市民办骨干教师培训活动在育红实验幼儿园举行，全市各幼儿园的近100名民办幼儿园骨干教师参加培训。培训期间，育红实验幼儿园教师分别进行大班科学活动《多米诺趣多多》、大班语言活动《窗外送来的礼物》教学展示，省特级教师、市实验幼儿园副园长陆艳作《幼儿园语言活动的设计与组织》专题讲座，为民办幼儿园骨干教师提供互观互学、交流研讨的平台，促进无锡市民办骨干教师队伍的专业化成长。

（刘红生）

【全国幼儿园男教师专业发展研讨会】 11月21～23日，全国幼儿园男教师专业发展研讨会在无锡市滨湖区举行，全国各地的幼儿园男教师以及学前教育专家、管理者、教科研人员共600多人参加研讨会。开幕式上，"全国幼儿园男教师专业发展协进会"揭牌，滨湖区幼儿园男教师俱乐部领衔的江苏幼儿园男教师代表进行独唱、武术、表演、相声、舞蹈、弹奏等基本功展示。研讨会以"男幼师专业发展"为主题，分别在无锡市水秀实验幼儿园、无锡师范附属实验幼儿园、无锡市峰影幼儿园、无锡市滨湖区宋庆龄实验幼儿园开展"男教师管理""男教师的自我成长故事""男教师发展定位与研究故事""男教师专业特长发展故事"等分论坛活动。活动还加入专家引领、思维碰撞、实践展示、技艺切磋等环节，搭建促进男幼师专业发展的交流平台。

（刘红生）

【幼儿园教师信息化能力提升培训】 11月27～28日，由市教育局主办、市教育信息化管理服务中心协办的2018年无锡市幼儿园教师信息化能力提升专项培训举行，全市近150名幼儿园教师参加培训。此次培训以"寻找身边的智能生活"为主题，采取

9月10日，无锡在20余处滚动播放"老师，您好！" （秦 洋 摄）

信息化能力实训挑战赛形式，将学员分成两市五区和市属幼儿园8个团队，学员们运用手机测距、无人机航拍、手机识图、OCR 抓图、定向地图、美摄等信息化软件完成6项挑战，帮助幼儿园教师以团队方式学习掌握多种工具和软件平台的使用，提升信息化应用水平和信息能力素养。

（刘红生）

基础教育

【概况】 2018年，全市教育系统适应生源持续快速增加的形势，起草编制《无锡市市区教育设施布局专项规划（2018～2035年）》，建立市（县）区教育资源预警机制、市区中小学幼儿园建设联审联批制度，实施中小学幼儿园新建改扩建、续建项目73个，完工35个，增加学位供给2.09万个。实施公办、民办幼儿园结对共建工程，全市新增41所省、市优质幼儿园，新增0～3岁早教机构和开设苗苗班的幼儿园37所。累计投入49.8亿元实施对义务教育的薄弱改造，加快义务教育学校标准化建设，全市87.7%的学校达省定办学标准，达标率位居全省第二，启动第二批32所新优质学校培育建设。推进高品质高中建设，指导市第三高中等5所高中做好星级高中复审工作，市一中等4所学校开展省普通高中综合素质评价试点推进工作，推荐锡山高中、天一中学、南菁高中、市一中申报省首批高品质示范高中。加强特殊教育，建成59个融合教育资源中心。市少年宫新宫建成启用。在2018年公布的全省基本公共教育满意度调查中，无锡市得分位列全省第一。

（刘红生）

【创建全国中小学校责任督学挂牌督导创新县】 1月15～17日，教育部教育督导局组织专家对梁溪区、锡山区、惠山区、江阴市开展“全国中小学校责任督学挂牌督导创新县（市、区）”实地核查工作。专家组一行深入4个市（县、区），通过听取汇报、查阅资料、实地查看、随机访谈、观摩责任督学听评课等方式，全面核查各区挂牌督导工作的总体情况及工作实效。活动中，核查组专家对无锡责任督学挂牌督导工作的积极探索和显著成效给予充分肯定。2月5日，国务院教育督导委员会办公室公布第二批全国中小学校责任督学挂牌督导创新县（市、区）名单，江阴市、梁溪区、锡山区、惠山区全部入选。

（刘红生）

【辅仁高中建校100周年】 2月19日，无锡市辅仁高级中学举行建校100周年庆祝大会，海内外的数千名校友云集辅仁中学，畅叙师生同窗情谊，共贺母校百岁华诞。1953届校友、中国工程院院士、南京农业大学原校长盖钧镒，1959届校友、中科院院士、北京大学原校长许智宏，1960届校友、中国工程院院士、国家卫星气象中心原主任许健民等为代表的一批知名校友纷纷从祖国的四面八方、遥远的大洋彼岸到校庆贺。庆祝大会上，举行“杨四箴教育基金”揭牌仪式，辅仁中学退休老教师、青年教师，退休老校友、中青年校友、在校学生等表演精彩的文艺节目。校庆期间，校友们参观辅仁中学百年办学成果展。

（刘红生）

【首批新优质学校满意度调查】 3月中旬，无锡市教育评估院对25所新优质学校的第二次社会声誉及办学满意度调查结果公布，25所学校的社会声誉及办学综合平均满意度为92.27分，与2016年相比稳中有升。其中，9所小学综合平均满意度为94.33分，满意率为97.61%；18所初中综合平均满意度为91.24分，满意率为95.47%。学生家长平均满意度为89.74分，满意率为94.95%；学生平均满意度为91.47分，满意率为95.64%；社区代表平均满意度为98.92分，满意率为99.49%。根据调查结果，家长和学生对学校文化、办学理念、课堂教学方式、教学设施、教学条件以及素质教育的满意度都有提高。

（刘红生）

【“卓越教育联盟”建设】 4月18日，滨湖区“卓越教育联盟”建设正式启动，在学前、小学、初中3个学段分别开展试点，让名师“手拉手”共建工作室，促学校“面对面”共商教研，区内外“肩并肩”共享好资源。“卓越教育联盟”的组建以学校自主选择、自由组合为主要方式，每个联盟明确1所首席学校，首席学校一般由办学质量优、品牌影响力大、群众认可度高的学校担任。每个教育联盟在保持各成员校独立法人地位的前提下，以“首席校校名＋卓越教育联盟”的方式命名挂牌，形成“多法人、首席制、公约式”的新型校际合作模式。联盟由江南大学附属实验中学、育红小学、育红实验幼儿园等12所学校组成，主要通过共建共享资源、搭建联盟“智库”、建立交流机制等举措，加强各校在内部管理、师资建设、课程设置、师生活动等方面的互助互补，形成目标同向、品牌同创的发展格局。

（刘红生）

【教育部调研无锡义务教育优质均衡发展】 4月24日，教育部教育督导局副局长郭佳一行到无锡，就新吴区推进义务教育优质均衡发展情况开展调研。省教育厅教育督导室副主任张虎成、市教育局局长唐加俊、市政府教育督导室主任督学施正洲等陪同调研。调研组先后到旺庄实验小学和春城实验小学两所学校，实地查看两校的校园风貌、教育装备、校园文化、课堂教学和学生社团活动，详细询问学校在办学规模、师资力量、学校管理、经费保障等方面的情况。调研组对新吴区推进义务教育优质均衡发展工作予以高度肯定，勉励新吴区对照评估标准，加快补足短板，着力提升内涵，以创建全国义务教育优质均衡发展县（市、区）为契机，办好更加公平、更有质量、人民更为满意的义务教育。此次调研，旨在了解县域义务教育优质均衡发展现状，为在全国范围内开展义务教育优质均衡发展县（市、区）督导评估提供政策依据。

（刘红生）

【无锡学子获国际数学奥林匹克金牌】 7月7～14日，第五十九届国际数学奥林匹克竞赛在罗马尼亚举行，全世界116个国家的615名选手参加角逐，中国队以199分的总分获得团体第三名，参赛的6名选手4位获金牌、2位获银牌，江苏省天一中学学生李一笑为中国队贡献一枚金牌。这是继2011年南菁高中学生吴梦希后，无锡学生再次在同类比赛中摘金，也是近

17 年来出征这项国际赛事的仅有的 2 名江苏学生，展现无锡教育高品质发展的成果。

（刘红生）

【梁溪区推进集团化办学】 7 月 19 日，梁溪区召开集团化办学推进会。会上宣布，从秋季学期开始，在原有 5 个教育集团的基础上，再增 8 个教育集团，实现全区 43 所公办中小学集团化办学全覆盖。教育集团实行集团党委（党总支）书记及总校长、副总校长、集团中层三级管理，设立文化建设和资源保障中心、教学管理中心、学生成长和指导中心、教科研训中心等部门，以一体化的视野，在优化管理队伍、加强人才建设、创新研训模式、加大课程引领、推进品牌建设等方面重点着力，实现集团整体发展。

（刘红生）

职业教育

【民办学校与社会教育机构年检】 1 月下旬，市教育局召开无锡市民办学校与社会教育机构年检工作会议，全面部署年检工作，并对寒假期间全市民办教育机构办学工作提出要求。会议对新颁布的《江苏省民办非学历教育机构设置和管理办法（修订）》进行详细解读，指导市（县）区教育行政部门依法审批工作。对校外培训机构寒假期间的培训工作，提出“四要五不三严禁”要求：要按办学许可核定项目内容亮证办学，不得超范围、增项目办学，不得委托（授权）不具备办学资质的机构或个人招生和办班；招生广告要符合法律规定，不得进行虚假宣传，不得到中小学校内进行宣传或招生；要建立健全安全管理制度和应急预警处理机制，加强低龄幼儿学员传染病防控；要严格执行《无锡市教育局无锡市人民政府教育督导室转发江苏省教育厅关于进一步规范学校管理切实减轻中小学生课业负担的意见的通知》规定，不得拔高教学要求、加快教学进度、增加教学难度；严禁联合中小学举办寒假文化课补习班，严禁擅自组织面向中小学生的学科竞赛或变相竞赛活动，严禁聘用在职中小学教师从事专（兼）职教学或管理工作。

（刘红生）

【高品质职业院校建设】 4 月 26 日，市教育局印发《关于建设无锡市高品质职业院校的意见》，进一步提高职业教育基础能力和内涵质量，加快建设一批扎根无锡、特色鲜明、引领全国的高品质职业院校，为建设“强富美高”新无锡提供有力支撑。意见要求通过推进管理水平提升行动、专业建设提升行动、学生素养提升行动、教师队伍提升行动、校园文化提升行动、服务产业提升行动六大专项行动，推动职业教育内涵式发展，整体提高全市职业院校办学质量，致力打造职业教育发展高地，使职业教育成为全市经济社会高质量发展的有力引擎。

（刘红生）

【职业教育活动周】 5 月 6 日，由市推进职业教育改革发展工作领导小组成员单位共同主办的 2018 年无锡市职业教育活动周正式启动。市教育局、市发改委、市经信委、市财政局、市人社局、市农委、市工商联、团市委等部门负责人，全市职业学校师生代表参加启动仪式。职业教育活动周自 5 月 6 日起持续到 5 月 12 日，以“职教改革四十年 产教融合育工匠”为主题，全市各职业院校开放校园、开放赛场、开放企业、走进社区，通过系列活动，宣传职业教育的方针政策和发展成果，提升社会各界对职业教育的认同度，激发全社会尊重劳动，崇尚技术技能，弘扬工匠精神。启动仪式上，集中表彰 2017 年无锡市参加省职业院校技能大赛突出贡献奖、杰出贡献奖的单位和江苏省教学成果奖（职业教育类）特等奖和一等奖的个人。活动现场，各院校还进行群舞、合唱、锡剧、吉他弹唱、独唱等精彩的文艺演出。

（刘红生）

特殊教育

【无锡市特殊教育指导中心揭牌】 1 月 30 日，“芳华流年 同心同行”无锡特殊教育素质教育成果展暨无锡市特殊教育指导中心揭牌仪式在无锡教育电视台演播厅举行。市政府副市长刘霞、江苏省残疾人联合会副巡视员丁勇出席活动并为无锡市特殊教育指导中心揭牌。无锡特殊教育素质教育成果展共分为“遇见”“最美”“绽放”3 个篇章，通过丰富的节目形式，表达特校教师对特殊孩子的包容与尊重、温情和珍视，展现特殊孩子的舞之美、独立之美、自信之美、自强之美。活动现场还为锡绣课、泥人课、朗诵课等潜能挖掘课程的导师们颁发聘书，并为无锡特殊学校“卓越教师成长培养计划”的各个项目团队代表颁奖。

（刘红生）

【锡山特殊教育指导中心挂牌】 1 月 24 日，“锡山区特殊教育指导中心”挂牌仪式在无锡市锡山区特殊教育学校举行。区教育局相关负责人明确指导中心成员的工作职责，要求普通学校重视特殊学生的个别化指导，搜集管理好当地特殊教育资源和信息。仪式上，公布全区 21 个需要“送交上门”的特殊孩子所在镇（街道）村（社区），并根据区域分配到各所学校，锡山区特殊教育学校对“送交上门”工作作说明和指导。区民政局、区卫计局、区残疾人教育就业管理中心等有关部门负责人，以及区内各中小学及幼儿园的校长、园长参加仪式。

（刘红生）

校外教育

【市少年宫新宫启用】 2 月 5 日，无锡市少年宫新宫启用暨“快乐寒假”公益活动周启动仪式举行，省委常委、市委书记李小敏出席活动并为市少年宫揭牌，市有关领导出席活动。启动仪式后，李小敏一行参观新少年宫科技、艺术、活动等方面的成果展示，走进绘本馆、陶艺馆、国学馆、绘画展厅等场所观看孩子们的体验活动，表达对孩子们新年的祝福。寒假首日开始，新少年宫提供为期 7 天的 400 堂免费课程体验活动，课程涵盖少儿实践营、少儿艺术学院、少儿书画院、少年科学院、少儿体育学院、少儿国学院的体验活动项目，共 1 万多名孩子参加活动。

（刘红生）

【家长学校总校建设】 5月10日，全市家长学校总校建设现场交流会在宜兴市第二实验小学召开。省教育系统关工委主任葛高林、市教育局相关职能处室负责人，各市（县）区教育局家长学校总校负责人出席会议。葛高林在讲话中肯定无锡家长学校建设工作的成效，希望无锡继续按照省教育厅和省教育系统关工委部署要求，稳步扎实推进家长学校总校建设工作，更好地为青少年健康成长服务。会上，各地介绍各自区域家长学校总校建设的经验和举措。

（刘红生）

【全省首个县级教育培训行业协会】 6月6日，梁溪区教育培训行业协会举行成立大会。大会选举产生第一届理事会会长、副会长和秘书长，63家培训机构在大会上共同发布行动宣言。梁溪区教育培训行业协会由辖区内无锡新东方进修学校、无锡英之辅语言培训中心、无锡市梁溪区英锐国际教育培训中心、无锡梦想天地教育咨询有限公司、无锡朗悦培训学校6家教育培训机构联合发起成立，在全省是创新之举，协会成立，有助于团结和指导各类教育培训机构健康有序公平发展。

（刘红生）

【家校社联动获报道】 10月25日，《中国教育报》头版头条刊发《无锡家校社联动形成良好教育生态》文章，通过多个典型的实例，报道无锡加强家庭教育指导、构架家校共育模式的做法经验。报道指出，无锡市全面推进区域家长学校总校建设，在健全组织机构和制度规范的基础上，对家庭教育的师资、教材、经费等予以充足保障，形成以学校为主体、家庭为基础、社会为依托的三方结合全方位育人的德育工作新格局，提高全市家长学校的整体教育水平。

（刘红生）

【全国校外教育兴趣小组研讨活动】 9月26～29日，第五届全国未成年人校外教育兴趣小组“新理念 新模式”研讨活动在无锡举办。活动以“融合与共享——开放视野下的校外教育课程生态建设”为主题，全国各地的近500名校外教育专家、教师，聚焦校外鲜明的特色活动课程建设以及大教育观下教育新生态建设，广泛深入交流全国校外教育改革发展的新经验，共同研讨如何促进校外教育资源生态的共建和共享。活动特邀英国、芬兰、日本和国内42位嘉宾及优秀教师，通过主旨报告、主题论坛、前沿专题报告、全国优秀案例等，分享不同地域、不同领域的教育专家、一线工作者的前沿观点、理论成果和实操经验。

（刘红生）

高等教育

【共建东南大学无锡分校】 3月6日，无锡市人民政府、东南大学举行市、校合作共建东南大学无锡分校签约仪式，省委常委、无锡市委书记李小敏，东南大学校长张广军等出席签约仪式。2018年是东南大学无锡分校建立30周年，无锡市和东南大学双方本着“优势互补、互惠共赢、共同发展”的原则，全面加强合作办学、人才培养、科学研究、成果转化、产学研融合等领域的合作共建，并统筹规划、分步实施合作共建项目。根据框架协议，在新一轮合作办学中，东南大学无锡分校重点建设国家示范性微电子学院、国际联合学院、国际工程师学院等多个二级学院，以及微纳平台等若干个结合无锡重大产业的开放共享科技教育研发公共平台；无锡市为东南大学无锡分校提供办学设施、人才引进、学生培养、科研平台建设以及产学研合作等方面的政策和资金支持。

（刘红生）

【市与在无锡高校联席会议】 3月20日，市政府召开2018年无锡市与在无锡高校联席会议。市政府副市长刘霞，16所在无锡高校主要负责人以及市政府办公室、市教育局负责人参加会议。刘霞在讲话中对加快无锡高等教育发展提出要求：提高思想认识，抢抓机遇快发展，为增强城市核心竞争力奠定基础；提升目标定位，优化内涵创新发展，全面提高在无锡高校教育教学和人才培养质量；坚持需求导向，融入地方强服务，牢固树立对接无锡、服务无锡、融入无锡的意识，坚持高科技研发与高科技产业对接，高科技研发与高水平办学联动，实现教育链、人才链与产业链、创新链的有机衔接。会议重点就市委、市政府关于大力推进高等教育创新发展的若干意见征求各在无锡高校的意见建议。

（刘红生）

【共建无锡研究生院和研究院】 3月29日，无锡市人民政府与南京信息工程大学就合作共建无锡研究生院、无锡研究院签署协议。根据协议，无锡研究生院依托南京信息工程大学教学资源，招收气象学、电子与通信工程、控制工程、环境工程、会计等专业的硕士研究生，开展科学研究，实现滨江学院研究生与本科生同步培养。无锡研究院旨在发挥南京信息工程大学大气科学、信息科学等学科优势和人才优势，为国家科技创新和经济发展提供科研平台，承

9月17日，南京信息工程大学滨江学院新校区正式启用　　（杨硕　摄）

接国际、省部等重大科技或工程项目，加速科技成果落地与产业化，促进无锡市产业技术进步和社会经济发展。

（刘红生）

【滨江学院新校区启用】 9月17日，南京信息工程大学滨江学院新校区正式投入使用。南京信息工程大学滨江学院新校区占地总面积73.44公顷，规划建设总建筑面积30.65万平方米，首期招收包括本科生、硕士研究生、博士研究生、海外留学生在内的2545名新生。南京信息工程大学无锡研究院和无锡研究生院同时揭牌亮相，红豆集团、远东控股集团等25家知名企业与滨江学院签订校企合作协议。

（刘红生）

江南大学

【加强思想政治工作】 2018年，学校贯彻落实《高校思想政治工作质量提升工程实施纲要》，召开2018年思想政治工作会议。深化思想政治课程与课程思想政治建设，实现听课巡课常态化、录播平台全覆盖，“学习新思想千万师生同上一堂课”、全国高校思想政治课“江南论坛”、全省“信仰公开课”示范课、形势政策“焦点论坛”等活动反响热烈。食品学院获教育部首批“三全育人”综合改革试点学院，“宝哥说”获教育部首批高校思想政治工作精品项目。完善教师思想政治与师德建设的体制机制，开展“弘扬爱国奋斗精神、建功立业新时代”活动和师德主题教育实践活动、创建教师育人工作室、评选师德标兵、举办“立德树人、建功立业”教师代表座谈会和名师交流会等。获全国“五一”劳动奖章、省“五一”巾帼标兵、省“工人先锋号”各1名，入围教育部新时代教师风采公益广告作品1项。获评教育部“国防教育特色学校”，1人获“省大学生年度人物”称号。

（钱　锋）

【综合改革有序推进】 2018年，学校拓展“一体两翼”办学格局，启动建设宜兴校区、江阴校区。宜兴研究生院实验室建设、理事会章程、校区管理与运行方案等工作有序推进，与江阴市政府签署的《江阴市人民政府—江南大学全面合作协议》及合作办学等事宜逐步落实。加快推进“十三五”市校合作共建，推动智能制造协同创新中心建设，与无锡地区23家企业签署合作协议。江南大学附属医院整合无锡三院与无锡四院的力量，进一步做优做强。落实综合改革分年度实施计划，已完成有关人才培养、教师队伍、科学研究、后勤保障、思想政治宣传5个方面的12项任务。开展“十三五”规划实施情况中期评估，部分量化指标提前超额完成。全面梳理调整有关组织架构和议事规则，设置（调整）10个大类委员会（领导小组），并制定党政管理类委员会工作规程及10类委员会议事规则。继续推进规章制度“废改立”工作，加强对领导干部经济责任、财务资金、建设工程的审计；优化设备采购管理制度，生均教学科研仪器总值达3.54万元；教职工考核绩效实现新增，养老保险改革有序推进，教职工福利待遇逐步提高；董事会、校友会、教育发展基金会运转有序，校教育发展基金会获省民政厅“慈善组织”认定。建立“后勤学校”，设计“智慧校园”技术架构体系。年内，选任处级干部11名，实施干部储备培优工程，启动新一轮后备干部推选工作。制定援疆、援藏等干部人才待遇规定，选派4名副院长赴“985”高校挂职交流，28名优秀干部教师参加援疆、扶贫、省科技镇长团。构建“五位一体”干部教育培训模式，90人次参加省部级培训。

（钱　锋）

【“双一流”学科建设】 2018年，学校全面实施《江南大学国家一流学科建设方案》，创立校一流学科建设领导小组领导、管委会具体负责的管理模式和基于首席科学家—PI—子PI—团队的一流学科运行架构，组织协调职能部门及建设学科在推进队伍建设、人才培养、科学研究、文化传承创新和国际交流合作等5方面细化措施，联合17所高校成立“双一流”农科联盟，推动两个一流学科加快建设、特色建设、高质量建设。分析第四轮学科评估结果，编撰2018～2020年学科发展规划，实施2018～2020年学科提升进位计划。增强学科建设过程管理和动态监管，完成省级学科项目验收、申报、中期检查等工作，增列环境科学与工程一级博士学位授权点，以及数学、电子科学与技术、护理学等硕士学位授权点。学校6个学科进入ESI全球影响评价排行前1%，其中农业科学位列前0.5‰，临床医学首次进入前1%；24个学科在上海软科发布的2018“中国最好学科排名”中上榜，其中食品科学与工程、轻工技术与工程蝉联全国第一，设计学上升至全国第二。

（钱　锋）

【教育质量提升】 2018年，学校全面贯彻落实新版人才培养方案，常委会、院长联席会专题研究深化本科生学业发展路径，“一流本科教育提升行动计划”正式启动。本科教学工程建设再创佳绩，20人入选新一届高校教学指导委员会，获国家教学成果奖4项，其中一等奖1项。自动化、纺织工程、化学工程与工艺、高分子材料与工程4个专业通过工程教育专业认证。3门课程获评国家精品在线开放课程，22本教材获第二批中国轻工业“十三五”规划教材或数字化项目。加大对“卓工计划”、各级实验教学与实践教育中心和创新创业教育体系示范点建设投资力度，慕课、翻转课堂等教学信息化建设不断完善。构建“专业招生—人才培养—就业创业—卓越发展”联动体系，健全专业化、立体化、全程化的招生工作机制。优化至善生、高层次国际化创新人才、国际学生的培养路径，完善多元化的拔尖创新型人才培养机制。改革学科竞赛组织管理体系，年内，本科生（按人次计算）参与各类学科竞赛的比例达68.16%，省级以上竞赛获奖近1900人次，获得2018国际遗传工程机器大赛全球金奖、银奖，实现学校在国际生物类科技竞赛中的新突破，获第四届中国“互联网+”大学生创新创业大赛1枚金牌、1枚银牌、1枚铜牌，获2018年“创青春”全国大学生创业大赛2枚金牌、2枚铜牌，学校主办的“2018国际食品学科学生竞赛”被央视报道。学校获评2018年省高校毕业生就业创业工作优秀单位，本科生“就业质量指数”位居全省15所“双一流”高校首位。加强研究生招生、培养过程管理，新增省研究生工作站9个、优秀研究生工作站1个，获省“十佳研究生导师团队”1个，国务院学位办博士论文抽检合格率连续8年达100%，获省优秀博士论文3篇、省优秀学硕论文5篇和专硕论文6篇。

（钱　锋）

【科研成果丰硕】 2018年，学校生态纺织教育部重点实验室通过评估，江苏省化妆品工程研究中心获批立项。获国家重点研发计划项目3项、国家自然科学基金项目141项；科研经费达6.76亿元，比上年增长31.3%；发表SCI论文1644篇，其中，1区论文比上年增长34.3%；获国家科技奖励1项、高等学校科学研究优秀成果奖5项（并列全国第13位）、省科学技术奖一等奖2项。推动哲学社会科学繁荣发展，获批江苏高校哲学社会科学重点建设基地1个，获国家社科基金4项（其中重大专项1项），获国家艺术基金团体项目数在省内并列第一，获教育部人文社科研究一般项目数位列省内高校第一，18篇省部级咨询报告被采纳，食品安全风险治理研究院入选全国高校智库前25强，获省哲学社会科学优秀成果一等奖3项、二等奖3项。深化产学研合作模式创新和改革，新建2个产业技术中心、5个技术转移分中心，13个千万元级横向科研合作项目落地，获中国专利奖银奖1项，获批省“先进感光材料高价值专利培育示范中心”项目，“江南大学技术转移中心”再获中国技术市场“金桥奖”，横向科研总经费比上年增长31.5%。推进省级协同创新中心建设，江南大学—贵州茅台集团协同创新实验室入驻学校。新增“111计划”引智基地1个，获批国家“一带一路”教科文卫引智计划项目2个、国家高端外国专家项目9个、教育部“海外名师”项目3个。

（钱　锋）

【师资队伍建设】 2018年，学校召开人才工作会议，出台《江南大学关于深化人才体制机制改革统筹推进人才优先发展的实施意见》，修订《人才引进实施办法》。加大领军人才引培力度，引进国家“千人计划”特聘专家1人，新增国家级人才13人次、省部级人才（团队）64人次，其中“长江学者”特聘教授2人、青年学者3人，“万人计划”教学名师实现零的突破。探索人才队伍建设与评价新模式、编制管理科学化合理化新路径，职称评审程序进一步完善，优劳优酬的竞争激励机制不断健全，教学业绩奖励比重逐步提高。优化教师培训体系，持续遴选和支持“至善青年学者”，举办海外优秀青年学术论坛专场，举行“至善青年学者”、正高级职称颁授等仪式。

（钱　锋）

【庆祝建校60周年】 2018年，学校围绕“传承轻工特色，铸造江南风格，加强交流合作，助推一流建设”主题，举办包括科学研究、人才培养、社会服务、国际交流、文化传承等各类校庆活动。校庆主题周期间，相继举办13位院士参加的轻纺与食品产业现代工程技术高层论坛、签约超过2亿元的产教融合高峰论坛、学校牵头27个国家49所大学参与的“一带一路”高校食品教育科技联盟大会、3000名校友和1200名师生代表参加的建校60周年校友大会、首届“致知·致行·致远”优秀大学生颁奖典礼，以及师生艺术展演、校园马拉松、各学院特色活动等，全方位扩大学校的办学影响。全年接待校友返校近万人，评选出的60名优秀校友尽展江南人风采，与茅台集团等多个行业龙头企业建立战略合作关系。接受社会捐赠总额超1亿元，创历史新高。

（钱　锋）

【文明校园建设】 2018年，学校深入开展文明校园创建工作，完成校史馆改造建设，进一步完善图书馆内部环境与文化建设，精心策划亮点景观展陈、校园文化产品制作等。举办江南大讲堂、读书文化节、“江南之春”文化艺术节、“高雅艺术进校园”演出、网络文化节、“江南明珠”书画展、孔子学院五周年庆、十佳类竞赛活动等。承办全国高校宣传部长培训班、“礼敬中华优秀传统文化”系列活动成果展示交流会暨全国高校博物馆育人联盟第五次会员大会，“艺术课堂”获评教育部第四届“礼敬中华优秀传统文化”系列活动示范项目。召开媒体恳谈会，累计在中央电视台、中国教育电视台、《光明日报》《中国教育报》《科技日报》等国家级媒体宣传报道360余篇，教师队伍建设获《教育部简报》单篇报道；官方微信、微博粉丝数均突破10万人次，2017～2018年中国高校社会影响力排行榜上位列高校网络舆论影响力第九名。

（钱　锋）

【凝聚统战群团合力】 2018年，学校加强党外干部人才队伍建设和民主党派基层组织建设，推荐26人纳入无锡市党外干部“321”人才计划，与苏州大学联合主办社会主义学院党外青年干部培训班，成立民建江南大学委员会，新侨人才工作经验在全国高校侨联与新侨人才工作交流会上交流，学校侨联主席当选中国侨联委员并获评全国侨联工作先进个人。深化校园民主政治建设，制定教职工困难补助与慰问实施办法等。落实学校共青团改革方案，推进班团一体化建设、第二课堂成绩单建设等改革项目，召开第八次学代会，开展“10100”创新创优工程。开展“互联网＋离退休”建设及文化凝练，入选教育部关工委“读懂中国”活动试点单位，相关经验在全国基层关工委建设工作会议上交流。

（钱　锋）

编辑　顾洪兴

综 述

【概况】 2018年，无锡市以2017年公共文化服务得分在全省位列第一为激励，继续推动全市文化事业蓬勃发展。公共文化设施网络持续健全。无锡美术馆建设有序推进，已完成立项审批，正抓紧邀请、沟通设计师，推进项目设计等各项工作。对标先进地区，推动博物院、文化馆、图书馆等市级文化设施提档升级。市图书馆新增直属分馆3家、网借图书投递点3个，市文化馆成立首家"非遗"主题分馆，无锡博物院启动争创国家一级馆工作，实施博物院整体提升工程。推进市评弹团复建，启动市级乐团筹建工作。全年建成基层综合性文化服务中心471余个，进一步提高基层群众对公共文化服务的满意度和获得感。"文化无锡"云平台一期正式上线试运行，推动文化供给与文化需求精准对接。

政府购买公共文化项目落实到位。政府向社会力量购买公共文化服务项目共收到申报项目137项，共有16个大类77个项目列入购买名单，购买资金总额达830万元，充分激发社会力量举办公共文化的活力和热情。群众特色文化团队小额资助在扶持500支团队的总量上，着力培育提升四星、五星级团队共300支，开展各类辅导培训与讲座累计近500课时。举办第二十届中国上海国际艺术节无锡分会场活动，全方位推出近120场各类文化活动，为广大市民提供高品质的文化大餐。

人民群众精神文化生活不断丰富。品牌文化活动供给不断增加，质量不断提升，影响力不断扩大，群众参与度不断攀升。第四届"群芳奖"评比活动共收到各类作品和项目446个，较上一届增长10%。"激情周末"广场文艺展演全年演出240场次，面向社会招募46支群众文艺团队，创下群众参与度新高。全民艺术普及开设163个班级，免费招收3000余名学员。第十一届太湖读书月举办活动160余项。2017年度无锡市居民综合阅读率94.79%，高出全国平均水平14.49个百分点。

（朱雯君）

【文化遗产保护工作全面加强】 2018年，无锡市高度重视文化遗产保护传承各项工作，更大力度凝聚传承弘扬文化遗产的社会共识。加大保护力度。搭建市文物安全执法平台，增加文物安全巡查目录、文物保护范围预警、文物保护单位档案查询等多项无锡特色项目，提高管理部门对文物的实时管理能力。全面划定文物保护单位保护范围和建设控制地带两条"红线"，保障文物保护单位安全，提前完成省政府2018年"十大任务、百项工程"考核指标。深化世界遗产"大运河"保护工作，积极助推大运河无锡段打造成一条具有地域特色的高水平文化长河、生态长河和共享长河。高水准通过国家文物安全大检查。建好"非遗"展示平台。组织"文化和自然遗产日"系列活动，开展五大板块40余项"非遗"展演活动，参与市民达20多万人。

（朱雯君）

【文化产业转型提速】 2018年，无锡市深入贯彻市委全会有关文创产业发展指示精神，将文化产业摆到更加重要的位置，优化资源，多措并举，力求实效。注重顶层设计，加强工作统筹规划。走访20多家园区、企业，召开专题座谈会10余次，形成文化产业政策、人才政策方面调研报告2篇，出台《文化产业信息报送工作制度》。指导推动各市（县）、区修订当地文化政策，

5月25日，无锡市图书馆乐都汇分馆开馆仪式现场　　（朱雯君 供稿）

实行“一区一策”。推动文化产业发展相关指标纳入各市(县)、区高质量发展考核评价指标体系,强化考核评价。

坚持政策引领,优化产业发展环境。开展两批次市级产业资金申报工作,53个项目获得市级第一批扶持资金3700余万元。推荐38个项目分别申报省级新闻出版广播影视与文化类专项资金。5家企业、1家园区获全市服务业提质增效扶持项目奖励,总额达720万元。文旅小微创业贷等信保基金相关政策进一步落实,截至10月末,共有60家企业备案入库,32家企业成功贷款,累计投放金额超1.5亿元。加大推进力度,提升产业整体实力。做好第四次全国经济普查期间文化产业单位核查工作,进一步摸清文化产业家底,推动文化企业“应统尽统”,做优“数据库”。融创文旅城项目、华侨城古运河小镇、接官亭弄、小娄巷历史街区、梦东方·徐霞客国际旅游度假区等重大文旅项目有序推进。无锡国家数字电影产业园全年实现营业收入55亿元,税收5.5亿元(不含补缴),招引剧组35个,备案立项影视剧112部。无锡市凭借影视动漫出口贸易特色,成为全省唯一一个入选商务部首批国家文化出口基地的城市。1家企业入选2018年中国互联网企业100强,1家企业设立省级博士后工作站。举办第八届无锡文博会,开展重大文化项目洽谈、项目签约、新文创论坛等10余项重点活动。启动第四届无锡市文创大赛,增设“产业孵化基金”100万元,发布6个企业定制赛。

(朱雯君)

【文化市场迸发活力】 2018年,无锡市以深化推进文化市场综合执法改革、行政审批“放管服”改革为重点,持续推进文化市场行业转型升级。推进综合执法改革。严格按省、市改革文件精神,整合梁溪区、滨湖区、新吴区文化执法队伍,组建市文化市场综合执法支队,实现同城一支队伍。支队实现副处级建制升格,扩充人员编制数,在编人员向执法一线倾斜,同时增设技术服务科、网络文化执法大队两个内设机构,提升整体战斗力。深化行政审批改革。承接省委托市本级审批的2个事项的无缝对接。做好“证照分离”改革试点工作,理出市本级20项改革事项,分别制定全面实行告知承诺制、提高透明度和可预期性以及强化准入监管的具体措施。

(朱雯君)

【中国(无锡)国际文化艺术产业博览交易会】 10月11日,第八届中国(无锡)国际文化艺术产业博览交易会(无锡文博会)在无锡太湖国际博览中心举行。文博会以“提升文化标识度,激发文化新动能”为主题,展会包含12个主题馆,共有17个国家22个省市的896家展商参展。开幕式上,盛悦国际等20个重大文化产业项目集中进行签约,签约总金额超50亿元。展会期间,举办长三角“新文创”产业发展论坛、文化产业项目洽谈会等10项重点活动,通过高层次活动整合无锡文博会积累的优质资源,推动无锡文博会由交易博览向产业集聚转变。当天,2018中国(无锡)旅游产业博览交易会在无锡太湖国际博览中心举行。旅交会以“旅游,让生活更美好”为主题,打造全民互动的旅游产业嘉年华,为公众提供“五天之约,极致乐享”的最佳体验平台。共计11个省市、30多个城市、200余家参展商参加。采用“4+2”模式,分为四大板块:全域旅游目的地特展、文旅产业新品特展、乐购全国城市礼特展、户外装备特展;共设两大展区:“无锡旅游有劲头”主题体验区、“跟着美食逛无锡的美食奇遇记”。旅交会和第八届文博会同期举行,旅游产业和文化产业交相辉映,创造主客共享的美好生活。

(朱雯君)

表55　　2018年无锡市文化场馆情况

序号	场馆名称	参观人数(万人次)	组织活动(场次)	所获荣誉
1	无锡博物院	60	300	全国中小学研学实践教育基地、党员教育实践课堂示范点、全市开展安全生产大检查工作先进集体
2	无锡市图书馆	208	460	被文化和旅游部评为一级图书馆,被市人民政府授予“集体三等功”
3	无锡市文化馆	4.6	259	创作(含合作)作品共获得舞台类省(部)级奖项4个、市级金奖4个(含合作2个)
4	无锡文物交流中心		10	
5	无锡名人故居	17.68	11	
6	东林书院	47.35	197	书院时雨斋挂牌成为国家文物保护单位中“非遗”传承人工作室
7	薛福成故居	20.33	103	
8	无锡美术馆	1	28	6件作品入选国家级画展,21件作品入选省级画展(其中1件作品获省级奖)
9	钱锺书故居	30	50	

(朱雯君)

文化场馆

【市博物馆协会学术讲坛精彩纷呈】 10月20日,“漫谈故宫博物院藏《石渠宝笈》著录书画”讲座在无锡博物院举行。此次主讲嘉宾是故宫专家汪亓,汪亓毕业于中央工艺美术学院工艺美术学系,现为故宫博物院研究馆员,主要从事中国书画研究,发表《康熙皇帝肖像画及相关问题》《论禹之鼎为王士禛绘制多幅肖像的原因》《仇英〈职贡图〉卷流传考略》等论文,还编著《翰墨华光——故宫博物院藏现代名家绘画》等多种图录。讲座从

6月9～11日，第四届无锡市"群芳奖"合唱决赛现场 （朱雯君 供稿）

《石渠宝笈》的编纂、《石渠宝笈》著录书画的源流、故宫博物院藏《石渠宝笈》著录书画精品赏析等方面，带领听众一起走入宫廷收藏的天地一隅，探求经典书画所带给人们的至美享受。近年来，无锡市博物馆协会联合各协会单位，强化品牌效应，每月举办"锡博讲坛"。2018年，先后邀请专家就"祝允明与陈淳、王宠的师承""新中国美术奠基人徐悲鸿""隋炀帝墓的发掘与研究"等主题开设讲座，传授专业知识，让文博知识活起来，促进文博知识的普及推广。

（孙必勇）

群众文化

【**概况**】 2018年，无锡市建成基层综合性文化服务中心471个，进一步提升基层群众对公共文化服务的满意度和获得感。"文化无锡"云平台一期正式上线试运行，推动文化供给与文化需求精准对接。政府向社会力量购买公共文化服务项目，共收到申报项目137项，16个大类77个项目列入购买名单，购买资金总额达830万元，充分激发社会力量举办公共文化的活力和热情。群众特色文化团队小额资助在扶持500支团队的总量上，着力培育提升四星、五星级团队共300支，开展各类辅导培训与讲座累计近500课时。举办第二十届中国上海国际艺术节无锡分会场活动，全方位推出近120场各类文化活动。品牌文化活动供给增加，质量提升，影响力扩大，群众参与度攀升。第四届"群芳奖"评比活动共收到各类作品和项目446个，较上一届增长10%，7个项目获第十三届省"五星工程奖"。"激情周末"广场文艺展演演出259场，面向社会招募60支群众文艺团队，创下群众参与度新高。全民艺术普及开设163个班级，免费招收3000余名学员。

（朱雯君）

【**第四届无锡市"群芳奖"**】 6月9～11日，第四届无锡市"群芳奖"音乐类复赛和舞台类决赛分别在无锡大剧院、无锡市少年宫和无锡市工人文化宫举行。两场比赛分音乐、舞蹈、小戏、小品、曲艺、广场舞、合唱等9个专场分别呈现，为锡城百姓上演一场场文化"盛宴"。

（朱雯君）

【**惠城社区农家书屋获评全国示范农家书屋**】 1月16日，国家新闻出版广电总局公布全国示范农家书屋名单，惠山区长安街道惠城社区农家书屋榜上有名，这是无锡唯一一家上榜的农家书屋。惠城社区农家书屋总面积350平方米，其中，图书借阅区80平方米，配备桌椅9套48座，拥有藏书1万余册，并架设信息资源共享工程。书屋建立以来，平均每月流通量达1800多册。

（朱雯君）

【**江南谜史研讨会**】 9月1日，由无锡市文联、市民间文艺家协会主办，江苏凤凰文艺出版社出版的《无锡谜韵》新书首发式暨"江南谜史研讨会"在广电百草园书店举行。全市文化界代表、媒体代表和20多位苏浙沪的谜史研究专家，以及无锡民间文艺家协会灯谜专业委员会（灯谜学会）的会员出席首发式和研讨会。苏浙沪的谜史研究专家就江南谜史的挖掘与整理展开研讨，大家一致认为，《无锡谜韵》史料翔实，谜脉清晰，谜例生动，笺注精确，插图丰富，排版精美，是谜书中的佳品，为其他地方的谜史研究特别是成果展示提供样板。

（孙必勇）

【**迎新年陶笛音乐会**】 1月20日，无锡市民族管弦乐学会举办"文艺进万家"——笛乐迎新年陶笛音乐会。音乐会上，由民族管弦乐学会新成立的陶笛专业学会担纲主演，演奏《马踏飞燕》《卡门》《布谷鸟》等耳熟能详的曲目，展示陶笛艺术的魅力。全市中小学校的青少年表演精彩的曲目，市特殊教育学校惠喑陶笛社的听障儿童表演的《雪绒花》，让现场观众为之动容。近年来，陶笛以其清新、自然的魅力受到人们的喜爱，具有较为广泛的群众基础。

（孙必勇）

【**"五一"雀鸟文化节上演**】 5月1日，"五一"雀鸟文化节在无锡市坊前朝阳寺广场上演，1000余人观看比赛。2018年雀鸟大赛，延续往年雀鸟比赛的项目和内容，参加人数从华东地区扩展到全国，国内主要城市的养鸟、爱鸟人士，集聚在这里交流、比赛，成为节日期间的一次雀鸟盛会。活动现场，雀鸟欢腾，精彩的画眉鸣叫、画眉打斗、绣眼鸣唱等项目，受到雀鸟爱好者和市民的欢迎。

（孙必勇）

【**云林街道民俗文化活动周**】 5月18日，锡山区云林街道民俗文化活动周拉开帷幕，无锡市民间艺术"非遗"项目展示展演，成为这次民俗文化活动周的亮点之一。无锡市民间文艺家协会组织惠山泥人、锡绣、竹刻、微雕、蛋雕、剪纸、面塑等10余个项目,勾起人们对往年生活的美好回忆,吸引众多市民观看。

(孙必勇)

文学艺术

【概况】 2018年,无锡市文艺精品创作佳作不断。民族歌剧《二泉》入选国家艺术基金大型舞台剧和作品创作资助项目,并摘得“2018紫金文化艺术节优秀剧目奖”;舞剧《吴祖光——梦别新凤霞》入选2018年度国家艺术基金传播交流推广资助项目;舞剧《英雄·玛纳斯》获2018年第五届丝绸之路国际艺术节“丝路文化贡献奖”;1人入选2018年度文旅部“名家传戏——当代戏曲名家收徒传艺”工程;“一带一路”主题舞剧《南国红豆》入选全国优秀现实题材舞台艺术作品展演;锡剧小戏《今又中秋》《扁头不在家》入选2018年全国基层院团戏曲会演;锡剧《双推磨》选段“推磨”献演2019年新年戏曲晚会,锡剧《锡商》《花中君子陈三两》入选江苏艺术基金项目;1人获第八届“江苏戏剧奖·红梅奖”大赛银奖。首届无锡市“优秀剧本孵化计划”圆满收官,结集出版《无锡优秀新剧本选编》。举办首届无锡市文华奖“优秀美术书法作品展”、“美丽无锡·庆祝改革开放40周年美术书法作品展”巡展。

(朱雯君)

【无锡市篆学研究会成立】 8月24日,无锡市篆学研究会在信利博物馆召开成立大会。会上,与会会员表决通过研究会章程,选举产生第一届理事会和负责人,鹿守璋当选为第一届理事会会长。无锡市篆学研究会依托五湖印社,团结全市一批热爱书法篆刻研究和创作的人才,开展篆刻创作和交流活动,举办多次公益性的交流和展览活动。篆学研究会以印章研究为媒介,通过紫砂、金石、篆学创作与研究,带动和培养当地篆学人才,并邀请国内艺术家到无锡举办公益讲座,进一步推广篆学艺术,传播传统文化。

(孙必勇)

2018年,舞剧《南国红豆》在柬埔寨巡演 (朱雯君 供稿)

文学

【文学创作取得成果】 2018年,无锡市文学精品创作硕果累累,全年创作超过10万字,在省级以上专业期刊发表超过5万字。长篇小说《最后一个是合十》在《小说月报》发表,短篇小说《乐斋纪事》首次发表于《天津文学》,后被《小说月报》转载。散文《绝情之后的悲调》在《散文》发表,另有组诗发表于《青年文学》《飞天》等期刊,转载于《诗选刊》等选刊。

(朱雯君)

【第二届无锡市朗读朗诵大赛】 第二届无锡市朗读朗诵大赛由市委宣传部、市史志办、市阅读办、市文联、市广电集团主办,市朗诵学会、市作家协会等单位承办。10月28日,“红豆万花城杯”第二届无锡市朗读朗诵大赛首场初赛上演,吸引上至50岁、下至3岁的选手们参与。此次比赛形式多样,文本体裁不限,面向所有喜爱朗诵的人群,鼓励选手自带原创作品和方言诵读,用最贴近普通大众的诵读方式,重温文化经典。

(孙必勇)

【太湖文学奖获奖作者创作座谈会】 12月13日,太湖文学奖获奖作者创作座谈会在无锡举行,市文联、市作家协会、市评论家协会等领导参加座谈会。座谈会上,太湖文学奖获得者王小凤、高仲泰、周德彬、王学芯等和大家分享各自的创作历程。市作家协会主席黑陶,副主席徐风、马汉、庄若江等分别发言,对太湖文学奖新人新作进行回顾和总结,对王小凤等一批文学人才给予高度评价。太湖文学奖的设立,有助于全市文学事业繁荣发展,为更广大的作家、文学爱好者提供学习和展示的平台。

(孙必勇)

影剧

【首届影视文化旅游节】 10月1日,“影动无锡”首届影视文化旅游节在无锡影都时尚街开幕。开幕式上,发布无锡旅游形象歌曲《无锡》,这首歌曲是著名音乐人、江南大学人文学院2012届校友肖斯塔携“异乡人”团队共同创作的关于无锡的故事。此次影视文化旅游节举办水浒好汉聚义节、星耀影都·无锡彩虹太湖音乐节、《神奇马戏团》主题展、电影工业深度游、民国风快闪及行为艺术、创意市集、影视文化旅游文创产品设计展以及电影魔幻化妆派对。

(朱雯君)

【电影票房收入突破6亿元】 2018年,无锡新增电影院8家,影院总数达103家,银幕总数达677块。全年电影票房收入6.26亿元,比上年增长2.8%,位列全省第三位。无锡全年观影人数达2086万人次,比上年增长8.6%,相当于每个无锡人年均观影3次以上。

（朱雯君）

【首届影视文化旅游节】 2018年，无锡国家数字电影产业园重点项目取得成果。根据猫眼专业版APP提供的数据，《西游记之女儿国》票房收入达7.27亿元，《捉妖记2》票房收入达22.37亿元，《邪不压正》票房收入达5.83亿元，《猛虫过江》票房收入达2.03亿元，《神奇马戏团之动物饼干》票房收入达6522万元。电影产业园全年拍摄的电视剧有《誓言》《台湾往事》《脱身》《猎毒人》《延禧攻略》《天衣无缝》等。全年影视剧立项112部，承接影视剧拍摄制作155部。园区共接待入园拍摄剧组约50个，包括大型综艺节目《幻乐之城》、著名网游改编电影《征途》、根据英雄机长事迹改编的电影《中国机长》、热门电视剧《知否知否应是绿肥红瘦》等。

（朱雯君）

【市戏剧家协会赴宜兴演出】 2月3日，由无锡市文联主办、市戏剧家协会承办的“文艺进万家——走进陶都”活动，在宜兴市上演。无锡市戏剧家协会青年分会的新生代演员，为敬老院的老人上演一场高质量的文艺演出。活动现场，锡剧表演艺术家小王彬彬和过之红等演员，表演脍炙人口的《拔兰花》《珍珠塔》《双推磨》《后园会》等锡剧名段。

（孙必勇）

【竺慧丽获中国曲艺牡丹奖表演提名奖】 6月12～14日，由中国文联、中国曲艺家协会主办的第十届中国曲艺牡丹奖全国曲艺大赛余杭赛区在浙江余杭举行。由无锡市曲艺家协会推荐、江苏省曲艺家协会报送，无锡市滑稽剧团竺慧丽表演的上海说唱《两支眉笔》，经过同场竞赛、专家评选，竺慧丽获得第十届中国曲艺牡丹奖表演提名奖，王伟坪主演的无锡评曲《一件小背心》获得第十届中国曲艺牡丹奖表演入围奖。

（孙必勇）

音乐·舞蹈

【概况】 2018年，无锡市以红豆集团西港特区创业故事为题材的大型原创舞剧《南国红豆》首演，并参加全国优秀现实题材舞台艺术作品展演。舞剧《吴祖光梦别新凤霞》入围2018年度国家艺术基金项目，舞剧《英雄·玛纳斯》获文化部颁发的2018年第五届丝绸之路国际艺术节“丝路文化贡献奖”，大型现代锡剧《蘩漪》入选上海国际艺术节。首届无锡市“优秀剧本孵化计划”收官，历时两年共收到各类剧本作品58部，所征集的多部作品在国内核心剧本期刊发表。锡剧《珍珠塔》“前园会”入选2018年新年戏曲晚会。3月11～12日，由江苏省文化厅、无锡市政府共同打造的民族歌剧《二泉》在清华大学唱响。作为江苏省唯一一部入选“全国优秀民族歌剧展演”剧目及“中国民族歌剧传承发展工程”重点扶持剧目，《二泉》入选2018年度国家艺术基金大型舞台剧和作品创作资助项目，参加由江苏省文化厅、保利文化集团共同推出的“江苏20台优秀现代戏大运河沿岸巡演”。

（朱雯君）

【全国二胡展演活动】 8月26日，由中国音乐家协会、中共江苏省委宣传部、江苏省文学艺术界联合会主办，中国音乐家协会二胡学会、江苏省音乐家协会、无锡市梁溪区人民政府共同承办的2018中国音乐“小金钟”全国二胡展演暨阿炳民乐季在无锡市梁溪区拉开帷幕，全国的177名选手进行15场精彩的展演。此次展演共评选出“小金钟”二胡新星18人、新秀25人、新人31人。民乐季推出“阿炳故乡行”文旅体验路线，让游客得以深度体验“江南水弄堂、运河绝版地”的人文魅力。

（朱雯君）

【两岸少儿合唱团共唱《同一首歌》】 6月2日，由无锡市台办、市教育局、市文联主办的“百灵之声”无锡—台湾少儿合唱专场音乐会在无锡市新落成的少年宫青少年音乐厅举行，共邀请台湾台东县儿童合唱团、新北市北新小学合唱团与无锡市少年宫合唱团、连元童声合唱团4个团队同台演出。参加这次演出的台湾32名学生，是从台东县87所小学中的7所小学选拔出来的，都是学习优异、有音乐天赋的孩子，透过这个交流平台，可以让孩子们开阔视野。两岸少儿最后一起合唱《同一首歌》，在无锡的台商、台胞、台属和锡城市民共同观看音乐会。

（孙必勇）

【省青少年音乐“小茉莉花奖”二胡大赛】 7月15日，2018江苏省青少年音乐“小茉莉花奖”二胡大赛颁奖音乐会在梅村二胡园举行。此次活动由江苏省音乐家协会、无锡市文联、无锡市音乐家协会、无锡市新吴区人民政府主办，新吴区梅村街道工作委员会承办，全省各地的“小茉莉花奖”二胡比赛获奖选手及家长、新吴区各街道文艺爱好者、梅村地区业余民乐团成员以及梅村街道等400余名观众观看演出。2018江苏省青少年音乐“小茉莉花奖”二胡大赛分儿童组、少年A组、少年B组3组参赛，经过两天的激烈角逐，3个组别最终决出金奖7名、银奖8名、铜奖15名，并评出优秀指导老师奖、优秀组织奖若干名。

（孙必勇）

美术·书法·摄影

【全国连环画征稿大赛获奖作品全国巡展】 1月15日，由人民美术出版社、连环画出版社主办的“东升杯”全国连环画征稿大赛获奖作品暨特约名家书画全国巡展，在宜兴市美术馆拉开帷幕。此次展览展出《绿牡丹》《中国共产党第一次全国代表大会》等170余件获奖作品，还展出连环画大赛评委等特约名家创作的40余幅国画、油画等作品。

（朱雯君）

【无锡首届太湖情缘诗书画展】 8月18日，由无锡市美术家协会、无锡市书法家协会主办，无锡市新梁溪书画研究院、无锡市淳源节能环保公司承办，无锡市图书馆、无锡市诗词协会、无锡市富氏画社协办的无锡首届太湖情缘诗书画展开幕式在无锡图书馆举办。此次展览共展出书画作品150幅，其中包括由市诗词协会的诗人们创作的诗词35首。无锡书画家们用作品大力书写无锡的治水成果，宣传“人人治水，科学治水”的理念，描摹无锡的青山绿水，讴歌无锡的美丽、繁荣。

（朱雯君）

【中国无锡首届全国大学生旅游写生节】 11月28日，“水墨·江南”2018

中国无锡首届全国大学生旅游写生节闭幕式在惠山区阳山镇政府举行。写生节活动历时8个月，北京、河南、山东、山西、湖北、福建、江苏、上海等地80余所艺术院校的学生，在无锡各地采风写生6万多人次，创作2万多幅作品，最后评选出入围作品680幅，242幅作品获奖，其中，一等奖2幅，二等奖10幅，三等奖30幅，入选奖200幅。获奖作品均被企业家认购，所得善款10万余元全部捐献给惠山区红十字会，作为阳山红十字会的专项基金。

（朱雯君）

【首届无锡书法奖作品展】 1月3日，首届无锡书法奖作品展在市博物院开幕，展览共展出奖项入展作品70件，其中，书法奖作品10件，提名奖作品8件。“无锡书法奖”是由无锡市文联、无锡市书法家协会设立的专业性奖项，与江苏省书法奖相衔接，两年一次，2018年为首届无锡书法奖。书法奖的设立，是为了构筑优秀作品展示平台，打造书法人才高峰，推动无锡市书法事业不断向前发展，成为书法艺术家施展才华的重要平台。

（孙必勇）

【市美术家协会写生三十年特展】 2月10日，“在路上——无锡市美术家协会写生三十年特展”在无锡文化馆开幕。此次展览共展出写生作品80件，这些作品是市美术家协会1987年以来，会员们足迹遍布祖国大好河山，坚持采风写生创作，到大自然去，到人民群众中去，认真扎实开展写生创作，风风雨雨30年中间从未间断的成绩缩影，是一个展示无锡市美术家协会写生面貌的窗口及平台。30年来，无锡美术生态发生大变化，无锡美术界在历届全国美展上取得卓越的成果，打破无锡油画在全国美展上零纪录的唐满生、冉海泉就是常年坚持直面自然的写生高手。30年中，写生队伍不断壮大，有更多的年轻画家加入到无锡市美术家协会中来。

（孙必勇）

【赵以人画展亮相无锡博物院】 5月16～24日，由江苏省美术家协会、南京艺术学院、无锡市文联主办的赵以人画展在无锡博物院举办，省、市书画家和书画爱好者500多人参观展览。《画斋桃老当梅尝》《得兰图》《歌起湖上唱红菱》《丛林夜鸮声》等展览作品，涵盖赵以人不同时期的创作，见证他的艺术走向成熟。中国美术馆馆长、中国美术家协会副主席吴为山评价赵以人的画：“从寂苦中绽放的心花，具有冷艳的美，脱尽浮华与伪饰，是真情真意的生命体现，这是以人非同寻常的笔墨艺术给我的真正感受”。开幕式上，还为观众免费发放由人民美术出版社出版的《赵以人画集》。

（孙必勇）

【无锡市首届书坛新人新作展】 7月15日，由无锡市书法家协会主办的“无锡市首届书坛新人新作展”在无锡程及美术馆揭幕，无锡书法界代表，此次展览获奖、入展作品作者等100余人参加开幕式。此次展览面向全市书法创作者和爱好者征稿，非市书法家协会会员均可参加，成为检验无锡书法群众基础和后备人才的一次重要活动。展览共收到作品312件，经严格、规范评审，共选出获奖提名、入展作品58件。最终，出自浦黎明、郭会军、吴裕、曹家莹之手的4件作品脱颖而出，被评为获奖作品。

（孙必勇）

【王亚林王小宇作品展】 9月28日，由无锡市文联、《人民周刊》杂志社等联合主办的“一带一路·大梵敦煌”——王亚林王小宇书画艺术作品展在无锡市文化馆西水艺术中心展出。两位作者将近年来精心准备的100多幅“敦煌艺术”主题书画作品、岩彩画、古法泥板原壁临摹复制、敦煌莫高天然矿物原石颜料等与观众见面。开幕式上，举办王亚林王小宇书画座谈会和分享会，有30多位专家学者和200多位书画爱好者参加，对两位敦煌艺术家的作品给予高度好评，进一步推动无锡与敦煌文化的深层次交流。

（孙必勇）

【“全景看无锡”大型摄影图片展】 为庆祝改革开放40周年，10月16日，由无锡市委宣传部、江苏省摄影家协会、无锡市文广新局、无锡市文联主办的“全景看无锡”大型摄影图片展在无锡博物院开幕，省、市有关领导和300多名获奖作者代表、摄影爱好者以及市民参加活动。摄影展共收到省内外的2500多幅照片，经过评委会认真评选，40幅照片被评为优秀作品奖，80幅被评为入选作品。作品思想性强，内容丰富，题材多样，具有较强的艺术感染力。全方位、多角度展现改革开放40年来无锡的城市发展和时代记忆，拍摄者们采用地面拍摄和航拍等多种方式，以别具一格的视角映射新时代的无锡山水之美、人文之美、建设之美。摄影图片展在市博物院展出后移至无锡市部分文化场馆和乡镇、街道巡展。

（孙必勇）

全民阅读

【概况】 2018年，无锡市图书馆新增文献10.7万种23万册(含电子图书5万种5万册、电子期刊7560种6.9万册)；新增借阅证3.1万张，全年接待读者208万人次；流通图书360万册次；举办各类读者活动460余场，吸引88万人次参加。举办“梁溪大讲堂·东林文化讲坛”16场，举办“美丽无锡·庆祝改革开放40周年”美术书法作品展、“片语世界”无锡市首届明信片漂流交流展等主题展览79场(包括巡展48场)，吸引近30万名市民参观。全年开展未成年人心理健康系列活动70余次，受众人数52万人。关怀特殊群体的文化生活，举办“心聆感影”无障碍电影欣赏、“阅读经典，品味人生”视障读者读书会等爱心助盲活动33次。

（朱雯君）

【第二十二届“书香江阴”读书节】 4月18日，第二十二届“书香江阴”读书节开幕。读书节以“喝彩新时代——致敬改革开放40周年”为主题，举办包括阅读知识现场大赛、全民诗歌朗诵大赛、儿童绘本剧大赛、少儿故事创作演讲比赛等在内的57项市级主题活动、98项各镇(街道)和民间阅读组织主题活动。结合热点新设“童心里的诗篇”少儿诗会活动、“厉害了，我的国”——纪念改革开放40周年读书征文比赛、第二十二届“书香江阴”读书节主题海报设计大赛等10项主题活动。

（朱雯君）

4月22日，无锡市第十一届太湖读书月系列活动启动式举行

（朱雯君 供稿）

【少儿流动图书馆开启阅读推广计划】 5月8日，2018年少儿流动图书馆“七色花”阅读推广计划正式启动，市图书馆少儿图书流动车到南丰小学，100余名学生纷纷登上流动车开展阅读体验。同时，青年馆员为50余名师生开设“爱和勇气可以战胜一切——《柠檬的滋味》导读”阅读指导讲座。“七色花”阅读推广计划为期半年，先后举办科学星探嘉年华、“阅读点亮梦想，书香伴我成长”阅读小报制作比赛、“走近奇妙的植物世界”科普体验、“一颗童心看世界——儿童自我认知与欣赏”阅读指导讲座、“做情绪的小主人”心理健康团体辅导等内容丰富、形式多样的公益活动。

（朱雯君）

文物保护

【概况】 2018年，无锡市文物工作在夯实基础上创新拓展，在全面推进中重点提升，取得长足进步。市政府印发《无锡市文物保护工作三年行动计划（2018～2020）》，市财政设立专项资金，出台《无锡市文物保护修复专项资金使用管理办法》，全面启动为期3年的文物保护工程。年内，龙光塔等67处文物保护单位启动修缮，荡口华氏襄义庄修缮获省文物保护修缮类别“优秀工程”。完成考古调查勘探项目15项、发掘项目5个，发掘面积突破3000平方米，考古工作数量质量在全省名列前茅。完成全市文物保护单位的保护范围和建设控制地带“两线”划定，由市政府公布执行。文物“四有”全面提升，投入500万元专项资金，完成第五批市级文物保护单位、第三批文物遗迹控制保护单位共109处文物保护点标志牌、说明牌增设和文物保护建筑测绘等工作，全市465处文物保护单位文物档案数字化系统建设并上线运行。升级市文物安全行政执法监控平台，有效落实文物安全日常巡查工作，文物安全工作得到全国督查组的充分肯定和高度评价。

推进惠山古镇申遗和“两大遗址公园”建设，完成惠山古镇申遗工作领导小组、申遗主体、建设主体和责任主体调整。鸿山遗址本体保护及展示二期工程全面启动，阖闾城遗址龙山石城墙考古发掘项目、龙山石城墙本体保护与展示一期工程全面实施。配合做好大运河文化带建设规划制订，完成《大运河文化带无锡段遗产保护利用基础研究课题大纲》。7月11日，江苏省人民政府公布第四批江苏省珍贵古籍名录，此次收录的414部古籍中，由无锡市图书馆申报的78部古籍成功上榜。至此，无锡市图书馆共有273部古籍入选《江苏省珍贵古籍名录》，109部古籍入选《国家珍贵古籍名录》，在全国地市级公共图书馆中名列前茅。

（朱雯君）

非物质文化遗产保护

【概况】 至2018年年底，无锡共有国家级“非遗”项目11项，省级“非遗”项目51项，市级“非遗”项目133项；国家级“非遗”传承人10人，省级“非遗”传承人23人，市级“非遗”传承人260人；国家级“非遗”传承示范基地1个，省级“非遗”研究基地2个，省级“非遗”传承示范基地2个，省级“非遗”生产性保护示范基地3个，市级“非遗”传承示范基地12个，市级“非遗”生产性保护示范基地8个，形成非物质文化遗产传承保护的基本梯队。年内，王建伟、周桂珍、李守才、刘柏生4人入选国家“非遗”传承人。建好“非遗”展示平台，组织“文化和自然遗产日”系列活动，开展五大板块40余项“非遗”展演活动，参与市民达20多万人。“非遗”公益培训班走进无锡商业职业技术学院等多所学校，并组织“非遗”传承人赴香港、台湾等地宣传展示。完成玉祁双套酿造技艺、锡帮菜制作技艺、无锡纸马、玉祁龙舞等“非遗”项目和部分国家级“非遗”传承人数字化保护采录工作。开展《无锡市非物质文化遗产保护条例》立法前期调研工作。

（朱雯君）

对外文化交流

【概况】 2018年，无锡市歌舞剧院舞剧《绣娘》和现代剧《聊斋·竹青》在英国、荷兰商演大获成功。与新疆阿合奇县歌舞团联合创作的《英雄·玛纳斯》，作为第五届丝绸之路国际艺术节闭幕式演出剧目，收获良好社会反响。歌剧《二泉》作为“中国优秀歌剧巡演”活动参演剧目，在清华大学上演并得到高度评价。建成无锡旅游海外（俄

无锡博物院举办2018年新春特别活动　（朱雯君 供稿）

罗斯）推广中心，这是自美国、加拿大、日本、韩国、澳洲、泰国之后无锡市建成的第八个海外推广中心。在持续扩大《香港商报》《新华日报》《旅行家》《远方的家》《旅游情报》等平媒宣传效应的基础上，先后组团参加高雄国际旅展、澳门国际旅博会、上海世界旅博会、南京国际度假休闲及房车展、西安丝绸博览会、海峡两岸台北夏季旅展、宁波国际旅展、广州旅博会等重要旅游交易展会，专程赴韩国金海市、中国港澳台及湖北、重庆、辽宁、吉林、青海、广西等地开展营销推广。

（朱雯君）

【无锡成为国家首批文化出口基地】 6月14日，国家文化出口基地工作推进会在杭州举行。会上，对13个国家首批文化出口基地进行授牌，无锡凭借集聚度高、增长迅速的文化产业，尤其是影视文化产业及贸易的显著优势，成为全省唯一一个入选基地。国家文化出口基地由商务部、中宣部、文化和旅游部以及国家广播电视总局4个部门联合认定，此次入选有助于无锡在更高层次上参与国际文化合作和竞争，打响“无锡文化”国际品牌。

（朱雯君）

【日本多摩美术大学铜版木版画三人展】 11月2日，由无锡市文化馆主办，日本桥本集团（株）、江苏桥本数码科技有限公司协办的“版画——日本多摩美术大学铜版木版画三人展”在无锡市文化馆西水当代艺术中心开幕。日本相模原市中日友好协会会长、相鉴舍社长桥本钦至，日本多摩美术大学教授渡边达正、海老塚耕一和无锡市文广新局、市外办、市保密局、市美术馆、市文化馆、市摄影家协会的领导和嘉宾出席开幕式。

（朱雯君）

文化市场管理

【概况】 2018年，无锡市以深化推进文化市场综合执法改革、行政审批“放管服”改革为重点，持续推进文化市场行业转型升级。完成在市场监管信息平台推送的1500多条企业信息的甄别以及20个新设立企业行业许可证录入和动态管理工作。全年共办理行政审批服务事项365件，承诺件的承诺办结时限在法定时间内保持提速60%以上，按时办结率100％。坚持把常态化的市场监管放在突出位置，共出动执法人员5800余人次，检查经营单位1400余家，共办理行政案件59件、行政警告80件，行政案件比上年增长70%，办案总量比上年增长250%。无锡市文化市场综合执法支队选送案例获评国家文物局“2017年度文物行政执法指导性案例”。开展印刷企业年度报告公示工作，整改近700家，注销300余家。完成年度报刊核验工作，核验备案9家报纸和23种期刊，年检记者证330余本。有效开展境外电视传播秩序专项整治行动，共实地检查使用单位16家，纠治各类问题100多条。

（朱雯君）

【文化市场岗位练兵技能竞赛】 6月29日，无锡市文化市场岗位练兵技能竞赛现场知识竞答在市文化馆举行，全市6家文化市场综合执法支队参加角逐。最终，市文化市场综合执法支队魏睿获得个人一等奖，市支队滨湖大队获得团体一等奖。

（朱雯君）

编辑　顾洪兴

报纸

无锡日报报业集团

【主题宣传】 2018年,无锡日报报业集团(以下简称“报业集团”)各媒体加强主动策划,做到“市委有所呼、媒体有所应”“市委有所思、媒体有所行”,为无锡经济社会发展大局提供坚强舆论支持。策划推出《新时代新作为新篇章》专栏,生动阐述无锡深入学习贯彻习近平新时代中国特色社会主义思想和中共十九大精神情况,建设“强富美高”新无锡的生动实践,刊发重点稿件100余篇。推出的“跨越新高度 开创新格局”5篇系列融媒体报道,探寻无锡通过产业强市推动经济突破提升的前行之路。其中,首篇《转型“蝶变”中的高质量追求》在省“两会”期间被《新华日报》全文刊发,得到各界高度好评。

(报业集团)

【媒体融合发展】 2018年,报业集团按照“移动优先”的原则,通过内部资源的共享融通、合纵连横、垂直试点,构建新的传播生态。积极向外融合,努力打通传播最后一千米。年内,报业集团将原《无锡日报》的“无锡观察”APP采编部,与国家一类新闻网站——无锡新传媒网打通融合,将集团技术处等资源注入,组建“无锡观察”融媒中心,肩负起牵引集团媒体融合改革的重任。集团整合分散在各媒体的教育采编运营力量、视觉摄影力量,先后组建集团垂直类融媒中心——教育融媒中心和视觉融媒中心。集团先后成立江阴分社、宜兴分社以及六大板块区级融媒体中心,强化对各板块的联系服务,通过采编力量下沉、融媒体技术应用,打通采访前端一千米、传播最后一千米。“无锡观察”APP拓展项目获得江苏省报业协会2018年度新媒体创新项目奖。在中国报业协会成立30周年纪念大会上,集团凭借在媒体融合发展中的有益探索与实践,获得“中国报业融合发展创新奖”。

(报业集团)

【经营创新运行平稳】 2018年,报业集团为推动无锡文化产业发展,策划举办首届无锡文化企业系列评选活动,评选出的“无锡文化融合发展十强企业”“无锡文化创新创业十大青年人物”“最受欢迎的无锡十大文创产品”在无锡文博会开幕式上揭晓,市领导为获奖者颁奖,为打响无锡文化品牌提供强有力支撑。8月,报业集团联合江苏红豆集团等举办首届“太湖·西湖”企业家论坛,苏浙两地300多位企业家汇聚无锡探讨改革发展。集团利用先前获得的央行核发的“非金融机构第三方预付卡业务许可证”,拓展“互联网+传媒+”领域,将其嵌入用户日常生活场景,寻求新的运营模式。11月,在中国报业发展四十年峰会上,无锡日报传媒公司获得“中国报业经营管理先进单位”称号。

(报业集团)

无锡日报

【概况】 2018年,《无锡日报》聚焦市委中心工作,站稳宣传舆论主阵地,在优化内容供给、打造品质党报上求深化,在推进媒体融合、加快多元传播上求突破,在凝聚规模用户、实现价值变现上求转型,在追求技术引领、探索流程再造上求创新,舆论引导力和科学发展力得到“双提升”,向着“新型主流”目标迈出坚定步伐。《无锡日报》在2018年度好新闻评奖中,1篇作品获中国新闻奖,1篇作品获江苏新闻奖,6篇新闻作品获无锡新闻奖。年内,《无锡日报》在重大主题策划创新和系列报道方面取得显著成绩。

(无锡日报社)

【“当好高质量发展领跑者”重点报道】 无锡地区生产总值跨越万亿元大关后,2018年,《无锡日报》推出“跨越新高度 开创新格局”系列融媒体特别报道,重点围绕无锡地区生产总值超万亿元的实现路径、深远意义和辩证思考展开,解读无锡推动高质量发展的强劲脉动。其中,首篇述评《转型“蝶变”中的高质量追求》在省“两会”期间被《新华日报》全文刊发,得到市委主要领导和宣传部领导的充分肯定。推出解放思想大讨论系列8篇评论,开设《深入推动思想大解放 当好高质量发展领跑者》专栏,专访全市七大板块主要负责人,推出3篇《探寻当好高质量发展领跑者新动能调查报告》,为无锡发展呈现出与新时代要求相适应的良好质态“鼓与呼”。在无锡实施“产业强市”战略三周年之际,《无锡日报》推出“起势之后再发力,当好高质量发展领跑者”系列报道,从产业振兴、区域发展、城市治理等多角度展示无锡推进产业强市的巨大成效。

(无锡日报社)

【“改革开放四十周年”特别报道】 5月起至年末,《无锡日报》全面启动纪念改革开放四十周年报道,开设“跨越四十年 改革再出发”特别报道、“融媒体新闻行动40年40企”特别报道、“社区生活纪录”“见证”等专版专栏。12月11～18日,策划推出“致敬四十年 领跑新时代”——报业集团融媒体中心走进八大板块专版,以30个版面的

9月13日，"改革开放四十周年·看今'锡'"——网络大V无锡行活动

（市网信办　供稿）

容量，全景展现无锡奔腾澎湃的改革开放实践，生动描绘全市人民革故鼎新的精神风貌，用心讲好推动高质量发展的"无锡故事"。

（无锡日报社）

【采编流程再造】 2018年，《无锡日报》以打造"新型主流媒体"为目标，加快推进媒体融合，通过全面推行频道制，推进采编流程再造，力促采编力量向移动化、社群化方向转移。推进所有采编部门与"无锡观察"融合，在"无锡观察"上开设"说点政事""产经情报局""观山路""晒事体""刻度""针眼""世界观"等各具特色的频道，每天自行制作和推送新闻，多数新闻报道都由各部门自行制作和推送，开始摆脱传统的与读者"一张纸"上的联系，转向手机移动端及时反馈和及时感知的新型关系。

（无锡日报社）

【重大活动融合报道】 2018年无锡"物博会"期间，《无锡日报》派出30多名文字、摄影记者，分赴"物博会"峰会、各分论坛现场，及时准确充分地进行全方位、多角度的融合报道，每天推出特别报道专版，立体展示世界物联网的"无锡时间"，为国内外媒体的"二次传播"提供第一手资料。8月无锡"才交会"期间，《无锡日报》在一版先后推出《产才融合，无锡高质量发展"加速跑"》等3篇会前综述报道；会中，紧扣省委常委、市委书记李小敏在主题峰会上的致辞，及时配发评论员文章，以融媒体访谈等形式采访参会的国内外科技界精英，将他们的精彩观点通过与读者分享，烘托出"营造人才'强磁场'，聚拢天下之英才"的良好氛围。11月首届江南文脉论坛报道，《无锡日报》组成强大报道团队，报道一场主论坛、9场分论坛和一个圆桌会议的内容，推出12个版面的特刊，详尽阐释江南文脉与吴越文化、工商文化、锡韵江南之间的内在联系；通过生动的文字描述、精美配图和版式设计，营造一场江南文化盛宴，为江南文脉论坛永久落户无锡提供扎实充分的依据。

（无锡日报社）

【回应民生诉求】 2018年，《无锡日报》通过设置热点议题，回应民生诉求，通过线上线下互动等方式，抢夺舆论生成主战场，努力成为社会舆论的风向标和引领者。全市河长大会、卫生与健康大会、城市精细化管理工作会议、教育工作大会之后，《无锡日报》适时推出《打造优美环境 共享美好生活》等近10个专栏，推出《没有名医支撑，建多少大楼都难称"饱满"》等3篇系列调查报告，全年发稿100余篇，在社会上引起巨大共鸣和反响。别墅区违法建设、住宅加装电梯政策解读等相关报道，通过报端融合及时回应群众诉求，推动一系列民生问题的解决。融媒体调查报道《南禅寺人行天桥，到底"卡"在哪里？》由于触及民生痛点，第一篇刊发即引爆锡城舆论，并被人民网、今日头条等全国性媒体转发，采编人员以网友的留言作为素材，又继续进行再次创作。

（无锡日报社）

【报纸品质提升】 2018年，《无锡日报》坚持用思想立报，进一步加强理论评论和深度报道。以"锡报系列"为主的龙头工程和重大活动报道，采用"评论+"报道模式，增设理论评论版，构建党委政府与群众之间的沟通渠道，推动社会各方形成及时互动的建设性关系，确保民众的理性诉求及时传递、公共政策的制定更为透明公正，达成社会融合和共识。坚持用文化立报，用文化涵养报纸，在整体风格上体现雅致和深度。《无锡日报》以《太湖周刊》为依托，自8月起推出"文化客厅"品牌栏目，为提升无锡城市文化标识度贡献思想力量。8月中旬，策划首届无锡文化企业系列评选，100多家文化企业、创新创业青年人物和近200件文创产品参与评比。9月，在"无锡观察"、《无锡日报》官方微信号上发起网络评选，吸引120万人次参与，丰富市民的精神和文化生活，提升《无锡日报》在公共文化领域的影响力。

（无锡日报社）

【价值运营力提高】 经过5个月策划准备，8月19日，首届"两湖论坛"在无锡成功举办，"太湖·西湖"企业家联盟宣布成立并发布宣言。一系列为架设连接政府、企业和媒体"桥梁"而精心安排的活动，吸引苏浙两地企业家、金融机构代表300多人与会，引起全国以及区域主流媒体的关注，澎湃新闻、人民网、上海观察、交汇点、中国经济网、央视网、新华网等数十家主流媒体均作翔实报道。7月1日，物联网雪浪大会在无锡召开，《无锡日报》用"媒体大脑"推动企业转型发展，主动承办雪浪大会压轴论坛——"智能制造时代财富新机遇"论坛，邀请浙商发展研究院副院长郑明治等专家进行主题演讲，共有苏浙地区企业家300多人出席，受到各方好评。

（无锡日报社）

江南晚报

【舆论引导力提升】 6月,《江南晚报》正式启动大型融媒体“跨越四十年 改革再出发”活动,开设“跨越四十年 改革再出发·印记”专栏,全方位展示无锡改革开放40年来的成就,共刊发相关报道31篇。9月,《江南晚报》与市台办合作推出“最是橙黄橘绿时——40年40个锡台故事”改革开放40周年融媒体新闻行动,选取到无锡投资创业生活的40位台商进行全媒体采访,通过报纸、新媒体平台、书刊进行全方位报道,共刊发相关稿件40篇。12月,再次策划,选取40张无锡老照片,讲述照片背后的故事,反映无锡改革开放40年的历程,于12月19日刊发16个版的特刊。

“物博会”期间,先后开设《数字新经济 物联新时代》《你所不知道的物联网》《物联盛会》等专栏、专版,在9月14日推出16个版的“物博会”特刊,共刊发相关稿件70多篇、微信近20条,为“物博会”召开营造良好的舆论氛围。年末的“江南文脉”论坛,《江南晚报》派出精兵强将组成报道小组,以“江南文脉 无锡呈现”为主旨,从无锡的人文地理、工商文化、祠堂文化、园林文化、书画文化、文学传统6个角度深入采访,于12月2日刊发8个版面的“这里是江南”文脉论坛特刊。12月9日,推出8个版的“最忆是江南”文脉论坛回顾特刊,从论坛丰硕的成果中撷取精要。配合论坛宣传,《江南晚报》微信公众号先后推出6条微信,其中,“这里是江南”阅读量超过1万人次。

(江　晚)

【专栏内容策划】 2018年,《江南晚报》采编人员始终坚持走进基层,贴近群众,注重做好民生报道。上半年,围绕垃圾分类这一民众关心的话题,专门设立《垃圾分类 全员加速》专栏,从榜样社区、先进做法、分类成效等多个方面反映垃圾分类在全市的推进情况,呼吁广大市民行动起来做好垃圾分类工作。下半年,相关部门开始重拳整治“小飞龙”,为及时反映整治情况,《江南晚报》开设《整治小飞龙》专栏,1个多月时间刊发相关稿件10多篇。年内,为《江南晚报》民生记者黄孝萍专门成立“孝萍工作室”,开设专栏,每周不少于2期,首期于10月17日重阳节当天正式推出,首场适老化改造公益活动也同期推出。

(江　晚)

【加强原创发布】 2018年,《江南晚报》各新媒体平台加强当地原创内容发布的数量和质量。对于当地的重要事件和重要活动,通过事先策划、准备,精心采集、制作内容。对于当地的突发事件,记者采访传回图文后,江南晚报网、“首发无锡”APP、《江南晚报》微博、《江南晚报》头条号第一时间发布。对于当地重要消息与重大突发事件,江南晚报微信公众号也相应地进行抢发。

(江　晚)

【受众影响力提升】 4月,江南晚报微信公众号成功获得每天三次的发布权限。之后,江南晚报微信公众号周一至周五基本保持每天两次以上的发布,月发布次数达45次以上,月发布微信条数130条以上,抢发很多突发报道、时政要闻,提升《江南晚报》的公信力、传播力、影响力和引导力,在无锡市委网信办、市新闻工作者协会主持的“无锡新媒体排行榜”上,WCI列媒体类官方微信榜单第二位。通过开展“小诗人·大梦想”少儿诗歌征文和“我的2035”青少年征文大赛,集聚人气、吸引用户,公众号用户超过33万户。在短视频快速发展的形势下,5月,融车间在“抖音”“梨视频”等短视频平台注册入驻账号,并开始探索短视频的拍摄、制作、发布。江南晚报抖音号从5月16日开始发布,共发布短视频近350条,累计点赞186万人次,其中,10月8日广南立交车祸短视频点击量达1427万人次。江南晚报微博保持每日更新20多条,提升当地新闻的发布数量,微博人数达580万人次。

至2018年年底,江南晚报微信公众号已发布2309条稿件,总阅读量达1887万人次,江南晚报微信公众号已发布6条10万+以上的稿件。《江南晚报》今日头条号全年发稿1840条,累计阅读量1431.7万人次。此外,《江南晚报》还策划众多主题新闻报道,推出融媒体报道,“新时代 新梦想·无锡网络媒体新春走基层”“无锡春天最美味道”“2018无锡国际马拉松赛”“2018年网民公益徒步大会”“高质量发展锡企报道”等,以文字、图片、视频、H5等形式立体呈现。

(江　晚)

【采编流程改造】 2018年,《江南晚报》在新媒体加快发布当地原创稿件的过程中,融车间按要求探索从新媒体已发稿中,直接“沉淀”生成版面内容,加快采编流程进度,探索采编流程的再造。实行“选题报料”制度,鼓励员工人人参与报题,拓宽新闻线索的获取渠道,并加强新媒体编发人员与一线记者、报纸编辑的联系和沟通,努力实践“移动优先、深度融合”。

(江　晚)

华东旅游报

【概况】 2018年,《华东旅游报》坚持正确舆论导向,突出旅游行业的特点和重点,聚焦集团发展战略改革创新亮点,努力实现舆论引导力和科学发展力的双提升,在业界取得较好反响。

坚持“内容为王”,在内容创造上独树一帜,同时实现传统纸质媒体和新兴媒体优势互补,推动多种媒体业态、形态融为一体、一体发展。策划推出《破浪前行40年》专栏,报道华东地区旅游变迁。组织开展“水韵江苏行”新闻采风活动,历时5个多月,走进全省13个地市、27个县(市),行程1万多千米,踩点文旅新品新景125个,推出宣传共56个专版,同时运用新媒体推送报道。利用创刊30周年纪念日契机,加大自身宣传。完成丹阳在无锡的旅游推介会,用“广场展示+游船巡游”的方式,获得客户的认可和市民的广泛参与。在江苏省专业报协会年度优秀作品评比中,《华东旅游报》6件作品分别获得一等奖、二等奖、三等奖;在无锡市报纸优秀作品评选中,有多篇作品获奖。

(华东旅游报社)

江南保健报

【概况】 2018年,《江南保健报》做好媒体融合工作，作为专业报，注重垂直领域的公信力和影响力，办报方向逐步向工具型媒体转型。梳理报纸现有版面价值，缩减一些可读性较弱、价值含量低的版面，提高版面的含金量。版面和采访选题力求凸显工具型媒体的特点，推出“天时节气”“寻医问药”“慢病管理”“延年益寿”等版面，实用性和知识性并重。重点做好每周3期的微信公号推送和头条号的发布以及“无锡老龄网”的更新，在“无锡观察”上开设“健闻”专栏。

报社围绕“注重维持常规经营，着力重构经营格局”的思路，采取“项目+活动”的方式，将经营格局的重点落实到具体的盈利点和项目上。成立“健走俱乐部”，开展以论坛、大讲堂、对话等为基本形式的“太湖论健”系列活动。

（江南保健报社）

网络传播

【网络大V无锡行活动】 9月13～15日，由省委网信办指导，无锡市委宣传部、无锡市委网信办主办，无锡广电集团承办的改革开放四十周年·看今“锡”——网络大V无锡行活动举行，这是无锡首次组织全国网络大V看无锡活动。此次活动共邀请“@后沙月光”“@司马平邦”“@蒹葭苍苍”等18位国内、省内网络大V参与，大V在微信、微博、今日头条粉丝总量超过5000万人次。活动通过网络大V的视角、平台，充分宣传无锡改革开放40年来取得的辉煌成就，并结合2018世界物联网博览会的宣传工作，扩大2018世界物联网博览会的传播效应。活动过程中，省委网信办网络评论和社会工作处全程参与，无锡各市（县）区宣传、网信部门全力配合，协调安排各考察点，充分展示工作特色、亮点，把无锡改革开放40年来取得的辉煌成就通过网络大V宣传好、展示好。活动开展以来，网络大V通过各自账号、平台发布微博、视频、图文内容500多条，其中，仅今日头条客户端、新浪微博开设的“改革开放看今锡”话题阅读量就超过3310万次，网民参与讨论6000多次。

（网信办）

【世界物联网博览会宣传报道】 9月16～18日，2018世界物联网博览会在无锡举行。24个国家和地区的48位国内外院士、830位专家、6217位企业高层在内的1.35万多名嘉宾参会，共商数字经济时代的物联网发展大计。博览会期间，共吸引观众人数达18.9万人，数百亿元物联网项目签约落地，113家海内外媒体253名记者合力传播“物博会”盛况。截至9月18日16:00，2018“物博会”报道总传播量突破8.25亿，共推出800多篇深度聚焦“物博会”和无锡物联网产业发展的高质量融媒报道。“物博会”宣传精心策划，深耕原创，精准推送，融合创新，向海内外展示无锡精耕物联网，推动产业升级、打造智慧城市，奋力领跑高质量发展的良好形象。

（宣传部　网信办）

【新媒体集中采访启动】 为营造网上庆祝改革开放40周年浓厚热烈的庆祝氛围，6月26日，市委宣传部、市委改革办、市委网信办联合举办的“无锡改革开放进行时·领跑者”无锡新媒体集中报道行动启动。集中采访报道行动共分为“经济发展篇”“民生改善篇”“党建文化篇”“城乡发展篇”“生态环境篇”5个篇章，以市重点网站、驻锡网站、重点客户端、政务微媒体、媒体微媒体为主体，充分发挥网络媒体各自特长，每月组织1次集中采访，全方位宣传无锡改革开放40年来的显著成就和经验启示。活动开展以后，微博话题阅读量超过480.9万次，网易直播平台传播量突破12.4万次，改革开放40周年等网上主题宣传暴发“叠浪”效应。

（网信办）

8月22日，“改革开放进行时·领跑者”无锡新媒体采访行动

（市网信办　供稿）

广播·电视

【概况】 2018年，无锡广播电视集团（台）围绕“聚焦传播力提升，聚力融媒体平台建设，打造高素质人才队伍”工作思路，紧扣推进和服务高质量发展要求，各项工作保持稳中有进、健康向上的良好态势。集团（台）被国家广电总局权威机构评为年度最具综合实力城市台。

强化新闻体系建设，围绕中心、服务大局，全力做好主流宣传。始终将做好市委重大决策部署和中心工作的宣传引导作为第一职责要务，以深化“新闻头条”工程为抓手，营造主流舆论强势，特别是加大对落实市委全会决策、推进高质量发展举措成效及典型事迹的宣传报道力度，推出“无锡GDP超万亿实现历史性跨越”“走在高质量发展前列”“产业强市三年间”等系列报道，全年推出头条报道300多篇(组)。开展庆祝改革开放40周年主题宣传，组织“跨越四十年奋进新时代”“领跑新时代”等大型新闻行动和“无锡名人路”等网络互动直播活动，制作各类专题、专栏90多集，近250篇(档)，网上传播量超100万人次。拓展传播覆盖面，组建8个市(县)区融媒体中心，打造一体联动、全域覆盖、资源共享、融合发展的头条传播体系。广电新闻中心获评江苏省新闻出版广电(版权)系统先进集体。完善主流新闻栏目体系，加大对电视主打栏目《无锡新闻》的策划编排力度，栏目得到省广电专家组高度评价。承接《无锡新闻》主题，开设评论类专题节目《无锡新视评》，打造体现主流观点和声音的“意见媒体”。推出全新改版《无锡晚新闻》，新增设《联播无锡》等栏目，全视域反映政务、民生、资讯等全媒体信息。

深化推动媒体融合发展，进一步提升传播能力。着力打造融媒体集成平台，整合各类新老媒体资源，梯次打造新闻中心、新媒体中心、文化融媒体中心等融媒体集成平台。新闻中心整合全台所有新闻类资源，在全国率先实现新闻生产机构成建制融合，承担新闻采编中央厨房功能，向台内各媒体分发新闻内容产品；新媒体中心集聚集团30多个新媒体，统筹一体，做大流量，提升用户数量级和传播力；文化融媒体中心整合相关频道、频率、平面及新媒体载体，切入当地文化分众市场，主导文化娱乐市场。举办2018国际旅游小姐中国总决赛颁奖晚会、“文明风尚好少年”选拔大赛等媒体文化活动。第一届中国广电“融媒体中心”改革大会在集团召开，彰显和提升无锡广电在全国融媒体平台建设领域的影响力。着力打造新媒体矩阵，重点打造“智慧无锡+吾锡网(无锡博报)”融媒体双主矩阵，带动“太湖明珠网”“东林论坛”等多个新媒体共同发声。“智慧无锡”用户超600万户，在全国媒体APP下载量排行榜跻身江苏前三。“东林论坛”注册用户88万户。推出“百室千端”新媒体内容集成板块，第一批13个公众号上线。

加强对上对外宣传引领，提升品牌建设水平。广电节目收听、收视份额分别保持在80%和40%以上的高位。49件作品获省级政府奖，其中一等奖7件(含优秀栏目)，获奖数在全省保持前列。与中央和省级广电媒体协作，加大在国家及省级平台包括新媒体平台的发稿力度和频次，无锡重大主题、重要活动宣传在全省同类媒体中保持领先地位。响应市委建设“世界格局中的无锡”战略部署，推进传媒文化“走出去”工程，与美国中文电视台、华视、西雅图中文电台和法国尼斯电视台、新西兰TV33电视台、澳亚卫视等建立协作关系，互设专版专题、定期播出外宣内容。《发现》等栏目和《千年画圣顾恺之》《鱼之乐》等电视片在美、法、新等国媒体播出。

加快经营模式转型，推动实现社会效益与经济效益有机统一。稳住广告经营大盘，广播电视公益广告播放量持续增加，绿色媒体建设成效显著。打造规模化、专业化展会品牌，全年举办“车博会”“广电直购大会”等大型展会26场，参展人数超80万人次，交易总额达48亿元。广电展会连续获得年度中国品牌展会金奖、中国十佳创新特色展会等行业大奖。试点开展名品新营销业务，与无锡机场达成协议，建立合资公司，全面承揽空港广告业务，构建全域覆盖的交通广告经营体系。拓展内容与新媒体经营，与央视合作的专题片、栏目剧、网络电影等内容定制业务成为新增长点。系列动画片《太湖少年》入选全国国产优秀动画片资助名录并获专项扶持资金。商业片制作、融媒体线下活动以及节目内容定制三类对外业务显著增长。“智慧商城”“淘最无锡”等新媒体通过培育粉丝，实现受众向用户的转换升级。“智慧无锡”文化创意产业园入住率达100%，入选省级重点文化产业园区。广电产业大楼整体招商合作进展顺利。广电东亭、高浪路项目建设达到预期建设目标。

(李　昀)

【迎春特别节目精彩上演】 2月13日，“和你在一起”无锡广电2018迎春特别节目在广电传媒中心上演，这是无锡广电集团连续第六年为广大市民献上新年贺礼。迎春特别节目以贯彻中共十九大精神、喜迎改革开放40周年为主旨，以“在一起、新出发”为主题，通过对无锡一年来大事、喜事、动情事的串联，见证诚实成长进步，感知锡城百姓风貌。晚会在七大传统媒体平台直播，太湖明珠网、智慧无锡、微博微信等新媒体一同发力，网易客户端、网络大V等倾力加盟，全程直播。

(李　昀)

【无锡广播电视台任全国广电城市台工作委员会会长台】 5月6日，中国电视艺术家协会城市台工作委员会会长工作会议在北京召开。会上，根据中国电视艺术家协会批复，无锡广电集团(台)党委书记、总裁、台长郭王担任新一任城市台工作委员会会长，无锡广播电视台获任全国广电城市台工作委员会会长台。城市台工作委员会是中国电视艺术家协会所属一级组织，旨在统筹全国城市广电媒体资源共享、联合制播、协同发展，有包括省会城市台和各地市台在内的200多家会员，会长由城市台中的领军台长担任。

(李　昀)

【大型航拍活动启动】 5月8日，由市委宣传部、市政府新闻办主办，无锡广电集团承办的“新时代新无锡”大型航拍活动在金匮公园启动。活动以“强富美高”新无锡为主题，全面展示无锡特色景观和创新建设成就，突出表现无锡近年来发展的崭新面貌和城市内在文化精神。此次大型航拍邀请国内顶级团队，携“小松鼠”直升机加盟，采用载人直升机拍摄与无人机拍摄结合方式进行。拍摄团队还特邀纪录片《航拍中国》的执行团队参加，航拍分辨率达6K，超高清鸟瞰无锡。航拍通过5个多月时间，对全市100多个点位进行全景、全天候精心拍摄，分阶段推出航拍视频，并集纳精华内容剪辑成片《新时代 新无锡》。

(李　昀)

【纪录片《千年画圣顾恺之》】 美国东部时间5月2日，由无锡广播电视台出品的无锡首部动画视觉风格中、英双语电视纪录片《千年画圣顾恺之》登陆美国中文电视台英语频道黄金时段。《千年画圣顾恺之》全片时长32分钟，采用动画片和纪录片相结合的制作手法，讲述蜚声宇内的丹青巨匠顾恺之的生活境况和艺术经历，并融合三维特效穿插的传世画卷再现片段。其后，该片还在新西兰TV33电视台黄金时段播出。这是无锡广播电视台通过西方主流媒体平台展示中国优秀传统文化、推进文化“走出去”的又一积极举措。

（李　昀）

【无锡星期广播音乐会】 6月9日，由市委宣传部和无锡广电集团联合主办的无锡星期广播音乐会在无锡音乐厅正式启动，钢琴家孔祥东被聘为星期广播音乐会荣誉导师。无锡星期广播音乐会每两周在无锡音乐厅举办一场，同时开设“音乐会”广播直播和智慧无锡直播窗口，以多种呈现方式推动高雅艺术在无锡生根发芽。

（李　昀）

【文化融媒体中心组建】 无锡广电集团以“移动优先”为战略引领，3月，启动以不同属性媒体整合为主的改革探索。整合广播都市生活频率、电视娱乐频道、《新周刊》平面及相关新媒体载体，组建文化融媒体中心。中心加挂“广娱传媒文化公司”牌子，形成“中心＋公司”构架。原媒体呼号、刊号不变，打破单一媒体介质壁垒，内部生产全要素融合，精准对接市场客户需求，按文化创意、大众娱乐、少儿培训、全民阅读等市场定位分类实施，创新融媒体分众传播模式，做行业垂直经营内容产品的研发者。中心组建后，着力打造媒体文化活动品牌，相继举办的国际旅游小姐中国总决赛颁奖晚会、“故事家族”亲子故事大赛、“少年派”首届少儿春晚等媒体文化活动精彩纷呈。

（李　昀）

【融媒体新闻行动】 6月15日，“跨越四十年 改革再出发”改革开放40年大型融媒体新闻行动在无锡广电传媒中心广场启动，拉开庆祝“改革开放40周年”全媒体系列宣传报道的帷幕。新闻行动包括高端访谈、风云人物、亲历者说、生逢1978、解密、领跑、变迁、体验8个项目，共80集。按照“移动优先、全网传播”要求，每集完成广播、电视、新媒体等多个版本采制，讲好改革开放的“无锡故事”。无锡广电集团还推出致敬改革开放40年“领跑新时代”全媒体特别节目和“无锡名人路”等网络互动直播活动，承办40年40事揭晓发布主题活动、“新时代 新无锡”大型航拍等全市性大型主题活动，全方位全视野全媒体展示无锡改革开放40年的沧桑巨变和辉煌成就，讴歌全市人民谱写新时代中国特色社会主义无锡实践新篇章的新气象、新风貌。

（李　昀）

【世界物联网博览会云平台上线】 7月17日，2018世界物联网博览会云平台上线暨“物联时代领跑者”融媒体新闻行动启动仪式在无锡广电集团举行。世界物联网博览会云平台为2018世界物联网博览会官方发布平台，由无锡广电集团建设运营，是集资讯、服务、交流、互动于一体的综合性网络平台，由官方网站（包括中文版、英文版、手机端）和官方微信公众号、官方微博组成展示新媒体矩阵。

（李　昀）

【第三届世界物联网博览会宣传报道】 9月，2018世界物联网博览会在无锡举行，无锡广电集团所有宣传单位全部参与其中，大会期间各媒体共发稿800多条，《无锡新闻》先后推出《三年，一座城的智慧蝶变》《世界物联网发展看无锡》等多组系列报道，并对无锡峰会、省委书记娄勤俭与专家企业家座谈、市委书记李小敏讲话等重点内容进行重点解读。新媒体中心联合6位“网红主播”开展直播探馆，向网友们身临其境地呈现此次“物博会”产品展览展示的最新成果，3小时直播吸引6万多人次。移动网络直播优先，受众广泛。“智慧无锡”APP、“无锡博报”APP全程网络直播“物博峰会”和“三新”成果发布会两项重要活动，为国内外20多家网络媒体提供高清直播信号，峰会直播时长180多分钟，全球累计8000万人次收看，另外11场分论坛和系列活动的网络直播有60多万人次收看。精萃新媒体产品广受关注，新媒体产品《“物小联”日记》将“物博会”每天的各项活动精心串联，分成“物联大咖说”“物博最强音”“主播看物博”等六大系列专题，共收录作品98篇，H5页面点击量近10万次。

（李　昀）

【首届中国广电“融媒体中心”改革大会】 10月25日，由中国广电实战研究中心和无锡广电集团（台）联合举办的第一届中国融媒体中心改革大会暨无锡广播电视台市（县）区融媒体采编中心授牌仪式在无锡广电演播厅举行，全国各地的500名宣传部部长、台长和业界专家出席此次盛会。会上，无锡广电集团驻江阴市、宜兴市、梁溪区、锡山区、惠山区、滨湖区、高新区和经济开发区等八大融媒体中心同时授牌，提出“市县一体、合力共建，多元相融、多屏呈现，深耕热土、讲好故事”的无锡方案、无锡模式。大会为期3天，30多位省、市、县（区）融媒体改革领导者，官方融媒体研究专家，融媒体改革实践者等现场讲述“融媒体中心”打造的典型案例、探索与思考以及意见建议，无锡广播电视台台长郭王分享无锡广电近年来在传播主流价值、推进媒体深度融合等方面的探索与实践。

（李　昀）

【“百室千端 智慧联盟”正式上线】 11月6日，无锡广电“百室千端 智慧联盟”正式上线。“百室千端 智慧联盟”是发动媒体人的爱好兴趣，挖掘社会力量，联合社会大V，特别是重要领域主流人群进驻智慧无锡客户端，组建以兴趣专长为纽带、以项目行业为单元，深耕融媒体平台的跨界合作工作室。“百室千端 智慧联盟”首批上线项目为13个工作室，涵盖短视频生产发布、电商运营、维权、婚恋、亲子、体育、音乐、美妆等领域。

（李　昀）

【“周五见”可视化手机电台上线】 11月30日，由无锡广电集团打造的“周五见”移动端常态化可视手机电台正式上线运行。无锡广电集团自2017年起建设“主播网红”融媒体直播平台，广播主持人纷纷做起视频直播，将节目、活动、个性展示等搬上手机屏幕，成为正能量网红主播。在此基础上，无锡广电在“智慧无锡”APP建设“周五见”直播平台，精选广播各频率优秀节目，将其升级成为常态化音视频直播节目，每周五早7点到晚8点13档节目在相关广播频率及“智慧无锡”APP音视频同步直播，在移动端打造一个常态化的周播手机电台，做“好听好看的融媒体广播电台”。为此,还专门将原有的广播直播室改造成具有直播室多镜头切换、视频资料呈现、室内室外直播切换等功能的融媒体演播室,为“周五见”提供更丰富的视频呈现方式。

(李 昀)

【组织策划江南文脉论坛宣传报道】 12月2～4日,首届江南文脉论坛在无锡灵山举行。无锡广电集团精心组织策划,坚持“移动优先”,全媒体联动,多角度报道,多手段呈现。主流报道全面扎实,从11月27日起推出专栏“江南文脉论坛”,多维度、全方位展现无锡市在营造浓郁文化氛围、培育优秀文化企业和丰富文化产品供给上进行的积极探索。12月3日,江南文脉论坛开幕,广电新闻中心启动新闻头条工程,精心组织策划江南文脉论坛宣传报道。集团重点媒体发稿140多篇,网络直播、新媒体产品总传播量60多万次。会后集纳首届江南文脉论坛的成果,以及聚焦嘉宾的精彩言论,推出多条深度报道,展现江南文脉论坛的重大意义、特色亮点。集团选取论坛嘉宾精彩发言制作播出3集专题片《发现》,全媒体节目《悦谈》也制作播出专集。无锡博报、“智慧无锡”首页首屏开设“首届江南文脉论坛”专题,集纳中央、省市媒体和集团相关栏目、频率、频道的报道内容。开幕式当天,广新公司为论坛制作视频直播公共信号,为新浪、网易、荔枝、无锡博报、智慧无锡等多家新媒体平台提供信息。无锡博报、智慧无锡手机客户端进行视频直播,总观看人数达到近30万人次。

(李 昀)

【蝉联“最具综合实力城市台”】 12月24日,在北京举行的“TV地标”中国电视媒体综合实力大型调研成果发布会上,无锡广播电视台获得“TV地标2018中国电视媒体年度最具综合实力城市台”称号,这是无锡广播电视台连续第四年获得这一殊荣。“TV地标”中国电视媒体综合实力大型调研成果发布会由国家广电总局主管的《中国广播影视》杂志社主办,2018年的评选将“创新力+电视”以及“新媒体+电视”作为重要评价标准,上榜的广播电视台2018年在媒体深度融合、产业持续发展以及媒体传播力、舆论引导力,打造具有时代特色的媒体生态等方面成绩突出,走在全国城市台前列。

(李 昀)

出 版

【概况】 2018年,凤凰出版社无锡分社共出版图书31本。从出版内容来看,主要包括3个方面。继续挖掘地方文化类图书。《惠山北坡影像考》的作者将目光聚焦在人们很少了解的惠山北坡,以10多万字的寻访笔记和100余张图片,生动展示惠山北坡的自然景观、名胜古迹、道观寺院、河脉水系、山珍物产及古村等。《一代名园愚公谷》关注明代仅存世50年的惠山名园愚公谷,遍搜史料,为今人还原当初的历史。《惠山遗存》充分展示惠山区文物遗迹和非物质文化遗产,考证有据,脉络清晰,记述客观。《初心之旅——无锡市党史教育基地参观指南》则以36处无锡党史教育基地为主体,在地理行走的基础上追寻光辉的历史足迹,是党史文化教育的好助手。

关注地方人物。《似兰斯馨如松之盛——无锡国家高新区(新吴区)近现代文化名人传》,汇编该区近现代诞生的12位文化、科学方面名人传记,包括钱穆、钱伟长等,以图文并茂的形式,展现地方名人的风采。《惠山名人》记述惠山区历代在安邦治国、工商实业、文学艺术、文化教育、社会科学、慈善救灾等诸多领域施展才华、造福家国的人物。《明道进德——辅仁中学走出的院士》围绕13位辅仁中学走出的院士的成长历程,为辅仁中学百年校庆增添颇有分量的校史回顾。

聚焦地方史志类图书。《江阴市地名志》以300万字的篇幅,既有江阴历史事件的简明记述,也有地方文物古迹的细致解析,加之当地风俗人情的生动描述,是一部较为系统、翔实、权威且具有史料价值的江阴地名志书。《滨湖渔史》通过查阅大量文献档案资料,征集老渔民口述史料等,较全面记述无锡滨湖地区自古以来特别是新中国成立以来捕捞渔业和养殖渔业的发展历史。此外,还有首部《梁溪年鉴(2017)》,展现江阴市祝塘镇乡土文化的随笔集《祝塘九百岁新编》(上、下册)。

2018年,凤凰出版社无锡分社出版的重点图书有:《天下无锡人(第二卷)》,该书汇集约40位无锡籍或与无锡有关的当代名人的精彩报道,生动再现他们的工作、经历、感悟等,从中探寻他们的人生足迹,感受时代脉搏,聆听乡贤心声;同时,该书作为无锡市全民阅读乡土读本、乡土人文教材,将继续走进广大中小学校,增加学生对家乡的了解。2018年国家重点档案项目《近代工商业史缩影——民国无锡同业公会档案选编》(第一辑、第二辑),包括纺织卷、轻工机械冶金卷、粮食食品卷、交通运输卷等共7册。此外,还出版《江阴市标准地图集》《丹心遗痕——无锡革命烈士诗文选》《见证辉煌——无锡改革开放亲历者述忆》《工匠之星》《跟着楹联读新吴》《无锡幼儿教育史》《无锡优秀新剧本选编》《无锡家训与廉洁教育》等。

(凤凰出版社无锡分社)

编辑 顾洪兴

综 述

【概况】 2018年，全市卫生计生系统按照全市卫生与健康大会部署要求，着力补短补缺，奋力创先争优，有力促进全市卫生健康事业高质量发展。无锡市六次蝉联全国无偿献血先进市，市卫计委获全国生育状况抽样调查优秀单位、全国流动人口动态监测调查优秀单位、市政府集体三等功等荣誉。

（办公室）

【"健康无锡"建设稳步推进】 2018年，市委、市政府召开全市卫生与健康大会，全面部署"健康无锡"建设任务。积极履行牵头部门职责。提请市政府明确各成员单位职责分工、工作机制，落实三年行动计划和考核指标体系，并将"健康无锡"建设列入市(县)、区高质量发展考核，推动各地各部门将十大行动、68项重点任务落到实处，各项工作走在全省前列。推进国家健康城市试点城市工作。参与国家健康城市示范城市标准制订和创建工作，培育具有地方特色的健康促进项目，加快"健康细胞"工程建设，新建或升级健康步道21条、健康主题公园3个、健康小屋15个；省级健康镇、村、社区和单位创建数量位居全省前列；居民健康素养水平由上年的21.65%跃升至27.58%。爱国卫生工作成效显著。无锡市、江阴市和19个镇通过全国爱卫办国家卫生城市(镇)复审，164个省卫生村全部通过省爱卫办复审。农村无害化卫生户厕普及率达99.99%，列全省第一。

（办公室）

【医药卫生体制改革持续深化】 2018年，无锡市公立医院改革步伐加快。市政府常务会议审议通过《关于深化公立医院改革建立现代医院管理制度的意见》，制定实施《市属公立医院领导班子绩效年薪实施意见》《市属公立医院高层次人才协议工资制实施意见》

表56　　2018年无锡市卫生健康事业基本情况

<table>
<tr><th></th><th>数量</th><th>与上年比增长数</th><th>与上年比增长率（%）</th><th></th><th>数量</th><th>与上年比增长数</th><th>与上年比增长率（%）</th></tr>
<tr><td>卫生机构（个）</td><td>2480</td><td>130</td><td>5.53</td><td>卫生人员（人）</td><td>67199</td><td>4519</td><td>7.21</td></tr>
<tr><td>医院（个）</td><td>185</td><td>19</td><td>11.45</td><td>卫生技术人员（人）</td><td>54733</td><td>3718</td><td>7.29</td></tr>
<tr><td>社区卫生服务中心(卫生院)(个)</td><td>106</td><td>4</td><td>3.92</td><td>执业（助理）医师（人）</td><td>21004</td><td>1394</td><td>7.11</td></tr>
<tr><td>医疗床位（张）</td><td>46970</td><td>3775</td><td>8.74</td><td>注册护士（人）</td><td>24368</td><td>1879</td><td>8.36</td></tr>
<tr><td rowspan="2">平均每千人口医疗床位（张）</td><td>9.45（户籍）</td><td>0.69</td><td>7.88</td><td rowspan="2">平均每千人口卫生技术人员（人）</td><td>11.01（户籍）</td><td>0.66</td><td>6.38</td></tr>
<tr><td>7.14（常住）</td><td>0.55</td><td>8.35</td><td>8.33（常住）</td><td>0.55</td><td>7.07</td></tr>
<tr><td rowspan="6">人口</td><td colspan="2" rowspan="2">总数（万人）</td><td>497.21（户籍）</td><td rowspan="10">卫生费用</td><td colspan="2" rowspan="2">卫生事业费（万元）（统计范围调整为大市）</td><td rowspan="2">403215.84</td></tr>
<tr><td>657.45（常住）</td></tr>
<tr><td colspan="2">出生率（‰）</td><td>6.64</td><td colspan="2">卫生事业费与上年比增长率（%）</td><td>19.58</td></tr>
<tr><td colspan="2">死亡率（‰）</td><td>4.85</td><td colspan="2">卫生事业费占财政支出百分率（%）</td><td>3.82</td></tr>
<tr><td colspan="2">自然增长率（‰）</td><td>1.79</td><td colspan="2">卫生系统资产（万元）</td><td>2278174.57</td></tr>
<tr><td colspan="3"></td><td colspan="2" rowspan="3">卫生系统基建投资（万元）（统计范围调整为大市）</td><td rowspan="3">69105.59</td></tr>
<tr><td rowspan="4">医疗服务</td><td colspan="2">诊疗总人次（万人）</td><td>5587.54</td></tr>
<tr><td colspan="2">出院总人次（万人）</td><td>123.43</td></tr>
<tr><td colspan="2">出院者占用总床日（万日）</td><td>1170.9</td><td colspan="2">平均每门诊人次医疗费用（元）</td><td>205.3</td></tr>
<tr><td colspan="2">住院病人手术人次（万人）</td><td>36.97</td><td colspan="2">平均每一出院病人医疗费用（元）</td><td>10392.8</td></tr>
</table>

（信息处 规财处）

《关于聘用市属公立医院总会计师实施方案》等配套文件。在市物价权限范围内动态调整部分医疗服务价格，落实公立医院补偿，全市各级财政共安排卫生资金66亿元，其中市级财政安排26亿元，较上年有较大幅度增长。深入推进医联体建设。强化府院合作，推进“八个合一”统筹管理，市人民医院医联体、江阴市区域医共体被列为全省紧密型医联体建设试点单位。成立儿科、感染科、康复科、精神科、妇产科、眼科专科联盟。医保支付方式改革稳步推进。积极推进DRGs-PPS省级试点，强化临床路径和病案首页规范，全市28家医疗机构前三年病案首页平均入组率达94%。全市医疗机构按病种付费覆盖率达91%。江阴市、锡山区实施紧密型医联体打包支付试点。药品供应保障不断加强。完成竞价、议价、限价挂网药品市级价格谈判工作和医用耗材及试剂集中采购工作，根据周边城市价格谈判结果调平采购价，药品价格较省中标价平均下降19%，医用耗材及试剂集中采购后价格平均降幅16.96%。药品采购“两票制”顺利推进。卫生计生监督工作和“放管服”改革扎实推进。“三项制度”试点工作被确定为“全市依法行政示范项目”。稳步推进“双随机”工作，扎实开展医疗机构执业信用评定，完善事中事后监管制度，全年共监督2.23万户次。推进“减证便民”专项行动，“证照分离”改革试点全面落实到位。

（办公室）

【医疗卫生服务体系不断优化】 2018年，全市重点医疗卫生项目推进顺利。市政府印发《无锡市市属医疗卫生机构布局调整优化方案（2018～2020年）》，举办集中奠基开工仪式，正式启动江南大学附属医院后续项目、市妇幼保健院、市儿童医院、市急救中心、市精神卫生中心二期病房楼项目建设，总投资50多亿元。基层医疗卫生服务体系建设加快推进。34家基层医疗卫生服务机构开展硬件提档升级建设，17家建成投用；4家社区卫生服务中心被国家卫生健康委确认为全国优质服务示范社区卫生服务中心。社会办医持续发展。全市社会办医疗机构数1205家，床位数1.46万张，占比分别为49.22%和31.12%。

（办公室）

【医疗卫生服务能力显著提升】 2018年，全市改善医疗服务行动持续深化。年度卫生计生10项惠民举措全面落实到位，落实预约诊疗、远程医疗、检验检查结果互认等8项制度。全市公立三级综合医院平均住院日缩短至8.41天，市属公立医院住院、门诊次均费用增长率分别为4.08%、2.13%，均控制在省定目标范围以内。医疗质量和安全监管不断加强。组织开展全市医疗质量、医疗安全检查及全市急诊医疗服务质量、核心制度落实情况明察暗访活动，检查医疗机构326家次，校验40家；组织开展质控指标体系及标准论证，41个市级质控中心对二、三级医疗机构开展835家次专业医疗质控现场督查。新型家庭医生签约服务工作稳步实施。全市组建家庭医生签约服务团队864个，一般人群签约服务率达36.9%，10类重点人群签约服务率达62.5%。医疗服务满意度不断提升。在全省三级医疗机构出院患者满意度调查中，全市有8家医院排名前50名，数量列全省第一，市人民医院、江南大学附属医院、市中西医结合医院位列全省综合满意度第一、第二、第五名。在原省卫计委组织的2018年上半年落实“进一步改善医疗服务行动计划”明察暗访中，市二院得分列全省第二名。

（办公室）

【中医药事业发展】 2018年，全市卫生计生系统贯彻实施《中华人民共和国中医药法》。市政府召开推进中医药高质量发展专题座谈会，出台《关于进一步扶持和促进全市中医药事业高质量发展的实施意见》，开展中医药文化科普巡讲系列活动。中医药服务内涵持续提升。中医烧伤病学通过国家中医药重点学科验收，4个中医学科通过省中医药重点学科验收。市中医医院通过“中医药研究伦理审查体系”认证。江南大学附属医院成为省综合医院中医药示范单位建设单位。基层中医药工作深入推进。98.3%的基层医疗卫生机构能够提供中医药服务，85.7%的社区卫生服务中心（乡镇卫生院）建有标准化中医馆。5家基层医疗卫生机构获评省乡镇卫生院示范中医科、中医药特色社区卫生服务中心或建设单位，4家基层中医综合诊疗区（中医馆）达到省建设要求。中医药传承工作创新发展。举办中华中医药学会“五运六气”第二期学术峰会，省“西学中”培训班在无锡开班，举办2期“金匮讲坛”，建立“黄煌经方工作室（无锡）”，新增7个国家、省级名老中医药专家基层工作站。市中医医院设立“龙砂医学流派诊疗中心”。4人入选第二批省中医药领军人才培养对象，6人入选“国优”“省优”人才；获省级以上中医药科技项目立项12项、奖项7项、专利19项。

（办公室）

【公共卫生服务水平全面提升】 2018年，全市疾病防控工作扎实有效。成功承办全国慢病防治大会，成立无锡市肿瘤筛查技术指导中心，启动消化道肿瘤筛查项目。推进实施适龄儿童水痘疫苗和老年户籍人口肺炎疫苗免费接种。全面排查和整改预防接种安全风险隐患，全力推进预防接种信息系统升级改造，在全省率先完成市级数据管理中心及相关子系统的建设部署运行。推进胸痛中心全市模式建设，加快卒中、孕产妇、新生儿、创伤救治中心建设。高血压、糖尿病规范管理率分别达71.56%、71.36%，管理患者的血压、血糖控制率分别达到61%和58%。以市为单位通过省消除血吸虫病达标考核。国家基本公共卫生服务项目管理水平不断提升。梁溪区、宜兴市分获2017年度国家基本公共卫生服务项目省级绩效考核第一、第二名。卫生应急工作规范化发展。实施全民自救互救素养提升工程，落实卫生应急“六进”活动。规范突发公共卫生事件报告制度，全市共报告一般突发公共卫生事件90起，均得到及时有效处置。

（办公室）

【妇幼健康和计划生育工作转型发展】 2018年，全市妇幼健康服务水平不断提升。完善妇幼健康服务体系，惠山区建成省级妇幼健康优质示范区，江阴市、宜兴市、惠山区建立妇幼健康服务联合体。聚焦母婴安全，推进出生缺陷防治，强化24项高危孕产妇管理制度落实情况专项督导。举办无锡市妇幼健康服务技能竞赛，参加省复赛获团体三等奖。计划生育服务管理改革持续深化。落实“全面两孩”政策，全年共办理生育登记4.7万件，再生育审批963件。深入推进促进流动人口社会融合和流动人口基本公共卫生计生服务均等化两项国家试点。高质量完成2018年全国流动人口动态监测调查。计划生育家庭利益导向政策全面落实。按政策分别兑现企业退休人员一次性奖励金1.05亿元，奖扶、特扶金2.39亿元。建立计生特殊家庭联系人制度、家庭医生签约服务、就医绿色通道。推进医养结合，全市医养结合机构较上年增长86.36%，达82家，创新设立护理站1所。

（办公室）

【科教人才队伍建设不断加强】 2018年，全市“科教强卫工程”深入推进。市属医疗卫生机构获国家、省自然科学基金项目和省重大专项44项，较上年增加8项。5项科技成果通过省科技进步奖终审，其中一等奖1项；获省医学科技奖4项；取得发明专利24项，发表SCI一区论文14篇。择优资助市级科技项目149项。全市新增国家级博士后工作站1个、市级院士工作站4个，5个市级院士工作站晋升为省级站。卫生人才素质不断提升。新增省第五期“333工程”第二层次培养对象2人、第三层次培养对象23人，新增享受政府特殊津贴专家1人，入选省有突出贡献中青年专家2人、市有突出贡献中青年专家5人、省第十五批“六大人才高峰”高层次人才选拔培养对象5人；新增农村订单定向培养医学生105人。国际交流合作扎实开展。直属医疗卫生单位医务人员因公出国（境）交流进修131人次，比上年增长40%，与欧美和日韩等国家（地区）同行累计签订各类合作协议21份，缔结国际（境外）友好医院10对。援建中柬共建西港特区诊所，被确认为江苏省“一带一路”重点项目，多次获得国家、省、市领导肯定，卫生外事工作在全省卫生外事工作会议上作经验交流。

（办公室）

【卫生健康信息化建设步伐加快】 2018年，全市健康信息平台建设持续推进。“无锡智慧健康提升工程”完成信息平台基础功能模块建设，通过国家卫健委全民健康信息平台互通成熟度4甲测评，宜兴市通过江苏省全民健康信息平台互联互通成熟度4级测评，市人民医院、江阴市人民医院通过国家卫健委医院信息化平台互联互通度4甲测评。健康档案务实应用持续深化。“健康E家”面向实名认证的居民开放查询。家庭医生移动签约系统支持窗口签约、上门签约和手机APP在线签约3种签约形式。推广社区卫生移动随访，随访记录与健康档案信息系统实时同步。“互联网+医疗健康”加快推进。市属医院全部接入“无锡智医”并投入公测运行。启动建设互联网医院，市人民医院成立“无锡市仁医人工智能研究院”，市二院率先调通社保支付，市三院参加国家卫健委“电子居民健康卡”项目并率先实现“互联网诊疗”上线试运行，市中医医院探索线上线下诊间结算。院前院内急救信息联通对接，支撑胸痛中心、脑卒中救治新模式运行。

（办公室）

【医疗领域“放管服”改革】 2018年，无锡市取消养老机构内设诊所、卫生所（室）、医务室、护理站设置审批，实行备案制以及中医诊所实施备案管理。实施妇产科医师执业证书与母婴保健技术考核合格证书、二级及以下医疗机构设置审批与执业登记“两证合一”。取消医疗机构申请医疗广告时提交的“医疗机构执业许可证”复印件加盖卫生计生行政部门公章，改为加盖申请人公章；取消开办社会办医疗机构需出具验资证明的相关材料；取消医疗机构设置审批和执业登记时需提供消防、环保合格等证明材料，改为告知制；取消农村部分计生家庭奖扶申请人提交的计生相关证明材料；做好流动人口异地婚育信息查询，推动信息共享，取消纸质婚育证明。推进全市卫生计生“互联网+政务服务”，加快医疗机构、医师和护士电子化注册改革进程，完善卫生计生行政许可网上申报审批系统建设，落实“不见面”审批举措。进一步拓宽无锡市社会投资领域，推动医疗健康服务新业态发展。进一步推行“双随机一公开”监管模式，加强事中事后监管，主动接受社会监督，净化全市医疗服务市场。

（法规与许可处）

【蝉联“无锡市规范执法示范单位”】 2018年，全市卫生计生系统加强法制建设，保障依法行政。开展《无锡市献血条例》立法调研，全面清理规章和规范性文件，对涉及卫生计生的4部地方性法规、4部政府规章、2部市政府规范性文件以及138件市卫健委规范性文件进行专项清理。强化执法监督，规范执法行为。明确综合行政执法职能，全面整合执法资源，全力推进三项制度试点，推动队伍建设和执法能力提升。加快转变职能，深化“放管服”改革。加强卫生计生权力事项清单动态管理，完成新版卫生计生市级行政权力清单编制。承接省级审批委托事项4项，创新“互联网+政务服务”实际应用，实施“双随机”监管。加强普法宣教，提升法治思维。以“卫生计生专业法宣贯年”为主线，加强《中华人民共和国中医药法》《中华人民共和国精神卫生法》《艾滋病防治条例》《江苏省医疗纠纷预防与处理条例》普法宣传，组织开展宪法宣誓活动暨宪法专题培训。市卫计委连续五年获评“无锡市规范执法示范单位”。

（法规与许可处）

【落实“不见面”审批举措】 2018年，完善无锡市卫生计生行政许可网上申报系统建设，优化26项系统功能，提升系统在线网上申报和网上审批功能融合的实际应用，实现与江苏省政务服务网、江苏省卫生监督综合管理平台等线上线下、前台后端的深度对接。推进医疗机构、医师、护士电子化注册改革，全市2591家医疗机构、2.23万名医师、2.47万名护士电子化注册系统账户激活率分别达96.17%、95.28%、99.91%。依托“江苏省政务服务网”“无锡市卫生计生行政许可网上申报系统”“医疗机构、医师、护士电子化注册系统”“邮政速递系统”等平台，11大项22子项行政许可事项全部实现“不见面”审批。

（法规与许可处）

【开展“减证便民”专项行动】 2018年，全市按照“四个一律取消”原则，全面清理涉及群众和企业办事创业的各类证明材料，共取消证明材料85份，精简率达89.47%。贯彻实施卫生计生“证照分离”改革试点事项相关配套文件，在涉及“证照分离”改革试点的 4 个开发区全面实行公共场所卫生许可告知承诺制、营利性医疗机构设置审批和消毒产品生产企业卫生许可提高透明度和可预期性，完善审批办事指南、业务工作手册、提交材料告知单等相关材料，落实首问负责、一次性告知、流程指导等服务制度。

（法规与许可处）

6 月 14 ～ 15 日，第九届中国慢病管理大会在无锡召开 （市卫健委 供稿）

疾病预防与控制

【疾病防控新策略积极推进】 2018 年，全市按照《“健康无锡 2030”规划纲要》精神，启动实施无锡市居民健康期望寿命调查评估工作，通过专题调研论证，确定无锡市健康期望寿命调查评估方案。年内，完成抽样调查 6500 余人，为科学评价健康城市建设奠定基础。会同财政部门研究制订无锡市扩大免疫规划工作方案，明确自 2018 年 12 月 1 日起将适龄儿童水痘疫苗和 65 岁以上户籍老年人肺炎疫苗纳入免疫规划一类疫苗管理，实施免费接种，并在全省率先采用水痘疫苗 2 剂次接种，该项政策覆盖全市近 100 万人次。启动恶性肿瘤早期筛查工作，在江南大学附属医院设立市肿瘤筛查技术指导中心，针对胃癌、肠癌等当地多发恶性肿瘤筛查工作开展调研论证，并在部分社区开展胃癌早期筛查项目试点工作。无锡市肿瘤数据被世界卫生组织“五大洲癌症发病率”收录的登记人群覆盖率达 51%，居全省第一。

（疾控处）

【免疫规划信息化建设全力推进】 2018 年，全市积极应对长春长生疫苗事件、金湖疫苗事件，多轮次、全覆盖开展疫苗管理和预防接种彻查整改工作，防范预防接种安全事故发生。根据全省统一部署，全力推进免疫规划综合服务信息系统建设，率先完成地市级分布式数据中心建设和部署。推进预防接种单位客户端安装使用和硬件设备更新，并结合信息化建设进一步提升预防接种工作的规范化、标准化和智能化水平。围绕免疫规划政策实施 40 周年，开展免疫规划发展成果图片、微故事、短视频征集评比活动，举办无锡市预防接种业务技能竞赛，选拔并表彰一批预防接种岗位能手。

（疾控处）

【重大疾病防控措施有力落实】 2018 年，无锡市成功承办第九届中国慢病管理大会，制定实施血吸虫病、艾滋病、结核病、慢性病等重大疾病防治规划。加大艾滋病感染者和病人的检测及发现力度，全市分别建成艾滋病筛查实验室、检测点实验室 80 家、79 家。成立市结核病诊疗质量控制中心，开展结核病诊疗质量督查。加强结核病健康宣传促进工作，全市 10 名志愿者获得省级百千万志愿者结核病防治宣传优秀个人称号，市疾控中心志愿服务队获得国家级和省级优秀团队称号。开展血吸虫病防治工作宣传，纪录片《送瘟神》获第三届健康中国微视频大赛优秀作品奖。全市共计管理高血压病人 59.71 万例，管理 2 型糖尿病患者 18.38 万例，健康管理率分别达 101.72% 和 102.14%。

（疾控处）

基层卫生与妇幼保健

【基层卫生运行新机制不断完善】 2018 年，全市各市（县）、区贯彻落实基层医疗卫生机构绩效工资总量调控机制、超基数劳务提成机制和家庭医生签约服务费不纳入绩效工资总量机制。江阴市开展基层卫生人才“县管乡用”省级试点工作。无锡市激发基层活力、做实家庭医生签约服务的做法经验在第七届全国基层卫生大会及国家卫计委基层卫生综合改革典型案例研讨会上进行推广介绍。

（基层卫生处）

【家庭医生签约服务持续推进】 2018 年，市卫计委会同市委组织部、市委老干部局、市财政局、市人社局出台家庭医生签约服务离休干部政策，会同市物价局、市财政局、市人社局调整完善基层医疗服务价格。完成市区家庭医生签约服务信息系统与人社信息系统业务对接，实现医保结算实时联网。全市新增省级家庭医生服务模式创新建设单位 4 家和家庭医生签约服务项目库应用省级联系点 3 个。梁溪区江海街道社区卫生服务中心沈涛团队获“江苏省十强家庭医生团队”称号，锡山区羊尖镇卫生院顾英姿团队获“江苏省十佳家庭医生团队”称号。

（基层卫生处）

【基层医疗卫生服务体系建设】 2018 年，江阴市、梁溪区和惠山区被确认为省级“大基层”体系建设试点地区。全市新增全国群众满意的乡镇卫生院 4 家、全国优质服务示范社区卫生服务中心 4 家、江苏省社区医院 2 家、省级示范乡镇卫生院2家、省级示范村卫生室16家、规范化建设达标社区卫生服务机构14家。17家机构完成提档升级建设任务。

（基层卫生处）

【基层医疗卫生服务能力持续提升】 2018年，市卫计委、市财政局、市人社局、市编办联合出台《进一步加强基层卫生人才队伍建设的实施意见》。梁溪区、江阴市跻身江苏省基层卫生十强县（市、区）行列，全市新增省级基层医疗卫生机构特色科室6个、市级基层医疗卫生机构特色科室53个，新增省级优秀基层卫生骨干人才160人、市级基层卫生骨干人才428人。7家社区卫生服务中心（乡镇卫生院）被确定为省首批基层卫生人员实训基地建设试点单位，24个科室被确认为市基层医疗卫生机构特色科室孵化中心。举办全市基层卫生人员“三基”务实系列培训班，276名基层医务人员参训。举办“无锡市社区卫生论坛”2期和全市社区护士岗位能力培训班1期。组织第三批19名省级优秀基层卫生骨干人才赴英国开展基层卫生工作研修。

（基层卫生处）

【国家基本公共卫生服务项目有力推进】 2018年，全市国家基本公共卫生服务项目经费人均补助标准达到82.76元，超出国家和省定标准，全市共下拨各级财政补助资金5.4亿元。组织开展2017年度基本公共卫生服务项目市级绩效考核及2018年1～3季度国家基本公共卫生服务项目管理市级绩效考核。接受国家基本公共卫生服务项目2017年度省级绩效考核，代表无锡市接受2017年度省级绩效考核的梁溪区、宜兴市分别获得全省前两名。组织参加省级国家基本公共卫生服务项目基层优秀实施方案评选展示活动，梁溪区及梁溪区清名桥街道社区卫生服务中心实施方案获得省级二等奖，江阴市实施方案获得省级三等奖。

（基层卫生处）

【妇幼健康体系建设】 2018年，全市各级妇幼保健机构建设水平持续提升，市级妇幼保健院完成爱婴楼升级改造，惠山区挂牌成立妇幼保健院，成功创建省级妇幼健康优质服务示范区。强化产儿科建设，新增5家标准化建设达标单位；强化爱婴医院管理，全市医疗机构新增建成68家哺乳室，覆盖率达65%；新增省级基层医疗卫生机构妇幼健康规范化门诊2家，无锡市儿童医院创建成为省级儿童早期发展示范基地。以妇幼健康服务联合体、妇产科专科联盟为载体，有序推进分级诊疗、协同发展的工作机制，建成以妇幼保健院为龙头、11家成员单位的妇幼健康服务联合体，以儿童医院为核心单位、17家设有儿科的医疗机构参与的儿科专科联盟，以市妇幼保健院为核心单位、42家医疗机构参与的妇产科专科医疗联盟。

（妇幼健康处）

【妇幼健康服务队伍建设】 2018年，全市举办首期助产士规范化培训、产房护士长短期进修5期，召开助产护士长联席会议2次。开展产儿科医务人员新生儿复苏技能全员培训考核，共有2170名医务人员通过考核，举办市级各类培训15期，短期进修2次，受训人次达2850余人次。举办妇幼健康服务技能竞赛，择优参加省级竞赛并获得团体三等奖、儿科组第一名、个人综合第二名、助产组三等奖。继续提升妇幼健康学科技术发展和成果转化能力，新增省科研项目4项、省新技术二等奖2项。开展市级妇幼健康科研项目和适宜技术推广项目申报评审工作，新增市级妇幼健康科研项目10个、适宜技术推广项目7个。

（妇幼健康处）

【提升危重孕产妇和新生儿救治能力】 2018年，制定《无锡市高危孕产妇筛查评估管理规范》，强化专项培训督导，组织市级实战急救演练2次，增强快速反应和应急处置能力。组团参加国家危重症救治理论及实操培训，加强市、县级救治中心建设，发挥各级孕产妇和新生儿救治中心的技术指导作用，有效落实市级专家值班制度，全年共启动市级救治11次、市级专家21人次，成功救治危重孕产妇11例。发挥围产保健（儿童保健）协作组技术指导作用，组织召开市级围产保健协作组会议和儿童保健协作组会议等专项评审11次。

（妇幼健康处）

【妇幼公共卫生服务项目】 2018年，全市加强妇幼公共卫生项目组织领导，强化督导考核，全面完成年度工作目标。完成“两癌”（乳腺癌、宫颈癌）筛查16万余人次，确诊宫颈癌52例、癌前病变613例，乳腺癌103例，2年筛查覆盖率达到城乡35～64岁妇女的35.14%。有效实施母婴阻断，为2302名乙肝产妇所生婴儿及时接种免费免疫球蛋白。

（妇幼健康处）

健康促进

【“健康无锡”建设】 2018年，市委、市政府召开全市卫生与健康大会，成立“健康无锡”建设领导小组。市健康办牵头起草并提请市政府印发《“健康无锡2030”规划纲要重点任务分工方案》《“健康无锡2030”三年行动计划（2018～2020年）》《“健康无锡2030”三年行动计划（2018～2020年）考核指标体系》，“健康无锡”建设政策框架体系初步构建。全市建成省健康镇6个、省健康村39个、省健康社区44个、省健康单位59个，建成健康主题公园3个、健康步道21条、健康小屋15个。

（市爱卫办）

【爱国卫生运动】 2018年，全市注重做好病媒生物防制工作。年内，开展知识宣传506次，清除孳生地3.54万处，投放药物668次，完善防制设施621处，发动群众参与“清洁家园、除害防病”活动3.26万人次。市、区两级卫生监督所共开展病媒生物防制执法检查151次，抽查单位609家。无锡市、江阴市通过国家卫生城市复审，纳入年度复审的19个国家卫生镇、1个省级卫生镇、131个省卫生村全部通过复查。推进农村改厕工作，全市农村无害化卫生户厕普及率达99.99%，跃居全省第一。

（市爱卫办）

【健康教育促进活动】 2018年，全市通过电视、报刊、网络、健康教育宣传栏等多种形式开展健康知识宣传。创建省级健康促进医院16家，全市创建成省级健康促进学校金牌学校19所、银牌学校28所、铜牌学校5所。开展居民健康素养监测以及空气污染对人群健康影响监测工作，居民健康素养水平达27.58%。

（市爱卫办）

【禁(控)烟工作】 2018年，全市开展第三十一个世界无烟日宣传活动，举办“烟草和心脏病”江苏省2018年度世界无烟日系列宣传活动启动仪式。委托市民巡访团作为第三方机构对全系统无烟环境开展两轮暗访活动，参加第二届“健康江苏·我为控烟发声”公益接力活动并获得优秀组织奖。在全市所有公交移动媒体上进行滚动播放控烟科普短片，举办“世界无烟日”有奖知识问答活动，全市1.73万人参与有奖答题。开展公共场所控烟专项监督检查活动，检查2443家单位，对435家单位下达整改意见书，处罚网吧156家，16家网吧被确定为绿色网吧示范场所。全市新增无烟单位44家。

（市爱卫办）

中医中药

【中医医疗服务体系不断完善】 2018年，推进全市中医药高质量发展暨纪念《中华人民共和国中医药法》颁布实施一周年座谈会召开。市卫计委联合市中医药工作领导小组各成员单位出台《关于进一步扶持和促进全市中医药事业高质量发展的实施意见》，继续做好基层医疗卫生机构中医综合诊疗服务区(中医馆)建设。持续推进县级公立中医医院薄弱专科建设，开展综合医院中医药工作示范单位建设。惠山区人民医院获评全国综合医院中医药工作示范单位建设单位，无锡市第四人民医院被确认为省级综合医院中医药工作示范单位建设单位，无锡市第五人民医院通过全国综合医院中医药工作示范单位复核，江阴市通过全国基层中医药工作先进单位复审。

（中医处）

【中医医疗服务能力提升】 2018年，全市加强基层中医药服务能力建设，建有标准化中医综合诊疗区的社区卫生服务中心、乡镇卫生院占比达85.7%，能够提供6类15项以上的中医药技术的占比达90.5%。中医药服务内涵持续提升，无锡市中西医结合医院烧伤整形科通过国家中医药管理局“十二五”中医药重点学科验收，新增省中医重点专科2个。惠山区洛社镇石塘湾卫生院获评第六批乡镇卫生院示范中医科，江阴市城中社区卫生服务中心获评省中医药特色社区卫生服务中心，梁溪区通江街道社区卫生服务中心、滨湖区华庄社区卫生服务中心、江阴市城南社区卫生服务中心创建成省中医药特色社区卫生服务中心建设项目。

（中医处）

【中医药传承保护和科技创新】 2018年，无锡市继续做好名老中医药专家传承工作，无锡市中医医院朱世楷工作室通过全国名老中医药专家传承工作室建设项目验收，新增全国和省级名老中医药专家传承工作室基层工作站建设项目7个，吕国忠、陆曙、王建伟、李乐军入选第二批江苏省中医药领军人才培养项目。举办“中华中医药学会五运六气研究专家协作组第六次学术年会暨五运六气研究(无锡)峰会”、全市中医药高层次学术交流平台“金匮讲坛”2期、“2018黄煌经方学术思想暨龙砂经方特色诊疗培训班”“晚清温病大家柳宝诒学术思想传承与创新研讨会暨纪念叶秉仁110周年诞辰活动”，挂牌成立“黄煌经方工作室(无锡)”，深化国家级传承项目——龙砂医学流派传承发展建设。

（中医处）

【中医药文化建设】 2018年，组织开展“中医药就在你身边”无锡市第八届中医药文化科普巡讲活动，邀请名师名家参与，采取现场互动授课、视频教学、户外体验等方式，开展中医药预防保健、健康咨询、专家义诊等活动。开展“杏林百家讲坛”“健康直通车”“名医大讲堂”“百名医师进社区”“抗癌周”“科普宣传周”等活动，运用汤剂、膏方、针灸、熏洗、推拿、穴位贴敷、康复训练等中医药传统疗法和药膳、茶饮、保健功能锻炼等养生保健疗法，通过报刊、电视、广播、网络、微信公众号等载体，共计开展中医药健康巡讲273场次，授课专家352人次，现场免费发放中医药健康宣传资料5.07万册，制作展板329块，举办网络讲座33次、电视讲座23次，直接受益群众达3.19万人次。

（中医处）

医政管理

【完善市属公立医院年度考核评价制度】 2018年，市公立医院管理委员会印发《市属公立医院年度综合考核实施意见》，在原绩效考核、党建目标考核办法和细则的基础上，进一步完善

7月9日，“传承中医 弘扬国粹”中医药文化科普展 （市卫健委 供稿）

党建目标考核、年度绩效考核、创新创优考核"三位一体"的综合考核办法。其中,党建目标考核主要内容包括从严治党责任、意识形态责任、"三项机制"落实情况,上级各项方针政策贯彻落实情况及医院领导班子民主测评等。年度绩效考核以强化医院服务为导向,以服务质量、服务效率和群众满意度为核心,基本内容涵盖社会效益、服务效率、运营能力、发展实力、制度创新及其他年度重点工作任务等方面。创新创优主要考核重大改革试点、重大工作任务、核心竞争力建设等事项。3项考核合成的年度综合考核结果,作为市属医院评先评优、干部任免的主要依据;年度绩效考核结果与市属医院绩效工资总量核定、财政补助、医保结算等紧密挂钩;党建目标考核、年度绩效考核、创新创优考核3项考核分别按照30%、60%、10%的比例构成市属医院领导班子成员绩效年薪评价系数,直接与医院领导绩效年薪挂钩。通过切实发挥综合考核的导向和激励作用,加快医疗服务供给侧结构性改革,提高医疗服务质量,实现医院社会效益与运行效率的有机统一。

(体改处)

【市属公立医院领导班子成员实施绩效年薪制度】 为进一步坚持公立医院公益性,充分发挥领导班子成员行使公立医院的管理职权,构建科学合理的收入分配机制,调动领导班子成员工作积极性和创造性,规范公立医院领导班子成员收入,2018年,无锡市公立医院管理委员会出台《市属公立医院领导班子成员绩效年薪制实施意见》,实现绩效年薪与工作绩效挂钩、分配水平适当、结构合理、监督有效的预期目标。绩效年薪制适用于市属公立医院领导班子成员,其薪酬由基本收入、绩效年薪两部分组成,其中,绩效年薪不纳入所在单位绩效工资总量核定范围,列入专项绩效工资管理。绩效年薪水平根据年度绩效年薪基数、年度考核评价系数、绩效年薪调节系数确定,并控制在所在医院绩效工资年人均水平的3倍以内。领导班子成员在主管部门核定和备案的基本收入、绩效年薪和奖励外,不得在医院领取其他任何收入。市卫计委会同市纪委监委、市委组织部、市人社局、市财政局、市审计局等部门,对领导班子成员绩效年薪制度实施过程和结果进行监督检查。

(体改处)

【市属医院实行高层次人才协议工资制度】 为充分激发市属公立医院人才创新创造活力,进一步集聚和培养高层次人才,促进人才强卫、人才兴业,2018年,无锡市公立医院管理委员会印发《市属公立医院高层次人才协议工资制实施意见(试行)》,对市属公立医院中选拔确定和引进的省"六个一工程"高层次卫生人才以及符合《无锡市卫生计生人才引育管理办法》中顶尖人才、菁英人才、高端人才标准的对象实施协议工资制。其中,顶尖人才协议工资实行"一事一议",菁英人才每人每年不超过80万元,高端人才每人每年不超过70万元,其他高层次人才每人每年不超过40万元。高层次人才协议工资不纳入所在单位绩效工资总量核定范围,列入专项绩效工资管理。高层次人才的具体薪酬待遇与其岗位职责、工作业绩、实际贡献以及成果转化产生的质量、效率、效益、满意度等因素直接挂钩,具体由用人单位与本人协商确定后签订相关协议,并制定相应考核办法。

(体改处)

【医联体建设】 2018年,全市共建成医联体18个。江阴市、宜兴市、锡山区推进医共体建设,2家市属综合医院开展院府合作形式的紧密型医联体试点工作,成立覆盖全部市属专科医院的专科医疗联盟7家。5个医联体、5个医共体共计吸纳护理院10家、康复医院5家,开展接续医疗服务。

(医政处)

【分级诊疗制度有效落实】 2018年,全市推动优质医疗资源和人才下沉基层,7家市属公立医院40名专科医师、5名护士加入家庭医生签约服务团队,在基层医疗机构开设医生工作室38个、护士工作室3个。所有医联体、医共体均建成远程会诊中心,建成影像中心7个、心电中心6个、病理中心2个、检验中心2个。20家二级以上公立医院实现基层专家门诊、大型检验检查和跨院床位预约。医联体内基层诊疗人次数及占比分别比上年增长7.71%、5.22%,基层上转和上级医院下转病人人次分别比上年增长1.02%、7.93%。

(医政处)

【三大救治中心建设】 2018年,无锡市开展市级胸痛、创伤及卒中救治中心建设单位评估工作,确定市级胸痛救治中心6家、创伤救治中心7家、卒中救治中心6家。推进"胸痛中心全市模式"建设,成立领导小组和专家工作组,制定建设方案,发布分级诊疗要求和转运流程,该模式被《人民日报》报道,并获得2018世界物联网博览会新技术新产品新应用成果金奖。

(医政处)

【医院章程制定工作】 2018年,无锡市完成市级层面2018～2020年医院章程制定工作计划。举办医院章程制定工作培训班,15家三级公立医院、15家二级公立医院、8家社会办医院章程制定工作基本完成。

(医政处)

【改善医疗服务行动】 2018年,市卫计委制定《深入落实进一步改善医疗服务行动计划实施方案(2018～2020年)》。全面落实8项制度,二级以上公立医院全部开展预约诊疗服务,三级公立医院50%以上的出院患者按照临床路径管理,普遍实施检查检验结果互认,23家二级及以上医院开展36个多学科联合诊疗,36家二级以上医院开展日间手术,完成日间手术近1万例。

(医政处)

【护理服务能力提升】 2018年,市卫计委举办"5·12"国际护士节座谈会,全市210名护士获得"从事护理工作30年"荣誉,97名护士获得"无锡市优秀护士"称号。印发《关于加强基层医疗机构护理工作的实施方案》和《无锡市基层护士临床工作能力提升工作方案(2018～2020年)》,9个专科被确认为无锡市护理临床重点专科建设单位,新增社区护理、麻醉护理、中医护理3个无锡市专科护士培训基地。

(医政处)

【医疗质量安全监管】 2018年,市卫计委组织开展《医疗质量管理办法》和18项核心制度培训，开展第六周期医师定期考核工作，完成限制性医疗技术备案312项。组织开展医疗机构专项检查，共计检查医疗机构300余家次，市级质控中心现场督查二、三级医疗机构800余家次。全年评审二级医院5家，制定无锡市二级肿瘤医院和二级口腔医院评审标准实施细则。

（医政处）

【医院感染管理】 2018年，市卫计委制定《预防与控制医院感染行动计划（2018～2020年）》，印发《关于进一步加强医院感染管理的通知》《关于进一步加强血液透析中心（室）管理的通知》和《关于进一步加强医疗机构消毒供应中心（室）管理的通知》。开展医疗废物、消毒供应中心、血液净化中心、口腔医疗卫生机构感染专项检查。通过国家卫生健康委2018年长江经济带医疗机构医疗废物管理与生活垃圾分类管理专项检查。

（医政处）

【血液安全监管】 2018年，市卫计委开展医疗机构临床合理用血专项督查，印发《关于进一步加强临床用血安全管理的通知》。开展江苏省"十三五"采供血事业发展规划实施情况中期评估工作，配合完成2018年全国血液安全技术核查自查工作。

（医政处）

【平安医院创建工作】 2018年，市卫计委制定市级医疗机构平安医院考核评价标准，推进基层医疗机构平安医院创建。开展《医疗纠纷预防和处理条例》宣传活动，组织医疗质量安全案例点评。制定医疗责任险全市统保方案，全市公立医疗机构参加率达100%。

（医政处）

卫生执法与监督

【卫生综合监督执法力度加大】 2018年，全市突出抓好医疗服务、传染病防治、爱国卫生等监督工作，强化公共卫生监管，推进全过程执法等三项制度试点工作，开展专项检查和整治行动。由无锡市选送的3件行政处罚案例分获省级一等奖、二等奖、三等奖。全年监督检查各类单位2.38万户次，开展各类专项整治35项。处理举报投诉644起，立案查处违法行为356起，移送司法机关案件15起。举办无锡卫生监督讲堂11期，开展各类业务讲座和培训17场。改进和优化"双随机"工作方式方法，加强专项稽查工作，提前完成"双随机"国家监督抽检任务，监督抽检1531件，其中抽检不合格187件，立案查处37家，抽查结果信息通过官方网站、微信公众号依法向社会公开，接受社会监督。开展相对人培训63场次，培训管理相对人6599人次。坚持送法上门，向社区居民普及卫生法律知识，全年开展各类法律宣传活动107场，发放宣传资料4万余份。

（综合监督处）

【推进"三项制度"试点工作】 2018年，全市启用江苏省卫生监督综合管理平台，实现行政许可、行政检查、行政处罚等日常工作全流程管理。升级更新移动执法终端，实现监督信息实时录入，执法文书自动生成，执法档案同步更新，有效提高执法效率。全面推进"三项制度"试点工作，实施"一个蓝本、三个平台、四套规范"方案，工作经验在全市行政执法三项制度推进会上作交流推广。

（综合监督处）

【卫生信用体系建设】 2018年，全市探索建立"信用＋卫生监督""互联网＋卫生监督"综合监管新模式，不断创新卫生监督执法手段，着力推进卫生健康领域诚信建设。组织实施2018年度医疗机构执业信用等级评定工作，共计评定医疗机构1826家。参加全省涉水产品、消毒产品生产企业信用评价试点工作。组织开展"百万里 百万企"信用承诺活动，举办专题培训，签订诚信守法生产经营承诺书，号召全市涉水产品生产企业开展诚信生产经营，争当行业自律型信用承诺企业。按照省卫生监督所要求，在生活饮用水在线监测、医疗废物在线监控、餐饮具集中消毒单位在线监督监测等卫生监督相关领域全面开展在线监督监测工作。

（综合监督处）

卫生应急

【卫生应急处置能力建设】 2018年，全市健全卫生应急体系，落实《全国医疗机构卫生应急工作规范》《全国疾病预防控制机构卫生应急工作规范》。开展培训演练，举办无锡市突发公共卫生事件现场医疗救援培训班、无锡市突发公共卫生事件调查处置规范培训班，举行无锡市突发饮用水污染事件卫生应急处置、无锡市突发公共卫生事件应急处置（中东呼吸综合征疫情处置）、无锡市突发公共卫生事件应急演练暨无锡市登革热暴发疫情应急处置演练，达到检验预案、锻炼队伍、磨合机制和提升应急反应能力的预期目标。

（应急办）

【卫生应急工作规范化建设】 2018年，全市按照国家《关于加强卫生应急工作规范化建设指导意见》《江苏省卫生应急工作规范化建设指导意见》和《江苏省卫生应急工作规范化县（市、区）建设标准》要求，召开工作推进会，全面落实各项措施，组织学习调研，开展指导督查。锡山区、宜兴市卫生应急工作规范化建设通过省级现场评估，获评省级卫生应急规范县（市、区）。

（应急办）

【公共卫生事件监测预警】 2018年，全市加强"非典"、鼠疫、人感染禽流感、中东呼吸综合征等突发急性传染病监测、检测工作，开展突发急性传染病、生活饮用水、中毒、核辐射等公共卫生风险评估，定期开展发病趋势预警预测工作，建立健全监测预警研判机制和异常信息快速反应处置机制，提高风险监测、识别和管理水平。印发《无锡市突发公共卫生事件风险月度评估报告》12期，无锡市流感和禽流感专题风险评估、无锡市手足口病专题风险评估等专题风险评估2期。

（应急办）

【全民自救互救素养提升工程】 2018年，全市开展卫生应急"进社区、进企业、进机关、进学校、进农村、进家庭"活动。紧扣"12320"宣传周、"5·12"

防灾减灾宣传日、世界急救日等节点，组织开展卫生应急知识、自救互救宣传培训活动，印发宣传海报、宣传折页、宣传手册，组织广场活动，开展卫生应急知识讲座。积极开展卫生应急素养暨自救互救情景剧展演活动，将“不忘初心、牢记使命”教育实践活动和卫生应急工作有机融合，围绕全民自救互救素养提升工程和卫生应急素养12条，集中宣传卫生应急典型经验，挖掘卫生应急精神文化内涵，弘扬“敬佑生命、救死扶伤、甘于奉献、大爱无疆”的卫生应急精神。落实自救互救知识与技能培训，全市医疗机构人员自救互救培训率累计达76%。

（应急办）

【突发公共卫生事件处置】 2018年，全市共报告一般突发公共卫生事件及相关信息90起，无较大以上突发公共卫生事件发生，事件均得到及时有效处置。

（应急办）

医学科研与教育

【“科教强卫工程”深入推进】 2018年，全市深入推进省、市“科教强卫工程”项目实施，分类制定项目绩效评估指标体系和评分标准，开展“十三五”项目建设中期评估，对临床中心、重点学科、发展学科、创新团队和杰出人才项目实行竞争性评估，建立竞争、激励和淘汰机制。2个省重点学科（共建）、4个省创新团队（含共建）、2名省杰出人才培育对象、4名省重点人才、78名省青年人才和3个市临床中心、11个市重点学科、8个发展学科、3个重点实验室（公共卫生）、7个创新团队、3名杰出人才、38名重点人才、97名青年人才，继续纳入“十三五”后半周期市卫生健康委“科教强卫工程”项目专项资金资助计划。

（科教处）

9月14日，世界物联网博览会智慧健康发展峰会成果展（市卫健委 供稿）

【人才培养和科技创新平台】 2018年，全市5个院士工作站被确认为省级院士工作站，新增市级院士工作站4个、国家级博士后工作站1个。市属单位共有博士后科研工作站（创新实践基地）5个、院士工作站19个。统筹江南大学医学院和地方医院资源，推进无锡转化医学中心建设，促进基础医学研究和医学科研成果应用和转化，提升区域医学科技核心竞争力。

（科教处）

【卫生科技创新成果】 2018年，全市市辖医疗卫生机构获得市级及以上科研项目立项92项，其中国家和省自然科学基金项目、省科技重大专项44项，立项数量创新高。资助市卫生健康委本级科研项目149项，其中，重大项目15项，精准医学专项12项，面上项目45项，青年项目43项，科技成果和适宜技术推广项目34项，资助立项经费732万元。获省科技进步奖5项，其中，一等奖1项，三等奖4项，获奖数量创新高并填补一等奖空白。获得省新技术评估48项，其中一等奖7项。获专利470项，其中发明专利24项。出版专著33部，发表中华系列核心期刊论文286篇，SCI收录论文384篇，SCI一区论文13篇，其中影响因子10分以上5篇，1篇论文发表于世界顶级期刊NAITURE（自然）子刊，填补历史空白。

（科教处）

【基础人才培养】 2018年，全市稳步推进住院医师规范化培训工作。加强师资队伍建设，分层分类开展专业基地师资培训，培训第三批市级骨干师资127人，完成3年300名骨干师资培养计划，启动培养高级师资计划，培养首批全科专业高级师资20人。完善公共理论课程设置和教学、管理模式，改进理论教学质量。强化全科临床培训基地和基层实践基地建设，扶持建设示范社区实践基地10家。全年新招录住院住培学员352人，455名学员通过结业考核，国家基地全国结业考核理论成绩通过率连续两年保持全省第一。全市分别举办国家级、省级、市级继续教育项目47项、118项、300项，送教下乡项目27项，其中国家级和省级项目较上年增长30%。开展农村订单定向医学生免费培养项目，免费培养医学生105人，在岗基层卫技人员200多人。

（科教处）

编辑 顾洪兴

综 述

【概况】 2018年，全市体育工作认真落实省、市委部署，促改革惠民生，各项工作实现新提升。无锡马拉松成功晋级国际田联“铜标赛事”。无锡代表团参加省运会获奖牌总数全省第二，冠军总量和团体总分居全省前三名，创历史最好成绩。市体育总会被评为2014～2017年度全省群众体育先进单位，无锡市基本公共文化体育服务体系建设满意度位居全省第一。

（周妮雯）

【公共体育服务水平全省领先】 2018年，无锡市推进公共体育设施建设，升级改造市体育中心体育馆，在城区更新配建公共室外健身器材174个（套），金匮公园健身步道工程完成验收，江阴市全民健身综合馆、梁溪区古运河健身步道、锡山区桑园墩体育生态公园等一批区级体育设施加快建设，至年底，全市人均公共体育设施面积达到2.84平方米。打造高水平社团组织体系，制定《无锡市体育社团管理办法（试行）》和《无锡市体育社团财务管理办法（试行）》，清理一批长期不活动、组织不健全、年检不达标的社团。探索体育协会实体化改革，全市现有3A以上体育社团18家，占市属体育社团总数的36.7%，市属体育社会组织总数达154个。完成全国健身气功管理方式改革试点工作，全市共建成市级健身气功主题公园1个、区级主题公园5个、健身气功站点服务中心11个，组织和阵地建设走在全国前列，国家体育总局在无锡市召开全国健身气功管理方式改革试点工作现场会。广泛开展群众性体育活动，精心打造网民公益体育大会、文明风尚科学健身活动品牌，全年向社会力量购买公共体育服务22项、2000多场次，各地举办马拉松、健步走、棋王争霸赛等一批精品赛事，有力推动全市体育运动全民参与、全域覆盖。每万人拥有社会体育指导员数增至33人，经常参加体育锻炼人数比例超过40%，国民体质合格率达95.64%。据省统计局公布的结果，无锡市基本公共文化体育服务体系建设满意度以绝对优势位居全省第一。

（周妮雯）

【竞技体育实现争先进位】 2018年，无锡市实现省运会参赛成绩历史性突破，无锡代表团1426名青少年运动员参加第十九届省运会33个大项、670个小项的比赛，共获115个冠军、377枚奖牌，团体总分4124.5分，奖牌总数超越南京列全省第二，冠军总量和团体总分列全省前三，群众体育项目比赛金牌全省第三，无锡代表团获评青少年体育工作优秀组织奖、输送奖、竞技体育未来之星奖3个奖项的一等奖和贡献奖二等奖、联办省优秀运动队特别奖，并被授予体育道德风尚奖，实现精神文明与运动成绩的双丰收。调整优化省市联办优秀运动队，新周期继续承办马术、击剑、乒乓球等传统项目，新增体操、田径、竞走、射击等优势项目，为东京奥运会参赛奠定基础。大力推进“体教融合”，加强青少年体育网点学校建设，举办校园足球、篮球联赛，开展全市小学生体育竞赛，全市新增江苏省示范性体育传统项目学校5所、省级及省级示范性青少年奥林匹克体育俱乐部9家。启动业余训练社会化办队改革，制定《无锡市体育局关于业余训练社会化办队模式改革的实施意见（试行）》，鼓励社会力量积极参与体育后备人才培养。2018年，无锡市运动员获世界冠军11个、全国冠军38个。19名运动员和教练员入选雅加达亚运会中国代表团，并获金牌2枚。

（周妮雯）

【大型赛事综合效益提升】 2018年，无锡市成功举办无锡马拉松、世界击剑锦标赛、环太湖国际公路自行车赛、世界跆拳道大满贯冠军系列赛、世界跆拳道团体世界杯锦标赛等大型赛事，成功申办2021年世界跆拳道锦标赛，实现大赛引领全民健身、拉动经济消费、宣传城市形象等三大功能。无锡马拉松吸引近30万人观赛及旅游休闲，带动住宿、餐饮、交通、观光等直接消费1.65亿元，连续四年获评中国田径协会“金牌赛事”，成功晋级国际田联“铜标赛事”，带动全市各地各行业开展路跑活动数百个，参与群众数百万人次。多项赛事实现国际、国内双路直播，无锡频繁亮相央视屏幕，世界击剑锦标赛在央视平台累计直播18场次、1024分钟，2018无锡马拉松在中央电视台第五频道直播160分钟，环太湖国际公路自行车赛在中央电视台第五频道+全程直播，充分展示无锡良好的城市形象。全市各地按照“一地一特色”的要求，依托各地资源优势培育出一批精品赛事。江阴市承办亚足联U23锦标赛，获评亚足联“最佳赛区”；宜兴市成功举办国际徒步越野行走赛；梁溪区推动赛事进楼宇，举办国际垂直登高大奖赛；滨湖区环蠡湖国际半程马拉松首次获评中国田协“金牌赛事”；无锡经济开发区以承办跆拳道大型赛事为突破口，设立世界跆拳道（无锡）中心，建立跆拳道国家队无锡训练基地，形成跆拳道项目普及推广热潮。

（周妮雯）

【体育产业稳步发展】 2018年，无锡市完善产业功能区布局，加快形成中心城区以健身休闲培训为主、高新区以智慧体育为主、环太湖风景区和宜兴生态旅游区以体育旅游为主、江阴市和宜兴市以新型装备制造业为主的体育产业发展布局。全市体育产业总产出超500亿元，对经济发展的贡献率有新的提升。加快融合发展，积极培育“体育+”新业态，促进体育与文化、旅游融合发展，年内，无锡市入选省级体育服务综合体2家，江阴新桥镇成为首批江苏省健康特色小镇共建对象，飞马水城等4个项目入选中国体育旅游精品项目。成功举办2018世界物联网博览会“智慧体育产业发展峰会”，国内首个智慧体育检测认证中心在无锡揭牌，智慧体育综合服务平台正式上线，无锡智慧体育产业园区入驻企业增至53家。加强载体建设，深化市体育产业发展集团人事和薪酬制度改革，对有关场馆单位事业人员进行身份锁定，出台薪酬管理办法，建立企业薪酬体系。全年全市体育彩票销售45.06亿元，增幅55.07%，总量排名全省第二，保持市场份额绝对优势，为体育事业发展提供物质基础。

（周妮雯）

群众体育

【体育超市大展示活动】 2月4日，无锡市“文明风尚·科学健身”体育超市大展示活动在市体育公园开启，近2000名市民参加启动式。2015年开始，市体育总会联合10余家全民健身工作指导委员会成员单位共同打造“文明风尚·科学健身”系列活动，体育超市作为系列活动之一，得到全市体育社会组织的积极响应，常年开展轮滑、石锁、太极拳、健身气功、广场健身舞、抖空竹、门球、篮球、足球、柔力球等教学和比赛活动。市民对体育超市的知晓率逐年提升，据不完全统计，每个双休日参与体育超市的市民达3000人次，年参加体育超市各类活动的市民超过20万人次。

（周妮雯）

【全国健身气功管理工作会议】 3月7～9日，2018年全国健身气功管理工作会议在广西南宁市举行。国家体育总局健身气功管理中心对全国百城千村健身气功交流展示系列活动大赛的获奖单位作通报表扬。无锡市体育局获得全国百城健身气功交流展示系列活动大赛一等奖，宜兴市获得全国千村健身气功交流展示系列活动大赛二等奖，江阴市获得全国千村健身气功交流展示系列活动大赛三等奖。

（周妮雯）

【门球邀请赛】 3月8～9日，2018年无锡市庆祝“三八”国际劳动妇女节门球邀请赛在市体育公园举行，各市（县）区、市级机关、市军休所和市门球协会团体会员单位的28支门球队、300多人参与比赛。经过两天激烈角逐，江阴市门球协会门球队获得冠军，滨湖区女子门球队获得亚军，宜兴市联合门球队获得季军。

（周妮雯）

【无锡市电子竞技联赛】 3月31日，2018第九届无锡市电子竞技联赛首站比赛在无锡云蝠大厦开战，全国各地的200余名选手参加比赛。当天，Dad战队夺得英雄联盟项目的冠军，选手顾森森在炉石传说项目中斩获冠军，天津白羊实况足球俱乐部的选手孙琦以1∶0的比分夺得实况足球冠军。赛事持续9个月，共吸引5000人次的选手，比赛在线上进行同步直播。

（周妮雯）

【江苏省老年人体育节】 4月18日，2018江苏省老年人体育节无锡市锡山区分会场启动仪式在锡北镇泉山文化公园举行。启动仪式现场对锡山区获得江苏省老年人门球之乡和无锡市老年人体育特色项目手杖操之乡进行授牌，对锡山区获得无锡市“爱我中华”广场舞、四十二式太极拳、健身气功十二法3个大型特色团队进行授旗。同天，全国百城千村健身气功交流展示系列活动开启，启动式上，锡山区各街道（镇）的健身气功爱好者为市民展示表演五禽戏、易筋经、健身气功十二法、健身球操、手杖健身操等项目。

（周妮雯）

【网民公益体育大会】 5月12日，2018年无锡市网民公益体育大会环太湖徒步大会拉开帷幕。1.5万多名网民从太湖国际博览中心广场出发，途经尚贤河湿地公园、贡湖湾湿地公园、太湖大堤，一同在运动中领略城市的宜人生态，感受无锡的奋进步伐。无锡市网民公益体育大会是无锡打造的具有城市特色的品牌活动，2012年至2018年已成功举办6届，成为弘扬网络公益精神、展示江苏网络公益形象的特色品牌。此次环太湖徒步大会设置体验组、达标组等组别，吸引周边省市和当地网民积极参与。徒步大会前，还为首届江苏十佳网络公益项目、十佳网络公益达人颁奖，并举办无锡市网络文化建设展览展示。

（周妮雯）

【全民健身大联动】 6月9日，江苏省第十三届“长江经济带”全民健身大联动无锡分会场启动仪式在市体育公园田径场拉开帷幕，近5000名市民参加当天的活动。这一届“长江经济带”无锡分会场活动围绕“迈进新时代、全民动起来，我要上省运、江苏更精彩”主题，与2018年全国百城千村健身气功交流展示系列活动相结合，不仅有体育社会组织带来的健身气功舞、太极扇、柔力球、空竹、轮滑、石锁、篮球、跆拳道等项目的精彩展示，还有广场健身舞、健身气功八套功法和竞赛功法的千人集体展示。当天，“文明风尚·科学健身”系列幸福健步走活动同时启动，1000余名市民参与7.5千米的环古运河健步走。

（周妮雯）

【国际瑜伽节】 6月16日，2018中国（无锡）国际瑜伽节在无锡太湖新城贡湖湾湿地拉开帷幕，2000余名中外瑜伽爱好者在3位印度顶级瑜伽大师的带领下，面对碧波荡漾的万顷太湖，进行一场身体和心灵的修行展示。6月16～18日，瑜伽精品培训班在无锡工人文化宫举办，印度资深瑜伽老师为100余名学员讲授瑜伽基础理论、呼吸体式、调息冥想等实用课程。

（周妮雯）

【滨湖区体育总会成立】 7月1日，无锡市滨湖区体育总会第一次会员代表大会在滨湖区文体活动中心召开，会议通过滨湖区体育总会章程，选举产生区体育总会第一届理事会、常务理事会、领导机构组成人员。滨湖区体育总会现有单位会员212家，会员包括滨湖区全民健身工作指导委员会成员单位、各镇（街道）文体条线、体育总会、企业代表、区属体育社会组织、区属学校等。

（周妮雯）

【全国青少年航模教育竞赛】 8月1～3日，第二十届全国青少年航空航天模型教育竞赛总决赛在海南大学举行，全国34个省、市、自治区及香港特别行政区的47支代表队、1711名学生展开为期3天的角逐。无锡市陆海空模型运动协会组队参加比赛，获得2项冠军、1项亚军。其中，无锡市选手经玉婷在火箭项目比赛中获冠军，杨子月获亚军，杨子月还同时获得飞翼滑翔比赛冠军。

（周妮雯）

【全民健身日启动】 8月11日，2018年江苏省"全民健身日"无锡分会场启动仪式在市体育公园举行，2000余名健身爱好者参与启动仪式。这次全民健身日以"新时代全民健身动起来"为主题，以推广普及广播体操为主要内容，集中展示群众喜闻乐见的健身运动项目，活动采用主会场和分会场的形式，省、市、县三级联动，全省各市（县）、区在8月8日前后也举行系列活动。在当天的启动式上，第十九届省运会群众体育无锡代表队部分队员进行广场舞、健身气功、太极拳和柔力球等参赛项目的集体展示，获得现场观众的一致好评。据统计，全市共有5万人次参加全民健身日的各类活动。

（周妮雯）

【江苏省群众体育先进单位】 9月11日，无锡市体育总会被江苏省体育局评为全省群众体育先进单位。近年来，市体育总会提升主动服务意识，积极引导体育社会组织加强自身规范建设，创新发展思路。2018年，组织举办体育超市、万人徒步大会、健身健美公开赛等一批群众体育品牌和主题活动，参与人数超过100万人次。发挥社会组织的桥梁作用，组织全民健身推广活动和健身项目送教上门服务，指导社会组织参与16个政府购买服务项目。探索体育协会实体化改革，全面完成全国健身气功管理办法改革试点工作，健身气功组织和阵地建设走在全国前列，获国家体育总局肯定推广。

（周妮雯）

【全国民间石锁邀请赛】 10月14日，2018全国民间石锁邀请赛在南京拉开帷幕，全国28个代表队的近1000名选手参加。赛事设置8个项目，无锡市石锁协会派出10余名石锁选手参赛，获得4枚金牌、2枚银牌和3枚铜牌，金牌和奖牌总数位列第一。其中，石锁上拳+75公斤级项目的所有奖牌被言政轩、唐剑炯、刘阳3名无锡选手包揽。

（周妮雯）

【江苏省健身气功站点联赛】 11月22～25日，由江苏省社会体育管理中心、江苏省健身气功协会、常州市体育局主办的2018年江苏省健身气功站点联赛总决赛在江苏理工学院羽毛球馆举行。2018年中南部半决赛的前11名和中北部半决赛的前10名的代表队，共计21支站点代表队参赛，无锡市选派的3支站点代表队在半决赛中奋力拼搏，全部出线进入总决赛。总决赛设健身气功九种功法的集体项目和个人项目，经过2天激烈角逐，无锡市惠山区西漳站点获得团体总分第二名，锡山区泉山站点获得团体总分第三名，江阴市徐霞客站点获得团体总分第四名。

（周妮雯）

【无锡市国民体质监测】 2018年，无锡市采用分层整群随机抽样的方法，抽取3～69周岁的2887名市民作为样本，开展全市国民体质监测。监测指标包含身体形态、身体机能、身体素质3个方面。监测结果显示，无锡市国民体质达标率为95.64%，相比2017年的94.93%，提高0.71个百分点。乡村国民体质达标率为95.61%，比上年提高2.53个百分点；城镇国民体质达标率为95.66%，比上年降低3.65个百分点。幼儿体质达标率达99.46%，为各年龄段最优。

（周妮雯）

【全国健身气功管理方式改革试点单位推进会】 12月19～22日，2018年全国健身气功管理方式改革试点单位推进会暨管理干部研修班在无锡举办，参会代表90余人。12月20日，举行开班仪式，上海市健身气功管理中心、江苏省社会体育中心、安徽省社会体育中心、河南省健身气功管理中心、贵州省健身气功管理中心先后作改革试点工作汇报。在随后召开的交流推进会上，无锡市体育局局长黄浩然以"抓住改革试点契机 积极构建健身气功发展新模式"为主题，就无锡市首批开展全国健身气功管理方式改革试点以来的工作经验进行专题发言。与会人员观摩锡山区健身气功站点服务中心和惠山区健身气功协会。会议还就健身气功站点服务中心建设标准、地县级健身气功协会工作准则、健身气功行政审批流程、健身气功职业指导员标准等进行深入交流和研讨。

（周妮雯）

竞技体育

【全国乒乓球锦标赛】 5月17～23日，2018年全国乒乓球锦标赛（U14组）在惠山区全民健身中心体育馆举行，共有全国各地的33支代表队、320名运动员参赛。最终，西藏、北京代表队分别获得男、女团体冠军，男、女单打金牌分别被湖北运动员陶育畅和北京运动员张翔宇夺得。

（周妮雯）

【全国游泳俱乐部锦标赛】 4月27～28日，全国各地39家游泳俱乐部的740余名游泳健儿齐聚江阴市，参加2018年全国游泳俱乐部锦标赛。比赛设置少儿组、成年组及50米畅游组3个年龄组别，并设50米、100米蝶泳、仰泳、蛙泳和自由泳，200米自由泳，200米个人混合泳，4×50米自由泳接力、4×50米混合泳接力等项目。经过2天的激烈角逐，东道主江阴市代表队摘得团体冠军，展现出"全国游泳之乡"的强大实力。

（周妮雯）

【全国国际象棋青少年锦标赛】 8月7日，2018年全国国际象棋青少年锦标赛团体赛在石家庄市拉开帷幕，全国各地的77个代表队、450位棋手参加比赛。该项比赛始于2014年，是青少年棋手申请运动员称号、棋协棋士等级称号的重要赛事。历经5天9轮的激烈角逐，无锡市东北塘实验小学国际象棋基地的选手孙超、马麟、李园在男子甲组比赛中获得团体亚军，集体晋升为国家大师（运动健将）。至此，从无锡市东北塘实验小学国际象棋基地走出的国家大师（运动健将）已增至27人。

（周妮雯）

【全国少年垒球锦标赛】 8月16日，2018年全国少年垒球锦标赛（无锡赛区）暨训练营在无锡市锡山区青少年业余体校落下帷幕。此次比赛由国家体育总局手曲棒垒球运动管理中心、中国垒球协会主办，无锡市锡山区人民政府承办。经过5天的激烈角逐，无锡市东北塘中学获得U16组冠军，常州市北郊高级中学摘得U18组的金牌。赛事结束后，参赛运动员还参加了为期3天的训练营，国家发展队教练对运动员们的技（战）术水平进行指导训练。

（周妮雯）

【全国公开水域游泳锦标赛】 5月20日，第二十一届全国公开水域游泳锦标赛在安徽省安庆市落幕，共有北京、新疆、甘肃等17个省、市、自治区的48支代表队1348名运动员参加。无锡游泳队共派出49名运动员参赛，获得金牌1枚，银牌4枚，铜牌2枚。

（周妮雯）

【全国青少年棒球公开赛】 8月22～24日，由国家体育总局手曲棒垒球运动管理中心、中国棒球协会主办的2018年全国青少年棒球公开赛U12组（江苏赛区）在无锡市棒球运动训练基地举行。杭州良渚文化村棒球队获得俱乐部优胜组第一名，南通梦想棒球队获得俱乐部冠军组第一名，无锡梅村实验小学获得学校组第一名。

（周妮雯）

【江苏省第三届冬泳锦标赛】 1月20日，江苏省第三届冬泳锦标赛在无锡体育中心游泳跳水馆开赛，全省各地的20支代表队、400多名运动员参赛。比赛男女组按年龄各设9个组别，分别进行4种泳姿的单项比赛和男女混合泳接力赛，组委会还特别设置以强身健体为目的的冬泳畅游赛。

（周妮雯）

【江苏省青少年校园足球联赛】 7月6～11日，2018江苏省青少年校园足球联赛在无锡市体育中心举行，常州、淮安、连云港、南京、无锡、盐城、扬州的8支男子参赛队伍及连云港、南京、南通、苏州、泰州、无锡、徐州的8支女子参赛队伍共350名运动员参加比赛。最终，男子组、女子组冠军分别被南京市雨花台中学和江苏省泰州中学附属初级中学夺得。

（周妮雯）

7月24日，无锡女子足球队实现省运会五连冠　　（周妮雯　供稿）

【无锡女足实现省运会五连冠】 7月24日，江苏省第十九届运动会青少部女子足球14～15岁组比赛在扬州落下帷幕，无锡女子足球队9天6场比赛全胜，以绝对实力问鼎冠军，为无锡代表团收获5枚金牌，实现无锡足球省运会五连冠。全省共有9支队伍参加这次比赛，无锡队在小组赛中先后对战连云港、常州、宿迁、南通，以4战全胜进21球失0球积12分列小组第一，进入四强。决赛中，面对强势的泰州队，无锡女足队员们围绕战术布局，巧妙配合，每分必夺，每球必抢。上半场开赛不久，前锋邵子钦头球破门，士气大涨，对泰州队展开压倒性的进攻，泰州队严防死守，最后比分定格1∶0，无锡女子足球队夺得省运会14～15岁组冠军。

（周妮雯）

【无锡羽毛球省运会夺5金】 8月10～18日，第十九届省运会青少年部羽毛球比赛在扬州市体育公园体育馆举行，全省13支队伍近500名运动员参赛。无锡羽毛球小将取得重大突破，共取得5枚金牌、2枚银牌、5枚铜牌，创造近年来无锡在省羽毛球比赛中的最好成绩。

（周妮雯）

【省运会武术套路比赛】 7月20日，第十九届省运会武术套路比赛在高邮市文体中心体育馆举行，无锡队包揽女子11～12岁组规定拳比赛的冠亚军。市体校武术队运动员狄艺雯把动作内化于心、外化于行、以行写神，表现出攻守进退、动静疾徐、刚柔虚实的动作变化规律，赢得全场的阵阵掌声，最终凭借扎实的基本功和极强的感染力取得8.59分，获得冠军；周佳慧以8.47分获得亚军。

（周妮雯）

【省运会射击飞碟项目获全省第一】 8月24日，江苏省第十九届运动会射击飞碟项目在扬州落下帷幕。全省的7支代表队、近200名运动员在15个单项比赛中进行角逐。无锡飞碟队共获得8枚金牌、7枚银牌、3枚铜牌，总分179分，以绝对的优势夺得金牌、奖牌、总分3项第一。

（周妮雯）

【许诚子获亚运会女子重剑团体冠军】 8月24日，中国女子重剑队以29∶28战胜韩国队，成功卫冕亚运会女子重剑团体冠军，获得中国击剑队在雅加达亚运会上的第三枚金牌。无锡健儿许诚子在第六局替补出战，起到“奇兵”作用，成为这届亚运会上收获金牌的首个无锡运动员。

（周妮雯）

【石洵瑶获乒乓球世青赛金牌】 12月10日，2018年世界青年乒乓球锦标赛在澳大利亚落幕，由无锡市乒乓球总教练惠钧培养的小将石洵瑶与队友通力协作，夺得女子双打、混合双打、团体3块金牌，石洵瑶并获得女子单打银牌。

（周妮雯）

【於之莹获世界女子围棋最强战冠军】 3月16日，首届"扇兴杯"世界女子围棋最强战决赛中，无锡选手於之莹六段执白中盘战胜黑嘉嘉七段夺得冠军。比赛中，於之莹分别击败日本、韩国、中国台湾的女子围棋代表选手，成为世界女子围棋最强者。

（周妮雯）

【方梦获跆拳道全国冠军】 7月7日，2018年全国跆拳道锦标赛系列赛第三站第三个比赛日的争夺在无锡太湖新城上演，由无锡市培养输送的运动员方梦获得女子49公斤以下级比赛冠军。

（周妮雯）

【张译丹获全国竞走大奖赛冠军】 5月7～8日，由国家体育总局田径运动管理中心主办的2018年全国竞走大奖赛暨亚运会竞走选拔赛在江苏太仓举行，共有全国30多个地区的500名男女运动员参赛。无锡市输送的运动员张译丹在女子青年组10千米竞走决赛中以47分钟的成绩夺得冠军。

（周妮雯）

【夏雨滢获亚洲职业女子斯诺克精英挑战赛亚军】 1月28～31日，亚洲职业女子斯诺克精英挑战赛在广东东莞举行，这是国内首次举办女子亚洲斯诺克大赛，邀请众多女子斯诺克精英选手。无锡市年仅19岁的小将夏雨滢在1/4赛中战胜香港选手朱佩莹，半决赛中战胜世青赛季军白雨露，决赛中负于香港的世界名将吴安仪，获得亚军。

（周妮雯）

重大体育活动

【世界跆拳道大满贯总决赛】 1月20日，世界跆拳道大满贯总决赛在无锡太湖国际博览中心结束全部8个级别的争夺。韩国队成为这届赛事最大赢家，共获得4枚金牌、2枚银牌、1枚铜牌，另外4块金牌被科特迪瓦、英国、俄罗斯、土耳其队瓜分，东道主中国队获得3枚银牌、1枚铜牌。世界跆拳道大满贯冠军系列赛于2017年落户无锡，是世界跆拳道联盟推出的最具创新意义的改革，比赛规格仅次于奥运会跆拳道比赛，也是国内举办的唯一一项跆拳道项目奥运选拔赛。

（周妮雯）

【世界跆拳道世界杯团体锦标赛】 1月27日，首届世界跆拳道世界杯团体锦标赛在无锡太湖国际博览中心落幕，东道主中国队收获3个比赛项目中的女子团体和混合团体两块金牌，男子团体冠军被伊朗队夺得。国际奥委会主席托马斯·巴赫通过视频向赛事表示祝贺。

（周妮雯）

【国际垂直登高大奖赛】 4月15日，2018国际垂直登高大奖赛无锡国金中心站开赛，900多名世界各地的选手勇攀"无锡第一高楼"，挑战65层总计1764级台阶的"垂直马拉松"。赛事以"爱在城市之巅"为主题，设置个人组、团体组、亲子组、情侣组、消防组5个组别，选手需要从国金中心一层出发，经楼梯攀至65层339米高的终点。经过比拼，曾文波以7分45秒的成绩获得男子组冠军，张辉骥以9分40秒的成绩获得女子组冠军。这届赛事在原有分站赛事基础上，建立积分制度，将全国独立的分站赛事通过积分的形式串联起来，形成一个系列化、全国化的赛事网。国际垂直登高大奖赛组委会针对全国垂直登高运动推出"全国垂直登高选手积分榜"。

（周妮雯）

7月26日，世界跆拳道（无锡）中心揭幕　　（周妮雯　供稿）

【无锡马拉松】 3月25日，2018无锡马拉松开赛，3万名参赛选手在"樱花雨"中快乐起跑，尽享"人在画中跑"的初春江南美景。无锡马拉松赛举办5年来，凭借高颜值赛道、高质量服务和高标准保障，在跑圈中获得极佳口碑，连续四年被中国田径协会评为"金牌赛事"，入选中国十大马拉松比赛、首批中国体育旅游精品赛事，2018年成功晋级国际田联"铜标赛事"。2018无锡马拉松吸引国内外52个国家和地区的3万名运动员参赛，约30万名群众现场观摩，中央电视台体育频道160分钟全程直播，赛事综合影响力空前提升。结果，埃塞俄比亚选手Berga摘得全程马拉松男子组冠军，将赛会纪录提高23秒，3327名选手创造个人最好成绩，303名选手成绩在3小时以内。

（周妮雯）

【阳山半程马拉松】 4月1日，第二届阳山半程马拉松在惠山区阳山桃文化广场鸣枪开跑。阳山半程马拉松赛道全长21.0975千米，田园东方、桃花岛景观公园、长腰山风景区、小筑沐野等众多地方特色景点和精品民宿星罗棋布在赛道沿途，5000多名选手边赛跑边欣赏沿途的田园风光。由于阳山以桃花和水蜜桃闻名于世，故这次赛事又被称为“桃花马”。组委会专门提前招募10对“情侣兔”，他们有的是热恋情侣，有的是相濡以沫的夫妻，赛事当天，他们身着桃红色战袍带领选手们奔跑在桃花海中，显得格外靓丽夺目。最终，男、女组冠军均被肯尼亚选手包揽。

（周妮雯）

【世界击剑锦标赛】 7月27日，2018世界击剑锦标赛在无锡市体育中心体育馆落幕。此次比赛是国际剑联规模最大、规格最高的单项国际体育赛事，也是无锡承办的参赛外籍运动员人数最多、赛事级别最高的单项国际体育赛事，共吸引109个国家和地区的近2000名国内外宾客齐聚无锡。比赛共设3个剑种、12个小项。经过9天的激烈角逐，意大利队以4枚金牌、2枚银牌、1枚铜牌的成绩位列奖牌榜第一，韩国队、美国队分别列第二、第三名。中国女子重剑团体队收获1枚铜牌，男子花剑、女子佩剑、女子重剑晋级八强。赛事期间，中央电视台体育频道和体育赛事频道进行直（录）播，同时赛事信号通过国际奥运频道向全球120个国家和地区推送。新华社、《中国日报》、人民网、俄罗斯塔斯社等国内外93家媒体170余名记者参与赛事报道。此次击剑世锦赛主场馆总共900平方米的主高台全部用LED屏幕组装而成，为历届世锦赛首创，国际剑联赞扬其为史上科技含量最高、魅力最大的比赛场馆。

（周妮雯）

【中国体育舞蹈俱乐部联赛】 10月6日，2018年中国体育舞蹈俱乐部联赛（无锡站）暨无锡市第六届体育舞蹈锦标赛在无锡市体育公园体育馆落幕，共4000余名“舞林高手”参赛。大赛舞种涵盖摩登、拉丁、阿根廷探戈、肚皮舞等，选手年龄跨度为5～55岁，他们中既有参加过亚锦赛的顶尖体育舞蹈选手，也有亚运会金牌获得者和东亚运动会冠军选手。全国各地的90名专家评委中，国家级裁判员达40人，另外还有10名国际级裁判员。此次大赛是近年来无锡举办的最高规格和最大规模的体育舞蹈盛事，全市有近1200人参与比赛。

（周妮雯）

【环太湖国际公路自行车赛】 10月7～14日，2018第九届环太湖国际公路自行车赛在江苏、浙江两省举行，赛事级别为UCI2.1级，也是国内四大职业公路自行车赛之一。此届赛事共吸引包括法国、意大利、德国、美国、加拿大、日本等32个国家和地区120多名运动员组成的21支车队参赛，受邀车队数量和质量均领先全国同类比赛。作为首站城市，在10月7日序幕赛段的个人计时赛和10月8日正式开始的绕圈赛上，各国骑手们上演自行车版的“速度与激情”。无锡滨湖绕圈赛历来被誉为环太湖“最美赛段”，绕圈赛当天，选手们从无锡著名的景点“蠡湖之光”出发，沿着太湖湖畔而行，途经十里明珠堤、七里风光堤、灵山大佛等知名景点，绕行一圈，最后回到“蠡湖之光”，全程85千米。最终，哥伦比亚选手Juan Sebastian Molano取得环太湖第一赛段冠军。

（周妮雯）

【成功申办2021年跆拳道世锦赛】 11月21日，世界跆拳道联盟全球执委会会议在阿联酋富查伊拉召开，无锡从全球4座城市的角逐中脱颖而出，全票通过，成功申办2021年跆拳道世锦赛。在当天下午的世锦赛申办环节中，无锡代表团团长、副市长刘霞代表无锡进行申办陈述，现场还播放由两届奥运会冠军吴静钰参演的无锡申办宣传片，向全球跆拳道界发出“2021，无锡欢迎您”的邀请。世界跆拳道锦标赛是跆拳道项目世界最高水平的赛事，无锡是继北京和香港之后，第三个举办跆拳道世锦赛的中国城市。

（周妮雯）

【越野行走世界杯赛】 11月4日，2018中国·宜兴越野行走世界杯赛暨宜兴徒步大会在龙背山森林公园鸣笛开赛。赛事由国际越野联合会、国际越野联合会中国分会、宜兴市人民政府共同主办，吸引巴西、法国、加拿大等20多个国家和地区的约2000名运动员参加。宜兴市境内田野山川风光秀丽，喀斯特地貌增加越野行走的视觉享受，运动员沿“2017江苏省最美跑步线路”分别进行5千米、10千米的比拼。最终，中国选手顾明海、符春梅分别获得5千米男子组、女子组冠军，法国选手Melvin和俄罗斯选手Dorogavtceva Kseniia摘得10千米男子组、女子组桂冠。赛事得到各大媒体及网络平台广泛报道，多平台累积观看超400万人次。当天，“中国宜兴——国际越野行走联合会越野行走基地”在宜兴龙背山森林公园揭牌。

（周妮雯）

2018环太湖国际公路自行车赛 （周妮雯 供稿）

体育产业

【体育彩票销量首次突破45亿元】 2018年,无锡体育彩票销量创历史新高,全年销售45.06亿元,首次突破40亿元大关,总量稳居全省第二。据江苏省体育局公布的数据,无锡体育彩票年增幅55.07%,市场份额66.61%,为开展全民健身、发展竞技体育、建设体育设施、繁荣体育赛事提供强力保障,为江苏体育彩票销量全国第一做出重大贡献。市体育彩票中心被江苏省体育局授予2018年度体育彩票工作先进单位。

(周妮雯)

【入选中国体育旅游精品项目4项】 12月,国家体育总局发布2018中国体育旅游精品项目评选名单,无锡市共有4个项目入选。其中,宜兴龙池山自行车公园被评为中国体育旅游十佳景区,江阴海澜马文化主题旅游景区、蠡湖景区被评为中国体育旅游精品景区,宜兴市被评为中国体育旅游精品目的地。无锡市获奖数蝉联全省第一。

(周妮雯)

【全国首个智慧体育众创空间】 6月29日,由国家体育总局体育器材装备中心、江苏省体育局、无锡市人民政府三方共同建设的"智未来"智慧体育众创空间在无锡正式启用,这是全国第一家面向全球体育创业人才的创业孵化平台。众创空间启动运营后,借助无锡在智慧体育领域的先发优势和丰富经验,优化初创企业创业环境,吸引培育一批有潜力、有创意、有活力的创新型体育企业;众创空间还建立一支包括企业家、专家学者、投资人等在内的导师团队,为企业提供精准的支持和贴心的服务,助推无锡智慧体育产业实现新发展。

(周妮雯)

【智慧体育产业发展峰会】 9月16日,2018智慧体育产业发展峰会在无锡举行。峰会以"物联体育、互动世界"为主题,近500位来自产业界、学术界、政界专业人士共聚一堂,通过主旨演讲与经验交流,探讨智慧体育发展之路。峰会期间,国体认证智慧体育(江苏)检测中心揭牌,并正式落户无锡智慧体育产业园,这是国内唯一一家"国字号"智慧体育检测认证平台。

(周妮雯)

【智慧体育服务平台上线】 6月,智慧体育综合服务平台"畅动"APP正式上线。平台以整合体育场馆、社团服务、赛事活动等资源为基础,通过"互联网+体育"模式,建立场馆、社团、企事业单位、体育培训和健身机构、用户及周边商户有机结合的全新体育服务产业生态,面向市民提供体育公共服务。至2018年年底,平台累计上线各类体育场馆69家、体育社团协会121家、体育俱乐部58家,发布活动30余场次,服务市民10万余人次。

(周妮雯)

【世界跆拳道无锡论坛】 12月16日,2018世界跆拳道无锡论坛在太湖新城举行。12月15日晚,省委常委、市委书记李小敏会见国家体育总局副局长李颖川一行,市长黄钦代表无锡接受2021年世界跆拳道锦标赛举办城市证书。此次论坛以"梦想与未来,构建更健康的跆拳道生态"为主题,聚焦中国跆拳道运动的发展现状。2018年,无锡市大力发展体育产业新业态,以无锡中心落户为切入点,引进大满贯冠军赛、世界锦标赛等国际赛事,依托赛事向产业链上下游拓展,在国际教材编制、体育运动培训、功能饮料开发、新兴装备制造等多个领域开展有益探索,着力开发跆拳道运动全产业链发展模式,得到国家体育总局高度关注,国家体育总局领导多次到无锡实地考察。

(周妮雯)

【蠡湖拓展"体育+旅游"】 6月14～15日,2018无锡蠡湖全民健身龙舟赛在蠡湖水域开赛,近40支龙舟队伍、超600名选手参赛,赛事当天吸引市民、游客达6万人次。利用38千米湖岸线的"水"资源,蠡湖的皮划艇、龙舟、OP帆船、SUP船等体育运动项目和赛事品牌逐渐发展。依托水上运动项目和品牌赛事,探索水上运动主题酒店、水上俱乐部、水上运动培训营地、水上运动品牌课程,不断拓展"体育+旅游"的内涵和外延。

(周妮雯)

【新增一家国家体育产业示范单位】 2018年,江阴四方游泳康复产业股份有限公司成功入选国家体育产业示范单位。成立于1992年的江阴四方游泳康复产业股份有限公司在国内开创泳池开放设备、拼装式游泳池、游泳竞赛和游泳救生装备等系列产品的自主研发和规模化生产,曾为北京奥运会提供游泳馆配套设施。在2018年3月举办的中国国际体育用品博览会上,国家体育总局副局长李颖川一行参观四方公司展位,江苏省体育局局长陈刚与蝶泳奥运冠军焦刘洋一起为四方公司"国家体育产业示范单位"揭牌。

(周妮雯)

【大型国际赛事经济效益凸显】 2018年,击剑世锦赛、无锡马拉松等一批具有人气效应和城市特色的大型国际赛事进一步凸显经济效益。击剑世锦赛市场化运营总量约800万元,其中,现金赞助约600万元,票房总收入约100万元,实物赞助约100万元。2018无锡马拉松赛事期间,外地观众及运动员在无锡住宿消费约合8960万元,餐饮消费约合6034万元,景点门票消费约合1005.2万元,产生的直接经济效益总额约1.65亿元,较上年增长15.4%。

(周妮雯)

【对上争取资金超2000万元】 2018年,无锡市积极组织省级体育产业专项资金及体育俱乐部申报工作,共有5个项目获得360万元省专项资金扶持,2个项目获得80万元省体育俱乐部资金扶持。此外,上级财政对U系列赛事活动、教练员培训和高水平体育后备人才培养、第五次国民体质监测工作、健身气功管理方式改革试点工作、全国重点高水平基地建设工作分别给予专项补贴累计362.6万元;对校园足球项目下拨经费401.65万元;对体育场馆免费、低收费开放补助下拨资金330万元;加上其他各类上级财政支持地方体育事业专项资金,2018年,无锡市总计对上争取资金2103.1万元,增幅达21.46%,为各项体育事业发展提供强力支持。

(周妮雯)

编辑 顾洪兴

人口和计划生育

【人口概况】 2018年年末，无锡市户籍总人口497.21万人，比上年增加4.16万人，增长0.8%。其中，市区263.13万人，比上年增加3.9万人，增长1.5%；江阴市125.95万人，比上年增加0.49万人，增长0.4%；宜兴市108.13万人，比上年减少0.2万人，下降0.2%。

在全市户籍总人口中，男性244.72万人，女性252.48万人，性别比(以女性为100)96.9。2018年，全市户籍总人口中出生42117人，出生率8.51‰；死亡36939人，死亡率7.46‰；人口自然增长率1.05‰。全市户籍总人口中迁入5.67万人，其中省外迁入2.65万人，占迁入人口46.7%；迁出人口1.94万人，其中迁往省外0.93万人，占迁出人口47.9%。全市户籍出生人口政策符合率99%以上，户籍人口出生性别比104.1，常住人口出生性别比106.93。

全市户籍老年人口1310895人，占全市户籍总人口的26.36%。其中80周岁以上高龄老人183990人，占老年人口总数的14.04%，百岁以上寿星465人。

（史海宁　毛枭娇　陈建忠　张兴堂）

【“全面两孩”政策实施】 年内，无锡市贯彻落实中共中央、国务院《关于实施全面两孩政策改革完善计划生育服务管理的决定》精神，落实《中华人民共和国人口与计划生育法》与《江苏省人口与计划生育条例》，依法实施好“全面两孩”政策，加强宣传倡导，正确引导社会舆论，妥善处理好政策衔接问题，规范社会抚养费征收管理，积极化解矛盾，引导群众负责任、有计划地按政策生育，维护良好的生育秩序。召开2018年全市计划生育工作会议暨创建省“十三五”人口协调发展先进县(市、区)工作推进会，落实年度目标任务。完成“十三五”计划生育工作中期评估。深化计划生育服务管理改革，完善生育登记服务制度，畅通登记渠道，进一步规范办事流程，为群众提供高效便捷服务。全年办理生育登记47043件，再生育审理963件。

（毛枭娇）

【流动人口卫生计生服务管理】 年内，无锡市流动人口基本公共卫生计生服务均等化试点工作成效显著，锡山区被评为全国流动人口基本公共卫生计生服务均等化示范县(市、区)，宜兴市、惠山区、滨湖区被评为全省流动人口基本公共卫生计生服务均等化示范县(市、区)。提高流动人口家庭发展能力、促进流动人口社会融合示范试点工作经验多次在国家级、省级会议上作交流发言。做好流动人口健康促进和健康教育工作，全市3家企业获评全国流动人口健康促进示范企业，2所学校获评全国流动人口健康促进示范学校，15户流动人口家庭获评流动人口健康家庭，10家单位获评省级流动人口健康促进示范单位，53户流动人口家庭获评省级流动人口健康家庭。高标准完成2018年全国流动人口动态监测，无锡市、宜兴市、梁溪区、锡山区获评全国流动人口动态监测调查优秀单位，20人获评全国优秀个人。惠山区、滨湖区获评省级流动人口动态监测调查优秀单位，42人获评省级优秀个人。

（毛枭娇）

【出生缺陷防治项目实施】 年内，无锡市制定实施《无锡市出生缺陷综合防治民生实事项目实施方案》和《无锡市新生儿疾病筛查项目实施方案》，在省定项目基础上，增加儿童先天性心脏病筛查、困难高危孕妇产前诊断免费政策项目，建立健全全市产前筛查、新生儿疾病筛查服务体系，完成省定民生实事项目目标任务，免费婚检率94.29%，免费孕前优生健康检查任务完成率113.57%，在全省两次孕前优生实验室室间质评中全部获评优秀。

（毛枭娇）

【计划生育服务】 年内，无锡市完善两孩政策实施后产后和流产后避孕服务干预机制，探索对不同人群安全避孕的有效服务模式，减少非意愿妊娠和人工流产。落实原省卫生计生委《关于印发规范避孕药具服务管理的指导意见(试行)的通知》精神，根据省《关于做好免费避孕药具公共服务进高校工作的通知》，制定无锡地区免费避孕药具进高校工作方案。印发《无锡市规范避孕药具服务管理实施细则》，召开全市避孕药具服务管理改革工作会议，推动国家基本公共卫生服务免费提供避孕药具项目规范开展，完善以基层医疗卫生机构为主体的新型药具服务管理体系。避孕药具不良反应监测地区年百万人口报告率882.26。

（毛枭娇）

【计划生育家庭利益导向政策落实】 年内，无锡市落实法律法规规定的各项计划生育家庭奖励优惠政策，全年兑现农村奖扶14.05万人，支付奖扶资金1.3亿元，向1.24万计划生育特扶对象支付特别扶助金8315万元。自2018年起，一次性奖励资金由各级政府全额承担，全年受理持证企业退休人员一次性奖励金申请29055人，兑现奖励金1.05亿元。市级计划生育公益金扶助636户，发放扶助金248万元。

（毛枭娇）

【计划生育特殊家庭帮扶活动】 年内,无锡市加强制度保障,推动计生特殊家庭联系人制度、家庭医生签约服务、就医绿色通道"三个全覆盖"落实到位。将计生特殊家庭纳入市区中低收入居民疾病医疗自费支出救助范围,个人自费医疗支出,可按对应病种给予50%～80%不等的救助。继续开展失独家庭老人眼健康筛查项目,为全市351名特殊家庭老年人进行全眼健康检查,为筛查出的白内障患者开展免费手术治疗。启动实施老年人慢病专家健康指导项目,为计生家庭老人提供有针对性的慢病健康指导,受众660余人。继续开展心理疏导项目,与多家社会组织协作,为失独家庭成员提供心理援助服务。加强连心家园建设,全市各街道(乡镇)均建立连心家园,宜兴市湖㳇镇、惠山区钱桥街道、滨湖区蠡湖街道、新吴区鸿山街道分别被评为省级连心家园——关爱失独家庭行动优秀项目点和提名项目点。

(毛枭娇)

【家庭发展能力建设】 年内,全市各地推进"新家庭计划——家庭发展能力建设",依托社区平台开展主题活动。锡山区获评首批江苏省幸福家庭建设示范县,新吴区梅村街道、梁溪区广益街道尤渡社区分别被确定为江苏省首批"新家庭计划——家庭发展能力建设"项目点,江阴市王新潮家庭被推选为第二届全国"幸福家庭"。

(毛枭娇)

【医养结合试点】 年内,无锡市以滨湖区省级试点和江阴市、梁溪区、惠山区市级试点的"1+3"模式,推动市(县)区开展医养结合工作试点。初步形成"333"模式,即在机构、社区、居家三个平台上,以政府和社会资本(PPP)投入模式,为全市老人提供全天候机构医养、半自助式社区医养、签约型居家医养三种模式的医养结合服务。加快医养结合体系建设,对涉及健康养老类别的医疗机构设置预留政策空间,放宽数量限制,取消医务室等许可审批,实行备案管理。全市医养结合机构比上年增长27.27%,新增护理院38家,增幅86.36%。开展全市医养结合机构医疗卫生管理情况检查,提升医疗卫生管理质量,滨湖区金夕延年护理院成功入选首批省级示范医养结合机构。

(毛枭娇)

就业创业

【概况】 2018年,无锡市城镇新增就业16.14万人,城镇登记失业率1.78%,为全省最低。全市24个省级创业示范基地入驻企业4100家,孵化成功率82%。全市企业养老保险净增缴费15.49万人,压降当地户籍断保人数9.65万人,创5年来最好水平。全市引进高层次人才7929人,海外留学人才1844人,高校毕业生43893人,新增高技能人才36755人。年内,无锡市连续第11年被中国就业促进会评为全国就业宣传先进集体,江阴、宜兴等7个市(县)、区均获评就业宣传先进集体,这是无锡市历史上首次全域获此殊荣。"创响无锡全民创业行动"和"就业失业预警系统"入选中国地方就业创新事件,"就业服务标准化信息化"和"就业援助精准帮扶"入选人力资源和社会保障部年度地方就业创新实践案例,无锡市、宜兴市就业创业政策落实到位获省政府督查激励表彰。

(方贵跃 孙皓晨)

【"春风行动"】 2月26日至3月31日,无锡市开展"春风行动",举办招聘会155场,免费发放"春风卡"等各类宣传资料76343份,提供公共就业创业服务123752人次,提供岗位201145个,组织参加职业技能培训3803人,开展劳动维权和法律援助7129人次,促进农村劳动力就业5233人。

(方贵跃 孙皓晨)

【政府购买就业培训服务项目】 4月13日,无锡市启动2018年政府购买就业培训服务项目,在无锡政府采购网发布项目招标公告。根据市场需要和一系列调研调查,筛选出物联网系统集成、工业机器人装调维修、数控加工中心操作等培训项目15个,确定2018年度政府购买就业培训服务目录。对列入就业培训目录的项目,按照政府采购流程购买培训服务。具有应标项目的职业培训能力且依法在民政部门登记成立的社会组织,以及依法在工商管理或人力资源社会保障、教育主管部门登记成立的各类具有独立法人资格的大中专院校、职业院校、培训机构、公共实训机构、高技能人才培训基地、行业协会、企业等均可参加竞标。5月,无锡政府采购中心通过公开招标方式确定就业培训服务中标单位,政府购买就业培训工作全面展开。政府购买就业培训政策免费对象涵盖无锡市的登记失业人员、高校毕业生、城乡未继续升学的应届初高中毕业生、灵活就业人员、企业在职职工、退役士兵、外来劳动者、农村适龄劳动力、产业急需的技能人才等法定劳动年龄内的各类群体,各类有培训需求的人员均可以通过各级人社平台报名参加培训。

(方贵跃 孙皓晨)

【"创响无锡"全民创业大赛分赛】 11月16日,无锡市举办"创响无锡"全民创业大赛智能制造及文化创意分赛决赛。活动由市人力资源和社会保障局指导,市就业管理中心和梁溪区人力资源和社会保障局主办。市、区两级就业创业部门负责人,梁溪区相关部门、创业园区代表和15个参赛队伍共计130余人参加活动。决赛项目受到无锡金投、晟坤投资等6个投资基金关注。决赛特邀干阳、张春雷等7位资深创业指导以及金融投资领域专家作为评委。经角逐,零毛刺微孔箔材产业化项目获得一等奖,半导体高精度芯片贴装机器人、人参皂甙RH2分子印迹纯化及新药研发、浮世绘娱乐画馆、白芸豆叶黄素脂复合粉(夷力唐素)——改善血糖新方案和新一代太阳能产品5个项目分别获二等奖、三等奖。

(方贵跃 孙皓晨)

【"乐业无锡"进校园主题活动】 年内,市人力资源和社会保障局开展"乐业无锡"就业创业服务进校园系列活动,走进江南大学、无锡太湖学院等7所在无锡高校,举办校园专场招聘会3场、职业指导课程8场、校园职场创意大赛1场,对9937名在无锡高校毕业生开展就业能力测评,为每位参加测评的学生精准推送不少于3次当地职位信息。

(方贵跃 孙皓晨)

【创业大赛暨电子设计创新创业邀请赛】 11月15日，无锡市举办“创响无锡”2018大学生创业大赛暨“中科芯杯”大学生电子设计创新创业邀请赛。活动由工业和信息化部人才交流中心指导，市委组织部、市人力资源和社会保障局、中科芯集成电路股份有限公司共同主办，市人才服务中心承办。工业和信息化部人才交流中心、省人力资源和社会保障厅、无锡市政府、中科芯集成电路股份有限公司相关领导，市就业工作领导小组成员单位、各区人力资源和社会保障部门、各大学生创业园有关代表，“创响无锡”2018大学生创业参赛项目、“中科芯杯”大学生电子设计创新创业邀请赛参赛团队，在无锡高校相关专业大学生代表和创业者代表450余人参加典礼。活动特邀大数据领域专家、集成电路行业专家学者进行主题分享。数文明(广东)科技有限公司CEO、阿里巴巴集团原副总裁涂子沛，东南大学电子科学与工程学院/国家asic工程中心副研究员蔡浩，IC咖啡创始人、芯汇投资合伙人胡运旺作主题演讲。活动对2018年度全市优秀大学生创业导师、优秀创业辅导员，“中科芯杯”大学生电子设计创新创业邀请赛、“创响无锡”2018大学生创业大赛获奖团队进行表彰。

(方贵跃　孙皓晨)

【完善就业创业政策体系】 2018年，市人力资源社会保障局完善就业政策体系，制定就业应急工作预案，推出八项减负政策，为企业降低用人成本40余亿元。全民创业效应显现，创业示范基地创建列入省地方标准计划，24个省级创业示范基地入驻企业4100家，孵化成功率82%；市区发放创业补贴数额比上年增长47.4%，创业担保贷款比上年增长80%。制定《无锡市创业担保贷款实施办法》，新增银行直贷模式，累计发放创业担保贷款1.34亿元。有效落实各项创业优惠政策，发放各类创业补贴2562万元。开展创业培训讲师创业指导大赛，组织实施培训项目9个，累计培训1.76万人。全年扶持自主创业2.86万人，实现带动就业11.34万人。

(方贵跃　孙皓晨)

【就业扶贫】 2018年，市人力资源社会保障局实施高校毕业生就业创业促进计划，持续开展“乐业无锡”就业指导进校园和大学生“阳光就业”活动，有针对性地开展就业指导、就业介绍、就业见习和技能培训等服务。落实大学生租房补贴政策，发放大学生租房补贴4850万元。组织1957名毕业生参加就业见习活动，发放就业见习补贴429万元。开展就业援助“彩虹计划”，优化就业援助实名制系统，为就业困难人员提供“量体裁衣”式的个性化服务。通过公益性岗位安置就业困难人员556人，援助就业困难人员再就业5.02万人。实施就业援助对象分类服务制度，无锡市承担的《就业援助服务规范》省级地方标准获评通过；持续加强与陕西省延安市、青海省海东市对口就业扶贫合作，对接贫困地区就业困难人员到无锡就业。

(方贵跃　孙皓晨)

【职业技能培训】 2018年，市人力资源社会保障局持续开展重点群体免费接受职业培训行动，实施离校未就业高校毕业生培训计划，全年开展就业技能培训4.08万人。落实失业保险支持职工提升技能补贴政策，推进补贴申领网上办理，累计向4622人次发放补贴756.92万元。探索开展培训项目标准化建设，综合考虑市场需求、无锡产业发展特点等因素，确定17个培训业务标准开发项目。完善政府购买培训服务机制，引导优质培训机构、职业院校和公共实训机构参与培训，全年21家培训机构中标培训项目14个，累计培训3859人。江阴市整合民办培训机构创建“腾创培训产业园”，实施“订单式”培训，惠山区创新开展“智慧工人”培训，全市职业培训体系日趋完整。

(方贵跃　孙皓晨)

收入和消费

【城镇居民生活】 2018年，无锡市城镇居民收入与消费稳步增长。城镇居民人均可支配收入56989元，比上年增长8.2%。城镇常住居民人均消费支出35016元，比上年增长6.2%，增幅比上年高1.3个百分点。

城镇居民增幅高于全国，与全省持平，实现提档进位。城镇居民人均可支配收入绝对值分别高出全国、全省17738元和9789元；增速比全国高出0.4个百分点，与全省持平，增幅全省排名第八位，较上年提升4位，在省内位次较上年实现提档进位。工资性收入是增收主渠道。城镇常住居民人均工资性收入38468元，比上年增长7.3%，占可支配收入的67.5%，占比居四大类收入之首，对可支配收入增长贡献率60.2%，拉动可支配收入增长5.0个百分点。工资性收入持续提高主要原因，一是宏观经济高质量发展，2018年无锡经济总量在过1万亿元后稳步步入新轨道，主要经济指标稳步增长；二是年内提高最低工资标准以及最低小时工标准，由原来1890元/月调整为2020元/月。三是就业稳，全市新增城镇就业16.14万人，较上年增加0.77万人，增长5.0%。转移净收入增速递增。社会保障扩面、水平提升，城镇居民转移净收入较快增长。城镇常住居民人均转移净收入7921元，比上年增长9.8%；对可支配收入增长的贡献率16.3%，拉动可支配收入增长1.3个百分点。居民转移净收入增长原因，一是无锡45万名企业退休人员和6.4万名机关事业单位退休人员，从2018年1月1日起增加基本养老金，2018年6月30日前补发到位，平均增幅在5.5%。二是城乡低保标准提高，市区城乡低保标准由820元提高到900元。三是7月1日起继续上调市区两级临时救助标准，一次性救助金限额分别提高到6800元、4200元。四是大病保险起付标准持续调低，市区参保人员享受大病保险实时补助2万余人，受益金额1.34亿元。经营净收入和财产净收入保持增长。2018年城镇常住居民人均经营净收入5414元，比上年增长9.4%；人均财产净收入5186元，比上年增长11.9%。经营净收入和财产净收入增长主要原因，一是实施多项为企业减负政策，发放社会保险和公益性岗位补贴2.11亿元、稳岗补贴1.91亿元，降低社保费负担26.38亿元。二是创业效应显现，全市扶持自主创业2.16万人，实现带动就业7.94万人，引领大学生创业2782人。创业扶

表 57　　2018 年无锡市城镇常住居民家庭人均收入情况

指标	收入值（元）	增幅（%）	占比（%）	贡献率（%）
可支配收入	56989	8.2	100.0	100.0
1. 工资性收入	38468	7.3	67.5	60.2
2. 经营净收入	5414	9.4	9.5	10.7
3. 财产净收入	5186	11.9	9.1	12.8
4. 转移净收入	7921	9.8	13.9	16.3

（倪　利）

表 58　　2018 年无锡市城镇常住居民家庭人均消费情况

指标	支出值（元）	增幅（%）
生活消费支出	35016	6.2
1. 食品烟酒	9559	5.3
2. 衣着	2906	4.9
3. 居住	7318	6.2
4. 生活用品及服务	1996	7.0
5. 交通通信	5323	4.8
6. 教育文化娱乐	4692	11.2
7. 医疗保健	2136	6.2
8. 其他用品和服务	1086	2.9

（倪　利）

持力度持续加大，发放创业补贴 1134 万元。创新实施银行直贷模式，全市发放创业担保贷款 9383 万元。三是引导合作银行为中小微企业提供更全面、更优质的融资支持与金融服务。信保基金累计投放贷款金额 226.15 亿元，累计支持企业户数 3270 家，有效降低了中小微企业融资成本。四是居民理财意识强。理财渠道和形式日益多元化，城镇居民各类财产得到有效盘活，旧城改造力度大、全年楼市成交活跃，居民自有房屋价值及房屋出租收入等财产性收入相应增加。

城镇居民人均消费支出增幅高于上年，八大类消费支出全面增长。恩格尔系数 27.3%，低于上年，居民生活质量提升。食品烟酒类消费支出近 1 万元。增收促消费，居民更加注重饮食结构合理，注重营养搭配。为适应快生活节奏，在外饮食消费日渐普及。城镇常住居民食品烟酒类消费人均支出 9559 元，占比居八大类之首，比上年增长 5.3%，对消费支出增长的贡献率 23.4%，拉动消费支出增长 1.4 个百分点。教育文化娱乐类消费增速居八大类第一位。各类教育热度持续，文化娱乐形式多样，需求不断增加，推动教育文化娱乐类消费高增长。城镇常住居民人均教育文化娱乐类消费支出 4692 元，比上年增长 11.2%，增速居八大类首位，占人均总消费支出 13.4%，对消费支出增长贡献率 6.1%，增量拉动消费支出增长 0.4 个百分点。

（倪　利）

【农村居民生活】 2018 年，无锡市农村常住居民收入与消费持续增长。无锡市农村常住居民人均可支配收入 30787 元，比上年增长 8.6%；人均生活消费支出 21460 元，比上年增长 7.3%。

农村居民收入首破 3 万元大关。2018 年，农村常住居民人均可支配收入 30787 元，绝对值高于全省平均水平 9942 元，收入水平居全省第二。城乡收入比为 1.85 ： 1，低于上年同期水平（1.86 ： 1），城乡收入差距进一步缩小。4 项收入全面增长。农村居民人均工资性收入 19365 元，比上年增长 8.1%，拉动收入增长 5.1 个百分点，收入贡献率 59.4%，拉动力和贡献率均居 4 项收入之首。农村居民人均经营净收入 5203 元，比上年增长 7.9%，增速比上年提高 0.6 个百分点，拉动收入增长 1.3 个百分点，收入贡献率 15.7%。农村居民人均财产净收入 2771 元，比上年增长 9.8%，拉动收入增长 0.9 个百分点，收入贡献率 10.2%。农村居民转移净收入 3448 元，比上年增长 11.5%，增幅比上年提高 1.1 个百分点，增幅居 4 项收入之首，收入贡献率 14.7%。

农村居民消费支出结构持续优化。农村居民生活消费支出 21460 元，比上年增长 7.3%。恩格尔系数呈逐年下降。农村常住居民人均食品烟酒支出 6222 元，比上年增长 5.4%，对生活消费支出贡献率 22.0%。恩格尔系数 29.0%，比上年下降 0.5 个百分点，连续 8 年下降，表明农村居民生活质量在逐步提高，农村居民生活性消费逐渐向多元、优质的方向发展。衣着消费日益多样化。随着农村居民收入水平的逐渐提高，生活方式逐渐多样化，农村居民在衣着方面从低档消费转向追求中高档化、品牌化消费。农村常住居民人均衣着类消费 1824 元，比上年增长 4.8%，对生活消费支出贡献率 5.8%。文教娱乐支出领先增长。

农村居民人均教育文化娱乐支出 2275 元，比上年增长 12.6%，涨幅居八大类之首，消费贡献率 17.4%。农村居民对教育的重视丝毫不逊于城镇居民，教育消费支出日益增长；随着农村居民休闲、文化娱乐意识的不断增强，农村居民消费向享受类消费发展，农村居民在生活娱乐等方面支出持续增加。居住类消费贡献率最大。居住消费支出增长有两方面的原因，一是农村居民住房改善意识增强；二是受建材、人工、物业、房租等价格上涨影响，居民居住支出随之增加。居住类人均

表 59　　2018 年无锡市农村常住居民家庭人均收入情况

指标	收入值（元）	增幅（%）	占比（%）
可支配收入	30787	8.6	100.0
1. 工资性收入	19365	8.1	62.9
2. 经营净收入	5203	7.9	16.9
3. 财产净收入	2771	9.8	9.0
4. 转移净收入	3448	11.5	11.2

（倪　利）

图 23　　2018 年无锡市农村常住居民收入结构

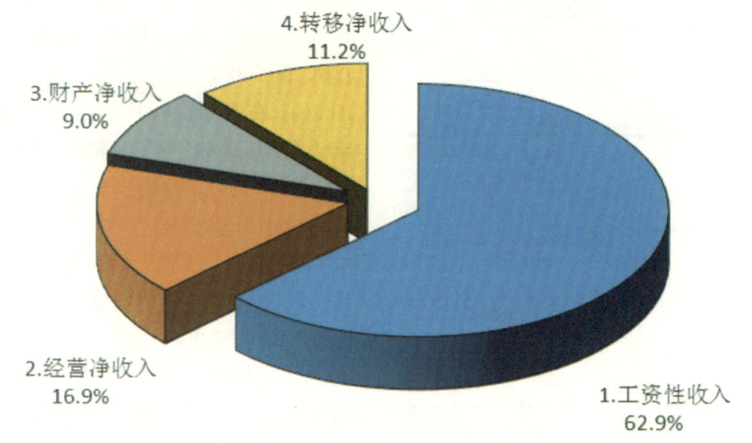

（张　睿）

表 60　　2018 年无锡市农村常住居民家庭人均消费情况

指标	支出值（元）	增幅（%）
生活消费支出	21460	7.3
1. 食品烟酒	6222	5.4
2. 衣着	1824	4.8
3. 居住	4550	8.9
4. 生活用品及服务	1159	11.4
5. 交通通信	3155	4.5
6. 教育文化娱乐	2275	12.6
7. 医疗保健	1545	7.3
8. 其他用品和服务	730	10.6

（张　睿）

消费 4550 元，比上年增长 8.9%，占比 21.2%，仅次于食品烟酒类消费，居住类消费对生活性消费支出的提高贡献最大，消费贡献率 25.5%。生活品质追求快速提高。家庭日用品消费种类繁多，品种趋于多样化，更新换代速度快。日用品消费支出结构多样、趋势向上，人们对生活品质的要求不断提高，生活服务性支出也越来越多。农村常住居民人均生活用品及服务和其他用品及服务支出分别为 1159 元、730 元，增幅分别为 11.4%、10.6%，增幅分居消费八大项第二、第三位。医疗交通通信保持稳定增长。医疗保健类支出 1545 元，比上年增长 7.3%，消费贡献率 7.2%，交通通信类消费 3155 元，比上年增长 4.5%，消费贡献率 9.2%，两项支出均保持平稳增长。

（张　睿）

社会保险

【工伤保险停缴欠缴监控系统上线】 2018 年 5 月，无锡市工伤保险停缴欠缴监控系统上线。该系统由市社保中心会同市人力资源和社会保障信息中心共同开发。根据省人力资源和社会保障厅《关于实施〈工伤保险条例〉若干问题的处理意见》的相关规定，职工发生工伤时，用人单位依照相关规定为其参加了工伤保险，但其后违反规定停缴或者欠缴工伤保险费的，停缴、欠缴期间发生的工伤医疗费用、工伤康复费用、安装和配置残疾辅助器具费用、住院伙食补助、到统筹地区以外就医的交通、食宿费用，以及解除或终止劳动关系时发给的一次性工伤医疗补助金，由用人单位支付。工伤保险停缴欠缴及待遇支付牵涉多个部门，该系统可完善此类人员待遇支付工作规范与程序，实现对工伤职工停缴欠缴情况的实时监控，建立多部门联动的工作机制，通过柜面宣传、系统监控和规范待遇支付等手段，形成齐抓共管局面，提高工伤保险经办管理水平。

（方贵跃　孙皓晨）

【社会保险缴费基数再度调整】 7 月，无锡市按照省人力资源和社会保障厅《关于发布 2018 年度社会保险有关基数的通知》规定，根据省公布的上年度全省在岗职工平均工资水平，社保缴费基数执行新标准。包括，2018 年 7 月 1 日至 2019 年 6 月 30 日期间达到法定退休年龄或领取企业职工基本养老保险待遇年龄的参保人员，以及 2018 年 1 月 1 日至 2018 年 12 月 31 日期间达到退休年龄的机关事业单位基本养老保险参保人员，基础养老金计发基数6645元，计算当年实际缴费工资指数的基数为79741元。2018年7月1日至2019年6月30日，参保人员社会保险月缴费基数的上限19935元，下限3030元。上限按年度内累计月平均计算。其间，参保人员的缴费工资大于等于3125元的，相应年度的最低缴费系数按1.0计算。2018年7月1日至2019年6月30日，市区个体工商户及其雇工、灵活就业人员月缴费基数一档3030元、二档3375元、三档3832元、四档4273元、五档4832元、六档6645元、七档19935元。江阴市、宜兴市2018年度个体工商户及其雇工、灵活就业人员的社会保险缴费基数方案，由两市(县)报市人力资源和社会保障局备案后执行。2018年1月1日至2018年12月31日，市区机关、事业单位社会保险基本缴费工资基数按照下限3360元，上限19935元执行。

（方贵跃　孙皓晨）

【社会保险扩面】 2018年，无锡市人社系统加强工作部署和监督，推进社保扩面工作。至6月底，无锡市社会保险扩面超额完成全年目标任务。全市养老保险净增缴费人数62857人，完成年度目标的180%，当地户籍断保压降人数57666人。其中，市区净增缴费人数30367人，完成年度目标154.93%，当地户籍断保压降人数45652人。惠山区、江阴市、梁溪区、滨湖区均大幅度超额完成年度目标任务。

（方贵跃　孙皓晨）

【市区企业退休人员基本养老金发放】 年内，市社保中心完成2018年无锡市市区51.73万名企业退休人员基本养老金调整发放工作。此次完成调整的对象为2018年6月30日前办理退休(职)或领取生活费手续的企业人员，其中2017年12月31日前的企业退休(职)人员从2018年1月起调整基本养老金，2018年1～6月的企业退休(职)人员从7月起调整基本养老金。

（方贵跃　孙皓晨）

【城乡居民基础养老金标准7连增】 7月，无锡市2018年城乡居民基本养老保险基础养老金标准实现7连增。2018年度居民基础养老金标准由405元/月调整为450元/月，其中无锡市户籍不满6年的，由202.5元/月调整为225元/月；征地补偿性养老金调整为女50周岁以上、男60周岁以上的470元/月；女40周岁以上未满50周岁、男50周岁以上未满60周岁的为360元/月。无锡市政府将提高城乡居民基本养老金列为为民办实事项目，市人力资源社会保障局会同市财政局下发《关于调整2018年度市区居民养老保险待遇的通知》，全市城乡居保经办机构开展落实工作。8月底资金落实到位，并通过信息系统补发7～8月的提标部分养老金。多渠道开展宣传，通过微信公众号等新媒体，利用便民服务平台开展政策宣传，让每个领取养老金的老年居民了解城乡居保新政策。

（方贵跃　孙皓晨）

【全民参保长效机制】 2018年，市人力资源社会保障局在省内率先制定当地户籍人员断保接续贴息政策，实施全省唯一整合培训、就业和参保“三位一体”的入户核查机制，交通、水利、能源、机场等建设项目工伤保险参保率100%。

（方贵跃　孙皓晨）

【社会保险制度】 2018年，市人力资源社会保障局创新制定长期护理保险制度，新增企业年金单位数比上年增长300%，及时调整女性参保人员、个体工商户雇工等群体退休政策，实施补充工伤保险制度，机关事业单位养老保险“中人”待遇计发在全省率先落地，退休人员医疗互助保险制度持续完善，退休人员参保率93.28%。

（方贵跃　孙皓晨）

【社保待遇水平】 2018年，市人力资源社会保障局持续提高社保待遇水平，全市企业退休人员养老金实现“14连增”，市区人均上调比例5.8%，被征地农民政府保养金和纯居民基础养老金每月分别提高90元、45元，宜兴市提高城乡居民基础养老金增幅，努力缩小与市区差距。

（方贵跃　孙皓晨）

【社会保险基金管理】 2018年，市人力资源社会保障局制定基本医疗保险支付方式改革办法，推进“DRGs-PPS”江苏省试点，全面取消定点零售药店准入数量限制，开展打击欺诈骗取医保基金专项行动，加强医保智能监控，住院总费用和住院均次费用实现双降；核查社保漏缴基数1.75亿元，市区社保费征缴比上年增长22%，五大类社会保险基金累计结余541亿元，基金抗风险能力增强。

（方贵跃　孙皓晨）

【医疗保险】 2018年，无锡市社会医疗保障体系建设坚持全覆盖、保基本、多层次、可持续，以增强公平性、适应流动性、保证可持续性为重点，继续推进构建覆盖城乡全体居民的基本医疗保障制度体系，形成以城镇职工基本医疗保险和城乡居民基本医疗保险为主体，以城乡医疗救助和社会慈善捐助等为保底，以补充医疗保险、城乡居民大病保险和商业健康保险等为补充的多层次的社会医疗保障体系，保障更加立体化、全方位。至年末，全市基本医疗保险参保总人数572.34万人。其中，职工医保358.88万人，居民医保213.46万人。全市生育保险参保总人数223.86万人。职工、居民基本医疗保险住院医疗费用政策范围内的基金支付比例分别达84%、70%以上。

（任　燕）

【按疾病诊断相关分组付费试点】 1月6日，江苏省政府办公厅发布《关于进一步深化基本医疗保险支付方式改革的实施意见》，无锡市被确定为全省唯一探索开展按疾病诊断相关分组(DRGs)付费试点城市。4月10日，无锡市政府办公室发布《关于印发无锡市“DRGs-PPS”项目试点工作实施方案的通知》，成立以分管副市长为组长，市政府副秘书长为副组长，市人社局、市卫计委、市财政局等各相关部门主要负责人为成员的“DRGs-PPS”项目试点工作领导小组，明确具体实施方案和实施步骤，当月启动为期3年的“DRGs-PPS”项目试点工作，项目具体工作组、专家组以及病案核查专家团队相继成立。经市人社局、市卫计委等部门通力合作，市区28家二级及以上公立试点医院共同努力，当年有效开展5期相关DRG基础理论、病案基础知识和质控监管培训，随机抽样核查全部试点医院2017年5396份病案；论证确定暂以疾病分类编码ICD-10(北京临床5.0版)和手术操作分类编码ICD-9-CM-3(北京临床7.0版)为基础的病案质控标准，由28

家试点医院全部如期按照统一标准实时上传电子病案首页信息；采集试点医院 2015 年 1 月至 2018 年 11 月的全部出院病历电子病案首页信息和医保结算信息数据，共计 1441622 份医保结算病例数，运用北京版 DRG 分组器进行分组，实现有效分组 685 组，其中正常组 664 组，病例数占比 95.92%，并对其中 11 家大中型医院的住院服务绩效开展分析评估，为后续试点工作打下坚实基础。

（任　燕）

【2018 年版省医疗保险药品目录执行】 7 月 1 日起，无锡市执行 2018 年版江苏省基本医疗保险、工伤保险和生育保险药品目录。药品目录是基本医疗保险、工伤保险和生育保险基金支付参保人员药品费用和强化医疗服务管理的政策依据及标准，此次新版省药品目录，是继 2010 年版后历时 8 年之久的一次改版，收录药品 2829 个，包括西药 1494 个、中成药 1335 个，比上版增加药品总量 2.7%，提高中成药总量占比。无锡市执行 2018 年新版药品目录继续沿用以往的相关规则，以不降低参保人员待遇享受为原则，确定乙类药品自理比例时继续向中成药及中药饮片予以倾斜；此版药品目录首次将国家谈判药纳入范围，无锡市确定 36 种谈判药自理比例暂为 50%；明确第二批重点监控的辅助性营养性药品自理比例为 30%，切实贯彻国家和省对主要起辅助治疗或易滥用的药品，适当加大个人自付比例，拉开与其他乙类药品支付比例档次的要求，加大监管力度。

（任　燕）

【打击欺诈骗保专项行动】 10 月 25 日，市人社局、市卫计委、市公安局和市食药监局联合印发全市打击欺诈骗取医疗保障基金专项行动工作方案，贯彻落实国家和省专项行动有关部署，在全市范围内联合开展打击欺诈骗保专项行动。此次多方联动的专项行动，准确把握新形势新要求，营造重拳打击氛围，形成全面打击合力，聚焦问题，对欺诈骗保行为进行有针对性的严厉打击，其间查处违规医疗机构 210 家，追回违规费用 250 万余元，暂停医保服务协议 83 家，终止医保服务协议 7 家，移送司法处理案件 2 件，对各定点医药机构起到强烈的震慑作用，捍卫了百姓“保命钱”。

（任　燕）

【17 种抗癌药纳入医保支付范围】 11 月 20 日，无锡市人社局与卫计委联合转发国家医疗保障局将 17 种抗癌药纳入基本医疗保险、工伤保险和生育保险药品目录乙类范围的通知。此举意味着国家通过专项谈判纳入医保药品目录范围的 17 种高价抗癌药品在无锡市落地，纳入医保基金支付范围。开展抗癌药专项谈判并纳入医保药品目录工作，是满足人民群众最迫切的愿望和要求，减轻人民群众用药负担，让改革发展成果更多更好地惠及广大百姓，促进经济社会高质量发展的重要举措。通知明确，此类药用药自理比例暂为 50%，两职能部门部署各定点医疗机构药品采购事宜，以确保无锡市参保人员在门诊及住院期间使用该类抗癌药时可享受相应的医保待遇，有效减轻用药费用负担。

（任　燕）

【零售药店准入医保定点数量限制放开】 11 月 23 日，市人社局发布修订后的社会医疗保险定点医药机构协议管理办法，放开零售药店准入医保定点数量限制。至此，无锡市医药机构准入医保定点的数量限制全部取消。无锡市推进“放管服”改革，建立利企便民、快捷高效的医保管理服务体系，促进公平竞争，尊重市场规律，为广大参保人员提供更加便捷高效的医保就医购药服务。无锡市全面放开医药机构准入医保定点的数量限制，不再实行总量控制，所有符合准入条件的医疗机构、零售药店都可通过评估流程纳入医保定点范围；优化医药机构纳入医保协议管理的准入条件，简化办事流程和手续，提高协议管理准入效率。坚持服务与监管并举，加强对定点医药机构的监督与管理，严苛失信退出机制，一旦发现定点医药机构违规行为，及时严格按规定和协议处理，确保医保基金健康安全运行。

（任　燕）

【长期护理保险制度建设】 12 月 28 日，市政府办公室发布建立无锡市长期护理保险制度试行意见，在全市范围内建立长期护理保险制度，从 2019 年 1 月 1 日起施行。建立长期护理保险制度，健全无锡市社会保障制度体系，以积极应对人口老龄化，保障失能人员基本生活权益，提升其尊严和生活质量，弘扬中国传统文化美德；促进养老服务产业发展和拓展护理从业人员就业渠道，实现发展改革成果共享。无锡市长期护理保险覆盖行政区域内的所有职工基本医疗保险和城乡居民基本医疗保险参保人员，基金按照以收定支、收支平衡原则筹集，制度建立初期，暂定为每人每年 100 元，其中个人缴纳 30 元，政府补助每人 30 元，医保统筹基金划转每人 40 元。制度规定依据参保人员护理需求，对医疗机构住院护理、养老（残）机构护理和社区居家护理 3 种服务形式，均可享受长期护理保险待遇且支付标准统一，即重度失能人员按每天 50 元支付、中度失能人员按每天 30 元支付；同时医疗机构住院护理（护理院）的还可享受原医疗护理每日待遇；接受社区居家护理的，可选择上门护理服务，也可由家属或其他经专业培训合格的人员按约定提供护理服务并获长期护理保险补助。制度规定长期护理保险经办管理的主体是社会医疗保险经办机构，将采取“社商合作”模式，通过购买服务方式，将失能评定、费用结算等部分经办管理业务委托给商保公司承办。

（任　燕）

社会救助

【社会救助提标扩面】 年内，无锡市全面落实自然增长机制，提升困难群体基本生活保障和救助标准。7 月 1 日起，市区城镇居民最低生活保障标准，由每人每月 820 元调整至 900 元，实现低保标准的 11 连增；农村低保对象按城镇低保标准执行。城镇、农村特困人员供养标准，分别由每人每月 1240 元、920 元提高至 1400 元、1300 元。江阴市与市区同步、同标调整低保、特困保障标准。宜兴市低保标准 1 月 1 日由每人每月 700 元调整至 800 元，11 月 1 日再次调整至 850 元；特困人员供养标准从11月1日统一提高至1150元。孤儿集中、分散养育标准全市统一，分别提升至每人每月2360元、1880元，位居全省第一；市级、区级临时救助限额标准调整为6800元、4200元，位居全省第一。至年底，全市低保对象11702户、17213人，发放低保金1.46亿元。医疗救助43.28万人次，支出医疗救助金1.25亿元。对因病、因灾和突发困难导致基本生活困难的家庭，由市、区两级给予临时救助，全年救助各类人员24246户次，发放救助金2434万余元。对家庭收入无法覆盖家庭必需支出，经救助和帮扶后基本生活仍有困难的家庭，给予深度救助，全年救助各类家庭1013户次，发放救助金2462万余元。春节期间，对享受抚恤补助的重点优抚对象和移交地方政府安置的军队离退休干部进行慰问，对享受城镇最低生活保障户和社会困难户等进行一次性生活补助，惠及全市13.78万余人。

（蒋　平　王　伟）

【困难群体救助】 年内，无锡市全面落实困难群体救助标准自然增长机制。无锡市临时救助标准、孤残儿童养育标准、"两参"人员补助慰问标准位列全省第一，城乡低保、特困人员供养、残疾人"两项补贴"、优待抚恤补助等各项保障标准均位居全省前三，实现全市各类困难群体救助的高标准、无缝隙、全覆盖。主动将农村低保领域专项治理扩大到城乡联动，全市入户核查低保对象13982户、21813人，清退不符合条件的低保对象1386户、2981人。引入社会力量助力精准扶贫，全年发放慈善救助款物3104.6万元，受益群体10余万人。创新开展"千社结对千村(居)"行动，405个社会组织结对566个社区，实施445个项目，投入资金4595.61万元，精准帮扶25.92万人。

（陈莺歌）

【医疗自费支出救助】 2018年，无锡市在全国首创中低收入居民疾病医疗自费支出责任保险救助机制。由市财政每年安排资金，采取购买保险方式，对市区中低收入居民医疗自费支出部分进行救助。保障范围覆盖至具有无锡市市区户籍、参加无锡市社会基本医疗保险的所有中低收入居民，保障对象确定为特定对象、普通对象和特殊对象三大类。特定对象包括城乡最低生活保障对象等8类。普通对象是指家庭月人均收入在最低生活保障标准以上、最低工资标准1.2倍以内的人员。特殊对象是指家庭月人均收入在最低工资标准1.5倍以内，且家庭成员中个人全年住院自费医疗支出、门诊自费药品支出总额累计超过20万元的人员。对特定对象在首次确诊的161种重大疾病或罕见病，一次性救助1万元，其住院自费支出按对应病种(1539种)给予50%～80%不等的救助；对普通对象和特殊对象单次住院自费医疗支出超过3000元的，按对应病种分别给予30%～60%不等和20%～50%不等的救助；对特殊对象和符合特殊对象救助条件的特定对象，门诊自费处方药品支出部分按一定比例给予救助。

（陈莺歌　蒋　平　王　伟）

【在全国首创全面推行村级医疗互助制度】 年内，无锡市在江阴市率先探索"村级医疗互助"的基础上，制定《关于全面推行村级医疗互助制度的实施意见》，在全市推广村级医疗互助制度。该项制度为全国首创，以"政府引导、镇村主办、社会共建、村民共享、平台服务"为思路，采取成立镇(街道)级或者村级村民互助会的形式组织实施。以"村民自愿出一点、村社集体赞助一点、社会各界资助一点、政府资金补贴一点"等方式筹集医疗互助资金，通过向社会力量购买服务的形式，引入有成熟技术的第三方专业技术服务管理，借助"按病种"手段，科学设计补助方案，将村级医疗互助资金全部用于按病种补助本辖区村民合理医疗费用特别是重大病方面的支出。至年底，全市覆盖160万人，年度补助资金1.37亿元，单笔最高补助5万元，村民因大病住院医疗负担平均减轻19.7%。该项目被中共江苏省委、省政府列入江苏省乡村振兴十项重点工程。

（周　豪　蒋　平　王　伟）

【慈善事业】 2018年，无锡市慈善系统募集慈善资金2.11亿元、慈善物资折价2.59亿元，市本级募集慈善资金4289.91万元。其中，结合慈善助学活动、百岁老人尊老金、慈善超市爱心卡、"无锡励志包"活动等救助项目募集慈善捐款217.93万元，通过开设慈善热线、设立定点募捐箱、开展义卖义拍活动、定向捐赠等募集日常性捐款276.69万元，冠名认捐单位捐款1363万元，慈善"一日捐"捐款收入1050.43万元，慈善资金理财利息收入1381.86万元。江阴市慈善总会募集慈善捐款5007.74万元，宜兴市慈善会募集慈善捐款5221.60万元，市区5个区各慈善会(分会)募集慈善捐款6609.45万元。年内，全市慈善系统支出1.74亿元，其中市本级支出慈善资金6895.44万元，发放各类慈善物资10万件/袋，惠及困难群众10余万人次。2018年，"慈福民生"系列保险项目喜获全国慈善领域最高政府奖——第十届"中华慈善奖"。在第五届"中国城市公益慈善发展指数"发布会上，无锡市慈善事业综合指数排名全国第七位；在第四届江苏慈善奖上，无锡市获5个奖项。

（顾维仪）

【常规慈善救助】 年内，市慈善总会持续开展好元旦和春节送温暖活动、发放慈善生活救助卡、重病(困难)救助、慈善助学、慈善发药、援助结对帮扶城市慈善项目等常规救助项目。其中慈善结对助学已连续开展22年，年内向657名困难家庭的学生发放助学金217.4万元，配合一次性助学等助学项目，实现全覆盖。每周开展1次慈善赠药项目，逐步扩展到"特罗凯""安维汀""易瑞沙"等8个品种，救助患者12536人次，发放救助药品价值2.50亿元。开展元旦、春节送温暖活动，发放金额1800余万元，受助群众近10万人。

（顾维仪）

【慈善合作救助】 年内，市慈善总会与无锡电视台新闻综合频道第一看点栏目合作开展慈善关爱基金项目。与市残联合作开展慈善康复工程和精神病慈善病区项目，给肢体、精神残疾患者提供最佳康复治疗时机，救助患者50人，支出18.25万元。与天惠超市合作开展慈善超市项目，有效探索慈善超市对接市场、社会化运作新机制，发放面值2000元的慈善爱心卡3500张，全年产生消费549.55万元，其中市慈善总会给予补贴137.39万元，天惠超市给予让利27.48万元，使慈善救助由“简单救助”向“按需救助”进行转变。与多家保险公司联合开展“慈福”民生系列保险，为社会弱势群体织起防护网络，全年支付保险金112.38万元。尝试与企业合作开展慈善项目，与海力士公司、市第八人民医院合作开展“亮睛行动”，为贫困白内障老年患者恢复视力，提供慈善资金70万元，受益老人1383人。与无锡农村商业银行合作，开展发放百岁老人尊老金活动，使无锡220余位百岁老人每月收到尊老金300元。市慈善总会投入200万元，与社区联合开展“与爱同行”进社区项目，通过一社区一项目，整合资源、形成合力，实施精准救助。

（顾维仪）

【慈善义工活动】 年内，市慈善总会继续开展“无锡励志包”“温暖衣冬”慈善义工活动。华地慈善基金捐赠700个纸箱和一批冲锋衣，多个企业、学校等以集体名义参与捐赠或义工工作。社会爱心人士和学生志愿者共同参与，全年整理出可用冬衣被近800箱、1.5万余件，分别运往陕西省、新疆维吾尔自治区等贫困山区的学校和乡村。各市（县）、区慈善分会的社会义工，依例开展系列义工活动。

（顾维仪）

【红十字救助】 2018年，全市红十字系统接收善款5017万元，比上年增长250%，发放救助款物3328万元；完成初级救护员培训10661人，普及救护培训90287人，分别占省下达任务数的152%、158%；完成造血干细胞捐献新增采样入库1274人份，实现捐献造血干细胞5例；实现器官捐献15例。

（华锡明）

【救护培训】 年内，市红十字系统推进救护培训进社区、进农村、进学校、进机关、进企业“五进”活动，在全市公共场所配置22台AED（全自动体外除颤仪）。惠山区红十字应急救护培训基地获批全国第一批红十字应急救护示范基地，为江苏省唯一；江阴市完成应急救护培训基地工程建设并投入使用；梁溪区红十字会通过2018年省级救护培训基地项目评审，并获得经费资助。全年选派48名专兼职人员参加省级以上救护培训师资班，建立一支由245名注册师资组成的救护专业队伍。举办全市红十字应急救护技能竞赛，组队参加省救护大赛获二等奖。市红十字会和宜兴市、锡山区、惠山区、新吴区红十字会参与马拉松赛事服务和保障工作。参加“三下乡”活动，为锡山区羊尖镇捐赠急救包100个、《家庭急救300问》100本、毛毯100条。

（华锡明）

【“人道万人捐”活动】 年内，市红十字系统以“坚持自愿，倡导奉献”为原则，开展募捐活动。市本级募集资金821笔、557.08万元，其中“人道万人捐”483.64万元，定向捐赠73.43万元。惠山区“惠爱”系列冠名基金26个，规模超2600万元，宜兴市成立“玖爱一心”基金，规模1000万元。

（华锡明）

【红十字精准帮扶】 年内，市红十字系统以项目化管理形式规范开展红十字人道救助活动。对上争取中国红十字会总会“小天使基金”和“天使阳光基金”共55万元，救助白血病患儿17人。全面落实人道公益项目，“应急人道救助”、“红十字爱心桥”定向救助等11个项目形成品牌效应，“红十字博爱送万家”活动发放救助款物682.19万元，6569户困难家庭受益。定期在“阳光扶贫”监管系统更新“人道万人捐”收支明细，自觉接受社会监督。

（华锡明）

【红十字会物资捐赠管理】 年内，无锡市制定《红十字定向捐赠管理办法》，会同市委市级机关工委、市文明办等开展衣物捐赠爱心公益活动。全年累计收到439个爱心人士（单位）捐赠的爱心衣物36866件（条），为无锡市低保低收入及外来务工人员等发放衣物954件；向新疆维吾尔自治区霍城县运送衣物20479件。惠山区开展衣物捐赠援助，向青海省海东市实施对口援助。

（华锡明）

【“博爱家园”养老照护服务】 年内，无锡市面向农村新建8个“博爱家园”，及时向护理志愿者、护理员及部分老人讲解基本护理、救护基本知识，提供照护服务。全市开展知识普及2466人，志愿服务户数1477户，服务2458人。江阴市、新吴区、惠山区、滨湖区“博爱家园”建设各具特色，受到群众欢迎。

（华锡明）

【“帮你回家”公益项目】 年内，无锡市开发建设与市公安局“110”指挥中心联网互通的“帮你回家”定位手环信息平台，向200名困难家庭易走失人员免费配发定位手环，分期分批开展使用培训，使易走失人员得到家庭以及社会各界的监护和帮助，变走失人员被动寻找为主动看护。与市公安局建立联动机制，联合印发《无锡市佩戴定位手环人员走失受理处置工作流程（试行）》，规范公安“110”与市红十字会对佩戴手环人员走失受理处置工作。

（华锡明）

【对口援助帮扶】 年内，无锡市分别与青海省海东市、陕西省延安市、柬埔寨西哈努克省红十字会等签订对口支援红十字事业发展工作框架协议，拨付对口援助资金29.7万元，其中援助“一带一路”沿线国家柬埔寨西哈努克省5万元。

（华锡明）

【造血干细胞捐献】 年内，无锡市在全市开展造血干细胞捐献服务培训工作，做好中华骨髓库无锡分库工作。全年有1274名志愿者采样入库，完成省下达任务数的127%。开展中国造血干细胞捐献者资料库“志愿者保留”项目，对5615名已入库志愿者进行电话回访，核实状态，减少流失。

（华锡明）

【器官捐献和遗体角膜捐献】 年内，无锡市加强与卫生行政部门和卫生医疗机构合作，新增报名登记人体器官捐献志愿者43人，成功实现器官捐献15人，使46名器官衰竭者重获新生。全年新增遗体捐献报名登记志愿者167人，实现遗体捐献32人；新增角膜捐献报名登记志愿者93人，实现角膜捐献14片。

（华锡明）

社会福利

【护理及养老服务】 年内，无锡市创新推进护理型床位建设，在全省率先制定《关于推进养老护理型床位建设的实施意见》，推出系列补贴政策，实现社会办养老机构一次性建设补贴、日常运营补贴、医保定点床位补贴、养老护理员岗位补贴、入职奖励“五项标准”全省第一，医保定点审批时限全省最短，圆满完成2018年底全市养老护理型床位占比超51%的目标任务。制定《无锡市市区居家养老援助服务实施办法》，将享受政府购买居家养老援助服务对象家庭原8类扩面到17类，由仅提供2工时服务增加到最高16工时的差别化服务，全面完成接受上门服务的居家老人占比达10%目标。

（陈莺歌）

【养老服务改革】 年内，无锡市全面推进养老服务“双试”改革（全国养老服务业综合改革试点、全国居家和社区养老服务改革试点）。在全省率先制定《全面放开养老服务市场提升服务质量的实施意见》，全市新建日间照料中心和区域性助餐中心均超过20个、新增助餐点183个，新增社会办（含民办和公办民营）养老机构26家，社会办养老机构床位占总床位比例超过70%，新增智慧养老机构30家，居全省领先水平。在全省率先建立养老服务机构保险机制，全市养老机构和居家养老服务机构综合责任险实现投保“全覆盖”。组织开展“孝亲敬老”先进典型评选等活动，安康关爱保险覆盖率53.5%，老年人“双调”站点实现市（县）、区全覆盖。

（陈莺歌）

【特殊需要儿童幼小衔接试验班】 2018年，无锡市创办特殊需要儿童早期干预中心并开设运行特殊需要儿童幼小衔接试验班，中心招收残疾儿童15人。其中，孤独症9人，发育迟缓3人，智障1人，脑瘫1人，听障1人。15名残疾儿童进入夹城里中心小学，接受全天幼小衔接课程，实现早期康复与普小的无缝对接，完成特殊需要儿童早期康复与义务教育普小阶段衔接的模式、方法、课程、家庭支持、社会化运作等初期探索。干预中心老师进入25所幼儿园（小学）为1000余名教师进行残疾儿童融合教育培训，指导教师在教学和生活中发现和观察特殊需要儿童、运用相关策略开展教学、给予特殊需要儿童适当的辅助。

（李　洋）

【“心灵家园”与“残疾人之家”建设合作】 年内，无锡市推进残疾人精准康复和社区康复工作。5月17日，市残联会同市卫计委举行“心灵家园”与“残疾人之家”建设合作签约启动仪式。推动“残疾人之家”与“心灵家园”两项政府为民办实事项目进行有机结合，为无锡市精神障碍残疾人开辟社区康复的新形式。至年底，全市残疾人之家建立“心灵家园”30家。

（李　洋）

【精神类、成人自闭症残疾人集中托养】 5月20日“全国助残日”期间，无锡市残疾人托养中心启动精神类、成人自闭症残疾人集中托养工作，将托养服务补贴对象拓宽至60岁以上，成为江苏省内第一家为精神类、成人自闭症残疾人服务的机构。至年底，接受康复养护、生活照料、教育培训、劳动参与、精神抚慰、文体娱乐等服务的托养人员有165人，其中精神类、成人自闭症残疾人20人。

（李　洋）

【“喜憨儿洗车中心”开业】 12月11日，“喜憨儿洗车中心”在惠山区玉祁街道投入运行。该中心是全国第16家、江苏省第一家。与全国其他15家不同的是，惠山区“喜憨儿洗车中心”融入“党辉熠熠、红色关爱”之共享阳光服务项目，成为党建助残平台。在全国率先尝试融入党建助残运行模式，以强有力的党建引领，推动落实“喜憨儿”的政治功能、实用功能和社会功能。

（李　洋）

【住院医疗互助保险】 2018年，无锡市市区退休人员住院医疗互助保险项目运行平稳。至年底，覆盖退休人员约49.1万人，比上年增加4.4万人。市人社局制定《市区退休人员住院医疗互助保险办法》，在基本医保、大病保险的基础上，机关事业退休人员新增医疗保险项目。参保对象每人每年缴纳195元，能享受最高10.18万元的医疗补偿，最高补偿率522倍。医疗互助项目的特惠部分，实现原有医保政策的突破，对使用基本医疗保险范围之外、与住院疾病治疗有关的药品列入理赔范围；该项目与基本医保、大病保险实现制度互相补充和衔接，医疗互助理赔的范围是个人自费部分。特惠理赔比例由公开招投标决定。理赔方式便捷，参保人员住院治疗无须提供相关资料，普惠部分采用出院实时划卡即时结算。重点特惠采用一年理赔一次，由经办保险公司进行理赔，于次年4月底前，直接划转到退休人员本人社会保障卡的银行账户。年内，机关事业单位退休人员参保人数36090人，参保率76.1%。至年底，互助保险参保人数491813人，实时享受互助保险普惠部分补助待遇13.5万人、32.62万人次，受益金额6750万元；互助保险达到特惠部分1620人，累计支付金额890万元，最高支付个人9.2万元。其中，特惠部分的机关事业参保人员有160人获得赔付，占参保人数0.44%，理赔金额110万元，最高支付单人金额6.5万元。

（魏晓武）

【退休人员互助帮困】 年内，无锡市退休人员帮困互助保障资金落实到位。做好住院医疗互助工作，减轻退休人员医疗费用负担，对生活困难的退休人员实施帮困互助。对6.33万人次退休人员安排各项帮困补助995万元，其中对已转入社区管理的3.95万名生重病住院的退休人员进行走访慰问，发放帮困金395万元。做好春节送温暖工作，帮助困难退休人员过春节。市退管会集中帮困金600万元，对已转入社区的2.38万余名特困人员进行慰问和困难补助。市政府专项拨款75万元，用于对尚未转入社区管理的2200余人进行困难补助。春节、五一节期间，向965名支援内地建设后回无锡定居人员发放送温暖资金53万余元，对患重大疾病、家庭特别困难的261人，发放专项特困补助金10.58万元。

（魏晓武）

【企业退休人员健康体检】 年内，无锡市启动第六轮企业退休人员健康体检工作。在分析总结第五轮健康体检工作的基础上，对第六轮健康体检工作进行周密安排。确定启动时间，筛选定点体检医疗机构，选择体检服务项目，考核医疗机构人性化服务水平。会同局医保处、市社保中心和市卫计委等部门共同实施好《关于市区纳入社区管理的企业退休人员第六轮健康体检工作的意见》。5月，会同市社保中心、市卫计委及相关区退管中心等部门，对部分定点体检机构在组织管理、服务管理、信息管理、投诉处理等方面进行检查考核。通过听取体检负责人现场情况介绍、查看现场体检流程是否合理、检查健康体检报告书写是否规范、询问退休人员对健康体检服务是否满意的考核方式，对定点医疗机构作出恰当的评定和打分，现场听取退休人员对体检工作情况反映。在市区各级退管组织共同努力下，有20余万退休人员参加健康体检工作。

（魏晓武）

住房保障

【概况】 2018年，无锡市区保障性安居工程新开工17204套，为省目标任务的126%；基本建成18565套，为省目标任务的131.6%；新增廉租住房租赁补贴家庭247户，为省目标任务的247%。统筹推进廉租房、公租房、经济适用房保障工作，市区全年新增审核通过各类住房保障家庭3097户，新增公廉租房实物配租家庭498户，完成1190户经济适用房合同签订，批准经济适用住房货币补贴48户，实际发放42户，发放金额860.5万元。

（周根文）

【住房保障标准调整】 4月10日，市政府调整2018年度住房保障标准。申请廉租住房保障、享受廉租住房租金补贴的住房困难家庭标准调整为：家庭人均月可支配收入在2194元以下、人均住房建筑面积在18平方米以下，其中符合低保（特困）、家庭人均住房建筑面积在12平方米以下的住房困难家庭可申请廉租房实物配租。申请经济适用住房保障的住房困难家庭的标准调整为：家庭人均月可支配收入在3510元以下、人均住房建筑面积在18平方米以下，经济适用住房货币补贴标准按每平方米4800元执行。无锡市区城镇中等偏下收入住房困难家庭申请公共租赁住房保障标准调整为：家庭人均月可支配收入在3510元以下的无房家庭。

（周根文）

【征地拆迁安置房规范化管理】 年内，无锡市对滨湖、惠山、新吴等区的剩余存量安置房项目进行细致的核查，对转性为定销商品房的房源开展全面审核，批准1.5万套左右存量安置房转性定销商品房，有效盘活国有资产，增加普通商品房的供应。从严审批新建安置房项目，对锡山区东北塘街道、云林街道、锡北镇以及新吴区鸿山街道、硕放街道、新安街道等的安置房建设计划进行审核，审批锡山区东顺苑、东蕾苑、云溪人家3个安置房建设项目，总建筑面积80万平方米。

（周根文）

【安置房经适房土地收益标准调整】 10月31日，市住房和城乡建设局、市财政局、市国土资源局、市物价局联合下发《关于公布2018年度无锡市区拆迁安置住房、经济适用住房上市交易缴纳土地收益等费用标准的通知》，自2019年1月1日起施行。通知的发布，标志着自无锡市2016年第一次公布比较完整的拆迁安置房、经济适用房上市土地收益等费用标准以来，在房地产市场发生重大变化的情况下，逐步对所有符合上市交易条件的拆迁安置房以及市级平台建设的经济适用房，建立全面的土地收益标准动态调整的机制。

（周根文）

【公租房整体租赁】 年内，无锡市住建部门继续推进公租房整体租赁工作，推进与市地铁集团的整体租赁合作协议，第一批近200套房源分配到位。加强与市交通产业集团、无锡机场集团整体租赁公租房的对接工作，与无锡机场集团签订整体租赁600套公租房的框架协议，成为省内住房保障工作中具有无锡特色的一项亮点举措。

（周根文）

【棚户区改造】 年内，无锡市继续加大棚户区（危旧房、城中村）改造推进力度，制定《关于明确棚户区改造范围和界定标准的通知》，严禁违规扩大棚改范围，将非建成区和农村危房改造等纳入棚改。强化各市（县）、区人民政府的主体责任，制定落实棚户区改造规划和年度计划，完善相应工作机制，统筹推进城市更新，促进城市建设高质量发展。全年市区完成棚户区改造51.3万平方米，新开工各类棚改住房13782套、基本建成15374套。从市级新建保障房小区和历年建设的保障房小区中，调整归集3536套房源转为定销商品房，专项用于棚户区改造安置。

（周根文）

【旧住宅整治】 年内，无锡市加快推进旧住宅整治，纵深拓展改造内容，在外墙防渗保温、房屋下水管改造、海绵城市建设、弱电线缆改造4个方面进行增项提标，相应提高市级奖补资金标准，提升整治改造水平。全年市区完成旧住宅区整治改造220万平方米，涉及宁海里、升平巷、沁园新村、青山新村等旧住宅80个，受益居民4万余户、10万余人，新增停车位2500个。

（周根文）

社会事务

民政事务

【民政事业可持续发展】 年内，无锡市对长期制约民政事业可持续发展的几个瓶颈问题进行研究和攻坚。推进全面排查整治违规建设殡葬设施行动，以政府办名义召开专题会议并下发通知，全面开展细致摸排和督查整改工作，确保做到责任压实、情况摸排、问题整改、措施落实“四个到位”。推进全市重大民生项目，全力推进儿童福利院、救助站、军供站等3个单位新建、易地选址重建等工作，在土地供应、资金保障等方面取得实质性进展。牵头推进全市“阳光扶贫”监管系统运行管理工作，对所有建档立卡户经济状况实现“全覆盖”比对，至年底，系统涵盖2.36万户、3.45万人，有效实现应保尽保、应救尽救、应退尽退。将做好涉军群体权益保障作为重要政治任务，落实省23条政策，成立工作专班，构建四级工作网络，设立专门接待平台，构建“一对一”关爱联系机制，高标准迅速推进退役军人和其他优抚对象信息采集工作，受到省督查组肯定。

（陈莺歌）

【社区治理】 年内，无锡市加强城乡社区治理与服务、改革社会组织管理制度、加强社区工作者队伍建设，明确一批高于省定要求的指标任务。全面实施《村务公开规范》,推进基层协商民主,全市征集评选20个社区治理创新实践优秀示范项目,设立社区治理创新观察点89家。水秀社区工作法入选民政部"优秀社区工作法",蓉湖社区居民公约入选全国"优秀范例"。98%城市社区、97%农村社区达省级和谐社区建设标准。无锡市万人拥有持证社工10.65人,居全省第三。全面加强社会组织监管,现场抽查比例超过省定标准12.2%,整改问题73个。

(陈莺歌)

【公共服务】 年内,无锡市全力推进标准化建设,民政4项规范获民政部、无锡市标准立项,4家单位被确定为2018年省民政标准化建设试点单位,全市整治地名标志2838条(增设2169条),清查非标准地名159个,实现标准化处理全覆盖。惠民殡葬减免奖补政策扩面惠及至常住人口,标准提高至每例2000元。创新应用"人脸识别技术"为20余名流浪乞讨人员成功寻亲。组建民政法律顾问团队,年内开展专业咨询86批次。2018年福彩销售22.58亿元,增幅3.24%,销量创历史新高。

(陈莺歌)

【殡葬事务】 2018年,无锡市贯彻落实党中央、国务院关于加强殡葬管理工作的决策部署,有效解决殡葬领域群众反映强烈的突出问题,根据全国、全省殡葬领域突出问题专项整治行动电视电话会议精神,从2018年7月中旬至9月底,在全市范围内开展殡葬领域突出问题专项整治行动,规范和加强殡葬管理,维护人民群众合法权益。

(钱青艳)

【长期滞留流浪乞讨人员安置】 年内,无锡市做好长期滞留流浪乞讨人员的安置工作。市民政局结合无锡市工作实际制定安置方案,经第11次市长办公会讨论通过后组织实施。12月25日,第一批共45名长期滞留流浪乞讨人员在市社会福利中心完成交接,公安部门为其办理无锡市户籍,身份转变为特困供养人员。

(钱青艳)

【"千社结对千村(居)"行动】 6月5日,市民政局会同市工商联、市委农办等7个部门制定《关于在全市社会组织中开展"千社结对千村(居)"扶贫帮困三年行动(2018～2020年)的实施意见》,要求自2018年至2020年,以3年为期,分三阶段组织实施和动员全市1000家社会组织与1000个村(居)进行结对帮扶。按照"实施意见"的进度安排,市民政局结合腾讯"99公益日"发起"种子社区计划",全市48个社会组织结对68个社区;发起社区公益项目72个;1.9万余人次参加腾讯乐捐平台线上筹款,捐款额35.85万元,腾讯配捐11.78万元,共筹得善款47.63万元。全年召开"千社结对千村(居)"行动供需对接会18场,发布公益活动信息50次,405个社会组织结对566个社区,落地实施项目445个,投入资金4595.61万元,精准帮扶群众25.92万人。

(吉晨阳)

老龄事务

【"孝亲敬老"先进典型宣传】 年内,市老龄委在2017年"孝亲敬老"先进典型宣传活动的基础上,通过专家评审,微信投票(参与者24万人次)的方式,再次组织"十佳孝亲敬老之星""十佳最美老人""十佳孝亲敬老家庭"和"十佳敬老模范单位"评选。制作"无锡市孝亲敬老先进典型风采录"画册和展板,进行广泛宣传。省委常委、市委书记李小敏会见"四十佳"先进典型代表,号召全市上下学习"四十佳"的高尚品德和先进事迹。

(陈建忠　张兴堂)

【老年人文化生活】 年内,市老龄委主办无锡市第四届老年春晚"爱满夕阳,孝福无锡"演出活动。1万余名老人参加海选活动,44支老年团队(个人)、500余名演员参加演出,1000余名老年朋友现场观看演出。"敬老月"活动形式多样,市委、市政府主要领导带头走访慰问百岁老人、"老有所为"老人、困难老人和养老机构代表;"敬老月"期间,全市安排各类活动500余项,投入各类经费1100余万元。丰富基层老年人文化娱乐生活,以购买服务的方式,通过市老年人体协等老年社会团体组织开展体育健身、书画创作、摄影展览、科普宣传等系列文体活动。举办纪念改革开放40周年老年书画摄影大赛、征文比赛活动,收到作品1054件;选送参加全国比赛书画作品96幅,2幅书法、4幅摄影作品入围。

(陈建忠　张兴堂)

【老年关爱工作】 年内,无锡市完善惠老政策,会同市交通局、市财政局、市地铁公司等单位制定文件,解决江阴市、宜兴市和外地至无锡老年人乘坐地铁享受同等待遇问题,2019年1月1日起实施。推进"安康关爱行动",全市老年人意外伤害保险参加人数78.42万人,覆盖率61.27%,比上年增长9.57%。注重树立品牌,开展"老年人眼病防控"公益项目,为42276名老年人进行眼健康检查,免费为880位患眼疾的老年人做手术;开展"美好瞬间"公益项目,免费为424个社区(村)年满60周岁老年人拍照73361人;开展"蜜蜂行动,电亮心灯"公益项目,帮扶困难老年群体900余户。重点关爱全面展开,重点空巢独居老人由乡镇(街道)民政办、社区工作者、近邻亲属或志愿者共同签订"重点空巢独居老人关爱协议",1693位老人纳入范围。

(陈建忠　张兴堂)

【涉老项目建设扶持】 年内,无锡市注重培育老年特色团队组织,对59个突出的老年文体特色团队给予扶持资金24.7万元。推动老年教育、老年活动设施改造,全年全市各级投入935.6万元,其中市级扶持项目29个,补贴资金114.9万元。加大老年人"双调"(心理调适、涉老矛盾调解)工作站建设力度,全年新建50家,扶持资金50万元,江阴、宜兴两市列入建设计划,实现大市范围"建站"全覆盖,全市总数62家。

(陈建忠　张兴堂)

民族事务

【民族团结进步进学校活动】 5月20日,无锡市举办"2018年民族团结进步进学校启动仪式"活动,副市长刘霞出席并宣布活动启动,观看少数民族学生文艺节目表演;市民促会在青山高中举办少数民族传统服装展、风情图片展、文化艺术品展等活动。5月上旬,市民宗局协助江南大学举办第二届少数民族文化艺术节、成立民族教育工作室等系列行动;中旬,协助江南大学举办“六秩弦歌不辍，江南石榴情深”第二届少数民族文化艺术节，推动民族团结进步进学校深入开展；江南大学商学院紧贴少数民族学生成才需求，整合现有资源，成立“丝路梦达”教师育人工作室，提高少数民族学生综合素质和就业能力。12月1～6日，梁溪区举行“民族团结一家亲，同心共筑中国梦”中小学生书画作品展，展出书画作品近150幅。

（王庆伟）

【民族文化创排、会演】 年内，无锡市民宗局围绕第19届全国少数民族运动会展演任务，指导市歌舞剧院赴云南省少数民族地区采风，实地了解收集少数民族素材，增添文艺展演节目的少数民族元素；围绕第六届全国少数民族文艺会演任务，指导市歌舞剧院及早做好《天山魂》民族舞剧的编剧和创排筹备；9月27日，指导市民促会举办“庆祝新中国成立69周年暨纪念改革开放40周年全市少数民族文艺会演”，市委常委、统战部部长陈德荣，市民宗工作领导小组副组长蔡捷敏等相关领导及全市少数民族优秀代表300余人参加文艺会演。

（王庆伟）

【少数民族传统体育运动】 2018年是全省少数民族传统体育运动年，珍珠球、毽球、板鞋竞速3个少数民族传统运动项目被纳入第19届省运会群众性运动竞赛。无锡市依托江南大学体育部组建3个项目、5支队伍，年初便投入训练备战，做好参赛准备。5～8月，参赛队伍获金牌2枚、银牌1枚，其中金牌数占全市金牌数28.5%。其余参赛队伍均获得进入前八名的好成绩。年初，国家民委对民族健身操规定套路作了修改，为做好全省新规定套路的教学施行，6月底，无锡市承办江苏省民族健身操培训班，邀请湖南省吉首大学、江南大学体育舞蹈教师到无锡教学培训，全省11个地区、30名教练参加训练，提高了全省民族健身操教学训练水平。

（王庆伟）

【民族团结进步教育基地建设】 年内，无锡市树立民族工作品牌，展示民族团结进步宣传教育成果，普及全市中小学生民族知识教育宣传。依托市歌舞剧院多方筹资，建成“无锡市民族团结进步教育馆”。6月，举办“无锡市民族团结教育馆”开馆仪式，成为无锡市民族团结教育工作亮点和无锡统战“同心”基地联盟的品牌。7月，青海省循化县“循梦少年”夏令营40名师生到无锡参观，了解无锡市民族团结进步工作开展情况。市民宗局指导江阴市、滨湖区建设民族团结教育基地，指导宜兴市成立民族团结促进会。

（王庆伟）

【社区民族工作】 年内，无锡市民宗局指导梁溪区、惠山区民宗局做好古运苑社区、惠南社区民族团结进步工作。鼓励指导惠山区天翔社区开展民族团结进步工作，团结和带领社区少数民族居民依法务工、艰苦创业。6月22日，在无锡市统一战线“同心”基地联盟建设推进会上，惠山区长安街道惠南社区被授予“无锡市民族团结进步教育基地”荣誉称号。11月14日，滨湖区蠡湖街道震泽社区新建的“民族工作议事室”对辖区少数民族同胞开放，成为促进辖区各民族交往交流交融的平台。

（王庆伟）

【新春送温暖活动】 春节前夕，市民宗局确保全市少数民族困难群众能度过一个欢乐祥和的新年，感受到党和政府以及社会各界对他们的关注、关心和关爱。2月12日，市委常委、统战部部长陈德荣和副市长刘霞分别带队走访慰问江阴市、梁溪区、新吴区等地部分少数民族困难家庭，详细了解少数民族困难群众的所需、所想、所急，鼓励他们树立信心、克服困难。要求全市统战、民族部门积极开展少数民族困难家庭新春送温暖活动，结合“阳光扶贫”活动，真心做好少数民族困难群众扶贫帮困工作，帮助解决少数民族困难群众的实际困难。全市7个市（县）、区同步开展少数民族困难家庭新春送温暖活动。此次活动筹集困难救助款20万元，救助少数民族困难家庭120户。

（王庆伟）

【宜兴市成立民族团结促进会】 11月26日，宜兴市召开市民族团结促进会成立大会暨第一次会员大会。宜兴市副市长吴青峰、无锡市民宗局副局长何鸣出席会议并讲话。宜兴市民政局、民宗局、公安局等有关部门领导及市民族团结促进会会员共70余人参加会议。大会审议通过《宜兴市民族团结促进会章程（草案）》；筹委会作《关于市民促会第一届理事会理事候选人推荐产生过程有关说明的报告》；通过举手表决选举产生市民族团结促进会第一届理事会和领导班子，宜兴市第二人民医院王镇海当选为首任会长，会议选举产生副会长4人、秘书长1人。

（王庆伟）

宗教事务

【宗教事务管理】 2018年，市民宗局在全市民宗界组织开展纪念改革开放40周年征文活动和讲经论道活动，引导民宗界践行社会主义核心价值观。全面贯彻落实省委统战部、省宗教局《关于加强和改进新时代宗教团体工作的意见》，启动“宗教团体制度建设完善年”活动，增强团体自我管理、规范管理、高效管理的能力。指导各宗教团体联合下发《关于开展“四进”宗教活动场所活动的倡议书》，开展“中华人民共和国国旗、宪法和法律法规、社会主义核心价值观、中华优秀传统文化进宗教活动场所”活动。在全市宗教界开展“宗教政策法规学习月”活动，组织新修订《宗教事务条例》应知应会知识测试活动。开展和谐寺观教堂创建活动，按计划完成24处场所档案室通过星级认定，24处场所通过三星级宗教场所以上认定。严格落实《中华人民共和国慈善法》，加强对宗教慈善基金会的规范管理，新成立无锡市祥符慈善基金会和宜兴市和桥镇鹅洲宗教慈善基金。指导无锡市民宗界共同举办“不忘初心共筑梦、砥砺奋进写新篇”2018年迎春联欢会，展示无锡市各族群众和宗教界团结和顺、共建和谐社会的精神风貌。引导宗教界开展形式多样的宗教文化活动，突出文化功能，发挥修身养性、涵育文明的积极作用。市佛教协会、市道教协会做好《无锡佛教》和《无锡道教》编撰工作。市道教协会、宜兴市道教协会承办江苏省道教协会四届四次理事（扩大）会议暨第十一届玄门讲经活动，市道教协会举办第三届“庚桑论道”研讨交流会。市伊斯兰教协会坚持中国化方向，坚守中道思想，编印高质量《卧尔兹讲道集》，将社会主义核心价值观理念融入到卧尔兹演讲中，引导穆斯林正信正行、中道守正。市基督教“两会”（基督教三自爱国运动委员会、基督教协会）举办基督教职人员培训班，推进无锡基督教“中国化”进程。江苏佛学院慈恩学院举行首届讲经交流选拔赛。梁溪区惠工桥基督教堂举办“惠工桥文化讲坛”公益讲座。

（王庆伟）

【无相长老追思会】 6月25日，无相长老追思会在无锡市祥符禅寺举行。原国家宗教事务局、江苏省、无锡市相关领导，以及诸山长老、祥符禅寺两序大众、护法居士及社会各界人士3000余人共同出席。2018年6月19日零时35分，中国佛教协会咨议委员会副主席、江苏省佛教协会名誉会长、无锡市佛教协会名誉会长、无锡市祥符禅寺退居和尚、江苏省佛学院慈恩学院院长无相长老，于无锡市祥符禅寺安详圆寂，享年91岁。追思会由中国佛教协会副秘书长、江苏省佛教协会常务副会长、苏州市佛教协会副会长秋爽法师主持。追思会对无相长老的逝世表示深切哀悼，肯定无相长老一生为促进宗教和谐、维护社会稳定作出的贡献。

（王庆伟）

【庆国庆迎中秋慈善感恩晚会】 9月22日，无锡市佛教协会、无锡仁济佛教慈善基金会举办纪念改革开放40周年——庆国庆迎中秋慈善感恩晚会。市委常委、统战部部长陈德荣，市人大民宗侨外工委主任蔡大钢，市政协民宗委主任冯雷，市民政局、市及各市（县）区民宗局有关领导出席活动。演出旨在纪念改革开放40周年，展示无锡佛教界40年来的发展成果，推动无锡市佛教慈善事业继续健康发展。晚会节目内容丰富，具有较高的观赏性和教育性。演出现场各市（县）、区佛教协会为各地区年度代表性慈善项目举牌认捐。市、各市（县）区佛教协会和各市直宗教活动场所的法师和义工共500人参加晚会。

（王庆伟）

【纪念巨赞法师110周年诞辰文化系列活动】 11月2～4日，江阴市举行纪念巨赞法师110周年诞辰文化系列活动，传承弘扬巨赞法师爱国爱教的崇高品质，缅怀法师高尚道德情怀。3日，举行纪念巨赞法师110周年诞辰文化系列活动开幕式。第十届全国政协副主席张怀西，中国佛教协会副会长、湖南省佛教协会会长圣辉法师，中国佛教协会秘书长刘威，无锡市和江阴市领导陈德荣、陈金虎等人，以及相关学者、佛教界代表人士出席仪式。开幕式上播放《巨赞法师》电视纪录片。开幕式结束后，与会人员到赞园参加瞻礼供花活动，参观赞园、巨赞法师纪念馆和故居。其间，举行书画联展、书画创作、追思纪念法会、纪念巨赞音乐晚会及研讨会等相关活动。

（王庆伟）

【中国天主教领导到无锡视察】 11月15～16日，中国天主教“一会一团”（中国天主教爱国会、中国天主教主教团）民主办教座谈会在无锡举行。会议期间，全国政协常委、中国天主教主教团主席马英林主教、中国天主教爱国会副主席沈斌主教等一行20人，分别赴无锡三里桥天主堂、江阴青阳天主堂、无锡太湖天主堂视察。马英林主教对无锡天主教坚持中国化发展方向、坚持推进民主办教所取得的丰硕成果给予肯定，对无锡天主堂新建成的渔民文化陈列馆给予高度评价。

（王庆伟）

【全市农村宗教工作会议】 12月18日，无锡市召开全市农村宗教工作会议，学习贯彻习近平总书记关于宗教工作的系列重要讲话和重要批示精神、全省农村宗教工作会议精神，研究部署全市农村宗教工作。市委常委、统战部部长陈德荣出席会议并讲话。会议下发《关于加强和改进新时代全市农村宗教工作的实施办法》。市民族宗教工作领导小组成员单位，各市（县）、区委统战部和市（县）、区民宗局主要负责人参加会议。

（王庆伟）

编辑　李汉洪

江阴市

【概况】 江阴市北枕长江，南近太湖，东接常熟、张家港，西连常州。交通便捷，是大江南北的重要交通枢纽和江海联运、江河换装的天然良港。江阴市总面积986.98平方千米，陆地面积829.66平方千米，水域面积157.31平方千米，其中长江水面56.7平方千米。沿江深水岸线35千米。城市建成区面积125平方千米。至2018年年末，江阴市有镇10个、街道7个，村民委员会197个，社区居民委员会57个，村居合一社区46个。江阴市人民政府设在澄江中路9号。户籍人口125.95万人，常住人口165.18万人。全年出生人口9990人，出生率7.95‰；死亡人口9227人，死亡率7.34‰，人口自然增长率0.61‰。人均预期寿命81.98岁。2018年，江阴市实现地区生产总值3806.18亿元，按可比价格计算，比上年增长7.4%。按常住人口计算，人均地区生产总值23.05万元。全年实现第一产业增加值36.98亿元，比上年增长0.8%；第二产业增加值2071.91亿元，比上年增长8.7%；第三产业增加值1697.29亿元，比上年增长6%。三次产业比例调整为1.0 ∶ 54.4 ∶ 44.6，三产增加值占地区生产总值比重比上年提高0.2个百分点。全年实现一般公共预算收入254.04亿元，比上年增长8%，其中税收收入223.01亿元，比上年增长13.9%。一般公共预算支出230.48亿元，比上年增长1.4%。年内，江阴市被评为全国法治县（市、区）创建活动先进单位、全国中小学校责任督学挂牌督导创新县（市、区），获全国县域经济与县域综合发展"十六连冠"、中国工业百强县第一名、中国全面小康十大示范县市"十一连冠"等荣誉。

（李银花）

【农业】 2018年，江阴市完成农林牧渔业总产值67.57亿元。全年粮食总产量13.06万吨，比上年增长3.5%，其中谷物总产量12.68万吨，比上年增长3.5%。油料总产量1249吨，比上年下降45.5%。全年粮食种植面积1.994万公顷，比上年减少0.032万公顷；油料种植面积0.058万公顷，比上年减少0.047万公顷；蔬菜种植面积1.208万公顷，比上年减少0.061万公顷；水果种植面积0.315万公顷，比上年增加0.006万公顷。主要畜产品中，肉类总产量0.47万吨，比上年下降85.3%；其中猪牛羊肉0.35万吨，比上年下降86.5%。牛奶1.29万吨，比上年下降23.7%。全年水产品产量2.59万吨，比上年增长0.8%。

（李银花）

【工业】 2018年，江阴市规模以上工业企业实现产值6059.13亿元，比上年增长15.5%。其中，轻工业实现产值1826.02亿元，比上年增长9.4%；重工业实现产值4233.11亿元，比上年增长18.3%。在江阴市跟踪统计的15种重点产品中，有12种产品的产量实现正增长。全年工业用电量240.84亿千瓦时，比上年增长5.6%。江阴市工业百强企业实现产品销售收入4112.47亿元，实现利润352.03亿元，分别占规模以上工业企业的68.1%、82.1%。海澜集团有限公司、中信泰富特钢集团（兴澄特钢）开票销售超1000亿元，江阴澄星实业集团有限公司、江苏三房巷集团有限公司开票销售超500亿元。江苏华西集团有限公司、江苏新长江集团有限公司、江苏阳光集团有限公司开票销售超300亿元。

（李银花）

【建筑业】 2018年，江阴市实现建筑业总产值84.96亿元，比上年增长1.8%。获江苏省优质工程奖"扬子杯"2个，江苏省标准化星级工地11个，无锡市市政基础设施工程"太湖杯"2个，无锡市优秀物业管理项目7个，江苏省优秀住宅项目2个。

（李银花）

【房地产业】 2018年，江阴市实现房地产开发投资比上年增长24.5%。商品房施工面积1439.26万平方米，比上年增长1.4%；商品房销售面积330.19万平方米，比上年增长3.8%。全年商品房销售额288.50亿元，比上年增长12.4%；其中住宅销售额248.52亿元，比上年增长8.3%。

（李银花）

【金融业】 至2018年年末，江阴市金融机构各项本外币存款余额3689.01亿元，比上年增长0.7%；各项本外币贷款余额3047.78亿元，比上年增长2.8%。存款中，住户存款余额1262.67亿元，比上年增长8.0%。住户贷款中，人民币短期贷款92.67亿元，比上年增加2.64亿元；中长期贷款351.13亿元，比上年增加33.16亿元。江阴市证券交易开户总数29.08万户，比上年下降3.2%；证券机构交易金额5153.57亿元，比上年下降21.8%。全年实现保费收入77.13亿元，比上年增长7.9%；其中财产险收入22.36亿元，比上年增长0.7%；人寿险收入54.77亿元，比上年增长11.2%。

（李银花）

【企业上市】 至2018年年末，江阴市拥有上市公司48家，包括境外上市16家，境内上市32家，其中主板19家，中小板7家，创业板6家。

（李银花）

【国内贸易】 2018年，全年实现社会消费品零售总额949.29亿元，比上年增长10%；其中批发和零售业零售额895.18亿元，比上年增长10%；住宿和餐饮业零售额54.11亿元，比上年增长9.6%。在限额以上批发和零售业零售额中，汽车类比上年增长9.2%，石油及制品类比上年增长13.5%，粮油食品类比上年增长16.4%，服装鞋帽针纺织类比上年增长18.2%。

（李银花）

【交通运输业】 2018年，江阴市完成客运量8436万人次，比上年增长25.4%；完成货运量4524万吨，比上年增长0.1%。完成港口货物吞吐量17560万吨，比上年增长9.9%。年末全社会拥有车辆53.16万辆，其中汽车48.98万辆，比上年增长6.1%。私人汽车拥有量42.51万辆，比上年增长8.1%。

（李银花）

【邮电通信业】 2018年，江阴市邮电业务总量74.35亿元，比上年增长81.3%；邮政业务总收入4.25亿元，比上年增长10.5%。年末移动电话用户216.29万户，其中4G移动电话用户173.39万户。

（李银花）

【外向型经济】 2018年，江阴市实现进出口总额243.59亿美元，其中出口143.18亿美元，进口100.41亿美元。从结构看，机电产品、高新技术产品出口比重分别比上年提升1.6个、3.2个百分点。江阴市获评国家级外贸转型升级基地（服装）。全年到位注册外资及港澳台资9.51亿美元。新批外资及港澳台资项目53个，其中超1000万美元项目27个。全年新批境外投资项目29个，江阴方协议投资额7.3亿美元。对"一带一路"国家投资项目9个，江阴方协议投资额2.32亿美元。

（李银花）

【固定资产投资】 2018年，江阴市固定资产投资比上年增长5.6%。分产业投向看，第一产业投资比上年增长5.9%，第二产业投资比上年增长10.7%，第三产业投资比上年增长1.2%。分投资主体看，国有投资比上年下降54.8%，民间投资比上年增长26.7%，外商及中国港澳台投资比上年下降34.1%。

（李银花）

【旅游】 2018年，江阴市接待国内游客1789.17万人次，比上年增长6.1%；接待入境过夜旅游者2.05万人次，比上年下降11.8%。旅游总收入317.15亿元，比上年增长9.1%。拥有国家A级旅游景区8个，星级饭店10家，旅行社45家；省级以上工农业旅游示范点16个，省级旅游度假区1个，无锡市美丽乡村休闲旅游示范村4个。

（李银花）

【科技】 2018年，江阴市新认定高新技术企业172家、高新技术企业培育库企业83家、全国科技型中小企业482家。企业获国家科学技术奖1项、江苏省科学技术奖4项。获批建设全国首批创新型县（市）。全年高新技术产业产值2026.05亿元，占规模以上工业产值比重33.4%，全社会R&D（科学研究与试验发展）支出占地区生产总值的比重3.02%。全年新获批省级研究生工作站10个、新建市级院士工作站5个。新获批省级众创空间3个、省级星创天地2个。新增江阴工程技术研究中心94个、无锡市工程技术研究中心19个；新增省级工程技术研究中心2个，总量148个。新建江阴市科技创新综合服务联盟、江阴市检验检测产业技术创新战略联盟。江阴市专利申请量10065件，其中发明专利申请3538件；专利授权4881件，其中发明专利授权506件，万人有效发明专利拥有量21.32件。获评国家知识产权示范企业2家、国家知识产权优势企业7家，2家企业获中国专利优秀奖。

（李银花）

【教育】 至2018年年末，江阴市各类学校在校学生173412人，教职员工16846人，其中专任教师数14423人。3～6岁在园幼儿45402人，江阴市户籍适龄幼儿入园率100%。江阴市有高等学校1所；普通高中12所；初中36所，包括6所公办九年一贯制学校（含天华艺校）、体育中学和特教中心；中等职业学校4所，公办小学41所；幼儿园（办班点）118所（个），其中民办幼儿园38所；特殊教育学校1所。教育现代化监测综合指标总得分93.73分，位居全省前列。初中生入学率、巩固率、毕业率分别为100%、98.7%、99.8%。有5971人参加江苏省学业水平测试必修科目考试，有4899人参加高考，录取4799人，录取率97.96%，其中本科录取率91.49%。江阴市教育经费总支出46.57亿元，其中一般公共教育经费31.15亿元，占一般公共预算支出的13.52%。

（李银花）

【文化】 2018年，江阴市完成第三批107个村（社区）综合文化服务中心建设，启动农家书屋提升工程，"三味书咖"阅读点增至10个。举办读书节系列活动155项，开展锡剧进校园活动50场次，举办"澄星杯"锡剧票友大赛。全年开展文化惠民活动3525场，举办市民文化素养提升工程系列活动100余场，志愿服务累计6170人次。举行"自然与文化遗产日""非物质文化遗产"宣传展示30余项。江阴市28座影院票房收入1.09亿元。市文化馆开办公益艺术培训班4期，总计90门课程，有2300余名学员参加培训。

（李银花）

【卫生】 2018年，江阴市拥有各类医疗卫生机构625个，其中医院、卫生院46个，社区卫生服务中心11个，开放床位8952张。至年末，有卫生技术人员10851人。江阴市医疗服务总诊疗1110.65万人次，收治住院29.61万人次。

（李银花）

【体育】 2018年，江阴市人均公共体育设施场地面积3.25平方米。全年累计承办省级以上体育竞赛12项、17次，举办各级各类群体赛事活动540余项次。拥有社会体育指导员5626人。体育彩票销售收入13.14亿元。

（李银花）

【社会保障】 2018年，全年企业职工基本养老保险扩面新增6.5万人，净增5.5万人；养老、医疗、工伤、失业、生育保险参保人数分别为68.1万人、83.99万人、50.28万人、49.62万人、50.28万人，企业退休职工人均养老金2082元/月。居民养老保险和居民医疗保险参保人数分别为3.46万人和52.66万人。至年末，江阴市拥有养老床位12940张。城乡居民最低生活保障对象4832人，发放最低生活保障金3942.2万元。全年实施直接救助15.97万人次，直接医疗救助支出3882.8万元；实施临时救助7113人次，发放救助金622.4万元。国家抚恤、补助各类优抚对象5636人。

（李银花）

【居民收入】 2018年，江阴市居民人均可支配收入54281元，比上年增长8.7%；其中城镇居民人均可支配收入63957元，比上年增长8.1%；农村居民人均可支配收入33136元，比上年增长8.5%。城镇居民家庭恩格尔系数为27.5%，农村居民家庭恩格尔系数为28.6%。城镇居民人均消费性支出32187元，比上年增长6.8%；农村居民人均消费性支出21632元，比上年增长6.2%。

（李银花）

【就业创业】 2018年，江阴市提供就业岗位6.16万个，当地劳动力实现就业4.95万人，城镇新增就业2.53万人，城镇困难人员再就业5985人，城镇登记失业率1.65%。扶持自主创业5639人，带动就业2.35万人，发放各类创业补贴742.1万元，发放创业担保贷款7479万元。

（李银花）

【基础设施建设】 2018年，江阴市南沿江铁路开工、盐泰锡常宜铁路进行可研编制、市域轨道交通S1线各项工作稳步推进。范钱路改扩建工程、茂荡路改造工程、云顾线大中修、祝璜路改造工程完工，紫金路主线、芙蓉大道隧道段主体结构基本完成。建成君山路（环城北路—人民中路）、育才路（五星路—夏东路）、外滩鑫钻西侧道路工程、江阴市医疗中心（人民医院东院）等项目。年末公路总里程2361.82千米，其中高速公路72.7千米。全年江阴市征收拆迁完成133.35万平方米，其中主城区完成拆迁74.4万平方米。建成安置房面积42万平方米，其中城区建成24万平方米，新启动安置房建设168万平方米，其中城区新启动安置房建设31万平方米。

（李银花）

【公用事业】 2018年，江阴市全社会用电量277.96亿千瓦时，市供电公司完成售电量247.64亿千瓦时。新增管径100毫米以上管道180.6千米，全年总计供水27727.04万立方米，日均供水75.96万立方米。新建天然气管线131千米，完成夏港门站LNG（液化天然气）储罐增容项目，新增管道燃气居民用户3.35万户。完成30个公厕、小湾水厂30万吨深度处理改造，铺设管径100毫米以上供水管道113千米，完成174个自然村12547户管网及户表改造。新建集镇区污水主管网25.09千米，完成24个排水达标区建设。完成403个村庄生活污水治理任务，实施3条城区黑臭河道治理，梳理排查城区186个片区污水主次管网。采取PPP模式将江阴市列入整治的1581个村庄、27条城区河道实施治理，完成5个污水处理厂整合。全年无害化处理生活垃圾60.2万吨，日均处理量1650吨，总发电量2亿千瓦时，生活垃圾无害化处理率和全量焚烧率100%；垃圾分类设施覆盖小区208个（城区184个），启动8个镇（街道）的垃圾分类工作，完成2个农村生活垃圾分类的江苏省级镇村试点，形成有机垃圾处理的“江阴模式”。

（李银花）

【生态建设】 2018年，江阴市PM2.5（细颗粒物）年均浓度下降8.3%，环境空气质量优良天数比例71.2%。集中式饮用水源地水质达标率100%，9个国省考断面水质全面达标，地表水达到或好于Ⅲ类水体比例为66.7%。功能区昼间和夜间噪声达标率分别为78.1%和50%。江阴市主要污染物减排化学需氧量、氨氮、总氮、总磷、二氧化硫、二氧化氮超额完成年度任务，分别比上年下降2.25%、1.78%、2.62%、3.13%、9.02%、8.8%。

（李银花）

【造林绿化】 2018年，江阴市森林覆盖面积2.27万公顷，林木覆盖率24.45%。城市建成区绿化覆盖面积5398公顷，绿地面积4970公顷，公园绿地面积560公顷。人均公园绿地面积14.39平方米，建成区绿化覆盖率43.19%。

（李银花）

【江阴市被评为“百城百县百企”典型】 2018年，中共中央宣传部组织开展庆祝改革开放40周年“百城百县百企”调研活动，江阴市和华西村分别被确定为“百县”和“百企”重大典型。中国社会科学院承担“百县（市、区）调查”特大项目，选取全国100个县（市、区）作为样本调查。6～8月，中国社会科学院近代史研究所组织人员到江阴市，对江阴县域经济40年取得的成就、经验总结和县域经济持续发展的政策导向、制度保障等内容开展调研。11月，由社会科学文献出版社出版庆祝改革开放40周年“百城百县百企”调研丛书，《江苏江阴——中国县域经济领跑者》调研报告被收录其中。

（李银花）

【江阴市被评为全国法治县（市、区）创建活动先进单位】 2006年，江阴市开展创建“法治江苏合格县（市）”活动，围绕把江阴建成现代化法治城市的总目标，推进法治江阴建设。2006年年底，江阴被评为江苏省首批法治江苏合格县（市）创建工作先进单位。中共十八大以来，江阴市委、市政府纵深推进法治江阴建设，提出“创新、规范、惠民、融合”的法治建设理念，强化“一把手”推进法治建设责任担当，落实市委、政府法律顾问制度，推进依法行政，打造法治政府。坚持司法为民理念，依法加大打击违法犯罪力度，持续保持对电信网络诈骗、食品安全等案件的严打态势，保障民生发展。推进司法体制改革，落实员额检察官、法官制度，重点破解执行工作难题，维护司法公正。创新基层社会治理新模式，以提升基层依法治理能力为出发点，开展“村官进法庭、基层法官进村（社区）”的“双走进”活动，基层民主法治建设取得进展。推进法治文化建设，在“新一轮法治文化建设向机关拓展、向基层延伸”的思路引领下，建设主题鲜明、功能多样、便捷惠民的法治宣传教育载体；树立法治文化品牌，建设以“法治全澄”为代表的媒体平台，以案释法开展法治宣传教育。2018年6月，江阴市被全国普法办公室评为全国法治县（市、区）创建活动先进单位。

（李银花）

【江阴市被评为全国中小学校责任督学挂牌督导创新县（市、区）】 自2013年11月成立市人民政府教育督导委员会以来，江阴市政府强化组织领导，落实保障措施，优化遴选方式，打造权威督学队伍。江阴市政府教育督导室加强业务培训，提高责任督学的履职能力。4年来，全体责任督学改进工作方式，深化督导服务创新，认准创建工作目标，扎实挂牌督导举措，注重督导实践研究，挂牌督导工作取得成绩。2018年1月17日，教育部督导局组织专家对江阴市创建“全国中小学校责任督学挂牌督导创新县（市、区）”进行实地核查。通过听取汇报，查阅台账资料，巡视校园环境，察看督学工作室和学校督导网，对教师进行随机访谈、问卷，并随同督学深入课堂听课评课等，全面综合地对江阴市责任督学挂牌督导工作进行细致检查。2月，教育部网站公布2017年全国中小学校责任督学挂牌督导创新县（市、区）名单，全国208个县（市、区）入选，江阴市名列其中。

（李银花）

【江阴市入选全国首批“创新型县（市）”建设名单】 2018年，江阴市推进科技服务平台建设，成立江阴市科技创新综合服务联盟、江阴市检验检测产业技术创新战略联盟，“脉点科技”综合服务平台上线运行，加快中科院北京国家技术转移中心江阴中心建设。新增江苏省级工程技术研究中心2个，总量148个，位列全省县市第一。新建江苏省研究生工作站10个、市级院士工作站5个。新获批省级众创空间3个、省级星创天地2个。优化科技创新生态，把工作重点由科技项目管理向科技服务转变，设立“江阴科技课堂”，建设企业科技政策、高企培训阵地。依托科技金融融资路演平台，为市内88个企业落实科技贷款20亿元，位列全省同类城市第一。在全面贯彻落实省委“科技改革30条”、江阴市高质量发展“30条”、知识产权强市“12条”等政策的基础上，制定“创新发展16条”“创新型企业培育计划”“技术转移实施意见”等一批组合新政，加大对企业创新的支持力度，让创新资源加速集聚、创新活力充分涌流。年内，江阴市新认定高新技术企业172家、高新技术企业培育库企业83家、全国科技型中小企业359家，比上年分别增长85%、69%和187%。7家企业被列为江苏省创新型企业100强。江阴市获国家科学技术奖2项、江苏省科学技术奖3项，获批江苏省科技成果转化专项资金项目4项。全社会R&D（科学研究与试验发展）支出占地区生产总值的比重首超3%，万人有效发明专利拥有量20.96件。12月，科技部发布首批创新型县（市）建设名单，全国52个县（市）入选，江阴市以“科技支撑产业发展”为建设主题成功入围。

（李银花）

【江阴市获全国县域经济与县域综合发展“十六连冠”】 2018年，江阴市全年实现一般公共预算收入254.04亿元，比上年增长8%；其中税收收入223.01亿元，比上年增长13.9%；实现固定资产投资比上年增长5.6%。分产业投向看，第一产业投资比上年增长5.9%，第二产业投资比上年增长10.7%，第三产业投资比上年增长1.2%。江阴市规模以上工业实现产值6059.13亿元，比上年增长15.5%；其中轻工业实现产值1826.02亿元，比上年增长9.4%；重工业实现产值4233.11亿元，比上年增长18.3%。该届县域经济与县域发展监测评价，以“高质量发展与竞强争优”为主题，主要分县域经济基本竞争力、县域经济发展、县域发展三个部分。江阴县域经济强县指数、县域相对民富指数、县域相对天蓝指数均达到A类水平，在县域经济基本竞争力与综合发展评比中均为第一，12月11日，全国县域经济与县域发展专业研究机构、社会智库中郡研究所发布《2018县域经济与县域发展监测评价报告》，第十八届全国县域经济与县域综合发展前100名县市名单揭晓，江阴再次位列榜首，实现“十六连冠”。

（李银花）

【江阴市获中国工业百强县第一名】 2018年，江阴市完成规模以上工业总产值6059.13亿元，比上年增长15.5%。年末，江阴市累计有上市公司48家，包括境内上市32家，其中主板19家、中小板7家、创业板6家，境外上市16家；“新三板”挂牌企业54家；10家企业位列中国500强，12家企业入围中国民营企业500强，17家企业入围中国制造业500强。11月21日，中国信息通信研究院在中国县域工业经济发展论坛（2018）上发布《中国工业百强县（市）、百强区发展报告》，江阴竞争力指数0.9126，居榜首，获中国工业百强县第一名。

（李银花）

【江阴市获中国全面小康十大示范县市“十一连冠”】 2018年，江阴市推动高质量发展，落实中央、省、市决胜全面小康的部署安排，明确加快实现经济发展、改革开放、城乡建设、文化建设、生态环境、人民生活“六个高质量”的具体路径。全面树立集成改革、中国制造业第一县、江阴板块、人文宜居、民富村强“五大品牌”，以“五大品牌”作为高质量发展的“江阴标识”、决胜全面小康的战略支撑，以高质量发展全面推动小康建设，打造“强富美高”新江阴。12月15日，2018第十三届中国全面小康论坛在北京举行。在论坛发布的各项榜单中，江阴位列“2018年度中国全面小康十大示范县市”榜单第一名，实现该奖项的“十一连冠”。在论坛上，江阴名列2018年度中国十佳幸福县市第一和2018年度中国十佳营商环境示范市第一。

（李银花）

组织机构和负责人名单

中共江阴市委员会

书　记　陈金虎
副书记　蔡叶明
　　　　崔荣国（至8月）
　　　　袁秋中
常　委　陈金虎
　　　　蔡叶明
　　　　崔荣国（至8月）
　　　　袁秋中
　　　　计　军
　　　　吴　芳（女）
　　　　陈兴华
　　　　费　平
　　　　余银龙
　　　　邵文松（10月任）
　　　　程　政
　　　　尹　平
　　　　靳佳高（12月任）
　　　　仲　剑（挂职）

江阴市人大常委会

主　任　孙小虎
副主任　唐仲贤
　　　　龚振东
　　　　朱　敏
　　　　黄耀清

江阴市人民政府

市　长　蔡叶明
副市长　费　平
　　　　虞卫才
　　　　赵　强
　　　　郁秋皓
　　　　张国兴(赴陕西延川挂职)
　　　　张韶峰
　　　　许　晨(女)
　　　　陈文斌(赴新疆工作)
　　　　仲　剑(挂职)
　　　　徐　成(至4月,挂职)
　　　　吴虹娟(女,至7月,挂职)
　　　　赵亮亮(挂职)
　　　　杨　云(挂职)
　　　　于　政(挂职)

政协江阴市委员会

主　席　徐冬青
副主席　韩　民
　　　　张英毅
　　　　喻伟力
　　　　陈兴初
　　　　张晓东

中共江阴市纪律检查委员会(江阴市监察委员会与其合署办公)

书　记　余银龙(至12月)
　　　　靳佳高(12月任)

(李银花)

宜兴市

【概况】 宜兴市地处江苏省西南端、沪宁杭三角中心,东朝太湖并与苏州太湖水面相连,东南临浙江省长兴县,西南界安徽省广德县,西接常州市溧阳市,西北毗连常州市金坛市,北与常州市武进区相傍。滆湖镶嵌宜兴和武进之间,三氿(东氿、团氿、西氿)相伴市区。宜兴市地势南高北低,西南部为低山丘陵,最高峰为黄塔顶,海拔611.5米;东部为太湖渎区,适宜种植各种蔬菜;北部和西部分别为平原区和低洼圩区,是宜兴粮油主要产地。宜兴市总面积1996.61平方千米(太湖水面242.29平方千米),城市化水平65.26%。至2018年年底,宜兴市有中国宜兴环保科技工业园、宜兴经济技术开发区2个国家级开发区,江苏宜兴陶瓷产业园区1个省级开发区,镇13个、街道5个,行政村215个、社区97个。户籍总人口108.05万人,其中城镇人口61.84万人,户籍数37.46万户。全年出生8508人,出生率7.86‰;死亡8987人,死亡率8.3‰;人口自然增长率-0.44‰。宜兴市人民政府设在宜城街道陶都路8号。2018年,宜兴市实现地区生产总值1713.28亿元,比上年增长7.5%。一般公共预算收入120.01亿元,比上年增长8%,加上各类其他收入,全年宜兴市实现一般公共预算总收入176.04亿元。在新一轮全国县域经济综合竞争力100强、工业百强县、科技创新百强县排名中,宜兴均位居前十位。

(吴　艳)

【农业】 2018年,宜兴市农作物播种面积8.226万公顷,比上年减少353.33公顷,其中粮食作物播种面积5.517万公顷、经济作物播种面积1.972万公顷。全年粮食总产量37.71万吨,比上年增长0.1%。油料总产量3309吨,比上年下降5.2%。其中油菜籽2554吨,比上年下降6.6%。茶叶总产量6186吨,比上年增长2.6%;水果总产量2.66万吨,比上年增长11.6%;干果产量2314吨,比上年下降17.3%。全年造林面积146.67公顷,比上年减少20公顷。"263"(两减六治三提升)专项整治后,宜兴市退养关停养猪场1000余户(畜禽规模场近80户),退养生猪10余万头。全年猪肉产量8695吨,比上年下降41.8%;猪年末存栏数3.96万头,比上年下降55.4%;肉猪出栏数10.88万头,比上年下降45.4%。禽肉产量3696吨,比上年下降43.0%。全年水产品产量8.18万吨,比上年下降10.8%。

(吴　艳)

【工业】 2018年,宜兴市实现工业总产值4162.17亿元,比上年增长6.7%。宜兴市941个规模以上工业企业产值2951.53亿元,比上年增长16.2%;主营业务收入2864.23亿元,比上年增长12.0%;利润总额178.22亿元,比上年增长46.8%;增加值489.57亿元,可比价比上年增长9.5%。宜兴市规模以上工业主导行业产值2373.31亿元,比上年增长19.4%,占规上工业比重的80.4%。宜兴市工业产值超1亿元企业403个,比上年增加60个,其中超10亿元的48个、超100亿元的2个。全年规模工业综合能耗513.22万吨标准煤,比上年增长2.2%。产值能耗0.174吨标准煤/万元,比上年下降12.1%。六大高耗能行业(化学原料和化学制品制造业、非金属矿物制品业、电力热力生产和供应业、化学纤维制造业、纺织业、黑色金属冶炼和压延加工业)综合能耗461.06万吨标准煤,比上年增长2.2%,占宜兴市规模工业总能耗的89.8%。

(吴　艳)

【建筑业】 2018年,宜兴市实现建筑业总产值293.18亿元,比上年增长25.0%。房屋建筑施工面积1857.5万平方米,比上年增长28.7%。年内获国家"鲁班奖"6项、江苏省优质工程奖"扬子杯"3项、江苏省建筑施工标准化"三星级"工地1个。

(吴　艳)

【房地产业】 2018年,宜兴市实现房地产开发投资100.22亿元,比上年增长41.4%。房屋施工面积595.97万平方米,比上年增长17.2%。房屋竣工面积105.44万平方米,比上年下降34.1%。商品房销售面积136.36万平方米,比上年下降6.4%。其中,住宅销售面积120.86万平方米,比上年下降8%。商品房销售额144.76亿元,比上年增长5.3%。其中,住宅销售额131.58亿元,比上年增长7.5%。

(吴　艳)

【金融业】 2018年,宜兴市金融机构各项本外币存款余额2102.97亿元,比上年增长6.1%;各项本外币贷款余额1592.01亿元,比上年增长4.3%。存款中,住户存款余额1093.45亿元,比上年增长8.9%;非金融企业存款余额754.77亿元,比上年增长6.9%。贷款中,短期贷款余额53.56亿元,比上年增长10.7%;非金融企业及机关团体贷款余额1289.52亿元,比上年增长2.8%。全年保险行业实现保费收入55.17亿元,比上年增长3.3%。其中，财产险收入13.58亿元，比上年增长6.3%；人寿险收入41.59亿元，比上年增长2.3%。保险赔款支出及给付19.64亿元，比上年增长2.3%。其中，财产保险赔款支出及给付8.47亿元，比上年增长10.6%；人寿保险赔款支出及给付11.17亿元，比上年下降3.2%。

（吴　艳）

【商贸流通】 2018年，宜兴市社会消费品零售总额667.27亿元，比上年增长8.9%。其中，批发和零售业零售额636.63亿元，比上年增长8.9%；住宿和餐饮业零售额30.64亿元，比上年增长8.8%。按经营地统计，城镇社会消费品零售总额445.46亿元，比上年增长9%；乡村社会消费品零售总额221.81亿元，比上年增长8.7%。全年限额以上社会消费品零售总额193.16亿元，比上年增长6%。其中，批发和零售业零售额180.93亿元，比上年增长6%；住宿和餐饮业零售额12.23亿元，比上年增长6.7%。在限额以上批发和零售业零售额中，汽车类与上年基本持平；粮油、食品类比上年增长3%；石油及制品类比上年增长25.1%；服装、鞋帽、针纺织品类比上年增长3.6%；日用品类比上年下降16.9%；饮料类比上年增长21.6%；家用电器和音像器材类比上年下降3.4%。

（吴　艳）

【开放型经济】 2018年，宜兴市新增外资及港澳台资项目48个，其中新设项目29个、增资转投项目19个。新设项目增加协议注册外资及港澳台资5.73亿美元，增资转股项目增加协议注册外资及港澳台资3.52亿美元。全年到位注册外资及港澳台资4.79亿美元，比上年增长1.4%。战略性新兴产业到位注册外资及港澳台资4.39亿美元，占宜兴市到位外资及港澳台资总量的91.7%。全年进出口总额42.6亿美元，比上年增长5%。其中：出口34.59亿美元，比上年增长3.9%；进口8.01亿美元，比上年增长10.6%。全年一般贸易进出口总额36.47亿美元，比上年增长8.8%，占全部进出口总额比重的86.1%。其中，出口总额31.85亿美元，比上年增长8.2%。加工贸易进出口总额5.81亿美元，比上年增长1.1%，占全部进出口总额13.7%。全年完成服务外包业务合同总额14.14亿美元，比上年增长10.9%。执行金额12.13亿美元，比上年增长3.8%。离岸外包合同金额10.1亿美元、执行金额9.3亿美元，分别比上年增长11.1%、5.6%。全年新核准境外投资项目8个、非贸易项目4个、贸易项目4个。宜兴方投资额累计2.01亿美元。境外投资项目涉及LCD电子材料的制造、生产、零售及批发，有色金属贸易，商业贸易，通信技术咨询服务和各类商品及技术的进出口等业务。

（吴　艳）

【交通运输】 年内，宜马快速通道开工，丁蜀通用机场获批立项，盐泰锡常宜铁路、锡宜高速扩建等工程前期进展顺利，锡宜一体化进程加快。宁杭高速宜兴东互通主体完工，宜长、常宜高速全线开工，对外大通道不断拓展。陶都路、宜浦路拓宽改造基本完成，巷头路等提升改造有序实施，城区路网体系更为优化。推动“四好农村路”（建好、管好、护好、运营好农村公路）建设，150千米镇村道路、25座农村桥梁改造实施到位。年末宜兴市公路通车里程2485千米、内河航道里程614千米，均与上年持平。全年各种运输方式完成货运量4027万吨，比上年增长2.4%；货运周转量32.57亿吨千米，比上年增长2.4%。完成公路客运量7232万人次，比上年增长2.7%；公路客运周转量99961万人千米，比上年增长7.8%。

（吴　艳）

【邮政通信】 2018年，宜兴市邮政业务总收入3.08亿元，比上年增长6.7%；电信业务总收入16.25亿元，比上年增长5.2%。互联网用户89.21万户，比上年增长63.2%。宜兴市固定普通话机用户28.2万户，比上年减少1.55万户，下降5.2%。移动电话159.43万部，比上年增加4.03万部，增长2.6%。公用电话0.54万只，比上年下降27%。

（吴　艳）

【旅游】 2018年，宜兴市推进国家全域旅游示范区、国家AAAAA级旅游景区“双创”工作，宜兴阳羡国家旅游度假区龙头带动作用更为彰显。西渚云湖茶禅小镇入选江苏省第二批旅游风情小镇，官林超导新材小镇入选省级第二批特色小镇。张渚镇南门村等8个村入选无锡市美丽乡村休闲旅游示范村。全年接待国内游客2776.78万人次，比上年增长13%；接待旅游、参观、访问及从事各项活动的入境过夜旅游者11.13万人次，比上年下降6.5%。旅游总收入274.7亿元，比上年增长10.6%。其中国内旅游收入274.42亿元，比上年增长10.6%；国际旅游收入0.28亿元，比上年下降9.7%。至年末，宜兴市有星级宾馆8个，其中五星级宾馆3个、四星级宾馆2个、三星级宾馆3个。有旅行社37个，旅行社营业收入0.83亿元，比上年下降4.5%。

（吴　艳）

【科学技术】 至年末，宜兴市拥有专业技术人员12.42万人，比上年增加0.48万人，增长4%。全年组织实施市级以上科技项目151项，其中国家级2项、省级71项、宜兴市级78项。全年受理专利申请总量7198件，累计专利申请总量6.05万件。当年专利授权总量3830件，比上年增长7.1%；累计专利授权总量3.58万件，比上年增长12%。万人发明专利拥有量20.44件。高新技术产业产值占规模以上工业总产值比重37.14%，研发经费支出占GDP比重3.09%。年内有效高新技术企业380个。组织实施产学研及国际合作项目140项。

（吴　艳）

【教育】 宜兴市普通高中、普通初中、小学、幼儿园分别为8所、34所、56所、96所，分别招生4750人、9457人、12283人、12027人，在校学生分别为13540人、28352人、83691人、33035人。有中等技术学校2所、特殊教育学校1所，分别招生2189人、37人，在校学生分别为7127人、270人。宜兴市4418人参加高考，本科录取3136人，本科录取率71%。年内，宜兴成为省内首个区域推进高品质教育建设的市（县），创建为省中小学校责任督学挂牌督导创新县。

（吴　艳）

【文化】 2018年，宜兴市有市级艺术表演团体1个、文化站（馆）19个；市级公共图书馆1个，藏书108.6万册；电影放映单位15个，放映场次13.99万次，票房收入8053万元。市文化中心各馆到馆总人流量170万人次，接待参观团体1050批、5.8万人（其中接待党政代表团225批、5517人)。完成宜兴市292个村(社区)综合文化服务中心的建设任务,提前完成江苏省行政村(社区)综合文化服务中心建设五年行动计划。完成文化服务新行动文艺演出165场。组织送戏曲下乡165场、送电影下乡3006场。

(吴 艳)

【卫生】 2018年,宜兴市拥有医疗卫生机构540个,编制床位数5927张。卫生技术人员10049人,其中执业医师3287人、执业助理医师398人、注册护士4282人。市精神卫生中心、红十字会血站、120急救指挥中心启用。全年门(急)诊783.35万人次,比上年增长3.7%;收治病人19余万人次,床位使用率94.4%。全年无偿献血8吨,向临床提供合格血液6.6吨。高标准建成市突发公共卫生事件应急指挥中心,通过江苏省卫生应急工作规范县(市)评估。宜兴市获评首批江苏省流动人口基本公共卫生计生服务均等化工作示范市。

(吴 艳)

【体育】 2018年,宜兴市有体育场5个、体育馆17个、游泳池52个。全年举办群众活动和赛事48次,其中市级及以上19次、县(市)级29次,参加竞赛活动人数1.54万人次。在各种赛事中,获国内外奖牌31枚,其中金牌28枚。举办宜兴国际马拉松、宜兴首届国际无人机竞速大师赛、全国无线电测向锦标赛、越野行走世界杯等高水平赛事。全年体育彩票销售8.41亿元,比上年增长41.8%。宜兴市被国际越野联合会授予"国际越野行走联合会越野行走基地"称号,被国家体育总局评为2018中国体育旅游精品目的地。

(吴 艳)

【人民生活】 2018年,宜兴市居民人均可支配收入44517元,比上年增长8.6%。按常住地分,城镇居民、农村居民人均可支配收入分别为53891元、27860元,分别比上年增长8.2%、8.6%。全体居民人均生活消费支出27551元,比上年增长6.8%。按常住地分,城镇居民、农村居民人均生活消费支出分别为32119元、19432元,分别比上年增长6.4%、7%。消费品价格涨幅保持平稳,全年居民消费价格指数102.3,比上年上涨1个百分点。全年新增就业岗位3.45万个,城镇新增就业人员2.42万人。宜兴市城镇登记失业率1.75%。至年末,宜兴市有36.13万人参加基本养老保险,比上年增长1.4%;24.2万人参加失业保险,比上年增长4.3%;49.46万人参加企业职工基本医疗保险,比上年增长1.5%;54.99万人参加城乡居民医疗保险,比上年下降1.3%。

(吴 艳)

【社会福利】 至2018年年末,宜兴市有城镇社区服务中心18个。国家抚恤、补助各类优抚对象6985人。全年销售福利彩票3.8亿元。全年慈善机构接收捐赠款5221.6万元,其中慈善"一日捐"673.09万元、定向捐款2312.57万元、企业认捐到账1225.83万元。宜兴市慈善会救助困难群众、学生7.03万人次,救助支出3865.18万元。"阳光扶贫"常态化、制度化开展。

(吴 艳)

【环境保护】 2018年,宜兴市实施"263"专项行动,完成78项年度重点治太工程,落实各项应急防控举措,连续11年实现太湖安全度夏。31条重点河道整治全覆盖,33条黑臭河道展现新面貌,国考、省考断面水质达到或优于Ⅲ类占比近70%。完成年度企业环保信用评价,刚性执行与污染物排放总量挂钩的财政政策,环境经济政策调控能力明显增强。河长制组织架构、工作机制不断完善,重点河道"一河一策"有序实施,精准治理、联动治理模式日趋成熟。

(吴 艳)

【新时代文明实践中心建设】 8月,宜兴市被列入新时代文明实践中心建设试点县(市、区)。11月,市委、市政府印发《宜兴市新时代文明实践中心建设工作实施方案》(以下简称《方案》)。《方案》提出,至2019年7月,规范化建成宜兴市新时代文明实践中心1个、新时代文明实践所18个、新时代文明实践站312个,建设新时代文明实践示范基地100个、新时代文明实践示范点500个、新时代文明实践志愿示范团队1000个和新时代文明实践示范户1万户。

(吴 艳)

【监察体制改革】 宜兴市按照上级纪委监察体制改革试点工作要求,成立深化监察体制改革试点工作小组,制定改革实施方案,按期完成机构设置、编制划转、干部转隶、留置场所建设等工作。1月,宜兴市第十七届人民代表大会第二次会议选举李平为宜兴市监察委员会主任。同月,宜兴市监察委员会依法组建,与中共宜兴市纪律检查委员会合署办公。完成监督检查与审查调查部门分设工作,向镇、街道综合派出5个监察员办公室,推动监察全覆盖向基层延伸。

(吴 艳)

【宜兴举办首届国际马拉松赛】 4月15日,宜兴历史上首届国际马拉松比赛——2018宜兴国际马拉松赛(以下简称"宜马")在东氿文化中心开赛。赛事由中国田径协会、江苏省体育竞赛管理中心、宜兴市政府共同主办,宜兴市体育局、无锡汇跑体育有限公司承办。比赛设男全程马拉松(42.195千米)、女全程马拉松(42.195千米)、男半程马拉松(21.0975千米)、女半程马拉松(21.0975千米)、迷你马拉松(5千米)5个项目,肯尼亚、埃塞俄比亚、蒙古、中国香港、中国台湾等14个国家和地区及24个省(自治区、直辖市)近1万名选手参加。赛道为环形赛道,"一山(龙背山)傍两氿(团氿、东氿)"的路线网罗了宜兴城区特色亮点。起点、终点均设在城东地标建筑——宜兴文化中心,途经团氿、东氿、龙背山森林公园等地。肯尼亚选手Amuel Ndaire Njuguna以2小时24分21秒的成绩获男子全程马拉松赛冠军,蒙古选手Byambaa Khaliunaa以3小时03分53秒的成绩获女子全程马拉松赛冠军,埃塞俄比亚选手Romeha Alene Woldu以1小时06分02秒的成绩夺得男子组半程马拉松第一名,宜兴籍选手董诗云以1小时19分23秒的成绩夺得女子组半程马拉松第一名。

(吴 艳)

组织机构和负责人名单

中共宜兴市委员会

书 记 沈 建
副书记 张立军
　　　 周中平
常 委 沈 建

张立军
周中平
朱旭峰
朱晓晔
沈晓红（女）
何晓进
李　平
裴焕良
余俊慧（女）
张凡明

宜兴市人大常委会

主　任　刘亚民
副主任　周　斌
　　　　赵菊明
　　　　徐志军
　　　　朱保强

宜兴市人民政府

市　长　张立军
副市长　何晓进
　　　　周　斌
　　　　吴青峰
　　　　储红飙
　　　　卢　敏（女）
　　　　马　钟
　　　　谢海华
　　　　何江平（挂职，至4月）
　　　　唐　剑（挂职，至4月）
　　　　李秋宇（挂职）
　　　　张京宁（挂职）
　　　　李　艳（女，挂职）
　　　　姚社锋（挂职，10月任）

政协宜兴市委员会

主　席　梅中华
副主席　莫克明
　　　　洪　雅（女）
　　　　芮俊燕（女，兼）
　　　　钱伟兴（兼）
　　　　温秀芳（女，兼）

中共宜兴市纪律检查委员会
（宜兴市监察委员会与其合署办公）

书　记　李　平

（吴　艳）

梁溪区

【概况】 梁溪区位于无锡市区中部，总面积71.50平方千米。因无锡城西梁溪河而得名。至2018年年末，全区辖崇安寺、广益、广瑞路、上马墩、江海、通江、迎龙桥、南禅寺、清名桥、金匮、金星、扬名、北大街、惠山、黄巷、山北16个街道，158个社区。户籍人口78.30万人。区人民政府设在解放南路688号。2018年，全区实现地区生产总值1269.34亿元，比上年增长7.0%；完成一般公共预算收入53.88亿元，比上年增长18.5%；规模以上工业总产值（不含一汽锡柴）152.12亿元，比上年增长9.7%；社会消费品零售总额989.03亿元，比上年增长7.1%；城镇常住居民人均可支配收入54746元，比上年增长8.3%。

（陈建初）

【项目建设】 2018年，梁溪区推进项目建设。131个区级重大项目完成投资188.93亿元，占全区投资比重93.9%，比上年提高12个百分点。彩旸香江、国济康复医院等10个超1亿元项目竣工，居然之家华东中心、华发首府、圆融广场二期等25个项目启动建设，全年固定资产投资增长8.8%。精心组织赴北京市、杭州市、深圳市等地招商推介，无锡古运河华侨城项目、佰倬数据安全、中云达物联网示范产业园等重大产业项目实现落地；积高电子、金轮峰华商业广场等10个超1亿元产业项目陆续启动开工。全年完成经营性及工业地块出让19幅、69.24公顷，整出产业用地28幅、69.8公顷，闲置载体实现盘活55万平方米，其中5000平方米以上载体盘活28处，原银辉中心"双子楼"实现盘活复工。

（陈建初）

【产业优化】 2018年，梁溪区引育科技型、创新型产业项目，冠杰物联网总部、国盛生物等一批优质项目成功落地，美安医药、奥夫特光学实现产出，全年完成"千企技改"开、竣工项目14个，工业投入比上年增长18.7%。新兴业态蓬勃发展，全域旅游产业发展联盟挂牌成立，全年接待游客人数比上年增长16.2%，南禅寺街道获评全市首个全域旅游示范街道。商贸流通创新转型典型经验在全省推广，广益家艺小镇入选第二批省级特色小镇创建单位，茂新面粉厂旧址作为全市唯一入选项目成功获批第二批国家工业遗产。现代金融加快发展，成立天使创投基金、上市引导基金和中小企业转贷应急基金，依托中小微企业融资服务基地为248家民营企业提供融资授信29.4亿元，使用应急转贷资金10亿元，兑现现代产业扶持资金3277.9万元，为实体经济发展提供资金支持。制定《工业用地供应管理实施细则》和《园区产业环境准入办法》，加强工业企业资源利用绩效考评，倒逼低效企业和落后产能退出，实现节地水平和产出效益"双提升"。

（陈建初）

【科技创新】 2018年，梁溪区召开全区创新大会，制定科技创新建设"三年行动计划"及相关配套文件，聘请两院院士、国家最高科学技术奖获得者吴良镛等一批专家学者担任顾问和志愿者，在全市率先实施"梁溪英才计划"升级版2.0，制定高层次人才联系服务制度，全年引进各类人才12133人，其中高层次人才313人、海外归国人才72人。推进创新平台和创新企业培育，全年申报高新技术企业39家、"雏鹰"企业18家、"瞪羚"企业4家，科技型中小企业评估入库88家。新增省市院士工作站各1家，省、市级创业孵化示范基地各1家，省级"正版正货"示范街区（市场）2家。新增市级众创空间2家、市工程技术研究中心1家，落地产学研合作项目50余个。全年科技服务业营业收入比上年增长38.5%，物联网产业营业收入比上年增长20.0%，软件产业营业收入比上年增长12.0%。

（陈建初）

【城区改造】 2018年，梁溪区棚改征收提速推进。推进八大片区棚改合作，计划总投资超1500亿元，惠及居民1.9万户，刘潭片区百亿元棚改项目签约。修订完善房屋征收补偿、房源管理等程序性规定，全年实施房屋征收项目133个，完成房屋征收3600户（家）、面积162.88万平方米，实现房屋征收清点 61 个。下甸桥、小天鹅以及扬名花园六期安置房源项目启动建设，全年协调筹措市级房源 4700 余套，落实可选期房 12852 套。75 个小区近 200 万平方米旧住宅区提标改造工程全面完成，受益人口 7.8 万人。

（陈建初）

【基础设施建设】 2018 年，梁溪区全面加强道桥路网建设，全年新开工道路 15 条，修复社区破损道路 39 条，区管道路大修 7 条，6 条道路建成通车，实现通车里程 10 千米。启动“百巷梁溪”一期工程 9 条街巷建设，上马墩、芦庄北路等 7 个城市疏导点整治顺利完工。塘沟河防洪排涝工程完成建设，移建新建泵站 3 座、应急避难场所 2 处。标准化菜市场达标率 73.3%。

（陈建初）

【城市管理】 2018 年，梁溪区召开全区城市管理大会，高标准启动优美环境合格区创建工作，深入实施“七大整治行动”，24 个游园和 4 处废弃地完成改造提升，新增绿地 35.3 万平方米。罗地亚临时建筑装潢垃圾处置点和大通船厂大件垃圾破拆分解中心完成建设，新增餐厨垃圾处置设备 3 座，清运暴露积存垃圾 10.6 万吨，垃圾分类收集设施覆盖率 45%。持续推进违法建设和共享单车整治，全年拆除违法建设 563 处、14.8 万平方米，共享单车投放量从 28 万辆减至 4.2 万辆，首批 59 处共享单车停放点加紧建设。“数字城管”平台建设加快推进，155 个管理单元全部落实到位。

（陈建初）

【环境治理】 2018 年，梁溪区把生态治理和中央环保督察“回头看”反馈意见整改作为重大政治任务抓紧抓实。推进河道整治工作，成立治水办和河道整治攻坚指挥部，设立“六大片区”，统筹推进河道治理“八大行动”，17 条河道综合整治任务全面完成，20 条黑臭河道基本消除黑臭现象。启动诸家桥浜、团结西河、潘步桥河水系连通工程和白屈港调水引流试验，耕渎河等 26 条河道实施水质提升工程，京杭大运河及梁溪河 2 个国考断面稳定达标，全年新增 2 条Ⅲ类水质河道。完成排水达标区复查整改 374 块、新增排水达标区 8 块。梁溪水务公司组建成立。推进生态文明重点工程建设，打好污染防治攻坚战，44 项市级重点“263”专项整治项目和大气污染防控 81 项改善空气质量工程全面完成。开展土壤污染防治工作，建立污染地块名录，全年调查土壤污染场地 19 个、修复 4 个。推进“散乱污”企业整治，全区 313 家“散乱污”企业取缔关闭 131 家、治理改造 182 家，整治率 100%。开展全国第二次污染源普查，入户普查工业源和集中式污染治理设施 870 个，完成率 100%。做好中央环保督察“回头看”反馈问题整改，交办信访件全部办结。省级环保督察反馈问题和长江经济带环保审计问题整改扎实推进。组织开展“绿刃 2018”环保专项行动，环境信访投诉举报总量比上年下降 12%。

（陈建初）

【深化改革】 2018 年，梁溪区加快实施国有企业经营管理体制改革，国企平台法人治理结构和现代企业制度逐步建立。全面推进“村改居”社区集体产权制度改革，清产核资与“三资”审计工作基本完成，为产权制度改革奠定基础。全力稳控金融风险，开展处置非法集资企业排查 1711 家、重点监测 325 家；严格管控政府债务，研究制定政府性债务化解方案，综合融资成本维持在合理水平，政府性债务率全市最低。街道（园区）财政管理体制完成新一轮优化调整。持续加大企业上市培育力度，新增“新三板”挂牌企业 2 家。全年完成国有资产权证办理 37 宗、1.2 万平方米，城投控股项目万科北门塘上实现大幅盈利，国资平台运营能力显著增强。“去降补”取得实效，全年实现商品房住宅销售面积 137.38 万平方米，比上年增长 35.4%。机构改革各项工作稳步推进。综合行政执法体制改革试点方案获省、市两级批复，相对集中行政处罚目录清单向社会公布，相对集中行政处罚权行使。数字化平台与综合执法网格有序衔接，城管执法队伍全面下沉，实现“区管街用”。落实中央减税降费各项举措，工业类项目基础设施配套费实行免征。盐业体制改革全部到位。4 个涉农街道环卫所实行区级统一管理。行政审批制度改革提速推进，投资建设类项目从立项到施工许可证发放实现 48 天办结，审批时限提速 50% 以上。梳理发布“不见面”和“见一次面”政府服务事项 376 项，探索施行“网上办、快递送、不见面”政务服务新模式，完善和推广行政审批代办服务机制，行政审批更加快捷高效。全程电子化登记改革和电子营业执照应用深入推进，企业设立网上申报，预审率 100%。

（陈建初）

【社会治理】 2018 年，梁溪区“2+X”全要素网格化平台建设加快推进，“四级网格”划分和 2.44 万名网格员全部到位，在全市率先公布 182 项区级基本公共服务事项，全区最后一批 13 个薄弱社区办公用房升级改造全面完成，“智慧社区”平台实现全覆盖，“6811”圆满收官。“智慧警务”加快建设，骑警队和 PTU 作战单元投入使用，扫黑除恶专项斗争取得成效，111 个老小区技防工程全面竣工，全年化解信访积案 59 件，来访总量下降 12%，违法犯罪警情下降 13.4%、降幅全市第一，社会安全感满意度达 97.1%。加强食品药品安全监管，成立全市首家专业律师驻点的消费纠纷调解室，“明厨亮灶”项目获全市法治惠民实事工程一等奖并在全市推广，消费者满意度指数列全市第一。推进重点行业领域专项整治，全面推进电动自行车智能充电桩建设，安全生产形势持续稳定好转。“七五”普法扎实开展。

（陈建初）

【教育】 2018 年，梁溪区推进教育优质均衡发展，集团化办学提质扩容，创新建立三级管理架构，新组建 8 个教育集团，全区 43 所公办中小学集团化办学实现全覆盖，集团化办学经验获省、市总结推广。改建新建学校 4 所、校舍加固 6 所、投入使用学校 2 所，新增省市优质幼儿园 6 所、特殊教育融合资源中心 6 所；江苏省特殊教育发展工程建设项目启动实施，市级特殊需要儿童幼小衔接实验班在夹城里小学开班，22 所小学提供随班就读教学服务；成立全省首家区县级教育培育行业协会，依法整治关停校外培训机构 184 家、准入 109 家，连元街小学获全国教育领域最高层次奖项——国家级教学成果奖，成功创建为“全国中小学责任督学挂牌督导创新区”。

（陈建初）

【卫生】 2018年，梁溪区稳步推进“健康梁溪”建设。编制“健康梁溪2030”实施意见及三年行动计划，推进3家紧密型医联体建设试点。刘潭、北大街等6家社区卫生服务中心提档升级基本完成，国家基本公共卫生服务项目省级绩效考核成绩列县（市区）第一、市级绩效考评实现“五连冠”。梁溪区获“江苏省基层卫生十强区”称号。

（陈建初）

【文化体育】 2018年，梁溪区加强文化、体育事业，古运河环城步道初步贯通，成功举办第四届2018中国无锡商旅文产业年会和2018中国音乐小金钟全国二胡展演暨阿炳民乐季等活动，全年新增和更新健身路径71套、24小时自助图书馆2家，第四届“群芳奖”获奖总数位列市区第一。

（陈建初）

【社会事业】 2018年，梁溪区坚持把公共财政支出的80%投向民生，制定“1+5”就业创业工作意见及就业援助实施方案，全年城镇新增就业33900人、扶持自主创业5200人、创业带动就业19463人，“零就业家庭”至少一人就业覆盖率100%。开展精准扶贫，全面实施“授渔计划”，开通困难群众医疗救助“直通车”，阳光扶贫全年走访慰问12800户次，发放慰问金615万元。推进公共养老服务体系建设，推行养老产业连锁化、品牌化、标准化经营，4家民办养老机构完成审批许可，新增养老床位700张。居家养老服务提档升级，新增日间照料中心2家、区域性助餐中心2家，居家养老服务中心（站）标准化建成率60%。实施市区公益创投项目123个，服务群众近8万人次。持续扩大社保覆盖面，全民参保登记率100%。做好退役军人服务保障工作，退役军人和其他优抚对象信息采集工作全面完成，帮助转业志愿兵、士官实现再就业，退役士兵安置率100%，梁溪区获评“江苏省双拥模范区”。加强与青海省循化撒拉族自治县对口扶贫协作，启动实施九大合作项目，梁溪区被青海省委、省政府评为唯一的县级“脱贫攻坚先进单位”。

（陈建初）

组织机构和负责人名单

中共梁溪区委员会

书　记　徐　劼（至8月）
　　　　秦咏薪（8月任）
副书记　秦咏薪（至8月）
　　　　许立新（12月任）
　　　　邹士辉
　　　　陈锡明
常　委　徐　劼（至8月）
　　　　秦咏薪
　　　　许立新（12月任）
　　　　邹士辉
　　　　陈锡明
　　　　朱　雄（青海省循化撒拉族自治县挂职）
　　　　张　莉（女）
　　　　陈红升（至8月）
　　　　唐斌彪
　　　　周皖红（女）
　　　　许　岗
　　　　蔡　昌
　　　　孙林祥
　　　　唐明刚（至10月）
　　　　孟永军（10月任）

梁溪区人大常委会

主　任　邹士辉
副主任　童耀明
　　　　曹海燕（女）
　　　　徐　越
　　　　周克刚
　　　　任震宇
　　　　姚　凯

梁溪区人民政府

区　长　秦咏薪（至12月）
代区长　许立新（12月任）
副区长　陈红升（至10月）
　　　　李　涛
　　　　朱　刚
　　　　张　琦
　　　　夏　琰（女）
　　　　赵雪松
　　　　周　军
　　　　李振云
　　　　许秋瑾（女，挂职，至8月）
　　　　笪学荣（挂职）
　　　　王　嵩（挂职）
　　　　孔祥年（挂职，10月任）

政协梁溪区委员会

主　席　陈锡明
副主席　陈国忠
　　　　钱丽忠（女）
　　　　李　波（女）
　　　　季　铮（女）
　　　　唐　红（女）
　　　　祝志明
　　　　秦惠芬（女）
　　　　黄梅华（女）

中共梁溪区纪律检查委员会
（梁溪区监察委员会与其合署办公）

书　记　孙林祥

（陈建初）

锡山区

【概况】 锡山区位于无锡市区东北部，总面积399.11平方千米。至2018年年末，全区辖国家级锡山经济技术开发区、无锡锡东新城商务区，羊尖、鹅湖、锡北、东港4个镇和东亭、安镇、东北塘、云林、厚桥5个街道，有48个城镇社区、75个农村社区（行政村）。户籍人口46.16万人，人口自然增长率1.5‰。区人民政府设在锡州中路1号。2018年，锡山区完成地区生产总值883.3亿元，比上年增长7.2%；完成一般公共预算收入86.7亿元，比上年增长10%，其中税收收入75亿元，比上年增长10.1%。社会消费品零售总额比上年增长10.3%，其中限额以上零售额比上年增长11.1%。城乡居民人均可支配收入54198元、31106元，分别比上年增长8.1%、8.5%。锡山区位列2018年全国综合实力百强区第19位。

（印宏绯）

【农业农村】 2018年，锡山区推进国家现代农业产业园创建工作，产业园通过科技部农业科技园区验收。成功举办第三届世界物联网博览会智慧农业应用与产业升级高峰论坛。推进农村综合改革。全面完成承包地确权颁证工作，推进股份合作社转型，“政经分设”逐步扩面。全面完成农村集体资产清产核资工作，开展村（社区）会计异地交流、村务卡非现金结算等试点工作，建成区、镇、村三级产权交易平台，农村集体“三资”管理更加规范。

（印宏绯）

【工业经济】 2018年，锡山区规上工业总产值、规上工业增加值分别比上年增长14.3%、9%。实施工业项目评价准入机制，研究制定工业企业资源利用绩效管理评价实施细则。完成低效用地再开发183.05公顷，盘活存量土地约420.32公顷，连续两年被评为全省高标准厂房建设与使用先进地区，连续四年获评全省国土资源节约集约利用模范区。推动企业上市，新增上市企业1家，累计11家，新增“新三板”挂牌企业2家。引入产业基金13只、规模137亿元。推动“两化”（工业化、信息化）融合与智能制造，红豆纺织服装工业互联网平台获评国家级试点示范项目，8家企业创建省级示范智能车间，12家企业获评市级智能车间；5家企业入选省“专精特新”产品企业，数量全市第一；确成硅化被认定为省“隐形冠军”企业，入选市“雏鹰”企业33家、“瞪羚”企业36家、“准独角兽”企业1家。红豆集团、大明金属、兴达投资3家企业入围2018中国民营企业500强。

（印宏绯）

【项目招引】 2018年，锡山区举办金秋经贸恳谈会及国内外系列招商推介活动，引进投资50亿元的恩捷新材料、投资20亿元的联福传动等重大项目。全年新签约产业项目98个，计划总投资780亿元，其中超10亿元工业项目7个，项目数量体量为近年来最好；超5亿元工业项目21个，比上年增加16个；全年工业用地出让面积比上年增长41.4%。在建超1亿元产业项目100个，尚品宅配、晋拓金属等11个市级重大项目全部开工建设。总投资60亿元的海尔创智谷一期项目完成供地。

（印宏绯）

【外向型经济】 2018年，锡山区完成进出口总额53.1亿美元，其中出口额40.4亿美元，分别比上年增长8.2%、10.3%；完成到位注册外资及港澳台资4.7亿美元，比上年增长19.4%，全年新批重大外资及港澳台资项目5个。新批境外投资项目10个，完成境外中方投资额2.1亿美元，西港特区二期开发启动实施。锡山开发区在全省经济开发区综合考评中排名第9位。

（印宏绯）

【科技创新】 2018年，锡山区全社会研发经费支出占GDP比重3.31%，高新技术产业产值567.3亿元，比上年增长13.1%；新增省级工程技术中心2家，有效期内高新技术企业229家。万人有效发明专利拥有量45件，10家企业通过国家知识产权贯标认证。南京信息工程大学无锡研究院、欧洲科技创新中心无锡分中心落户，微软人工智能暨智能制造加速器等科技项目相继落地。制定“锡山英才计划”升级版及系列配套文件，启动实施“锡山英才计划”首批次8个类别项目评审，32个人才和团队入选，中科微至法人代表李功燕获评国家科技创新创业人才。全年引进“双高”人才395人、海归人才104人。

（印宏绯）

【深化改革】 2018年，锡山区全面推行“不见面”审批改革，有效落实各项改革目标，简政放权创业创新环境评价位列全省第十。“多证合一、一照一码”全面推行，全区新登记内资企业数量增长33.6%。在开发区推行企业投资信用承诺制改革和“证照分离”试点改革，稳步推进东港经济发达镇行政管理体制改革。相继成立锡山金投集团、文商旅公司、城发公司，推动国有平台公司实现市场化转型。设立20亿元规模的锡山产业基金，发挥资本招商作用，助力新兴产业导入。推进公立医院管理体制改革，制定公立医院管理委员会运作规则，推进锡山人民医院和中大医院合作共建。推进教育领域改革，成立教育集团，探索破解师资队伍发展瓶颈，招录义务教育编外合同制教师160人。

（印宏绯）

【城乡建设】 2018年，锡山区加快规划布局调优。研究发布锡山产业发展总体规划，实施“两东”地区、商务区、宛山湖片区发展规划“回头看”行动。完善全区交通路网规划建设方案，完成延祥路、锡甘路等5条道路改建工程，新羊大道南延、联福路北延、大成路东延等7条道路集中开工建设。优化公交、地铁接驳线路，定制公交线路2条、新辟优化公交线路7条。制定农村住房建设试点方案和配套资金补助办法，完成777个自然村平面布局设计，厚桥街道谢埭荡村等16个村庄启动样板房建设，安镇街道谈村首批新房竣工交付。持续开展建筑垃圾专项整治，建成区生活垃圾分类设施覆盖率51.6%，完成区环卫综合作业中心一期、羊尖渣土消纳场等重大环卫基础设施建设。成功创建15个市级环境长效管理示范村和4个环境改善提升村，村庄环境长效管理考评位列全市第一；锡山区成为全市第一个、全省第二个通过省级农村环境综合整治试点考核的地区。

（印宏绯）

【生态建设】 2018年，锡山区开展“263”专项行动，全力做好中央环保督察“回头看”交办问题整改，成功创建江苏省首批生态文明建设示范区。国省考断面和重点水功能区水质年度均值达标，市考河道中优于Ⅲ类水质河道达10条，比上年增加7条，河湖“三乱”专项整治行动有序推进。全面建立三级河长管理体系，完成695条村级以上河道“一河一策”整治方案编制。新建排水达标区2个，完成20个村庄截污工程。全面开展管网复查整改，完成185个排水达标区“四位一体”排查。完成锡山污水处理厂分厂主体工程和安镇、鹅湖污水处理厂二期扩容工程。开展燃煤工业窑炉整治和化工企业“四个一批”（关停一批、转移一批、升级一批、重组一批）专项行动，关停燃煤工业窑炉14台、化工企业19家，完成31家省级重点单位挥发性有机物治理，主要污染物排放削减量完成市下达目标。全年空气质量优良天数比例68.7%，比上年上升9.7个百分点。在全市率先开展“小散乱污”企业专项整治，累计关停企业600家，整改企业1022家。完成成片造林绿化约63.33公顷，设立白米荡、红豆杉康养小镇湿地小区2个。

（印宏绯）

【民生保障】 2018年，锡山区新增城镇就业2.2万人，重点扶持自主创业4055人。全年发放深度贫困帮扶资金1537.4万元。5个区级经济薄弱村实现脱贫转化。企业职工基本养老保险净增缴费12846人，新增断保被征地农民接续缴费4813人，发放居民养老保险待遇7.2亿元。城乡低保标准提高至每月900元。推进锡东电厂惠民工程，开展锡东生态园等建设工程，黄土塘古村保护性修缮启动前期策划。研究编制教育、医疗、文体三个“三年行动计划”，锡东新城中心幼儿园、星湖花海幼儿园建成投用，完成东亭中学新校区、东湖塘实验小学、东北塘实验小学分校、厚桥幼儿园主体工程建设。建成村（社区）综合性文化服务中心35个，成功举办2018锡山宛山湖国际马拉松、区第四届运动会等重大体育赛事。新锡山人民医院建成投用，启动三级医院创建。

（印宏绯）

【锡山人民医院新院区主体工程竣工】 1月11日，锡山人民医院新院区主体工程竣工仪式举行，新院区于1月底启用。锡山人民医院新院区拥有国际国内领先的医疗设备且技术力量雄厚，设有无锡市二级综合医院特色专科8个、区级重点医学专科6个、区特色医学专科1个。新院区启用后，锡山人民医院将继续深化与东南大学附属中大医院“合作共建”工作，力争早日建成三级综合性医院和一批省市级重点专科，奋力打造成为无锡地区高水平的区域性医疗中心。

（印宏绯）

【无锡恩捷新材料项目签约】 3月19日，总投资50亿元的无锡恩捷新材料项目签约。项目由上海恩捷投资，上海恩捷是国内湿法隔膜市场占有率第一的领军企业，专注锂离子电池隔膜开发与制造，拥有包括锂电池隔离膜、膜面变形检测装置在内的20余项专利技术，产品的多种参数达到国际领先水平。无锡恩捷新材料项目规划建设16条全自动进口制膜生产线、40条涂布生产线及5条铝塑膜进口生产线，并计划设立高端膜产品研发中心。

（印宏绯）

【全市首个整村住房翻建工程启动】 5月30日，全市首个整村住房翻建试点村——安镇街道谈村社区启动样板房建设，成为锡山区推进农村住房翻建工作进度最快的村庄。全年全区启动28个试点村庄的农村住房翻建工作。通过实施乡村振兴战略，高标准完成一批试点村农村住房建设。统筹推进美丽乡村示范村和特色田园乡村创建，树立城乡交错融合的一流美好城区典范。

（印宏绯）

【微软人工智能暨智能制造加速器项目签约】 6月14日，微软“云暨移动技术孵化计划”——无锡人工智能暨智能制造加速器项目签约仪式举行。该项目是锡东新城商务区与微软中国联合打造人工智能暨智能制造产业的新型加速器平台。以此为契机，微软中国将引入微软人才培育暨认证合作伙伴，培育微软人工智能、智能制造方面的专业人才，助力商务区打造苏南地区依托于微软科技的人工智能产业园，为锡山现代产业加速腾飞注入新的活力。

（印宏绯）

【红豆2018锡山宛山湖国际马拉松举行】 11月11日，红豆2018锡山宛山湖国际马拉松开赛，来自15个国家和地区，国内31个省份、94个城市的6000余名选手报名参赛。此次马拉松赛是锡山区首次举办的大型国际性体育赛事，也是无锡范围内首次以区级平台举办的“全马”比赛。

（印宏绯）

组织机构和负责人名单

中共锡山区委员会

书　记　顾中明
副书记　王　维（1月任）
　　　　言国强
常　委　顾中明
　　　　王　维（1月任）
　　　　言国强
　　　　李　江
　　　　张映雪（女，至2月）
　　　　窦　虹（女）
　　　　朱洪元
　　　　谢　军
　　　　徐　悦
　　　　陈秋峰
　　　　王颐然
　　　　章金伟（10月任）

锡山区人大常委会

主　任　蒋　群
副主任　陈建清
　　　　辛谊忠
　　　　毛　晨
　　　　黄懿斌

锡山区人民政府

区　长　顾中明（至1月）
　　　　王　维（1月任）
代区长　王　维（至1月）
副区长　王　维（至1月）
　　　　李　江
　　　　赵　鞠（女）
　　　　陈　奕（女）
　　　　李佩东（至9月）
　　　　周建伟
　　　　陶　波
　　　　吴伟君
　　　　蒋文伟（9月任）
　　　　徐为民（挂职，至9月）
　　　　栾海港（挂职）
　　　　徐雪高（挂职）
　　　　赵　英（女，挂职，至11月）
　　　　汤诗杰（挂职，8月任）
　　　　虞　靖（挂职，10月任）

政协锡山区委员会

主　席　章红新
副主席　章建新
　　　　石国洪
　　　　朱卓君（至10月）
　　　　孙军伟
　　　　史锡联

中共锡山区纪律检查委员会（锡山区监察委员会与其合署办公）

书　记　谢　军

（印宏绯）

惠山区

【概况】 惠山区位于无锡市区西北部，总面积325.12平方千米。至2018年年末，全区辖1个省级无锡市惠山区经济开发区，洛社、阳山2个镇，堰桥、长安、钱桥、前洲、玉祁5个街道，86个城镇社区、29个农村社区。户籍人口48.90万人，常住人口71.22万人，人口自然增长率2.38‰。区政府驻惠山新城文惠路8号。2018年，惠山区全社会固定资产投资比上年增长6.0%。实现地区生产总值907.38亿元，比上年增长7.2%；按常住人口计算人均地区生产总值12.75万元。全区实现第一产业增加值16.38亿元，第二产业增加值530.30亿元，第三产业增加值360.71亿元，三次产业比例调整为1.8 ： 58.4 ： 39.8，第三产业增加值占GDP比重比上年提高0.8个百分点。一般公共财政预算收入92.35亿元，比上年增长8.0%；完成现价工业总产值1841.39亿元，比上年增长15.3%，其中，规模以上工业总产值1470.17亿元，比上年增长15.0%；完成现价农林牧渔业总产值29.59亿元，比上年增长0.6%，其中，农业20.54亿元，比上年增长4.4%；实现社会消费品零售总额216.15亿元，比上年增长10.6%。全区工业企业7479家，比上年减少634家；全区规模工业企业856家，与上年相同。全体居民人均可支配收入4.78万元。全区有各级各类学校94所，在校学生11.08万人；有区、镇两级图书馆8个，藏书44.8万册；有社区服务卫生中心20个，社区卫生服务站82个，共有公共卫生技术人员3552人。2018年，惠山区获评第二批全国中小学校责任督学挂牌督导创新县（市、区），获评2017年度全国“平安农机”示范县称号。

（章淑君）

【农业】 2018年，惠山区实现农业总产值29.59亿元，高质量发展涉农指标全市排名第三；推进农业园区建设，提升水蜜桃品质，在国家、省、市级各类评比中，阳山水蜜桃共获金奖15个、银奖20个、特等奖8个、优胜奖2个。完成造林面积137公顷，林木覆盖率提高到23.8%；创建省级绿化示范村6个；承办农业农村部重大引领性技术“全国蔬菜全程绿色高效生产技术”项目南方片区现场观摩会，推广绿色防控面积1033.33公顷；举行“无锡市5000亩稻田综合种养建设启动仪式”，完成建设21.33公顷稻田综合种养基地；申报绿色优质农产品基地1133.33公顷；新型职业农民持证率提高到67.1%，比上年增加7个百分点。阳山镇入选农业农村部、财政部的首批农业产业强镇示范建设名单，为无锡市唯一一家入选单位。

（章淑君）

【工业】 2018年，惠山区实现现价工业总产值1841.39亿元，其中，规模以上工业总产值1470.17亿元，比上年增长15.0%；机械、冶金、电子、化工、纺织五大主要行业产值占规模工业总产值的91.8%。惠山区工业配套园区完成工业销售收入970亿元，公顷均销售收入4500万元；公顷均税收180.0万元。年内，惠山区工业投资比上年增长12.8%，增幅排全市第三，其中技改投资增幅17.7%。惠山区万元GDP能耗比上年下降4%以上。推进智能制造生态体系建设，建立“工业云平台”3.0。年内，惠山区获评国家智能制造试点目项1个、国家“两化”融合管理体系贯标试点企业3家、国家“两化”融合管理体系贯标证书企业3家，获评省级“两化”融合示范试点企业45家、省级“两化”融合管理体系贯标试点企业22家、省级互联网与工业融合创新示范试点企业8家。实施重大智能制造项目116个。新批外商及中国港澳台商投资企业项目46个，完成协议注册外资及中国港澳台资4.54亿美元，到位注册外资及中国港澳台资2.26亿美元，其中制造业到位外资及港澳台资8952万美元，占比39.6%。完成对外及对中国港澳台贸易进出口总额33.89亿美元，比上年增长11.2%，其中，出口29.16亿美元，比上年增长10.6%；进口总额4.73亿美元，比上年增长14.7%。全年完成服务外包执行金额13.702亿美元，比上年增长14.7%；完成离岸外包执行金额10.2亿美元，比上年增长19.9%。

（章淑君）

【服务业】 2018年，惠山区实现社会消费品零售总额216.15亿元，比上年增长10.6%，位列全市各区、市（县级）第一；完成规模以上服务业营业收入28.74亿元，比上年增长22%，服务业收入占地区生产总值比重39.8%；完成服务业纳税营业收入1838.14亿元，比上年增长4.74%，完成服务业税收51.19亿元，比上年增长7.61%；服务业投入比上年增长0.6%。新建服务业项目30个，年内完成投资54.89亿元；续建项目29个，年内完成投资107.42亿元。惠山万达创建成“江苏省绿色商场”。培育“旅游+”示范基地和“旅游+”特色休闲业态项目。围绕电子商务、乡村振兴、创新创业、产融对接、校企洽谈、海外精英人才活动周、人才创驿小镇等主题，明恒混合动力、智能制造机器人、阳山华侨城美丽乡村、皇包车旅游管理、蓝凤凰艺术小镇等88个重点服务业投资项目签约，投资总额620余亿元。年内，惠山区完成旅游投入20.2亿元，旅游收入13.4亿元。

（章淑君）

【科技创新】 2018年，惠山区实现高新技术产业产值452.4亿元，比上年增长9.3%。认定高新技术企业131家、省高新技术企业入库培育企业91家，获国家备案科技型中小企业293家。获评省科技“小巨人”企业1家，入选省最具发展潜力科技人才创业企业名录8家。惠山软件园被工业和信息化部评为国家级中小企业公共服务示范平台，惠山生命园被评为全国生命科学领域“最具亮点”十大园区之一。新增首台（套）重大技术装备2台（套）、国家级企业技术中心1家，新增省级工程技术研究中心4家。无锡量子感知研究所、沈阳工业大学无锡产业技术研究院、西安交通大学无锡智能激光装备与系统技术研究院、PNP智能制造产业加速平台、院士潘复生的铝镁合金产业化基地、院士卢秉恒的3D打印基地及院士麦德华的创新药研究院等落户惠山区。华中科技大学无锡研究院“智能制造与机器人应用技术公共服务平台”获批省科技公共服务平台。惠山区无锡尚田农业科技发展有限公司的尚田六次产业示范园被认定为省级农业科技产业园。无锡江南奕帆电力传动科技股份有限公司、无锡透平叶片有限公司获批2018年度江苏省知识产权战略推进计划项目，无锡透平叶片有限公司获批2018年度江苏省企业知识产权管理贯标绩效评价优秀企业。新增省级科技创业孵化链条试点单位2家、省级科技企业加速器1家。新增科技部创新人才推进计划1人、省级以上人才计划50人、市级创业领军人才16人和创新领军人才5人。全区授权专利5178件，其中发明专利607件，万人发明专利拥有量38.2件。

（章淑君）

【生态建设】 2018年，惠山区完成“263”专项行动工程项目423个，减煤10.0万吨，关停化工企业25家。PM2.5平均浓度比上年降幅列全市第一，空气质量优良天数比例65.0%。6个国、省控断面全部达到Ⅳ类以上水质，2条达到III类；23条市级重点河道中20条达到Ⅳ类以上水质，比上年增加9条，劣Ⅴ类水质河道全面消除；全区648条河道中Ⅳ类及以上水体比例超过50%，劣Ⅴ类水体数量明显减少；5个重点水功能区水质达标率100%。整治“散乱污”企业1917家，规模以上工业综合能耗、规模以上工业增加值能耗分别下降4.5%、13.2%，降幅均居全市第一。完成造林绿化137公顷、成片造林69公顷，林木覆盖率提高到23.8%。创建省级绿化示范村6个、省级湿地公园1个。惠山区创成首批省级生态文明建设示范区。

（章淑君）

【民生事业】 2018年，惠山区把保障和改善民生放在优先位置，13件年度民生实事全部高效完成。新增城镇就业2.2万人，扶持自主创业3444人，惠山籍应届大学生就业率97%。全民参保登记率100%，净增企业缴费人数1.2万人，断保接续1.2万人。为13569名80周岁以上老人购买意外伤害保险。14家街道（镇）老人日间照料中心、7家助餐中心年内建成运营。推进21家“残疾人之家”建设，安置残疾人380人，实现150名残疾人辅助性就业；免费为残疾人购买商业保险。全年发放城乡低保、临时救助、支出型困难家庭等各类帮扶资金1168.2万元。区红十字服务中心获评全国首批、全省唯一的“国家级应急救护培训示范基地”称号。惠山区获评省“双拥模范区”称号。教育事业持续发展，高考本一进线率再居全市首位。年内8个教育重点工程交付使用，9个重点工程有序推进。惠山区创成“全国中小学校责任督学挂牌督导创新区”。区人民医院建成全市首个国家级基层版胸痛中心。惠山区获评全省基层卫生十强区之一、省级流动人口卫生计生公共服务均等化先进区。年内举行惠山区第八届群众文艺汇演，3件作品获省“五星工程奖”。举办惠山区第四届运动会、第二届阳山半马、U14全国乒乓球锦标赛等高规格赛事。惠山区获评省级群众体育先进单位。区全民健身中心开馆运营。文化产业增加值占GDP比重3%。

（章淑君）

【区全民健身中心启用】 2月5日，惠山区全民健身中心历时2年多的建设、半年的试运营后启用。惠山区全民健身中心总投资2.37亿元，占地5.3万平方米，为省内首家按照国家绿色二星场馆建设标准建造的场馆。主场馆内设有室内标准游泳馆、乒羽馆、400米室外环形跑道、篮球馆、网球场、天然草坪足球场、笼式足球场等，全民健身中心内外场各可容纳3000余人，馆内设有省级健身指导站。试运行期间，举办2017全国女子足球U16锦标赛、江苏省青少年击剑比赛、无锡市十二届运动会篮球赛、中美篮球邀请赛等各类比赛30余场，举办江苏省舞龙舞狮社会指导员培训班、无锡市跆拳道定级考试、惠山区健身气功协会成立活动等公益服务类项目20余场次。

（章淑君）

【智能制造体系建设】 2018年，惠山区制定《智能制造新三年行动计划》，连续第3年承办物联网与智能制造高峰论坛。至年底，建成工业云平台3.0，257个设备数据接入，有1799个数据采集点、1156个在线用户、1457个产品资源库、859家企业信息库。完成上云企业29家，开展智能化改造诊断服务企业51家，培育智能制造创新示范企业38家（累计134家），推进智能制造项目116个，成功培育智能车间55个（省级智能车间7个）。全年完成智能制造投资63亿元，智能制造规上企业应用覆盖率超过50%。推进“一镇一院一产业”计划，建设院士经济“走廊”，年内，西安交通大学、沈阳工业大学、中国农科院等研究院签约落户；创新药研发、量子感知、增材制造、铝镁合金新材料、生命健康等7个院士领衔科技型项目顺利推进。无锡戴卡轮毂制造有限公司入围工业和信息化部智能制造综合标准化与新模式应用立项项目，无锡透平叶片有限公司、无锡永鑫精密材料有限公司等12家企业获得国家“两化”融合管理体系贯标证书，无锡微研中佳精机科技有限公司、无锡赛晶电力电容器有限公司等7家企业被评为工业和信息化部两化融合贯标试点企业，江苏毅合捷汽车科技股份有限公司被工业和信息化部评定为国家级绿色工厂。

（章淑君）

组织机构和负责人名单

中共惠山区委员会

书　记　吴仲林（至1月）
　　　　李秋峰（1月任）
副书记　李秋峰（至1月）
　　　　吴建元（1月任）
　　　　计佳萍（女，至6月）
　　　　周子川（6月任）
常　委　吴仲林（至1月）
　　　　李秋峰
　　　　吴建元（1月任）
　　　　计佳萍（女，至6月）
　　　　周子川（6月任）
　　　　杨建平（至8月）
　　　　岳中云（至12月）
　　　　俞　刚
　　　　邓加红（女）
　　　　吴建明
　　　　吴立刚
　　　　袁漪韬（女）
　　　　郝朝勇
　　　　曹文彬（10月任）
　　　　赵庆芳（挂职）

惠山区人大常委会

主　任　顾智杰

副主任 方 瑛
陈金良（至6月）
陈 纯（女）
秦志宏

惠山区人民政府

区 长 李秋峰（至1月）
吴建元（1月任）
副区长 杨建平（至8月）
曹文彬（至10月）
吴 燕（女）
刘俊伟
范 良
赵 磊
孟 栋（8月任）
何国清（10月任）
赵庆芳（挂职）
高伟宏（挂职，至4月）
俞政业（挂职，至8月）
袁 强（挂职）

政协惠山区委员会

主 席 陈 燕（女）
副主席 陆 益
唐江澎（兼）
耿国平
陈晓松
黄 明

中共惠山区纪律检查委员会（惠山区监察委员会与其合署办公）

书 记 吴建明

（章淑君）

滨湖区

【概况】 滨湖区位于无锡市区西南部，总面积628.15平方千米，其中陆地面积257.89平方千米。至2018年年末，全区辖胡埭1个镇和马山、华庄、雪浪、蠡园、太湖、河埒、荣巷、蠡湖8个街道，有国家级旅游度假区、国家级工业设计园、国家级数字电影产业园、国家级传感网创新示范区、国家级智能交通产业园各1个和无锡太湖城、无锡山水城、蠡园经济开发区、无锡经济开发区4个省级开发区，有117个村（社区）。全区常住人口97.1万人，户籍人口52.56万人。全区人口自然增长率9.6‰，出生人口政策符合率99.95%。区人民政府设在金城西路500号。2018年，全区实现地区生产总值1050.4亿元，比上年增长7.6%，建区以来首破1000亿元；一般公共预算收入103.7亿元，比上年增长8%，建区以来首超100亿元；规模以上工业总产值626.1亿元，比上年增长16.9%；社会消费品零售总额309亿元，比上年增长10.4%；固定资产投资502.7亿元，比上年增长6.1%；居民人均可支配收入51798元，比上年增长8.8%。

（朱 越）

【农业】 2018年，滨湖区实现农业总产值6.9亿元，现代农业园区化比重达到63.9%；农业园区营销收入达2.1亿元。坚持“农业+”产业融合发展道路，雪浪山生态景观园、九龙湾花彩小镇加快建设，新认定市级龙头企业、农业产业化联合体、农业物联网示范点、休闲观光农业示范村等各类载体11个。世外园生态农庄作为无锡物联网“智慧农业”典范，在全省农业工作会议上交流经验，其精品枇杷在2018年江苏省枇杷发展大会评比中获特等奖。江苏省茶叶研究所被评为江苏省智能农业示范单位。“无锡毫茶”获中国绿色食品发展中心认定的“农产品地理标志”。马山蔬菜公司灵鹏牌大米在全市第二届“无锡好米”品鉴活动中获金奖。粮食生产功能区和重要农产品生产保护区“两区”划定工作全面完成，“大棚房”清理整治有序实施。

（朱 越）

【工业】 2018年，滨湖区规模以上工业经济保持高速增长态势，完成规模以上工业总产值626.1亿元，比上年增长16.9%；完成规模以上工业增加值169.9亿元，比上年增长11.5%；规模以上工业增加值率达到27.4%，增速均位列全市第一。完成工业投入42.8亿元，比上年增长17.7%，增速位列全市第二。制造业对GDP贡献度稳定保持在40%左右，规模以上工业企业用电量比上年增长12%，药明康德生命科技园等一批市级重点项目开工，贝斯特五期等一批重大项目启动建设，蠡湖增压涡轮增压器生产基地等一批续建项目进展良好，太湖智谷一期、宇辰新能源纳米材料等一批产业项目顺利竣工或投产。新增上市企业4家，新增数量全市第一，其中药明康德成为全市第一家市值超1000亿元的上市公司。为企业服务产业促进体系日益成熟，基金、平台运转良好，新增“上云”企业280家。

（朱 越）

【服务业】 2018年，滨湖区实现社会消费品零售总额309亿元，比上年增长10.4%，其中限额以上社会消费品零售额112.7亿元，比上年增长18.3%，增速均位列全市第二。服务业增加值占GDP比重56%，规模以上服务业企业营业收入比上年增长10%，融创文旅城、河埒金融商务港等一批续建项目进展良好，西沃创业咖啡、山水城微商园获评省级首批电商众创空间试点单位，溪南公馆商业街成为“无锡市休闲商业示范街区”，宾利4S店营业，高端汽车、特色餐饮等重点行业成为消费市场主力。推进“质量强区”建设，新增省、市名牌各10个，新增主导或参与标准制修订37项，公安部交通管理科学研究所获批成立全国道路交通管理标准化技术委员会。建成省、市级放心消费诚信示范单位等108家，全市首个特色基层消费维权品牌“郁东明文明消费维权工作室”揭牌。荣巷、渔港农贸市场完成改造，签订餐饮单位“瓶改管”304家。

（朱 越）

【文化旅游业】 2018年，滨湖区有规模以上文化企业数109家，比上年增加16家；完成营业收入126.5亿元，比上年增长35%；文化及相关产业增加值占GDP比重5.95%，引进新峰缤纷城、钱窑文化创意中心等协议投资额500万元以上文化产业项目6个，智慧无锡文化创意产业园被评为江苏省重点文化产业园区，太湖影视小镇通过省级验收。全年接待游园人数4936.9万人次，实现旅游总收入271亿元，增速均保持15%以上，全域旅游示范区创建通过省级专家组考核验收，融创文旅城主题项目及各子项目推进顺利，九龙湾花彩小镇四季花园、花卉主题酒店基本完工，龙寺生态园完成改造提升，“栖太湖”民宿集聚品牌统一发布，拈花湾“旅游风情小镇”创建高分通过省级年度考评。

（朱　越）

【开放型经济】 2018年，滨湖区完成到位外资及港澳台资2.67亿美元。实现进出口总额29.7亿美元，比上年增长11.6%，其中出口22.8亿美元，比上年增长14.8%。全面开展精准招商，成立全区投资促进工作领导小组和产业招商、重大项目引进2个专项小组，建立涵盖产业、项目、载体、板块、基金的“1+N”招商工作体系，“滨湖商务”公共服务平台建成启用。精心组织、成功举办金秋经贸签约大会、“百日招商促进季”等活动。全区新设法人企业4545家，新引进注册资本超1000万元项目836个，比上年增长10.6%；投资超1亿元项目44个，比上年增长10%；外资及港澳台资项目28个。复华度假世界、华润智慧能源等一批重大产业项目落地，天安健康智慧园、蠡湖物联网大数据产业园、安博医药冷链等一批优质产业项目成功签约。响应“一带一路”倡议，全年获批境外投资项目11个、协议投资额1.97亿美元。

（朱　越）

【新兴产业】 2018年，滨湖区生命健康、集成电路设计、车联网、信息技术、影视文化、金融创投六大新兴产业业务收入增幅超过20%，税收超1000万元企业净增9家。药明生物科技园、国家智能交通测试基地等优质项目落地；国芯微电子、睿思凯科技等项目成功实现产业化；无锡国家数字电影产业园全年引进影视及相关企业220家，实现产值55亿元、税收5.5亿元。加大新兴产业扶持力度，设立区级新兴产业专项推进办公室，制定集成电路设计产业和生命健康产业专项发展政策。举办首届太湖创“芯”产业峰会、马山生命与健康论坛等活动，承办无锡世界物联网博览会“智能交通与车联网产业发展”“物联网信息安全”两个高峰论坛。

（朱　越）

【科技创新】 2018年，滨湖区全社会研发投入占GDP比重3.18%，高新技术产业产值占规模以上工业产值比重62.3%，技改投入占全部工业投入比重66.2%，万人发明专利拥有量49.2件，4个项目获省重大科技成果转化专项资助，滨湖科技创新联盟挂牌成立。“滨湖之光”等人才引育计划深入实施，入选省“双创”及博士等人才4人、省“333工程”培养对象16人，评选“滨湖之光”人才项目60个，区被列入省海智计划工作基地。

（朱　越）

【城乡建设】 2018年，滨湖区完成拆迁“清点”扫尾项目10个，有序推进新开征项目14个。完成涉拆建筑签约35.7万平方米，竣工交付安置房23.2万平方米。完成旧住宅区整治23.5万平方米、危旧房改造5万平方米、自然村综合改造提升20个、背街小巷整治8条、道路街景改造8条及建筑路亮化改造，有序推进太湖学院周边棚户区改造。完成天然气入户5500户，新（改）建公厕13所、农路6条、农桥1座，新增公共停车泊位657个、城镇公共绿地93.3万平方米，实施居住小区修枝透光工程覆盖率80%。推进优美环境合格区建设，全面构建城市精细化管理工作体系，开展市容市貌、环境卫生、交通文明等十大专项行动，拆除各类违建3.7万平方米，查扣偷倒车辆120辆，“小飞龙”专项整治有序推进。马山和胡埭餐厨垃圾处置设施建成投运，桃花山大件垃圾处置站建设进展顺利，胡埭建筑装修垃圾资源化利用项目启动建设，全区生活垃圾分类设施覆盖率50%。村庄（社区）环境长效管理、交通干线沿线环境综合整治五项行动深入推进。滨湖区获评省国土资源集约节约利用模范区称号。缘溪桥养护项目获评全国城镇市政养护示范设施“扁鹊奖”。

（朱　越）

【生态治理】 2018年，滨湖区“河长制”“断面长制”和水环境综合整治持续深化，排水达标区建设、畜禽养殖整治、调水引流工程有序推进，清淤河道27条、整治黑臭水体11条、打造样板河道10条，4个国考、省考断面全面达标，16条水环境综合整治河道优Ⅲ类水比例居全市前列，12个重点水功能区达标率100%，蠡园街道秦巷浜、荣巷街道朱祥巷浜列入生态环境部、住建部治水先进典型光荣榜。沿太湖3千米内水产养殖整治任务全面完成，实施治太重点工程19个，打捞蓝藻68万吨、水草2.4万吨，连续第十一年实现太湖安全度夏和“两个确保”。中央环保督察“回头看”反馈问题全面整改，“263”专项行动、污染防治攻坚战、第二次全国污染源普查深入推进，关停化工企业11家，整治到位“散乱污”企业283家、燃煤工业窑炉39座，马山奶牛场完成搬迁。大气、土壤、危险废弃物等污染预警管控持续加强。省级生态文明建设示范乡镇（街道）实现全覆盖，创建省级生态文明镇村10个、村庄绿化示范村1个、“三化”示范村1个。新增造林面积约50.33公顷，完成森林抚育204公顷，全区林木覆盖率38.95%，建成区绿化覆盖率36.5%。

（朱　越）

【社会事业】 2018年，滨湖区滨湖中学启动建设，峰影幼儿园峰影园区、华庄中心小学校舍等完成加固改造，中小学学生健康饮用水工程实现全覆盖。“卓越教育联盟”改革试点全面推开，校外培训机构专项治理扎实推进，中考总均分再获全市第一，高考本科进线率再创历史新高，高分通过全国中小学校责任督学挂牌督导创新区省级评定，教育现代化年度监测保持省市前列。推动紧密型医联体、安宁疗护等试点工作，科学制定“健康滨湖”三年行动计划，胡埭镇卫生院新院建成投用，“顾玉东院士工作站”“王灿晖全国名老中医药专家传承工作室”相继落户，“15分钟医疗服务圈”日趋优化。组建区级星级文体特色团队100支，精心组织百姓大舞台、百场文艺进社区等群众文化活动，成功举办环太湖国际公路自行车赛、环蠡湖国际半程马拉松赛等品牌体育赛事，新增或更换室外公共体育设施57套，“文体惠民”成效彰显。

（朱　越）

【综合治理】 2018年，滨湖区推进扫黑除恶专项斗争，加强重点人群教育管控，健全社会治安防控体系。推进精神文明和民主法制建设，完成全国文明城市复检任务，开展“法润滨湖·送法进万家”等普法活动，办理法律援助案件699件，滨湖区获评全国法治县(市、区)创建活动先进单位、省法治建设示范区称号，5个社区建成省民主法治示范社区。全要素网格化社会治理机制建设试点通过省级验收，完成重大事项社会稳评261件。开展信访积案化解专项行动和“三无”(无非正常上访、无治安刑事案件、无公共安全事件)村(社区)创建活动，化解积案14件，办结61件、终结18件，省、市交办11件重点信访事项全部完成，进京非访比上年下降50%，“三无”村(社区)达标率75%，区、镇、村三级金融风险防控网络实现全覆盖，在全市率先创成省和谐劳动关系综合试验区。完善安全生产专委会制度、安全生产事故应急响应处置机制，落实市场、消防、建筑、交通、山林、食品、药品药械、特种设备、疫情预防、防汛防台等安全措施，安全生产形势总体保持平稳。

(朱　越)

【人民生活】 2018年，滨湖区“大救助”综合体系加速构建，发放各类救助、优抚资金8500万元，募集慈善资金1269万元。实现城镇新增就业2.2万人，援助重点就业困难人员再就业2765人，支持成功自主创业3088人，企业职工基本养老保险净增缴费1.6万人，落实公益性岗位和社保“两项补贴”8500万元，居民人均可支配收入比上年增长8.8%。“大福利”养老服务格局加快构建，每千名老人拥有养老床位43张，医保定点床位1811张，护理型床位占比86%，均位列全市第一；入住养老机构老年人意外伤害险覆盖率100%，居家老年人“安康关爱”意外伤害险覆盖率75%；省级居家和社区养老服务创新示范区创建通过中期验收。“阳光扶贫”建档立卡户社会救助覆盖率100%。集体经济薄弱村(社区)完成脱贫转化4个、巩固转化成效5个。全市首个残疾人精准康复服务试点落户胡埭，滨湖区获省公益助残项目“最具执行力奖”，残疾人之家“滨湖模式”在全省推广。滨湖区实现省双拥模范区“七连冠”。20项惠民实事项目全面完成。

(朱　越)

【2018～2025年现代产业发展规划】 2018年，滨湖区立足区域全新定位，根据市相关文件精神，完善确定以新兴产业为主导、先进制造业为基础、现代服务业为支撑、旅游业为特色的现代产业发展规划，健全区现代产业发展政策，全力优化助推产业发展体制机制，形成推动滨湖未来发展的主轴。规划实施后，滨湖区紧抓医药、汽车关键零部件、两机设备专项、成套装备、电子设备、通信设备等传统优势行业，向智能制造、海工装备、新能源汽车、节能环保等新兴行业拓展，发展重点更为明确，发展方向更为清晰。相关专项园区政策、精准服务体制等配套机制逐步完善出台，全要素产业发展促进体系日益成熟，为加快产业集聚、推动高质量增长奠定坚实基础。

(朱　越)

组织机构和负责人名单

中共滨湖区委员会

书　记　许　峰
副书记　陈锡伦
　　　　赵虹路(女，至10月)
　　　　殷　毅(10月任)
常　委　许　峰
　　　　陈锡伦
　　　　赵虹路(女，至10月)
　　　　殷　毅
　　　　蒋群联(女，至7月)
　　　　邵文松(至10月)
　　　　宋　晓
　　　　陈烈蓉(女)
　　　　彭红宇
　　　　苏建良
　　　　吴瑜君
　　　　倪守红(8月任)
　　　　范校军(10月任)
　　　　贾效兵(12月任)
　　　　朱丽菁(女，挂职)

滨湖区人大常委会

主　任　许新宇
副主任　林　忆(女)
　　　　韩　平
　　　　徐勇强
　　　　唐国良

滨湖区人民政府

区　长　陈锡伦
副区长　殷　毅(至10月)
　　　　倪守红(至8月)
　　　　毛加弘(女)
　　　　吕　军
　　　　范校军
　　　　张爱军
　　　　王伟伦(8月任)
　　　　朱丽菁(女，挂职)
　　　　蒋勤芳(女，挂职)
　　　　吴　伟(挂职)
　　　　常成宝(挂职)

政协滨湖区委员会

主　席　刘洪兴
副主席　赵虹路(女，10月任)
　　　　过伟忠
　　　　程　红(女)
　　　　李明东
　　　　李雪花(女)

中共滨湖区纪律检查委员会(滨湖区监察委员会与其合署办公)

书　记　陈烈蓉(女，至10月)
　　　　贾效兵(12月任)

(朱　越)

新吴区

【概况】 新吴区位于无锡市区东南部，总面积220.01平方千米。至2018年年末，全区辖无锡国家高新技术产业开发区、无锡空港经济开发区、星洲工业园、综合保税区4个园区和旺庄、硕放、江溪、梅村、鸿山、新安6个街道，有80个社区、9个行政村、35个村居合一社居委。户籍总户数130714户，比上年增长2.59%，户籍总人口37.10万人，比上年增长1.89%，常住人口56.92人，比上年增长0.76%。区人民政府设在新安街道和风路28号。2018年，全区实现地区生产总值1800.8亿元，比上年增长8.1%，增速位列全市第一；完成一般公共预算收入198.6亿元，比上年增长12.8%，占GDP的11.3%，其中税收收入完成185亿元，比上年增长13.7%，税收占比93.1%，两项占比指标均位列全市第一。年内，新吴区形成以新一代信息技术产业、高端装备制造业、新能源及新能源汽车、生命科技、人工智能等战略新兴产业为主导，以先进制造业为主体，以现代服务业为支撑，布局面向未来产业的“6+1”的现代产业体系。发展以社会主义核心价值观为引领的文化事业，稳步推动梅里文化小镇建设，推进鸿山生态旅游型示范特色镇建设，鸿山片区成功申报省级旅游度假区。至年底，新吴区有国家AAAA级旅游景区3家、国家级公园2个、国家级文物保护单位3个。

（包　磊）

【工业】 2018年，新吴区规模以上工业产值突破4000亿元，实际完成4165.97亿元，比上年增长7.8%。全社会固定资产投资比上年增长5%，其中工业投入比上年增长9%。进出口总额突破500亿美元，完成508.46亿美元，比上年增长17.3%，其中出口额完成276.08亿美元，比上年增长16.6%，四项指标均列全市第一。到位外资及港澳台资完成13亿美元，连续第三次位居全省各开发区、县市区之首。社会消费品零售总额完成338.62亿元，比上年增长8.8%。城镇居民人均可支配收入比上年增长8.6%；城镇居民登记失业率在1.75%以内。主要污染物化学需氧量、二氧化硫、氨氮和二氧化氮持续削减；在全国高新技术产业开发区中排名上升4位，位列第一方阵。

（包　磊）

【项目建设】 2018年，新吴区围绕全区产业发展战略布局，举办“开门红”、“春季行动”、“红五月”、金秋经贸节等系列招商活动，LG汽车动力电池、海尔物联生态网基地、村田智能制造园、SK海力士M8 4个单体投资超50亿元重大项目签约落地，新批总投资超1亿元重点产业项目109个，涵盖集成电路、电子元器件、新材料与新能源、高端装备、生产性服务业等多个现代产业领域，为产业集聚集群发展注入新活力。108个重点项目完成投资408亿元，其中21个省、市重点项目开竣工率和投资量均列全市第一。华虹半导体、海力士二工厂等一批超大体量项目进展超过计划进度，村田新能源锂电池新工厂、科玛化妆品等39个重大项目竣工投产，成为拉动产业高质量发展的新引擎。

（包　磊）

【产业转型】 2018年，新吴区加强顶层设计，制定产业高质量发展三年行动计划，确定产业主攻方向。以“智能化、绿色化、服务化、高端化”为引领，推进“产业唤醒计划”、“两化”融合、智能制造、“工厂总部化”，引育工业互联网企业30余家，完成智能化改造项目45个，新增省市智能车间24家、列全市第一。成功推进SK海力士、阿斯利康等50家企业实现“工厂总部化”。规上工业企业实现利润348.6亿元，占全市总额的1/3。服务业增加值占地区生产总值比重35.5%，比上年提高1.5个百分点。物联网、集成电路、高端装备制造、生物医药、软件与信息服务等主导产业呈现集群式发展的良好态势。推进企业上市工作，金城幕墙获得纳斯达克上市批文，新增“新三板”挂牌企业4家，数量位居全市第一，新增江苏股权交易所挂牌企业35家。

（包　磊）

【科技创新】 2018年，新吴区实施创新驱动核心战略，推进创新创业人才、高新技术企业、重大创新平台和科技创新效益4个倍增计划，提高区域创新发展水平。全年招引各类科技企业605家，物联网产业彰显行业引领，特康科技、美国赛仕等一批重特大科技项目签约落户。集成电路产业突出强链补链，无锡国家集成电路设计产业园揭牌，韦尔半导体、艾为电子等10余家知名企业签约入驻。生命科技产业加快布局，药明偶联、合全药业等成功落户。创新型企业梯队培育进展顺利，净增高新技术企业73家，累计437家，总数位居全市第一，入选苏南国家自主创新示范区“瞪羚”企业26家、省高新技术企业库122家，入选市“雏鹰”“瞪羚”“准独角兽”企业培育库近120家、市高成长创新型企业50强14家，位居全市第一。实施“太湖人才”计划、“飞凤人才”计划，新招引各类人才1.08万人，其中大学生8045人，位居全市第一。入围“万人计划”科技创业领军人才、国家高层次专家15人，省级高层次人才计划69人，市级以上各类人才比上年增长233%，新增省市“外国专家工作室”19个、海外引才工作站3家，获评中国高新技术产业开发区人力资本创新示范区、江苏省示范博士后科研工作站。国家物联网创新中心、PNP全球创新加速器等新型研发机构、重点创新加速器签约落地、加速建设，新增省级众创空间3家，成功获批省首批苏南国家自主创新示范区科技成果产业化基地，软件园获评A类国家级科技孵化器、入围全国火炬计划软件产业基地十强，深港国际等4家园区分别获批省级孵化器、加速器、示范园区。全区高新技术企业、内资大中型工业企业实现研发机构全覆盖，外资及港澳台资大中型工业企业研发机构建有率77%，研发投入占GDP比重约3.6%。产学研平台签约专家2400余人，发布技术成果近5000项。万人发明专利拥有量125件，空港经济开发区通过省知识产权试点园区验收。制定支持科技创新创业以及以物联网为龙头的新一代信息技术、生命科技、集成电路产业发展等精准扶持政策。苏南国家自主创新示范区无锡高新技术产业开发区一站式科技服务中心揭牌运行，获批建设国家“芯火”双创基地。完善新型科技金融体系，新增企业新型银团20家，201个科技项目获得风险补偿贷款超6亿元，组建50亿元新动能产业发展基金，为战略性新兴产业发展提供更多金融支持。成功举办2018世界物联网博览会无锡高新技术产业开发区系列活动、全国创新型科技园区座谈会等具有较大影响力的创新创业活动。

（包　磊）

【深化改革】 2018年，新吴区推进供给侧结构性改革，突出“亩产论英雄”发展导向，完成近7000家工业企业资源利用绩效评价，推动实施街道工业集中区提档升级、物流业提质增效、闲置和低效用地盘活提升三大工程，盘活闲置厂房载体5万余平方米，消化利用批而未供土地约150.23公顷，盘活存量建设用地236.2公顷。淘汰一批落后低效产能，开展“四个一批”整治行动，关停化工企业9家，完成升级改造15家；整治“散乱污”企业1485家，其中关停771家。推动企业降本减负，全年减税降费11.9亿元。创新方式方法，帮助民营企业纾困解难。防范化解重大金融风险，全力打击非法集资活动；政府债务有效压降，全年获批地方债27.3亿元，完成政府债务置换约60亿元。创设区长质量奖，率先实施质量强区战略。“金巢工程”加速推进，新建定制化工业标准化厂房17.9万平方米，获评“省国土资源节约集约利用模范区”“省高标准厂房与使用先进地区”。推进行政审批改革。承接国家级开发区全链审批赋权事项151项；持续推动相对集中行政许可权改革试点，54个行政许可事项转至行政审批局，147个行政许可事项进驻区政务服务中心，政务服务办件量42万件；持续深化“不见面审批(服务)”改革，548个事项实现“不见面审批(服务)”；完善政务服务“一张网”，6类734个事项上线运行，办理“12345”政府公共服务热线18740件，群众满意率91.02%，列全市第一；创新全程网上审批、电子踏勘、证照联办等审批模式，“3550”改革基本实现“3333”目标；完成“证照分离”改革试点，24项行政许可事项实现“证照分离”改革；审管联动机制全面完善，“批”“管”脱节问题得到有效解决，营商环境更加优越，新增规上企业340家，新增法人企业6015家，净增企业法人单位数占比15.85%，居全市第一。推进民生社会领域改革，实施义务教育管理区级统筹，推动民办教育健康发展、智慧教育融合发展，加大公办幼儿园投入和普惠制幼儿园奖补力度，深化教育人事制度改革，落实岗位设置、职称制度、人才奖励等制度。推进医疗卫生体制改革和运行机制创新，医疗卫生体系整体布局、分级诊疗架构建设进一步健全。推进社会养老服务体系建设，构建机构养老、居家养老、社区养老融合发展新模式。完善基层治理机制和社区“三社联动”发展机制，推动政府治理、社会调节、居民自治良性互动。建设“全要素”网格，三级网格化服务中心挂牌运行。推进矛盾纠纷多元化解机制，完善人民调解与行政调解、司法调解等联动工作体系。

(包　磊)

【扩大开放】 2018年，新吴区加快外贸企业转型升级，服务贸易增速回升，完成服务外包合同金额34.2亿美元，其中服务外包离岸合同金额24.9亿美元，比上年增长23.3%。组织参加首届中国国际进口博览会，达成6亿美元进口协议，占全市比重60.6%；利用外资及港澳台资质量持续提高，先进制造业到位注册外资及港澳台资占比65.8%，其中战略性新兴产业到位注册外资及港澳台资占先进制造业比重74%。增值税一般纳税人试点改革顺利推进，海力士、佳利达等5家企业成功试点。全球维修检测业务试点、非保税货物分类监管试点、金关二期工程试点工作取得进展。有序推进区域通关一体化改革，现场接单比例下降1/3，“自报自缴”报关单月均1万票，位居南京关区前列。

(包　磊)

【产城融合】 2018年，新吴区坚持生产、生活、生态“三生融合”理念，城市布局持续优化，城市功能逐步增强，城市形态有效提升。制定高水平产城融合三年行动计划，谋划高新技术产业开发区分区发展战略，规划京杭运河—长江路、伯渎河、新华路三大功能发展轴，建设“产城人文绿”五位一体示范区。完善慧海湾小镇、旺庄路第一岗片区、工博园片区等5个区域城市设计和规划研究。推进“智慧新吴”建设，完成国内首个城市基础传感终端部署规划。鸿山物联网小镇通过省级特色小镇考核，旺庄智能装备小镇成功申报市级特色小镇。泰伯大道等一批工程开工建设，飞凤路跨沪宁高速大桥等项目完工通车，干城路等5条断头路得以打通，佛奥支路、锡钦路等支路网全面完善。房屋征收拆迁完成105万平方米，棚户区改造完成2.6万平方米，新开工建设安置房3000余套。开展优美环境合格区建设，全面构建城市精细化管理工作体系，175个管理单位合格率全市领先。查处各类显见性市容问题2.7万个，拆除违法建筑20万平方米，整治废旧物资回收站点139家、洗车场点162家。完成主要道路包装出新12条、背街小巷整治提升18条、“四小行业”治理示范路4条，完成梅里农贸市场整体改造提升。增设各类大型停车场11处，新、改建环卫公厕21座，升级改造生活垃圾中转站7座，生活垃圾无害化处理率保持98%以上。完成智慧城管一期项目建设，智能识别监管全国领先。顺利通过文明城市和优秀管理城市省级检查，人民群众对城市管理问题处置满意率95%。加强农业龙头企业带动作用，空港经济开发区完成全区首个“百企建百园”工程，“互联网+农业”产值突破1亿元，比上年增长20%。美丽乡村建设取得突破，完成镇村布局规划修编，鸿山旅游度假区获批省级旅游度假区，梅村街道列入市全域旅游示范街区创建单位，鸿山街道七房桥村成功创建市美丽乡村示范村，新安街道加快推进环太湖湿地一体化开发，新吴旅游精彩亮相中国(无锡)第一届旅游交易会。推进农村集体产权制度改革，完成各村(居)经营性资产和非经营性资产清查。

(包　磊)

【环境保护】 2018年，新吴区严格执行主体功能区战略，科学划定生态保护红线、环境质量底线、资源利用上线和环境准入负面清单“三线一单”。申报国家、省、市绿色节能项目近30个，完成节能改造、合同能源管理项目27个，取缔非法砂石码头31个，全区分布式光伏装机容量约70兆瓦，星洲工业园获批全国增量配电网试点，新增绿色建筑90万平方米，规上工业单位产值能耗比上年下降9.1%，空港经济开发区获评省级生态工业园区。新建公园游园18个，完成飞凤路多彩化改造3千米，建成“网红”花海40余公顷，新增绿地面积50万平方米，自然湿地保护率82%，位列全市第一。全面推进“河长制”“断面长制”，完成太湖水环境综合治理工程15项、小流域整治1199个，打捞蓝藻、漂浮物13万吨，新增III类水质河道3条，9条国省市考核河道水质断面达标率66.7%，河道断面水质优Ⅲ率55.6%，均列全市第一，顺利完成太湖安全度夏任务。全区畜禽规模养殖场治理率100%。改善大气环境，源头控制挥发性有机物排放，实施清洁原料替代企业8家，完成大气污染治理重点工程152个，空气质量优良天数比例70%。建立土壤污染联防联控机制，建成50万立方米装修垃圾消纳场一期工程、3万吨铅酸蓄电池收集体系，等离子固废处置项目主体封顶。执行最严格的环境保护制度，开展"清废行动2018"、"绿刃2018"、水源地环境保护等各类生态环境专项行动，直击环保"痛点"。全年累计出动环境执法人员2200余人次，检查企业880余家，立案处罚188家。开展首例环境损害评估，探索建立生态损害赔偿制度。首创"大手拉小手"企业环保共建项目，5家"大手"企业与23家"小手"企业成功结对。

（包　磊）

【民生事业】 2018年，新吴区投入16.2亿元，全面推进十大类、53项民生实事工程。实施就业优先战略，举办中高级预约式人才交流会、"就业援助月"等招聘活动20余场，开展就业技能培训3644人，城镇新增就业1.65万人、援助就业困难人员再就业2373人、支持成功自主创业2797人、创业带动就业8201人。稳步推进经济薄弱村脱贫转化，实施薄弱村物业修缮和人居环境整治。全面推进社保扩面和断保压降，当地户籍断保接续人数9471人，企业职工养老保险参保率100%。推进"阳光扶贫"行动，开展特困家庭深度救助，全区1/3贫困人口脱贫。开展全国农村留守儿童关爱保护和困境儿童保障示范区建设，区残疾人就业供求服务中心工作得到中国残疾人联合会肯定。实施食品药品安全战略，提高食品药品保障水平。开展陕西省宜川县、青海省互助县对口帮扶工作，落实帮扶项目19个；加强南北共建，为新沂工业园推介产业项目9个。新城中学等14个教育项目进展顺利，区青少年活动中心开办，6所新幼儿园开园，成立"区优质教育发展共同体"，提升教育发展质量。区域三级医疗卫生体系建设全面拉开，市人民医院新安分院揭牌，瑞金医院无锡分院竣工试运行。建成适老社区2个，全区养老机构实现医疗服务全覆盖，老年人"安康关爱"保险覆盖率80%。优化公交线路14条。社区综合性文化服务中心建成率100%，组织开展二胡文化国际交流、"白玉兰"文化艺术节等各类文化活动94场。成立区足球、篮球、健身气功协会等社会团体，举办中国高新技术产业开发区国际马拉松首站赛，开展"乐动新吴"大型体育活动36场次，取得省运会金牌10块，创历史最佳成绩。推动社区治理社会化，促进社区、社会组织和社会工作深度融合，探索社区协商新模式，实现省级和谐示范街道全覆盖。开展扫黑除恶专项斗争，在打击黑恶势力、"套路贷"等方面取得成效。完成省创新网格化社会治理机制试点任务，调解矛盾纠纷4949件，积案化解稳定率97%，成功创建省级和谐劳动关系示范园区。推进双重预防机制和安全标准化建设，开展涉爆粉尘作业、电子及危险化学品等专项整治，有效防范各类安全事故发生，群众安全感97%，法治建设满意度99.76%，位居全市第一。

（包　磊）

【村田创新智造园新增投资项目签约】 2月8日，村田创新智造园新增11亿美元项目在无锡签约，为年内全市首个超10亿美元的重大项目。村田创新智造园是村田集团在无锡高新技术产业开发区投资建设的以产业资源集聚、行业引领和示范为一体的创新型园区。项目计划通过导入智能化、自动化的生产设备，引入前瞻性产品的生产，建设村田电子元器件新工厂和新能源锂电池新工厂两个全新的生产制造基地，整体投资规模从14.5亿美元增至25.6亿美元。项目全部建成达产后，产值规模将突破200亿元。无锡村田电子有限公司和村田新能源无锡有限公司将成为村田集团全球业务布局中的"双子星"。

（包　磊）

【中锐、金桥两所新校落户】 3月29日，无锡高新技术产业开发区分别与知名教育集团——中锐教育集团、无锡金桥教育集团签约，两所高质量民办学校落户高新技术产业开发区。中锐教育集团计划在泰山路南侧、锡兴路西侧建设无锡高新技术产业开发区华锐海归人才子女学校，主要为海归人才、华裔华侨及有意接受国际教育的家庭子女服务。学校将凭借先进的教育理念、国际化的师资力量，采用中西融合的课程，提供中英双语教育。无锡高新技术产业开发区华锐海归人才子女学校（筹）计划于2019年9月开始招生，初期将举办小学、初中学历教育，以后逐步拓展至幼儿园及高中教育。无锡金桥教育集团计划在高新技术产业开发区创办1所9年一贯制、涵盖小学和初中教育的民办学校，计划2020年秋季招生，扩充优质教育资源供给。

（包　磊）

【中国高新区马拉松赛首站赛开赛】 5月6日，中国高新技术产业开发区国际马拉松赛2018无锡高新技术产业开发区首站赛鸣枪开赛。来自全国国家高新技术产业开发区的政府管理人员、企业高管、科技工作者等3600余人参赛。赛事由科技部火炬高技术产业开发中心指导，由中国高新技术产业开发区杂志社发起和策划，是中国田径协会注册认证的B级赛事。此次首站赛由中国高新技术产业开发区杂志社和无锡高新技术产业开发区管委会共同主办，以"创无界，凤飞翔，跑出无锡高新技术产业开发区创新'加速度'"为主题，邀请全国168个国家高新技术产业开发区的政府管理人员、企业高管、创业者和科技工作者汇聚无锡高新技术产业开发区，用"奔跑"的形式，传播创新理念、展示创新企业、推广创新产品和弘扬"高新技术产业开发区精神"。

（包　磊）

【特康科技产业基地项目签约落户】 6月12日，特康科技产业基地项目签约落户无锡高新技术产业开发区，总投资额30亿元。特康科技（深圳）控股有限公司是一家以智能终端、人工智能（机器人）和AR/VR技术及产品的研发、生产为主的投资控股公司，年销售额近200亿元，旗下四大业务板块包括智能终端OEM、ODM板块，供应链板块，人工智能板块以及专注于计算机三维视觉技术的AR/VR板块。

（包　磊）

【中加物联网与区块链研究院分院揭牌】 8月7日，中加物联网与区块链产业发展研究院无锡分院成立。中加物联网与区块链产业发展研究院成立于加拿大多伦多市，由来自中国、加拿大在物联网、区块链、金融等不同领域的专家院士联合发起创立。无锡分院成立后，将聚焦制定完善应用体系、开展行业应用赋能、构建产业生态等方向，重点推动七大重点领域的“物联网＋区块链”行业应用，包括智能制造、智慧城市、智慧农业、绿色能源、医疗健康、教育文化和数字版权，引导和激发500～1000家传统行业和企业的上链应用。

（包　磊）

【“府院合作”紧密型医联体落地】 12月13日，新吴区与无锡市人民医院签订紧密型医联体合作协议，共同启动“府院合作”紧密型医联体建设。2015年年底，新吴区与市人民医院签订医联体合作协议，通过3年的磨合发展，在基层专家门诊开设、特色专科筹建、绿色转诊通道打通、远程医疗服务探索等领域，各项工作取得进展，基层医疗卫生综合服务能力得以加强，通过加强合作，建成市级基层特色科室6个，省级2个，市级医疗服务能力甲类机构2家。

（包　磊）

组织机构和负责人名单

中共新吴区委员会

书　记　王进健
副书记　封晓春
　　　　李建秋（至6月）
　　　　洪延炜（7月任）
常　委　王进健
　　　　封晓春
　　　　李建秋（至6月）
　　　　洪延炜
　　　　吴胜荣
　　　　匡　辉
　　　　戴　泉（至2月）
　　　　余银龙（12月任）
　　　　焦夕莲（女）
　　　　刘　霞（女）
　　　　褚　建
　　　　朱卫东（挂职）
　　　　胡　逸（12月任）

新吴区人大常委会

主　任　张明烈
副主任　刘　骁
　　　　何雪清
　　　　黄家传（兼）
　　　　严冬兴

新吴区人民政府

区　长　封晓春
副区长　洪延炜（至12月）
　　　　朱卫东（挂职）
　　　　胡　逸
　　　　朱晓红
　　　　李伟敏（女）
　　　　祝君乔
　　　　钱　前
　　　　樊晓华（挂职，至8月）
　　　　石松哲（挂职）
　　　　顾　瑾（女，挂职）

政协新吴区委员会

主　席　刘蓓红（女）
副主席　沈雪芳
　　　　施庆伟（至2月）
　　　　肖伟民（兼）
　　　　平　江（1月任）
　　　　金　燕（女，兼，1月任）

中共新吴区纪律检查委员会（新吴区监察委员会与其合署办公）

书　记　焦夕莲（女）

（包　磊）

编辑　李汉洪

新任中共无锡市委领导人

冯 军

冯军，男，汉族，1969年1月生，江苏灌云人。1992年8月参加工作，1996年6月入党，大学学历。1988年9月南京师范大学中文系古文献专业学习；1992年8月任江苏省政协祖国统一与对外联络委员会办公室科员；1996年8月任江苏省政协港澳台侨委员会办公室副主任科员；1999年8月任江苏省政协港澳台侨委员会办公室主任科员；2000年12月任江苏省政协办公厅宣传处主任科员；2001年4月任江苏省信息产业厅办公室主任科员；2002年6月任江苏省信息产业厅办公室副主任(其间:2003年9月～2004年1月江苏省第二期领导干部国际知识培训班学习)；2007年4月任江苏省信息产业厅办公室主任；2010年2月任江苏省经济和信息化委员会人事处处长；2015年6月任江苏省纪委派驻省住房和城乡建设厅纪检组组长、党组成员；2016年9月任南通市委常委、组织部部长、统战部部长；2017年7月任南通市委常委、组织部部长；2018年11月任无锡市委常委、组织部部长。

（宋承珂）

新任无锡市人大常委会领导人

朱民阳

朱民阳，男，汉族，1956年11月生，江苏沭阳人。1975年2月参加工作，1978年3月入党，研究生学历。1975年2月无锡市无线电专用设备厂工作；1975年8月历任无锡市电容器厂工人、副班长、厂办秘书、车间党支部副书记、厂团委书记；1983年9月无锡大学中文系干部专修科学习；1985年7月历任无锡市电容器厂党办副主任、组织科科长、党办主任；1986年8月任无锡市电容器厂党委副书记、副厂长、纪委书记；1991年1月任无锡市电子仪表局宣传科科长；1991年11月任无锡市无线电厂副厂长、梅花电子集团公司副总经理；1992年11月任无锡市无线电厂党委副书记、副厂长、梅花电子集团公司副总经理；1994年9月任无锡市无线电厂厂长、梅花电子集团公司总经理(其间:1994年8月～1996年3月南京理工大学兵器系统工程系系统工程专业在职研究生学习，获工学硕士学位)；1998年3月任无锡市电子仪表工业局副局长、党委委员、电子仪表工业公司副经理、电仪资产经营有限公司董事、副总经理(其间:1998年3月～1999年8月兼任无锡市无线电厂厂长、梅花电子集团公司总经理)；2000年8月任无锡新区党工委委员、管委会副主任、经济发展总公司副总经理、国家高新技术产业开发区管委会副主任；2003年7月任无锡市对外贸易经济合作局局长、党组书记；2005年4月任江阴市委书记、江阴经济开发区党工委书记(副厅级)；2006年8月任无锡市委常委、江阴市委书记、江阴经济开发区党工委书记；2011年9月任江苏省旅游局局长、党组书记；2012年4月任扬州市委副书记、代市长；2012年6月任扬州市委副书记、市长；2016年9月任扬州市政协党组书记；2017年2月任扬州市政协主席、党组书记；2019年1月任无锡市人大常委会副主任、党组副书记(享受正市职待遇)。

（宋承珂）

新任无锡市人民政府领导人

黄 钦

黄钦，男，汉族，1962年10月生，江苏昆山人。1985年1月参加工作，1986年12月入党，中央党校研究生学历。1979年7月昆山县兵希有机化工厂工作；1983年1月历任昆山市染化助剂厂供销员、副厂长；1987年5月任昆山市兵希镇外经协作办主任、明达对外贸易公司经理、科协科技助理；1989年12月任昆山市兵希镇工业公司党支部书记、经理；1990年7月任昆山市兵希镇党委委员、工业公司经理、农工商总公司副总经理；1992年11月任昆山市兵希镇党委委员、农工商总公司总经理、副董事长；1994年1月任昆山市兵希镇党委书记、农工商总公司董事长(其间:1993年3月～1995年12月上海工程技术大学经营管理专业自学考试学习)；1997年4月任昆山市副市长；1997年5月任昆山市副市长兼市经委党委书记、主任；1998年2月任昆山市副市长兼市经委党委书记(其间:1996年9月～1998年12月中央党校函授学院法学理论专业大学学习)；2001年5月任苏州市经委主任、党组书记、市工业联合发展(集团)有限公司董事长、市工业发展有限公司执行董事；2001年6月任苏州市经贸委主任、党组书记兼市乡镇企业管理局局长、市工业联合发展(集团)有限公司董事长、市工业发展有限公司执行董事，市工业投资发展有限公司董事长、党委书记；2002年3月任苏州市经贸委主任、党组书记兼市乡镇企业管理局局长、市工业投资发展有限公司董事长、党委书记；2002年11

月任苏州市经贸委主任、党组书记兼市工业投资发展有限公司董事长、党委书记;2004年4月任苏州市经贸委主任、党组书记;2005年3月任苏州市发改委主任、党组书记兼市政府副秘书长、市信息化办公室主任;2005年12月任张家港市委书记、张家港保税区党工委书记(其间:2006年9月~2009年7月中央党校法学理论专业在职研究生学习);2010年10月任苏州市政府副市长、党组成员;2012年5月任无锡市委常委;2012年6月任无锡市委常委,市政府副市长、党组副书记;2018年2月任无锡市委副书记,市政府代市长、党组书记;2019年1月任无锡市委副书记,市政府市长、党组书记。

(宋承珂)

中共中央、国务院表彰的改革先锋奖章获得者

王 选

王选,男,汉族,九三学社社员,1937年2月5日出生于上海,江苏无锡人,计算机文字信息处理专家,计算机汉字激光照排技术创始人,当代中国印刷业革命的先行者,被称为"汉字激光照排系统之父"。全国政协原副主席,北京大学计算机科学技术研究所原所长。"两院"(中国科学院、中国工程院)院士,"国家最高科学技术奖,陈嘉庚科学奖"2001年度获得者。2006年2月13日,因病在北京逝世,终年70岁。2018年12月18日,中共中央、国务院授予王选"改革先锋"称号,颁授改革先锋奖章。

(市档案史志馆)

叶 聪

叶聪,男,汉族,中共党员,1979年11叶聪,男,汉族,中共党员,1979年11月生,湖北黄陂人,1997年9月入哈尔滨工程大学学习,是哈尔滨工程大学船舶工程专业2001届毕业生,中国船舶重工集团有限公司第七〇二研究所副所长、水下工程研究开发部主任,"蛟龙号"深海载人潜水器首席潜航员,全海深载人潜水器总设计师。2011年,叶聪获"全国五一劳动奖章"。2012年,叶聪获"中国青年五四奖章"。2018年12月18日,党中央、国务院授予叶聪"改革先锋"称号,颁授改革先锋奖章。

(市档案史志馆)

吴仁宝

吴仁宝,男,汉族,中共党员,1928年11月17日生,江苏无锡人,高级政工师,江苏省江阴市华西村原党委书记。中共第十届、十一届全国代表大会代表,第六、七、八届全国人大代表,第八届人代会主席团成员。先后获全国劳动模范(两次)、全国农业劳动模范、全国十大扶贫状元、中国十大乡镇企业功勋、全国民族团结模范先进个人、全国思想政治工作创新奖特等奖、全国五好文明家庭、全国乡镇企业十大新闻人物、中国农村新闻人物、香港"紫荆花杯"中国杰出企业家成就奖、中国经营大师、中国功勋村官、江苏省优秀共产党员标兵、江苏省100名勤政廉政好干部、江苏省廉政代表等称号。2013年3月18日,因病去世,终年85岁。2018年12月18日,中共中央、国务院授予吴仁宝"改革先锋"称号,颁授改革先锋奖章。

(市档案史志馆)

胡福明

胡福明,男,汉族,中共党员,1935年7月生,江苏无锡人。1955年9月就读于北京大学新闻专业,翌年进中国人民大学哲学研究班学习,1962年毕业后,到南京大学政治系(后更名哲学系)任教。曾任系党总支副书记、副系主任、副教授、教授。1982年11月调至江苏省委工作,历任江苏省委宣传部副部长、部长、省委常委、省委党校校长、江苏省政协副主席等职,是1978年5月11日《光明日报》特约评论员文章《实践是检验真理的唯一标准》的主要作者。2001年退休。2018年12月18日,党中央、国务院授予胡福明"改革先锋"称号,颁授改革先锋奖章。

(市档案史志馆)

国务院政府特殊津贴获得者

范伟群

范伟群,男,1970年生,中国民主建国会会员,江苏省工艺美术大师,江苏省陶瓷艺术大师,正高级工艺美术师,江苏陶艺专业委员会副会长,宜兴市丁蜀镇西望紫砂陶瓷专业合作社理事长,江苏省物价局特聘紫砂艺术品价格评定专家,中国紫砂艺术研究院特聘研究员,范家壶庄创办人,艺术总监。无锡市第十五届人大代表。

范伟群,"大生壶"四代嫡传,承祖艺继陶业。师从吴同芬、季益顺、徐汉棠。清华大学美术学院、中国美术学院高研班学员。三十多年的学习钻研,掌握扎实的传统手工技法,获得无锡市有突出贡献中青年专家、无锡市非物质文化遗产传承人称号。主编《中国非物质文化遗产宜兴范家壶艺传统技艺档案》。多年来创作一百多件紫砂新品,深受藏家珍爱,并成立"范伟群壶友会"。自2005年创办"范家壶庄"、成立"西望紫砂陶瓷专业合作社"以来,授徒数百人。

他从艺30多年来,注重学习创新,擅长宜兴紫砂陶传统制作技艺,对光素器、方器样样精通。尤其是对紫砂陶传统的"筋纹器"的创新与制作有研究,并形成作品系列,他创作新品获80多个国家新颖外观专利。近几年来在国内外大赛中,获得18个金奖、31个银奖、25个铜奖。先后赴美国、法国、英国、欧盟国家、日本、韩国、新加坡等国及中国台湾、中国香港、中国澳门地区举办紫砂作品展,推广交流,传播紫砂文化。

他是全国百名农村致富带头人、全国轻工行业劳动模范(2007)、宜兴市十佳青年企业家(2008年)、宜兴市首届五四青年(2010年)、宜兴市学术技术带头人(2011年)、江苏省突出贡献中青年专家(2016年)、江苏省乡土人才"三带"名人(2017年)、江苏工匠(2018年)。他捐资成立"丁蜀高级中学范伟群优秀学生奖励基金",获"全

国关心下一代爱心大使”称号(2008年)。中央电视台等主流媒体多次专题报道,作品被英国大英博物馆、美国陶瓷博物馆、韩国博物馆、中国中南海紫光阁和国家军事博物馆等收藏。先后出版《宜兴紫砂简史》《民国紫砂简史》《范伟群紫砂艺术作品集》等多部专著,发表多篇学术论文。2018年,被评为“国务院政府特殊津贴获得者”。

(方贵跃)

龚雷雨

龚雷雨,男,1964年生,中共党员,江苏省特级教师、正高级教师,无锡市教育科学研究院党总支书记。

龚雷雨坚持红专结合。在学校工作时,爱生如子、敬业精业、团结协作,形成“注重科学思维训练,促成学生自主构建”的教学风格,1998年被破格晋升为中学高级教师。从事教科研工作,深入研究、精心指导、优质服务,为开创全市教科研工作新局面、确保区域教育教学质量始终名列全省前茅贡献智慧和力量。2003年起,被人民教育出版社聘为培训团专家,先后到17个省市传播江苏经验和无锡实践60多场次。基于专业视野与学术成就,先后被评为江苏省特级教师、正高级教师、产业教授、高层次人才培养工程首批中青年科学技术带头人,被聘为省政府督导专家、长三角和省基础教育教学专家、南京师范大学和江南大学硕士生导师,当选为中国教育学会生物学专委会理事、省教育学会生物学专委会副理事长。

龚雷雨以个性化的专业眼光与学术眼界,引领区域教育教学的改革与发展,日益扩大引领力、核心力和影响力,以课题或项目为抓手,精心培养中青年骨干教师。70多篇论文见诸省级以上期刊,其中核心期刊30多篇。出版专著2部,参编2部,主编或参编《生物学》教材或教师用书等10部。先后主持3个省教育科学规划课题的研究,均以高质量结题。2016年,获评省有突出贡献中青年专家、省教育工作先进个人。先后获江苏省人民政府授予的2017年江苏省教学成果(基础教育类)特等奖、教育部授予的2018年国家教学成果(基础教育类)贰等奖。2018年,被评为“国务院政府特殊津贴获得者”。

(方贵跃)

李祥庆

李祥庆,男,1959年10月生,中共党员,正高级工程师,正高级经济师,江苏向阳科技有限公司总经理,江苏省化工行业协会及省化学化工学会理事,华东理工大学硕士研究生导师,国家级刊物《增塑剂》理事,并被科技部及江苏、山东等8省科技厅列入科技项目与科技奖励评审专家。

李祥庆具备良好的爱岗敬业精神和乐于奉献的职业道德,带领创新团队积极开展自主创业和科技创新活动。长期从事与负责“化工新材料(超净高纯试剂、生物增塑剂和水性聚氨酯)”等产品的研发和产业化工作,在实际工作中取得丰富的理论知识和实践经验,具有丰富的组织与实施能力,得到国内外同行专家的认可和好评。20多年来主持完成国家、省部级科研计划12项,获国家技术发明二等奖1项,省部级科技二等奖2项、三等奖5项,国家发明专利11项,实用新型专利7项,在国家级期刊和全国学术交流会上发表论文10余篇,积极参与2项国家化工行业标准起草编制工作,其中1项获“2017年全国石化工业优秀标准奖”称号。引进省“双创计划”等高层次人才和培养本土人才。

李祥庆主持完成的科技成果及发明专利技术,均填补国内空白,处于国际及国内领先水平,推动行业的科技进步,为国家集成电路用超净高纯试剂、生物增塑剂及水性聚氨酯行业的发展,解决该领域的关键性技术难题,作出重大的发明创造和成果转化的突出贡献。科技成果应用企业产业化后,产生良好的经济和社会效益。李祥庆由此被评为江苏省劳动模范、江苏省有突出贡献的中青年专家及省科技企业家、中国第七届发明创业奖获得者、全国化工优秀科技工作者,2018年,被评为“国务院政府特殊津贴获得者”。

(方贵跃)

许晓红

许晓红,男,1966年生,中共党员,高级工程师,上海工业大学,科技部专家库专家、中国杰出工程师、美国钢铁协会会员、美国ASTM会员、日本钢铁协会会员,江阴兴澄特种钢铁有限公司总工程师。

许晓红秉持对科技的强烈热爱及社会责任感,坚持31年现场一线进行特殊钢冶炼研究,其研究成果在兴澄特殊钢生产工艺中得到广泛应用。其承担国家“十五”“十一五”“十二五”研发项目,承担“十三五”重点研发计划项目“轴承钢冶金质量控制基础理论与产业化关键共性技术研究”,参与“高强度弹簧钢及切割钢丝关键技术开发及示范应用”。拥有授权专利31件,其中发明专利件7件;受理发明专利24件;参与国家标准制定1项,GB/T 29913.1–2013《风力发电设备用轴承》第一部分“偏航、变桨轴承用钢”。发表国际论文5篇,国内论文多篇。以他为首进行的“材料夹杂物研究”,运用纯净钢冶炼与现代化炼钢相结合的研究成果,发现夹杂物无害化研究新领域和有害夹杂物控制新技术,使轴承钢、齿轮钢、弹簧钢等高疲劳寿命要求的特钢产品达到世界领先水平。高应力单片弹簧扁钢,疲劳寿命超目标值2.5倍,均达到国际领先水平。4000MPa级高强度钢帘线用SC92A钢,填补国内空白,满足汽车轻量化发展需求。世界首创R6级系泊链钢,高强链条产品全球首次发布。超纯净高强度齿轮钢疲劳寿命超1000万次。

代表作品“高标准轴承钢”形成“超纯净高稳定性轴承钢关键技术创新与智能平台建设”,经济和社会效益显著,2017年8月,该项目获中国钢铁工业协会、中国金属学会冶金科学技术奖一等奖,同年11月17日通过由中国工程院院士干勇主持的中国钢铁工业协会科技成果评价,评价结果为总体研究成果达到国际先进水平。该项目的研发成功获得轴承钢平均氧含量≤4.7ppm,优于国际知名特钢企业5.0ppm的水平;轴承钢综合性能检验合格率达98.5%,处于领先水平;接触疲劳寿命远远超世界知名钢厂;轴承钢稳定性达到世界领先水平，最大尺寸夹杂物 DS ≤ 0.5 级。该产品国内高端市场占有率超过 80%，欧洲市场占有率超过 12%，是唯一能够出口至欧洲、北美高端市场的钢棒。高端轴承钢已连续 18 年产销量位居全国第一，9 年全球第一，引领全球轴承钢产品的研发、生产与应用。

其研究成果的成功应用将国家冶金质量和性能提升到国际领先水平，填补国家高端轴承钢的产品及其应用于高端装备的空白。为高端装备国产化提供材料基础，带动国家冶金行业及高端装备制造业的整体发展，为“中国制造 2025”作出重要贡献。

经过不断的实践与实验总结研究，获得多项科技成果及荣誉，分别在 2010 年及 2015 年获国家科技进步奖二等奖称号，2010 年获江苏省科技进步二等奖称号，2014 年获全国钢铁工业劳动模范称号，2016 年获江苏省有突出贡献的中青年专家称号，2017 年获冶金科学技术一等奖称号和全国企业知识产权工作先进个人称号。2018 年，被评为“国务院政府特殊津贴获得者”。

（方贵跃）

杨　雷

杨雷，男，1969 年 3 月出生，中共党员，硕士研究生，研究员级高级工程师，南京航空航天大学产业教授，教育部基电学科认证专家，天奇自动化工程股份有限公司国家级企业技术中心主任。

多年来，杨雷一直从事自动化物流输送装备技术的研究工作。发明摩擦驱动滑板技术、位移自补偿滑板摩擦输送技术、随行升降台、360 度分流、滑板转载等核心技术，提出基于大数据云计算的智能生产线运维方法。主持制定的 JB/T 11231-2011《摩擦驱动悬挂输送机》行业技术标准，可实现系统单线输送效率达 0 ～ 60 米 / 分变频可调，实现生产节拍为 45 秒 / 台车下线（年产 30 万辆生产纲领），定位精度≤ 1 毫米，同平台混装兼容车型达 10 种以上，设备开动率达 99% 以上，能耗降低 30%，噪声降低 15dB。解决传统链式驱动输送系统效率低、故障率高、节能环保差、维护难等难题，全面替代进口高端装备。

通过技术创新获得授权专利 142 件，其中发明专利 29 件；主持完成国家火炬计划项目 3 项、国家重点新产品项目 3 项、江苏省重大成果转化项目 2 项；先后获国家科技进步二等奖 1 项、中国专利优秀奖 1 项、江苏省科技进步一等奖 2 项、教育部科技进步二等奖 1 项等。同时获有国家百千万人才工程、江苏省有突出贡献中青年专家、江苏省 333 高层次人才工程第一层次培养对象、江苏省技术创新领军人才、江苏省产业教授、江苏省十大优秀专利发明人、江苏省 " 六大人才高峰 " 高层次人才、南京航空航天大学兼职教授等荣誉。2018 年，被评为“国务院政府特殊津贴获得者”。

（方贵跃）

姚　勇

姚勇，男，1965 年 11 月出生，眼科学博士、二级岗主任医师、教授、博士生导师，无锡市医学杰出人才、无锡市眼科首席医师、无锡市名医。无锡市人民医院院长、党委副书记，中华眼科学分会眼外伤学组委员、江苏省眼科学分会候任主任委员、江苏省中西医结合眼科学分会副主任委员、江苏省眼科医师分会副会长、无锡市眼科学分会主任委员、无锡市眼科医师分会会长。

姚勇始终坚持在临床第一线工作，每年完成复杂疑难手术近千例，在“糖尿病视网膜病变的立体化防治策略研究”“眼病流行病学调查及数据库建设”“复杂青光眼的个体化治疗”“儿童白内障的个性化手术治疗和综合训练”和”眼外伤的联合手术及视觉重建”等技术领域省内领先；先后获江苏省新技术引进奖一等奖 4 项、二等奖 1 项，省医学科技三等奖 1 项和多项市级科研奖励。先后获国家自然基金在内的各项课题资助 14 项，在 SCI 和中华级杂志发表论著 100 余篇，现为《中华眼底病杂志》《临床眼科杂志》《中国医院管理》杂志编委、《中国医学人文》杂志常务编委；先后带领无锡二院及无锡人民医院眼科成功创建为省重点专科和省重点学科（省市共建），为提升无锡地区眼科诊疗水平作出突出贡献，获“全国卫生系统先进工作者”、江苏省和无锡市“有突出贡献的中青年专家”、江苏省感动中国十大人物、江苏省优秀科技工作者、江苏省新长征突击手、江苏省 333 工程优秀人才等荣誉称号。2018 年，被评为“国务院政府特殊津贴获得者”。

（方贵跃）

张宏文

张宏文，男，1967 年 3 月出生，中共党员，江苏国信协联能源有限公司安生部电气专业高级工程师、公司首席高级技师。毕业于南京工程学院发电厂及电力系统专业。张宏文参加工作 32 年来，设计、指挥并圆满完成多项技改项目及技能攻关。探索出一套精湛的试验技艺和技法，先后发明可控制力矩的专用工具曲臂扳手、带有警戒色和可缓冲的阀门丝杆保护套管等专用工具。申报的可控制温度及湿度并可上传给 DCS 的“电力柜”、“一种大型工厂电气开关室运行环境监测及控制装置”和“一种高压变频器室除尘降温装置”获国家专利。张宏文撰写的《红外测温技术在电厂的运用》《励磁机整流子冒火的原因及处理》等多篇论文获优秀论文奖。主编的《电力企业封闭母线保护技术》一书已成为五大电力集团技术改造的蓝本，编写的有关自动化及通讯方面的四册讲义资料已作为浙江大学自动化系统工程师培训教程。

除刻苦钻研技术外，张宏文言传身教，将自己的绝技、心得毫无保留地传授给身边的青年员工，为电力事业作出突出贡献。

曾获无锡市有突出贡献的高级技师、无锡市有突出贡献中青年专家、无锡市高技能人才成就奖、我心目中的无锡工匠、无锡市十大杰出技能技艺人才、江苏省知识型职工标兵、江苏省企业首席技师、江苏省国资委优秀共产党员、江苏制造工匠、国家级张宏文技能大师工作室领办人、十四届全国技术能手称号。2018 年，被评为“国务院政府特殊津贴获得者”。

（方贵跃）

全国五一劳动奖章获得者

单 淼

单淼，男，1979年6月28日出生，汉族，中共党员，大学本科，宜兴吉钧兄弟医疗科技有限公司研发部经理。

2015年以来，单淼带领研发部团队成员先后完成各类技术创新10项，创新成果16件，主持并完成市级科技成果转化项目2项，完成“基于物联网技术的医用智能诊疗床”等6项技术攻关，相关产品已在全国64家三级甲等医院及4家全国连锁体检中心使用并得到客户认可，单淼本人获“江苏省劳动模范”“江苏省新长征突击手”等称号。2018年4月28日，获全国五一劳动奖章。

（周光浩）

陆伟庆

陆伟庆，男，1973年9月26日出生，汉族，群众，高中文化，无锡华能电缆有限公司铝绞线工段工段长。

陆伟庆是高级电线电缆制造工，他刻苦钻研业务，成功解决公司型线架空导线在生产过程中的“翻转”难题；短时期掌握某省科技成果转化进程中新设备的性能及操作要领，大大提高绞线效率和产品质量合格率；成功研发“合金绞合定位装置”，将断线废品率控制在0.5%以内，并积极配合创新工作室完成多项产品试制，陆伟庆获江苏省五一劳动奖章。2018年4月28日，获全国五一劳动奖章。

（周光浩）

蒋高明

蒋高明，男，1962年9月26日出生，汉族，中共党员，博士研究生，江南大学纺织服装学院教授。

蒋高明长期从事纺织科学与工程技术研究，为纺织学科体系完善和纺织行业科技进步作出突出贡献，享受国务院津贴。近年来，研究成果获发明专利42项，软件著作权9项，发表学术论文350余篇，其中SCI等高水平论文130余篇。主编国家级规划教材《针织学》，主编和参编部委级规划教材和专业著作10部。潜心育人，培养博硕研究生近200名，培训针织工程技术人员3000余名。蒋高明获江苏省五一劳动奖章。2018年4月28日，获全国五一劳动奖章。

（周光浩）

陈 平

陈平，男，1982年8月23日出生，汉族，中共党员，硕士研究生，国网江苏省电力公司无锡供电分公司变电一次检修技术专职。

陈平长期奋战在变电检修一线，是国家注册电气、注册安全双工程师，变电检修、变配电值班电工双技师。他带领团队完成市区6000余项变电设备的例行检修、抢修消缺等工作，主持完成组合电器解体大修、开关柜绝缘化改造等重大工作，一年内完成设备修试891台次。他积极探索总结出变电检修“四化”安全工作法，发现消除隐患243项。作为“陈平工匠坊”负责人，他积极开展技术革新，设计研发断路器机械特性测试接头等工具，获国家专利7项。获“江苏省五一劳动奖章”“省杰出青年岗位能手”等称号。2018年4月28日，获全国五一劳动奖章。

（周光浩）

逝世人物

朱伦昌

朱伦昌，男，汉族，1949年8月出生，江苏无锡人。1971年12月加入中国共产党。1970年10月至1976年9月先后任无锡县红旗公社建国大队团支部书记、治保主任、革委会副主任、革委会主任，党支部副书记、书记；1976年9月至1983年10月任无锡县红旗公社革委会副主任、管委会主任，党委副书记、乡长；1983年10月至1988年11月任无锡县华庄镇党委书记；1988年11月至1996年12月任无锡县副县长，县委常委；1996年12月至2001年2月任锡山市委副书记，市长；2001年2月至2006年1月任惠山区委书记，区人大常委会主任、党组书记；2006年1月起任无锡市第十一、十二届政协副主席、党组成员；2011年4月退休。2018年3月8日，因病医治无效，在无锡逝世，终年69岁。

（姜正伟）

刘彤华

刘彤华，女，汉族，1929年11月13日出生，江苏无锡人。中国工程院院士，著名病理学家，北京协和医院病理科教授、博士生导师。1947～1953年就读于上海圣约翰大学医学院；1952年响应国家号召到北京协和医学院病理系高级师资训练班进修；1953～1957年任第六、七军医大学（现第三军医大学）病理系助教；1957～1969年任中国协和医学院病理学系助教、中国医学科学院实验医学研究所病理系助教及助理研究员；1969年，因病理学系随实验研究所搬往四川简阳，她留在北京协和医院克服艰难困苦创办病理科。1978～1985年任北京协和医院病理科副主任，1985～1995年任病理科主任。1999年增选为中国工程院院士。2018年7月8日上午，因病医治无效，在北京逝世，享年89岁。

（市档案史志馆）

唐翔千

唐翔千，男，汉族，1923年6月8日出生，江苏无锡人。1945年毕业于上海大同大学商学院，1947年先后留学英国曼彻斯特大学及美国伊利诺伊大学，获经济学硕士。1948年获美国伊利诺州立大学经济学硕士学位。1950年到香港创业。从1988年起，连任第七届、第八届和第九届全国政协常委。香港知名实业家。1991～1996年，任香港中文大学新亚书院校董会主席。1995年，获颁香港中文大学荣誉社会科学博士学位。2018年3月10日，因病在香港逝世，享年95岁。

（市档案史志馆）

编辑 罗秋云

组织机构和负责人名单

中共无锡市委

书　　记　李小敏
副书记　汪　泉(至2月)
　　　　黄　钦(2月任)
　　　　徐　劼
常　　委　李小敏
　　　　汪　泉(至2月)
　　　　黄　钦
　　　　徐　劼
　　　　周　英(女,至11月)
　　　　陈德荣
　　　　陈金虎
　　　　王唤春
　　　　柳江南
　　　　谢晓军
　　　　冯　军(11月任)
　　　　袁　飞
秘书长
副秘书长　马　良
　　　　刘葱葱(女,至2月)
　　　　陆　洪
　　　　曹国光
　　　　陈寿彬
　　　　张耀斌
　　　　吴建元(兼,至1月)
　　　　戴　泉(2月任)
　　　　张映雪(女,2月任)

市委办公室(市接待办公室)
主　　任　陆　洪
副主任　江　杰
　　　　孙协军
　　　　黄维恭
接待办主任　刘葱葱(女,至2月)
　　　　　张映雪(女,2月任)
接待办副主任　朱　敏
　　　　王　续

市委组织部
部　　长　周　英(女,至11月)
　　　　冯　军(11月任)
副部长　崔荣国(8月任)
　　　　王锡惠
　　　　林茂松
　　　　戴美忠
部务委员　沈晓萍(女,10月任)

市委非公有制企业和社会组织工委(与市委组织部合署办公)
书　　记　崔荣国(8月任)
副书记　叶　照(至10月)
　　　　钱文琴(女,兼)
　　　　严健媛(女,兼,至7月)
　　　　盛小伟(兼)
　　　　管海燕(女,兼,至7月)
　　　　吴　涛(兼,7月任)

市委宣传部
部　　长　袁　飞
副部长　陆惠玲(女)
　　　　蔡文煜
　　　　商波涛
　　　　商　明
部务委员　李明新

市委网信办(无锡市互联网信息办公室)
主　　任　蔡文煜(6月任)

市文明办(与市委宣传部合署办公)
主　　任　商　明
副主任

市委统一战线工作部
部　　长　陈德荣
副部长　吕勤彬
　　　　唐英彪
　　　　吴　涛(兼,至7月)
　　　　钱文琴(女,兼)
　　　　赵俊明

市委政法委员会
书　　记　谢晓军
副书记　徐盛希
　　　　时永才(兼)
　　　　俞波涛(兼)
　　　　邹立群
政治部主任　张文新

市社会治安综合治理委员会办公室(与市委政法委员会合署办公)
主　　任　徐盛希
副主任　李继军
　　　　华文明

市委研究室
主　　任　陈寿彬
副主任　韩　宁(女,至10月)
　　　　江玉杰
　　　　刘　俊

市委农村工作办公室
主　　任　周士良
副主任　蒋军民
　　　　荣　怡(女)

市委台湾工作办公室(市政府台湾事务办公室)
主　　任　相　江
副主任　张曙峰
　　　　许　宁
　　　　蔡卫红
　　　　曹泳敏

市机构编制委员会办公室(市事业单位登记管理局)
主　　任　陆卫东
副主任　吴志伟(女)
　　　　张海涛
　　　　吴建昌

市委市级机关工作委员会
书　　记　李祖坤
副书记　刘冯生

陆　东
施　勤（女）
纪工委书记　刘永平（至10月）

市委老干部局（市委离退休干部工作委员会）

局　　长　王锡惠（兼）
副 局 长　章　雷（女）
袁伟强
胡泽服（11月任）
工委书记　王锡惠
副 书 记　周　捷

市信访局

局长、党组书记　吴建元（至1月）
戴　泉（2月任）
副 局 长　余小鹰（女）
叶俊杰
张晓波
周勇军
陈　剑（11月任）

市委保密委员会办公室（市国家保密工作局）、市委机要局（市国家密码管理局）

主　　任（局长）　孙志坚
副主任（副局长）　毛亚荣
成志强

市委党校、市行政学院

校　长（院长）　徐　劼（兼）
常务副校长（副院长）、校务委员
金　政
副校长（副院长）、校务委员
谭　军
邓弋青（女）
大　江
尹清亮（8月任）

无锡日报报业集团（无锡日报社）

党委书记、总裁（社长）
杨　建
总 编 辑
党委副书记　马正红
副 总 裁　马正红
许　扬
副总编辑　马正红
许　扬

无锡市人大常委会

主　　任　徐一平
党组书记　徐一平
副 主 任　赵志新
华博雅（女）
滕兰英（女）
吴峰枫
魏　多（1月任）
党组副书记　赵志新
党组成员　滕兰英（女）
吴峰枫
魏　多（1月任）
王中苏
陈荣庆
王传军
黄蓉华
秘 书 长　黄蓉华
副秘书长　赵立平（女）
张淇铭（兼）
孙国祥（6月任）
管海燕（女，7月任）
张广鑫

市人大法制委员会

主任委员　赵志新
副主任委员　钱　群
吴早春

市人大财政经济委员会

主任委员　魏多（1月任）
副主任委员　龚　聘
吴迎春

市人大常委会办公室

主　　任　张淇铭
副 主 任　严巍巍（至6月）
蒋　健
张　弦

市人大常委会研究室

主　　任　顾正刚
副 主 任　林寿清（10月任）

市人大常委会法制工作委员会

主　　任　钱　群
副 主 任　俞宏雷
李红卫

市人大常委会内务司法工作委员会

主　　任　吴早春
副 主 任　何云彪

市人大常委会财政经济工作委员会

主　　任　龚　聘
副 主 任　江　涛

市人大常委会农村经济工作委员会

主　　任　朱　伟
副 主 任

市人大常委会教科文卫工作委员会

主　　任　施　展
副 主 任　朱惠霖

市人大常委会民族宗教侨务外事工作委员会

主　　任　蔡大钢
副 主 任　陈荣文

市人大常委会环境资源城乡建设工作委员会

主　　任　翁林敏
副 主 任　唐尧夫

市人大常委会人事代表联络工作委员会

主　　任　孙国祥（至6月）
严巍巍（6月任）
副 主 任　冯伟东
陆汀兰（女）

市人大常委会预算工作委员会

主　　任　吴迎春
副 主 任　黄宇回

市人大常委会机关行政管理处

处　　长

市人大常委会办公室信访处

处　　长　季亚东

无锡市人民政府

市　　长　汪　泉（党组书记，至2月）
黄　钦（代市长、党组书记，2月任）
副 市 长　黄　钦（党组副书记，至2月）
谢晓军
朱爱勋
刘　霞（女）
王进健
陆志坚
高亚光（女）
蒋敏（女，5月任）
秘 书 长　许立新
副秘书长　钮素芬（女）
周浩明
糜君初
王　维（至1月）
席永清（至8月）
张千山
顾　伟（兼）
张建春（7月任）
严健媛（女，7月任）

市人民政府办公室（市政府研究室）

党组书记　许立新（至12月）
主　　任　童晓寒（党组副书记）
副 主 任　王建军
郭　平
程　松
督查室主任　王建一

总值班室(市应急管理办公室)主任
张宁冶
研究室副主任 李伟刚
王 兵
罗安斌(9月任)

市发展和改革委员会

主任、党组书记 张明康
副 主 任 顾 岗(兼)
张建春(至7月)
陈卫东(至8月)
邢益新 钱喜中
吴虹娟(女,8月任)
总经济师 吴虹娟(女,至8月)

市经济和信息化委员会(挂市中小企业局、市物联网发展办公室牌子)

主任(局长) 周文栋
党组书记 周文栋
副主任(副局长) 吴建平
华解语(女)
黄丽侠(女)
戴可为
卢 益
张国斌
王荣明
陈荣明
陈文斌(7月任)
市物联网发展办公室副主任
左保春(7月任)

市教育局(市委教育工作委员会)

局 长 唐加俊
副 局 长 符菊成
许 敏
陈 曦
吴洵如(女)
市委教育工委书记 唐加俊
市委教育工委副书记 符菊成

市政府教育督导室

主任督学 施正洲
副主任督学 冯益民

市科学技术局(市知识产权局)

局长、党组书记 孙海东
副 局 长 王 浩
赵建平
黄晓珊(女)
徐重远(女)
陈涵杰(8月任)

市公安局

党委书记、局长、督察长 谢晓军
党委副书记 龚清荣
张 轩(至4月)
副 局 长 龚清荣
张轩(至4月)
缪小展
盛卫中
薛俊仁
孙开锋(9月任)
施冬冬
胡 晓(9月任)
政治部主任 胡 晓

市民政局

党委书记、局长 葛恒显
党委副书记 严健媛(女,至7月)
马 剑(8月任)
副 局 长 马益宝
钱晓东
韩富才
马 剑(至8月)
徐艳萍(女,8月任)

市司法局

局长、党组书记 杨智敏
副 局 长 沈仲良
刘益良
李永军(11月任)

市财政局

局长、党组书记 高圣华
副 局 长 陈安新
孙文华
蒋晓鸣
杨百海

市人力资源和社会保障局(市外国专家局)

局 长 吴春林
党委书记 吴春林
党委副书记 杨乔良
副 局 长 杨乔良
林小异(至4月)
顾学年
常亚敏
包晓东

市环境保护局

局长、党组书记 任 栋
副 局 长 王晓栋
李秋宇
周 山
高小萍(女)

市住房和城乡建设局(市建筑工程管理局)

党委书记、局长 包 鸣
党委副书记 任金富
副 局 长 王 达
荣福民
范 伟
周锡良
邵崇浴
何跃平

市交通运输局

党委书记、局长 夏正兴
党委副书记 尹南方
副 局 长 宋良栋
许青凯(至6月)
丁满琪
刘永强
徐锡良
刘震宇(6月任)
陈 东(兼)

市水利局

局长、党组书记 张海泉
副 局 长 缪学军
邹永明
兰秀凯
总工程师 金雪林

市农业委员会(市林业局)

主任(局长) 高 佩
党组书记 高 佩
副主任(副局长)
吴伯荣(党组副书记,兼)
巫亚东
何丽梅(女)
赵中兴
李 岩(至8月)

市商务局(市口岸办公室)

局长(主任)、党组书记 汪 行
副局长(副主任) 宗继芳(女)
袁开坤
石松哲
蒋 波
陈秀峰

市文化广电新闻出版局(市版权局、市文化遗产局)

局长、党组书记 杨福良(至8月)
副 局 长 高 燕(女)
宗 翡(女)
过 丹(至8月)
过旭明
平伟东(11月任)

市卫生和计划生育委员会

党委书记(主任) 谢寿坤
党委副书记 张文伟
副 主 任 韩晓枫
杭兰生(至8月)

杨如年
笪学荣

市工商行政管理局

局长、党组书记　邵鹤鸣
副 局 长　苏益玲(女)
张　贤(女)
邹伟明

市质量技术监督局

局长、党组书记　吴建亮
副 局 长　胡　宏
周建辉
夏一明
于文霞(女)

市食品药品监督管理局

局　长、党组书记　许伟英(女)
副 局 长　丁玉萍(女)
凌晓霖
庄　志
胡　勇

市审计局

局长、党组书记　刘燕萍(女)
副 局 长　谢浩峻
潘海刚
龚备英(女)
唐盈洁(女)

市规划局

局长、党组书记　郑　强
副 局 长　卞志斌
任　颐
徐丽华(女)
杨尔怡

市市政和园林局

局　长、党组副书记　吴燕敏
党组书记　李镇国
副 局 长　张　剑
徐炳香
孙晓鹏
王兰兰(女)

市城市管理局(市城市管理行政执法局)

局长、党组书记　周立军
副 局 长　周　炜
周　峰
陈忠明
张跃跃
朱双清(8月任)

市统计局

局　　长　吴红星
党组书记　钮素芬(女)
副 局 长　周建平
邹海峰
杨晋超

市安全生产监督管理局

局长、党组书记　周爱明
副 局 长　朱明伟
钱志伟(至8月)
陈跃华
徐孝力
胡才鸿

市粮食局

党委书记、局长　周学东
党委副书记　陈　熹
副 局 长　陈　熹
马　骏(至8月)
薛　钦
吴莉萍(女)
庄勤松(11月任)

市体育局

局长、党组书记　黄浩然
副 局 长　汪克强
张振华
杨宇华
李海红

市物价局(含价格检查局〈价格举报中心〉)

局长、党组书记　张克平(至8月)
副 局 长　钱　夏(女)
王生强
徐　叶(女)

价格检查局(价格举报中心)

局长(主任)　李维一

市旅游局

党委书记、局长　蒋蕴洁(女)
副 局 长　汤建华(至8月)
柳永红
杨建国

市民防局(市人民防空办公室)

局长(主任)、党组书记　薛建良
副局长(副主任)　蒋仁宝
朱　俊
胡建军
胡建人

市政府外事办公室(市政府港澳事务办公室)

主任、党组书记　陈明辉
副 主 任　许睿煜
詹　熠
叶　诤(女)

市政府侨务办公室

主任、党组书记　何巧凤(女)
党组副书记　吕勤彬(兼)
副 主 任　包金明
吴象忠
章叶春

市政府法制办公室

主任、党组书记　蒋　飞
副 主 任　栾海港
魏晓晗(女)

市机关事务管理局

局长、党组书记　许立新(至7月)
冯晓明(7月任)
副 局 长　冯晓明(至7月)
武云超
张牧原
赵胜龙(9月任)
吴海军(11月任)

市民族宗教事务局

局长、党组书记　吴　涛(至7月)
副 局 长　何　鸣
张慧东
刘　列(女,至11月)
王觉民(女,11月任)
程　鹏(11月任)

市政府国有资产监督管理委员会

党委书记、主任　许　可
副 主 任　周燕(女)
叶再熙
市属国有企业外派监事会主席
潘彬宾

市行政审批局(市政务服务管理办公室、市政务服务中心)

局长(主任)、党组书记　顾　伟
副局长(副主任)　孙　伟(至8月)
陈　波
包松林
夏慎洁(女)
黄伟祥

市太湖水污染防治办公室

主任、党组书记　顾　岗
副 主 任　权　辉
丁建清

市供销合作总社

主　　任　吴满良
党委书记　吴满良
副 主 任　王　镇
韩家武
徐　婧(女)

市史志办公室

主任、党组书记　许建军
副 主 任　盛　铁

接玉松
顾必成

市档案局（市档案馆）

局（馆）长、党组书记 钱中益
副局（馆）长 徐 杰
徐俊文
闾东影（女）

市政府驻北京联络处

主 任 吴 彧（至11月）
副主任 丁 丽（女）

市政府驻南京办事处

主 任 刘葱葱（女，兼，至2月）
朱 敏（兼，9月任）
副主任

市政府金融工作办公室

主 任 王 维（至1月）
鲁振平（5月任）
副主任 徐耀峰
张泓骏（9月任）

市地震局

局长、党组书记
副局长 李晓红
张 敏

市农业机械局

局长、党组书记 吴伯荣
副局长 叶红谏
陈 松

无锡市公共工程建设中心（市城市重点工程建设办公室）[2018年3月更名为无锡市城市重点建设项目管理中心（市城市重点工程建设办公室）]

党委书记、主任 俞 臻（女）
党委副书记 陆 骏（女）
副主任 陆国平
邹 波（8月任）

市轨道交通规划建设领导小组（指挥部）办公室

主 任
常务副主任 徐 政
副主任 陆春晓
张 军

无锡广播电视集团（无锡广播电视台）

党委书记、总裁（台长） 郭 王
党委副书记 张 军（女，10月任）
副总裁（副台长） 张 军（女）
赵 波
陈 宏
王 凡（女）
黄志东（10月任）
总编辑 郭 王（至10月）
张 军（女，10月任）
副总编辑 张 军（女，至10月）
赵 波
总会计师 周俊清
纪委书记 陈锡初

政协无锡市委员会

主 席 周敏炜（党组书记）
党组副书记 叶勤良
副主席 叶勤良
张丽霞（女）
吴仲林
丁旭初
刘 玲（女）
金元兴
高 慧（女）
韩晓枫
秘书长 王鸿涌
副秘书长 刘 翔（女）
许建樟
吕益华（6月任）
夏晓春（女，7月任）
王 晋（女，兼）
皮何总（兼）
王 萍（女，兼）
惠莲（女，兼）
汤忠元（兼）
任克奇（兼）
王海宝（兼）

市政协办公室

主 任 吕益华
副主任 周 彦（女，至9月）
邱亚君
于洪钟

市政协研究室

主 任 范春虎
副主任 汤亚宾（至6月）
胡新兵（7月任）

市政协提案委员会

主 任 褚一波
副主任 汤亚宾（6月任）
施正洲（兼）
宋良栋（兼）
胡建光（兼）
王 健（兼）

市政协经济科技委员会

主 任 唐家梁
副主任 胡 蕙（女）
陈晓华（兼）
徐重远（女，兼）
赵 鞠（女，兼）
何丽梅（女）
张晓耕（兼）

市政协人口资源环境城乡建设委员会

主 任 陆 檬
副主任 夏维平
邵崇浴（兼）
卢 益（兼）
周 炜（兼）
周乙新（兼）
赵 民（兼）

市政协文教卫体委员会

主 任 王珍珍（女）
副主任 任英齐
过 丹（兼）
吴洵如（兼，女）
胡建伟（兼）
张振华（兼）
殷兰青（兼，女）

市政协社会法制委员会

主 任 魏持红
副主任 唐 瑛（女，7月任）
张 轩（兼，至4月）
杨乔良（兼）
王觉民（兼，女，至12月）
邹立群（兼）
卢 敏（兼，女）

市政协学习文史委员会

主 任 周艳阳
副主任 袁彬彬（女）
谭 军（兼）
吴竹频（兼）
陈 奕（兼，女）
张 军（兼，女）
许 扬（兼）

市政协港澳台侨外事民族宗教委员会

主 任 冯 雷
副主任 王观华
相 江（兼）
何巧凤（女，兼）
吴 涛（兼，至12月）
赵 明（兼，至12月）

市政协委员工作委员会

主 任 王友根
副主任 王忆平

市政协机关行政管理处

处 长 葛晓霞（女）

中共无锡市纪律检查委员会（与市监察委员会合署办公）

书记（主任） 王唤春
副书记（副主任） 刘葱葱（女）
孙 英（女）
方 力
纪委常委 钱 群（女）
李 晓
李勇忠
监委委员 钱 群（女）
李 晓
李勇忠
王海平
沈海洪

市委巡察工作办公室

主 任 钱 群（女）
副主任 徐俊友
杨成富

无锡市中级人民法院

院长、党组书记 时永才
副院长 金 飚（党组副书记，至10月）
赵建聪
顾铮铮（女）
弓建明
政治部主任 邹霞虹（女）
审判委员会专职委员 陈靖宇
徐振华
执行局局长 邱必友

无锡市人民检察院

检察长、党组书记 俞波涛
副检察长 李乐平（党组副书记）
蒋伟平（女）
何洪辉
张 媛（女）
政治部主任 王 卫
检察委员会专职委员 顾 甦

人民团体·民主党派

无锡市总工会

主 席 陈德荣
党组书记 管海燕（女，至7月）
吴 涛（7月任）
副主席 管海燕（女，至7月）
吴 涛（7月任）
王觉民（女，至11月）
周国祥 施宇星
刘 列（女，11月任）
张军（挂职，11月任）
包晓东（兼，11月任）
袁彩凤（女，兼，11月任）

共青团无锡市委员会

书记、党组书记 俞政业
副书记 周卫国
朱晓峰
周凌晶（挂职，女）
唐忠宝（兼）
朱 虹（兼，女）

无锡市妇女联合会

主席、党组书记 夏晓春（女，至7月）
蒋群联（女，7月任）
副主席 王 健（女，至8月）
陈锡云（女）
杭向丽（女）
王 芳（女，挂职）
徐艳萍（女，兼，11月任）
戴敏君（女，兼，11月任）
卫 蕾（女，兼，11月任）

无锡市科学技术协会

主 席 金征宇（兼）
党组书记 陈晓华
副主席 陈晓华
陆伟中
姚沛声
袁禄来
张鹏飞（9月任）
陈 曦（兼）
何丽梅（女，兼）
金秋萍（女，兼）
赵 阳（兼）

无锡市归国华侨联合会

主 席 吕勤彬
副主席 张 筠（女）
包晓东（兼）
尹 健（兼）

无锡市文学艺术界联合会

主 席 金元兴
党组书记 陆惠玲（女，兼）
副主席 董 晓（至6月）
过旭明（兼）
刘仲宝（兼）
许益民（兼）
梁 元（兼）
曹建平（兼）

无锡市哲学社会科学界联合会

主席、党组书记 许麟秋
副主席 王铭涛
刘 俊（兼，12月任）
谭 军（兼，12月任）
罗安斌（兼，12月任）
俞 波（兼，12月任）
刘焕明（兼，12月任）
王海宝（兼，至12月）
韩宁（女，兼，至12月）
李伟刚（兼，至12月）
符惠明（兼，至12月）

无锡市残疾人联合会

理事长、党组书记 金卓青（女）
副理事长 王 元
朱永彬
徐 斌
韩庆东（兼）

无锡市工商业联合会

主 席 周海江（兼）
党组书记 钱文琴（女）
副主席 钱文琴（女）
王海宝
窦 林
俞 波
于建军
蒋谊春（10月任）
吴建平（兼）
徐重远（女，兼）
盛小伟（兼）
张 健（兼）
周 江（兼）
温秀芳（女，兼）
蒋东良（兼）
龚育才（兼）
高岳峰（兼）
赵正红（女，兼）
严 奇（兼）
刘海涛（兼）
孙银龙（兼）
李洪耀（兼）
王新潮（兼）
蒋锡培（兼）
张庆卿（兼）
冯建昌（兼）
曹洪海（兼）
段 涛（兼）

中国国际贸促会无锡市支会（无锡国际商会）

会长、党组书记 徐惠娟（女）

副会长　龚智杰
无锡市红十字会
会　　长　曹锡荣(兼)
党组书记、常务副会长　殷兰青(女)
专职副会长　冯淑静(女)
兼职副会长　严健媛(女,11月任)
商　明(11月任)
施　勤(女,11月任)
吴洵如(女,11月任)
孙开锋(11月任)
钱晓东(11月任)
杨百海(11月任)
胡建伟(11月任)
普　俊(11月任)
吴建昌(兼,至11月)
尤文科(兼,至11月)
刘永平(兼,至11月)
陈　曦(兼,至11月)
薛俊仁(兼,至11月)
吴迎春(兼,至11月)
监事长　唐家梁(兼,11月任)
中国国民党革命委员会无锡市委员会
主　　委　张丽霞(女,兼)
副主委　张　筠(女,兼)
王　晋(女)
姜　科(兼)
徐　雯(女,兼)
中国民主同盟无锡市委员会
主　　委　高亚光(女,兼)
副主委　皮何总
何丽梅(女,兼)
洪　雅(女,兼)
崔荣荣(兼)
中国民主建国会无锡市委员会
主　委　华博雅(女,兼)
副主委　许建樟(兼)
毛加弘(女,兼)
王　萍(女)
冼　薇(女,兼)
陈卫宏(兼)
中国民主促进会无锡市委员会
主　　委　金元兴(兼)
副主委　杨瑞金(兼)
吴国平(兼)
惠　莲(女)
康立为(兼)
中国农工民主党无锡市委员会
主　　委　韩晓枫(兼)
副主委　汤忠元
唐家梁(兼)
张　琦(兼)
夏加增(兼)
中国致公党无锡市委员会
主　　委　高　慧(女)
副主委　吴红星(兼)
王晓刚(兼)
江　波(兼)
龚备英(女,兼)
九三学社无锡市委员会
主　　委　程　红(女,兼)
副主委　任克奇
唐　红(女,兼)
陈凤军(兼)
何云彪(兼)
李　崎(女,兼)

中央、省直属部门和外地主要驻无锡机构

中国人民银行无锡市中心支行
党委书记、行长　何敏峰(女)
副行长　惠　娟(女)
黄　华
朱　敏
张静涛(9月任)
纪委书记　郭林宽(至10月)
朱丽彬(10月任)
中国银行股份有限公司无锡分行
党委书记、行长　陈新宏
副行长　李　扬
张晓明
崔时松
何晓明(女)
陈　涛(女,8月任)
邹晓星(8月任)
纪委书记　颜志宏
中国建设银行股份有限公司无锡分行
党委书记、行长　吴荣明(至8月)
张　晶(8月任党委书记,9月任行长)
党委副书记　张　晶(至1月)
马啸海(1月任)
沈　康(11月任)
副行长　张　晶(至1月)
沈　康(12月任)
马啸海(4月任)
徐海峰
夏思奇(7月任)
柳成安(7月任)
纪委书记　沈卫兴
合规官　胡　克
工会主任　肖银峰
中国农业银行无锡分行
党委书记、行长　陈杏梅(女,至1月)
张洪润(女,1月任)
党委副书记　陆　铁(至5月)
副行长　陆　铁(至5月)
吴永东
狄晓东(至4月)
周学军
蒋志鹏(5月任)
黄黎琴(女)
纪委书记　陆　铁(至5月)
吴永东(至4月)
李元庆(7月任)
中国工商银行无锡分行
党委书记、行长　周　刚(3月免书记,5月免行长)
汪　超(女,3月任书记,5月任行长)
党委副书记　谢晓东
副行长　陈晓春
戴　峰(女)
戴　政
朱伊民
蒋晓青(女)
蒋　俊
张晔蕴(女,2月任)
纪委书记　谢晓东
交通银行无锡分行
党委书记、行长　杨文胜
副行长　廉伟红(女,兼纪委书记)
盛金才
高　干
黄大海(2月任)
陈　筠(女,8月任)
中国农业发展银行无锡市分行
党委书记、行长　陶　勇
副行长　王建春
许　晔(女)
陈　军(12月任)
江苏银行股份有限公司无锡分行
党委书记、行长　王卫兵
党委副书记　金建明
副行长　金建明
徐　吉(兼任纪委书记)
钱若枫(女,至4月)

行长助理　孙　瑶(女,6月任)
张　毅(6月任)

中国人民财产保险公司无锡分公司

总 经 理　尤力人
副总经理　彭　军(兼任纪委书记)
吴晓羚(女)
朱　勇
黄建新
总经理助理　唐志明

中国人寿保险股份有限公司无锡市分公司

党委书记、总经理　张建平
副总经理　季芯宇
张　嵘(兼纪委书记)
周　明
总经理助理　陈　波
黄奕辉

无锡市国土资源局

党委书记、局长　席永清
副 局 长　杨武亮
马卫明
陈　艳(女)
黄朝奎
纪委书记　李安国

无锡海关(2018年4月机构改革,原无锡海关与原出入境检验检疫局合并成立无锡海关)

关长、党组书记　李亚萍(女,至8月)
郑云祥(8月任)
副 关 长　李亚萍(女,12月任)
宋　平
罗相海(至12月)
郭　健(至12月)
李永江(12月任)
张　勇(12月任)
樊新华(12月任)
吴方玲(女,12月任)
陶伟东(12月任)

无锡出入境检验检疫局(2018年4月机构改革,管理职能和队伍划入无锡海关)

局长、党组书记
副 局 长　张　勇(至12月)
李百胜(至12月)
陶伟东(至12月)
党组成员　张　勇(至12月)
李百胜(至12月)
田林辉(至12月)
陶伟东(至12月)

国家税务总局无锡市税务局(2018年6月国税地税征管体制改革,原无锡市国家税务局与原江苏省无锡地方税务局合并成立国家税务总局无锡市税务局)

局长、党委书记　丁　源(6月任)
党委副书记　顾一兵(6月任)
江武峰(6月任)
副 局 长　顾一兵(6月任)
江武峰(6月任)
曹建伟(6月任)
成尔方(6月任)
朱晋达(6月任)
胡建光(6月任)
王晓东(6月任)
陈　熙(6月任)
蔡莉萍(女,6月任)
纪检组长　徐　军(6月任)
总经济师　曹国平(6月任)
严　郓(6月任)
总会计师　吕　超(6月任)
李　青(6月任)

无锡市国家税务局(2018年6月机构改革撤销)

局长、党组书记　江武峰(至6月)
党组副书记　顾一兵(1月任,至6月)
副 局 长　顾一兵(1月任,至6月)
曹建伟(至6月)
成尔方(至6月)
朱晋达(至6月)
陈　熙(至6月)
总经济师　曹国平(至6月)
总会计师　吕　超(至6月)
纪检组长　徐　军(至6月)

无锡市烟草专卖局(江苏省烟草公司无锡市分公司)

局长、经理、党组书记　廉　文
副 局 长　范光耀
副 经 理　王旭明(至8月)
纪检组长　刘仲凡
工会主席　王旭明(9月当选)

无锡市气象局

局长、党组书记　解令运
副 局 长　马志强
施德锋(8月任)
纪检组长　朱　玮(女)

江苏省水文水资源勘测局无锡分局

局　　长　洪国喜
副 局 长　沈顺中
吴朝明
赵家福

江苏省无锡地方税务局(2018年6月机构改革撤销)

局长、党组书记　丁　源(至6月)
副 局 长　胡建光(至6月)
王晓东(至6月)
总经济师　严　郓(至6月)
总会计师　李　青(至6月)
纪检组长　蔡莉萍(至6月)

国网江苏省电力公司无锡供电公司

党委书记　朱　斌(兼副总经理)
总 经 理　唐建清
副总经理　顾志强
顾水福(至10月)
丁建忠
龚逊东(1月任)
纪委书记　黄峻岭
工会主席　张东旭

中国电信股份有限公司无锡分公司

党委书记、总经理　张华林(至11月,转任资深总监)
副总经理　邹易风(兼任工会主席)
金　红(女)
孙晓健
蒋　芃
夏　杰
纪委书记　蒋芃(至3月)
邹易风(3月任)

中国邮政集团公司无锡市分公司

党委书记、总经理　莫志坚(至10月)
副总经理　柳高远(兼工会主席)
张志慧
孙越栋(6月任)
纪委书记　柳高远(至6月)
孙越栋(6月任)

无锡市盐务管理局(江苏省苏盐连锁有限公司无锡分公司)

局　　长　万泽湘
副 局 长　陈长锋
总 经 理　万泽湘
党委书记　陈长锋
副总经理　沈　辉

说明:该名单反映的是2018年1～12月无锡市县(处)级以上领导人员任职情况。姓名后括号内为该同志兼职、年内职务变动等情况。

(市委组织部)

文献专载

政府工作报告(摘要)

——在无锡市第十六届人民代表大会第三次会议上

(2019年1月22日)

代市长 黄 钦

一、2018年工作回顾

2018年,市政府以习近平新时代中国特色社会主义思想为指导,认真贯彻落实党的十九大精神和习近平总书记对江苏工作的重要指示要求,在中共无锡市委的坚强领导下,在市人大、市政协的监督和支持下,紧紧依靠全市广大人民,按照当好全省高质量发展领跑者的目标定位,坚持稳中求进工作总基调,深入践行新发展理念,坚定实施六大发展战略,较好完成了市十六届人大二次会议确定的目标任务,为决胜"十三五"后半程打下了坚实基础。

(一)经济运行稳中有进。15个主要经济指标中,10个指标增幅高于全省平均。全市地区生产总值突破11000亿元,达到11438.62亿元,增长7.4%,增幅跃居全省第二。规模以上工业增加值达到3618.71亿元,增长9%,增幅20年来首次跃居全省第一。一般公共预算收入跨上千亿元台阶,达到1012.28亿元,增长8.8%。固定资产投资增长5.8%,其中工业投入增长10.5%、民间投资增长10.7%。社会消费品零售总额完成3672.7亿元,增长9%。实现进出口总额934.44亿美元,增长15%,其中出口总额567.81亿美元,增长14.7%。新增境内外上市公司11家,总量保持全省第一。新增城镇就业16.14万人,城镇登记失业率控制在1.78%,预计居民人均可支配收入增长8.4%左右。

(二)产业强市成效明显。规模以上战略性新兴产业(制造业)增加值增长13.9%。积极筹建国家物联网创新中心,成功举办2018世界物联网博览会,海尔物联生态网基地等重大项目签约落户。深化与国家集成电路产业投资基金的战略合作,无锡国家集成电路设计产业园揭牌,国家芯火双创基地平台成功获批。新认定市级总部企业5家,SK海力士中国销售总部落户无锡。预计全社会研发投入占地区生产总值比重达到2.85%,企业研发经费占销售收入比重达到1.73%,科技进步贡献率达到63.9%。预计新增高新技术企业395家,高新技术产业产值占规模以上工业产值比重达到43.3%。新增各类人才7.49万人、院士工作站12家。

(三)改革开放协同发力。多措并举降低企业成本200亿元以上,全市银行业金融机构不良贷款余额和不良贷款率连续五年实现"双下降",地方政府债务余额有效控制在限额范围内。"放管服"改革持续深化,建成覆盖全市的"互联网+政务服务"体系,全年新登记企业5.16万户。江阴市县级集成改革试点经验在全省复制推广,太湖新城管理体制优化调整基本到位。国发资本运营有限公司正式组建,申报设立锡商民营银行取得积极进展。积极参与"一带一路"建设,预计完成1000万美元以上重大境外投资项目23个。苏南硕放机场完成旅客吞吐量721万人次、增长7.8%,货邮吞吐量12.4万吨、增长15.1%,洲际货运航班频次位列全省第一。

(四)城乡区域协调发展。南沿江铁路开工建设,苏锡常南部高速进入太湖隧道主体结构施工阶段,锡澄城际轨道S1线完成工可报告编制,宜兴丁蜀通用机场获批立项,S340省道无锡段改扩建等项目开工建设。地铁1号线南延线全线"电通",3号线一期全线"洞通",4号线一期进入盾构施工。蠡湖大道、江海西路快速化改造工程及具区路、吴桥东路等重点道桥建成通车。启动优美环境合格区建设,完成30条主要道路包装出新和30个背街小巷综合治理。全市种植业绿色优质农产品面积比重达到60%,新增省级农业产业化龙头企业5家、国家级示范合作社7家、省级示范合作社11家、省级示范家庭农场16家。启动农村住房更新改造首批试点工作。

(五)环境质量持续向好。整治燃煤锅炉102台、燃煤工业窑炉34座,减少煤炭消费总量138.5万吨,预计全市单位GDP能耗下降4%以上。基本完成城市黑臭水体治理任务,太湖无锡水域主要水质指标好于全太湖,连续第十一年实现安全度夏和"两个确保"。全市PM2.5平均浓度下降到43微克/立方米,空气优良天数比率提高到70.7%,大气污染防治年度考核综合评分全省第一。惠联餐厨废弃物处理厂、蓝藻藻泥和市政污泥处置项目启动建设,益多环保大修项目如期复产,江阴秦望山危废集中焚烧处置设施、宜兴凌霞危废焚烧扩建项目顺利建成。开展"绿刃"环保专项行动,关停取缔"散乱污"企业(作坊)8106家,整治完成5475家。

(六)人民生活不断改善。市本级公共财政支出的80%投向民生,10件为民办实事项目全部完成,基本公共服务体系建设效果满意度全省第一。26个经济薄弱村实现脱困转化。完成中小学、幼儿园基建项目35个。与东南大学签署新一轮市校合作共建框架协议,南京信息工程大学滨江学院无锡校区正式招生。锡山人民医院新院区建成投用,17家基层医疗卫生机构完成提档升级。成功承办首届江南文脉论坛,启动龙光塔等文物修缮工程46项,建成基层综合性文化服务中心471个。成功举办2018世界击剑锦标赛,成功申办2021世界跆拳道锦标赛,无锡市代表团参加第19届省运会取得历史最好成绩。"雪亮工程"一期竣工投用,扫黑除恶专项斗争取得明显成效,公众安全感连续三年保持全省第一位。

二、2019年主要工作

根据中共无锡市委十三届七次全会的部署,2019年政府工作的总体要求是:以习近平新时代中国特色社会主义思想为指导,深入贯彻党的十九大精神,统筹推进"五位一体"总体布局,协调推进"四个全面"战略布局,按照中央经济工作会议和省委十三届五次全会部署,坚持稳中求进工作总基调,坚持新发展理念,坚持推动高质量发展,坚持以供给侧结构性改革为主线,坚持深化市场化改革、扩大高水平开放,坚定实施六大战略,坚定打好三大攻坚战,坚定推进全面从严治党,努力实现创新活力和转型动力更强,经济运行和发展态势更稳,生态质量和人民生活更好,政治生态和干事环境更优,打好高水平全面建成小康社会决定性基础,夺取"强富美高"新无锡建设关键性胜利,奋力当好全省高质量发展领跑者,以优异成绩迎接新中国成立70周年。

综合各方面因素,2019年全市经济社会发展主要目标是:地区生产总值增长7%以上;规模以上工业增加值增长8%左右;一般公共预算收入增长6%左右;固定资产投资增长6%左右;社会消费品零售总额增长9%左右;外贸进出口稳中提效;全社会研发投入占地区生产总值比重达到2.87%;城乡居民收入增长与经济增长同步,城镇登记失业率、居民消费价格涨幅控制在省定范围内;节能减排和大气、水环境质量确保完成省下达的目标任务。

2019年,重点做好以下八个方面的工作:

(一)着力深化改革扩大开放

促进实体经济健康发展。严格执行国家和省减税降费政策,在市场准入、经营运行、招投标等方面为民营企业创造公平竞争环境,着力缓解民营企业特别是高成长性企业的资金周转压力,依法保护民营企业家合法权益。优化调整国有资本布局结构,推动市属国有资本进一步向基础性、公益性领域和战略性新兴产业集聚。实施大企业大集团和"专精特新"小巨人企业培育工程,新增境内外上市公司8家。落实地方金融监管责任,持续做好重点地区、重点领域的金融风险管控化解工作,不良贷款率继续低于全省平均水平。

增创体制机制新优势。纵深推进"放管服"改革,做好无锡经济开发区赋权(委托)工作,市(县)区和有条件的省级以上开发区成立行政审批局;深化综合行政执法体制改革,推进"双随机、一公开"监管全覆盖;全面推进"证照分离"改革,建立开办企业"一网通"服务平台,实施全流程、全领域工程建设项目审批改革。复制推广江阴市县级集成改革试点经验,落实第二批省级经济发达镇改革任务,加快构建简约高效的基层管理体制。

构筑全面开放新格局。实施外贸市场多元化战略,提高贸易通关便利化水平,加大对重点出口行业和外贸企业的扶持力度。加快国家跨境电商综合试验区建设和综合保税区升级工作,深化国家服务外包示范城市和文化出口基地建设。推动现有外资企业增资扩股和提档升级,积极引进外资总部及功能性机构,确保到位注册外资36亿美元。推动开发区综合发展水平排位稳步提升。积极融入全省"一带一路"交汇点建设大局,在高水平"引进来"的同时,支持企业"走出去"发展,打造柬埔寨西港特区升级版2.0。

(二)着力推进产业强市建设

强化重大项目支撑力。全年安排市级重点项目100个,总投资超4700亿元,当年完成投资880亿元。完善重大产业项目挂钩联系制度,推动LG汽车动力电池正极材料、深海空间站无锡研发基地等重大项目开工建设,对市(县)区重点项目实行分级调度、协同推进。深入开展工业企业资源利用绩效评价,进一步完善"亩产论英雄"综合评价和差别化资源要素配置机制。积极推进城乡建设用地增减挂钩,实现重大产业项目用地需求应保尽保。

提升现代产业竞争力。培育发展16个先进制造业重点产业集群,加大对5G、人工智能等未来产业的布局力度。积极推进智能交通、智慧健康等园区建设,提高鸿山、慧海湾、雪浪小镇发展水平,办好2019世界物联网博览会;推动集成电路产业做大做强,着力构建核心产业集群和完整产业生态;实施"千企技改"装备升级行动和100个智能制造重点项目,工业技改投资增长8%左右;加快发展现代物流、工业设计、金融服务等现代服务业。落实"一城一策"要求,保持房地产市场持续平稳健康发展。

扩大军民融合影响力。争创国家军民融合创新示范区,加快军民融合公共服务平台"一网四中心"建设。聚焦航空发动机及燃气轮机、物联网、海洋工程装备等重点领域,鼓励民营企业积极参与国防建设、承接军转民技术转移,支持军工领域优势企业和科研院所在锡设立区域性总部,促进军民技术相互支撑、有效转化。

(三)着力提升科技创新能力

完善区域科技创新体系。加快推进国家物联网创新中心、国家高性能计算技术创新中心(筹)等重大平台建设。强化与驻锡科研院所"一所一策"合作。布局新一轮创业孵化载体建设,提升现有科技载体发展水平,新增省级以上众创空间5家以上。大力吸引国际高端创新机构、跨国公司研发中心、国际科技合作组织来锡发展。积极创建国家知识产权强市,万人有效发明专利拥有量达到39件。

加快高新技术产业化。引导企业加大研发投入,新增各级各类研发机构80家以上,企业研发经费占销售收入比重达到1.74%。全市高新技术企业达到2600家,高新技术产业产值占规模以上工业产值比重提高到44%。加强与国内外著名高校院所的合作,新增院士工作站7家以上。实施产业前瞻与关键共性技术研发计划和重大成果转化计划,办好2019无锡市产学研合作科技成果洽谈会。

培育和集聚各类优秀人才。深入实施"太湖人才计划"升级版2.0和名校名院名所名企"四名工程",继续办好无锡(太湖)高层次人才创新创业交流大会、"百企千才高校行"等活动,加快构建“一站式”人才服务平台，高水平打造一流人才生态环境，全年新增各类人才7万人，其中高层次人才0.7万人、高技能人才1.35万人。

（四）着力实施乡村振兴战略

加快发展现代农业。提升农业生产装备水平和社会化服务能力，全市高标准农田比重达到80%以上，农业机械化水平达到90%。调整优化农业生产结构，提高优质绿色农产品比重，培育壮大“锡”字号农产品品牌。提高国家级和省级现代农业产业示范园区建设水平，农业园区面积比重达到52%。促进农村一二三产业深度融合，加快发展“农业＋互联网＋快递”“农业＋旅游”等新业态。

深化农村改革创新。加快农村承包地、宅基地“三权分置”和农村土地承包经营权抵押贷款试点，依法依规开展土地流转。深化农村集体产权制度改革，扎实推进集体经济股份制改革。完善财政支农投农机制，推动农村金融制度改革，带动更多社会资本参与乡村建设发展。

高质量推进乡村建设。加快村庄规划全覆盖，有序推进农村住房更新改造，新建美丽乡村示范村25个、美丽乡村休闲旅游示范村8个。强化“四好农村路”建设，新建改建农村道路58公里、桥梁31座。开展农村人居环境整治提升行动，建设100个美丽宜居村庄，创建100个村庄环境长效管理示范村。力争全面完成经济薄弱村脱困转化任务。

（五）着力打好污染防治攻坚战

扎实推进蓝天、碧水、净土保卫战。深化太湖流域工业污染、农业面源污染、入湖河流等综合整治，推进太湖生态清淤试点，推动太湖无锡水域水质持续改善，确保国省考断面优III比例达到省下达目标。加大大气污染防治力度，确保PM2.5平均浓度持续下降、空气优良天数比率持续上升。强化土壤污染防治，落实污染地块环境管理联动机制，确保土壤安全利用。继续深入推进“绿刃”环保专项行动，加大行政执法与司法联动力度，提高环境监管和执法水平。

进一步夯实绿色发展基础。开展国家级生态保护红线划定和省生态保护红线校核工作，严格执行生态红线保护措施。深入推进节能降耗，全市单位GDP能耗降幅完成省下达目标任务。加快化工钢铁煤电行业转型升级，进一步加大“散乱污”企业整治力度，多措并举减少污染物排放。有序推进园区循环化改造，组织实施节能与循环经济项目80个，新增国家级绿色工厂2家。做好锡东、惠联垃圾焚烧电厂提标扩能工作，积极推进餐厨垃圾、蓝藻藻泥、市政污泥、酸洗污泥等固废处置设施建设，力争早日建成投运。

持续提高生态文明建设水平。抓好中央环保督察“回头看”等反馈问题整改工作。加快转变沿太湖地区发展模式，打造太湖生态保护圈；落实“共抓大保护，不搞大开发”要求，建设江阴长江生态安全示范区；统筹山水林田湖草系统治理，推进宜兴生态保护引领区建设。提高环境污染责任保险工作水平，推动形成以排污许可证为核心的环保监管体系。不断加强领导干部自然资源资产离任审计。

（六）着力提升城市能级和枢纽功能

建设全国性综合交通枢纽。编制完成苏南硕放机场总体规划和集疏运体系规划，启动机场停机坪、新货站扩建，持续增加国际客货运航线，加快药品、生物制品、冰鲜水产品等进口指定口岸建设，争取全年旅客吞吐量达到770万人次、货邮吞吐量达到14万吨。加快南沿江铁路建设，做好盐泰锡常宜铁路前期工作。全力抓好苏锡常南部高速等项目建设，进一步提升高新空港物流园、西站物流枢纽等货运枢纽发展水平。

加快锡澄宜一体化发展。推进国土空间规划编制工作。支持江阴打造长江下游滨江新兴中心城市、宜兴打造宁杭生态经济带新兴中心城市。开工建设锡澄城际轨道S1线、宜马快速通道、宜兴丁蜀通用机场等项目，推进锡宜城际轨道S2线、暨南大道西延等项目前期工作。编制完成锡澄、锡宜协同区规划，鼓励和引导重大产业项目向江阴南部、宜兴东北部等重点协作区转移落地。

提升中心城市集聚辐射能力。全面接轨上海、服务上海，加强与苏州、常州的规划对接，推动基础设施互联互通。深化“一城两核”定位，加快环城河以内历史城区“双修”工作，持续推进棚户区改造，提升中山路黄金商圈影响力；启动太湖新城新一轮建设发展，组织实施太湖新城绿色可持续发展与国际合作、无锡国际会议中心等项目。启动第三轮轨道交通建设规划编制，加快地铁3号线、4号线一期工程建设，地铁1号线南延线年底开通试运营。

建设更高水平的智慧城市。组织实施新型智慧城市建设三年行动计划，加快城市大数据中心建设，健全大数据管理运营机制，深入推进城市数据资源的全面共享和广泛运用。构建智慧城市移动门户，汇集各类民生服务应用。加快5G商用网络建设和下一代互联网的规模化部署，促进城市信息基础设施跨越式发展。

（七）着力加强城市管理和社会治理

提升城市精细化管理水平。大力开展优美环境合格区建设，扎实推进七大专项提升行动，更高水平建设智慧城管项目，有效解决违法建设、“三乱”违法广告等一批城市管理热点难点问题。全面推进生活垃圾分类工作，垃圾分类集中处理率达到75%。

推进城市安全发展。进一步健全公共安全体系，持续强化防灾减灾救灾能力，全面提高城市安全保障水平。加快新孟河、望虞河西岸控制和除险加固工程、锡澄运河北排扩大工程等项目建设，整体提升防洪排涝能力。加快立体化、信息化社会治安防控体系建设，启动实施“雪亮工程”二期和“慧眼工程”，全面深化扫黑除恶专项斗争。强化市场监督综合管理，守好食品药品和产品质量安全防线。

深化基层治理创新。优化城乡社区治理体制机制，健全网格化社会治理机制，加强社区工作者队伍建设，进一步减轻村（社区）负担。做好新一届村（居）民委员会换届选举工作，加强村务公开和民主管理，完善“一核心四平台”乡村治理体系。构建三级信访工作联席会议体系，增强矛盾化解和源头预防能力。完善公共法律服务体系，加强“社区矫正服务志愿者”队伍建设。

（八）着力保障和改善民生

推动实现高质量就业。实施积极

的就业政策，推进全民创业行动计划，促进大学生等重点群体就业创业，强化对就业困难人员的分类帮扶，努力化解就业结构性矛盾，办好首届“创响无锡”全民创业大赛等活动，确保新增城镇就业11万人。落实个人所得税改革和基本工资标准正常调整机制，进一步提升居民经营性与财产性收入，实现富民增收与经济发展同步、劳动报酬与生产效率提高同步。

加强社会保障体系建设。持续提高低保、临时救助、残疾人等保障标准，开工建设儿童福利院异地重建等项目，加快市残疾人综合服务基地项目建设。深入推进养老服务“双试”改革，新建智慧养老服务机构30家以上，养老护理床位占比达56%以上。制定住房保障中长期发展规划，进一步提高公租房运营管理水平。做好退役军人工作，进一步提高双拥共建、军转安置、优抚工作质量。

推进教育改革发展。提高学前教育资源配置率和优质率，加快义务教育学校标准化建设，积极创建省高品质示范高中。实施职业教育现代化工程，优化职业院校布局和专业设置，完善无锡职教园管理体制。支持江南大学建设世界一流学科，持续深化与江阴、宜兴的办学合作。加快东南大学国家示范性微电子学院、南京信息工程大学滨江学院无锡校区二期工程、南京理工大学江阴校区建设。

补齐医疗卫生服务短板。推进全国健康城市试点工作，新建成省级健康镇村(社区)50个、健康单位55个以上。推进市属医疗卫生机构布局调整优化重大项目建设，建成启用江南大学附属医院南院区。做优做强县级(区级)医院，提升城区紧密型医联体和县域医共体建设水平，完善分级诊疗制度。加快建立现代医院管理制度，推进江阴、宜兴城乡居民医保制度整合。

提升城市文化旅游体育软实力。保护传承江南文脉，推进大运河文化带规划建设，与扬州联合办好世界运河大会，做好惠山古镇联合申遗筹备工作。高标准推进无锡美术馆建设，支持无锡博物院争创国家一级馆。深化国家全域旅游示范区创建，加快无锡融创文旅城等重大旅游项目建设。积极争创全国全民运动健身模范市，继续办好无锡国际马拉松等一批大型国际赛事。

三、持续加强政府自身建设

做好2019年工作，关键在于扎实推进政府自身建设。市政府深入贯彻落实新时代党的建设总要求，坚持以习近平新时代中国特色社会主义思想武装头脑、指导实践、推动工作，树牢“四个意识”，坚定“四个自信”，做到“两个坚决维护”，自觉在思想上政治上行动上同以习近平同志为核心的党中央保持高度一致，切实把党对一切工作的领导贯彻到政府工作各领域各方面，进一步提高施政能力和服务水平，为圆满完成全年目标任务提供坚强保证。

（一）聚焦责任政府建设，加快转变政府职能。按照市委统一部署，完成政府机构改革任务，着力构建系统完备、科学规范、运行高效的政府机构职能体系。深化市区两级政府财政事权和支出责任划分改革，强化中期财政规划对年度预算的约束，全面加强预算绩效管理。健全抓落实的指标体系、工作体系和评价体系，少发不管用不实用的文件，少开没有实际效果的会议。落实政府性债务化解责任，确保存量不出险、增量不违规、有效保障发展。

（二）聚焦法治政府建设，深入推进依法行政。加强社会民生、城市管理等重点领域的政府立法工作，强化政府规章和规范性文件的合法性审查、后评估和即时清理。健全重大行政决策体制机制，确保重大事项议深议透、形成各方共识，着力提高政府决策的科学化、民主化、法治化水平。认真执行市人大及其常委会的决议决定，落实向市人大常委会报告国有资产管理情况制度，主动接受市政协民主监督，加强司法、舆论、社会监督，确保权力在阳光下运行。

（三）聚焦服务政府建设，切实提高运转效能。加强政府部门目标管理，建立健全跨区域、跨部门的目标执行和评估体系，加大对重大政策措施贯彻落实情况的督查力度。加快全市政务服务“一体化”建设，推进“一窗式”改革，实现更加智慧的网上办理能力。加大政府热线整合力度，建立政府热线联动机制，做到企业和群众诉求“一号响应”。积极运用鼓励激励、容错纠错、能上能下“三项机制”，推动政府系统形成真抓实干、奋勇争先的良好局面。

（四）聚焦廉洁政府建设，坚决扎紧制度笼子。认真履行党风廉政建设“一岗双责”，扎实做好中央巡视反馈意见整改工作，落实中央八项规定及其实施细则精神和省、市委具体办法，狠抓办公用房清理和公务用车管理常态化工作，市本级一般性支出比2018年压减10%。整合公共资源交易平台，加快实现“不见面”开标。加大重点领域审计和监管力度，做到应审尽审、凡审必严、严肃问责。坚决防止和反对腐败，着力解决群众身边的不正之风和腐败问题。

（朱永福）

文件选目

表 61　　2018 年中共无锡市委文件目录

文件标题	印发日期
中共无锡市委、市政府印发《关于全面深化国有企业改革的实施意见》的通知	2018-1-16
中共无锡市委、市政府印发《关于进一步完善国有企业法人治理结构的实施意见》的通知	2018-1-16
中共无锡市委、市政府关于印发《无锡市委市政府 2018 年重点工作》的通知	2018-1-23
中共无锡市委、市政府印发《关于进一步支持集成电路产业发展的政策意见》的通知	2018-2-5
中共无锡市委、市政府印发《关于进一步支持以物联网为龙头的新一代信息技术产业发展的政策意见》的通知	2018-2-5
中共无锡市委、市政府关于 2017 年度法治无锡建设工作先进单位的通报	2018-3-19
中共无锡市委、市政府印发《关于优化调整太湖新城管理体制的方案》的通知	2018-3-27
中共无锡市委、市政府关于深化文明城市创建工作长效机制的意见（2018 ~ 2020 年）	2018-4-3
中共无锡市委关于全面加强城市基层党建工作的意见	2018-4-9
中共无锡市委、市政府关于通报表扬 2015 ~ 2017 年度无锡市劳动模范的决定	2018-4-28
中共无锡市委、市政府关于贯彻实施乡村振兴战略推动农业农村高质量发展走在前列的意见	2018-5-29
中共无锡市委、市政府关于全面深化安全生产领域改革发展的实施意见	2018-6-5
中共无锡市委、市政府关于进一步深化农村集体产权制度改革的意见	2018-6-5
中共无锡市委、市政府关于支持检察机关依法开展行政执法检查监督和公益诉讼工作的意见	2018-6-26
中共无锡市委、市政府关于加强城乡社区治理与服务的实施意见	2018-7-4
中共无锡市委、市政府关于进一步加快推进诚信无锡建设的意见	2018-7-6
中共无锡市委印发《无锡市党政干部鼓励激励实施办法》《无锡市进一步健全容错纠错机制的办法》《无锡市推进党政领导干部能上能下实施办法》的通知	2018-7-10
中共无锡市委、市政府关于印发《无锡市推进新型智慧城市建设三年行动计划（2018 ~ 2020 年）》的通知	2018-8-6
中共无锡市委、市政府关于营造企业家健康成长环境弘扬优秀企业家精神更好发挥企业家作用的实施意见	2018-8-10
中共无锡市委、市政府关于实施“太湖人才计划”升级版 2.0 打造国内一流具有国际影响力人才发展高地的若干意见	2018-9-4
中共无锡市委、市政府关于深入实施创新驱动核心战略加快建设产业科技创新高地的若干政策措施	2018-9-6
中共无锡市委、市政府关于聘请陈左宁等 10 位院士为无锡市科学顾问的决定	2018-9-6
中共无锡市委、市政府关于无锡市杰出人才（团队）的通报	2018-9-6
中共无锡市委、市政府印发《关于进一步深化“放管服”改革加快推进审批服务便民化的实施意见》的通知	2018-10-29
中共无锡市委、市政府关于公布 2018 年无锡市有突出贡献中青年专家名单的通知	2018-11-5
中共无锡市委关于建立市政府向市人大常委会报告国有资产管理情况制度的意见	2018-11-15
中共无锡市委、市政府关于印发《无锡市推动长江经济带高质量发展三年行动计划（2018 ~ 2020 年）》的通知	2018-12-4
中共无锡市委、市政府关于印发《无锡经济开发区（太湖新城）发展纲要》的通知	2018-12-11

续表 61

文件标题	印发日期
中共无锡市委、市政府关于深化教育体制机制改革的实施意见	2018-12-12
中共无锡市委、市政府关于全面深化新时代教师队伍建设改革的实施意见	2018-12-12
中共无锡市委、市政府关于大力推进高等教育创新发展的若干意见	2018-12-12
中共无锡市委、市政府关于加快推进职业教育现代化的实施意见	2018-12-12
中共无锡市委、市政府关于进一步深化改革推进学前教育优质普惠发展的实施意见	2018-12-12
中共无锡市委、市政府关于进一步降低企业负担促进实体经济高质量发展的若干意见	2018-12-14

表 62　　2018 年中共无锡市委办公室文件目录

文件标题	印发日期
中共无锡市委办公室、市政府办公室关于收集征集无锡乡镇企业和民族工商业档案史料及实物的通知	2018-1-5
中共无锡市委办公室、市政府办公室关于 2017 年度全市党政信息工作先进单位和先进个人的通报	2018-1-5
中共无锡市委办公室、市政府办公室关于进一步明确河长在河道环境综合整治工作中的职责任务的通知	2018-1-24
中共无锡市委办公室、市政府办公室关于印发《无锡市加快发展以物联网为龙头的新一代信息技术产业三年（2017 ~ 2019 年）行动计划 2018 年实施方案》的通知	2018-2-2
中共无锡市委办公室、市政府办公室关于印发《无锡市委市政府 2018 年重点工作目标任务细化实施方案》的通知	2018-2-3
中共无锡市委办公室、市政府办公室关于印发《无锡市推进旅游业供给侧结构性改革促进国家全域旅游示范区发展行动计划（2018 ~ 2020 年）》的通知	2018-2-5
中共无锡市委办公室印发《关于推进党外干部队伍建设“321 人才计划”的实施意见》的通知	2018-2-5
中共无锡市委办公室、市政府办公室关于成立无锡市以物联网为龙头的新一代信息技术产业发展领导小组的通知	2018-2-5
中共无锡市委办公室、市政府办公室印发《关于 2017 年市委市政府重点工作完成情况的通报》的通知	2018-2-8
中共无锡市委办公室、市政府办公室关于印发《无锡市国家机关“谁执法谁普法”普法责任制实施办法》的通知	2018-2-8
中共无锡市委办公室、市政府办公室关于印发《无锡市智能制造三年（2017 ~ 2019 年）行动计划 2018 年实施方案》的通知	2018-2-8
中共无锡市委办公室关于印发《无锡市总工会机关主要职责内设机构和人员编制规定》的通知	2018-2-12
中共无锡市委办公室关于印发《无锡市妇女联合会机关主要职责内设机构和人员编制规定》的通知	2018-2-12
中共无锡市委办公室、市政府办公室关于印发《无锡市高水平全面建成小康社会监测统计工作实施办法》的通知	2018-2-27
中共无锡市委办公室关于调整市委党的建设工作领导小组成员的通知	2018-3-6
中共无锡市委办公室、市政府办公室关于印发《无锡市环保机构监测监察执法垂直管理制度改革工作方案》的通知	2018-3-7
中共无锡市委办公室印发《关于开展村级巡察全覆盖工作的指导意见》的通知	2018-3-12
中共无锡市委办公室印发《关于向市领导通报巡察情况的办法（试行）》的通知	2018-3-13
中共无锡市委办公室印发《关于加强巡察与派驻联动的实施办法（试行）》的通知	2018-3-13

续表 62

文件标题	印发日期
中共无锡市委办公室、市政府办公室关于印发《无锡市贯彻落实省第二环境保护督察组督察反馈意见整改方案》的通知	2018-3-14
中共无锡市委办公室、市政府办公室关于做好2018年市人大代表议案建议和政协提案办理工作的通知	2018-3-16
中共无锡市委办公室转发市残联《关于召开无锡市残疾人联合会第七次代表大会的方案》的通知	2018-3-16
中共无锡市委办公室关于成立市意识形态工作领导小组的通知	2018-3-19
中共无锡市委办公室、市政府办公室关于成立无锡国际会议中心建设筹备工作小组的通知	2018-3-20
中共无锡市委办公室、市政府办公室关于做好2018年无锡市劳动模范推荐评选工作的通知	2018-3-20
中共无锡市委办公室关于转发《无锡市关心下一代工作委员会2018年工作要点》的通知	2018-3-21
中共无锡市委办公室、市政府办公室关于建立2018年度市级重点项目市领导挂钩服务制度的通知	2018-3-23
中共无锡市委办公室、市政府办公室关于印发《无锡市2018年公共机构节能工作要点》的通知	2018-3-26
中共无锡市委办公室、市政府办公室关于印发《无锡市贯彻落实〈党政主要负责人履行推进法治建设第一责任人职责规定〉实施细则》的通知	2018-3-26
中共无锡市委办公室、市政府办公室关于成立无锡市太湖新城改革建设发展领导小组的通知	2018-3-30
中共无锡市委办公室、市政府办公室关于2017年度市（县）区科学发展考核评价和开发区科学发展综合考核评价情况的通报	2018-4-4
中共无锡市委办公室、市政府办公室关于2017年度市级机关部门（单位）绩效管理和作风建设综合考评情况的通报	2018-4-8
中共无锡市委办公室、市政府办公室关于成立2018世界物联网博览会无锡市筹备指挥部的通知	2018-4-10
中共无锡市委办公室、市政府办公室关于严格我市机关、单位互联网网站信息发布管理的通知	2018-4-18
中共无锡市委办公室关于印发《共青团无锡市委机关主要职责内设机构和人员编制规定》的通知	2018-4-19
中共无锡市委办公室、市政府办公室关于调整市创建达标评比表彰工作协调小组成员的通知	2018-4-20
中共无锡市委办公室、市政府办公室关于2017年度市人大代表议案建议和政协提案办理工作优秀单位及个人的通报	2018-4-20
中共无锡市委办公室关于进一步做好党内规范性文件备案工作的通知	2018-5-2
中共无锡市委办公室关于锡山区妥善解决一转业老兵向市委主要领导求助问题的情况通报	2018-5-2
中共无锡市委办公室印发《关于基层党建工作指导站建设工程的实施意见（试行）》的通知	2018-5-4
中共无锡市委办公室印发《关于党支部标准化规范化建设工程的实施意见（试行）》的通知	2018-5-4
中共无锡市委办公室印发《关于村、社区党组织带头人队伍建设工程的实施意见（试行）》的通知	2018-5-4
中共无锡市委办公室关于印发《中共无锡市委办公室主要职责内设机构和人员编制规定》的通知	2018-5-7
中共无锡市委办公室印发《关于加强和改进人民政协民主监督工作的实施意见》的通知	2018-5-11
中共无锡市委办公室关于印发中共无锡市委党风廉政建设责任清单（2018年修订稿）的通知	2018-5-15
中共无锡市委办公室关于印发《市委常委会开展解放思想大讨论活动方案》的通知	2018-5-17
中共无锡市委办公室印发《关于开展解放思想大讨论活动的方案》的通知	2018-5-18
中共无锡市委办公室关于印发《全面从严治党“两个责任”履责记实工作考核办法（试行）》的通知	2018-5-29
中共无锡市委办公室、市政府办公室关于印发《无锡市农村人居环境整治提升三年行动计划》的通知	2018-6-1

续表 62

文件标题	印发日期
中共无锡市委办公室、市政府办公室印发《关于开展“百企建百园”工程促进现代农业高质量发展的实施意见》的通知	2018-6-1
中共无锡市委办公室、市政府办公室关于印发《2018 年全市农村工作要点》的通知	2018-6-1
中共无锡市委办公室印发《关于推进巡察工作向纵深发展的实施办法》的通知	2018-6-12
中共无锡市委办公室、市政府办公室印发《关于创新网格化社会治理机制的实施意见》的通知	2018-6-13
中共无锡市委办公室、市政府办公室关于成立市国税地税征管体制改革专项小组的通知	2018-6-29
中共无锡市委办公室、市政府办公室关于印发《无锡市 2018 年安全生产领域改革发展五大任务 50 项重点工作》的通知	2018-7-2
中共无锡市委办公室公文处理工作细则（试行）	2018-7-4
中共无锡市委办公室印发《关于进一步规范市委文件制定的实施办法》的通知	2018-7-4
中共无锡市委办公室转发市纪委《关于 2017 年度全市党内政治生活状况专项检查情况的通报》的通知	2018-7-9
中共无锡市委办公室印发《关于加强和改进党内政治生活的若干规定》的通知	2018-7-10
中共无锡市委办公室、市政府办公室关于成立市创新网格化社会治理机制工作领导小组的通知	2018-7-20
中共无锡市委办公室、市政府办公室关于成立市行政执法检查监督和公益诉讼工作领导小组的通知	2018-7-24
中共无锡市委办公室、市政府办公室关于成立市社会信用体系建设领导小组的通知	2018-7-25
中共无锡市委办公室、市政府办公室关于成立市新型智慧城市建设领导小组的通知	2018-8-3
中共无锡市委办公室、市政府办公室关于建立市社会科学普及工作联席会议制度的通知	2018-8-8
中共无锡市委办公室转发《中共无锡市人大常委会党组关于完善全市各级人大代表联系人民群众制度的实施意见》的通知	2018-8-13
中共无锡市委办公室、市政府办公室关于成立市大运河文化带建设工作领导小组的通知	2018-8-21
中共无锡市委办公室关于开展意识形态工作责任制落实情况专项督查调研的通知	2018-8-23
中共无锡市委办公室、市政府办公室关于设立无锡市打好污染防治攻坚战指挥部的通知	2018-8-30
中共无锡市委办公室、市政府办公室印发《关于落实食品安全党政同责的实施意见》的通知	2018-9-4
中共无锡市委办公室、市政府办公室关于印发《无锡市创新型企业倍增计划（2018 ~ 2022 年）》的通知	2018-9-6
中共无锡市委办公室、市政府办公室关于印发《2018 年度无锡市市级机关部门（单位）高质量发展考核办法》的通知	2018-9-13
中共无锡市委办公室、市政府办公室关于印发《2018 年度无锡市市（县）区高质量发展考核评价实施意见》的通知	2018-9-13
中共无锡市委办公室、市政府办公室关于印发《2018 年度全市开发区高质量发展考核评价实施意见》的通知	2018-9-13
中共无锡市委办公室关于我市参加全省党内法规主题征文活动情况的通报	2018-9-14
中共无锡市委办公室、市政府办公室关于加强工业企业资源利用绩效评价结果使用的意见（试行）	2018-9-17
中共无锡市委办公室、市政府办公室关于调整市社会文化管理委员会（市“扫黄打非”工作领导小组）成员的通知	2018-9-18
中共无锡市委办公室、市政府办公室关于印发《江苏无锡经济开发区党工委管委会机构编制和职能配置方案》的通知	2018-9-27
中共无锡市委办公室、市政府办公室关于印发《无锡市 12345 政府公共服务热线运行管理办法》的通知	2018-9-29

续表 62

文件标题	印发日期
中共无锡市委办公室转发市总工会《关于筹备召开无锡市工会第十八次代表大会的方案》的通知	2018-9-30
中共无锡市委办公室转发市妇联《关于筹备召开无锡市妇女第十六次代表大会的方案》的通知	2018-9-30
中共无锡市委办公室、市政府办公室关于成立无锡市蠡湖新城建设发展领导小组的通知	2018-10-24
中共无锡市委办公室、市政府办公室印发《无锡市严禁违规吃喝的规定》的通知	2018-10-29
中共无锡市委办公室、市政府办公室关于成立无锡物联网创新中心领导小组的通知	2018-11-5
中共无锡市委办公室、市政府办公室关于成立无锡市农村住房建设工作推进领导小组的通知	2018-11-12
中共无锡市委办公室转发中共无锡市哲学社会科学界联合会党组《关于筹备召开无锡市哲学社会科学界联合会第七次代表大会的请示》的通知	2018-11-12
中共无锡市委办公室转发市落实全面从严治党主体责任办公室、监督责任办公室《关于 2018 年度党风廉政建设责任制落实暨〈责任书〉执行情况年中检查的通报》的通知	2018-11-12
中共无锡市委办公室、市政府办公室印发《关于改革社会组织管理制度促进社会组织健康有序发展的实施细则》的通知	2018-11-14
中共无锡市委办公室、市政府办公室印发《关于深化锡台经济文化交流合作的实施意见》的通知	2018-11-19
中共无锡市委办公室、市政府办公室关于做好第一批江阴集成改革试点经验复制推广工作的通知	2018-11-19
中共无锡市委办公室、市政府办公室关于印发《无锡市生态文明建设目标评价考核实施办法》的通知	2018-12-3
中共无锡市委办公室、市政府办公室关于转发市慈善总会《2018 年"送温暖、献爱心"慈善捐赠活动实施方案》的通知	2018-12-4
中共无锡市委办公室、市政府办公室关于印发《无锡市年度综合考核工作规定（试行）》的通知	2018-12-4
中共无锡市委办公室、市政府办公室印发《无锡市加快化工钢铁煤电行业转型升级三年行动计划（2018 ~ 2020 年）》的通知	2018-12-4
中共无锡市委办公室、市政府办公室关于做好 2019 年度党报党刊发行工作的通知	2018-12-6
中共无锡市委办公室、市政府办公室关于印发《无锡市交通基础设施建设三年行动计划（2018 ~ 2020 年）》的通知	2018-12-6
中共无锡市委办公室关于统筹规范督查检查考核有关事项的通知	2018-12-6
中共无锡市委办公室、市政府办公室关于印发《无锡市党政领导干部安全生产责任制规定实施办法》的通知	2018-12-18
中共无锡市委办公室、市政府办公室关于印发《无锡市安全生产巡查工作制度》的通知	2018-12-18
中共无锡市委办公室关于印发《无锡市政治生态监测评估试点工作实施办法》的通知	2018-12-18
中共无锡市委办公室、市政府办公室关于印发《中共江苏无锡经济开发区工作委员会江苏无锡经济开发区管理委员会主要职责职能机构和人员编制规定》的通知	2018-12-21
中共无锡市委办公室关于成立市深化机构改革领导小组的通知	2018-12-21
中共无锡市委办公室、市政府办公室印发《关于深化全市湖长制工作的实施方案》的通知	2018-12-29

表 63　　2018 年无锡市人民政府文件目录

文件标题	印发日期
市政府关于印发无锡市人民政府向市人大常委会提请审议和报告重大事项实施办法（修订稿）的通知	2018-1-4
市政府关于做好当前和今后一段时期就业创业工作的实施意见	2018-1-5

续表 63

文件标题	印发日期
市政府关于重组无锡城市发展集团有限公司的实施意见	2018-1-8
市政府关于组建无锡市国发资本运营有限公司的实施意见	2018-1-8
市政府关于给 2017 世界物联网博览会中作出突出贡献的集体和个人记功奖励及通报表扬的决定	2018-1-9
市政府关于调整完善市区财政管理体制的通知	2018-1-9
市政府关于印发 2018 年为民办实事目标任务书的通知	2018-1-16
市政府关于授予王俊等 11 位选手无锡技能状元荣誉称号的决定	2018-1-25
市政府关于印发无锡市家庭经济困难学生认定办法的通知	2018-1-30
市政府关于 2017 年度无锡市财税重点工作完成质量情况的通报	2018-2-1
市政府关于 2017 年度无锡市纳税百强企业的通报	2018-2-1
市政府关于 2017 年度安全生产工作目标任务考核结果的通报	2018-2-8
市政府关于开展第三次全市土地调查的通知	2018-2-9
市政府关于 2017 年度金融工作奖获奖单位和个人的通报	2018-2-12
市政府关于调整市全面推进依法行政工作领导小组成员的通知	2018-3-15
市政府关于给予为国家超级计算无锡中心建设和运行管理作出突出贡献的集体和个人记功奖励的决定	2018-3-20
市政府关于 2017 年度全市开发区建设发展评价报告暨考核情况的通报	2018-4-8
市政府关于给予在华虹重大集成电路产业项目招引工作中表现突出的集体和个人记功奖励的决定	2018-4-9
市政府关于调整 2018 年度市区住房保障标准的通知	2018-4-13
市政府关于印发无锡市“证照分离”改革试点实施方案的通知	2018-4-18
市政府关于公布 2017 年度无锡市市长质量奖和质量管理优秀奖的决定	2018-5-10
市政府关于全面放开养老服务市场提升养老服务质量的实施意见	2018-5-15
市政府关于进一步加强农机安全生产工作的通知	2018-5-15
市政府关于公布江阴市县级集成改革试点赋权清单的通知	2018-5-25
市政府关于公布部分省级以上开发区全链审批赋权清单的通知	2018-5-29
市政府关于给予在安全生产工作中作出突出贡献的集体和个人记功奖励的决定	2018-6-5
市政府关于做好我市第四次全国经济普查工作的通知	2018-6-5
市政府关于印发无锡市既有住宅增设电梯暂行办法的通知	2018-6-7
市政府关于印发无锡市本级政府专项资金管理办法的通知	2018-6-12
市政府关于加强政务诚信建设的实施意见	2018-7-4
市政府关于印发无锡市盐业监管体制改革方案的通知	2018-7-19
市政府关于印发无锡市青少年科技创新市长奖管理办法的通知	2018-7-24
市政府关于调整市区城镇居民最低生活保障市区特困人员供养和市区孤儿养育标准的通知	2018-7-31
市政府关于开展优美环境合格区建设全面提升城市精细化管理水平的实施意见	2018-8-7
市政府关于明确涉税政府规章规范性文件实施主体的通知	2018-8-21

续表 63

文件标题	印发日期
市政府关于无锡市第三人民医院并入江南大学无锡医学院直属附属医院的通知	2018-8-24
市政府关于命名第十三批无锡市 AAA 级重合同守信用企业的决定	2018-11-27
市政府关于公布无锡市文物保护单位和文物遗迹控制保护单位保护范围及建设控制地带的通知	2018-12-10
市政府关于授予第九届无锡市优秀软件产品“飞凤奖”的决定	2018-12-12
市政府关于第十届（2016 ~ 2017 年度）自然科学优秀学术论文评选结果的通报	2018-12-20
市政府关于印发无锡市打赢蓝天保卫战三年行动计划实施方案的通知	2018-12-21
市政府关于进一步加强“四好农村路”建设的实施意见	2018-12-25
市政府关于公布无锡市第二届青少年科技创新市长奖的决定	2018-12-26
市政府关于进一步加快现代服务业提质增效的若干政策意见	2018-12-29
市政府关于印发向市人大常委会报告国有资产管理情况实施方案的通知	2018-12-29
市政府关于金融支持实体经济高质量发展的若干意见	2018-12-29

表 64　　2018 年无锡市人民政府办公室文件目录

文件标题	印发日期
市政府办公室关于印发无锡市商贸流通业十三五发展规划的通知	2018-1-2
市政府办公室关于印发无锡市“十三五”实行 最严格水资源管理制度考核工作实施方案的通知	2018-1-3
市政府办公室关于印发无锡市区域卫生规划（2017 ~ 2020 年）的通知	2018-1-5
市政府办公室关于印发无锡市文物保护工作三年行动计划（2018 ~ 2020 年）的通知	2018-1-10
市政府办公室关于调整市政务公开领导小组的通知	2018-1-12
市政府办公室关于印发无锡市集中采购目录购买服务指导目录政府采购限额标准和公开招标数额标准的通知	2018-1-16
市政府办公室关于印发无锡市工业企业资源 利用绩效评价办法（试行）的通知	2018-1-19
市政府办公室关于进一步扩大法律援助事项范围的通知	2018-1-19
市政府办公室关于调整无锡市放心消费创建活动领导小组成员的通知	2018-1-24
市政府办公室关于成立无锡市政府履行教育职责考评工作领导小组的通知	2018-1-29
市政府办公室关于进一步完善财税重点工作目标管理办法促进财税高质量发展的通知	2018-2-1
市政府办公室关于转发市经信委无锡市 2018 年节能降耗工作意见的通知	2018-2-2
市政府办公室关于印发无锡市城市建设创新发展基金实施方案的通知	2018-2-5
市政府办公室关于进一步扩大旅游文化体育健康养老教育培训等领域消费的实施意见	2018-2-5
市政府办公室关于创新管理优化服务培育壮大经济发展新动能的实施意见	2018-2-5
市政府办公室关于印发无锡市市区建筑垃圾处置专项整治工作方案的通知	2018-2-8
市政府办公室关于 2017 年度全市政务服务工作先进单位和先进个人的通报	2018-2-8
市政府办公室关于转发市市政园林局市财政局无锡市控源截污规范排水行为长效管理实施办法的通知	2018-2-11
市政府办公室关于成立市长质量奖评定委员会的通知	2018-2-11

续表 64

文件标题	印发日期
市政府办公室关于成立无锡市城乡生活垃圾分类管理暂行条例立法领导小组的通知	2018-2-11
市政府办公室关于印发无锡市 2018 年行政执法监督工作计划的通知	2018-2-23
市政府办公室关于印发无锡市保障农民工工资支付工作考核办法的通知	2018-2-24
市政府办公室印发关于进一步加强市级政府 投资项目前期征地房屋征收资金审核 工作意见（修订版）的通知	2018-2-26
市政府办公室转发无锡银监分局市教育局市人社局关于进一步规范和加强校园金融服务工作意见的通知	2018-3-7
市政府办公室关于开展 2017 年度土地矿产卫片执法监督检查工作的通知	2018-3-7
市政府办公室转发市发改委关于做好政府投资项目稽察工作意见的通知	2018-3-7
市政府办公室关于开展市级议事协调机构统计摸底工作的通知	2018-3-9
市政府办公室关于印发无锡市江苏援藏援疆建设志（无锡部分）编纂工作方案的通知	2018-3-19
市政府办公室关于印发无锡市突发地质灾害应急预案的通知	2018-3-21
市政府办公室关于印发无锡市政府部门公共服务事项清单的通知	2018-3-26
市政府办公室关于印发无锡市税收信用信息应用管理办法的通知	2018-3-29
市政府关于给予在文明城市创建工作中表现突出的集体和个人记功嘉奖的决定	2018-4-3
市政府办公室关于成立无锡市第十四届哲学社会科学优秀成果评奖委员会的通知	2018-4-4
市政府办公室关于印发无锡市“DRGs-PPS”项目试点工作实施方案的通知	2018-4-12
市政府办公室关于建立 2018 年无锡市价格调控目标责任制的实施意见	2018-4-26
市政府办公室关于调整无锡市爱国卫生运动委员会成员的通知	2018-4-27
市政府办公室关于印发无锡市市级政府投资项目概算管理办法的通知	2018-4-28
市政府办公室关于印发无锡市第二次全国污染源普查实施方案的通知	2018-5-7
市政府办公室关于印发“健康无锡 2030”规划纲要重点任务分工方案的通知	2018-5-8
市政府办公室关于调整市土地收购储备管理委员会名称及成员名单的通知	2018-5-11
市政府办公室关于进一步深入推进全市放心消费创建工作的意见	2018-5-16
市政府办公室关于开展政务服务“疏堵解痛”百日行动的通知	2018-5-22
市政府办公室关于印发无锡市哲学社会科学优秀成果评奖办法的通知	2018-5-23
市政府办公室关于印发无锡市安全生产工作考核办法的通知	2018-5-24
市政府办公室关于调整无锡市人民政府教育督导委员会成员的通知	2018-5-25
市政府办公室关于印发无锡市使用财政性资金信息化项目管理办法的通知	2018-5-25
市政府办公室关于建立无锡市市区中小学及幼儿园建设联审联批制度的实施意见	2018-5-25
市政府办公室关于进一步加强市区工业用地供应管理的实施意见	2018-5-28
市政府办公室关于印发无锡市土地整治规划（2016 ~ 2020 年）的通知	2018-5-31
市政府办公室关于印发无锡市全面推进政务公开工作实施办法的通知	2018-6-6
市政府办公室关于加强建设行业诚信体系建设与工程招投标联动管理的意见	2018-6-7

续表 64

文件标题	印发日期
市政府办公室关于印发“健康无锡 2030”三年行动计划（2018 ~ 2020 年）的通知	2018-6-8
市政府办公室转发市史志办关于无锡年鉴（2018）撰写工作意见的通知	2018-6-12
市政府办公室关于印发无锡市 2018 年政务公开工作要点的通知	2018-6-14
市政府办公室关于成立无锡市“健康无锡”建设领导小组的通知	2018-6-15
市政府办公室关于成立无锡市市区建筑垃圾处置专项整治工作领导小组的通知	2018-6-15
市政府办公室关于印发无锡市突发事件预警信息发布管理办法的通知	2018-6-25
市政府办公室关于印发无锡市安全生产各专业委员会及其组成人员方案的通知	2018-6-26
市政府办公室关于印发 2018 世界击剑锦标赛组织方案的通知	2018-6-28
市政府办公室关于进一步深化基本医疗保险支付方式改革的实施意见	2018-6-28
市政府办公室关于印发无锡市畜禽养殖废弃物资源化利用工作方案的通知	2018-6-29
市政府办公室关于转发市见义勇为基金会市见义勇为基金公开募捐活动实施方案的通知	2018-6-29
市政府办公室关于开展夏季百日安全生产专项活动的通知	2018-7-4
市政府办公室关于印发无锡市重要产品追溯体系建设工作实施方案的通知	2018-7-13
市政府办公室关于成立江苏省第十九届运动会无锡市体育代表团的通知	2018-7-17
市政府办公室关于鼓励和规范互联网租赁自行车发展的实施意见	2018-7-18
市政府办公室关于印发邀请市民代表列席市政府常务会议工作制度的通知	2018-7-23
市政府办公室关于加强城市房屋建筑拆除工程管理的意见	2018-7-24
市政府办公室关于加强建设工地施工扬尘污染防治工作的实施意见	2018-7-25
市政府办公室关于印发无锡市区太湖流域水环境综合治理省级专项资金和项目管理实施细则的通知	2018-8-9
市政府办公室关于印发无锡市建设苏南国家科技成果转移转化示范区实施方案的通知	2018-8-13
市政府办公室关于印发无锡市深入推进苏南国家自主创新示范区建设三年行动计划（2018 ~ 2020 年）的通知	2018-8-13
市政府办公室关于印发 2018 年无锡苏南国家自主创新示范区建设工作要点的通知	2018-8-13
市政府办公室关于印发 2018 年度无锡市新型智慧城市建设重点项目的通知	2018-8-16
市政府办公室关于贯彻落实江苏省市场监管信息平台运行管理办法的实施意见	2018-8-16
市政府办公室关于印发无锡市控制温室气体排放实施方案（2018 ~ 2020 年）的通知	2018-8-17
市政府办公室关于转发市财政局、人民银行无锡市中心支行无锡市市级非税收入收缴电子化管理办法的通知	2018-8-22
市政府办公室关于 2018 年第三季度全市政府网站巡查情况的通报	2018-8-23
市政府办公室关于印发 2018 世界物联网博览会工作方案的通知	2018-8-24
市政府办公室关于印发无锡市进一步优化电力供应营商环境实施办法（试行）的通知	2018-8-30
市政府办公室关于印发无锡市政府合同合法性审查程序规定的通知	2018-9-5
市政府办公室关于印发无锡市政府法律顾问工作规则的通知	2018-9-5
市政府办公室关于加强相对集中行政许可权改革中行政复议和行政诉讼协调工作的通知	2018-9-6

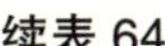

续表 64

文件标题	印发日期
市政府办公室关于开展2018年度政府网站测评工作的通知	2018-9-7
市政府办公室关于转发市民政局无锡市推进养老护理型床位建设实施意见的通知	2018-9-11
市政府办公室关于聘任市政府法律顾问的通知	2018-9-12
市政府办公室关于印发第八届中国（无锡）国际文化艺术产业博览交易会总体工作方案的通知	2018-9-13
市政府办公室关于印发无锡市市区征收集体土地涉及房屋及其他建筑物构筑物补偿安置实施办法的通知	2018-9-27
市政府办公室转发市民政局等四部门关于无锡市市区中低收入居民疾病医疗自费支出救助工作实施方案（试行）的通知	2018-9-27
市政府办公室关于转发市贸促会第十届中国（无锡）国际新能源大会暨展览会工作方案的通知	2018-10-8
市政府办公室关于印发市人大常委会《中华人民共和国产品质量法》执法检查报告审议意见整改工作方案的通知	2018-10-8
市政府办公室印发关于贯彻落实进一步推进物流降本增效促进实体经济发展实施意见工作方案的通知	2018-10-9
市政府办公室关于公布市政府部门清理取消证明材料目录的通知	2018-10-12
市政府办公室关于转发省民政厅省人社厅江苏省退役军人和其他优抚对象信息采集工作方案的通知	2018-10-12
市政府办公室印发关于加强公共资源交易平台运行管理实施意见的通知	2018-10-18
市政府办公室关于印发2018年无锡市食品安全重点工作安排的通知	2018-10-18
市政府办公室关于规范政府部门提请市委审议事项材料报送流程的通知	2018-10-24
市政府办公室关于进一步精简文件制发数量的通知	2018-10-30
市政府办公室关于在市区开展非标电动（燃油）三、四轮车辆专项整治工作的实施意见	2018-11-1
市政府办公室关于印发“健康无锡2030”三年行动计划（2018～2020年）考核指标体系的通知	2018-11-13
市政府办公室关于加强无锡市机动车停车管理工作的实施意见	2018-11-13
市政府办公室关于印发无锡市创建国家知识产权强市工作方案（2018～2020年）的通知	2018-11-13
市政府办公室关于做好省政府取消行政许可等事项落实工作的通知	2018-11-16
市政府办公室关于建立无锡市经济发达镇行政管理体制改革工作联席会议制度的通知	2018-11-19
市政府办公室关于推进2018年土地例行督察和2017年度卫片执法检查发现问题整改工作的通知	2018-11-20
市政府办公室关于2018年第四季度全市政府网站巡查情况的通报	2018-11-23
市政府办公室关于印发《无锡市市区医疗机构设置规划（2017～2020年）》的通知	2018-11-29
市政府办公室关于印发无锡市国民经济和社会发展第十三个五年规划纲要实施情况中期评估报告的通知	2018-12-6
市政府办公室关于转发市民政局市财政局无锡市推进居家和社区养老服务改革试点实施方案的通知	2018-12-6
市政府办公室关于印发无锡市贯彻落实江苏省开展国家标准化综合改革试点工作方案意见的通知	2018-12-12
市政府办公室关于加强市区直管非住宅公房管理的意见	2018-12-12
市政府办公室关于转发市行政审批局锡山经济技术开发区实施企业投资项目信用承诺制不再审批严格监管试点方案的通知	2018-12-13
市政府办公室关于印发无锡市市属医疗卫生机构布局调整优化方案（2018～2020年）的通知	2018-12-19
市政府办公室关于做好2017年度符合政府安排工作条件退役士兵安置工作的通知	2018-12-19

续表 64

文件标题	印发日期
市政府办公室关于加大力度支持信息通信基础设施建设的通知	2018-12-20
市政府办公室关于调整无锡市地方志编纂委员会成员的通知	2018-12-21
市政府办公室关于公布无锡市低碳示范社区名单的通知	2018-12-21
市政府办公室关于进一步规范主题公园建设发展的通知	2018-12-27
市政府办公室关于建立长期护理保险制度的意见（试行）	2018-12-29

表 65　　2018 年无锡市人民政府令

文件标题	印发日期
无锡市人民政府关于清理市政府规章规范性文件的决定	2018-5-18

统计资料

表 66　　2018 年无锡市国民经济和社会发展主要指标

指　　标	单　位	2018 年	增长（%）
土地面积			
行政区划面积	平方千米	4627.46	-
人口就业			
年末总人口（户籍）	万人	497.21	0.8
年末总人口（常住）	万人	657.45	0.3
城市化率	%	76.3	（+0.3）
从业人员	万人	388.20	平
第一产业	万人	15.80	平
第二产业	万人	213.60	-0.4
第三产业	万人	158.80	0.4
国民经济核算			
地区生产总值	亿元	11438.62	7.4
第一产业	亿元	125.07	-0.3
第二产业	亿元	5464.01	8.0
第三产业	亿元	5849.54	7.1
人均地区生产总值	元	174270	7.0
农　业			
农林牧渔业总产值	亿元	226.19	-9.5
粮食产量	万吨	56.80	-0.2
油料产量	万吨	0.48	0.1
水产品产量	万吨	12.23	-6.6
工　业			
规模以上工业增加值	亿元	3618.71	9.0
规模以上工业总产值	亿元	16478.22	13.2

续表 66

指 标	单 位	2018 年	增长（%）
规模以上工业销售产值	亿元	16244.83	12.4
规模以上工业主营业务收入	亿元	16493.33	9.8
规模以上工业利润总额	亿元	1331.72	18.6
服务业			
规模以上服务业营业收入	亿元	1041.48	6.8
交通运输、邮电通信、供电			
邮电业务总量	亿元	300.10	33.8
货运量	万吨	18639.80	7.2
客运量	万人次	8445.77	−4.0
全社会用电量	亿千瓦时	732.81	6.7
#工业用电	亿千瓦时	551.49	5.1
城乡居民生活用电	亿千瓦时	73.78	10.5
固定资产投资			
固定资产投资	亿元	—	5.8
#工业投入	亿元	—	10.5
房地产投资	亿元	—	9.4
国内贸易			
社会消费品零售总额	亿元	3672.70	9.0
开放型经济			
进出口总值	亿美元	934.44	15.0
#出口总值	亿美元	567.81	14.7
到位注册外资	亿美元	37.15	1.1
旅 游			
旅游总收入	亿元	1951.97	11.9
接待国内游客人数	万人次	9817.68	7.0
接待入境旅游人数	万人次	58.60	18.3
市场物价			
居民消费价格总指数		102.3	（+0.4）
商品零售价格总指数		102.3	（+0.3）
财政金融			
一般公共预算收入	亿元	1012.28	8.8
一般公共预算支出	亿元	1055.94	6.9
金融机构人民币存款余额	亿元	15568.68	6.6
#住户存款	亿元	5511.59	9.0
金融机构人民币贷款余额	亿元	11971.55	7.9
教育卫生			
高等院校在校学生数	人	113879	1.1
普通中学在校学生数	人	232861	4.4
卫生机构床位数	张	46970	8.7
卫生技术人员数	人	54733	7.3
城市建设			
城市道路长度	公里	3891	1.4
城市道路面积	万平方米	7145	1.8
科技			
专利申请受理量	件	62681	20.0
专利申请授权量	件	35256	21.9

续表 66

指　　标	单　位	2018 年	增长（%）
人民生活			
城镇常住居民人均可支配收入	元	56989	8.2
农村常住居民人均可支配收入	元	30787	8.6

表 67　　2018 年无锡市地区生产总值

指　　标	单　位	2018 年	增长（%）
地区生产总值	亿元	11438.62	7.4
1. 按产业分			
第一产业	亿元	125.07	−0.3
第二产业	亿元	5464.01	8.0
第三产业	亿元	5849.54	7.1
2. 按行业分			
农林牧渔业	亿元	142.38	−1.2
工业	亿元	5009.33	8.6
建筑业	亿元	455.31	0.9
批发和零售业	亿元	1735.35	4.7
交通运输、仓储及邮政业	亿元	222.23	3.8
住宿和餐饮业	亿元	308.02	5.9
金融业	亿元	832.12	4.8
房地产业	亿元	591.93	7.9
其他服务业	亿元	2141.95	10.5
营利性服务业	亿元	1191.20	12.6
非营利性服务业	亿元	950.75	7.8
地区生产总值构成	%	100.0	—
第一产业	%	1.1	（−0.2）
第二产业	%	47.8	（+0.6）
第三产业	%	51.1	（−0.4）
人均地区生产总值（常住人口）	元	174270	7.0

表 68　　2018 年无锡市人口、从业人员

指　　标	单　位	2018 年	2017 年
户籍人口	万人	497.21	493.05
男性	万人	244.72	243.04
女性	万人	252.48	250.01
平均户籍人口	万人	495.13	489.63
户籍总户数	万户	169.20	166.85
出生人数	人	42117	49809
死亡人数	人	36939	39277
出生率	‰	8.51	10.17
死亡率	‰	7.46	8.02
自然增长率	‰	1.05	2.15
常住人口	万人	657.45	655.30
平均常住人口	万人	656.38	654.10
城镇化率	%	76.3	76.0

续表 68

指 标	单 位	2018 年	2017 年
从业人员	万人	388.20	388.30
第一产业	万人	15.80	15.80
第二产业	万人	213.60	214.40
第三产业	万人	158.80	158.10

表 69 2018 年无锡市全体居民人均收支

指 标	单 位	2018 年	增长（%）
全体居民人均可支配收入	元	50373	8.6
工资性收入	元	33644	7.8
经营净收入	元	5361	9.0
财产净收入	元	4576	11.9
转移净收入	元	6792	10.5
全体居民人均生活消费支出	元	31593	6.7
食品烟酒	元	8716	5.5
衣着	元	2633	5.2
居住	元	6619	6.9
生活用品及服务	元	1785	8.0
交通通信	元	4775	5.0
教育文化娱乐	元	4082	11.8
医疗保健	元	1987	6.7
其他用品和服务	元	996	4.5

表 70 2018 年无锡市城镇居民人均收支

指 标	单 位	2018 年	增长（%）
城镇常住居民人均可支配收入	元	56989	8.2
工资性收入	元	38468	7.3
经营净收入	元	5414	9.4
财产净收入	元	5186	11.9
转移净收入	元	7921	9.8
城镇常住居民人均生活消费支出	元	35016	6.2
食品烟酒	元	9559	5.3
衣着	元	2906	4.9
居住	元	7318	6.2
生活用品及服务	元	1996	7.0
交通通信	元	5323	4.8
教育文化娱乐	元	4692	11.2
医疗保健	元	2136	6.2
其他用品和服务	元	1086	2.9

表 71 2018 年无锡市农村居民人均收支

指 标	单 位	2018 年	增长（%）
农村常住居民人均可支配收入	元	30787	8.6
工资性收入	元	19365	8.1

续表 71

指　　标	单　位	2018 年	增长（%）
经营净收入	元	5203	7.9
财产净收入	元	2771	9.8
转移净收入	元	3448	11.5
农村常住居民人均生活消费支出	元	21460	7.3
食品烟酒	元	6222	5.4
衣着	元	1824	4.8
居住	元	4550	8.9
生活用品及服务	元	1159	11.4
交通通信	元	3155	4.5
教育文化娱乐	元	2275	12.6
医疗保健	元	1545	7.3
其他用品和服务	元	730	10.6

表 72

2018 年无锡市价格指数

指　　标	2018 年	2017 年
居民消费价格总指数	102.3	101.9
#服务项目价格指数	102.3	102.6
消费品价格指数	102.4	101.5
#食品烟酒	102.1	100.0
衣着	102.4	101.3
居住	101.9	102.2
生活用品及服务	104.7	102.1
交通和通信	102.0	102.2
教育文化和娱乐	104.0	104.4
医疗保健	101.5	103.4
其他用品和服务	100.0	102.3
商品零售价格总指数	102.3	102.0

表 73

2018 年无锡市固定资产投资、房地产业

指　　标	单位	2018 年	增长（%）
固定资产投资	亿元	—	5.8
1. 按产业分			
第一产业	亿元	—	−27.7
第二产业	亿元	—	10.7
#工业投入	亿元	—	10.5
#技改投入	亿元	—	15.1
第三产业	亿元	—	1.8
#房地产开发	亿元	—	9.4
2. 在总计中：			
#民间投资	亿元	—	10.7
房地产开发与销售			
房屋施工面积	万平方米	5994.51	4.5
#住宅	万平方米	4474.79	7.0
#新开工面积	万平方米	1506.02	35.5

续表 73

指　标	单位	2018 年	增长（%）
房屋竣工面积	万平方米	761.67	−32.6
＃住宅	万平方米	549.02	−36.3
竣工房屋价值	亿元	327.95	−27.3
＃住宅	亿元	244.59	−26.7
商品房销售面积	万平方米	1378.35	16.6
现房销售面积	万平方米	432.00	9.9
期房销售面积	万平方米	946.35	19.9
商品房销售额	亿元	1582.44	26.2
现房销售额	亿元	309.21	−12.8
期房销售额	亿元	1273.22	41.6

表 74　　2018 年无锡市农业产值、农产品产量

指　标	单　位	2018 年	增长（%）
农林牧渔业总产值	亿元	226.19	−9.5
农作物播种面积	千公顷	145.37	−3.0
＃粮食	千公顷	84.34	−2.9
夏粮	千公顷	40.55	4.6
秋粮	千公顷	43.79	−8.9
粮食产量	万吨	56.80	−0.2
夏粮	万吨	18.97	14.8
秋粮	万吨	37.83	−6.4
粮食年单产	公斤／公顷	6735	2.7
夏粮	公斤／公顷	4678	9.7
秋粮	公斤／公顷	8640	2.8
油菜籽	吨	3807	−7.5
茶叶产量	吨	6573	2.5
水果产量	吨	187596	0.5
造林面积	公顷	510	−25.8
牛奶产量	吨	15241	12.1
禽蛋产量	吨	13624	9.2
水产品产量	吨	122292	−6.6

表 75　　2018 年无锡市规模以上工业总产值(一)

指　标	单位	2018 年	增长（%）
工业总产值（现价）	亿元	16478.22	13.2
1. 按经济类型：			
内资企业	亿元	10337.12	15.1
港澳台商投资企业	亿元	1921.12	13.1
外商投资企业	亿元	4219.93	8.7
2. 按轻重工业分：			
轻工业	亿元	3759.80	10.3
重工业	亿元	12718.42	14.0
3. 按规模分：			
＃大型企业	亿元	6076.60	14.5
中型企业	亿元	3924.29	11.3

续表 75

指　标	单位	2018 年	增长（%）
小型企业	亿元	6317.76	12.7
4. 在总计中：			
#国有控股	亿元	1045.72	10.8
#民营企业	亿元	9546.98	16.0

表 76　　2018 年无锡市规模以上工业总产值（二）

指标	单位	2018 年	增长（%）
规模以上工业总产值	亿元	16478.22	13.2
#纺织业	亿元	748.71	7.8
纺织服装、服饰业	亿元	663.42	11.9
印刷和记录媒介复制业	亿元	146.05	7.4
石油、煤炭及其他燃料加工业	亿元	122.66	31.6
化学原料和化学制品制造业	亿元	1202.71	20.3
医药制造业	亿元	277.52	17.8
化学纤维制造业	亿元	541.63	8.5
橡胶和塑料制品业	亿元	505.10	12.0
非金属矿物制品业	亿元	380.40	27.2
黑色金属冶炼和压延加工业	亿元	1315.77	27.8
有色金属冶炼和压延加工业	亿元	1179.91	16.5
金属制品业	亿元	843.00	12.1
通用设备制造业	亿元	1152.21	13.0
专用设备制造业	亿元	761.18	15.6
汽车制造业	亿元	1104.04	2.3
铁路、船舶、航空航天和其他运输设备制造业	亿元	248.18	14.8
电气机械和器材制造业	亿元	2223.26	10.7
计算机、通信和其他电子设备制造业	亿元	2261.90	10.5
仪器仪表制造业	亿元	131.90	6.2
电力、热力生产和供应业	亿元	228.92	−0.5

表 77　　2018 年无锡市规模以上工业增加值

指　　标	单位	2018 年	增长（%）
规模以上工业增加值	亿元	3618.71	9.0
1、按行业分：			
制造业	亿元	3502.57	9.0
电力、燃气、水的生产和供应业	亿元	116.13	9.3
2. 按轻重工业分：			
轻工业	亿元	799.31	8.6
重工业	亿元	2819.4	9.1
3. 按规模分：			
#大型企业	亿元	1589.83	10.7

续表 77

指 标	单位	2018 年	增长（%）
中型企业	亿元	880.35	7.8
小型企业	亿元	1014.54	8.2
4. 在总计中：			
#国有控股	亿元	257.29	3.8
#民营工业	亿元	1844.05	10.9

表 78　　2018 年无锡市主要工业产品产量

指 标	单位	2018 年	增长（%）
粗钢	万吨	1150.81	5.0
钢材	万吨	1843.27	11.0
铜材	万吨	117.51	8.6
钢绞线	万吨	18.00	−2.5
电站锅炉	万蒸发量吨	2.07	7.7
工业锅炉	万蒸发量吨	1.70	11.6
滚动轴承	亿套	7.52	7.7
发动机	万千瓦	5437.90	−20.0
电力电缆	万千米	202.25	−4.7
光缆	万芯千米	1308.99	−17.8
光纤	万千米	639.89	−10.3
太阳能电池（光伏电池）	万千瓦	324.03	−27.4
半导体分立器件	亿只	1335.26	10.6
集成电路	亿块	350.99	11.6
电子元件	亿只	172.97	17.6
印制电路板	万平方米	1720.43	平
绒线（俗称毛线）	万吨	1.30	−6.7
呢绒	万米	10259.82	−2.4
帘子布	万吨	1.35	−24.2
化学纤维	万吨	375.36	−1.6
合成纤维聚合物	万吨	251.59	18.4
锂离子电池	万只	43652.54	−6.5
硬盘存储器	万台	7301.66	−8.2
服装	万件	57268.22	6.1
数码照相机	万台	192.08	−7.2
民用钢质船舶	万载重吨	201.00	34.5
电动自行车	万辆	545.48	20.3
家用洗衣机	万台	1119.52	0.2
家用电热水器	万台	105.29	−1.9
微型计算机设备	万台	56.65	−24.3

表 79　　2018 年无锡市规模以上工业经济效益

指标	单位	2018 年	增长（%）
企业单位数	个	5846	（+588）
#亏损企业	个	718	（−75）
从业人员平均人数	人	115.92	−1.3
主营业务收入	亿元	16493.33	9.8

续表 79

指标	单位	2018 年	增长（%）
利润总额	亿元	1331.72	18.6
亏损总额	亿元	55.88	-6.3
资产总计	亿元	16701.12	6.0
负债总计	亿元	8736.30	3.2
流动资产合计	亿元	10361.81	5.1
应收账款	亿元	3341.24	0.7
存货	亿元	2208.96	6.7
#产成品	亿元	923.32	5.6

表 80　　2018 年无锡市建筑业

指　标	单位	2018 年	增长（%）
企业个数	个	589	（+27 个）
建筑业总产值	亿元	901.15	21.3
#装修装饰产值	亿元	45.20	23.2
建筑业在外省完成的产值	亿元	306.42	15.5
#建筑工程产值	亿元	738.23	23.2
安装工程产值	亿元	158.17	-2.6
建筑业其他产值	亿元	4.75	45.7
建筑业竣工产值	亿元	616.45	18.9
房屋建筑施工面积	万平方米	3997.25	18.0
房屋建筑竣工面积	万平方米	1211.87	36.2
建筑业直接从事生产经营活动平均人数	人	219932	2.7
建筑业期末从业人数	人	193657	-9.8
建筑业全员劳动生产率	元／人	409741	14.7

表 81　　2018 年无锡市规模以上服务业

指 标	单位	2018 年	增长（%）
规模以上服务业营业收入	亿元	1041.48	6.8
交通运输、仓储和邮政业	亿元	219.07	6.2
信息传输、计算机服务和软件业	亿元	321.53	4.7
房地产业	亿元	51.37	11.4
租赁和商务服务业	亿元	210.04	7.0
科学研究和技术服务业	亿元	140.16	10.6
水利、环境和公共设施管理业	亿元	49.55	20.2
居民服务和其他服务业	亿元	7.51	6.0
教育	亿元	7.40	5.0
卫生和社会工作	亿元	13.50	10.5
文化、体育和娱乐业	亿元	21.35	-7.2

表 82　　2018 年无锡市民营经济

指 标	单位	2018 年	增长（%）
民营经济增加值	亿元	7526.61	7.5
民营经济增加值占 GDP 比重	%	65.80	（+0.2）
民营规模以上工业总产值	亿元	9684.03	16.0

续表 82

指 标	单位	2018 年	增长（%）
民营限额以上社会消费品零售总额	亿元	837.61	7.8
民营规模以上服务业营业收入	亿元	570.13	8.2

表 83　　2018 年无锡市运输、邮电业

指 标	单 位	2018 年	增长（%）
交通运输			
客运量	万人	8445.77	−4.0
#铁路	万人	2394.77	4.0
公路	万人	5179.00	−9.6
货物运输量	万吨	18639.80	7.2
#铁路	万吨	80.50	−19.2
公路	万吨	15761.00	8.6
航空旅客吞吐量	万人	720.93	7.8
航空货邮吞吐量	万吨	12.38	15.1
港口吞吐量	万吨	23240.08	8.8
集装箱吞吐量	万标准箱	61.56	7.8
邮电业务			
邮电业务总量	亿元	300.10	33.8
#邮政业务总量	亿元	117.65	13.0
固定电话用户数	万户	129.74	−7.9
移动电话	万户	908.94	7.4
固定互联网宽带接入用户数	万户	313.03	5.0
快递业务量	万件	51181.88	13.5
快递业务收入	亿元	58.83	6.5

表 84　　2018 年无锡市国内贸易、旅游业

指　　标	单　位	2018 年	增长（%）
国内贸易			
社会消费品零售总额	亿元	3672.70	9.0
1. 按行业分：			
批发和零售业	亿元	3382.76	8.9
住宿和餐饮业	亿元	289.94	9.5
2. 按销售单位所在地分：			
城镇	亿元	3136.07	9.1
#城区	亿元	2674.20	9.5
乡村	亿元	536.63	8.4
旅游			
旅游总收入	亿元	1951.97	11.9
接待国内游客人数	万人次	9817.68	7.0
接待入境过夜旅游人数	万人次	58.60	18.3
AAAAA 级旅游景区	家	3	平
AAAA 级旅游景区	家	27	平
AAA 级旅游景区	家	14	平
星级宾馆	家	40	（−2 家）

续表 84

指　标	单　位	2018 年	增长（%）
#五星级	家	13	平
四星级	家	10	（-1 家）

表 85　　2018 年无锡市国内贸易

指　标	单位	2018 年	增长（%）
限额以上社会消费品零售总额	亿元	1116.61	5.8
批发和零售业	亿元	1028.88	5.5
粮油、食品类	亿元	118.52	6.4
饮料类	亿元	17.58	11
烟酒类	亿元	18.02	7.4
服装、鞋帽、针纺织品类	亿元	86.19	9.8
化妆品类	亿元	12.57	8.3
金银珠宝类	亿元	20.85	11.7
日用品类	亿元	33.52	-3.4
五金、电料类	亿元	13.21	23.8
体育、娱乐用品类	亿元	2.35	-5.2
书报杂志类	亿元	40.10	1.2
家用电器和音像器材类	亿元	41.39	-7.3
中西药品类	亿元	36.48	-7.7
文化办公用品类	亿元	15.59	18.9
家具类	亿元	6.60	3.2
通信器材类	亿元	24.01	33.3
石油及制品类	亿元	143.50	16.1
建筑及装潢材料类	亿元	9.36	4.2
汽车类	亿元	380.93	2.6

表 86　　2018 年无锡市开放型经济

指　标	单　位	2018 年	增长（%）
进出口总值	亿美元	934.44	15.0
#一般贸易	亿美元	434.53	8.9
加工贸易	亿美元	392.23	16.9
来料加工	亿美元	72.63	43.7
进料加工	亿美元	319.59	12.1
出口总值	亿美元	567.81	14.7
#一般贸易	亿美元	283.03	11.9
加工贸易	亿美元	223.48	14.6
来料加工	亿美元	34.20	31.1
进料加工	亿美元	189.28	12.1
进出口总值	亿元	6161.83	12.0
#一般贸易	亿元	2862.81	6.0
加工贸易	亿元	2586.02	13.8
来料加工	亿元	480.33	40.5
进料加工	亿元	2105.69	9.1
出口总值	亿元	3743.68	11.6

续表 86

指　　标	单　位	2018 年	增长（%）
#一般贸易	亿元	1866.34	8.9
加工贸易	亿元	1472.72	11.5
来料加工	亿元	226.33	28.5
进料加工	亿元	1246.39	8.9

表 87　　2018 年无锡市财政收支、利用外资

指　　标	单位	2018 年	增长（%）
财政收支			
一般公共预算收入	亿元	1012.28	8.8
#税收收入	亿元	860.51	14.4
增值税	亿元	420.72	13.9
营业税	亿元	1.04	−44.2
企业所得税 (40%)	亿元	142.97	14.0
个人所得税 (40%)	亿元	57.87	22.7
城市维护建设税	亿元	60.50	14.8
房产税	亿元	39.00	6.6
印花税	亿元	13.36	12.7
契税	亿元	55.81	9.0
上划中央四税收入	亿元	740.48	13.2
一般公共预算支出	亿元	1055.94	6.9
利用外资			
到位注册外资	亿美元	37.15	1.1
批准协议注册外资	亿美元	92.25	54.0
服务外包合同总额	亿美元	142.22	−1.9
服务外包执行总额	亿美元	112.12	−7.1
离岸外包合同总额	亿美元	103.31	9.0
离岸外包执行总额	亿美元	81.12	8.2
新批境外投资中方协议投资额	亿美元	15.23	26.4
外经合同额	万美元	38397	5.6 倍
外经营业额	万美元	22411	6.6 倍

表 88　　2018 年无锡市金融机构信贷

指　　标	单位	2018 年	比年初增长（%）
金融机构存贷款			
金融机构本外币存款余额	亿元	16056.79	6.1
金融机构本外币贷款余额	亿元	12102.76	7.7
金融机构人民币存款余额	亿元	15568.68	6.6
#住户存款	亿元	5511.59	9.0
非金融企业存款	亿元	6650.56	6.9
金融机构人民币贷款余额	亿元	11971.55	7.8
#住户贷款	亿元	2739.42	27.0
#短期贷款	亿元	384.09	30.7
消费贷款	亿元	229.07	27.6
经营贷款	亿元	155.02	35.4

续表 88

指　　标	单位	2018 年	比年初增长（%）
#中长期贷款	亿元	2355.33	26.4
消费贷款	亿元	2204.31	26.6
经营贷款	亿元	151.02	24.2
非金融企业及机关团体贷款	亿元	9229.05	10.6
#短期贷款	亿元	3768.63	6.0
中长期贷款	亿元	4632.16	8.7
票据融资	亿元	821.18	50.0

表 89　　2018 年无锡市保险、证券、用电情况

指　　标	单位	2018 年	增长（%）
保险			
保险业务收入	亿元	374.36	−8.4
#人寿保险	亿元	278.15	−11.9
保险赔款支出	亿元	68.16	14.4
#人寿保险	亿元	10.53	12.7
保险给付支出	亿元	32.63	−0.1
满期给付	亿元	21.64	−8.6
年金给付	亿元	10.99	22.3
证券			
上市公司数	家	138	（+9 家）
境内 A 股	家	81	（+4 家）
境外上市	家	57	（+5 家）
期货市场交易额	亿元	19798.85	−7.4
证券市场交易额	万亿元	2.39	−24.8
供电			
全社会用电量	亿千瓦时	732.81	6.7
#工业用电量	亿千瓦时	551.49	5.1
城乡居民生活用电量	亿千瓦时	73.78	10.5

表 90　　2018 年无锡市城市建设

指　　标	单位	2018 年	2017 年
城市道路			
城市道路长度	千米	3891	3837
城市道路面积	万平方米	7145	7017
城市路灯数	盏	282014	260292
公共交通			
年底运营车辆	辆	3179	3015
年底运营线路网长度	千米	5819	5774
运客总数	万人次	39860	40008
供水			
年底水厂	个	6	6
年底生产能力	万吨／日	195	245
全年供水总量	万吨	41194	38866
天然气			

续表 90

指　　标	单位	2018 年	2017 年
年底管道长度	千米	2902	2747
全年供气总量	万立方米	135471	137522
液化气			
全年供气总量	吨	33881	34501
天然气、液化气普及率	%	100	100

表 91　　2018 年无锡市文化、教育事业

指　　标	单位	2018 年	2017 年
文化			
图书馆	个	8	8
博物馆	个	58	61
教育			
学校数	个	443	445
#高等院校	个	12	12
中等专业学校	个	18	21
技工学校	个	15	15
普通中学	个	188	186
职业中学	个	—	2
小学	个	203	202
在校学生数	人	813122	778789
#高等院校	人	113879	112689
中等专业学校	人	44028	44950
技工学校	人	19685	18470
普通中学	人	232861	223101
职业中学	人	2931	3509
小学	人	398408	374871
教职员工数	人	62880	61322
#专任教师	人	55737	54109

表 92　　2018 年无锡市卫生事业

指　　标	单位	2018 年	2017 年
卫生			
卫生机构数	个	2480	2350
#医院	个	185	166
卫生院	个	37	37
卫生机构床位数	张	46970	43195
#医院	个	39743	36544
卫生院	个	1859	1783
卫生工作人员数	人	67199	62680
#卫生技术人员	人	54733	51015
#执业（助理）医师	人	21004	19610
注册护士	人	24368	22489
每万人拥有卫生机构床位数	张	71.4	65.9
每万人拥有卫生技术人员	人	83.3	77.8

续表 92

指　　标	单位	2018 年	2017 年
#执业（助理）医师	人	31.9	29.9
注册护士	人	37.1	34.3

表 93　　2018 年无锡市科技、福利事业

指　　标	单位	2018 年	2017 年
科技			
专利申请受理量	件	62681	52252
#发明	件	19702	20122
专利申请授权量	件	35256	28926
#发明	件	4963	4826
社会福利事业			
养老福利机构	个	162	139
养老机构床位数	张	41855	39992
年末收养人数	人	18253	17391
儿童福利机构	个	3	3
儿童床位数	张	620	620
年末集中供养人数	人	280	343
社区服务机构总数	个	2651	2569
城镇居民最低生活保障人数	人	8200	10839
农村居民最低生活保障人数	人	9013	14260

说明：2018 年固定资产投资统计方法制度改革，投资统计数据只公布增速

（市统计局）

先 进 名 录

2018 年全国工人先锋号和全国五一劳动奖状名单

全国工人先锋号

无锡中德美联生物技术有限公司扩增前车间

无锡华润燃气有限公司客户服务部

无锡蠡湖增压技术股份有限公司金工车间

全国五一劳动奖状

江苏省无锡地方税务局

2018年江苏省工人先锋号和五一劳动奖名单

江苏省工人先锋号（39个）

无锡市江阴地方税务局第五税务分局
海澜集团有限公司安全防控指挥中心
江苏森森水族用品有限公司配套车间
江阴华西钢铁有限公司铸动车间 TRT 班组
江苏省陶瓷研究所有限公司金工车间
宜兴市影剧有限公司和桥影剧院场务组
江苏宜兴农村商业银行股份有限公司和桥支行
宜兴竹海国际会议中心有限公司酒店餐饮部中西厨
无锡商业大厦大东方股份有限公司后勤保障部空调维修班
无锡市穆桂英美食广场有限责任公司餐饮部
无锡申穗船舶设备有限责任公司制造部机加工组
鹰普（中国）有限公司设备能源部
无锡市华驰运输有限公司博爱爱心车队
无锡德林防务装备股份有限公司生产五部家具组
无锡先锋电机有限公司金加工班组
无锡金球机械有限公司技术部新品组
无锡华源凯马发动机有限公司金加工分厂
无锡市振太酒业有限公司过滤班
无锡市拓发自控设备有限公司数控加工组
无锡继平锻造有限公司锻造班组
日立泵制造（无锡）有限公司制罐课
西门子中压开关技术（无锡）有限公司一次配电电气绝缘开关柜生产部（GIS CB）
捷普电子（无锡）有限公司 EMS- 间接原材料采购部
无锡交通建设工程集团有限公司锡通接线工程 XT-ZJG1 标项目部
无锡市社会福利中心老年休养区社医康班组
无锡市第三高级中学英语学科组
无锡市精神卫生中心普通精神一科
无锡市公共交通股份有限公司梁溪分公司盛岸营运部 138 路
无锡市人才服务中心
无锡市体育运动学校
无锡华润安盛科技有限公司生产制造中心封装生产部
一汽解放汽车有限公司无锡柴油机厂重机部总装工段
国网江苏省电力有限公司无锡供电分公司信息通信分公司
中国邮政集团公司无锡市分公司鸿声邮政支局
中国电信股份有限公司无锡分公司企业信息化部业务与渠道支撑班组
中国移动通信集团江苏有限公司无锡分公司新吴营销中心旺庄营业部
无锡广电物业管理有限公司动力保障部
中国航发控制系统研究所某型航空发动机控制系统试验班组
中国电子科技集团有限公司第五十八研究所抗辐射重点实验室

江苏省五一劳动奖状（10个）

江苏阳光集团有限公司
无锡市宜兴地方税务局
江苏神剑机电科技有限公司
无锡统力电工股份有限公司
江苏麟龙新材料股份有限公司
中电电机股份有限公司
无锡村田电子有限公司
无锡华光锅炉股份有限公司
无锡市行政审批局
中国银行股份有限公司无锡分行

江苏省五一劳动奖章（19名）

茅继忠	江阴新树工程塑料有限公司总经理
周科伟	江苏扬子江船业集团技术中心副主任
陈　敏（女）	宜兴市公共交通有限公司总经理
方小利（女）	江苏宜翔陶瓷科技有限公司工人
周少万	无锡减速机制造有限责任公司生产车间主任
蒋卫东	展鹏科技股份有限公司装配车间主任
李永洪	无锡英特派金属制品有限公司销售部部长
郑书祥	无锡锡山建筑实业有限公司项目经理
唐　炜	无锡永凯达齿轮有限公司电工班班长
张蓓蕾（女）	无锡市惠山区信访局办公室主任、综合科科长

陈　亮　无锡微研股份有限公司加工中心副班长
蔡凤高　无锡市永创电控器材有限公司研发二部部长
王小军　希捷国际科技(无锡)有限公司工程主管
曹永义　无锡锡洲电磁线有限公司总工程师
倪群群(女)　江苏省无锡汽车工程中等专业学校教师
郁春晴(女)　江南大学附属医院(无锡市第四人民医院)妇产科副主任医师
杜建华　无锡威孚高科技集团股份有限公司新品试制高级技师
蒋雍君(女)　无锡工艺职业技术学院陶瓷学院院长
曹兰英(女)　中国航空工业集团公司雷华电子技术研究所项目副总工程师

江苏省五一劳动荣誉奖章(6名)

赖志明　江苏长电科技股份有限公司总裁
林俊夫　宜兴北海封头有限公司董事长、总经理
吴健宏　国泰精密机件(无锡)有限公司 CEO
Chai Wooi Khian 蔡伟权　英飞凌科技(无锡)有限公司运营总监
王信玮　绿点科技(无锡)有限公司资深处长
Lim Khoon Teck 林坤德　欧司朗光电半导体(中国)有限公司总经理

市辖区地名变动

【地名命名、更名】 2018年，无锡市区命名、更名地名185个。其中，命名居民区36个，建筑物7个（含大厦2个、广场2个、中心1个、其他建筑物2个），道路102个（含地下人行通道1个、其他道路101个），桥梁16个（含立交桥1个、人行天桥3个、其他桥梁12个），地铁站18个；地名更名6个。另外，地名属性调整29个，地名注销3个。

（韩科峰）

表94　　2018年无锡市地名命名、更名

序号	类别	标准地名	隶属辖区	地理位置
居民地				
1	居民区	圣塘里	梁溪区	位于南禅寺街道管理区域内，东至南长街，南至规划用地，西沿定胜河，北临鸭子滩弄
2	居民区	古运江南里	梁溪区	位于清名桥街道管理区域内，东沿南长街，南为塘泾路，西至金钩桥街（规划名称），北邻南水仙庙
3	居民区	岸芷澜庭	梁溪区	位于金匮街道管理区域内，东沿南长街，南和西均至运河东路，北为港务路
4	居民区	鑫悦华府	梁溪区	位于扬名街道管理区域内，东为芦中路，南至金石东路，西沿南湖大道，北至名海路
5	居民区	新联新村	梁溪区	位于扬名街道管理区域内，东和南均邻芦庄三区，西至新联诸家桥，北为新联丁巷
6	居民区	水晶湾雅苑	梁溪区	位于惠山街道管理区域内，三面环水，东北为双河，东南临九曲基河，西南沿新惠路，西北临护渎河
7	居民区	玺悦雅苑	锡山区	位于东亭街道管理区域内，东为东亭南路，南至春新路，西为星月路，北沿春合路
8	居民区	玖里湾嘉苑	锡山区	位于安镇街道管理区域内，东沿盛泉路，南至和祥路（与玖里湾雅苑相邻），西沿山河路，北至锡沪路查桥东段
9	居民区	玖里湾雅苑	锡山区	位于安镇街道管理区域内，东为弘业东路，南临九里河，西至山河路，北沿和祥路（与玖里湾嘉苑相邻）
10	居民区	玖里湾美苑	锡山区	位于安镇街道管理区域内，东为弘业东路，南为弘业东路与山河路交会处，西至山河路，北临九里河
11	居民区	璟星雅苑	锡山区	位于东港镇管辖区域内，东至群星路，南沿东港路，西为联群路，北至创新路
12	居民区	美璟澜庭	惠山区	位于堰桥街道管理区域内，东为惠山大道，南至天新路（与惠太雅苑相邻），西沿凤池路，北至天丰路（与寺头家园相邻）
13	居民区	嘉誉华庭	惠山区	位于长安街道管理区域内，东沿规划道路，南邻亿仁医院，西为惠源路，北至启航路
14	居民区	锡溪名筑	惠山区	位于钱桥街道管理区域内，东沿香缇路（与锡溪名邸相邻），南至上伟路，西临红胜桥河，北为S342省道
15	居民区	金集美筑	惠山区	位于钱桥街道管理区域内，东临杨毛岸河，南距洋溪河50米，西至舜新路，北临庙前巷河
16	居民区	昕悦华庭	惠山区	位于前洲街道管理区域内，东为从商路，南至中惠大道，西沿方雁路（与榭丽花园相邻），北至玉洲路
17	居民区	悦湖观邸	惠山区	位于洛社镇管辖区域内，东临景观湖，南为河道，西至洛城西路，北沿河道（与悦湖园相邻）
18	居民区	晨光和园	惠山区	位于洛社镇管辖区域内，东、北至新社路，南临河道，西为永辉路
19	居民区	晨光雅园	惠山区	位于洛社镇管辖区域内，东、南为新社路，西沿洛竹路，北至新洛路
20	居民区	金溪瑞府	惠山区	位于洛社镇管辖区域内，东沿规划道路，南为雅中路，西至洛城大道，北临河道

续表 94

序号	类别	标准地名	隶属辖区	地理位置
21	居民区	康悦熙园	滨湖区	位于河埒街道管理区域内，东沿陶巷路（与誉品华府相邻），南为规划道路（与梁清苑相邻），西至青祁路，北沿梁溪路
22	居民区	翠景花苑	滨湖区	位于河埒街道管理区域内，东沿蠡溪路，南至梁溪路，西为青山西路，北沿规划道路（与紫金英郡西苑相邻）
23	居民区	聆湖雅筑	滨湖区	位于蠡园街道管理区域内，东至明园路，南邻兰宝苑，西至小渲河，北沿滴翠路
24	居民区	吴都雅园	滨湖区	位于华庄街道管理区域内，东沿南湖大道，南至吴都路，西沿兴梁道（规划延伸段），北至和畅路
25	居民区	吴都雅园二区	滨湖区	位于华庄街道管理区域内，东沿兴梁道（与吴都雅园相邻），南至吴都路，西为贡湖大道，北至和畅路
26	居民区	锡海珈苑	滨湖区	位于太湖街道管理区域内，东沿贡湖大道，南为望山路向东延伸段，西和北均邻翠园新村
27	居民区	天璞府	滨湖区	位于太湖街道管理区域内，东沿立信大道，南邻周新苑，西邻蠡江新村（规划名称），北至周新西路
28	居民区	尊鹏尚府	滨湖区	位于太湖街道管理区域内，东沿规划道路，南至大通路，西为五湖大道，北沿周新西路
29	居民区	山水嘉庭	滨湖区	位于雪浪街道管理区域内，东沿状元道，南临河道，西邻许舍居委会，北至棟城路
30	居民区	珺悦雅苑	滨湖区	位于雪浪街道管理区域内，东和南均沿缘溪道，西为新八路（规划名称），北至南横街
31	居民区	湖晓兰庭	滨湖区	位于马山街道管理区域内，东为万景路，南至霞光路（向东延伸段），西和北均邻栖云苑
32	居民区	万和隽园	新吴区	位于新安街道管理区域内，东邻净慧寺，南至湖景路（规划名称），西沿近湖路（规划名称），北为净慧东道
33	居民区	雍华尚苑	新吴区	位于新安街道管理区域内，东至宁乐路，南沿清晏路，西和北均为宁和路
34	居民区	龙业世家A区	新吴区	位于旺庄街道管理区域内，东沿长江南路，南至新华路（与龙业世家B区相邻），西为漓江路，北临宅基浜
	居民区	龙业世家B区	新吴区	位于旺庄街道管理区域内，东沿长江南路，南至海创路（规划名称）（与龙业世家C区相邻），西为漓江路，北沿新华路（与龙业世家A区相邻）
	居民区	龙业世家C区	新吴区	位于旺庄街道管理区域内，东沿长江南路，南临香泾浜，西至漓江路（与龙业世家D区相邻），北沿海创路（规划名称）（与龙业世家B区相邻）
	居民区	龙业世家D区	新吴区	位于旺庄街道管理区域内，东沿漓江路（与龙业世家C区相邻），南临香泾浜，西为珠江路，北沿海创路（规划名称）
35	居民区	季景铭邸	新吴区	位于江溪街道管理区域内，东为行创四路，南至江华路，西为机场路，北沿江溪路
36	居民区	香梅雅舍	新吴区	位于梅村街道管理区域内，东邻美满锦园，南沿泰伯大道，西邻香梅人家，北与香熙苑相邻
建筑物				
1	大厦	国康大厦	梁溪区	位于黄巷街道管理区域内，东为广晟苑，西、南沿惠勤路，北至江海东路
2	大厦	梁清大厦	滨湖区	位于河埒街道管理区域内，东至华邸大厦，南沿梁清路，西至陶巷路，北为康平路
3	广场	星空间商业广场	梁溪区	位于黄巷街道管理区域内，东沿广宾路，南邻民丰家园二区，西至凤宾路，北为江海西路
4	广场	欢乐商业广场	滨湖区	位于荣巷街道管理区域内，东至钱荣路，南沿梅茶路，西邻江苏省无锡立信中等专业学校，北为梅茶一路
5	中心	财智商业中心	锡山区	位于安镇街道管理区域内，东南为地铁2号线映月湖公园站，西南沿山河路，西北至翠山路，东北至春水路
6	建筑物（群）	智慧谷科技园	滨湖区	位于蠡园街道管理区域内，东为隐秀路，南至滴翠路，西沿鸿桥路，北至吟白路

续表 94

序号	类别	标准地名	隶属辖区	地理位置
7	建筑物（群）	东庄科技园	新吴区	位于新安街道管理区域内，东为规划道路，南至弘毅路，西沿修齐路，北至清源路
道 路				
1	道路	小娄巷	梁溪区	位于崇安寺街道管理区域内，在市公安局和市中级人民法院北侧，东西走向，东起崇宁弄，西至新生路，长 397.2 米，宽 5 米
2	道路	大院弄	梁溪区	位于崇安寺街道管理区域内，南起小娄巷，向北 50 米后折向西至新生路，长 125 米，宽 6.2 米
3	道路	鸣珂里	梁溪区	位于崇安寺街道管理区域内，东起小娄巷横街住宅大院西围墙，向西 50 米后折向北 10 米、再折向西 15 米、再折向北至福田巷，长 160 米，宽 7.5 米
4	道路	佚园弄	梁溪区	位于崇安寺街道管理区域内，南北走向，南起大院弄，北至福田巷，长 45 米，宽 5.3 米
5	道路	少宰弄	梁溪区	位于崇安寺街道管理区域内，在市公安局东侧，南北走向，南起市中级人民法院北围墙，北至小娄巷，长 50 米，宽 5.5 米
6	道路	金胜巷	梁溪区	位于崇安寺街道管理区域内，南北走向，南起小娄巷，北至鸣珂里，长 50 米，宽 8 米
7	道路	福田巷	梁溪区	位于崇安寺街道管理区域内，东西走向，东起顾家弄与田基浜（第七箭河）对接，西至新生路，长 200 米，宽 4 米
8	道路	承先东巷	梁溪区	位于崇安寺街道管理区域内，南北走向，南起鸣珂里，北至福田巷，长 45 米，宽 4.2 米
9	道路	承先西巷	梁溪区	位于崇安寺街道管理区域内，南北走向，南起鸣珂里，北至福田巷，长 45 米，宽 4.2 米
10	道路	塘胜路	梁溪区	位于南禅寺街道管理区域内，南北走向，南起太湖东大道，北至塘南路，长 350 米，宽 6 米
11	道路	稻香东路	梁溪区 滨湖区	位于金星街道和河埒街道管理区域内，东西走向，东起红星路，西至湖滨路（与稻香路对接），长 230 米，宽 24 米
12	道路	丛桂路	梁溪区	位于金匮街道管理区域内，南北走向，南起新光路，北至动力路，长 1300 米，宽 24 米
13	道路	金沁路	梁溪区	位于扬名街道管理区域内，在第六高级中学和辅仁中学之间，南北走向，南起金城路，北至沁园路，长 380 米，宽 5 米
14	道路	悦珑路	梁溪区	位于北大街街道管理区域内，为悦珑府小区内部道路，南北走向，南起吴桥西路，北至丽新路，长 164 米，宽 14 米
15	道路	华亭路	锡山区	位于东亭街道管理区域内，在华亭苑附近，东西走向，东起友谊中路，西至华夏路，长 1450 米，宽 20 米
16	道路	迂回路	锡山区	位于安镇街道管理区域内，南北走向，南起益林路，北至锡沪路安镇东段，长 820 米，宽 12 米
17	道路	镇南路	锡山区	位于安镇街道管理区域内，东西走向，东起查桥人民北路，西至春风北路，长 920 米，宽 38 米
18	道路	镇北路	锡山区	位于安镇街道管理区域内，东西走向，东起聚源北路，西至春风北路，长 1300 米，宽 24 米
19	道路	弘博路	锡山区	位于安镇街道管理区域内，在查桥实验小学北侧，东西走向，东起聚源北路，西至查桥人民北路，长 340 米，宽 20 米
20	道路	万润路	锡山区	位于安镇街道管理区域内，在锡山科技创新创业园区南侧，东西走向，东起东安路，西至先锋东路，长 400 米，宽 20 米
21	道路	文萃路	锡山区	位于安镇街道管理区域内，东西走向，东起文景路，西至吼山南路，长 403 米，宽 20 米
22	道路	茅梓桥路	锡山区	位于东北塘街道茅梓桥自然村范围内，东南起芙蓉四路，西至承塘路，长 450 米，宽 7 米
23	道路	云泰路	锡山区	位于云林街道管理区域内，南北走向，南起东安路，北至望虞河九里河枢纽闸站，长 656 米，宽 20 米
24	道路	潘厚路	锡山区	位于厚桥街道管理区域内，南北走向，南起厚谢路，北至东三头村，长 353 米，宽 6.4 米

续表 94

序号	类别	标准地名	隶属辖区	地理位置
25	道路	新谊路	锡山区	位于厚桥街道管理区域内，南北走向，南起锡太公路，北至厚嵩路，长 2000 米，宽 8 米
26	道路	新谢路	锡山区	位于厚桥街道管理区域内，南北走向，南起厚荡路，北至厚谢路，长 1658 米，宽 6 米
27	道路	谢园路	锡山区	位于厚桥街道管理区域内，南北走向，南起厚谢路，北至震烁机械制造有限公司，长 303 米，宽 6 米
28	道路	芳溪路	锡山区	位于鹅湖镇管辖区域内，在花溪樾院附近，南北走向，南起蘅芳路，北至新园路，长 300 米，宽 16 米
29	道路	新旺路	锡山区	位于锡北镇管辖区域内，东西走向，东起团结北路，西至八达路（规划名称），长 380 米，宽 5 米
30	道路	芙怡路	锡山区	位于锡北镇管辖区域内，东西走向，东起锡港公路（S228），西至振达路，长 300 米，宽 15 米
31	道路	蓉晖路	锡山区	位于锡北镇管辖区域内，东西走向，东起锡港路八士段，西至蓉北大街（规划名称），长 1200 米，宽 7 米
32	道路	蓉席路	锡山区	位于锡北镇管辖区域内，东西走向，东起蓉北大街（规划名称），西至锡港路八士段，长 150 米，宽 20 米
33	道路	蓉影路	锡山区	位于锡北镇管辖区域内，东西走向，东起八士西街，西至锡港路八士段，长 400 米，宽 8 米
34	道路	通富街	锡山区	位于锡北镇管辖区域内，东西走向，东起通新路（规划名称），西至蓉北大街（规划名称），长 210 米，宽 8 米
35	道路	泾泉路	锡山区	位于锡北镇管辖区域内，东西走向，东起西新路，西至锡港公路（S228），长 1900 米，宽 12 米
36	道路	幸福路	锡山区	位于锡北镇管辖区域内，南北走向，南起泾泰路，北至锡港路张泾东段，长 844 米，宽 15 米
37	道路	湖青路	锡山区	位于东港镇管辖区域内，连接东湖村和东青河村，呈 U 形走向，东北起锡港路东湖塘西段，西北至青港路，长 2200 米，宽 12 米
38	道路	任羊路	锡山区	位于东港镇管辖区域内，东西走向，东起西任巷自然村，西至港羊路，长 800 米，宽 8 米
39	道路	古庄路	惠山区	位于长安街道管理区域内，东西走向，东起白妄桥，西至古庄生态园，长 1049 米，宽 4.8 米
40	道路	青洲路	惠山区	位于前洲街道管理区域内，东西走向，东起西塘河，西至祁胜路，长 450 米，宽 20 米
41	道路	润洲路	惠山区	位于前洲街道管理区域内，东西走向，东起惠澄大道，西至惠洲大道，长 2260 米，宽 20 米
42	道路	盛洲路	惠山区	位于前洲街道管理区域内，东西走向，东起惠澄大道，西至锦祁路，长 3810 米，宽 24 米
43	道路	宁舟路	惠山区	位于前洲街道管理区域内，南北走向，南起盛洲路，北至北洲路，长 1030 米，宽 15 米
44	道路	浮舟路	惠山区	位于前洲街道浮舟村范围内，南北走向，南起盛洲路，北至润洲路，长 1430 米，宽 20 米
45	道路	玉秀路	惠山区	位于玉祁街道管理区域内，南北走向，南起文湖苑，北至润秀苑，长 850 米，宽 8.6 米
46	道路	振祁路	惠山区	位于玉祁街道管理区域内，南北走向，南起文浩路，北至永安路，长 800 米，宽 11 米
47	道路	文浩路	惠山区	位于玉祁街道管理区域内，东西走向，东起堰玉北路，西至振祁路，长 600 米，宽 15 米
48	道路	永安路	惠山区	位于玉祁街道管理区域内，南北走向，南起振祁路，北至永安新村，长 1000 米，宽 7.5 米
49	道路	蓉联路	惠山区	位于玉祁街道管理区域内，为南联村的村道，南北走向，南起祁桐路，北至武进区界线，长 2000 米，宽 7 米
50	道路	黄泥坝路	惠山区	位于玉祁街道管理区域内，为黄泥坝村的村道，南北走向，南起常玉路，北至武青路（武进区界线），长 1640 米，宽 5.5 米

续表 94

序号	类别	标准地名	隶属辖区	地理位置
51	道路	金枫路	惠山区	位于惠山经济开发区洛社配套园区内，南北走向，南起金榆路，北至志公路，长 1000 米，宽 9 米
52	道路	新洛路	惠山区	位于洛社镇管辖区域内，在洛南路北面，东西走向，东起江海西路，西至永辉路，长 720 米，宽 10 米
53	道路	新社路	惠山区	位于洛社镇管辖区域内，在江海西路西面，南起洛竹路，向北 1000 米后折向西至永辉路，长 1200 米，宽 10 米
54	道路	陆振路	惠山区	位于阳山镇管辖区域内，南北走向，南起阳山人民西路，北至桃盛苑，长 1000 米，宽 6 米
55	道路	通济路	惠山区	位于阳山镇管辖区域内，在陆振路东侧，南北走向，南起阳山人民西路，北至陆墟胜利路，长 250 米，宽 6 米
56	道路	乡约路	惠山区	位于阳山镇管辖区域内，在通济路东侧，南北走向，南起阳山人民西路，北至陆墟胜利路，长 250 米，宽 6 米
57	道路	陆端路	惠山区	位于阳山镇管辖区域内，在乡约路东侧，南北走向，南起阳山人民西路，北至陆墟胜利路，长 250 米，宽 6 米
58	道路	陆墟胜利路	惠山区	位于阳山镇管辖区域内，在阳山人民西路北侧，东西走向，东起东方路，西至陆戴路，长 1500 米，宽 10 米
59	道路	景溪路	滨湖区	位于河埒街道管理区域内，在景溪苑与蓝庭公寓之间，南起溪南路，向北 80 米后折向西至蓝庭路，长 200 米，宽 9 米
60	道路	蓝庭路	滨湖区	位于河埒街道管理区域内，位于蓝庭公寓西侧，南北走向，南起溪南路，北至建筑路，长 200 米，宽 12 米
61	道路	惠益路	滨湖区	位于荣巷街道管理区域内，在鑫龙佳苑南侧，东西走向，东起荣巷龙山路，西至公益路，长 550 米，宽 7 米
62	道路	荣巷龙山路	滨湖区	位于荣巷街道管理区域内，南北走向，南起梁溪路，北至大池路，长 730 米，宽 7 米
63	道路	钱巷	滨湖区	位于荣巷街道管理区域内，南北走向，南起梁清路，北至梁溪路，长 400 米，宽 10 米
64	道路	钱巷支路	滨湖区	位于荣巷街道管理区域内，东西走向，东起华润万家超市，西至钱巷，长 200 米，宽 6 米
65	道路	美湖路	滨湖区	位于蠡湖街道管理区域内，在美湖家园南侧，东西走向，东起蠡太路，西至经贸路，长 305 米，宽 8 米
66	道路	香樟路	滨湖区	位于蠡湖街道管理区域内，为蠡湖香樟园小区内部道路，南北走向，南起陆典路（规划名称），北至太湖西大道，长 638 米，宽 24 米
67	道路	少年路	滨湖区	位于华庄街道管理区域内，在无锡市少年宫北侧，是其主要出入通道，东西走向，东起清舒道，西至尚贤道，长 300 米，宽 15 米
68	道路	德先路	滨湖区	位于太湖街道管理区域内，在高浪西路以南，东西走向，东起立德道，西至五湖大道，长 1780 米，宽 7 米
69	道路	生达路	滨湖区	位于太湖街道管理区域内，西起万顺道，向东 144 米后折向北至大通路，长 536 米，宽 7.5 米
70	道路	衡源路	滨湖区	位于太湖街道管理区域内，东西走向，东起贡湖大道，西至立信大道，长 510 米，宽 14 米
71	道路	笠泽路	滨湖区	位于雪浪街道管理区域内，东南起南湖中路，西至塘埄路，长 1553 米，宽 30 米
72	道路	雪溪路	滨湖区	位于雪浪街道管理区域内，横跨雪溪苑小区，东西走向，东起庙桥港，西至万顺道，长 1170 米，宽 20 米
73	道路	尧歌路	滨湖区	位于雪浪街道管理区域内，在山水东路西侧，南北走向，南起山水东路，北至许舍路，长 986 米，宽 14 米
74	道路	鹤池路	滨湖区	位于雪浪街道管理区域内，南北走向，南起清源路，北至兴阳路，长 213 米，宽 14 米
75	道路	望溪路	滨湖区	位于雪浪街道望溪社区范围内，南北走向，南起具区路，北至清源路，长 866 米，宽 24 米
76	道路	如愿路	滨湖区	位于马山街道管理区域内，南面为如愿客栈，东西走向，东起冠嶂山，西至古竹路，长 188 米，宽 4 米

续表 94

序号	类别	标准地名	隶属辖区	地理位置
77	道路	盛竹路	滨湖区	位于马山街道管理区域内，在如愿路南面，东西走向，东起冠嶂山，西至古竹路，长385米，宽4米
78	道路	古溪路	滨湖区	位于马山街道管理区域内，在盛竹路南面，东西走向，东起冠嶂山，西至古竹路，长785米，宽3米
79	道路	古竹老街	滨湖区	位于马山街道管理区域内，在古溪路南面，东西走向，东起竹桥埠路，西至官浜路，长667米，宽3米
80	道路	冠竹路	滨湖区	位于马山街道管理区域内，在古竹老街西南面，东西走向，东起古竹路，西至环山西路，长212米，宽4米
81	道路	观峰路	滨湖区	位于马山街道管理区域内，在冠竹路东南面，东西走向，东起马山烈士陵园，西至古竹路，长160米，宽5米
82	道路	竹桥埠路	滨湖区	位于马山街道管理区域内，南北走向，南起竹溪路，北至古溪路，长239米，宽3.5米
83	道路	上巷路	滨湖区	位于马山街道管理区域内，在竹桥埠路西面，南北走向，南起古竹老街，北至如愿路，长377米，宽3.5米
84	道路	竹月路	滨湖区	位于马山街道管理区域内，在上巷路西南面，南北走向，南起观峰路，北至古竹老街，长188米，宽3.5米
85	道路	竹园路	滨湖区	位于马山街道管理区域内，在竹月路西北面，南北走向，南起古竹老街，北至盛竹路，长213米，宽3.5米
86	道路	官浜路	滨湖区	位于马山街道管理区域内，在古竹路西面，南北走向，南起冠竹路，北至古竹运河，长276米，宽3.5米
87	道路	茂竹路	滨湖区	位于马山街道管理区域内，在官浜路西南面，南北走向，南起环山西路，北至冠竹路，长124米，宽3.5米
88	道路	棕竹路	滨湖区	位于胡埭镇管辖区域内，在文竹路南面，东西走向，东起杜巷路，西至无锡市联谊机车配件制造有限公司，长200米，宽12米
89	道路	红枫南路	滨湖区	位于胡埭镇管辖区域内，在西溪路东面，南北走向，南起瑞云路，北至龙胆路（与红枫路对接），长830米，宽12米
90	道路	科研路	新吴区	位于新安街道管理区域内，东西走向，东起菱湖大道，西至华清大道，长3500米，宽20米
91	道路	奋进路	新吴区	位于硕放街道管理区域内，为连接中国人民解放军94926部队营区之间的道路，南北走向，南起营区北门，北至营区东门，长720米，宽10米
92	道路	春信路	新吴区	位于江溪街道管理区域内，南北走向，南起金城东路，北至春暖路，长350米，宽10米
93	道路	鸿海路	新吴区	位于鸿山街道管理区域内，在鸿奥路以东，南北走向，南起锦鸿路，北至锡协路，长1530米，宽24米
94	道路	鸿奥路	新吴区	位于鸿山街道管理区域内，在鸿山路以东，南北走向，南起锦鸿路，北至锡梅路，长2330米，宽30米
95	道路	隐鸿路	新吴区	位于鸿山街道管理区域内，东西走向，东起飞凤路，西至鸿奥路，长500米，宽18米
96	道路	德育南路	新吴区	位于鸿山街道管理区域内，为德育路向南延伸，南北走向，南起长浜路，北至锡宅路，长1517米，宽15米
97	道路	里河东路	新吴区	位于鸿山街道管理区域内，为里河路向东延伸，东西走向，东起空港路，西至东环路，长2500米，宽18米
98	道路	长浜路	新吴区	位于鸿山街道管理区域内，途经长浜上自然村，东西走向，东起鸿盛路，西至德育路，长1053米，宽20米
99	道路	占桥路	新吴区	位于鸿山街道管理区域内，南北走向，南起后宅东路，北至梁鸿湿地公园，长2670米，宽20米
100	道路	鸿图路	新吴区	位于鸿山街道管理区域内，南北走向，南起展鸿路，北至旺鸿路，长380米，宽12米
101	道路	溇金路	新吴区	位于鸿山街道溇金村范围内，南北走向，南起后宅中路，北至八一大桥，长860米，宽7.5米
102	地下人行通道	惠河路地下人行通道	滨湖区	位于河埒街道管理区域内，在锡惠公园南大门，南北走向，下穿惠河路，长43.21米，宽8米

续表 94

序号	类别	标准地名	隶属辖区	地理位置
桥 梁				
1	桥梁	庵桥	梁溪区	位于南禅寺街道管理区域内,为石拱桥,连接通虹路和太湖东大道,上跨庵桥河，长9米，宽2米，跨径6米
2	桥梁	大马巷桥	锡山区	位于东北塘街道大马巷村范围内，坐落在石新路上，上跨农新河支流，长10米，宽30米
3	桥梁	金鹰桥	锡山区	位于东北塘街道管理区域内，坐落在石新路西侧转向金鹰工业园区的支路上，上跨七河浜，长10米，宽11米
4	桥梁	前杨桥	滨湖区	位于太湖街道管理区域内，坐落在前杨道（吴都路—和风路）上，上跨板桥港，长72米，宽25.8米，最大跨径20米
5	桥梁	洪口圩中桥	滨湖区	位于雪浪街道管理区域内，为蠡湖大道（金石路—环太湖高速）上自北向南第一座桥，上跨董家弄浜，长26.04米，宽80.73米，跨径20米
6	桥梁	金家浜桥	滨湖区	位于雪浪街道管理区域内，为蠡湖大道（金石路—环太湖高速）上自北向南第二座桥，上跨田舍浜，长26.04米，宽15米，跨径16米
7	桥梁	方湖桥	滨湖区	位于雪浪街道管理区域内，为蠡湖大道（金石路—环太湖高速）上自北向南第三座桥，位于方湖村附近，上跨田舍浜，长26.04米，宽30.6米，跨径16米
8	桥梁	田舍里桥	滨湖区	位于雪浪街道管理区域内，为蠡湖大道（金石路—环太湖高速）上自北向南第四座桥，上跨田舍浜，长26.04米，宽17.6米，跨径16米
9	桥梁	安堂桥	滨湖区	位于雪浪街道管理区域内，坐落在笠泽路（规划名称）上，上跨新安堂浜，长18.866米，宽30米
10	桥梁	陆师娘桥	滨湖区	位于雪浪街道管理区域内，坐落在笠泽路（规划名称）上，上跨西大河，长38.84米，宽30米
11	桥梁	董家弄桥	滨湖区	位于雪浪街道管理区域内，坐落在望溪路上，上跨董家弄河，长15米，宽39米，跨径7.5米
12	桥梁	东庄巷桥	新吴区	位于鸿山街道管理区域内，坐落在鸿庆路（至贤路—三让路）上，上跨东庄巷浜，最大跨径16米，全长23.84米，宽20.8米
13	立交桥	学府立交	滨湖区	位于太湖街道和雪浪街道管理区域内，在蠡湖大道与高浪西路交叉口，地上一层为蠡湖大道上跨高浪西路主线高架；地面一层为蠡湖大道地面道路；地下三层为匝道隧道及高浪西路主线隧道
14	人行天桥	蠡湖大道大通人行天桥	滨湖区	位于太湖街道管理区域内，在蠡湖大道与大通路交叉口南侧，上跨蠡湖大道，主桥净高5.3米，宽4.5米，最大跨径36.5米
15	人行天桥	蠡湖大道观山人行天桥	滨湖区	位于雪浪街道管理区域内，在蠡湖大道与观山路交叉口南侧，上跨蠡湖大道，主桥净高5.2米，宽4.5米，最大跨径39.7米
16	人行天桥	蠡湖大道溪岸人行天桥	滨湖区	位于雪浪街道管理区域内，在溪岸景园东侧，上跨蠡湖大道，主桥净高5.9米，宽4.5米，最大跨径38米
车 站				
1	地铁站	刘潭站	惠山区	地铁4号线一期站名，位于堰桥街道管理区域内，在锡澄路与林新路交叉路口西南面
2	地铁站	广石路站	梁溪区	地铁4号线一期站名，位于黄巷街道管理区域内，在广石西路与凤翔北路交叉路口
3	地铁站	黄巷站	梁溪区	地铁4号线一期站名，位于黄巷街道管理区域内，在凤翔路与青石西路交叉路口
4	地铁站	盛岸站	梁溪区	地铁4号线一期站名，位于惠山街道管理区域内，在盛岸东路与凤翔南路交叉路口
5	地铁站	惠山古镇站	梁溪区	地铁4号线一期站名，位于惠山街道管理区域内，在龙光路与古华山路交叉路口
6	地铁站	青山湾荣院站	滨湖区	地铁4号线一期站名，位于河埒街道管理区域内，在惠河路与大池路交叉路口
7	地铁站	河埒口站	滨湖区	地铁4号线一期站名，位于河埒街道管理区域内，在梁溪路与蠡溪路交叉路口

续表 94

序号	类别	标准地名	隶属辖区	地理位置
8	地铁站	西园弄站	滨湖区	地铁4号线一期站名，位于蠡园街道管理区域内，在蠡溪路与建筑路交叉路口
9	地铁站	体育中心站	滨湖区	地铁4号线一期站名，位于蠡湖街道管理区域内，在蠡溪路与太湖西大道交叉路口
10	地铁站	夏家边站	滨湖区	地铁4号线一期站名，位于蠡湖街道管理区域内，在隐秀路与双虹路交叉路口
11	地铁站	蠡湖大桥站	滨湖区	地铁4号线一期站名，位于蠡湖街道管理区域内，在蠡溪路与金城西路交叉路口东侧
12	地铁站	大剧院站	滨湖区	地铁4号线一期站名，位于太湖街道管理区域内，在大剧院路与万顺道交叉路口东侧
13	地铁站	五湖大道站	滨湖区	地铁4号线一期站名，位于太湖街道管理区域内，在五湖大道与周新西路交叉路口西侧
14	地铁站	周新苑站	滨湖区	地铁4号线一期站名，位于太湖街道管理区域内，在大通路与立信大道交叉路口
15	地铁站	市民中心站	滨湖区	地铁4号线一期站名，位于太湖街道管理区域内，在观山路与立德道、立信大道交叉路口之间
16	地铁站	吴都路站	滨湖区	地铁4号线一期站名，位于太湖街道管理区域内，在吴都路与立德道交叉路口南侧
17	地铁站	丰润道站	滨湖区	地铁4号线一期站名，位于华庄街道管理区域内，在震泽路与丰润道交叉路口东侧
18	地铁站	博览中心站	滨湖区	地铁4号线一期站名，位于华庄街道管理区域内，在震泽路与贡湖大道交叉路口
地名更名				
1	道路	凤悦路	梁溪区	原名“悦珑路”。位于北大街街道管理区域内，南北走向，南起北塘大街，北至丽新路，长164米，宽14米
2	道路	嵩吴路	锡山区	原名“嵩南路”。位于厚桥街道管理区域内，南北走向，南起锡太公路，北至厚嵩路，长1600米，宽6米
3	道路	锡尚路	锡山区	原名“湖滨路”。位于鹅湖镇管辖区域内，东西走向，东起尚义路，西至新杨路，长350米，宽6米
4	道路	北惠东路	惠山区	原名“堰泰路”。位于堰桥街道管理区域内，东西走向，东起锡澄路，西至惠澄大道，长3500米，宽30米
5	道路	振源路	滨湖区	原名“刘梅路”。位于胡埭镇管辖区域内，在钱胡路以北，东西走向，东起西环路，西至刘闾路，长1223米，宽16米
6	地铁站	北栅口站	梁溪区	原名“北栅口三院站”。位于北大街街道管理区域内，位于兴源北路与春申路交叉路口
地名属性调整				
1	居民区（范围）	融禾花苑	梁溪区	位于黄巷街道管理区域内，东沿惠勤路，南临民丰河，西邻圆融商业广场，北至江海东路
2	建筑物（范围）	圆融商业广场	梁溪区	位于黄巷街道管理区域内，东邻融禾花苑，南临民丰河，西为锡澄路，北至江海东路
3	建筑物（范围）	吴音水岸街区	新吴区	位于梅村街道管理区域内，东至新友路，南沿梅里路，西为新华路，北至泰伯大道
4	道路（起止点）	稻香东路	梁溪区 滨湖区	位于金星街道和河埒街道管理区域内，东西走向，东起阳光直街，西至湖滨路（与稻香路对接），长430米，宽24米
5	道路（起止点）	北塘大街	梁溪区	位于北大街街道管理区域内，为原北塘大街、吴桥东路和吴桥西路合并命名，东南起莲蓉桥，西北至凤翔路，长2422米，宽30米
6	道路（起止点）	府北路	锡山区	位于东亭街道管理区域内，东西走向，东起东亭中路，西至柏庄一村小区大门，长1800米，宽8-15米
7	道路（起止点）	恒春路	锡山区	位于安镇街道管理区域内，南北走向，南起东安路，北至查桥人民南路，长1368米，宽24米

续表 94

序号	类别	标准地名	隶属辖区	地理位置
8	道路（起止点）	查桥 人民南路	锡山区 新吴区	位于安镇街道和梅村街道管理区域内，南北走向，南起锡山大道（与新锡路对接），北至锡沪路，长 1973 米，宽 50 米
9	道路（起止点）	东旺路	锡山区	位于东北塘街道管理区域内，南北走向，南起芙蓉四路，北至锡港路东北塘中段，长 1125 米，宽 11 米
10	道路（起止点）	锦旺路	锡山区	位于东北塘街道管理区域内，东西走向，东起芙蓉五路，西至锡港路东北塘西段，长 1211 米，宽 27 米
11	道路（起止点）	东亭北路	锡山区	位于东北塘街道管理区域内，南北走向，南起春笋路，北至艳阳路，长 2700 米，宽 30 米
12	道路（起止点）	锦阳路	锡山区	位于东北塘街道管理区域内，东西走向，东起农新河路，西至黄兴路，长 1395 米，宽 24 米
13	道路（起止点）	云林路	锡山区	位于云林街道管理区域内，南北走向，南起春云路，北至春晖中路，长 1327 米，宽 38 米
14	道路（起止点）	银卡路	锡山区	位于厚桥街道管理区域内，东西走向，东起嵩吴路，西至嵩林路，长 253 米，宽 6 米
15	道路（起止点）	鹅湖路	锡山区	位于鹅湖镇管辖区域内，东西走向，东起荡口中学，西至三新村南庄自然村，长 3400 米，宽 40 米
16	道路（起止点）	新杨路	锡山区	位于鹅湖镇管辖区域内，南北走向，南起鹅湖南路，北至金城东路，长 4850 米，宽 30 米
17	道路（起止点）	丰惠路	锡山区	位于锡北镇管辖区域内，东起花园浜路，西至丰田苑后折向南至锡港路张泾西段，长 1600 米，宽 20 米
18	道路（起止点）	泾声路	锡山区	位于锡北镇管辖区域内，东西走向，东起锡港路张泾西段，西至悦山名邸，长 1800 米，宽 24 米
19	道路（起止点）	蓉北大街	锡山区	位于锡北镇管辖区域内，南北走向，南起中国银行八士支行，北至锡港路八士段，长 300 米，宽 25 米
20	道路（起止点）	通新路	锡山区	位于锡北镇管辖区域内，南北走向，南起蓉晖路（规划名称），北至锡港路八士段，长 350 米，宽 10 米
21	道路（起止点）	八达路	锡山区	位于锡北镇管辖区域内，南北走向，南起无锡市福莱达石油机械有限公司，北至锡港路八士段，长 700 米，宽 6 米
22	道路（起止点）	东廊路	锡山区	位于东港镇管辖区域内，南北走向，南起羊尖镇廊下村，北至 S228 省道，长 10700 米，宽 15 米
23	道路（起止点）	畅园路	惠山区	位于长安街道管理区域内，东西走向，东起惠畅路，西至京沪高速公路（G2），长 1000 米，宽 19 米
24	道路（起止点）	惠际路	惠山区	位于长安街道管理区域内，南北走向，南起东南一路（规划名称），北至古庄路，长 1890 米，宽 25 米
25	道路（起止点）	惠畅路	惠山区	位于长安街道管理区域内，南起金惠路，向北 2400 米后折向西北至惠成路，长 2998 米，宽 44 米
26	道路（起止点）	北洲路	惠山区	位于前洲街道管理区域内，东西走向，东起石洲路，西至东兴路，长 4920 米，宽 20 米
27	道路（起止点）	安泰路	滨湖区	位于胡埭镇管辖区域内，东西走向，东起刘闾路，西至振胡路，长 2137 米，宽 24 米
28	道路（起止点）	岸前路	滨湖区	位于胡埭镇管辖区域内，东西走向，东起淀溪路，西至段庄桥（与常州市雪堰桥镇交界），长 1970 米，宽 9 米
29	道路（起止点）	新锡路	新吴区	位于旺庄街道和梅村街道管理区域内，西起珠江路，向东转向北至锡山大道（与查桥人民南路对接），长 8900 米，宽 30—55.5 米
地名注销				
1	道路	吴桥东路	梁溪区	位于北大街街道管理区域内，并入北塘大街
2	道路	吴桥西路	梁溪区	位于北大街街道管理区域内，并入北塘大街
3	道路	高浪北路	新吴区	位于旺庄街道和梅村街道管理区域内，并入新锡路

（韩科峰）

编辑 郭 鹏

说 明

该索引为综合性主题索引，包括正文部分36个类目（含附录）的内容。索引标目按汉语拼音字母顺序排列，同音字按声调顺序，同音同声者按第二字拼音字母顺序排列。标目后数字为页码，字母a为左栏，b为中栏，c为右栏。

A

B

C

D

E

F

G

H

J

R

S

T

W

X